Vreni de Jong en Irmela Kelling
Gezond lekker eten

Gezond

Vreni de Jong en Irmela Kelling

lekker eten

Kookboek voor volwaardige voeding
Samengesteld onder redactie van Jaap Verheij

Uitgeverij Christofoor, Zeist

Receptenwijzer

Vijfde druk 2002

Jong, Vreni de

Gezond lekker eten : kookboek voor volwaardige voeding / Vreni de Jong, Irmela Kelling ; [ill. Ronald Heuninck ; red. Jaap Verheij]. – Zeist: Christofoor. – Ill. Met lit. opg., reg.
ISBN 90-6238-304-1 geb.
NUR 441
Trefw.: kookboeken

Omslagontwerp: AC+M, Frank Breedveld, Maarssen
Ontwerp vignetten: P.A.H. van der Harst
Illustraties: Ronald Heuninck
Vormgeving: Ernst Thomassen
© Christofoor, Zeist 1989

Kleurenfoto's: AT Verlag, Aarau, Schweiz: nrs. 3, 4, 5, 6, 17, 18, 21, 22
Foto Lans Hillegom: nrs. 13, 15, 19, 23, 24b
Centraal Bureau van de Tuinbouwveilingen in Nederland, Den Haag: nrs. 1, 2, 7, 8, 9, 10, 11, 12, 14, 16, 20, 24a

Deze uitgave is mede tot stand gekomen met steun van Akwarius te Almere en de Iona Stichting te Amsterdam.

Niets uit deze uitgave mag worden verveelvoudigd en/of openbaar gemaakt, door middel van druk, fotokopie, microfilm of op welke andere wijze ook, zonder voorafgaande schriftelijke toestemming van de uitgever.
No part of this book may be reproduced in any form, by print, photoprint, microfilm or any other means, without written permission from the publisher.

Feest vieren

Voorgerechten en soepen

Granen

Aardappelgerechten

Sauzen

Vlees, vis en gevogelte

Lunchgerechten, bijgerechten, hartige hapjes

Hartig gevuld gebak

Broodbeleg

Groenten

Rauwkost en salades

Garneringen

Nagerechten

Brood

Gebak

Versnaperingen

Dranken

Conserveren

Ingrediënten om zelf te maken

Produktinformatie

Tenzij anders vermeld zijn de recepten voor 4 personen

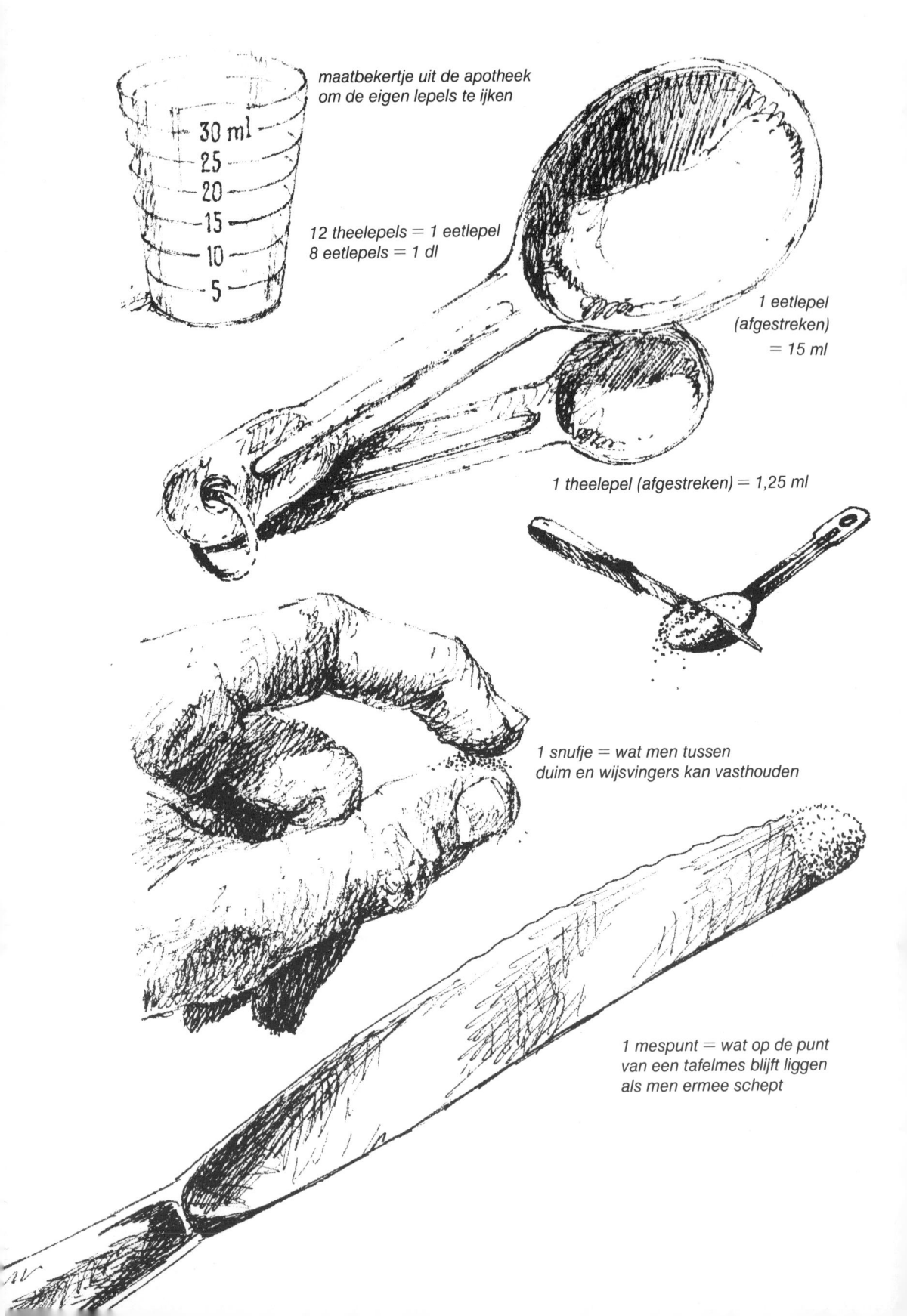

maatbekertje uit de apotheek om de eigen lepels te ijken

12 theelepels = 1 eetlepel
8 eetlepels = 1 dl

1 eetlepel (afgestreken) = 15 ml

1 theelepel (afgestreken) = 1,25 ml

1 snufje = wat men tussen duim en wijsvingers kan vasthouden

1 mespunt = wat op de punt van een tafelmes blijft liggen als men ermee schept

Inhoud

Receptenwijzer	5
Verantwoording	11
Inleiding	13
Teeltwijze	13
Kwaliteitscontrole	14
Omgang met het voedsel	14
Het gebruik van de recepten	15
Bestanddelen van de voeding	16
Vetten	17
Plantaardige olie	17
Roomboter	18
Noten en zaden	18
Eiwitten	19
Zuivelprodukten	19
Eieren	20
Koolhydraten	21
Zoetmiddelen	21
Mineralen, enzymen en vitaminen	22
Fruit	23
Tropisch fruit	24
Samenvatting	25
Kruiden, specerijen en smaakmakers	25
Zien, ruiken en proeven	25
Kruiden en specerijen	26
Tuinkruiden	27
Specerijen	28
Gebruik van kruiden in de keuken	30
Smaakmakers	31
Keukeninventaris	32
Warmtebronnen	32
Pannen	33
Lijst van keukengereedschappen	34
Materialen die we in de keuken gebruiken	38
Kunststof	38
Aluminiumfolie	38
Papier	39

Praktische keukentips	39
Kooktermen	40
Kooktechnieken	43
Maten en gewichten	47
Gewichten van de meest gebruikte ingrediënten	48
Bindmiddelentabel	49
Deegtabel	50
Het overschakelen op een voeding met granen	51
De samenstelling van de warme maaltijd	52
Wat eten we op een door-de-weekse dag?	53
Het ontbijt	54
Dranken	54
De lunch	54
De lunchtrommel	55
De warme maaltijd	56
Tussendoortjes	57
In het weekend	57
Het weekmenu: een voorbeeld	57
In een vegetarisch gezin iemand die vlees eet?	59
Een vegetariër tussen vleeseters?	60

Recepten

Feest vieren	61
Suggesties voor menu's met een feestelijk karakter	63
Buffet	63
Voorbereiding en planning	64
Koud buffet	64
De Indonesische rijsttafel	66
De Chinese maaltijd	67
Feestelijke recepten	68

Voorgerechten en soepen	72	Met eierdooier en boter of olie	
Voorgerechten	72	gebonden sauzen	219
Soepen	75	Sauzen op basis van mayonaise	221
Bouillon: de basis voor elke soep	77	Slasauzen	223
Heldere soepen	79	Sauzen op basis van kwark	225
Vullingen voor de soep	79	Ragoûtsauzen	226
Gebonden soepen	86	Ragoûts	230
Pureesoepen	94		
Maaltijdsoepen	99	**Vlees, vis en gevogelte**	235
		Het klaarmaken van vlees	236
Granen	109	*Koken*	236
De graankorrel	110	*Braden*	236
De graanmolen	111	*Bakken*	237
Bewaren van granen		*Grilleren*	237
en graanprodukten	112	*Stoven*	237
Graanprodukten en hun benamingen	112	Gevogelte	246
Tarwe	114	Vis	248
Spelt	115	*Kopen, schoonmaken, bereiding*	248
Rogge	116		
Haver	116	**Lunchgerechten, bijgerechten,**	
Gerst	117	**hartige hapjes**	253
Gierst	118	*Eieren*	253
Maïs	119	*Soufflés*	259
Rijst	120	*Terrines*	261
Boekweit	121	*Tosti's en toost*	265
Het koken van granen	122	*Gebakken gerechten*	268
Hele graankorrels	122	Kroketten en bitterballen	270
Wassen	122	*Hartige hapjes*	277
Weken	123		
Koken	123	**Hartig gevuld gebak**	281
Kooktabel voor granen	124	Groente- en kaastaarten	281
Nawellen	125	Pasteien en pie's	286
Eesten	126	Pizza's	295
Resten van gekookt graan	127	Flappen	298
Basisrecepten	128		
Pap	141	**Broodbeleg**	302
Pap van fijne graanprodukten	141	*Kruidenboters*	304
Pap van grove graanprodukten	141		
Zoetmiddelen	142	**Groenten**	306
Muesli	145	Groente kopen	307
Graanschotels	148	Groente bewaren	307
Deegwaren	158	Groente en fruit	
Graankoekjes	166	wassen en schoonmaken	308
Graansneetjes	172	Groente klaarmaken	309
Pannekoeken	175	*Koken*	309
Broodschotels	181	*Stoven*	309
		Smoren	310
Aardappelgerechten	186	*Fruiten*	310
		Bakken	310
Sauzen	201	*Opwarmen*	311
Algemene wenken		*Hoeveelheden*	311
voor de bereidingswijze	202	*Conserveren van groente*	311
Met meel gebonden sauzen	203	De ganzevoetachtigen	
Met groente- of vruchtenpuree		(Chenopdiaceae)	312
gebonden sauzen	212	*De suikerbiet*	313

De rode biet	313	De komkommerachtigen	
Snijbiet	315	(Cucurbitaceae)	363
Spinazie	317	*Augurk*	363
Nieuwzeelandse spinazie	318	*Komkommer*	363
De lelieachtigen (Liliaceae)	322	*Courgette*	363
Knoflook	322	*Pompoen*	365
De ui	322	De kruisbloemigen (Cruciferae)	369
Prei	324	*Rammenas*	369
Asperges	327	*Radijs en rettich*	370
De samengesteldbloemigen		*Mierikswortel*	370
(Compositaea)	328	*Koolrabi*	370
Topinamboer	328	*Meiraapjes*	371
Schorseneren	330	*Herfstraapjes*	371
Witlof	331	*Koolraap*	371
Roodlof	332	*Raapstelen*	372
Andijvie	332	*Sterrekers*	373
Kropsla	334	*Waterkers*	373
IJsbergsla	334	*Spruitjes*	374
Veldsla	335	*Boerenkool*	375
Artisjok	335	*Paksoy*	376
De duizendknoopachtigen		*Chinese kool*	377
(Poligonaceae)	337	*Sluitkool*	378
Rabarber	337	*Bloemkool en broccoli*	387
Zuring	337	Diverse groentegerechten	388
De posteleinfamilie		Zeegroente	392
(Portulacaceae)	338	Kastanjes	393
Zomerpostelein	338	Paddestoelen	395
Winterpostelein	338		
De vlinderbloemigen		**Rauwkost en salades**	398
(Papilionaceae)	339	Salades van bladgroenten	399
Peultjes	339	Salades van vruchtgroenten	404
Doperwten	340	Salades van wortelgroenten	405
Verse capucijners	340	Gemengde salades	407
Tuinbonen	341	Salades van gekookte groente	409
Sperziebonen	342	Salades met melkzure groente	413
Snijbonen en pronkbonen	343	Graansalades	414
Gedroogde peulvruchten	344	Salades met gekiemde granen	418
Linzen	346	Salades met peulvruchten	419
Gedroogde erwten en capucijners	348	Aardappelsalades	420
Gedroogde bonen	348		
De nachtschadeachtigen		**Garneringen**	424
(Solanaceae)	350		
De tomaat	350	**Nagerechten**	435
Aubergine	352	Vruchtentoetjes	435
Paprika	353	Vla en pudding	454
Spaanse peper of lombok	354	Zoete graangerechten	462
De schermbloemigen			
(Umbelliferae)	355	**Brood**	473
Wortelen	356	Volkorenbrood	475
Pastinaak	357	Wittebrood	479
Knolselderij	359	Feestbroden	481
Bleekselderij	360	Vruchtenbroden	484
Peterselie en peterseliewortel	361	Broodjes	487
Knolvenkel	361	Croissants	491
		Crackers	492

Gebak	495	Wecken en kokendheet inmaken	577
Baktips	495	Wecken (pasteuriseren en steriliseren)	578
Deegsoorten	500	Kokendheet inmaken	580
Korstdeeg	500	Vruchten op sap	582
Zandtaartdeeg	506	Moes en compote	583
Biscuitdeeg	508	Jam, confiture, marmelade en gelei	584
Cakebeslag	510	*Geleermiddelen*	584
Kookdeeg	511	*Tips voor het maken van jam,*	
Beignetbeslag	512	*marmelade en gelei*	585
Taarten en ander groot gebak	513	*Iets over het plukken*	
Cakes	527	*en verwerken van wilde bessen*	585
Koek	528	Marmelade	589
Gebakjes en ander klein gebak	529	Vruchtesap en siroop	591
Koekjes	534	Geconserveerde citrusschillen	595
Hartig klein gebak	544	Eigengemaakte kant-en-klaarprodukten	597
		Inmaken in azijn	598
Versnaperingen	546	Inmaak in olie	601
Dranken	554	**Ingrediënten om zelf te maken**	604
Koude dranken	554		
Groentesap	559	**Produktinformatie**	613
Warme dranken	560	**Literatuur**	625
Conserveren	568		
De hier gebruikte inmaakmethoden	568	**Adressen**	626
Drogen	569		
Melkzure groente	572	**Register**	627
Melkzuur inmaken van groente in glas	573		

Verantwoording

Over dit boek

Dit boek wil een gids en raadgever zijn voor al die mensen, die graag gezond én lekker, niet te vreemd maar toch afwisselend en af en toe een tikje frivool en verrassend willen koken en eten. Men is gauw geneigd te denken, dat gezond eten niet echt lekker kan zijn. Toegegeven, lekker koken met volwaardige produkten is niet eenvoudig; zelf hebben we jarenlang met deze materie gestoeid. We hebben een schat aan ervaringen opgedaan bij het koken voor het eigen gezin met kleine en allengs groter (en veeleisender) worden kinderen; bij het tevreden stellen van echtgenoten die zweren op de gewone Hollandse pot; bij het onthalen van gasten van uiteenlopende leeftijden en smaakvoorkeuren en niet in de laatste plaats bij het geven van kookcursussen. Daarnaast zijn we in de leer gegaan bij de pioniers in de wereld van de gezonde voeding: de boeken van Max Bircher-Benner, Rudolf Hauschka en Wilhelm Pelikan, de cursussen en werkweken met Udo Renzenbrink en Gerhard Schmidt. De inhoud van dit boek vormt de neerslag van dit alles, van de eerste tot en met de laatste regel getoetst aan onze dagelijkse ervaring.

Om leeftijdsgebonden eenzijdigheid te voorkomen, hebben we Astrid Weidmann als vertegenwoordigster van de generatie ná ons gevraagd, een kritische blik op het manuscript te werpen. Wij willen haar hierbij danken voor haar waardevolle ideeën en suggesties.
Tot slot willen wij graag de uitgever als opdrachtgever voor dit boek danken; met name stelden wij de vrijheid op prijs, die wij hadden bij de samenstelling ervan.

Vreni de Jong en Irmela Kelling
juli 1989

Over de auteurs

Vreni de Jong-Müggler werd op 6 maart 1936 geboren te Romanshorn, Zwitserland. Zij doorliep de pedagogische academie (met als vakken handwerken, voedingsleer, koken en huishoudkunde) in St. Gallen en voltooide de studie orthopedagogie aan de universiteit van Fribourg.
In 1963 kwam zij naar Nederland, waar zij in Utrecht gewerkt heeft aan een project ten behoeve

van vrijtijdsbesteding (clubwerk) voor oudere geestelijk gehandicapte kinderen, thans Stichting De Wilg.
In Leiden werkte zij vanaf 1975 mee aan een consumentenkring voor biologisch-dynamische groenten, waaruit later de natuurvoedingswinkel *De Helianth* is ontstaan. Sinds die tijd levert zij speciaal gebak aan deze winkel en geeft zij kookcursussen, adviezen en lezingen over voeding.
Vreni de Jong heeft een gezin met twee kinderen.

Irmela Kelling-Buck werd op 18 mei 1926 geboren te Bandoeng, Indonesië. In 1948 kwam zij naar Nederland, waar zij de vijfjarige lerarenopleiding (koken en voedingsleer) volgde te Deventer. Deze opleiding was gericht op de voorlichting van plattelandsvrouwen en -meisjes. Daarna gaf zij 6 jaar full-time les op scholen te Barendrecht en Rotterdam. Ze verhuisde naar Amsterdam en volgde daar een diëtistenopleiding.
Sinds 1977 geeft zij voorlichtingscursussen en kookcursussen vanuit antroposofische gezichtspunten in diverse plaatsen in Nederland.
Irmela Kelling heeft een gezin met drie kinderen.

Inleiding

Dit boek heeft als ondertitel 'kookboek voor volwaardige voeding'.
Met 'volwaardig' duiden we een categorie voedingsmiddelen aan, die op een bepaalde wijze geteeld, verwerkt en geconserveerd zijn. Volwaardige voedingsmiddelen onderscheiden zich vooral door hun kwaliteit. De verschillen met andere voedingsmiddelen komen onder meer tot uiting in smaak, consistentie en houdbaarheid van het produkt.
Volwaardige produkten voldoen in het algemeen aan de volgende eisen:
- ze zijn geteeld in een gezonde aarde met gebruikmaking van natuurlijke meststoffen en milieuvriendelijke gewasbeschermingsmiddelen
- ze worden bij voorkeur betrokken van inheemse teelt (seizoengroente)
- bij het bewaren, tijdens de verdere bewerking en bij het houdbaar maken (conserveren) worden methoden toegepast die de kwaliteit van het voedingsmiddel niet of slechts in zeer geringe mate aantasten
- ze worden niet aan extreem lage of hoge temperaturen (diepvries, hogedrukketels) of bestralingen blootgesteld
- ze hebben alle voedingsstoffen die er oorspronkelijk in aanwezig zijn behouden, ze zijn dus niet geraffineerd of in aparte stoffen ontleed
- ze hebben hun oorspronkelijke structuur behouden: technische manipulaties (zoals onder meer gebeurt bij de fabricage van margarine en het homogeniseren van melk) worden niet toegepast

Teeltwijze

De teeltwijze is een belangrijke voorwaarde voor de kwaliteit van het voedingsmiddel. Het zijn naar onze ervaring vooral de biologisch-dynamische en de biologische landbouw die bewezen hebben kwaliteitsprodukten te kunnen leveren en die in belangrijke mate ertoe bijdragen dat ons leefmilieu gezond blijft.
In de *biologisch-dynamische* landbouw, die in 1924 tijdens een landbouwcursus voor boeren in

Duitsland door Rudolf Steiner (1861-1925) werd geïntroduceerd, worden naast het zuiver biologische principe (gebruik van natuurlijke meststoffen en gewasbeschermingsmiddelen) ook de kosmische invloeden zeer gericht gehanteerd. Planten halen hun voedsel en groeistimulans zowel uit de aarde als uit de kosmos (onder andere de inwerking van het zonlicht en van de maan). In de biologisch-dynamische landbouw worden de planten door middel van speciale preparaten en geprepareerde mest en compost enerzijds gestimuleerd een rijk vertakt wortelstelsel te ontwikkelen. Anderzijds worden ze ontvankelijker gemaakt voor de genoemde kosmische invloeden, waardoor onder andere de bladgroei en de vruchtvorming worden gestimuleerd. Bovendien geeft het gebruik van deze preparaten en meststoffen de aarde de zo noodzakelijke kracht om zich weer te herstellen. Het mes snijdt zo aan twee kanten: er wordt een kwaliteitsprodukt geleverd en tegelijkertijd wordt er op een verantwoorde, gezondmakende wijze met de aarde omgegaan. Als consument kunnen we door het kopen van biologisch-dynamisch geteelde produkten bewust en actief hieraan meewerken.

De *biologische* landbouw is in het begin van de jaren zeventig ontstaan als reactie op de verkwisting en vervuiling die de welvaart met zich meebrengt. Biologische boeren en tuinders werken zonder kunstmest en chemische bestrijdingsmiddelen. Het is in Nederland vooral De Kleine Aarde te Boxtel die zich hiervoor sterk maakt en die ook probeert oplossingen aan te dragen voor verwante problemen (bij voorbeeld de energieschaarste en de milieuvervuiling).

Kwaliteitscontrole

Produkten van biologisch-dynamische landbouw voeren het *Demeter-* of *Biodyn-merk*, dat onder controle staat van de Vereniging tot Bevordering van de Biologisch-Dynamische Landbouw-methode.
Produkten van biologische landbouw voeren het *EKO-merk*, dat door de Stichting Ekomerk Controle (SEC) wordt gecontroleerd.
De overkoepelende *Stichting Keur Alternatief voortgebrachte Landbouwprodukten* (SKAL), die onder toezicht staat van het Ministerie van Landbouw en Visserij, keurt produkten van zowel biologisch-dynamische als biologische landbouw en voorziet goedgekeurde produkten van het *SKAL-merk*. Deze produkten voldoen aan speciale richtlijnen die de consumentenorganisaties, het bedrijfsleven en het Landelijk Milieu Overleg samen met de Vereniging tot Bevordering van de Biologisch-Dynamische Landbouwmethode en de Nederlandse Vereniging voor Ekologische Landbouw met de gelieerde Stichting Ekomerk Controle hebben opgesteld.

Omgang met het voedsel

Volwaardige produkten oefenen hun werking pas goed uit, als zij ook in de keuken met zorg en aandacht tot een harmonische maaltijd worden bereid. De recepten in dit boek doen de voedingsmiddelen geen geweld aan, maar dragen zorg voor een gezonde, smakelijke en volwaardige voeding. Onderstaande punten geven u een beeld van de uitgangspunten die wij daarbij gehanteerd hebben:

- de recepten sluiten aan bij de eetgewoonten in ons land, waarbij echter de bestaande invloeden uit de keukens van de ons omringende en van overzeese landen niet zijn vergeten
- aan het gebruik van volle granen en graanprodukten is een grote waarde toegekend
- het boek biedt aanknopingspunten om op een gezonde wijze met het dagelijks voedsel om te gaan
- in de recepten wordt spaarzaam gebruik gemaakt van vet, eiwitten (vooral dierlijke eiwitten) en suiker. Het belang hiervan voor de gezondheid van de mens wordt ook in de gangbare voedingsleer steeds meer benadrukt
- het boek laat zien dat u met eenvoudige, volwaardige grondstoffen en met gangbaar keukengerei smakelijk en plezierig kunt koken, bakken en inmaken
- het boek bevat niet alleen recepten voor maaltijden en menu's, maar bestrijkt het hele gebied van de voeding. Dat wil zeggen: menu's en gerechten voor vegetariërs en vleeseters, voor gewone door-de-weekse dagen (rekening houdend met de seizoenen) en voor feestdagen; voor bijzondere omstandigheden (bij voorbeeld vakantie); voor jong en oud; voor kleine en grote gezinnen; voor alleenstaanden; voor hobbykoks en voor mensen die moeite hebben met koken; voor mensen (met een moestuin) die graag inmaken en bakken

Dit boek is daarom een *basiskookboek* waarmee zowel ervaren als onervaren koks uit de voeten kunnen en waarin binnen de beperkingen die een volwaardige, gezonde voeding met zich meebrengt, letterlijk álles te vinden is, stap voor stap en nauwkeurig beschreven in ook voor beginners duidelijke taal.

Het gebruik van de recepten

We zijn bij het opstellen van de recepten uitgegaan van gezonde kinderen (vanaf ca. 2 jaar) en volwassenen, maar geven bij sommige recepten tips hoe een gerecht minder vet, lichter verteerbaar of voor jongere kinderen geschikt gemaakt kan worden.

Tenzij anders vermeld zijn de recepten voor 4 personen. De hoeveelheden zijn afgestemd op een gemiddelde eter. Schoolkinderen, mensen die vooral lichamelijk werk doen en sportbeoefenaars zullen grotere porties nodig hebben, oudere mensen kleinere. Het meer of minder kunt u dan het beste regelen met een extra (of kleinere) portie brood, granen of aardappelen.

De recepten zijn ingedeeld in hoofdstukken, die te vinden zijn aan de hand van de receptenwijzer op blz. 5. In het register achterin het boek vindt u alfabetisch op hoofdtrefwoord gerangschikt de recepten die in dit boek zijn opgenomen, alsmede de variaties van de recepten die een wezenlijk ander gerecht opleveren.

Lees, voor u met koken begint, eerst het *hele* recept door, ook de variaties en de tips. Zet alles wat in de ingrediëntenlijst staat klaar en weeg zo veel mogelijk van tevoren af.

Was de groente en maak ze schoon, maar snijd of rasp haar pas vlak voor het gebruik. De specifieke voorbewerking (wassen, schoonmaken, enzovoort) wordt in de inleiding bij elke groentesoort beschreven, in de recepten als bekend verondersteld en niet telkens vermeld.

Maak eerst de granen, de peulvruchten of het vlees klaar, deze voedingsmiddelen kunt u laten nawellen en/of vlak voor het eten weer opwarmen.

De recepten hebben een vaste indeling:
Onder de titel van het recept staan voor zover van toepassing enkele *symbolen* die in één oogopslag iets vertellen over het karakter van het recept:

⑤¢ het gerecht is goedkoop

① het gerecht heeft een korte bereidingstijd

↩ het gerecht is van tevoren klaar te maken

♨ het gerecht heeft een feestelijk karakter

🐂 het gerecht bevat vlees.

De aanduidingen 'goedkoop', 'korte bereidingstijd' en 'feestelijk' zijn uiteraard relatieve begrippen, die voor u een andere inhoud kunnen hebben.
De *inleiding* van het recept beschrijft de smaak van het gerecht, geeft menusuggesties, de bewaartijd, enzovoort.
De *lijst van ingrediënten* is onderverdeeld in groepjes en wel zo, dat elk groepje hoort bij een stap in de bereiding van het gerecht. Achter het ingrediënt staat voor de overzichtelijkheid ook de voorbewerking die het eventueel moet ondergaan (snijden, raspen, enzovoort). Degene die het recept al eerder heeft gemaakt, zal later alleen nog de ingrediëntenlijst volgen en de beschrijving niet meer nodig hebben.
De *ingrediënten* zijn zoveel mogelijk in grammen aangegeven. Dit vergemakkelijkt het vermenigvuldigen voor degene die voor veel eters moet koken. Wie liever met eetlepels of deciliters werkt, kan de *matentabel** raadplegen.
Met de gedetailleerde beschrijving van de *bereidingswijze* kan ook een beginnende kok overweg.
Tot slot worden in de *variaties* en de *tips* suggesties gegeven voor het vervangen van één of meerdere ingrediënten, waardoor het recept in een aantal gevallen eenvoudiger en/of goedkoper wordt. De tips zijn tevens bedoeld om oplossingen te geven voor kleine problemen die tijdens de bereiding kunnen ontstaan.

In de recepten wordt veelvuldig verwezen naar andere recepten, bereidingswijzen en achtergrondinformatie over een bepaald onderwerp. Om deze verwijzingen snel terug te kunnen vinden, is in de tekst achter de betreffende verwijzing een * geplaatst met ernaast in de kantlijn het paginacijfer *48* waarnaar verwezen wordt.

Bestanddelen van de voeding

Een stukje voedingsleer mag in dit boek niet ontbreken. Omdat dit boek echter een boek voor de praktijk is en geen theorieboek, behandelen we hier alleen die aspecten van de voedingsleer, die direct van praktisch belang zijn, zonder daar echt diep op in te gaan. Degenen die meer willen weten verwijzen we graag naar de *Literatuuropgave*.

Dit hoofdstuk behandelt de belangrijkste bestanddelen van de voeding, die voor een goed functioneren van het menselijk lichaam onontbeerlijk zijn: vetten, eiwitten, koolhydraten, mineralen, spoorelementen en vitaminen. Uitgebreide informatie over de afzonderlijke voedingsmiddelen vindt u in de betreffende hoofdstukken of in de *Produktinformatie*.

Vetten

In de voedingsleer spreken we meestal over vetten, maar bij het koken maken we onderscheid tussen oliën, die in ons klimaat vloeibaar blijven, en vetten, die stijf worden. Oliën zijn grotendeels plantaardig, terwijl vetten meestal van dierlijke herkomst zijn.

De vorming van vet bij dieren is een heel ander proces dan de vorming van vet bij planten. In tegenstelling tot de plant, die de warmte uit de omgeving nodig heeft om vet te produceren, omhult het dier zich juist met vet om zelf geen warmte te verliezen aan de omgeving (onder andere walvissen, pinguïns, alpenmarmotten). Als we de twee vetprocessen tegenover elkaar zetten, dan vinden we bij de plant dat de olie ontstaat uit een verbondenheid met, een gericht zijn op de omgeving en in het bijzonder op de zonnewarmte, terwijl het dier door vet te produceren zich uit lijfsbehoud afsluit voor de omgeving. In kwaliteiten uitgedrukt zou je kunnen zeggen dat plantaardig vet actiever, dierlijk vet passiever is.

Plantaardige olie

Koudgeperste oliën met veel onverzadigde vetzuren zijn de gezondste. Oliën van lijnzaad en distelzaad (saffloerolie), die vooral in noordelijke streken groeien, en sesamolie bevatten veel onverzadigde vetzuren. Maïskiem-, zonnebloem- en olijfolie wat minder; kokosvet nog minder; en dierlijke vetten behalve visolie weinig.

Vetten maken ons eten smakelijk (een 'klontje boter' bij de groente; een 'scheutje room' in de soep) en geven meer dan andere voedingsmiddelen een gevoel van verzadiging. Vetten vertragen de passage door de maag, zodat het hongergevoel langer wegblijft. Dit betekent niet dat ze zwaarder verteerbaar zijn, maar dat ze een grotere verzadigingswaarde hebben. Ban de vetten dus niet uit de voeding, ze zijn net zo onmisbaar als de eiwitten en de koolhydraten. Gebruik ze echter met mate en kies de juiste soorten:

- gebruik koudgeperste oliën met een hoog gehalte aan essentiële, onverzadigde vetzuren (in de eerste plaats saffloer- en sesamolie, voorts ook zonnebloem-, maïskiem- en olijfolie) voor slasaus en voor toevoeging *na* het koken aan warme gerechten en eventueel voor het stoven. Mensen die zeer weinig vet mogen gebruiken, doen er goed aan een gedeelte van deze koudgeperste olie te

vervangen door lijnzaadolie. Deze olie is bijzonder rijk aan essentiële vetzuren, maar heeft wel een uitgesproken smaak
- gebruik koudgeperste zonnebloem-, maïskiem- en olijfolie om te smoren (100°C)
- voor bakken, braden en frituren zijn vooral kokosvet, zonnebloem- en olijfolie geschikt. Deze vetten kunnen zonder schade temperaturen tot ca. 200°C verdragen. Gebruik geen koudgeperste oliën, de voordelen van deze oliën gaan door de sterke verhitting goeddeels verloren.

Alle vetten, maar vooral de koudgeperste, ongeraffineerde oliën, zijn beperkt houdbaar. Bij langer bewaren kunnen ze een zeer onaangename smaak krijgen. Onder invloed van lucht, licht en warmte bederven ze sneller dan wanneer u ze in een donker gekleurde, goed afgesloten fles op een koele, donkere plaats bewaart.
Koop vooral de kostbare oliën met veel essentiële onverzadigde vetzuren (lijnolie, saffloerolie) in *kleine* flesjes.

Tip: De oliën uit de gangbare handel zijn geraffineerd en daardoor vrijwel smakeloos. Als u op de koudgeperste, *niet*-geraffineerde oliën overstapt, zult u aan de uitgesproken smaak moeten wennen. Dit kunt u doen door eerst een kleine hoeveelheid 'goede' olie door de tot nu toe gebruikte olie te mengen en deze hoeveelheid in de loop van de tijd geleidelijk aan te verhogen. Saffloer-, zonnebloem- en maïskiemolie hebben de meest neutrale smaak.

Roomboter

Gebruik roomboter om gerechten op smaak te brengen, voor gebak en om dun op de boterham te smeren. In roomboter zijn zowel de verzadigde als de onverzadigde vetzuren in een uitgebalanceerde verhouding aanwezig.
Om margarine op boter te laten lijken worden de vetten (oliën) met chemische middelen gehard en worden er soms synthetische smaakstoffen (boterzuur) en vitaminen aan toegevoegd. Dit geldt ook voor dieetmargarines! Om die reden gebruiken wij in onze recepten geen margarine.

Noten en zaden

Ook noten en zaden leveren ons – in een harmonische samenstelling – hoogwaardige onverzadigde vetzuren; ze zijn bovendien rijk aan mineralen.
Noten vormen een waardevolle aanvulling voor het menu. Zaden leveren vooral oliën, maar ook onbewerkt gebruiken we ze graag als knapperige en tegelijk voedzame versiering van schotels, slaatjes en gebak.
In Nederland worden vrijwel alle noten en zaden uit zuidelijke en oostelijke landen ingevoerd en wel in gedroogde vorm. Noten in de dop (met uitzondering van kastanjes) kunt u zonder meer 1 jaar bewaren, gedopte noten een paar maanden op een niet te warme en vooral donkere plaats, liefst in glazen potten.
Maal noten pas vlak voor het gebruik; onder invloed van zuurstof en licht gaan de voedingswaarde en smaak al gauw achteruit. Kleine kinderen kunt u noten beter in gemalen vorm

(verwerkt in gerechten en koekjes) of als pasta (op de boterham, in sauzen) geven, want noten moeten zeer goed worden gekauwd om ze voldoende te kunnen verteren.
In de recepten in dit boek hebben de hoeveelheden altijd betrekking op *gedopte* noten.
Voor informatie over de verschillende soorten: zie de *Produktinformatie*.

Eiwitten

Vlees, zuivelprodukten, eieren en in mindere mate granen zijn eiwitrijke voedingsmiddelen.
Eiwit wordt ook wel proteïne genoemd, afkomstig van het Griekse woord *proteion*, dat 'begin' betekent, of, vrij vertaald: 'begin van het leven'. Ontstaan, instandhouding en voortplanting van al wat leeft is alleen mogelijk met behulp van eiwitten. Ieder levend wezen heeft zijn eigen specifieke soort eiwit; plantaardig eiwit is heel anders van karakter dan dierlijk eiwit en het eiwit van een ei is weer heel anders dan het eiwit van een koe.
Volgens de huidige inzichten heeft een mens per dag 0,5 g eiwit per kg lichaamsgewicht nodig; kinderen iets meer, omdat ze in de groei zijn.
In de praktijk blijkt dat dit met een lacto-vegetarische voeding gemakkelijk bereikt kan worden en dat we zelfs dan bedacht moeten zijn op een te eiwitrijke voeding, die het organisme kan belasten.
Eiwitrijke voedingsmiddelen van dierlijke oorsprong bevatten weinig vezels (ballaststoffen) en werken stoppend.

Zuivelprodukten

In de vegetarische keuken zijn melkprodukten (naast granen, peulvruchten en noten) zeer belangrijke leveranciers van waardevol eiwit, vet, kalk (calcium) en fosfor. Deze voedingsstoffen zijn in een uitgebalanceerde verhouding in zuivelprodukten vertegenwoordigd, in een voor ons organisme makkelijk opneembare vorm. Zuivelprodukten zijn ook rijk aan vitaminen van het B-complex en aan vitamine A en D. De laatste twee vitaminen zijn in vet oplosbaar en daarom vooral in volle-melkprodukten te vinden. Melkvet (in volle melk, room, roomboter) is in dit opzicht een bijzonder waardevol vet.

Behalve voedingsmiddelen zijn melkprodukten ook natuurlijke smaakmakers: melk in de pap, een scheutje zure room in een sausje, geraspte pittige kaas op een vegetarische graanschotel, een toefje slagroom op de zondagse vruchtensalade, zij geven allemaal een extra nuance aan ons dagelijks eten.

Naast het ei is melk het enige dierlijke voedingsmiddel waarvoor we het dier niet hoeven te doden. Eieren en vooral melk zijn dan ook voor de meeste vegetariërs aanvaardbare voedingsmiddelen. Voor kinderen is melk onmisbaar, maar ook voor volwassenen en zeker voor ouderen met hun vaak wat gebrekkige kalkstofwisseling blijft melk dagelijks nodig. Bij jonge kinderen past meer de zoete melk, bij de oudere mens meer de zure, lichter verteerbare melkprodukten (karnemelk, yoghurt, kwark, enzovoort).

Melk van een biologisch-dynamisch of biologisch bedrijf is aromatisch zoet en heeft een volle, gerijpte smaak, die na enige tijd friszuur wordt.
Melk van een veeteeltbedrijf waar veel kunstmest en krachtvoer wordt gebruikt en het grasland vaak kunstmatig wordt beregend, is vaak waterig van karakter en wordt na enige tijd ranzig bitter (Jaarverslag Bolk-Instituut, zie *Literatuuropgave*).
Biologisch-dynamische en biologische melk worden wel gepasteuriseerd, maar niet gehomogeniseerd (een behandeling waarbij de melk onder hoge druk door een soort zeef met heel kleine openingen wordt geperst, waardoor het melkvet in microscopisch kleine deeltjes verdeeld wordt, zodat de melk niet oproomt).
In zure-melkprodukten is de van nature in de melk aanwezige melksuiker grotendeels omgezet in melkzuur. Dit geeft deze produkten hun karakteristieke smaak en maakt ze langer houdbaar (vroeger de meest gebruikelijke manier om melk zonder koelkast wat langer te kunnen bewaren). Afhankelijk van het beoogde eindprodukt (yoghurt, biogarde, viili) wordt de melk met verschillende bacteriën geënt. Zure melk is als het ware al een beetje voorverteerd en is dus makkelijker verteerbaar voor mensen met een gevoelige spijsvertering en mensen die lijden aan bepaalde allergieën. Zure-melkprodukten zijn ook minder slijmvormend; mensen met een aanleg voor chronische verkoudheden zouden dus eerder zure als zoete melkprodukten moeten gebruiken.
De afzonderlijke zuivelprodukten worden behandeld in de *Produktinformatie*.

Eieren

Kippen zijn snelgroeiende, wakkere en nieuwsgierige dieren, die buiten volop indrukken moeten kunnen opdoen. De aard van het beestje wordt in het ei uitgedrukt, méér dan dit het geval is bij melk – een ei is immers een nieuw dier in aanleg – maar minder dan in het vlees, dat rechtstreeks van het dier afkomstig is. Eiereiwit is gericht op een snelle ontwikkeling van het kuiken, zodat men in overweging kan nemen kinderen niet te veel eieren te geven om hun lichamelijke ontwikkeling niet te sterk te stimuleren.
Als kwaliteitscriterium speelt, behalve de versheid, vooral het welzijn van de kip een rol, alsmede het soort voedsel dat de dieren krijgen.
Scharrelkippen hebben het wat betreft leefruimte iets beter dan hun soortgenoten in de legbatterijen.
De beste eieren zijn echter afkomstig van biologisch-dynamisch of biologisch gehouden kippen. Deze kippen krijgen meer ruimte, beter voer en hebben ook uitloopruimte naar buiten.

Eieren hebben door hun hoog gehalte aan *cholesterol* een slechte naam gekregen. Als u echter weinig of geen vlees eet en de vetten in uw voeding voornamelijk in de vorm van plantaardige oliën gebruikt, kan wat het cholesterol betreft een matig gebruik van eieren niet schaden.
Eieren zijn rijk aan eiwitten, minerale stoffen (ijzer) en vitaminen (A, B, en ook D).
In onze recepten zijn eieren vooral een vaak onmisbare hulp bij het bereiden van gerechten.

Meer over eieren vindt u in de *Produktinformatie*.

Koolhydraten

Koolhydraten is de verzamelnaam voor alle soorten zetmeel, suikers en cellulose (voedingsvezel). Het element koolstof is structuurbepalend voor alle organische verbindingen. Dit vormende principe van koolstof is ook werkzaam in de koolhydraten van de plantenwereld.
Zetmeel (in granen en graanprodukten, aardappelen en peulvruchten) is nog plastisch, het kan water vasthouden (je kunt er pap van koken), maar is onoplosbaar.
Suiker (in zoetmiddelen) is oplosbaar en kristallijn.
Cellulose (in granen en graanprodukten) is kristallijn en onoplosbaar en wordt overal aangetroffen waar de plant stevig en hard wordt, waar hij zijn vorm fixeert (schillen, zemelen, takken, boomstam).

In de inleidingen van de hoofdstukken *Granen*, *Aardappelen* en *Peulvruchten* worden deze voedingsmiddelen nader besproken.

Zoetmiddelen

Sinds mensenheugenis is de mens verzot geweest op zoetigheid. Deze liefhebberij kan hem niet met de paplepel zijn ingegoten, want nog voordat hij toe was aan de zoete pap mocht hij onbekommerd van de zeer zoete moedermelk drinken (het suikergehalte van moedermelk is 6,9%, van koemelk 4,6%)
We weten het allemaal: te veel suiker is ongezond, je krijgt er slechte tanden van en je wordt er dik van. Toch laat de behoefte aan zoetigheid zich vaak niet wegredeneren, zeker niet als men zich moe en gedrukt voelt.

Zoals in de sapstroom van de plant altijd een bepaalde hoeveelheid opgeloste suiker circuleert, zo is dat ook bij de mens het geval. Met het circulerende bloed wordt suiker meegevoerd. Zo is het hele menselijke organisme als het ware doortrokken met suiker. Suiker is namelijk onmisbaar voor de werkzaamheid van de cellen van de hersenen, de hartspier en de andere spieren en is op deze wijze altijd direct beschikbaar om door verbranding energie te leveren. De mens probeert het suikergehalte in het bloed (de bloedsuikerspiegel) voortdurend constant te houden. Het zetmeel uit voedingsmiddelen als brood, granen, peulvruchten en aardappelen moet de mens altijd eerst verteren tot suiker. Deze omzetting begint al in de mond bij het kauwen en inspeekselen van het voedsel, en wordt in de darm voortgezet. De omgezette suiker komt dan bij kleine beetjes tegelijk door de darmwand en verstoort de bloedsuikerspiegel niet.
Bij een suikerrijke maaltijd echter hoeft de suiker niet meer of nauwelijks nog afgebroken te worden en kan daardoor vlot de darmwand passeren, waardoor nu ineens veel suiker het bloed in stroomt. Het suikergehalte wordt te hoog en het teveel aan suiker wordt in de lever opgeslagen. Hierdoor daalt het suikergehalte weer, maar vaak te sterk, waardoor er weer snel trek in iets ontstaat. Na bij voorbeeld een ontbijt bestaande uit beschuit met jam en gezoete thee of koffie meldt de honger zich weer snel (de suikerspiegel is snel gestegen en weer snel gedaald); op een ontbijt bestaande uit pap of muesli (eventueel gezoet), of met bruin brood met beleg, aangevuld met vruchten of vruchtesap en eventueel een beker melk, kan een mens het veel langer uithouden (de suikerspiegel stijgt langzaam en blijft langer constant).

Als een mens zin heeft in iets zoets kan het dus zijn, dat zijn bloedsuikerspiegel te laag is; hij wil deze weer op peil brengen. Het kan ook een gewoonte zijn, zichzelf met snoepen een opkikker te geven. Hierdoor belast men het lichaam met te veel suiker. Een ander belangrijk aspect van snoepen, en van eten in het algemeen is: het laat de mens zichzelf beleven. Ook hierdoor kunnen we te veel gaan eten en snoepen. Door rustig en aandachtig te eten (en te genieten) kunnen we dit te veel misschien beperken. Veel suiker in een gerecht kan echter zo gaan overheersen, dat men geen moeite hoeft te doen, de zoetheid te proeven. In een matig zoet gerecht moet men de zoetheid bewust proeven tussen de andere smaken, die zo ook tot hun recht komen.

Een zoetmiddel verhoogt evenals zout de smaak van een voedingsmiddel, een beetje suiker kan de smaak van een gerecht afronden. Bij gebak en sommige toespijzen wordt verhoudingsgewijs veel suiker gebruikt, maar noch het een noch het ander wordt iedere dag gegeten. Ongeraffineerde zoetmiddelen hebben belangrijke voordelen boven witte kristalsuiker: zij bevatten veel meer mineralen en kalk. Dat neemt niet weg dat ongeraffineerde zoetmiddelen even slecht zijn voor de tanden als geraffineerde.
Wij hebben geprobeerd onze recepten met een minimum aan suiker samen te stellen. Wie onze gerechten en baksels niet zoet genoeg vindt, kan in het begin meer zoetmiddel gebruiken en de hoeveelheid in de loop van de tijd verminderen. U zult hieraan, net als met het verminderen van zout, op den duur wennen en zo behalve 'zoet' ook de andere smaken van zoete gerechten beter proeven, zoals de smaak van verschillende granen, vruchten, kruiden, enzovoort.
Tot de zoetmiddelen rekenen we: kristalsuiker, ongeraffineerde rietsuiker, suikerbietenstroop, appel- en perenstroop, appel- en perendiksap, dadelstroop, ahornsiroop, moutstroop, rijststroop (amasake), gedroogde vruchten en honing. In de *Produktinformatie* worden de afzonderlijke zoetmiddelen behandeld. Voor het gebruik van zoetmiddelen verwijzen we naar de hoofdstukken *Versnaperingen*, *Zoete graangerechten*, *Nagerechten* en *Gebak*.

Mineralen, enzymen en vitaminen

Het *mineraal* als bestanddeel van de voeding staat het verst van de mens af. Puur mineraal is niet verteerbaar en zou de mens ziek maken; alleen keukenzout gebruiken we dagelijks in kleine hoeveelheden in het eten. Dit smaakt ons goed en het is noodzakelijk voor het menselijk organisme.
De andere mineralen krijgen we binnen via plantaardig en dierlijk voedsel. Het is van belang voor de kwaliteit van het voedingsmiddel dat de plant in de gelegenheid is in een goede bodem een rijk wortelstelsel te ontwikkelen, waardoor zij de mineralen beter kan opnemen.

Er wordt een onderscheid gemaakt tussen mineralen en *spoorelementen*: van mineralen zoals kalk, kalium, magnesium, zink, ijzer, natrium en chloor zijn de hoeveelheden die een mens ervan nodig heeft meetbaar; van de spoorelementen (onder andere kobalt, koper, seleen) zijn slechts uiterst kleine hoeveelheden nodig in de voeding.

Eiwit kan niet worden opgebouwd zonder mineralen. *Enzymen* zijn ook eiwitten en zijn dus afhankelijk van mineralen en spoorelementen. Enzymen hebben een regulerende functie, waarbij ze elkaar aanvullen of afremmen. Ze helpen een evenwichtstoestand in de lichaamsprocessen tot stand te brengen.

Veel enzymen bestaan uit twee bestanddelen: een eiwitgedeelte en een activerend niet-eiwitgedeelte: het co-enzym. Slechts samen zijn ze werkzaam: het co-enzym past als een sleutel in het slot (enzym). Het co-enzym is vaak een *vitamine*; ook vitaminen moeten met de voeding worden opgenomen. Algemeen gezegd spelen vitaminen een grote rol bij de omzetting van de voeding tijdens de stofwisseling.

In een gevarieerde voeding met olie en zuivelprodukten, gecombineerd met goed geteelde granen, groenten en fruit, waarbij gelet wordt op versheid en een goede bereidingswijze zal u zich geen zorgen hoeven te maken over een mogelijk tekort aan deze stoffen, ook als u geen vlees eet. Zie ook onder 'dierlijk voedsel op blz. 25.

Belangrijk is dat u:
- groente en rijp fruit vers en ongesneden koopt en koel bewaart
- elke dag wat rauwe groente en/of fruit eet
- groente alleen schilt als dit nodig is
- roestvrij stalen raspen gebruikt en groente en fruit zo kort mogelijk voor het eten snijdt, raspt of perst
- groente en fruit niet langer kookt dan nodig is, ze niet warm houdt en eventueel van de weggesneden groentedelen bouillon trekt
- het kookwater van groente (behalve nitraatrijke groenten), peulvruchten en deegwaren voor soepen en sauzen gebruikt
- aardappelen dun schilt of in de schil kookt
- zoveel mogelijk volkorenprodukten en ongeraffineerde zoetmiddelen gebruikt
- zoveel mogelijk biologisch-dynamisch of biologisch geteelde produkten koopt.

Fruit

Dat vruchten een zoete bron van vitaminen en mineralen zijn, is alom bekend. Minder bekend is misschien, dat deze stoffen in de vruchten in een optimaal opneembare vorm, in een samenspel met enzymen, aromastoffen, zuren en suikers ter beschikking staan.

Om de vaak lange aanvoerroute zonder schade te kunnen doorstaan, moeten vooral de zachte fruitsoorten vaak in een nog niet voldoende rijp stadium worden geplukt.

Het lekkerst en meest waardevol zijn echter de rijpe vruchten, ze zijn als het ware een opslagplaats voor zonnewarmte. Deze innerlijke warmte, samen met het aroma en de zoetheid, werkt versterkend en harmoniserend op ons organisme, vooral op de stofwisselingsorganen (onder andere de lever). Voor mensen met een wat zwakke stofwisseling is zorgvuldig, kort gestoofd fruit beter te verdragen (rauwe vruchten of groenten die in de namiddag of avond worden gegeten, kunnen bij hen 's nachts in de in rust zijnde darmen gaan gisten). Dit geldt vooral voor appels, peren en steenvruchten.

Eet fruit nooit ijskoud, maar op kamertemperatuur. Behalve dat de fruitsmaak zo beter tot zijn recht komt, kunnen ook de maag, de darmen en de blaas er beter mee overweg.

Bewaar fruit op een koele, niet te droge plaats en zo mogelijk niet in dezelfde kist, kast of ruimte als de aardappelen. Beide geven gassen af, die elkaar slecht verdragen. Ethyleengas van bij voorbeeld appels doet de aardappels sneller uitlopen. Leg alleen zoveel fruit op de fruitschaal als u binnen twee dagen opmaakt.

Bijna al onze inheemse fruitsoorten behoren tot de grote familie der roosachtigen. De roosachtigen zijn met hun ingehouden schoonheid typerende gewassen van onze gematigde streken. Als u een appel (Jonathan) overdwars doormidden snijdt en van een van de helften weer een dun plakje snijdt, ziet u in dit appelschijfje, als het gaat oxideren, de vorm van de bloesem verschijnen (tegen het licht houden): de vijf kamertjes met de pitjes, in het vruchtvlees eromheen de vijf bloemblaadjes. De roosachtigen houden zich aan hun wetmatigheden, maar dan op een welhaast verborgen manier.

Om goede vruchten te kunnen dragen, hebben de roosachtigen winters met ten minste enkele nachtvorsten nodig. Daarom worden er in de tropen geen appels en peren geteeld en groeien er geen wilde rozen.

In deze vriendelijke plantenfamilie vinden we geen giftige planten – alleen de pitten, vooral van steenvruchten (abrikoos, amandel), bevatten in meer of mindere mate het bitter smakende *blauwzuur*. Die pitten liggen echter veilig opgeborgen in een harde schaal en zijn daardoor onschadelijk voor mens en dier. Het klokhuis van de appel kunt u rustig ook opeten.

Behalve veel *suiker* (in een makkelijk opneembare vorm door de combinatie met andere in de vruchten aanwezige stoffen) bevatten sommige roosachtigen ook *looizuur*. Als u ooit tijdens een herfstwandeling in het bos een veel looizuur bevattend sleepruimpje heeft geproefd, dan weet u hoe enorm samentrekkend (en het organisme versterkend) deze stof werkt.

Ons inheems biologisch-dynamisch of biologisch geteelde fruit is, mits rijp geplukt, rijk genoeg aan vitaminen en mineralen om ons het hele jaar door in voldoende mate van deze stoffen te voorzien. Een goed rijpe, inheemse appel kan het in dit opzicht (voor de jaarwisseling) opnemen tegen een buitenlandse sinaasappel.

Tropisch fruit

Bananen, ananassen, avocado's, mango's en granaatappels zijn tegenwoordig ook in natuurvoedingswinkels verkrijgbaar. De meerprijs die we voor het biologisch geteelde tropische fruit in natuurvoedingswinkels moeten betalen, is een zinvolle vorm van ontwikkelingshulp die we derde-wereldlanden kunnen bieden. De opbrengst van deze produkten komt immers werkelijk ten goede aan de producenten (kleinschalige en milieuvriendelijk werkende bedrijven).

Goed rijpe tropische vruchten zijn zo aromatisch en sappig, dat ze zo te eten zijn.
In de hoofdstukken *Conserveren*, *Voorgerechten*, *Nagerechten*, *Garneringen* en in de *Produktinformatie* vindt u meer informatie over behandeling en verwerking van fruit.

Samenvatting

We betrekken ons voedsel uit drie natuurrijken: het mineralenrijk, het plantenrijk en het dierenrijk. De voedingsmiddelen uit elk van deze rijken oefenen een eigen invloed uit op de mens.

Als puur *mineraal* verdragen we alleen het keukenzout, dat in kleine hoeveelheden onder andere essentieel is voor de instandhouding van onze vochthuishouding. De andere mineralen en spoorelementen zoals ijzer, calcium en magnesium, kunnen niet in hun pure vorm worden opgenomen. We vinden deze stoffen dan ook ingebed in onze voedingsmiddelen (melk, granen, vruchten, enzovoort).

Planten zijn de voedingsbron bij uitstek voor mens en dier.
Onderzoek heeft uitgewezen dat een plantaardige voeding, aangevuld met melk en melkprodukten en eventueel een matig gebruik van eieren, een verantwoord samengestelde voeding is. Een in hoofdzaak plantaardige voeding heeft een activerende werking: aan het zich eigen maken van uit planten afkomstige voedingsstoffen kan het menselijk organisme zich oefenen en sterker worden.

Bij *dierlijk* voedsel onderscheiden we zuivelprodukten en eieren, waarvoor het dier niet gedood hoeft te worden, en vlees (vis, gevogelte). Dieren hebben hun plantaardig voedsel omgezet in vlees, waardoor er voor de mens niet zoveel activiteit meer nodig is voor de vertering ervan.
Het is gebleken dat het overmatig consumeren van eiwitrijke voedingsmiddelen zoals vlees, kaas, kwark, eieren en noten, een belasting vormt voor het organisme, onder andere voor de nieren. Evenals met vet is het hier een kwestie van 'niet te veel': een matig gebruik van vlees kan ook gezond (en lekker) zijn.

Kruiden, specerijen en smaakmakers

Zien, ruiken en proeven

Wanneer we hongerig aan tafel gaan, komen, nog voordat we een hap in onze mond gestoken hebben, onze zintuigen in actie. Vlug gaan onze ogen tastend rond over de gedekte tafel om te registreren wat er allemaal opstaat en of het er aantrekkelijk en smaakvol uitziet. We snuiven de geuren op...
Is het niet merkwaardig, dat we ons hiervoor nauwelijks kunnen afsluiten? Ook niet voor het waardeoordeel dat een geur begeleidt of de oude, lang vergeten herinnering die opeens naar boven komt? Een bepaald geurtje kan een beeld uit de jeugd haarscherp voor de geest toveren – bij voorbeeld de zitkamer van oma. Dit alles gaat helemaal buiten ons bewustzijn om.

Door het omgaan met kruiden, in het ideale geval al in de tuin, maar ook in het toepassen, onderscheiden en combineren ervan in de keuken, gaat een wereld van verrassende geuren en smaken open. Er ontstaat een gevoel voor echt en namaak en het kwaliteitsbesef wordt versterkt.

Door te eten beleven mens en dier zichzelf. Deze beleving heeft voornamelijk betrekking op gevoelens en begeerten; niet zozeer het bewustzijn wordt aangesproken, als wel de beleving.
Een stap verder is het bewuste proeven. Alleen mensen kruiden hun voedsel – dieren wijzen gekruid voedsel zelfs af. Door te koken, fruiten, bakken enzovoort aromatiseren we ons voedsel eveneens. Bewust proeven roept een persoonlijke betrokkenheid op; we moeten stelling nemen: willen we dit of juist niet? Bewust proeven stimuleert de wil het verteerde voedsel, dat via de darmwand met ons bloed binnenstroomt actiever ten eigen dienste te gebruiken en wat niet past onschadelijk te maken en uit te scheiden.
Chemisch gemaakte geur- en smaakstoffen zijn niet in een natuurlijk wordingsproces ontstaan, zoals bij de jeneverbes in noordelijke streken of bij de kruidnagel in tropische gebieden het geval is. Pas in bes of knop vormt zich daar een vleugje aroma. In vergelijking met de omvang van het plantenrijk zijn het maar enkele planten die dit volbrengen.

Kortom: met het aandachtig kruiden van ons voedsel stimuleren we onze spijsvertering en we worden er mede door geactiveerd de voedselopname in goede banen te leiden.

De smaak en de reuk die we ontwikkelen, worden voor een groot deel bepaald door de samenleving, het klimaat en de persoonlijke en culturele achtergronden.
In oude, traditionele recepten koos men vaak intuïtief de juiste kruiden, meestal passend bij het karakter van het jaargetijde. In traditionele Italiaanse gerechten wordt bij voorbeeld de koele, waterige tomaat aangevuld met tijm, oregano of rozemarijn, echte 'warmte'kruiden. En zo vraagt de zoutige, uit de kille klei getrokken knolselderij als het ware erom, 'verwarmd' te worden door toevoeging van zongerijpt venkelzaad of door bakken in olie.

Al in de oudheid werden vier smaakcategorieën onderscheiden:
Zoet geeft een warm, behaaglijk en rond gevoel;
Zout maakt de smaak duidelijk en helder, wekt op tot beter proeven. Te veel zout echter stompt de smaakwaarneming juist af;
Zuur, bij voorbeeld wat citroensap, laat de geuren beter een eenheid vormen, met elkaar combineren. Vaak is het net dat wat er nog ontbreekt aan de gewenste smaak;
Bitter trekt samen; het is een smaaknuance, die alleen in hoge verdunning bijdraagt aan een goede smaak (andijvie, amandelen).

Kruiden en specerijen

Kruidenplanten onderscheiden zich van andere plantesoorten door de grote hoeveelheid geurige stoffen die ze niet alleen tijdens de bloei, maar ook in wortel, blad, bast en zaad vormen.
Algemeen is het zo, dat *specerijen* afkomstig zijn uit warme, meestal zelfs tropische streken van de aarde en dat de *tuinkruiden* vooral in onze gematigde streken groeien.

Kruiden en specerijen 27

Tuinkruiden

Tuinkruiden hebben een mild stimulerende werking op ons organisme. We kunnen er dagelijks veelvuldig gebruik van maken; vooral de vers geplukte tuinkruiden zijn een bron van vitaminen. Ook de zaden van tuinkruiden worden vaak als kruiderij gebruikt (bij voorbeeld venkel en dille).

venkel   *salie*   *gember*

Tot de familie van de **schermbloemigen** (Umbelliferae) behoren zowel groenteplanten (wortelen, knolselderij en peterseliewortel, zie hiervoor het hoofdstuk *Groente*) als kruidenplanten: **bladselderij, peterselie, venkel, dille, kervel, karwij, koriander, anijs, komijn, lavas** en **engelwortel**. Deze kruiden lichten de smaak op. Ze worden graag gebruikt bij wat massievere groenten (karwij bij kool, dille bij komkommer, koriander bij pompoen).

Veel kruidenplanten behoren tot de **lipbloemigen** (Labiatae). Zo kennen we de muntsoorten (onder andere **pepermunt** en **kruizemunt**), **citroenmelisse** en de minder bekende **monarda (bergamot)**. Voorts **rozemarijn, tijm, lavendel, hysop, bonekruid, oregano, marjolein, basilicum** en **salie**. Vooral de laatstgenoemde soorten voelen zich speciaal thuis in het Middellandsezeegebied. Het zijn warmteminnende, laagblijvende, wat droge planten, soms struikjes, die nauwelijks sappig zijn en zeer snel houtig worden. Op warme dagen kan het hele gebied waarin ze groeien doortrokken zijn van hun kruidige of zoete geur.
De geurige oliën vormen zich bij deze planten niet zozeer in het zaad als wel in de blaadjes, die bij alle soorten paarsgewijs kruiselings langs de stengel staan.
Deze kruiden hebben een verwarmende werking en worden graag gebruikt om bij voorbeeld meloen (munt), tomaten en aubergines (oregano, basilicum) te kruiden. Deze 'vruchtgroenten' worden immers niet zo rijp en zoet als gewone vruchten.

Bieslook behoort tot de familie van de **lelieachtigen** (Liliaceae). Het kruid heeft een verfijnde zwavelgeur, die verdwijnt door koken en drogen.

Specerijen

Specerijen hebben een vrij sterke, activerende werking op ons organisme en zouden daarom niet gedachteloos in elk gerecht moeten worden gebruikt, vooral wanneer er ook jonge kinderen en mensen met een gevoelige spijsvertering meeëten.

Gember, kardamom, galangwortel (laos) en **geelwortel** of **kurkuma (koenjit)** zijn **gemberachtigen** (Zingiberaceae), waarvan de wortelstok (en van kardamom het zaad) als smaakmaker wordt gebruikt.

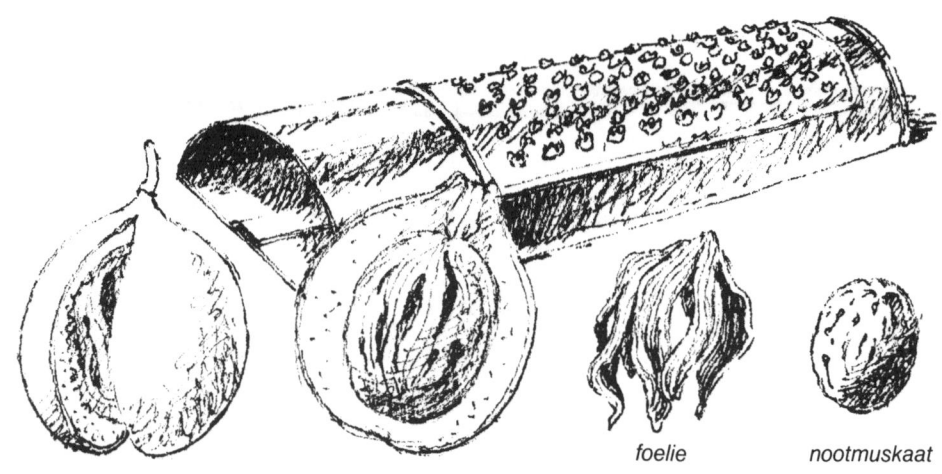

foelie   *nootmuskaat*

splijten van een vanillestokje

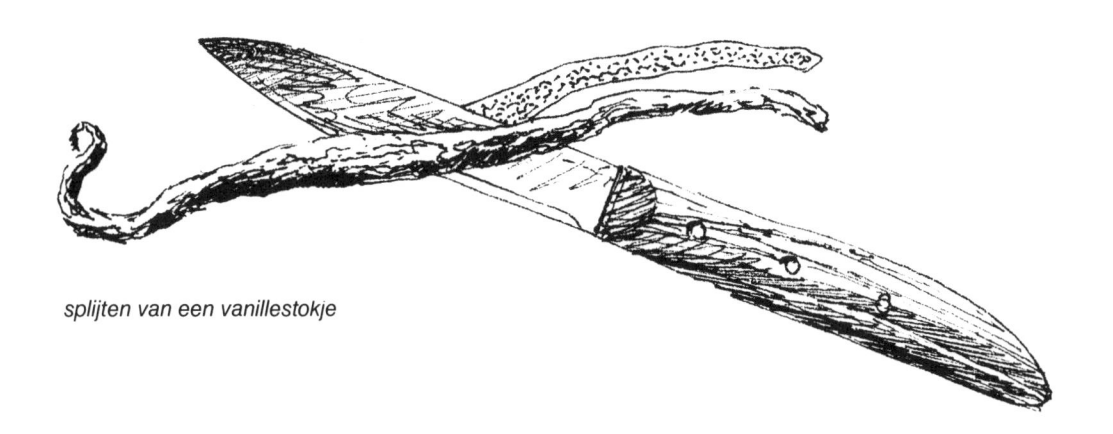

Kaneel, kassia, laurier en **salamblad** (Indonesische laurier) behoren tot de **laurierachtigen** (Lauraceae). Deze specerijen ondersteunen de eigen smaak van het gerecht.

De **mirtenfamilie** (Myrtaceae) levert ons **kruidnagel, piment (allspice)** en **eucalyptus**. Het zijn bomen met zeer stevig, hard hout. Deze verhardingstendens zetten ze tijdens de bloei om in zeer vurige oliën. Bij de eucalyptus gebeurt dit al in het hout, waaruit men door destillatie de bekende eucalyptusolie wint.
Een harde, koele groente als rode kool kruiden we graag met piment of kruidnagelen, waardoor zij minder zwaar verteerbaar wordt. Enkele van deze kruiden vormen ook een belangrijk bestanddeel van kruiden voor koek en speculaas, waarvan we in de winter genieten.

Muskaatnoten (*Myristicaceae*) groeien als vruchten aan grote bomen. In rijpe toestand splijten ze open en wordt de pit zichtbaar, die is omhuld door een rood, netvormig, dik vlies. In de pit zit een kern verborgen: de muskaatnoot; de rode zaadrok is de **foelie**. Eén vrucht levert ons dus twee specerijen tegelijk.
Foelie is een sterk overheersend kruid, dat u voorzichtig moet doseren. Zowel nootmuskaat als foelie hebben dezelfde aard als kruidnagel en piment. Voor het trekken van vlees- en visbouillon is foelie onmisbaar.

Witte en zwarte peper (*Piper nigrum*) worden beide gewonnen uit de bessen van dezelfde klimopachtige plant, waaraan ze in lange trossen groeien.
De **zwarte peper** wordt geplukt terwijl de bessen nog niet helemaal rijp zijn; de bessen worden met schil en al gefermenteerd.
Witte peper wordt geheel rijp geoogst, als de bessen rood beginnen te kleuren. Ze worden in zakken verpakt ruim een week in stromend water gelegd en daarna gestampt tot de buitenste schil loslaat. Wat overblijft zijn de lichtgele tot grijze korrels, die we als witte peper kennen. Hierdoor is de smaak van witte en zwarte peper verschillend. Witte peper behoudt in gemalen toestand zijn geur beter, maar zwarte peper is, vers gemalen, voller van smaak. Het gebruik van peper in een volwaardige voeding is omstreden. Wees er voorzichtig mee en gebruik geen peper voor mensen

met een gevoelige maag of huidaandoeningen – of zet de pepermolen op tafel zodat iedereen zichzelf kan bedienen. In gerechten met vlees, peulvruchten en kool is peper het meest op zijn plaats.

Echte **vanille** heeft een bijzonder fijne, meer accentuerende dan overheersende smaak. Voor het gebruik wordt het vanillestokje overlangs opengesneden, de zaadjes eruit gekrabd en alles met het gerecht meegekookt. Waar dit niet mogelijk is kunt u alleen de zaadjes of het in het gebruik wat minder prijzige vanillepoeder gebruiken, dat gemaakt is van de gemalen hele vanillepeul. Een uitgekrabd vanillestokje kunt u in een potje met kristalsuiker stoppen; de suiker conserveert en neemt de smaak van de vanille op. U kunt het stokje daarna nog gebruiken om uit te koken en de suiker wordt echte *vanillesuiker*.

Jeneverbessen (Juniperus communis) zijn afkomstig van een laag, struikachtig inheems dennetje, dat op onze heidegronden groeit, maar ook in de Alpen tot 3000 meter hoog. De eerst groene en daarna zwarte bessen hebben drie jaar nodig om te rijpen. Het aroma is dan ook zeer kruidig, met een bittere nasmaak, en doet aan dennen denken.
Jeneverbessen worden gebruikt in zuurkool, bouillon, marinades en broodsoep. De harde bessen worden in de gerechten meegeweekt en zo lang mogelijk meegekookt, anders eerst wat gekneusd, zodat zij hun smaak goed kunnen afgeven.
Jeneverbessen hebben een sterk verwarmende werking (vanouds een vast bestanddeel in hoestdranken).

Gebruik van kruiden in de keuken

Een paar vuistregels:

meekoken:
- wortels (laos, gember, enzovoort)
- stengels, bast (afval van kruiden, kaneel)
- harde bladeren (laurier, wat oudere rozemarijn)
- zaden (anijs, koriander, jeneverbessen, enzovoort)

van het vuur af laten meetrekken of toevoegen voor het nawellen:
- gedroogde bladkruiden (oregano, tijm, enzovoort)

vlak voor het opdienen toevoegen:
- verse groene kruiden (bieslook, peterselie, kervel, basilicum, lavas, enzovoort)

Gebruik niet meer dan 2-3 verschillende kruiden in een gerecht, anders weet u niet meer wat u proeft (enkele buitenlandse gerechten en sommige gebaksoorten uitgezonderd).

Bewaar specerijen en gedroogde kruiden in glazen potjes op een koele en vooral donkere plaats. Let bij de aankoop op de versdatum en ververs de bladkruiden elk seizoen (gebruik overjarige kruiden voor een kruidenbad).
Pluk verse tuinkruiden zo kort mogelijk voor het gebruik. Zodra u de geplukte kruiden in een

vaasje doet om ze te bewaren, beginnen ze hun geur en smaak te verliezen. Pluk liefst de toppen van de plant, dit stimuleert de vorming van zijtakken.
Als u zelf geen kruidentuin heeft, maar toch op een vertrouwd adres regelmatig verse kruiden kunt kopen, kunt u het gedeelte van het bosje, dat u niet binnen een week denkt te gebruiken, meteen drogen. De rest bewaart u als volgt:
Was de kruiden alleen indien nodig. Sla ze goed uit (slacentrifuge of theedoek) en pluk of knip er de blaadjes voorzichtig vanaf. Doe ze dicht op elkaar in een jampot (niet al te veel proppen en beslist geen water erbij doen). Schroef de pot dicht en zet hem in de koelkast. Op deze manier blijven groene kruiden ten minste een week goed en behouden hun smaak beter dan wanneer ze als een bosje bloemen in een vaas staan.
Bieslook kunt u moeilijk op deze manier bewaren. Koop hiervan desgewenst een polletje in een pot en zet de pot op de vensterbank. Knip de bieslook altijd 5 cm boven de wortel af; in de buisjes die blijven staan groeit de volgende oogst. Bij een overvloedige oogst uit eigen tuin kunt u de bieslook fijnknippen en in een gesloten bakje (losjes gevuld) in het vriesvak bewaren. Gebruik er telkens kleine hoeveelheden van.
Kruiden kunt u ook een tijdje conserveren in olie (*pesto*) of boter (*kruidenboter*).

Smaakmakers

Met kruiden en specerijen, zout, zoetmiddelen, azijn en andere zuren, evenals met cacao en andere natuurlijke smaakmakers kunnen we ons voedsel een bepaalde nuance geven, die het zelf niet heeft. Dit is een kunst die nogal wat ervaring en vooral tijd en rust vraagt. Aan het laatste hebben velen van ons gebrek en dit zou wel eens (naast het feit dat de voedingsmiddelen steeds smakelozer zijn geworden) de belangrijkste reden kunnen zijn, waarom het assortiment kant-en-klare smaakmakers zo is uitgebreid: van de eenvoudige maggiblokjes via de vele soorten sojaprodukten tot en met de meest geraffineerde sausjesmixen. In de levensmiddelenindustrie wordt bovendien op grote schaal gebruik gemaakt van de smaakversterker *glutaminaat* (aromat en ve-tsin), waardoor wij al zo gewend geraakt zijn aan deze op chemische wijze verkregen stof, dat we met natuurlijke smaken bereid voedsel gauw saai vinden. Wie echter de moeite neemt een tijdje consequent alle kunstmatige smaakmakers te vervangen door natuurlijke, zal op den duur ook de fijne smaaknuances van de voedingsmiddelen zelf gaan proeven en waarderen. Bovendien is het zo, dat goed geteelde en behandelde produkten gewoon meer smaak hebben, waardoor mer minder afhankelijk is van smaakversterkers.
In onze recepten hebben we geprobeerd alleen met natuurlijke smaakmakers een lekker resultaat te krijgen, waarbij we ook hiermee spaarzaam omgaan. In het begin zullen voor sommigen de gerechten niet pittig (zout of zoet) genoeg zijn. De meest voor de hand liggende oplossing is dan meer kruiden, zout of zoetmiddelen dan in het recept is aangegeven, te gebruiken en pas als dit niet voldoet naar bouillonblokjes of -poeder te grijpen.
Er zijn in natuurvoedings- en reformwinkels goede kant-en-klare smaakmakers te koop, zoals de sojaprodukten tamari, shoyu en miso, de gistextracten Reformite en Vitam-R en vegetarische bouillonblokjes (zie de *Produktinformatie*). Omdat al deze produkten veel zout bevatten, moet u hiermee rekening houden bij het gebruik ervan in onze recepten en de daar genoemde hoeveelheid zout verminderen of helemaal weglaten.

Keukeninventaris

Goed gereedschap is het halve werk, bespaart tijd en ergernis, voorkomt mislukken van recepten en gaat een leven lang mee. Het beste gereedschap voor een redelijke prijs krijgt u in zaken, waar ook de horecabedrijven hun inkopen doen.

Warmtebronnen

Van de boven het open vuur geroosterde lamsbout en het op een hete steen gebakken brood in de prehistorie tot aan de magnetronoven en de keramiekplaat in onze tijd ligt een lange weg. Een weg die ons leidt van hout via kolen, gas en elektriciteit naar microgolven.
Tot in de negentiende eeuw at de gewone man maar één gerecht per maaltijd, dat hij in een gietijzeren pot of koekepan boven het open vuur kookte of bakte. Alleen de bakker had een oven, of er was een gezamenlijke oven in het dorp. Pas met de komst van de eerste fornuizen werd het mogelijk, verschillende gerechten tegelijk gaar te koken. Deze eerste fornuizen werden met hout of kolen gestookt – pas aan het einde van de negentiende eeuw werd er, vooral in de steden, gas en kort daarop ook elektriciteit voor gebruikt. De jongste ontdekking op dit gebied is de toepassing van microgolven.

Voedingsmiddelen worden smakelijker en beter verteerbaar door ze te bakken of te koken. De meeste plantaardige voedingsmiddelen (behalve vruchten, noten en zaden) worden geoogst voordat ze werkelijk rijp zijn. Het koken van deze voedingsmiddelen zouden we als een soort narijpen kunnen zien: niet in de warme zon buiten, maar in de pan op een door de mens bedachte warmtebron, die als het ware de zonnewarmte moet vervangen.
Hout is evenals elke andere plant tot materie geworden zonnewarmte; ook van kolen, aardgas en olie, die immers allemaal plantaardig van oorsprong zijn, kunnen we hetzelfde zeggen.
De uit kolen, gas of olie (of water) gewonnen elektriciteit staat alweer wat verder van de zonnewarmte af.
Dat geldt helemaal voor microgolven, die de deeltjes in de voedingsmiddelen zodanig in beweging brengen, dat ze zichzelf door de hierbij ontstane wrijving verhitten. Deze beweging wordt hun opgedrongen en is hun van nature vreemd; de structuur die het leven in het 'levensmiddel' aanbracht wordt daardoor veranderd. De invloed van deze straling op levensmiddelen en mensen (lekstraling) en ook het gedrag van sommige bacteriën is nog onvoldoende onderzocht om een gefundeerd oordeel te kunnen geven over **magnetronovens**. Zeker is dat zij vooral het gemak dienen van koks en eters die weinig tijd hebben, dat ze duur zijn in aanschaf en beperkt in het gebruik: ze kunnen gaspit of kookplaat noch oven helemaal vervangen.
Niemand verlangt terug naar het moeilijk regelbare houtvuur, waarop alleen ervaren koks en kooksters goed eten konden klaarmaken. Het andere uiterste is echter machinaal geoogst, in de voedingsindustrie verwerkt, diepgevroren en in de magnetronoven opgewarmd, in een kantine haastig naar binnen gewerkt voedsel.
In de praktijk zullen we, afhankelijk van onze situatie en persoonlijke mogelijkheden moeten

zoeken naar wegen om ons voedsel zo natuurlijk mogelijk op tafel te brengen. Dit zal de ene dag beter lukken dan de andere. Zo kan een op een elektrisch plaatje opgewarmd blikje soep, met een beetje fantasie gekruid en met zorg en toewijding opgediend, ons toch (innerlijke) warmte geven.

Zonder dieper te willen ingaan op alle in een showroom te bezichtigen kookapparatuur willen we toch een paar gedachten even op een rijtje zetten:
De keuze tussen gas of elektriciteit is veelal een gevoelsmatige of wordt door traditie en omstandigheden bepaald.
Gas is energiezuiniger (elektriciteit wordt via een omweg met behulp van gas of olie opgewekt), goedkoper in het gebruik en de vlam is fijner (en met direct resultaat) te regelen dan de elektrische kookplaat.
Een **elektrisch** fornuis is schoner dan gas (minder vetaanslag en vocht in de keuken), een gladde plaat is makkelijker schoon te houden dan een gasbrander. De vlam kan bij een elektrisch fornuis niet in de pan slaan.
Op een elektrische plaat met een ingebouwde thermostaat kunnen gerechten met een lange kooktijd zonder omkijken sudderen. In een gasbakoven krijgt uw brood een mooiere korst en de bodem van de groentetaart bakt makkelijker krokant dan in een elektrische turbo- of heteluchtoven. Het gebak droogt hierin ook meer uit. Voordeel is wel dat u meer dan een bakplaat tegelijk kunt bakken, wat energie bespaart.
Omdat de propeller in de heteluchtoven ruimte inneemt, is de bakplaat kleiner dan in een gewone elektrische of gasoven.
Met een gas/elektrofornuis kunt u op gaspitten koken en in een elektrische oven bakken.
De recepten in dit boek zijn zowel op gaspitten en in gasovens getest als op elektrische platen en in elektrische fornuizen.

Pannen

De eisen die we aan een goede pan moeten stellen zijn:
- het materiaal moet duurzaam zijn en mag geen schadelijke stoffen afgeven op ons voedsel (zuurbestendig)
- de vorm moet energiebesparend zijn: goede warmtegeleiding van de bodem, een goed sluitend deksel
- materiaal én vorm moeten zodanig zijn, dat de pan makkelijk schoon te houden is
- de pannen moeten goed stapelbaar zijn (oren niet te laag)
- een dikke bodem is onmisbaar bij het koken op een elektrisch fornuis en (ook op een gasfornuis) voor het smoren van groenten en het koken van granen
- tot slot wil het oog ook wat.

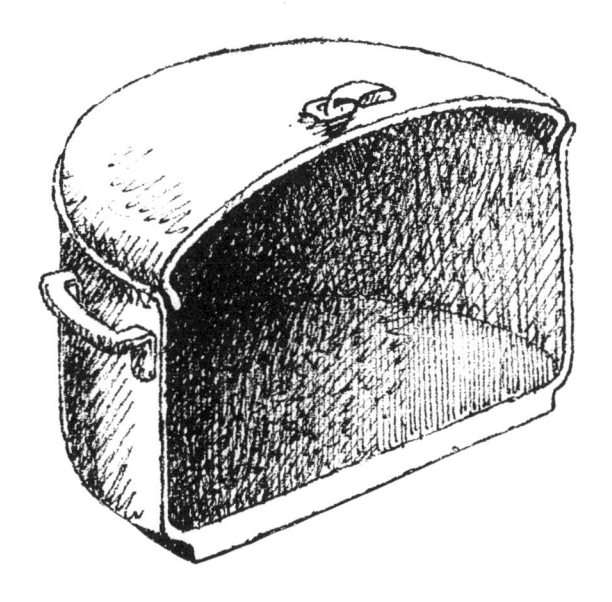

Het bovenstaande in aanmerking genomen, vallen koperen en aluminium pannen en de van een anti-aanbaklaag voorziene pannen al af (zij oxideren, respectievelijk laten siliconen los).
Een zeer goede kwaliteit emaille pan (als u op elektrische platen kookt voorzien van een speciale warmtegeleidende bodem) maakt al een betere kans. U moet er wel voorzichtig mee omgaan; elk stootplekje, waarvan de emaillelaag is afgebladderd, is een bron van roest, waardoor de pan niet meer zuurbestendig is.
Een goede kwaliteit roestvrij stalen (r.v.s.) pan kan tegen een stootje en geeft geen stoffen af aan het voedsel (goedkope of dunne, lichte, roestvrijstalen pannen zijn ook niet zuurbestendig). Het gladde oppervlak is gemakkelijk schoon te houden en de pan is ondanks de dikke bodem verhoudingsgewijs licht.
Gietijzeren en glazen pannen zijn kwalitatief ook goed; bij gietijzer is de zwaarte van het materiaal een nadeel en bij glas de breekbaarheid.

Van het materiaal naar de vorm: vooral voor pannen die op een elektrische plaat moeten staan is een platte, dikke bodem, die ook bij grote hitte (roosteren) niet krom trekt, belangrijk. Een bol staande bodem, ook al scheelt het maar een millimeter, kan de warmte van de plaat onvoldoende overnemen, waardoor energieverlies optreedt. Omdat een dikke bodem de warmte gelijkmatig over het héle oppervlak van de bodem verdeelt, is dit ook van belang voor wie op gas kookt; de kans op aanbranden is kleiner dan in een pan met een dunne bodem.
Wie op elektrische platen kookt, moet de doorsnee van de pan aanpassen aan de doorsnee van de kookplaten. Een iets té grote pan is dan minder erg dan een te kleine (onnodig warmteverlies).
Een goed sluitend deksel heeft een rand, die in de pan valt en een bolle vorm (zie tekening). Hierdoor kan het verdampende kookwater weer in de pan teruglopen en is de kans op aanbranden kleiner.
Pannen die zo mooi zijn dat u ze op door-de-weekse dagen zo van het fornuis op tafel kunt zetten, houden het eten warm en besparen afwas.
Informeer of knoppen en handgrepen te vervangen zijn. Ovenbestendige handgrepen (bijvoorbeeld van hetzelfde materiaal als de pan) maken het mogelijk, de pan ook eens in de oven te schuiven.
Al met al is een pan, die aan de bovengenoemde eisen voldoet, niet goedkoop. Hij zal echter een leven lang meegaan, het koken vergemakkelijken en daardoor zijn prijs waard zijn.

Lijst van keukengereedschappen

- **pannen** die aan bovengenoemde kwaliteitseisen voldoen
- een **steelpannetje** dat voldoet aan de kwaliteitseisen voor pannen, liefst met een deksel (sauzen)
- een **koekepan** met een dikke bodem van roestvrij staal, met een wafelbodem of van gietijzer (is vrij zwaar). Met bijpassend deksel heeft u een pan voor meerdere doeleinden
- een **braadpan** als u vlees eet
- een **sudderplaatje** als u op gas kookt

- een roestvrij stalen **treefje**
- 1-2 **deegkommen** van steen of duurzaam plastic, of glazen schalen
- een **litermaat** van duurzaam materiaal
- een klein **maatbekertje** met duidelijke maatstrepen
- een set **maatlepels**
- een **keukenwekker**
- een **weegschaal** met een duidelijke aanduiding voor de eerste 100 gram en zo mogelijk een platte bovenkant waarop u ook uw eigen deegkom of pan kunt zetten
- **houten lepels** van een harde houtsoort (beuken), waarvan één met een gat erin. Reserveer (markeer) een van de lepels voor zoete gerechten
- een **pannekoeksmes** (bakspatel), met buigzaam lemmet
- een **soeplepel**
- een **schuimspaan**
- een **pureestamper**
- een **grote garde**, liefst met soepele, roestvrij stalen draadlussen
- een **kleine garde** (voor sausjes)
- een soepele **pannelikker**
- 1-2 stevige **vorken** van roestvrij staal
- 1-2 stevige **lepels** van roestvrij staal
- een grote **huishoudzeef** van roestvrij staal of een goede kwaliteit plastic
- een **vergiet**
- een **theezeefje**
- een **roerzeef** met verwisselbare schijven
- een **fijne rasp** van roestvrij staal
- een **groentemolen** met verwisselbare schijven of trommels van roestvrij staal (ook te gebruiken voor het malen van kaas en noten)
- een klein **komkommerschaafje**
- eventueel een **koolschaaf**, liefst van een harde houtsoort
- een **groot mes** zonder kartels (lemmet ca. 20 cm), voor groente en brood
- een **klein mes** zonder kartels (lemmet ca. 10 cm) voor uien en kruiden
- eventueel een **hakmes** (recht of krom)
- een **dunschiller**
- een **keukenschaar(tje)**, onder andere voor kruiden
- een **slijpsteentje** (carborundumsteen, verkrijgbaar in de ijzerwinkel) of **aanzetstaal**
- een **deegspatel**
- een **citruspers**
- een **vijzel** (steen of porselein met een ruwe binnenkant)
- een flinke **houten plank** (ca. 25x35 cm) van een harde houtsoort (beuken). Gebruik de ene kant voor groente, de andere voor fruit.

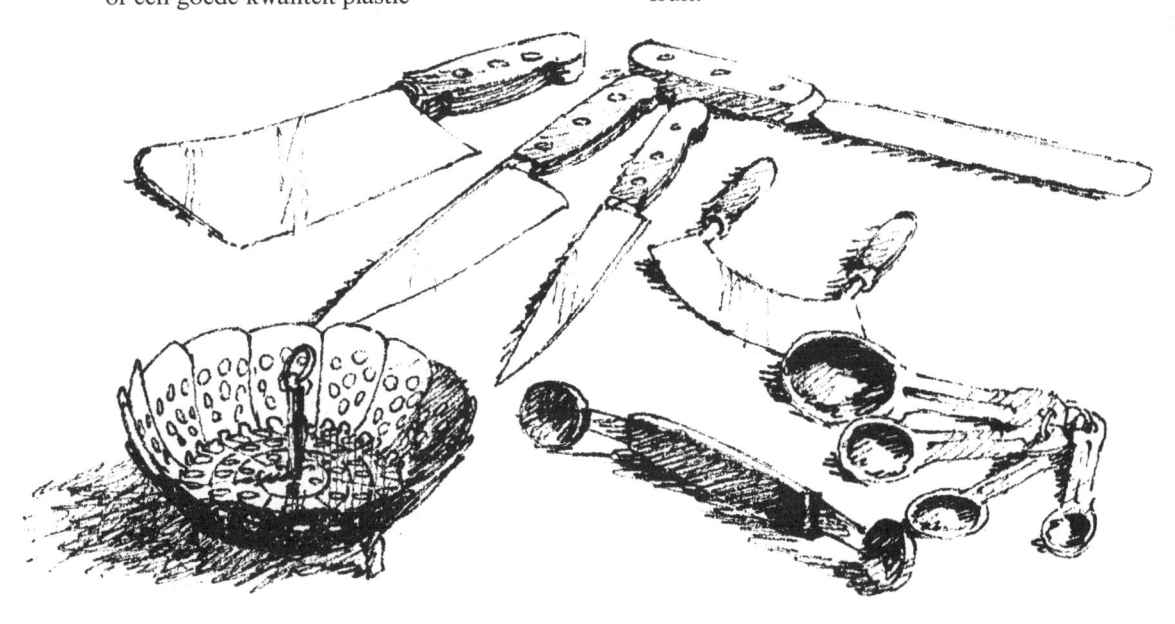

De volgende gereedschappen zijn niet strikt noodzakelijk, maar maken het koken prettiger

- een opvouwbaar **roestvrij stalen korfje** om een gewone pan in een stoompan te veranderen, voor het stomen en opwarmen van granen en het stomen van aardappelen in de schil; of een **stoompan** (rijststomer) van roestvrij staal of emaille
- een **wadjang** (wok) voor fruiten of frituren in weinig olie
- een **fluitketel**
- een **handmixer** om te kloppen, met een behoorlijk motorvermogen
- een **staafmixer** om te pureren, met een behoorlijk motorvermogen
- een **gehaktmolen**, onder andere voor het fijnmaken van gekookte hele graankorrels
- een **graanmolen**
- een **hooikist**
- een **ijsbollepel**, eventueel een grote en een kleine, onder andere ook voor het maken van mooie graankoekjes
- een **meloenlepel**, liefst met twee maten schepjes
- een **appelboor**
- een **garneerspuit** met een zak
- een hoge **puddingvorm** van ovenvast materiaal, zodat hij ook te gebruiken is voor warme puddingen
- een **slacentrifuge**
- een **rijstring**

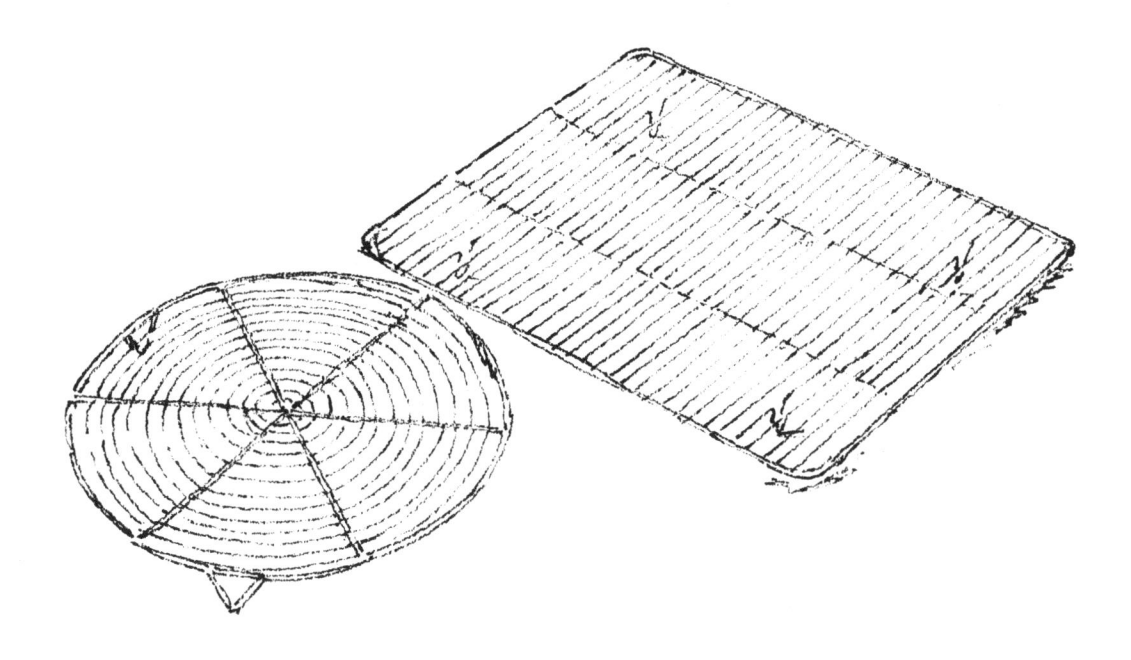

Gereedschappen voor het bakken

- **bakvormen (algemeen)**: zwart blik geleidt de warmte goed en geeft een mooie korst; een anti-aanbaklaag laat op den duur los en houdt de warmte tegen
- eventueel een **vorm voor voorgebakken taartbodems** met een gekartelde rand
- 1-2 **springvormen** van verschillende maat
- 1-2 **cakevormen** (groot en klein)
- 1-2 **broodvormen** van dezelfde maat
- een **pizzavorm** met een vaste, maar niet te lage rand (3 cm), zodat hij ook te gebruiken is voor groentetaarten
- een **tulbandvorm** (ook te gebruiken als puddingvorm)
- een set ronde **uitsteekvormpjes** (van klein tot groot)
- een set **uitsteekvormpjes** (figuren, passend bij de feesten van het jaar)
- 1-2 metalen **taartroosters**, waarvan één een groot rechthoekig rooster
- een **deegroller** met kogellagers of een rolstok
- een **deegradertje** of **pizzasnijder**
- 2 soepele platte **kwastjes**: één om in te vetten en één voor eierdooier
- een **deegspatel**
- een losse **oventhermometer** (als er geen thermostaat op uw fornuis zit of als deze niet meer goed werkt)
- eventueel een tweede **bakplaat** (u vult dan de tweede terwijl de eerste bakt)

Gereedschappen voor het inmaken

- een grote **pan**
- een **trechter** met een wijde tuit
- een **weckflessentang**
- een **kookthermometer**
- 1-2 plastic **emmers** van een voor voedsel geschikt materiaal
- lege **glazen potten en flessen** met metalen en goed sluitende plastic schroefdeksels

Zie verder de beschrijving van de verschillende inmaakmethoden.* 568

Materialen die we in de keuken gebruiken

Kunststof

Plastic is nauwelijks meer uit ons dagelijks leven weg te denken. Niet duur, vrijwel onbreekbaar, stootvast en licht in gewicht is het ideaal keukengerei. Plasticfolie is een zeer praktisch verpakkingsmiddel: slijtvast ook voor vochtige levensmiddelen, ruimtebesparend, luchtdicht en doorzichtig.
Uit gezondheids- en milieuoverwegingen moeten we echter telkens vragen stellen bij het gebruik van deze kunststoffen. De grootste boosdoeners zijn in dit opzicht de PVC-houdende plastics. PVC kan uit de verpakking naar het voedsel migreren en tijdens de vuilverbranding komt zoutzuur uit de PVC-verbindingen vrij in onze toch al veel te zure lucht. Reden genoeg om het gebruik van plastics zoveel mogelijk te beperken.

Een paar tips:
- geef de voorkeur aan in glas, karton (papier) en cellofaan verpakte levensmiddelen
- neem bij het boodschappendoen een tas mee
- probeer bij het inrichten van de keuken zoveel mogelijk natuurlijke materialen te kiezen
- als u toch plastic kiest, koop dan een goede kwaliteit die jarenlang meegaat (Mepal, Melamine)
- hergebruik plastic (en papier) zoveel mogelijk, maar pas op: alleen kunststoffen die bestemd zijn voor voedingsmiddelen vallen onder het verpakkings- en gebruiksartikelenbesluit van de Warenwet en worden door deze instantie gecontroleerd op onschadelijkheid voor de volksgezondheid. Gebruik dus geen verpakkingen van kleren, fel gekleurde draagtassen, kleding- of vuilniszakken om er voedsel in op te bergen.

Aluminiumfolie

Het enige voordeel van aluminiumfolie is zijn hittebestendigheid en plooibaarheid. Met geen ander materiaal kunt u een deksel-op-maat voor een bakplaat of ovenschotel maken. De produktie van aluminium is echter enorm energieverspillend. Beschouw aluminiumfolie dus niet alleen als wegwerpartikel. Als u voor het afdekken in de oven een *dubbel* vel folie gebruikt, is aluminiumfolie slijtvaster en kunt u hem vele malen hergebruiken. Vouw de folie na gebruik een paar keer op.
Verpak de boterhammen voor de meeneemlunch niet in aluminiumfolie, maar gebruik een broodtrommeltje.
Dek etensresten niet af met aluminiumfolie, maar stop de schaal in een plastic zakje; dit kunt u na gebruik binnenstebuiten ophangen en laten drogen voor een volgend gebruik.
In sommige plaatsen is het mogelijk, gebruikt aluminiumfolie voor hergebruik in te leveren.

Papier

Sommige merken wit keukenpapier zijn met voor de mens of het milieu schadelijke stoffen gebleekt. Als in uw omgeving geen ongebleekt keukenpapier te krijgen is, zou u een rol zacht en een rol wat steviger toiletpapier op uw houder kunnen hangen. U heeft dan zuigkrachtig papier om te deppen en stevig papier om af te vegen bij de hand. Bovendien zijn de velletjes van een kleinere maat (vaak groot genoeg) en dat bespaart papier. Als u veel droog te deppen of af te vegen heeft, kunt u beter een schone theedoek respectievelijk vaatdoek gebruiken.

Praktische keukentips

Enkele algemene wenken die het koken een stuk plezieriger en gemakkelijker kunnen maken:
- probeer de chaos op het fornuis en het aanrecht binnen de perken te houden door pollepels, lepels, vorken, uw favoriete mesjes, keukenschaartje, pannelikker enzovoort in de maatbeker of een lege Keulse of glazen pot te zetten
- was de handen met zeep voor u met koken begint en houd de nagels schoon
- spoel kookgerei meteen na gebruik even om met koud water en stapel het op elkaar
- maak de groenten schoon op oud papier (krant, groentezak). Na afloop vouwt u het papier dubbel en is alles meteen opgeruimd
- slijp uw messen regelmatig voor het snijden van groente (groot mes) en het snipperen van uien (klein mes). Kartelmessen zijn moeilijk zelf te slijpen en veroorzaken bovendien onscherpe snijvlakken, waardoor er meer groentesap verloren gaat
- spoel de plank met koud water af vóór het snijden van groenten en kruiden
- snijd vruchten niet op de plank waarop u ook uien snijdt, maar op een plat bord; u kunt dan ook het sap opvangen
- gebruik liever een te grote dan te kleine plank, dit voorkomt morsen. Gebruik daarbij altijd dezelfde kant van de plank voor uien, groente en kaas, de andere kant voor brood en fruit. Leg tijdens het gebruik een vochtige vaatdoek onder de plank, hij schuift dan niet tijdens het snijden of hakken
- borstel houten snijplankjes na elk gebruik af onder de hete kraan en laat ze aan de lucht drogen
- houd een ui voor het schillen even onder de hete kraan, de schil laat dan makkelijker los; begin met schillen aan de wortelkant
- druk een knoflookteen iets plat, het velletje barst en is er gemakkelijk af te pellen
- begin een sinaasappel aan de steelkant te schillen
- knip kleine hoeveelheden kruiden met een schaartje direct in de soep of over het gerecht. Grote hoeveelheden op de plank met een scherp mes eerst wat kleinsnijden, er wat olie overheen druppelen (voor het behoud van de geur) en nu pas met een hak- of wiegmes hakken. Krulpeterselie in een bekertje stoppen en met het keukenschaartje fijnknippen
- snijd grote knollen en vruchtgroenten (knolselderij, pompoen) eerst in plakken, ze zijn dan beter hanteerbaar om te schillen. Stapel 2 tot 4 plakken op elkaar als u de groente vervolgens in reepjes en/of dobbelsteentjes moet snijden

- leg prei en stengelgroente (bleekselderij enzovoort) als een bundel op de plank, zodat u de groente gemakkelijk met één hand kunt vasthouden
- pak een (eventueel) overlangs in helften of kwarten gesneden stronk andijvie op de plank bijeen en begin aan de kant van het donkergroene blad te snijden (gebruik een groot mes). De bladeren blijven dan tot het eind toe aan de stronk vastzitten
- houd bij het boren van een klokhuis uit een appel de wijsvinger op het kroontje en begin bij de steel te boren; dit voorkomt scheefgaan van de boor
- zet vuurvaste schalen niet op een vuil werkvlak en maak ook de rand boven de massa in de schaal goed schoon met een vochtig doekje of een stukje keukenpapier. Wat in de hete oven op deze plekken aanbakt is er bij de afwas moeilijk weer af te krijgen
- houd afwasborstels, vaat- en theedoeken en niet te vergeten de handdoek schoon
- laat restjes voedsel snel afkoelen en zet ze daarna toegedekt weg op een koele plaats (koelkast of koele kelder, waar geen temperatuurschommelingen zijn)
- laat voorgespoelde vaat niet langer dan 1 dag staan. Voedingsresten vormen een ideale voedingsbodem voor bacteriën. Gebruik zo heet mogelijk afwaswater

Kooktermen

Aanmaken: zie binden

Au bain marie: een voedingsmiddel in een pan, kom of speciale vorm doen en in een grotere pan met tegen de kook aan gehouden water zetten voor:
- het smelten van boter
- het warmhouden of opwarmen van gerechten
- het onder kloppen dik laten worden van sauzen en schuimmassa's
- het gaarkoken van puddingen en terrines (deksel op de pan)

Binden: een *kokende* vloeistof dikker maken met een fijne meelsoort, die met weinig *koude* vloeistof is aangemaakt (bij soepen, sauzen, groentenat)

Blancheren: het 1-2 minuten onderdompelen van een voedingsmiddel in ruim kokend water om:
- harde rauwe groente wat zachter te maken voor salades
- verkleuren van het geschilde fruit of de geschilde groente te voorkomen (appels, knolselderij)
- het vel makkelijk te kunnen verwijderen (tomaten, perziken)

Blind bakken: taartbodems zonder vulling voorbakken of helemaal gaar bakken

Dichtschroeien: een stuk vlees in weinig hete olie aan alle kanten snel aanbakken, waardoor het zo weinig mogelijk vocht verliest (*zonder* deksel op de pan)

Droogslingeren: gewassen groente in een slacentrifuge kort centrifugeren of in een theedoek (tot een buidel gevormd) in de tuin of op het balkon enkele keren rondslingeren

Eesten: het eerst vochtig gemaakte graan wordt in de oven bij 60-80°C gedroogd, waardoor het lichter verteerbaar wordt en minder lang hoeft te koken

Frituren: het bakken van een voedingsmiddel in veel hete olie of vet (160-180°C)

Fruiten: gesneden groente in weinig olie of boter op een matig vuur lichtbruin laten worden in een pan met een dikke bodem (*zonder* deksel op de pan)

Gratineren: voedingsmiddelen in een vuurvaste schaal in een hete oven een lichtbruin korstje laten krijgen; om uitdrogen te voorkomen wordt het voedingsmiddel overdekt met een saus of een laag kaas en/of paneermeel met stukjes boter. Eventueel alleen bovenwarmte gebruiken als het gerecht al heet is

Hakken: een voedingsmiddel eerst wat kleinsnijden met een mes en daarna fijnhakken met een hak- of wiegmes

Koken: het voedingsmiddel in meer of minder vloeistof gaar laten worden (soepen, deegwaren, grote stukken harde groenten). Deksel op de pan.

Marinade: een zure, gekruide vloeistof, die over het voedingsmiddel (meestal vlees) wordt gegoten om het malser en smakelijker te maken en het in de tussentijd ook te conserveren

Nawellen: een reeds gekookt gerecht op een warme plaats (hooikist, sudderplaat) in de restwarmte volledig gaar laten worden

Omgevingstemperaturen:
koud 0-10°C (koelkast)
koel 10-18°C (kelder)
kamertemperatuur 18-25°C (keuken, verwarmde kamer)
warme plaats 25-50°C (radiator, warmhoudoven, hooikist)

Paneren: een voedingsmiddel door meel, ei en paneermeel wentelen

Pocheren: een voedingsmiddel (vis, eieren en graanballetjes) in van tevoren aan de kook gebracht water leggen en het bij ca. 80°C gaar laten worden (*zonder* deksel op de pan)

Pureren: zeer rijpe of goed gaargekookte voedingsmiddelen door een zeef wrijven (roerzeef of gewone zeef met behulp van een houten lepel), of mixen in een blender of met de staafmixer

Roosteren: het droge voedingsmiddel in een droge pan met een dikke bodem onder voortdurend roeren lichtbruin laten worden, op een matig vuur (meel). Roosteren is ook mogelijk in een matig warme oven, in een dunne laag op een droge bakplaat (vlokken, noten en zaden)

Slinken: het in een ruime pan op een hoog vuur aan de kook brengen en slap laten worden van gewassen tere bladgroente zoals spinazie. Het aanhangende waswater voorkomt aanbranden. Niet te grote hoeveelheden tegelijk laten slinken en af en toe omscheppen (deksel op de pan)

Op smaak brengen: voor het opdienen proeven of er voldoende zout, zuur, zoet of kruiden in het gerecht zit en of de consistentie goed is

Smoren: voedingsmiddelen in weinig olie of boter op een matig vuur onder roeren verwarmen en vervolgens op een zeer laag vuur in het eigen sap gaar laten worden (deksel op de pan)

Stoven: voedingsmiddelen in weinig vocht, met of zonder (weinig) olie of boter eerst op een hoog vuur aan de kook brengen, daarna op een zeer laag pitje gaar laten worden (deksel op de pan)

Trekken: een in een ruime hoeveelheid vloeistof aan de kook gebracht voedingsmiddel tegen de kook aan houden (bouillon). Deksel op de pan.

Kooktechnieken

Enkele speciale kooktechnieken die het hele boek door gebruikt worden verdienen aparte aandacht.

Puddingen en terrines au bain marie

De (hartige of zoete) massa voor deze gerechten wordt niet in de pan direct op het vuur gekookt, maar in de puddingvorm die in een pan met heet water wordt gezet. Dit proces duurt veel langer dan gewoon koken, wat echter de smaak van het gerecht zeer ten goede komt. Omdat de grondstoffen op een bijzonder zachte manier gaar worden, zijn deze gerechten ook lichter verteerbaar.
De meeste puddingen of terrines worden warm op een platte schaal gestort en gegeten met een saus of compote.

Voor de bereiding is een metalen pudding-, pastei- of timbaalvorm met een goed sluitend deksel ideaal. U kunt echter ook een hoge soufflé- of pâtévorm, een hoge, hittebestendige kom of zelfs een cakevorm gebruiken. De laatste moet wel helemaal schoon zijn van binnen, anders krijgt het gerecht een onaangename smaak. Het deksel voor zo'n geïmproviseerde vorm kunt u zelf maken van een passend stuk dubbelgevouwen aluminiumfolie, dat u ruim over de rand heen moet vouwen (eventueel met een elastiekje vastzetten). Verder heeft u nog een passende pan met deksel nodig, waar de vorm ruim in past. Leg een treefje of een oud schoteltje onder in de pan als het geklepper tijdens het koken u stoort.
Met grote vormen, bij voorbeeld cakevormen, een rijstring of zelfs meerdere vormen kunt u in de oven koken. Zet de vormen dan wel in een braadslede met water, zo mogelijk tot 2-3 cm onder de rand van de vorm, op de middelste richel. Als u geen braadslede heeft, kunt u hiervoor ook een passende pan met ovenvaste handgrepen (een oude aluminum of emaille pan), een vuurvaste schaal of een grotere bakvorm gebruiken. Er hoeft maar ca. 2 cm water rondom de vorm met de te koken inhoud aanwezig te zijn. De oventemperatuur is altijd 175°C, voor de tijd zie de recepten.

Vet de vorm goed in met zachte boter. Gebruik hiervoor een kwastje of de vingers en controleer of u geen plekje vergeten hebt. Bij vormen met versieringen (tulbandvormen) moet u hierop in het bijzonder letten. Bestrooi de vorm met meel, paneermeel of gemalen noten (zie recept) en klop het overtollige er weer uit. U kunt nu zien of de vorm overal is ingevet. Vul de vorm niet hoger dan tot 3 cm onder de rand (bij wijde vormen 2 cm), sommige massa's rijzen een beetje.

Zet de gevulde en goed afgesloten vorm in de pan en giet er kokend water bij, weer maar tot 3 cm (respectievelijk 2 cm) onder de rand van de vorm. Laat het water tegen de kook aan komen, het mag niet sterk borrelen. Doe het deksel op de pan en draai de hittebron laag. Controleer af en toe of het water tegen de kook aan blijft, maar toch niet echt borrelt – daardoor zou de pudding of terrine een sponsachtige structuur krijgen (breng op een elektrische plaat de temperatuur zonodig vlug omlaag met een scheut koud water).
Maak de vorm na de voorgeschreven tijd open en controleer of het gerecht gaar is: het heeft dan een beetje van de vorm losgelaten, en als u er met een breinaald in prikt, moet deze er droog uitkomen. De massa voelt dan stevig aan als u er zachtjes op drukt.
Haal de vorm uit het water en laat de pudding even uitstomen. Maak de randen zonodig los met een puntig mesje (bij gladde vormen zonodig ook de zijwanden). Stort de pudding of terrine op een platte schaal.

Tips:
- als u een scheutje (goedkope) azijn aan het kookwater toevoegt, voorkomt u lastige kalkaanslag in de pan
- giet het water in een thermoskan en gebruik het voor de afwas

1 meel *2 ei* *3 paneermeel*

Paneren

Door het te paneren krijgt het voedingsmiddel (kaas, mals vlees of vis, kroketten, groente) een korstje, dat het tegen te grote (bak)hitte beschermt en er een lekkere smaak aangeeft. Panade is echter poreus en neemt bij het bakken veel vet op.

- 1 klein ei of 2 eiwitten
- 1-2 eetlepels water
- 1 theelepel zout
- eventueel 1-2 theelepels kruiden (onder andere hysop voor het beter verteren van het bakvet en verder kruiden die bij het te paneren voedingsmiddel passen)

- tarwemeel
- zeer fijn paneermeel* 610

Klop in een ondiep bord met een platte bodem het ei los met water, zout en kruiden. Het eiwit moet *niet* schuimig worden.
Leg aan weerskanten van het bord een vel wit papier met een vouw erin (zie tekening). Schep op het ene papier het meel, op het andere het paneermeel.
Zorg ervoor dat de te paneren stukken niet nat zijn (anders droogdeppen in keukenpapier of een theedoek). Wentel het te paneren voedingsmiddel eerst door het meel (dit vangt tijdens het bakken loskomend vocht op, vooral bij groente) en klop het overtollige meel er weer vanaf.
Haal het voedingsmiddel vervolgens met behulp van een vork door het ei en laat het goed afdruipen. Wentel het tenslotte door het paneermeel en druk het meel met de handpalmen goed aan. Klop het overtollige paneermeel er voorzichtig af en controleer of het hele te bakken oppervlak ermee bedekt is. Leg het gepaneerde stuk op een plat bord en paneer vervolgens de andere stukken. Stapel ze niet op elkaar, tenzij u er een stuk folie tussenlegt, en laat nog ten minste een kwartier drogen (een paar uur mag ook: koel wegzetten en *niet* afdekken).
Gebruik een ruime hoeveelheid meel en paneermeel. Wat overblijft kunt u zonodig zeven en weer in de voorraadpot terugdoen. Van het overgebleven ei, vermengd met wat meel en melk, kunt u een pannekoek bakken of het in een soep verwerken (het is erg zout!).

Tips:
- wentel kroketten niet door meel, maar door paneermeel, paneer ze twee maal
- meng 2 eetlepels sesamzaad door het paneermeel, dit geeft een wat hardere korst

Frituren

Bij frituren wordt het levensmiddel in zo veel vet gebakken (bij een temperatuur van ca. 180°C), dat het erin kan 'zwemmen'. Daarbij wordt het tegelijkertijd rondom sterk verhit en ontstaat er vrijwel onmiddellijk een korst. Deze sluit het gebak af, waardoor de binnenkant sappig (appelbeignet) of luchtig (oliebol) blijft. De gebakken korst krijgt dan de gewaardeerde lekkere, krokante smaak en het gebak een aantrekkelijke, stevige vorm.

Nadelen van frituren zijn:
- het vet wordt zeer sterk verhit, wat de verteerbaarheid ervan niet ten goede komt. Herhaaldelijk verhit frituurvet wordt donkerder van kleur, stroperig, het gaat schuimen en ruikt onaangenaam. Deze veranderingen worden veroorzaakt door afbraakprodukten, die bij het verhitten in het vet ontstaan. Deze afbraakprodukten zitten ook in de gefrituurde voedingsmiddelen en zijn schadelijk voor de gezondheid. Vetten met meervoudig onverzadigde vetzuren zijn het meest onderhevig aan deze afbraakprocessen
- het baksel neemt tamelijk veel vet op, we moeten gefrituurde voedingsmiddelen dus tot de zeer vette rekenen
- er blijft na het frituren veel vet over, waarvan de kwaliteit meer of minder is achteruitgegaan en herhaaldelijk hergebruik minder wenselijk maakt
- frituren is gevaarlijk (vlam in de pan), houd kinderen uit de buurt

Hieronder volgen een paar tips als u wilt gaan frituren:
- frituur niet regelmatig, maar alleen bij wijze van uitzondering bij bijzondere gelegenheden of voor traditioneel feestgebak (oliebollen)
- gebruik een kleine frituurpan of een wadjang, dan heeft u niet zoveel vet nodig. Wel handig is een speciale thermometer, die u in een gewone gietijzeren frituurpan (of een gewone roestvrij stalen pan met dikke bodem) kunt hangen. U kunt hiermee de temperatuur van het vet voortdurend onder controle houden en zo oververhitting voorkomen
- frituur nooit in oliën met meervoudig onverzadigde vetzuren zoals lijn-, saffloer- of sesamolie. Het heeft ook geen zin, voor het frituren koudgeperste oliën te nemen. Gebruik alleen *zonnebloemolie* (geen koudgeperste), *slaolie* (arachideolie) of puur *kokosvet* (moeilijk te verkrijgen). Deze vetsoorten verdragen temperaturen tot ca. 200°C zonder dat de kwaliteit al te sterk achteruitgaat. Olie is geschikt voor warm én koud te eten baksels, kokosvet alleen voor warme baksels (als dit is afgekoeld, is ook het eraan vastzittende vet gestold, wat een 'vette' smaak geeft)
- vul de pan hooguit tot de helft met het vet
- loop nooit van de frituurpan weg, ook niet bij het opwarmen van het vet
- verhit het vet nooit boven 180°C. Met de thermometer kunt u dit goed controleren, anders moet u de temperatuur schatten. Een hulpmiddel hierbij is: laat een stukje brood of deeg in het vet vallen; als het meteen weer boven komt drijven en *langzaam* bruin bakt, is de temperatuur goed. Als het vet walmt, is het al oververhit en moet u het wegdoen, omdat er dan schadelijke stoffen in zijn ontstaan
- dep vochtig bakgoed zoals groente en fruit eerst droog in een theedoek. Dit voorkomt spatten en te sterk afkoelen van het vet, het gaat ook minder schuimen. Mocht het laatste toch eens gebeuren, haal het bakgoed dan meteen uit het vet en laat het er pas weer in zakken, als het vet tot rust is gekomen. Eventueel moet u dit nog een of twee keer herhalen, tot het teveel aan vocht uit het vet is verdampt
- meng nooit hard vet en olie; zulke mengsels kunnen sterk gaan schuimen zonder dat u het kunt verhelpen
- voeg geen vers vet bij al gebruikt vet, maar vervang het helemaal. Als u lang achter elkaar in hetzelfde vet frituurt, kan het vet 'moe' worden; het bakgoed wordt dan te langzaam bruin. Dit is ook een teken dat u het vet moet vervangen
- houd de rand van de frituurpan zeer schoon en vetvrij, dus geen beslag op de rand van de pan morsen of de schuimspaan schuin op de pan leggen. Laat ook geen gasvlammetjes onder de onderkant van de pan vandaan komen. Dit alles voorkomt het in de pan slaan van het vuur

Als de vlam toch in de pan slaat:
- *haal de pan dan niet van het vuur* (de vlam zou op uzelf over kunnen slaan)
- draai de gasvlam uit

- dek de frituurpan af met een groot, liefst zwaar deksel. Omwikkel eerst uw hand met een natte theedoek en schuif het deksel vanaf de zijkant over de pan. Vermijd tocht en laat alles rustig afkoelen. Het vet is daarna niet meer bruikbaar

- leg alleen zoveel bakgoed in het hete vet, als er naast elkaar in kan liggen (uitgezonderd frites), anders koelt het vet te sterk af of kan het, bij vochtig bakgoed, gaan schuimen en overlopen
- beweeg het bakgoed én het vet af en toe tijdens het bakken met de schuimspaan. De temperatuur van het vet blijft dan gelijkmatig en zo bruint ook het bakgoed gelijkmatig
- haal het baksel met een schuimspaan uit het vet en laat het boven de pan uitdruipen. Leg het vervolgens op keukenpapier om het helemaal te laten uitlekken
- als u gefrituurd gebak wilt bestrooien met een vleugje poedersuiker, doe dit dan pas vlak voor het serveren; op warm gebak kan het snel smelten en is er aan tafel niets meer van te zien
- verwijder tussen iedere nieuwe lading bakgoed de kleine stukjes uit het vet. Deze verbranden snel en bederven het vet
- laat het vet na het bakken wat afkoelen en filtreer het door een fijn metalen zeefje, dat u met een laagje watten heeft bekleed. Bewaar het vet afgedekt op een koele en vooral donkere plaats in een stenen of glazen pot
- hergebruik frituurvet niet vaker dan 3-4 keer en gebruik vet waarin u gepaneerde dingen heeft gefrituurd maar één keer
- geef afgedankt vet zo mogelijk met de speciale vuilafvoer mee

Barbecue en kampvuur

Het vuurtje waarin in de zuidelijke landen de herdersjongens op kille herfstdagen aardappels en kastanjes poften, brandt nu in onze zomerse stadstuinen. Het geeft veel gezelligheid, niet alleen in de eigen tuin, maar ook op vakantietochten in landen, waar vuurtjes stoken in de vrije natuur (nog) mag, of bij rustplaatsen langs de weg, waar eenvoudige barbecuevoorzieningen tot ieders beschikking staan.

Net als frituren heeft barbecuen ook nadelen: er ontstaan schadelijke stoffen bij het verbranden van de houtskool en de aanmaakhulpstoffen (geen petroleum gebruiken), van niet voor verhitting geschikte metalen (kippegaas van zelf geknutselde roosters), van verbrand vet van het vlees als het in het vuur druppelt. Al deze schadelijke stoffen komen terecht in het gegrillde vlees. Nog afgezien van de schadelijke stoffen die in het voedsel zelf kunnen ontstaan bij te sterke verhitting. Desondanks hebben wij een paar (veilige) recepten voor het barbecuen (*herdersaardappelen, stok-brood, kaastosti, vis in aluminiumfolie, geroosterde maïskolven, gevulde tomaten*, u vindt deze recepten via het register) in dit boek opgenomen, om vooral de vegetariërs onder de lezers ook van dit sociale gebeuren te laten meegenieten.

Een paar tips:
- gebruik een origineel barbecuerooster of het rooster uit uw oven
- rooster niet boven een vlammend vuur, maar wacht tot zich een laag as op de gloeiende houtskool heeft gevormd
- houd een afstand van 30 cm tussen houtskool en rooster
- gebruik vers vlees en laat het zo lang mogelijk in de koelkast of koeltas liggen
- leg onder vet vlees een vel aluminiumfolie (maak er gaatjes in)
- gebruik niet té dikke stukken vlees (maximaal 3 cm); dikkere stukken, bij voorbeeld kippebout, eerst voorkoken, anders is het vlees óf niet gaar, óf het verbrandt. Niet gaar vlees (vooral varkens- en kippevlees) kan in de zomer voedselvergiftiging veroorzaken
- maak de benodigde sausjes zelf klaar (kijk in het hoofdstuk *sauzen* naar de pittige, met tomaat en paprika). Veel gekochte sauzen bevatten allerlei ongewenste hulpstoffen, veel vetten en ook conserveermiddelen. Overigens: gewoon met mosterd bestreken vlees smaakt ook lekker

Maten en gewichten

Voor het slagen van onze recepten is het belangrijk, dat u zich de eerste keer nauwkeurig aan de aangegeven hoeveelheden houdt, vooral als het om bind-, geleer- en rijsmiddelen gaat. Een weegschaal met platte bovenkant en afneembare schaal is erg handig. U kunt dan de deegkom of pan op de weegschaal zetten en de ingrediënten direct hierin wegen. Met de stelschroef kunt u dan de wijzer op elk gewenst gewicht als uitgangspunt zetten als u een volgend ingrediënt wilt toevoegen (bij elektronische weegschalen gaat dat nog makkelijker). Zo bespaart u zich veel rekenwerk met de kans op vergissingen.

Voor het afwegen van kleine hoeveelheden is een goede brievenweger nauwkeurig genoeg. Belangrijk is, dat de cijfers van 1 tot 100 gram goed afleesbaar zijn.

Bij het opschrijven van de recepten hebben we voor de kleine hoeveelheden zoveel mogelijk met eetlepels en theelepels als maat gewerkt, met erachter (tussen haakjes) het gewicht in grammen. Het laatste vergemakkelijkt het vermenigvuldigen van de hoeveelheden als u voor veel eters moet koken. De bindmiddelentabel voor het koken van grote hoeveelheden soep, saus en vla aan het eind van dit hoofdstuk kan hierbij ook een hulp zijn.

Omdat er verschillende maatlepels in de handel zijn, geven wij u hieronder de inhoud van ons gereedschap. Bij elke apotheek kunt u voor weinig geld een klein bekertje met een nauwkeurige maataanduiding in ml of cc krijgen. Hiermee kunt u de inhoud van ons gereedschap vergelijken met dat van u. Meet hiermee ook eens uw litermaat na; u zult waarschijnlijk merken, dat de eerste twee deciliters niet kloppen. Een klein maatje (tot ca. 1/4 liter) kan dan uitkomst bieden. Of gebruik het maatbekertje uit de apotheek voor de kleine maten.

Afmeten met een lepel gaat het best als volgt:

Droge ingrediënten:
Schep de lepel vol en strijk met de botte, rechte achterkant van een breed glad mes de lepel af. Zo krijgt u een afgestreken eet- of theelepel zoals wij die in onze recepten bedoelen.
Als u van een recept maar een halve lepel nodig heeft, kunt u het beste toch eerst de hele lepel vullen, afstrijken en vervolgens met een tafelmes in de lengterichting van de lepel de helft van het ingrediënt wegschuiven. Voor een kwart lepel haalt u nóg eens de helft weg, maar dan in de dwarsrichting.

Vloeistoffen:
Dompel de lepel in de vloeistof en laat hem afdruipen. Bij dikke of vette vloeistoffen zoals stroop en olie de lepel telkens goed uitschrapen. Het afmeten van stroop gaat gemakkelijker als u de lepel eerst met een in olie gedoopte vinger insmeert.

Voor het uitschrapen van maatbekers en kommetjes is een soepele pannelikker onmisbaar. Anders blijft er soms wel een eetlepel van een ingrediënt achter, waardoor het recept, als het om de juiste hoeveelheden gaat, algauw de juiste verhouding verliest.

1 theelepel = 1,25 ml
1 eetlepel = 15 ml
12 theelepels = 1 eetlepel
8 eetlepels = 1 dl
een snufje = wat u tussen duim en wijsvinger kunt vasthouden
een mespunt = wat op de punt van een puntig mes blijft zitten als u ermee schept

Gewichten van de meest gebruikte ingrediënten

Aantal grammen per afgestreken eetlepel

agar-agarvlokken	1,5 g	olie	14 g
ahornsiroop	22 g	pectinepoeder (Unigel of Marmello)	7 g
appeldiksap	22 g	rietsuiker (ongeraffineerd)	10 g
appelstroop	20 g	rijstmeel	10 g
arrowroot	10 g	roggemeel	7 g
bloem	8 g	stroop	20 g
boekweitmeel	10 g	tarwemeel (gebuild)	8 g
boter	14 g	tarwemeel (volkoren)	7 g
cacao	6 g	thermomeel (gerst)	9 g
carob	6 g	zout (Jozo) (1 theelepel = ca. 2 gram)	21 g
gist (bakkersgist)	16 g	zout (fijn zeezout) (1 theelepel = ca. 1,5 gram)	16 g
gomasio (zelf gemaakt)	6 g	zuiveringszout (1 theelepel = ca. 1 gram)	12 g
honing (dunne)	20 g		
kristalsuiker (witte)	14 g		
kuzu	10 g		
maïzena (biologische)	8 g		
maïzena (gangbare)	10 g		

Aantal grammen per deciliter

agar-agarvlokken	10 g	rijst (zilvervlies)	75 g
boekweit	70 g	rijstvlokken	28 g
boekweitgrutten	75 g	rogge	72 g
gerst	75 g	roggevlokken	35 g
gerstevlokken	43 g	tarwe	80 g
gierst	75 g	tarwegriesmeel (biologisch-dynamisch)	43 g
gierstvlokken	51 g	tarwegriesmeel (biologisch)	68 g
haver	75 g	thermogrutten	75 g
havervlokken (fijn en grof)	50 g	vierkorenvlokken	41 g
maïsgriesmeel (polenta)	62 g		
maïsmeel (biologisch-dynamisch)	62 g		

Bindmiddelentabel

Hieronder vindt u soort en hoeveelheid bindmiddel per *liter* vloeistof (soep, saus, vla, pudding, pap). De bindkracht van volkorenprodukten kan van jaar tot jaar en van land tot land verschillen, daarom kan deze tabel niet voor 100% nauwkeurig zijn.

Soep
45 g bloem (biologisch-dynamisch of biologisch)
50 g gebuild tarwemeel, volkoren tarwemeel of thermomeel (tarwe, gerst of rogge)
70 g griesmeel
65 g vlokken (vierkoren, gerst)
60 g havervlokken

Saus (zonder ei of groentepuree)
80 g rijstmeel, gebuild tarwemeel, volkoren tarwemeel, thermomeel (tarwe, gerst, rogge), biologische maïzena
60 g bloem (biologisch-dynamisch of biologisch)
55 g arrowroot

Vla (zonder ei of vruchtenpuree)
40 g arrowroot
60 g biologische maïzena, rijstmeel
45 g bloem (biologisch-dynamisch of biologisch)
50 g gebuild tarwemeel, thermomeel (tarwe, gerst), kuzu

Pudding
Neem van alle soorten bij vla genoemde bindmiddelen de dubbele hoeveelheid
180 g griesmeel (biologisch)

Pap
80 g gebuild tarwemeel, rijstmeel, boekweitmeel
220 g maïsmeel (biologisch-dynamisch)
165 g maïsmeel (biologisch)
100 g griesmeel (biologisch-dynamisch)
170 g vierkorenvlokken, gerstvlokken
135 g havervlokken, roggevlokken
200 g rijstvlokken
145 g boekweit, hele korrels of grutten
185 g gierst
265 g rijst

Deegtabel

Het gewicht (... g) achter de deegsoorten is de hoeveelheid deeg volgens één deegrecept. De hoeveelheden deeg voor pies en pasteien zijn ruim berekend, zodat er nog wat deeg overblijft voor een eventuele versiering.

	piedeeg (475 g) kruimeldeeg (450 g) bladerdeeg (650 g)	gistdeeg voor taartbodems (300 g)	getoerd gistdeeg (500 g)	zandtaartdeeg (400 g)
dikte van het uitgerolde deeg	2 mm	3-4 mm	3 mm	4 mm
deegbodems:				
pizzavorm 30 cm Ø (deegrand 2 cm hoog)	225 g	400 g	350 g	400 g
springvorm 28 cm Ø (deegrand 3 cm hoog)	200 g	350 g	275 g	350 g
springvorm 26 cm Ø	175 g	300 g	225 g	300 g
springvorm 24 cm Ø	150 g	250 g	200 g	250 g
springvorm 20 cm Ø	125 g	200 g	175 g	200 g
deksels van pie's*				
vuurvaste schaal 28 cm Ø	225 g	325 g	275 g	
vuurvaste schaal 26 cm Ø	200 g	275 g	225 g	
vuurvaste schaal 24 cm Ø	175 g	225 g	200 g	
vuurvaste schaal 20 cm Ø	125 g	175 g	150 g	
pasteien:				
pizzavorm 30 cm Ø (deegrand 2 cm hoog)	450 g	750 g	625 g	625 g
springvorm 28 cm Ø (deegrand 3 cm hoog)	375 g	675 g	550 g	550 g
springvorm 26 cm Ø	325 g	575 g	450 g	450 g
springvorm 24 cm Ø	300 g	525 g	400 g	400 g
springvorm 20 cm Ø	250 g	400 g	325 g	325 g
deegrondjes voor flappen of kleine zandtaartbodems:				
8 cm Ø	15 g	25 g	20 g	30 g
12 cm Ø	25 g	45 g	40 g	60 g

*voor bladerdeegdeksels van pasteien 25-50 g deeg minder rekenen

Het overschakelen op een voeding met granen

In dit boek wordt veel met granen gewerkt: met hele graankorrels, vlokken, grutten, volkorenmeel, produkten hiervan, enzovoort. Voor vegetariërs is een voeding met granen belangrijk, maar ook niet-vegetariërs kunnen granen in hun voedselpakket opnemen. Zij vormen er zelfs een welkome aanvulling op.

Het is echter niet aan te bevelen, van de ene dag op de andere over te schakelen van een voeding met aardappelen en vlees op een voeding met volle graanprodukten. Niet alleen de smaak, maar ook de spijsvertering moet de gelegenheid krijgen te wennen aan de nieuwe voedingswijze. Om een voorbeeld te noemen: ijzer uit vlees wordt gemakkelijker door het lichaam opgenomen dan ijzer uit plantaardige produkten; geef het lichaam daarom de tijd dit opnemen van voedingsstoffen uit plantaardige produkten te oefenen. Overigens wil 'makkelijker opneembaar' in het genoemde voorbeeld niet zeggen dat dit ook beter zou zijn. Door graanvoeding wordt de spijsvertering geactiveerd en versterkt; zij mag echter niet worden overbelast. Tast vooral in het begin af wat u wel en wat u niet verdraagt.

In de regel is het verstandig, voor de overschakeling voldoende tijd te nemen; afhankelijk van het voorafgaande voedingspatroon en de leeftijd kan dat zeker 3-6 maanden duren. Hieronder volgen een paar suggesties, die u het overschakelen kunnen vergemakkelijken.

- als u minder vlees wilt gaan eten of het vlees helemaal uit uw menu wilt weglaten, begin dan met een of twee vleesloze dagen per week. U kunt zo meteen stapsgewijs wennen aan de nieuwe en soms wat tijdrovende manier van koken; tevens kunt u geleidelijk aan de nog niet in uw keukenkastje aanwezige ingrediënten aanschaffen.
Maak op zo'n vleesloze dag bij voorbeeld een *macaronischotel* (zonder vlees en met volkoren macaroni); een *gekruid rijstgerecht*, klaargemaakt met zilvervliesrijst; *pannekoeken* of een *hartige groentetaart*, beide klaargemaakt met volkorenmeel in plaats van bloem (of vervang een gedeelte van de bloem door volkorenmeel).
- wie gewend is alleen wittebrood te eten, kan dit geleidelijk aan vervangen door volkorenbrood. Neem in het begin volkoren knäckebröd of volkorenbeschuit (Demeter).
Volkorenbrood dat lang heeft kunnen rijzen voor het bakken is gemakkelijker verteerbaar dan het volkorenbrood van de gangbare bakker (deze forceert het rijsproces). Wat verteerbaarheid betreft verdient brood gebakken met *bakferment* of *zuurdesem* in plaats van gist de voorkeur. Probeer eens zelf brood te bakken; het is niet moeilijk. Wie toch moeite blijft hebben met de vertering van volkorenbrood kan beter geen vers brood eten, maar brood van ten minste een dag oud. Goed kauwen zorgt ervoor dat het brood helemaal met speeksel wordt vermengd, waardoor de vertering wordt ingeleid. Spoel uw boterham vooral niet weg met melk of andere dranken. Zie er ook bij kinderen op toe, dat ze de melk pas drinken als de mond leeg is.
- voor het ontbijt kunt u in plaats van brood pap of muesli nemen. *Pap*: gebruik hiervoor in het begin de lichtverteerbare graanprodukten: meel of vlokken van haver, gierst of rijst. Ook thermomeel is heel geschikt. *Muesli*: kies voor de muesli in het begin de fijne havervlokken en zet ze een nacht van tevoren in de week.
- behalve gemalen (volkorenmeel) en geplet (vlokken) zijn granen ook gebroken (grutten) makkelijker verteerbaar dan als hele korrel. Om te beginnen zijn vooral *thermogrutten* en *boekweitgrutten* aan te bevelen.

- wat betreft de hele graankorrels kunt u het beste met zilvervliesrijst, gierst en boekweit beginnen. Als u geen moeite meer hebt met de vertering van deze drie graansoorten, kunt u geleidelijk aan ook de hele haver-, tarwe-, gerste- en roggekorrels in uw voedselpakket opnemen (niet alleen in hoofdgerechten, maar ook in nagerechten, pap, enzovoort). Deze graansoorten worden lichter verteerbaar en (vooral haver) smakelijker, als ze voor het koken worden *geëest*. Probeer een zeker ritme in uw voedingspatroon aan te brengen. De samenhang die bestaat tussen de planeten, de dagen van de week en de graansoorten kan daarbij een steun zijn. Het voert te ver dit hier verder uit te werken, geïnteresseerden verwijzen wij graag naar *Het nieuwe granenboek* van Udo Renzenbrink (zie literatuurlijst).

De samenstelling van de warme maaltijd

Het is onze ervaring, dat velen elke dag weer moeite hebben met het op tafel brengen van een maaltijd. Niet zozeer het koken zelf, alswel de keuze van de gerechten en de combinatie ervan tot een gezond, smakelijk en voedzaam geheel vormen daarbij het probleem. In dit hoofdstuk willen wij u een paar punten ter overweging geven, die u hierbij kunnen helpen.

Zowel voor de gezondheid van de tafelgenoten alsook met het oog op de werkbelasting van de huisvrouw(man) is het een goede stelregel, de **alledaagse maaltijd** eenvoudig te houden. Wel zorgvuldig op smaak gebracht, gevarieerd van samenstelling, niet te vet, niet te zoet en niet te eiwitrijk.

Een weekplanning van de maaltijden kan een belangrijk hulpmiddel zijn bij het eten koken. Hoe ziet het verloop van de komende week eruit: zijn er verjaardagen of feestdagen? komen er gasten? heeft u op een of meer dagen laatkomers? enzovoort.
Maak in het weekend – in overleg met uw huisgenoten – een **menuplan** voor de hele week en tegelijk een boodschappenlijstje. Houd er hierbij rekening mee, dat u soms voor twee dagen tegelijk kunt koken (bij voorbeeld hetzelfde graan op twee manieren klaargemaakt, graan met een saus, de dag erna graankoekjes). Deze planning bespaart u veel gepieker en tijd voor de rest van de week.
Het is ook makkelijk een voorraad te hebben van de meest gebruikte produkten. Dit zijn: granen en graanprodukten, peulvruchten, noten, zuidvruchten, zaden, olie, zout, zoetmiddelen en kruiden.
Als u 1 maal per week groente inkoopt, kunt u het beste eerst de bladgroente opmaken, vervolgens de stengelgroente en tot slot de wortelgroente.
Op blz. 57 vindt u een voorbeeld van zo'n weekmenu.

Maak voor één maaltijd liever niet twee in de pan gebakken gerechten, en geef bij gebakken gerechten liefst een lichtverteerbare groente of een frisse, eenvoudige salade.
Eet niet enkel peulvruchten, maar combineer ze met granen (1:3 is een smakelijke combinatie); dit hoeft niet in één gerecht, maar wel binnen dezelfde maaltijd. Zo is bij voorbeeld een zoet

graangerecht (drie-in-de-pan, een broodschotel, pannekoeken, een graanpudding) eer. goede aanvulling op een maaltijdsoep met peulvruchten.

Zorg ervoor, dat er in elke maaltijd iets te kauwen valt; neem bij voorbeeld niet: kerriesoep, puree met bloemkool en roerei en vla toe, maar: heldere groentesoep met stukjes groente, puree met wortelsalade en notengehakt en verse vruchten toe.

Stel het menu zo samen, dat alle delen van de plant erin vertegenwoordigd zijn: behalve lekker is het ook gezond, in een maaltijd zowel rauwe als gekookte groenten op te nemen, bij voorbeeld bladgroente als rauwkost bij een gekookte wortelgroente, of omgekeerd. De vruchten in het toetje of de gebruikte kruiden vertegenwoordigen dan het bloemgebied van de plant.

Veel mensen ondervinden de gevolgen van te veel eten en moeten 'aan de lijn doen'. Deze dagelijkse zorg kunt u vergeten, als u om te beginnen zoveel mogelijk alle geraffineerde voedingsmiddelen (witte bloem en witte suiker en natuurlijk ook alle produkten waarin deze voedingsmiddelen zijn verwerkt) laat staan. Als u dan bovendien uw maaltijden evenwichtig en gevarieerd samenstelt, produkten van goede kwaliteit (van gezonde bodem) gebruikt, de gerechten zorgvuldig klaarmaakt en met kruiden en liefde op smaak brengt, zult u algauw geen behoefte meer hebben aan grote hoeveelheden eten. Het tellen van calorieën zult u vergeten, omdat met deze kost uw gewicht vanzelf constant blijft. Het is bovendien een ervaringsfeit, dat ook de snoepbehoefte minder wordt.

Over een tekort aan eiwitten hoeft u zich, als u bovenstaande richtlijnen in acht neemt, geen zorgen te maken; ook niet als er geen vlees op het menu staat. Melkprodukten, noten en zaden (alles met mate) zijn een uitstekende aanvulling op de volkoren graanprodukten.

Let bij de samenstelling van de maaltijd niet alleen op de maag; het oog wil ook meeëten. Kies daarom bij granen een fleurige saus of salade; ook een toefje peterselie of een schijfje tomaat doen al wonderen.

Het is van belang te letten op de **kwaliteit** van de voedingsmiddelen. Geef de voorkeur aan 'levend' voedsel, zo mogelijk zonder kunstmest geteeld en niet met chemische middelen bespoten. Gebruik conserven (ook diepvries), groenten uit de warme kas en industrieel bewerkt instantvoedsel alleen bij uitzondering.

Wat eten we op een door-de-weekse dag?

Probeer wat betreft de etenstijden een bepaald ritme aan te houden, waarbij de maag tussen elke maaltijd ca. 2 uur rust heeft.

Ideaal zou zijn, als u drie niet al te grote hoofdmaaltijden en twee kleine tussenmaaltijden gebruikt. Op deze wijze vertoont de bloedsuikerspiegel geen al te grote schommelingen en blijft uw lichamelijk en geestelijk prestatievermogen de hele dag door op peil. Bij alleen drie grote maaltijden wordt er door een groot hongergevoel vaak te veel tegelijk gegeten, met als gevolg een vol gevoel en moeheid. In de lange tussenperioden zakt met de bloedsuikerspiegel ook het concentratievermogen en ontstaat slaperigheid.

Het ontbijt

Vooral voor schoolgaande kinderen en buitenshuis werkenden loont het de moeite, alle aandacht te besteden aan deze starter van de dag. Een ontbijt moet volledig zijn (niet alleen een beschuit met een kop thee met suiker), het moet niet te suikerrijk zijn (een te suikerrijke voeding geeft aan de bloedsuikerspiegel te veel schommelingen) en ook produkten bevatten die rijk zijn aan eiwitten en vetten, bij voorbeeld zuivelprodukten.
U heeft voor het ontbijt de keuze tussen brood met beleg en een beker melk, pap of muesli, of een combinatie hiervan, al naar gelang uw persoonlijke voorkeur.

Eet bij voorkeur volkorenbrood en snijd de sneetjes niet te dun: het brood is immers het hoofdbestanddeel van de maaltijd en het beleg de aanvulling. Neem niet alleen zoet beleg en kies van het zoete beleg de volwaardige produkten zoals de diverse soorten stroop, pasta, vruchtenmoes, jam en honing. Besmeer de boterhammen dun met roomboter (beter en lekkerder dan dik met halvarine) en laat eventueel de boter onder kaas en vette pasta's of kwarksmeersels helemaal weg.

Eet zo mogelijk ook bij het ontbijt een verse vrucht (bij voorbeeld in de muesli) of drink een glaasje vruchtensap. Het vruchtezuur, evenals het melkzuur uit zure-melkprodukten, bevordert de opname van ijzer uit graanprodukten – thee en koffie daarentegen belemmeren deze opname. Drink dus bij het ontbijt en de lunch liever geen thee of koffie, maar kruidenthee, moutkoffie of niet te koude melk of karnemelk.

Dranken

Volgens voedingsdeskundigen heeft een volwassene van een gemiddeld gewicht (70 kg) onder normale omstandigheden ca. 2 1/2 liter vocht nodig (3 dl per 10 kg lichaamsgewicht). Ongeveer de helft hiervan neemt men op met het vaste voedsel, de resterende 1-1 1/2 liter met dranken. Drink niet te veel melk; een halve liter per dag is ruim voldoende (voor kinderen in de puberteit en zogende moeders 3/4 liter). Als u veel kaas of kwark eet zelfs nog minder. Hierbij is dan ook de yoghurt of vla meegerekend, die u na de warme maaltijd als toetje eet. Melk is geen dorstlesser, maar als het ware een voedingsmiddel. Probeer dit ook aan de kinderen uit te leggen en bied ze een alternatief, vooral op warme dagen: appelthee, met appelthee verdunde vruchtensappen of koele kruidenthees, op smaak gebracht met citroen- of sinaasappelsap en honing, zijn betere dorstlessers dan frisdrank en limonade. Reserveer de laatste twee voor bijzondere dagen.

De lunch

Kies ook voor de lunch bij voorkeur volkorenbrood en probeer er wat vers fruit of rauwe groente bij te eten.
Hieronder volgen nog een aantal suggesties voor **broodbeleg**:
- kaas (alle soorten) of kwarksmeersels (minder vet, minder zout en lichter verteerbaar dan kaas)
- notenpasta's of notenstrooisels (minder vet en voordeliger dan pasta)
- jam of vruchtenmoes (minder zoet dan jam, maar korter houdbaar)

- stroop met schijfjes appel erop
- honing met gehalveerde aardbeien erop
- grof geraspte appels (de vulling van de appelflappen of mincemeat)
- geraspte wortel of andere wortelgroente
- schijfjes radijs, rammenas, komkommer, tomaat bestrooid met sesamzout (gomasio)
- een pluk rauwe zuurkool of andere melkzuur ingemaakte groente
- smeer een beetje mosterd, pestosaus (basilicum) of sambal op de plak kaas op uw boterham; vooral lekker op Emmentaler of Maasdammer kaas
- op Emmentaler of Maasdammer smaakt ook een schijf rijpe peer of een paar halve walnoten erg lekker
- honing met sesamzaad
- tahin met pesto
- zure room of kwark in plaats van boter, met vruchten of jam
- Hüttenkäse met gomasio of kruidenzout
- notenpasta met komkommer en sambal
- notenpasta met banaan
- restjes van aardappelsalade of andere salades, met een streekje tahin of zure room eronder
- restjes ragoût
- zie verder de recepten in het hoofdstuk *Broodbeleg*

De lunchtrommel

Besmeer boterhammen voor in de lunchtrommel liever niet met zoet, kleverig beleg, maar beleg ze met:
- kaas
- Zwitserse strooikaas, vermengd met boter
- gistextract (Vitam-R, Reformite)
- notenpasta
- een overgebleven pannekoek, waarbij u de boterhammen in plaats van met boter alleen met appelstroop besmeert (goed *in* het brood smeren, anders 'lekt' de boterham)

- kruidenboter (vooral lekker met bieslook erdoor)
- kokosbrood
- geef een stukje komkommer, een paar radijsjes of een sappige wortel mee en bestrooi de met boter besmeerde boterham om erbij op te eten met gomasio (sesamzout)
- stop voor de kleintjes een toverappeltje of 'voorbewerkte' sinaasappel in het trommeltje.

Verpak het brood niet in aluminiumfolie, maar, milieuvriendelijker, in een duurzame broodtrommel.

De warme maaltijd

Veelal is dit de enige maaltijd waarbij het hele gezin tegelijk aan tafel zit. Maak er vooral iets gezelligs van en voorkom zo mogelijk gehaast bij het koken, waardoor u uitgeput en prikkelbaar aan tafel komt.
Dek de tafel leuk, gebruik gaaf servies en een schoon tafellaken en dien op in mooie pannen of in een schaal. Steek in de winter eens een kaars aan. Dit alles klinkt misschien overdreven, maar juist een verzorgde ambiance stimuleert de eensgezindheid en dankbaarheid dat er weer een met zorg klaargemaakte maaltijd op tafel staat. Het bevordert bovendien de tolerantie bij onbekende gerechten. De gezelligheid bij het uit eten gaan zit hem immers voor een groot deel in de verzorging door en aandacht van het personeel van het restaurant. Dat kunnen we thuis ook realiseren; prettige bijkomstigheid is, dat het de tafelmanieren van kinderen (maar ook van volwassenen!) bevordert. Een gauw-gauw gedekte tafel nodigt hiertoe niet uit.

Begin de warme maaltijd naar wens met een kopje bouillon, een licht gebonden soepje of wat salade. De soep werkt rustgevend en verwarmend, de salade (in kleine hoeveelheden) eetlustopwekkend.
Daarna heeft u de keuze uit:
- gekookte granen met een saus of ragoût en gestoofde of gekookte groente. Eventueel een bijgerecht zoals geraspte kaas, een toefje kruidenkwark, notengehakt, geroosterde zonnebloempitten, hazelnoten, een kaasbeignet en wat salade
- een graanschotel, -soufflé of stoofpot, waarin groente is verwerkt, met daarbij een frisse salade
- een hartige groentetaart of groenteflappen en wat salade
- graankoekjes met een sappige groente en/of salade (als er al groente in de koekjes is verwerkt), eventueel met een saus
- pannekoeken met groente en/of een ragoût, of gevulde pannekoeken met groente of een salade
- een graansalade met bladgroente (op warme dagen)
- een maaltijdsoep, eventueel met brood, als nagerecht een zoet graangerecht en eventueel wat salade vooraf of een vrucht toe

De keuze van het toetje is afhankelijk van wat u verder nog op het menu heeft staan: het toetje kan een wat magere maaltijd aanvullen (iets met kwark of met granen), of een frisse afsluiting zijn van een voedzaam hoofdgerecht (dan wordt het een vruchtentoetje of gewoon een verse vrucht). Sommige mensen hebben moeite met de vertering van groente én fruit (vooral steenvruchten) in dezelfde maaltijd; de appel vormt hierop een uitzondering.

Tussendoortjes

De tussendoortjes kunt u aan uw persoonlijke omstandigheden aanpassen: koffie (eventueel granen- of cichoreikoffie, zeker voor de kinderen), thee, kruidenthee, graandranken, verdunde vruchtesappen, appelthee (zie ook de recepten), met erbij een volkoren cracker of koekje en voor de harde werkers een extra boterham of een tosti.
Ook verse vruchten, vooral appels, zijn goede tussendoortjes.

In het weekend

Misschien combineert u als langslaper op zaterdag (of zondag) het ontbijt met de lunch (de brunch) en vervangt u met de tweede broodmaaltijd de warme maaltijd. Maak hierbij een kopje groentesoep of een schaaltje rauwkost en eet voldoende vers fruit. Op een winterse zaterdag is een maaltijdsoep, die u ook al van tevoren kunt klaarmaken, ideaal; in de zomer een graansalade, die u ook buiten kunt eten.
Op een thuis doorgebrachte zondag kunt u misschien eens wat extra aandacht besteden aan de warme maaltijd, eventueel geholpen of zelfs helemaal gekookt door een van uw huisgenoten. Maak van het toetje iets speciaals; een zelfgemaakt gebak verhoogt de gezelligheid. Als we deze lekkernijen van volwaardige grondstoffen maken, vormen ze meteen ook een gezonde voeding, die een plaats kan hebben in het dagelijks menu.
Probeer ook eens op zondag tussen de middag warm te eten. U houdt dan de hele middag 'kookvrij' en hoeft alleen nog voor een broodmaaltijd te zorgen. Of neem het brood mee en geniet van een lange zomeravond.

Het weekmenu: een voorbeeld

Hieronder volgt een voorbeeld van een weekmenu, waarbij we zoveel mogelijk probleemsituaties hebben ingebouwd, met suggesties voor mogelijke oplossingen.

Maandag (de kok heeft weinig tijd)
    salade van wortelgroente
    rijst met zuurkool
    fruit toe

Dinsdag (er is een laatkomer)
    wortel-citroensoep
    graankoekjes of pannekoeken
    bladsla, andijvie of bloemkool
    yoghurt met vruchten

Wat kunt u doen voor de laatkomer?
- houd een portie soep achter om later op te warmen
- zet een gedeelte van de koekjesmassa of het beslag voor de pannekoeken koel weg en bak de koekjes of pannekoeken pas als de laatkomer in aantocht is of vast de soep opeet

- houd wat gewassen sla en wat slasaus achter en meng dit pas vlak voor het opdienen, of houd een portie gewassen andijvie achter en stoof haar kort voor het opdienen, of houd het binnenste van de stronk achter en maak er sla van
- of leg een portie van de gekookte bloemkool op een schaaltje en druppel er vlak voor het opdienen wat slasaus overheen (dus niet opwarmen)
- zet de yoghurt (eventueel met vruchten) koel weg

Tips:
- granen en graanprodukten, peulvruchten en vlees kunt u zonder verlies van voedingswaarde warmhouden (hooikist) of weer opwarmen
- groente nooit warmhouden, maar meteen na het koken zo vlug mogelijk laten afkoelen en kort voor het eten voor de laatkomer weer op temperatuur brengen. Beter is echter, de groente vers te koken; kies dan een vlug gare soort, bij voorbeeld een bladgroente
- nitraatrijke groente als spinazie, snijbiet, rode bieten, raapstelen, andijvie, bleekselderij, postelein en spitskool nooit opwarmen
- voor rauwkost bedoelde groente alleen schoonmaken en eventueel schillen en pas vlak voor het eten raspen of kleinsnijden en met de (achtergehouden) slasaus vermengen
- maak als er een graanschotel op het menu staat een klein schoteltje extra, dat u pas opwarmt als de laatkomer er is

Woensdag (er komt een gast die van vlees houdt)
    witte ragoûtsoep
    groentetaart (soort naar keuze) of ham- en kaascroissants
    bladsla
    perenegeltjes

de dag ervoor kunt u vast klaarmaken:
- het deeg voor de groentetaart (maak een flinke hoeveelheid, dan kunt u er nog appelflappen van bakken voor bij de koffie). Rol het deeg ook vast uit en leg het, in folie gewikkeld, koel weg
- de croissants kunt u helemaal van tevoren klaarmaken
- de soep; warm hem vlak voor het eten op en strooi er verse kruiden over

een paar uur van tevoren maakt u klaar:
- de groenten voor de taart: vast schoonmaken, maar nog niet snijden (koel wegzetten)
- de sla: wassen en in de slacentrifuge koel wegzetten
- de slasaus: ingrediënten in een jampot doen, vlak voor het gebruik flink schudden en over de sla gieten
- het toetje: koel wegzetten

Als u de groentetaart maakt legt u op de deegbodem wat uitgebakken blokjes spek (lekker in preitaart) of plakken ham (pompoentaart) of gebraden gehakt (kooltaart) en markeert dit gedeelte met twee halve houten cocktailprikkers (aan de binnenkant tegen de deegrand zetten).

Donderdag (een gewone dag)
    salade van een wortelgroente
    gekookte granen naar keuze of macaroni
    geraspte kaas en/of een saus
    een gestoofde groente
    een nagerecht

Vrijdag (de kok is weg)
    gierstschotel met kaas en bananen
    bladsla

Wentel de stukjes banaan in wat citroensap, dan kunt u de schotel van tevoren klaarmaken. De eters kunnen de schotel dan in de oven zetten.
Sla: zie woensdag

Zaterdag
    broodsoep met kaas
    vers fruit en noten of een vruchtentoetje (bij voorbeeld appelcrisp)

Zondag (vegetarisch)
    pizza (soort naar keuze)
    bladsla
    vla

De vla en het deeg voor de pizza kunt u de dag ervoor klaarmaken (in de koelkast laten rijzen), de vla eveneens. Terwijl de pizza bakt, maakt u de sla klaar.

In een vegetarisch gezin iemand die vlees eet?

Als het een gast betreft, kunt u in (of op) een gedeelte van elke graan- of macaronischotel, groentetaart of pannekoeken wat uitgebakken spek of plakken ham verwerken (kies dan voor de graanschotel de wat meer bekende graansoorten zoals rijst, maïs, eventueel gierst).
Als u als bijgerecht bij een aardappelmaaltijd graankoekjes eet, bakt u voor de gast een biefstukje of ander stukje vlug-klaar-vlees.
Moeilijker wordt het, als de vleesliefhebber een gezinslid is, dat permanent aan tafel meeëet; dit is vaak ook een liefhebber van aardappelen-met-jus. Maak dan vlees met jus voor 2-3 dagen tegelijk klaar en bewaar het (in porties) in de koelkast. Een pannetje met aardappelen erbij is dan gauw gekookt terwijl de granen nawellen en van de groente kunt u allemaal eten.
Plan tussen elke vlees-met-aardappelendag een gerecht, waarin u in een gedeelte het vlees verwerkt (groentetaarten, stamppotten, nasi goreng, gevulde pannekoeken). Voor u er erg in hebt, heeft u een heel weekmenu bij elkaar.

Een vegetariër tussen vleeseters?

Ook dit is niet moeilijk, als het incidenteel gebeurt. U maakt een schotel, bij voorbeeld macaroni, waarin u het vlees zo laat mogelijk verwerkt. Houd een gedeelte ervan apart en vervang het vlees door blokjes kaas of stukjes noten, pitten of zaden, eventueel in wat olie in de koekepan gebakken. Of vervang het stukje vlees in uw menu door een noten- of graankoekje of ander bijgerecht en de jus door een lekkere saus (van de rest maakt u de volgende dag soep voor uw gezin).

Een kaasbeignet, een omelet of gebakken ei, een met roerei gevulde tomaat, dit zijn de meest bekende vleesvervangers, maar voor elke dag toch te eiwitrijk.
Kook voor een 'permanente' vegetariër granen in plaats van aardappelen; dit kan voor meerdere dagen tegelijk en u kunt er iedere keer weer wat anders van maken.
Maak van de saus voor de gezamenlijke groente wat meer, de vegetariër kan de saus als vervanging van de jus gebruiken. Geef wat geraspte kaas of kruiden bij de saus, dit maakt hem wat pittiger voor bij de granen van de vegetariër, of vul aan met noten.
Houd twee of drie pannekoeken achter, als u ze met z'n allen eet. Een of twee dagen later kunt u dan met gevulde pannekoeken een hele maaltijd voor de vegetariër maken.
Kook voor 2-3 dagen peulvruchten voor de vegetariër, maak er met granen een schoteltje van, meng ze met gefruite uien als bijgerecht of bak er een kroket van.

Voor een zeer onverwachte vegetarische gast kunt u twee flinke, zo mogelijk geroosterde boterhammen (eventueel) met wat boter besmeren, op een voorverwarmd bord leggen en er de groente, die u toch al gekookt heeft, erop scheppen. Om het geheel wat voedzamer en pittiger te maken, kunt u plakken pittige kaas eronder (bij wortelgroente) of erop (bij bladgroente) leggen. Versierd met een vleugje paprikapoeder en/of een toefje peterselie heeft u zo in een wip een professionele 'toast à ma façon'.

Feest vieren

Wie iets te vieren heeft, wil de vreugde graag met anderen delen. Op feestdagen kan een gezellige maaltijd de saamhorigheid en de goede stemming stimuleren. Veel hangt hierbij af van de inzet en fantasie van de gastvrouw/heer. Bij de keuze van het feestmenu spelen verschillende factoren een rol: tijd, geld, energie, het seizoen én de samenstelling van het gezelschap. Het feest is geslaagd als iedereen aan zijn trekken is gekomen, ook de kleintjes.

U bent misschien van huis uit gewend, op bepaalde feestdagen een traditioneel (niet alledaags) vleesgerecht te eten, en wil hiervan niet gemakkelijk afstand doen, omdat het feest dan zijn bijzondere karakter zou kunnen verliezen. Vaak is zo'n wens- of traditioneel menu overigens niet eens zó ongezond, mits u het vet- en/of suikergehalte wat aanpast en gebruik maakt van volwaardige grondstoffen. Ook hiervoor vindt u suggesties in dit boek. Feestelijke maaltijden hebben we onder de titel gemerkt met een vignet.

Als er gezinsleden en gasten zijn die liever geen vlees eten, kunt u voor hen iets lekkers verzinnen dat zich kan meten met het vleesgerecht. Dit vleesvervangende gerecht zou ook iets niet-alledaags moeten zijn, bij voorbeeld *pasteitjes* of *feuilletés* (al van tevoren gebakken), gevuld met een lekkere vegetarische ragoût of een *ovenschotel met fijne gevulde flensjes, tomaten gevuld met kaassoufflé* of een hele *kaassoufflé*. Voor kinderen kan een *bladerdeegrand* op de groenteschaal leuk en lekker zijn.

Als u voor bepaalde feesten typische bij het betreffende seizoen behorende groenten en/of vruchten kiest, ontstaat er in de loop der jaren in uw gezin misschien zelfs een nieuwe (jaar)feesttraditie.

U kunt ook proberen één of meer onderdelen van de maaltijd om te toveren tot pronkstuk(ken):
- serveer de pompoensoep in een uitgeholde pompoen
- dien de soep in mooie kommen op en garneer met een toefje sterrekers of roer er een spiraaltje room door
- dien de groente als ovenschotel op of maak er een groentetaart, -pie of -pastei van
- vul een kool of pompoen met het graangerecht
- dien de granen op in de vorm van een ring of timbaal, gevuld met of omgeven door een ragoûtsaus
- versier het nagerecht mooi, maak bij voorbeeld waaiers van gekookte peren

Een mooi gedekte tafel met een gestreken tafellaken, versierd met kleine vaasjes met bloemen, takjes met bessen of herfstbladeren en verlicht met kaarsen of waxinelichtjes maakt van elke zorgvuldig gekookte maaltijd een feestmaaltijd. Enkele voorbeelden:

Voorjaar
grapefruit
spinaziepastei
wortelsalade
caramelvla met een toefje slagroom

Zomer
koninginnesoep
gado-gado met rijst en zonnebloempittensaus
vruchtenijs

Herfst
peterseliesoep
gevulde pompoen
gemengde salade
appelmoes met kaneelschuim

Winter
consommée célestine
beignets van schorseneren
risotto
gemengde salade op een bedje van winterpostelein
sinaasappelbavaroise

Suggesties voor menu's met een feestelijk karakter

Onderstaande menu's zijn geschikt voor zowel vegetariërs als niet-vegetariërs.
- dunne pannekoekjes met diverse bijgerechten
- een uitgebreide capucijnermaaltijd met diverse bijgerechten
- gestoofde kastanjes (en lamsbout) met gevulde appels
- soep met een bij het feest passend speciaal versierd brood en kruidenboter, gepofte kastanjes met compote of een mooi opgemaakte fruitschaal met verse noten
- bij sommige soepen kunt u het vlees er apart bij geven (in de vorm van soepballetjes, stukjes kip, enzovoort)
- een aardappel-dip-in
- kaas- of groentefondue, visfondue, raclette
- artisjokken met een fijne saus, een graansoufflé met bladsla, vruchten toe
- een rijsttafel

Kies voor een feestmenu gerechten die u – tenminste gedeeltelijk – al van tevoren kunt klaarmaken.
Probeer nieuwe gerechten op een gewone dag in alle rust van tevoren uit. Serveer, als de maaltijd al machtig was, een licht toetje, bij voorbeeld een exotische vrucht, een vruchtensalade of een kleine portie ijs met vruchten.
Besteed vooral veel aandacht aan de garnering (zie ook het hoofdstuk *Garneringen*) en let op kleurencombinaties.

Een paar ideeën:
- toefjes verse peterselie, veldsla, sterrekers
- blaadjes van winterpostelein, waterkers
- de gele hartblaadjes van kropsla, Brussels lof en andijvie
- verse kruidenblaadjes of -bloemetjes, ook op toetjes en in dranken (bij voorbeeld munt en citroenmelisse)
- een scheutje losgeklopte viili of room in een felgekleurde soep
- een spoortje nootmuskaat op het slagroommutsje van de warme chocolademelk
- een spoortje cacao of geraspte chocolade op de slagroom van de feestkoffie of vla
- geroosterde en in grove stukken gehakte amandelen over de appelmoes, de sla of de graanschotel
- geroosterd sesamzaad of zonnebloempitten over de sla of graanschotel
- toetjes met schijfjes kiwi of sinaasappel en een toefje slagroom.

Buffet

Voor een (koud of warm) buffet, waarvan men zich zelf kan bedienen, kunt u een groter aantal gasten te eten vragen dan voor een maaltijd die aan een gedekte tafel wordt gegeten. Het buffet lost het ruimteprobleem op; iedereen kan ongedwongen ergens gaan zitten en zich naar eigen goeddunken bedienen.

Voorbereiding en planning

In een kamer van ca. 20 m² kunt u vijftien tot twintig gasten ontvangen. Let er op dat er tussen de zithoekjes ruimte overblijft om heen en weer te lopen. Overweeg de mogelijkheid, twee aangrenzende kamers voor het buffet in gebruik te nemen. Zet desgewenst een tafeltje neer om aan te eten.
Voor een grote party kunt u servies, glaswerk, bestek, warmhoudplaten en ook stoelen huren (of lenen).

Maak van een buffet een tot eten uitnodigend kleurig tafereel:
- versier de tafel met kleine (stevig staande) vazen met bloemen en eventueel kandelaars; als er plaats voor is een bloemstuk of een mooi opgemaakte fruitschaal
- zorg ervoor dat de tafel goed is verlicht
- geef een 'assistent' de opdracht, de gasten te helpen bij het opscheppen en uitleg te geven over de verschillende gerechten. Laat ook (bijna) lege schalen weer bijvullen en gebruikt serviesgoed afruimen
- 'filevorming' kunt u voorkomen door de gerechten op volgorde neer te zetten, te beginnen met een stapel borden en eindigend met het bestek en de servetten (liefst grote)
- houd warme gerechten op een warmhoudplaat op temperatuur

Kies voor de samenstelling van het buffet makkelijk te hanteren gerechten (geen vis met graten of gevogelte met botjes).
Snijd groot vlees gedeeltelijk in plakken (op tijd bijsnijden); rosbief, rollade, ontbeende casselerrib en lamsbout zijn hiervoor goed geschikt. Garneer deze vleesschotels met groente en giet er wat saus over. Bij een buffet is het mogelijk, de gasten een keuze uit verschillende soorten vlees, een terrine of een kaassoufflé, verschillende groenten, salades en sauzen aan te bieden.
Van een *rijsttafel* of *Chinese maaltijd* kunt u een *Oosters buffet* maken.

Als u *soep* vooraf wilt geven, kunt u deze het beste zelf opscheppen en de soepkommen ronddelen; dit voorkomt veel heen- en weergeloop. Het ophalen van de lege kommen is dan tevens het startsein om zich verder zelf te gaan bedienen aan het buffet.
Als *nagerecht* kunt u mooi opgemaakte puddingen, verse ananas of schaaltjes met *rödgröd* of *vruchtensalade* neerzetten.
Na het toetje kunt u de resten laten opruimen terwijl u een klein kopje koffie serveert en, als het feest nog langer duurt, daarna het buffet inrichten met dranken, hartige hapjes, rauwe stukjes groente met dipsauzen, schalen met crackers, stukjes kaas en eventueel noten.

Koud buffet

Een koud buffet is eenvoudiger en vooral geschikt voor een zomerse eetpartij (in de tuin). Maar met een kop soep of een warm hartig hapje vooraf is het voor elk ongedwongen feestje denkbaar. Als elke gast zijn eigen salade meebrengt, waarbij het uiteraard de (kosten- en werkbesparende) bedoeling is, dat de gasten van elkaars salade eten, draagt iedereen een steentje bij aan de feestvreugde en kunnen er eetideeën worden uitgewisseld.

Het is handig de bladsalades en in hapklare stukjes gesneden hardere groentesoorten zonder saus op tafel te zetten. Ieder kan dan zelf zijn favoriete slasaus, die in kannetjes of kommetjes ernaast staan, over zijn salades druppelen. Vooral als u van tevoren niet precies weet hoeveel eters er zullen zijn, kunt u de overgebleven, niet aangemaakte groente na afloop in de koelkast zetten en de volgende dag stoven of er een groentesoep van maken. De sauzen kunt u, in glazen potten met deksel, nog een paar dagen in de koelkast bewaren en als broodbeleg opmaken.

Een paar suggesties voor de samenstelling van een koud buffet:
- een grote platte schaal met verschillende soorten bladsla (gewassen en drooggeslingerd); kies hiervoor behalve ijsberg- en kropsla ook eikeblad- en krulsla, eventueel roodlof en maak er een kleurig geheel van
- grote, wijde glazen met in handzame stengeltjes gesneden paksoy, jonge komkommer, malse wortel, alles gegarneerd met roosjes broccoli, waaraan u nog een stuk stronk heeft laten zitten
- kommen met roosjes bloemkool, babytomaatjes of romaanse tomaten, dikke schijven van zeer jonge courgettes, 'frietjes' van zeer verse, jonge koolrabi, repen paprika (rode, gele, groene), heel kleine champignons (afgeborsteld en met citroensap besprenkeld), beetgaar gekookte sperziebonen
- gekookte peulvruchten (witte en/of zwarte bonen, capucijners, kikkererwten), maïskorrels. Deze salades wél aanmaken, de saus moet er in trekken
- schaaltjes met olijven, zilveruitjes, augurkjes
- kannetjes en/of kommen met verschillende soorten slasauzen, eventueel dipsauzen
- maak roosjes en muisjes van radijs, bloemen van tomaat, groentebloemen en gevulde of gewoon gehalveerde hardgekookte eieren (zet de muisjes overal op en tussen)
- zet één of meer versierde botervloten neer of schaaltjes met boterkrullen of -balletjes
- leg op een grote houten plank (met mes) verschillende soorten kaas
- een schaal met opgerolde plakjes ham, salami, gerookt vlees, plakken gebraden koud vlees, plakjes rookworst, stukjes Hollandse nieuwe haring, gerookte makreel
- tarwebolletjes, stokbrood, kruidenbroodjes, croissants, karwijstokjes, crackers
- een mooi opgemaakte fruitschaal en/of een ijscake als iedereen toe is aan het nagerecht
- een stapel borden en servetjes
- een mandje met bestek
- mineraalwater en andere dranken en glazen
- houd voor de nablijvers wat licht gebak voor bij de koffie achter de hand

Een *saladebuffet* (koud buffet zonder kaas en koud vlees) is geschikt voor bij een barbecue. Voor de vegetariërs zijn er dan tosti's, gevulde tomaten, herdersaardappelen en geroosterde maïskolven.

De Indonesische rijsttafel

Een rijsttafel is voor de liefhebbers van Oosters gekruide gerechten een feestmaaltijd, die bij uitstek geschikt is om vegetariërs en niet-vegetariërs rond één tafel bij elkaar te brengen.

Bij een rijsttafel is de drooggekookte rijst het *hoofdgerecht*, waarbij men een aantal *bijgerechten* (warm en koud) kan serveren. Eenieder schept wat rijst op het midden van zijn of haar bord en legt er een krans van bijgerechten omheen. Deze gerechten staan in schalen en schaaltjes op tafel, zodat ieder vrij kan kiezen.

Om verwarring te voorkomen:
Nasi Rames is een mini-rijsttafel op één bord en wordt vaak in restaurants geserveerd. Dit gaat echter ten koste van het tafelen: er wordt maar één keer opgeschept en men kan geen vrije keuze uit de bijgerechten maken.
Nasi Goreng en *Gado-gado* zijn geen bijgerechten van de rijsttafel, maar nemen een aparte plaats in, te vergelijken met onze ovenschotels. Bij deze gerechten worden echter ook vaak droge bijgerechten zoals kroepoek geserveerd, om ze wat feestelijker te maken.

Wij geven u in dit boek een aantal recepten voor Oosters gekruide gerechten, voldoende om een feestelijke rijsttafel samen te stellen. Deze recepten vindt u verspreid door het hele boek, omdat u ze als aparte gerechten ook in gewone maaltijden kunt opnemen. De Indonesische namen staan tussen haakjes achter de titel van deze recepten. Hierbij houden wij ons, in overleg met de distributeurs van Indonesische specerijen, aan de oude spelling.
Naarmate u meer tijd (of hulp) heeft, kunt u een kleine rijsttafel tot een grote laten uitgroeien. De meeste bijgerechten, vooral het vlees en de sauzen, kunt u al de dag van tevoren klaarmaken. Op de dag zelf hoeft u dan alleen nog de groentegerechten en de rijst te koken.
De rijst moet vooral goed drooggekookt zijn, daarom kunt u hem het beste warmhouden in de hooikist of stoomkoker. Zie voor het koken van de rijst het basisrecept.
Als uw ruimte beperkt is en het gezelschap groot, zou u van de rijsttafel een warm buffet kunnen inrichten, waar iedereen zichzelf kan bedienen.

Bij een rijsttafel horen (behalve de rijst) *natte*, *gebakken*, *gefruite*, *droge* en *zure* gerechten. Een nagerecht is niet noodzakelijk, maar als er behoefte aan is, kunt u vruchten serveren.
Bij de maaltijd worden lichte tafeldranken gedronken.

De natte gerechten (sajoers)

Dit zijn met veel vocht bereide groentegerechten, die ook zonder vlees uitstekend smaken. Het vocht schept men bij de maaltijd over de rijst. U hebt de keus uit:
- Sajoer Kerry Djawa (kerrieragoût)
- Sajoer Toemis Kol (Oosters gekruide, gestoofde kool)

De gebakken gerechten

Gebakken vlees, kip of vis met gekruide saus.
Met vlees:
- Boemboe Besegnek Lapis (vlees in gele saus)
- Rempah van gehakt (gehaktballetjes met kokos)
- Goelai (Oosters gekruid lamsvlees)

Met kip:
- Ajam Goerih (Oosters gekruide kip)
- Boemboe Besegnek Ajam (kip in gele saus)

Met vis:
- Boemboe Bali Ikan (vis in rode Balinese saus)
- lekkerbekjes

De gefruite gerechten (sambal goreng)

Deze gerechten zijn zeer sterk gekruid (in de originele recepten met Spaanse peper). U hebt de keus uit:
- Sambal Goreng Telor, Oedang of Ati (eieren, garnalen of kippelevertjes in Indonesische saus)
- Sambal Goreng Tempé (sojakaas in Indonesische saus)
- Sambal Goreng Bontjis (sperziebonen in Indonesische saus)

De droge gerechten

Zeer vetrijke lekkernijen om te knabbelen (vooral kinderen zijn dol op kroepoek, pisang, frikadellen en rempah's):
- Kroepoek
- Pisang Goreng (gebakken banaan)
- Frikadel Djagoeng (maïskoekjes)
- Rempah van klapper (kokoskoekjes)
- Tempé Goreng (gebakken sojakaas)
- Seroendeng (kokosstrooisel)

De zure gerechten (Atjars)

Deze gerechten zijn te vergelijken met rauwkost:
- Atjar Tjampoer (van gemengde groenten)
- Atjar Ketimoen (van komkommer)

Nagerechten

Liefst verse (tropische) vruchten:
- een mooi opgemaakte ananas
- ananasschuitjes
- vruchtensalade

Dranken

- mineraalwater of gewoon water
- verdund appelsap
- citronade of orangeade

Een *kleine rijsttafel* kan bestaan uit:
drooggekookte rijst
een sajoer
een vis- of vleesgerecht (voor de vegetariërs Sambal Goreng Telor)
een droog gerecht (Kroepoek of Seroendeng)
eventueel een vrucht toe
mineraalwater

Een *grote rijsttafel* kan bestaan uit:
drooggekookte rijst
een of twee sajoers
een vlees- of kipgerecht (voor de vegetariërs eieren of witte bonen in dezelfde saus)
een visgerecht (voor de vegetariërs gebakken tempé)
drie sambal gorengs
vier droge gerechten
een atjar
eventueel een nagerecht
verschillende lichte tafeldranken

De Chinese maaltijd

In China wordt de maaltijd net als in het Westen in gangen geserveerd.
De *soep* wordt vooraf gegeten, daarop volgt een voorgerecht en dan pas de hoofdgang. Bij voorbeeld:

Soep:
- heldere groentesoep met mie
- Chinese groentesoep
- heldere kippesoep

Voorgerecht:
- Loempia

Hoofdgerecht:
Voorbeeld 1
- drooggekookte rijst
- een Foe Yong (omelet)
  of een kipgerecht
  of gewoon gebraden kip (in de oven of braadpan), op Chinese wijze op smaak gebracht met ananas
- Tjap Tjoi

Voorbeeld 2
- drooggekookte rijst
- Chinese groenteragoût, met kip of vlees of vegetarisch

Voorbeeld 3
- Nasi of Bami Goreng

Nagerecht:
ijs of vruchten (zie Indonesische rijsttafel)

Dranken:
Chinese thee of lichte koude dranken (zie Indonesische rijsttafel)

Feestelijke recepten

Kaasfondue, alcoholvrij (3-4 personen)

Als u alles van tevoren klaarzet is de fondue in een kwartier gekookt. Behalve met brood kunt u ook met stukjes malse, rauwe groente dippen, de fonduemaaltijd wordt dan niet zo machtig. Met een vruchtentoetje kunt u deze gezellige feestmaaltijd afronden.
Kaasfondue ligt minder zwaar op de maag als u het gebruikelijke glas witte wijn vervangt door een kopje warme pepermuntthee. Bovendien is met brooddrank gemaakte kaasfondue behalve verrassend lekker ook lichter verteerbaar dan wanneer u wijn als basis gebruikt.

- 1 teentje knoflook
- 1 1/2 dl bouillon
- 1 dl Kanne's brooddrank
- 100 g Gruyère, fijngeschaafd
- 100 g belegen boerenkaas, fijngeschaafd
- 50 g oude kaas, geraspt

- 1 dl Kanne's brooddrank (eventueel meer)
- 3 eetlepels biologische maïzena*
- 1 eetlepel arrowroot

- een snufje nootmuskaat
- wat peper uit de molen of een snufje cayennepeper

- 1-2 volkoren stokbroden, in 2 cm dikke sneetjes en daarna in 4 stukjes gesneden of gewoon brood (zie tip)
- ca. 500 g malse rauwe groente, in hapklare stukjes gesneden (soorten zie bij groentefondue)
- wat gomasio
- een fonduestel of een goed theelichtje en een diepe vuurvaste schaal of een leuke pan met een dikke bodem

Als uw fondue-caquelon ervoor geschikt is, kunt u de fondue direct hierin koken. Anders moet u hem in een steelpan met dikke bodem koken en vlak voor het opdienen in de goed voorverwarmde caquelon of vuurvaste schaal overgieten.
Snijd het teentje knoflook doormidden en wrijf met de snijvlakken de pan waarin u de fondue kookt, stevig in. Doe bouillon, brooddrank en alle kaassoorten in de pan en begin hierin op een matig vuur te roeren. Naarmate de vloeistof warmer wordt, begint de kaas te smelten. Als het in de pan begint te borrelen en de kaas is gesmolten, kunt u het met brooddrank aangemaakte bindmiddel toevoegen en alles al roerende nog een keer aan de kook brengen. Laat de fondue een paar tellen koken en verdun hem zonodig (eetlepelsgewijs) met wat brooddrank. Houd er rekening mee, dat de fondue aan tafel, als hij

wat afkoelt, dikker wordt.
Zet de fondue op de al klaarstaande warmtebron op de eettafel en breng hem pas daar op smaak met de nootmuskaat en peper (dit hoort bij het ritueel).
Zowel het brood als de groente (mooi gerangschikt) kunt u het beste in twee aparte schaaltjes doen en deze aan weerskanten van de fonduepan neerzetten.
Eenieder prikt nu een stukje brood aan zijn of haar vork (door het kruim heen naar de korst, dan blijft het zitten) en doopt dit in de fondue. Eet langzaam en onderbreek af en toe met wat rauwkost, zomaar, bestrooid met wat gomasio, of ook in de fondue gedoopt.
Denk erom: wie een stukje brood in de fondue laat vallen, moet óf bij de afwas helpen óf zijn vis-à-vis een zoen geven – aan u de keus.
Haal tot slot het op de bodem van de caquelon aangebakken bezinksel eruit en snijd het in zoveel stukjes als er eters zijn. Het smaakt een beetje zoetig (gecarameliseerde melksuiker), heerlijk op het laatste broodkorstje.

Variaties:
- smoor voordat u de bouillon en de kaas in de pan doet, in 10 g boter ca. 50 g gesneden champignons. De fondue krijgt hierdoor een aparte smaak
- als u gasten heeft die niet van rauwkost houden, kunt u een gedeelte van de rauwe groente vervangen door kleine zure augurkjes, zilveruitjes en mini-maïskolfjes
- geef de fondue eens een ander aroma door 1 theelepel karwij- of twee theelepels dillezaad mee te koken, in de zomer een eetlepel dilleblaadjes op het laatst toevoegen
- kruid de fondue met 2-3 theelepels kerrie en spies bij het dompelen een klein stukje geconfijte gember met het brood op de vork
- roer op het laatst een theelepel mosterd door de fondue
- maak voor kinderen (peuters en kleuters) een *kaassaus**   206

Tips:
- als uw theelichtje te zwak is om de fondue voldoende warm te houden, kunt u de fondue tussentijds op het fornuis weer op temperatuur brengen (flink roeren)
- u kunt de stokbroden heel goed vervangen door stevig volkorenbrood, mits u het brood zodanig snijdt, dat aan elk stukje een gedeelte van de korst zit. Van het overblijvende kruim kunt u *broodsoep** of paneermeel maken   88

Raclette

In het Franstalige gedeelte van het Zwitserse kanton Wallis (valais) maakt men de speciale raclettekaas, een soort die makkelijk smelt en dan niet meteen taai wordt. Men houdt de in twee helften gesneden kaas met het snijvlak tegen een houtvuur (open haard) totdat de kaas begint te smelten. Op het juiste ogenblik wordt dan deze bovenste, gesmolten laag met een breed mes (én een breed gebaar) afgeschraapt op een voorverwarmd dik porseleinen bord en zonder treuzelen opgegeten, samen met een in de schil gekookte aardappel, een paar zilveruitjes en zure augurkjes. Een halve kaas is wat veel voor een doorsnee gezin en een haardvuur heeft niet iedereen. Misschien wel een gourmet-stel met eenpersoons pannetjes (te leen) waarin de kaas, in 3-4 mm dikke plakjes gesneden, kan smelten. Of een plat vuurvast schaaltje op een flink theelichtje of warmhoudplaatje, desnoods een koekepan.
Reken per persoon op 80-100 g raclettekaas, 3-4 aardappelen (kort voor het eten in de schil gekookt) en wat zilveruitjes en augurkjes. Als u nog een flinke schaal met in hapklare stukjes gesneden malse rauwe groente op tafel zet, met een kannetje niet te vette *vinaigrette**, kunt u het gezellige tafelen gezond en eindeloos rekken. Appel- of wit druivesap smaakt er goed bij.   223

Tip: Als u geen raclettekaas kunt krijgen: het lukt ook met Nederlandse kaas. Roomkaas (60% vet) of jonge Goudse is het meest geschikt.

Visfondue

🙂 🐟 🐄

Een gezellige manier om met een groot gezelschap vis te eten. De 'soep' wordt in dit menu na het hoofdgerecht gegeten. Geef een mooi opgemaakte schaal verse vruchten toe.

- per persoon 100-150 g stevige, fijnvezelige vis, schoongemaakt gewogen (forel, schelvis, wijting)
- citroensap

- het visafval (ca. 1 kg)
- 3/4-1 l water
- de ingrediënten van de visbouillon* 79
- het groen van 1 prei, kleingesneden
- 1 gedroogde Chinese champignon, ten minste 2 uur geweekt, of 50 g gewone champignons, in plakjes gesneden

- een keuze uit de volgende sausjes:
 koud: remouladesaus, appelsaus met mierikswortel, muntsaus
 warm: mosterdsaus, kappertjessaus, Sauce Béarnaise

- om de visschaal mee te garneren:
 stukjes malse bleekselderij, bloemkoolroosjes of blaadjes witlof
 kleine tomaten, in partjes gesneden, reepjes paprika of stukjes wortel
 kleine augurkjes, eventueel in waaiers gesneden
 citroen, overdwars in schijfjes (rozetjes) of overlangs in partjes gesneden
 peterselie, water- of sterrekers, postelein of veldsla

- tarwebolletjes of kruidenbroodjes
- een mooie, liefst van boven iets toelopende pan
- een fonduerechaud of ander plaatje met voldoende capaciteit om ca. 1 liter vloeistof tegen de kook aan te houden
- gourmetborden (of gewone platte borden)
- soepkommetjes of mokken

Snijd de schoongemaakte vis in handzame brokjes, druppel er wat citroensap overheen en rangschik ze op een platte schaal, waarbij u rekening houdt met de garnering. Stop de schaal in een plastic zak en zet hem koel weg. Maak van het visafval met ca. 3/4 liter water een *visbouillon**, waarbij u behalve de daar 79 genoemde ingrediënten ook de prei en de champignon mee laat trekken. Het moet een zeer geurige bouillon worden. Schuim de bouillon tijdens het koken regelmatig af en giet hem tot slot door een doek, die u in een vergiet heeft gelegd. Voeg zout naar smaak toe.

Maak nu eerst de koude, daarna de warme sausjes van uw keuze (3-5 in totaal is voldoende; eventuele restjes kunt u na de maaltijd in potjes bewaren en voor de boterham gebruiken).

Haal de schaal met de stukjes vis ca. 1/2 uur voor het eten uit de koelkast (ijskoude vis zou de bouillon te veel afkoelen). Leg vlak voor het opdienen de garnering erop.

Doe de sauzen in de kommetjes; zet de warme zo mogelijk op een komfoortje.

Breng de gezeefde bouillon opnieuw aan de kook en zet hem op het fonduestel midden op de tafel. Vul de pan niet hoger dan tot 3 cm onder de rand.

Geef de broodjes in een mandje erbij.

Stuur de visschaal rond; iedereen neemt er wat stukjes vis én garnering van (dit is de groente in het menu) en legt ze op zijn bord. Laat de gasten zelf hun favoriete sauzen kiezen.

Elk stukje vis wordt aan de vork gestoken en in de bijna kokende bouillon gehouden tot het gaar is (gepocheerd).

Als alle vis op is, kunt u de bouillon (eventueel aangelengd met water én geproefd) over de soepkommen verdelen en opeten.

Fondue Chinois

Volg het recept van de visfondue met de volgende wijziging:
- maak vleesbouillon* 79
- vervang de vis door stukjes vlees zoals: biefstuk, mager varkensvlees, lever, gehaktballetjes, malse kip.

Groente'fondue' (4-6 personen)

⑤ 🕯

Voor liefhebbers van rauwkost een gezellige feestmaaltijd voor een zomeravond.

- *1 krop sla, schoongemaakt, gewassen en drooggeslingerd*
- *ca. 1 1/2 kg stevige, maar toch malse jonge groente, zoals: wortels, stengels van bleekselderij, radijsjes, jonge peultjes, bloemkool, broccoli, vleestomaat, het binnenste van Chinese kool, stengels van paksoy, dunne komkommer, zure augurkjes, kleine courgettes, rode paprika, blaadjes witlof (hele), jonge venkel of koolrabi*
- *4-6 hardgekookte eieren en/of verschillende soorten kaas*
- *3-4 (of meer) verschillende dipsausjes naar keuze** 225
- *stokbrood of verse broodjes*
- *roomboterballetjes of -krullen*
- *gomasio en/of kruidenzout*

Leg op een taartschaal een rand van mooie, van de grove nerven ontdane slabladeren, met de steelkant naar het midden. Leg in het middenstuk ook een laag slabladjes.
Maak de overige groente schoon, was alles goed en droog de groente in een schone theedoek. Schil de groente zonodig. Snijd alles in plakjes of 'frietjes', of pluk in roosjes, afhankelijk van de soort groente. Maak hiervan een 'groentemozaïek' op het bed van slabladjes. Garneer met de in partjes gesneden eieren. (Wat u niet op de schaal kwijt kunt, legt u er later tijdens het eten alsnog op.)
Als u gourmetborden bezit, kunt u deze ook voor dit gerecht gebruiken; iedere eter kan dan de verschillende vakjes vullen met de sausjes.
Geef er het stokbrood, de kaas (op een houten plank), de roomboterballetjes en de gomasio bij.

Tip: Kook van eventueel overgebleven groente de volgende dag *minestronesoep**. Bewaar de 100
groente zolang in de koelkast, in een glazen pot of een plastic zakje.

Aardappel dip-in

⑤ ① ↩ 🕯

Een ongedwongen maaltijd, zeer geschikt voor een groot aantal gasten. De bijgerechten kunt u al van tevoren klaarmaken en u kunt de eveneens van tevoren gewassen aardappelen laten koken terwijl u de tafel feestelijk dekt.

- *reken per persoon ten minste 500 g aardappelen, van wat er overblijft kunt u een van de volgende dagen rösti* maken* 192
- *bladsla naar keuze of een schaal met hele witlofbladeren*
- *schaaltjes met rauwe groente, zoals: reepjes rode paprika; stokjes bleekselderij; schijfjes wortel; radijsjes; bloemkoolroosjes; plakken komkommer of zure augurkjes*
- *schaaltjes met dipsausjes op basis van zure-melkprodukten en/of mayonaise, of groentesauzen** 212
- *bordjes met schijfjes kruidenboter, liefst versierd met iets van de ingrediënten waarmee de boter gekruid is*
- *een schaal met een schoongemaakte gestoomde makreel of groene haring*
- *halve gevulde of gewoon hardgekookte eieren*
- *een plankje met verschillende soorten kaas*
- *gomasio* (sesamzout)* 605
- *kruidenzout*
- *mosterd*

Kook de aardappelen in de schil* en giet ze 187
af.
Bekleed een leuk mandje met een vierdubbel gevouwen mooie theedoek en leg de gekookte aardappelen erin. Dek af met een eveneens vierdubbel gevouwen stoffen servet of theedoek. Houd de rest van de aardappelen warm in de pan, met een gevouwen theedoek tussen het deksel. Zet de pan op een warme plaats of in de hooikist of dek hem af met een paar oude doeken.
Zet het mandje met de aardappelen midden op tafel en zet een paar lege schaaltjes tussen de borden, waarin eenieder zijn aardappelschillen kan deponeren. Want het is de bedoeling dat de gasten hun aardappelen zelf schillen en hun keuze maken uit de verschillende bijgerechten.

Voorgerechten en soepen

Een voorgerecht is de inleiding (*ver*leiding) tot een feestelijke maaltijd: eetlustopwekkend – maar niet voedzaam, want er moet nog veel zin overblijven voor de rest van de maaltijd. Het apart serveren van zo'n klein hapje verlengt het gezellig tafelen.
Een warm voorgerecht kan al een heerlijke geur verspreiden. Een koud voorgerecht heeft het voordeel, dat u het van tevoren kunt klaarmaken en het zelfs al van tevoren op tafel kunt zetten als een fleurige tafelversiering die geen extra ruimte inneemt.

Grapefruit als voorgerecht

Het ideale voorgerecht als er een wat machtige hoofdschotel op het menu staat. Vooral grapefruits met rood vruchtvlees zijn zo vol van smaak, dat u er niets meer aan hoeft toe te voegen.
Een halve grapefruit per persoon is voldoende. Heel feestelijk staat het, als u de grapefruits pelt en de parten één voor één van hun dunne vliesjes ontdoet (zie tip). Breek de parten in handzame stukjes en leg ze in glazen coupes.
Garneer met een blaadje verse munt of citroenmelisse, of in de winter met een blaadje winterpostelein.
Eenvoudiger: snijd de ongepelde grapefruits overdwars doormidden en snijd de partjes met een puntig mesje één voor één los. Snijd ook langs de schil, zo mogelijk met een speciaal (gebogen) grapefruitmesje. Leg een groen blaadje of een uit een stukje rode paprika gestoken of gesneden figuurtje op het

midden van de grapefruit. Leg de halve grapefruit op een bordje en geef er een lepeltje bij.

Tip: Bewaar de partjes in een gesloten bakje als u de grapefruits al een paar uur van tevoren snijdt.

Grapefruitsalade
☉

Gebruik voor dit pittige winterse voorgerecht liefst de geelvlezige, wat bittere vruchten.

- 2 grapefruits, de partjes gepeld en in 1 1/2-2 cm grote stukjes gesneden (vang het sap op)
- 1 eetlepel citroensap
- een snufje zout
- 1 eetlepel olie

- 100 g knolselderij, schoongemaakt gewogen

Vermeng het grapefruitsap met het citroensap en het zout en klop er de olie door. Snijd de knolselderij in dunne plakjes en deze weer in luciferdunne stokjes. Vermeng ze telkens met het sausje, om verkleuren te voorkomen. Als u niet zo dol bent op rauwkost, kunt u de gesneden knolselderij ook even *blancheren**.   40
Schep de stukjes grapefruit erdoor, verdeel de salade over vier coupeglazen en garneer met een toefje winterpostelein of een rozetje veldsla.

Variatie: (zoetig) gebruik roodvlezige vruchten. Vervang de knolselderij door 3-4 gesneden geconfijte *gemberbolletjes* en het sausje door ca. 2 eetlepels gemberstroop.

Tip: zie *grapefruit als voorgerecht*.

Peer gevuld met roquefort
⊖ ☉

De vulling voor dit pikant-zoete voorgerecht kunt u al van tevoren klaarmaken, schil de peer echter pas kort voor het opdienen (in verband met verkleuren), of kook de peren van tevoren*. Koken is ook aan te bevelen als   439
de peren niet voldoende rijp en zacht zijn.

- 2 handperen, niet al te groot en goed rijp
- wat citroensap

- 50 g roquefort
- 3 eetlepels crème fraîche, zure room of het bovenste uit een fles viili
- 4 halve walnoten, in stukjes gebroken

Prak de kaas fijn in een kommetje en meng de room en noten erdoor.
Schil de peren, snijd ze overlangs doormidden en lepel met een theelepel het klokhuis eruit. Maak daarbij het holletje nog wat groter (kijk naar de hoeveelheid vulling). Snijd van de onderkant een plakje af, dan blijft de perenhelft goed staan. Wrijf ongekookte peren in met wat citroensap. Maak met behulp van twee theelepels mooie bergjes van de vulling in de holten van de peren. Zet deze nu op de bordjes en leg als versiering een topje munt of een salieblad ernaast.

Variatie: Leg de perehelften in de vorm van een *waaier** op het bordje en leg het kaas-   440
bergje ernaast.

Avocado als voorgerecht

🕯️

Kies kleine, rijpe avocado's en reken op een halve vrucht per persoon.
Snijd de avocado's in de lengte rondom in tot u de pit voelt. Draai de helften uit elkaar en wip de pit eruit zonder het vruchtvlees te beschadigen.
Besprenkel de snijvlakken meteen met citroensap om verkleuren te voorkomen. Leg de avocado's op een bordje, op een bedje van bladsla en geef er een lepeltje bij, de vrucht wordt aan tafel zo uit de schil gelepeld.
U kunt nu nog kiezen uit verschillende manieren van opdienen:
- bestrooi met wat fijn zout en eventueel een vleugje peper
- vul de holten waar de pit zat mooi bol met een kwarkmengsel, bij voorbeeld kruidenkwark of licht gekruide Hüttenkäse
- vul de holten met een dipsausje op basis van kwark of mayonaise
- vul de holten met een met veel mierikswortel vermengde *vinaigrette**   223

Avocado met sinaasappel

🕯️

In combinatie met sinaasappel komt de smaak van de avocado goed tot zijn recht. De avocado is zo als voorgerecht niet té machtig.

- 2 kleine handsinaasappelen
- 4 theelepels honing

- 1 grote avocado

- 4 eetlepels volle kwark
- 1 eetlepel verse kervel of 1/2 eetlepel verse basilicum of munt, fijngehakt

- 4 topjes van het gebruikte verse kruid

Schil de sinaasappelen met een scherp mesje zodanig, dat het vruchtvlees bloot komt te liggen. Snijd de vruchten op een bordje overdwars in dunne plakjes (rozetten). Leg de plakjes dakpansgewijs op de ene helft van een plat bordje. Knijp het sap uit de kapjes van de sinaasappels en roer dit samen met het sap van het bordje, door de honing.
Schil de avocado met een dunschiller en snijd hem in twee helften. Wip de pit eruit en leg de twee helften met de snijkanten op een plankje. Snijd de vruchten in de lengte in 3 mm dunne plakjes en rangschik ze waaiervormig op de andere helft van het bordje. Druppel het gezoete sap over de avocado. Leg een toefje gekruide kwark in het midden en garneer met een kruidentopje.

Variaties:
- vervang de sinaasappel door een gelijke hoeveelheid meloenballetjes* en kruid de 557
  kwark met 1-2 theelepels zeer fijn gehakte geconfijte gember. Gebruik voor de versiering muntblaadjes
- kruid de kwark met basilicum en bestrijk hiermee 8 dunne plakjes rookvlees. Vouw ze in drieën en leg ze op een kunstige manier bij de avocado en de meloen
- vervang de kwark door een mengsel van een kleine geraspte appel, 2-3 fijngehakte walnoten en 50 g gekookt kippevlees. Maak dit zo nodig smeuïg met zure room of viili en voeg er eventueel nog wat zout aan toe

Granaatappel als voorgerecht

Grote vruchten zijn aromatischer dan kleine, neem dus liever één grote granaatappel voor twee personen dan voor ieder een kleine.

Snijd de vruchten overlangs in twee helften en leg de helften met het snijvlak naar boven op een bordje, eventueel op een papieren servetje. Leg er een lepeltje bij. Eventueel kunt u een theelepeltje honing over de pitjes druppelen.

Salades als feestelijk voorgerecht

🕯️

Kies hiervoor niet-alledaagse salades zoals *Waldorfsalade*, *aspergesalade* of *venkelsalade*. Aan een half recept heeft u voldoende. Afhankelijk van de voedingswaarde van het menu kunt u de salade op een bedje van slabladeren of op een geroosterde boterham (zonder korstjes) serveren.
Als bedje van sla kunt u per bordje één groot blad kropsla nemen of een randje maken van

kleinere blaadjes zoals veldsla, winterpostelein, waterkers of fijngesneden andijvie. Toppen van de bladeren van krulandijvie, witlof en eikebladsla zijn ook geschikt. Leg daarop de salade en garneer

- de knolselderijsalade met een halve walnoot
- de aspergesalade met verkruimeld geel (of een plakje) van een gekookt ei
- de venkelsalade met een *wortelbloem**.   429

Soepen

Een kopje geurige soep, voorafgaand aan een maaltijd, heeft een verwarmende werking op ons lichaam en levert bovendien waardevolle voedingsstoffen in een makkelijk opneembare vorm. Als we bij de bereiding van zo'n soepje vooraf niet te veel vet gebruiken, is soep beslist geen dikmaker; integendeel, de soep is in staat het ergste hongergevoel op te vangen, waardoor men van de rest van de maaltijd niet meer te veel zal gebruiken.

Voor de hongerige magen van opgroeiende kinderen kan een kop soep soms wonderen doen, bij voorbeeld als zij uit school komen of van het sportveld en het nog even duurt voordat het eten op tafel staat. Hiermee voorkomt men het snoepen aan het eind van de middag, dat de eetlust voor waardevollere voedingsmiddelen bederft.

Een kopje soep op het juiste moment kan zelfs een prikkelbaar humeur bedaren en men kan daarna de maaltijd in een goede stemming voortzetten.

Goed gekruid en smakelijk, maar niet te dik, kan soep ook eetlustopwekkend zijn. Een hoeveelheid van 1 1/2-2 dl per persoon is dan voldoende.

Als basis voor een soep maken we meestal gebruik van een geurige bouillon, die kan worden getrokken van groente, vlees (met of zonder bot), vis (koppen en graten) of kip. In sommige gevallen is alleen water ook voldoende omdat de ingrediënten die in de soep worden verwerkt voldoende geur en smaak afgeven. U moet dan wel wat extra aandacht besteden aan het kruiden van de soep.

In plaats van zelf bouillon te trekken, kan men ook gebruik maken van bouillonkruiden, eventueel van bouillonpasta op basis van gistextract (een combinatie van beide geeft een smakelijk resultaat), sojasaus of miso. Van botten en vlees getrokken bouillon is bijna altijd goed van smaak, maar het is veel moeilijker om van bouillonpasta's op basis van groente, soja en miso en eventueel paddestoelen een lekkere bouillon te maken.

Bewerkelijke maaltijdsoepen kunt u rustig voor twee dagen maken. Koel het gedeelte dat u wilt bewaren vlug af (zet de pan op een taartrooster of op een pollepel zodat de lucht er ook onder kan komen) en zet de pan vervolgens in de koelkast.

In onze recepten gaan wij uit van *ongezouten* bouillon op basis van weggesneden (taaie, harde) groentedelen, groente, bouillonkruiden, vlees, vis of kip. Wees voorzichtig met het toevoegen van zout als u bouillonpasta, sojasaus, miso of bouillonblokjes heeft gebruikt, ze bevatten veel zout.

Wij hebben de soepen hier in vier groepen onderverdeeld, uitgaande van de consistentie van de soep. De indeling gaat van 'dun' naar 'dik'.

Heldere soepen hebben als basis een heldere bouillon. Zij kunnen worden gevuld met mooi gesneden groente, vermicelli, balletjes en dergelijke.
Heldere soepen zijn eetlustopwekkend en niet zo voedzaam. Zij worden als voorafje gegeven.

Bij **gebonden soepen** wordt het vocht licht gebonden met een fijn bindmiddel zoals bloem, gebuild meel of thermomeel, rijstemeel, biologische maïzena of arrowroot. Door toevoeging van wat room en/of eierdooier kunnen deze soepen nog worden verfijnd.

Een te dun uitgevallen soep kan wat worden bijgebonden door toevoeging van wat in wat water aangemaakte biologische maïzena of arrowroot, of met *snelbinder* (zie hiervoor ook de tip bij *gebonden sauzen*).

Een vulling is niet per se noodzakelijk; u kunt de soep ook versieren met wat fijngehakte verse kruiden, kleine stukjes champignons, asperges of andere groentesoorten, passend bij het soort soep.

Met grovere bindmiddelen zoals volkorenmeel, griesmeel of vlokken wordt de soep wat steviger. Door het voorzichtig roosteren van deze bindmiddelen (ze mogen niet te donker worden) maken ze nog een keer een warmteproces door, waarbij ook meer geur- en smaakstoffen worden ontwikkeld. Hierdoor zijn deze voedzame soepen zeer geschikt voor koude winterdagen. Zij kunnen net als de heldere soepen worden gegeten als voorafje bij een niet al te voedzame maaltijd. Bij voorbeeld: *geroosterde vlokkensoep* met als hoofdgerecht een *stamppot met rauwe groente*; *kerriesoep* met als hoofdgerecht *vegetarische pilav*, of risotto met groente en als nagerecht een kwark of yoghurt-toetje.

Bij **pureesoepen** wordt het vocht gebonden met gezeefde of gepureerde groenten. Ook hier is een vulling niet echt nodig en kan men de soep afwerken als een gebonden soep.

Pureesoepen kunnen in het menu de gekookte groente vervangen. Door hun veelal kleurrijke uiterlijk (wortelsoep, pompoensoep, bietensoep) fleuren zij het hele menu op. Aangevuld met brood of een voedzaam zoet nagerecht, kunt u er een complete maaltijd van maken. Vooral voor kinderen die slecht eten zijn dit ware feestmaaltijden.

Maaltijdsoepen worden als hoofdgerecht gegeten, meestal in combinatie met brood. De samenstelling is zodanig, dat de soep vanuit voedingsoogpunt een bijna volledige maaltijd vormt. Omdat de kooktijden van graanprodukten (en/of peulvruchten) en groenten sterk uiteenlopen, koken we bij de maaltijdsoepen de granen en de groenten apart. De groenten zouden door de lange kooktijd hun voedingswaarde en smaak verliezen. Bovendien is het handig als men de granen en/of peulvruchten al 's ochtends of zelfs een dag van tevoren kookt (of gebruik restjes granen en/of peulvruchten). De groente kan dan kort voor de maaltijd worden gekookt en vermengd met de al gare basis van de soep.

Een maaltijdsoep kan worden voorafgegaan door een salade en/of worden gevolgd door een nagerecht van vruchten en/of graanprodukten (pannekoeken, zoete graansoufflés, groente-salades, appelflappen, enzovoort), afhankelijk van de samenstelling van de soep.

Bouillon: de basis voor elke soep

Een zeer goede methode om groentebouillon te trekken is door gebruik te maken van weggesneden groentedelen; dit is tevens de meest economische methode. Het spreekt vanzelf dat de groenten goed gewassen en grondig afgeborsteld moeten worden, als het afval bestemd is voor bouillon. Overigens is deze manier van bouillon trekken alleen aan te raden bij gebruik van biologisch-dynamisch of biologisch geteelde groente. De reden hiervoor is, dat juist in de schillen en de harde delen van het blad de mineralen en vitaminen in geconcentreerde vorm aanwezig zijn, hetgeen ook geldt voor de residuen van kunstmest en spuitmiddelen die in de gangbare landbouw worden gebruikt.
Wie niet over deze onbespoten groenten kan beschikken, kan het recept voor *groentebouillon van verschillende groentesoorten* volgen.

Bruikbaar zijn:
- harde stengels van kruiden, bleek- en knolselderij, koolrabi en bieten
- bladeren en stronken van bloemkool, kool, sla, snijbiet en rode biet (de laatste drie groentesoorten niet bewaren in verband met nitrietvorming, zie blz. 312)
- schillen van pompoen, koolrabi, asperges, wortelen, knolselderij, bieten en uien
- de donkergroene, taaie delen van prei
- de peulen van verse doperwten en capucijners, taaie sperziebonen en snijbonen
- de pitten en het sponsachtige binnenste van pompoen, komkommer en courgette, de zaadlijsten van paprika

Het is een goede gewoonte dit 'afval' niet zomaar weg te gooien; verzamel het in een glazen pot en bewaar het in de koelkast. Het is 1-2 dagen houdbaar. Alleen nitraathoudende groenten zoals spinazie, spitskool, paksoy, sla, snijbiet en rode biet moeten meteen verwerkt worden.
De genoemde groentedelen bevatten bijzonder veel waardevolle mineralen en vitaminen (verhoudingsgewijs meer dan de groente zelf), die we op deze wijze ten volle kunnen benutten. Houd er wel rekening mee dat biete- en uieschillen een donkere bouillon opleveren en dat te veel schillen de bouillon een bittere, wrange smaak geven.

Groentebouillon van groenteafval
⑤ ↩

Doe het groenteafval in een ruime pan met zoveel kokend water, dat het ruim onderstaat. Voeg kruiden en specerijen toe. De hoeveelheden kruiden per liter bouillon zijn:

- 1 theelepel karwij- of dillezaad
- 1 laurierblad
- 2 kruidnagelen of 4-6 pimentkorrels
- eventueel 8 peperkorrels
- een klein stukje foelie
- eventueel een teentje knoflook met schil, ingekerfd of platgedrukt
- eventueel een stukje zeewier of een gedroogde paddestoel, beide eerst geweekt (2 uur of langer)

Om de bouillon zo helder mogelijk te houden, gebruiken we het liefst ongemalen kruiden. Voeg geen zout toe, de smaak van de groente wordt in ongezouten water beter uitgetrokken.
Breng het groenteafval aan de kook en laat het 10-20 minuten trekken op een zacht pitje, met het deksel op de pan. Laat van het vuur ▶

af nog 10 minuten staan (niet langer, anders worden er te veel bittere stoffen uitgetrokken) en zeef de bouillon meteen. Koel de bouillon snel af als u hem niet gelijk gebruikt. Hij is 1-2 dagen in de koelkast houdbaar (liefst bewaren in glazen potten) en voor allerlei doeleinden bruikbaar (soepen, sauzen, gekruide graangerechten).

Tip: Breng een kopje vers getrokken bouillon op smaak met wat zout, *gomasio** of sojasaus: met een cracker of een vers broodkapje erbij een hart onder de riem voor de kok.

Groentebouillon
van verschillende groentesoorten

- 1-2 eetlepels olie
- 1/2 ui (50 g), in ringen gesneden

- 100 g wortel
- 200 g knolselderij of bleekselderij met blad
- 300 g prei, het middelste gedeelte (gebruik het witte gedeelte als groente)
- 2 koolbladeren, of een stukje koolraap, of 5 spruitjes
- eventueel harde delen van knolvenkel
- eventueel zaadlijsten van paprika
- eventueel het binnenste van een pompoen

- 1-1 1/2 l kokend water
- 1 laurierblad
- 2 theelepels tijm
- peterseliestelen
- een klein stukje foelie
- 2 kruidnagelen of 4 pimentkorrels
- eventueel 1-2 tomaten
- eventueel 1 teentje knoflook, ingekerfd
- eventueel 8 peperkorrels
- eventueel een stukje zeewier of een gedroogde paddestoel (beide eerst ten minste 2 uur geweekt)

Snijd de gewassen en geschilde groente in stukjes.
Verwarm de olie met de uien en smoor de uien glazig of fruit ze heel lichtbruin op een matig vuur. Voeg de groente toe en smoor het geheel tot het lekker gaat ruiken (ca. 5 minuten).
Giet het water erbij, voeg de kruiden en desgewenst de tomaten en de knoflook toe. Laat de bouillon een kwartier trekken op een zacht pitje met het deksel op de pan en zeef hem meteen daarna.
Koel de bouillon snel af als u hem niet meteen gebruikt. Hij is 1-2 dagen houdbaar in de koelkast (liefst bewaren in glazen potten) en voor allerlei doeleinden bruikbaar (soepen, sauzen, gekruide graangerechten).

605

Kippebouillon

- 500 g kippepoelet

- 2 1/2 l water
- een stukje foelie
- 1 laurierblad
- eventueel 1 eetlepel korianderkorrels

- 200 g wortel, in plakken
- 200 g prei, in de lengte doorgesneden
- wat stelen van bleekselderij en peterselie en/of 100 g venkelknol of bleekselderij (afval)

Doe het kippepoelet met de kruiden in het water en laat het geheel bijna aan de kook komen. Draai nu het vuur laag en laat de bouillon 1-2 uur trekken.
Voeg de groente toe, breng de inhoud van de pan weer tegen de kook aan en laat de groenten nog eens 30 tot 45 minuten trekken. Zeef de bouillon en druk de groente wat uit. Het vlees kan als vulling dienen voor de soep of gebruikt worden voor soepballetjes of ragoût. Het heeft weinig smaak meer.

Tips:
- bak de kip eerst aan in wat boter, dan wordt de bouillon wat pittiger
- als u de bouillon te vet vindt, laat hem dan eerst afkoelen en schep daarna het vet met een schuimspaan eraf. U kunt het verwerken in een ander gerecht

Vleesbouillon
🕘 🐂

- 250 g soepvlees of 500 g runderschenkel met bot
- 1 1/2 l koud water
- 1 laurierblad
- 3 peperkorrels
- 2-6 pimentkorrels
- een stukje foelie

- 2 sjalotten of een halve ui met schil, in stukken gesneden
- 1 wortel in plakken
- een stukje knolselderij (ca. 25 g) of wat afval van bleekselderij

Doe het vlees, het water en de kruiden in een pan en breng dit langzaam aan de kook. Laat ten minste 2-3 uur trekken, dat wil zeggen houd het water tegen de kook aan. Verwijder eventueel het schuim. De bouillon wordt troebel als hij gaat koken.
Voeg ui, wortel en knolselderij toe en laat de groente nog 45 minuten meetrekken. Leg in een vergiet een dichtgeweven doek (zakdoek) en zeef de bouillon.
Deze bouillon is 1-2 dagen houdbaar in de koelkast. Het vlees is nog te gebruiken als vulling voor de soep, voor ragoût of kroketten.

Visbouillon
🐂

- 1 1/2 l water
- 500 g vis of visafval (koppen, graten)
- 8 jeneverbessen
- 1 laurierblad
- een schijfje mierikswortel en/of gemberwortel
- 1/2 theelepel dillezaad
- een dun schijfje citroen
- 1/2 ui, in stukken gesneden
- een worteltje, in plakken gesneden
- een stengel lavas of een stengel bleekselderij
- een takje tijm

Alle ingrediënten langzaam aan de kook brengen en 45 minuten laten trekken door de bouillon tegen de kook aan te houden.
Zeef de bouillon door een dichtgeweven zakdoek in een vergiet.

Heldere soepen

Heldere soepen zien er wat saai uit, vooral als groentebouillon de basis is. Als u vlak voor het opdienen een theelepeltje olie toevoegt, 'oogt' de soep meteen veel beter.

Vullingen voor de soep

We kunnen voor het vullen van een heldere soep denken aan:
- een in heel dunne reepjes gesneden overgebleven pannekoek of flensje (*Consommée à la Célestine*)
- fijngeraspte of gesneden rauwe groente. In het voorjaar zou men ook kunnen denken aan wilde groente, zoals paardebloemblad, jonge brandnetels, zuring, muur, melde
- een restje gekookt graan

- een overgebleven *maïsplak*, in kleine dobbelsteentjes gesneden
- kleine *dobbelsteentjes brood*, in wat boter goudbruin gebakken
- *griesmeelballetjes*
- *eiergelei*
- *soepballetjes van vlees*

Eiergelei

🔄 🕯

Gele dobbelsteentjes, die een kleurige combinatie vormen met fijngeknipte bieslook.

- 1 ei
- 2 eetlepels water of melk
- een mespunt tijm
- een snufje kerrie
- een snufje zout

Roer het ei met de overige ingrediënten los met een mes of vork (het mag niet schuimen) en zeef het mengsel door een theezeefje om te voorkomen dat er kleine witte stukjes in de gelei komen.
Smeer een kopje dik met boter in, giet het eimengsel erin en sluit het kopje met een stukje folie en een elastiekje af. Zet het in een pannetje met kokend water en laat het eimengsel stollen (ca. 20 minuten). Zorg ervoor dat het water alleen tegen de kook aan blijft en niet borrelt, anders wordt het eimengsel schuimig en valt het bij het snijden uit elkaar. Steek een satéstokje in de gelei om te controleren of het eimengsel gestold is (het stokje komt er droog uit). Neem het kopje uit de pan stort de gelei op een plankje en snijd haar in dobbelsteentjes of ruitjes van ca. 1 cm.

Soepballetjes van thermogrutten
(ca. 32 stuks)

🔄 🕯

Wat rulle balletjes met een notensmaak.

- 50 g thermo roggegrutten
- 1 1/4 dl water (1:2)
- 1 theelepel zout

- 50 g halfvolle kwark
- 1 eetlepel olie
- 25 g hazelnoten, fijngemalen
- 2-3 eetlepels boekweitmeel
- 1 eetlepel verse tuinkruiden, zeer fijn gehakt
- 2 theelepels gomasio
- 1 theelepel kerrie

- 1/2 l water
- 1 theelepel zout

Breng het water met de grutten aan de kook en laat met het deksel op de pan 5 minuten zachtjes koken. Voeg het zout toe.
Laat de grutten ten minste een half uur nawellen, ze worden dan zacht en zetten uit. Meng met een vork de rest van de ingrediënten door de wat afgekoelde grutten. Het moet een stevig, vrij droog mengsel worden. Laat het zo mogelijk nog 30 minuten staan, het deeg wordt daardoor beter gebonden.
Maak er balletjes van en pocheer ze als volgt: Breng het water met het zout aan de kook en leg de balletjes erin. Pocheer* de balletjes 5-10 minuten (ze komen boven drijven als ze gaar zijn). Haal ze daarna met een schuimspaan uit de bouillon. Gebruik deze bouillon voor soep of saus; wel opletten: hij is erg zout!
Vergeet niet, een proefballetje te pocheren. Mocht dit tijdens het pocheren uit elkaar vallen, voeg dan nog wat boekweitmeel toe.

Variaties:
- trek de balletjes niet in zout water gaar, maar rol ze eerst door meel of paneermeel en bak ze daarna in boter of olie rondom mooi bruin. Ze worden dan knapperig
- kook een reepje citroenschil met de grutten mee
- vervang de thermogrutten door een restje (ca. 150 g) gekookte rijst, boekweit of gierst, de kwark door geraspte kaas en de noten door een eiwit. Voeg zonodig wat meel toe

Tips:
- bewaar een gedeelte van de massa in de koelkast en bak er de volgende dag een paar graankoekjes van
- bewaar de balletjes eventueel in wat gezeefde bouillon in een gesloten jampot in de koelkast (niet langer dan 2-3 dagen)
- als de balletjes bestemd zijn als vulling voor een gebonden soep kunt u ze, tegen het einde van de kooktijd van de soep, ook direct in de soep laten trekken

Griesmeelballetjes (ca. 25 stuks)

Zachte graanballetjes met een kruidensmaak.

- 1 1/4 dl water
- 10 g boter
- 1/2 theelepel zout

- 50 g tarwegriesmeel (biologisch)

- 1 klein ei, geklutst met
- een theelepel tijm en
- een snufje nootmuskaat

Breng in een steelpannetje het water met de boter en het zout aan de kook, neem de pan van het vuur en doe er het griesmeel in één keer bij. Roer meteen alles weer glad, zet de pan terug op het vuur en blijf roeren, tot het deeg als een bal van de bodem loslaat. Haal de pan weer van het vuur en laat hem, met het deksel erop, ca. 10 minuten staan (niet langer, anders koelt het deeg te veel af).
Giet het ei/kruidenmengsel erbij en roer alles opnieuw tot een glad en glanzend deeg.
Maak van dit kookdeeg met behulp van twee grote theelepels kleine, langwerpige balletjes (Knödels) en pocheer ze volgens de aanwijzingen gegeven bij *soepballetjes van thermogrutten**. 80

Variatie: Vervang nootmuskaat en tijm door 1-2 eetlepels gehakte verse tuinkruiden, zoals peterselie, kervel of lavas, apart of gemengd. Hierdoor worden de balletjes groen.

Tip: Laat op een feestelijke dag ook een *wortelbloem** tussen de balletjes in de soepkom drijven. 429

Maïsballetjes (ca. 25 stuks)

Gele balletjes, wat pittiger van smaak dan griesmeelballetjes.
Volg het recept van de *griesmeelballetjes**. 81
Vervang het griesmeel door volkoren maïsgriesmeel en de kruiden door rozemarijn (gestampt) en kurkumapoeder (1 mespunt).
Kook het maïspapje ten minste 5 minuten en laat het een half uur nawellen, voordat u het ei erdoor mengt.

Soepballetjes van vlees
(ca. 24 stuks)

- 100 g mager rundergehakt of lamsgehakt
- 1 eetlepel eiwit
- 1/2 theelepel zout
- 1/4-1/2 theelepel gestampte rozemarijn of salie
- een mespunt nootmuskaat
- eventueel versgemalen peper

Vermeng met een vork gehakt, eiwit, zout en kruiden in een kom tot er een samenhangend deeg ontstaat. Vorm er met natte handen een dunne rol van, snijd deze in 24 stukjes, draai er balletjes van en leg ze op een met koud water afgespoeld bord. Pocheer ze volgens de aanwijzingen gegeven bij *soepballetjes van thermogrutten**. ▶ 80

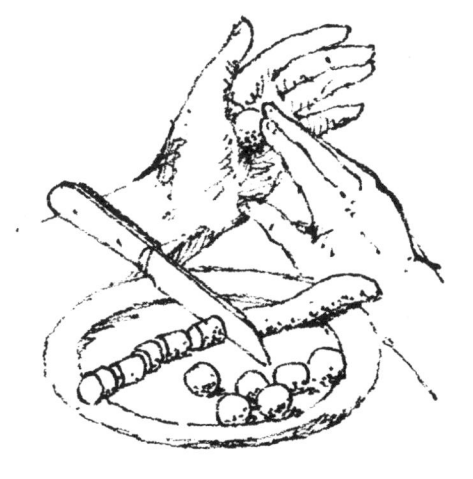

Variatie: Trek de balletjes niet in zout water gaar, maar rol ze eerst door meel of paneermeel en bak ze daarna in boter of olie rondom mooi bruin. Ze worden dan knapperig. Serveer de balletjes desgewenst apart.

Tip: Vul de massa in een spuitzak met een 3/4 cm wijde, gladde tuit en snijd 1 cm lange stukjes direct van de tuit in het kookwater. Makkelijk als u veel balletjes moet maken

Soepballetjes van kippevlees
(voor 1 liter soep)

Maak deze balletjes van kipresten die overblijven na het trekken van kippebouillon.

- 75-100 g kippevlees, goed gaar, fijngehakt
- 1/2-1 theelepel zout
- 2-3 eetlepels ei
- 1 mespunt nootmuskaat
- 1 mespunt komijn
- 1 mespunt koriander
- 2 eetlepels tarwegriesmeel (biologisch) of 1 eetlepel thermomeel (tarwe)

Vermeng de ingrediënten goed en vorm er hazelnootgrote balletjes van. Pocheer volgens de aanwijzingen gegeven bij *soepballetjes van thermogrutten**. 80

Soldaatjes

De klassieke garnering van gehakte spinazie, maar ook een vlug gemaakt bijgerecht voor bij een maaltijdsoep. Soldaatjes (reepjes of dobbelsteentjes gebakken brood) kunt u op twee manieren klaarmaken:

1 Besmeer 2 volkoren of stevige witte boterhammen aan beide kanten dun met roomboter en snijd ze in mooie dobbelstenen van ca. 1 cm of in reepjes. Bak de broodblokjes in een droge koekepan aan alle kanten mooi lichtbruin onder voortdurend omscheppen. Soldaatjes (de blokjes) kunt u in de soep doen of in een schaaltje apart erbij serveren. Geef de reepjes altijd apart erbij, zij worden uit het vuistje gegeten.

2

- 1 ei
- 2 eetlepels melk
- 1 mespunt zout
- 1 mespunt gemalen karwijzaad
- 2 volkoren of stevige witte boterhammen

Kluts het ei met de melk en de kruiden. Snijd de boterhammen in mooie dobbelsteentjes en wentel ze door het eimengsel tot alle vloeistof is opgenomen.
Verwarm een eetlepel olie of boter in een koekepan en bak de dobbelsteentjes op een niet te hoog vuur goudgeel en knapperig. Verdeel ze over de soepkommen, giet er hete bouillon op en strooi er wat fijngesneden bieslook of andere groene tuinkruiden overheen.

Soepstengels
Zie *karwijstokjes** (variatie 2). 544

Sesamreepjes

Een makkelijk te maken, pittig en krokant hapje brood, dat goed smaakt bij een niet te stevige maaltijdsoep, maar ook als voedzaam tussendoortje bij een glas vruchtesap of kruidenthee.

- 4 stevige volkorenboterhammen

- 15 g zachte boter
- 1/4-1/2 theelepel geraspte gemberwortel
- eventueel 1 kleine teentje knoflook, tot moes gehakt
- 1/4 theelepel zout

- sesamzaad

Meng boter, gember, knoflook en zout en besmeer daarmee de boterhammen dun aan één kant. Druk de besmeerde kant in een dikke laag sesamzaad, strooi er nog wat op en druk dit met de handpalm stevig aan.
Snijd elke boterham in drie repen en leg deze op een droge bakplaat (de besmeerde kant naar boven).
Bakken: ca. 10 minuten bij 200°C, middelste richel.

Tip: In de koekepan: leg de sesamreepjes met de besmeerde kant naar beneden in de droge pan en bak ze op een matig vuur aan beide kanten lichtbruin.

Fettunta's (knoflookcroûtons)

Rooster niet té dikke boterhammen in de broodrooster, in een droge pan of boven de gloed van de barbecue (niet zwart laten worden!). Wrijf het geroosterde brood in met het snijvlak van een doormidden gesneden teentje knoflook (telkens weer een plakje afsnijden).
Geef er een kannetje (olijf)olie bij en druppel aan tafel wat olie over de croûtons. Eet ze warm als hartig hapje bij een drankje of bij een maaltijdsoep.

Zuppa Pavese (4 personen)

Vlug klaar en toch voedzaam. Deze soep kunt u voor één persoon apart klaarmaken, zij is dus erg geschikt voor een laatkomer. Zuppa Pavese kan ook de entree zijn voor een feestelijke lunch.

- 4 fettunta's*   83

- 3/4 l geurige bouillon
- eventueel wat zout (afhankelijk van het zoutgehalte van de kaas)

- 4 eetlepels geraspte oude kaas, bij voorbeeld Parmezaanse
- 4 zeer verse, kleine eieren

- 2 eetlepels bieslook, fijngeknipt

Maak per persoon 1 fettunta.
Leg de knoflook die u heeft gebruikt voor de fettunta's in de bouillon en breng de bouillon aan de kook.
Leg de boterhammen in voorverwarmde diepe soepborden en strooi er de kaas op.
Pocheer* de eieren in de bouillon en leg ze op   42
de boterhammen. Zeef de bouillon en verdeel hem over de borden.
Strooi de fijngeknipte bieslook erover.

Consommée à la Célestine

- 1 geklutst ei
- 4 eetlepels water
- 1/2 theelepel zout
- 4 eetlepels gebuild meel

- 3/4-1 l geurige bouillon
- 1-2 theelepels zout
- 1 eetlepel bieslook of andere tuinkruiden, zeer fijn gehakt

Roer alle ingrediënten tot een vloeiend beslag. Verwarm in een koekepan wat boter of olie en bak van het beslag drie dunne *flensjes**.   178
Leg de flensjes op elkaar, rol ze samen op en wikkel deze rol in folie. Laat de rol ten minste een half uur in de koelkast opstijven en snijd er dan flinterdunne plakjes van. Knip de zo ontstane sliertjes eventueel nog in handzame stukjes en verdeel deze over de soepkommen. Giet er de hete, geurige bouillon op en strooi er wat fijngesneden bieslook of andere groene tuinkruiden over.

Tips:
- de opgerolde en in folie verpakte flensjes zijn 2-3 dagen in de koelkast houdbaar
- voor deze soep kunt u ook overgebleven dunne pannekoekjes of flensjes gebruiken. Rol ze dan op voordat ze helemaal zijn afgekoeld

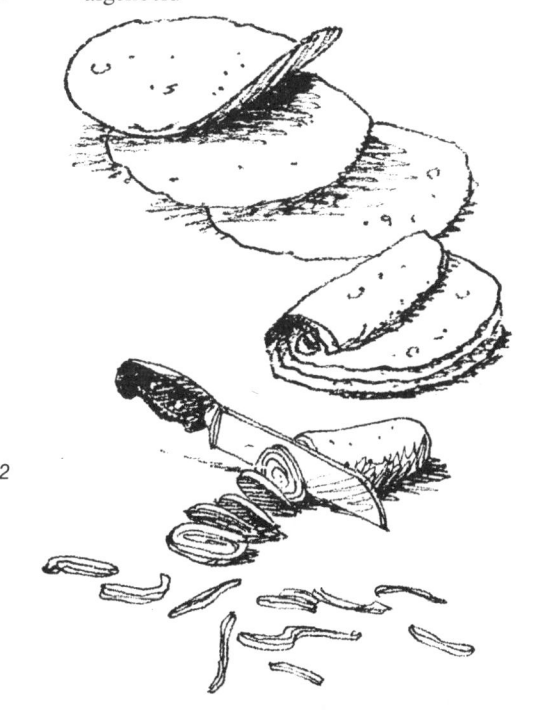

Heldere vegetarische groentesoep
(ca. 1 liter)

- 10-20 g boter of 1 eetlepel olie
- 1 uitje, fijngesneden
- 250 g of meer schoongemaakte en kleingesneden groente zoals prei, wortel, bleek- of knolselderij, venkel, courgette, sperziebonen, doperwten, een klein stukje koolraap of paprika, koolrabi, bloemkoolroosjes, alle andere koolsoorten, uitgezonderd rode kool en bieten

- 3/4 l bouillon (van het groenteafval) of water
- een stukje foelie
- 2 theelepels zout

- 1-2 theelepels gedroogde basilicum, of oregano of tijm
- 2 theelepels arrowroot
- 2-3 eetlepels verse groene kruiden zoals peterselie, kervel, venkelgroen, bieslook, lavas (de helft minder), fijngeknipt

Verwarm de boter of de olie met de uisnippers en smoor ze glazig of fruit ze lichtbruin (gebruik dan olie). Voeg de groente toe en laat even meesmoren. Blijf roeren, om aanbakken te voorkomen.
Voeg de bouillon, de foelie en zout naar smaak toe en laat alles op een klein pitje in 10-15 minuten gaarkoken (vooral niet té gaar).
Voeg de gedroogde kruiden toe en roer de in wat water opgeloste arrowroot erdoor. Laat de soep van het vuur af nog ca. 5 minuten trekken en strooi er tot slot de verse kruiden overheen.

Variaties:
- voeg tegelijk met de bouillon naar keuze 1 kopje gekookt graan of een in dobbelsteentjes gesneden aardappel toe; de soep wordt daardoor wat smeuïger
- voeg tegelijk met het water 25 g gebroken volkoren vermicelli of mie toe

Tips:
- let bij de keuze van de groente op de kleursamenstelling
- snijd wortelgroente wat kleiner dan de andere groentesoorten vanwege de langere kooktijd

Heldere groentesoep met vlees

Volg het recept van de *heldere vegetarische groentesoep**. 84
Gebruik in plaats van groentebouillon of water *vleesbouillon** en/of voeg kleine *gehaktballetjes** aan de soep toe. 79
81

Heldere komkommersoep (ca. 1 1/2 l)

Een zomerse, 'slanke' groentesoep. Met *broodterrine**, een pittige saus en een salade is dit een volledige en feestelijke maaltijd. 182

- 1 dunne komkommer (ca. 300 g)
- 3/4 l bouillon (van het groenteafval)
- 3 theelepels zout
- 2 jonge worteltjes, in flinterdunne schijfjes geschaafd
- 2 zomerpreitjes, schoongemaakt ca. 100 g, in smalle reepjes gesneden
- 1 kleine tomaat, ontveld en in kleine stukjes gesneden
- 1 teentje knoflook, in dunne schijfjes gesneden
- 1 stukje gemberwortel, geraspt

- 1 theelepel tijm of 1 eetlepel verse dragonblaadjes, fijngeknipt

- eventueel 1 dl zure room, volle kwark of viili
- 2-3 eetlepels bieslook, fijngeknipt

Snijd de komkommer in twee stukken, schaaf er per persoon 5 flinterdunne schijfjes van af en houd ze apart. Rasp de rest fijn.
Breng de bouillon met het zout aan de kook, voeg groente, knoflook en gember toe en kook alles in ca. 10 minuten vooral niet té gaar. Meng de tijm of dragon erdoor (dragon niet meekoken).
Schep de soep in kommen en leg langs de rand de komkommerschijfjes. Laat in het midden van de kom een lepel room glijden en strooi er de bieslook overheen.

Tip: Oudere, dikke komkommers moeten eerst geschild worden. Verwijder zonodig de harde pitten. U moet dan nog 300 g komkommer overhouden.

Heldere koolsoep

Bereid deze soep volgens het basisrecept voor *heldere vegetarische groentesoep*, waarbij u alleen de groente en de kruiden vervangt.

- *200 g fijngeschaafde groene of witte kool meekoken:*
- *1 theelepel gekneusd mosterdzaad, of komijn- of karwijzaad*
- *2-3 blaadjes pepermunt toevoegen:*
- *1 eetlepel fijngesneden lavas*
- *1 stukje fijngeraspte wortel of 1 eetlepel tomatenpuree*; in de zomer een door de zeef gewreven zeer rijpe tomaat*   597
- *eventueel wat peper uit de molen.*

Heldere venkelsoep

Bereid deze soep volgens het basisrecept voor *heldere vegetarische groentesoep**, waarbij u alleen de groente en de kruiden vervangt.   84

- *250 g fijngeschaafde venkel meekoken:*
- *1/2 theelepel anijszaad toevoegen:*
- *2-3 eetlepels fijngesneden venkelblad*

Heldere wortelsoep

Bereid deze soep volgens het basisrecept voor *heldere vegetarische groentesoep**, waarbij u alleen de groente en de kruiden vervangt.   84

- *250 g wortelen, fijngeraspt (maar 5 minuten laten koken) meekoken:*
- *10 korianderzaadjes, fijngestampt of 1 theelepel gemalen koriander toevoegen:*
- *2 eetlepels peterselie of kervel, fijngesneden*
- *1-2 eetlepels room*
- *eventueel 1-2 theelepels citroensap*

Chinese groentesoep (ca. 1 liter)

Een smakelijke manier om een restje groentesoep aan te lengen en een geheel andere smaak te geven.

- *1/4-1/2 l vegetarische groentesoep*, aangelengd met bouillon of water tot 1 liter*   84
- *1 ei, geklutst*
- *50-75 g taugé, eventueel wat kleingesneden*
- *1/2-1 eetlepel shoyu (sojasaus)*

Breng de aangelengde soep aan de kook, haal de pan van het vuur en giet al roerende in de vorm van een lemniscaat het ei erbij. Er ontstaan nu lichtgele slierten in de soep. Laat nog een paar tellen doorkoken.
Voeg de taugé toe en breng de soep op smaak met de shoyu.

Variatie: Vervang de helft van de bouillon door water en klop vlak voor het opdienen ca. 15 g creamed coconut (met kleine stukjes tegelijk) door de soep; zij wordt daardoor wat smeuïger.

Heldere kippesoep (1 liter)

- *1 l kippebouillon*
- *2-3 theelepels zout*
- *40 g volkoren vermicelli*

- *soepballetjes van kippevlees* of stukjes gekookt kippevlees*   82

- *1 eetlepel arrowroot, aangemaakt in wat koud water*
- *2 eetlepels verse kervel, peterselie of bieslook, zeer fijn gehakt*

Breng de bouillon met het zout aan de kook, voeg de vermicelli toe en kook de vermicelli in 10 minuten net gaar.
Maak intussen de soepballetjes en laat ze trekken in de hete bouillon tot ze gaar zijn.
Roer tot slot de aangemaakte arrowroot en de fijngehakte verse kruiden door de soep.

Gebonden soepen

Witte ragoûtsoep (1 liter)
⑤ ⊖

- 20-30 g boter
- 50 g gebuild tarwemeel
- 1 l hete bouillon en/of kookwater van de groente

- een snufje nootmuskaat
- 2 theelepels zout

- 2-3 eetlepels verse tuinkruiden, fijngesneden

Verwarm de boter en voeg het meel toe. Smoor het op een matig vuur onder voortdurend roeren, totdat het gaat geuren, het meel mag niet verkleuren. Haal de pan van het vuur en blus met 1/4 l van de vloeistof. Roer alles goed glad. Zet de pan terug op het vuur en voeg de rest van de bouillon al roerende scheut na scheut toe. Blijf roeren totdat de soep gaat koken. Laat haar nu op een zacht pitje 5-10 minuten koken.
Voeg het zout en de nootmuskaat toe en laat de soep van het vuur af een paar minuten staan, ze wordt dan wat meer gebonden.
Strooi vlak voor het opdienen de verse kruiden eroverheen.

Variaties:
- vermeng in een kopje een eierdooier met een eetlepel melk. Giet er wat soep bij, roer goed door en klop dit mengsel door de soep. Deze mag nu niet meer koken
- vul de soep met *soepballetjes*; *soldaatjes*; restjes gekookte groente of graan; een fijngeraspte rauwe wortel of venkel
- smoor een fijngesneden ui met het meel mee en/of 1-2 fijngesneden teentjes knoflook

Tips:
- bind de soep eventueel wat bij met 1 eetlepel arrowroot, aangemaakt met een beetje water, of met *snelbinder**   611
- met minder vet: smoor in de helft van de boter de helft van het meel en maak de soep verder af als boven beschreven. Roer zodra de soep kookt de rest van het meel, aangemaakt met een half kopje van de vloeistof, erdoor

Bruine ragoûtsoep (ca. 1 liter)
⑤ ⊖

Een 'katersoep', die in Bazel met carnaval vanaf 5 uur in de ochtend in alle restaurants verkrijgbaar is. Als u de soep voorafgaande aan de warme maaltijd eet, kunt u 20 g boter en 40 g meel gebruiken.

- 30 g boter
- 50 g meel of gebuild meel

- 1 l warm water of bouillon
- 1/2 ui, niet gepeld, waarop geprikt
- 1 laurierblad en
- 3 kruidnagelen
- een stukje foelie
- 2 theelepels karwijzaad
- 2 theelepels zout

- 1 theelepel tijm
- 1 eetlepel zure room of viili
- 1 eetlepel bieslook of andere verse tuinkruiden

Smelt de boter in een pan met dikke bodem. Voeg het meel toe en laat het op een matig vuur hazelnootbruin roosteren. Blijf voortdurend roeren en pas op voor aanbranden. Voeg het water toe en roer alles glad met een garde. Doe ook de bestoken ui, foelie, karwij en zout erbij en laat de soep op een klein pitje 3/4-1 uur trekken.
Breng de soep vlak voor het opdienen op smaak met tijm, zure room en verse kruiden.

Geef er eventueel een schaaltje met geraspte (Emmentaler) kaas bij.

Variaties:
- gebruik thermomeel (tarwe of driekoren) in plaats van gebuild meel. Thermomeel hoeft niet geroosterd te worden en de kooktijd is 15 minuten. Deze soep is bijzonder licht verteerbaar en zachter van smaak.
- voeg op het laatst 1-2 eetlepels fermentgraan toe

Tips:
- voor een lichter verteerbare soep: rooster het meel lichtbruin zonder boter. Klop desgewenst vlak voor het opdienen nog 5-10 g boter door de soep
- kook de soep maar 10 minuten en stop haar daarna 1 uur in de *hooikist**   125

Gebonden haversoep (1 1/2 liter)
⑤ ↔

Deze versterkende soep is zeer geschikt voor mensen met een zwakke spijsvertering, zieken en herstellenden. Voor gezonde mensen hoeft de soep niet gezeefd te worden en kan ze pittig op smaak worden gebracht met een in wat olie of boter gefruit uitje (eventueel wat kerrie toevoegen), wat bouillonkruiden en/of Shoyu.

- *160 g haverkorrels, 5-10 uur geweekt in*
- *1 1/2 l water*
- *1 stuk wortel of venkel, schoongemaakt en in stukken gesneden*
- *eventueel een soepbeen, gewassen*

- *1/2 eetlepel zout*

- *eventueel wat room/melk/boter of eierdooier*
- *eventueel fijngehakte verse groene kruiden zoals kervel, lavas, basilicum, citroenmelisse, peterselie, selderijblad, venkelgroen*

Voeg de groente en eventueel het soepbeen bij de geweekte haver. Breng aan de kook en laat op een laag pitje 2 uur trekken (pas op voor overkoken) en vervolgens op een warme plek nog ten minste 1 uur nawellen. De soep is nu smeüig gebonden.

Verwijder het soepbeen en de groente en giet de soep door een zeef. Wrijf meer of minder van de substantie door de zeef al naar gelang de sterkte van de spijsvertering van de patiënt. Voeg het zout toe en zet dat gedeelte van de soep dat u niet onmiddellijk nodig heeft koel weg.
Breng de rest weer op temperatuur en roer er van het vuur af één van de overige ingrediënten (of een combinatie ervan) door.

Variatie: Een snelle variatie: gebruik in plaats van hele haverkorrels grove havervlokken (80 g op 1 liter water). De weektijd van vlokken is nu 30 minuten en de kooktijd 30-40 minuten. Maak de soep dan zonder been, of trek eerst het soepbeen met de groente uit en kook de vlokken het laatste half uur mee.

Tip: Gebruik wat overblijft van de graankorrels voor het bakken van graankoekjes (*haverkoekjes met prei**).   169

Geroosterde vlokkensoep (ca. 1 liter)
⑤ ① ↔

Een soep met een 'warme' smaak.

- *1 eetlepel olie*
- *50 g graanvlokken naar keuze (fijne havervlokken zijn het vlugst gaar)*
- *1 klein uitje, fijngesneden*

- *1 l bouillon of water*
- *1 theelepel venkelzaad*

- *wat zout*
- *2-3 eetlepels bieslook of andere groene tuinkruiden, fijngeknipt*
- *eventueel 1-2 eetlepels room of melk*

Rooster de vlokken in de olie in een pan met dikke bodem op een matig vuur lichtbruin en laat op het laatst ook de ui even meefruiten. Voeg de bouillon en het venkelzaad toe en breng alles aan de kook.
Laat de soep op een laag pitje ca. een half uur koken en laat hem zo mogelijk nog een half uur op een warm plekje nawellen, hij wordt dan wat smeuïger.
Voeg het zout, de tuinkruiden en eventueel de room toe.   ▶

Variaties:
- vervang de havervlokken door **volkorengriesmeel**
- voeg op het laatst met de room wat fijngeraspte wortel of knolvenkel aan de soep toe
- voor een meer gebonden soep: rooster 1-2 eetlepels meel met de vlokken mee (gebruik dan 2 eetlepels olie). Of bind de soep achteraf door er wat *geroosterd meel**, of *thermomeel* door te kloppen   610

Tip: Rooster voor een wat lichter verteerbare soep de vlokken in een *droge* pan heel lichtbruin en voeg de boter pas vlak voor het opdienen aan de soep toe.

Eenvoudige broodsoep (1 1/4 liter)
⑤ ① ⊖

Een voedzame soep, geschikt als voorafje bij een licht hoofdgerecht.

- 20 g boter
- 100 g oud brood, verkruimeld of in kleine stukjes gesneden
- 1/2 eetlepel karwijzaad
- 1 theelepel kerrie
- 2 grote uien, fijngesneden (ca. 200 g)

- 1 l water of bouillon
- 1 laurierblad
- 5 jeneverbessen, licht gekneusd
- 1-2 theelepels zout

- 2 eetlepels room of viili
- 2-3 eetlepels groene tuinkruiden, fijngesneden (of 2-3 theelepels gedroogde dille of bonekruid)
- eventueel 1/2 eetlepel citroensap of 2 eetlepels Kanne's brooddrank

Rooster het brood met de karwij en de kerrie in de boter lichtbruin op een matig vuur. Pas op voor aanbranden. Fruit ook de uien even mee, maar laat ze niet bruin worden.
Blus met het water en voeg de laurier, de jeneverbessen en het zout toe. Laat de soep ten minste een half uur sudderen, met het deksel op de pan. Verwijder het laurierblad en de jeneverbessen en klop de soep flink door met een garde.
Voeg vlak voor het eten de room of viili en de verse tuinkruiden toe en proef of er nog wat zout en/of citroensap bij moet.

Variaties:
- geef de broodsoep als volgt wat kleur: laat alle kruiden behalve het laurierblad weg en gebruik maar een halve ui. Hak ca. 250 g in een theedoek of slacentrifuge gedroogde (eerst goed gewassen) *spinazie*blaadjes of 150 g *wilde groenten* (melde, brandnetel, zuring enzovoort) zeer fijn en voeg ze vlak voor het opdienen aan de soep toe. Niet meer laten koken, wel op smaak brengen met een theelepeltje gestampt anijszaad.
Als u deze soep nog verfijnt met een in 2-3 eetlepels room losgeroerde eierdooier, kunt u ook de kaas weglaten
- maak er een maaltijdsoep van door (eventueel) de helft van de ingrediënten meer te nemen en 150-200 g van de uien te vervangen door groente zoals prei, wortel, knol- of bleekselderij, liefst gemengd. U kunt de groente fijnsnijden en nog even met de ui meefruiten en/of haar fijn raspen en vlak voor het opdienen door de soep roeren. Serveer er een schaaltje geraspte kaas bij

Maïssoep (ca. 1 liter)
⊖ ⚱

Een goudgele, lichte zomersoep, geschikt als voorafje bij een aardappelgerecht.

- 15 g boter of 1 eetlepel olie
- 1 ui (ca. 50 g), geraspt of fijngesneden
- 2 grote of 3 kleine maïskolven, de korrels van de kolven geraspt*   132
- 1 theelepel gemalen koriander
- krap 1/2 theelepel gemalen komijn (djinten)

- 6 dl water
- 1-2 eetlepels biologische maïzena*   618

- ca. 1 theelepel zout
- eventueel een klein stukje rode paprika, fijn, maar niet tot moes gehakt
- 2-3 eetlepels selderijblad of peterselie, fijngehakt
- eventueel 1 eetlepel room

Verwarm de ui met de boter, voeg de maïs en de specerijen toe en smoor alles een paar

minuten, maar laat niet verkleuren.
Klop de maïzena door het water en voeg dit bij het maïsmengsel. Breng alles aan de kook en laat de soep 5-10 minuten zachtjes koken. Voeg het zout en eventueel (voor de kleur) de paprika toe. Breng op smaak met de verse kruiden en eventueel de room.

Tip: Gebruik in plaats van de kolven 250 g *ingemaakte maïskorrels**. Neem de dubbele hoeveelheid maïzena, omdat hele korrels niet binden.

598

Katoensoep (1 liter)

⑤ ① ↯ ⌂

Een licht gebonden, gevlokt zondagssoepje met een zachte eiersmaak. Gebruik daarom geen al te sterk gekruide bouillon. In een wip gemaakt als u bouillon in voorraad heeft.

- *15 g zachte boter*
- *1 eierdooier*
- *30 g gebuild meel*
- *2 eetlepels melk*

- *1 stijfgeklopt eiwit*

- *1 l bouillon*
- *ca. 2 theelepels zout*

- *2-3 eetlepels verse tuinkruiden (bieslook, selderijblad, lavas, peterselie), fijngeknipt*

Roer in een kommetje de boter romig. Roer de eierdooier en de helft van het meel erdoor, verdun dit deegje met de melk en meng er nu ook de rest van het meel door. Schep het eiwit voorzichtig door de massa.
Breng intussen de bouillon met het zout aan de kook en giet het luchtige beslagje bij de soep, waarbij u flink klopt met een garde (hierdoor ontstaan de 'katoen'vlokken).
Kook alles nog een keer goed door en laat de soep, van het vuur af en met het deksel op de pan, nog ca. 10 minuten nawellen.
Bestrooi de soep met de verse kruiden en dien op in voorverwarmde borden.

Koninginnesoep (ca. 1 liter)

↯ ⌂ ⌑

Een fijn soepje voor een feestelijke dag.

- *20 g boter*
- *40 g gebuild meel*
- *1 l kippebouillon*
- *2 theelepels zout*

- *75-100 g gekookt kippevlees (in stukjes), of balletjes van kippevlees**

82

- *1 eierdooier*
- *1/2 dl room*
- *1-2 eetlepels kervel of 1 eetlepel peterselie, zeer fijn gehakt*

Maak van de boter, het meel en de bouillon een *witte ragoûtsoep**.
Doe het vlees of de balletjes erin en laat de soep weer aan de kook komen.
Roer intussen de eierdooier met de room los en roer er een paar eetlepels soep door. Neem vlak voor het opdienen de pan van het vuur en roer het eimengsel door de soep. Voeg op het laatst de fijngehakte verse kruiden toe.

86

Variatie: Fijne waterkerssoep: vervang de kervel door waterkers: knip van 100-125 g waterkers de blaadjes en hak ze fijn.

Kerriesoep (ca. 1 liter)

⑤ ① ↯

- *1 1/2 à 2 eetlepels olie*
- *50 g gebuild meel*

- *1-2 theelepels kerrie*
- *1 ui, fijngesneden*

- *1 l bouillon of water*
- *2 theelepels zout*

- *een snufje gemalen kruidnagel*
- *2 eetlepels room of viili*
- *eventueel 1/2 zeer fijn geraspte zure appel (glazen rasp of mixer)*

Volg het recept van de *witte ragoûtsoep**, waarbij u de ui en de kerrie nog even met het meel meesmoort.

86

▶

Breng de soep op smaak met de kruiden en de room en roer er tot slot eventueel de fijngeraspte appel door.

Variatie: Vervang de appel door 1 eetlepel appeldiksap of Kanne's brooddrank of 1 theelepel citroensap.

Mosterdsoep (1 liter)
① ⚗

Een feestelijke gele soep met een geraffineerde smaak voor liefhebbers van zoet-zuur.

- 20 g boter
- 40 g bloem of 50 g gebuild meel
- 1 l bouillon of water met een half laurierblad

- 2 1/2-3 eetlepels Franse mosterd
- 3 eetlepels room
- 1-2 eetlepels gembersiroop (het vocht uit een potje geconfijte gember)
- 2 theelepels zout

- wat fijngeknipte kervel of sterrekers

Maak van boter, meel en de vloeistof een *witte ragoûtsoep**. 86
Roer in een kommetje de mosterd los met room, gembersiroop en zout en giet er een scheut van de hete soep bij. Voeg dit mengsel al roerende bij de soep, breng haar weer op temperatuur, maar laat niet meer koken.
Schep de soep in voorverwarmde kommen of borden en versier met een toefje kervel of sterrekers.

Variaties:
- gebruik 60 g biologische maïzena en 30 g boter, de soep krijgt dan een lichte maïssmaak en wordt nog geler van kleur
- roer een eierdooier door het mosterdmengsel, hierdoor wordt de soep wat fluweliger

Aspergesoep (ca. 1 1/4 liter)
↩ ⚗

Voor deze soep kunt u ook asperges gebruiken die te taai zijn om te eten.

- 150-500 g asperges (500 g bij grote, taaie exemplaren)
- 1 l water of bouillon

- 20 g boter
- 50 g gebuild meel
- 2 theelepels zout

- 2 eetlepels room of een stukje boter
- nootmuskaat
- wat bieslook of peterselie, fijngeknipt

Breng het water of de bouillon met de asperges aan de kook, draai het vuur laag, doe het deksel op de pan en kook de asperges 15-20 minuten. Neem ze uit het water, snijd de zachte toppen (5-7 cm) eraf en bewaar deze als vulling voor de soep. Wrijf de rest van de asperges door een zeef en voeg dit bij de bouillon.
Maak van de boter, het meel en de bouillon een *witte ragoûtsoep**. 86
Maak de soep af met room en nootmuskaat en voeg de aspergetopjes weer toe. Strooi vlak voor het opdienen de bieslook of peterselie over de soep.

Tip: Gebruik voor deze soep het kooknat van de asperges die u de vorige dag gegeten hebt. De stukjes asperges in de soep kunt u eventueel vervangen door *soldaatjes**. 82

Gebonden bloemkoolsoep
(ca. 1 1/2 liter)

- 1/2 bloemkool met stronk en bladeren (ca 250 g)
- 1 liter bouillon of water
- 2 theelepels zout
- een stukje foelie

- 20 g boter
- 40 g gebuild meel

- 2 eetlepels room of een stukje boter

Kook de bloemkoolhelft in de bouillon of het water met zout en foelie gaar. Giet de bloemkool af door een zeef en vang de bouillon op.
Maak in de leeggekomen pan van boter, meel en bouillon een *witte ragoûtsoep**. 86
Snijd de bloemkool in roosjes en het zachte

gedeelte van de stronk in kleine blokjes. Doe deze in de soep en roer tot slot de room of boter erdoor. Proef of er nog zout of nootmuskaat bij moet.

Tip: Maak deze soep van het kookwater van de bloemkool, die u de vorige dag heeft gegeten en vul de soep met de rest van de bloemkool of met *soldaatjes**. 82

Fijne preisoep (ca. 1 liter)

Een met aardappelen gebonden groentesoep met een fijne, licht zurige smaak.
Lekker als voorafje bij thermogrutten (tarwe), gestoofde topinamboer met een toefje kruidenkwark, en fruit toe.

- *200 g aardappelen (geschild gewogen), in stukken gesneden*
- *3/4 l bouillon*
- *1-2 teentjes knoflook, platgedrukt*

- *10-20 g boter*
- *250 g prei, schoongemaakt gewogen*

- *2 theelepels mierikswortel, geraspt*
- *2-3 theelepels zout*
- *een snufje foelie of een mespunt gemalen nootmuskaat*

- *1 eierdooier, losgeroerd met*
- *2 eetlepels room en*
- *3 theelepels mosterd*

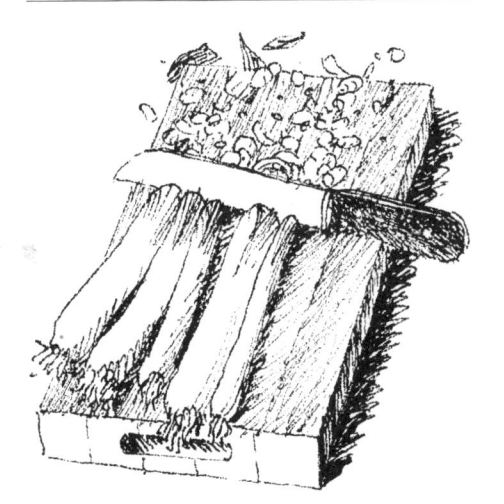

Kook de aardappelen met de knoflook in de helft van de bouillon gaar en stamp ze fijn (knoflook verwijderen).
Snijd de prei in ragfijne reepjes. Hoe dunner de reepjes zijn, des te meer allure krijgt deze soep. Smoor de prei met de knoflook voorzichtig in de boter tot ze wat glazig is. Voeg nu de rest van de bouillon en de gepureerde aardappelen toe. Breng de soep weer aan de kook, laat haar enkele minuten zachtjes doorkoken en breng op smaak met mierikswortel, zout en foelie of nootmuskaat.
Neem de soep van het vuur en roer het eimengsel erdoor. Laat de soep niet meer koken en dien op in voorverwarmde borden.

Variatie: Gebruik de dubbele hoeveelheid aardappelen en de hele prei. Voeg op het laatst 200 g fijngeraspte wortel of 150 g knolselderij (in dunne reepjes) toe. Laat eventueel ei, room en mosterd weg.

Kervelsoep (1 liter)

- *20-30 g boter*
- *50 g gebuild meel*
- *1 l geurige bouillon*
- *2 theelepels zout*

- *1 eierdooier*
- *2 eetlepels room of viili*
- *1 kopje fijngesneden verse kervel*

Maak van boter, meel, bouillon en zout een *witte ragoûtsoep**. 86
Roer in een kopje de eierdooier met de room los en voeg er wat soep aan toe. Giet dit terug bij de soep en laat haar nu niet meer koken. Roer tot slot de zeer fijn gesneden kervel door de soep.

Variaties:
- vervang de eierdooier door 2 eetlepels volle kwark
- serveer de soep met *soldaatjes** 82

Tomatensoep van verse tomaten
(ca. 1 1/4 liter)

Een zomerse soep, waarvoor u ook wat minder mooie, kleine of overrijpe tomaten kunt gebruiken.

- 2 dl water
- 1/2 ui, met schil
- 1 laurierblad
- een takje tijm (1 theelepel gedroogde tijm)
- 8 peperkorrels
- ca. 500 g tomaten, in stukken gesneden

- 1 1/2 eetlepel olie
- 40 g gebuild meel
- 1/2 l bouillon of water

- 2 theelepels citroensap of 1 eetlepel Kanne's brooddrank
- 1 eetlepel verse (2 theelepels gedroogde) basilicum, fijn gehakt of oregano
- 2 theelepels zout

Breng het water met de kruiden aan de kook, voeg de tomaten toe en kook ze in 5 minuten gaar. Afgieten op een zeef en de tomaten door de zeef wrijven.
Maak van de olie, het meel en de bouillon een dikke *witte ragoûtsoep**. 86
Voeg citroensap, basilicum, zout en gezeefde tomaten toe. Breng de soep op temperatuur, maar laat niet meer koken.

Variaties:
- **tomatensoep met tomatensap uit een fles:** Vlugger klaar en toch met de smaak van verse tomaten. Laat de ui, laurier, tijm en peperkorrels 10 minuten trekken in de 2 dl water. Vervang de gezeefde tomaten door 1/2 l tomatensap
- **tomatensoep van tomatenpuree:** Laat de ui, laurier, tijm en peperkorrels 10 minuten trekken in 1 liter water of bouillon. Vervang de tomaten door 1 potje tomatenpuree* 597
Let op: De gangbare tomatenpuree is veel geconcentreerder (maar minder lekker) dan Demeter tomatenpuree, gebruik er dus wat minder van

Gebonden knolselderijsoep
(ca. 1 liter)

⑤

Een pittige soep, waarvoor u ook de wat oud geworden knollen aan het eind van de winter kunt gebruiken.

- 150-250 g knolselderij in 1 cm dikke plakken (geschild gewogen)
- 3/4 l water
- 10 korianderzaadjes

- 20-30 g boter
- 40 g gebuild meel
- 2 theelepels zout

- 1/2 eetlepel oregano of 1 theelepel piment
- 1 eetlepel fijngesneden selderijblad
- 2 eetlepels room of viili (eventueel)

Kook de selderijplakken in het water met de koriander gaar in 10-15 minuten. Laat ook de mooie gedeelten van de schil en van de wortel meekoken. Haal de gaargekookte selderijschijven uit het water en zeef de bouillon.
Maak van de boter, het meel en de selderijbouillon een *witte ragoûtsoep**. 86
Snijd de selderij in mooie kleine dobbelsteentjes en voeg ze bij de soep.
Breng de soep op smaak met de kruiden en de room.

Variaties:
- pureer* de gaargekookte knolselderij en voeg dit aan de soep toe. Neem dan minder meel (10 g) 360
- vervang 1 dl water door melk of half melk/half room en voeg dit vlak voor het opdienen toe (de soep daarna niet meer koken). Melk verzacht de soms wat scherpe smaak van de knolselderij (zie ook tip 2 bij *witte ragoûtsoep**) 86
- **gebonden schorsenerensoep:** vervang de knolselderij door schoongemaakte* schorseneren, in 1 cm lange stukjes gesneden 330

Gebonden brandnetel- of spinaziesoep

⑤

Een heerlijke, zacht smakende voorjaarssoep, geschikt als tussendoortje met een *cracker**. 492
Deze soep is ook geschikt om wat vezelig geworden brandnetels in te verwerken. Heerlijk met *soldaatjes* of *eiergelei** (het laatste 80 vooral bij spinazie).

- 1 l water of zacht smakende bouillon
- 1-2 teentjes knoflook (bij spinaziesoep), aan weerskanten ingekerfd
- 400-500 g brandneteltoppen en/of spinazie, gewassen

- 1 1/2 eetlepel olie of 20 g boter
- 2-3 eetlepels ui, fijn gehakt
- 40 g gebuild meel of 50 g rijstmeel

- een mespunt nootmuskaat
- 2-3 theelepels zout
- eventueel 1-2 theelepels bouillonkruiden of -korrels (bij gebruik van water)
- 1-2 eetlepels peterselie, fijngehakt
- een scheutje room of een klein klontje boter
- 2 theelepels citroensap

- eventueel 1 hardgekookt ei

Breng de bouillon of het water met eventueel de knoflook aan de kook, voeg de brandnetels en/of de spinazie toe en laat 5-10 minuten koken. Giet de bouillon in een roerzeef, vang het vocht apart op en wrijf vervolgens de groente erdoor, de taaie vezels blijven achter.
Verwarm de olie of de boter met de ui en smoor de uien of fruit ze heel licht (gebruik dan olie). Voeg het meel toe en laat het meesmoren of fruiten tot het lekker ruikt.
Maak met de gezeefde bouillon een *witte ragoûtsoep**. 86
Breng de soep op smaak met de kruiden, wat room en het citroensap, dien op in voorverwarmde borden en garneer met het ei (in plakjes of verkruimeld).

Champignonsoep (1 liter)

⊖ ⚗

Voor champignonsoep kunt u het beste grote champignons gebruiken; deze hebben meer smaak dan de kleine en zijn vaak voordeliger.

- 100-150 g champignons of andere paddestoelen
- 3/4 l water of bouillon
- 1 laurierblad
- 1/2 teentje knoflook
- 2 theelepels zout

- 20-30 g boter
- 50 g gebuild meel

- 1-2 eetlepels kervel of 1 eetlepel lavas of peterselie, zeer fijn geknipt of gehakt
- 2-3 eetlepels room

Breek de steeltjes van de champignonhoedjes en snijd de steeltjes overlangs doormidden. Breng het water met laurier, knoflook en zout aan de kook en voeg de steeltjes toe. Trek er in ca. 10 minuten bouillon van en giet de bouillon door een zeef.
Maak van de boter, het meel en de champignonbouillon een *witte ragoûtsoep**. 86
Snijd de hoedjes van de champignons in 1-2 mm dunne plakjes en kook ze op het laatst nog 5 minuten met de soep mee.
Voeg van het vuur af de verse kruiden en de room toe.

Aardappelsoep met wilde groente
(ca. 1 liter)

⑤

Gebruik voor dit lichte soepje alleen zeer jonge, malse blaadjes van brandnetel (toppen), zuring (smalbladige) en melde, apart of gemengd. Trek van de grove bladeren en de stelen (ca. 100 g) bouillon voor deze soep. Laat ook een theelepel venkel- of anijszaad meetrekken.

Volg het recept van de *fijne preisoep**, maar 91 vervang de boter 1 eetlepel olie hak hiermee 50-75 g wilde-kruidenblaadjes fijn*. Voeg dit 426 kruidenpapje pas vlak voor het opdienen aan de soep toe.

Spinaziesoep met geitekaas
(ca. 1 1/4 liter)

Serveer bij deze soep een wortelsalade vooraf, geroosterd brood of graankoekjes erbij en een zoet graangerecht toe. Als soep vooraf minder geitekaas gebruiken.

- 1 eetlepel olie
- 1 stukje (ca. 75 g) prei of ui, zeer fijn gesneden
- 3/4 l bouillon of water

- 1/4 l water
- 50 g thermo gerstemeel of tarwemeel

- 250 g jonge spinazie, gewassen en droog geslingerd*
- 1 theelepel marjolein of salie

- 1/4 l melk op kamertemperatuur
- 50-100 g geitekaas (fèta)

Verwarm op een matig vuur de olie met de prei- of uisnippers en smoor ze glazig. Blus met de bouillon.
Roer het meel door het water (laat tarwemeel een tijdje weken) en giet dit mengsel al roerend bij de soep. Laat de soep ca. 10 minuten zachtjes koken.
Verwijder intussen de grove stelen van de spinazie en snijd de groente eerst met een mes een beetje kleiner. Hak de spinazie met de kruiden daarna zo fijn mogelijk en voeg dit bij de soep. Breng alles vlug aan de kook en neem daarna de pan meteen van het vuur.
Klop de melk door de soep, dien op in voorverwarmde soepkommen en verkruimel de geitekaas erover.
Zet het zoutvaatje op tafel want het hangt af van het zoutgehalte van de geitekaas of de soep zout genoeg is.

Variatie: Vervang een gedeelte (niet meer dan een kwart) van de spinazie door brandnetel en/of zuring of andere wilde bladgroente.

Pureesoepen

Wortel-citroensoep (ca. 1 1/4 liter)

Een soep met een zachte smaak; vooral geschikt voor kinderen die geen groente willen eten. Vervolg de maaltijd met bij voorbeeld *gekruide gerst* of *pilav* en een bladsla.

- 1 l bouillon of water
- 1 stukje citroenschil
- 1 theelepel zout
- 400 g wortelen, geschild en in stukjes gesneden

- 10 g boter
- 1/4 ui, fijngehakt
- 2 eetlepels meel (rijst-, tarwe-, of thermo roggemeel)
- 3 theelepels koriander, gemalen

- 1-2 eetlepels vers dilleblad of peterselie
- 1-1 1/2 eetlepel citroensap
- eventueel een klontje boter

Breng de helft van de bouillon of het water met citroenschil en zout aan de kook. Voeg de wortelen toe en kook ze in 20-30 minuten goed gaar. Pureer met een staafmixer of wrijf de massa door een fijne zeef.
Smoor de ui in de boter glazig of fruit hem goudbruin. Voeg het meel en de koriander toe en verwarm al roerende, tot het mengsel lekker ruikt. Neem de pan van het vuur en voeg de rest van de bouillon toe. Roer het mengsel glad en breng het al roerende aan de kook. Laat het nog 5 minuten zachtjes doorkoken. Voeg de wortelpuree toe, breng de soep weer aan de kook en verdun haar zonodig. Breng de soep op smaak met dille, citroensap, eventueel wat boter en zout.

Variaties:
- vervang het citroensap door 3 eetlepels viili of zure room (in het laatste geval geen boter meer aan de soep toevoegen)
- vervang het meel door 2-3 geschilde en in blokjes gesneden aardappels of topinamboers en kook deze met de wortelen mee

Tips:
- voor zieken wordt de soep lichter verteerbaar, als u de in boter gesmoorde uien weglaat. Maak dan het meel met een beetje water aan en laat het een kwartier weken. Met dit papje bindt u de soep.
- zie tip 3 van *vlugge bietensoep** 95

Pastinakensoep (ca. 1 1/4 liter)
⊖

Een witte wortelsoep, pittig van smaak.

Volg het recept van de *wortel-citroensoep**; 94
vervang de wortelen door 250 g pastinaken, de citroenschil en het citroensap door een sinaasappelschil en sinaasappelsap (dubbele hoeveelheid) en de koriander door anijs (1 theelepel).
Laat een paar mooie blaadjes winterpostelein op de soep drijven.

Variatie: Kleur de soep roze door er 2-3 eetlepels tomatenpuree door te kloppen. Laat dan de sinaasappel weg.

Vlugge bietensoep (ca. 1 1/4 liter)
⊙

Gebruik voor deze romige, rozige soep liefst verse zomerbietjes. Eet er brood of crackers bij en geef een voedzaam zoet graangerecht toe, dan heeft u een complete maaltijd.

- *1 eetlepel olie of boter*
- *1 ui (ca. 75 g), fijngesneden*

- *1 l water of bouillon*
- *2 theelepels anijszaad of 3 theelepels venkelzaad*
- *2-3 theelepels zout*
- *ca. 500 g zomerbietjes, schoongeborsteld en fijngeraspt*

- *1-2 eetlepels boekweit- of rijstmeel, aangemaakt in*
- *1 dl water*

- *1/2-1 dl zure room of half zoete room/half viili*
- *1-2 eetlepels bieslook, fijngeknipt*
- *1/2-1 eetlepel citroensap of Kanne's brooddrank*

Verwarm op een matig vuur de olie met de ui en smoor tot de ui glazig is.
Blus met water of bouillon en voeg anijs en zout toe. Breng dit aan de kook, doe de geraspte bietjes erbij en breng alles weer aan de kook. Laat de soep, met het deksel op de pan, ca. 10 minuten koken (15 minuten als u de soep door een zeef wrijft).
Pureer de soep eventueel met een staafmixer of wrijf haar door een zeef. Bind vervolgens de soep met het aangemaakte meel.
Haal de pan van het vuur en roer er de room en de kruiden door. Op smaak brengen met citroensap.

Variaties:
- vervang voor een wat pittiger soep de anijs door 1 eetlepel geraspte mierikswortel of een halve eetlepel geraspte gemberwortel
- roer de room niet door de soep in de pan, maar voeg haar in een mooie spiraalvorm toe aan de reeds opgeschepte soep

Tips:
- als u oudere bieten gebruikt, kunt u deze beter schillen. Trek dan bouillon van de (nog gladde) schillen en maak hiervan de soep
- gebruik van heel jonge bietjes ook het loof* 315
- **vlugge worteltjessoep** maakt u op dezelfde manier. Gebruik voor deze soep waspeen. Vervang eventueel de anijs door koriander en de bieslook door peterselie en gebruik minder zout.

Romige courgettesoep (1 liter)

🔂 ⚗

Ook wie niet van courgettes houdt, zal deze fijne, zachte soep kunnen waarderen. Vervolg de maaltijd met gekookte haver of Franse aardappelpannekoekjes met sperziebonen en eventueel wat tomatensla.

- 1 kleine ui, gesnipperd
- 20 g boter
- 500-600 g courgette, in plakken gesneden (verwijder bij grote exemplaren de schillen en de pitten, maar u moet nog wel 500 g overhouden)
- 2-3 theelepels zout
- ca. 5 dl (kippe)bouillon

- 1 eierdooier, losgeklopt met
- 2 eetlepels room

- een snufje foelie of een mespunt nootmuskaat
- vers gemalen peper
- 1 theelepel gedroogde dilletoppen of 1 eetlepel vers dilleblad

Verwarm de boter met de uisnippers en smoor ze tot ze iets geel worden. Voeg de courgette en het zout toe en smoor de plakjes 5 minuten op een laag pitje.
Voeg de bouillon toe en laat de groente in 10-15 minuten gaarkoken met het deksel op de pan.
Wrijf de soep door een zeef of pureer met een staafmixer. Breng haar weer aan de kook en roer van het vuur af de losgeklopte eierdooier erdoor.
Breng de soep op smaak met de specerijen en kruiden.

Variatie: Laat de eierdooier weg en dien de soep op in voorverwarmde borden met in het midden een dessertlepel romig geroerde kwark.

Koude komkommersoep (ca. 1 liter)

① 🔂

Deze romige soep wordt niet gekookt en smaakt op een dorstige zomerdag heel verfrissend. Als u een staafmixer of blender bezit, is deze voedzame soep vlug klaar.

Serveer er *volkorencrackers** bij en eet nog een zoet graangerecht na.

- 2 dunne (jonge) komkommers (ca. 500 g)
- 1 grote of 2-3 kleine zure augurkjes, gesneden
- eventueel 1 teentje knoflook, door de pers gedrukt
- 1 eetlepel verse dille- of dragonblaadjes
- 4 dl viili of yoghurt
- 1 theelepel zout
- eventueel een mespuntje cayennepeper of peper uit de molen

- 1 dl room, liefst zure, half stijf geklopt

Schil de komkommers op een halve na met een dunschiller, leg de ongeschilde komkommer apart. Snijd de geschilde komkommers in blokjes. Pureer komkommer, augurkjes, knoflook en dille met een flinke scheut van de viili.
Klop de rest van de viili en de room erdoor en voeg zout en peper toe. Snijd de ongeschilde halve komkommer in dobbelsteentjes van 1 cm en schep ze door de soep. Garneer met een topje dille of dragon.

Tips:
- als u de verse kruiden door gedroogde vervangt, laat de soep dan een half uur staan, zodat de kruiden hun aroma kunnen ontplooien
- gebruik de schillen voor het trekken van bouillon

Feestelijke pompoensoep (1 1/4 liter)

⑤ᶜ 🔂 ⚗

Deze mooie, oranjekleurige soep kunt u op een feestdag, bij voorbeeld op Sinterklaasavond, in de uitgeholde pompoen serveren. Behalve een (keuken)surprise is deze pittig gekruide soep, aangevuld met vers fruit, een welkome afwisseling op deze snoepavond. U kunt dan rustig de warme maaltijd overslaan. Zowel het uithollen van de pompoen als het koken van de soep kunt u 's morgens doen of zelfs de dag van tevoren. Stop de pompoen dan (natuurlijk zonder de soep) in een plastic zak en bewaar hem op een koele plaats.

Afb. 1 Courge

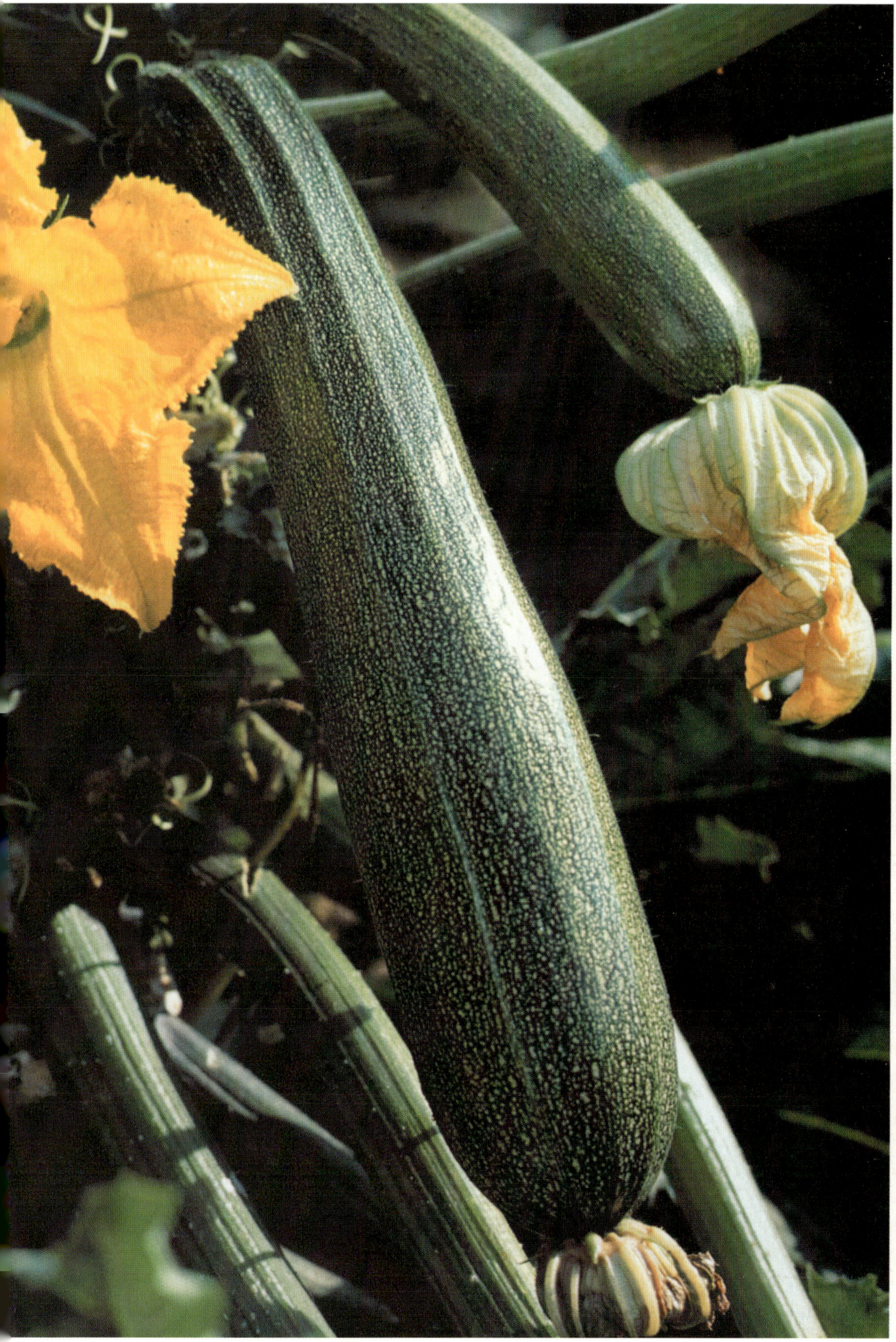

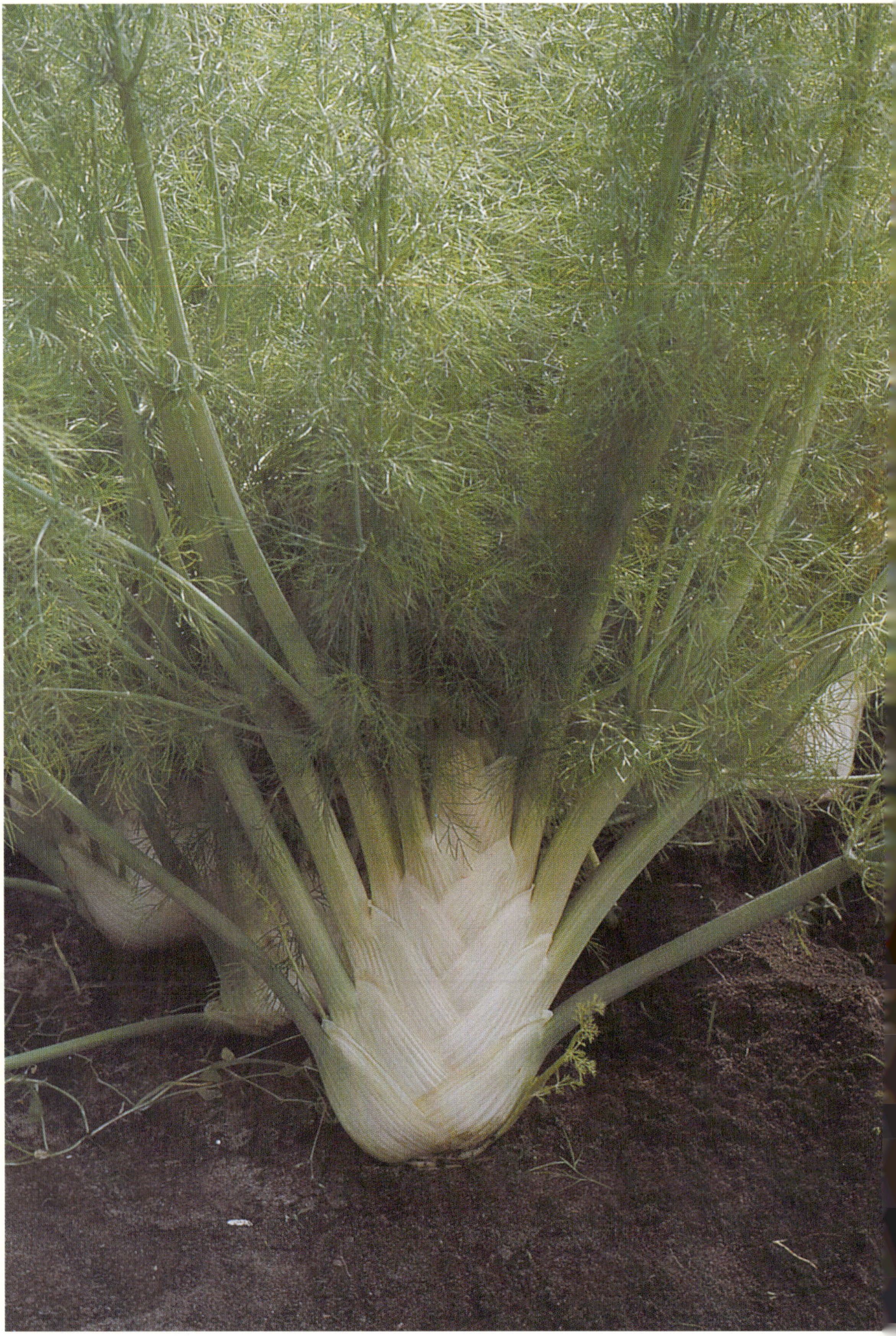

- 1 mooi gevormde, liefst wat platte, oranje pompoen met een gave schil (ten minste 1 1/4 kg)
- 1 stuk knolselderij van ca. 150 g (zie variatie)

- 1 laurierblad
- 1-2 eetlepels olie
- 1 ui, fijngesneden
- 1-2 theelepels kerriepoeder
- 3/4 l water (inclusief het kookwater van de selderij)
- 2-3 theelepels zout

- 2-3 eetlepels zure room of viili
- 2 eetlepels peterselie- of selderijblad, fijngeknipt

Boen de pompoen schoon en snijd er aan de steelkant een kapje vanaf. Haal met een scherpe lepel de pitten en het zachte binnenste van de pompoen eruit.
Boen het stukje knolselderij schoon en schil het; bewaar de mooie schillen. Snijd de selderij in 1 cm grote dobbelsteentjes en kook deze, net onderstaand in wat gezouten heet water, krap gaar. Giet het kookwater af en vang het op.
Vul het kookwater aan tot ca. 3/4 liter, voeg het pompoenafval, de achtergehouden selderijschillen, het laurierblad en de stelen van de groene kruiden toe en kook dit ca. 20 minuten. Zeef de bouillon.
Hol intussen de pompoen uit met een bolletjesuitsteker of een scherpe lepel (ook het kapje), maar laat nog een wand van ruim 1/2 cm staan. Doe het voorzichtig en beschadig vooral de schil niet. Voor de bovengenoemde hoeveelheid soep heeft u ongeveer 500 g vruchtvlees nodig.
Smoor de ui op een matig vuur in de olie glazig (niet laten verkleuren) en voeg op het laatst ook de kerrie toe. Blus met de pompoenbouillon.
Voeg het vruchtvlees van de pompoen, de laurier en het zout toe en laat dit koken tot de pompoen moesgaar is (ca. 15 minuten). Zet ondertussen de uitgeholde pompoen op een warme plaats.
Stamp de soep fijn met de pureestamper of pureer in de mixer. Verdun de soep eventueel nog met wat water als u haar te dik vindt of bind haar met een beetje in koud water aangemaakt arrowroot of maïzena. Houd er wel rekening mee, dat de soep van het vuur af nog wat dikker wordt. Voeg de dobbelsteentjes knolselderij toe.
Breng op smaak met eventueel nog wat zout, de zure room en de verse kruiden.
Zet de pompoen in een schaal met een opstaande rand (voor het geval hij mocht lekken). Strooi een dikke laag zout in de schaal als de pompoen uit zichzelf niet goed blijft staan. Garneer met mooie herfstbladeren, dennetakken of een mooi geknipte kraag van wit papier.
Giet ten slotte de soep in de pompoen en zet het kapje erop.

Variaties:
- vervang de kerrie door een snufje cayennepeper
- als er **kleine kinderen** meeëten, kunt u de kerrie vervangen door 3 theelepels koriander en de selderij door blokjes van een stevige appel, die u de laatste 5 minuten in de soep kunt laten meekoken of, als u van een knapperige soepvulling houdt, tegelijk met de peterselie kunt toevoegen
- vervang de zure room door 2 theelepels citroensap of 2 eetlepels Kanne's brooddrank
- **eenvoudige pompoensoep:** Gebruik dezelfde ingrediënten als voor de feestelijke pompoensoep. Maak op de daar beschreven manier de pompoenbouillon. Schil jonge pompoen niet en kook de in stukken gesneden knolselderij met de pompoen mee. Laat alles goed gaar worden en stamp of pureer de soep ▶

Afb. 2 Knolvenkel

- maak de soep steviger door er op het laatst 50 g geroosterde zonnebloempitten* overheen te strooien 605

Tip: Zet de uitgeholde pompoen na de maaltijd koel weg, zij blijft 1-2 dagen goed. Snijd haar dan in stukken (met de schil) en kook deze in wat gezouten water gaar. Maak er lekker gekruide *puree** van. Eet de puree met 368 gekookte gierst of zilvervliesrijst en wat bladsla (winterpostelein, andijvie, witlof, veldsla) en geef er een schaaltje geraspte kaas bij.

Gepureerde knolselderijsoep
(ca. 1 liter)

⑤

Een pittige soep, als vervanging voor de gekookte groente in het menu.

- 300-400 g knolselderij, in blokjes gesneden
- 20 g boter
- 3 eetlepels thermo roggemeel of 2 1/2 eetlepel tarwemeel
- 8 dl water of bouillon
- 1-2 theelepels zout

- 1 eetlepel citroensap of Kanne's brooddrank
- 1 mespunt foelie
- eventueel 1 theelepel bouillonkruiden* 614
- 1 eetlepel zoete of zure room
- 1-2 eetlepels selderijblad of bieslook, fijngeknipt

Smoor de blokjes knolselderij in de boter op een matig vuur tot ze lekker gaan ruiken. Roer het meel erdoor en voeg het water of de bouillon en het zout toe. Kook de selderijblokjes gaar in ca. 10 minuten. Wrijf ze door een zeef of pureer ze met een mixer. Breng alles weer aan de kook.
Haal de pan van het vuur en breng de soep op smaak met de rest van de ingrediënten.

Tip: Van jonge selderijknollen kunt u de mooie schillen en het blad gebruiken voor het trekken van de bouillon.

Venkelsoep (3/4 liter)

Een licht verteerbare soep, geschikt voor het verwerken van sterk uitgegroeide, al wat taaie venkelknollen.

- 1 grote venkel (ten minste 400 g)
- 3/4 l water
- 1 theelepel zout

- 1/2 dl room
- eventueel een snufje witte peper

Was de venkel en snijd eventuele bruine stukken weg. Knip de fijne veertjes af en houd ze apart. Snijd de venkel overlangs doormidden, haal het binnenste, malse stukje eruit en leg dit bij de veertjes.
Breng het water met het zout aan de kook. Schaaf intussen de venkel (ook de stelen) fijn, en doe alles in het kokende water. Kook de venkel gaar in ongeveer 10 minuten, met het deksel op de pan.
Giet alles op een zeef, vang de venkelbouillon op en giet er 1/2 liter van terug in de pan. Wrijf de venkel door de zeef (de taaie vezels blijven achter) en klop deze venkelpuree door de bouillon in de pan.
Snijd de achtergehouden malse stukjes venkel fijn en voeg ze aan de soep toe. Kook alles nog 5 minuten.
Klop van het vuur af de room erdoor. Proef of er nog wat zout bij moet en voeg eventueel de peper toe.
Knip met een schaar de venkelveertjes over de soep en dien warm op.

Variatie: Als u deze vrij dunne soep wat meer gebonden wilt hebben, kunt u 1 eetlepel rijstmeel of arrowroot door de room mengen, voordat u de room aan de soep toevoegt. Breng de soep daarna nog even tegen de kook aan en laat haar 5 minuten toegedekt staan (van het vuur af).

Sint-Maartensoep
(koolraapsoep, ca. 1 liter)

⑤ ⊕

Maak deze geurige soep eventueel op de dag dat u het raaplichtje voor het Sint-Maartensfeest (11 november) maakt, van het uitgeholde binnenste van de koolraap. Met wat bladsla vooraf en een zoet graangerecht toe een van tevoren klaar te maken maaltijd.

- 6 dl water
- 1 laurierblad
- 10 korianderzaadjes of 2 theelepels gemalen koriander
- 8 jeneverbessen
- 3 theelepels zout
- ca. 400 g koolraap, schoongemaakt gewogen

- 1 eetlepel olie of 20 g boter
- het nog malse groene gedeelte van een flinke prei (ca. 100 g)
- 1 eetlepel gebuild meel
- 1/4 l water

- 1/2 rode paprika of een stuk wortel, in zeer kleine blokjes gesneden ▶

Breng het water met de kruiden aan de kook en voeg de koolraap toe. Kook hem in ca. 20 minuten moesgaar. Verwijder het laurierblad en de jeneverbessen en wrijf de rest door een zeef (of pureer in de mixer).
Verwarm op een matig vuur de olie met de prei en smoor deze glazig (niet bruin laten worden). Smoor ook het meel even mee en blus met het water. Doe een deksel op de pan en laat de prei in ca. 10 minuten gaarkoken. Tot zover kunt u de soep van tevoren klaarmaken.
Voeg de koolraappuree en de paprika of wortel toe en breng alles weer aan de kook. Laat de soep verder niet meer koken, als u van knapperige stukjes groente houdt.

Tip: De soep smaakt het lekkerst, als u de koolraap meteen na het uithollen kookt. Als hij langer blijft liggen krijgt de soep een sterke raapsmaak. De met de kruiden gekookte raap kunt u, op een koele plaats, nog wel een dag bewaren om er later soep van te maken.

Maaltijdsoepen

Heldere uiensoep
⑤ ① ⊕ ♨

Snel gemaakt en toch feestelijk.
Lekker met wat rauwkost vooraf en naar wens een zoet graangerecht toe.

- 500 g uien, overlangs doormidden en daarna in plakjes gesneden
- 25 g boter

- 1 l bouillon of water
- 1 eetlepel karwijzaad of 5 kruidnagelen
- 1 laurierblad
- eventueel wat zout (let op het zoutgehalte van de kaas) ▶

- 4 kleine volkorenboterhammen zonder korst
- wat boter
- 100 g geraspte Emmentaler of Goudse kaas

Smoor op een matig vuur de uien glazig in de boter. Voeg bouillon, karwij, laurier en zout toe en kook de soep gaar.
Besmeer per persoon een kleine boterham dun met boter en strooi er een dikke laag geraspte kaas op. Druk stevig aan met de handpalm.
Giet de soep in een vuurvaste, diepe schaal, leg de boterhammen er voorzichtig op en zet de schaal onder de grill of bovenin de ▶

voorverwarmde oven (zo mogelijk alleen bovenwarmte inschakelen of de schaal op een bakplaat zetten) en laat er een lichtbruin korstje op komen.

Variaties:
- voeg een verse, fijngesneden tomaat of een eetlepel tomatenpuree aan de soep toe (op het laatst)
- laat de karwij of kruidnagelen weg. Rooster de boterhammen lichtbruin in de broodrooster of in een droge koekepan en wrijf ze in met de snijvlakken van een doormidden gesneden knoflookteen. Besmeer ze nu pas met de boter

Tips:
- kook de soep zo mogelijk in een pan met ovenvaste handgrepen. U hoeft dan de soep niet in een schaal over te gieten voor het gratineren
- giet de soep in ovenvaste soepkommen, zet ze op een bakblik en schuif dit in de oven.
- in plaats van de soep te gratineren kan men ook *soldaatjes** en een schaaltje geraspte 82
oude Goudse kaas erbij serveren

Minestrone (ca. 1 3/4 liter)

Geef vers *stokbrood** met boter of *tarwe-* 479
*bolletjes** bij deze Italiaanse soep en een 487
schaaltje geraspte Parmezaanse of oude
Goudse kaas (of vervang de kaas door
*kaastosti's**). Eet vers fruit toe. 265

- *50 g witte bonen, ten minste 8 uur geweekt in*
- *1/2 l water*
- *50 g zilvervliesrijst of gierst*
- *1 laurierblad*

- *2 eetlepels olie*
- *1 ui of prei, fijngesneden*
- *2 teentjes knoflook, fijngesneden*

- *ca. 500 g groente (schoongemaakt gewogen) zoals:*
100 g bleekselderij, in stukjes, of 50 g knolselderij, in blokjes
100 g wortel, in blokjes
100 g witte of groene kool, fijngesneden, of 50 g koolrabi of koolraap, in blokjes

100 g bloemkoolroosjes of kleine spruitjes of verse doperwtjes of sperziebonen, in stukjes gesneden
200 g verse tomaten, in stukjes gesneden, of ca. 4 eetlepels tomatenpuree (Demeter)
- *3/4 l water*
- *2-3 theelepels zout*

- *2-4 eetlepels peterselie, fijngesneden en/of bieslook en/of selderijblad*
- *2-4 eetlepels verse basilicum, fijngesneden of 1/2-1 eetlepel gedroogde basilicum of oregano*
- *1 mespunt nootmuskaat*

Kook de bonen in het weekwater gedurende 1 uur. Voeg de rijst of gierst en het laurierblad toe en laat nog eens ca. 1/2 uur koken tot alles gaar is.
Verwarm op een matig vuur de olie, de ui of de prei en de knoflook en smoor dit glazig.
Voeg de groente toe (behalve de tomaten) en smoor ze al roerende even mee, tot alles bedekt is met een fijn laagje olie en het lekker gaat ruiken.
Blus met het water, voeg het zout en nu ook de tomaten, de witte bonen en de rijst toe (verwijder het laurierblad). Breng alles aan de kook en laat de soep in 10-15 minuten gaar worden.
Op smaak brengen met kruiden en eventueel nog wat zout.

Variaties:
- gebruik een restje gekookte witte bonen en/of rijst (van elk ongeveer 150 g) en voeg dit aan de bijna gaargekookte soep toe. Het laurierblad kunt u in dit geval met de groente meekoken
- vervang de rijst door volkorenmacaroni, laat deze echter maar 20 minuten meekoken
- gebruik andere groentesoorten, afhankelijk van het seizoen. Alleen de tomaten, respectievelijk de tomatenpuree horen altijd in deze Italiaanse soep.

Bietensoep (ca. 2 liter)

⑤

Een variatie op de bekende Russische Borsjtsj. Geef er *blini's** bij. In de zomer smaakt 178 bietensoep koud ook lekker.

- 500 g bieten
- 250 g knolselderij
- 1 winterwortel (ca. 250 g)
- 1/2 ui, waarop geprikt
- 1 laurierblad en
- 3 kruidnagels of 5 pimentkorrels
- 1 theelepel korianderzaadjes, gekneusd of gemalen
- 1 l water

- 1-2 eetlepels olie
- 1 fijngesneden ui

- 1 dl zuurkoolsap of Kanne's brooddrank of 2 eetlepels citroensap
- 1 theelepel honing
- 2-3 theelepels zout
- 1-2 theelepels geraspte gemberwortel
- 2-4 eetlepels fijngesneden peterselie of andere groene kruiden

- 1 dl zure room, viili of volle kwark (of een mengsel hiervan), losgeklopt

Borstel de groente goed schoon en verwijder de kroontjes en de schillen. Doe voor de bouillon de kroontjes en de mooiste schillen in een pan en voeg daarbij de ui, de kruiden en het water. Aan de kook brengen en 20 minuten op een klein pitje laten trekken. Zeef de bouillon.
Rasp de groente of snijd haar in stukjes, maar houd een biet van ca. 150 g achter.
Smoor in de olie de ui glazig, op een matig vuur. Smoor ook de groente mee tot het lekker gaat ruiken, maar laat niet aanbakken. Voeg de bietenbouillon toe en laat de soep 20-30 minuten koken. Rasp nu de achtergehouden biet heel fijn (Bircherrasp) en voeg dit bij de soep.
Haal de pan van het vuur. Breng op smaak met zuurkoolsap, honing, zout en de verse kruiden.
Schep de soep in borden en leg een flinke lepel room in het midden. Trek voor een mooi marmereffect de room met een vork een beetje door de soep.

Variaties:
- vervang de in het recept genoemde kruidencombinatie door de volgende: 1 theelepel dillezaad en 1 1/2 theelepel dilletoppen (gedroogd), 8 pimentkorrels, 1 laurierblad, en vervang de helft van de knolselderij door 150 g fijngesneden kool
- wrijf de soep door een zeef en bind haar eventueel met 4-6 eetlepels gebuild meel, aangemaakt met een half kopje water
- maak de soep wat steviger door er 1-2 kopjes gaargekookte granen (of boekweit) door te roeren. Of kook een paar eetlepels thermogrutten of havervlokken in de soep mee
- kook in de zomer de nog malse stengels en bladeren van de bieten en selderijknol (zeer fijn gesneden) 5-10 minuten in de soep mee of smoor ze samen met de ui
- zeef de soep maar wrijf de groente er niet doorheen. Bind de soep licht met wat aangemaakt arrowroot en geef de groente er apart bij (houd dan geen rauwe biet achter en snijd de stukjes groente dan wel wat groter), eenieder kan zich dan zelf bedienen

Bruine uiensoep, gebonden
(ca. 1 1/2 liter)

⑤ ⊖

Eet een salade vooraf of fruit toe, of neem een zoet graangerecht zoals *gierst met appelen** 464 toe.

- 1 recept bruine ragoûtsoep*; rooster het 86 meel liefst zonder boter en gebruik maar 3/4 liter water of bouillon

- 300-500 g uien, overlangs doormidden en daarna in plakjes gesneden
- 25 g boter
- 2 theelepels karwijzaad
- 1/4 l water
- 1 theelepel zout

Smoor op een matig vuur de uien glazig in de boter met het karwijzaad. Voeg water en zout toe en kook de uien bijtgaar. Voeg de gekookte uien bij de bruine ragoûtsoep en laat nog ca. 5 minuten trekken.
Opdienen met stokbrood en een schaaltje geraspte belegen kaas.

Chuchisuppa (ca. 3 1/2-4 liter)

⑤¢ 🌱

Een stevige, voordelige maaltijdsoep voor een groot gezelschap. De hieronder genoemde ingrediënten voor deze Zwitserse 'keukensoep' kunt u variëren al naar gelang de inhoud van uw keukenkastje en tuin.

- 2 1/2 l water, koud
- 1 kg kluif (botten), liefst van een rund
- 2 laurierbladeren
- 1 stuk foelie
- het afval van de hieronder genoemde groente

- ca. 100 g mager gerookt spek, in kleine dobbelsteentjes gesneden, of 1 eetlepel olie
- 1 grote ui, fijngesneden
- 1 flinke prei, in dunne ringen gesneden
- 1-2 wortels (ca. 250 g), in dunne schijfjes gesneden
- 1 stuk kool (ca. 200 g), soort naar keuze, in smalle reepjes gesneden

- 2 grote aardappelen, geschild en in blokjes gesneden
- 100 g boekweit of gierst (de laatste liefst 1/2 uur geweekt in 1 dl water)
- 50 g volkorenmacaroni (kleine)
- ca. 3/4 eetlepel zout
- wat peper uit de molen

- 2 eetlepels brandneteltoppen of peterselie, fijngeknipt
- 2 eetlepels melde, spinazie of snijbiet, in ragfijne reepjes gesneden
- 100 g geraspte kaas (als u geen spek gebruikt)

Breng het water met de kluif, laurier en foelie aan de kook en laat dit op een laag pitje 2-3 uur trekken. Laat het laatste half uur ook het groenteafval meetrekken. Zeef de bouillon en schep er eventueel een teveel aan vet af.
Bak in een grote koekepan het spek wat uit en bak ook de ui even mee, maar laat hem niet echt bruin worden.
Voeg de prei, wortels en kool toe en smoor deze even mee.
Blus met 2 liter bouillon en voeg de aardappelen, het graan (met het eventuele weekwater) en de macaroni toe. Breng alles weer aan de kook, doe zout en peper erbij en kook het geheel (niet té) gaar.
Verdun de soep naar wens met de rest van de bouillon. Breng tot slot op smaak met de verse kruiden en eventueel nog wat zout.
Geef de kaas er apart bij en eet de soep met brood.

Variatie: Vervang voor een **vegetarische chuchisuppa** de kluif door een flink stuk kombu zeewier*. Week dit ten minste 3 uur of een nacht en laat het 1 uur met de kruiden meetrekken. Hak het daarna fijn en voeg het tegelijk met de aardappelen bij de soep. Gebruik minder zout.

392

Tips:
- de inhoud van de kluif, het merg, is ook lekker: roer het door de soep
- gebruik restjes gekookte aardappel, graan of macaroni en kook dit de laatste 5 minuten in de soep mee.

Gebakken broodsoep (ca. 1 3/4 liter)

⑤¢ ① ⊖ ⚘

Een pittige, voedzame soep, die eenvoudig te maken is en op een soufflé lijkt. Eet een salade vooraf en/of fruit toe.

- 200 g oud volkorenbrood, in flinterdunne schijfjes gesneden
- 100-125 g pittige kaas, geraspt
- 1 theelepel karwijzaad

- 1 1/4 l pittige, maar niet gezouten bouillon, kokendheet

- 1 grote ui (ca. 100 g), in dunne ringen gesneden

- 1 ei, geklutst
- 1 eetlepel olie of boter

- een diepe vuurvaste schaal of een pan met ovenvaste handgrepen van ten minste 2 l inhoud, ingevet
- een passend deksel of een stuk aluminiumfolie

Leg op de bodem van de schaal een laag broodschijfjes, strooi er wat kaas en karwij overheen en ga zo door tot alle brood, kaas en karwij op is. De bovenste laag moet brood zijn.

Verwarm de oven voor op 200°C. Giet de kokendhete bouillon in de schaal en doe het deksel erop.
Zet de schaal tien minuten in de oven, middelste richel. Smoor intussen de ui in de olie of boter glazig of fruit hem *licht*bruin.
Haal de schaal uit de oven en proef of er nog wat zout bij de bouillon moet. Zonodig kunt u dit er voorzichtig door roeren, zonder de bovenop liggende boterhammen te beschadigen. Giet het geklutste ei over de soep en verdeel de uien over de bovenkant. Zet de schaal nu nog 10 minuten zonder deksel in de oven.

Gortsoep (ca. 3 1/2 liter)

Wintersporters in Zuidoost-Zwitserland weten de stevige Bündnet Gerstensuppe wel te waarderen. Men eet er ringvormig gebakken bruine anijsbroden bij.

- *150-200 g gort, ten minste 5 uur geweekt in*
- *1 1/2 l water*
- *1 kluif (botten, liefst van een varken)*
- *2 laurierbladeren*
- *1 stuk foelie*

- *het afval van de hieronder genoemde groente*
- *ca. 1 l water*

- *1-2 eetlepels olie*
- *1 grote ui, fijngesneden*
- *1 grote prei, in dunne ringen gesneden*
- *1 grote wortel (ca. 200 g), grof geraspt*
- *1 stuk knolselderij (ca. 150 g), grof geraspt*

- *1 grote aardappel (ca. 150 g), fijn geraspt*
- *ca. 1/2 eetlepel zout*
- *wat peper uit de molen*

- *2-3 eetlepels selderijgroen, fijngeknipt*
- *2 eetlepels verse basilicum, fijngeknipt of 1 eetlepel gedroogde basilicum of 1 eetlepel basilicumpasta**   602
- *1/2 rookworst, in dunne plakjes gesneden of 100 g geraspte oude kaas*

Kook de geweekte gort met de kluif en de kruiden 3/4-1 uur.

Trek van het groenteafval 1 liter bouillon*.   77
Verwarm in een grote soeppan de olie met de ui en smoor deze glazig. Smoor ook de rest van de groente even mee.
Blus met de groentebouillon en voeg aardappelen, zout en peper toe. Breng alles aan de kook en laat de groente in 10-15 minuten beetgaar koken.
Haal de kluif en de kruiden uit de gort en voeg de gort bij de groente. Breng alles opnieuw aan de kook en laat nog een kwartiertje trekken, de soep wordt dan lekker smeüig.
Breng voor het eten op smaak met de verse kruiden en voeg de rookworst toe.
De kaas kunt u er beter apart in een schaaltje bij geven, dan kan eenieder zelf wat op zijn soep strooien.

Variaties:
- zie de variatie van de *chuchisuppa**   102
- vervang de worst door 100 g gerookt spek (blokjes), bak dit, eventueel met 1/2 eetlepel olie, uit en smoor hierin de ui en de groente.

Erwtensoep met vlees (ca. 2 liter)

- *250 g groene erwten en*
- *eventueel 25 g gerst of gort, gewassen, samen 8-10 uur weken in*
- *1 l water, met*
- *1 klein laurierblad en*
- *1 theelepel karwijzaad*

- *250 g krabbetjes of 150 g schouderkarbonade of 100 g gerookt mager spek of/en 1 rookworst*

- *1-2 eetlepels olie*
- *250 g prei (schoongemaakt gewogen), in ringen gesneden*
- *200 g knolselderij (schoongemaakt gewogen), in blokjes gesneden*
- *1/4 l bouillon (van het groenteafval)*

- *2-3 theelepels zout*
- *peper uit de molen*
- *2 theelepels bonekruid*

- *2-3 eetlepels peterselie, fijngeknipt*
- *2-3 eetlepels bladselderij, fijngeknipt*   ▶

Was het vlees, voeg het bij de geweekte erwten en gerst en kook het gaar in 3/4-1 uur (de worst alleen het laatste half uur meekoken). Haal het vlees uit de pan en laat de erwten met de gerst nog ten minste 1 uur nawellen.
Maak intussen de groente schoon en trek van het groenteafval bouillon*. 77
Verwarm de olie en fruit hierin de prei en de knolselderij, die wel iets bruin mogen kleuren. Blus met 1/4 l bouillon en kook de groente gaar.
Voeg zout, peper en bonekruid toe en doe de groente bij de eventueel fijngestampte erwten. Haal het vlees van het bot en snijd het in stukjes. Meng tot slot het vlees, de fijngeknipte peterselie en selderij door de soep. Breng de soep indien nodig op temperatuur, maar laat niet meer koken.
Op smaak brengen en eventueel verdunnen met bouillon.

Variaties: Vervang een gedeelte van de knolselderij door wortel. De soep wordt dan wat zoetig

Tip: zie *vegetarische erwtensoep**. 104

Franse erwtensoep (ca. 1 1/2 liter)
(5: ←

Een wat lichtere erwtensoep voor fijnproevers; met een broodsoufflé of een ander zoet graangerecht na een volledige maaltijd. Eet nog wat rauwkost (bladsla) vooraf.

- 250 g groene of gele erwten, ten minste 5 uur geweekt in
- 3/4 l water met
- 1 laurierblad

- 50 g thermo gerstemeel of gewoon tarwemeel
- 1/2 l bouillon

- 2 theelepels zout
- 10 g harde boter, in kleine stukjes
- 1/2 dl zure room
- 2-3 eetlepels selderijblad of peterselie, fijngeknipt

Kook de erwten in het weekwater met de laurier ca. 1 uur en laat ze ten minste 2 uur

nawellen, de soep wordt daardoor smeuïg. Breng het meel met de bouillon aan de kook en laat het op een zacht pitje ca. 10 minuten koken.
Wrijf intussen de erwten door een zeef en voeg ze bij de meelpap. Voeg het zout toe.
Klop er, van het vuur af en vlak voor het opdienen, de boter en de room door. Strooi er tot slot de verse kruiden overheen.

Tip: Deze soep is zeer geschikt voor de verwerking van te ver uitgegroeide doperwten. Gebruik dan ca. 500 g gedopte erwten en vervang de selderij door kervel. Gebruik een gedeelte van de peulen voor het trekken van de bouillon.

Vegetarische erwtensoep (ca. 2 liter)
(5: ←

Lekker met *soldaatjes* of *sesamreepjes**. 82

- 250 g groene erwten en
- 50 g gerst (of gort), beide 10 uur geweekt
- 1 l water
- 1 theelepel venkelzaad

- 3 theelepels zout

- 250 g prei (schoongemaakt gewogen), in dunne ringen
- 150 g knolselderij (schoongemaakt gewogen), in kleine dobbelsteentjes
- 100 g knolvenkel of wortel (schoongemaakt gewogen), in dunne plakjes
- 1/2 l bouillon (van het groenteafval)

- 2-3 eetlepels olie
- 1 ui, fijngesneden
- 1 grote aardappel (ca. 100 g), geschild en in plakjes gesneden

- 1/2-1 eetlepel arrowroot, aangemaakt met wat water
- 2 theelepels bonekruid of 1-2 theelepels oregano
- 1 theelepel komijn (djinten)
- 2 theelepels bouillonkruiden
- 1/2 eetlepel gomasio
- eventueel peper uit de molen
- eventueel 1 eetlepel sojasaus of 1 theelepel bouillonpasta

- 3-4 eetlepels peterselie of selderijblad, fijngeknipt of gehakt
- het groen van de knolvenkel, fijngeknipt

Kook de erwten en de gerst ca. 1 uur in het weekwater, voeg het zout toe en laat nog ten minste 1 uur nawellen.
Maak intussen de groente schoon en trek bouillon van het afval*. 77
Verwarm de olie op een matig vuur en fruit hierin eerst de ui en daarna de groente, ze mag iets bruin kleuren. Voeg ook de aardappel toe en blus met de bouillon. Laat alles gaarkoken in ca. 10 minuten.
Bind de soep met de aangemaakte arrowroot. Voeg de kruiden toe en doe dit mengsel nu bij de gare erwten. Stamp de soep naar wens fijn, verdun zonodig met bouillon en maak op smaak af met peper en sojasaus.

Tips:
- kook de erwten en de gerst 3/4 uur en laat ze ten minste 3 uur nawellen in de hooikist. Dit kunt u al 's morgens of de vorige dag doen
- als u een grote hoeveelheid erwtensoep wilt koken, kunt u tijd besparen door de groente en de aardappel (behalve de ui en de prei) grof te raspen in een rauwkostmolen. Fruit dan eventueel alleen de ui en de prei in de boter, blus met de bouillon en voeg daarna de groente toe
- bij gebrek aan tijd kunt u ook spliterwten* gebruiken (weektijd 1 uur) en de gerst vervangen door thermo gerstegrutten 348
- de soep wordt smeuïger, als u de aardappel heel fijn raspt en de laatste vijf minuten met de groenten meekookt.
- week en kook een stuk zeewier (kombu) of een gedroogde paddestoel met de erwten mee. Dit geeft wat meer smaak en een wat gebondener consistentie aan de soep
- vervang de gerstekorrels door vlokken, eventueel ook van andere graansoorten
- maak de soep wat voller van smaak met 1-2 eetlepels notenpasta, zonnebloempasta of tahin. Of vervang het zout door 3 eetlepels gomasio extra (toevoegen bij het op smaak brengen)

Waterzooi van kip (ca. 2 liter)

Een vrij eiwitrijke Vlaamse maaltijdsoep, waarbij u *stokbrood* met *(kruiden)boter* of *aardappelsoesjes** kunt serveren. Kies als dessert een vruchtensalade. 199

- 600-800 g kippepoelet of 1/2 kip
- 2 eetlepels olie

- 1 laurierblaadje
- 1 ui (met schil), bestoken met
- 5 kruidnagelen
- 1 theelepel tijm
- een klein stukje foelie
- 1-2 eetlepels citroensap
- het afval van onderstaande groenten
- 1 1/2 l kokend water

- 300 g prei, in 1/2 cm dikke ringen
- 200 g bleek- of knolselderij, in 1/2 cm grote dobbelsteentjes
- 200 g wortel, in dunne plakjes
- eventueel 100 g venkelknol, geschaafd
- 2-3 theelepels zout

- 75-100 g broodkruim van zeer droog brood, gemalen of geraspt

Braad de stukken kip in een ruime pan in de olie lichtbruin.
Doe in een andere pan de ui, de kruiden, het citroensap en het groenteafval* en leg er ook 77 de aangebraden stukjes kip in. Voeg het kokende water toe en laat alles 1 uur zachtjes koken (het citroensap maakt het vlees malser).
Smoor de gesneden groente in de pan met het daarin achtergebleven kippevet glazig of fruit lichtbruin. Zeef de bouillon erbij, voeg het zout toe en laat de soep nog 20 minuten koken.
Pluk intussen het vlees van de botjes (laat daarbij de stukjes vlees zo groot mogelijk) en doe dit in de soep. Tot zover kunt u de soep al een dag van tevoren klaarmaken. Bewaar alles op een koele plaats (koelkast).
Strooi vlak voor het opdienen het broodkruim in de soep.

Variatie: Vervang het broodkruim door *graanballetjes** naar keuze; u kunt ze in de 80 soep gaar laten trekken.

Tips: De soep oogt feestelijker, als u het ▶

broodkruim vervangt door flinterdun gesneden plakjes van een oudbakken, maar nog niet hard broodje van gebuild meel. Leg deze broodflinters dan onder in de soepterrien, giet de soep erover en dien meteen op.

Waterzooi van vis

Sneller klaar dan met kip.
Volg het recept van *waterzooi van kip**, maar vervang de kip door poon, schelvis, kabeljauw of schol (met kop).
Gebruik geen olie maar boter (40 g). Verwarm de boter en wentel hierin de vis enkele minuten, zonder hem echt te braden. Leg de vis in het gekruide water en laat hem niet langer dan 25 minuten trekken (het kookwater alleen tegen de kook aan houden).

Bruine-bonensoep (ca. 1 1/2 liter)

Eet sla vooraf en/of fruit toe. Serveer er desgewenst brood bij.

- 250 g bruine bonen, ten minste 8 uur geweekt in
- 3/4 l water

- 1 kleine ui, ongepeld
- 1 laurierblad
- 3 kruidnagelen
- 1-2 theelepels komijnzaad of 2-3 theelepels karwijzaad

- 1-2 eetlepels olie
- 1 grote prei of ui, fijngesneden
- eventueel 1/2 paprika, in kleine stukjes gesneden

- 1/2 l bouillon (van het groenteafval)

- 1/2 eetlepel tijm of 2 theelepels gestampte rozemarijn
- 1/2 eetlepel bonekruid
- 3-4 theelepels paprikapoeder
- 3 theelepels zout
- 1 eetlepel citroensap of 1/2 eetlepel appelazijn

- 2-3 sneetjes volkorenbrood
- boter

Prik met de kruidnagelen het laurierblad op de ui en voeg dit, samen met de karwij, bij de geweekte bonen. Kook ze in het weekwater gaar in ca. 1/2 uur en laat vooral goed nawellen, als u van een smeuïge soep houdt (ten minste 1 uur). Verwijder de bestoken ui. Verwarm de olie samen met de groente en smoor de groente onder voortdurend omscheppen glazig op een matig vuur. Voeg de helft van de bouillon toe en kook de groente krap gaar in 5-10 minuten.
Als u van een gebonden soep houdt, kunt u ondertussen de bonen door een zeef wrijven of met de mixer pureren. (Houd eventueel een kopje bonen achter en doe deze op het laatst in de soep). Voeg anders de hele bonen met het kookwater bij de groenten en breng alles nog een keer aan de kook. Verdun de soep naar wens met de rest van de bouillon.
Voeg kruiden, zout en zuur toe en laat de soep, van het vuur af en met het deksel op de pan, nog 5 minuten trekken.
Maak van het brood en de boter *soldaatjes** en serveer ze bij de soep.

Variaties:
- vervang de soldaatjes door 2-4 eetlepels *geroosterd meel** of thermomeel, aangemaakt met een half kopje melk of room. De soep moet dan nog enkele minuten zachtjes koken. Voeg desgewenst nog wat boter aan de soep toe
- kook een stukje ossestaart met de bonen mee of kook een rookworst met de groenten mee. Gebruik in het laatste geval minder zout en in beide gevallen boter
- vervang de azijn of het citroensap door een fijngeraspte zure appel of door 1-2 eetlepels tomatenpuree. U kunt ook een in stukjes gesneden tomaat met de groenten meekoken.

Tip: Week en kook een stuk zeewier (kombu) of een gedroogde paddestoel met de erwten mee. Dit geeft wat meer smaak en een wat gebondener consistentie aan de soep.

Witte-bonensoep (ca. 2 liter)

⑤ ↩

Eet bij deze soep wat rauwkost vooraf, bij voorbeeld in de zomer tomaten-, in de winter andijviesla. Geef *drie-in-de-pan** of *zoete haverpannekoekjes** met compote, of een *graansoufflé** met vruchten toe.   470
  467

- 150 g witte bonen en
- 50 g gort samen 10 uur weken in
- 3/4 l water

- 1 laurierblad
- 2 theelepels karwij- of venkelzaad

- 1-2 eetlepels olie
- 1 ui, fijngesneden

- ca. 500 g groente (schoongemaakt gewogen) zoals: knolselderij, wortel, koolrabi of knolraap, in blokjes gesneden, prei, bleekselderij, witte of groene kool, fijngesneden
- 3/4 l bouillon (van het groenteafval)

- 2 theelepels bonekruid
- 1/2 eetlepel paprikapoeder
- 3 theelepels zout
- eventueel wat sojasaus
- eventueel een klontje boter

- 2-3 eetlepels peterselie of selderijblad, fijngeknipt

Voeg laurierblad en karwij of venkel toe aan de geweekte bonen en de gort. Kook de bonen en de gort in het weekwater gaar in ca. 1 1/2 uur en laat nog ten minste 1 uur nawellen.
Verwarm op een matig vuur de olie met de ui en smoor de ui glazig.
Voeg ook de andere groente toe, laat even mee smoren en giet de bouillon erop. Kook alles krap gaar in 10-15 minuten.
Voeg de bonen en de gort met het kookwater toe en breng de soep weer aan de kook.
Voeg de kruiden, het zout en naar wens de sojasaus en boter toe en laat de soep, van het vuur af en met het deksel op de pan, nog 5 minuten trekken.
Strooi er dan de groene kruiden overheen

Variaties:
- kook een rijpe, in stukjes gesneden tomaat

met de groenten mee of voeg 1-2 eetlepels tomatenpuree aan de soep toe
- als u meer van een gebonden soep houdt, kook dan 1-2 geschilde en in blokjes gesneden aardappelen met de groente mee of bind de soep met 2-4 eetlepels rijst- of boekweitmeel of arrowroot, aangemaakt met een half kopje room of melk. U kunt de bonen ook tot puree stampen
- kook een stukje rookspek met de bonen en de gort mee, gebruik dan wat minder zout
- week en kook een stukje zeewier (kombu*)   392
of een gedroogde paddestoel met de bonen mee

Ossestaartsoep (ca. 1 3/4 liter)

↩   🐂

Geef bij deze pittige maaltijdsoep *(stok) brood** of *tarwebolletjes**. Eet wat salade vooraf en compote toe.   479
  487

- 50 g gerst of gort, gewassen, in de soeppan ten minste 1 uur geweekt in
- 1 1/4 l water

- 300-500 g ossestaart, liefst dunne, door de slager in stukjes gehakt
- 1 eetlepel olie
- 1/2 ui met op de bolle kant geprikt
- 1 laurierblad en
- 3 kruidnagelen

- 50 g tarwemeel
- 1/2 eetlepel korianderkorrels
- 1 theelepel gemalen peper
- 1/2 eetlepel rozemarijn
- 2-3 theelepels zout

- 1/2 ui, fijngehakt
- 1/2 eetlepel olie
- 150 g wortel, geschild gewogen, in kleine blokjes
- 150 g knolselderij, in kleine blokjes
- 1/4 l water

- 2 eetlepels fijngehakte peterselie
- 1 eetlepel fijngehakt selderieblad
- 1 eetlepel citroensap of 1-2 theelepels appelazijn

Bak de stukjes ossestaart in een koekepan in de olie rondom mooi bruin, op een matig vuur. ▶

Leg de gebraden ossestaart en de bestoken ui bij de gerst (houd de braadolie achter). Breng de soep aan de kook en laat haar 2-3 uur trekken.
Rooster het meel in de achtergehouden olie hazelnootbruin. Doe dit onder voortdurend roeren op een matig vuur en pas op voor aanbranden, anders smaakt de soep bitter. Roer dit meel door de soep. Voeg ook de kruiden toe en laat de soep nog een half uur trekken. Haal nu de ossestaart, het laurierblad en de kruidnagelen uit de soep en wrijf haar door een zeef.
Smoor de ui in een apart pannetje lichtbruin in de olie, smoor de groente even mee (niet bruin laten worden) en blus met het water. Laat de groente in 10-15 minuten bijtgaar koken.
Haal intussen het vlees van de ossestaart, snijd het klein en voeg het met de gekookte groenten bij de soep. Laat alles voor het opdienen nog een keer aan de kook komen. Verdun de soep zonodig met bouillon en breng haar op smaak met de verse kruiden en het citroensap.

Variaties:
- smoor tegelijk met de groenten een halve, in reepjes gesneden rode paprika mee of voeg 2-3 eetlepels milde paprikapoeder aan de soep toe
- kook een in dobbelsteentjes gesneden tomaat met de groenten mee of voeg 1-2 eetlepels tomatenpuree aan de soep toe. Toevoeging van citroensap of azijn is dan niet nodig
- kook 1-2 in dobbelsteentjes gesneden aardappelen met de groente mee. U kunt de gerst dan weglaten, de soep wordt toch smeuïg
- zeef de soep niet, als u graag wat te kauwen heeft
- in plaats van de gerst mee te koken kunt u ook tegelijk met de groente 1-2 kopjes gaargekookte graanrestjes of 50 g ongekookte boekweit- of thermogrutten toevoegen en meekoken
- kook de ossestaart met de gerst ca. 3/4 uur en stop de pan daarna ten minste 3 uur in de hooikist

Linzensoep (ca. 2 liter)

Een stevige maaltijdsoep, die geen lange voorbereidingstijd nodig heeft.

Voor deze soep kunt u het recept voor *wittebonensoep** gebruiken. Vervang daarbij de bonen door linzen en de gort door gierst, boekweitgrutten of thermogrutten. U hoeft de linzen (voor de jaarwisseling) en de granen niet te weken. Ook de kooktijd is korter: voor kleine linzen ca. 1/2 uur, voor grote 3/4-1 uur.   107

Voor een zeer **pittige linzensoep** zie de variatie bij het recept voor *linzenchili**.   227

Granen

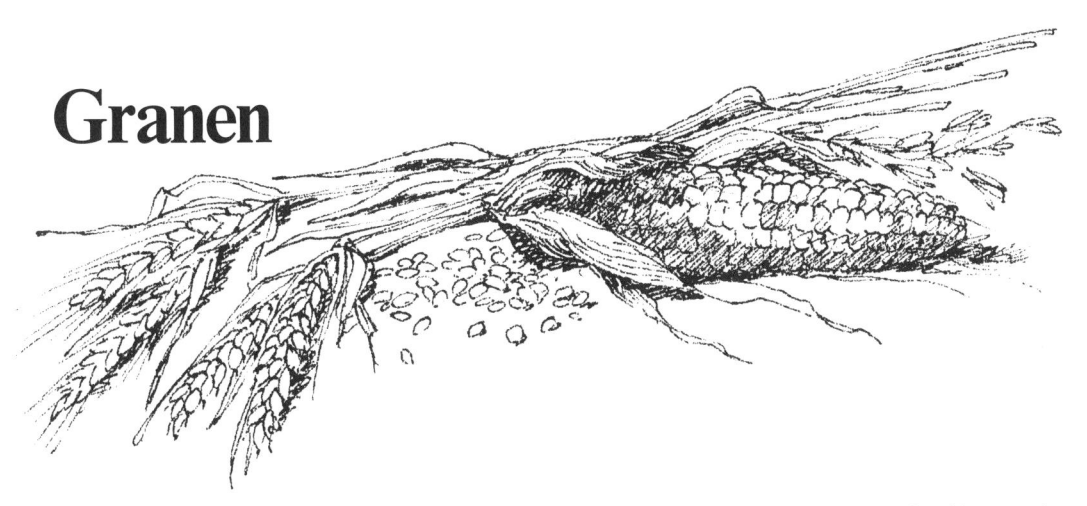

De zeven granen tarwe, rogge, gerst, haver, gierst, maïs en rijst behoren tot de familie van de grasachtigen, een plantenfamilie die over de gehele aarde is verspreid.
Als deze plantenfamilie er niet was, zou de aanblik van de aarde heel anders zijn: niet alleen hadden we dan geen groene weiden, gazons, prairies en steppen, maar ook geen voedsel voor koeien, schapen en geiten en voor kamelen, bisons of zebra's. Als geen andere plantenfamilie dient zij tot voedsel voor mens en dier.
Een belangrijk kenmerk van de grasachtigen is het bijzonder krachtig ontwikkelde wortelstelsel. Zo beplant men bij voorbeeld, om het verstuiven van het zand tegen te gaan, de duinen met helmgras. De wortels zijn zeer vitaal en kunnen tijden van grote droogte overleven. Omdat de wortelhaartjes met de zuren die zij afscheiden actief de mineralen uit de bodem oplossen, kunnen grasachtigen ook op arme gronden groeien, die weinig organische stoffen bevatten.
Wilhelm Pelikan vergelijkt de smalle, pijlvormige bladeren met wortelgeschoten lichtstralen (zie de literatuuropgave). De bladeren hebben door hun hoog gehalte aan kiezelzuur zeer scherpe randen.
Vlak voor de bloei schieten de grassen sterk de hoogte in om zich daarna te vertakken tot een sierlijke pluim of aar. De bloei is niet kleurrijk, afgezien van zo nu en dan een roodachtige pluim. Grassen zijn windbestuivers. De stemming die uitgaat van een door de wind bewogen bloeiend graanveld is een heel andere dan die van een bloeiend koolzaadveld, waar duizenden en duizenden bijen enthousiast zoemen.

Het is niet bekend, hoe het de mensen in vroeger tijden gelukt is uit wilde grassen de ons bekende granen te kweken. Wel heeft ieder graan zijn eigen ontstaanslegende – graan werd altijd gezien als een hemels geschenk. Pogingen om in deze tijd uit wilde grassen voedzame zaden te kweken, zijn vooralsnog op niets uitgelopen.
Het gehele groeiproces van de graanplant is gericht op de vorming van voedselrijke zaadvruchten. Daarna sterft de plant af, dit in tegenstelling tot andere leden van de grassenfamilie. Zodra de graanhalmen omhoog schieten lijkt het wel of de plant zich los maakt uit de grond: kon men eerst de plant nog maar nauwelijks uit de grond trekken, bij het rijp worden van de halmen lukt dat gemakkelijk. Ook wordt er geen blad meer gevormd. In de graankorrel concentreert zich als het ware het hele ontwikkelingsproces van de plant.
Eerst zijn de graankorrels nog zacht, de inhoud nog melkachtig en zoet. Tijdens de rijping van de korrels wordt de suiker in zetmeel omgezet. Met deze vanuit de wortels zich opdringende verhoutingstendensen en kiezelzuurprocessen gaat elk graan op zijn eigen wijze om. Dit kan men

waarnemen aan de aard van de buitenste schil van de verschillende graankorrels, bij voorbeeld aan het al dan niet aanwezig zijn van baarden.

Het rijpen is voor de kwaliteit van het graan van groot belang. Hiervoor is vooral warmte nodig. Vroeger werden de afgemaaide halmen op schoven gezet om na te rijpen, voor de volledige ontplooiing van het graaneiwit was dit zeer waardevol. Door de moderne methoden van oogsten met combiners wordt dit narijpen vrijwel nergens meer toegepast. Tarwe die, vooral na natte en koude zomers, niet voldoende is uitgerijpt, heeft bij voorbeeld slechtere bakeigenschappen (door niet goed uitgerijpt graaneiwit).

De voedingsstoffen die door een plant worden gevormd zijn altijd de neerslag van het groeiproces. Bij de graankorrel is de compositie van de voedingsstoffen ideaal te noemen: koolhydraten, eiwitten, vetten, vitaminen en mineralen zijn in een goede verhouding tot elkaar vertegenwoordigd. In het zaad (de graankorrel) ligt zowel het verleden (de samengetrokken krachten van de plant) als de toekomst (de kiem) besloten. De graanplant weet op een harmonische wijze om te gaan met de haar van buitenaf omringende invloeden van lucht, zonlicht en warmte en met de voedingsstoffen (mineralen en water) uit de bodem. Ze is in staat, deze polariteiten in zich te verenigen. Het is verbazingwekkend dat een halm overeind blijft staan en in staat is het gewicht van de rijpe korrels te dragen. Het eten en verteren van het graan stimuleert de mens, ook zo tussen hemel en aarde te staan:

'Zoek je het hoogste, het beste? De plant kan het je leren.
Wat zij 'willoos' doet, doe dat willend.' (Schiller)

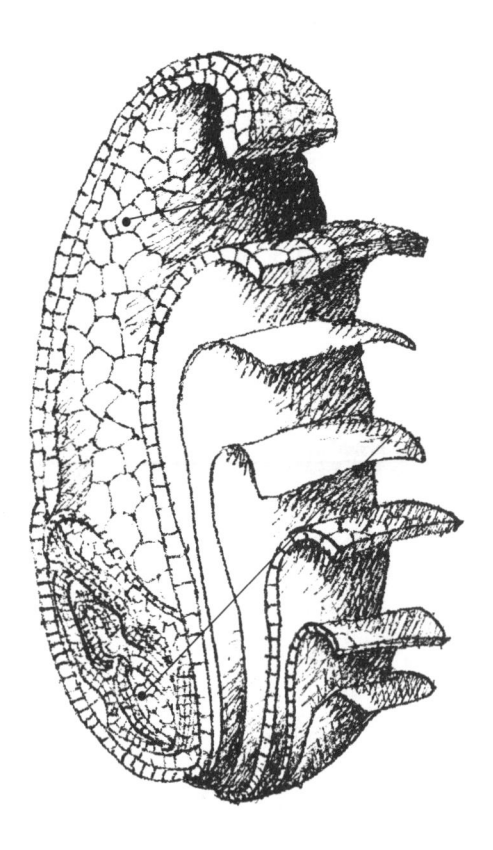

De graankorrel

Meelkern:
zetmeel
eiwit

Kiem:
vet
eiwit
zetmeel
vitaminen
mineralen

Zemelen:
eiwit
vet
voedingsvezels

Graanprodukten uitgedrukt in percentages van de hele graankorrel:

meel	100%
thermomeel	100%
grutten	100%
vlokken	100%
gebuild meel (grise)	95%
gebuild meel (bise)	82%
biologisch-dynamische of biologische bloem	65%
patentbloem	50%

Als na een groeitijd van vele maanden het graan is geoogst, verkrijgt men na het dorsen de volle graankorrel. De graankorrel is een levend organisme, maar toch nog maanden, sommige soorten zelfs jaren na het oogsten kiemkrachtig. Tarwe, rogge en jonge maïs kan men in gedorste vorm al gebruiken voor de maaltijd. Bij de overige graansoorten moet eerst nog het onverteerbare kaf eraf gepeld worden.

Elke graansoort biedt daarnaast vele mogelijkheden voor een verdere bewerking (breken, pletten, malen) en is daarna op velerlei manieren klaar te maken. Zodra echter de gesloten structuur van de graankorrel wordt opengebroken, zoals dat bij de verschillende bewerkingen het geval is, wordt de houdbaarheid beperkt. Vooral de oliehoudende kiem wordt onder invloed van licht, lucht en warmte gauw ranzig, waardoor ook de smaak achteruit gaat. Het zou ideaal zijn, om de graankorrels in een eigen molen vlak voor het gebruik zelf te malen. Let bij aankoop in ieder geval op de houdbaarheidsdatum.

Schadelijke stoffen zijn te vinden in de hele graankorrel (residuen van teelt- en bestrijdingsmiddelen), maar vooral ook in de buitenste lagen (insecticiden en schimmelwerende middelen) van de graankorrel. Het is daarom vooral bij volkorenprodukten zeer belangrijk, biologisch of biologisch-dynamisch geteelde produkten te kiezen.

De graanmolen

Als u het besluit genomen heeft, naar een goede graanmolen te gaan uitkijken, is het goed op de volgende punten te letten:
- is er in huis een plaats waar de molen, klaar voor gebruik, altijd kan blijven staan?
- iedere maalsteen slijt een heel klein beetje bij het malen, waardoor er slijpsel in het meel terechtkomt; slijpsel van natuursteen is onschadelijk; kies daarom een molen met maalstenen van natuursteen; deze worden bovendien bij het malen minder snel warm dan metalen maalschijven en leveren over het algemeen fijner meel. Er zijn twee soorten maalstenen:
  a uit één stuk steen gezaagd en geslepen
  b uit steengruis (bij voorbeeld basalt) en een bindmiddel (magnesiet, ook een natuurprodukt) samengesteld
  Het oppervlak van maalstenen uit één stuk wordt op den duur glad door de wrijving bij het malen; de samengestelde stenen zijn zelfslijpend, het oppervlak blijft dus ruw.
  Maalstenen van keramiek en andere materialen hebben dezelfde maaleigenschappen als metalen maalschijven
- experimenteer met de molen voor u tot aankoop overgaat: hoe lang houdt u het malen vol met het model dat u op het oog hebt? Hoe lang doet de molen over een pondje meel? Stemt dit overeen met de behoeften van uw huishouden? Is het lawaai dat de molen maakt voor u en de buren aanvaardbaar? Hoe lang duurt het (bij ononderbroken malen) voordat de maalstenen heet worden? – een beetje warm meel is niet zo erg, mits u het meteen verwerkt; meel dat u nog een halve dag of langer wilt bewaren, gaat door verwarming sneller in kwaliteit achteruit
- wordt het maalsel zodanig opgevangen, dat het malen weinig stof veroorzaakt?
- informeer welke graan*soorten* de molen aankan. Haver is verhoudingsgewijs zacht en wat vettig, waardoor het maalsel kan aankoeken. Maïskorrels zijn zeer hard en in verhouding groot. Zowel het een als het ander kan bij sommige molens problemen opleveren

- levert de molen fijn meel voor uw gebak en grutten voor de graankoekjes? (waarbij uitzeven van het gries uit de grutten geen bezwaar hoeft te zijn)
- doe de vingerproef met het fijnste meel dat de molen kan malen: als het meel, tussen duim en wijsvinger gewreven, nog hard en wat korrelig aanvoelt, is het minder geschikt voor zeer fijn gebak, wel voor grovere deegsoorten, brood, pap en andere graangerechten

Bewaren van granen en graanprodukten

Bewaar graanprodukten in blikken of glazen potten op een droge, donkere en niet te warme plaats. De bijzonder kwetsbare haver-, gierst- en maïsprodukten, evenals rijstvlokken, vragen om een koele bewaarplaats. Kleine hoeveelheden hiervan vinden misschien een plaats in de groentela van de koelkast, stevig verpakt eerst in een papieren en daarna in een luchtdichte plastic zak om ze tegen het vocht van de groente te beschermen. Grotere hoeveelheden hele graankorrels worden in dubbele papieren zakken geleverd en hierin kan men ze ook het beste bewaren. Het graan moet wel regelmatig worden omgeschept om het zich innestelen van ongedierte te voorkomen en om de lucht tussen de korrels te verversen.

Graanprodukten en hun benamingen

Afhankelijk van de soort bewerking krijgt het betreffende graanprodukt zijn gangbare benaming:

Grutten zijn grof gebroken graankorrels. De in de winkels verkrijgbare zijn de haver-, tarwe-, rogge-, gerst- en boekweitgrutten. Grutten hebben ten opzichte van de hele graankorrel het voordeel, dat ze een veel kortere week- en kooktijd hebben; nadeel is, dat het gerecht papperig wordt. Om dit nadeel op te heffen, maar ook om de verteerbaarheid te bevorderen, zijn door de firma Bauck in Duitsland de zogenaamde **thermogrutten** ontwikkeld. Vochtig gemaakte graankorrels worden gedurende 16 uur in stenen draaitrommelovens bij 60-80°C verwarmd en daarna gebroken tot grutten. Hiermee tracht men met behoud van alle voedingsbestanddelen het rijpingsproces van het graan te verlengen en te intensiveren (zie ook het eesten van granen, blz. 126). Het graan wordt ook aromatischer doordat het graanzetmeel al wordt omgezet in graansuikers.

Griesmeel, fijner dan grutten, is speciaal op een bepaalde korrelgrootte uitgezeefd. De beste kwaliteit griesmeel wordt vooral van de harde graansoorten gemaakt. Griesmeel is verkrijgbaar van tarwe en maïs en wordt vooral gebruikt om pap van te koken en voor de bereiding van deegwaren.
Volkoren griesmeel is gemaakt van de volle graankorrel; voor de gangbare lichtere griesmeel worden de korrels eerst geslepen. Volkoren griesmeel kleeft wat meer bij het koken dan de geraffineerde soort.

Volkorenmeel is de gemalen volle graankorrel; het meel bevat alle bestanddelen van de korrel, dus ook de kiem en de dunne omhullende vliesjes. Volkorenmeel kan van alle graansoorten worden

gemaakt, maar als in de recepten 'meel' staat, bedoelen wij hiermee altijd volkoren *tarwemeel*. De overige meelsoorten worden met name genoemd.
Volkorenmeel gebruiken we voor brood, de grovere gebaksoorten en als bindmiddel in gerechten, die uit zichzelf al een wat grove structuur hebben (bij voorbeeld soepen van peulvruchten, sauzen met stukjes groente).

Fijn volkorenmeel wordt heel langzaam gemalen op speciale molens. Bij sommige tarwesoorten moet men het meel twee keer malen. Fijn volkorenmeel is vooral geschikt voor pannekoeken, sauzen en gebak.

Gebuild meel (ook wel **lemairemeel** genoemd) is voor 82% (bise) of 92% (grise) uitgezeefd en daarna nog een keer gemalen volkorenmeel. Het wordt (nog) alleen van tarwe gemaakt. Door grof volkorenmeel met een keukenzeef te zeven, kunt u zelf ook gebuild meel maken (met fijn gemalen volkorenmeel lukt dit niet). Met een fijne zeef krijgt u 'bise', bijna zo fijn als bloem. Wij gebruiken het voor fijne soepen en sauzen en fijne gebaksoorten. Met een grove zeef krijgt u 'grise', geschikt voor baksels, die u wat luchtiger wilt hebben dan bij gebruik van 100% volkorenmeel. De in de zeef achtergebleven zemelen kunt u aan de huisdieren geven, of, voor wie het kan verdragen, in de muesli of in gebak verwerken.
Wie de zemelen niet kan verwerken, kan volkorenmeel en bloem half-om-half mengen; dit mengsel heeft dezelfde bakeigenschappen als 'grise'.

Thermomeel is een Duits produkt dat wordt gemaakt van graan dat eerst op een speciale manier geroosterd en daarna zeer fijn gemalen is (zie bij de grutten). Het meel krijgt door deze behandeling een warm, moutachtig aroma en heeft een zeer korte kooktijd. Hierdoor is het bijzonder geschikt voor het binden van soepen en sauzen. Omdat het glutenarm is, is het niet zo geschikt om er brood en dergelijke mee te bakken; u kunt echter wel tot 20% van het benodigde meel vervangen door thermomeel.
Thermomeel gebruiken we voor de fijnere gebaksoorten, soepen en sauzen.

Bloem is door een fijne zeef gezeefd volkorenmeel, waarbij het grootste deel van de buitenste laag van de graankorrel, dus ook van de kiem, in de zeef achterblijft. Het met echte molenstenen gemalen meel wordt 'vlak' gemalen. Bij deze methode verkrijgt men minder witte bloem, omdat bij het zeven de fijn gemalen zemelen meekomen. Dergelijke tarwebloem is voor 65% uitgezeefd. Een andere methode van malen die veel wordt toegepast is het 'hoog' malen. Daarmee is het mogelijk, het donkere meel van het lichte te scheiden, zodat men vooral van tarwe zeer witte bloem kan maken. Bij het hoog malen slijpt men steeds de buitenste laag van de korrel af, waardoor het meel in fasen wordt verkregen. Hoe meer men het midden van de korrel nadert, des te witter wordt het meel. Interessant om te weten is, dat de goedkopere witte bloem uit de gangbare handel meer afkomstig is van de buitenste lagen van de meelkern, terwijl de duurdere **patentbloem** afkomstig is van het binnenste gedeelte van de meelkern. Om extra wit te lijken wordt deze bloem ook nog chemisch gebleekt. Behalve van tarwe wordt ook van rogge en rijst bloem gemaakt. Met een fijne dubbelgeweven zeef (vroeger van paardehaar), kunt u van volkorenmeel ook zelf bloem maken.

Zemelen zijn de buitenste lagen van de graankorrel, die na het zeven van volkorenmeel (voor gebuild meel en bloem) in de zeef achterblijven. De kiem zit zo voornamelijk bij de zemel.

Zemelen zijn vooral van tarwe verkrijgbaar, maar ook wel van rijst. Ze worden vaak gebruikt om de ontlasting te bevorderen. Vanwege hun bijzonder hoog gehalte aan fytine (zie blz. 123) moeten tarwezemelen ten minste een half uur worden geweekt (in muesli, yoghurt, enzovoort). Bij een volwaardige voeding met volle graanprodukten, met vruchten en met af en toe wat rauwkost zal het eten van zemelen echter niet nodig zijn. Over schadelijke stoffen in zemelen zie blz. 111.

Vlokken zijn eerst vochtig gemaakte en daarna geplette volle graankorrels. Alle granen kunnen worden verwerkt tot vlokken.
Op het akkerbouwbedrijf 'Kanaän' van Jelte Wiersma worden de vlokken als volgt gemaakt: de hele korrels worden 24 uur in koud water geweekt (rijst en boekweit 48 uur), daarna worden de geweekte korrels bij 90°C gestoomd, vervolgens gewalst en tot slot gedroogd.

De **kookgranen** gaan dezelfde weg als de vlokken, met dit verschil dat ze niet worden gewalst.

Bulghur (Turks) wordt meestal van tarwe gemaakt, maar in sommige streken ook van gerst. De graankorrel wordt grof gebroken, gestoomd en daarna weer gedroogd. De kooktijd wordt daardoor verkort en weken is niet meer nodig. U kunt bulghur koken als thermogrutten*. In natuurvoedingswinkels is volkoren bulghur van biologisch verbouwde tarwe verkrijgbaar.

Zetmeel is een geraffineerd produkt, dat behalve zetmeel bijna geen andere voedingsstoffen meer bevat. Het meel wordt bij de gangbare produktiemethode met water zodanig uitgespoeld, dat alleen het zetmeel van de graankorrel overblijft. Van de granen gebeurt dit alleen met maïs (maïzena) en rijst. Er is ook biologische maïzena die wordt gemaakt zonder het meel uit te spoelen met water, maar door heel fijn zeven, maïsbloem dus. Om hiermee dezelfde bindkracht te bereiken als met de gangbare maïzena, heeft u de helft meer nodig.

Tarwe

Tarwe groeit verspreid over de hele wereld – waarbij ze op veel plaatsen de inheemse graansoorten heeft verdrongen – maar het beste groeit ze op goede, leemhoudende gronden in landen met lange hete zomers. Sinds de opkomst van de kunstmest heeft de tarweteelt een enorme vlucht genomen. In tegenstelling tot rogge bestuift tarwe zichzelf. Vergeleken met de andere graansoorten houdt zij zich in alle opzichten in het midden: zij heeft een kaarsrechte groei, de halmen zijn niet soepel – een tarweveld is gemakkelijk te herkennen aan de stijfheid van de planten. Ook de samenstelling van de voedingsstoffen vertoont geen uitschieters. De smaak is neutraal en laat zich met alle andere smaken probleemloos combineren. Tarwe wordt dan ook op de meest uiteenlopende wijzen verwerkt.
Tarwe wordt – misschien typerend voor onze tijd – niet alleen op de markt gebracht in de vorm van volkorenmeel, grutten en vlokken, maar vooral in al haar bestanddelen ontleed: het vliesje als zemelen, de kiem als tarwekiemen en tarwekiemolie, de meelkern als patentbloem.
In onze westerse cultuur is tarwe waarschijnlijk het meest gebruikte (en ook misbruikte) graan. Vrijwel alle gangbare broodsoorten, gebak, deegwaren en meelspijzen worden van tarwe gemaakt. Tarwemeel dankt haar uitstekende bakeigenschappen aan het hoge glutengehalte (eiwitten die aan het deeg elasticiteit verlenen en het goed laten rijzen).

Tarwe werkt harmoniserend op het hele orgaansysteem. Zij werkt noch laxerend, noch stoppend.

De **hele tarwekorrel** laat zich makkelijk rul koken maar wordt alleen goed gaar, als hij voor het koken wordt geweekt en daarna de tijd krijgt om na te wellen. De korrel blijft tijdens het koken gedeeltelijk gesloten en vraagt daarom om een romige, maar niet te dikke saus.

Tarwevlokken kunnen we, eerst geweekt, in schotels en in graankoekjes verwerken en we vinden ze in de vierkorenvlokken en in mueslimengsels.

Tarwegrutten zijn verkrijgbaar in de vorm van thermogrutten en bulghur.

Cous-cous (Marokkaans) is een soort deegwaar. Hierbij wordt tarwemeel (in de gangbare handel van geslepen tarwe) met water onder verhitting opgeklopt, waardoor kleine korreltjes ontstaan. Deze worden dan weer gedroogd. Cous-cous heeft een zeer korte kooktijd (5 minuten); u kunt het koken of stomen als thermogrutten. Biologisch geteelde volkoren cous-cous is in natuurvoedingswinkels verkrijgbaar.

Vooral de harde, uit Amerika en Australië afkomstige tarwesoorten worden tot **griesmeel** verwerkt. Hieruit wordt de betere kwaliteit **deegwaren** (zowel volkoren als geraffineerd) bereid.

Volkoren tarwemeel, gebuild meel (lemairemeel), bloem en zemelen: zie blz. 112 ev.

Patentbloem is een geraffineerd produkt uit de gangbare handel, dat de belangrijkste voedingsstoffen van de volle graankorrel mist. Om extra wit te lijken wordt deze bloem ook nog chemisch gebleekt. Voor **zelfrijzend bakmeel** wordt aan patentbloem nog bakpoeder toegevoegd. Beide produkten gebruiken we niet in onze recepten.

Tarwekiemen en de daaruit gewonnen **tarwekiemolie** zijn uit een harmonische samenhang geïsoleerde produkten.

Spelt

Spelt is een zeer oude tarwesoort die, zoals uit vondsten blijkt, al vijf eeuwen voor onze jaartelling in de Kaukasus werd verbouwd.
Groene spelt (Grünkern) is de in het melkrijpe stadium geoogste en op een houtvuur geëeste spelt. Tot voor de eerste wereldoorlog was spelt het meest verbouwde graan in Zuid-Duitsland en het Duitstalige gedeelte van Zwitserland. Daarna werd de soort verdrongen door de moderne tarwesoorten met hun hoge opbrengsten. Spelt is in deze landen echter weer opnieuw ontdekt en wordt vooral in de biologische landbouw verbouwd. Bij het ter perse gaan van dit boek was spelt in ons land (nog) niet verkrijgbaar. Mocht spelt ook in Nederland weer in de handel komen, gebruik dan de recepten van tarwe om dit graan klaar te maken, zowel de recepten voor de hele korrels, de grutten als het meel.
Groene spelt hoeft niet te worden geweekt, zij is kooktechnisch te vergelijken met geëeste tarwe. Het meel van groene spelt is niet geschikt om er brood van te bakken, maar is erg lekker voor soepen en sauzen.

Rogge

Tot in hoge, koude bergstreken kan men de stevige rogge vinden; zij kiemt – met rode puntjes – al bij een temperatuur van 1-2°C. Met haar lange wortels weet zij ook in een arme, stenige akker nog aan water en voedsel te komen. De plant is lang en veerkrachtig – een roggeakker golft met de wind mee en over de groene kleur ligt een blauwig waas.

Rogge maakt in haar groei alle vier de seizoenen mee. Gezaaid in de herfst, blijkt zij bestand tegen de winterse koude en de zomerse hitte. Een plant met een dergelijk weerstandsvermogen schenkt ons ook een krachtige korrel, die zowel aan onze kookkunst als aan onze spijsvertering hoge eisen stelt. Rogge is dan ook meer geschikt voor robuuste, overtuigde graaneters en niet voor heel jonge kinderen en mensen met een zwakke spijsvertering. Ook mensen die bezig zijn over te schakelen op een voeding met volle granen kunnen beter eerst op de overige graansoorten 'oefenen'.

De lange kooktijd van rogge kunnen we aanzienlijk verkorten door zowel de hele korrel als de grutten en vlokken voldoende te weken en door ook aan het nawellen alle aandacht te besteden. Dan pas is dit graan echt gaar en daarmee ook goed verteerbaar.

Opgroeiende kinderen en mensen die pittig eten lekker vinden, waarderen de rogge meestal vanwege zijn wat zurige, volle graansmaak. Het lekkerst is rogge, als we het graan als **hele korrels**, **grutten** (thermogrutten) of **vlokken** samen met groente en kaas verwerken in een pittige graanschotel of in graankoekjes. De meeste mensen zullen rogge echter alleen eten in de vorm van koek, taai-taai en brood, gemaakt van al dan niet met andere meelsoorten vermengd **roggemeel** of **roggebloem**.

Haver

De teelt van haver is sterk teruggedrongen door die van de aardappel. Toch wordt haver nog altijd vooral in de noordelijke streken van Europa, waar het klimaat regenachtig en koel is en in de zomer de dagen lang zijn, verbouwd. Haver stelt geen hoge eisen aan de grond, maar heeft wel een grote behoefte aan licht en water. De lange wortels van de haverplant zijn in staat het water tot 2 1/2 meter diep uit de grond te halen.

Haver rijpt in de warmste maanden van het jaar, eind juli/begin augustus. Wat bijzonder opvalt is het tot het laatste groeistadium toe zeer losse vruchtgedeelte: haver vormt geen aar zoals tarwe en rogge dat doen, maar een pluim die met het minste zuchtje wind meebeweegt. Als de halmen rijp zijn, staan ze stokstijf rechtop. Haverstro is van alle graansoorten het mooiste van kleur: glanzend licht goudgeel. De boer moet oppassen, dat hij de haver niet te laat oogst – met een flinke wind zouden de rijpe, zwaar geworden korrels elkaar uit de vruchthulzen kunnen slaan.

Haver bevat afgezien van gierst het meeste vet van alle granen, namelijk 5% (gierst 7%). Het vet van granen bevat veel onverzadigde vetzuren en tegelijk ook een stof, die het ranzig worden hiervan tegengaat. Door het vrij hoge gehalte aan ruwvezel stimuleert haver de darmbeweging. Haver moet worden gepeld, maar bij een zorgvuldige bewerking gaan hierbij geen waardevolle voedingsstoffen verloren.

Al van oudsher wordt haver door de Noordeuropeanen gegeten: vroeger in de vorm van hele korrels en grutten, als brij, in onze moderne en haastige tijd als porridge of pap in de vorm van vlokken.

Haver werkt verwarmend en stimulerend op het organisme (geef een vurig paard geen haver!). Een bordje havermoutpap of muesli bij het ontbijt kan ons ertoe aanzetten, de nieuwe dag weer met frisse moed te beginnen. De meeste kinderen waarderen de haast romige, zachte smaak van haver. Haver is licht verteerbaar en wordt daardoor, mede om zijn versterkende werking, graag aan herstellenden en ouderen gegeven, bij voorbeeld als versterkende soep. Het 'slijmerige' van de haver, dat ons bij het koken opvalt, werkt verzachtend op de slijmvliezen van maag en darm. Vooral op de lever blijkt haver een gunstige werking te hebben. Haver werkt licht laxerend en – evenals rijst – ook vochtafdrijvend.

Het droogkoken van de **hele haverkorrel** is niet eenvoudig, het wordt gauw een slijmerige pap. Veel beter lukt het, als men de korrels voor het koken eest.
Geef bij haver liever geen zware, melige sauzen, maar een groentesaus of –ragoût of alleen wat room. Gekookte hele haverkorrels laten zich goed verwerken tot graankoekjes, graanschotels en salades, de **grutten** (thermogrutten) eveneens tot graankoekjes en soufflés.

Van de **vlokken** – verkrijgbaar in een fijne en in een grove soort – kan men behalve de bekende ochtendpap ook smeuïge soepen en, in combinatie met rogge– of tarwemeel, knapperige pannekoekjes bakken. Grove havervlokken worden gemaakt van hele korrels, fijne van gebroken korrels.
De in de gangbare handel verkrijgbare vlugkokende havervlokken hebben een bewerking met té hete stoom ondergaan, die de voedingswaarde niet ten goede komt. Een kortere kooktijd kan men ook bereiken door gewone vlokken voor het koken te weken.

Havermeel is moeilijk verkrijgbaar omdat het snel bederft. Een soort havermeel kunt u zelf maken door fijne havervlokken door een zeef te wrijven.

Bewaar **havervlokken** en **havermeel** op een koele plaats (eventueel de koelkast), anders krijgen deze produkten al gauw een bittere smaak.

Haver is zowel voor hartige als voor zoete gerechten geschikt.

Gerst

Dit in vele variëteiten voorkomende graan vinden we overal op de wereld, in tropische gebieden als Abessinië en Arabië, maar ook in berglanden als Tibet (tot 4000 m), in de Kaukasus en de Alpen en zelfs in het noorden van Noorwegen. Gerst kan zich aan de meest uiteenlopende klimaatsomstandigheden aanpassen. Er zijn vele soorten gerst, met 2-, 4- of 6-rijige aren. De groeitijd is kort, zodat gerst in onze streken tijdens de langste dagen van het jaar rijpt, waardoor de korrel veel licht kan opnemen. De lange, zich wijd uitspreidende baarden zijn een uitdrukking van de sterke kiezelzuurprocessen die zich in de plant afspelen.
Een gerstveld is voor de bloei smaragdgroen en de opgeschoten halmen staan aanvankelijk trots rechtop. Na de bloei verandert het beeld: eerst breekt een goudgele kleur, als een lichtschijnsel door het groen heen. De aren worden door de rijpende korrels zwaar en hangen als het ware geknakt naar beneden. Het veld is nu goudbruin.
Gerst werd door onze voorouders lang voor rogge en tarwe gegeten en wel in de vorm van brij. Door haar lage gehalte aan kleefstof is gerst minder geschikt om er gerezen brood van te bakken.

Dat is wellicht de reden, waarom zij met de opkomst van het broodbakken in de vergetelheid is geraakt voor de menselijke voeding. Als veevoer wordt zij te allen tijde hoog gewaardeerd. Gerst is bijzonder rijk aan mineralen (kiezelzuur), het graan heeft een normaliserende werking op de hele spijsvertering en is lichter verteerbaar dan rogge. Gerst werkt noch laxerend, noch stoppend. Bekend is de versterkende en zelfs genezende werking van *gerstedrank* bij ziekten met koorts, en de stimulerende werking op de melkvorming bij zogende moeders.

Door het bijzonder grote vermogen om tijdens het kiemen zetmeel in suiker om te zetten, is gerst geschikt voor het maken van moutstroop en bier.

Als **hele korrel** is gerst verkrijgbaar als 'gerst', 'gort' en 'parelgort'. Hiervan is alleen gerst nog de volle korrel.

Om **gort** te verkrijgen wordt het harde vliesje en daarmee gedeeltelijk ook de kiem afgeslepen.

Voor **parelgort** wordt de oorspronkelijk langwerpige korrel rondgeslepen, waarbij zowel het vliesje alsook de hele kiem wordt verwijderd; parelgort is dus een geraffineerd produkt. Parelgort heeft uiteraard een kortere kooktijd dan gerst en gort.

Wat het koken van de hele korrel betreft zijn de eigenschappen dezelfde als die van tarwe. Alleen opent de korrel zich vrij gauw, waarbij het vliesje toch hard blijft. Het laatste kan men voorkomen door de gerst te weken en na het koken na te wellen. Door de lichte slijmvorming tijdens het koken smaakt gerst smeuïger dan tarwe en rogge. Gerst heeft een typische, maar niet opdringerige graansmaak.

Verder wordt gerst ook verwerkt tot **grutten** (thermogrutten), **vlokken** en **meel**. Gerstemeel (ook als thermomeel verkrijgbaar) geeft aan soepen en sauzen een bijzonder fijne smaak.

Gierst

Gierst is al een heel oud graan. Uit archeologische vondsten blijkt, dat men het reeds in het stenen tijdperk kende.

De vegetatietijd van het gewas is vrij kort (110 dagen), het verlangt weinig water en een vrij warm klimaat, waardoor het vooral in de warme streken van Europa kan worden verbouwd. In Afrika wordt een op gierst lijkende graansoort verbouwd, het zogenaamde *sorghum*. Dit gewas gedijt alleen in subtropische en tropische gebieden. De korrel van sorghum is groter dan van gierst; het gewas zelf blijft veel lager dan de Europese gierst en doet meer denken aan een heel laag maïsveld. De wortels van de gierstplant hebben uitzonderlijk veel wortelhaartjes, waarmee zij met behulp van wortelzuren actief de minerale stoffen uit de bodem kunnen oplossen. Gierst bevat veel ijzer, vrij veel natrium en bijna geen kalium en kalk. Voorts rechtvaardigen de gunstige werking op huid, nagels en haar het vermoeden, dat gierst veel kiezelzuur en spoorelementen bevat. Ter compensatie van het lage kalkgehalte is het goed om gierst te combineren met een zuivelprodukt. De jonge plant ontwikkelt zich aanvankelijk wat traag. Ze vormt vrij brede, lichtgroene, zacht behaarde, lancetvormige bladeren. De aartjes zijn met lange, dunne steeltjes tot een pluim verenigd. Vogels zijn verzot op het zaad, dat gemakkelijk op de grond valt. Gierst moet daarom al geoogst worden, wanneer de eerste korrels rijp zijn. Het drogen en narijpen vereist veel aandacht en zorg.

Gierstkorrels moeten worden gepeld, evenals rijstkorrels. Het kaf werd vroeger gebruikt als vulling voor babykussentjes en, tegen het doorliggen, in matrassen voor langdurig zieken, omdat het geen broeierige warmte veroorzaakt.
Gierstprodukten worden vlug ranzig door het vrij hoge vetgehalte.
Er is wel wat zorg voor nodig om de gierst bij het koken mooi rul en droog te krijgen. De korrel kookt gemakkelijk stuk, maar het zetmeel vormt geen slijm: de substantie blijft melig. Gierstpuree, lekker en licht verteerbaar, doet dan ook sterk aan aardappelpuree denken.
Gierst is ook heel lekker in zoete nagerechten en graankoekjes.

Gierst wordt ook verwerkt tot **gierstvlokken**.

Maïs

De oorsprong van maïs moeten we zoeken aan de overkant van de Atlantische Oceaan, waar het gigantische Amerikaanse continent zich uitstrekt.
Maïs verlangt veel warmte en licht, maar is wat zijn warmtebehoefte betreft niet zo veeleisend als rijst. De grond moet goed worden bemest. In de tropen kan maïs wel tweemaal zo hoog worden als hier in Europa, waar hij hoofdzakelijk als veevoer wordt aangeplant. In tegenstelling tot rijst heeft maïs een krachtig ontwikkeld wortelstelsel: de stengels lijken wel stammetjes en het blad is vrij breed. De pluim, die de plant tijdens de bloei siert, is de mannelijke bloeiwijze. Deze wordt dus geen vruchtdragende aar of pluim. In de bladoksels bevinden zich de vrouwelijke bloeiwijzen; hier ontwikkelen zich goudkleurige, grote korrels, die dicht opeengedrukt op een houtachtige spil vastzitten en zo een kolf vormen. Zoals de andere granen bij de vorming van de halmen het blad 'achter zich laten', zo laten de maïskolven zich geheel door het blad omhullen. Kenmerkend zijn dan ook het hoge suiker- en koolhydraatgehalte in verhouding tot het eiwitgehalte. Verder bevat maïs veel caroteen en weinig kiezelzuren.
De uitgerijpte korrel is zeer moeilijk zacht te koken. Men eet de hele korrel daarom in het melkrijpe stadium.

Van het rijpe graan maakt men **maïsmeel**, **maïsgriesmeel**, ook wel **polenta** genoemd, en **maïsvlokken**.
Alle maïsprodukten zijn vanwege het hoge vetgehalte beperkt houdbaar.

Popcorn is gemaakt van een speciale maïssoort, die zich goed laat poffen. Omdat toevoeging van suiker niet nodig is, is popcorn een goede versnapering voor kinderen.

Cornflakes zijn zeer dun geplette en gepofte maïskorrels.

Maïzena is met water uitgewassen maïszetmeel. Het bekende puddingpoeder Custard is ook maïzena, met een toevoeging van kunstmatige kleur- en smaakstoffen.
Biologische maïzena zou men eigenlijk beter maïsbloem kunnen noemen; dit produkt is zo fijn gezeefd, dat vooral het zetmeelgedeelte overblijft. Daardoor heeft het een betere voedingswaarde dan gewone maïzena. Het is minder neutraal van smaak, maar ook beperkt houdbaar.

Maïs kan tegenwoordig technisch zodanig worden gemanipuleerd, dat zij tarwe kan vervangen (tot 25% in wittebrood). Ook het maïszetmeel kan zo worden omgezet tot suiker (**maïsstroop**).

Rijst

Vanuit India heeft rijst zijn weg gevonden naar alle gebieden met een tropisch klimaat, waar bevloeiing van de grond mogelijk is. In Europa wordt rijst in de Povlakte en in Spanje geteeld. De rijstteelt wijkt af van die van de andere graangewassen. Zo vragen de bodem, de aanplant en de oogst veel menselijke aandacht en arbeidskracht. Maar de moderne rijstaanplant is sterk aan het veranderen. Vroeger, en in veel streken gebeurt dat nog, werden de rijstplantjes één voor één met de hand in de modderige grond gestoken, waarbij een bepaalde innerlijke houding werd verwacht van degene die aan het planten was. Tegenwoordig zaait men bij voorbeeld in Egypte de rijst met behulp van vliegtuigen. Werden de halmen oorspronkelijk één voor één geoogst, nu is de tendens om dit met machines te doen. De techniek neemt meer en meer die handelingen over, die de mensen vroeger met eerbiedige aandacht verrichtten.

Tot aan de bloei staan de heldergroene planten met hun wortels in modderig water. Een ondoordringbare leemlaag is als ondergrond vereist om het water te verhinderen weg te vloeien. Tegen de tijd dat de halmen te voorschijn komen en de korrels rijp worden, regelt men de bevloeiing zo, dat de grond steeds meer opdroogt. Wanneer de halmen zwaar van de korrels omlaag hangen is de bodem zo droog en hard, dat men erop kan lopen. Kleine jongens moeten de wolken van rijstvogeltjes, die over de velden zwieren en proberen een korreltje mee te pikken, verjagen.

Het wortelstelsel van de rijstplant is, zoals men verwachten kan, niet krachtig. Ook in de korrel ziet men een zekere distantie tot de zouten, de mineralen en vitaminen, die zich hoofdzakelijk in de buitenste lagen bevinden. Dit in tegenstelling tot bij voorbeeld tarwe en rogge. Ook is het rijsteiwit niet gescheiden van de koolhydraten, maar vermengd met de zetmeelkorrels van het meellichaam. Het is daardoor extra moeilijk om uit rijstmeel zetmeel te isoleren.

Het eiwit van rijst is licht verteerbaar en geeft geen aanleiding tot allergieën. Rijst is bij uitstek geschikt als kindervoeding en wordt ook veel gebruikt voor de bijvoeding van zuigelingen. Door het ontbreken van gluten kan men van rijstmeel geen brood bakken.

Rijst is arm aan natrium. Dit graan heeft daardoor een vochtafdrijvende en stoppende werking. Rijst heeft ook een harmoniserende invloed op de bloeddruk.

Rijst heeft een harde schil, die eraf gepeld moet worden. Het graan heeft dan een lichtbruine kleur en wordt zilvervlies- of bruine rijst genoemd. Het zilver/bruinkleurige vliesje kan ook een rode of zelfs blauwzwarte kleur hebben. Onder het zilvervlies bevindt zich een oliehoudend laagje. Bij beschadiging van het zilvervlies wordt dit vet gauw ranzig. Dit is er de oorzaak van dat volle rijstvlokken zo moeilijk houdbaar zijn. Omdat de vitaminen, zouten en mineralen zich in de buitenste laag onder het vetlaagje bevinden, betekent het wegslijpen van de buitenkant – voor het verkrijgen van witte rijst – een grote vermindering van de voedingskwaliteit. Om de rijst te laten glanzen worden de korrels ook nog gepolijst. Ongepolijste rijst is dus in feite ook witte, afgeslepen rijst.

Om het verlies van deze waardevolle voedingsstoffen te beperken kan men ongepelde rijst weken en een stoombehandeling laten ondergaan, waardoor de vitaminen, zouten en mineralen onder grote hydraulische druk gedeeltelijk naar binnen verhuizen. Daarna wordt de rijst onder vacuüm gedroogd, vervolgens gepeld en geslepen. Deze gemanipuleerde rijst is de **parboiled rice** (Uncle Ben's Rice).

In Nederland kennen we twee soorten rijst, namelijk de **langkorrelige** rijst, die mooi droog kookt en de **kort- of rondkorrelige** rijst, die papperig kookt. Beide soorten zijn als witte rijst en als zilvervliesrijst in de handel.
Rijst van Demeter-kwaliteit, die in de Povlakte wordt geteeld, is langkorrelig en heeft meer tijd nodig om gaar te worden dan rijst die uit de tropen afkomstig is.
Kleefrijst of **zoete rijst** is bijna alleen geslepen verkrijgbaar. Hij wordt veel voor zoete gerechten en versnaperingen gebruikt. De ongeslepen kleefrijst heeft een blauwzwarte kleur. Men gebruikt hem voor pap.

Van rijst kan men **rijstvlokken**, **volkoren rijstmeel** en **rijstbloem** maken.
Als we waarde hechten aan een lichte kleur van een saus of nagerecht, gebruiken we graag volkoren rijstmeel. De sauzen worden hiermee wel iets minder 'glad' dan met tarwebloem.

Boekweit

Boekweit heeft wel de minste pretenties van de meelvruchten. Op arme zandgronden, waar alleen heide wil groeien, levert de teelt van boekweit nog een behoorlijke oogst op. De vegetatietijd is kort: 75 dagen. Nomadenvolkeren in Noord-China, Turkestan en Zuid-Siberië verbouwden boekweit juist vanwege deze korte groeitijd. Tijdens de veroveringstochten van de Mongolen is boekweit van Rusland naar Europa gebracht. De opkomst van de kunstmest maakte de aardappelteelt met haar hogere opbrengsten ook op arme gronden mogelijk en verdrong de boekweit.
Boekweit heeft een arme grond nodig om goed vrucht te kunnen dragen. Is de bodem rijk, dan vormt ze veel blad, maar weinig zaad; dit in tegenstelling tot tarwe, die zich ondanks een zware bemesting niet tot een weelderige bladgroei laat verleiden en toch goed vrucht draagt.
Botanisch gezien behoort boekweit niet tot de grasachtigen, maar tot de familie van de duizendknoopachtigen, waartoe ook de rabarber wordt gerekend. De zaden lijken op heel kleine beukenootjes. Een bloeiend boekweitveld met haar kleine witte en roze bloempjes is als het ware een rijk gedekte tafel voor bijen.
In tegenstelling tot de granen bevat boekweit nauwelijks kiezelzuren en ijzer, weinig vet en vrij veel fosfor en eiwit. Boekweit bevat geen gluten.
Ter afwisseling is boekweit een welkome aanvulling op ons voedselpakket. Zij ondersteunt meer de opbouw van het lichaam dan de zenuw-zintuigprocessen.

Hele boekweitkorrels koken gemakkelijk stuk. Om dit tegen te gaan kan men de korrels voor het koken heel licht roosteren en ze daarna eventueel in de oven bakken in plaats van in de pan te koken (**kasha**). Van boekweit kan men goed koekjes bakken, maar geen brood.

Van boekweit worden **vlokken**, **grutten**, **meel** en ook **deegwaren** gemaakt.

Het koken van granen

Hele graankorrels

Zorgvuldig gekookt – niet papperig, maar toch goed ontsloten – zijn hele graankorrels ook *zonder verdere bewerking of saus* erover een lekker bestanddeel van een vegetarisch menu.
Als u granen puur wilt eten, kunt u vlak voor het opdienen wat boter of olie, eventueel ook verse kruiden toevoegen. Gedroogde kruiden moeten wel ten minste 5 minuten de tijd hebben om hun smaak aan het graan af te geven. Als de naweltijd niet langer is dan 1 uur, dus bij gierst, boekweit en rijst, kunt u de gedroogde kruiden en ook specerijen laten meewellen. Zaden (karwij, venkel, anijs, enzovoort) kunt u zelfs meekoken.
In plaats van olie of boter kunt u ook een schepje zure of zoete room door het gekookte graan mengen of er apart bij geven, evenals kruidenkwark.

Vele soorten *sauzen* passen uitstekend bij de verschillende graansoorten. Bij de keuze uit het ruime aanbod kunt u rekening houden met de samenstelling van de maaltijd. Als u alleen sla als groente op het menu heeft staan, kunt u bij voorbeeld een pureesaus op basis van groente kiezen (*pompoensaus, paprikasaus, uiensaus,* enzovoort). Als de groente al ruimschoots is vertegenwoordigd, smaakt vooral bij de harde graansoorten (tarwe, gerst, rogge) een met meel of bloem gebonden saus. Een groente- of peulvruchtenragoût kan eveneens dienst doen als saus. U hoeft in dit geval behalve zout en eventueel wat boter of olie niets aan het graan toe te voegen. De stelregel 'goed gekauwd is half verteerd' geldt voor al het voedsel, maar heel in het bijzonder voor gekookte hele graankorrels.

De graankorrel bevat een heel scala aan waardevolle voedingsstoffen, die zijn ontstaan tijdens een langdurig groeiproces van vele maanden. Om deze voedingsstoffen uit hun harde 'verpakking' te ontsluiten, is ook een lang proces noodzakelijk. Dit proces bestaat uit verschillende stappen – *wassen, weken* of *eesten, koken* en *nawellen* – die wij hieronder afzonderlijk zullen bespreken.

Wassen

Voordat de granen in uw keukenkastje staan, hebben ze al een lange weg achter de rug: de meeste soorten komen zelfs uit verre landen. Het is beslist geen overbodige zaak, de granen voor het koken te wassen.

Werkwijze: Doe de gewenste hoeveelheid graan in een pan of kom, laat deze vollopen met water en roer even goed door. Het in het graan aanwezige stof komt dan bovendrijven en u kunt het met het water afgieten. Herhaal dit enkele keren totdat het water helder is. Houd, om het wegspoelen van de korrels tegen te gaan, op het laatst een zeef onder de waterstraal. Laat de korrels goed uitlekken.
In alle recepten is er bij de opgave van de hoeveelheden rekening mee gehouden, dat de granen gewassen en *goed* uitgelekt zijn.

Weken

Werkwijze: Doe de gewassen graankorrels in de pan waarin u ze straks ook wilt koken en giet er de in de recepten aangegeven hoeveelheid *koud* water op. Doe het deksel op de pan en zet hem op een koele plaats om te voorkomen dat de aanwezige bacteriën zich snel gaan vermenigvuldigen. Gebruik voor het koken van granen een pan waarin het weekwater niet hoger of lager komt te staan dan ongeveer 3/4 van de hoogte van de pan. Het loont de moeite voor het koken van granen een aparte pan met dikke bodem en goed sluitend deksel aan te schaffen.

Het weken van tarwe, rogge, gerst en haver is noodzakelijk om een juiste ontsluiting van de graankorrels te bereiken. De korrel opent zich beter en de waardevolle voedingsstoffen worden daardoor voor de stofwisseling bereikbaar. Bovendien wordt het in de buitenste lagen van de graankorrel aanwezige fytine afgebroken. Dit gebeurt door het eveneens in de graankorrel aanwezige enzym fytase, dat echter voor zijn werk vocht en tijd nodig heeft. Het afbreken van dit fytine is belangrijk, omdat de stof waardevolle mineralen zoals calcium, ijzer en magnesium aan het graan kan onttrekken, waardoor deze stoffen niet meer voor de mens beschikbaar zijn, maar als fytinezouten worden uitgescheiden.
Afhankelijk van het soort graan moeten de hele korrels minimaal 3 uur (haver) tot 6 uur (rogge) worden geweekt. Langer dan 10 uur is niet gewenst, omdat dan het kiemproces begint. Een gemakkelijke methode is, het graan 's nachts te laten weken, 's morgens te koken en dan in de hooikist weg te zetten.
In de betreffende recepten vindt u de weektijden voor de verschillende graansoorten vermeld. Hoe langer u het desbetreffende graan weekt (maximaal 10 uur), des te korter is de kooktijd. Geëeste granen hoeven niet te worden geweekt. Boekweit, gierst en rijst en spelt hoeven ook niet te worden geweekt voor het koken, omdat de korrels van deze graansoorten zich ook zonder weken gemakkelijk ontsluiten en binnen korte tijd gaar worden.
De harde graansoorten, in het bijzonder tarwe, gerst en rogge, kan men het beste na het koken en nawellen nog verder verwerken. Bij voorbeeld als hele korrel in schotels met groente en fruit, of, eventueel door de vleesmolen gedraaid, als soufflés of graankoekjes. Door dit opnieuw verwarmen worden deze granen nóg beter ontsloten en daardoor goed verteerbaar. Het is interessant te weten, dat in Duitsland een verordening werd uitgevaardigd, dat roggebrood (Pumpernickel, uit hele korrels vervaardigd) ten minste 34 uur moest worden gestoomd, dit in het belang van de volksgezondheid.

Koken

Zet de granen met het weekwater op en breng ze *langzaam* aan de kook *op de laagste stand* (spaarbrander). Doe nu een goed sluitend deksel op de pan en laat de granen op een laag pitje zachtjes koken (gebruik eventueel een vlamverdeler of sudderplaatje). Kies geen te kleine pan, want dan weet u als het graan overkookt niet meer of de aanwezige hoeveelheid water nog voldoende is. Vul eventueel overgekookt of verdampt water aan met *warm* water. Leg bij granen met een lange kooktijd een opgevouwen handdoek of twee pannelappen op het deksel. Dit spaart energie, vooral als het koud is in de keuken.
Houd vooral de in de recepten aangegeven kooktijden aan. Ze kunnen wat langer zijn, vooral bij rijst en gierst, omdat van deze graansoorten verschillende rassen in de handel zijn. Onderstaande

kooktabel geeft een globaal overzicht van de week-, kook- en naweltijden van de verschillende granen en thermogrutten.

Kooktabel voor granen

graansoort (gewassen, uitgelekt; min. hoeveelh. 200 g)	verhouding graan/water in volumedelen	weken in uren (minimaal)	koken in minuten	nawellen in uren (minimaal)
gierst, hele korrel	1:2	—	20	1/2
boekweit, hele korrel	1:1 3/4	—	10	1/2
maïs, polenta	1:3 1/3	1/2	10	1/2
rijst, langkorrelige	1:1 1/2	event. 2	30	1
rijst, rondkorrelige	1:2	event. 2	25	1
haver, hele korrel	1:2	3	45	2
haver, thermogrutten	1:1 1/2	—	30	1/4
tarwe, hele korrel	1:2	5	60	3
tarwe, thermogrutten	1:1 1/2	—	20	1/4
gerst, hele korrel	1:2	5	60	3
gerst, thermogrutten	1:1 1/2	—	20	1/4
gort, hele korrel	1:2 1/4	5	45	2
rogge, hele korrel	1:2	6	90	4*

* halverwege de naweltijd opnieuw aan de kook brengen.

In de regel is een graankorrel voldoende gekookt, als hij zich begint te openen en het vocht grotendeels heeft opgenomen. Er moet nog wel een beetje vocht zichtbaar zijn in de pan; voeg zonodig nog wat warm water toe (alleen een graankorrel die voldoende vocht kan opnemen is ook goed verteerbaar). Maak daarvoor een kuiltje in de graanmassa en giet wat water op de bodem van de pan. Voeg nu ook het zout en eventueel de gedroogde kruiden toe (kruiden alleen als de granen niet langer dan een uur moeten nawellen). Als u al aan het begin van het kookproces zout toevoegt, belemmert dat het gaar worden. De hoeveelheid zout per 100 g graan is ongeveer 1/2 theelepel voor tarwe, gerst, haver en rogge en 1 theelepel voor boekweit, gierst en rijst. Vaak worden laatstgenoemde, zachte graansoorten ook zonder zout klaargemaakt. Als men echter een snufje zout aan zoete graangerechten toevoegt, heeft men minder zoetmiddel nodig.

Kook vooral de verse kruiden en zo mogelijk ook het vet niet mee, maar voeg deze ingrediënten pas vlak voor het opdienen toe. Door het meekoken zouden de kruiden in smaak achteruit gaan en de vetten aan voedingswaarde verliezen.

Tip: U kunt graankorrels, energiebesparend, ook in de oven 'koken', samen met cake, brood of een ovengerecht. Doe het graan dan, samen met de voorgeschreven hoeveelheid water, in een ruim bemeten (liefst doorzichtige) vuurvaste schaal met deksel, of leg er een plat bord op. Zet de schaal al tijdens het voorverwarmen in de oven (niet boven 200°C of in een bakje met water zetten) en haal haar er weer uit zodra de korrels het water hebben opgenomen. Daarna nog nawellen als in het basisrecept is aangegeven. Deze methode is geschikt voor boekweit, gierst en rijst. De andere graansoorten met een langere kooktijd zult u boven op het fornuis nog wat moeten nakoken.

Nawellen

Het loont om verschillende redenen de moeite dit proces niet over te slaan. Om te beginnen levert het een aanzienlijke energiebesparing op, omdat de kooktijd van de granen wordt verkort. Door het nawellen, dat plaatsvindt bij temperaturen onder het kookpunt, wordt de graankorrel optimaal ontsloten. Bovendien hoeft u niet bang te zijn, dat het graan op de bodem van de pan aankoekt, omdat u immers het graan precies zo lang kookt tot al het vocht bijna is opgenomen. Tot slot is er nog het in deze haastige tijd zo belangrijke voordeel, dat u het graan uren van tevoren kunt koken, desnoods al 's morgens voordat u naar uw werk gaat. U heeft er verder geen omkijken meer naar en toch kunt u het rond etenstijd – geurig en warm – op tafel zetten.

Hieronder volgen drie verschillende methoden, volgens welke u de granen kunt nawellen:

1 Het warme plekje
Deze methode is geschikt voor een korte naweltijd van maximaal een half uur, dus voor gierst en boekweit en de meeste grutten.
Zet de goed gesloten pan met het gekookte graan op een warm plekje. Dit kan zijn de waakvlam, een nog warme, maar uitgeschakelde elektrische kookplaat, een pan met heet water die iets kleiner is dan de graanpan, een sudderplaatje of een niet te hard brandende kachel. Dek de pan af met een enkele keren dubbelgevouwen doek of twee dikke pannelappen om afkoeling aan de bovenkant te voorkomen (pas op dat de doek geen vlam vat).

2 De hooikist
Wikkel de goed gesloten pan in een oude theedoek en zet hem in de hooikist. Dit is een houten kist of een stevige kartonnen doos, waarin op de bodem een ten minste 5 cm dik, met een isolerend en warmtebestendig materiaal (hooi, kapok, veren, enzovoort) gevuld katoenen kussen ligt. Langs de wanden loopt een doorlopend dik kussen van hetzelfde materiaal. In dit nestje zet u de pan met het gekookte graan. Op de pan legt u een iets groter kussen als op de bodem ligt. Let op dat er nergens een lek ontstaat in deze omhulling van kussens. Als de hooikist met de pan erin gesloten is, moet zij helemaal zijn opgevuld met het kussenmateriaal. Mocht de pan de ruimte niet vullen, wikkel hem dan in een oude wollen lap (trui, sjaal of dekentje). Zet de hooikist niet op een koude plaats.
Het graan is gaar na de in de recepten aangegeven naweltijd, maar u kunt de pan zonder enig bezwaar nog een paar uur in de hooikist laten staan, het graan komt er dan ook nog warm uit. Hoe voller de pan en hoe groter de hoeveelheid gekookt graan is, des te langer blijft het graan warm. Het is daarom aan te raden, niet minder dan 200 g graankorrels of 150 g grutten te koken. Restjes zijn geen bezwaar. De pan moet ongeveer voor 3/4 gevuld zijn.

Het kan gebeuren dat het graan na het nawellen nog niet gaar is. Dit kan vier redenen hebben: de kooktijd was te kort berekend; de hooikist is tussentijds geopend; de hooikist deugt niet; de hoeveelheid graan is te klein. Breng dan het graan voorzichtig aan de kook (eventueel eerst nog een beetje water toevoegen) en laat het daarna opnieuw nawellen; een half uur zal in de meeste gevallen wel voldoende zijn. Dit vraagt echter weer extra tijd en het is dan ook raadzaam voor beginnende graankokers, de tijd voor het koken van granen ruim te nemen.

Laat de hooikist na gebruik goed luchten en vervang het hooi of ander materiaal zodra het ingezakt is en niet meer goed isoleert. Koop (of maak) de hooikist zo ruim, dat er één heel grote of twee kleinere pannen in passen. Deze methode is namelijk ook geschikt voor het koken van peulvruchten. Maak een extra kussen om bij gebruik van een enkele pan de openblijvende ruimte mee op te vullen.

Mocht de nogal veel ruimte innemende conventionele hooikist in een kleine keuken problemen opleveren, maak de kist dan in een mooie houtsoort, zodat hij als bankje in de gang of kamer dienst kan doen (eventueel met een van voren openslaand deurtje). Als dit ook niet mogelijk is, rest nog het dekbed, de deken of (in de vakantie) de donzen slaapzak.

Wikkel de pan met de gekookte granen eerst in een dubbelgevouwen oud lakentje, om het beddegoed te beschermen tegen al te grote hitte. Verwarm het laken eerst door het tijdens de laatste minuten van de kooktijd op de pan te leggen (opgevouwen, anders vat het vlam!). Stop de pan nu onder het beschikbare beddegoed en stop hem stevig in. Leg er, om ongewenste verrassingen te voorkomen, een briefje op.

Belangrijk: Zet alleen een aan de buitenkant volkomen schone pan in de hooikist (of in bed) en laat alles na gebruik goed uitluchten. Was de sloopjes van de 'hooikussentjes' geregeld en altijd als er iets is gemorst. Anders wordt de hooikist een broeinest van bacteriën.

3 De thermosfles

Kleine hoeveelheden gekookt graan kunt u na het koken vlug in een met heet water *voorverwarmde* thermosfles overdoen. Hoe voller de fles is, des te langer blijft het graan warm. Op deze manier kunt u het graan zelfs meenemen naar uw werk of op reis. In natuurvoedingswinkels en in de betere zaken voor huishoudelijke artikelen zijn speciaal voor dit doel ontworpen thermosflessen met een wijde hals en zelfs thermosschotels verkrijgbaar.

Deze methode is niet geschikt voor tarwe, rogge en gerst, tenzij deze granen tussendoor nog even worden opgekookt (zie de basisrecepten).

Eesten

Het eesten – een zachte warmtebehandeling – maakt het graan beter verteerbaar. Het eesten vervangt zelfs de maximale weektijd van 10 uur. De kooktijd wordt door het eesten verkort met 25 tot 50% ten opzichte van nietgeëeste, maar wel geweekte granen. Ook het nawellen (dit is ook bij geëeste granen noodzakelijk voor een goed resultaat) is verkort en wel met ongeveer een derde. Geëest graan kookt minder over. Door het eesten slinkt het gewicht van de granen met ongeveer 10% (bij rogge met 15%). Hiermee moet men rekening houden bij het afmeten van de hoeveelheid kookwater (iets meer nemen).

Eesten loont de moeite voor het klaarmaken van hele korrels van die graansoorten, die een lange kooktijd hebben: tarwe, gerst, haver en rogge.

Haver en gerst krijgen door het eesten een betere smaak. Geëeste granen kunnen ook gemakkelijker tot grutten worden vermalen. Gebruik ze als vervanging voor thermogrutten.

Werkwijze: Was de graankorrels en laat ze maar heel even uitlekken. Doe ze met het aanhangende water in een kom en dek deze goed af. Omdat het aanhangende water naar beneden zakt, moet u de granen af en toe omscheppen. Bij dikke graankorrels zoals die van tarwe en gerst zult u later nog wat water moeten toevoegen. De graankorrels moeten gelijkmatig vochtig, maar niet drijfnat zijn.

Na 2-3 uur heeft het enzym fytase het fytine grotendeels afgebroken. Het bevochtigen van het graan mag ook langer dan 3 uur duren, u kunt gerust meer graan tegelijk bevochtigen en portie voor portie in de oven drogen. Houd intussen het bevochtigde graan goed afgedekt, zodat het niet uitdroogt.

Spreid het vochtige graan op een droge en zeer schone (niet ingevette) bakplaat uit. Niet meer dan één laag, 500 g per keer is het maximum voor een bakplaat van 30x40 cm. Schuif de bakplaat op de middelste richel in de oven en droog het graan bij een temperatuur van 80°C. Dit eesten kan, afhankelijk van de dikte van de korrel, 1-1 1/2 uur duren. Het graan mag niet donkerder van kleur worden, daarom mag de oventemperatuur beslist niet hoger zijn dan 80°C en is een oven met een goede thermostaat of losse oventhermometer noodzakelijk.

Als het graan helemaal droog is, kunt u het op een vel papier schudden en eventueel meteen de volgende portie eesten. Praktisch is het, meteen een voorraad geëest graan te maken; de houdbaarheid is even goed als van vers graan, mits het geëeste graan *goed droog* is. Het afgekoelde graan kunt u in glazen potten of papieren zakken doen en op een droge, niet te warme plaats bewaren.

Resten van gekookt graan

Vooral in het begin is het moeilijk precies te weten hoeveel graan u voor een maaltijd nodig heeft. Omdat de voedingswaarde van granen door koken en ook door opwarmen niet wordt aangetast, zijn restjes geen bezwaar. Zowel het koken als het opwarmen kunnen we als een voortgezet rijpingsproces zien. Graanresten kunt u in een afgesloten schaal of een glazen pot met deksel 2-3 dagen in de koelkast bewaren. Het is erg gemakkelijk om voor 2-3 dagen tegelijk granen te koken. U kunt ze dan telkens weer op een andere manier verwerken en zodoende tijd en energie besparen.

Hieronder volgen een paar suggesties wat u met graanrestjes allemaal kunt doen:
- in de koekepan in weinig boter of olie opbakken op een matig vuur
- warm stomen in een groente- of rijststomer of in een zeef boven een laagje kokend water in een passende pan met een deksel (zie *rulle couscous*)
- verwerken tot graankoekjes en graansneetjes
- verwerken tot soufflé; eveneens een methode, die vooral geschikt is voor de zachte graansoorten
- verwerken tot ovenschotels of stoofpotten, in combinatie met gekookte of heel fijn gesneden rauwe groente (hartig) of met vruchten (zoet). Hiervoor zijn juist de harde graansoorten geschikt
- verwerken tot salade, in combinatie met groente of vruchten. Een methode, die geschikt is voor alle niet tot pap gekookte graanrestjes
- verwerken in de soep.

De hierna volgende basisrecepten zijn berekend voor 4 personen. Het hangt echter vooral van de eetlust af, hoeveel u werkelijk nodig heeft. Alleen de ervaring kan dit leren.

Basisrecepten

Tarwe, basisrecept
⊖

- 200 g tarwekorrels (2 1/2 dl)
- krap 1/2 l water (de volumeverhouding graan/water is 1:2)
- ca. 1 theelepel zout
- eventueel kruiden, bij voorbeeld koriander, majoraan, basilicum

Was de tarwe, laat de korrels goed uitlekken en week ze in het water gedurende 5 tot 10 uur. Breng de tarwe in het weekwater langzaam aan de kook in een pan met een dikke bodem en goed sluitend deksel. Kook de tarwe op een zacht pitje 3/4 tot 1 uur, afhankelijk van de weektijd.
Voeg zout en eventueel een van de kruiden toe en laat de tarwe ten minste 3 uur nawellen.

Gekruide tarwe
⊖

Volg het recept van *gekruide gerst**. 130

Cous-cous, basisrecept
⊖

- 200 g volkoren cous-cous (2 3/4 dl)
- 3 dl water of bouillon, naar wens meer
- 1-2 theelepels zout

Eenvoudige bereidingswijze
Breng de cous-cous met het water aan de kook. Haal de pan van het vuur, meng het zout erdoor, doe een deksel op de pan en laat nog ca. 30 minuten nawellen op een warme plaats.

Rulle cous-cous
Doe de cous-cous in een zeef en spoel de korrels af. Hang de zeef in een passende pan (de zeef mag er niet bovenuit steken of op de bodem rusten). Vul de pan zo ver met heet water, dat het niveau *onder* de zeef blijft. Doe een deksel op de pan. Als het deksel vanwege de zeef slecht sluit, kunt u een vochtig gemaakte theedoek diagonaal oprollen en deze reep tussen pan en deksel draperen. Let goed op of er niets buiten de pan hangt, dat eventueel in brand zou kunnen vliegen.
Breng het water aan de kook en stoom de cous-cous in ca. 20 minuten gaar. Schep de cous-cous af en toe om en meng 5 minuten voor het opdienen het zout erdoor.

Bulghur, basisrecept
⊖

- 200 g bulghur (3 dl)
- ca. 3 dl water (om te beginnen)
- 1-2 theelepels zout

Kook bulghur op dezelfde wijze als *thermogrutten**. 138

Rogge, basisrecept
⊖

- 200 g roggekorrels (2 3/4 dl)
- 5 1/2 dl water (de volumeverhouding graan/water is 1:2)
- ca. 1 theelepel zout
- eventueel kruiden, bij voorbeeld karwij, tijm, rozemarijn

Was de rogge, laat de korrels goed uitlekken en week ze in het water gedurende 6 tot 10 uur.
Breng de rogge in het weekwater langzaam aan de kook in een pan met een dikke bodem en goed sluitend deksel. Kook de rogge op een zacht pitje 1-1 1/2 uur, afhankelijk van de weektijd, tot de korrels zich gaan openen.
Voeg het zout en eventueel een van de kruiden toe.
Laat de rogge ten minste 4 uur nawellen.

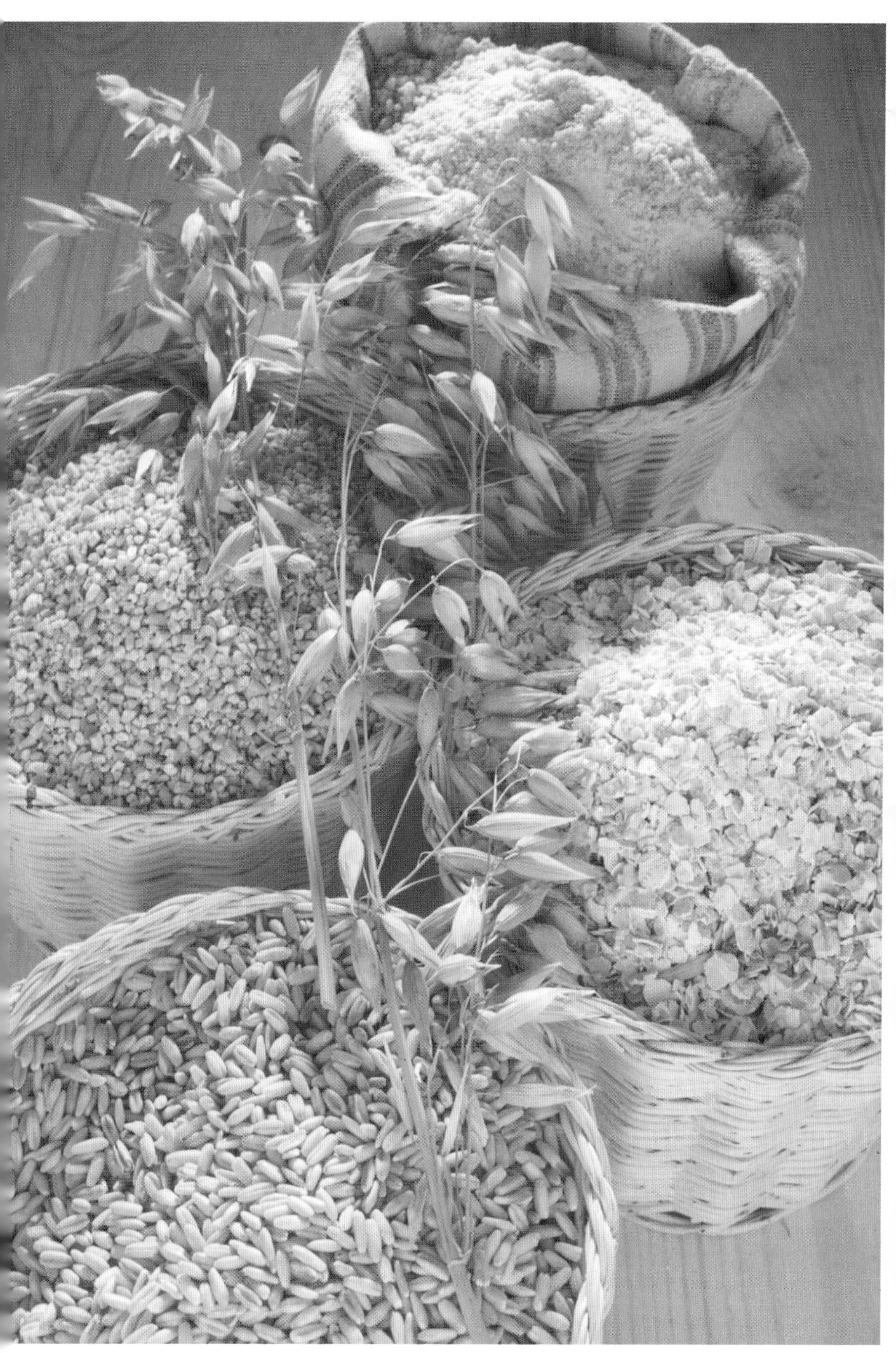

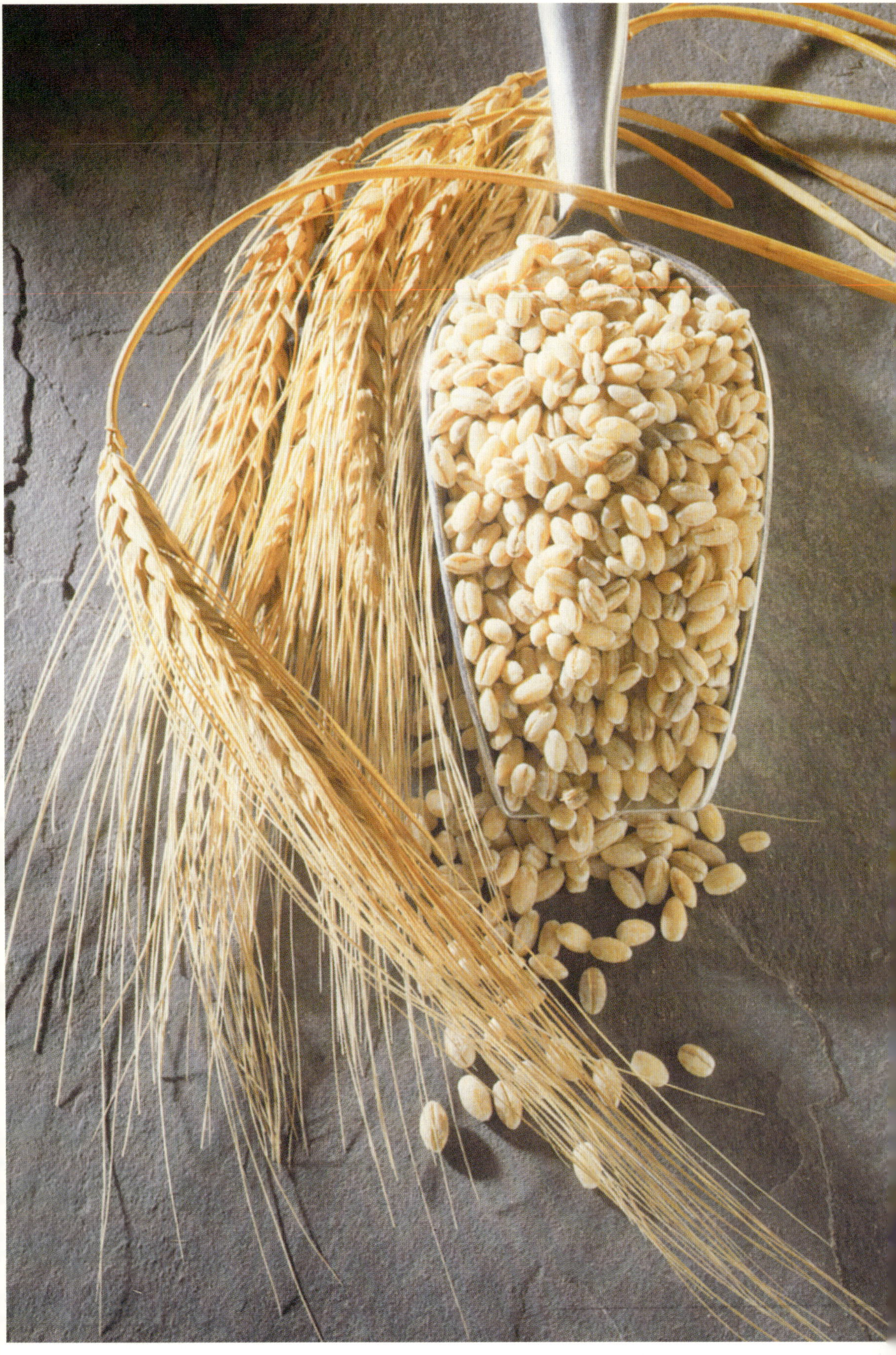

Tip: Bij kleine hoeveelheden graan (minder dan 500 g) daalt de temperatuur in de pan zo ver, dat het nawellen op een gegeven moment geen zin meer heeft. Breng dan de rogge na 2 uur nawellen nog een keer aan de kook en zet de pan daarna nog eens 2 uur in de hooikist.

Gekruide rogge

Volg het recept van de *gekruide gerst**, maar houd de bovengenoemde (langere) week-, kook- en naweltijden van rogge aan. 130

Haver, basisrecept

Gewoon gekookte haver is door zijn smeuïge consistentie vooral geschikt voor verwerking in *graankoekjes* of *soufflés*. Als u de korrels echter vóór het koken eest*, kookt de haver redelijk droog en heeft zij een warme, volle smaak (zie variatie). 126

- 250 g haverkorrels (3 1/4 dl)
- 6 1/2 dl water (de volumeverhouding graan/water is 1:2)
- ca. 1 theelepel zout
- eventueel kruiden, bij voorbeeld bonekruid, venkel, hysop

Was de haver, laat de korrels goed uitlekken en week ze in het water gedurende 3 tot 10 uur. Breng de haver in het weekwater langzaam aan de kook in een pan met dikke bodem en goed sluitend deksel. Kook de haver op een zacht pitje 3/4 tot 1 uur, afhankelijk van de weektijd. De korrels moeten zich dan gaan openen.
Voeg het zout en eventueel een van de kruiden toe en laat de haver, met het deksel op de pan, ten minste 2 uur nawellen.

Variatie: De kooktijd voor geëeste haverkorrels is maar 20 minuten, de naweltijd 1 uur. Bij geëeste haver is de volumeverhouding graan/water 1:2 1/2. Volg verder het basisrecept (wassen en weken is niet nodig).

Gerst, basisrecept

- 200 g gerstekorrels (2 1/2 dl)
- 1/2 l water (de volumeverhouding graan/water is 1:2)
- ca. 1 theelepel zout
- eventueel kruiden, bij voorbeeld koriander, majoraan, basilicum

Was de gerst, laat de korrels goed uitlekken en week ze in het water gedurende 5 tot 10 uur. Breng de gerst in het weekwater langzaam aan de kook in een pan met een dikke bodem en goed sluitend deksel. Kook de gerst op een zacht pitje 3/4 tot 1 uur, afhankelijk van de weektijd, tot de korrels zich gaan openen.
Voeg zout en eventueel een van de kruiden toe en laat de gerst, met het deksel op de pan, ten minste 3 uur nawellen.

Tip: Zie de tip bij het *basisrecept voor rogge**. 128

Gort, basisrecept

Volg het basisrecept voor gerst. Gebruik echter 6 1/4 dl water (1:2 1/2). Een naweltijd van 1-2 uur is voldoende.

Puree van gort

Een nog wat rulle, maar toch smeuïge puree, ter vervanging van aardappelpuree, maar niet zo geschikt voor stamppotten met rauwe groente.
Puree is voor jonge kinderen en mensen met een zwakke spijsvertering gemakkelijker verteerbaar dan gewoon gekookte gort of gerst.

- 200 g gort (2 1/2 dl)
- 6 dl water (de volumeverhouding graan/water is 1:2,4)
- 2-3 theelepels zout
- 1/2-1 dl half room/half melk of melk met een stukje boter

▶

Afb. 4 Gerst

Week de gort een nacht of ten minste 5 uur en kook de korrels een uur in het weekwater. Voeg het zout toe en laat ten minste 2 uur nawellen. Het is belangrijk dat de gort goed gaar is. Let er ook op, dat er zo min mogelijk water verdampt tijdens het koken, vul dit eventueel aan, anders kunnen de korrels niet voldoende uitzetten.
Roer vlak voor het opdienen de melk met de boter of room door de gewelde gort.
Roer nu stevig in de pap, met een houten lepel met een gat erin of met de gardes van de mixer (hiermee wordt de puree fijner), maar niet met de staafmixer, de puree zou daardoor te kleverig worden.
Voor zieken, kleine kinderen en mensen met een zwakke spijsvertering kunt u de puree nog door een zeef wrijven (verwerk wat in de zeef achterblijft voor de overige eters in soep, of maak er graankoekjes* van).
Verwarm de pap au bain marie* of doe hem in een ingevette vuurvaste schaal, strooi er wat paneermeel en flintertjes boter op en laat hem in de oven in ca. 20 minuten bij 180°C warm worden.

Gekruide gort of gerst (4-5 personen)
⊖

Eet bij dit hartige éénpansgerecht een salade van rauwe groente.

- 200 g gort of gerst (ruim 2 1/2 dl), 1 nacht geweekt in
- 5 dl water
- 2 theelepels zout
- 1 theelepel gemalen koriander

- 1 eetlepel olie
- 1 gesnipperde ui

- 1/2-1 rode paprika
- 200 g kool (witte of groene), in reepjes van 1/2 cm gesneden
- 1/2-1 eetlepel geraspte gemberwortel
- 2 eetlepels rozijnen
- 1 eetlepel shoyu
- 1-2 theelepels zout

- 2-3 eetlepels selderijblad, fijngeknipt of gehakt
- 2 eetlepels zonnebloempitten, eventueel geroosterd of gebakken*

Kook de gerst of gort in het weekwater gaar volgens het basisrecept. Voeg vóór het nawellen het zout en de koriander toe.
Smoor of fruit kort voor het eten in een ruime pan op een matig vuur de ui in de olie.
Voeg groente, gember, rozijnen, shoyu en zout toe, draai het vuur laag en smoor alles ca. 5 minuten. Leg het deksel op de pan, roer de groente af en toe om en controleer of ze vochtig genoeg is, ze mag niet aanbakken. De groente mag wat knapperig blijven.
Meng nu de gare gort of gerst met de verse kruiden door de groente. Breng alles op temperatuur en strooi de zonnebloempitten erover.

Variaties:
- vervang de rozijnen door kleine stukjes ananas of blokjes appel
- vervang de gort door *tarwe*, *rogge* of *rijst*

Gierst, basisrecept
⊖

Op deze eenvoudige manier gekookt wordt de gierst wat papperig en is daardoor ook zeer geschikt voor het verwerken in (zoete) graangerechten zoals koekjes, sneetjes, soufflés, enzovoort.

- 200 g gierst (2 1/2 dl)
- 5 dl water (de volumeverhouding graan/water is 1:2)
- 1 1/2-2 theelepels zout (1 theelepel voor zoete gerechten)
- eventueel kruiden, bij voorbeeld venkel, koriander, anijs, vanille, kaneel

Was de gierst, laat de korrels goed uitlekken en breng ze langzaam in het water aan de kook. Laat de gierst op een laag pitje 20 minuten koken, voeg het zout en eventueel een van de kruiden toe en laat ten minste 30 minuten nawellen.

'Risotto' van gierst

⊖

- 1-2 eetlepels olie
- 200 g gierst (2 1/2 dl)
- 1 fijngesneden ui
- 5 dl water (de volumeverhouding graan/water is 1:2)
- 1 theelepel zout
- Parmezaanse of Emmentaler kaas

Volg het recept van *risotto**, waarbij de kooktijd van de gierst ca. 20 minuten is en de naweltijd ten minste 1/2 uur.

Variatie: Gebruik 2-3 eetlepels olie en rooster de gierst hierin op een matig vuur heel lichtbruin. Dit geeft een aparte smaak.

Rulle gierst

⊖

Op deze manier gekookt is de gierst lekker om zonder verdere bewerking te eten met een sappig groentegerecht of een saus.

- 250 g gierst (3 dl)
- ruim 1 l water
- 1 laurierblad
- 3 theelepels zout

- 1 stukje zachte boter
- eventueel kruiden, bij voorbeeld basilicum, koriander, geraspte gemberwortel

Was de gierst en breng het water met de laurier en het zout aan de kook. Voeg de gierst toe en breng alles weer aan de kook. Laat op een heel zacht pitje 20 minuten koken. Verwijder het laurierblad en giet de gierst door een zeef af (vang het kookwater op en gebruik het voor soep).
Laat de gierst niet uitlekken, maar doe haar meteen terug in de nog warme pan. Schep er de boter en naar wens een van de kruiden door, doe het deksel op de pan en laat de gierst nog ten minste een half uur nawellen.

Puree van gierst

⊖

Een smakelijke en smeuïge vervanging van aardappelpuree, ook als basis voor stamppotten.

- 250 g gierst, gewassen (2 3/4 dl)
- 1 laurierblad
- 7 dl water (de volumeverhouding graan/water is 1:2 1/2)
- eventueel een snufje nootmuskaat of foelie
- 2 theelepels zout

- 2 dl melk of half melk/half room (70°C)
- 20 g zachte boter (niet bij gebruik van room)

- eventueel 1-2 eetlepels verse lavas-, peterselie- of selderijblaadjes, fijngeknipt

Week de gierst met het laurierblad in het water gedurende ten minste 1, maar liever nog 3 uur.
Breng alles aan de kook en laat op een laag pitje 20 minuten zachtjes koken.
Voeg het zout toe en laat de gierst op een warme plek ten minste 1 uur nawellen. Verwijder het laurierblad.
Voeg vlak voor het opdienen de warme melk en de boter toe en roer de gierst stevig door, de korreltjes moeten uiteenvallen. Klop nu alles tot een luchtige puree (eventueel met de handmixer).
Doe de puree op een schaal en maak er een mooie berg van. Bestrooi met de verse kruiden en dien warm op.

Suikermaïs

Kies zo vers mogelijke kolven met fris groene schutbladen en bleekgele, volle korrels. In het algemeen geldt: hoe goudgeler de korrels, des te meer van de in de maïskorrels aanwezige suiker is al omgezet in zetmeel en des te harder zijn de velletjes.

1 Het koken en serveren van hele kolven
Lekker bij de warme maaltijd (barbecue), voorafgegaan door een stevige groentesoep en in combinatie met gemengde sla. Geef er dan verse roomboter (*kruidenboter**) of mayonaise of een dipsausje bij en stokbrood.

Reken op 1 kolf per persoon als bijgerecht of als voorgerecht en 2 kolven per persoon voor de maaltijd. Als er een kolf overblijft, kunt u de korrels eraf wippen en later in een salade verwerken, zij zijn in de koelkast nog 2-3 dagen houdbaar.
Haal alleen de lelijke buitenste of de al gele, droge bladeren van de kolven. Mét blad gekookt blijven de korrels smakelijker en de kolven langer warm.
Breng in een wijde pan met een goed sluitend deksel een laagje van ca. 2 cm water met een theelepel suiker aan de kook (zonder zout, dit maakt de korrels taai en rimpelig). Stoof, met het deksel op de pan, de kolven gaar in ca. 1/2 uur. Controleer af en toe of er genoeg water in de pan zit en of het nog zachtjes kookt (anders is er niet voldoende stoom in de pan).
Leg de kolven op een vergiet en laat ze goed uitlekken, maar zorg ervoor, dat ze niet afkoelen (zet de vergiet op de pan met kookwater en leg het deksel op de vergiet).
Leg op een schaal of in een mandje een vierdubbel gevouwen stoffen servet, leg er de kolven op en dek ze af met een tweede servet. Sla de bladeren van de kolf terug, verwijder de draden en smeer er wat boter of saus op. Knabbel de korrels rondom van de kolf af en smeer telkens nog wat boter of saus op de kolf.

2 Het koken van maïskorrels
Van één flinke kolf krijgt u 150-200 g korrels om te verwerken in graan- en peulvruchten-salades, in groenteschotels en ragoûts. Kies hiervoor wat rijpere kolven met grote, gele korrels. Let wel op fris blad; kolven met dorre schutbladeren zijn al oud.
Haal blad en draden van de kolven, leg ze in een wijde pan en giet er zo veel kokend water over dat ze net onderstaan. Voeg wat suiker toe (1 theelepel op 1/2 l water) en kook de kolven tot de korrels bijtgaar zijn (ca. 20 minuten). Laat ze op een vergiet afkoelen en bewaar het kookwater voor soep.
Peuter met een puntig mesje één rij korrels (overlangs) van de kolf. Alle volgende korrels kunt u nu, zonder ze te beschadigen, met uw duim eraf drukken.
Op dezelfde manier kunt u de korrels ook van de ongekookte kolf afpeuteren en ze in wat gezoet water gaarkoken. De kooktijd is dan maar 10-15 minuten, maar de korrels zijn minder smakelijk dan wanneer ze aan de kolf gekookt worden.

Tips:
- kook maïskorrels nooit in gezouten water, ze zouden minder goed gaar worden (voor-al de velletjes) en ook de kleur wordt iets doffer.
- maïskorrels kunt u ook inmaken*   598

Gebakken maïskolven

Een geschikte manier om veel maïskolven tegelijk gaar te krijgen.
Gebruik voor deze methode liefst niet al te oude maïskolven, maar kolven waarvan het blad nog groen en wat vochtig is. Pel alleen de buitenste, nog droge bladeren van de kolf en knip de haren en de droge punten van de bladeren weg. De kolf moet helemaal inge-pakt blijven in zo veel mogelijk groen blad; dit 'jasje' beschermt hem tegen uitdrogen tijdens het bakken.
Leg de kolven om en om zo dicht mogelijk tegen elkaar aan op een droge bakplaat.
Bakken: ca. 20-30 minuten bij 200°C, mid-delste richel. Jonge, melkrijpe kolven zijn gaar in 10-15 minuten.
Leg de kolven direct na het bakken tussen een dubbelgevouwen, decoratieve theedoek en stop dit pakje nog een kwartier in de hooikist of in een deken. Leg het pakje in een mandje en pel de kolven pas aan tafel, dan blijven ze warm.

Geroosterde maïskolven

Pel de maïskolven en steek in beide uiteinden een metalen satéstokje. Rooster de kolven nu ca. 10 minuten boven het vuur of de gasvlam, terwijl u ze voortdurend blijft ronddraaien. Houd voldoende afstand van het vuur, zodat de korrels wel gaar, maar niet zwart worden.

Polenta (ca. 1 1/2 liter)
⊖

Lekker met een pittige groentesaus en blad-sla; een groenteragoût; een courgetteschotel; voor de grote eters eventueel wat gekookte peulvruchten (met een uitje opgebakken ca-pucijners).

Serveer de polenta met een schaaltje geraspte oude kaas.

- 200 g grof volkoren maïsgriesmeel (polenta)
- 1 l bouillon of water (de volumeverhouding graan/water is ca. 1:3 1/3)
- 2-3 theelepels zout

- 1 eetlepel olie of 20 g zachte boter
- eventueel 2 theelepels oregano, of basilicum (basilicumolie), of 1-2 eetlepels rozemarijn (fijnstampen met het zout in een vijzel en al voor het nawellen toevoegen)

Week het maïsgriesmeel zo mogelijk een half uur of langer in de vloeistof. Breng de polenta langzaam aan de kook, al roerende met een houten lepel (met een gat). Doe dit op een matig vuur in een pan met een dikke bodem. Zet het deksel op de pan en laat de maïspap 10 minuten koken op een sudderplaatje. Roer er af en toe in, maar pas op, het kan spatten! Voeg het zout toe en laat de maïs ten minste een half uur nawellen.
Roer vlak voor het opdienen de olie of boter en naar wens de kruiden door de polenta en klop hem lekker luchtig.

Variaties:
- serveer de polenta voor de afwisseling in de vorm van een timbaal of ring. Maak dan wel een stijve polenta (zie tip)
- vervang de geraspte kaas door 100-150 g in kleine blokjes gesneden kaas en schep ze vlak voor het opdienen door de hete polenta

Tip: U krijgt een stijve polenta als u 25-50 g meer maïsgriesmeel gebruikt. U moet dan wel 10 minuten *al roerend* koken om aanbranden te voorkomen. In Zuid-Zwitserland laat men de polenta vervolgens nog verder doorkoken (op een heel zacht vuur), tot er aan de onderkant een korst ontstaat. Deze laat na het nawellen los van de bodem van de pan, zodat u de polenta op een mooie houten plank kunt storten.
Dien feestelijk op, bedekt met een mooi linnen doekje en snijd de polenta aan tafel in porties.

Zilvervliesrijst, basisrecept

- 300 g zilvervliesrijst (3 1/2 dl)
- 4 1/2 dl water voor tropische (Surinaamse) rijst (1:1 1/4), of: 5 1/2 dl water voor Italiaanse biologisch-dynamische rijst (1:1 1/2)
- 1-2 theelepels zout (eventueel), 1/2-1 theelepel voor zoete gerechten

Was de rijst, laat de korrels goed uitlekken en breng ze met de aangegeven hoeveelheid water op een kleine vlam langzaam aan de kook. Laat de rijst op een zeer laag pitje 20-30 minuten koken. Schep de rijst, als hij bijna al het water heeft opgenomen, om en voeg tegelijk naar wens het zout toe. Doe het deksel weer op de pan en breng de rijst weer aan de kook (eventueel nog wat kokend water toevoegen*). Voor het nawellen heeft de Surinaamse rijst op een sudderplaatje 30 minuten nodig, de Italiaanse rijst 45-60 minuten. Reken altijd een uur als u een hooikist gebruikt. 124

Tip: U kunt de rijst ook weken. Dit bekort de kooktijd en maakt de rijst makkelijker verteerbaar. De kans is echter groot, dat de rijst té week wordt.

Gekruide rijst

Volg het recept van de *gekruide gerst**. Rijst hoeft niet geweekt te worden; de kooktijd is 20-30 minuten en de naweltijd 30-45 minuten (sudderplaatje) of 1 uur (hooikist). 130

Risotto

In Italië wordt bij risotto zeer veel geraspte Parmezaanse kaas gegeten. Als u de risotto met zilvervliesrijst maakt, is er voor de smaak niet zo veel kaas bij nodig.
Risotto is een smeuïg graangerecht, waarbij u geen saus hoeft te geven, wel groente en wat rauwkost. De kaas kunt u ook vervangen door linzenkroketten of een ander bijgerecht. ▶

- *1-2 eetlepels olie*
- *250 g (3 dl) langkorrelige zilvervliesrijst*
- *1 grote ui, fijngesneden*

- *5 dl hete bouillon (de verhouding graan/water is 1:1 3/4)*
- *1-2 theelepels zout (let op de kaas)*

Was de rijst en laat de korrels zeer goed uitlekken.
Verwarm in een pan met een dikke bodem de olie met de rijst en fruit al roerend tot de rijst heel licht begint te kleuren en lekker ruikt. Fruit de gesneden ui even mee, maar laat niet te bruin worden. Blus met de bouillon en breng alles weer aan de kook. Laat de risotto nu op een zeer laag pitje 20 minuten koken, met het deksel op de pan.
De rijst moet nu nog vochtig zijn; voeg eventueel nog een paar eetlepels heet water toe en roer het zout erdoor. Breng de rijst zonodig weer aan de kook en laat hem ten minste 45 minuten in de hooikist nawellen (op een sudderplaatje 30 minuten).

Variaties:
- fruit 1-2 theelepels kerrie met de rijst mee
- **saffraanrijst**: los 1 mespunt saffraan op in 1 eetlepel water en kook dit met de rijst mee. De rijst krijgt hierdoor een gele kleur en een karakteristieke smaak
- voeg tegen het einde van de kooktijd een in schijven gesneden tomaat toe of roer er twee eetlepels tomatenpuree door. De rijst wordt nu roze en krijgt een fris-zurige smaak

Tip: De risotto wordt lichter verteerbaar als u hem als volgt klaarmaakt:
Was de rijst en doe hem, mét het aanhangende water, in een kom. Dek de kom af en week de rijst, onder af en toe omscheppen, ca. 3 uur. In deze tijd heeft hij al het aanhangende water opgezogen. Fruit de rijst niet, maar smoor hem in de olie (dus níet laten verkleuren). Gebruik voor het blussen 1/2 dl minder bouillon. De kooktijd is maar 15 minuten, nawellen zie basisrecept*.

Poeleau

Voor deze Pakistaanse rijst heeft u een goed gevuld kruidenkastje nodig. Serveer er gebakken aubergines of runderlappen (of een ander vleesgerecht) en een blad- of komkommersla bij.

- *80 g gedroogde groene erwten, ten minste 8 uur of 1 nacht geweekt in*
- *2 1/2 dl water (zie tip)*

- *3/4 l water (voor de bouillon)*
- *2 laurierblaadjes*
- *1 ui (ca. 50 g), niet geschild, overdwars doormidden gesneden*
- *3 grote knoflookteentjes, niet geschild, ingekerfd*
- *1 eetlepel korianderzaadjes*
- *1/2 eetlepel venkelzaad*

- *2 eetlepels olie*
- *1 ui (ca. 50 g), fijngesneden*

- *2 grote knoflookteentjes, fijngehakt*
- *2 kruidnagelen*
- *10 zwarte peperkorrels*
- *2 kardemompeulen, gepeld*
- *4 kleine kardemompeulen, ongepeld*
- *een plakje gemberwortel*
- *1 theelepel kaneel*
- *300 g langkorrelige zilvervliesrijst, gewassen en goed uitgelekt*

- *2 theelepels zout*
- *1 dl yoghurt*

Giet de geweekte erwten af en gebruik het weekwater voor de bouillon.
Trek van het water met de eronder vermelde kruiden in ca. 30 minuten een geurige bouillon. Zeef de bouillon en meet 5 dl af.
Verwarm op een matig vuur de olie met de ui en fruit de ui lichtbruin.
Voeg de knoflook, de resterende kruiden, de rijst en de geweekte erwten toe. Laat alles onder roeren even smoren en giet nu de bouillon erbij. Na 30 minuten zachtjes koken (deksel op de pan) is het water opgenomen (controleer wel af en toe of het gerecht niet aanbakt).
Meng het zout en de yoghurt erdoor, breng alles voorzichtig weer tegen de kook aan en laat de rijst nawellen (sudderplaatje 30 mi-

nuten, hooikist 45 minuten).
Schep de rijst voor het opdienen om en verwijder de kruiden voor zover dat kan.

Variatie: Vervang de rijst door gerst (gort), tarwe of rogge. Omdat deze graansoorten een langere kooktijd hebben, moet u ze eerst weken en voorkoken (zie het basisrecept van de betreffende graansoort).

Tips:
- snel klaar: gebruik erwten uit een pot (ca. 250 g) en meng ze vóór het nawellen met de yoghurt door de rijst. Met linzen gaat het ook, al mist u dan de felle kleur en de typische smaak van de erwten. Linzen hoeft u maar 1-2 uur te weken
- aan het einde van het peulvruchtenseizoen (vanaf het voorjaar) is het aan te bevelen de erwten ca. een half uur voor te koken

Rijstrand (6-8 personen)

Een feestelijke manier om rijst met ragoût of saus op te dienen voor een wat groter gezelschap.
Voor een ringvorm van 25 cm doorsnee en 1 1/2 l inhoud heeft u 1 1/2-2 maal de gebruikelijke hoeveelheid rijst nodig.
Kook de rijst volgens het *basisrecept** of als *risotto** en laat hem nawellen. Bereken het begin van de kooktijd zo, dat de rijst niet langer dan 1 uur in de hooikist op het eten hoeft te wachten, anders koelt hij te veel af (zie tip).
Vet vlak voor het opdienen de ringvorm in 133 134

met boter en zet hem vlak voor het vullen op een warme plaats. Verwarm ook de platte schaal voor waarop u de rijst wilt storten.
Druk de rijst stevig in de vorm, zet de platte schaal ondersteboven erop en draai het geheel om. Licht de rijstvorm voorzichtig op en giet het dikke gedeelte van de ragoût of de saus in het midden van de rijstring. Het teveel aan ragoût of saus kunt u er in een sauskom bij serveren.
Versier de rijstring eventueel met halve plakjes komkommer en smalle reepjes rode paprika of toefjes peterselie en plakjes ei.
Polenta, gierst (niet de rul gekookte) en **boekweit** kunt u eveneens in de vorm van een ring serveren, de overige graansoorten koken te rul. Zowel van boekweit als van polenta heeft u voor de bovengenoemde rijstvorm 1 1/2-2 maal de basishoeveelheid nodig.

Tip: Een rijstring is ook zeer geschikt om een rest van de bovengenoemde graansoorten in op te warmen. Smeer dan de vorm zeer royaal in met niet té zachte boter en bestrooi dit met een dichte laag sesamzaad (zo mogelijk gewassen en gedroogd*), of zonnebloempitten. Druk de gekookte granen erin en dek de ring af met een dubbele laag aluminiumfolie (anders drogen de granen uit). **Bakken:** ca. 20 minuten bij 200°C, een na onderste richel. Als u dan de ring vlak voor het eten stort, zijn de granen bedekt met een laagje geroosterde zaden of pitten. 605

Rijsttimbaal met champignons

Hartige rijst, op een feestelijke wijze in de vorm van een pudding geserveerd. Vul aan met een pittige saus (*kerrie, paprika*), een schaaltje geraspte kaas en sla.

- *1 recept risotto met champignons**, gemaakt met 125 g champignons 157
- *1 klein zuur augurkje, overlangs in twee helften en deze in waaiertjes* gesneden 428
- *een pittige saus naar keuze*
- *een timbaalvorm (of een wijde bloempot van 1 l inhoud, bekleed met aluminiumfolie), ingevet*

Verwarm vlak voor het opdienen de vorm zo mogelijk voor, anders koelt de rijst te veel af. ▶

Leg de augurkjes met de bolle kant naar beneden op de bodem van de vorm. Doe er een schep risotto op en druk goed aan. Doe de rest van de risotto er in gedeelten bij en druk telkens goed aan.
Stort de timbaal op een platte schaal met een opstaande rand en giet de hete saus eromheen.

Variaties:
- vervang de champignons door 100 g in dunne reepjes, respectievelijk in kleine blokjes gesneden **ham** en/of **kaas**
- **boekweittimbaal** maakt u van 'risotto' van boekweit*. Als vulling past hierin kaas, maar ook gekookte zwarte of bruine bonen. Hetzelfde geldt voor een **timbaal van polenta**. 138
- zie ook de recepten rijsttimbaal met gevulde champignons* en gierstschotel met kaas en banaan* 135
154

Tip: Zie rijstrand*. 135

Vegetarische nasi goreng
(3-4 personen)

⊖ &

- 300 g zilvervliesrijst (3 1/2 dl)
- 5 dl water (de volumeverhouding graan/water is ca. 1:1 1/2)
- 2 theelepels zout

- 25 g boter of 2 eetlepels olie
- 2-3 uien (ca. 250 g), zeer fijn gesneden
- 2-4 knoflookteentjes, zeer fijn gesneden

- 2 theelepels komijn (djinten) of karwij, gemalen
- 3 theelepels koriander (ketoembar), gemalen
- 2 theelepels sambal
- 100 g taugé, gewassen en de bruine velletjes weggespoeld

- 3 eetlepels selderijblad, fijngeknipt

- 10 g boter
- 4 kleine eieren
- eventueel 2 bakbananen (pisang) of niet al te rijpe gewone bananen, in plakjes ▶

respectievelijk overlangs doormidden gesneden
- 4 zure augurkjes, in waaiers* gesneden, of plakjes komkommer 428
- 1/2 rode paprika, in reepjes gesneden, of partjes tomaat, of wortelbloemen* 429

Kook de rijst droog volgens het basisrecept*. 133
Verwarm in een wadjang (wok) of ruime pan met dikke bodem de boter of olie met de ui en de knoflook. Fruit ze lichtbruin.
Temper het vuur en voeg de kruiden toe.
Schep ook de rijst en de taugé erdoor en bak alles onder voortdurend omscheppen lichtbruin op een niet al te hoog vuur. Doe dit niet langer dan 5 minuten.
Schep vlak voor het opdienen de selderij erdoor en doe de nasi in een wijde schaal.
Bak 4 spiegeleieren en leg deze op de nasi.
Bak ook de bananen lichtbruin* en leg ze tussen de eieren. Versier de nasi met de augurkjes en de paprika of een andere fel gekleurde groente. Zet de fles met sojasaus (shoyu) en voor de hete eters ook het potje met sambal* op tafel en geef er kokosstrooisel* en sla bij. 269
603
270

Variaties:
- vervang de sambal door een zeer fijn gesneden verse Spaanse peper zonder zaadjes
- vervang de uien gedeeltelijk of helemaal door prei
- vervang de taugé door zeer fijngesneden bleekselderij of prei of door geschaafde Chinese kool (witte kool na de ui even meesmoren)
- vervang de eieren door kokosballetjes* 275
- bak van 1-2 eieren een omelet*, snijd hem in repen en leg hiervan een raster op de nasi of bak eierpannekoekjes*, rol ze op en snijd ze in 3 cm lange stukken. Zet deze rechtop om de rijst heen (roosjes) 256
177
- vervang de rijst door andere graansoorten. Week en kook deze granen volgens de betreffende basisrecepten.

Nasi goreng met vlees

🠔 ♨ ᛦ

Met wat rauwkost en een licht vruchtentoetje een makkelijk te maken maaltijd, die u, mooi gegarneerd (eventueel met kroepoek), tot een feestmaal kunt omtoveren.

- 300 g zilvervliesrijst (3 1/2 dl)
- 5 dl water (de volumeverhouding graan/water is ca. 1:1 1/2)

- 1-2 eetlepels olie
- 150-250 g varkenspoelet of vleesresten, in stukjes gesneden, of 150-250 g gehakt (soort naar keuze; gebruik bij een vet soort zeer weinig olie)
- 2 uien en/of prei (150-200 g), zeer fijn gesneden
- 3-4 knoflookentenen, zeer fijn gesneden
- 2-3 theelepels komijn (djinten), gemalen
- 2-3 theelepels koriander (ketoembar), gemalen
- 1 stuk rode paprika, in stukjes gesneden, of 1 eetlepel milde paprikapoeder
- 1-2 theelepels kerrie, of 1 theelepel sambal*
- eventueel 1 theelepel geraspte gemberwortel
- 2 theelepels zout

- 1-2 eetlepels sojasaus (shoyu)
- 2-3 eetlepels fijngesneden selderijblad of geraspte knolselderij

- eventueel wat komkommer of augurkjes en een tomaat of wortelbloemen* om te garneren

Kook de rijst droog volgens het *basisrecept**. Verwarm de olie in een pan met een dikke bodem of een wadjang en bak hierin het vlees mooi bruin. Voeg de uien toe en bak deze ook lichtbruin. Draai het vuur laag en voeg de kruiden en het zout toe en laat alles 5 minuten smoren.
Meng de gekookte rijst erdoor, draai het vuur weer hoger en bak de rijst onder voortdurend omscheppen een paar minuten. Schep de shoyu en de selderij erdoor en versier de rijst met schijfjes komkommer of augurk en partjes tomaat (in de zomer) of schijfjes wortel en *waaiers van augurken** (in de winter).

Variatie: Zie *vegetarische nasi**, laatste variatie.

Tip: U kunt het vlees de avond van tevoren marineren in de sojasaus en er ook de droge kruiden vast doormengen. Zet het afgedekt in de koelkast, maar laat het vlees voor het bakken weer even op kamertemperatuur komen. De marinade geeft een lekkere smaak aan het vlees en bespaart u bij het klaarmaken van de nasi het uitzoeken en afmeten van de kruiden.

Boekweit, basisrecept

🠔

Op deze wijze gekookt wordt boekweit wat papperig en is zo ook zeer geschikt voor het maken van graankoekjes.

- 300 g boekweit (4 1/4 dl)
- 7 3/4 dl water (de volumeverhouding graan/water is 1: 1 3/4)
- 2-3 theelepels zout
- eventueel 2 theelepels kruiden, bij voorbeeld majoraan, oregano, basilicum, salie
- 15 g boter of 1 eetlepel olie

Was de boekweit, laat haar goed uitlekken en breng haar met het water aan de kook. Laat 10 minuten zachtjes koken, met het deksel op de pan. Voeg het zout en eventueel een van de kruiden en het vet toe. Zet de pan op een warm plekje of in de hooikist en laat de boekweit nog ten minste een half uur nawellen.
Maak de boekweit met een vork los en dien haar op met pittige, geraspte kaas of *gekruide zure room*.

Tip: Serveer boekweit ook eens in de vorm van een *ring* of *timbaal*.

Geroosterde boekweit

⋲

Op deze wat bewerkelijke en meer energie vragende manier klaargemaakt, wordt boekweit mooi rul.

- *300 g boekweit (3 3/4 dl)*
- *7 1/2 dl water (de volumeverhouding graan/water is 1:2)*
- *2-3 theelepels zout*
- *2 theelepels kruiden, bij voorbeeld majoraan, oregano, basilicum, salie*
- *2 eetlepels room of 10 g boter*

Was de boekweit niet, maar zeef in een grove zeef de kleine grutjes eruit. Deze zouden tijdens het roosteren gauw verbranden en aan het gerecht een ongewenste brandsmaak geven.
Rooster nu de boekweit in een pan met een dikke bodem langzaam lichtbruin op een matig vuur. Blijf voortdurend roeren. Blus voorzichtig met warm water en breng de boekweit aan de kook. Voeg het zout toe. Laat de boekweit op een laag pitje 8 minuten zachtjes koken. Schep voorzichtig een van de kruiden erdoor. Zet de pan op een warm plekje of in de hooikist om na te wellen (ten minste een half uur).
Schep vlak voor het opdienen de room of boter door de boekweit.

Kasha

⋲

In Rusland wordt deze geroosterde én gebakken boekweit bij de borsjtsj (bietensoep) gegeten. Kasha smaakt echter ook lekker bij de warme maaltijd, in combinatie met wat kruidenkwark en een smeuïge groente (gestoofde prei) en salade van een wortelgroente. Doordat de baktijd langer is dan de kooktijd in de pan, is het wegvallen van het nawellen geen bezwaar.

Verwarm de oven voor op 200°C.
Rooster 300 g boekweit*, doe hem in de schaal en voeg 5 dl kokend water en 2 theelepels zout toe.
Bakken: ca. 20 minuten, middelste richel.
Leg op de helft van de baktijd, als de boekweit het water heeft opgenomen, 10-20 g boter in flinterdunne stukjes erop. De boekweit is bijna gaar, maar toch rul gebleven. Tijdens de tweede helft van de baktijd krijgt zij dan nog een krokant korstje.

Tip: Bak de boekweit, om energie te sparen, met brood of gebak mee.

'Risotto' van boekweit

⋲

Volg het recept van *risotto**. Kook de boekweit 7-8 minuten en laat haar ten minste 1/2 uur op een warme plek nawellen.

Tip: De op deze manier gekookte boekweit kunt u ook in de vorm van een *timbaal* of *ring* serveren.

Thermogrutten, basisrecept

⋲

Kies de juiste maat pan met een dikke bodem en een goed sluitend deksel. Een goede richtlijn is, de pan voor de helft of driekwart te vullen, het water meegerekend. Het deksel kunt u sluitend maken door er een theedoek om te knopen en eventueel iets meer water dan voorgeschreven te nemen.
Om de grutten goed rul te kunnen koken is wassen noodzakelijk, het aanwezige meel wordt dan weggespoeld. Dit meel belemmert het droogkoken van de grutten aanzienlijk.

- *200 g thermogrutten*
- *ca. 3 dl water (1:1)*
- *1 dl water om later toe te voegen*
- *1 theelepel zout*

Was de grutten in ruim water, omroeren en afgieten door een zeef. Het eerste afgegoten water kunt u voor saus of soep gebruiken. Breng nu de grutten met de aangegeven hoeveelheid water op een *klein* pitje aan de kook en houd de eerste 10 tot 15 minuten de pan gesloten. De aangegeven hoeveelheid water is wat krap, het is beter eventueel later nog wat water toe te voegen. Maak hiervoor een kuiltje in de gruttenmassa tot op de bodem van de pan en giet daar een scheutje water in. Strijk het oppervlak weer glad: het toegevoegde water weekt de aangezette grut-

ten weer los en stoomt de rest droog en gaar.
Dit eventueel naar wens herhalen.
Schep de grutten om en doe er wat zout en eventueel wat kruiden bij. Laat de grutten ca. 30 minuten nawellen.

Tips:
- als de grutten toch onverhoopt wat papperig geworden zijn, kunt u het deksel schuin op de pan zetten en de grutten af en toe omscheppen. Er kan dan nog wat vocht verdampen
- thermo havergrutten zijn nogal sterk geëest; daardoor nemen ze langzamer vocht op en hebben een wat langere kooktijd

Vegetarische pilav van thermogrutten of bulghur

🔄

Geef bij deze Turkse specialiteit een eenvoudige groente en eventueel roerei en vers fruit toe.

- 2 eetlepels olie
- 1 fijngehakte ui
- 250 g thermogrutten (tarwe) of bulghur
- 4 1/2 dl water, eventueel nog 1/2 dl om er later bij te gieten
- 1 teentje knoflook, fijngehakt
- een mespunt kaneel en/of een paar draadjes saffraan
- 25 g krenten of rozijnen
- 1 1/2 theelepel zout
- 50 g zonnebloem- of pijnboompitten, gebakken of geroosterd*   605

Verwarm in een pan met een dikke bodem de olie met de ui en smoor de ui glazig of fruit hem lichtbruin. Voeg de grutten of bulghur toe en fruit ze mee tot alles met de olie is overtrokken en lekker ruikt.
Voeg het water toe en roer knoflook, kruiden, rozijnen en zout erdoor. Kook de grutten of bulghur gaar volgens de *basisrecepten**.   138
Doe de pilav in een schaal en strooi de pitten erover.

Variatie: Fruit 300 g in blokjes gesneden aubergine met de uien mee. Eet hierbij geen gekookte groente maar bladsla.

Vegetarische pilav van rijst of gierst

🔄

Volg het recept van *vegetarische pilav van thermogrutten**, maar denk om de langere   139
kooktijden van rijst en gierst.

Pilav van thermogrutten of bulghur met vlees

🔄 🐑

Een origineel Turks recept. Serveer er een flinke schaal sla bij.

- 1 eetlepel olie
- 250 g lamsvlees, in dobbelsteentjes van ca. 1 1/2 cm gesneden
- 1 grote ui, fijngehakt
- 1 dl water
- 1 theelepel zout

- 250 g thermogrutten (tarwe) of bulghur
- 3 dl water, eventueel nog 1/2 dl om er later bij te gieten
- 1-2 tomaten (ca. 100 g) of 1 kleine rode paprika, in kleine stukjes gesneden
- 2 knoflookteentjes, fijngehakt
- een paar draadjes saffraan of 1/2 theelepel kaneel
- 1 laurierblad
- 2 theelepels zout

- 25 g zonnebloempitten, geroosterd*   605

Verwarm de olie in een pan met dikke bodem en braad hierin het vlees lichtbruin. Fruit ook de ui nog even mee (lichtbruin). Blus met de halve dl water, voeg het zout toe en stoof het vlees gaar in 30-60 minuten, afhankelijk van de malsheid van het vlees (deksel op de pan). Voeg de rest van de ingrediënten toe – behalve de zonnebloempitten – en kook de grutten of bulghur gaar volgens het *basisrecept**.   138
Doe de pilav in een schaal en strooi er de zonnebloempitten overheen.

Variatie: Vervang het lamsvlees door varkensvlees (mager lapje). De stooftijd hiervan is maar een kwartier.

Tip: Vervang in de winter de tomaten door 2 ▶

eetlepels tomatenpuree* en de paprika door 1 597
eetlepel paprikapoeder. Gebruik dan 1/2-1 dl
meer water voor het koken van de grutten.

Pilav van rijst met vlees

🢂 ▽

Volg het recept van de *pilav van thermo-*
grutten met vlees*, maar gebruik zilvervlies- 139
rijst (liefst langkorrelige) en de dubbele hoeveelheid kaneel. Denk wel om de langere
kook- en naweltijd van de rijst (1 uur).

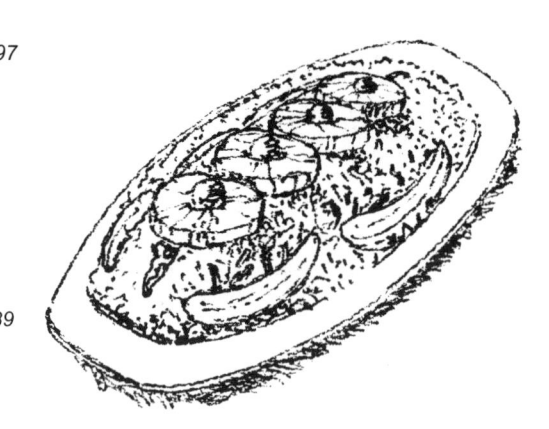

Riz Casimir

🢂 ♨ ▽

Een kleurrijke, feestelijke rijstschotel, waarbij
u alleen nog een eenvoudige bladsla hoeft te
serveren.

- 300 g langkorrelige zilvervliesrijst, drooggekookt volgens het basisrecept*	133
- 1/2 eetlepel olie	
- 250 g nasivlees (magere of doorregen varkenslappen, in kleine stukjes gesneden)	
- 1/2 theelepel zout	
- kerriesaus*	205
- 2 gebakken bananen* of 4 halve perziken (uit een pot of verse, ontveld en even gekookt in water met wat suiker)	269
- 2-4 schijven ananas uit een pot* of verse (zie tip)	582
- 4-8 blauwe druiven, of verse of geconfijte kersen*	596
- 25 g gepelde, in staafjes gesneden en geroosterde amandelen*	604

Verwarm de olie en bak hierin het vlees
lichtbruin. Doe dit eerst op een flink vuur,
temper het daarna, voeg het zout toe en doe
het deksel op de pan. Het vlees stooft dan in
zijn eigen sap gaar (15-20 minuten).
Roer de kerriesaus erdoor.
U kunt de Riz Casimir nu op twee manieren
opdienen:
1 Doe de rijst in een rijstring en stort de rijst
op een grote platte schaal. Doe het vlees met
saus erin. Schik halve schijven ananas eromheen met een druif erin en ertussen telkens
een partje perzik. Strooi de amandelen langs
de binnenrand van de rijstring.
2 Vorm op een ovaalvormige schaal een
langwerpige berg van de rijst en maak er een
diepe gleuf in (overlangs). Doe het vlees met
een beetje saus in de gleuf. Leg hierop 4 halve
ananasschijven, met een druif of kers in het
holletje. Leg de doormidden gesneden halve
bananen aan weerskanten langs de 'berghellingen'. Strooi de amandelen tussen de bananen op de rijst. Geef de rest van de saus
apart in een kom.

Variaties:
- vervang de perziken door stevige, geschilde
 en bijtgaar gekookte halve kleine appeltjes
 (Golden delicious)
- vervang het varkensvlees door kippevlees
- vervang de amandelen door geroosterde of
 gebakken zonnebloempitten* of cashew- 605
 noten
- **vegetarische riz Casimir:** vervang het vlees
 door kleine of doormidden gesneden grotere champignons. Bak ze heel kort en laat
 ze in de saus nog even meekoken

Tip: Smoor verse schijven ananas in een
beetje boter bijtgaar.

Pap

Waarschijnlijk is pap of 'brij' de oudste manier waarop de mens de granen die hij verbouwde heeft klaargemaakt. Het is ook een heel eenvoudige manier: het graan wordt meer of minder fijn gemalen en met water gaargekookt, waarbij het 'zout in de pap' soms een kostbaarheid was, vooral voor de volkeren in de binnenlanden. Kruiden, melk, zoetmiddelen (honing, vruchten), vetten en vlees werden er pas na het koken aan toegevoegd.
Wij houden deze bereidingswijze aan; niet uit nostalgie, maar omdat het graan zich in water het beste ontsluit en omdat de voedingswaarde van de melk achteruit gaat door de lange kooktijd. De eiwitten in de melk worden door het koken zwaarder verteerbaar en het komt ook de smaak niet ten goede.
Bij griesmeel en nog fijnere meelprodukten is het koken met enkel water moeilijk, omdat deze graanprodukten alleen al door het opkoken onmiddellijk uitzetten en we een te dunne pap zouden krijgen als we hem na het koken met voldoende water nog met warme melk zouden verdunnen. De kooktijd van deze graanprodukten is echter zo kort, dat we het even meekoken van de melk op de koop toe nemen.

Pap van fijne graanprodukten

Wie er het geduld voor heeft, kan echter ook als volgt pap van *fijne* graanprodukten koken: Zet het graanprodukt op met het koude (week)water en breng het al roerende op een niet te hoog vuur aan de kook. Voeg, zodra de pap te dik wordt, scheutje voor scheutje de (liefst niet ijskoude) melk toe. Voortdurend blijven roeren, bij meelprodukten liefst met een garde. Tot slot even doorkoken, het zout en eventueel kruiden erdoor roeren en laten nawellen. Deze methode is geschikt voor tarwe- en maïsgriesmeel, boekweit- en thermogrutten, de fijne havervlokken, rijstvlokken en de verschillende meelsoorten. Weken is voor de verteerbaarheid (vooral voor jonge kinderen en ouderen) aan te bevelen, in het bijzonder bij griesmeel. Als u pap bij het ontbijt eet, kunt u de vlokken gerust voor het slapen gaan in de week zetten.

Pap van grove graanprodukten

Pap van *grovere* graanprodukten, zoals de overige vlokken, de grutten en de hele graankorrels (alleen van de zachte graansoorten zoals gierst, boekweit en rijst) koken we alleen met water; de apart verwarmde melk (verwarmen tot zich een vlies begint te vormen, 70°C) voegen we pas toe voordat we de pap laten nawellen (gebruik voor kleine hoeveelheden een vlamverdeler). Deze temperatuur van 70°C is voldoende om het graan te laten nawellen, mits u ervoor zorgt, dat de pap niet afkoelt. Het beste is dan ook, als men van tevoren alles klaarzet en vlug werkt. Het is even wennen, maar de op deze manier gekookte pap smaakt erg lekker en is ook voor kleine kinderen en ouderen zo waardevol, dat men het er gauw voor over zal hebben. Wij koken de pap met half melk/half water, vrij dik, zodat een ieder aan tafel zijn eigen pap naar wens nog kan verdunnen met ongekookte melk, eventueel vermengd met room, viili, karnemelk of yoghurt.
Om van deze grove graanprodukten een smeuïge en goed verteerbare pap te maken, moeten ze ten

minste een half uur, liever langer (een nacht) in het kookwater worden geweekt voordat u er pap van kookt.
Voor de ochtendpap kunt u vlokken en griesmeel de avond van tevoren in de week zetten.
Boekweit en thermogrutten hoeven niet te worden geweekt.

Zoetmiddelen

Hiertoe rekenen we alle soorten stroop, diksappen, honing, ahornsiroop, moutsiroop, ongeraffineerde rietsuiker, zoete verse of gedroogde vruchten. Het zoetmiddel, uitgezonderd gedroogde vruchten, kan men beter apart erbij geven. Niet alleen omdat (ook zoete) smaken verschillen en sommige gezinsleden pap ongezoet lekkerder vinden, maar ook omdat sommige zoetmiddelen (honing en moutstroop) de pap binnen ca. 20 minuten dun kunnen maken. Dit gebeurt door de omzetting van het zetmeel in suikers onder invloed van enzymen, die van nature in deze produkten aanwezig zijn. Een soort voorverteren, dat echter in onze papkom nog niet gewenst is.
Als we de pap combineren met een zuur melkprodukt zoals viili, karnemelk of yoghurt, is de behoefte aan suiker aanzienlijk kleiner omdat de pap ten opzichte van het zure melkprodukt zoet smaakt.

Pap is niet alleen geschikt als ontbijt, maar ook als nagerecht na een lichte maaltijd; zij vormt een bron van eiwitten in een vegetarisch menu. Pap van volkorenprodukten kan ook een volledige maaltijd zijn (vooral voor peuters en bejaarden), in combinatie met vruchten – rauw of gekookt – en eventueel wat groente of salade vooraf.
Ook bij pap is langzaam eten en goed vermengen met speeksel belangrijk voor de goede verteerbaarheid en de smaakbeleving. Stukjes appel of wat rozijnen in de ochtendpap stimuleren vooral bij kinderen het kauwen van de pap.

Havermoutpap (porridge) (ca. 9 dl)

- 120 g grove havervlokken (3 dl), zie de tip
- 1/2 l water

- 1/2 theelepel zout (1 1/2 als u geen zoetmiddel gebruikt)
- 1/4 l melk, verwarmd tot er een vlies op komt (70°C)

Week de havervlokken ten minste 1/2 uur of langer (een nacht mag ook) in het water.
Zet de pan met de geweekte vlokken en de melk op een laag pitje en breng alles onder langzaam roeren aan de kook. Doe het deksel op de pan en laat nog 5 minuten heel zachtjes koken op de laagste pit. Voeg het zout en de melk toe en laat de pap ten minste een kwartier nawellen.
Opdienen: zet een kan met warme of koude melk (of een ander melkprodukt) en het zoetmiddel van uw keuze op tafel om de pap naar wens te verdunnen en eventueel te zoeten.

Variatie: Havermoutpuree: Een zeer zachte, vlug klaargemaakte puree met een lekkere smaak, maar niet geschikt voor stamppotten. Haverpuree is licht verteerbaar, maar kan licht laxerend werken. U kunt deze puree bij de warme maaltijd eten ter vervanging van aardappelpuree. Kook de vlokken in het water als hierboven, maar voeg daarna geen melk toe. Breng de puree na het nawellen op smaak met 5 g boter en 1/2 dl room of melk en klop hem tegelijk luchtig. Zeef de puree zonodig (zie *puree van gort**).

Tip: Fijne havervlokken zetten al tijdens het koken zo sterk uit, dat u er nog een paar scheutjes van de melk aan moet toevoegen.

Pap van vierkoren-, tarwe-, gerste- of roggevlokken (ca. 9 dl)

Volg het recept van de havermoutpap, maar kook de pap 15 minuten. Ook de naweltijd van deze hardere graansoorten is langer, ten minste 30 minuten. Als u de minimale weektijd van een half uur aanhoudt, kunt u op deze pap nog kauwen (voor de stevige verteerders). Echt smeuïg wordt ze pas, als u de vlokken een nacht weekt.

Variatie: Kook eens 1 theelepel kaneel of 2 theelepels anijszaad met de pap mee, laat 30 g (2 eetlepels) rozijnen meewellen of schep er vlak voor het opdienen een gesnipperde appel of rijpe peer door. De combinatie kaneel/vers fruit smaakt bijzonder goed in gerstepap; rozijnen/anijs in roggepap. Als zoetmiddel smaakt stroop er goed bij.

Gierstpap

Een zachte, van zichzelf al wat zoetige pap.

- *150 g gierst (ca 1 3/4 dl)*
- *4 dl water*

- *4 dl melk*
- *een snufje zout*

Was de gierst, laat de korrels goed uitlekken en breng ze met het water langzaam aan de kook op een laag pitje. Doe het deksel op de pan en laat de gierst 20 minuten heel zachtjes koken.
Verwarm de melk met het zout tot er zich een vlies op vormt (70°C) en klop haar met een garde vlug door de gierst. Zet de pan op een warme plaats en laat de pap 1/2 uur nawellen.
Opdienen als *havermoutpap**. 142

Tip: Zie *boekweitpap**. 144

Pap van gierstvlokken

Volg het recept van de *havermoutpap**, maar gebruik krap 1 dl minder water. 142

Griesmeelpap (3/4 l)

- *75 g volkoren griesmeel (1 1/2 dl)*
- *3 3/4 dl water*
- *3 3/4 dl melk*
- *1 mespunt zout*

Week het griesmeel zo mogelijk 1/2 uur of langer in het water. Voeg de melk en het zout toe. Breng alles op een matig vuur langzaam aan de kook, onder voortdurend roeren met een garde. Doe het deksel op de pan, kook de pap op een spaarbrander ca. 5 minuten en laat haar daarna nog ten minste een kwartier nawellen.
Klop de pap luchtig met een garde en dien haar warm op*. 142

Maïspap (ruim 1 l)

- *200 g (3 1/4 dl) volkoren maïsmeel (biologisch-dynamisch), of 150 g (2 1/2 dl) volkoren maïsgriesmeel (biologisch)*
- *4 1/2 dl water*
- *4 1/2 dl melk*
- *1/2 theelepel zout*

Kook de maïspap als *griesmeelpap**, maar laat haar 10 minuten koken en, als u maïs*gries*meel gebruikt, 1/2 uur nawellen. 143

Variatie: Vervang de melk door water. Week tegelijk met het maïsmeel of maïsgriesmeel 50 g kokosrasp en kook de pap op dezelfde manier.
Dien op met stroop of met ongeraffineerde rietsuiker, waardoor u wat kaneel heeft gemengd.

Rijstebrij (ca. 8 dl)

- *200 g zilvervliesrijst, rondkorrelige (2 1/2 dl)*
- *3 1/2 dl water*

- *4 dl melk*
- *een stukje citroenschil of 1-2 theelepels geraspte sinaasappelschil*
- *1/2 theelepel zout*

Was de rijst, laat de korrels goed uitlekken en ▶

week ze ten minste 1/2 uur (liever langer) in het water. Breng de rijst in het weekwater langzaam aan de kook op de laagste stand. Doe het deksel op de pan en laat de rijst 1/2-3/4 uur heel zachtjes koken; de korrels moeten helemaal open zijn.
Verwarm de melk met het citroenschilletje en het zout tot er zich een vliesje op vormt en klop haar met een garde vlug door de rijst. Laat de rijst 1 uur nawellen.
Opdienen als *havermoutpap**. 142

Variaties:
- vervang de citroenschil door 1 theelepel anijszaad of door 2 theelepels gemalen koriander, die u tegelijk met de melk aan de rijst kunt toevoegen
- hak 25 g gepelde amandelen (waarvan eventueel 2-3 bittere amandelen, gestampt) grof en roer ze met de melk door de rijst
- kook **rijstebrij met rijstvlokken**: volg het recept van de *havermoutpap** (de variatie met *fijne* havervlokken). Deze pap heeft minder smaak dan de met hele rijstkorrels gekookte. Neem 150 g vlokken. Weken is niet nodig en de kooktijd is 10 minuten. 142

Tips:
- rijstebrij van zilvervliesrijst wordt niet zo smeuïg als van geslepen rijst. U kunt dit smeuïge effect echter ook bereiken door 2-3 eetlepels rijstmeel al roerende met de melk te verwarmen en door de met water gekookte rijst te roeren
- zie de tips bij *boekweitpap** 144

Boekweitpap (ca. 3/4 l)

- *100 g boekweit, hele korrels of grutten (ca. 1 1/2 dl)*
- *3 1/2 dl water*

- *3 1/2 dl melk*
- *1/2 theelepel zout*

Was de boekweit en laat de korrels goed uitlekken. Breng de boekweit met het water langzaam aan de kook, al roerende op een laag pitje. Doe het deksel op de pan en laat de boekweit op een sudderplaatje heel zachtjes koken: 5 minuten voor grutten, 10 minuten voor hele korrels.
Verwarm de melk tot er zich een vlies op vormt (70°C) en klop haar met een garde vlug door de boekweit. Voeg ook het zout toe en laat de pap nog ten minste 20 minuten nawellen, hele korrels 1/2 uur.
Opdienen als *havermoutpap**. 142

Variatie: Zie *stip in 't kuiltje**. 144

Tips:
- als u de boekweit eerst 1/2 uur in het water weekt, wordt de pap smeuïger
- u kunt de melk ook scheutje voor scheutje door de pap roeren en de pap telkens weer aan de kook laten komen

Stip in 't kuiltje

Een oude manier om boekweit te eten (Friesland, Drenthe).
De pap wordt zeer stijf gekookt, zodat er na het opscheppen (in een diep bord of schaaltje) in het midden een kuiltje gegraven kan worden. Hierin doet men dan een klontje boter en wat stroop. De boter smelt en laat zich in het kuiltje met de stroop tot een saus roeren waar u elke hap in kunt dopen.
Eet stip in 't kuiltje als toetje na een lichte maaltijd of als (vakantie)ontbijt (neem dan wel een dubbele portie).

Kook 100 g boekweitgrutten in 1/2 l melk in 5 min tot pap*. Voeg 1/2 theelepel zout toe en laat een kwartier nawellen.
Verwarm de borden voor en geef er wat boter en stroop bij. 144

Tip: De pap wordt minder machtig als u haar met half melk/half water of karnemelk kookt (zie *boekweitpap**). 144

Lammetjespap (3/4 l)

Een streling voor de tong voor mensen met een ochtendhumeur. Geef er stroop bij, of als de pap nog lauw is, honing.

- 60 g thermomeel (gerst), gebuild meel, boekweit- of rijstmeel (ca. 1 dl)
- 3/4 l melk (ca. 1:8)
- eventueel een stukje citroenschil
- 1 mespunt zout

Roer het meel met ca. 2 dl van de melk tot een papje en breng de rest van de melk aan de kook. Haal de pan even van het vuur en klop al roerend het meelpapje door de hete melk. Breng de pap onder voortdurend roeren weer aan de kook en laat haar op het zachtste pitje nog 5 minuten koken. Verwijder het schilletje.

Tip: Lauwwarm is de pap dikker dan heet en voor kinderen makkelijker om te eten. Kook een dikke pap met maar de helft van de hoeveelheid melk. Verwarm de rest van de melk tot lichaamstemperatuur en klop de melk door de dikke pap; de pap is nu op de juiste temperatuur (niet laten staan, zij zou weer dun kunnen worden).

Muesli

'Muesli' is in ons land een synoniem voor gezond eten; het is het Zwitserse woord voor 'moesje', 'papje'. De Zwitserse arts Bircher-Benner heeft rond de eeuwwisseling eerst bij zichzelf en daarna ook bij zijn patiënten ondervonden, dat goed toebereide rauwkost een helend effect heeft op ziekten, vooral die van de stofwisseling. Hij heeft een zeer evenwichtig rauwkostgerecht van graan, noten, melkprodukten en veel vruchten samengesteld, dat algauw onder de naam *Birchermuesli* ook buiten Zwitserland bekend werd. Maar: niet alle Birchermuesli die onder die naam wordt verkocht is die naam ook waard. Hieronder vindt u het originele recept, dat ook nu nog aan de hoogste eisen van de moderne voedingsleer voldoet.

Neem voor muesli bij het ontbijt meer vlokken (de originele Birchermuesli eet men met brood) en vervang voor het gemak het verse fruit door gedroogde zuidvruchten.

Het *mueslimengsel* wordt beter verteerbaar, als u het een uur of langer laat weken of even licht roostert. Als u de muesli bij het ontbijt wilt eten, kunt u het vlokkenmengsel de avond tevoren in de week zetten. Hiervoor kunt u, om bacterievorming te voorkomen, het beste water of een zuur melkprodukt nemen (karnemelk, yoghurt, viili, enzovoort). Zorg dat de vlokken ruim onder staan. Zet het schaaltje afgedekt op een koele plaats en voeg er, als u water heeft gebruikt, de volgende ochtend wat lauwwarme melk aan toe. Een ijskoude hap op de nuchtere maag bekomt de meeste mensen niet goed. Als u een zuur melkprodukt heeft gebruikt voor het weken, kunt u er nog wat meer aan toevoegen en het schaaltje met muesli in een pannetje met heet water op temperatuur brengen.

Een vers geraspte appel of een in stukjes gesneden sinaasappel, in de zomer andere soorten vruchten (ook bessen) maken muesli tot een ware lekkernij.

Met warme kruidenthee vooraf en een volkoren boterham met roomboter erbij is muesli een ontbijt of lunch, waarop u enkele uren kunt teren.

Origineel recept voor Birchermuesli

Geef er volkorenbrood met roomboter bij en warme kruidenthee.
Behalve als ontbijt kan muesli – eventueel in een wat royalere portie – ook als lunch of als lichte avondmaaltijd worden gegeten. Geef naar wens een bord groente(maaltijd-)soep vooraf.
De hoeveelheden zijn *per persoon* berekend.

- *1 volle eetlepel (ca. 10 g) havervlokken*
- *3 eetlepels water*

- *3 eetlepels yoghurt of viili*
- *1/2 eetlepel citroensap*
- *1/2-1 eetlepel honing*

- *1 rijpe, niet te zure appel (150-200 g)*
- *1/2 eetlepel gemalen hazelnoten*

Week de havervlokken in het water 1/2-10 uur (fijne 20 minuten).
Klop de yoghurt of viili, het citroensap en de honing erdoor.
Was de appel, snijd hem overlangs doormidden en verwijder alleen het kroontje en de steel, maar niet het klokhuis. Rasp de appel met schil en al op een fijne (Bircher)rasp.
Vermeng de geraspte appel meteen met het sausje, om verkleuren te voorkomen.
Strooi er de gemalen hazelnoten overheen en dien meteen op.

Variaties:
- vervang de havervlokken door andere soorten vlokken
- vervang het citroensap door sinaasappel- of ander vruchtesap
- vervang de honing door een ander zoetmiddel, bij voorbeeld diksap (in het geval u ook geen appels gebruikt)
- vervang de appel geheel of gedeeltelijk door ander fruit. Banaan, in schijfjes gesneden, of gedroogde abrikozen of dadels, smaken heerlijk in combinatie met appel, vooral als de appel erg zuur is
- vervang de hazelnoten door andere, eventueel grof gehakte noten of door 1 eetlepel notenpasta
- garneer de muesli als nagerecht met een toefje slagroom en strooi er grof gehakte en *geroosterde amandelen** overheen 604

Tips:
- gebruik voor kleine kinderen fijne havervlokken
- meng nog een eetlepel fermentgraan* door de muesli 616

Mueslimengsel (ca. 300 g)

€)

Deze muesli heeft, doordat ze licht is geroosterd, een betere smaak. U kunt er een voorraad van maken (luchtdicht verpakt bewaren op een donkere, droge en niet te warme plaats).

- *3 dl (150 g) havervlokken*
- *1 dl (50 g) tarwevlokken*
- *1 dl (50 g) rogge- of gerstevlokken*
- *1 dl (ca. 50 g) zonnebloempitten of noten naar keuze*
- *1 eetlepel (10 g) sesamzaad*
- *eventueel 1 eetlepel (6 g) anijszaad*
- *eventueel 1 eetlepel (10 g) lijnzaad*

- *1/2-1 dl (35-70 g) rozijnen en/of vijgen en dadels (kleingesneden)*

Vet met ca. 1/2 eetlepel olie een koekepan met dikke bodem in. Doe behalve de zuidvruchten alle ingrediënten in de koekepan en rooster alles op een *zeer* kleine vlam gedurende een half uur. Schep de vlokken om de 3-5 minuten om.

Haal de pan van het vuur en schep de zuidvruchten erdoor.
Laat het mengsel door en door afkoelen en doe het in een glazen pot of stopfles.

Variaties:
- maak andere vlokken- of zuidvruchtencombinaties, ook in andere verhoudingen verhoudingen
- rooster de laatste 5 minuten voorzichtig een eetlepel ongeraffineerde rietsuiker mee. Dit geeft een lichte caramelsmaak

Tip: Als u grotere hoeveelheden muesli wilt maken, kunt u het vlokken/notenmengsel beter in de oven roosteren, de kans op aanbranden is dan kleiner.
Spreid het mengsel in een ca. 3/4 cm dikke, dichte laag uit op een droge bakplaat, niet meer dan 9 dl of 450 g tegelijk op een plaat (anderhalf maal de hoeveelheid in het recept).
Bakken: ca. 15 minuten bij 160°C, middelste richel. Het mengsel gaat lekker ruiken, maar mag nauwelijks donkerder van kleur worden.

Budwigmuesli

Budwigmuesli is ontwikkeld door de Duitse arts Budwig en bestemd voor sporters en herstellenden en voor iedereen die van een stevig ontbijt houdt; ook voor mensen met een dieet waarin een hoog gehalte aan onverzadigde vetzuren belangrijk is.
Eet bij deze zeer voedzame muesli een volkoren cracker of geroosterde volkorenboterham en drink warme kruidenthee vooraf.

- 2 eetlepels gemalen lijnzaad (liefst telkens vers gemalen)
- 1 geraspte appel of andere kleingesneden vruchten

- 1 eetlepel lijnzaadolie
- 3 eetlepels melk
- eventueel 1/2 eetlepel honing
- 100 g magere of halfvolle kwark

Vermeng in een schaaltje het lijnzaad met de vruchten.
Klop in een ander schaaltje met een vork de olie met de melk en de honing tot een sausje.
Klop beetje bij beetje de kwark erdoor, totdat er geen oliedruppels meer zichtbaar zijn.
Giet dit sausje over het vruchtenmengsel en dien meteen op, naar wens nog bestrooid met gemalen of gehakte noten of zonnebloempitten.

Variaties:
- vervang de kwark door viili of yoghurt
- maak de muesli eens *hartig* door de appel te vervangen door 1-2 eetlepels gehakte verse kruiden naar keuze. De honing kunt u vervangen door wat gomasio of kruidenzout
- roer wat havervlokken (fijne) door de muesli, als u er geen brood bij eet

Thermogruttenmuesli

In Duitsland en Zwitserland wordt veel 'Frischkornmuesli' gegeten. De basis hiervan is telkens vers gemalen, niet voorbewerkt graan, dat alleen geweekt (dus niet gekookt) wordt. In sommige diëten (op doktersadvies) kan dit gezond zijn, maar voor de gewone eter vragen rauwe granen te veel van het spijsverteringsstelsel. Wie toch graag stevig kauwt en van een uitgesproken graansmaak houdt, kan gruttenmuesli maken met *thermogrutten** (haver, gerst of driekoren). 112
Giet 3/4 dl kokend water over ca. 3 eetlepels (30 g) grutten en laat dit ten minste 8 uur, liever een nacht, toegedekt staan. Volg verder het recept van de *Birchermuesli**. 146

Variaties:
- breng de grutten met het water aan de kook en laat ze, met het deksel op de pan, van het vuur af ten minste 20 minuten staan. Weken is dan niet nodig
- gebruik *thermomeel* en koud water; een weektijd van minimaal 1 uur is voldoende

Graanschotels

Graanschotels zijn de 'stamppotten' van de graankeuken. De basis is gaargekookt graan: hele korrels, grutten of vlokken. Hieraan kunt u gekookte of heel fijn gesneden rauwe groente, kaas of kwark, noten of peulvruchten, eventueel wat olie en verse of gedroogde kruiden toevoegen. De consistentie is smeuïger dan van gerechten met drooggekookte granen.
Als u niet veel tijd heeft, kunt u de schotel nu zonder meer op tafel brengen met een frisse schaal sla erbij.
Lekkerder wordt de schotel, als u hem nog 15-20 minuten in de oven zet en er een bruin korstje op laat komen. Doordat in deze tijd de groenten en kruiden hun geuren aan de granen kunnen doorgeven, wordt het gerecht voller van smaak.
Graanschotels kunt u grotendeels al van tevoren klaarmaken. Het graan kan een restje van de vorige dag zijn en u kunt er ook groenteresten in verwerken; de groente wordt dan op een voorzichtige manier opgewarmd. Een salade erbij zorgt voor de nodige vitaminen.

Stoofpot van tarwe, bleekselderij en zuurkool

⑤ ①

Afgezien van de week- en kooktijd van de tarwe is dit eenpansgerecht snel gemaakt; met een licht en fijn aroma als u bleekselderij gebruikt, wat scherper met knolselderij. Eet er een wortelsalade bij en vla toe.

- 200 g tarwe, gekookt volgens het basisrecept* (kook een laurierblad mee), of gebruik 500 g gekookte tarwe   128

- 1 eetlepel olie
- 1 gesnipperde ui
- 150 g aardappelen, in 2 cm grote stukjes gesneden
- 150 g bleekselderij, in 2 cm grote stukjes gesneden, of 100 g knolselderij, in 1 cm grote blokjes
- 1 theelepel karwijzaad
- 1/2 theelepel zout
- 1/2-1 dl bouillon

- 150 g zuurkool, wat kleingeknipt
- eventueel een snufje peper
- 25 g noten naar keuze of zonnebloempitten, gebakken of geroosterd*   605

Verwarm in een ruime pan de olie met de ui en smoor de ui glazig op een matig vuur. Smoor ook de aardappelen en de selderij even mee. Roer het zout en de karwij erdoor en voeg het water toe. Breng alles aan de kook, doe het deksel op de pan en draai de vlam laag als het deksel heet is. Kook de groente krap gaar in ca. 15 minuten.
Meng de zuurkool en de tarwe erdoor en breng alles weer aan de kook. Laat nog 5 minuten trekken, verwijder het laurierblad en breng op smaak met peper. Strooi de noten of pitten erover.

Variaties:
- vervang de tarwe door gerst, haver of rogge of door thermogrutten van deze graansoorten (kijk bij de basisrecepten voor de juiste kooktijden)
- vervang de zuurkool door ca. 250 g van een andere koolsoort (vers of melkzuur ingemaakt*. De verse kool fijnsnijden of   575
- schaven en met de selderij toevoegen

Stoofpot van thermogrutten of bulghur

Een makkelijk en vlug te koken gerecht, waarbij u nog wat bladsla of – in de zomer – tomatensla of komkommersla kunt eten.

- 150 g (1,3 dl) thermogrutten (bij zomergroenten past tarwe of gerst, bij wintergroenten rogge of haver) of bulghur (1,5 dl)
- ca. 2 1/2 dl bouillon of water (1:1 3/4)
- 1 laurierblad
- ca. 500 g koolrabi, schoongemaakt gewogen, of vervang de koolrabi door andere groente van het seizoen, bij voorbeeld vers gedopte erwten (in de winter gedroogde, die van tevoren zijn gekookt), prei, wortel, bleek- of knolselderij, venkelknol, witte of Chinese kool (buitenste bladeren), apart of 2-3 soorten gemengd
- 2 eetlepels olie
- 1 fijngesneden ui
- 2 theelepels zout
- 1 1/2 theelepel tijm, of 2-3 theelepels gedroogde basilicum of 1 eetlepel verse basilicum, fijngeknipt
- eventueel 100-150 g zeer oude kaas, fijngeraspt of 50-75 g geroosterde cashewnoten*

604

Week de thermogrutten of bulghur ten minste 20 minuten in de bouillon of het water met het laurierblad, dan zijn de graanprodukten tegelijk met de groente gaar.
Snijd intussen de groenten in dobbelsteentjes of stukjes, of rasp ze grof.
Verwarm op een matig vuur in een pan met een dikke bodem de olie met de ui en smoor de ui glazig. Smoor al roerende ook de groenten even mee, tot ze met olie zijn overtrokken en lekker ruiken. Voeg het water met de geweekte granen toe (ook het laurierblad) en het zout en breng alles aan de kook. Temper het vuur als het deksel heet is en kook alles op een matig vuur in 15-20 minuten gaar. Controleer af en toe of het gerecht niet aanbrandt, de stoofpot mag wat vochtig zijn. Schep de kruiden erdoor en geef de kaas of noten er apart bij.

Roggeschotel met uien

Vlug gemaakt en voedzaam. Op het smoren van de uien na kunt u de schotel van tevoren klaarmaken. Geef er fijngesneden andijviesla of een andere bladsla bij.

- 150 g roggevlokken (ruim 4 dl)
- 1/4 l water
- 1/2 theelepel zout

- 1 eetlepel olie of 10 g boter
- 400 g uien, in dunne ringen gesneden
- 1-2 theelepels karwijzaad, wat gekneusd

- 1 ei
- 150 g halfvolle kwark
- 1 dl melk
- 2 theelepels milde paprikapoeder
- 1/2 eetlepel basilicum (vers 1 eetlepel)
- 1 eetlepel thermomeel, rijstmeel of gebuild meel
- 1 theelepel zout

- een platte vuurvaste schaal van ten minste 1 1/2 l inhoud, ingevet

Rooster de vlokken in een pan met een dikke bodem zonder olie *licht*bruin; doe dit onder voortdurend roeren met een houten lepel. Haal de pan van het vuur en voeg het water en het zout toe. Roer alles goed om, doe een deksel op de pan en laat de vlokken een half uur wellen.
Verwarm de boter of olie met de ui en de karwij en smoor de ui glazig. Doe het deksel op de pan en laat de ui van het vuur af nog wat nasmoren.
Klop intussen het ei los en vermeng ze met kwark, melk, kruiden, meel en zout. Meng nu ook de gesmoorde uien erdoor.
Doe de gewelde vlokken in de schaal en druk ze wat aan. Giet het uienkwarkmengsel over de vlokken en leg er desgewenst nog een paar flinterdunne schijfjes harde boter op.
Bakken: 20-30 minuten bij 180°C, middelste richel.

Variaties:
- vervang de ui gedeeltelijk door **prei**. Vervang dan ook een gedeelte van de kwark door geraspte, niet te oude kaas en wat extra melk
- vervang de roggevlokken door **vierkorenvlokken**, het gerecht wordt dan wat zachter (voor kinderen)
- vervang de roggevlokken door roggekorrels (voor volwassenen), voorgekookt volgens het basisrecept*

128

- vervang het paprikapoeder door een halve, in dunne reepjes gesneden rode paprika en smoor deze op het laatst nog even met de ui mee

Stoofpot van rogge met groente
Ⓥ

Een stevige winterschotel. Geef er een frisse bladsla bij (veldsla, winterpostelein).

- ca. 450 g gekookte hele roggekorrels* (150 g ongekookt), of 300 g gekookte thermo roggegrutten* (125 g ongekookt)   128
-   138

- 1-2 eetlepels olie
- 1 fijngesneden ui
- 1 fijngehakt teentje knoflook (eventueel)
- 1 prei, in 1/2 cm brede ringen gesneden
- 1 grote wortel, grof geraspt of fijn geschaafd
- 1 stuk knolselderij, grof geraspt of fijn geschaafd (totaal ca. 250 g schoongemaakte groente)
- 1-2 theelepels kerrie

- 100 g geraspte pittige kaas
- 3-4 eetlepels geroosterde zonnebloempitten of grof gehakte noten

Verwarm op een matig vuur olie, ui en knoflook en smoor de ui glazig. Smoor ook de rest van de groenten en de kerrie even mee tot alles met olie is overtrokken. Dek af met de gekookte roggekorrels of thermogrutten, doe het deksel op de pan en laat het geheel 10 minuten sudderen op een laag pitje. Voeg geen vloeistof toe, de groenten worden door het slinken vanzelf vochtig.
In de tijd dat de groente gaar stooft is ook het graan warm en kunt u het door de groente scheppen.
Vul een schaal laag om laag met het roggegroentemengsel en de geraspte kaas en strooi de zonnebloempitten eroverheen.

Variatie: Vervang de rogge door **tarwe, gerst** of **gort**.

Haverschotel met groente

Een pittige schotel, waarbij een eenvoudige bladsla past.

- ca. 500 g gekookte haverkorrels* (200 g ongekookt)   129
- 1 eetlepel olie
- 1/2 ui (ca. 40 g), fijngehakt

- 1 stuk prei (ca. 75 g) van het lichtgroene gedeelte, in 1 cm brede ringen gesneden
- 1 venkelknol (schoongemaakt ca. 100 g), in 2 mm dikke schijfjes geschaafd
- 1 kleine rode paprika, in 1 cm grote stukjes gesneden
- 1 stuk knol- of bleekselderij (ca. 150 g), in luciferdunne stukjes of plakjes gesneden
- 2 eetlepels water

- 1/2 eetlepel oregano
- eventueel 1 mespunt peper
- 1 dl room of bouillon met 1-2 eetlepels olie

- 1 vuurvaste schaal van ten minste 1 1/2 l inhoud, ingevet

Verwarm op een matig vuur de olie met de ui en smoor de ui glazig. Voeg de overige groente toe en laat meesmoren tot alles met olie is overtrokken en het lekker gaat geuren. Blus met de 2 eetlepels water en laat de groente in 3-5 minuten halfgaar stoven. Deksel op de pan en oppassen voor aanbranden! Roer de oregano, de peper en de haver door de groente en schep ook de room of bouillon en olie erdoor. Proef of het mengsel voldoende gezouten en gekruid is en doe het in de vuurvaste schaal. Maak het oppervlak mooi glad.
Bakken: 30-40 minuten bij 180°C, onderste richel.

Variaties:
- vervang de knolselderij door wortelpeterselie
- vervang de venkel door een stevige, in blokjes gesneden appel. Voeg deze tegelijk met de room aan de massa toe
- vervang in de winter de verse paprika door 1 eetlepel paprikapoeder
- vervang de oregano door veel fijngesneden verse tuinkruiden of door 1-2 theelepels geraspte gemberwortel (gember smaakt lekker in de variaties met appel)
- maak de schotel voedzamer door er op de helft van de baktijd 2-3 eetlepels grofgehakte noten of geraspte kaas en een paar flinterdunne plakjes boter over te strooien
- gebruik andere graansoorten (rogge, gerst of gort, tarwe, rijst)

Tip: Vervang de hele haverkorrels door 250 g grove **vlokken** (haver-, tarwe-, rogge-, gerste- of vierkorenvlokken). Week de vlokken ten minste 1 uur in 1/2 l bouillon en voeg 2 theelepels karwijzaad toe. Schep af en toe om, zodat alle vlokken gelijkmatig vochtig worden. Als ze al het vocht hebben opgenomen, kunt u ze verder verwerken als de gekookte haverkorrels. Met vlokken wordt de haverschotel minder rul dan met hele korrels, maar het gerecht is wel lichter verteerbaar.

Variaties:
- **gerstsoufflé**: vervang het kwark/oliemengsel door twee grote eieren (het eiwit stijfkloppen). In dit geval kunt in plaats van gekookte groente ook rauwe zuurkool gebruiken
- vervang de gerst door **haver**, **tarwe** of **rijst**

Gersteschotel met groente en kwark
(3-4 personen)

Ⓥ ⊖

Dit gerecht is geschikt voor het verwerken van groenterestjes en vlug klaargemaakt. Lekker met bladsla.

- ca. 450 g gekookte gerst* of gort (150 g ongekookt), of ca. 300 g gekookte thermogrutten* (125 g ongekookt) 129
- ca. 200 g gekookte groente, in blokjes gesneden (knolselderij, bleekselderij, koolrabi, koolraap, meiraap, knolvenkel, pastinaak, wortelpeterselie, stelen van paksoy of mangold, sperziebonen, doperwtjes) 138
- ca. 100 g oranje pompoen, geschild en geraspt, of 1 grote, stevige appel, in blokjes gesneden
- 1/2 eetlepel oregano of basilicum
- 2 eetlepels peterselie, fijngesneden

- 1/2 pot (175 g) halfvolle kwark
- 1-2 eetlepels olie

- 25 g geraspte pittige kaas
- 2 eetlepels paneermeel
- 10 g harde boter

- een vuurvaste schaal, ingevet

Vermeng de gerst met de groente en de kruiden.
Roer de olie door de kwark, totdat er geen oliedruppeltjes meer te zien zijn en schep dit door het gerst-groentemengsel. Doe alles in de vuurvaste schaal.
Vermeng de kaas met het paneermeel en strooi dit over het gerecht. Leg er wat flinterdunne stukjes boter op.
Bakken: 30-40 minuten bij 180°C, middelste richel.

Stoofpot van gerst, linzen en kool
⑤ ⊖

Met in gedachten hete bliksem, gekookt met volwaardige ingrediënten en voorzien van een Oosters smaakje ontstond deze 'geïntegreerde' winterse stoofpot. Eet er nog een frisse salade bij, bij voorbeeld rauwe bieten versierd met een randje winterpostelein of sterrekers. U kunt de stoofpot van tevoren klaarmaken en in de oven weer op temperatuur brengen (zie variatie).

- 200 g gerst of gort, 1 nacht of ten minste 5 uur geweekt in
- 1 l water

- 100 g linzen
- 1 laurierblad
- 1/2 kaneelstokje
- 10 peperkorrels
- 3 kruidnagelen

- 2 theelepels zout

- 1 eetlepel olie
- 1 flinke prei of een grote ui (ca. 150 g), in 1 cm brede ringen gesneden
- 1/2 eetlepel kerrie
- ca. 300 g witte kool, in segmenten en daarna in 2 cm brede repen gesneden

- ca. 1 dl water
- 4 kleine stoofpeertjes, geschild en in 4 partjes gesneden
- 1 eetlepel sojasaus (shoyu)
- 1 theelepel ongeraffineerde rietsuiker of stroop
- 1 theelepel zout
- 2-3 eetlepels selderijblad of peterselie, niet té fijn geknipt
- 1 eetlepel olie
- 50 g zonnebloempitten

▶

Voeg de linzen en de specerijen bij de geweekte gort en kook dit volgens het basisrecept van gort*. Haal, als u voor het nawellen het zout toevoegt, de laurier en de kaneel eruit en leg dit apart. 129

Verwarm in een ruime pan met dikke bodem op een matig vuur de olie met de uien en smoor de ui glazig. Smoor ook de kerrie en de kool nog even mee.

Giet het water erbij, leg de peertjes erop, voeg shoyu, suiker, zout, laurier en kaneel toe en schep alles om. Breng het aan de kook, doe het deksel erop en draai de vlam lager als het deksel heet is. Stoof alles (niet té) gaar in ca. 20 minuten. Pas op voor aanbranden.

Verwijder laurier en kaneel, voeg het gerstmengsel en de verse kruiden toe en schep alles voorzichtig, maar grondig door elkaar. Breng de stoofpot daarbij (zonodig) weer op temperatuur. Laat van het vuur af nog 5 minuten doortrekken (deksel op de pan).

Bak intussen in de olie de zonnebloempitten* en strooi ze over het gerecht. 605

Variaties:
- vervang de gerst door rijst, die u niet hoeft te weken. Kook de rijst, samen met de (zo mogelijk) in 1 1/2 dl water 1 uur voorgeweekte linzen gaar volgens het basisrecept* 345
- vervang de stoofperen door gedroogde peren. Week ze met de gort, maar kook ze pas met de groente mee
- maak een sausje van 1-1 1/2 dl zure room of viili (of half-om-half), 1/2 theelepel zout en 2-3 theelepels kerrie en serveer dit er apart bij. Laat dan eventueel de zonnebloempitten weg of gebruik geroosterde amandelstaafjes* 604
- doe het gerecht in een ingevette vuurvaste schaal van ten minste 1 1/2 dl inhoud, maak het oppervlak glad en smeer er het roomsausje over uit.

Bakken: ca. 30 minuten bij 180°C, middelste richel (als de inhoud helemaal koud was, 10 minuten langer)

Haverpudding met spinazie of snijbiet (4-5 personen)

Een lentefris graangerecht, waarbij u alleen nog een salade van wortelgroente hoeft klaar te maken.

- *150 g (2 dl) haver, liefst geëest, gaargekookt volgens het basisrecept** 129

- *1 eetlepel olie*
- *1 grote ui, fijngesneden*

- *ca. 250 g jonge spinazie of zeer jonge snijbiet (zonder stengels)*
- *80-100 g zeer pittige oude kaas, geraspt*
- *2 dooiers van grote eieren*
- *1 theelepel majoraan*
- *1 mespunt nootmuskaat*
- *eventueel wat zout*

- *2 eiwitten, stijfgeklopt*

- *een puddingvorm of hoge vuurvaste schaal van ten minste 1 1/2 l inhoud, ingevet en bestrooid met fijn paneermeel*

Verwarm in een pan met dikke bodem de olie met de ui en smoor de ui glazig. Voeg dit bij de gekookte haver.

Was de spinazie of snijbiet, droog de groente in de slacentrifuge of in een theedoek en snijd de blaadjes fijn.

Meng de groente met de overige ingrediënten ook door de haver (de stijfgeklopte eiwitten op het laatst) en doe alles in een puddingvorm. Kook de pudding ca. 1 uur au bain marie*. 43

Variaties:
- vervang in de winter de spinazie door 300 g prei (het witte en lichtgroene gedeelte). Snijd de prei in ringetjes van 3 mm dik en smoor ze even met de uien mee. Vervang de marjolein door tijm
- **haverschotel met spinazie of snijbiet**: vervang de eieren door 100 g halfvolle kwark of door 1 dl room en één geklutst ei. Hierdoor zou de massa echter tijdens het koken in het waterbad niet vast genoeg kunnen worden om te storten. Doe hem daarom over in een vuurvaste schaal en zet deze 30-40 minuten in de oven bij 180°C, onderste richel

Giersttaart met wortel en prei
(4-6 personen)

- de helft van een recept kruimeldeeg* 504
- 150 g gierst (1 3/4 dl)
- 5 1/2 dl water of bouillon (1:3)
- 1 laurierblad
- 3 theelepels zout

- ca. 250 g wortel, fijn geraspt
- 1 stengel (75 g) bleekselderij, fijngesneden, of 50 g knolselderij, geraspt
- 1 stukje prei of 1 uitje (50 g), fijngesneden
- 2-3 eetlepels peterselie of selderijblad, fijngeknipt
- 50-75 g hazelnoten of amandelen, fijngemalen
- 2 eierdooiers
- 2-3 theelepels kerrie
- eventueel wat gomasio of sojasaus

- 2 eiwitten, stijfgeklopt

- een springvorm van 26 cm of een pizzavorm van 30 cm

Kook de gierst volgens het *basisrecept**. 130
Rol het deeg 2-3 mm dik uit en bekleed daarmee de vorm, de rand tot ca. 3 cm hoog. Prik een paar keer met een vork in het deeg. Werk alle ingrediënten, behalve de eiwitten, door de nog warme gierst. Het moet een pittig mengsel zijn.
Schep tot slot de eiwitten erdoor, leg de massa op het deeg en maak de bovenkant glad.
Bakken: 10 minuten bij 220°C, onderste richel; ca. 20 minuten bij 200°C.
Dien de taart warm op en geef er bladsla bij.

Variaties:
- vervang de noten door 50 g geraspte oude kaas en de kerrie door paprika. De taart wordt daardoor pittiger, maar ook wat minder luchtig
- **giersttaart met pompoen**: vervang de bovengenoemde groente door 350 g oranje pompoen, de hazelnoten door in stukjes gebroken walnoten en voeg 1/2-1 dl melk of room toe, anders wordt de vulling te droog. Kruid behalve met de peterselie ook met 1-2 theelepels geraspte gemberwortel en 1/2 eetlepel basilicum. Nog pittiger wordt deze variatie, als u 100 g van de pompoen vervangt door fijngesneden bleekselderij of geraspte knolselderij

Tip: U kunt de vulling ook in een ingevette vuurvaste schaal doen en er **gierstsoufflé met wortel (of pompoen)** van bakken (ca. 3/4 uur bij 200°C). Gebruik dan wel 3 kleine of 2 grote eieren.
Geef naar wens bij deze soufflé behalve sla ook nog wat gebakken aardappelen of in de schil gekookte *topinamboer**, of eet soep 329
vooraf.

Stamppot van gierstpuree en rauwe andijvie

Voedzamer en pittiger dan met aardappelpuree. Zeer geschikt voor kinderen die anders geen andijvie lusten: de gierst verzacht de bittere smaak van de groente.

- *gierstpuree** 131
- 1 theelepel rozemarijn, gestampt
- 1 theelepel kerrie
- 1 wortel (ca. 150 g), geschild en fijngeraspt
- 300 g andijvie (het malse binnenste van de struik), in 1/2 cm smalle reepjes gesneden
- 175 g belegen Goudse kaas, geraspt of in 1/2 cm kleine blokjes gesneden
- 1-2 eetlepels Kanne's brooddrank of 1/2 eetlepel citroensap of azijn

- 4 eetlepels (25 g) zonnebloempitten, geroosterd* 605

Maak de gierstpuree in een ruime pan.
Roer eerst de kruiden en de fijngeraspte wortels door de luchtig geklopte puree, leg er de andijvie en de kaas op en schep alles vlug door elkaar. Breng op smaak met citroensap, brooddrank of azijn.
Strooi er de pitten overheen en dien meteen op, dan is de andijvie nog knapperig.

Variaties:
- vervang de andijvie door een andere malse bladgroente, bij voorbeeld spinazie, raapstelen, zomer- of winterpostelein of veldsla, of (gedeeltelijk) door zelf geplukte wilde groente (melde, brandnetels, zuring)
- vervang de kaas door 100 g uitgebakken blokjes spek

Gierstschotel met kaas en bananen
(voor 4 personen)

↩ 🌡

Een pikant-zoetig winters graangerecht, waar ook kinderen dol op zijn.
Combineer met een wortelsalade op een bedje van winterpostelein; met zuurkool; met gestoofde rode kool of een andere gestoofde groente.
Dit gierstgerecht is zeer geschikt om er een pompoen* mee te vullen of op te dienen in de vorm van een timbaal*. 367 135

- 1-2 eetlepels olie
- 200 g gierst (2 1/2 dl), gewassen en zeer goed uitgelekt
- 1 ui
- 1 theelepel kerrie of kurkuma

- 5 dl heet water (1:2)
- 1 laurierblad

- 2 volle eetlepels (ca. 25 g) rozijnen
- 1 theelepel marjolein
- 1 theelepel zout

- 1 dl bouillon, room of viili
- 75-100 g jongbelegen kaas, in 1/2 cm grote blokjes gesneden
- 1 flinke geschilde banaan (ca. 100 g) in plakjes van een 1/2 cm

Verwarm de olie met de gierst en smoor al roerende tot de gierst aan de bodem van de pan wil aanbakken. Voeg de ui en de kerrie toe en smoor dit alles nog een paar tellen, maar laat de ui niet verkleuren.
Blus met het water en voeg de laurier toe. Breng langzaam aan de kook en laat 15-20 minuten op een laag pitje koken, met het deksel op de pan.
Roer de rozijnen, de marjolein en het zout door de gierst en laat op een warme plaats ten minste een half uur nawellen.
Voeg vlak voor het opdienen de bouillon, room of viili toe en schep er tot slot de kaas en de banaan doorheen. Proef of er nog wat zout bij moet.

Variaties:
- garneer het gerecht op een feestelijke dag met plakken verse, in wat boter in de koekepan gebakken ananas of reepjes rode en/of groene paprika, afgewisseld met toef-

jes peterselie. Strooi er gepelde, geroosterde en grof gehakte amandelen over
- vervang de kaas door 50-75 g walnoten (in grove stukjes gebroken) of *geroosterde cashewnoten**. Voeg eventueel nog wat zout toe. 604

Tip: Dit gerecht kunt u van tevoren klaarmaken, langer nawellen van de gierst is geen bezwaar. Als de gierst te veel is afgekoeld, kunt u het geheel na toevoegen van bouillon (room of viili), banaan en kaas in een vuurvaste schaal doen. Aandrukken en gladstrijken, fijn paneermeel erover strooien en een paar flinterdunne schijfjes boter of grofgehakte amandelen of hazelnoten erop leggen. Laat de gierst in de oven door en door warm worden (ca. 20 minuten bij 180°C).

Pittige gierstschotel met gemengde groente

Een kleurrijke graanschotel, waarbij u alleen nog een groene bladsla hoeft te maken.

Maak de massa van de *pittige gierstkoekjes**. 170
Laat daarbij het meel weg en gebruik de dubbele hoeveelheid groente. Meng de groente voorzichtig door de gierst, zij mag rul blijven.
Breng de massa eventueel nog op smaak met wat gomasio of kruidenzout en doe hem in een vuurvaste schaal. Strijk het oppervlak glad en strooi er een laagje paneermeel over. Leg er een paar flintertjes harde boter op.
Bakken: ca. 30 minuten bij 180°C, onderste richel.

Variaties:
- vervang de kwark en de olie door 50-75 g geraspte pittige kaas en 1 dl room of melk
- zie ook de variatie met gehakt bij het recept van de *gierstkoekjes** 170
- vervang de kwark en de olie door 2 kleine eieren, waarvan u het wit stijfgeklopt op het laatst door de massa schept. Dit maakt van de schotel een **gierstsoufflé**

Maïsgratin (4-6 personen)

Voedzaam met een zachte smaak. Serveer met gemengde sla, broccoli of gestoofde prei, gegarneerd met plakjes tomaat of *wortelbloemen**. 429

- 350 g (6 dl) volkoren maïsgriesmeel (polenta)
- 1 l water of bouillon (1:1 2/3)
- eventueel wat zout (houd rekening met het zoutgehalte van de kaas)

- 75-100 g geraspte oude kaas

- 1 1/4 dl melk
- 2 grote eieren
- 1 theelepel zout
- 1/2 theelepel rozemarijn
- 1 theelepel tijm of salie

- wat harde boter

- een cakevorm van ten minste 1 1/2 l inhoud
- een platte vuurvaste schaal, ingevet

Kook van het maïsgriesmeel en het water een stijve *polenta**. De lepel moet er in blijven staan, zie tip. Doe de massa in de met koud water omgespoelde cakevorm. Strijk de bovenkant glad en dek af met folie om de vorming van een hard vel te voorkomen. Laat de polenta door en door afkoelen (dit kan een paar uur duren). 132
Stort de maïscake op een plank, snijd hem in 1 cm dikke plakken en leg deze dakpansgewijs in de vuurvaste schaal. Strooi de kaas ertussen.
Kluts voor de eiersaus de eieren met de melk, stamp de kruiden met het zout fijn in een vijzel en voeg toe aan de geklutste eieren. Giet de saus over de maïsplakken en leg bovenop een paar flintertjes boter.
Bakken: 20-30 minuten bij 200°C, middelste richel. De eiersaus is dan gestold en er is een goudbruine korst ontstaan.

Variaties:
- leg tussen elke maïsplak een dunne schijf tomaat
- strooi geen geraspte kaas tussen de maïsplakken, maar leg er dunne plakken jonge kaas of ham tussen
- vervang de eiersaus door *sauce bolognaise**. 228

U hoeft dan geen kaas tussen de maïsplakken te strooien
- steek uit elk maïsplakje met een passend glas een mooi rondje. Leg het 'afval' onder in de schaal en de rondjes dakpansgewijs erop. Afwerken als in het recept beschreven (geen boter erop leggen)

Tip: Sommige merken volkoren maïsgriesmeel koken niet voldoende stijf. Kook dan nog 2-3 eetlepels boekweitgrutten met de maïs mee.

Maïssoufflé met tomaten

Een hartig maïsgerecht, waarbij sperziebonen of broccoli lekker zijn.

- 175 g (2 1/2 dl) grof volkoren maïsgriesmeel (polenta)
- 6 dl water of bouillon (1:2 1/2)
- 1 theelepel zout

- 1 eetlepel olie
- 1/2-1 eetlepel oregano of basilicum
- 2 dooiers van kleine eieren

- 2 eiwitten, stijfgeklopt

- 4 kleine tomaten (ca. 250 g), overdwars doormidden gesneden
- gomasio naar smaak
- 1 theelepel rozemarijn, gestampt

- 50-75 g geraspte Emmentaler of belegen Goudse kaas

- een vuurvaste schaal van ca. 1 1/2 l inhoud, ingevet

Kook van maïs, water en zout polenta volgens het basisrecept*. 132
Roer de olie, de kruiden en tot slot de eierdooiers door de wat afgekoelde pap.
Schep de stijfgeklopte eiwitten in twee gedeelten erdoor en doe deze luchtige massa in de schaal. Leg de tomatenhelften er bovenop (druk ze niet ín de massa, anders zijn ze straks niet meer te zien – de soufflé rijst tijdens het bakken).
Bakken: ca. 3/4 uur bij 180°C, onderste richel.
Strooi de rozemarijn en wat gomasio op de ▶

tomaten en dien de soufflé meteen op. Geef de geraspte kaas er apart bij.

Variatie: Vervang de tomaten door zeer rijpe halve peren (of voorgekookte) en de genoemde kaas eventueel door verkruimelde roquefort.

Rijst-linzenschotel (4-5 personen)
⑤ ∋

Een voedzaam, smeuïg gerecht. Geef er een frisse bladsla bij.

- 300 g rijst
- 100 g linzen (liefst grote)
- 7 dl water
- 1 laurierblad
- 2 kruidnagelen

- 2 theelepels zout
- 1 theelepel bonekruid
- 1/2 eetlepel basilicum

- 1 eetlepel olie
- 1 prei (ook het lichtgroene gedeelte), fijngesneden, of 1 flinke ui, fijngesneden
- 1-2 theelepels kerrie

- 1 winterpeen (ca. 100 g), fijngeraspt
- 50 g zonnebloempitten of grofgehakte noten
- 50 g geraspte kaas of 100 g halfvolle kwark
- 2-3 eetlepels verse peterselie, fijngeknipt
- eventueel wat bouillon
- eventueel wat zout of gomasio

- een vuurvaste schaal van 2 l inhoud, ingevet

Was de rijst en de linzen en week ze, samen met de laurier en de kruidnagelen, gedurende 2-3 uur. Kook daarna alles 1/2 uur, voeg het zout en de gedroogde kruiden toe en zet de pan op een warme plaats om ten minste 1 uur na te wellen.
Smoor in de olie op een matig vuur de prei of de ui en doe ook de kerrie erbij. Roer dit met de rest van de ingrediënten door de linzen/rijstmassa en doe alles in de schaal.
Bakken: ca. 20 minuten bij 180°C, middelste richel.

Variaties:
- vervang de kerrie door paprikapoeder of wat peper uit de molen of smoor een stukje verse Spaanse peper met de ui mee (niet als er jonge kinderen mee-eten)
- vervang de wortel door venkel of knolselderij (de laatste geeft een pittige smaak)
- vervang de rijst en de linzen door andere soorten granen, respectievelijk peulvruchten. Let dan wel op de hiervoor geldende (eventueel van elkaar afwijkende) week- en kooktijden; misschien moet u dan de granen en peulvruchten apart koken

Tips:
- verwerk voor dit gerecht resten van granen (750 g) en peulvruchten (250 g). Het gerecht moet dan, omdat de massa koud is, wat langer bakken (30-45 minuten)
- restjes van dit gerecht kunt u met wat meel vermengen zodat een stevige massa ontstaat. Bak hiervan *graankoekjes** 166
- deze gekruide graan/peulvruchtenmassa is ook geschikt voor het vullen van groenten (pompoen, aubergines, courgettes)

Kedgeree van rijst en linzen
∋

Een rul, flink gekruid Oosters gerecht, waarbij u een eenvoudige bladgroente of sla kunt eten. Kedgeree kunt u van tevoren maken en vlak voor het eten in de koekepan opbakken.

- 2 eetlepels olie
- 250 g langkorrelige zilvervliesrijst (3 dl)

- 2 theelepels kurkumapoeder (koenjit)
- 2 theelepels gemalen komijn (djinten),
- 2 theelepels kerrie
- 1-2 theelepels sambal
- 1 eetlepel verse gemberwortel, geraspt

- 1 grote ui, gehakt
- 2-3 teentjes knoflook, fijngehakt

- 7 dl hete bouillon of water
- 150 g linzen, zie tip

- 2 theelepels zout

- 2 eetlepels selderijblad, fijngesneden
- eventueel 1 grote bakbanaan, gebakken* 26

Verwarm de olie met de rijst en fruit deze zoals beschreven bij *risotto**. Voeg, als de rijst 133 drooggefruit is, de specerijen toe en fruit ze een paar tellen mee. Fruit nu ook de uien mee, tot ze glazig zijn of zelfs een beetje gebakken.
Blus met de bouillon en voeg de linzen toe. Breng alles weer aan de kook en laat het gerecht met het deksel op de pan 20-30 minuten zachtjes koken.
Schep het zout erdoor en laat ten minste 1 uur nawellen.
Vermeng de kedgeree vlak voor het opdienen met het verse selderijblad. Garneer met een toefje selderijblad en eventueel met schijfjes gebakken banaan.

Variatie: Strooi op een feestelijke dag ca. 50 g gepelde en *geroosterde halve amandelen* of *cashewnoten** over het gerecht. 604

Tip: Na de jaarwisseling, als de linzen wat ouder worden, moet u ze 2-3 uur weken in de helft van het water dat u straks voor het koken nodig heeft.

Riz créole (rijst met groenten)

(4-5 personen)

Een kleurrijke rijst, waarbij u alleen nog een eenvoudige bladsla hoeft te serveren.

- *risotto** 133

- 1-2 eetlepels olie
- 1 ui, fijngesneden

- 150 g wortel, geschild en in schijfjes gesneden
- 150 g koolrabi, geschild en in blokjes gesneden
- 75 g sperziebonen, in stukjes gesneden
- 75 g doperwtjes of jonge tuinbonen, gedopt
- 1 dl bouillon of water
- 1 theelepel zout
- 150 g bloemkoolroosjes

- 75-100 g geraspte Parmezaanse of oude Goudse kaas
- 2-3 eetlepels peterselie, fijngesneden

Maak eerst de risotto.
Verwarm de olie met de ui en smoor de ui glazig op een matig vuur. Voeg de gewassen en gesneden groente (behalve de bloemkool) toe en smoor de groente onder voortdurend roeren mee, totdat alles met olie is overtrokken. Laat de groente niet verkleuren of zelfs aanbakken.
Blus met het water en voeg het zout toe. Leg de bloemkoolroosjes erop en kook de groente bijtgaar. Schep de groente kort voor het opdienen door de risotto en laat alles nog 5 minuten doortrekken.
Schep de groenterijst laag om laag met de geraspte kaas in een schotel en strooi er de fijngehakte peterselie overheen.

Variatie: Maak van 150 g *gekruid gehakt** 243 hazelnootgrote balletjes, die u voordat u de ui smoort in de olie bakt en er weer uithaalt. Roer de balletjes door de rijst voor het nawellen en gebruik geen geraspte kaas.

Risotto met champignons
♦

Dien deze pittige risotto op met een schaaltje geraspte Parmezaanse kaas en geef er sla van gemengde groente bij.

- *risotto** 133

- 1 eetlepel boter
- 150-250 g champignons
- 1 teentje knoflook, fijngesneden
- 1/2 theelepel zout

Maak eerst de risotto.
Snijd van de champignons het onderste stukje van het steeltje af, veeg ze schoon of spoel ze kort af. Snijd kleine champignons in 4 partjes en grote in 3 mm dikke schijfjes (ook de stelen). Verwarm de boter en smoor hierin de champignons en de knoflook gaar onder af en toe omscheppen. Voeg zonodig 1 eetlepel water toe. Dit smoren duurt maar enkele minuten, anders laten de champignons te veel vocht los waardoor ze taai worden.
Schep de champignons kort voor het opdienen door de risotto en laat nog 5 minuten doortrekken.

Deegwaren

Deegwaren (macaroni, spaghetti, cannelloni, lasagne, hoorntjes, enzovoort) zijn in veel huishoudens de 'redders in de nood' bij uitstek als er weinig tijd is om te koken. Er zijn verschillende soorten volkoren deegwaren verkrijgbaar, gemaakt van tarwe- of boekweitmeel. In sommige deegwaren is tevens sojameel verwerkt, dat het eiwitgehalte aanzienlijk verhoogt. Wij geven de voorkeur aan de gewone volkoren deegwaren omdat wij de eiwitten liever in de vorm van zuivelprodukten of noten zelf aan de deegwaren toevoegen (afgestemd op onze persoonlijke smaak en behoeften).

Koken van deegwaren

Kook deegwaren altijd in ruim water (1 liter met maximaal 1/2 eetlepel zout per 150-200 g droge deegwaren), waaraan 1/2 eetlepel olie is toegevoegd. De olie is nodig om het aan elkaar plakken van de deegwaren te voorkomen. Ook kookt het water niet zo gauw over als er wat olie is toegevoegd. Laat het water eerst aan de kook komen voordat u er de deegwaren portie voor portie aan toevoegt. Breng het water daarna weer aan de kook en laat het licht borrelend in een open pan koken, totdat de deegwaren gaar zijn. 'Gaar' is bij deegwaren een rekbaar begrip. Laat uw smaak en de capaciteit van uw spijsvertering de kooktijd bepalen (goed gaar zijn deegwaren lichter verteerbaar). De kooktijd ligt, afhankelijk van de soort (dikte) ergens tussen de 5 en 20 minuten.
Giet de deegwaren op een vergiet en vang het kookwater op. U kunt het voor soep gebruiken – maar pas op: het is erg zout, zodat u het nog moet aanlengen met water. Laat de deegwaren even uitlekken en doe ze vlug weer terug in de pan. Schep er een eetlepel olie of een klontje boter door (alleen als u ze apart serveert); dit laat ze mooi glanzen en voorkomt het aan elkaar kleven. Dien de deegwaren meteen op met een schaaltje geraspte kaas en eventueel een sausje. In plaats van kaas kunt u er, tegelijk met de boter, ook enkele eetlepels verse, fijngeknipte tuinkruiden (basilicum) door scheppen en er wat grofgehakte noten overheen strooien. Als er in de saus groente is verwerkt, is een schaal bladsla voldoende om er een volwaardige maaltijd van te maken. De doe-het-zelvers wagen zich misschien aan het zelf maken van deegwaren. Deze zijn veel goedkoper dan kant-en-klaar gekochte.

Pastadeeg

De hoeveelheid in dit recept komt overeen met ca. 400 g kant-en-klaar gekochte deegwaren.

- 250 g fijn volkorenmeel
- 2 kleine eieren (100 g zonder schil gewogen)
- 3/4 dl water
- 2 theelepels olie
- 1 theelepel zout

Doe het meel in een beslagkom en maak er een kuiltje in. Houd twee eetlepels meel achter. Kluts het ei met de rest van de ingrediënten en giet dit mengsel in het kuiltje. Roer van het midden uit alles tot een glad, maar nog kleverig deeg.
Strooi het achtergehouden meel op het werkvlak, leg het deeg erop en kneed alles tot een stevig, maar nog soepel deeg, dat niet meer plakt. Blijf nog een paar minuten doorkneden tot er in het deeg, als u het doorsnijdt, kleine gaatjes te zien zijn. Strooi er een klein beetje meel over als het deeg daarbij toch nog op het werkvlak wil plakken.
Wikkel het deeg in een stuk plastic en laat het bij kamertemperatuur ten minste 2 uur rusten (een nacht mag ook). Zie voor de verdere bereiding onderstaande recepten.

Variaties:
- vervang het volkorenmeel voor de helft of helemaal door gebuild meel; neem dan 1/2 respectievelijk 1 eetlepel water minder
- vervang het ei door overgebleven eiwit; vervang dan ook één eetlepel water door olie
- oranje pastadeeg: vervang het water door *wortelsap** (eventueel gemengd met een

klein beetje bietensap)
- rood pastadeeg: vervang het water door *bietensap** 559
- geel pastadeeg: vermeng het meel met 1 theelepel kurkumapoeder (geelwortel)
- groen pastadeeg: vervang het water door 100 g rauwe spinazieblaadjes (zonder stelen gewogen). Stapel de bladeren op elkaar, snijd ze in zeer smalle reepjes en hak tot slot alles tot moes (met een hak- of wiegmes). Laat groen pastadeeg niet langer dan een uur rusten. Rol het wat dikker uit (1 1/2-2 cm) en snijd het in brede noedels of in lasagnes. Dit deeg is ook geschikt voor de variatie *dikke spaghetti**, maar niet om te drogen 160

Noedels, zelf gemaakt
⑤ ⊕

Noedels zijn lintvormige deegwaren, die men zo breed kan maken als men zelf wil. Met een gestoofde groente of met tomatensaus en sla erbij een volledige maaltijd. Geef naar wens een bord groentesoep vooraf.

- *1 recept pastadeeg** 158

- 2 l water
- 3/4 eetlepel zout
- 1/2 eetlepel olie of een klontje boter

- 1 eetlepel olie
- ca. 100 g belegen kaas, geraspt

Bestuif het werkvlak met meel, leg de helft van het deeg erop, druk het vast wat plat en bestuif het eveneens met meel. Rol het 1-1 1/2 cm dik uit en let erop, dat het niet aan het werkvlak vastplakt. Strooi er zo nodig nog wat meel onder. Rader het in 1-2 cm brede repen en leg ze plat op een theedoek.
Rol de tweede helft van het deeg uit. Leg een tweede theedoek over de al uitgeraderde noedels en leg hierop de tweede serie noedels. (Als u zeer veel noedels maakt, kunt u zo door blijven stapelen.)
Breng vlak voor het eten het water met het zout en de halve eetlepel olie aan de kook en leg de noedels erin. Regel de warmtebron zo, dat het water licht blijft borrelen en leg het deksel schuin op de pan.
Kooktijden: voor zelf gemaakte verse noedels 5-7 minuten; voor zelf gemaakte en gedroogde noedels (zie tip) 7-10 minuten.
Laat de noedels schrikken door een glas koud water in het kookwater te gieten en doe ze meteen over op een zeef (vang het kookwater op voor soep).
Doe de noedels terug in de pan en schep er voorzichtig de olie door.
Doe ze nu in een schaal, laag om laag met de kaas of geef de kaas er apart bij in een schaaltje.

Variaties:
- vervang de kaas door een grote, in ringen gesneden en in wat olie gefruite of in boter gesmoorde ui. Verdeel de uiringen over de macaroni. Eet een zuiveltoetje na
- vervang de tomatensaus door een andere saus op basis van groentepuree

Tips:
- voor een grote hoeveelheid noedels moet u een grotere pan met meer water nemen. Laat zelf gemaakte en meteen gekookte noedels niet lang staan. Voor een groot gezelschap kunt u de noedels beter een paar dagen van tevoren maken en laten drogen. Ze zijn dan wat steviger en plakken niet meer tijdens het warm houden
- **gedroogde noedels**: gebruik 1 eetlepel minder water voor het deeg. Hang een wasrekje aan een onderdeurtje van een keukenkastje en hang de noedels (ongekookt) telkens over twee 'waslijnen'. Transporteer het rekje naar een droge, stofvrije ruimte en laat de noedels door en door droog worden. Afhankelijk van de temperatuur duurt dit 1-3 dagen. Bewaar de gedroogde noedels (het geeft niets als ze breken) in een katoenen zakje op een droge, niet te warme plaats ▶

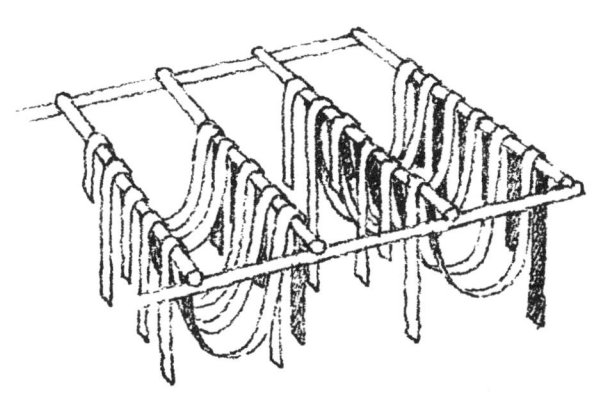

- werk met jonge kinderen als volgt: maak van het deeg na het kneden een lange rol en wikkel hem in een stuk plastic. Laat het deeg in de koelkast rusten. Strooi wat meel op het werkvlak, snijd de rol daarop in dunne stukjes en laat deze door de kinderen tot lange sliertjes ('**dikke spaghetti**') uitrollen (met de platte handjes op tafel). Leg een bezemsteel tussen twee stoelen, hang er een theedoek overheen en hang hierop de sliertjes. Als de bezemsteel vol is (wel dicht, maar niet tegen elkaar aan hangen), gaat u in optocht met het hele gevaarte naar de keuken en kookt u vast deze eerste lading. De kooktijd is langer dan die van de noedels, afhankelijk van de dikte van de 'spaghetti' 15-20 minuten. Ze worden tijdens het koken wel twee keer zo dik. U kunt ze afgieten en eventueel warm houden op de pan met het kookwater of vlak voor het eten met wat boter in de pan weer opwarmen. Ze zijn ook de volgende dag nog lekker, opgebakken in de koekepan, en passen goed bij kool of zuurkool. Om te drogen is deze 'spaghetti' niet geschikt.
- **Schupfnudeln** (Zwitsers): rol de stukjes deeg (zie 'dikke spaghetti') tot korte, aan de uiteinden toelopende 'sigaartjes' uit. Schupfnudeln smaken het lekkerst als u ze na het koken (en goed uitlekken) in de koekepan in wat boter onder af en toe omscheppen mooi goudbruin bakt. Zij laten zich ook goed opwarmen, samen met rode kool of zuurkool, of met gebakken uien (zie *Spätzle**) 164

Cannelloni, zelf gemaakt

(3-4 personen)

⑤ ↔

Cannelloni is erg geschikt voor een groot gezelschap. Maak eventueel zowel de vegetarische vulling als de gehaktvulling. Afgezien van cannelloni met spinazievulling kunt u het gerecht helemaal van tevoren klaarmaken, zodat u het alleen nog maar vlak voor het eten in de oven hoeft te schuiven (180°C). Als u de schaal in de koelkast heeft gezet, moet u hem er ten minste 1 uur van tevoren uithalen, anders zou de schaal kunnen barsten. Reken ook zeker 20 minuten langer voor het bakken in de oven.

Dien warm op met een schaal bladsla, royaal bestrooid met fijngeknipte bieslook.

- pastadeeg* 158
- 2 l water
- 3/4 eetlepel zout
- 1/2 eetlepel olie

- 2-3 schone theedoeken

- een van de onderstaande vullingen naar keuze

- béchamelsaus* 203
- eventueel 25 g geraspte kaas

- een platte vuurvaste schaal, ingevet

Zet het water met het zout en de olie op het vuur en houd het tegen de kook aan. Zet een bak met koud water ernaast.
Bestuif het werkvlak met wat meel en rol er de helft van het deeg op uit tot een lap van 24x40 cm. Rader de lap in 8 lapjes van 10x12 cm. Haal deze lapjes zo vlug mogelijk van het werkvlak (met een pannekoeksmes) en leg ze een voor een in het licht borrelende water. Kook de cannelloni 5 minuten; ze zijn dan wel stevig, maar nog niet helemaal gaar. Haal ze met een schuimspaan uit het kookwater en leg ze in de bak met koud water. Verwerk de rest van het deeg op dezelfde manier.
Haal de cannelloni uit het koude water en leg ze naast elkaar op een dubbelgevouwen theedoek. Dek ze af met een theedoek. (Als u veel cannelloni maakt, kunt u doorgaan met stapelen: altijd een theedoek tussen de lagen cannelloni leggen).
Maak nu een van de onderstaande vullingen. Leg de cannelloni op het werkvlak en smeer de vulling erop. Rol de cannelloni op en leg ze dicht naast elkaar in de vuurvaste schaal.
Giet de béchamelsaus over de cannelloni en strooi er eventueel de kaas op.
Bakken: ca. 20 minuten bij 180°C, middelste richel.

Vullingen:
- **spinazievulling:** 1 recept *spinazie à la Roussillon** 3
- **champignonvulling:** 1 recept *champignonragoût (2)** 2
- **gehaktvulling:** 1 recept *sauce bolognaise** 2

Afb. 5

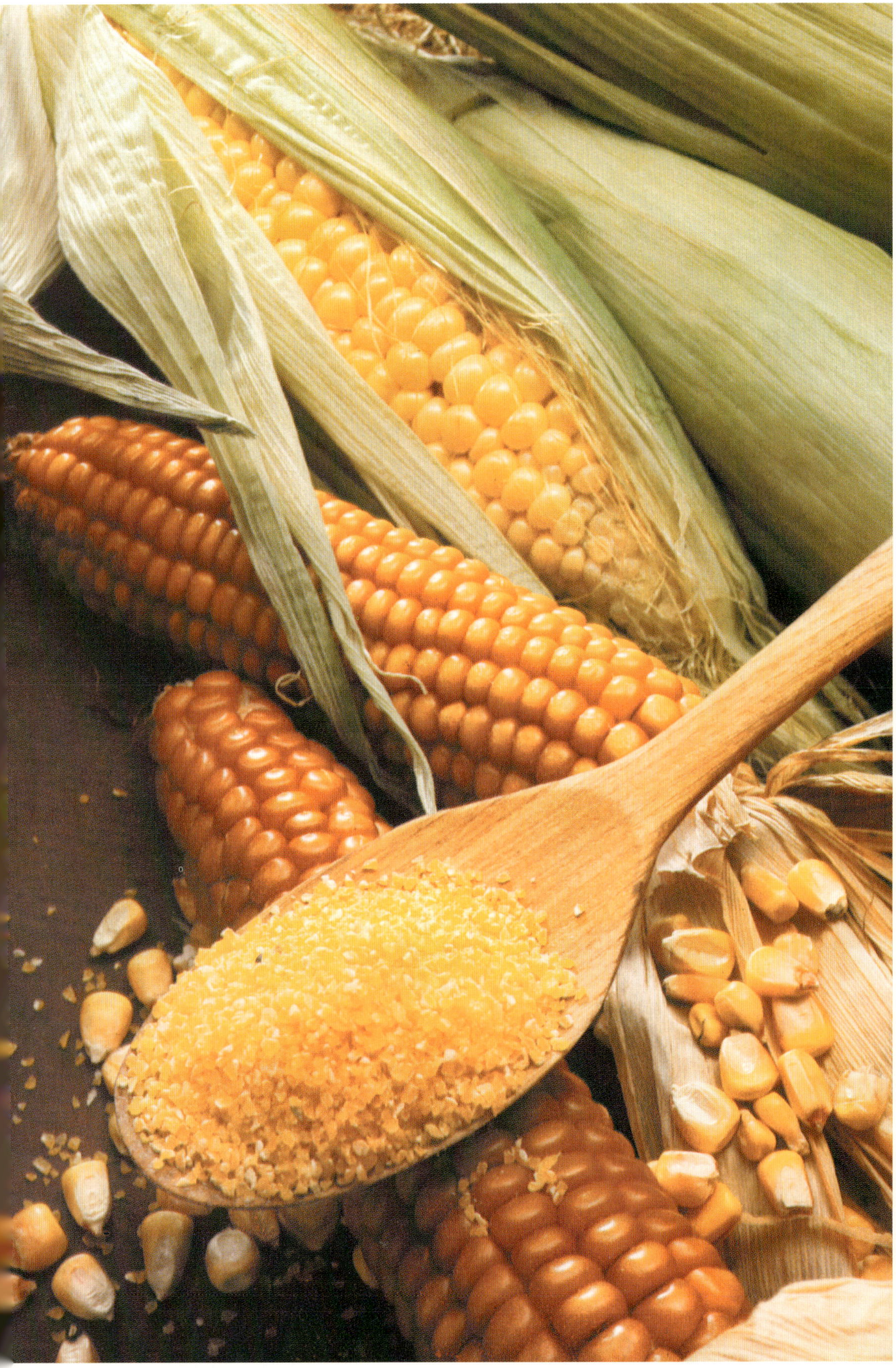

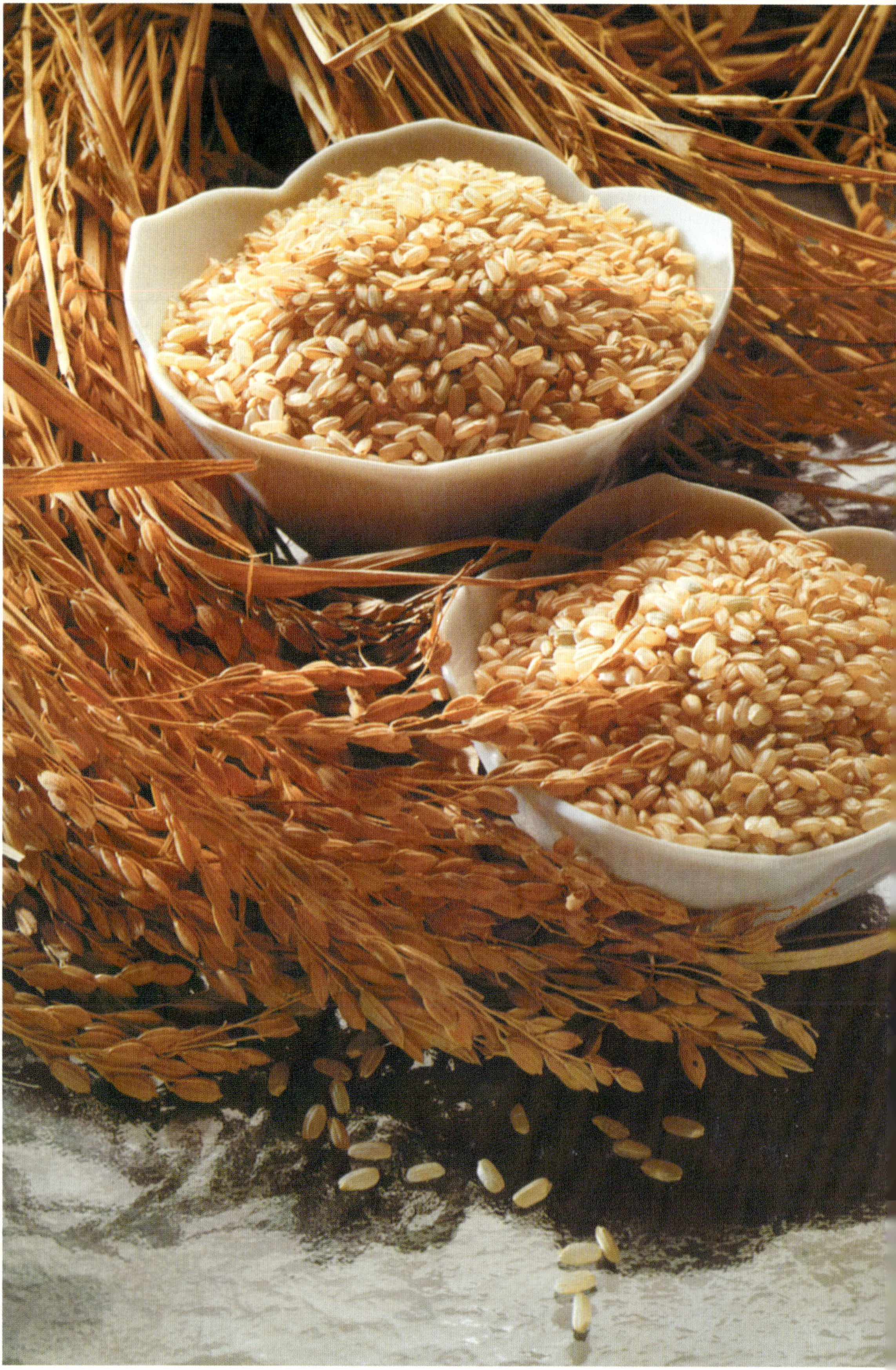

Lasagne (4-5 personen)

↻ 🥄

Een eenvoudig gerecht, waarbij u nog een gemengde sla kunt eten.

- pastadeeg*	158
- 2 l water	
- 3/4 eetlepel zout	
- 1/2 eetlepel olie	
- 3 eetlepels basilicumpasta* of fijngehakte verse basilicum	602
- 1/2 dl kookwater van de lasagne	
- 40 g geraspte Parmezaanse kaas	

Zet het water met het zout en de olie op het vuur en houd het tegen de kook aan. Zet een bak met koud water ernaast.
Bestuif het werkvlak met wat meel en rol er de helft van het deeg op uit tot een dunne lap van ca. 36x36 cm. Rader de lap in 6 repen van 6 cm en deze weer in tweeën, u krijgt zo 12 lapjes van ca. 6x18 cm.
Haal de deeglapjes zo vlug mogelijk met een pannekoeksmes los en leg ze een voor een in het licht borrelende water. Kook de lasagne ca. 2 minuten voor. Haal de plakjes met een schuimspaan uit het kookwater en leg ze in de bak met koud water.
Verwerk de rest van het deeg op dezelfde manier. Tot op dit punt kunt het gerecht van tevoren klaarmaken.
Maak de basilicumpasta aan met de 1/2 dl kookwater. Doe nu alle lasagne terug in de pan met kokend water en kook de lasagne gaar (ca. 10 minuten). Laat in een vergiet uitlekken (kookwater opvangen en gebruiken voor soep), doe ze terug in de pan en schep er de aangemaakte basilicumpasta door.
Doe de lasagne in een schaal en garneer met een takje basilicum en een in partjes gesneden tomaat.

Variaties:
- schep alleen de kaas door de lasagne en geef er een pittige saus bij
- vervang de basilicumpasta door *notenpasta** 603

Tip: Kant-en-klaar gekochte lasagne kunt u koken als *macaroni**. Kook echter niet te veel tegelijk en leg ze een voor een in het kokende water. Als u voor een groot gezelschap lasagne moet koken, wordt de vergiet te klein. U kunt de uitgelekte lasagne dan tussen schone theedoeken leggen (eerst de lasagne even koud afspoelen). Zo op elkaar gestapeld kunt u ze op een koele plaats zelfs een paar uur laten liggen om ze later in een schotel te verwerken. 158

Gegratineerde lasagneschotel
(4-5 personen)

↻ 🥄 🍴

- zelf gemaakte lasagne*, of 300 g kant-en-klare lasagne, voorgekookt	161
- 1 1/2 maal de hoeveelheid sauce bolognaise*	228
- 2 maal de hoeveelheid béchamelsaus*	203
- ca. 30 g geraspte kaas	
- 10 g harde boter	
- een (liefst rechthoekige) vuurvaste schaal van 2 1/2 l inhoud met een opstaande rand van 8 cm, ingevet	

Giet een dun laagje béchamelsaus in de vorm en leg hierop een laag lasagne. Bestrijk de lasagne met sauce bolognaise. Leg hierop weer een laag lasagne en ga zo verder tot alle lasagne en sauce bolognaise op is. Giet de rest van de béchamelsaus eroverheen. Vul de schaal niet hoger dan tot 1 1/2 cm onder de rand. Strooi de kaas erover en leg er flinterdunne schijfjes boter op. Veeg de rand van de schaal schoon.
Bakken: ca. 20 minuten bij 180°C, middelste richel (met koude ingrediënten ca. 45 minuten bij 175°C).

Variaties:
- **lasagne verde:** maak groene lasagne (zie groen pastadeeg*) 159
- vervang de sauce bolognaise door *Napolitaanse tomatensaus** en de béchamelsaus door *kaassaus**, of strooi ca. 150 g geraspte oude kaas tussen de lasagne 216 / 206
- **Lasagne spinaci:** vervang de sauce bolognaise door 1-1 1/2 recept *spinazie à la crème** en de béchamelsaus door *kaassaus* 319

Afb. 6 Rijst

Macaroni met knoflook en Spaanse peper

In Italië eet men dit gerecht als 'bezem voor de maag' na een zware maaltijd. Voor liefhebbers van pittige gerechten is het echter ook als zelfstandige maaltijd lekker. Geef er bladsla of een andere salade bij.

- 250 g macaroni uit de winkel of een recept zelf gemaakte*	158
- 3-4 teentjes knoflook, ingemaakt in olijfolie*	601
- 1 theelepel zeezout (liefst grof)	
- 3-4 eetlepels olie uit het knoflookpotje	
- 1 stukje verse Spaanse peper, fijngehakt, of 1-2 theelepels gedroogde en verkruimelde Spaanse peper	
- 1-2 eetlepels peterselie, fijngeknipt	

Kook de macaroni*.   158
Wrijf intussen de knoflook fijn met het zout. Dit kunt u doen in een vijzel of op een plankje met een breed mes. Vermeng deze pasta met de olie. Giet de macaroni af en vermeng met knoflookolie, peper en peterselie.

Tip: Als u geen zelf ingemaakte knoflook heeft, kunt u verse knoflook fijnhakken, daarna met het zout tot pasta wrijven en met olijfolie vermengen.

Macaroni in gebakken tomatensaus
(3-4 personen)

Ⓥ

Makkelijker kan het niet: terwijl de saus zichzelf in de oven gaarstooft, kookt u de macaroni en maakt u een zomerse slaschotel klaar.

- 500 g vleestomaten, in 1/2 cm dikke plakken gesneden
- 2 eetlepels verse basilicum, fijngesneden, of 3 theelepels gedroogde
- 1 theelepel rozemarijn
- 1 theelepel zout
- wat peper uit de molen
- 2 eetlepels olie

- 250 g volkoren macaroni, gekookt volgens de aanwijzingen*	158
- 40-100 g geraspte oude kaas	
- een platte vuurvaste schaal van ca. 2 l inhoud, ingevet	

Verwarm de oven voor.
Leg de helft van de plakken tomaat in de vuurvaste schaal (de kapjes met het snijvlak naar boven).
Strooi de kruiden, het zout en de peper erop en dek af met de rest van de tomaten.
Bakken: 20 minuten bij 200°C, onderste richel.
Haal de schaal uit de oven, giet de olie over de tomaten en klop alles met een vork tot een niet al te fijne saus.
Hussel de macaroni erdoor, strooi de kaas erover en zet de schaal nog eens 5 minuten in de oven om de kaas goed te laten smelten.

Variaties:
- verdeel nog wat fijngesneden ui en eventueel knoflook tussen de tomaten
- schep ca. 8 ontpitte olijven of 2-3 kleine, in stukjes gesneden zure augurkjes door de macaroni

Spaghetti bolognaise
Ⓥ

Een frisse gemengde bladsla past het beste bij dit makkelijk te maken gerecht.

- 350 g gekookte volkoren spaghetti* (zie ook de tip) of zelf gemaakte spaghetti*	158 160
- sauce bolognaise*	228
- 50 g geraspte oude kaas	

Schep de saus door de goed uitgelekte spaghetti of schep 1/2 eetlepel olie erdoor als u de saus apart erbij serveert. Doe ook de kaas in een apart schaaltje.

Variatie: Voor vegetariërs: vervang de sauce bolognaise door *Napolitaanse tomatensaus**.   216
Meng dan ca. 150 g in blokjes gesneden feta of een andere verse kaas door de sla, of strooi er *geroosterde zonnebloempitten** overheen.   605

Tip: Breek de spaghetti niet, maar duw de staafjes langzaam in het kookwater. Beweeg ze in het water, zodat de staafjes in het begin niet aan elkaar plakken.

Pizzoccheri

Boekweitnoedels met groente is een traditioneel gerecht uit Puschlav in het zuidoosten van Zwitserland, waar al sinds de middeleeuwen boekweit wordt verbouwd. Eet een salade bij dit gerecht.

- *200 g boekweitmeel*
- *100 g gebuild meel of fijn volkorenmeel*
- *2 1/2 dl water*
- *1 groot ei*
- *2 theelepels zout*

- *1 eetlepel olie*
- *1/2 ui, fijngesneden*
- *ca. 500 g schoongemaakte en in stukjes gesneden groente van het seizoen (zoals wortel, knol- of bleekselderij, Chinese kool, witte kool of bloemkool, spinazie en eventueel een grote gekookte aardappel – deze hoeft u niet met de groente mee te koken)*
- *1/2 dl water*

- *2 l water*
- *3/4 eetlepel zout*
- *1/2 eetlepel olie*

- *100-150 g zeer pittige, geraspte boerenkaas*
- *1-2 eetlepels verse basilicum, fijngeknipt of 2-4 theelepels gedroogde basilicum*
- *ca. 25 g harde boter*

Meng de twee meelsoorten in een kom. Kluts het ei met het water, giet dit bij het meel, voeg het zout toe en klop alles tot een vrij dik, glad en luchtig beslag. Het beste gaat dit met een houten lepel met een gat erin. Laat het beslag ten minste 1/2 uur rusten.
Verwarm de olie met de ui en smoor de ui glazig op een matig vuur. Voeg de groente toe (behalve de spinazie) en smoor even mee. Blus met het water en leg de spinazie bovenop. Doe het deksel op de pan en laat de groente bijtgaar stoven.
Breng intussen in een ruime pan het water met zout en olie aan de kook en draai het vuur laag.
Schep ongeveer een derde van het beslag op een rechthoekig, met koud water afgespoeld snijplankje en laat het deeg naar een van de hoeken lopen. Dompel een mes met een groot lemmet of een deegspatel in het hete water, houd het plankje schuin boven het water en snijd met het mes dunne sliertjes van het deeg af. Schuif de sliertjes direct van het plankje het water in en dompel ook het mes telkens weer in het hete water, om te voorkomen dat het deeg aan het mes plakt.
Pas op voor overkoken, het water hoeft alleen maar tegen de kook aan te zijn. Haal met een schuimspaan elke portie deeg uit het water als de pizzoccheri boven komt drijven (na ca. 5 minuten kooktijd). Doe de sliertjes op een voorverwarmde schaal en verdeel er wat groente, basilicum en kaas over. Ga zo door, laag om laag, tot alle deeg, groente, kaas en kruiden zijn verwerkt. Bewaar het kookwater voor soep. Houd de schotel tijdens het koken van de pizzoccheri warm op een pan met heet water.
Leg er de in flinterdunne plakjes gesneden boter op en dien de pizzoccheri warm op. ▶

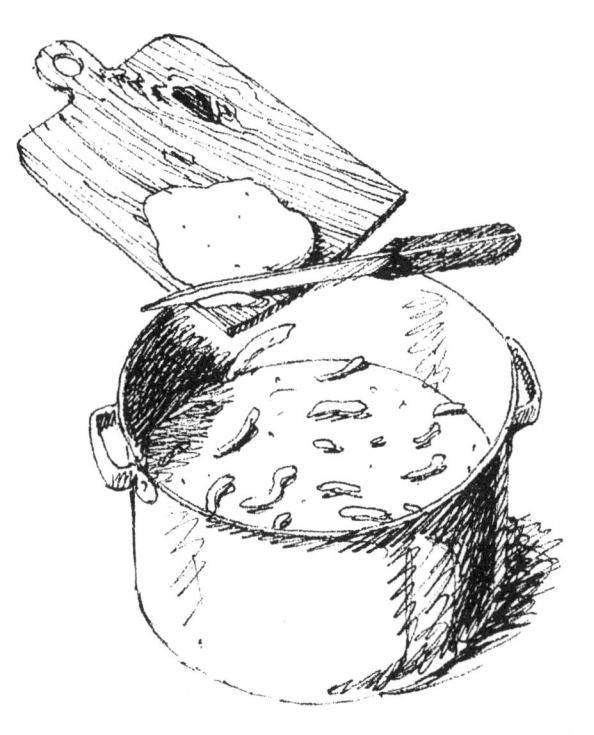

Variatie: Vervang de aardappel door 2 in plakjes geschaafde topinamboers, die u met de groente kunt meesmoren.

Tip: Vervang de bovengenoemde groente (gedeeltelijk) door restjes.

Vegetarische bami (5-6 personen)

Een eenvoudig éénpansgerecht, dat met een salade van wortelgroente en eventueel een toetje met zuivel een volledige maaltijd vormt. Met een spiegelei erop en versierd met komkommerschijfjes of augurkjes en partjes tomaat of schijfjes wortel wordt het een feestelijke maaltijd.
In plaats van de originele (geraffineerde) Chinese mie kunt u platte, smalle volkorendeegwaren gebruiken.

- 1 eetlepel olie
- 100 g gesnipperde ui
- 1/2 rode paprika, in kleine stukjes gesneden
- 100 g peultjes of verse doperwtjes of een restje gaargekookte groene erwten
- 250 g witte kool of stelen van Chinese kool, in 1/2 cm brede reepjes gesneden
- 100 g knol- of bleekselderij, grof geraspt respectievelijk in stukjes gesneden
- 1 prei (ca. 100 g), in 1 cm dikke ringen gesneden
- 2 theelepels zout

- 1 eetlepel geraspte gemberwortel
- 1 teentje knoflook, fijngesneden
- 1/2-1 theelepel sambal*
- 1-2 eetlepels sojasaus (shoyu)
- 1 eetlepel ahornsiroop of 1/2 eetlepel stroop
- ca. 2 eetlepels zeer pittige bouillon

- eventueel 1-2 eetlepels olie (afhankelijk van de bijgerechten)
- 2-3 eetlepels fijngeknipt selderijblad, of geraspte knolselderij

- 250-350 g platte, smalle volkoren mie of platte smalle noedels
- 2 l water
- 1/2 eetlepel zout

Fruit de ui in de olie op een matig vuur geel tot lichtbruin. Voeg de groenten en het zout toe en smoor of fruit deze even mee.
Roer de kruiden erdoor.
Los de shoyu en de stroop op in de bouillon en voeg dit mengsel bij de groenten. Doe het deksel op de pan en kook alles goed door, maar laat de groente vooral niet te gaar worden, ze moet knapperig blijven.
Schep nu de olie en de verse kruiden door de groente en haal de pan van het vuur.
Giet de intussen bijtgaar gekookte mie op een vergiet. Doe de mie terug in de pan, voeg de groente toe, schep alles goed door elkaar en breng de mie op temperatuur.

Bami met vlees

Volg het recept van de *vegetarische bami**, maar bak in de olie eerst 150 g in 1 cm grote dobbelsteentjes gesneden doorregen varkensvlees. Marineer het vlees van tevoren eventueel een paar uur in het shoyu-stroopwatermengsel (in de koelkast bewaren) en laat het vlees daarna goed uitlekken. Laat de spiegeleieren weg en eet fruit toe.

Spätzle (Duits) of Knöpfli (Zwitsers)

Eet deze deegwaren als macaroni, met een saus en/of geraspte kaas en bladsla. In de winter bedekt met een laag in royaal boter of olie lichtbruin gefruite uien (ca. 200 g). Heerlijk met rode kool of zuurkool.

- 300 g tarwemeel of gebuild meel of een mengsel
- 3 kleine eieren
- 1 theelepel zout
- 2 1/2 dl water

Maak van de ingrediënten een beslag en snijd er van een houten plankje dunne sliertjes van in gezout kokend water*. Laat de door het koken stevig geworden deegsliertjes goed uitlekken en doe ze over op een platte schaal, eventueel met geraspte kaas ertussen.

Tip: Bijna nog lekkerder dan vers gekookte

spätzle: een restje spätzle, vermengd met zuurkool, in de koekepan met een klontje boter opgewarmd, op een niet te hoog vuur.

Moussaka

🔄 ⚗ 🐄

Een feestelijke macaronischotel uit Roemenië, die u helemaal van tevoren kunt klaarmaken. Reken een wat langere baktijd als u de schotel koud in de oven zet.
Eet een gemengde bladsla bij dit gerecht.

- 250 g brede volkoren lintmacaroni (tagliatelli), bijtgaar gekookt*	158
- 1 aubergine (ca. 300 g), in 1/2 cm dikke plakken gesneden, voorbereid en gebakken als voor de aubergineschotel*	353
- 1 malse venkelknol (ca. 250 g), zeer fijn geschaafd	
- 1 eetlepel olie	
- 200 g gehakt naar keuze	
- 1 fijngesneden ui	
- 1 teentje knoflook, fijngesneden	
- 2-3 tomaten (ca. 250 g), in stukjes gesneden, of 1/2 potje tomatenpuree*	597
- 2 theelepels oregano	
- 2 theelepels paprikapoeder	
- 1 theelepel rozemarijn, gestampt in een vijzel met	
- 2 theelepels zout	
- 2 dl bouillon of water (3 dl als u tomatenpuree gebruikt)	
- 2 eetlepels biologische maïzena of tarwemeel	
- 60 g geraspte oude kaas	
- een vuurvaste schaal van 2 l inhoud, met deksel (of een stukje aluminiumfolie), ingevet	

Bak het gehakt in de olie, niet té bruin, maar wel zo lang tot het niet meer rood is. Haal daarbij de brokken helemaal uit elkaar. Bak ook de ui en de knoflook even mee.
Voeg de tomaten en de kruiden toe, doe een deksel op de pan en smoor deze vleessaus op een lage pit tot het vlees gaar is (ca. 10 minuten).

Klop intussen de maïzena door de bouillon en breng de bouillon onder af en toe roeren aan de kook. Haal de pan van het vuur en roer de kaas erdoor.
Doe nu een dikke laag macaroni op de bodem van de vuurvaste schaal en verdeel hierop de helft van de gebakken aubergines. Vervolg met een laag venkel en dek af met de rest van de aubergines. Giet hierover de vleessaus en bedek met de rest van de macaroni. Verdeel tot slot de dunne kaassaus over de moussaka.
Bakken: 20 minuten mét deksel; daarna 10 minuten zonder deksel bij 180°C, middelste richel.

Spaghetti met walnoten, ansjovis en verse kruiden

① ⚗ 🐄

- ca. 300 g volkoren spaghetti of 1 recept zelfgemaakte noedels	
- 1 eetlepel (olijf)olie	
- 2 teentjes knoflook, fijngehakt	
- 4 ansjovisfilets	
- 1 eetlepel (olijf)olie	
- 50 g walnoten, in stukjes gebroken	
- 50 g fijn geraspte oude Goudse kaas	
- 4 eetlepels peterselie, fijngehakt	

Kook de spaghetti in licht gezouten water bijtgaar*. 158
Verwarm ondertussen de olie met de knoflook en smoor hem glazig. Haal de pan van het vuur.
Prak de ansjovis fijn en maak hem smeuïg met de olie. Roer dit met de rest van de ingrediënten door de knoflook en schep dit mengsel door de goed uitgelekte en nog hete spaghetti.

Variaties:
- vervang de ansjovis door restjes vis (gerookte makreel of bokking is het lekkerst)
- zonder vis: vermeng de spaghetti met *walnootpasta** (de variatie) 603
- vervang de walnoten door (geroosterde) hazelnoten of cashewnoten, grof gemalen

Graankoekjes

Met een goed gevuld kruidenkastje en wat fantasie is het goed mogelijk, van elk graanrestje lekkere hartige of zoete graankoekjes te bakken.
Een kleine portie koekjes kan men als *lunchhapje* of als extra *bijgerecht bij de warme maaltijd* serveren, in plaats van het gangbare lapje vlees.
Uitgaande van ca. 500 g gekookt graan krijgt u een hoeveelheid koekjes waarmee u, in combinatie met sla of gekookte groente, een *volledige warme maaltijd* kunt samenstellen. Neem voor de sla liefst een bittere groentesoort zoals andijvie, witlof of molsla; deze groenten stimuleren de lever en helpen zo bij de vertering van deze in vet gebakken koekjes. Geef naar wens een kopje soep vooraf en eet, afhankelijk van de samenstelling van het deeg waarvan u de koekjes bakt, yoghurt of een ander nagerecht met zuivel toe.

De *zoete koekjes** kunt u, met wat compote of een vruchtensaus erbij, als voedzaam toetje na een 470 maaltijdsoep met peulvruchten geven of, in grotere hoeveelheden, als kindermaaltijd opdienen.

Basisrecept voor graankoekjes

Het gekookte graan dat u voor koekjes wilt gebruiken, moet goed gaar zijn. Rijst, gierst, boekweit en ook haver kunt u, als hele korrels gekookt, zonder meer met de in de recepten genoemde ingrediënten verwerken. Gekookte hele gerst-, tarwe- en roggekorrels moet u eerst door de gehaktmolen draaien of eventueel met de staafmixer wat fijnmaken (maar niet tot moes). Makkelijker is het, als u deze graansoorten in de vorm van grutten of vlokken kookt als u van plan bent er koekjes van te maken.

Behalve *kruiden* (gedroogde en verse) geven ook *groenten* of *zuidvruchten* smaak aan de koekjes, die zo bovendien sappiger worden. Zowel de groenten als de zuidvruchten (ook rozijnen, als ze erg groot zijn) moet u zeer fijn snijden. De structuur van het deeg zou anders te grof worden, waardoor de koekjes tijdens het bakken uit elkaar vallen. Ook worden te grove stukjes groente tijdens de verhoudingsgewijs korte baktijd niet gaar. Voeg de rauwe groenten en de verse kruiden pas vlak voor het bakken aan het deeg toe; als ze slap worden verliezen ze niet alleen hun knapperigheid, maar geven ze ook te veel vocht aan het deeg af.
Behalve rauwe groente kunt u ook restjes gekookte groente in graankoekjes verwerken of de rauwe groente eerst stoven of fruiten. Zuidvruchten kunt u wel al meteen aan het deeg toevoegen, zij nemen vocht uit het deeg op en kunnen zo hun smaak en zoetheid aan het deeg afgeven.

Gebruik als *bindmiddel* hetzij meel, kwark, aardappel of ei. Alleen met meel gebonden worden graankoekjes nogal klef; wij gebruiken daarom ook kwark of ei om het deeg te binden.
Meel (boekweit- en tarwemeel binden het best) gebruiken we vooral om het deeg de gewenste dikte te geven.
Deeg waarin *kwark* of *aardappel* is verwerkt, wordt bij het bakken vochtiger; het moet daarom vrij droog en stevig zijn. Bij aardappelen is de verhouding graan/aardappelen 4:1, waarbij vers gekookte beter binden dan een restje van de vorige dag.
Met *ei* gebonden deeg kan wat vochtiger zijn, het eiwit stolt tijdens het bakken en bindt het vocht; daardoor worden deze koekjes droger. Met de goed bindende fijne havervlokken kunt u elk graanrestje aanvullen tot de gewenste hoeveelheid, mits u de massa ten minste een half uur de tijd geeft om te rusten; de vlokken kunnen dan uitzetten.

Vorm de koekjes met behulp van twee eetlepels of met de handen, die u met wat olie heeft ingesmeerd om plakken te voorkomen.

Vorm vóór het bakken alle koekjes en leg ze op een met wat meel bestoven bord of plank. Dunner deeg schept u met een lepel zo in de pan, waar u ze wat kunt bijvormen. Bij het vormen van de koekjes is ook een kleine ijsbollepel erg handig. U kunt de koekjes daarmee direct in de pan deponeren, waar u ze met het pannekoeksmes nog wat platdrukt. De aantallen koekjes in de recepten hebben hierop betrekking.

Bak altijd eerst een proefkoekje: maak een balletje van het deeg, leg het in de pan met goed warme boter of olie, druk het met de rug van een lepel wat plat en bak het vervolgens op een zeer *matig vuur* aan beide kanten goudbruin. Na ongeveeer 10 minuten is het koekje door en door gebakken en kunt u het proeven. Als het te droog is, kunt u wat kwark of melk door het deeg roeren; als het koekje te nat is of tijdens het bakken uit elkaar valt, kunt u wat meel of een ei aan het deeg toevoegen.
Bak alleen zoveel koekjes tegelijk, als er naast elkaar in de koekepan kunnen liggen met voldoende tussenruimte om ze met een pannekoeksmes te kunnen omdraaien. Bak de graankoekjes een paar tellen op een vrij hoog vuur (laat echter het vet vooral niet te heet worden) en temper daarna de warmtebron. Zo krijgen de koekjes een mooi korstje en worden toch gaar van binnen. Met olie gebakken wordt de korst steviger, maar velen zullen de smaak van boter meer waarderen.

Wie geen in vet gebakken spijzen kan verdragen, kan de graankoekjes ook op een ingevette bakplaat of (voor kleine porties) in een platte vuurvaste schaal *in de oven* bakken: ca. 20 minuten bij 200°C. Als u deze koekjes met de ijsbollepel heeft gevormd, moet u de oventemperatuur na 10 minuten op 180°C terugschakelen en nog ca. 15 minuten verder bakken. De smaak van deze graankoekjes is echter niet hetzelfde als van in de koekepan gebakken koekjes. Ze missen het knapperige, lekkere korstje. Laat eventueel de laatste 5 minuten op elk koekje een smal reepje jonge kaas smelten. Dit geeft vooral de graankoekjes met kwark meer pit als u ze in de oven bakt.

Eventueel overgebleven koekjes kunt u beter niet wéér in vet opbakken. Leg ze liever op een plat bord, losjes afgedekt met aluminiumfolie en plaats dit op een pan heet water (of soep, groente, enzovoort). Draai ze tussentijds een keer om.

Tip: Deeg waarvan de koekjes in de pan uit elkaar vallen kunt u altijd nog verwerken tot in de oven gebakken *sneetjes** of tot een dikke pannekoek. Of u kunt er nog wat extra groente of bouillon door roeren en er een schotel van maken: leg er wat geraspte kaas of plakjes boter op en laat in de oven op temperatuur komen (180°C).

172

Graankoekjes van thermomeel
(12 stuks)

↩

Koekjes met een knapperig korstje en een zachte inhoud. De licht geroosterde smaak van de thermogranen vormt een heel bijzondere combinatie met de smaak van de hazelnoten. Een groentesaus (*wortelsaus**) en bladsla (Chinese kool) passen er goed bij. Geef appelmoes toe, op een feestelijke dag extra smakelijk gemaakt met *honing/kaneelschuim**.

213

▶ 438

168   Granen

- 4 dl bouillon
- 20 g boter
- 2 theelepels zout
- 200 g thermomeel (tarwe of gerst)

- 1 groot ei
- 50 g hazelnoten, liefst geroosterd*, met de   604
  deegroller in stukjes gebroken

Breng in een steelpan de bouillon met zout en boter aan de kook en wacht tot de boter gesmolten is. Haal de pan van het vuur.
Voeg het meel in één keer toe, roer alles glad en zet de pan weer terug op het (matige) vuur. Blijf roeren tot de massa als een bal van de bodem loslaat.
Haal de pan opnieuw van het vuur en roer het ei en de hazelnoten erdoor; het moet een glad, glanzend deeg worden.
Maak met natte handen van het deeg een dikke rol en snijd deze in 12 stukjes. Rol ze tot balletjes ter grootte van een flinke pruim en druk ze met de vinger tot platte koekjes (ruim 1 cm dik).
Verwarm in een koekepan ca. 1/2 eetlepel boter of een beetje olie en leg de helft van de graankoekjes erin. Bak ze niet te langzaam aan beide kanten lichtbruin en knapperig en houd ze warm tot de tweede lading gebakken is.

Variatie: Vervang de bovengenoemde meelsoorten door thermo roggemeel of boekweitmeel (175 g) en gebruik 2 eieren.

Graankoekjes van thermogrutten
(ca. 10 stuks)

⑤ ① ⊖

Een vlug gemaakt, eenvoudig graankoekje, dat goed past bij gestoofde groente.

- 150 g thermogrutten, gerst of haver (krap 2 dl)
- 4 dl water (1:2)
- 1 theelepel zout

- 1 eetlepel olie
- 1 fijngesneden ui
- 1 theelepel kerrie

- 2 kleine eieren
- 1 eetlepel boekweitmeel

- 2-3 theelepels basilicum, oregano of majoraan
- eventueel 1 eetlepel gomasio*   605
- 50 g geraspte kaas naar keuze

Breng het water met de grutten langzaam aan de kook en laat ze, met het deksel op de pan, gedurende 15 minuten op een zacht pitje koken. Voeg het zout toe en laat ze daarna nog ten minste 20 minuten nawellen op een warme plaats, ze moeten voor dit gerecht goed gaar zijn.
Verwarm op een matig vuur de olie met de uien en smoor de uien glazig. Roer ook de kerrie erdoor en voeg de uien bij de grutten. Meng de overige ingrediënten door de wat afgekoelde grutten en proef of er nog wat zout bij moet; het moet een pittige, smeuïge massa zijn. Als de massa te dik is, kunt u wat melk toevoegen; steviger wordt ze met wat boekweit- of tarwemeel.
Vorm en bak de koekjes in de koekepan of in de oven volgens het basisrecept*.   166

Variatie: Vervang 1 ei door 1 flinke gekookte aardappel, fijngeprakt.

Roggekoekjes (12 stuks, 3-4 personen)

Een eenvoudig, zacht koekje, dat met knolselderij pittig van smaak is, met wortel zoetig. Eet roggekoekjes met gestoofde rode kool, andijvie of een andere bladgroente, en een salade.

- 120 g roggevlokken
- 25 g fijne havervlokken
- 1 theelepel venkelzaad
- 4 dl kokende bouillon of water

- 1 prei (ca. 75 g), het witte en lichtgroene gedeelte in ragfijne ringetjes gesneden
- 1 fijngehakt uitje (50 g)
- 150 g knolselderij of wortel, fijn geraspt gewogen
- 1 dooier van een groot ei
- 1 eetlepel olie
- 1 eetlepel peterselie of selderijblad, fijngeknipt
- 2 theelepels tijm
- 2-3 theelepels zout

- 1 eiwit, stijfgeklopt

Giet de kokendhete vloeistof over de vlokken en het venkelzaad, dek af met een deksel en laat ten minste 1 uur weken.
Voeg de rest van de ingrediënten toe (behalve het eiwit) en kneed de massa met een vork of een houten lepel tot een smeuïg, zacht deeg. Schep voorzichtig het eiwit erdoor.
Vorm en bak de koekjes, in de koekepan of in de oven, volgens het basisrecept*. 166

Variatie: Deze koekjes kunt u van alle soorten vlokken maken, apart of gemengd, en u kunt er ook een restje gekookte hele graankorrels of grutten in verwerken. Regel daarbij de consistentie van het deeg door er eventueel nog wat meel aan toe te voegen. Varieer ook de kruiden, voeg eens kerrie- of paprikapoeder, een snufje cayennepeper of geraspte gemberwortel toe, als u pittiger koekjes wilt maken.

Haverkoekjes met wortel en noten
(12 stuks)

Ⓥ ❋

Een zacht smakend graankoekje, dat ook de kinderen lekker zullen vinden. Spinaziepuree of spinaziesalade, maar ook andijvie of witlof smaken er goed bij.

- 500 g gekookte haver (ca. 150 g ongekookt), liefst van geëeste haver* 126
- 2 kleine eieren
- 1 eetlepel olie
- 50-100 g fijngemalen hazelnoten, liefst eerst geroosterd
- 1-2 eetlepels boekweit- of tarwemeel
- 1 stuk wortel (ca. 100 g), niet al te fijn geraspt
- 2 theelepels koriander
- 2-3 eetlepels peterselie, fijngeknipt
- eventueel zout

Meng alle ingrediënten stevig door elkaar (wortel en peterselie pas vlak voor het bakken) en proef of er zout bij moet.
Vorm en bak de koekjes volgens het basisrecept*. 166

Variaties:
- vervang de helft van de hazelnoten door in stukjes gebroken walnoten
- vervang de helft van de hazelnoten door

zonnebloempitten. Meng deze niet door het deeg, maar doe ze in een diep bord. Druk één kant van elk koekje voor het bakken in de pitten en druk de pitten wat aan. De zonnebloempitten roosteren dan, terwijl de koekjes bakken

Variatie: Pittige haverkoekjes: Smoor in de olie 100 g fijngesneden prei (laat de wortel weg). Vervang de noten door 50 g geraspte oude kaas of fijngehakte ham; vervang de koriander door kerrie.

Tip: Dit deeg is ook geschikt voor het bakken van graansneetjes in de oven*. 172

Gierstkoekjes met aardappelen
(ca. 12 stuks)

Een eenvoudig, neutraal smakend koekje, dat goed past bij gestoofde courgette of andijvie; in de winter bij alle koolsoorten. Gebruik bloemige aardappelen of neem 1/2 dl minder water.

- 150 g gierst (1 3/4 dl)
- 4 1/4 dl water
- 150 g aardappelen, geschild gewogen, in stukken gesneden
- 2 theelepels zout
- 1/2 eetlepel olie of 5-10 g boter
- 1 kleine ui, fijngesneden
- 1 theelepel kerrie
- 1 groot ei, geklutst
- 2 eetlepels bieslook of half bieslook/half peterselie, fijngeknipt

Zet de gierst samen met de aardappelen op en kook alles gaar volgens het *basisrecept van de gierst**. 130
Smoor intussen de ui goudgeel in de olie of boter (of fruit hem lichtbruin).
Voeg de ui samen met de kerrie en het ei bij de gewelde en wat afgekoelde gierst (prak tegelijk de aardappelen fijn).
Vorm (met een ijsbollepel) koekjes van dit vrij vochtige deeg en bak ze in de koekepan goudbruin*. 166

Variaties:
- strooi wat geraspte oude kaas over de gebakken koekjes ▶

- vervang de kerrie door 1 theelepel tijm en 50 g geraspte kaas
- de uien kunt u (héél fijn gesneden) ook rauw door de gierstmassa roeren. Voeg dan ook 1 eetlepel olie aan de massa toe

Tip: Gebruik een rest gekookte gierst (ca. 400 g) en prak er de vers gekookte aardappelen door. Als de gierst erg droog gekookt was, moet u eventueel nog wat bouillon of melk door de massa roeren. Ook nu kunt u de aardappelen vervangen door meel. Gebruik dan liefst thermomeel of boekweitmeel; dit kunt u droog door de massa werken, mits u haar nog een half uur laat rusten.

Gierstkoekjes met walnoten (12 stuks)

Pittige, roze koekjes, waarbij een sappige, groene groente past (spinazie, andijvie, maar ook witlof of rode kool), gestoofd of als salade.

- gierst, gekookt volgens het basisrecept* 130
- 1 tomaat (ca. 75 g), in kleine stukjes gesneden, of 2 eetlepels tomatenpuree met 1/2 dl water

- 50 g halfvolle kwark
- 1 eetlepel olie

- ca. 2 eetlepels boekweitmeel
- 100 g bleekselderij, in flinterdunne schijfjes gesneden of geraspt, of 100 g knolselderij, niet té fijn geraspt
- 1 ui (ca. 75 g), fijn gesneden
- 1 knoflookteen, fijn gesneden
- 50 g walnoten, met de deegroller gekneusd
- 2 theelepels marjolein, fijngewreven
- 2 theelepels milde paprikapoeder of 1 theelepel scherpe
- 1-2 eetlepels bieslook of peterselie, fijngeknipt
- eventueel wat gomasio

Meng de tomaat (of de aangelengde puree) door de gierst, voordat u hem laat nawellen. Vermeng de kwark goed met de olie en roer dit mengsel grondig door de gewelde en wat afgekoelde gierst, het wordt dan een puree-achtige massa.
Werk de rest van de ingrediënten erdoor en bak van deze vrij droge massa koekjes volgens het basisrecept*. 166

Variatie: Vervang kwark, olie en walnoten door 150-200 g gehakt, dat u eerst in de eetlepel olie wat moet bakken. Hierbij kunt u ook de ui nog even meebakken. U krijgt nu 14 koekjes.

Tip: Doe de massa in een vuurvaste schaal (vervang naar wens de kwark en de olie door een ei of door pittige, geraspte kaas en gebruik eventueel wat meer groente) en bak deze **gierstschotel met walnoten (of gehakt)** 30-40 minuten bij 180°C.

Boekweitkoekjes met kwark (ca. 16 stuks)

Met wat soep vooraf en een vruchtentoetje na een voedzame maaltijd. Geef er wat bladsla bij.

- 200 g boekweit (2 3/4 dl)
- 4 1/4 dl water (1:1 3/4)
- 2 theelepels zout

- 175 g halfvolle kwark
- 1-2 eetlepels olie

- 1 theelepel kerrie
- 2 theelepels tijm
- 4-5 eetlepels boekweit- of tarwemeel

- 100 g wortel, niet al te fijn geraspt
- 50 g prei van het witte gedeelte, zeer fijn gesneden
- 50 g ui, zeer fijn gesneden
- 2-3 eetlepels peterselie of selderijblad, fijngeknipt

Kook de boekweit volgens het *basisrecept*, 166 zij moet goed gaar zijn of gebruik 400 g gekookte boekweit.
Roer de olie door de kwark, totdat de olie helemaal is opgenomen. Voeg dit mengsel aan de boekweit toe.
Strooi er de kerrie, de tijm en het meel overheen en prak alles met een vork door elkaar. Het moet een samenhangend, vrij droog, pittig mengsel worden. Laat een half uur rusten.

Voeg nu de fijngesneden groente en de verse kruiden toe.
Vorm en bak de koekjes volgens het basisrecept*. *166*

Variaties:
- vervang de kwark door 100 g pittige, maar niet te oude geraspte Goudse kaas en 4-5 eetlepels melk
- vervang de wortel door knolselderij, wortelpeterselie (pittig), of oranjegele pompoen (met wat geraspte gemberwortel)
- vervang de prei door meer ui of door bleekselderij
- voeg een fijngesneden teentje knoflook toe
- vervang de tijm door oregano of basilicum (vers het lekkerst)

Tip: Ook geschikt voor het bakken van graansneetjes op de bakplaat in de oven*. *172*

Rijstkoekjes (ca. 16 stuks)

Maak een mengsel als voor *rijstballen**, waarbij u een ei extra door de massa moet mengen. Bak er koekjes van. *273*

Boekweitkoekjes met linzen en noten
(16 stuks)

Maak een mengsel als voor *boekweitkroketten**, waarbij u de agar-agar kunt weglaten, en bak er koekjes van. *272*

Bonenkoekjes met noten (12 stuks)

Maak een mengsel als voor *bonenkroketten**. Maak in plaats van kroketten ballen, paneer ze (de massa is te slap om zomaar te bakken) en druk ze met het pannekoeksmes plat als u ze in de pan legt. Bak ze in een royaal laagje olie, dan krijgen ze een lekker korstje. Het teveel aan olie is bruikbaar om iets anders in te bakken, mits ze niet te sterk verhit was. *274*

Broodkoekjes

Een vlug gemaakt koekje, neutraal van smaak en daardoor bij elke groente passend. Serveer de koekjes met *karnemelk-* of *mosterdsaus* en geef er rode kool of spruiten bij. Eet ze in de zomer met *tomatensaus* en sperziebonen of een salade.

- ca. 250 g oud brood, in zeer kleine dobbelsteentjes gesneden
- 1 1/2 dl hete bouillon of water (2 dl bij zeer oud brood)

- 1 groot ei
- 1/2 ui, fijngesneden
- 1 teentje knoflook, fijngesneden of door de pers gedrukt
- 1 kopje (1 1/2 dl) sterrekers of kleingesneden waterkersblaadjes
- ca. 1 theelepel zout
- een snufje peper
- een snufje nootmuskaat

- 4 eetlepels sesamzaad* *605*

Giet de bouillon op het brood en laat dit 20-30 minuten weken. Schep af en toe om, tot al het vocht is opgenomen. Doe het ei erbij en prak alles tegelijkertijd fijn, maar niet helemaal tot pap.
Voeg de rest van de ingrediënten toe (behalve het sesamzaad).
Strooi het sesamzaad op een diep bord en deponeer hierop telkens een hoopje van de broodmassa (gebruik een ijsbollepel of twee eetlepels). Vorm ze wat bij en wentel ze daarbij door het sesamzaad.
Bak de koekjes in een laagje olie in de koekepan langzaam lichtbruin en krokant. Houd de al gebakken koekjes warm op de groentepan, terwijl u de rest bakt.

Variatie: Vervang de sterre- of waterkers door zeer fijn gesneden prei, geraspte wortel of knolselderij.

Tips:
- bij zeer hard brood kunt u het water koken en heet over het brood gieten. Dit eerst laten weken en pas daarna de overige ingrediënten erdoor mengen
- voeg waterkers en ui pas vlak voor het bakken toe als u de massa van tevoren klaarmaakt

Graansneetjes

Met graansneetjes kunnen we op een vrij eenvoudige, maar toch smakelijke manier een groot aantal flinke eters voeden. Vooral de wat oudere kinderen zullen deze pittige graangerechten graag eten.
Veel kunt u al van tevoren klaarmaken en tevens kunnen er restjes in worden verwerkt. Hartige sneetjes zijn met groente en/of sla erbij een voedzame maaltijd; *zoete sneetjes** smaken lekker met 471 compote of appelmoes, maar ook met een vruchten- of vanillesaus. Kleine porties vormen een stevig toetje na een lichte maaltijd, maar in combinatie met een kopje groentesoep of een schaaltje salade kan een wat grotere portie ook een hele maaltijd vormen.

Basisrecept voor graansneetjes

Er zijn drie manieren om de sneetjes te maken:

1 In de koekepan gebakken:
- kook eerst een dikke pap van grutten, vlokken of griesmeel en kruid deze goed. Wie de sneetjes extra voedzaam wil maken, kan er nog wat olie aan toevoegen
- strijk de massa uit op met koud water omgespoelde platte borden of direct op het werkvlak, ruim 1 cm dik. Grotere hoeveelheden kunt u in een met koud water omgespoeld (zeer schoon) cakeblik gieten en na afkoeling (dit duurt enkele uren!) storten en in ruim 1 cm dikke plakken snijden.
Strijk de massa na het uitsmeren goed glad, dit vergemakkelijkt het bakken. De op borden uitgestreken massa kunt u het beste in punten snijden
- wentel de sneetjes door meel, klop het overtollige meel er af en bak ze aan weerskanten goudbruin in de koekepan. Met olie worden ze knapperig, met boter krijgen ze de door velen gewaardeerde lekkere smaak
- bestrooi of beleg de hartige sneetjes met geraspte of in dunne plakjes gesneden kaas zodra de eerste kant is gebakken. De kaas kan dan in de warmte van de pan goed smelten. U kunt de kaas ook vervangen door een pittige saus bij de sneetjes te serveren
- bestrooi naar wens zoete en hartige sneetjes met sesamzaad, zonnebloempitten of grofgehakte noten: strooi ze terwijl de eerste kant bakt op de nog ongebakken bovenkant en druk ze goed aan, ze worden dan bij het bakken van de tweede kant meegebakken
- op zoete sneetjes kunt u aan tafel wat met kaneel vermengde ongeraffineerde rietsuiker strooien, of er wat stroop op gieten.

2 In de oven gebakken:
- maak een massa als voor *graankoekjes**, 166 maar iets minder stijf. U kunt er ook groente in verwerken, ongeveer dezelfde gewichtshoeveelheid als de granen (ongekookt gewogen). Toevoegen van ei of kwark is niet per se nodig, de massa hoeft niet zo sterk gebonden te zijn als voor graankoekjes. U kunt dan ook van een massa waarvan de koekjes niet heel blijven in de pan altijd nog sneetjes op de plaat in de oven bakken
De olie of boter, die u anders voor het bakken van de sneetjes in de koekepan nodig zou hebben, kunt u hier in de massa zelf verwerken. Hierdoor blijven deze waardevolle vetten gespaard voor al te grote verhitting
- vet een bakplaat (of voor kleinere porties een pizza- of pievorm) in en bestuif hem met meel. Klop het overtollige meel er weer vanaf. Als u geen pizza- of pievorm heeft, kunt u ook de rand van een springvorm op de bakplaat zetten en de massa binnen deze rand uitstrijken; de randen beschermen de massa voor té bruin bakken aan de buitenkant
- strijk de massa met behulp van een deegspatel en/of de rug van een eetlepel gelijkmatig (ruim 1 cm dik) en mooi glad uit
- bak de massa ca. 30 minuten bij 180°C op

de onderste richel in een op 200°C voorverwarmde oven
- strooi er geraspte kaas of grofgehakte noten op, echter pas op de helft van de baktijd, om verbranden te voorkomen. Als u op dat ogenblik ziet dat de massa te droog wordt, kunt u er bij hartige sneetjes nog wat bouillon overheen sprenkelen, bij zoete sneetjes smeert u een sausje van room of viili, gezoet met wat stroop of honing erover.
Op een massa waarin u weinig of geen groente heeft verwerkt, kunt u (onder de kaas) nog schijven tomaat, reepjes paprika of stukjes voorgekookte groente leggen. Net als bij de traditionele pizza's zijn hier talloze variaties mogelijk
- zet de bakplaat na het bakken op een koud aanrecht (de vuurvaste vormen op een vochtig vaatdoekje), dan laten de sneetjes beter los
- snijd de gebakken massa nu in vierkanten, punten of ruiten. Wat u op de plaat heeft gebakken, kunt u op een voorverwarmde platte schaal stapelen; de vuurvaste schaal kunt u zo op tafel zetten

3 Au bain marie gekookt:
Kook de massa in een puddingvorm au bain marie en snijd haar aan tafel in sneetjes. Hiervoor heeft u een metalen puddingvorm met een deksel nodig, die u echter kunt vervangen door een soufflé-, pâté- of kleine cakevorm, een hoge, hittebestendige kom of een rijstrand. Bij de rijstrand kunt u het gat na het storten nog vullen met een saus of ragoût. Zie verder *au bain marie koken van puddingen en terrines**. 43

Roggesneetjes (au bain marie gekookt)

Serveer deze rinzig smakende, stevige sneetjes met een saus (peterselie-, pompoen-, kervel- of pittige groentesaus) en eet er sla bij. Wat yoghurt of een ander zuiveltoetje maakt de maaltijd rond.

- 150 g rogge (2 dl)
- 4 1/2 dl water (1:2 1/4)
- 1 laurierblad
- 1 theelepel venkelzaad
- 1 theelepel zout
- 50 g (1 dl) fijne havervlokken, of 3 volkoren boterhammen (100 g), in blokjes
- 1-2 eetlepels appeldiksap
- 1 groot ei
- 1 dl water
- een geschikte cakevorm van ten minste 1 l inhoud*, ingevet   496

Week de rogge en kook haar samen met de kruiden goed gaar volgens het basisrecept*. 128 U kunt de rogge daarna nog wat fijner maken met de staafmixer. Als u een rest gekookte rogge wilt gebruiken heeft u ca. 600 g nodig. Week de havervlokken of het brood ongeveer een half uur en prak het brood fijn.
Meng havervlokken of brood, appeldiksap en ei door de rogge, het moet een stevige massa zijn; meng er eventueel nog wat meel door.
Doe de massa in de vorm en kook de 'pudding' in 1-1 1/2 uur au bain marie* gaar. 43 Stort de pudding op een plat bord en snijd hem met een scherp mes in dikke plakken van 1 1/2 cm.

Variatie: Als u niet van een rinzig-zurige smaak houdt, kunt u de appeldiksap vervangen door een zeer fijn gesneden ui en 2-3 eetlepels fijngeknipte verse tuinkruiden.

Vierkorensneetjes
(op de bakplaat gebakken, 4-6 personen)

Een frisse bladsla of een milde groente (venkel) past goed bij dit pittige, voedzame gerecht. ▶

- 250 g vierkorenvlokken (6 dl)
- 2 theelepels karwijzaad
- 1/2 l bouillon of water

- 75-100 g gemalen walnoten (of naar keuze andere noten)
- 1-2 eetlepels olie
- 250 g stevige groente naar keuze (schoongemaakt gewogen), fijn gesneden of grof geraspt
- 2-3 theelepels gedroogde of 2-3 eetlepels verse kruiden, passend bij de gekozen groente
- 1-2 theelepels zout (let op het zoutgehalte van de kaas)

- 75-100 g geraspte kaas
- 3 eetlepels sesamzaad of zonnebloempitten

Week de vlokken met de karwij in het water, ten minste 1 uur maar liever 3 uur of langer. Schep af en toe om.
Voeg noten, olie, groenten, kruiden en zout toe en prak alles met een vork tot een smeuïge massa.
Verwerk het deeg volgens het basisrecept*. 172
Bakken: 20-30 minuten bij 180°C, onderste richel. Vermeng de kaas met het sesamzaad en strooi dit halverwege de baktijd op de massa.

Maïssneetjes
(in de oven gebakken, ca. 12 stuks, elk van 9x6 cm)

Zomerse, pittige maïssneetjes, die u grotendeels van tevoren kunt maken. Deze maïssneetjes zijn zeer geschikt voor een groot gezelschap.

- 350 g volkoren maïsgriesmeel (polenta, 5 1/2 dl)
- 7 dl bouillon of water (1: 1 1/4)
- 1 eetlepel olie
- 2 theelepels zout

- 1-2 eetlepels verse basilicum, fijngeknipt (2 theelepels gedroogd)
- 2-3 grote vleestomaten (ca. 300 g), in 1/2 cm dikke plakken gesneden
- ca. 150 g jonge kaas, in 16 dunne plakjes gesneden (9x4 cm)

- eventueel ca. 16 kleine verse salieblaadjes

- een cakevorm van ca. 1 l inhoud

Week en kook de maïs als voor *polenta**. 132
Roer de olie en het zout erdoor, nawellen is niet nodig.
Doe de polenta in een met koud water omgespoelde cakevorm en laat hem helemaal afkoelen.
Verwarm de oven voor. Stort de polentacake en snijd hem in dikke plakken van 1 cm. Leg de plakken op een royaal ingevette bakplaat en bestrooi ze met basilicum. Leg op elk maïsplakje een schijfje tomaat en daaroverheen de kaasplakjes.
Bakken: ca. 12 minuten bij 200°C, onderste richel. De kaas mag niet verkleuren, alleen smelten. Leg op elk maïsplakje een salieblaadje.

Variatie: Vervang de basilicum door gestampte rozemarijn.

Tip: De polenta koelt sneller af als u hem op een platte schaal of op het aanrecht uitstrijkt (ruim 1 cm dik).

Boekweitsneetjes met kaas
(in de pan gebakken, 12 stuks)

Met groente en sla en fruit toe een stevige maaltijd.

- 200 g boekweitgrutten (2 3/4 dl)
- 4 dl water
- 3 dl melk (1:2 1/2)
- 2 theelepels zout

- 1/2 eetlepel oregano of basilicum

- 100 g geraspte oude kaas

- een cakevorm van ca. 1 l inhoud

Breng de boekweit in het water met de melk en het zout al roerende aan de kook. Laat de pap 3 minuten doorkoken (blijf roeren). Voeg de kruiden toe, doe het deksel op de pan en laat de pap ten minste een kwartier nawellen.

Strijk de massa uit op met koud water afgespoelde platte borden of doe hem in een cakevorm en werk verder volgens het basisrecept*.
Bak de sneetjes in wat olie of boter aan één kant goudbruin. Draai de plakjes om, bestrooi ze met kaas en bak ook de tweede kant. Dien de boekweitsneetjes warm op.

172 **Variatie:** Vervang de geraspte oude kaas door plakjes jonge kaas, mooi op maat gesneden.

Pannekoeken

Voor het bakken van pannekoeken is een beslag nodig. 'Beslag' wil eigenlijk zeggen: iets bekleden. En dat doe het pannekoekenbeslag: het vloeit uit over de bodem van de koekepan en bekleedt hem als het ware. Hoe dunner het beslag, des te fijner zijn de pannekoeken. Voor een dun beslag is echter het gebruik van eieren als bindmiddel noodzakelijk.

We hebben geprobeerd in dit hoofdstuk ook recepten voor pannekoeken samen te stellen, die weinig of geen eieren bevatten. Hoe minder eieren er in het beslag zitten, des te dikker wordt het en des te steviger de pannekoek. Maar: in plaats van één machtige, dikke pannekoek kunt u ook kleine panne'koekjes' bakken, bij voorbeeld drie tot vier tegelijk in de pan. Het beslag hiervoor is aardig dik, maar vloeit toch nog wel wat uit.

Dunne pannekoeken kunnen de omhulling vormen voor allerlei bijgerechten, zoals de loempia. Een lekkere gevulde eierpannekoek kan de plaats innemen van vlees.

U kunt pannekoeken ook in plaats van aardappelen, rijst of thermogrutten gebruiken. Zet dan een stapel pannekoeken op tafel met bij voorbeeld fijngesneden andijviesalade en *aardappelgoulash**. 194
Zitten er vleesliefhebbers aan tafel, dan kunt u nog haché of een ragoût van gehakt erbij geven.
Men kan de flensjes of pannekoeken natuurlijk ook reeds gevuld op tafel zetten.

Basisrecept voor pannekoeken

Het is altijd aan te raden volkorenmeel (liefst fijngemalen) te gebruiken, eventueel gedeeltelijk vervangen door een andere meelsoort of vlokken. Om de verteerbaarheid te bevorderen is het goed het beslag ten minste 30 minuten te laten rusten. Omdat vet door verhitting zwaarder verteerbaar wordt, is het beter wat olie door het beslag te roeren en met zo weinig mogelijk boter of olie te bakken.
Als vloeistof gebruiken we half melk/half water of alleen melk. Het laatste is machtiger, maar maakt de pannekoeken wat smeuïger; met het melk/watermengsel worden de pannekoeken knapperiger. De melk kunt u ook vervangen door karnemelk.

Het bakken van dikkere pannekoeken zal waarschijnlijk weinig problemen geven. De baktemperatuur moet zo geregeld worden, dat de bovenkant van de pannekoek droog is als de onderkant bruin is en de pannekoek gekeerd moet worden. Soms is het nodig dan nog wat olie of boter in de pan erbij te doen. Bakt men te vlug, dan is de pannekoek niet gaar en breekt ze bij het omdraaien. Dunne pannekoeken of flensjes vragen meer bakkunst.
Gebruik bij voorkeur een koekepan met een dikke bodem en ook een soepel, buigzaam pannekoeksmes is eigenlijk onmisbaar.
De pannekoek plakt niet aan de pan als u de olie of de boter eerst heet laat worden (maar niet dampend), voordat u het beslag in de pan ▶

de pannekoek een mooi korstje en wordt toch gaar van binnen. Met olie gebakken wordt de korst steviger, maar velen zullen toch de smaak van boter meer waarderen. Schuif, als de randen hebben losgelaten, het pannekoeksmes eronder en draai de pannekoek met een snelle beweging om. Dunne pannekoeken laten zich niet goed opgooien.
Kleine hoeveelheden kunt u warmhouden op een pan met kokend water; grotere hoeveelheden kunt u in porties, met een deksel of bord erover tegen het uitdrogen, in de oven zetten (laagste stand, ca. 80°C).

Wat u zoal bij pannekoeken of flensjes kunt serveren:
- gekookte groenten, zoals spinazie, Chinese kool, maar ook wel rode kool, zuurkool, snijbiet, enzovoort
- rauwkostschotels van winterpostelein, kropsla, andijvie, witlof, enzovoort of wortel, biet, knolselderij
- ragoût van groente, vlees of champignons
- grof geraspte appel, vermengd met citroensap en honing, eventueel wat kaneel
- dikke appel- of rabarbermoes, vruchtenmoes of halvajam
- stroop (suikerbieten-, appel-, ahorn- of gestemoutstroop)
- honing
    - geraspte kaas
        - gember
            - kwark

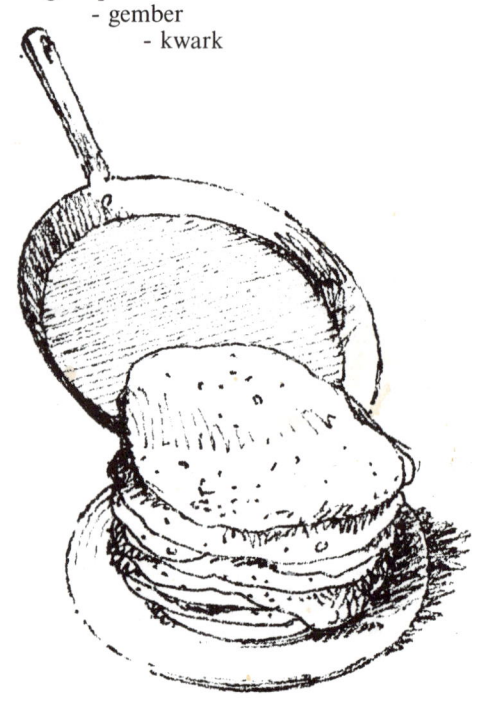

laat lopen. Giet het beslag op de ene kant van de bodem van de pan. Draai de pan zo, dat het beslag over de hele bodem uitvloeit. Bak de pannekoek een paar tellen op een vrij hoog vuur (laat echter het vet vooral niet te heet worden) en temper daarna het vuur. Zo krijgt

Overgebleven pannekoeken kunt u in de koelkast (afgedekt) nog 2-3 dagen bewaren. Een paar tips voor het opdienen:
- dubbelgevouwen tussen twee met stroop besmeerde boterhammen
- in reepjes gesneden in de soep (*Consommée à la Célestine**) 83
- opwarmen op een pan met heet water, dat u tegen de kook aan houdt (de pannekoeken op een plat bord gestapeld en afgedekt). Keer de stapel tussentijds een keer om
- vullen met een ragoût (*linzenchili** of een andere peulvruchtenschotel, *aardappelragoût**, *groenteragoûts*) of een sappige, maar niet té natte groente (spinazie, kool, enzovoort). Zie hiervoor het recept van de *gevulde pannekoeken** 227 226 179
- met wat geraspte kaas ertussen opstapelen en opwarmen op een pan met heet water. Aan tafel in punten snijden, als bijgerecht bij de warme maaltijd

Eierpannekoeken (14 stuks)

- 200 g tarwemeel
- 2 eieren
- 2 eetlepels olie
- 2 theelepels zout
- 4-4 1/2 dl ~~melk of~~ half melk/half water

Doe het meel in een kom, maak in het midden een kuiltje en roer het van daaruit met eieren, olie, zout en een gedeelte van de melk tot een glad beslag. Verdun dit met de rest van de melk. Laat het beslag ten minste een half uur rusten.
Bak de pannekoeken zo dun mogelijk in weinig olie of boter volgens het basisrecept*. 175

Variaties:
- vervang 50 g van het meel door boekweitmeel
- **haverpannekoekjes:** vervang 140 g van het meel door fijne havervlokken en gebruik 5 3/4 dl bouillon. Bak er kleine pannekoekjes van
- **maïspannekoeken:** vervang 120 g van het tarwemeel door maïsmeel en gebruik 4 dl bouillon. Stamp in een vijzel 1 theelepel rozemarijn met het zout fijn. Bak dunne pannekoeken

Gistpannekoeken (8 dikke)

Traditioneel worden deze pannekoeken met stroop gegeten, maar voor de liefhebbers kunt u ook een pot met *geconfijte gembersnippers* op tafel zetten of er appelmoes bij geven. Dé pannekoek voor mensen, die er graag stapels van eten!

- 200 g fijn tarwemeel of gebuild meel
- 100 g boekweit- of thermomeel (gerst of tarwe)
- 10 g verse gist (3/4 eetlepel)
- 5 dl lauwwarme melk of half koude melk/half heet water
- 2 theelepels zout
- 2 eetlepels olie
- eventueel 1 ei (geeft het beslag wat meer bindkracht, waardoor het makkelijker bakt)

Vermeng het meel in een kom en maak er een kuiltje in. Los de gist op in de melk en giet dit in de kuil. Roer van het midden uit tot een dik-vloeibaar papje, voeg de rest van de ingrediënten toe en roer alles tot een glad beslag. Laat ongeveer een uur rijzen.
Bak de pannekoeken in wat boter op een matig vuur aan beide kanten mooi bruin. Draai daarbij de pannekoek pas om als de onderkant bruin en de bovenkant gestold is. Voeg zonodig voor het bakken van de tweede kant wat boter toe.

Variaties:
- **spekpannekoeken:** beleg de bodem van de koekepan met dunne plakjes gerookt spek of bacon. Bak ze alvast wat uit (zonodig met wat boter) en giet nu pas het beslag in de pan. Serveer deze pannekoeken met stroop of bladsla
- **appelpannekoeken:** smelt de boter in de koekepan en beleg de bodem met dunne schijfjes appel. Bak deze enkele minuten en giet het beslag erover
- **snelle pizza:** strijk aan tafel *pizzavulling** over de (spek)pannekoek 597
- **pancakes:** bak in plaats van één grote, 4 kleine pannekoekjes (gebruik de ijsbollepel). Lekker met ahornsiroop

Tip: Gebruik maar de helft van de hoeveelheid gist als u het beslag langer dan ca. 1 1/2 uur van tevoren maakt.

Flensjes (15 stuks)

- 180 g volkoren tarwemeel, of 150 g gebuild meel
- 3 eieren
- 2 eetlepels olie
- 1-2 theelepels zout
- 4 dl melk of half water/half melk

Doe het meel in een kom en roer er de eieren, de olie en het zout door. Giet al roerend de melk er langzaam bij. Zorg dat de klontjes steeds weer gladgeroerd zijn voordat u meer melk toevoegt.
Laat het beslag ten minste een half uur staan en bak er daarna dunne flensjes van*. *175*

Variatie: Vervang een kwart van de hoeveelheid meel door boekweit- of thermomeel.

Blini's
(ca. 35 stuks, voor 4-5 personen)

Het originele Russische recept. Deze dikke, maar luchtige, kleine pannekoekjes kunt u op veel manieren eten:
- bij een lichte maaltijdsoep, uit het vuistje, eventueel met wat dikke zure room bestreken
- als hoofdgerecht met wat geraspte kaas bestrooid of met een ragoûtsaus, aangevuld met groente of sla
- als voedzaam nagerecht met stroop of (pruimen)compote. Maak dan de helft minder van het beslag en strooi wat amandelsnippers in de pan voordat u het beslag erin giet

- 1/2 eetlepel gist
- 1 dl water
- 100 g gebuild meel

- 200 g boekweitmeel
- 2 kleine eierdooiers
- 2 dl melk
- 1 1/2 theelepel zout
- 1 eetlepel olie

- 2 eiwitten, stijfgeklopt

Los in de deegkom de gist op in het water en roer er het gebuilde meel door. Laat dit voordeegje op een warme plaats rijzen, tot er blaasjes in ontstaan (ca. 20 minuten).
Roer de rest van de ingrediënten erdoor (het stijfgeklopte eiwit pas vlak voor het bakken) en laat dit dikke beslag nog een keer 20 minuten rijzen.
Verwarm in een grote koekepan wat olie of boter en schep met behulp van een eetlepel 5 porties beslag erin. Bak de blini's niet te langzaam lichtbruin, anders worden ze te droog.

Tip: Overgebleven blini's zijn uitstekend op te warmen: leg twee pannekoeken op elkaar, met een heel dun plakje kaas ertussen, en bak ze langzaam aan weerskanten op in een *droge* koekepan met een deksel erop, u krijgt zo een soort tosti.

Boekweitpannekoekjes met prei
(12-16 stuks)

Dikke, maar door de meegebakken prei toch sappige pannekoekjes. Met wortelsalade en een vruchtentoetje een stevige maaltijd.

- een beslag als voor blini's*, maar neem 50 g boekweitmeel minder en gebruik maar 1 ei (het eiwit niet stijfkloppen) *178*

- 200 g prei, van het witte en lichtgele gedeelte
- eventueel 1 eetlepel peterselie of selderijblad, fijngeknipt, of een stukje geraspte wortel

- 50 g geraspte oude kaas

Snijd de prei overlangs in vieren, maar laat de stukken bij het voetje nog aan elkaar vastzitten. Snijd de prei nu in flinterdunne reepjes en schep ze, samen met de het venkelzaad en peterselie of wortel, door het beslag. Voeg zonodig nog wat zout en peper toe. Laat dit nu niet meer staan, maar bak er in de koekepan in wat olie handgrote, dikke pannekoekjes van* (vier tegelijk; een ijsbollepel is *175* hierbij handig). Doe dit op een matig vuur, anders zijn ze van binnen niet gaar.
Stapel de pannekoekjes dakpansgewijs op een platte schaal en geef de kaas er apart bij.

Variaties:
- laat de kaas weg en geef er *kruidenkwark** *304* bij

- vervang de kaas (en de olie in het beslag) door 100 g mager **spek**. Snijd het in 1/2 cm kleine blokjes, bak het uit en voeg het met de prei aan het beslag toe. Gebruik het in de pan achtergebleven spekvet voor het bakken van de pannekoekjes

Maïspannekoekjes van verse maïskorrels
(24 stuks van ca. 8 cm , 4-5 personen)

Dikke, maar toch luchtige pannekoekjes met de zoetige smaak van verse maïskorrels. Eet er nog een gemengde salade van blad- en wortelgroente bij.

Maak een dubbele hoeveelheid van het recept voor *maïskoekjes**, maar gebruik ca. 3 1/2 dl water en 200 g meel. De maïs hoeft u niet te verdubbelen. Wel is het lekker, als u de eieren splitst en het eiwit stijfgeklopt pas op het laatst door het beslag schept. Proef vooral of er voldoende zout in zit. 276

Bak de pannekoekjes op een matig vuur, zodat ze door en door gaar worden.

Gevulde pannekoeken (8 stuks)

↩

Eet hierbij een salade van wortelgroente. Een zeer geschikt menu voor een groot gezelschap. Maak dan eventueel verschillende vullingen. U kunt ze, behalve de spinazie- en snijbietvulling, al van tevoren maken, net als de pannekoeken.

Bak 8 stevige *gistpannekoeken** of *eierpannekoeken**. Stapel ze op een platte schaal en houd ze warm op een pan met heet water. Vul de pannekoeken met een van de onderstaande vullingen. 177

Koolvulling

- 1 eetlepel olie
- 1 grote ui, fijngesneden
- 2 theelepels karwijzaad

- ca. 600 g spitskool of Chinese kool, fijn geschaafd
- 1 grote tomaat, in stukjes gesneden of 1-2 eetlepels tomatenpuree

- 1 theelepel zout
- 1-2 theelepels mosterdpoeder op paprikapoeder
- ca. 1 dl groentenat, bouillon of melk

- 50-100 g geraspte kaas

- een platte, rechthoekige vuurvaste schaal, ingevet

Verwarm de olie en smoor hierin de ui met de karwij.
Smoor ook de kool mee tot hij lekker gaat ruiken. Voeg de tomaat toe, roer goed door en laat de kool op een laag pitje gaarstoven in een gesloten pan. Pas op voor aanbranden, misschien moet u een paar lepels water toevoegen.
Breng de kool op smaak met zout en kruiden; het moet een pittig en sappig, maar niet nat mengsel zijn. Giet eventueel aanwezig groentenat af en vang het op. Leg nu op elke pannekoek een paar lepels van deze vulling en rol de pannekoeken op. Leg ze, met de sluiting naar beneden, dicht naast elkaar in de vuurvaste schaal. Giet het groentenat croverheen en dek de schaal af met aluminiumfolie.
Bakken: 20 minuten bij 200°C, middelste richel. Verwijder de folie, strooi de kaas over de pannekoeken en bak nog een keer 5 minuten, tot de kaas is gesmolten. Let op: een van tevoren klaargemaakte schotel heeft een langere baktijd: ca. 30 minuten bij 180°C.
Dien op met een sappige salade van bij voorbeeld wortel, of met *tomatensaus**. 210

Variaties:
- gebruik een ronde en diepe vuurvaste schaal. Stapel hierin laag om laag de pannekoeken en de vulling, waarbij de onderste en de bovenste laag een pannekoek moet zijn. Snijd deze **pannekoekentaart** aan tafel in punten
- bij gebrek aan een oven kan men de gevulde ▶

pannekoeken ook in een grote koekepan met een hoge rand en passend deksel klaarmaken. Giet in dit geval maar 1/2 dl groentenat in de pan, anders wordt het gerecht te vochtig
- bak 100 g magere spekblokjes met de ui mee
- vervang de tomaat door 2-3 eetlepels tomatenpuree en 1/2 dl water
- vervang de tomaat door ca. 100 g fijngeraspte wortel en het mosterdpoeder door koriander
- vervang de koolvulling door een andere groentevulling. In principe is elke sappige, maar niet té natte groente of ragoût geschikt. Besteed wel veel aandacht aan het kruiden. Een paar suggesties:
- maak *gesmoorde spinazie** of *spinazie à la Roussillon**   318 319
- maak een **snijbietvulling**: gebruik 750 g jonge snijbiet en volg het recept voor *snijbiet**. Van oudere snijbiet met dikke stengels moet u alleen het groen gebruiken. Snijd de stengels in stukjes, kook ze in wat gezouten water, laat ze afkoelen en vermeng ze met een romige slasaus. Serveer deze salade bij de pannekoeken   317
- maak *linzenchili**, *kaasragoût* of *champignonragoût** en zorg ervoor, dat deze niet te dun is   227 232
- maak *gehaktsaus** of *sauce bolognaise** en strijk deze vulling uit over de hele pannekoek, voordat u hem oprolt   228

Tip: Als u overgebleven pannekoeken gebruikt, kan de schotel wat droog worden. Dit kunt u voorkomen door 3 dl *witte ragoûtsaus** over de gevulde pannekoeken te gieten en daarop de kaas te laten smelten. U hoeft dan de schotel niet met aluminiumfolie af te dekken en ook geen bouillon in de schaal te gieten.   203

Haver-roggepannekoekjes
(25-30 stuks)

Eet deze pannekoekjes met *gehaktsaus** of *bruine ragoûtsaus*, gestoofde bieten en salade van winterpostelein.   228

- 150 g fijne havervlokken
- 100 g thermomeel (rogge)
- 4 dl water
- 3 dl melk

- 3 eetlepels zonnebloempitten, liefst geroosterd
- 3 eetlepels sesamzaad, liefst geroosterd
- 3 theelepels koriander, gemalen
- 1 theelepel zout
- 1-2 eetlepels olie

Doe de vlokken en het meel in een kom en maak met de melk en het water een glad beslag. Roer de overige ingrediënten door het beslag en laat het ten minste 30 minuten rusten.
Bak van dit beslag in wat boter of olie kleine en vooral dunne pannekoekjes*, vier tegelijk in de koekepan (gebruik de ijsbollepel).   175

Fijne haverpannekoekjes (12 stuks)

- 2 eieren
- 2 eetlepels olie
- 5 dl bouillon of half bouillon/half melk
- 125 g fijne havervlokken (2 3/4 dl)
- 50 g meel

- 1 1/2 theelepel zout
- eventueel 1/2 theelepel hysop

Kluts de eieren met de olie en de bouillon in een beslagkom en roer er de vlokken en het meel door. Laat dit ten minste een half uur rusten.
Voeg het zout toe en bak er in boter dunne, kleine pannekoekjes van, bij voorbeeld vier tegelijk in de koekepan. Doe dit op een matig vuur. Leg de pannekoekjes op een plat bord en houd ze warm op een pan met kokend water.

Broodschotels

Met oud brood kunt u smakelijke (hartige of zoete) schotels klaarmaken. Als u ze eenmaal heeft geproefd, zult u er wellicht af en toe zelfs een halfje vers brood voor opofferen.
Hartige broodschotels kunnen met een schaal frisse sla erbij een volledige maaltijd vormen, met vruchten als toetje.
Zoete broodschotels kunnen we als stevig nagerecht gebruiken, in combinatie met vruchten, mits er in de schotel zelf geen fruit is verwerkt. In dat geval is een stevige groentesoep vooraf eerder op zijn plaats (bij voorbeeld bieten-, komkommersoep, enzovoort).

Tip: Hoe krijgt u geschikt oud brood? Laat het niet te lang in de zak zitten. Snijd het in dunne sneetjes of in kleine blokjes, leg deze op een vel papier en laat ze op een warme plaats drogen.

In de hierna volgende recepten gebruiken wij het stevige volkorenbrood van de natuurvoedingswinkels. Het vochtgehalte van het gangbare volkorenbrood is hoger, houd daar rekening mee.

Broodschotel met kaas (3-4 personen)

Met een gestoofde bladgroente en wat wortelsalade een vlug gemaakte maaltijd.

- 200 g niet te oud, stevig volkorenbrood (ca. 5 sneetjes), in 1 cm grote dobbelsteentjes gesneden
- 25-30 g boter

- 2 eieren
- 2 dl bouillon
- 1 theelepel tijm, kerrie en/of eventueel 1 theelepel chilipoeder

- 50-80 g belegen kaas, geraspt
- 2 eetlepels peterselie, fijngehakt
- 1 eetlepel bieslook, fijngeknipt of 1 eetlepel ui, zeer fijn gehakt

- een platte vuurvaste schaal, ca. 26 cm doorsnee, ingevet

Bak de broodblokjes in de boter op een matig vuur goudbruin.
Klop de eieren los met de bouillon en de specerijen.
Verdeel de helft van het gebakken brood over de bodem van de vuurvaste schaal, strooi de kaas, peterselie en bieslook eroverheen en dek af met de rest van het brood.
Giet het eimengsel erover en laat nog ten minste 15 minuten intrekken.
Bakken: 20-30 minuten bij 180°C, middelste richel.

Variaties:
- vervang de bieslook door fijngehakte knoflook en bak deze met het brood mee
- vervang de kaas door krap een halve pot kwark (125 g) of Hüttenkäse met 1/2 theelepel zout. Klop dit door het eimengsel
- vervang de kaas en de verse kruiden door de helft van het recept *spinazie à la Roussillon** 319
- leg 300-400 g gestoofde groente (restjes) tussen de beide lagen broodblokjes. Geschikt zijn alle wortel- en koolgroenten, sperziebonen, venkel, bleekselderij, enzovoort en voor de pittige smaak een stukje zeer fijn gesneden rauwe prei of ui en wat stukjes paprika. In deze **broodschotel met groente** smaakt kwark of Hüttenkäse beter dan kaas
- gebruik een wat grotere (of diepere) schaal. Leg tussen de beide lagen broodblokjes de vulling van een van de groentetaarten*. De 281 kaas kunt u hetzij op de groentevulling strooien, hetzij ca. 5 minuten voor het einde van de baktijd over de schotel strooien. Als

er in het recept voor de groentetaartvulling van uw keuze kaas of een eimengsel staat, moet u dit uiteraard weglaten. Bij deze schotel past een sappige komkommer- of tomatensla

Tip: Deze schotel wordt minder machtig, als u het brood bakt als voor *soldaatjes** of het bakken achterwege laat.

Ramequin (4-5 personen)
ⓥ ⊕

Een vlug klaargemaakte, stevige Zwitserse broodschotel. Gebruik hiervoor een stevig soort *wittebrood** of een niet te zwaar volkorenbrood of lichtbruin brood. In de zomer smaakt tomatensalade met komkommer er fris bij, in de winter salade van winterpostelein of veldsla.

- 8 flinke witte boterhammen (ca. 350 g)
- 8 dunne plakken (ca. 200 g) Gruyère (of jongbelegen kaas)

- 2 grote of 3 kleine eieren
- 1/2 l melk
- eventueel wat zout (hangt af van het zoutgehalte van de kaas)
- een snufje nootmuskaat

- een platte vuurvaste schaal, liefst rechthoekig, ingevet

Leg de boterhammen dakpansgewijs in de schaal. Schuif de kaasplakken ertussen, zodat ze 2 mm boven het brood uitsteken.
Klop de eieren los met de melk en los er eventueel het zout in op. Giet dit eimengsel langzaam over de boterhammen, zodat deze ermee worden doordrenkt. Als u oud brood gebruikt, kunt u de schotel nu 5 minuten laten staan.
Bakken: ca. 3/4 uur bij 190°C, middelste richel.
Na ca. 20 minuten zal de bovenkant een goudgele korst hebben. Dek de schaal dan losjes af met aluminiumfolie en laat verder bakken totdat het eimengsel helemaal is gestold.
Rasp er een vleugje nootmuskaat overheen en dien warm op.

Variaties:
- leg reepjes ontbijtspek op het stukje kaas dat boven het brood uitsteekt
- snijd 2-3 rijpe handperen (geschild) in 3 mm dikke plakjes en leg ze tussen de kaas en het brood

Eenvoudige broodterrine (4-6 personen)
⊕ 🕯

Deze eenvoudige broodterrine is zeer geschikt voor jongere kinderen, de pittige terrine (zie volgend recept) meer voor volwassenen.
Serveer de terrine als warme maaltijd met een kleurige saus (*kerrie-*, *paprika-*, *pompoen-* of een andere groentesaus) en een mooi opgemaakte bladsla.
Broodterrine smaakt ook koud lekker, bij een feestelijke lunch of een koud buffet.

- 350 g stevig, niet te oud volkorenbrood, in 1 cm grote dobbelsteentjes gesneden
- ca. 2 1/4 dl zeer pittige, hete bouillon

- 1 eetlepel olie
- 1 grote ui (100-150 g), zeer fijn gesneden
- 100 g rode paprika of venkelknol, in kleine stukjes gesneden
- 3 theelepels tijm
- 2 theelepels rozemarijn
- 1 theelepel gemalen komijn (djinten) en/of 1 theelepel chilipoeder
- 2-3 theelepels zout

- 4 kleine eieren, losgeklopt
- 3 eetlepels verse tuinkruiden

- een cakevorm van ruim 1 liter inhoud, voorbereid als bij de graanterrine*

Sprenkel de bouillon over de broodblokjes en schep deze voorzichtig om, zodat alle bouillon wordt opgezogen. Het brood moet wel vochtig, maar niet echt nat zijn.
Verwarm in een pannetje de olie met de ui en smoor deze glazig, eventueel lichtbruin. Smoor ook de paprika of venkel even mee.
Doe de kruiden met het zout in een vijzel en wrijf alles fijn. Meng de ui erdoor en spreid deze massa uit over de broodblokjes.
Giet hierover de geklutste eieren, voeg de verse kruiden toe en schep alles grondig door

elkaar, maar maak er geen pap van.
Doe de broodmassa in de cakevorm en strijk alles glad.
Bakken: 3/4 uur bij 180°C, onderste richel.
Laat de terrine nog 5 minuten bijkomen, maak daarna de randen tot op de bodem van de vorm los met een dun mesje, stort de terrine op een platte schaal en verwijder voorzichtig het aluminiumfolie.
Garneer de terrine en snijd hem aan tafel met een kartelmes in ruim 1 cm dikke plakken.

Tips:
- gebruik in plaats van één grote cakevorm 2 kleinere en eet de ene terrine de eerste dag warm, de andere 1-3 dagen later koud. Koude broodterrine kunt u in dunnere plakken snijden, zonder dat hij breekt. Bewaar de afgekoelde terrine in een afgedekte schaal of in folie gewikkeld in de koelkast
- bak een overgebleven stuk terrine in de koekepan in een beetje olie of boter op en eet hem als hartig bijgerecht bij gekookte granen of op een boterham.
- als u geen oven heeft, kunt u de massa ook in een grote koekepan met een dikke bodem en een passend deksel bakken. Smeer de pan goed in met boter en bak eerst 5 minuten op een matig vuur, daarna op een vlamverdeler. Stort de gare broodkoek op een schaal en snijd hem in punten

Pittige broodterrine (6-8 personen)
🕒 🍴

Volg het recept van de eenvoudige terrine, echter met de volgende wijzigingen en aanvullingen:
- gebruik een cakevorm van ten minste 1 1/2 l inhoud (of twee kleinere)
- vervang 1 dl van de bouillon door tomatenpuree* 597
- smoor nog 200 g in schijfjes gesneden champignons met de uien mee
- voeg met de eieren nog 100 g geraspte pittige kaas en 2-3 zure augurkjes (ca. 35 g), fijngehakt, aan de broodmassa toe.

Bakken: ca. 1 uur bij 180°C, onderste richel.

Variaties:
- vervang de champignons door bleekselderij of knolselderij, de laatste in 1/2 cm kleine dobbelsteentjes gesneden of grof geraspt
- vervang de champignons door doperwtjes of maïskorrels. Als u ingemaakte gebruikt, hoeft u ze niet te smoren
- vervang de tomatenpuree door *pompoensaus** of *pompoenpuree*. Gebruik in dit geval 215 pittige oude kaas en minder zout
- bak, voordat u de uien smoort, 50 g in dunne sliertjes gesneden ham in de olie
- garneer de terrine met een boeketje van kleine laurierblaadjes en cranberries of jeneverbessen of met een takje hulst

Broodsoufflé met kaas (4-6 personen)

Met een slaschotel erbij een volledige maaltijd.

- *300 g oud, stevig volkorenbrood, in stukjes gesneden*
- *6 dl hete bouillon*

- *1 eetlepel olie of boter*
- *250 g prei of uien, in dunne ringen gesneden*
- *1 theelepel karwijzaad of gemalen komijn (djinten)*

- *80 g geraspte belegen kaas*
- *2 eierdooiers van grote eieren*

- *2 eiwitten, stijfgeklopt*

- *een vuurvaste schaal van 2 l inhoud, ingevet*

Week het brood in de hete bouillon tot het heel zacht is en prak het fijn met een vork.
Smoor de prei of ui in de olie of boter glazig op een matig vuur en smoor ook de karwij even mee.
Roer de eierdooiers en de kaas door de broodpap en schep de stijfgeklopte eiwitten erdoor.
Doe de helft van de luchtige broodpap op de bodem van de vuurvaste schaal, voeg het preimengsel toe en dek dit af met de rest van de broodpap.

Bakken: 3/4-1 uur bij 180°C, onderste richel.

Variaties:
- vervang de uien door restjes gekookte groente of door rauwe zuurkool ▶

- vervang de kaas door in fijne sliertjes gesneden ham (ca. 150 g) en strooi vlak voor het opdienen wat geraspte kaas over het gerecht, die u nog even in de oven laat smelten

Eenvoudige, hartige broodsoufflé

Gebruik de recepten van de *eenvoudige* of de *pittige broodterrine**, maar gebruik 1 dl meer bouillon, klop de eiwitten stijf en schep ze op het laatst door de broodmassa. Gebruik een ingevette vuurvaste schaal van 1/2 l méér inhoud dan de cakevorm van de terrine, want de soufflé rijst tijdens het bakken. De baktijd kan ongeveer een kwartier langer zijn dan voor de terrine, vooral als u een erg diepe schaal gebruikt.

183

Broodsoufflé met appelen

Geef bij deze stevige, zoetzure soufflé een kannetje met wat melk verdunde room (ca. 1:3) of *vanillesaus**.
Met een flinke kom sla of (in de winter) met heldere groentesoep vooraf een volledige maaltijd. Als u deze soufflé als toetje wilt geven (warm of koud), heeft u aan de helft van de hoeveelheid genoeg.

212

- 300 g oud, stevig volkorenbrood, in stukjes gesneden
- 5-6 dl melk (hoe ouder het brood des te meer), verwarmd tot er een vlies op komt (70°C)

- 50 g stroop (ca. 2 1/2 eetlepel)
- 30 g zachte boter
- 2 eierdooiers (van grote eieren)
- de geraspte schil van 1 citroen, of 1 theelepel kaneel
- 50 g amandelen of hazelnoten, gemalen of in stukjes gebroken walnoten
- 50 g rozijnen of dadels zonder pit
- 2 eiwitten, stijfgeklopt
- 2 maal 1 eetlepel ongeraffineerde rietsuiker
- 500 g appels

- een vuurvaste schaal van 2 l inhoud, royaal ingevet met boter

Giet de hete melk over het brood en laat dit even staan. Prak het brood daarna helemaal fijn met een vork.
Roer in een grote beslagkom de stroop met de boter romig en voeg de eierdooiers en de citroenschil toe. Roer ook dit weer glad.
Schep de broodpap erop, strooi er de rozijnen en gemalen amandelen over en roer alles grondig door elkaar.
Strooi 1 eetlepel suiker op de bodem van de vuurvaste schaal.
Schil de gewassen appels, haal het klokhuis eruit en snijd ze in 3 mm dikke schijfjes. Leg de helft hiervan op de suiker in de schaal, strooi hierop weer 1 eetlepel suiker en voeg de rest van de appels toe.
Klop nu de eiwitten stijf, schep ze voorzichtig door de broodmassa en giet deze over de appels. Strijk alles mooi glad.
Bakken: 3/4-1 uur bij 180°C, onderste richel.

Variaties:
- houd enkele amandelen apart, snijd ze met een scherp mesje in dunne schijfjes en strooi deze halverwege de baktijd over de soufflé, ze roosteren dan in de hitte van de oven
- vervang de appels door **kersen** (verse mét pit, dat geeft meer smaak), **peren**, verse **abrikozen** of **pruimen**. Gebruik bij de laatste twee fruitsoorten wat meer suiker

Appelrösti (4-6 personen)

Een voedzaam, geurig appelgerecht uit Zwitserland, lekker met een kannetje *vanillesaus** of een beker melk. In combinatie met een maaltijdsoep met groenten of een rauwkostschotel desgewenst met wat blokjes verse kaas een complete maaltijd.

212

- ca. 750 g appels (geen moesappels)
- 50 g boter
- 250 g oud stevig volkorenbrood, in flinterdunne schijfjes gesneden
- 50 g ongeraffineerde rietsuiker vermengd met
- 1 theelepel kaneel of 2 theelepels koriander

Was de appels en verwijder de steel en het kroontje. Snijd ze in partjes en deze in hooguit 2 mm dikke schijfjes (mét schil en klokhuis) of rasp ze zeer grof.
Verwarm de helft van de boter in uw grootste koekepan en rooster hierin het brood, op een matig vuur en onder voortdurend omscheppen. Pas op voor aanbranden en voeg in gedeelten de rest van de boter toe, totdat het brood mooi bruin is.
Voeg nu de appels toe en roerbak het geheel 5-8 minuten.
Strooi de kaneelsuiker erop en schep alles goed door elkaar, nog altijd op het matige vuur, totdat de appels wat vocht loslaten.
Dien de appelrösti warm op.

Variatie: Vervang de appels door 600 g **rabarber**, in flinterdunne schijfjes gesneden. Voeg er wel 1-2 eetlepels meer suiker aan toe.

Tip: Als u deze krokante appelrösti wat smeuïger wilt eten, kunt u haar, nog in de koekepan, met een deksel erop een kwartiertje laten staan (van het vuur af). De appels laten zo meer vocht los en maken daardoor het brood zachter.

Warme Wenerpudding (5 personen)

In het land van herkomst eet men deze zoete broodpudding met *vanillesaus** of *caramelsaus**, maar compote smaakt er ook lekker bij. Met een niet al te zware maaltijdsoep en wat rauwkost vooraf een prima maaltijd. Als toetje na een aardappelmaaltijd voldoende voor 6-8 personen.

- 80-100 g ongeraffineerde suiker
- 1 eetlepel water

- 4 dl melk

- 200 g oud, stevig volkorenbrood, zonder korst in dobbelsteentjes gesneden
- 50 g rozijnen
- 25 g geconfijte sinaasappelschil*, fijngehakt
- de geraspte schil van een halve citroen
- een snufje zout
- 2 eierdooiers van grote eieren

- 2 eiwitten, stijfgeklopt

- een puddingvorm van 1 l inhoud, royaal ingevet met boter en bestrooid met gemalen amandelen of meel

Vermeng in een pannetje met dikke bodem de suiker met het water en carameliseer de suiker*. Blus eerst met 2 eetlepels water en voeg daarna de melk toe. Verwarm de melk tot er zich een vlies op vormt (70°C) en blijf roeren tot de suiker is opgelost.
Vermeng in een kom brood, rozijnen, sinaasappel- en citroenschil en zout en giet de hete caramelmelk erover. Meng nu ook de eierdooiers erdoor (roer het brood niet fijn). Laat toegedekt een half uur intrekken.
Schep tot slot het eiwit erdoor en giet de luchtige massa in de vorm. Sluit af met het erbij horende deksel of maak er zelf een van dubbelgevouwen aluminiumfolie met een elastiekje.
Kook de pudding *au bain marie** 1-1 1/2 uur. Stort hem op een platte schaal en serveer hem zoals hierboven beschreven.

Variaties:
- meng 250 g verse kersen of een half potje ingemaakte (goed uitgelekte) kersen door de puddingmassa; neem dan 1 dl minder melk
- vervang de puddingvorm door een kleine tulbandvorm

Tip: Doe de massa in een tulbandvorm.
Bakken: ca. 1 uur bij 175°C, onderste richel. Op deze manier toebereid wordt het een **Wener broodtulband**.

Aardappelgerechten

Hoewel de aardappel in de 16e eeuw al door de Spanjaarden uit Peru naar onze streken werd gebracht, duurde het tot halverwege de 18e eeuw voor deze voedingsplant uit de familie van de nachtschaden* (zij het aanvankelijk noodgedwongen door de vele misoogsten) dagelijks voedsel werd. Sindsdien is de aardappel niet meer weg te denken uit het voedingspatroon van vooral de Noordeuropese volkeren. Zo heeft elk land zijn traditionele aardappelgerechten (Hemel en Aarde, Rösti, Kartoffelsalat, Pommes Duchesse, Pommes Frites). Voedingsdeskundigen prijzen de aardappel om zijn hoogwaardig eiwit, zijn hoge vitaminegehalte en zijn rijkdom aan mineralen. Wij geven in onze recepten de voorkeur aan de in de zonnewarmte gegroeide, lichtdoorstraalde en naar het licht strevende granen boven de zich in de koele, donkere aarde ontwikkelende aardappel. Zijn smeuïge neutraliteit, die met elke andere smaak gecombineerd kan worden, verleidt vaak tot overmaat. Dit wil echter niet zeggen dat we de aardappel helemaal van het menu willen schrappen, getuige de recepten in dit hoofdstuk.

Door zijn hoog gehalte aan volwaardig zetmeel kunnen we de aardappel ook gebruiken als bindmiddel in soepen en ragoûts. Als we iets met de aardappel doen (pureren, raspen, bakken) en er iets aan toevoegen (melk, eieren, granen en vooral kruiden), heffen we het eenzijdige (aardse, waterige, vormeloze) van de aardappel enigszins op. Ook wat betreft de voedingswaarde moeten we de aardappel aanvullen met eiwitten en vetten.

Als u van een overdwars doormidden gesneden aardappel een dun schijfje afsnijdt en dat tegen het licht houdt, ziet u dezelfde structuur als van een doormidden gesneden tomaat. Hoe dichter deze structuur is, des te beter is de betreffende aardappelsoort te bewaren. Dit moeten we dan doen op een koele, niet al te droge, maar vooral donkere plaats. Ook na de oogst kan zich onder invloed van het licht nog solanine vormen in de knol. Dit (lichte) vergif vormt zich vooral in de groene plekken van nieuwe aardappelen, in de schil en in en rondom de 'ogen'. Deze plekken moeten we dus royaal wegsnijden.

De vele verschillende aardappelrassen kunnen we voor het gebruik in de keuken globaal indelen in *afkokers* en *vastkokers*. Afkokers zijn bloemige aardappelen die uit elkaar vallen als ze gaar zijn. Ze geven een droog, kruimelig resultaat en zijn goed geschikt voor verdere verwerking tot puree, koekjes en pannekoeken. Vastkokers blijven bij het koken heel en zijn meer geschikt om te bakken en voor salades.

Geurige, 'warme' kruiden zoals karwij, peterselie en dille (schermbloemigen), mosterd en mierikswortel (kruisbloemigen), alsmede majoraan en basilicum passen goed bij de smaak van de aardappel en maken hem tegelijk beter verteerbaar.

Aardappelen in de schil

Ⓥ

Deze manier van aardappelen koken is vooral geschikt voor nieuwe en heel kleine aardappelen. De voedingsstoffen en de smaak blijven zo beter behouden en bij het schillen heeft u minder afval.

- 1 1/2-2 kg vastkokende aardappelen
- ca. 2 dl water
- 1 theelepel karwijzaad

- een ruime pan met een goed sluitend deksel
- een passend treefje

Giet zoveel water in de pan, dat het net niet boven het treefje komt te staan. De aardappelen mogen niet in het water liggen.
Week de aardappelen 5 minuten in koud water en boen ze daarna af onder de stromende kraan. Leg ze op het treefje en strooi er de karwij tussen. Doe het deksel op de pan en breng aan de kook. Als er stoom onder het deksel vandaan komt, kunt u het vuur temperen, het kookpunt is dan bereikt. Kook de aardappelen gaar in 20-40 minuten, afhankelijk van de grootte. Controleer af en toe of er nog genoeg water onder het treefje zit en of het water ook steeds blijft koken, anders is er niet voldoende stoom in de pan.

Tips:
- gebruik liefst aardappelen van dezelfde maat of leg de grootste exemplaren onderin de pan
- leg schorseneren of topinamboers bovenop de aardappelen en kook alles tegelijk gaar* 331

Aardappelen koken

Zoek aardappelen van gelijke grootte uit of snijd buitenmaatse exemplaren in gelijke stukken.
Schil ze met een dunschiller en steek er de pitten uit (niet te zuinig). Spoel de geschilde aardappelen schoon onder de koude kraan. Laat de geschilde aardappelen niet in water staan, ze verliezen dan vitaminen en mineralen.
Doe de aardappelen in een pan, giet er 2 cm hoog kokend water bij en strooi er wat zout op (een snufje tot een theelepel, afhankelijk van de hoeveelheid aardappelen).
Laat de aardappelen, met het deksel op de pan, op een matig vuur koken tot u er met een vork makkelijk in kunt prikken. Schep de aardappelen tijdens het koken af en toe om, zodat wat boven ligt ook eens onder komt te liggen, anders worden ze niet allemaal tegelijk gaar. Let er ook op dat ze niet droogkoken. Als het goed is hoeft u aan het eind van de *kooktijd* (ca. 20 minuten) nog maar heel weinig water af te gieten (door een spleetje tussen het deksel en de schuin boven het aanrecht gehouden pan).
Laat de aardappelen nu nog zonder deksel – van het vuur af – even uitstomen en schud ze naar wens even op als u van bloemige aardappelen houdt.
Als u de aardappelen nog warm moet houden, kunt u het beste een dubbelgevouwen theedoek op het deksel van de pan leggen. U kunt de pan ook in de hooikist stoppen (met een doek tussen pan en deksel). Warmhouden betekent altijd vitamineverlies.

Tip: Nieuwe aardappelen laten zich moeilijk bloemig koken. Laat ze na het afgieten een poosje op een vlamverdeler of op de uitgeschakelde elektrische kookplaat staan (zonder deksel) en schud ze meerdere malen op; zo kunnen ze toch nog wat opdrogen zonder aan te branden.

Gekruide aardappelen

⑤ Ⓥ

Gekruide aardappelen passen goed bij graankoekjes en gemengde sla.

- ca. 3/4 kg kleine nieuwe aardappelen, in de schil gekookt*
- 20 g boter
- 2-3 eetlepels fijngeknipte verse tuinkruiden zoals peterselie, bieslook, lavas, selderijblad, venkelgroen, kervel, dille
- wat gomasio of fijn zout

Schil de aardappelen zolang ze nog heet zijn en houd ze warm.
Smelt in een ruime pan de boter, op een matig vuur. Doe de aardappelen erbij en verwarm ze een paar tellen terwijl u ze voortdurend ▶

omschept, maar laat ze niet aanbakken en verkleuren. Strooi de kruiden erover en dien meteen op.

Gestoofde aardappelen

⑤ ①

Bij deze aardappelen is geen jus of saus nodig. Er hoort wel een frisse (gemengde) salade bij en een paar graankoekjes of wat vlees (*gehaktbal**); of garneer de salade met partjes gekookt ei; of eet een *geroosterde vlokkensoep** vooraf.

243

87

- 1-2 eetlepels olie
- 1 grote ui
- 750 g vastkokende aardappelen, geschild gewogen en in 3 mm dikke schijven gesneden

- 1/4 l groentebouillon
- 1 laurierblad
- 1 theelepel venkelzaad
- wat nootmuskaat
- 2 theelepels zout

- 1 eetlepel thermomeel of geroosterd meel*
- 1/2-1 eetlepel appelazijn of 2-3 eetlepels Kanne's brooddrank

610

- naar wens 2-3 eetlepels zure room of viili
- 2 eetlepels bieslook, fijngeknipt

Verwarm in een pan met een dikke bodem de olie met de ui en smoor de ui glazig. Smoor ook de aardappelen even mee.
Blus met de bouillon en roer er de kruiden en het zout door. Breng alles aan de kook en laat de aardappelen op een laag pitje, met het deksel op de pan, bijna gaar stoven (ca. 10 minuten).
Schep het met de azijn en wat water aangemaakte meel door de aardappelen en laat nog even nastoven.
Haal de pan van het vuur, voeg de room toe, verwijder het laurierblad en strooi er de bieslook overheen.

Variaties:
- vervang in de winter de bieslook door een preitje. Snijd het in dunne ringen en smoor de prei met de ui mee. Strooi dan nog wat fijngeknipte peterselie, selderij- of venkelblad over het gerecht
- vervang de bieslook door een fijngehakt teentje knoflook, dat u met de ui meesmoort
- vervang de ui helemaal door **prei** of door **venkelknol** (bij venkel de azijn weglaten)

Gebakken krielaardappelen

- *3/4-1 kg krielaardappelen*
- *ca. 1 l water met*
- *1/2 eetlepel zout*

- *15-20 g boter*
- *fijn zout of kruidenzout*
- *1-2 eetlepels verse tuinkruiden (bieslook), fijngeknipt*

Doe de krieltjes in een bak met koud water en wrijf ze een poosje stevig tegen elkaar aan, zo laten er al heel wat velletjes los. Doe de krieltjes over op een vergiet en spoel ze flink af. Schraap ze onder de zacht stromende kraan met een kort mesje en leg ze meteen weer in schoon koud water om verkleuren te voorkomen.
Breng het water met het zout aan de kook en doe de krieltjes erin. Breng weer aan de kook en laat de krieltjes, gerekend vanaf het moment van koken, 5 minuten voorkoken. Giet ze af en laat ze wat uitstomen.
Verwarm in de koekepan op een matig vuur de boter, maar laat hem niet bruin worden. Bak de krieltjes in de boter aan alle kanten goudbruin, onder af en toe omscheppen. Strooi het zout en de kruiden eroverheen en dien warm op.

Variatie: Bak de krieltjes in een laagje olie. Ze krijgen hierdoor een knapperiger korstje, maar hebben een andere smaak.

Tip: Lichter verteerbaar (maar niet gebakken) worden de krieltjes, als u ze in het water helemaal gaarkookt, goed laat uitstomen en er de boter op laat smelten. Strooi er nog 2 eetlepels fijngeknipte verse tuinkruiden overheen en hussel alles door elkaar.

Gepofte aardappelen

De makkelijkste manier om voor een groot gezelschap kruimige aardappelen op tafel te brengen. Het minste werk heeft u aan de *herdersaardappelen*, maar daarvoor heeft u wel een kampvuur of barbecue nodig.
Reken per persoon op ten minste 4 kleine (ca. 50 g) of 2 grotere (100 g) aardappelen, mét de schil gewogen. Bereken de hoeveelheid ruim. Wat overblijft kunt u, in plakjes gesneden, later in de koekepan opbakken. Neem, behalve voor herdersaardappelen, geen grotere maat dan 100 g, anders verbranden de aardappelen voordat ze door en door gaar zijn.

Herdersaardappelen

(voor kampvuur of barbecue)

⑤ ①

Lekker met een gemengde salade.
Boen grote, bloemig kokende aardappelen goed schoon en verpak ze in één laag dikke of twee lagen dunne aluminiumfolie. Begraaf ze in de hete as van het kampvuur of de gloeiende as van de houtskool in de barbecue. Na ongeveer drie kwartier zullen ze gaar zijn (prik er met een puntig mesje in om te voelen of het zover is). Op het *rooster* van de barbecue zal dit ten minste een uur duren (tussentijds een keer omdraaien).
Leg de gare aardappelen op een bord, maak de folie open en snijd de schil van boven kruisgewijs in. Vouw de aardappel open en roer het binnenste kruimig. Bestrooi het met zout of gomasio en leg er een klontje boter of een schepje zure room op als u er nog vlees bij eet.
In een vegetarisch menu kunt u er een schep *kruidenkwark** op leggen of boter vermengd met geraspte pittige kaas of groene Zwitserse kaas.

304

Gepofte karwij- of sesamaardappelen

(op de bakplaat in de oven gebakken)

⑤ ①

Serveer deze aardappelen met wat *kruidenkwark* of *Griekse komkommer** en eet er een sappige groente of sla bij.

404

Vet een bakplaat licht in met wat olie en bestrooi het oppervlak dat u met aardappelen wilt beleggen met weinig karwijzaad of met veel sesamzaad (maak eventueel karwij- en sesamaardappelen tegelijk op één bakplaat). Verwarm de oven voor.
Schil de aardappelen (geen afkokers) en snijd ze in de lengte doormidden. Leg de aardappelen met het snijvlak op de bakplaat, dicht tegen elkaar aan.
Bakken: ca. 20 minuten voor kleine, 30 minuten voor grotere aardappelen, bij 200°C, middelste richel.
Prik met een puntig mesje in de dikste kant van de aardappel om te controleren of ze gaar zijn.

Variaties:
- eet de aardappelen met boter en strooi er wat gomasio op. Vervang dan de kruidenkwark door roerei of omelet of *linzenchili**

227

- draai de gare aardappelen op de bakplaat om en leg reepjes jonge kaas op het snijvlak. Schuif terug in de oven, schakel de oven uit en laat de kaas binnen ca. 3 minuten smelten (de kaas vervangt de kwark)

Aardappelpuree (1) van in de schil gekookte aardappelen

Gebruik hiervoor alleen vers gekookte, nog warme aardappelen. Van eenmaal afgekoelde, van tevoren gekookte aardappelen krijgt de puree een plakkerige consistentie. De lekkerste puree krijgt u van al wat oudere, bloemige aardappelen.

- *1 kg aardappelen, goed gaar gekookt**   187
- *5 dl melk (eventueel iets meer)*
- *1 1/2-2 theelepels zout*

- *wat nootmuskaat*
- *eventueel 1 eetlepel bieslook, fijngeknipt*   ▶

Pel de aardappels zo heet mogelijk.
Verwarm intussen in een ruime pan de melk met het zout tot er een vlies op komt.
Snijd de gepelde aardappelen overlangs doormidden, voeg ze bij de melk en stamp ze fijn. Klop de aardappelen met een houten lepel met een gat erin of met de gardes van de handmixer tot een luchtige puree. Voeg zonodig bij kleine scheutjes tegelijk nog wat melk toe. De hoeveelheid melk hangt erg af van de bloemigheid van de aardappelen; nieuwe aardappelen hebben veel minder melk nodig dan oude.
Maak op een voorverwarmde, wijde schaal een mooie luchtige berg van de puree en strooi er een vleugje nootmuskaat en eventueel de bieslook over (of versier met een toefje peterselie).

Tip: Afhankelijk van het menu kunt u nog een klontje zachte boter door de puree kloppen of 1 dl van de melk vervangen door room.

Aardappelpuree (2) met graan

- 1/2 l water
- 2 theelepels zout
- 50 g thermogrutten (gerst of haver) of boekweitgrutten
- ca. 750 g aardappelen (geschild gewogen), in vieren gesneden

- ca. 1 dl room of melk met 10 g boter, liefst warm
- wat nootmuskaat
- eventueel 1 eetlepel bieslook of andere verse tuinkruiden, fijngeknipt

Breng het water met het zout aan de kook en doe er eerst de grutten en daarna de aardappelen bij. Breng alles weer aan de kook, doe het deksel op de pan en laat op een matig vuur borrelend koken, totdat de aardappelen goed gaar zijn (ca. 15 minuten).
Giet zo veel mogelijk van het kookwater af (bewaren voor soep of saus) en laat op een warm plekje nog 5-10 minuten nastomen. Hierdoor kunnen de grutten nog wat uitzetten en tegelijk het nog resterende kookvocht opnemen.
Stamp alles fijn met een pureestamper en klop er de room of de warme melk met de boter door. Gebruik hiervoor een houten lepel met een gat erin of de handmixer.
Schep de puree in een voorverwarmde schaal, rasp er een vleugje nootmuskaat overheen en versier met de verse tuinkruiden.

Variatie: Vervang de grutten door gierst, die u eerst 5 minuten in het water moet koken, voordat u de aardappelen toevoegt.

Tip: Gebruik 1 kg aardappelen als u de granen weglaat.

Aardappelpuree (3) van restjes gekookte aardappelen

Zeer geschikt voor het verwerken van bloemige afkokers.

Zet de aardappelen op met een bodempje melk (ca. 1/4 liter voor 500 g gekookte aardappelen). Laat ze, met het deksel op de pan, op een matig vuur door en door heet worden. Stamp de ardappelen fijn en voeg tegelijk wat zout, eventueel wat boter en een vleugje nootmuskaat toe.
Klop de puree luchtig met een houten lepel met een gat erin of met de gardes van de handmixer.

Aardappelsneeuw

Een luchtige en snelle manier om aardappelen (afkokers) op te dienen. Eet er een sappige groente of een groente met een saus bij, bij voorbeeld *courgetteschotel met eieren** 36 of *gegratineerde bloemkool** en geef er een 38 salade bij.

- ca. 600 g aardappelen, geschild gewogen en goed gaargekookt*
- wat nootmuskaat
- 1 eetlepel bieslook, fijngeknipt

- een roerzeef met gaatjes van 2 mm doorsnee

Giet de aardappelen af, laat ze vooral goed uitstomen en wrijf ze vlak voor het opdienen door de roerzeef of pureeknijper meteen op een voorverwarmde, wijde schaal. Stuif er wat nootmuskaat op en knip de bieslook eroverheen. Dien meteen op, de 'sneeuw' smelt wel niet, maar koelt snel af.

Tip: Als u aardappelsneeuw van in de schil gekookte aardappelen wilt maken, moet u al wat oudere, maar vers gekookte en nog hete aardappelen gebruiken. Van de waterige nieuwe of al van tevoren gekookte, afgekoelde aardappelen wordt de aardappelsneeuw niet luchtig.

Gebakken aardappelen
◊

Met gebakken aardappelen kunt u vlug een lichte maaltijd aanvullen (bij voorbeeld als u van restjes een graanschoteltje maakt of groenten met een graanmengsel vult).
Met boter gebakken krijgen de aardappelen de door velen geliefde smaak, maar ze zijn zwaarder verteerbaar dan met olie gebakken; olie is beter bestand tegen de bakhitte. Vooral de rauw gebakken aardappelen krijgen, met olie gebakken, een knapperiger korstje. Rauw gebakken aardappelen nemen minder vet op dan van tevoren gekookte aardappelen.

Tip: Leg eerst maar de helft van de aardappelen in het vet en laat dit weer op temperatuur komen, voordat u de rest van de aardappelen toevoegt.

1 van gekookte aardappelen
Gebruik hiervoor geen afkokers, deze slokken enorm veel vet op; maak van restjes afkokers liever soep of *puree**.
Snijd de aardappels in ca. 1/2 cm dikke schijfjes. Verwarm in een grote koekepan een dun laagje olie of boter. Leg de aardappelen naast elkaar erin. Bak ze aan weerskanten mooi goudbruin. Draai ze tussentijds stuk voor stuk om met behulp van een pannekoeksmes en een vork.
Dien gebakken aardappelen meteen op, anders wordt het korstje weer slap.

Tip: Gebakken aardappelen van een restje in de schil gekookte aardappelen nemen minder vet op, maar hebben een andere smaak. Het lekkerst smaken ze, als u ze in wat dikkere plakken snijdt of alleen overlangs doormidden (bij kleine exemplaren).

2 van rauwe aardappelen
Gebruik ook voor deze wijze van bakken liever vastkokende aardappelen.
Schil de aardappelen en snijd ze in 3-4 mm dikke schijfjes. Dep ze droog in een theedoek. Laat in een grote koekepan een laagje olie goed heet worden, maar zonder dat de olie gaat walmen. Leg de aardappelen naast elkaar in de pan (pas op voor spatten!).
Bak de aardappelen 3 minuten aan één kant en draai dan het vuur laag. Leg een deksel of een vel aluminiumfolie op de pan en laat de aardappelen gedurende 5 minuten gaarsmoren. Als ze aan de onderkant lichtbruin geworden zijn, kunt u het deksel eraf halen, de schijfjes omdraaien en zonder deksel ook de andere kant goudbruin bakken.
Laat de aardappelen zo nodig op keukenpapier uitlekken, strooi er wat fijn zout of gomasio op en dien meteen op.

Tip: Kleine aardappelen kunt u na het schillen ook alleen doormidden snijden (overlangs) Bak dan eerst het snijvlak. Laat het deksel 10-15 minuten op de pan zitten.

Pommes frites in de oven
⑤ ◊

Minder vet en vlugger gemaakt dan in olie gebakken frieten.

- *ca. 750 g aardappelen, geschild gewogen*
- *2 eetlepels olie*

- *wat fijn zout*

Verwarm de oven voor.
Snijd de aardappelen in plakken van 3/4 cm en deze in frieten van 3/4 cm dik; snijd ze vooral gelijkmatig. Dep de frieten droog in een theedoek, leg ze in een kom en vermeng ze grondig met de olie.
Spreid de frieten uit op een schone, droge bakplaat en wel zo, dat ze niet op elkaar liggen.
Bakken: ca. 20 minuten bij 220°C, middelste richel.
Schep de frieten af en toe om als ze ongelijkmatig bakken. Bak ze niet te bruin, anders worden ze te hard. ▶

Tips:
- op een bakplaat van ca. 30x40 cm kunt u niet meer dan 1 kg frieten tegelijk bakken.
- de dunne puntjes van de frieten worden soms wat hard gebakken. U kunt desgewenst de uiteinden voor het bakken eraf snijden. Dit aardappelafval kunt u gaarkoken en later gebruiken als bindmiddel in soep of graankoekjes (*gierstkoekjes**). 169

Rösti (geroosterde aardappelen)

(4-5 personen)

⑤ ⊖

Het originele recept. Een stevig Zwitsers aardappelgerecht. Serveer met roerei of omelet en gemengde sla.

- ca. 1 kg aardappelen (geen afkokers)

- 50 g boter
- 3-4 theelepels zout
- 2 theelepels salie
- 1-2 eetlepels boekweitmeel (alleen bij nieuwe aardappels)

Kook de aardappelen in de schil* ten minste een dag van tevoren en bewaar ze op een koele plaats (in de koelkast als u ze langer dan 1 dag bewaart). 187
Pel de aardappelen en rasp ze op een zeer grove rasp of snijd ze in 2 mm dikke schijfjes. Laat in een grote koekepan de helft van de boter warm, maar niet bruin worden en spreid de aardappelen erop uit. Strooi het zout, de salie en eventueel het boekweitmeel erover. Laat de aardappelen ca. 5 minuten op een matig vuur bakken, totdat de onderkant mooi bruin is. Schep de aardappelen nu met een pannekoeksmes om en schuif ze weer bij elkaar tot een soort koek. Maak in het midden daarvan een gat tot op de bodem van de pan, leg er een stukje boter in en maak het gat weer dicht. Leg ook wat stukjes boter langs de rand van de aardappelkoek. Laat nu weer een poosje bakken, totdat zich weer een bruine korst heeft gevormd. Schep alles om en herhaal de handeling met de rest van de boter. Druk nu de aardappels met het pannekoeksmes stevig aan en bak een laatste keer tot er een bruine korst is ontstaan.
Stort de rösti op een platte schaal.

Variaties:
- bak een grote, fijngesneden ui met de aardappelen mee
- bak in een beetje boter ca. 50 g mager gerookt spek uit en voeg dan pas de aardappelen toe. Gebruik hierbij minder zout
- leg dunne plakken jonge kaas op de rösti in de schaal en dek hem gedurende 2-3 minuten af met de koekepan (ondersteboven) om de kaas te laten smelten. De kaas vervangt dan de eieren in het menu. Garneer eventueel met een paar halve walnoten
- doe het roerei in uitgeholde tomaten, die u op de rösti warm laat worden
- **Maluns** (Kanton Graubünden): gebruik maar 600 g aardappelen en vermeng ze grondig met ca. 150 g meel (er mag geen meel apart meer te zien zijn). Smelt ca. 1/3 van de boter in de koekepan en doe de aardappel-meelkruimel erin. Strooi het zout eroverheen. Bak de maluns onder voortdurend omscheppen 20 minuten op een matig vuur, het mag niet aanbranden. Doe de rest van de (harde) boter in schijfjes erbij; nooit te veel tegelijk, dan wordt de maluns hard. Als de aardappel-meelmassa lichtbruin en geurig is geworden, is de maluns klaar.
- **rösti met zuurkool:** vervang 250 g van de aardappels door 200 g goed uitgeknepen en wat kleingeknipte zuurkool. Leg dit, laag om laag met de aardappelen en het boekweitmeel, in de pan (de onderste en de bovenste laag moet uit aardappelen bestaan)
- **rösti van rauwe aardappelen:** gebruik geen in de schil gekookte, maar rauwe en geschilde aardappelen. Dep de rasp droog in een theedoek. Vervang de boter door olie en laat deze flink warm worden (niet walmen!). Rooster de aardappelen als hierboven beschreven, maar leg na de eerste keer omscheppen een deksel op de pan (gedurende 5 minuten), anders worden de aardappelen niet gaar. Voor grote hoeveelheden: zie rösti op de bakplaat

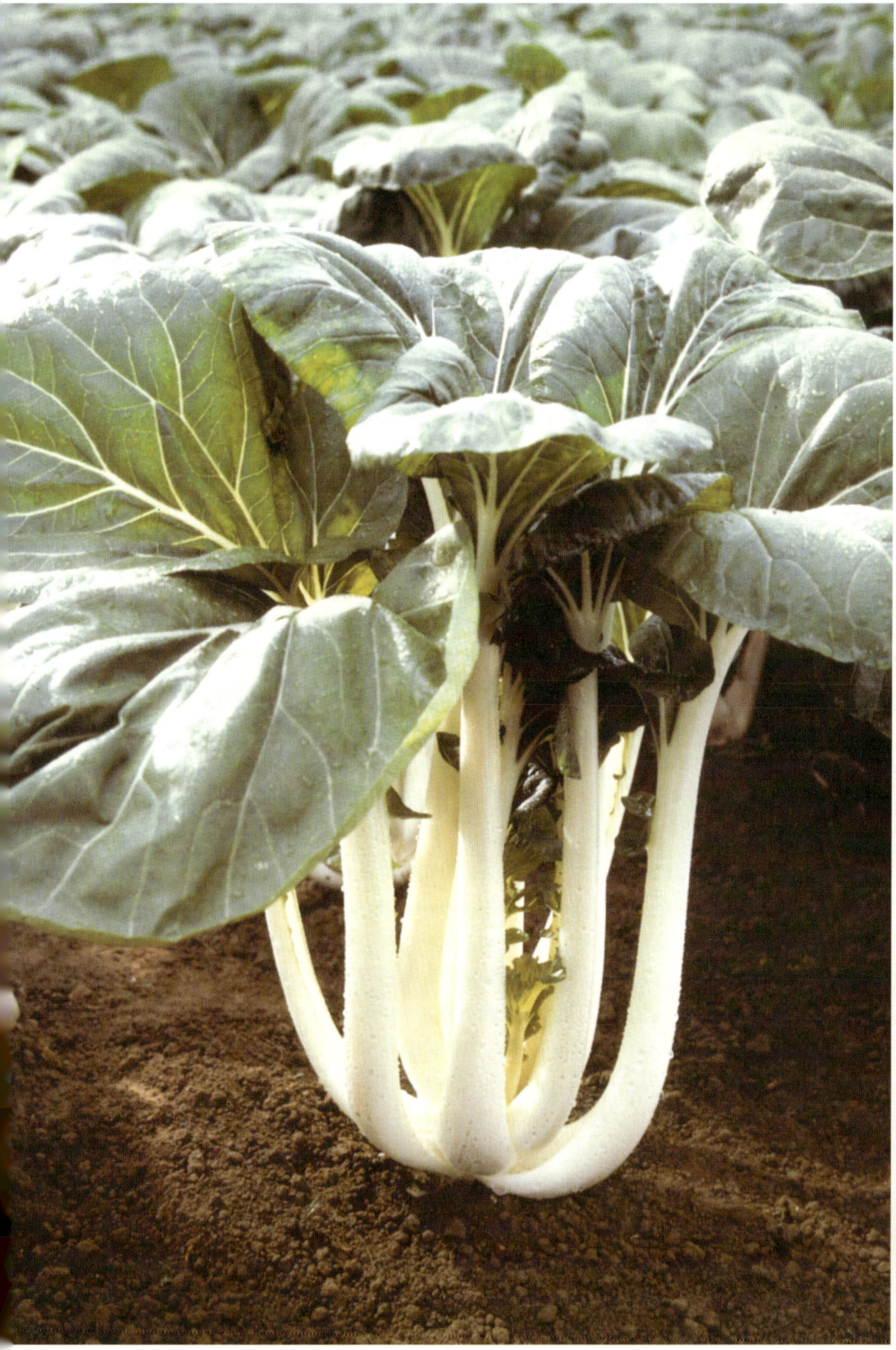

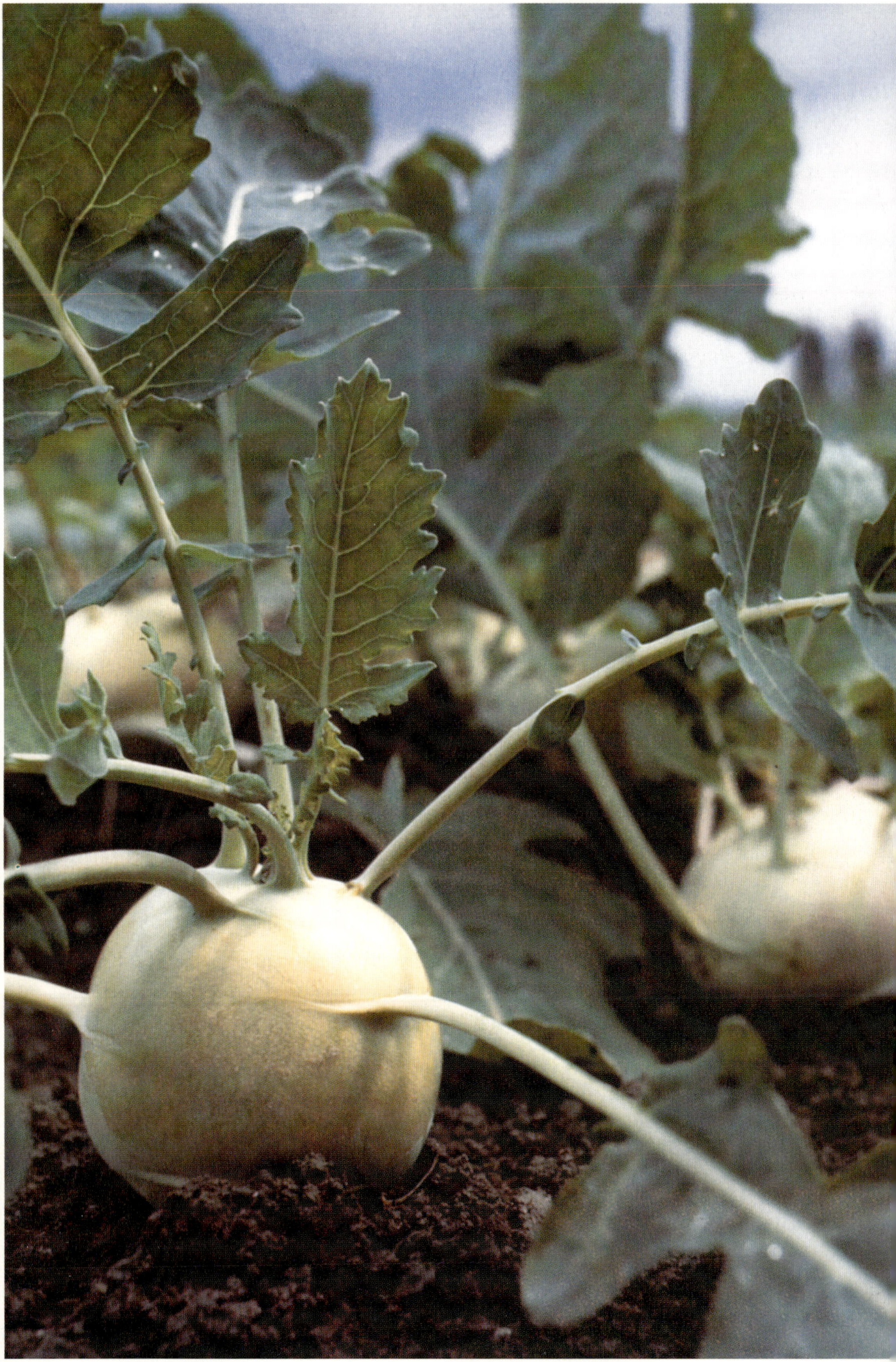

Rösti met kaas op de bakplaat
(voor een bakplaat van ca. 30x40 cm)

⑤ ①

Een vlug gemaakt, voedzaam gerecht voor een onverwachte invasie hongerige eters. Deze rösti hoeft u niet om te scheppen en toch wordt ze knapperig. Op de bakplaat gebakken rösti is veel minder vet dan in de pan gebakken.

- 1 kg aardappelen, geen afkokers, geschild gewogen
- 125 g Emmentaler, Gruyère of Maasdammer
- 2-3 theelepels zout (let op het zoutgehalte van de kaas)

- wat nootmuskaat van de rasp
- eventueel wat peper uit de molen

Rasp en droog de aardappelen*. Rasp de kaas op dezelfde grove rasp. Meng aardappelen, kaas en zout in een kom goed door elkaar (met de handen).
Verwarm ondertussen de oven voor en laat de bakplaat een beetje warm worden (niet echt heet). Zet hem op het aanrecht en vet royaal in met een stuk harde boter. Verdeel het aardappel-kaasmengsel over de bakplaat, tot aan de opstaande rand. Maak de laag aardappelen overal even dik, eerder tegen de rand wat dikker, want daar is de warmte het grootst. Als u te weinig aardappelen heeft om de hele plaat met een laag van ten minste 1 1/2 cm dik te bedekken, kunt u met dubbelgevouwen aluminiumfolie op de gewenste plaats op de bakplaat een rand maken. Maak de laag aardappelen *niet* dunner, de aardappelen slinken tijdens het bakken en zouden dan verbranden.
Op een bakplaat van 30x40 cm kunt u maximaal 1 1/2 kg geraspte aardappelen bakken.
Strooi het zout erover.
Bakken: ca. 1/2 uur bij 210°C, onderste richel. Bij meer dan 1 kg aardappelen de temperatuur instellen op 220°C. De rösti mag alleen bruine puntjes hebben.

Variaties:
- vervang de kaas door niet té mager gerookt spek, in kleine blokjes gesneden
- bak de rösti zonder kaas en serveer er een hartig bijgerecht bij

Gebakken aardappelen met paprika

①

Vlug gemaakt, want de aardappelen voor dit pittige gerecht worden niet eerst gekookt. Gebruik er geen afkokers voor, het is mooier als de blokjes heel blijven. Lekker met bladsla en een omelet of ander eiergerecht, of met vlees waarvan u geen jus krijgt.

- 2-3 eetlepels olie
- ca. 800 g aardappelen, geschild gewogen, in 1 cm kleine blokjes gesneden
- 1 grote rode paprika (ca. 150 g), in stukjes van 1 cm gesneden
- 1 grote ui (ca. 125 g), overlangs doormidden en daarna in 2 mm dikke plakken gesneden

- 2 theelepels zout
- 2 theelepels basilicum of 1 theelepel tijm
- 1 theelepel rozemarijn

- eventueel 1 theelepel chilipeper of peper uit de molen
- 2 eetlepels peterselie of selderijblad of 1 eetlepel bieslook, fijngeknipt

Verwarm de olie in een grote koekepan met een passend deksel (of maak er een van aluminiumfolie).
Dep de aardappelblokjes droog in een schone theedoek en bak ze op een matig vuur onder voortdurend omscheppen aan alle kanten lichtbruin. Voeg de paprika en de ui toe en smoor ze even mee (niet bruin laten worden). Draai nu het vuur laag, doe het deksel op de pan en smoor de aardappels in ca. 15 minuten gaar. Schep om de 5 minuten alles even om. Stamp intussen in een vijzel het zout fijn met de gedroogde kruiden en schep dit 5 minuten voor het opdienen door de aardappels.
Bestrooi eventueel met peper en met de verse kruiden en dien meteen op.

Variatie: Vervang de paprika door **bleekselderij** en bak 1 theelepel venkel- of karwijzaad mee.

Afb. 8 Koolrabi

Vegetarische aardappelgoulash

Ⓢ ①

Lekker met een bietensalade of gekookte groente (zuurkool); geef bij deze stoofpot naar wens een omelet of roerei, of een zoet graangerecht als toetje.

- 1-2 eetlepels olie
- 1 ui, grof gehakt
- 1 stuk prei (ca. 100 g), van het lichtgroene gedeelte, in ringen gesneden
- 1 1/2 theelepel karwijzaad
- eventueel 100 g champignons, grote exemplaren in vieren gesneden

- 1 eetlepel meel
- 3 dl water of bouillon

- 1-1 1/2 kg aardappelen, geschild gewogen, in blokjes gesneden
- 1-2 laurierbladeren
- 1-1 1/2 eetlepel milde paprikapoeder
- 2-3 theelepels zout

- 2 tomaten, in schijven gesneden
- 1 theelepel oregano

- 10-20 g boter of 1 eetlepel olie
- eventueel wat fijngeknipte peterselie

Verwarm op een matig vuur de olie met de ui, prei en karwijzaad en smoor de ui glazig. Laat op het laatst ook de champignons even meesmoren.
Voeg het meel toe en roer goed door. Blus met de vloeistof en roer alles goed glad.
Voeg aardappelen, paprika, laurier en zout toe en kook de goulash 15 minuten.
Roer er tot slot de tomaten en de oregano door en laat de goulash nog 5 minuten doortrekken. Als de aardappelen goed gaargekookt zijn, binden zij het kookvocht.
Proef of er genoeg zout in zit, voeg de boter of olie toe en dien de goulash op, eventueel bestrooid met wat peterselie.

Variaties:
- vervang in de winter de verse tomaten door 1 eetlepel tomatenpuree*, aangemaakt met 1/2 dl water, of gebruik 1/2-1 dl tomatensap
- u kunt de aardappelen ook in de schil koken* en ze, geschild en in blokjes gesneden, tegelijk met de tomaten aan de goulash toevoegen. De blokjes aardappel blijven dan makkelijker heel

Aardappelgoulash met vlees

① ⚏

- 1 eetlepel olie
- 200-250 g runderpoelet of riblap, in stukjes gesneden
- 20-30 g boter
- 1 ui, grofgehakt
- 1 eetlepel meel
- 3 dl water

- 1-1 1/2 eetlepel paprikapoeder
- 1 1/2-2 eetlepels karwijzaad
- 1-2 teentjes knoflook, fijngesneden
- 2-3 theelepels zout
- 1-1 1/2 kg aardappelen, geschild en in ca. 2 cm grote blokjes gesneden

- 1-2 tomaten, in schijfjes gesneden
- 1-1 1/2 theelepel marjolein

Verhit de olie in een braadpan en schroei hierin het vlees dicht. Voeg de boter beetje bij beetje toe en bak het vlees mooi bruin op een niet té hoog vuur. Bak ook de ui nog even mee en strooi er het meel overheen. Blus met het water en roer alles goed door. Laat het vlees in een gesloten pan 2 uur zachtjes sudderen.
Voeg paprika, karwij, knoflook, zout en ook de aardappelen toe. Laat 15 minuten koken. Voeg tot slot de tomaten en de marjolein toe en laat de goulash nog 5 minuten doorkoken. Proef of er genoeg zout in zit.
Als de aardappelen goed gaargekookt zijn, binden zij het kookvocht.
Voor variaties zie *vegetarische aardappelgoulash**.

Vegetarische hutspot met tarwe
(4-6 personen)

Ⓢ

De bekende Hollandse pot, maar nu zonder vlees, echter wel met een zachte kruidensmaak. Serveer er geroosterde zonnebloempitten bij, of voor iedereen een *kaasbeignet** of *gebakken kaasplakje**; combineer met sla van winterpostelein of veldsla.

- 2 eetlepels olie
- 300 g ui, gesneden

- 600 g winterpeen, geschild gewogen, in blokjes of plakjes gesneden
- 200 g pastinaken, geschild gewogen, in blokjes of plakjes gesneden
- 80-100 g tarwe- of gerstevlokken of thermogrutten
- 4-5 dl bouillon (van het groenteafval*)   77

- 800 g aardappelen, geschild gewogen, in stukjes van 2 cm gesneden
- 3 theelepels zout

- 3-4 theelepels korianderzaadjes, in de vijzel gestampt
- 2 theelepels bouillonkruiden
- wat peper uit de molen
- 2-3 eetlepels peterselie- of selderijblad

- 50-100 g zonnebloempitten, licht geroosterd of gebakken*   605

Verwarm de olie of boter met de ui op een matig vuur en smoor de ui glazig.
Smoor de peen en de pastinaak ook even mee, strooi de tarwevlokken eróp en giet de bouillon ertússen.
Leg de aardappelen erop en strooi hier het zout tussen. Roer er niet in. Laat aan de kook komen, leg het deksel op de pan en laat alles op een laag vuur in 20-30 minuten gaarkoken. Controleer af en toe of er nog voldoende kookvocht onderin de pan zit. Een eventueel teveel aan kookvocht kunt u, als de groente gaar is, afgieten en voor soep of saus bewaren.
Strooi de kruiden erop en stamp nu alles fijn met een pureestamper.

Variaties:
- kook de hutspot zonder aardappelen en tarwevlokken en vermeng de groenten met *gierstpuree**   131
- vervang de pastinaak door wortelpeterselie of gebruik, als deze twee groenten tegen het voorjaar niet meer verkrijgbaar zijn, alleen peen
- vervang de koriander door karwij- of venkelzaad. Als u deze met de ui meesmoort, hoeft u ze niet te stampen
- zie ook het recept van *hutspot met witte bonen**   350

Hutspot met klapstuk (4-6 personen)

In Leiden de traditionele pot op 3 oktober (Leidens ontzet).
Eet er wat bladsla bij en/of druiven toe.

- 3-4 dl water
- 1 laurierblad
- 3 kruidnagels
- 1 theelepel zout
- 250 g klapstuk

- de ingrediënten van de vegetarische hutspot, behalve de tarwevlokken en de zonnebloempitten

Breng het water met de kruiden en het zout aan de kook en voeg het vlees toe; breng alles weer aan de kook en laat op een laag pitje in 1 1/2-2 uur gaarkoken (het vlees moet onder het water staan).
Giet de vleesbouillon af, verwijder de kruiden en snijd het vlees in stukjes.
Werk verder volgens het recept van de *vegetarische hutspot**. Verwerk hierbij ook de   194
vleesbouillon (u heeft minder vocht nodig, omdat de tarwevlokken zijn weggelaten). Voeg het vlees tegelijk met de kruiden toe.

Stoofpot met koolraap, pastinaak of peterseliewortel (4-6 personen)

Een eenvoudig gerecht, waarbij een salade van winterpostelein of veldsla goed past.

- 4 dl bouillon of water
- 1-2 theelepels zout (afhankelijk van het zoutgehalte van de kaas)
- 500 g koolraap, pastinaak of peterseliewortel, geschild gewogen, in blokjes van ruim 1 cm gesneden
- 80 g thermogrutten naar keuze
- 800 g aardappelen (geen afkokers), geschild gewogen, in 2-3 cm grote blokjes gesneden

- 1-2 theelepels tijm of salie
- eventueel 1-2 eetlepels peterselie of selderijblad
- 75-100 g jongbelegen kaas, in blokjes gesneden
- ca. 15 g boter of 1 eetlepel olie   ▶

Breng het water met het zout aan de kook en leg de koolraap of een van de andere groentesoorten erin. Strooi de grutten eroverheen en leg de aardappelen erop. Roer nu nog niet om, de grutten worden gelijkmatiger gaar, als ze als laagje tussen groente en aardappelen blijven zitten.
Doe een deksel op de pan en draai het vuur laag als het deksel heet geworden is. Kook de stoofpot in 20-30 minuten gaar.
Meng kruiden, kaas en boter erdoor en laat de pot van het vuur af nog 5 minuten toegedekt doortrekken.

Irish stew (4-6 personen)

Een winterse stoofpot, waarbij u nog wat bladsla (veldsla, winterpostelein, waterkers) kunt eten. Geef als nagerecht vers fruit.

- 1-2 eetlepels olie
- 200 g lamsvlees, in ca. 1 1/2 cm grote stukjes gesneden
- 4 dl water (5 dl bij afkokers)
- 2-3 theelepels zout

- 200 g wortelen, geschild gewogen en in blokjes gesneden
- 800 g aardappelen (vastkokers), geschild gewogen, in tweemaal zo grote blokjes gesneden als de wortelen

- 200 g uien, gesneden
- 500 g witte of savoyekool, in stukken en daarna in 2 cm brede repen gesneden
- 2 theelepels venkelzaad
- wat peper uit de molen

- eventueel nog wat boter

Verwarm de olie in een ruime pan en braad hierin het vlees mooi bruin. Giet het water erbij, voeg het zout toe en laat op een laag pitje 1-1 1/2 uur zachtjes koken.
Voeg de wortelen en de aardappelen toe, breng alles weer aan de kook en laat toegedekt verder koken.
Voeg na 10 minuten de uien, de kool en de kruiden toe, schep alles goed door elkaar en breng het aan de kook. Draai de vlam lager als het deksel heet is. Kook de stoofpot in 15-20 minuten gaar.

Schep alles nog eens voorzichtig om; de groente moet heel blijven. Irish stew heeft de consistentie van een zeer dikke soep.

Variaties:
- vervang voor een **vegetarische Irish stew** het vlees door 100 g belegen kaas, in blokjes gesneden, of door ca. 200 g gekookte bruine bonen. Meng dit vlak voor het opdienen door de stoofpot. Kook deze vegetarische pot met een pittige bouillon in plaats van met water
- maak de pot wat voedzamer door 80 g thermogrutten naar keuze mee te koken. Strooi ze over het vlees voordat u de groente erop legt
- vervang het lamsvlees door hachévlees (rund). De stooftijd hiervan is 2-3 uur

Tip: aan het einde van de winter heeft de kool een langere kooktijd. Doe hem dan tegelijk met de wortelen in de pan.

Jachtschotel

Een winterse schotel die u al van tevoren kunt klaarmaken; rode kool, gestoofde bieten of zuurkool smaken er goed bij.

- haché* (gemaakt met 2 eetlepels meel)   229
- aardappelpuree (1)*   189
- 2-3 eetlepels paneermeel
- 10 g harde boter

- een vuurvaste schaal van 1 1/2-2 l inhoud, ingevet

Doe de helft van de puree in de schaal, verdeel de haché erover en dek af met de rest van de puree. Strooi het paneermeel erover en leg er flinterdunne schijfjes boter op.
Bakken: 30 minuten bij 180°C, middelste richel (een van tevoren gemaakte schotel 10 minuten langer).

Variaties:
- leg een restje gekookte granen ónder de haché
- leg een restje zuurkool óp de haché

Filosoof (4-6 personen)

⊖

Geef bij deze vegetarische jachtschotel een lichte salade van wortelgroente en eet fruit toe.
U kunt de schotel van tevoren klaarmaken en hem een half uur voor het eten in de oven schuiven.

- 200 g bruine bonen, 1 nacht geweekt in
- 3/4 l water en gaargekookt met
- 1 laurierblad en
- 4 pimentkorrels of 1/2 theelepel pimentpoeder

- 15 g boter
- 20 g meel
- 2 dl kooknat van de bonen, zonodig aangevuld met water
- 1/2 theelepel pimentpoeder
- 1 mespunt kruidnagel
- 2 theelepels zout
- 2 theelepels citroensap of appelazijn

- 1 eetlepel olie
- 2 grote uien (ca. 200 g), gesneden

- 1 recept stevige gierstpuree*, of 131
  aardappelpuree* 189

- 75 g gedroogde appeltjes, 1 nacht geweekt in ruim water, of 1 grote appel (ca. 200 g) in 1 cm grote blokjes gesneden

- 2-3 eetlepels paneermeel
- 10 g harde boter

- een vuurvaste schaal van ca. 2 l inhoud, ingevet

Laat de bonen uitlekken en vang het kookwater op.
Maak in een ruime pan van boter, meel, bonennat en kruiden een *bruine ragoûtsaus**. 205
Smoor de uien glazig of fruit ze lichtbruin.
Doe dit bij de saus en voeg ook de bonen toe.
Breng alles aan de kook en laat het, met het deksel op de pan, 10 minuten nawellen.
Doe de helft van de puree in de vuurvaste schaal en verdeel hierover het bonenmengsel.
Leg de appeltjes erop en dek af met de rest van de puree.
Strooi tot slot het paneermeel erover en leg er flinterdunne stukjes boter op.
Bakken: ca. 30 minuten bij 180°C, middelste richel (een van tevoren klaargemaakte schotel heeft een langere baktijd).

Variaties:
- vervang een gedeelte van de puree door een rest gekookte hele granen of thermogrutten. Leg dit als een extra laag tussen bonen en appelen
- week en kook 50 g gerst of haver met de bonen mee (gebruik dan 1/4 liter meer water)

Tip: Als u een rest gekookte bonen gebruikt of bonen uit een pot, heeft u een hoeveelheid van ca. 500 g nodig.

Gegratineerde kruidenaardappelen met prei

⑤ ①

Een zomerse ovenschotel, niet bewerkelijk en, met wat rauwkost van wortelgroente, toch een stevige maaltijd.

- 800 g in de schil gekookte aardappelen* 187
  (geen afkokers)
- ca. 300 g prei van het witte en lichtgroene gedeelte, schoongemaakt gewogen
- 1 eetlepel olie
- 1 dl bouillon (van het preiafval*) 77
- 1/2 theelepel zout

- 150 g pittige, fijngeraspte kaas
- 30 g zachte boter
- 1 eetlepel meel
- 2 eetlepels peterselie of bieslook, fijngeknipt
- 1 eetlepel verse dilleblaadjes (1/2 eetlepel gedroogd)
- 1 eetlepel verse dragon, fijngeknipt (1/2 eetlepel gedroogd)
- 2-3 theelepels karwijzaad
- 1-2 eetlepels melk

- een platte vuurvaste schaal

Snijd terwijl de aardappelen koken de prei in ragfijne ringetjes. Verwarm de olie met de prei en smoor de prei glazig. Houd het vuur laag en laat de prei vooral niet verkleuren. Blus met de bouillon en voeg het zout toe. ▶

Breng alles weer aan de kook, doe het deksel op de pan en haal de pan van het vuur af. De prei wordt nu vanzelf bijtgaar.
Vermeng de kaas met de overige ingrediënten; prak daarbij zoveel melk erdoor dat er een zeer stevige, maar toch nog smeerbare pasta ontstaat. Bij wat jongere kaas heeft u eventueel geen melk nodig.
Verwarm de oven voor.
Pel de aardappelen zolang ze nog warm zijn en snijd ze overlangs doormidden.
Doe de prei in de vuurvaste schaal. Smeer op het snijvlak van elke halve aardappel een dikke laag van het kaasmengsel en laat hierbij een rand van 1 cm vrij. Zet de aardappels nu in het bedje van prei en zorg ervoor dat ze waterpas staan.
Bakken: 10 minuten bij 200°C, middelste richel, of alleen bovenwarmte.
De kaaslaag mag hooguit bruine puntjes krijgen, verder niet laten verkleuren.

Variaties:
- vervang in de zomer de prei door dikke schijven rijpe **vleestomaten**, die u rauw in de schaal kunt leggen. Strooi er wat zout en oregano overheen of wat gomasio (baktemperatuur 210°C)
- vervang de prei door jonge **courgettes** of door **venkel**, beide in dunne plakjes gesneden en evenals de prei eerst even gesmoord

Tip: In plaats van in de oven kunt u deze schotel ook in een grote koekepan met een hoge rand en een passend deksel smoren.

Aardappelkoekjes met ei (8 stuks)
⑤

Als bijgerecht bij gekookte granen. Geef er bladsla bij of een sappige groente (bij voorbeeld rode kool).
Als u deze koekjes als hoofdgerecht wilt serveren, heeft u de dubbele hoeveelheid nodig.

- ca. 300 g aardappels (geschild gewogen), in 3 cm grote stukken gesneden
- 1/4 l water
- 1 theelepel zout

- 1 ei, geklutst
- 1/2 ui, fijngesneden
- 2 eetlepels peterselie, fijngeknipt
- 1 eetlepel olie
- 50 g geraspte oude kaas
- 1/2 theelepel nootmuskaat
- 1 theelepel zout
- ca. 2 eetlepels meel

Breng het water met het zout aan de kook en kook hierin de aardappelen goed gaar (15-20 minuten). Giet het kooknat af, schud de aardappelen droog en stamp ze heel fijn.
Vermeng de aardappelen met de rest van de ingrediënten; het moet een stevig, smeuïg deeg worden – door het bakken wordt het steviger.
Strooi wat meel op het aanrecht en vorm van dit aardappeldeeg een ca. 5 cm dikke rol. Snijd de rol in 8 plakken en draai hiervan met behulp van een beetje meel balletjes. Druk ze plat en bak ze op een matig vuur in een laagje olie in de koekepan aan beide kanten goudbruin.

Variaties:
- vervang de kaas door 50 g zeer fijn gesneden ham
- bak de aardappelkoekjes op een goed ingevette bakplaat in de oven, 15-20 minuten bij 200°C. Ze zijn dan lichter verteerbaar

Aardappelkoekjes met kwark of verse (geite)kaas (8 stuks)

Plaats in het menu: zie *aardappelkoekjes met ei**.

- ca. 300 g aardappels, gekookt en gestampt als bij aardappelkoekjes met ei
- 75 g halfvolle kwark of verse (geite)kaas
- 1 eetlepel olie
- 1 theelepel karwijzaad
- 1 theelepel salie
- 1 1/2 theelepel zout

- 2 eetlepels walnoten of amandelen, grof gehakt
- 2 eetlepels bieslook, fijngeknipt
- 4 eetlepels meel

Roer de olie met de kruiden en het zout door de kwark of verse kaas, totdat geen oliedruppeltjes meer te zien zijn. Roer dit kwarkmengsel met de rest van de ingrediënten door de aardappels. Het moet een zeer stevig, bijna droog mengsel worden, door het bakken wordt het eerder slapper dan steviger. Laat het zo mogelijk een kwartiertje rusten.
Vorm en bak de koekjes als bij *aardappelkoekjes met ei*.

Variatie: Doe geen hele amandelen in het deeg, maar snijd of schaaf ze in heel dunne plakjes. Klop een eiwit los met 1 eetlepel water en bestrijk hiermee één kant van de aardappelkoekjes. Druk ze vervolgens met deze bestreken kant in het amandelschaafsel en bak deze kant het eerst.

Vlugge aardappelkoeken (8 stuks)

5¢ ①

Deze knapperige Kartoffelpuffer worden in Duitsland 's avonds als tweede warme maaltijd met appelmoes gegeten. Maar met groente en wat salade of een schepje *kruidenkwark** 304 erbij smaken ze ook lekker. Geef naar wens een *vlokkensoep** vooraf. 87

- 2 kleine eieren, geklutst
- 2 theelepels tijm
- 1 eetlepel bieslook of 2 eetlepels peterselie, fijngeknipt
- 2 theelepels zout

- 600 g aardappelen, geschild gewogen, geen afkokers

- 1/2-1 eetlepel boekweit- of thermomeel (gerst)

Vermeng de eieren met de kruiden en het zout.
Rasp de aardappelen op uw grofste rasp en druk er met de hand zo veel mogelijk sap uit. Vermeng de aardappelen meteen met het eimengsel en bak een proefkoekje. Voeg wat meel toe als het koekje tijdens het bakken uit elkaar valt.
Verdeel de aardappelmassa in 8 porties en bak er in de koekepan in wat olie of boter platte koeken van ter grootte van een handpalm. Doe dit op een flink vuur en temper het vuur zodra de koeken beginnen te stollen. Ze moeten van binnen zacht blijven. Eet ze zo vers mogelijk op, door warmhouden verliezen ze hun knapperigheid.

Variaties:
- voeg een fijngesneden grote ui aan de massa toe
- vervang de tijm door licht gekneusd karwijzaad of door gemalen komijn
- vervang 1 aardappel door zeer fijn gesneden prei of een bosuitje
- vervang de aardappelen gedeeltelijk of helemaal door **topinamboer**. Deze hoeft u niet te schillen
- rasp een wortel (ca. 100 g) fijn, snijd een kleine prei (witte en lichtgroene gedeelte) in flinterdunne ringetjes en een halve rode paprika in 1/2 cm grote blokjes. Vermeng dit met de aardappelmassa. Of vermeng telkens eenderde van de massa met een van de drie groentesoorten. Ieder kan dan zelf aan tafel zijn favoriete soort kiezen. Serveer met wat bladsla

Aardappelsoesjes (ca. 18 stuks)

↰ ⚰

Een feestelijke manier om aardappelen op te dienen. Het deeg kunt u eventueel al 's morgens klaarmaken.
Serveer de soezen met een dunne *kaassaus*, *gevulde paprika* of *gevulde tomaten* en geef er bladsla bij. Ook een *champignonsaus*, *groentesaus* of *kruidensaus*, een gestoofde groente en wat wortelsalade passen erbij.

- 400 g aardappelen, geschild gewogen
- *kookdeeg**; gebruik 60 g boter   511

- 2 theelepels zout
- 1 mespunt nootmuskaat

Kook de aardappelen gaar in water zonder zout. Maak intussen het soezendeeg.
Giet de aardappelen af, stamp ze fijn en vermeng ze met het soezendeeg, de nootmuskaat en het zout.
Verwarm de oven voor en vet de bakplaat in. Schep telkens een volle eetlepel van het deeg en vorm hiervan met behulp van een tweede lepel langwerpige koekjes. Leg ze met ca. 3 cm tussenruimte op de plaat. ▶

Bakken: ca. 30 minuten bij 190°C, middelste richel, zo mogelijk met wat meer onderwarmte.

Variaties:
- (24 kleine soezen of koekjes): maak het deeg steviger en voedzamer door 750 g aardappelen te gebruiken en er nog ca. 75 g geraspte oude kaas door te mengen (wees voorzichtig met zout als de kaas zeer pittig is). Wat peterselie en een fijngehakt uitje smaken er ook goed in. Bak deze soezen iets langer op de bakplaat, 40-45 minuten. Geef er een *groentesaus** met bladsla bij of een sappige gestoofde groente met wat salade 212
- geen oven? Maak er dan **aardappelgnocchi's** van. Pocheer de 'koekjes' als *soepballetjes van thermogrutten** 80
- als u de soezen in een laagje olie in de koekepan bakt, aan beide kanten goudbruin, worden het **aardappelkoekjes** met een lekker korstje. U hoeft er dan geen saus bij te geven

Verscholen eieren
⑤

Een eiwitrijk, makkelijk te maken aardappelgerecht, waarbij u alleen nog een gemengde sla hoeft te eten, met als nagerecht een vruchtentoetje.

- 1 recept aardappelpuree (1)* 189
- 2 eetlepels geraspte oude kaas
- 1 eetlepel paneermeel

- 10 g harde boter
- 4 kleine eieren

- een diepe vuurvaste schaal van ten minste 1 1/2 l inhoud

Verwarm de oven voor.
Doe de nog warme puree in de schaal en strijk hem glad. Vermeng de kaas met het paneermeel en strooi dit over de puree.
Bakken 1: 10 minuten bij 190°C, onderste richel. Haal de schaal uit de oven en maak met een flinke sauslepel of een kleine soeplepel vier holletjes in de puree. Breek in elk holletje een ei. Leg de in flinterdunne plakjes gesneden boter op het kaasstrooisel.
Bakken 2: ca. 10 minuten bij 190°C, *middelste*

richel. Het wit van de eieren moet gestold zijn, maar het geel moet nog vloeibaar zijn.

Variatie: Vervang de aardappelpuree door *gierstpuree**. 131

Franse aardappelpannekoekjes
(8 stuks)

⑤

Deze aardappelpannekoekjes smaken neutraal en passen bij veel soorten groente maar ook bij vlees en vis. Saus of jus is er niet bij nodig.

- 300 g aardappelen (geschild gewogen), liefst afkokers
- 50 g meel
- 1 1/2 dl melk
- 2 eetlepels room
- 2 eieren
- zout
- nootmuskaat
- 1-2 eetlepels peterselie, fijngehakt, of 1/2 eetlepel marjolein
---

Kook de aardappelen gaar, giet ze af en stamp ze fijn. Voeg de rest van de ingrediënten toe in de hierboven genoemde volgorde en roer het geheel tot een dik-vloeibaar en glad beslag. Laat het beslag 15 minuten rusten.
Bak op een matig vuur kleine pannekoekjes, vier per keer. Leg ze dakpansgewijs op een schaal en houd ze warm op de pan met heet water of in de oven (100°C).

Variatie: Vervang de kruiden door 1 eetlepel verse basilicum en 25 g oude, geraspte kaas.

Tip: Als u een restje aardappelen wilt gebruiken, kunt u deze het beste in de melk opwarmen, ze laten zich dan beter fijnstampen.

Sauzen

Het maken van een saus is steeds weer een creatief avontuur; de saus is de finishing touch van de maaltijd. Zeker bij vegetarische maaltijden is een goede saus een belangrijk onderdeel; zij geeft smaak, geur en kleur aan een maaltijd met granen en vormt een bron van eiwitten (als er een zuivelprodukt of vlees in wordt verwerkt) en vooral van vetten. Vetten, die in maaltijden met vlees vooral geleverd worden door het vlees en de jus, zijn voor het lichaam noodzakelijk, zij het met mate*. De hoeveelheden vet en eiwit kunt u zelf regelen, afgestemd op de overige ingrediënten van de maaltijd. Zeer vetrijke sauzen passen bij voorbeeld goed bij aardappelen.
De smaak van de saus mag die van het gerecht niet overheersen, maar moet hem juist ondersteunen en ook in overeenstemming zijn met de overige gerechten.
De grote verscheidenheid aan sauzen kunnen we rangschikken naar de wijze waarop de saus gebonden wordt:
- met meel gebonden sauzen
- met groente- of vruchtenpuree gebonden sauzen
- met eierdooier en boter of olie gebonden sauzen
- met kwark en olie gebonden sauzen
- ragoûtsauzen

Met meel gebonden sauzen

Hierbij gebruiken we een fijn gemalen meelsoort zoals rijstmeel, gebuild meel of bloem, thermomeel (vooral gerst, maar ook rogge en tarwe) en havermeel, een enkele keer ook zetmeel (arrowroot of maïzena). Hoe fijner het meel uitgezeefd is, des te gladder en glanzender wordt de saus. De specifieke smaak van de fijngemalen volkoren meelsoorten is goed te combineren met de ingrediënten van de meer hartige sauzen.
Rouxsauzen worden gemaakt op basis van boter en meel of bloem. Het gevaar voor klonteren is het grootst bij gebruik van bloem. Als er bij het maken van de roux te veel boter wordt gebruikt, drijft het vet op de saus. Als u meer boter wilt gebruiken, kunt u deze beter tot slot met kleine stukjes tegelijk door de hete saus roeren (gebruik hiervoor harde, dus koude boter).

Tips:
- het komt voor, dat een prachtig gebonden saus ineens weer dun wordt. Dit gebeurt meestal onder invloed van enzymen, bij voorbeeld uit het speeksel (de lepel is afgelikt en weer in de pan

teruggedaan) of door een enzym, dat in het bindmiddel zelf zit (amylase). Amylase is het meest actief bij een temperatuur van 70-80°C. Breng dus sauzen, die niet door roosteren of een roux zijn gestart, *vlug* aan de kook, het enzym wordt daardoor onschadelijk gemaakt.
Ook niet tot het kookpunt verhitte melkprodukten (ook kaas) kunnen een met zetmeel gebonden saus weer dun maken door de werking van in deze produkten aanwezige enzymen. Laat zulke sauzen daarom niet nawellen, maar dien ze na het toevoegen van de melkprodukten meteen op
- door lang en hevig kloppen kan de saus eveneens dun worden. Gebruik voor met meel gebonden sauzen dus liever een houten lepel in plaats van een garde
- de roux voor een saus kunt u al 's morgens of nog eerder maken, eventueel voor verschillende sauzen tegelijk. Als u de roux langer dan een dag wilt bewaren, kunt u hem in een jampot in de koelkast zetten, hij blijft dan 2-3 weken goed. U kunt er ook kleine hoeveelheden van gebruiken om er groentenat mee te binden, een soort *snelbinder** dus   611

Met groente- of vruchtenpuree gebonden sauzen

Gezeefde, dunne groentepuree (pompoen, wortel, tomaat, enzovoort) kan tegelijk basis én bindmiddel zijn voor een saus. De gekookte groente is dan al in het menu vertegenwoordigd; u kunt de maaltijd desgewenst nog aanvullen met bladsla.
Groentesauzen worden vooral geserveerd bij granen of graankoekjes. Deze sauzen hebben een mild karakter; ze zijn niet echt hartig, maar vaak prachtig van kleur.
Vruchtenpuree gebruiken we voor zoete sauzen.

Met eierdooier en boter of olie gebonden sauzen; met kwark en olie gebonden sauzen

Deze zeer vetrijke sauzen gebruiken we alleen in kleine hoeveelheden. Mayonaises en dipsausjes zijn bekende vertegenwoordigers. Belangrijk is, dat de gebruikte olie geen opdringerige smaak heeft (saffloerolie, maïskiemolie).

Ragoûtsauzen

Ragoûtsauzen hebben een dubbele functie: zij bevatten vlees of groente en zijn tegelijk saus. Door ca. 1 dl minder vloeistof (en ook wat minder zout) te gebruiken, en door de groente of het vlees in grovere stukken te snijden, kunt u van elke ragoûtsaus een ragoût maken.

Algemene wenken voor de bereidingswijze

- dik gebonden sauzen gebruiken we alleen als deksaus over groente (bij voorbeeld bloemkool), al dan niet gegratineerd. Zo kunt u het vocht van gekookte andijvie eenvoudig binden, maar het

ook verwerken tot béchamelsaus. In het laatste geval zal de saus dikker moeten zijn dan normaal, om het nog in de andijvie achtergebleven vocht op te kunnen nemen
- bij de presentatie van gekookte granen en grutten is de dikte van de saus belangrijk: de saus mag er niet op blijven liggen, maar mag er ook niet meteen doorheen lopen
- een te dun uitgevallen saus kunt u nog redden door toevoeging van wat arrowroot of maïzena, aangemaakt met een beetje vloeistof (zie ook het recept voor *snelbinder**). Overigens worden vooral de met meel of groentepuree gebonden sauzen dikker als ze op tafel staan 611
- het spreekt vanzelf, dat de gebruikte vloeistof grote invloed heeft op de smaak van de saus. Voor fijne sauzen gebruiken we een kruidige bouillon, zelf getrokken* of bouillon van bouillon- kruiden, -korrels of -pasta (zie *produktinformatie*) 77
- werk bij het maken van sauzen op een matige hittebron en laat de met meel gebonden sauzen zo mogelijk 5 minuten nawellen. Het meel kan dan goed gaar worden en maximaal uitzetten en de gedroogde kruiden kunnen hun smaak ontplooien. Verse kruiden voegen we pas vlak voor het opdienen toe en worden niet meegekookt. Mooi fijn gehakte kruiden geven het leukste effect
- het is een aparte kunst de saus zodanig op smaak te brengen, dat de smaak van de kruiden herkenbaar blijft en dat de verschillende kruiden goed op elkaar afgestemd zijn. U kunt het beste met weinig kruiden beginnen. Dit geldt uiteraard ook voor het zout, dat u, om de smaak van de kruiden beter te kunnen herkennen, het beste op het laatst kunt toevoegen. Als u tot slot nog niet helemaal tevreden bent met de smaak van de saus, kunt u proberen de smaak van de gebruikte kruiden één voor één te herkennen. Mist u er eentje, dan kunt u alsnog meer toevoegen
- met een eierdooier en/of room kunt u de smaak van de saus voller maken; ronder wordt de smaak door toevoeging van een spoortje honing, stroop, appeldiksap of ander zoetmiddel. Met wat citroensap, brooddrank of azijn kunt u een wat matte smaak opfrissen.

Met meel gebonden sauzen

Béchamelsaus, basisrecept (3 dl)

Deze saus is geschikt voor het verwerken van het kooknat van groente.

1 Als u de groente in een saus wilt opdienen neemt u:
- *20 g boter (bij gebruik van bloem 15 g)*
- *25 g gebuild meel of 20 g bloem*

- *1 1/2 dl kooknat van groente, bouillon of water*
- *1 1/2 dl melk, op kamertemperatuur*
- *1/2 theelepel zout*

2 Als u de groente met saus wilt bedekken neemt u:
- *25 g boter (bij gebruik van bloem 20 g)*
- *35 g gebuild meel of 30 g bloem*

- *1 1/2 dl kooknat van groente, bouillon of water*
- *1 1/2 dl melk, op kamertemperatuur*
- *1/2 theelepel zout*

Smelt de boter in een pannetje met een dikke bodem, voeg het meel toe en verwarm boter en meel onder voortdurend roeren op een matige hittebron tot het geheel van de bodem loslaat. Laat het meel echter niet donkerder van kleur worden.
Neem de pan van het vuur en voeg de helft van de bouillon ineens toe. Roer dit goed glad voor u de rest van de vloeistof toevoegt. Zet de pan terug op het vuur en breng de nu nog dikke saus aan de kook. Laat op een zeer laag pitje ca. 15 minuten trekken (deksel op de pan). Voeg het zout toe en roer bij scheutjes tegelijk de melk erdoor. Breng daarbij de saus ▶

Witte ragoûtsaus, basisrecept (3 dl)

- 3 dl water
- 1/2 uitje
- 1 laurierblaadje
- 1 kruidnagel
- 1 stukje citroenschil

- 20 g boter (15 g bij gebruik van bloem)
- 25 g gebuild tarwemeel of 20 g bloem
- 1/2 theelepel zout

- eventueel 1 dooier van een klein ei
- 2 theelepels citroensap

Schil de ui en prik met de kruidnagel het laurierblad op de bolle kant. Leg deze bestoken ui met het citroenschilletje in het water en breng alles aan de kook. Trek hiervan op een laag pitje in ca. 15 minuten een geurige bouillon. Verwijder de ui en de citroenschil. Vul de bouillon aan tot 3 dl en laat hem wat afkoelen.
Smelt de boter in een pannetje met een dikke bodem, voeg het meel toe en verwarm onder voortdurend roeren op een matig vuur totdat het meel lekker gaat ruiken en op de bodem van de pan gaat aanzetten. Laat het meel echter niet donkerder van kleur worden. Haal de pan van het vuur en voeg eenderde van de bouillon in flinke scheuten toe. Roer alles goed glad. Zet de pan terug op het vuur en voeg de rest van de bouillon toe. Blijf rustig roeren totdat de saus kookt. Voeg het zout toe en laat de saus op een laag pitje nog ongeveer 10 minuten zachtjes koken.
Vermeng de eierdooier met het citroensap en doe er een paar lepels saus bij. Giet dit mengsel vlak voor het opdienen terug in de saus en roer goed door. Laat nu de saus niet meer koken, de eierdooier zou dan gaan schiften.

Variaties:
- vervang de eierdooier door 1-2 eetlepels zure room of viili. Doe dit pas vlak voor het opdienen. Omdat door het toevoegen van room de saus dunner wordt dan met eierdooier, kunt u 5 g meer meel gebruiken of 1/4 eetlepel arrowroot in de room oplossen, aan de saus toevoegen en nog een keer tegen de kook aan brengen
- vervang 1 dl van de bouillon door Kanne's

tegen de kook aan, maar laat niet meer koken en ook niet nawellen.

Tips:
- op de volgende manier gemaakt wordt de saus lichter verteerbaar, maar ook iets anders van smaak: los het meel op in 1/2 kopje van de vloeistof. Breng de rest van de vloeistof aan de kook en voeg het meelpapje onder voortdurend roeren toe. Maak de saus af met zout en melk op de hierboven beschreven manier en klop de gewenste hoeveelheid koude boter stukje voor stukje door de saus
- als u een grote hoeveelheid saus moet maken, kunt u de melk in een aparte pan verwarmen tot er een vlies op komt (70°C), u kunt dan de melk in één keer door de saus roeren

brooddrank. Hierdoor krijgt de saus de pittige, zurige smaak van een witte-wijnsaus, zeer geschikt voor vlees- en visragoût. Kook in dit geval de saus alleen met de bouillon en verdun de zo ontstane dikke saus pas op het laatst met de brooddrank

Bruine ragoûtsaus, basisrecept (3 dl)
⑤ ⊖

- 20 g boter (15 g bij gebruik van bloem)
- eventueel een plakje rookspek, zeer klein gesneden
- 30 g gebuild meel of 25 g bloem

- 1 eetlepel ui, zeer fijn gehakt
- 3 dl bouillon, pittig gekruid

- 1 laurierblad
- een mespunt tijm
- een snufje cayennepeper
- 1/2 theelepel zout

Verwarm op een matig vuur in een pannetje met een dikke bodem de boter en eventueel het spek tot de boter ophoudt met sputteren. Voeg het meel in één keer toe en blijf roeren tot het meel een hazelnootbruine kleur heeft. Pas op voor aanbranden.
Neem de pan van het vuur, voeg de ui toe en blijf even doorroeren. Giet een derde van de bouillon erbij en roer het mengsel glad. Zet de pan terug op het vuur en roer de rest van de bouillon erdoor.
Voeg de kruiden en het zout toe en laat de saus nog 5-10 minuten trekken op een zeer laag pitje (deksel op de pan).

Tips:
- deze saus is lichter verteerbaar, als u het meel droog, dus zonder vet, roostert*. Roer *610* vlak voor het opdienen een paar stukjes koude boter of 2-3 eetlepels room door de saus
- wie niet in het bezit is van een sauspan met dikke bodem om de bloem te roosteren, kan dit ook doen in een koekepan. Voeg daarna het geroosterde meel toe aan de bouillon

Kerriesaus (ca. 3 dl)
⑤ ⊖

- 1/2 eetlepel olie
- 1 klein uitje, fijngesneden
- 2-3 theelepels kerrie
- 2 dl bouillon of water

- 20 g gebuild meel of 25 g rijstmeel, aangemaakt met
- 1 dl bouillon of water
- 1/2 theelepel zout

- 1 theelepel marjolein, fijngestampt

- naar wens 1 eetlepel appeldiksap, of 1-3 theelepels citroensap
- eventueel wat shoyu
- 10-20 g koude boter

Verwarm de olie met de ui en smoor de ui glazig op een matig vuur. Roer de kerrie erdoor en blus met de vloeistof.
Voeg het aangemaakte meel al roerend toe en doe ook het zout erbij. Breng de saus rustig roerend aan de kook en laat haar op een zacht pitje 5 minuten doorkoken (deksel op de pan).
Voeg de marjolein toe en laat daarna nog ca. 5-10 minuten nawellen.
Breng de saus op smaak met het zuur en eventueel de shoyu (als u geen bouillon heeft gebruikt) en breng zonodig weer op temperatuur. Roer vlak voor het opdienen de boter stukje voor stukje erdoor en doe de saus in een voorverwarmde kom.

Variatie: Lekker romig wordt de saus, als u de bouillon vervangt door *kokosmelk** (santen), *609* of de boter door kokosboter (creamed santen). Citroensap smaakt hierbij beter en u hoeft geen boter meer door de saus te roeren.

Kaassaus (ca. 3 1/2 dl)

Als deksaus over groente; lekker bij kool, koolrabi, raapjes en witlof, maar ook bij gekookte granen (tarwe, rogge, gerst). Gebruik 20 g meel als u de saus bij granen serveert.

- 30 g fijn tarwemeel
- 2 dl koud water
- 1/2 theelepel karwijzaad

- 1 dl melk, op kamertemperatuur

- 50 g geraspte pittige kaas
- een mespunt nootmuskaat
- eventueel wat zout

Week in het sauspannetje het meel met de karwij zo mogelijk een half uur in het water. Breng het onder rustig roeren vlug aan de kook op een niet té hoog vuur. Doe het deksel op de pan en laat deze nu nog zeer dikke saus 10 minuten heel zachtjes trekken (sudderplaat).
Roer nu bij scheutjes tegelijk de melk erdoor en breng de saus daarbij op temperatuur, maar laat de saus niet meer koken en ook niet nawellen.
Roer de kaas en de nootmuskaat erdoor en proef of er nog zout bij moet. Giet de saus in een voorverwarmde kom en dien meteen op (als de saus lang blijft staan kan ze dun worden).

Tip: Als u een grote hoeveelheid van deze saus wilt maken, kunt u de melk verwarmen tot er een vlies op komt (70°C). Daarna kunt u de melk in één keer door de saus roeren.

Botersaus (ca. 3 dl)

Ⓖ ⊖

Smaakt goed bij aardappelen, als vervanging van jus.

- 15 g boter
- 20 g thermomeel (gerst) of gebuild meel
- 2 1/2 dl water of bouillon
- 1/2 theelepel zout

- 20-40 g koude boter, in kleine stukjes

Maak van het eerst blokje ingrediënten een *witte ragoûtsaus**. 204
Voeg, als de saus gekookt heeft, van het vuur af rustig roerend de stukjes boter toe. Laat de saus niet meer koken en dien haar op in een voorverwarmde kom.

Tip: De saus wordt lichter verteerbaar als u geen roux maakt, maar het meel met de (koude) vloeistof al roerend aan de kook brengt. U kunt de saus verder afwerken als boven beschreven. De iets flauwere smaak kunt u ophalen door een snufje nootmuskaat toe te voegen.

Sauce Mornay (ca. 3 dl)

Een fijne kaassaus met een bijzondere smaak, ook te gebruiken als deksaus over groente (broccoli, bloemkool).

- 3 dl béchamelsaus 1 of 2* 203
- 40 g Sbrinz of 50 g overjarige Goudse kaas, zeer fijn geraspt

Maak de saus om te beginnen zonder zout en roer er van het vuur af de kaas door. Proef of de saus zout genoeg is en dien haar op in een voorverwarmde kom of giet haar over de groente.

Roomsaus (ca. 3 dl)

Deze saus is vooral geschikt voor andijvie, witlof, paksoy, koolraap, selderijknol en eventueel spinazie en snijbiet als men de enigszins bittere of scherpe smaak van deze groenten wil verzachten.

- 20 g boter (15 g bij gebruik van bloem)
- 30 g gebuild meel of 25 g bloem
- 2 1/2 dl melk, op kamertemperatuur

- 1/2 dl room, op kamertemperatuur
- 1/2 theelepel zout
- eventueel wat peper uit de molen

Maak van de bovenstaande ingrediënten een romige saus volgens het recept van de *béchamelsaus**. 203

Hamsaus (ca. 3 dl)

🖙 ✡

Lekker bij peulvruchten, maar ook bij sperziebonen en stamppot van boerenkool.

- 3 dl witte ragoûtsaus*   204
- 50 g magere ham, in flinterdunne sliertjes gesneden
- 1 eetlepel peterselie of bieslook, fijngeknipt

Roer de ham door de saus voordat u haar laat wellen en voeg de kruiden toe vlak voor het opdienen.

Vleessaus (ca. 1/2 liter)

🖑 🖙 ✡

Als u vlees in weinig boter braadt, zult u ook weinig jus krijgen. Van het vet en bezinksel in braadslede of pan kunt u dan een vleessaus maken. Na het braden van ca. 1 1/2 kg vlees krijgt u ca. 1/2 liter saus.

- 1 flinke ui (ca. 100 g), fijngehakt
- 3-4 dl hete bouillon
- 10-15 zwarte peperkorrels, gestampt, of een mespunt gemalen peper
- eventueel een snufje cayennepeper
- eventueel 2-3 eetlepels kappertjes of fijngehakte zure augurkjes
- eventueel 1 theelepel stroop of honing (bij varkensvlees)
- 3 theelepels zout
- 3-5 eetlepels geroosterd meel*, of gebuild meel   610
- 1/2 dl Kanne's brooddrank of appelsap

Neem het vlees uit de braadslede of -pan en leg het op een voorverwarmde schaal. Bedek het met folie.
Doe het braadvet uit de slede in een sauspannetje en smoor of fruit hierin de ui (als u het vlees in een pan heeft gebraden, doet u dit in de pan). Giet de bouillon in de braadslede (of braadpan) en los het bezinksel op.
Giet dit mengsel bij de ui en voeg de rest van de ingrediënten toe. Breng alles aan de kook en bind de saus met het in de brooddrank aangemaakte meel. Laat nog ca. 5 minuten pruttelen en zeef de saus eventueel.

Variaties:
- vervang de stroop of honing door *caramelstroop**   608
- fruit nog wat grofgeraspte wortel en knolselderij (30-50 g van elk) met de ui mee

Karnemelksaus (ca. 3 dl)

🖑

Deze saus smaakt goed bij gekookte granen, vooral in combinatie met bieten, spruiten, sperziebonen en witte bonen.

- 15 g boter of 1 eetlepel olie
- 1 1/2 eetlepel ui, zeer fijn gehakt
- 20 g bloem of thermomeel (gerst)
- 1 theelepel gekneusd karwijzaad, of gemalen koriander

- 3 dl karnemelk

- 2-3 theelepels mosterd of 2 theelepels citroensap
- 1/2 theelepel zout
- eventueel wat bouillonpasta

Verwarm de boter of olie met de ui en smoor de ui zachtjes glazig en heel licht bruin. Voeg de bloem toe en neem de pan van het vuur. Roer nu ook de karwij of koriander erdoor (omdat de saus maar kort kookt, krijgen deze kruiden zo toch de tijd hun aroma te ontplooien).
Voeg nu een derde van de karnemelk toe en zet de pan weer op het vuur. Blijf rustig roeren tot de saus kookt en roer de rest van de karnemelk er in twee etappes door.
Breng de saus al roerend weer op temperatuur, maar laat haar niet meer koken. Breng op smaak met mosterd of citroensap, zout en zo nodig wat bouillonpasta. Dien meteen op.

Variatie: Vervang de boter door 50 g gerookt vet spek (of mager spek met wat boter). Bak dan het zeer fijngesneden spek eerst uit en voeg daarna pas de ui toe.

Kervelsaus (ca. 3 dl)

Een zacht smakende saus, lekker bij gekookte granen in combinatie met malse voorjaars- en zomergroente (peultjes, doperwtjes, bospeen, koolrabi).

- 3 dl witte ragoûtsaus* — 204
  of béchamelsaus* — 203
  of botersaus* — 206
- 3-4 eetlepels verse kervel, zeer fijn geknipt of gehakt
- wat citroensap

Roer de kervel pas vlak voor het opdienen door de saus en breng op smaak met citroensap.

Romige peterseliesaus (ca. 3 dl)

Lekker bij wat droog geworden winterpeen of bij aardappelen als er geen jus is.

- 3 dl béchamelsaus* — 203
  of roomsaus* — 206
- 3-4 eetlepels verse peterselie, fijngeknipt
- 1 theelepel citroensap

Roer de kruiden vlak voor het opdienen door de saus en breng op smaak met citroensap.

Pittige peterseliesaus (ca. 3 dl)

Past goed bij gepocheerde vis en hardgekookte eieren, maar ook bij gekookte granen (tarwe, gerst).

- 3 dl witte ragoûtsaus* — 204
- 3 eetlepels verse peterselie, fijngeknipt
- 2 eetlepels kappertjes of 1 klein zuur augurkje, in heel kleine blokjes gesneden
- 1 theelepel gemberwortel, geraspt
- eventueel nog wat citroensap of nat van de kappertjes

Roer vlak voor het opdienen de peterselie, kappertjes en gember door de saus en breng op smaak met het zuur. Kook de saus nu niet meer, maar dien haar op in een voorverwarmde sauskom.

Mosterd- of mierikswortelsaus (ca. 3 dl)

Een pittige saus, die goed smaakt bij vis, hardgekookte eieren of kool, maar die ook helpt, peulvruchten beter te verteren. De smaak van de saus is afhankelijk van de kwaliteit van de mosterd!

- 3 dl witte ragoûtsaus* (bij alleen mosterd ook bruine*) — 204 / 205
- 2 eetlepels mosterd of geraspte mierikswortel (van verse maar 2 theelepels), of half om half
- 2 eetlepels bieslook, fijngeknipt
- 1 mespunt kerrie

Maak de mosterd aan met een paar lepels van de hete saus (om schiften te voorkomen) en roer hem met de mierikswortel (eventueel) en de verse kruiden door de saus. Breng op smaak met de kerrie, laat de saus niet meer koken en dien op in een voorverwarmde sauskom.

Variatie: Vervang de mosterd door 1 eetlepel mosterdpoeder en 1 eetlepel half water/half azijn. U kunt dit direct door de saus kloppen.

Wilde-kruidensaus (ca. 3 dl)

Afhankelijk van het soort wilde kruiden die u tot uw beschikking heeft, past deze saus bij gekookte granen, bij vis, eieren, aardappelen of macaroni.

- 3 dl ragoûtsaus* — 204
  of botersaus* — 206
- 15-30 g verse wilde kruiden, schoongemaakt gewogen; van de zeer jonge, lichte blaadjes minder, van de oudere meer. Geschikt zijn: brandneteltoppen in combinatie met melde of spinazie; madeliefjes (bloemknopjes) in combinatie met bieslook; in een bruine ragoûtsaus pinksterbloem (bloemknopjes met stengelgedeelte); daslook, vogelmuur, waterkers, weegbree, zuring

Zeer jonge, malse kruiden (topjes) kunt u, zeer fijn gehakt*, ongekookt vlak voor het — 426 opdienen door de saus mengen. Wat taaiere of al meer uitgegroeide kruiden kunt u eerst in wat boter of olie, eventueel met een uitje of wat knoflook, licht smoren. Breng de saus eventueel op smaak met wat citroensap of zure room.

Variatie: Volg het recept van de (ongekookte) *Italiaanse kruidensaus** (salsa verde) en vervang de daar genoemde kruiden door de hierboven genoemde. 222

Spaanse groentesaus (ca. 3 dl)

⑤

Bij granen en macaroni, als vervanging van tomatensaus.

- 3 dl bruine ragoûtsaus* 205

- 1/2 eetlepel olie
- 1 eetlepel ui, zeer fijn gesneden
- ca. 100 g groente (pastinaak of wortelpeterselie, bleek- of knolselderij, venkelknol, koolraap of koolrabi, courgette, eventueel een stukje paprika voor de kleur), schoongemaakt gewogen, in zeer kleine blokjes gesneden
- 1 mespunt kerrie

- 2 theelepels citroensap of 1 eetlepel brooddrank
- 1 eetlepel peterselie, bieslook of selderijblad, fijngehakt

Verwarm de olie met de ui en de groente en smoor alles tot het lekker gaat geuren. Smoor ook de kerrie even mee, maar laat niet donkerder van kleur worden.
Meng de groente nu door de bruine ragoûtsaus en laat alles nog 5-10 minuten sudderen. Roer tot slot het citroensap en de verse kruiden erdoor.

Kappertjessaus (3 dl)

Lekker bij vis of als er worteltjes op het menu staan.

- 3 dl witte ragoûtsaus* 204
  of botersaus* 206
- 3 eetlepels kappertjes* 599
- 1/2 theelepel citroenrasp
- wat citroensap of inmaaknat van de kappertjes naar smaak

Voeg de kappertjes en de rest van de ingrediënten pas vlak voor het opdienen aan de saus toe en kook de saus daarna niet meer.

Tip: Vervang de kappertjes door in heel kleine blokjes gesneden zure augurkjes.

Paprikasaus (ca. 3 1/2 dl)

Mild van smaak en eenvoudig te maken. Lekker bij rijst, gierst en macaroni.

- 3 dl witte ragoûtsaus* 204
  of botersaus* 206
  of béchamelsaus* gemaakt van 203
  thermomeel (rogge of gerst) of van
  havermeel* 611
- 1/2 eetlepel olie
- 1 rode paprika (ca. 125 g), schoongemaakt gewogen, in kleine stukjes gehakt

- 1 theelepel tijm
- 2 theelepels basilicum of 1 eetlepel basilicumolie* 601

- 2 theelepels citroensap
- eventueel wat zout

Verwarm de olie op een matig vuur en smoor hierin de paprika tot hij zacht is (5-10 minuten, met het deksel op de pan).
Voeg de kruiden en de witte ragoûtsaus toe. Laat nu nog 5 minuten op een zeer laag pitje trekken.
Breng de saus op smaak met citroensap en zout.

Tomatensaus van tomatenpuree
(ca. 3 dl)

Kleurt goed bij rijst, gierst, maïs of macaroni.

- 20 g tarwemeel of thermomeel (gerst)
- 1 dl water

- 1/2 eetlepel olie
- 1 ui, fijngesneden
- eventueel 1 teentje knoflook
- 2 dl bouillon of water
- 1 laurierblad
- 1 theelepel zout

- 1/2 potje (50 g) tomatenpuree* 597
- eventueel 1 mespunt piment
- 2-3 theelepels oregano en/of basilicum
- 10-20 g koude boter
- eventueel 1 eetlepel zure room of viili

Week het meel in het water zo mogelijk 1/2 uur (niet nodig bij thermomeel).
Verwarm intussen op een matig vuur de olie met de ui en de knoflook en smoor de ui glazig. Blus met de bouillon, voeg het laurierblad en het zout toe en laat de saus ca. 10 minuten op een zeer zacht pitje sudderen (deksel op de pan).
Voeg het geweekte meel toe en breng de saus al roerend vlug aan de kook. Laat 5 minuten heel zachtjes koken. Draai het vuur uit en laat de saus nog 5 minuten nawellen.
Verwijder het laurierblad en voeg de tomatenpuree en oregano of basilicum toe. Roer vlak voor het opdienen de boter stukje voor stukje door de hete saus en verfijn naar wens met room of viili.
Dien op in een voorverwarmde sauskom.

Variaties:
- week en kook een schijfje gemberwortel mee
- smoor een of meer fijngesneden teentjes knoflook met de ui mee
- maak een *witte ragoûtsaus** en voeg de 204
tomatenpuree en de kruiden hieraan toe. Deze met een roux gemaakte saus is wel zwaarder verteerbaar
- **tomatensaus van verse tomaten.** Vervang in de zomer de tomatenpuree door 1-2 grote, gepelde en in stukjes gesneden vleestomaten. Laat ze nog even met de ui meesmoren en gebruik 1/2-1 dl minder water voor de saus. Zeef de saus eventueel, u hoeft de tomaat dan niet eerst te pellen
- **tomatensaus met een zoetige, kruidige smaak.** Deze saus smaakt goed bij graan in combinatie met peulvruchten en bladsla. Vervang de basilicum door 2 kruidnagelen, 10 korianderkorrels en 1/2 theelepel kaneel. Stamp de kruiden met het zout fijn in een vijzel. Voeg geen room of viili aan de saus toe, maar 2 theelepels stroop of ongeraffineerde rietsuiker. Naar wens kunt u het zout vervangen door 1 eetlepel sojasaus (shoyu)

Tip: Als u liever een gladde saus wilt hebben, kunt u het tarwemeel vervangen door gebuild meel en de ui alleen doormidden gesneden in de saus meekoken (voor het opdienen verwijderen).

Champignonsaus

- 3 dl witte ragoûtsaus of bruine   204
  ragoûtsaus*   205

- 150-200 g champignons

- 10 g boter
- 1/2 ui, fijngesneden
- 1/2 teentje knoflook, fijngesneden

Veeg de champignons af of spoel ze kort af. Snijd het lelijke stukje van het steeltje af. Snijd de champignons overlangs in 2-3 mm dikke plakjes.
Verwarm de boter in een koekepan en smoor hierin de ui glazig. Voeg de champignons toe en smoor ze mee totdat ze vocht loslaten. Temper het vuur en laat de champignons in 3-5 minuten gaarstoven. Roer ze vervolgens door de ragoûtsaus. Proef of er nog wat zout bij moet.

Citroensaus (ca. 3 dl)

Past bij vis of witte bonen.

- 3 dl witte ragoûtsaus*   204
- 1 theelepel geraspte citroenschil
- 2 eetlepels citroensap

Laat de citroenrasp in de saus meewellen. Breng de saus op smaak met citroensap.

Zonnebloempittensaus
(4 dl, voor 8 personen)

↩

Een alternatief voor pindasaus. Deze saus past goed bij Oosterse gerechten zoals *Gadogado**, maar ook bij gewone rijst en gierst in combinatie met groente naar keuze en wat rauwkost.
Zonnebloempittensaus is echter ook een goede dipsaus (heerlijk met rauwe roosjes bloemkool)

- 2 theelepels olie
- 2 eetlepels ui, tot moes gehakt
- eventueel 1 teentje knoflook, door de pers gedrukt

- 150 g zonnebloempittenpasta
- 2 dl heet water
- 1 klein stukje citroenschil
- 1 schijfje gemberwortel of 1/2-1 theelepel gemberpoeder
- een stukje laoswortel of 1 laurierblaadje
- 1-2 theelepels sambal*
- 1/2-1 theelepel zout

- 1 theelepel arrowroot, aangemaakt met
- 1/2 dl water

- 1 theelepel ongeraffineerde rietsuiker
- 1-2 theelepels citroensap of 2 eetlepels Kanne's brooddrank

Verwarm de olie met de ui en de knoflook en smoor totdat de ui net begint te verkleuren.
Roer de pasta erdoor, giet het water erbij, voeg de kruiden en het zout toe en breng alles al kloppend aan de kook.
Bind de saus met de arrowroot.
Breng op smaak met suiker en citroensap.
Haal de pan van het vuur en laat de saus toegedekt nog 5 minuten staan. De saus wordt dikker naarmate zij langer staat.

Variaties:
- de saus wordt voller van smaak, als u het water vervangt door *kokosmelk** (santen), of vlak voor het opdienen een paar flinterdunne plakjes kokosboter (creamed coconut) of een eetlepel gemalen kokos erdoor klopt.
- vervang de helft van de zonnebloempittenpasta door tahin

Pindasaus (ca. 4 dl)

↩

Volg het recept van de zonnebloempittensaus, maar gebruik pindakaas. Deze heeft zo'n overheersende smaak, dat u maar een kwart tot de helft van de zonnebloempittenpasta en/of tahin hoeft te vervangen.

Zoete amandelsaus (ca. 3 dl)

↩ 🕯

Een wolkje van deze luchtige saus smaakt heerlijk bij vruchtenpudding of –gelei of bij in de oven gebakken appels. Ook lekker bij rijst of gierst en jonge worteltjes of venkel.

- 2 dl water
- 2 eetlepels rijstmeel
- 1 reepje citroen- of sinaasappelschil

- 1/2 eetlepel citroensap of 1 eetlepel sinaasappelsap
- 2 eetlepels ahornsiroop of honing
- 40 g gepelde amandelen, waarvan eventueel 2 bittere (niet voor kinderen), zeer fijn gemalen (foodprocessor), of (witte) amandelpasta

- 1/2-1 dl slagroom, naar wens stijfgeklopt (niet als u de saus bij graan eet)

Breng het water met het meel en het schilletje al roerend aan de kook. Haal de pan van het vuur en laat deze dikke saus met het deksel op de pan afkoelen.
Roer het vruchtensap erdoor, het zoetmiddel en ook de amandelen.
Schep vlak voor het opdienen de slagroom door de saus en dien meteen op.

Tip: Als u de saus al geruime tijd van tevoren wilt klaarmaken, kunt u beter geen honing gebruiken (honing kan de saus dun maken), of u klopt de honing door de slagroom, die u vlak voor het opdienen aan de saus toevoegt.

Vanillesaus (1) (1/4 liter)

Maak de helft van de hoeveelheid *vanillevla**. Gebruik echter 1/2 eetlepel minder bindmiddel. Doe de afgekoelde en vlak voor het opdienen gezoete vanillemelk in een kannetje en geef de saus bij warme pudding, vruchtenpudding, zoete broodschotels of in de oven gebakken appels.

455

Vanillesaus (2), met havermeel (1/2 l)

⊖

Deze saus heeft een wat grovere structuur dan vanillesaus (1), maar is voller van smaak en past goed bij gebakken appels, appelcrisp en vruchtenpudding.

- *25 g fijn havermeel* of thermomeel (gerst)*   611
- *1 1/2 dl water*
- *1/4 vanillestokje of 1/2 theelepel vanillepoeder*

- *3 dl melk, verwarmd tot er zich een vlies op vormt*
- *een snufje zout*

- *1/2 dl room*
- *2 eetlepels ahornsiroop, honing of stroop* ▶

Breng het meel en het opengespleten vanillestokje of het vanillepoeder met het water langzaam aan de kook en kook dit onder rustig roeren een paar tellen door.
Roer nu de hete melk met het zout door de saus en zet de pan, met het deksel erop, ten minste een kwartier op een warm plekje om na te wellen.
Laat de saus afkoelen en verwijder het vanillestokje.
Klop de room stijf en klop op het laatst ook het zoetmiddel mee. Schep dit mengsel vlak voor het opdienen door de saus.

Caramelsaus (1/4 liter)

⊖

Warm of koud lekker bij *broodsoufflé**, *broodpudding**, graanpudding of gekookte peren. Maak een half recept *caramelvla (1) of (2)**, maar neem 1/2 eetlepel minder bindmiddel.

184
185
458

Tip: Vervang de suiker en het water door 2-2 1/2 eetlepel *caramelstroop**.

608

Met groente- of vruchtenpuree gebonden sauzen

Eenvoudige wortelsaus (ca. 4 dl)

⊖

Gebruik hiervoor liefst jonge wortelen (bospeen, waspeen), met nog mooie schillen. Deze zacht smakende, mooi oranje en niet vette saus past goed bij graankoekjes.

- *10 g boter*
- *1/2 kleine ui, in ringen gesneden*
- *175 g wortelen, goed schoongeborsteld en in stukjes gesneden*
- *1 dl bouillon*

- *1 1/2 eetlepel rijstmeel, of 1 eetlepel biologische maïzena* of gebuild meel, aangemaakt met*
- *1 dl bouillon*

618

- *1/2 dl sinaasappelsap*
- *2 theelepels koriander, gemalen*
- *1/2 theelepel zout*

Verwarm in een sauspannetje de boter met de ui en smoor de ui glazig. Voeg de wortelen toe en smoor ze even mee. Voeg de bouillon toe

en kook de wortelen goed gaar (15-20 minuten).
Giet alles op een zeef en wrijf de wortelen erdoor. Doe deze dunne puree weer terug in de pan, voeg het aangemaakte meel toe en breng de saus onder roeren weer vlug aan de kook.
Breng de saus vlak voor het opdienen op smaak met sinaasappelsap, koriander en zout.

Tip: Voeg aan deze saus geen verse kruiden toe, zij zou daardoor haar fijne smaak verliezen.

Kruidige wortelsaus (4 1/2 dl)

↩

Voor deze door de kerrie donkeroranje saus kunt u ook de al wat oudere winterpeen gebruiken. De boter maakt de saus smeuïg, zij past goed bij eenvoudig gekookte granen (gierst, boekweit). Met wat geraspte kaas en een bladsla erbij heeft u een kleurrijke maaltijd.

- 1 theelepel venkelzaad
- 1 reepje citroenschil
- ca. 4 dl kokend water

- 200 g wortelen, geschild gewogen (eerst goed schoongeborsteld)

- 1 eetlepel olie
- 1 uitje (ca. 30 g), kleingesneden
- 2-3 theelepels kerrie
- 1 1/2 dl bouillon

- 1 eetlepel meel (liefst thermo gerstemeel), aangemaakt met
- 2 dl bouillon

- 20 g koude boter
- 2 eetlepels peterselie of selderijblad, fijngeknipt
- 2 eetlepels zure room of viili of 1/2 eetlepel citroensap
- 1 theelepel zout

Doe de nog mooie schillen van de wortelen (niet te veel), de stelen van de groene kruiden, het venkelzaad en de citroenschil in een pan en voeg het water toe. Trek hiervan op een zacht pitje in ca. 15 minuten een geurige bouillon. Zeef de bouillon.
Rasp intussen de wortel grof of snijd hem in blokjes.
Verwarm de olie met de ui en smoor de ui glazig. Voeg de kerrie en de wortelen toe en smoor deze ook even mee. Blus met de bouillon en kook de wortelen goed gaar (15-20 minuten).
Pureer de wortelen met de staafmixer.
Voeg het aangemaakte meel bij de wortelpuree en breng al roerend vlug aan de kook.
Klop vlak voor het opdienen de boter stukje voor stukje door de saus, roer de verse kruiden en de room erdoor en breng op smaak met het zout.

Variaties:
- vervang, als er kleine kinderen meeëten, de kerrie door 1 theelepel gestampte anijs of koriander (na het pureren toevoegen)
- vervang de kaas in het menu door 100-200 g voorgekookte doperwtjes (of in de winter door geweekte en gaargekookte groene erwten). Meng ze vlak voor het opdienen door de gierst, dat kleurt mooi bij de oranje saus

Tip: U kunt de wortelen ook door een zeef wrijven. De saus wordt dan wat dunner; bind de saus met 1 1/2-2 eetlepels meel.

Selderijsaus met appel, ongekookt
(ca. 4 dl)

Een frisse koude saus die heerlijk smaakt bij in de schil gekookte aardappelen, maar ook bij peulvruchten en gekookte granen. Maak de saus vlak voor het eten klaar.

- 3 eetlepels mayonaise*
- 1 eetlepel citroensap

- 1 kleine appel (ca. 75 g), kroontje en steel verwijderd
- 150 g knolselderij, geschild gewogen

- ca. 1 dl viili of volle kwark
- een snufje zout
- wat peper uit de molen
- wat bieslook, fijngeknipt, of een toefje peterselie

▶

Vermeng de mayonaise met het citroensap.
Snijd de appel doormidden, verwijder het klokhuis en rasp hem, te beginnen met het snijvlak, direct in de mayonaise. Gebruik hiervoor uw fijnste rasp (Bircher-rasp). Vermeng telkens met de saus, om verkleuren te voorkomen. Rasp ook de selderij op deze manier.
Voeg de viili of kwark toe tot de saus de gewenste dikte heeft bereikt.
Breng op smaak met zout en eventueel wat peper en garneer met de verse kruiden.

Pittige uiensaus (ca. 3 dl)

€)

Lekker bij lamsvlees en bij gekookte granen.

- 100 g uien, schoongemaakt en in 2 mm dikke ringen gesneden
- 3 dl water
- 1 laurierblad
- 1/2 theelepel zout

- 25 g thermomeel (rogge) of tarwemeel (zie tip)
- 1/2 theelepel nootmuskaat

- 20 g koude boter
- 1 eetlepel zure room of viili

Breng het water met de laurier en het zout aan de kook en voeg de uien toe. Kook ze boterzacht in ca. 15 minuten. Verwijder het laurierblad en wrijf de uien door een zeef. Vul deze uienpuree met koud water aan tot 3 dl. Roer het meel en de nootmuskaat door de gezeefde uien en roer alles glad met een garde. Voeg het laurierblad weer toe en breng de saus al roerend vlug weer aan de kook. Laat de saus met het deksel op de pan 5 minuten heel zachtjes koken. Verwijder het laurierblad.
Klop vlak voor het opdienen de boter stukje voor stukje door de saus en breng haar op smaak met de room of viili; proef of er genoeg zout in zit.

Variatie: Vervang de room in deze wat zoetige saus door 1-2 eetlepels tomatenpuree, of kook een rijpe tomaat met de uien mee; de saus wordt daardoor wat pittiger. Hetzelfde bereikt u met 2-3 eetlepels brooddrank.

Tip: Het thermo roggemeel geeft deze saus een mooie bruine kleur en een volle smaak. Als u de saus met tarwemeel maakt, kunt u vanwege de kleur en de smaak het meel in 2 eetlepels olie lichtbruin roosteren. De saus wordt hierdoor wel zwaarder verteerbaar. Voeg dan geen boter meer aan de saus toe.

Spinaziesaus (ca. 3 1/2 dl)

Een felgroen, maar zacht smakend sausje, dat goed past bij maïsgerechten, gierst of macaroni.

- 100 g zeer jonge spinazie (van de wat oudere alleen de bladeren)

- 1/2 eetlepel olie
- 1/2 ui (20 g), fijngesneden

- 1 dl bouillon of water

- 2 eetlepels rijstmeel of bloem, aangemaakt in
- 1 dl bouillon

- 2 eetlepels halfvolle kwark
- 1-2 eetlepels olie
- 1 theelepel gemalen anijszaad of 1/2 theelepel chilipoeder
- ca. 1/2 theelepel zout

Laat de gewassen spinazie zeer goed uitlekken of gebruik de slacentrifuge.
Verwarm de olie met de ui en smoor de ui boterzacht op een laag pitje met het deksel op de pan.
Blus met de bouillon en leg de spinazie erop. Laat de spinazie, onder af en toe omscheppen, even slinken. Wrijf door een zeef of pureer met de staafmixer (met de mixer wordt de saus romiger).
Doe de spinaziepuree terug in de pan en voeg het meel toe. Laat alles onder roeren vlug aan de kook komen, draai het vuur uit en laat de saus, met het deksel op de pan, een paar minuten nawellen.
Roer intussen de kwark los met de olie en roer ook het zout en de anijs erdoor. Verdun dit sausje met wat spinaziesaus en voeg het toe aan de saus in de pan. Breng de saus zonodig weer op temperatuur. Dien op in een voorverwarmde sauskom.

Variaties:
- vervang de kwark door viili of yoghurt
- vervang de spinazie door het nog malse blad van **snijbiet** of **zilverstelen**, dat u echter 5-10 minuten op de uien moet stoven. Deze saus smaakt wat flauwer dan de spinaziesaus, voeg eventueel wat citroensap toe
- vervang de spinazie door het zeer verse, malse blad van 2 bosjes **radijsjes** of zeer malse zuring (ca. 75 g), of door **raapsteeltjes** (100 g). Stoof het blad (zonder steeltjes) 3-5 minuten op de uien en vervang de kwark door room (zure of zoete). Vervang de anijs door een snufje nootmuskaat of vers gemalen peper. Deze sausjes smaken zeer pittig. 1 Eetlepel perediksap of 2 theelepels honing verzachten de smaak

Lentesausje van wilde groenten
(ca. 3 dl)

Voor deze saus kunt u alle wilde groenten en kruiden, apart of gemengd, eventueel met kruiden uit uw eigen tuin, gebruiken, bij voorbeeld: brandnetel; madeliefjes; de verschillende meldesoorten; pinksterbloem; vogelmuur; waterkers.

Voor de eerste, nog schaarse, zeer jonge en malse blaadjes kunt u het recept van de *romige peterseliesaus** volgen; voor de nog wel jonge, maar niet meer zo malse blaadjes is het recept van de *spinaziesaus** beter geschikt.   208   214

Pompoensaus (ca. 4 dl)
€)

Een wat zoetige saus die met haar mooie kleur graankoekjes en peulvruchten opvrolijkt.

- *1 eetlepel olie*
- *1/2 ui, fijngesneden*

- *1 1/2 dl bouillon of water*
- *2-3 theelepels kerrie*
- *250 g oranje pompoen (schoongemaakt gewogen), geschild en in blokjes gesneden*

- *1 theelepel marjolein of basilicum*
- *1/2-1 theelepel zout*
- *2 eetlepels viili of zure room*

Verwarm op een matig vuur de olie met de ui en smoor dit glazig.
Blus met de vloeistof en voeg de kerrie en de pompoen toe. Kook de pompoen in ca. 15 minuten goed gaar.
Stamp of mix de pompoen helemaal fijn en voeg de kruiden en het zout toe. Breng vlak voor het opdienen op smaak met de viili of zure room.

Courgettesaus (ca. 4 dl)
€)

Een groentesaus die naar paddestoelen smaakt. Lekker bij *maïspannekoekjes** en graankoekjes, maar ook bij polenta en eventueel rijst en gierst.   179

- *1 eetlepel olie*
- *1/2 ui, fijngesneden*
- *1 teentje knoflook, fijngesneden*

- *1 1/4 dl pittige bouillon (van 1/2 eetlepel bouillonkruiden*)*   614
- *250 g kleine courgettes, in stukjes gesneden*
- *3 theelepels paprikapoeder*
- *1 theelepel zout*

- *1/2 eetlepel verse basilicum, fijngeknipt (1/2 theelepel gedroogd)*
- *1 vers salieblaadje, fijngeknipt, of 1 mespunt gedroogde salie, fijngewreven*
- *2 eetlepels zure room of viili*
- *1 eetlepel bieslook, fijngeknipt*

Verwarm op een matig vuur de olie met de ui en de knoflook en smoor de ui glazig.
Blus met de bouillon en voeg de courgettes, het paprikapoeder en het zout toe. Kook de groente moesgaar en pureer met de mixer of wrijf door een zeef.
Voeg vlak voor het opdienen de kruiden en de room toe en dien de saus warm op.

Koude paprikasaus (ca. 2 dl)

Koud smaakt deze fluweelzachte, licht zurige saus heerlijk op koude gepocheerde vis, gekookte kip of hardgekookte eieren, maar ook over gekookte koude groente (bloemkool, koolrabi). Als u de saus au bain marie*▶43 verwarmt, kunt u haar ook bij warme gerechten serveren.

- 1 grote gele of rode paprika (ca. 100 g), in kleine stukjes gesneden
- 1/2 kleine ui (15 g), gehakt
- 1/2 dl water
- 1/2 theelepel zout

- 1/4 eetlepel arrowroot, aangemaakt in
- 1/2 dl Kanne's brooddrank of half citroensap/half water

- 4 eetlepels (1/2 dl) zure room
- peper uit de molen
- 2-3 sprietjes bieslook of een mooi blaadje peterselie of selderij

Breng het water met het zout aan de kook, voeg ui en paprika toe en kook alles in 8-10 minuten botergaar (deksel op de pan en oppassen voor aanbranden).
Voeg de aangemaakte arrowroot bij de paprika, roer goed door en laat een paar tellen doorkoken.
Wrijf alles door een zeef, de velletjes blijven dan achter. Laat afkoelen, klop de zure room erdoor en breng op smaak met de peper.
Knip de bieslook erover en leg het groene blaadje erop.
Laat de saus niet meer staan nadat u de room erdoor hebt geklopt, hij zou dun kunnen worden.

Tomatensaus, ongekookt (2-3 dl)

Een zomerse, vitaminerijke saus met een frisse smaak; lekker bij gekookte eieren of vis (haring), maar au bain marie* verwarmd ook bij polenta, risotto of macaroni.

- 500 g zeer rijpe Roma- of vleestomaten, in schijven gesneden

- 2-3 theelepels citroensap
- 1 teentje knoflook, geperst of zeer fijn gehakt
- 1-2 theelepels diksap of honing
- 1/2 eetlepel verse basilicum of 1 eetlepel bieslook of 1 salieblaadje, zeer fijn geknipt
- 1 theelepel gedroogde tijm of 1/2 theelepel rozemarijn, gestampt
- 1-2 eetlepels zure room of viili

Druk de tomaten door een zeef en vermeng de zo verkregen puree met de rest van de ingrediënten. Laat de saus zo mogelijk nog een half uur op een koele plaats (toegedekt) staan.

Variatie: (minder verkoelend): Vervang de room door 2 eetlepels (olijf)olie.

Napolitaanse tomatensaus (4 dl)

Een pure tomatensaus die vegetarische spaghetti pittig kruidt, maar ook bij de lunch heerlijk smaakt als warm broodbeleg. Er zijn veel tomaten voor nodig.

- 2-3 eetlepels (olijf)olie
- 3 teentjes knoflook, in dunne plakjes gesneden

- 1 kleine ui, fijngesneden
- 500 g tomaten, gepeld en in kleine stukken gesneden
- 1/2 theelepel zout

- 1/2 eetlepel verse oregano, fijngesneden (1 theelepel gedroogd)
- 1 eetlepel verse basilicum, fijngesneden (1/2 eetlepel gedroogd)
- eventueel een vleugje cayennepeper of een mespunt witte peper

Verwarm de olie en bak hierin de knoflook lichtbruin. Haal de pan van het vuur en vis de knoflook eruit (gebruik hem niet meer).
Voeg de uien toe en smoor deze even (niet bruin laten worden). Voeg de tomaten en het zout toe, breng alles aan de kook en laat 5 minuten sudderen met het deksel op de pan. Voeg de kruiden toe als u gedroogde gebruikt en laat de saus, met het deksel schuin op de pan, nog ca. 20 minuten sudderen en inkoken tot de gewenste dikte. Verse kruiden moet u pas op het laatst toevoegen.

Tips:
- als u de saus in een gerecht verwerkt, hoeft u de tomaten niet te pellen. Snijd ze dan wel in kleine stukjes
- bijzonder fijn van structuur wordt de saus, als u haar tot slot door een zeef wrijft

Gembersaus (ca. 3 dl)

Een zoetige, vrij hete saus, die goed past bij gekookte vis of kip, maar ook bij gierst of rijst. Gebruik er alleen verse gemberwortel voor (geen poeder). De saus smaakt ook koud lekker, u kunt haar dan een paar uur van tevoren klaarmaken.

- 1 dl appelsap, eventueel gemaakt van diksap
- 2 appels (200 g), geschild gewogen, in blokjes gesneden
- 1 stukje citroen- of sinaasappelschil
- 1 takje citroenmelisse (in de zomer)
- 1/2-1 eetlepel geraspte gemberwortel

- 1/2 dl zure room of half room/half viili
- 1/2 theelepel zout
- eventueel wat cayennepeper

Breng het appelsap met de appels, citroenschil, citroenmelisse en gember aan de kook en laat alles zachtjes koken, tot de appels goed gaar zijn. Verwijder de melisse en klop alles tot een smeuïge massa.
Klop vlak voor het opdienen de room half stijf en schep hem, eventueel samen met de viili, door de saus. Versier met een topje melisse.

Tip: Veel minder heet wordt de saus, als u de gember als een schijfje meekookt en de peper weglaat.

Sinaasappelsaus (ca. 2 1/2 dl)

Deze magere, zoetzure saus kunt u warm of koud over pudding, ijs of gestoofde vruchten serveren of als deksaus gebruiken over groenten, bij voorbeeld in water bijtgaar gestoofde **bleekselderij** of **knolselderij**, **witlof** en de wat flauw smakende lichtgekleurde **pompoen**soorten. Pompoen kunt u, evenals schijven **zoete aardappel** en **topinamboer** zelfs in de saus stoven (bind de saus dan pas vlak voor het opdienen). U heeft er ca. 400 g niet té zure sinaasappels voor nodig.

- 1 dl sinaasappelsap
- de oranje schil van een kleine sinaasappel (dunschiller gebruiken)
- 2-3 flinke schijfjes gemberwortel

- 1 eetlepel arrowroot (1/2 eetlepel voor de koude saus), aangemaakt in
- 1 dl sinaasappelsap

- 2 eetlepels honing (1 eetlepel als u de saus bij groente serveert)
- 10 g koude boter (of 2 eetlepels room voor koude saus)

Breng het sinaasappelsap met de schil en de gember langzaam aan de kook. Laat van het vuur af 10 minuten trekken.
Verwijder de schil en de gember en bind de saus met de aangemaakte arrowroot.
Haal de pan van het vuur en klop de honing en de boter (in stukjes) erdoor (roer de room door de afgekoelde saus).

Variatie: (voor als er kinderen meeëten): vervang de gember door een klein stukje pijpkaneel en eventueel 1-2 kruidnagelen.

Vruchtensaus van zacht fruit

Een zoete saus, die goed smaakt bij griesmeelvla of pudding, biogarde of ijs.

- 250 g zeer rijpe frambozen, aardbeien en/of bessen
- 1 dl water
- 1 theelepel arrowroot

- eventueel wat ahornsiroop of honing

Wrijf de vruchten door een zeef. Zet de nog niet afgespoelde zeef op een steelpan en giet het water erdoor, zo benut u ook de achtergebleven vruchtenresten. Klop de arrowroot door het water en breng de saus al roerend vlug aan de kook. Neem de pan van het vuur en voeg de vruchtenpuree toe.
Laat de saus afkoelen en proef of er nog wat honing of siroop door moet (pas vlak voor het opdienen toevoegen).

Abrikozensaus

⊝

Deze saus is zoet als ze van de gedroogde donkere, wilde abrikozen wordt gemaakt en zoetzuur als u de gangbare gedroogde oranje abrikozen of verse abrikozen gebruikt. Smaakt goed bij broodsoufflés, broodpudding, taart, griesmeelpudding of ijs.

- 350 g verse abrikozen, liefst zeer rijpe of 140-150 g gedroogde abrikozen
- een reepje citroenschil
- 1 dl water (2 1/2 dl voor gedroogde abrikozen)

- 1 theelepel arrowroot
- eventueel citroensap naar smaak
- 1-2 eetlepels honing of ahornsiroop

Week gedroogde abrikozen met de citroenschil ten minste 4 uur of een nacht in het water. Kook de abrikozen en het schilletje in 10-15 minuten goed gaar. Giet alles op een zeef en doe het uitgelekte sap terug in de pan. Wrijf de abrikozen door de zeef (de vezels blijven dan achter).
Klop de arrowroot door het intussen afgekoelde sap en breng het al roerend aan de kook. Neem de pan van het vuur en voeg de abrikozenpuree en het zoetmiddel toe (de honing pas vlak voor het opdienen).
Verdun de saus naar wens met 1 of 2 eetlepels water.

Linzensaus (1/2 liter)

⊝

Een zachte saus, die ook voor (school)kinderen geschikt is; past bij gekookte granen (rijst, gierst) en polenta, maar ook bij graansneetjes of graankoekjes. Serveer met een frisse bladsla.

- 120 g linzen, ten minste 1 uur geweekt in
- 4 dl water met
- 1 theelepel mosterdzaad (gekneusd) of venkelzaad en
- 1 laurierblad

- 1/2 eetlepel olie
- 1 grote ui (100 g), fijngesneden
- eventueel 1-2 teentjes knoflook, fijngesneden
- eventueel 1/2 rode paprika, in kleine stukjes gesneden

- ca. 1 dl kookwater van de linzen, of water
- 2 eetlepels tomatenpuree*
- 1 theelepel rozemarijn, gestampt met
- 1 theelepel zout
- 1-2 eetlepels olie
- 2-3 eetlepels selderijblad of andere groene tuinkruiden, fijngeknipt

Kook de linzen in het weekwater met de kruiden gaar (20-40 minuten, afhankelijk van het soort linzen). Laat nog een uurtje nawellen, ze moeten voor dit gerecht moesgaar zijn. Verwijder het laurierblad en giet het overtollige kookwater af (bewaren). Prak de linzen fijn met een vork.
Verwarm op een matig vuur de olie met ui en knoflook en smoor de ui glazig. Smoor ook de paprika even mee.
Blus met het kookwater en voeg de linzenpuree, de tomatenpuree, de rozemarijn en het zout toe en laat alles een kwartiertje sudderen.
Klop vlak voor het opdienen de olie en de groene kruiden erdoor.

Variaties:
- vervang de verse paprika door 1-2 theelepels paprikapoeder, die u samen met het zout aan de saus toevoegt
- vervang in de zomer de tomatenpuree door 1-2 rijpe tomaten. Ontvel ze eventueel, snijd ze in stukjes en smoor ze na de uien even mee. Voeg daarna geen kookwater toe, anders wordt de saus te dun
- vervang de tomatenpuree door 1 theelepel kerrie en een fijngeraspte zure appel. Laat in dit geval eventueel ook de paprika weg
- vervang de linzen door andere peulvruchten, bij voorbeeld **bruine bonen** of **groene erwten** (de laatste na het koken door een zeef wrijven). Vervang bij de erwten de tomatenpuree door 1 eetlepel citroensap en voeg veel verse kruiden toe. Maak de bonensaus pittig door toevoeging van paprikapoeder of geraspte gemberwortel

Tip: Verdun een restje van deze saus met bouillon, voeg er nog wat kruiden en eventueel gekookte granen aan toe en u heeft een lekker soepje.

Uiensaus met appel (ca. 3 dl)

Deze pittig-zoete saus past goed bij peulvruchten, gekookte granen (rogge, gerst) en bij gekookte vis.

- 1/2 eetlepel olie
- 1 grote ui (ca. 100 g), fijngesneden

- 1 theelepel kerrie
- 2 theelepels geraspte gemberwortel
- 1 theelepel zout

- 2 moesappels (ca. 200 g), gewassen en van steel en kroontje ontdaan
- 1 dl pittige bouillon

- 1-2 eetlepels koude boter
- 1/2 dl room of viili
- 1/2-1 eetlepel citroensap of appelazijn

- 3 eetlepels peterselie, fijngeknipt

Verwarm in een sauspan de olie met de ui en smoor de ui glazig.
Roer de specerijen en het zout erdoor en smoor de ui op een klein pitje in ca. 5 minuten bijna gaar.
Rasp intussen de appels mét schil en klokhuis op een grove rasp of schaaf ze in dunne schijfjes. Roer de appel door de uien en giet de bouillon erbij. Laat de ui en appels onder af en toe roeren tot moes koken (met het deksel op de pan).
Klop van het vuur af de boter, stukje voor stukje, en de room of viili erdoor en voeg druppelsgewijs het citroensap toe. Proef of de saus pittig genoeg is.
Schep de verse kruiden erdoor en dien deze dikke saus warm op.

Met eierdooier en boter of olie gebonden sauzen

Sauce Hollandaise (ca. 2 1/2 dl)

Dé klassieke saus bij artisjokken en asperges, maar zij smaakt ook verrukkelijk bij gepocheerde forel. Het originele recept bevat 200 g boter; wij probeerden het met 50 g en waren verbaasd over het minieme smaakverschil. Maak de Hollandaise vlak voor het opdienen, maar zet alvast alle ingrediënten en gereedschappen klaar.

- 1 1/4 dl bouillon, bij voorbeeld gemaakt als voor witte ragoûtsaus* 204
- 4 theelepels arrowroot, aangemaakt in
- 1/4 dl bouillon of water
- 50 g boter

- 2 eierdooiers
- 2 eetlepels water
- 3/4 eetlepel citroensap

- een snufje peper
- ca. 1 theelepel zout
- eventueel een mespuntje pesto* of 1/2 theelepel zeer fijn gehakte verse basilicum 602

Breng de bouillon aan de kook en bind met de arrowroot. Haal de pan van het vuur en klop er, bij stukjes tegelijk, de boter door. Houd dit warm.
(Giet heet water in de sauskom om hem voor te verwarmen.)
Klop in een ander pannetje of vuurvast schaaltje de rest van de ingrediënten los en verwarm dit mengsel al roerende au bain marie* tot het begint te binden, maar toch 43 nog vloeibaar is. Zet een vlamverdeler onder de pan met heet water.
Klop nu, eerst eetlepelsgewijs, daarna in een dun straaltje, het bouillon/botermengsel erdoor (net als de olie bij mayonaise). Ga zo door tot de twee componenten van de saus ▶

tot een homogeen mengsel zijn geroerd.
Giet het water uit de sauskom, doe de saus erin en serveer meteen.

Tip: In noodgevallen kunt u de saus korte tijd au bain marie warmhouden (70°C).

Sauce Béarnaise (ca. 2 1/2 dl)

Met verse kruiden bereid is deze wat zurige, fijne saus een feestelijke aankleding van gepocheerde vis, maar hij smaakt ook uitstekend bij biefstuk en zelfs bij in de schil gekookte nieuwe aardappelen. Maak de béarnaise vlak voor het opdienen.

Maak een *Sauce Hollandaise**, waarbij u de arrowroot aanmaakt met Kanne's brooddrank of half azijn/half water. Vervang de pesto door 1 eetlepel fijngehakte kervel (2 theelepels gedroogd) en 1 eetlepel fijngehakte dragon (1 theelepel gedroogd).

Tip: Zie Sauce Hollandaise.

Mayonaise (1 jampot vol)

Deze vette saus is vooral geschikt als basis voor dipsausjes en om slasauzen smeuïg te maken. Als u de mayonaise 'puur' wilt eten, kunt u hem nog wat aanlengen met viili, yoghurt of kwark; het geheel is dan minder vet. Zet alle ingrediënten een uur van tevoren klaar op kamertemperatuur. Alles heeft dan dezelfde temperatuur, dit voorkomt schiften.
Mayonaise kunt u zowel met een soepele garde als met een staafmixer of in de mixbeker maken.

Mayonaise (1) met de garde

- 1 grote eierdooier of twee kleine
- 1 theelepel zout
- 2 eetlepels citroensap of 1 1/2 eetlepel appelazijn
- 1 1/2 eetlepel water
- 2 1/2 dl neutraal smakende olie (saffloer- of maïskiemolie)
- 1 eetlepel mosterd

Doe de eierdooier, zout, citroensap of azijn en water in een hittebestendige kom. Verwarm dit mengsel au bain marie* al roerend met de garde tot het 80°C heeft bereikt (vleesthermometer). Haal de kom uit het waterbad.
Giet er al roerend druppelsgewijs wat olie bij. Als de olie goed wordt opgenomen, kunt u hem in een heel dun straaltje toevoegen. Blijf vooral goed roeren en giet nooit te veel olie tegelijk erbij. Zo maakt u van de kleine hoeveelheid emulsie (de eierdooier) een grotere hoeveelheid: de mayonaise. Als de mayonaise te dik wordt, kunt u haar verdunnen met citroensap of azijn en eventueel wat water, maar voeg nooit meer dan 1/2 eetlepel van deze vloeistoffen ineens toe.
Breng de mayonaise tot slot op smaak met mosterd en doe haar over in een jampot met goed sluitend deksel. Bewaar de mayonaise in de groentela van de koelkast, maar niet langer dan 3 weken.

Variaties:
- klop 1 theelepeltje vloeibare honing door de mayonaise
- vervang het citroensap of de azijn én het water door Kanne's brooddrank

Mayonaise (2) met de mixer

Omdat een mixer veel vlugger kan kloppen, lukt hier de emulsie ook met een *heel* ei, waardoor het vetgehalte van de mayonaise (door de grotere hoeveelheid ei) wat lager is.

- 1 klein ei
- 1 theelepel zout
- 2 eetlepels citroensap of 1 1/2 eetlepel appelazijn
- 1 eetlepel water
- 2 1/2 dl olie met een neutrale smaak
- 1 eetlepel mosterd

Doe het ei, zout, citroensap of azijn en water in een hittebestendige kom.

Verwarm dit mengsel au bain marie* tot het 80°C heeft bereikt (vleesthermometer). Haal de kom uit het waterbad en giet het mengsel in de bij de staafmixer behorende mengbeker of in de mixbeker, waar het roterende mesje onderin zit. Mix ca. een halve minuut.
Voeg in een zeer dunne straal al mixend de olie toe en verdun de mayonaise naar wens met water.
Zie verder *mayonaise (1)*, ook de variaties.

Sauzen op basis van mayonaise

Onderstaande sauzen zijn gemaakt op basis van de zelfgemaakte mayonaise (zie boven, gebruik geen honing). Alle sauzen zijn in de koelkast enkele dagen houdbaar, maar vers zijn ze het lekkerst. Behalve als dipsaus zijn ze ook goed te gebruiken als broodbeleg, liefst aangevuld met plakjes rauwe groente (zie tip).

Tip: Wie deze sauzen te vet vindt, kan de mayonaise voor een kwart tot de helft vervangen door een mengsel van magere kwark en viili (of yoghurt). Gebruik dan minder azijn of citroensap voor de mayonaise.

Remouladesaus

- 1 zeer hard gekookt ei, gepeld
- 2 zoetzure augurkjes (ca. 30 g), fijngehakt
- 1/2 ui, fijngesneden
- 1 klein teentje knoflook, door de pers gedrukt of zeer fijn gehakt
- 2 eetlepels fijngehakte peterselie
- 1 eetlepel fijngesneden bieslook
- ca. 100 g mayonaise

Prak het ei met een vork fijn in een kom en vermeng het met de overige ingrediënten.

Ansjovismayonaise
↔ ☍

- 1-2 eetlepels ansjovis, fijngeprakt, of ansjovispasta
- 150 g mayonaise
- 100 g olijven, fijngesneden
- peper uit de molen
- eventueel wat citroensap

Roer de mayonaise door de vis en schep er de olijven door. Breng op smaak met peper en eventueel citroensap.

Tomatenmayonaise

- 200 g mayonaise
- 3-4 eetlepels tomatenpuree*
- 1 eetlepel ui, zeer fijn gehakt
- 2 eetlepels bieslook, fijngesneden

Meng alle bovengenoemde ingrediënten en proef of er nog wat zout bij moet.

Mosterdmayonaise
↔

Vermeng mayonaise met mosterd en eventueel wat honing naar smaak.
Minder vet en voordeliger in het gebruik wordt deze saus, als u er nog wat in heel kleine blokjes gesneden augurkjes door schept.

Aïoli (1 jampot vol)

Een Provençaalse mayonaise voor liefhebbers van knoflook.
Maak een hoeveelheid *mayonaise (1)*, liefst met olijfolie.
Wrijf in een vijzel 5 gepelde knoflooktenen (ca. 12 g) fijn (of gebruik de knoflookpers) en roer ze door de mayonaise.

Italiaanse kruidensaus (Salsa verde)
(ca. 2 1/2 dl)

Deze fris-groene en zeer vitaminerijke saus wordt niet gekookt. In het land van herkomst wordt zij bij koud kalfsvlees gegeten, maar zij smaakt ook uitstekend bij koude vis, macaroni en gekookte granen, bij aardappelen in de schil of op in schijven gesneden tomaten (op de boterham).

- 4 eetlepels Kanne's brooddrank of 3 eetlepels citroensap of half azijn/half water
- 1 theelepel zout
- eventueel wat peper uit de molen
- 1/2 eetlepel mosterd
- 3/4 dl (olijf)olie
- 2 kleine eieren of 1 grote, hard gekookt en gepeld
- 1 ui (ca. 50 g)
- 2 teentjes knoflook
- 15 g peterselie, zonder stelen gewogen
- 10 g bieslook
- 1 eetlepel verse of 2 theelepels gedroogde majoraan
- 1 eetlepel verse of 2 theelepels gedroogde basilicum

Klop de brooddrank met zout, peper, mosterd en olie tot een smeuïge vinaigrette.
Snijd het ei doormidden en wrijf de dooier door een zeef in de vinaigrette. Hak het eiwit en de rest van de ingrediënten zeer fijn en meng alles door de vinaigrette. Proef of er nog wat zout of zuur door moet.
Laat de saus ten minste 1 uur intrekken.
In de koelkast is Salsa verde 1 dag houdbaar in een glazen potje. Met azijn en eventueel wat olie aangelengd kunt u haar ook als slasaus voor bladgroente of graansalade gebruiken.

Variatie: Vervang 1 ei door een kleine boterham zonder korst, in de azijn geweekt.

Muntsaus (ca. 1 1/2 dl)

Een klein schepje van deze ongekookte, zure saus smaakt heel bijzonder bij een hardgekookt ei, koude vis, rijst en macaroni, maar ook bij lamsvlees (de saus bevat geen vet).
Maak deze saus een paar uur van tevoren klaar, liever nog de vorige dag. In de koelkast is zij een paar dagen houdbaar.

- 1 snee oud volkorenbrood zonder korst, verkruimeld
- 1 dl water of Kanne's brooddrank
- een mespunt zout
- 15-20 g verse muntblaadjes (zonder stelen gewogen)
- 1 theelepel ongeraffineerde rietsuiker
- 1/2 eetlepel fijngeraspte ui (liefst sjalot)
- 1/2 eetlepel kappertjes*
- 1 eetlepel nat van de kappertjes
- eventueel nog wat azijn (niet als u brooddrank gebruikt)

Week het brood ca. 20 minuten in het water of brooddrank. Voeg het zout toe en breng alles aan de kook. Laat al prakkende op een klein pitje koken tot u een papje heeft gekregen. Doe dit in een kommetje en laat afkoelen tot lauwwarm.
Was intussen de muntblaadjes en dep ze droog in een theedoek. Hak de blaadjes tot moes met een hak- of wiegmes*.
Meng de munt en de overige ingrediënten door het broodpapje. Doe de saus in een glazen potje en laat haar in de koelkast een uurtje doortrekken. Verdun haar daarna met wat water tot de gewenste dikte (een schepje saus op bij voorbeeld een stukje vis moet erop blijven liggen) en roer er eventueel nog wat azijn door.

Variaties:
- haal de graatjes uit 1 ansjovisje en week het een half uur in wat koude melk. Prak het samen met het brood fijn en voeg *geen* zout toe
- **knoflooksaus:** vervang de munt door 2-3 uitgeperste teentjes knoflook en vervang de kappertjes door 1 theelepel honing. Lekker op *gebakken aubergines**

Tips:
- vervang het brood door een volkorenbeschuit. Deze hoeft u niet te koken, begieten met heet water is voldoende. Met volkorenbrood wordt de smaak pittiger
- doe alle ingrediënten (behalve de kappertjes) in de foodprocessor. De saus is dan in een wip gemaakt

Slasauzen

Vinaigrette
←

Deze klassieke slasaus bestaat uit:

- *azijn als een wijze (1 eetlepel)*
- *zout als een gierige (1 theelepel)*
- *olie als een verkwister (2-3 eetlepels)*

Klop het zout los in de azijn en klop pas daarna de olie erdoor (zout lost beter op in azijn dan in olie).
Passend bij de groente waarvoor u de vinaigrette nodig heeft kunt u, samen met het zout, nog 1 theelepel *mosterd* of 2 theelepels *mosterdpoeder* toevoegen (mosterdpoeder is voordeliger en, mits vers gemalen, net zo lekker als mosterd. Door de azijn kloppen en 5 minuten laten staan voordat u de olie toevoegt).
Verder 1-2 theelepels *gedroogde kruiden* en naar smaak fijngehakte *ui* en *knoflook*, een enkele keer (bij peulvruchten) ook een mespunt *specerijen*.
Typische *slakruiden* zijn dille, borage (komkommerkruid), dragon en basilicum. Deze kruiden zijn ook gedroogd smakelijk en worden door de slasaus gemengd. Citroenmelisse, munt, bieslook, peterselie en lavas zijn alleen vers echt lekker. Knip ze pas vlak voor het opdienen fijn over de salade en schep ze erdoor (om zoveel mogelijk van de vitaminen te profiteren).
Voor de slasaus gebruiken we alleen de allerbeste olie*, hij wordt immers niet verhit.   17
De azijn kunt u vervangen door *citroensap*, *Kanne's brooddrank*, *zuurkoolsap* of het *sap van andere melkzuur ingemaakte groenten*. Wie appelazijn te zuur vindt, kan hem verdunnen met *sinaasappelsap* of gewoon water. Ook een beetje *honing* maakt de smaak wat milder; of room, die u echter pas vlak voor het gebruik erdoor moet kloppen.
Met een beetje experimenteren kunt u uw eigen basisrecept uitvinden. Maak dan voor het gemak een grotere hoeveelheid en bewaar de vinaigrette (in de koelkast) in een flesje of jampot met goed sluitend deksel. Telkens voor het gebruik flink schudden.

Tip: Laat de vinaigrette ten minste een kwartier staan als u gedroogde kruiden heeft gebruikt. Ze kunnen dan volop hun smaak afgeven.

Slasaus op voorraad, met ei
(ca. 6 dl)
←

Deze milde, romige slasaus is zowel voor blad- als wortelgroente geschikt. In de koelkast is hij ca. 3 weken houdbaar; een alternatief voor kant-en-klare slasaus.

- 1 groot ei
- 1 1/2 theelepel zout

- 3 dl olie
- 1 dl half appelazijn/half water

- 1 eetlepel mosterd
- 4 theelepels gedroogde tijm
- 4 theelepels dillezaad
- 4 theelepels gedroogde dragon

- 1 dl kokend water
- 4 theelepels bouillonkruiden*   614

Maak met ei, zout, olie en azijnwater een *mayonaise*.   220
Klop de mosterd en de kruiden erdoor.
Giet het kokende water op de bouillonkruiden en laat toegedekt 5 minuten trekken. Zeef deze nog hete bouillon in de slasaus en mix of klop nog een keer flink door.
Doe de slasaus in een schone fles met schroefdop en bewaar hem in de koelkast. Telkens voor het gebruik flink doorschudden.
Varieer de slasaus vlak voor het gebruik door het toevoegen van verschillende soorten verse of gedroogde kruiden, passend bij de groente waarvan u de salade maakt. Voeg ook eens een fijngesneden uitje, wat knoflook, zure augurkjes of in plakjes gesneden radijs aan de salade toe.
Vervang het azijnwater en eventueel ook het water voor de bouillon door Kanne's brooddrank; vervang de azijn eventueel door het nat van ingemaakte augurken of melkzure groente; de slasaus wordt hierdoor wat minder zuur van smaak.

Slasaus op basis van room (ca. 1 dl)

Deze dikke, sneeuwwitte slasaus is vooral geschikt voor zeer bittere andijvie, witlof en paardebloemblad (molsla). De scherpte van het mosterdpoeder compenseert het bittere van de groente; ook de room heeft een verzachtende werking.

- 1/2 dl zure room, niet helemaal stijf geklopt
- 1 theelepel mosterdpoeder, aangemaakt in
- 3/4 eetlepel citroensap (5 minuten laten staan)
- 1/2 theelepel zout

Klop alle ingrediënten goed door elkaar. Bewaar de saus niet, hij zou in smaak achteruitgaan.

Tip: Als u gewone room wilt gebruiken, kunt u eerst het zout en de citroensap (1 eetlepel) erdoor kloppen en dit 1-2 uur in de koelkast laten staan, hij wordt dan ook dik. Voeg pas vlak voor het gebruik het met zeer weinig water aangemaakte mosterdpoeder toe.

Slasaus op voorraad, met kwark
(1 jampot vol)

⊖

Deze slasaus is vooral geschikt voor wortelgroente. In de koelkast is hij ca. 10 dagen houdbaar.

- 1/2 pot (ca. 1 dl) halfvolle kwark
- 2 eetlepels olie

- ca. 2 dl viili of yoghurt
- 1 eetlepel diksap of honing
- 1 eetlepel citroensap of Kanne's brooddrank
- 1/2 theelepel zout

Roer in een jampot de kwark met de olie glad tot er geen oliedruppeltjes meer te zien zijn. Roer de rest van de ingrediënten erdoor, het moet een glad sausje worden.
Maak de randen van de pot schoon en schroef het deksel erop. Bewaar de saus in de koelkast en roer hem telkens voor het gebruik even door.
Varieer de saus vlak voor het gebruik door toevoeging van wat venkel-, dille-of anijszaad, geraspte mierikswortel, mosterd, enzovoort.

Slasaus op basis van yoghurt
(ca. 1 dl)

Een 'slanke', maar toch smeuïge slasaus, zeer geschikt voor salades van fijn geraspte rauwe wortelgroente.

- 2 eetlepels citroensap
- 1 mespunt zout
- eventueel 1 theelepel vloeibare honing

- 6 eetlepels yoghurt
- 1/2 eetlepel bieslook of 1 teentje knoflook, fijngehakt

Los zout en honing op in het citroensap en klop er de yoghurt door.

Variaties:
- vervang de yoghurt door viili, de saus wordt dan iets milder
- vervang de helft van de yoghurt of viili door room. De saus wordt minder 'slank', maar nóg zachter van smaak
- klop 1 eetlepel lijnzaadolie door het citroensap

Sauzen op basis van kwark

Gebruik voor deze sauzen zo mogelijk de halfvolle Demeter kwark of magere kwark met wat (zure) room.
Maak de sausjes ten minste 1 uur van tevoren klaar en laat ze in de koelkast op smaak komen. Kaas- en mosterdkwark zijn ca. een week, de overige sausjes 3-4 dagen houdbaar. Alle sausjes smaken lekker als broodbeleg, al of niet aangevuld met plakjes rauwe groente, of als dipsausjes (nog wat verdund met viili of yoghurt). Ze zijn ook lekker als bijgerecht bij gekookte granen of in de schil gekookte aardappelen.

Hartige appelkwark
↩

- 3 eetlepels halfvolle kwark
- 2-3 theelepels geraspte mierikswortel of mosterd
- 1/2 theelepel geraspte gemberwortel
- 1/2 theelepel zout
- 1 appel, geschild en zeer fijn geraspt

Roer de kruiden door de kwark.
Rasp de appel vlak voor het opdienen en roer hem meteen door het kwarkmengsel.

Cranberrykwark
↩

- 1/2 pot (175 g) halfvolle kwark
- ca. 5 eetlepels vers gekookte of geconserveerde cranberries, goed uitgelekt
- de geraspte schil en het sap van een halve citroen
- zout naar smaak

Wrijf de cranberries door een zeef en roer deze puree met de citroenrasp door de kwark. Verdun zonodig met wat kooknat van de cranberries en breng op smaak met het zout.

Kaaskwark
↩

- 1/2 pot (175 g) volle of halfvolle kwark
- 25-50 g zeer oude, zeer fijn geraspte kaas (Goudse of Parmezaanse)
- 2 theelepels gestampt karwijzaad
- 1 theelepel paprikapoeder
- zout en peper naar smaak
- eventueel wat melk

Roer alle ingrediënten tot een smeuïge saus.

Bessenkwark
↩

- 1/2 pot (175 g) volle of halfvolle kwark
- 4 eetlepels bessensap
- de geraspte schil van 1 sinaasappel
- 2 eetlepels mosterd
- zout en peper naar smaak

Klop alle ingrediënten tot een romige saus.

Mosterdkwark

↩

Een vurige saus.

- 1/2 pot (175 g) halfvolle kwark
- 1-2 eetlepels mosterd
- 1 theelepel vloeibare honing

- 1 kleine appel, geraspt
- ca. 1-2 theelepels verse mierikswortel, zeer fijn geraspt, of ca. 1 eetlepel mierikswortelpasta*   602
- zout naar smaak

Klop de kwark met de mosterd en de honing los.
Roer de appel en de mierikswortel erdoor en proef of er zout bij moet.

Variatie: milde mosterdkwark: neem de helft van de kwark, vervang de mierikswortel door 1 theelepel gemberwortel en neem 2-3 geschilde appels (vlak voor het opdienen in de saus raspen).

Komkommerkwark

- 100 g komkommer, fijngeraspt
- 100 g halfvolle kwark
- 1/2 theelepel zout
- 2 theelepels pesto*, of 1/2 eetlepel verse   602
  basilicum, zeer fijn gehakt, of 1 eetlepel munt

Vermeng alle ingrediënten tot een smeuïge massa en gebruik de saus binnen 2-3 uur.

Paprikakwark

↩

- 35 g roquefort
- 100 g volle of halfvolle kwark
- 1/2 rode paprika (50 g), tot moes gehakt
- 2 theelepels citroensap
- eventueel wat zout

Wrijf de roquefort door een zeef of prak hem fijn en vermeng hem met de rest van de ingrediënten.

Ragoûtsauzen

Aardappelragoûtsaus (ca. 6 dl)

↩

Voor liefhebbers van aardappels. Lekker bij granen, thermogrutten, graansneetjes of -koekjes. Geef er een salade bij.

- 1 kleine ui (50 g), fijngehakt
- 20 g boter
- 200 g aardappelen (geen afkokers), geschild gewogen en in kleine dobbelsteentjes gesneden

- 1 eetlepel thermomeel of tarwemeel
- 1 1/2 dl water of bouillon

- 100 g jonge gedopte tuinbonen of doperwten
- 1 theelepel donkere chilipoeder
- 1 theelepel koriander, gemalen of fijn gewreven
- 1 theelepel zout

- 1/2 theelepel citroensap of 1 theelepel zuurkoolsap

Verwarm de boter met de ui tot de ui begint te kleuren. Voeg de aardappelen toe en laat ze even meesmoren op een matig vuur. Strooi het meel erover, giet het water erop en voeg de tuinbonen of erwten, de kruiden en het zout toe. Breng alles aan de kook en laat in ca. 5 minuten op een zacht pitje gaarkoken. Breng de saus op smaak met wat citroen- of zuurkoolsap.

Tips:
- gebruik desgewenst tuinbonen of erwten uit een pot. Het bonen- of erwtennat kan het water of de bouillon vervangen
- vervang de doperwten door 50 g gedroogde erwten, die u 1 nacht weekt en van tevoren gaar kookt

Linzenchili (ca. 3/4 liter)

Deze pittige ragoûtsaus past goed bij *maïssneetjes**, polenta of rijst in combinatie met bladsla. 174

- 100 g linzen, 1 uur geweekt in
- 3 dl water met
- 1 laurierblad
- 2 theelepels zout

- 2 eetlepels olie
- 1/2 ui, ca. 40 g, fijngesneden
- eventueel 1 teentje knoflook, in dunne plakjes gesneden

- 1 prei, schoongemaakt ca. 100 g, in ringen gesneden
- 100 g venkelknol, courgette of kool, geschaafd
- 100 g bleek- of knolselderij, in kleine stukjes gesneden respectievelijk grof geraspt
- 2 tomaten (ca. 150 g), in stukjes gesneden, of 3 eetlepels tomatenpuree* met 1 dl water 597
- 1/2 rode paprika, in stukjes gesneden, of 1/2 eetlepel paprikapoeder

- 2 eetlepels tarwemeel, aangemaakt in
- 1 dl water

- 1 theelepel marjolein, fijngewreven, of oregano

- 1 theelepel tijm
- 1 theelepel basilicum of 1 eetlepel basilicumolie* 601
- 2 theelepels donkere of 1 theelepel rode chilipoeder

Kook de linzen samen met de laurier in het weekwater gaar (ca. 1/2 uur). Verwijder het laurierblad en voeg het zout toe.
Verwarm de olie met de ui en de knoflook en smoor of fruit de ui glazig respectievelijk lichtbruin.
Voeg de groenten toe en smoor ze in 8-10 minuten bijtgaar (deksel op de pan en af en toe omscheppen).
Voeg de linzen toe, breng alles weer aan de kook en roer het meelmengsel erdoor. Laat nog ca. 5 minuten pruttelen en breng de saus op smaak met de kruiden.
Verdun de saus naar wens met wat bouillon of water en proef of er voldoende zout in zit.

Variaties:
- vervang het chilipoeder door 2 theelepels kerrie. Kook dan 2 schijfjes gemberwortel met de linzen mee
- vervang de selderij door fijngehakte selderijblaadjes (vlak voor het opdienen toevoegen)
- vervang de tomaten door 1-3 eetlepel zuurkoolnat, 2-3 eetlepels Kanne's brooddrank of 2 theelepels citroensap. Besteed dan bijzonder veel aandacht aan het kruiden van de saus
- vervang de linzen door witte of zwarte bonen (let op: deze peulvruchten hebben een langere week- en kooktijd*) 345

Tips:
- gebruik een restje gekookte linzen; u heeft daarvan ca. 250 g nodig en 2 dl kooknat of bouillon
- neem 1 dl minder vocht en bind de saus eventueel nog na met wat gebuild tarwemeel en u heeft een **linzenragoût**, die u kunt gebruiken voor het vullen van pannekoeken of groenten
- als u een dubbel recept linzenchili maakt en de saus verdunt met bouillon of water (nog wat zout toevoegen), krijgt u een **pittige linzensoep**

Goulashsaus (ca. 5 dl)

🌶 🐄

Een vurige saus die goed smaakt bij rijst, gierst of macaroni.

- 1-2 eetlepels olie of 20-40 g boter (afhankelijk van het vetgehalte van het vlees)
- 200-250 g riblap, in stukjes gesneden, of runderpoelet
- 1 fijngesneden ui

- 2 teentjes knoflook, fijngesneden
- 1 theelepel karwijzaad
- 3 1/2 dl water

- 1 aardappel (ca. 75 g), geschild gewogen en in blokjes gesneden
- 1 theelepel marjolein
- 1 eetlepel milde paprikapoeder
- 2 theelepels zout

- 1-2 tomaten, ontveld* en in plakken gesneden, of 2 eetlepels tomatenpuree* met 1 dl water   351
    597
- 1 eetlepel tarwemeel, aangemaakt met een beetje water

Bak in de olie of boter het vlees bruin in een braadpan. Voeg ook de ui toe en fruit hem goudgeel.
Voeg knoflook, karwij en water toe en laat het vlees 2 uur zachtjes sudderen met het deksel op de pan.
Voeg aardappel, marjolein, paprika en zout toe en kook deze ingrediënten nog 15 minuten mee.
Schep tot slot de tomaten erdoor, bind de saus met het meel en laat nog 5 minuten zachtjes koken.

Gehaktsaus (3-4 dl)

🕯 🌶 ⚖

Eenvoudig, in een wip gemaakt en toch lekker. Bij macaroni, gekookte granen of aardappelen.

Volg het recept van de *gehaktragoût**, maar   231
neem maar 100 g (runder)gehakt. Gebruik maar 3 theelepels (thermo)meel en blus met 2-3 dl bouillon.

Variaties:
- voeg voor de kleur nog wat fijngehakte verse tuinkruiden toe
- snijd een stukje rode paprika in kleine stukjes en bak deze op het laatst met het gehakt mee
- bak op dezelfde manier een fijngesneden ui mee

Tip: Bak tarwemeel op het laatst (vóór de paprika) met het vlees mee, het krijgt daardoor een lekkere smaak.

Sauce Bolognaise (ca. 3/4 liter)

🌶 🐄

Ragú alla Bolognese is een vleessaus met veel groente en smaakt heerlijk bij alle soorten deegwaren, maar wordt meestal bij spaghetti gegeten. De saus is ook geschikt voor een *lasagneschotel** en, als u haar niet te dun   161
maakt, als vulling voor *cannelloni** en *panne-*   160
*koeken**.   175

- 1 eetlepel olie
- 30-50 g ontbijtspek, in kleine blokjes gesneden
- 150-200 g gehakt (soort naar keuze)

- 1 ui (ca. 75 g), fijngesneden
- 1-2 teentjes knoflook
- 75 g wortel, in zeer kleine blokjes gesneden of grof geraspt
- 75 g knolselderij, in kleine blokjes of grof geraspt, of 100 g bleekselderij, in flinterdunne plakjes
- 1 theelepel rozemarijn, gestampt in een vijzel met
- 2 theelepels zout
- een mespunt peper

- 2 flinke, rijpe tomaten (ca. 250 g), in blokjes gesneden, of 1 dl tomatenpuree*   597
- 1 dl Kanne's brooddrank, of water met 1 eetlepel citroensap
- 1 1/2 dl bouillon (niet als u verse tomaten gebruikt)
- 1/2 theelepel nootmuskaat
- 2 kruidnagelen
- 1 dunne volkoren boterham (ca. 35 g), in kleine blokjes gesneden
- 1 eetlepel peterselie of selderijblad, fijngeknipt

Verwarm in een grote koekepan of een gewone pan met dikke bodem de olie met het spek en bak dit lichtbruin.
Voeg het gehakt toe, verdeel dit in enkele brokken en bak het niet té lang en niet té bruin.
Voeg de groenten, rozemarijn, zout en peper toe en smoor dit alles onder af en toe omscheppen tot de groente slap is geworden.
Voeg de rest van de ingrediënten toe (behalve de verse kruiden), breng alles aan de kook, doe het deksel op de pan en stoof de saus ca. 15 minuten op een zeer laag pitje. Het vlees en de groente moeten gaar zijn.
Verdun de saus naar wens met bouillon, proef of er nog zout bij moet en voeg tot slot de peterselie toe.

Haché van rauw vlees

Door de speciale manier van braden krijgt de haché een mooie bruine kleur.
Eet bij deze haché rijst of aardappelen en een frisse sla.

- 250 g doorregen runderlappen (borstlappen)
- 1 eetlepel tarwemeel

- 1-2 eetlepels olie (afhankelijk van het vetgehalte van het vlees)

- 20 g boter
- 1-2 eetlepels tarwemeel

- 2 1/2 dl water
- 1/2-1 eetlepel appelazijn
- 1 laurierblad
- 5 kruidnagelen
- 1 theelepel zout
- peper uit de molen

- 200-250 g uien, gepeld

Snijd of knip het vlees met een scherp mes of een schaar in repen en daarna in dunne stukjes. Doe de lepel meel in een stevige papieren zak en voeg het vlees erbij. Vouw de zak dicht en hussel alles door elkaar, totdat alle stukjes vlees met meel bedekt zijn.
Verhit de olie in een braadpan met dikke bodem en bak het vlees onder voortdurend omscheppen mooi bruin op een niet té hoog vuur. Het geeft niet als het meel aan de bodem van de pan blijft kleven, als het maar niet zwart wordt. Voeg, om dit te voorkomen, tijdens het bakken beetje bij beetje de boter toe. Zodra het vlees mooi bruin is, kunt u het aan de kant schuiven en in het braadvet de 1-2 lepels meel bruin roosteren. Ook dit mag niet te bruin worden, anders wordt de haché bitter en zwaar verteerbaar.
Roer nu het vlees ook weer door dit vet/meelmengsel, temper het vuur en blus met het water en de azijn. Roer alles goed door elkaar en schraap tegelijk het aangebakken meel los.
Voeg kruiden, zout en peper toe, zet het deksel op de pan en laat alles op een zacht pitje gaarsudderen (ca. 2 uur). Controleer af en toe of er niet te veel water is verdampt en roer de haché enkele malen om.
Tot hier kunt u de haché een paar uur of zelfs de dag van tevoren klaarmaken.
Snijd nu de uien overlangs doormidden en daarna in plakjes. Voeg ze bij het vlees, breng alles weer aan de kook en laat nog een kwartiertje sudderen.
Verwijder het laurierblad en zo mogelijk ook de kruidnagelen. Verdun de haché zonodig en proef of er nog zout bij moet.

Variaties:
- vervang de runderlappen door varkenslappen; deze zijn in een half uur gaar. Gebruik bij vette varkenslappen minder of helemaal geen boter om te bakken
- voeg 1 theelepel kerrie of een mespunt sambal* toe
- kook samen met de uien een in plakken gesneden tomaat of 2-3 eetlepels tomatenpuree mee. Gebruik dan geen of minder azijn
- voeg, samen met de laurier, een stukje Spaanse peper toe

Haché van gekookt of gebraden vlees

Gebruik hiervoor 175-200 g vlees (eventueel restjes) en snijd het in dobbelsteentjes. Volg het recept van de hierboven beschreven haché. Omdat het vlees al gaar is, kunt u de uien meteen na het blussen toevoegen en is het gerecht in een half uur klaar.

Ragoûts

Ragoûts om als vulling te gebruiken, basisrecept

Hieronder volgen enkele eenvoudige, vlug gemaakte ragoûts voor het vullen van bladerdeegpasteitjes, flappen, rijstring en voor op een geroosterde boterham.
De hoeveelheid in de recepten is voldoende voor 8 kleine *bladerdeegpasteitjes* of 4 *feuilletés*, 4-6 *toosts* of voor een *rijstring* voor 4 personen.
Als basis voor deze ragoûts gebruiken we een *witte ragoûtsaus** (anderhalf maal de aangegeven hoeveelheden). Gebruik bij de bereiding bovendien 1 1/2 eetlepel meel extra. 204
In onderstaande recepten worden de extra toevoegingen aan de ragoûtsaus gegeven. U gaat als volgt te werk:
- vermeng voor *flappen* de toevoeging met maar de helft van de saus en laat dit mengsel afkoelen. Koud is de saus zo stevig, dat u de flappen er makkelijk mee kunt vullen. Doe een eventuele rest van de vulling bij de rest van de saus, breng dit weer op temperatuur, verdun eventueel met wat bouillon en serveer de saus in een sauskom bij de maaltijd
- voor *pasteitjes*, *feuiletés* en *toost* kunt u de toevoeging met de hele hoeveelheid saus op temperatuur brengen en alleen het dikke gedeelte ervan in de pasteitjes of op de toost doen. Maak van het restant een dunnere saus (zie boven)

Let op: Breng de ragoûtvullingen pittig op smaak, het omhulsel of de boterham slokt veel van de smaak op.

Kaasragoût

- 150 g fèta of 100 g oudbelegen Goudse kaas, gesneden in blokjes van 3/4 cm
- 1/2 theelepel tijm
- 1 eetlepel ui, zeer fijn gehakt
- 1 klein teentje knoflook, door de pers gedrukt of zeer fijn gehakt

Zie het *basisrecept**. Vermeng de ragoûtsaus met de kruiden, maar schep er de kaas pas op het laatst, vlak voor het opdienen door. Roer er dan niet meer in. 230

Variatie: Bij de Goudse kaas is ook een *bruine ragoûtsaus** lekker. 205

Groenteragoût

- 150-200 g stevige groente, in kleine blokjes gesneden en bijtgaar gekookt
- veel peterselie, fijngehakt

Zie het *basisrecept**. Gebruik het groentenat voor de bereiding van de saus. Vermeng de groente met de saus. 230

Variatie: Voeg 25-50 g zeer fijn gehakte ham aan de vulling toe.

Kipragoût

🕒 🕯 🐂

De klassieke ragoût voor in een rijstrand, maar ook zeer geschikt als vulling voor bladerdeegpasteitjes en feuilletés. Met broccoli en een wortel- of tomatensalade een feestelijke maaltijd.

- een borststuk van een soepkip, ca. 500 g
- 1/2 kleine ui
- 1 laurierblad
- een klein stukje foelie
- 1 klein takje tijm of een takje peterselie
- 5 peperkorrels
- 2 theelepels zout
- kokend water
- 1 recept witte ragoûtsaus*, gemaakt van de kippebouillon en Kanne's brooddrank, 204
of 1 recept kerriesaus* 205

Spoel de kip af onder de koude kraan en leg

hem in de pan. Doe de kruiden en het zout erbij en giet er zoveel kokend water op, dat alles krap onderstaat. Breng het water weer aan de kook en doe het deksel op de pan. Laat alles op een klein pitje 3/4-1 uur zachtjes koken tot de kip gaar is (hij valt dan van de botjes). Neem de kip uit de bouillon, verwijder het vel en de botjes en pluk het vlees in stukjes. Zeef de bouillon en gebruik hem voor het maken van de saus (let op: hij is al gezouten). Doe de stukjes kip in de saus en breng alles weer op temperatuur.

Variatie: Leng de ragoût aan met ca. 100 g champignons. Snijd grotere exemplaren een of twee keer overlangs doormidden. Kook ze in ca. 10 minuten gaar, net onderstaand in wat gezeefde kippebouillon.

Tip: Neem 1 1/2 eetlepel meer meel voor de saus als u de ragoût gebruikt om er pasteitjes of flappen mee te vullen.

Vleesragoût

Gebruik de ingrediënten van de *kipragoût**, 230 waarbij u de kip vervangt door 150-200 g mals varkensvlees (schouder) of door runder- of lamsgehakt. De kooktijd van het varkensvlees is 20-30 minuten. Als u gehakt gebruikt moet u eerst de bouillon trekken (20 minuten) en zeven. Maak ondertussen van het gehakt balletjes als voor *soepballetjes** en laat ze in de 81 bouillon trekken. Zeef de bouillon opnieuw en volg daarna het recept van de kipragoût (zie ook de variatie).

Visragoût

Volg het recept van de *kipragoût**, waarbij u 230 de kip vervangt door een stevige vis (kabeljauw, schelvis, wijting, poon). Een moot van 300-400 g is voldoende (als u een hele vis neemt, heeft u ca. 400-500 g nodig). Pocheer de vis in de bouillon*. 79

Variatie en tip: zie *kipragoût**. 230

Gehaktragoût

Lekker bij macaroni, rijst of aardappelen. Door de speciale manier van bakken krijgt dit als ragoût te gebruiken gerecht een mooie, bruine kleur.

- 1 eetlepel olie
- 200 g gehakt (half rund/half varken)
- eventueel wat mosterd

- 2 eetlepels tarwemeel
- 1 flinke ui, fijngesneden
- 1 theelepel paprikapoeder
- peper uit de molen
- 1 1/2 theelepel zout

- 1 dl water
- eventueel 1 tomaat, in schijfjes gesneden of 1 eetlepel tomatenpuree*   597

Maak van het gehakt een bal, leg hem op een stuk folie en druk hem plat tot een ca. 1 cm dikke koek. Besmeer hem aan een kant met mosterd.
Verhit de olie tot er een haast onzichtbare walm (geen rook!) vanaf komt. Leg de gehaktkoek met behulp van een pannekoeksmes voorzichtig in de hete olie (de mosterdkant naar boven) en bak hem aan beide kanten mooi bruin. Temper het vuur, verdeel de gehaktkoek in twee helften en schuif deze aan de kant. Rooster op de vrijgekomen plek het meel mooi bruin. Verkruimel nu het gehakt met een vork in grove stukjes en voeg nu pas de gesneden ui toe. Roerbak alles een paar tellen en voeg de kruiden, het zout en tot slot ook het water en de tomaat toe. Schraap met de vork de aanbaksels van de bodem van de pan los. Zet het deksel op de pan en stoof het gehakt gaar in ongeveer een kwartier. Naar wens kunt u de ragoût nog verdunnen met water of bouillon. Proef of er genoeg zout in zit.

Variatie: Vervang de paprika door rozemarijn en/of marjolein, fijngestampt met het zout.

Eierragoût

⊖

- 2-3 hardgekookte eieren, in kleine blokjes gesneden
- 1/2 theelepel kerrie
- 1 eetlepel bieslook, fijngeknipt

Zie het *basisrecept**. Vermeng alles met de saus. 230

Champignonragoût (1)

⊖ 🕯

Deze ragoût (veel saus met champignons) kunt u opdienen in een rand van rijst of gierst, of apart serveren bij andere gekookte granen (thermogrutten) of macaroni.

- 250 g champignons, liefst kleine

- 3 dl water
- 1 laurierblad
- 1 stukje citroenschil
- 1/2 teentje knoflook
- 1 theelepel zout

- 1 recept witte ragoûtsaus*; gebruik hiervoor het kooknat van de champignons en neem 1 eetlepel meel of bloem meer 204
- cayennepeper naar smaak

Breng het water met laurier, schilletje, knoflook en zout aan de kook en voeg de champignons toe. Kook ze bijtgaar in hooguit 5 minuten. Giet ze af en vang het kookwater op voor de saus.
Snijd de champignons zonodig overlangs doormidden of in dikke plakjes en schep ze pas vlak voor het opdienen door de saus. Breng deze nog even op temperatuur, maar laat niet meer koken, anders wordt de saus te dun door het vocht dat de champignons nog loslaten.
Proef of er voldoende citroensap in de saus zit en breng hem op smaak met de cayennepeper.

Variatie:
- vervang op een feestelijke dag het citroensap en 1 dl van de bouillon door Kanne's brooddrank. De saus krijgt hierdoor een fijne smaak, alsof er witte wijn in zit
- vervang een gedeelte van de champignons door *soepballetjes* van vlees* of van *thermogrutten**. Ook stukjes voorgekookte *schorseneren** combineren goed met champignons 81 80 330

Champignonragoût (2)

Champignons met weinig saus, als vulling voor pasteitjes, pannekoeken, enzovoort, of op een geroosterde boterham.

- 10 g boter
- 1 eetlepel fijngehakte ui
- 1/2 teentje knoflook, fijngehakt

- 200 g champignons, schoongemaakt en gewassen, kleine overlangs doormidden, grotere in vieren gesneden
- 1 eetlepel gebuild meel
- 1 dl room

- 1/2 theelepel zout
- wat peper uit de molen

- 2 eetlepels bieslook of peterselie, fijngeknipt

Verwarm de boter met de ui en knoflook en smoor de ui glazig op een matig vuur.
Smoor ook de champignons even mee, onder af en toe omscheppen, tot ze vocht beginnen los te laten. Strooi er dan het meel overheen, roer het er goed doorheen en blus met de room. Laat zachtjes pruttelen en tegelijk wat inkoken (dus in een open pan), maar niet langer dan 5 minuten.
Breng de ragoût op smaak met zout en peper en strooi er tot slot de bieslook overheen.

Variatie: Zie variatie 2 van *champignonragoût (1)**. 232

Kerrieragoût (Sajoer Kerrie Djawa)

Als groentegerecht bij een rijsttafel of ter vervanging van de gekookte groente in een gewone maaltijd. In het laatste geval vervangt de ragoût tevens de saus bij granen, graankoekjes of -sneetjes. U kunt er dan nog wat bladsla bij geven en eventueel geroosterde cashewnoten of zonnebloempitten* (ca. 50 g).
De in de ragoût gebruikte kruiden vormen in deze verhouding de basis van kerriepoeder, waardoor het gerecht zijn typische kerriesmaak krijgt.

- 500 g groente van het seizoen, schoongemaakt gewogen en in blokjes of reepjes gesneden (bij voorbeeld: prei, koolraap en witte kool; prei, winterpeen en savoyekool; sperziebonen, courgette en koolrabi; snijbonen, wortel en koolrabi; alleen koolrabi of alleen courgette)
- 1 gesneden ui
- 2 teentjes knoflook, fijngesneden
- 2 theelepels gemalen koriander (ketoembar)
- 2 theelepels kurkumapoeder (koenjit)
- 1 theelepel gemalen komijn (djinten)
- 2-3 eetlepels olie
- 1 stengel sereh, fijngeknipt, of 1 theelepel geraspte citroenschil
- eventueel 2 theelepels geraspte gemberwortel
- 2 theelepels ongeraffineerde rietsuiker of stroop
- ca. 1 1/2 dl santen*
- 1-2 theelepels zout

Vermeng op een snijplank de ui met de kruiden en hak alles tot moes. Verwarm dit mengsel met de olie en smoor tot het lekker ruikt en de ui glazig is.
Voeg nu ook de gesneden groenten toe en smoor deze al roerende ca. 5 minuten mee.
Roer nu de sereh, de gember en het zoetmiddel erdoor en voeg ook de santen en het zout toe. Breng alles weer aan de kook. Temper het vuur en stoof de groente in ca. 10 minuten bijtgaar. Schep alles af en toe om en controleer of er nog voldoende vocht in de pan zit.

Variatie: Vervang de santen door bouillon of water en bind met 1 eetlepel gebuild meel.

Chinese groenteragoût met kip of varkensvlees (4-6 personen)

Een kleurige, zomerse ragoût, waarvoor u maar weinig vlees nodig heeft. Eet er drooggekookte rijst of rulle gierst bij en een bladsla. Als u het vlees van tevoren braadt en de groente vast afweegt en schoonmaakt, is het gerecht vlug klaar en zeer geschikt voor een eenvoudig, maar toch feestelijk etentje voor een wat groter gezelschap.

- 1-2 eetlepels olie
- 200-250 g kipfilet of mager varkensvlees, in stukjes van ca. 1 cm gesneden

- 1 ui (75-100 g), fijngesneden
- 1 teentje knoflook, fijngesneden
- 2 theelepels zout

- 1-2 rode paprika's (ca. 100 g), schoongemaakt en in stukjes van 1 cm gesneden
- ca. 300 g bleekselderij, in reepjes van 1/2 cm
- 1 theelepel geraspte gemberwortel
- 1 theelepel sambal of een stukje rode Spaanse peper, zeer fijn gehakt
- 1/2 eetlepel shoyu

- 100-150 g taugé
- 1/2 eetlepel verse lavas, fijngeknipt, of 1 theelepel gedroogde lavas
- 2-3 eetlepels selderijblad (het binnenste van de bleekselderij)

Verhit de olie in een ruime braadpan of in een wadjang en bak hierin het vlees lichtbruin. Temper het vuur en bak ook de uien en de knoflook heel even mee. Voeg het zout toe. Roerbak nu de paprika en de bleekselderij mee en meng er ook de gember en de sambal en shoyu door. Er is nu al wat groentenat vrijgekomen, waarin u het gerecht – met het deksel op de pan, 2 minuten kunt smoren – vooral niet langer.
Roer de taugé erdoor, warm alles al roerende nog eens goed door, schep de groene kruiden erdoor en zet het deksel weer op de pan. Haal de pan van het vuur en laat zo nog 5 minuten staan.
Doe de ragoût in een voorverwarmde schaal en dien meteen op. ▶

Variaties:
- vervang het bovengenoemde vlees door kippehartjes, schoongemaakt en in stukjes gesneden, of door mals rundvlees. Het laatste zult u wat langer moeten stoven
- vervang de bleekselderij door prei
- vervang de paprika door wortel, in dunne schijfjes geschaafd

Tip: Als er veel groentenat is vrijgekomen, kunt u dit, tegelijk met het toevoegen van de taugé, binden met 1-2 theelepels arrowroot (eerst aanmaken met 1/2 eetlepel water).

Vegetarische Chinese groenteragoût
(4-6 personen)

Volg het recept van de *Chinese groenteragoût met vlees**. Vervang hierbij het vlees door 200 g champignons. Snijd de grote in vieren, de kleine in tweeën. Fruit eerst de uien lichtbruin, voeg daarna de groenten en de kruiden toe en op het laatst de champignons, anders worden ze te gaar.
Strooi vlak voor het opdienen 30-50 g geroosterde cashewnoten* over de ragoût.

Leverragoût

Lekker bij aardappelpuree en rode kool of een andere gestoofde groente.

- 250 g varkenslever of kippelevertjes, in 2 cm grote blokjes gesneden
- wat meel
- 2 eetlepels olie

- 1 grote ui, niet al te fijn gesneden
- 10 g boter
- 1 eetlepel meel

- 2 dl bouillon of water
- 1 grote appel (geen moesappel), in 1 cm grote blokjes gesneden

- 1/2 eetlepel salie
- 2 eetlepels zure room of viili
- zout en eventueel peper

Hussel de blokjes lever door het meel (zie *haché van rauw vlees**). Verhit de olie en bak hierin de lever, tot ze niet meer 'bloedt'.
Temper het vuur en voeg de uien en de boter toe. Bak de uien even mee en strooi er het meel overheen. Roer alles goed door tot ook het meel lichtbruin is geworden (pas op voor aanbranden).
Blus met de bouillon en voeg tegelijk de appelstukjes toe. Stoof alles in 3 minuten gaar.
Voeg vlak voor het opdienen de salie, de room en het zout toe met eventueel een slag peper uit de molen.

Ragoût van tempé en tofu

- 2-3 eetlepels olie
- 100 g tempé, in dobbelsteentjes
- 1 ui (ca. 75 g), gesnipperd

- 1/2 paprika, in stukjes
- 100 g bleekselderij, in stukjes
- 2 bolletjes geconfijte gember
- 1 1/2 theelepel korianderzaad, gestampt
- het zachte binnenste van 1 serehstengel, of 2 theelepels citroenrasp

- 2 1/2 dl water
- 1 1/2-2 eetlepels tamari

- 2 eetlepels gebuild meel, aangemaakt in 1 dl water
- 125 g tofu, in blokjes

- 1-2 eetlepels verse tuinkruiden

Verwarm in een koekepan de olie en bak hierin de blokjes tempé aan alle kanten mooi bruin. Fruit daarna ook de uien mee.
Schep de paprika, bleekselderij, gember en kruiden erdoor en smoor dit alles tot het lekker gaat ruiken.
Blus met het tamariwater en kook de groente bijtgaar (5-10 minuten).
Roer het aangemaakte meel erdoor en voeg de tofu toe. Laat de ragoût onder voortdurend omscheppen binden. Laat nog 5 minuten pruttelen. Breng op smaak met zout en de verse kruiden.

Vlees, vis en gevogelte

In een goed gevarieerde voeding is vlees – hiertoe rekenen we ook vis en gevogelte – niet noodzakelijk. Wie volwaardige (dat wil zeggen niet-geraffineerde) produkten gebruikt, de zorgvuldig gekookte granen en graanprodukten aanvult met noten en zaden (met mate), melkprodukten, veel groente en fruit, en de voor het koken benodigde vetten met overleg kiest, krijgt voldoende eiwitten en mineralen binnen.
Er zijn redenen genoeg om geen of weinig vlees te eten: het wereldvoedselvraagstuk, liefde voor het dier, milieuvervuiling, om er maar enkele te noemen. Aan de andere kant zijn er mensen die vanwege hun werk of constitutie vlees nodig hebben en er zijn ook mensen die heel graag vlees eten. Een voeding met veel vlees maakt eerder robuust, maar kan ten koste gaan van andere menselijke eigenschappen, zoals fantasie. Omdat fanatisme ook op dit gebied in alle opzichten ongezond is, hebben wij in dit hoofdstuk een aantal vleesrecepten opgenomen, waarin vooral aandacht geschonken wordt aan de techniek van het vlees bereiden. Meer over dierlijke eiwitten kunt u lezen in het stukje over eieren*.

Bij de keuze van de vleessoorten zijn we uitgegaan van het via slagerij *De Groene Weg* verkrijgbare (biologisch-dynamische) assortiment: vlees van dieren die op een diervriendelijke manier – niet voor het vlees maar voor de melk en de mest – op biologisch-dynamische landbouwbedrijven worden gehouden. *De Groene Weg* vervoert en slacht de beesten met respect voor het dier, en het vlees wordt er zonder toevoeging van chemische hulpstoffen verwerkt. Het is 'vers-van-het-mes' verkrijgbaar in speciale 'Groene-Wegslagerijen' (in de meeste grote steden is er wel een), en vacuüm verpakt in veel natuurvoedingswinkels (door het hele land verspreid). In al deze winkels kunt u uitgebreide documentatie over Groene-Wegvlees krijgen.
Ook het vlees afkomstig van dieren van biologisch en biologisch-dynamisch werkende bedrijven is niet vrij van vervuiling; deze dieren leven immers in dezelfde vervuilde lucht en drinken hetzelfde vervuilde water. Omdat hun verzorging en hun voer echter beter is, bevat het vlees van deze dieren veel minder residuen van kunstmest, bestrijdingsmiddelen en medicijnen. Wat betreft het eten van orgaanvlees luidt het advies van het Voorlichtingsbureau voor de Voeding: 'niet meer dan eenmaal in de twee weken'.

Het klaarmaken van vlees

Er zijn verschillende manieren om vlees gaar op tafel te brengen: koken, braden, bakken, grilleren en stoven.

Koken

Koken wordt vooral toegepast bij vlees waarvan men tegelijk ook soep wil maken (kip, rundvlees). Een zeer zachte manier van koken is het *pocheren*, dat vooral geschikt is voor vis en orgaanvlees (lever).

Braden

Braden (in de oven of in de braadpan) is alleen geschikt voor grote, mooi gevormde stukken mals vlees. Hiertoe rekenen we ook gevogelte en de grote vissen (karpers, zalmforel, kabeljauw, schelvis).
Bij het braden in de oven krijgt het vlees een mooie krokante korst en blijft het vleesvocht beter in het vlees. Het braden in de braadpan (óp het fornuis) kost minder energie en is minder bewerkelijk. De korst wordt echter minder krokant en het vlees wordt iets droger.
Bij het braden op de traditionele manier wordt het vlees vlug aan alle kanten in het hete vet (olie of *geklaarde boter**) gewenteld, waardoor het dichtschroeit. Hierbij stolt het eiwit aan de buitenkant van het vlees en vormt zo een beschermend laagje. Dit voorkomt dat er tijdens het braden te veel vleessap uit loopt. Om het vlees ondanks de lange braadtijd toch vochtig te houden, dient u het regelmatig te bedruipen met de achtergehouden boter en de reeds gevormde jus. 611
Boter (liefst *braadboter**) geeft een lekkere jus, maar kan voor sommige mensen door de hoge temperaturen bij het dichtschroeien te zwaar verteerbaar worden. Gebruik dan voor het dichtschroeien olie (olijf- of zonnebloemolie) en voeg de boter pas tijdens het bedruipen toe. 611

De braadtijd is afhankelijk van het soort vlees, de vorm en de grootte van het stuk. Zo is een plat stuk van 2 kg sneller gaar dan een dik, rond stuk (dit kan 5 minuten per pond schelen).
Het vlees is gaar als het niet meer veerkrachtig aanvoelt. Het mag echter niet té gaar zijn; mals vlees zou dan droog worden.
Zeer malse, dure vleessoorten (ossehaas, rosbief, fricandeau) worden vaak zo kort gebraden, dat het vlees van binnen nog rood is.
Gebraden vlees is makkelijker te snijden en verliest daarbij minder sap als u het eerst 10 minuten op de snijplank laat rusten (afdekken met aluminiumfolie).

Tips:
- braad een broodkorstje mee, dit geeft extra aroma aan de jus en sommige kinderen eten het graag in plaats van vlees
- laat het vlees voor het braden op kamertemperatuur komen (1/2 uur), het vet koelt dan minder af

Bakken

Het bakken in de braad- of koekepan wordt vooral gedaan met kleine stukken mals vlees (biefstuk, karbonades, gehaktballen, enzovoort). Ook hier wordt het vlees aan beide kanten in het hete vet dichtgeschroeid. Omdat olie beter bestand is tegen hoge temperaturen, kunt u hiervoor in het begin beter olie gebruiken en de boter pas toevoegen als het vuur wat getemperd is. *Braadboter** is hiervoor ook heel geschikt. 611

Grilleren

Bij het grilleren (in een grill-oven, op de barbecue of het kampvuur) wordt het vlees onder zeer hoge temperaturen dichtgeschroeid en tegelijk gaar gemaakt, zonder toevoeging van vet. Om uitdrogen van het vlees bij deze droge hitte te voorkomen, wordt mager vlees voor het grilleren met wat olie ingesmeerd. Alleen zeer malse, kleine stukken vlees (of worst) zijn geschikt om te grilleren, of er moet een spit aanwezig zijn, waaraan grote stukken voortdurend rondgedraaid worden.
Onder invloed van de zeer hoge grilltemperaturen (en de rookgassen bij open vuren) ontstaan voor de gezondheid schadelijke stoffen, vooral als het vlees té donker gegrilld wordt*. Wie bij 46 bijzondere gelegenheden toch wil grilleren, verwijzen we naar de bij deze apparaten behorende receptenboekjes.

Stoven

Het stoven (in de braadpan) is vooral geschikt voor grote of kleine stukken vlees die niet mals genoeg zijn om alleen door braden of bakken voldoende gaar te worden. Dergelijk vlees moet na het dichtschroeien en bakken langere tijd zachtjes koken, sudderen of stoven (runderlappen).
Het toevoegen van zure ingrediënten (Kanne's brooddrank, azijn, citroen, tomaten) bevordert het mals worden van het vlees. Verschillende kruiden (ook uien en knoflook) maken ook deze goedkopere vleessoorten smakelijk.
Door vlees dat wat stevig en taai is te *marineren* kunt u het malser en sappiger maken (bij voorbeeld lamsrug en runderlappen). Hiertoe wordt het vlees ca. 1 dag in een marinade (een mengsel van azijn, water en kruiden) gelegd. Het gemarineerde vlees wordt droog gedept en daarna dichtgeschroeid en gestoofd.

Tip: Vlees kunt u zonder smaak- en kwaliteitsverlies weer opwarmen. U kunt dus erg bewerkelijke vleesgerechten of vleesgerechten die een lange kooktijd vragen de dag van tevoren al klaarmaken. Bewaar daarna het vlees op een koele plaats.

Het braden van een groot stuk vlees, gevogelte of vis in de oven

Gebruik hiervoor stukken vlees van ten minste 1 1/2 kg:
- rundvlees (rosbief, boeuf, staart- en ribstuk, ossehaas, contrefilet, rollade)
- varkensvlees (fricandeau, rollade, hamschijf, filet, ribstuk, casseler rib, haasje)
- schape- en lamsvlees (lamsbout en lamsrug)
- gevogelte (kip, kalkoen, gans)
- vis (kabeljauw, schelvis, karper, baars, snoek, zalmforel)

- een stuk vlees, vis of kip van 1 1/2-2 kg
- 4-5 theelepels zout
- 1-2 theelepels peper
- 4 eetlepels olijf- of zonnebloemolie
- ca. 150-200 g braadboter*

- een braadslede of bakplaat met rondom een opstaande rand

Verwarm de oven voor op 250°C.
Dep het vlees droog met keukenpapier en bestrooi het met een mengsel van zout en peper. Wrijf het vervolgens rondom in met de olie (met een kwastje of met de vingers). Bind bij gevogelte de vleugels en de poten met een draadje stevige katoen tegen het lijf.
Doe de olie in de braadslede en schuif deze in de oven. Leg het vlees in de hete olie en laat het aan alle kanten dichtschroeien. Keer het vlees om, als het van de bodem loslaat. Prik bij het omdraaien niet in het vlees, anders lopen de sappen eruit. Temper de oventemperatuur tot 180°C. Voeg telkens een stukje boter toe.
Bak het vlees nu met overwegend bovenwarmte mooi bruin en leg het met de vette kant of de velkant naar boven.
Bedruip het om de 15 minuten (mager vlees om de 10 minuten) met de resterende boter of olie en als deze op is met de jus, die inmiddels is ontstaan. Voeg eventueel af en toe 1-2 eetlepels water bij de jus, als deze te donker dreigt te worden.
Neem het vlees uit de oven als het voldoende gaar is (zie de *baktijden**). Leg het op een grote snijplank en laat het nog 10 minuten rusten (nagaren). Houd het warm onder een pan of schaal of een stuk aluminiumfolie.
Snijd het vlees gedeeltelijk voor met een vlijmscherp mes, dwars op de draad en zo dun mogelijk.

Rangschik de plakjes vlees met het resterende grote stuk op een grote, voorverwarmde vleesschaal en garneer met groente (bijvoorbeeld met kleine tomaatjes, kruiselings ingekerfd en de laatste 5 minuten met het vlees meegebakken, of bundeltjes sperziebonen, bestrooid met wat bonekruid).
Schep een paar eetlepels jus over de voorgesneden plakjes vlees en maak de jus af door er wat heet water bij te gieten en het bezinksel op te lossen. U kunt de jus ook tot een saus aanlengen*.

Baktijden: (per 500 g vlees)
rundvlees (rood van binnen)	20 minuten
rundvlees (gaar)	35 minuten
varkensvlees	35-40 minuten
lamsvlees	25 minuten
schapevlees	35 minuten

Platte stukken vlees naar verhouding korter braden. Reken hierbij voor het openen van de oven bij het bedruipen 15 minuten extra (zware stukken vlees – meer dan 2 kg – 5 minuten per 500 g minder).

Ossehaas: Schakel na het dichtschroeien wat later over op de lagere oventemperaturen. Hierdoor krijgt u een extra mooie, bruine korst.

Gevogelte: Bind nek, vleugels en poten zodanig met stevig katoen tegen het lijf, dat ze niet meer uitsteken. Hiermee voorkomt u verbranden en uitdrogen tijdens het dichtschroeien en bakken. Werk verder als hierboven beschreven, maar braad gevogelte liefst in een braadslede met deksel (maak er desnoods een van aluminiumfolie). Leg het deksel op de braadslede zodra het gevogelte voldoende bruin, maar van binnen nog niet gaar is.

Baktijden:
braadkip	50-60 minuten
kuiken	45 minuten
kalkoen	2-3 uur
gans	2-3 uur

Tip: Om tijd en energie te besparen kunt u het vlees (in de braadslede) ook óp het fornuis dichtschroeien. Keer het vlees pas om als het van de bodem loslaat. Schuif het daarna in de tot 250°C voorverwarmde oven en temper de oventemperatuur al na 5 minuten tot 180°C. Ook de jus of saus kunt u bovenop het fornuis afmaken.

Vis: Wrijf de vis van binnen en van buiten met citroensap in (liefst een kwartier van tevoren), dit maakt het vlees van de vis steviger. Wrijf hem pas vlak voor het bakken in met zout, anders zou het zout te veel vocht uit de vis trekken. Gebruik eventueel geen zout bij zeevis. Wikkel de vis in flinterdunne plakjes vet spek (gebruik dan geen zout) of bestrijk hem 1-2 uur voor het bakken royaal met olie. Beboter de braadslede of een vuurvaste schaal en leg een laagje uiringen en 1-2 salieblaadjes onder de vis.
Verwarm de oven voor op 200°C.
Verwarm de boter in een pannetje tot hij niet meer spettert. Giet de gesmolten boter over de vis. Schuif de vis vervolgens in de oven en temper na 10 minuten de warmte tot 180°C. Bedruip de vis om de 10 minuten.
Baktijd: ca. 15 minuten per 500 g vis.

De vis is gaar als de rugvin bij het dikste gedeelte van de vis makkelijk loslaat en het visvlees niet meer glazig, maar melkachtig en stevig is.
Breng de vis voorzichtig over op een voorverwarmde platte schaal of dien hem op in de vuurvaste schaal.

Een nieuwe methode om groot vlees in de oven te braden

In vakkringen kiest men steeds meer voor de zogenaamde 'lage-temperatuurbereiding' van vlees. De ervaring heeft geleerd, dat vlees dat bij lage temperaturen gedurende langere tijd wordt gebraden minder uitdroogt, fraaier van kleur en snijvaster is dan bij de gebruikelijke manier. Bovendien bestaat er geen gevaar dat het vlees of het vet te veel verhit wordt. Proeven hebben aangetoond, dat deze wijze van braden minder energie kost; het vlees hoeft niet bedropen te worden, waardoor de ovendeur tijdens het hele braadproces dicht kan blijven. Er is wel een speciale vleesthermometer nodig en een ovendeur met een ruitje om de stand van deze thermometer tijdens het braadproces te kunnen controleren (deze thermometer, alsmede recepten zijn bij Groene-Wegslagerijen verkrijgbaar). Het beste lukt deze methode van vlees braden in een heteluchtoven, maar ook in een gewone oven met een goede thermostaat kan er niets mis gaan.

Een nadeel kan zijn het ontbreken van jus. Maar omdat er geen vet nodig is voor het braden van het vlees, komt er in het menu ruimte vrij voor bij voorbeeld gebakken aardappelen of een fijne saus.

Werkwijze in het kort:
- wrijf het vlees in met zout en eventueel wat peper. Het is niet nodig, het vlees met olie in te smeren. Bij sommige vleessoorten (lams- of varkensvlees, kip) is het lekker, als u het vlees met mosterd insmeert, naar wens vermengd met honing (1 theelepel op 1 eetlepel mosterd). Laat met mosterd bestreken vlees 20 minuten liggen voor het de oven ingaat; het wordt door deze mosterdmarinade malser
- prik de vleesthermometer in het vlees en wel zo, dat de punt ervan in het centrum van het dikste gedeelte van het vlees zit
- leg het koude vlees op het ovenrooster (middelste richel) in de koude oven. Schuif de braadslede eronder. Als u geen heteluchtoven heeft, kunt u een bodempje water in de braadslede gieten. Het water verdampt in de tijd dat het vlees gaar wordt (of giet het water weg voordat de korstvorming begint)
- zet de oven op 80°C
- zet de oven op 120°C als de vleesthermometer op 60°C staat (bij gevogelte 70°C)
- laat het vlees verder braden tot de vleesthermometer 70°C aanwijst (bij gevogelte 80°C). Er heeft zich nu een bruine korst gevormd
- controle: trek de braadslede met het vlees een stuk uit de oven. Duw de thermometer iets verder door en trek hem dan weer iets terug. Kijk nu of de temperatuur bij deze handelingen niet onder de 70°C respectievelijk 80°C zakt. Zo ja, dan moet het vlees nog wat langer braden
- als u de korst nog niet bruin genoeg vindt, kunt u de temperatuur op 150°C, zelfs gedurende korte tijd (5 minuten) op 200°C instellen

De bereidingstijd is ongeveer drie keer zo lang als in de tabellen van de traditionele braadmethode vermeld staat. Let echter niet op de tijd, maar op de temperatuur van de vleesthermometer. 70°C (bij gevogelte 80°C) is de temperatuur, die na deze lange braadtijd een microbiologisch betrouwbaar vlees garandeert.

Het braden van een groot stuk vlees, gevogelte of vis in de braadpan

Gebruik hiervoor stukken vlees van ten minste 1/2 kg:
- rundvlees (rosbief, boeuf, staart- en ribstuk, ossehaas, contrefilet, rollade)
- varkensvlees (fricandeau, rollade, hamschijf, filet, ribstuk, casseler rib, haasje)
- schape- en lamsvlees (lamsbout en lamsrug)
- gevogelte (kip, kalkoen, gans)
- vis (karper, baars, snoek)

- een stuk vlees van 1/2-2 kg
- 2-5 theelepels zout
- 1/2-2 theelepels peper
- 4 eetlepels olie
- ca. 75-100 g braadboter*   611

- een braadpan of koekepan met een hoge rand, beide met een passend deksel

Dep het vlees droog met keukenpapier en bestrooi het met een mengsel van peper en zout of smeer het in met mosterd*.   239
Laat de olie in de pan heet worden, maar niet gaan walmen. Leg het vlees in de hete olie en schroei het rondom dicht. Prik daarbij niet in het vlees, anders loopt het sap eruit.
Temper het vuur, voeg in stukjes de boter toe en leg het deksel schuin op de pan. Doe er telkens een stukje van de boter bij als het vlees te donker dreigt te worden. Bedruip het vlees tegelijk met de al gevormde jus. Ga door met bedruipen (ongeveer om de 15 minuten) tot het vlees gaar is. Voeg eventueel af en toe 1-2 eetlepels water bij de jus als deze anders te donker zou worden.

Braadtijden: zie het braden van vlees, gevogelte en vis in de oven*.   238

Ossehaas: Schroei ossehaas niet meteen rondom dicht, maar bak telkens de kant van het vlees die in het hete vet ligt mooi bruin. Draai het vlees pas daarna weer een slag om, tot alle kanten mooi bruin gebraden zijn. Hierdoor krijgt het vlees een krokante korst, zonder dat het meteen te gaar wordt (het blijft van binnen nog rood).

Gevogelte en vis: zie voor de voorbereiding het braden van vlees, vis en gevogelte in de oven*. Braden als hierboven beschreven.   238

Gemarineerd vlees

Door het marineren wordt wat taai, stevig vlees malser en sappiger. Schapevlees verliest door het marineren zijn soms wat onaangename, typische smaak.
'Sauerbraten' (zelfs van mals rundvlees gemaakt), is een in Duitsland geliefd (zondags) vleesgerecht.

Marinade voor ca. 1 kg vlees:

- 1 l half water/half Kanne's brooddrank óf 3/4 l water en 1/4 l appelazijn
- 10 g (ca. 1/2 eetlepel) zout
- 2 laurierblaadjes
- 6 peperkorrels
- 4 kruidnagelen
- 6 jeneverbessen, gekneusd
- 1 ui (ca. 100 g) in ringen gesneden
- 1 wortel (ca. 100 g) in schijven gesneden

Breng alle ingrediënten voor de marinade aan de kook en laat het mengsel weer afkoelen. Leg het te marineren vlees in een schotel (geen metaal). Zeef de marinade niet, maar giet alles over het vlees. Het vlees hoeft niet helemaal onder te staan, maar u moet het wel om de paar uur omdraaien. Laat alles (toegedekt) op een koele plaats 4-24 uur staan (zeer grote stukken vlees langer, maar niet langer dan 2 dagen en dan in de koelkast).
Laat het vlees voor het bakken uitlekken en dep het goed droog in een schone theedoek. Schroei het vlees dicht in hete olie of boter en braad of stoof het*.   237
Het is mogelijk dat bij het dichtschroeien toch nog veel vocht uit het vlees loopt. Hierdoor koelt het vet te veel af. Neem het vlees dan even uit de pan en laat het vet weer op de gewenste temperatuur komen. Leg het vlees weer terug in de pan en braad het verder tot het mooi bruin is.
Een gedeelte van de marinade kunt u gebruiken voor het maken van de saus: voeg hem tijdens het braden of stoven met scheutjes tegelijk aan het vlees toe en gebruik hem ook bij het oplossen van de bezinksels in de pan, als het vlees al op de snijplank ligt.

Tip: Laat na het dichtschroeien van het vlees 1 theelepeltje suiker in het braadvet carameliseren (neem het vlees zolang uit de pan). Hierdoor krijgt de saus een mooie bruine kleur.

Sauerbraten

Volg het recept voor *gemarineerd vlees**. 240
Neem het vlees na het dichtschroeien uit de pan en rooster in het achtergebleven vet 2-4 eetlepels gebuild tarwemeel en een theelepel suiker hazelnootbruin. Blus met 2 1/2-5 dl marinade en stoof het vlees in deze saus gaar.

Zie voor de braad- en stooftijden de betreffende recepten*. 238

Biefstuk

Kerf de biefstukjes niet in en sla ze ook niet plat (probeer ook de slager hiervan te weerhouden); door deze behandeling loopt bij het braden het vleessap eruit, waardoor de biefstuk droog wordt.

- 4 biefstukjes (ca. 80 g per stuk), van de kogel of de haas
- ca. 3 eetlepels olie

- 50 g boter
- 1 theelepel zout
- peper uit de molen

Dep het vlees droog tussen keukenpapier. Verhit de olie in een koekepan met een dikke bodem en bak de biefstukjes op een hoog vuur 2 minuten aan elke kant.
Temper het vuur en voeg de boter in gedeelten toe. Bak nog even verder, 1 1/2-2 minuten aan elke kant. Strooi er zout en peper over en leg de biefstukjes op een voorverwarmde schaal. Dek losjes af met een stukje folie.
Giet 3 eetlepels water bij het vet in de pan en laat dit even doorkoken. Los tegelijk de aanbaksels op.
Schep één eetlepel jus over de biefstukjes en presenteer de rest van de jus in een kommetje erbij, of maak er een half recept *vleessaus** 207 van. Ook een *sauce béarnaise** past goed bij 220 biefstuk.

De baktijden voor biefstuk op een rijtje:
saignant: 2 minuten aan elke kant (nog half rauw van binnen, een roze rand en een dunne korst)
medium: 3-4 minuten aan elke kant, zie het recept (nog roze van binnen, met een stevige korst)

doorbakken: 5 minuten aan elke kant (door en door gaar, met een stevige korst)

Variaties:
- leg op elke biefstuk een dun plakje *kruidenboter** 304
- garneer elke biefstuk met een dun schijfje citroen en een klein toefje peterselie
- **peperbiefstuk**: leg op elk biefstukje 1/2-1 eetlepel ingelegde groene peperkorrels

Gestoofde runderlap

🕒 🍄

Een vleesgerecht met een lange kooktijd, dat u echter al van tevoren kunt klaarmaken; het vlees is zonder kwaliteitsverlies op te warmen en u krijgt er een lekkere jus van.

- 300-500 g borstlap of doorregen runderlap
- 1 eetlepel olie

- 2 theelepels zout
- peper uit de molen
- 50-100 g boter

- 1/2 ui, bestoken met
- 1 laurierblad en
- 3 kruidnagelen
- 1 dikke schijf van een grote wortel of een heel worteltje
- 1 kapje van een volkorenbrood

- 1 dl kokend water
- eventueel wat boter

Dep het vlees droog met keukenpapier. Laat in een braadpan de olie goed warm worden, maar laat hem niet gaan walmen. Leg met behulp van een vork (zonder er echt in te prikken) het vlees in de pan, schroei het aan beide kanten vlug dicht en bak het mooi bruin.
Strooi 1 theelepel zout en wat peper op één kant van de lap, draai hem om en strooi er de rest van het zout op. Temper het vuur en voeg stukje voor stukje de boter toe.
Leg de ui met de snijkant in de inmiddels bruin geworden boter, voeg de wortel en de broodkorst toe en bak deze toevoegingen mooi bruin. Temper nu het vuur.
Blus met het kokende water en stoof de lap, ▶

met het deksel op de pan, in 2-3 uur gaar op de laagste stand of op een vlamverdeler.
Haal het vlees uit de pan en leg het op een voorverwarmde schaal. Snijd het met een scherp mes in passende stukken.
Verdun de jus naar wens met water, kook alles nog eens goed door en roer daarbij de aanbaksels van de bodem van de pan los. Verwijder de ui en proef of er nog zout en eventueel peper bij moet. Zeef de jus in een voorverwarmde kom.

Variaties:
- voeg na het blussen 1-2 theelepels rozemarijn toe
- vervang de peper door paprikapoeder (2-3 theelepels)
- bestrijk de lap voor het braden met Franse mosterd

Tip: Leg tijdens het stoven een op maat gevouwen handdoek op het deksel van de pan, deze 'isolatielaag' spaart energie, vooral als het koud is in de keuken.

Vlees in gele saus (Boemboe Besegnek Lapis)

Een Indonesisch gerecht, dat zijn naam ontleent aan de gebruikte kruidencombinatie. Het smaakt het best bij drooggekookte rijst en een eenvoudige groente. Eet vers fruit toe.

- *300-400 g rundvlees (rib- of baklap), in stukjes gesneden*
- *2 eetlepels olie*
- *1 theelepel zout*

- *1 flinke ui (75 g)*
- *1 teentje knoflook*
- *1 vingerlengte verse kurkumawortel, de schil eraf geschraapt, of 2 1/2 theelepel kurkumapoeder (koenjit)*
- *eventueel 2 kemirienoten of 4 hazelnoten*

- *1 theelepel sambal*
- *1 1/2 theelepel koriander (ketoembar)*
- *eventueel 1 mespunt trassie*
- *1 1/2 theelepel zout*

- *1 stengel verse sereh, opgebonden, of een mespunt gemalen*

- *1/4 rode paprika, in kleine stukjes gesneden*
- *2 schijfjes laoswortel of 1 theelepel laospoeder*
- *1 theelepel ongeraffineerde rietsuiker*
- *1 1/2 dl dikke santen**

- *1/2 eetlepel citroensap*

Verhit de olie in de braadpan (niet laten walmen) en bak hierin het vlees aan weerskanten bruin. Strooi het zout erover, doe een deksel op de pan en draai het vuur laag.
Snijd op een ruime snijplank ui, knoflook, kurkumawortel en noten in schijfjes. Voeg sambal, koriander, trassie en zout toe en hak alles tot moes met een hak- of wiegmes. Voeg dit kruidenmengsel, samen met de rest van de ingrediënten bij het vlees en laat het gaarstoven.
Voeg wat meer santen toe als u meer saus wilt hebben. Proef dan wel of er voldoende zout in zit.

Tip: Bij vlees dat langer dan ca. 40 minuten moet stoven is het beter het kruidenmengsel pas de laatste 20 minuten mee te stoven.

Variaties:
- **Boemboe Besegnek Ajam**: vervang het rundvlees door 400 g kippepoelet of kippepootjes; de stooftijd is ca. 20 minuten
- **Boemboe Besegnek Perkedel**: vervang het vlees door 250 g gehakt, vermengd met het zout en tot kleine balletjes gedraaid; de stooftijd is ca. 20 minuten
- **Boemboe Besegnek Telor**: vervang het vlees door 4 hardgekookte en gehalveerde eieren
- **Vegetarische Boemboe Besegnek**: vervang het vlees door 250 g gare witte bonen. Voor de laatste twee variaties kunt u het kruidenmengsel in de olie fruiten, de rest van de ingrediënten toevoegen, met het citroensap op smaak brengen en de gehalveerde eieren of witte bonen in de saus opwarmen

Oosters gekruid lamsvlees (Goelai)

Een bijgerecht bij de rijsttafel, maar ook zeer geschikt om bij andere granen, grutten of macaroni te eten (gebruik dan water in plaats van santen).

- 1 theelepel koriander (ketoembar)
- 1/2 theelepel komijn (djinten)
- 1/2 theelepel anijszaad
- 2 theelepels zout

- 2 eetlepels ui, gesneden
- 1 teentje knoflook, gesneden
- 3-4 cm verse kurkumawortel (koenjit) of 1 theelepel kurkumapoeder
- een snufje peper
- een snufje nootmuskaat
- een mespuntje kaneel
- 1 theelepel sambal oelek of een stuk rode paprika, gesneden

- 2 eetlepels olie
- 300-350 g lamspoelet

- 1 1/2 dl santen*
- 2 schijfjes verse gemberwortel
- 2 schijfjes verse laoswortel of 1 theelepel laospoeder
- 2 kruidnagelen

Wrijf koriander, komijn en anijs met het zout fijn in een vijzel.
Hak de ui en de knoflook met de kruiden tot moes en meng het gekruide zout erdoor.
Verwarm in de braadpan de olie en bak hierin het vlees ca. 3 minuten. Voeg het kruidenmengsel toe en fruit dit enkele minuten mee. Blus met de santen of het water en voeg de rest van de ingrediënten toe.
Laat het vlees op een lage pit met het deksel op de pan gaarstoven in ca. 45 minuten. Schenk zonodig tussentijds nog wat santen of water bij als u veel saus wilt hebben en bind de saus met wat rijstmeel. Anders kunt u haar wat laten inkoken. Verwijder de gember, de laoswortel en zo mogelijk de kruidnagelen.

Variaties:
- vervang het lamsvlees door **runderpoelet** (2 uur voorstoven)
- vervang het vlees door 150 g **witte bonen**, een nacht geweekt en een half uur voorgekookt. Het stoven met de saus kan dan wat korter zijn, ca. 1/2 uur. Schep ze tussentijds af en toe om en voeg zonodig nog wat kookvocht toe. Als u een restje gekookte bonen of bonen uit een pot gebruikt, heeft u er ca. 400 g van nodig. Laat ze dan langzaam in het sausje opwarmen en nog 5-10 minuten meetrekken

Krokante gehaktballen (4 stuks)

Zowel runder- als varkensgehakt is hiervoor geschikt. Rundergehakt is mager en daardoor wat droog; varkensgehakt is daarentegen vaak erg vet. Als u beide soorten mengt, heft u deze nadelen op. Lekker is ook lamsgehakt als vervanging voor rundergehakt.

- 250 g gehakt naar keuze
- 1 eitje
- 4 eetlepels grove havervlokken of een verkruimelde boterham
- 1-2 eetlepels melk

- 1/2 eetlepel olie
- 1 theelepel kerrie
- 1 fijngesneden ui (50-100 g)

- een snufje nootmuskaat
- 2 slagen peper uit de molen
- 1 theelepel tijm
- 2-3 eetlepels peterselie of selderijblad, fijngesneden
- 2-3 theelepels zout

- 1 eetlepel olie
- eventueel wat boter
- 1 schijfje wortel
- 1 stukje ui

Kneed in een deegkom gehakt, ei, havervlokken of broodkruim en melk met een vork goed door elkaar (gedurende een paar minuten), totdat een samenhangende massa ontstaat. Laat de massa op een koele plaats ten minste een kwartier opstijven.
Verwarm de olie in een pan met een dikke bodem en voeg eerst de kerrie en daarna de ui toe. Fruit de ui en de kerrie op een matig vuur lichtbruin. Haal de pan van het vuur en laat alles, met het deksel op de pan, een poosje nastoven. ▶

Meng de kruiden met het zout en de uien door het gehaktmengsel. Vorm er met natte handen 4 ballen van, druk ze plat en wentel ze door meel.
Laat in de koekepan de olie heet worden en leg de gehaktballen er een voor een in. Bak ze op een matig vuur aan beide kanten vlug bruin. Draai het vuur op de laagste stand, voeg de wortel en de ui toe en eventueel wat boter (alleen bij erg mager gehakt). Bak nu de gehaktballen op een laag pitje in ongeveer 20 minuten gaar onder af en toe omdraaien. De gehaktballen hebben nu een knapperig korstje gekregen. Leg ze op een schaal en verdeel het in de pan achtergebleven vet erover of maak er een saus van (zie *gehaktballen met vleessaus**). Geef de saus er apart bij in een sauskom. 207

Variaties:
- voeg wat fijngesneden ham aan het gehaktmengsel toe
- vervang een gedeelte van het vlees door havervlokken. Reken dan op elke toegevoegde eetlepel havervlokken 1 eetlepel melk extra, anders worden de gehaktballen te droog
- meng een stuk geraspte wortel, knolselderij of pompoen door het gehaktmengsel
- vervang de helft van het zout door 1 eetlepel mosterd (lekker bij lamsgehakt)
- vervang de kerrie door 1/2-1 theelepel sambal
- vervang de nootmuskaat door wat vers geraspte gemberwortel
- vervang de ui door een kleine, in 1/2 cm grote stukjes gesneden paprika

Gehaktballetjes met kokos
⑤ ↩ ⚱

Volg het recept van de *krokante gehaktballen**, maar vervang de havervlokken en 50 g van het gehakt door 125 g vers geraspte kokosnoot (100 g gemalen kokos) en voeg ook een theelepeltje sambal aan de massa toe. Maak er in plaats van vier grote, 16 kleine balletjes van. Serveer ze eventueel in een kerriesaus. 243

Gehaktballen met eivulling
⑤ ↩ ⚱ ⚱

Een feestelijk gerecht, dat het vooral goed doet bij gekookte spinazie.

- 2 hardgekookte eieren
- de helft van de gehaktmassa volgens het recept van krokante gehaktballen* 243

Laat bij het bereiden van de gehaktmassa de melk weg, vooral als u een vette gehaktsoort gebruikt. Het moet een stevige massa worden. Pel de eieren, verdeel de gehaktmassa in tweeën en verpak elk ei in de helft van het gehakt en wel zodanig, dat de laag gehakt rondom het ei overal ongeveer even dik is. Wentel de ballen door wat meel en bak ze in boter of olie onder af en toe omdraaien mooi bruin en gaar. Op een matig vuur zal dit ▶

ongeveer een kwartier duren. Doe het deksel op de pan en laat, van het vuur af, nog 5 minuten nastoven.
Snijd de ballen met een scherp mes doormidden en leg de vier helften met de snijkant naar boven op de schaal met spinazie. Geef er gebakken aardappelen of aardappelpuree bij.

Gehaktballen met vleessaus
⑤ ⊖ ᛦ

Als er 'jus' bij het menu nodig is, gaat u als volgt te werk: Braad de gehaktballen*, leg ze 243 op een bord en houd ze warm. Neem ook de ui en de wortel uit het vet.

- 2 eetlepels tarwemeel
- 1/4 l water
- 1 laurierblad
- 1 theelepel rozemarijn
- eventueel 1 tomaat, in schijfjes gesneden, of 1 eetlepel tomatenpuree

- zout
- sojasaus (tamari of shoyu)

Doe het meel bij het in de pan achtergebleven vet en rooster het mooi bruin. Blus met het water en roer goed door. Voeg laurierblad, rozemarijn en tomaat toe en leg er ook de gehaktballen, het schijfje wortel en de ui weer bij. Laat alles op een klein pitje een kwartiertje sudderen.
Leg de gehaktballen op een schaal. Breng de saus op smaak met wat zout en eventueel wat sojasaus. Zeef de saus in de juskom.

Variaties:
- wentel de gehaktballen niet door meel, maar besmeer ze met mosterd
- vervang de tomaten door een stengel bleekselderij of 50 g champignons, in dunne schijfjes gesneden. Breng de saus dan op smaak met wat citroensap of brooddrank

Varkenslever met appelen
Ⓥ ⚘ ᛦ

Lekker met risotto*, gebakken aardappelen 133 en sla.

- 4 plakjes varkenslever van ca. 75 g

- 2 eetlepels olie
- 1 grote ui, overdwars in ringen gesneden

- fijn zout
- eventueel peper uit de molen

- 1 eetlepel boter
- 1 appel (geen moesappel), overdwars in 4 schijven gesneden

Haal de leverplakjes door wat meel en klop ze af.
Verhit de olie in de koekepan en bak hierin de uiringen goudbruin en knapperig. Leg ze op een bord.
Bak in de resterende olie de lever eerst op een vrij hoog vuur aan beide kanten even aan. Blus eventueel met 2 eetlepels water. Temper daarna het vuur en smoor de lever onder af en toe omdraaien op een zeer matig vuur (tegen de kook aan) gaar. Door hard bakken wordt lever droog en hard. Het bakken en smoren duurt maar 5-10 minuten, afhankelijk van de dikte van de plakjes; ze moeten wel helemaal doorbakken zijn. Leg de lever op een voorverwarmde vleesschaal om hem warm te houden. Strooi er wat zout en eventueel peper op.
Steek met een appelboor de klokhuizen uit de appelschijven en bak de schijven in de boter langzaam niet al te gaar.
Garneer de lever met de gebakken appelschijven en uiringen en dien warm op.

Variatie: Strooi wel zout en peper op de rauwe plakjes lever en paneer ze voor het bakken*. Vooral wat oudere lever droogt dan 44 bij het bakken minder uit.

Tip: zie de inleiding bij dit hoofdstuk*. 235

Gevogelte

Oosters gekruide kip (Ajam Goerih)

Als bijgerecht bij de rijsttafel* of gewoon bij drooggekookte rijst en groente. Serveer er dan nog een salade bij.

- 1 eetlepel olie
- 300-400 g kippeborst, in 4 stukken gesneden en gewassen
- 30 g gemalen kokos
- 1 eetlepel ui, fijngehakt

- 1 teentje knoflook, fijngehakt
- 1 laurierblad
- een in de lengte doormidden gesneden stengel sereh of 1/2 theelepel gemalen sereh, of een stukje citroenschil
- 1 theelepel sambal
- 1 mespunt trassi (eventueel)
- 1 theelepel koriander (ketoembar), gestampt
- 2-3 schijfjes laoswortel of 1 theelepel gedroogde laos
- 1 theelepel zout
- 1/2-1 dl water

- 1 dl santen*
- 1 theelepel ongeraffineerde rietsuiker
- 1 theelepel citroensap

Verwarm de olie in een braadpan en bak hierin de drooggedepte stukjes kip met de kokos rondom heel lichtbruin. Bak ook de ui nog even mee.
Voeg de kruiden toe en giet een bodempje water erbij. Stoof de kip gaar in ca. 20 minuten.
Verwijder het laurierblad, de serehstengel en de laoswortel. Voeg de santen toe en breng alles weer tegen de kook aan. Laat nog 5 minuten trekken en doe alles in een voorverwarmde schaal. Breng op smaak met suiker en citroensap.

Tip: Bind de saus naar wens met 2-3 theelepels arrowroot, aangemaakt met 1 eetlepel water.

Provençaalse kip (6-8 personen)

Kip met een geurige saus. Lekker bij risotto van rijst of gierst of thermogrutten. Geef er een salade of eenvoudig gestoofde groente (courgette, broccoli, sperziebonen) bij.

- 1 braadkip van ruim 1 kg, onder de stromende kraan gewassen en met een theedoek afgedroogd

- 1 l water
- 1 laurierblad
- 1 klein stukje foelie
- 1 theelepel rozemarijn
- 10 peperkorrels
- de mooie schillen van 1 ui en 1 wortel
- het donkergroene gedeelte van 1 prei, in stukken geknipt
- de stelen van selderijblad

- 1-2 eetlepels olie
- de mooie stukjes van de kip (zie beschrijving)
- 2 1/2 dl bouillon van het kipafval
- 3 theelepels zout
- peper uit de molen
- 2 flinke knoflookteen, ongepeld en aan weerskanten ingekerfd
- 1 prei, het witte en lichtgroene gedeelte, in 2 cm lange stukken gesneden
- 1 grote vleestomaat (ca. 150 g), ontveld en in stukjes gesneden, of in de winter 2-3 eetlepels tomatenpuree*
- ca. 2 eetlepels selderijblad, zeer grof gesneden

- 1-2 eetlepels (olijf)olie
- 3 uien (liefst sjalotten, ca. 150 g), fijngehakt
- 1/2 dl bouillon van het kipafval
- 1/2 eetlepel azijn of 1 eetlepel vocht van de kappertjes

- 3 eetlepels room
- 2 eetlepels kappertjes, of 1 klein zuur augurkje, in dunne plakjes gesneden

Knip van de kip het loshangende vel en de magere delen van de vleugeltjes af.
Breng het water met het kipafval (ook lever, maag en hart), de kruiden en het groenteafval aan de kook. Laat op een laag pitje ca. 1/2 uur trekken, met het deksel op de pan. Zeef de kippebouillon.
Snijd de kip in 4-6 mooie stukken (laat dit werk eventueel door de poelier doen). Doe de stukken kip in een stevige, ruime, papieren zak, strooi er 2 eetlepels gebuild tarwemeel bij en schud de zak tot de stukken kip helemaal bedekt zijn met meel.
Braad in de braadpan op een niet te hoog vuur de stukken kip rondom lichtbruin in de olie (eerst de velkant). Blus met 2 1/2 dl kippebouillon en voeg zout, peper, knoflook, prei, wortel, tomaat en selderijblad toe. Doe het deksel op de pan en laat de kip in ca. 25 minuten gaarsudderen. Schep de stukken kip in deze tijd een keer om.
Verwarm in een apart pannetje de olie met de uien en smoor ze op een matig vuur. Blus met de 1/2 dl kippebouillon en laat de uien op een zacht pitje, met het deksel op de pan, tot moes koken. Voeg nu ook de azijn toe.
Giet de uiemoes over de kip, schep alles goed door elkaar en laat nog 5 minuten doorsudderen.
Tot zover kunt u het gerecht van tevoren klaarmaken.
Leg de stukken kip in een voorverwarmde diepe schaal. Doe de room en de kappertjes bij de saus, verwijder de knoflookrtenen en proef of de saus goed van smaak is. Giet tot slot de saus over de kip.

Tip: Neem kippepoelet (ca. 500 g) en halveer de hoeveelheid kruiden.

Kippelevertjes

⑤ ① ♈

Serveer met *risotto** of een ander gekookt graan, groente of sla. 133

- 250 g kippelevertjes
- 1 eetlepel boter
- 100 g rookspek, in reepjes gesneden
- 1/2 theelepel kerrie
- 1 bakbanaan (pisang), in 1 cm dikke schijfjes gesneden
- 2-3 dl bouillon (eventueel half wijn/half bouillon)
- eventueel wat zout

Knip de levertjes met een schaar in tweeën en wentel ze door wat gebuild meel.
Verhit de boter en bak hierin het spek met de kerrie, totdat het spekvet loslaat. Voeg de banaan toe en bak hem even mee. Haal het spek en de banaan uit het vet en houd ze warm.
Afhankelijk van het vetgehalte van het spek moet u nu eventueel nog wat boter of olie toevoegen en verhitten, om er de levertjes in te bakken. Doe dit onder af en toe omscheppen, totdat ze rondom mooi bruin zijn. Laat ze daarna op een klein pitje gaar braden. Haal de levertjes uit de pan.
Giet voorzichtig de bouillon in de pan, roer de aanbaksels van de bodem los en laat alles aan de kook komen. Voeg nu de levertjes, de banaan en het spek aan de saus toe en breng alles weer op temperatuur, maar laat niet meer koken.
Proef of er nog wat zout bij moet.

Variaties:
- vervang de kerrie door peper uit de molen
- vervang de banaan door een stevige appel, in ca. 1 cm grote dobbelsteentjes gesneden
- vervang de kippelevertjes door **varkenslever** of **runderlever**, in reepjes van ca. 1x4 cm gesneden. Deze leversoorten moeten nog ca. 5 respectievelijk 10 minuten heel zachtjes gaarstoven in de saus

Tips:
- doe op een feestelijke dag de levertjes met de saus in een *rijstring** 135
- zie de inleiding bij dit hoofdstuk* 235

Vis

Bij vis maken we onderscheid tussen zoet- en zoutwatervissen. Zoetwatervissen zoals de forel worden in visvijvers gekweekt; andere soorten zoals karper en baars worden in de binnenwateren gevangen. Hoewel paling en zalm een groot deel van hun leven in zee doorbrengen, worden ze toch tot de zoetwatervissen gerekend.
Door de vervuiling van het water komen in vis veel voor de gezondheid schadelijke stoffen voor. Officieel wordt daarom aangeraden niet meer dan 1 maal per week vis te eten.

Kopen, schoonmaken, bereiding

Let er bij het kopen op, dat de vis stevig aanvoelt en er glanzend uitziet. De ogen staan bij verse vis bol en zijn nog doorzichtig en helder. Til de kieuwen een beetje op, de kleur eronder moet bij verse vis helderrood zijn.
De fijne smaak van vis gaat bij bewaren snel achteruit.

Het schoonmaken van vis is een werkje waar veel mensen tegenop zien. Wie het door de vishandelaar laat doen, moet toch thuis de schoongemaakte vis nog even nakijken en afspoelen.

Stoven en pocheren, bakken en frituren zijn de smakelijkste methoden om vis klaar te maken. Men kan vis ook in aluminiumfolie verpakt in de oven bakken of met of zonder aluminiumfolie grilleren*.

Pocheertijdentabel voor vis

Kabeljauw (ca. 800 g)	15-20 minuten
Kabeljauw in moten	10 minuten
Schelvis	8-10 minuten
Zalm in moten	12-15 minuten
Forel	10 minuten
Karper	10-12 minuten
Zeewolf	8-10 minuten
Makreel	14-16 minuten
Dun gefileerde schol, tong, griet	6 minuten
Dik gefileerde schol, tong, griet	8 minuten
Dikkere tarbotfilets	8-9 minuten
Koolvis in moten	6-8 minuten

Het is belangrijk dat u zich aan de pocheertijden houdt. Pocheert u de vis te lang, dan wordt hij te droog en verliest zijn fijne smaak. De tijd is afhankelijk van de dikte van de vis; als u de vin kunt lostrekken is de vis gaar.

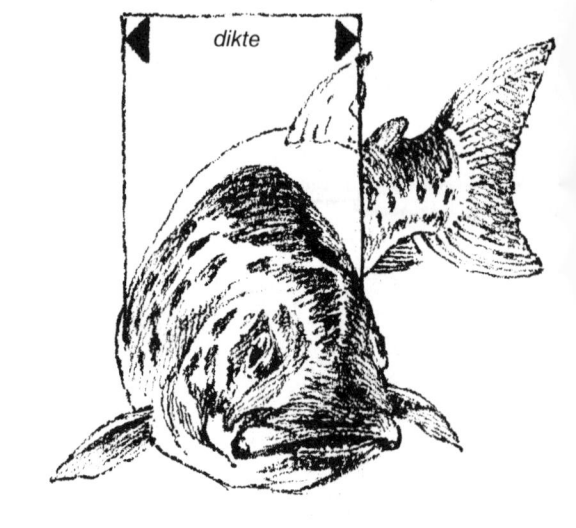

Pocheren van vis

De meest geschikte manier om hele, vooral wat grotere vis (elk soort) klaar te maken. U kunt de vis warm of koud eten.
Geef bij warme vis een warme saus (*mosterdsaus*, *kappertjessaus* en *citroensaus* bij vette vis; *appelsaus met uien*, *botersaus* of *sauce béarnaise* bij magere vis), bij koude vis een koude saus (een saus op basis van *mayonaise*, of *Italiaanse kruidensaus*). Zie het hoofdstuk *Sauzen*.
Eet er tarwegrutten, rijst of aardappelen bij en worteltjes (met doperwten) of gestoofde venkel.
Combineer vis niet met nitraatrijke groenten zoals spinazie, raapstelen, andijvie en rode bieten. In de maag kunnen dan nitrosaminen ontstaan (die ervan worden verdacht, kankerverwekkende stoffen te zijn).

- 500 g schoongemaakte vis
- ca. 1 eetlepel citroensap

- ca. 1 1/2 l water
- 1 eetlepel zout
- 1 ui (ca. 80 g), mét de schil in stukken gesneden
- 1 stuk prei (ca. 100 g), liefst het groene gedeelte, in ringen gesneden
- 1 stuk wortel (ca. 100 g), in plakjes gesneden
- 1 theelepel dillezaad
- 1 theelepel mosterdzaad, gekneusd
- 1 laurierblad of een klein stukje foelie

Spoel de vis van binnen en van buiten goed af onder de stromende kraan, dep hem droog met keukenpapier en wrijf hem in met het citroensap.
Breng in een ruime, liefst langwerpige pan het water aan de kook. Doe de groenten en kruiden erbij, draai de vlam laag en trek in 20-30 minuten een geurige bouillon. Zeef de bouillon en doe hem terug in de pan.
Leg de vis in de bouillon en laat hem in ca. 20 minuten gaar pocheren: de bouillon mag niet heter worden dan 80-90°C, dus niet laten koken. Doe geen deksel op de pan.
De vis is gaar als u de rugvin gemakkelijk wat los kunt trekken. Het vissevlees is dan niet meer glazig, maar melkwit.
Neem de vis voorzichtig met een schuimspaan uit de bouillon en leg hem op een voorverwarmde schaal (platvis met de lichte kant naar boven). Leg eventueel een dubbelgevouwen stoffen servet onder de vis op de schaal. Dit vangt het vooral bij grote vissen vrijkomende vocht op en laat hem niet wegglijden.
Garneer de vis met wat mooie stukjes groente uit de bouillon en met toefjes krulpeterselie. Of maak een keuze uit het hoofdstuk *garneringen**.   424
U kunt grote vissen voor het opdienen aan tafel met een puntig, plat mes van de graat nemen. Begin hiermee vanaf de rugvin en zorg ervoor, dat er zo min mogelijk graat meekomt. Werk snel, anders koelt de vis te veel af.

Tips:
- gebruik de visbouillon de volgende dag voor soep; een eventuele visrest voor *viskroketten*, *viskoekjes* of *vissalade*. Haal de restjes nog warm van de graat en uit het vel en bewaar ze in wat visbouillon in een afgedekt bakje in de koelkast. Laat bouillon en visresten vlug afkoelen*   79
- laat vis die u koud wilt eten in de bouillon afkoelen; doe dit vlug en bewaar de vis in de koelkast
- leg bij sterk smakende vissen een stevig stuk broodkorst tegelijk met de vis in de pan en giet er 1/2 dl melk bij. De vis wordt zo minder sterk van smaak en ook de kooklucht in huis wordt minder
- slappe vis wordt steviger, als u 2 eetlepels azijn of citroensap aan het kookwater toevoegt

Gebakken vis

De bekendste (en vlugste) manier om vis klaar te maken. Geschikt voor (niet te grote) hele vissen, moten vis en gefileerde vis. (Hele vis smaakt lekkerder dan gefileerde vis, het vel en de graten geven het visvlees extra smaak.)
Reken per persoon 75-100 g vis (schoongemaakt gewogen), van platvis zoals schol of tong iets meer.
Laat de hele vissen door de visboer schoonmaken. Knip de kleine vinnen en de staart weg, deze verbranden gauw tijdens het bakken.

▶

Spoel de vis onder de kraan af (ook de buikholte) en dep hem droog met keukenpapier. Wrijf de vis in met citroensap en fijn zout, ook de buikholte, en laat hem 1/2 uur afgedekt op een koele plaats liggen, de vis blijft hierdoor steviger.
Wentel de vis door wat meel en klop het overtollige meel eraf.
Verhit in een koekepan een dun laagje olie of wat boter (niet laten walmen) en bak de vis aan beide kanten even aan. Draai het vuur lager en bak de vis gaar.
De baktijd hangt af van de dikte van de vis, filets zijn bij voorbeeld al binnen 5 minuten gaar. Bij dikke vissen kunt u, om het gaar worden te bevorderen, tussentijds een deksel op de pan leggen. De vis is gaar als de rugvin makkelijk loslaat.
Leg de gebakken vis op een voorverwarmde, platte schaal en garneer met een schijfje citroen en een toefje peterselie.

Variaties:
- bak gepelde halve amandelen in een beetje olie lichtbruin en strooi ze over de vis
- u kunt de met citroen ingewreven vis ook *paneren**. Deze methode is echter alleen geschikt voor gefileerde vis of dunne moten. Bovendien slokt de panade meer vet op dan het dunne laagje meel

44

Lekkerbekjes
ꙫ

Visfilets in weinig deeg en in frituurolie gebakken.

- 350-400 g visfilets van schelvis, wijting, schol of kabeljauw (zie tip)
- ca. de helft van de hoeveelheid beignetbeslag* (niet te dik gemaakt)
- frituurolie

512

Zie voor het voorbereiden van de visfilets *gebakken vis**. Haal de filets door het beignetbeslag en bak ze in de frituurolie (170°C) aan beide kanten goudbruin*. Laat de beignets op keukenpapier uitlekken en garneer met een toefje peterselie en een partje citroen.

249

45

Variatie: Visbeignets: snijd de visfilets in vingerdikke reepjes en dompel ze in dik beignetbeslag. Met mosterd lekker op een feestje.

Tip: Het staartstuk van bij voorbeeld kabeljauw kunt u in moten snijden, zonder het eerst te fileren. Kabeljauw- of zeewolfwangen zijn goedkoper dan filets en toch zeer smakelijk.

Gestoofde visfilets met roomsaus
ꙫ

Een eenvoudig en vlug te maken visschotel, die goed past bij gekookte aardappelen, rijst of gierst; eet er spinazie of andijvie bij.

- ca. 1/2 eetlepel zachte boter
- 1 ui (ca. 50 g), liefst een sjalot, fijngesneden
- 400 g visfilets, soort naar keuze
- 2 eetlepels citroensap
- 2 theelepels zout
- peper uit de molen

- 1 dl room
- 10-20 g harde boter
- 2 eetlepels daslook, dille, dragon, bieslook of peterselie, fijngeknipt
- 4 dunne schijfjes citroen

Vet een koekepan in met de zachte boter en strooi er de ui op. Leg hierop de visfilets (in 4 stukken), druppel het citroensap eroverheen en bestrooi de vis met zout en peper.
Doe een deksel op de pan en stoof de vis op een zeer matig vuur gaar. Het kookvocht mag niet echt borrelend koken.
Leg de vis op een voorverwarmde schaal en houd hem warm.
Kook het in de pan achtergebleven vocht in tot 1 1/2 dl. Voeg de room toe, breng alles weer aan de kook en klop van het vuur af de harde boter (in stukjes) erdoor.
Giet de saus over de vis of geef hem er apart bij in een kom. Strooi de verse kruiden over de vis en leg op elke portie een citroenschijfje met daarnaast een toefje verse kruiden.

Variaties:
- leg in de zomer plakjes tomaat onder de vis in de pan en zeef eventueel het kookvocht voordat u er de saus van maakt
- vervang de ui door 100 g prei (het witte en lichtgroene gedeelte), zeer fijn gesneden
- maak deze visschotel in een platte vuurvaste

schaal in de oven; leg de boterstukjes op de vis. **Bakken:** 30-40 minuten bij 200°C, middelste richel. Giet halverwege de baktijd de room over de vis
- gebruik in plaats van filets de hele vis (2 van ca. 250 g). De stooftijd is dan wel langer. Dek de vis in de oven na 15 minuten baktijd af met aluminiumfolie

Tip: Als u een hele vis met kop zelf fileert, heeft u een vis van ca. 1 kg nodig.

Vis in Balinese saus (Boemboe Bali)

Eet hierbij drooggekookte rijst en groente en/of sla. Het sausje kunt u van tevoren al klaarmaken.

- *1 sjalot of rode ui (ca. 50 g)*
- *1 teentje knoflook*
- *1 Spaans pepertje (zonder pitten) of 1 theelepel sambal**
- *1 kleine rode paprika, schoongemaakt*
- *eventueel 1/2 theelepel trassi*

- *2 eetlepels olie*

- *1 1/2 dl water*
- *1 schijfje laos of 1 theelepel laospoeder*
- *1/2 in de lengte doormidden gesneden stronkje sereh of 1/2 theelepel gemalen sereh*
- *1-3 eetlepels ongeraffineerde rietsuiker*
- *1-2 eetlepels sojasaus (tamari)*
- *1/2-1 eetlepel appelazijn*
- *2-3 salamblaadjes of 1 laurierblad*

- *1 moot kabeljauw of schelvis van ca. 400 g*

Snijd de ui, knoflook, peper en paprika wat klein en vermeng alles op de snijplank. Strooi de trassi erover en hak het geheel tot moes met een hak- of wiegmes.
Doe de olie in een pan met een dikke bodem en meng het uiepapje erdoor. Fruit alles op een matig vuur tot het net begint te verkleuren.
Voeg de rest van de ingrediënten toe, behalve de vis, en laat dit sausje 10 minuten zachtjes pruttelen.
Was de vis, dep hem droog en wrijf hem in

met wat zout (ook de binnenkant). Bak hem in wat olie in de koekepan rondom lichtbruin en gaar (5-10 minuten, afhankelijk van de dikte). Doe dit op een matig vuur en laat de vis niet té gaar worden, anders valt hij uit elkaar.
Leg de vis voorzichtig op een schaal en giet het sausje eroverheen.
Verwijder laos, sereh en salam.

Viskoekjes (16 stuks)

Als bijgerecht bij de lunch of warme maaltijd (voor 6-8 personen), of als hoofdgerecht (voor 3-4 personen), aangevuld met een frisse salade (komkommer).
Gebruik voor dit gerecht een liefst wat vette vissoort (makreel). Viskoekjes kunt u grotendeels van tevoren klaarmaken.

- *250 g gefileerde of ca. 500 g hele vis (met kop en graat gewogen)*
- *ca. 500 g aardappelen, in de schil gekookt*, nog heet gepeld en geprakt*
- *1 eetlepel olie*
- *1 ui (ca. 50 g), fijngesneden*
- *eventueel 1 teentje knoflook, fijngesneden*

- *1 zure augurk (ca. 25 g), in heel kleine blokjes gesneden*
- *1/4 van een rode paprika (in de zomer), in kleine blokjes gesneden, of 2 theelepels paprikapoeder, of 1 theelepel kerrie*
- *1 eetlepel mosterd*
- *1 eetlepel verse of 1 theelepel gedroogde dragon, fijngesneden*
- *zout en eventueel peper naar smaak*

- *eventueel 1/2 citroen en wat peterselie voor de garnering*

Pocheer* de vis, ontdoe de hele vis van vel en graat en pluk het visvlees in kleine stukjes. Verwarm in een pan met een dikke bodem op een matig vuur de olie met de ui en de knoflook en smoor de ui glazig.
Prak de gesmoorde uien samen met de overige ingrediënten door de vis en de aardappelen. Meng alles met een vork of houten lepel tot een smeüige massa. Maak er een dikke rol van en laat deze op een koele plaats ten minste 1/2 uur opstijven. ▶

Snijd de rol in 16 dikke plakken en vorm deze op de snijplank mooi plat en rond. Wentel ze door meel en klop het overtollige meel er vanaf.
Bak de viskoekjes in de koekepan in een laagje hete olie aan beide kanten mooi goudbruin en knapperig. Dit gaat vlug omdat alle ingrediënten al gaar zijn; de koekjes moeten alleen door en door warm worden.
Garneer de schaal met viskoekjes met halve schijfjes of dunne partjes citroen en een toefje peterselie.

Variaties:
- vervang de dragon door 1 1/2 eetlepel selderijblad of peterselie
- vervang ca. 25 g van de vis door walnoten, in stukjes gebroken
- geef de koekjes een mooie gele kleur door er 1 theelepel kurkuma (koenjit) aan toe te voegen (niet als u paprikapoeder gebruikt)

Tip: Als u een restje vis en aardappelen wilt verwerken, kunt u een verhouding van 1:2 aanhouden (vers gekookte aardappelen binden echter beter), eventueel moet u dan nog wat losgeklopt ei aan de massa toevoegen; bak in elk geval eerst een proefkoekje.

Visballetjes (Perkedel Ikan)
(ca. 20 stuks)

Als bijgerecht bij de rijsttafel of bij de warme maaltijd.

Volg het recept van de *viskoekjes**, maar neem 200 g aardappelen.
Fruit de ui en de knoflook lichtbruin.
Vervang de augurk en de paprika door 1/2 theelepel komijn (djinten), 1 theelepel koriander (ketoembar) en 1 theelepel sambal* en prak nog een klein geklutst eitje door de massa.

Vorm van de massa balletjes ter grootte van een pingpongbal. Bak eerst een proefballetje en voeg zonodig nog wat meel toe (boekweitmeel, gebuild meel of thermomeel), de massa moet vrij stijf zijn.
Bak de balletjes in de koekepan of wadjang in een laagje hete olie rondom mooi bruin en knapperig. Laat ze op keukenpapier uitdruipen en serveer als de viskoekjes.

Vis in aluminiumfolie

In folie verpakt smoort de vis in zijn eigen sap gaar en behoudt hij zijn fijne smaak. Vis 'en papillote' wordt in folie opgediend.

Reken voor 4 personen 2 *hele vissen* van 250-300 g elk, of *moten* (150 g per persoon) of *filets* (100 g).
Knip voor elke vis of stukje vis een stukje aluminiumfolie op maat – ruim twee maal zo groot als de vis – en houd er rekening mee, dat u aan drie kanten een lekveilige, dubbele vouw moet maken. Vet de folie royaal in met boter.
Wrijf de gewassen en drooggedepte vis in met zout, olie en eventueel wat peper (ook de buikholte). Leg een laurierblad en een takje lavas in de buikholte, bij de stukjes vis erbovenop. Leg de vis op de folie: de hele vis in het midden, de stukjes op de helft. Strooi wat verse kruiden of bouillonkruiden* erover en leg dunne schijfjes citroen erop. Sla bij de *hele vis* de folie aan kop en staart naar binnen, haal de twee andere kanten omhoog en maak hiermee ten minste een dubbele vouw. Bij de *stukjes vis* slaat u de folie over de vis heen en maakt u aan drie kanten een dubbele vouw. Verwarm de oven voor en leg de pakjes op de bakplaat.
Bakken: ca. 25 minuten bij 175°C voor hele vissen en moten; ca. 15 minuten voor filets, middelste richel.

Variaties:
- u kunt de pakjes ook onder de grill of op de barbecue leggen. Filets zijn in ca. 10 minuten gaar, moten en hele vissen langer grilleren en tussentijds een keer omdraaien
- of leg de pakjes vis in de gloeiende as van het kampvuur. Dit is ook geschikt voor vissen zwaarder dan 250 g
- leg behalve citroenschijfjes ook nog wat zeer fijn gesneden (wilde) groente (ui, prei, druivebladeren, melde, zuring) of schijfjes tomaat (bij de vette makreel) in en op de vis
- wie toch een bruin korstje op de vis wil hebben, kan vlak voor het eten het pakje opengevouwen en de vis, met een klontje boter erop, onder de grill zetten of in de oven met alleen bovenwarmte

Lunchgerechten, bijgerechten, hartige hapjes

Gevulde groenten

Als fleurig lunchgerecht, maar ook als bijgerecht bij de warme maaltijd.
Recepten hiervoor vindt u bij de desbetreffende groentesoorten: paprika en tomaat (warm en ongekookt), bieten, uien, aubergines, komkommers, courgettes, koolrabi en paddestoelen.

Gevulde rauwkostbloem van bleekselderij of witlof
◊

Gebruik hiervoor de malse middelste bladeren van witlof of de malse binnenste stengels van bleekselderij, de laatste zo nodig op maat gesneden, waarbij u de steelaanzet eraan moet laten zitten (daar is het diepste holletje om te vullen).
Vul de groente (eventueel met behulp van een spuitzak) met *liptauer kaas**, *kruidenkwark** 303
of een wat stevig dipsausje, bij voorbeeld 304
kaaskwark*. Zet een halve tomaat (over- 225
dwars doormidden gesneden) midden op een bord, of maak een mooie *tomatenbloem**. 429
Rangschik hieromheen de gevulde groente, met de blad- of steelaanzet naar de tomaat toe.
Leg tussen elke gevulde groente vlakbij de tomaat een toefje peterselie of mooi blad van de bleekselderij.

Gekookte eieren

Gebruik hiervoor liefst verse eieren (niet ouder dan 1-2 weken). Zeer verse eieren (de eerste drie dagen) moet u een minuut langer koken als hieronder is aangegeven.

1 Was de eieren zonodig onder de koude kraan

2 Leg een punaise op het aanrecht en druk het ei zowel met de bolle als met de puntige kant erop, voorzichtig, tot de punaise de schaal perforeert, dit voorkomt het barsten van de schaal tijdens het koken (koude eieren voor het koken op kamertemperatuur laten komen)

3 Breng ondertussen zoveel water aan de kook, dat de eieren ruim onderstaan. Voeg bij zeer kalkhoudend water een eetlepel azijn aan het water toe, er ontstaat dan geen kalkaanslag in de pan

4 Leg de eieren op een schuimspaan en laat ze voorzichtig in het kokende water zakken. Regel de warmtebron zo, dat het water licht borrelend blijft koken. Bereken de kooktijd vanaf het punt dat het water weer aan de kook is.
Doe geen deksel op de pan.
Kooktijden: (voor eieren nr. 2)
- zachte eieren: 3 minuten. Het eiwit is dan net gestold, de dooier nog vloeibaar
- halfzachte eieren: 4 minuten. Het eiwit én de dooier zijn gestold
- paaseieren: 4 minuten, daarna nog 3 mi- ▶

nuten in het kookwater laten liggen (van het vuur af)
- harde eieren (om te garneren): 6 minuten, daarna nog 5 minuten in het kookwater laten liggen

5 Haal de eieren met een schuimspaan uit het kookwater en laat ze onder de flink stromende koude kraan schrikken. Laat paaseieren en hardgekookte eieren 5 minuten in koud water liggen, ze laten zich dan beter pellen

6 Warmhouden kunt u de eieren als volgt: *korte tijd* onder een eierwarmertje (eiermutsje) of in een gewatteerd eiermandje met een deksel of een dubbelgevouwen servet; *langere tijd* in warm water (ca. 50°C, niet boven 60°C).

Tip: Geef bij zachtgekookte eieren geen zilveren of verzilverde lepeltjes, zij oxideren door het natuurlijke zwavelgehalte van de eierdooier en geven een onaangename smaak.

Gevulde eieren

- 1/2-1 hardgekookt ei per persoon
- per ei 1 eetlepel mayonaise*
- eventueel wat zout en peper

220

Pel de eieren en snijd ze overlangs doormidden. Haal de eierdooiers er voorzichtig uit, zonder het eiwit te beschadigen. Prak de eierdooiers met een vork in een kom zo fijn mogelijk of druk ze door een zeef (bij een grote hoeveelheid). Voeg de mayonaise toe en proef of er nog wat zout bij moet.
Vul nu de eierhelften met deze massa, met behulp van twee dessertlepels of met een spuitzak (bij grote hoeveelheden). Maak van de vulling een mooi bergje en garneer met een klein toefje peterselie of een ander groen blaadje. Heel leuk staat ook een madeliefje (ze zijn eetbaar!).
Leg de eieren op een plat bord en 'steun' ze met slablaadjes (kropsla, veldsla, winterpostelein, raapsteeltjes, enzovoort). Of maak eenpersoonsbordjes met maar één gevuld half ei, versier met slablaadjes en wat rauwkost en geef dit als voorafje of als kleine lunch met geroosterde boterhammen en roomboter.

Variaties:
- vervang een klein gedeelte (niet meer dan de helft) van de mayonaise door mosterd of door tomatenpuree
- voeg wat heel fijn gesneden augurkjes aan de vulling toe
- garneer met schijfjes zure augurk of radijsjes
- vervang het zout door gomasio
- vervang de mayonaise door zachte boter of volle kwark met wat zout

Paddestoelen van ei en tomaat

Als verrassing bij een kinderlunch of als vleesvervanger voor een kleine vegetariër.

Maak *gevulde eieren**, waarbij u de gekookte eieren *overdwars* doormidden snijdt. Geef de vulling meer stevigheid en meer volume door er wat fijngehakte zure augurkjes en wat gekookte rijst, thermogrutten of desnoods broodkruim door te mengen. Goed kruiden. Vul de halve eieren met een hoge kop en zet ze stevig *in* een dikke plak van een tomaat. Maak van de kapjes van de tomaten de hoedjes door ze een beetje uit te hollen en op de vulling te zetten. Spuit er vlak voor het opdienen stippen mayonaise op.

25

Gepocheerde eieren

Gebruik hiervoor alleen zeer verse eieren. Gepocheerde eieren zijn lichter verteerbaar dan hardgekookte of in boter gebakken eieren.
Serveer gepocheerde eieren op toost met een *béchamelsaus*, *mosterdsaus* of *tomatensaus*, op spinazie of in bouillon (*Zuppa Pavese**).

83

- 1 l water
- 2 eetlepels azijn
- 2 theelepels zout

- per persoon 1 ei

Breng het water met azijn en zout aan de kook en draai het vuur laag; het water mag niet borrelen.
Breek het ei in een kopje en doe het over in

Vouw meteen met behulp van twee eetlepels het eiwit om de eierdooier heen, het moet een compact geheel blijven.
Pocheer het ei 3-4 minuten, afhankelijk van de grootte. Til het met een schuimspaan uit het water en controleer of het gaar is: als u met uw vinger er zachtjes op drukt, voelt het elastisch aan, de dooier moet van binnen nog wat vloeibaar zijn. Laat het gepocheerde ei onder de koude kraan heel even schrikken en leg het op een warm bord.
Pocheer op deze manier de gewenste hoeveelheid eieren. Knip ten slotte de loshangende slierten eiwit weg (leg deze onder het ei, als u het op toost serveert).

Tip: Als u veel eieren moet pocheren, kunt u ze in heet water (maximaal 60°C) warm houden.

Roerei
◊

Dien roerei op bij spinazie, snijbiet, paksoy of spruitjes en geef er gebakken aardappelen bij. Of gebruik het roerei als vulling van *tomaten* of *paprika's*. Serveer roerei als lunchgerecht op een geroosterde boterham.

- 4 eieren
- 4 halve eierschalen vol melk
- 4 snufjes zout

- 10-20 g boter om te bakken
- 2-3 eetlepels bieslook, fijngeknipt

Doe de eieren met de melk en het zout in een beslagkom en kluts ze met een vork los, maar niet schuimig.
Laat in de koekepan de boter warm, maar niet bruin worden. Giet de eiermassa langzaam in de pan, houd het vuur laag. Schuif met een vork de stollende eiermassa telkens van buiten naar binnen van de bodem van de pan los. Haal de pan van het vuur, als er geen vloeibare eiermassa meer is te zien; de roereieren moeten echter nog vochtig zijn en zeker niet bruin.
Doe de roereieren op een voorverwarmde schaal en bestrooi ze met bieslook.

Tip: Bijzonder luchtig wordt het roerei, als u de melk vervangt door koolzuurhoudend mineraalwater.

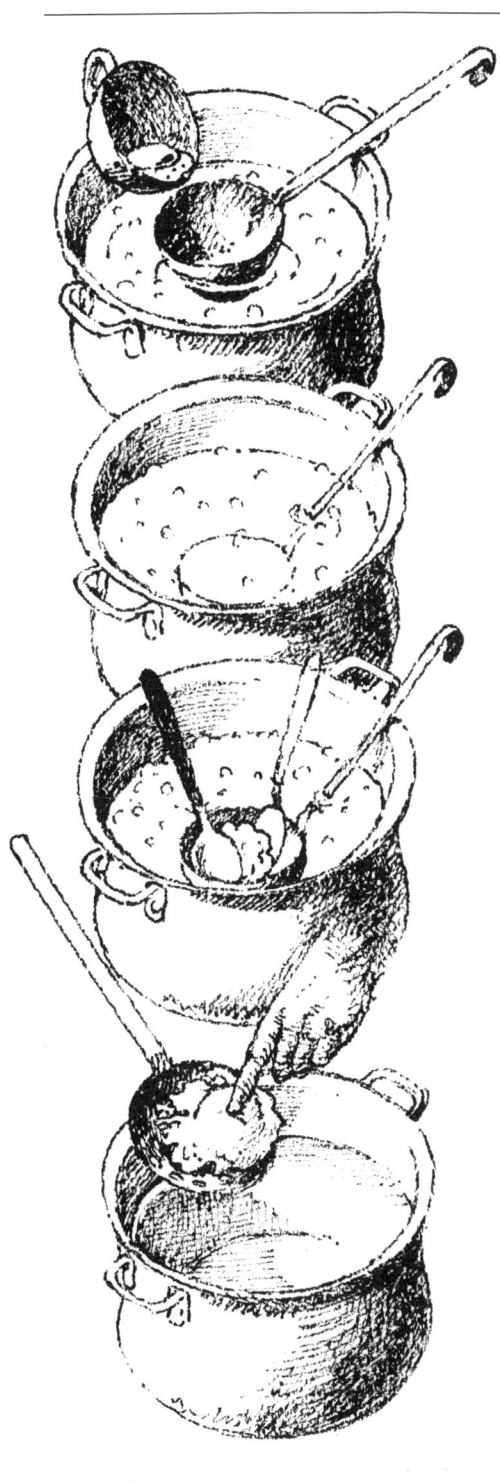

een soeplepel. Laat het ei nu voorzichtig in het water glijden (mét lepel onderdompelen).

Omelet (2 personen)

Reken per persoon 1 ei, maar bak niet meer dan 2 eieren tegelijk in de koekepan.

- 2 eieren
- 2 halve eierschalen vol water
- 2 snufjes zout
- 10 g boter om te bakken

Doe de eieren met het water en het zout in een beslagkom en kluts ze met een vork los, maar niet schuimig. Laat in de koekepan de boter warm, maar niet bruin worden. Giet de eiermassa langzaam in de pan en bak de omelet op een matig vuur. Prik, zodra de omelet begint te stollen, een paar keer met een vork in de eiermassa en til daarbij de omelet een beetje op; het nog vloeibare gedeelte loopt dan door de gaatjes naar de bodem van de pan. Bak de omelet onder af en toe heen- en weerschudden van de pan gaar; de omelet moet aan de onderkant bruin, maar aan de bovenkant nog een beetje vochtig zijn.
Sla de omelet dubbel en dien warm op.

Variaties:
- **schepomelet:** schep de eiermassa tijdens het bakken om als bij roerei, maar stop met omscheppen als de massa nog wat vloeibaar is. Laat nu de onderkant lichtbruin bakken. Op deze manier kunt u meer dan 2 eieren tegelijk bakken
- **Omelette aux fines herbes:** voeg 1-2 eetlepels verse kruiden zoals bieslook, kervel, basilicum, malse peterselie, lavas of citroenmelisse (de laatste twee alleen gemengd met andere kruiden) aan de eiermassa toe
- **groene omelet:** voeg aan de eiermassa toe: ca. 75 g jonge spinazieblaadjes (zonder stelen), zeer fijn gehakt met een hak- of wiegmes; 1/2 eetlepel bieslook of kervel, fijngeknipt en 1 eetlepel gebuild tarwemeel of bloem. Bak de omelet op een matig vuur en leg de laatste paar minuten een deksel op de pan, dan stolt de omelet beter

Tip: Als de omelet dreigt te mislukken, kunt u de eieren met de vork door elkaar roeren en als een soort roerei opdienen.

Boerenomelet (2 personen)

Als vlug klaargemaakte maaltijd, aangevuld met bladsla en wat brood.

- 1 eetlepel olie of 15-20 g boter
- 1 ui (ca. 50 g), in dunne plakjes gesneden
- eventueel 1 teentje knoflook, in flinterdunne plakjes gesneden
- 1-2 aardappelen (ca. 150 g), in dunne schijfjes gesneden, of een restje gekookte granen

- 1 vleestomaat en/of restjes van gekookte groente (totaal ca. 150 g), in blokjes gesneden
- 2 eieren, geklutst met
- 2 halve eierdoppen melk of room
- 1 mespunt zout
- eventueel wat peper uit de molen

- 1/2 eetlepel bieslook of andere groene kruiden, fijngeknipt

Smelt in een grote koekepan de boter en smoor op een matig vuur de ui en de knoflook glazig. Doe de aardappelen of granen erbij, draai de vlam wat hoger en roerbak het geheel eventjes.
Doe de tomaat erbij en giet hierover de geklutste eieren. Temper het vuur en laat de omelet stollen, liefst met een deksel op de pan. Til tussentijds met een vork de omelet in het midden op een paar plaatsen wat op. Bestrooi de omelet met de verse kruiden en laat hem op een platte schaal glijden. Garneer met een achtergehouden schijfje tomaat, met aan weerskanten een waaiertje van een augurk*.

Variaties:
- bak de omelet alleen met ui, knoflook en aardappelen of granen en meng de groenten door de sla
- snijd een stukje verse paprika in reepjes en smoor ze op het laatst met de ui mee (ingemaakte paprika met de groente toevoegen)

Tip: Als de groente erg vochtig is, laat de omelet na het bakken soms moeilijk van de bodem van de pan los. Schep de omelet dan in gedeelten, met behulp van een pannekoeksmes, direct op de borden.

Chinese omelet (Foe Yong met groente) (4-6 personen)

Foe Yong Hai (met krab) en Foe Yong Har (met garnalen) zijn de bekendste van de Chinese eiergerechten, maar met groente gevuld smaakt de Foe Yong ook lekker. Geserveerd met droge rijst, een zoetig gekruide *tomatensaus** en een Chinees groentegerecht (*Gado-Gado, Tjap Tjoi**) of een salade een feestelijke, maar toch niet al te bewerkelijke maaltijd. Foe Yong is makkelijk voor een groot gezelschap te maken.   210 391

- *1 eetlepel olie*
- *1 uitje (ca. 50 g), in ringen geschaafd*
- *100 g venkelknol, geschaafd*
- *75 g verse doperwtjes (gedopt gewogen), zie tip*
- *50 g champignons, in dunne plakjes gesneden*

- *1/2 eetlepel sojasaus (shoyu of tamari)*
- *1 theelepel arrowroot*

- *2 eetlepels selderijblad, fijngesneden*

- *4 grote eieren*
- *4 eetlepels bouillon of water*
- *1 theelepel zout*
- *eventueel wat peper uit de molen*

Verwarm in een wadjang of een pan met een dikke bodem de olie met de ui en fruit de ui heel lichtbruin. Roer de venkel en de doperwtjes erdoor en op het laatst ook de champignons. Smoor de groente bijtgaar.
Roer de arrowroot los met de sojasaus en bind hiermee het groentemengsel.
Haal de pan van het vuur en roer de selderij erdoor.
Kluts de eieren met bouillon, zout en eventueel peper. Verwarm in een koekepan met een dikke bodem krap een eetlepel olie en giet de helft van het eiermengsel in de pan. Spreid meteen ook de helft van het groentemengsel op het ei uit (3 cm van de rand vrijlaten) en bak op een matig vuur een omelet*.   256
Leg de laatste paar minuten een deksel op de pan zodat de bovenkant goed heet kan worden en het eiermengsel beter stolt. Bak de Foe Yong maar aan één kant, sla hem dubbel als de onderkant lichtbruin is en laat hem op een voorverwarmde platte schaal glijden.

Houd de eerste Foe Yong warm terwijl u de tweede bakt of bak ze in twee pannen tegelijk. Giet de tomatensaus over de Foe Yong of geef de saus er apart bij.

Variaties:
- vervang de champignons door 75 g malse bleekselderij of door 50 g taugé
- voeg 1 theelepel geraspte gemberwortel aan het groentemengsel toe
- **Foe Yong Hai** en **Foe Yong Har**: vervang de groente (behalve de ui) door 100 g gekookte, gepelde en fijngesneden krab of garnalen; fruit ze niet mee, maar meng ze tot slot door de gefruite en gekruide uien
- **Foe Yong met kip**: vervang de groente (behalve de ui) door 125 g gaargekookte en kleingesneden kip en 25 g in smalle reepjes gesneden ham

Tip: Vervang in de winter de verse doperwtjes door 100 g erwtjes uit een potje of door een restje gedroogde, gaargekookte groene erwten.

Sambal Goreng Telor (gekookte eieren in Indonesische saus)

Eet hierbij drooggekookte rijst, groente en/of sla. Het sausje kunt u van tevoren klaarmaken.

- *1 sjalotje of rode ui (ca. 50 g)*
- *1 teentje knoflook*
- *1 Spaanse pepertje (zonder pitten) of 1 theelepel sambal*
- *1/4 rode paprika*
- *1/2 theelepel zout*
- *eventueel 1/4 theelepel trassie*

- *1 eetlepel olie*

- *1 theelepel tamarinde of 2-3 theelepels citroensap*
- *1 schijfje laoswortel of 1 theelepel gemalen laos*
- *een klein stukje citroenschil*
- *2 salamblaadjes of 1 klein laurierblad*
- *1 dl santen* of water met 15 g creamed coconut*   609

- *4 hardgekookte eieren, gepeld*

Snijd de ui, knoflook, peper en paprika wat klein en meng dit op de snijplank. Strooi het zout en de trassie erover en hak alles tot moes (met een hak- of wiegmes).
Doe de olie in een pan met dikke bodem en meng het uiepapje erdoor. Fruit alles op een matig vuur tot het net begint te verkleuren en de olie weer vrijkomt.
Voeg de rest van de ingrediënten toe (behalve de eieren) en laat het sausje naar wens in een open pan in ca. 5 minuten nog wat indampen. Verwijder de laos en de blaadjes.
Snijd de eieren overlangs doormidden en leg ze met de bolle kant in het sausje. Warm alles nog even goed door en haal de pan van het vuur.

Variaties:
- **garnalen in Indonesische saus** (Sambal Goreng Oedang): vervang de eieren door 100 g gekookte garnalen. Kook een overlangs doormidden gesneden stengel sereh in het sausje mee
- **kippelevertjes in Indonesische saus** (Sambal Goreng Ati): vervang de eieren door 100 g in grote stukjes gesneden kippelevertjes. Laat ze in het sausje meekoken

- 1/2 teentje knoflook, fijngehakt
- 120 g taugé
- 3 theelepels sojasaus (shoyu of tamari)
- 1 theelepel ongeraffineerde rietsuiker of stroop
- 1 theelepel zout
- 2-3 eetlepels selderijblad, niet té fijn geknipt, of 20 g fijngeraspte selderijknol
- 1 ei en de van de flensjes overgebleven eierdooiers
- 2 halve eierdopjes water
- een mespunt zout
- eventueel sambal

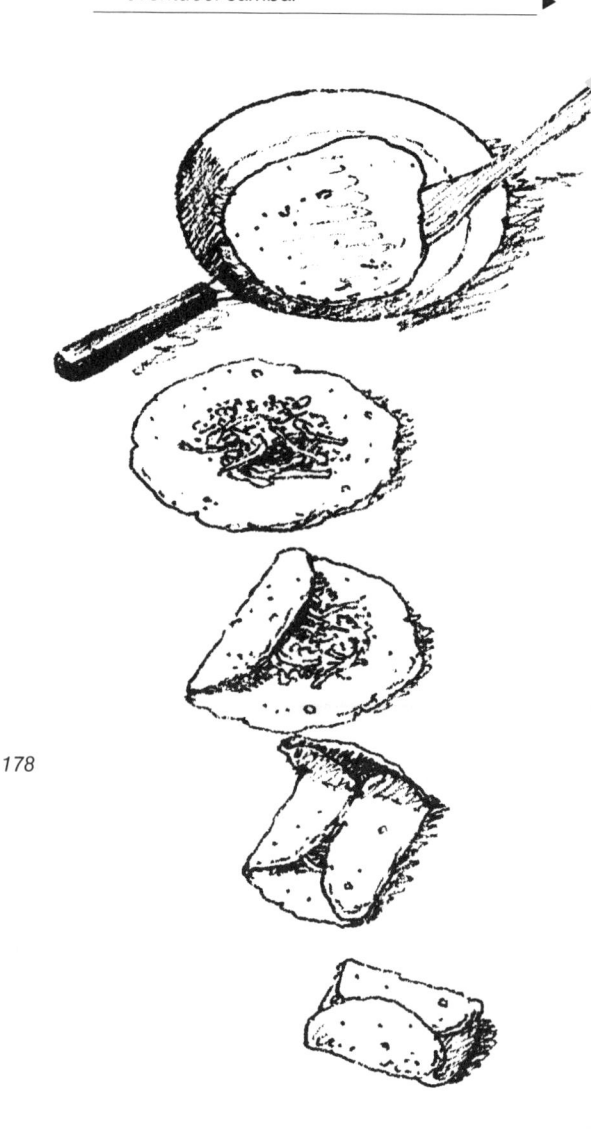

Loempia's (6 stuks)

Voor de originele loempia's wordt de groentevulling in speciale loempiavellen gewikkeld en daarna in frituurolie gebakken. Omdat de samenstelling van deze vellen niet aan de eisen van een volwaardige voeding voldoet en omdat zelfgemaakte vellen meestal scheuren tijdens het bakken (er komt dan veel olie in de loempia), hebben we een andere oplossing gevonden. Net zo lekker, voordeliger en minder vet.

- 1/2 recept flensjesbeslag*. Neem half meel/half gebuild meel en gebruik van de eieren alleen het wit   178

- 1 eetlepel olie
- 120 g spitskool of Chinese kool, in 1/2 cm brede reepjes gesneden
- 120 g prei, in 1/2 cm brede reepjes
- 60 g wortel, grof geraspt
- 60 g venkelknol, fijn geschaafd of koolrabi, in luciferdunne stokjes gesneden

Bak van het beslag 6 grote flensjes. Bak ze maar aan één kant en heel lichtbruin, maar wél gaar, dus houd de vlam niet té hoog. Stapel ze op elkaar.
Verwarm de olie met de groente en smoor de groente al roerend tot ze slap is geworden, maar nog geen water loslaat.
Schep de taugé erdoor, doe het deksel op de pan en haal de pan van het vuur. Laat zo 5 minuten nastoven.
Schep de sojasaus, suiker, zout en selderij erdoor.
Maak van de eieren *roerei**. Meng dit eveneens door de vulling. 255
Leg op het middengedeelte van de flensjes (op de ongebakken kant) een brede strook van de vulling (zie tekening), sla de zijkanten terug en rol alles op tot een plat pakje. Leg ze met de sluiting naar beneden op een droge bakplaat.
Bakken: 15 minuten bij 200°C, middelste richel.
De loempia's hebben nu een krokant jasje gekregen en de vulling is door en door heet. Haal ze met behulp van een pannekoeksmes van de bakplaat en garneer met een blaadje selderij. Zet voor de liefhebbers de sambal op tafel.

Variaties:
- vervang het roerei door 75 g ham, in sliertjes gesneden
- bak in de olie eerst 100 g kippevlees, in kleine stukjes gesneden, en smoor daarna pas de groente mee. Voeg dan geen roerei meer toe

Soufflés

De klassieke kaassoufflé, die in een vegetarische maaltijd het vlees kan vervangen, is alom bekend. Behalve kaas kunt u echter ook groente of vruchten in een soufflé verwerken (minder vet- en eiwitrijk).
De basis van een soufflé is meestal een vrij stevige meelsaus (béchamelsaus) of een graanmassa. Luchtig wordt het geheel door toevoeging van eieren, waarvan het wit stijfgeklopt wordt. Door er een extra eiwit aan toe te voegen wordt de soufflé bijzonder luchtig.
De klassieke soufflévorm heeft een rechte, vrij hoge rand; u kunt echter ook een gewone, niet té platte vuurvaste schaal ervoor gebruiken. Omdat de massa tijdens het bakken zeer sterk rijst, mag de vorm voor niet meer dan driekwart worden gevuld. Als uw vorm te klein is, kunt u er een (eerst ingevette) rand van driedubbel aluminiumfolie omheen leggen (sluiten met een paperclip en met een touwtje eromheen binden). Als u deze rand voor het opdienen weer wegneemt, lijkt de soufflé als het ware 'uit de pan gerezen'.

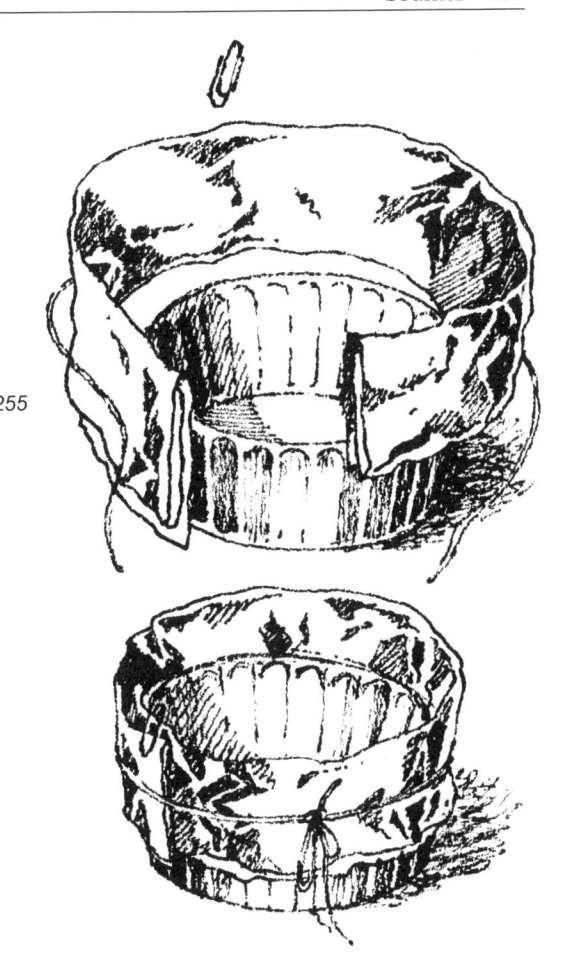

Het is niet moeilijk een soufflé te maken als u de volgende tips in het oog houdt:
- maak geen grotere soufflé als in het basisrecept is aangegeven. Hoe kleiner de soufflé is, des te zekerder is het dat hij rijst
- dien de soufflé meteen op. Ook een mooi gerezen soufflé zakt binnen ca. 5 minuten weer in. Dit kan ook gebeuren als u tijdens de eerste 20-30 minuten de ovendeur opent, of als u de soufflé hardhandig op tafel zet ▶

- vet alleen de bodem van de vorm in (en de eventuele folierand, opdat u deze vlug kunt weghalen), de soufflé heeft aan de niet-ingevette wanden van de vorm meer houvast om 'omhoog te klimmen'
- klop het eiwit wel stijf, maar niet helemaal droog, het laat zich dan makkelijker met de massa vermengen. Schep eerst eenderde van het eiwit erdoor, de massa wordt dan vast wat soepeler en neemt de rest van het eiwit heel makkelijk op
- meng het eiwit door de massa als deze tot lauwwarm is afgekoeld maar nog niet koud is, anders is hij te stijf
- vul de massa nooit in een ijskoude vorm, anders zakt de massa weer in voordat hij in de ovenwarmte gaat stollen
- soufflés hebben vooral onderwarmte nodig; als er aan de bovenkant te vlug een korst ontstaat, kan de soufflé niet meer verder rijzen. Als uw oven weinig onderwarmte geeft, kunt u tijdens de eerste 15 minuten baktijd alleen de onderwarmte inschakelen. Soufflés rijzen het mooist in een heteluchtoven (neem de baktemperatuur dan ca. 5° lager)
- de soufflé is gaar als de aan de bovenkant ontstane scheuren niet meer vochtig glanzen
- een soufflé die onmiddellijk na het bakken weer inzakt, is nog niet gaar. Zet hem dan onmiddellijk weer terug in de oven en schakel alleen de onderwarmte in (of schuif een bakplaat in de bovenste richel). Als de bovenkant van de soufflé niet al te hard gebakken is, heeft u kans dat de soufflé binnen ca. 10 minuten nog een keer rijst
- tot slot: ook een ingezakte of niet helemaal gerezen soufflé smaakt heerlijk, al oogt hij niet zo mooi

Venkelsoufflé

Een lichte, geelgroene soufflé met een zachte smaak.

Volg het recept van de *champignonsoufflé*, 261 maar vervang de champignons door geschaafde venkel, die u na het smoren in de mixer kunt pureren.

Kaassoufflé

Een feestelijk bijgerecht. Eet er *risotto**, 133 thermogrutten (of een ander eenvoudig graangerecht), groenten en sla bij. Kies een licht nagerecht, liefst iets met vruchten.

- 20 g boter
- 30 g gebuild tarwemeel
- 3 dl melk of half melk/half bouillon
- 1-2 theelepels zout (afhankelijk van het zoutgehalte van de kaas)
- 75 g Gruyère of Maasdammer kaas
- 40 g Parmezaanse of een andere oude, magere kaas
- 1 mespunt nootmuskaat
- 3 theelepels mosterd
- 3/4 eetlepel biologische maïzena* of 1/2 618
eetlepel rijstmeel
- 3 kleine eierdooiers (45 g)
- 4 kleine eiwitten (120 g), stijfgeklopt
- een diepe vuurvaste schaal van ten minste 1 liter inhoud, met alleen de bodem ingevet en op een warme plaats gezet

Maak van het eerste blokje ingrediënten een *béchamelsaus**. 203
Verwarm de oven voor.
Laat de saus wat afkoelen en meng (behalve de eiwitten) de rest van de ingrediënten in de bovengenoemde volgorde erdoor.
Klop het eiwit stijf maar niet té droog en schep het met een garde eenderde ervan door de tot lauwwarm afgekoelde massa. Spatel nu met de pannelikker de rest van het eiwit erdoor, doe de massa meteen in de vorm en schuif deze vlug in de oven.
Bakken: 25-40 minuten bij 180°C, onderste richel (hoe hoger de vorm, hoe langer de baktijd).

Variatie: Doe de massa in eenpersoonsvormpjes. De baktijd is dan 20-25 minuten. Kleine soufflés rijzen makkelijker en zakken minder gauw in.

Graanterrine (6-8 personen)

Smeuïg met boekweit, rul met thermogrutten. Eet plakken van deze terrine warm als vleesvervanger bij de warme maaltijd, of koud bij de lunch. Als er een stuk van overblijft, kunt u er plakken van snijden, door meel wentelen en in de koekepan opbakken. U kunt de terrine van tevoren maken en in de koelkast 2-3 dagen bewaren (in een afgedekte schaal of in plasticfolie verpakt).

- 1 eetlepel olie
- 1 ui, fijngesneden
- 1-3 teentjes knoflook, fijngesneden of door de pers gedrukt
- 2 theelepels kerrie

- 3 1/2 dl bouillon
- 100 g boekweitgrutten of 80 g thermogrutten

- 100 g grove havervlokken of vierkorenvlokken
- 50 g walnoten, in stukjes gebroken, of geroosterde zonnebloempitten* 605
- 1 mespunt kruidnagel
- 1 mespunt nootmuskaat
- 1/2 eetlepel basilicum
- 1 eetlepel sojasaus (shoyu of tamari)
- 1 eetlepel gomasio
- 1 eetlepel (basilicum)olie* 601
- ca. 1 theelepel zout

- 1 groot ei, geklutst
- 2-3 eetlepels peterselie of selderijblad, fijngehakt

- wat zure augurkjes en wortelschijven, of komkommer en tomaat

- een pâtévorm of een cakevorm van ca. 1 l inhoud, ingevet en met meel bestrooid, met op de bodem een stukje aluminiumfolie
- een grote pan met deksel om de terrine au bain marie te koken

Verwarm de olie met de ui en de knoflook en smoor de ui glazig. Voeg op het laatst ook de kerrie toe.
Blus met de bouillon en roer de grutten erdoor. Breng het geheel langzaam aan de kook, doe het deksel op de pan en laat op een warme plaats ca. 20 minuten nawellen. Thermogrutten moet u eerst 5 minuten laten koken.
Roer havervlokken, noten, kruiden, olie en zout erdoor.
Meng op het laatst het ei en de verse kruiden door de massa en proef of er nog wat zout bij moet.
Doe de massa in de vorm en druk hem met de bolle kant van een lepel overal goed in de hoeken. Dek de vorm af met een deksel of dubbelgevouwen aluminiumfolie en kook de terrine au bain marie* in ca. 3/4 uur gaar. 43
Garneer de gestorte terrine en snijd hem aan tafel in dikke plakken.

Variaties:
- garneer de terrine in de kersttijd met een boeketje van laurier- of hulstblaadjes en cranberries
- meng 100 g in blokjes gesneden belegen kaas door de massa

Tip: Als u een grotere terrine (of meerdere) wilt koken, kunt u hem ook au bain marie in de oven koken, ca. 1 uur bij 175°C, onderste richel.

Champignonsoufflé

Een feestelijk bijgerecht, waarbij u nog groente en een salade kunt serveren.

Volg het recept van de *kaassoufflé* met de 260 volgende veranderingen:
- vervang de kaas door 200 g champignons. Snijd ze in 2 mm dunne plakjes en smoor ze, eventueel met 1 eetlepel fijngehakte ui, in 10 g boter tot ze hun vocht loslaten. Vang dit op en gebruik het voor het maken van de béchamelsaus (met melk aanvullen tot 2 1/4 dl)
- gebruik 2 theelepels zout en vervang de mosterd en de nootmuskaat door citroensap en cayennepeper

Maïsterrine

Een kleurig gerecht, waarbij een *kappertjes-* 209
of *mosterdsaus** heerlijk smaakt. Als u de 208
maïsterrine als warme maaltijd eet, kunt u er
nog een salade van wortelgroente bij eten. Als
lunch- of bijgerecht voldoende voor 6-8 personen.

- 350 g volkoren maïsgriesmeel (5 1/2 dl)
- 8 dl pittige bouillon (1:1 1/2)
- 2 theelepels zout

- 3 kleine eieren, 4 minuten gekookt, gepeld
- 250 g jonge spinazie, geslonken in het aanhangende water
- 1 kleine rode paprika, in halve ringen van 1/2 cm dik gesneden
- 75 g geraspte, zeer pittige kaas

- een cakevorm van ca. 1 liter inhoud (niet langer dan 20 cm), voorbereid als beschreven bij de graanterrine* 261

Kook het maïsgriesmeel als voor *polenta** en 132
roer het zout erdoor. Nawellen is niet nodig.
Doe de helft van het nog hete maïsgriesmeel
in de cakevorm en strijk dit glad. Leg in het
midden een strook spinazie (eerst het vocht
eruit knijpen), strooi de kaas erover en leg
hierop de eieren, in de lengte achter elkaar.
Druk de eieren een beetje in de massa.
Leg nu de boogjes paprika op regelmatige
afstanden over de eieren en dek alles af met de
rest van de maïs.
Kook de terrine au bain marie*, stort haar en 43
eet haar warm op.

Variaties:
- vervang de kaas en de eieren door een stuk verse worst ter lengte van de cakevorm min 2 cm (ca. 150 g)
- vervang de spinazie door het blad van zilverstelen of door paksoy

Tip: Zie *graanterrine**. 261

Broccoliterrine (6-10 personen)

Een groenteterrine in vrolijke zomerkleuren,
die u al een dag van tevoren kunt maken.

Deze terrine wordt lauw of op kamertemperatuur gegeten als voorgerecht (een plak per persoon) of als bijgerecht bij de hoofdmaaltijd. Geef er in dit geval een eenvoudige *aardappel-* of *graansalade** bij, of broodjes. 414
Serveer er eventueel nog een *ongekookte tomatensaus** bij.
216

- 1 flinke spitskool
- 1 rode paprika
- 250-300 g broccoli, zonder taaie stronken gewogen

- 3/4 l water
- 1 theelepel zout

- 3 g (2 eetlepels) agar-agarvlokken, 10 minuten geweekt in
- 1 1/2 dl kookwater van de groente
- 1 1/2 dl melk

- 2 grote of 3 kleine eieren
- 1 1/4 dl slagroom
- 1 theelepel kerrie
- ca. 1 1/2 theelepel zout

- een pâté- of cakevorm van 1 1/4-1 1/2 l inhoud, ingevet
- 1-2 kleine tomaten

Verwijder van de spitskool het lelijke buitenste blad en haal de volgende bladeren voorzichtig van de stronk los met een puntig mesje.
Breng het water met het zout aan de kook en leg de bladeren erin (niet allemaal tegelijk). Laat ze koken tot ze slap zijn, dit duurt maar een paar minuten. Haal ze met een schuimspaan uit het kookwater en leg ze op een vergiet. Een zeer stevige kool kan ook in z'n geheel worden gekookt tot hij slap is, de bladeren laten dan makkelijker los.
Breng het water opnieuw aan de kook en kook nu de twee helften van de paprika gedurende 2 minuten. Leg ze bij de koolbladeren. Kook tot slot nog de stronkjes broccoli in ca. 5 minuten bijtgaar.
Giet het kookwater af (bewaar voor soep wat u niet nodig heeft of week er de agar-agar in).

Snijd de dikke nerf van de koolbladeren eruit of een beetje plat en bekleed de cakevorm met de bladeren. Laat nog wat blad over de vorm heen hangen.
Snijd een mooi roosje van de broccoli (of

meerdere als u de terrine op eenpersoonsbordjes serveert) en houd dit apart voor de garnering. Pluk de rest in roosjes met een stukje steel eraan en snijd de rest van de stelen in 1 cm grote stukjes; als er nog mals blad aan zit, kunt u daarmee de terrine afdekken.
Snijd de paprika in vierkante stukjes van ca. 1/2 cm. Zet nu de broccoliroosjes met de steel naar boven in de beklede terrine, de roosjes schuin tegen de rand aan. Strooi er de paprika tussen en leg daar de stukjes stronk op.
Breng de intussen geweekte agar-agar aan de kook en blijf roeren tot hij helemaal is opgelost. Klop de melk erdoor.
Verwarm de oven voor.
Kluts de eieren met room, kerrie en zout en klop er de agar-agaroplossing door. Giet deze saus over de groente in de vorm. Sla de overhangende bladeren over de vulling terug en dek de vorm af met aluminiumfolie.
Zet de vorm in de braadslede met water en laat de terrine in de oven stollen*. 43
Bakken: 1 1/2 uur bij 175°C, middelste richel. Laat de terrine 1-1 1/2 uur in de vorm afkoelen (afhankelijk van de omgevingstemperatuur) en stort haar dan pas op een platte schaal*. 43
Snijd de terrine pas in (dikke) plakken als zij ten minste tot lauwwarm is afgekoeld. Bewaar de terrine op een koele plaats, maar serveer haar op kamertemperatuur.
Garneer met het broccoliroosje en partjes tomaat daaromheen.

Variaties:
- vervang de spitskool door paksoy of zilversterlen (gebruik alleen het malse blad)
- maak de terrine in de winter met groene kool; vervang de broccoli door venkel en de paprika door kleine blokjes wortel of pompoen (de pompoen niet voorkoken)
- maak de terrine in een niet te hoge vuurvaste schaal of in een rijstring en snijd haar in punten respectievelijk moten. Als u een grote pan bezit, kunt u de terrine in deze vormen ook bovenop het fornuis koken

Tip: Als uw vorm niet zuurbestendig is, moet u de terrine na het afkoelen meteen storten. Stop het geheel dan in een plastic zak om uitdrogen te voorkomen.

Balkenbrij (ca. 700 g)

Oorspronkelijk werd balkenbrij tijdens en vlak na de slacht, die vroeger in november op het boerenerf plaatsvond, gemaakt. Men gebruikte er de na de vleesinmaak overgebleven bouillon, kaantjes, stukjes lever en mislukte worsten voor.
U kunt de gebakken plakken balkenbrij als 'broodje kroket' bij de lunch eten of als bijgerecht bij de warme maaltijd, bij voorbeeld bij aardappelpuree, groente (rode kool) en wat wortelsalade.
Balkenbrij is in de koelkast (ongebakken) 3-4 dagen boudbaar.

- *1/2 l water*
- *1 kleine ui, met schil, doormidden gesneden*
- *1 laurierblad*
- *5 jeneverbessen*
- *5 kruidnagels*
- *10 peperkorrels*
- *2 theelepels anijszaad*
- *3 theelepels zout*
- *eventueel een mespuntje chilipoeder*

- *ca. 250 g vleeskrabbetjes*

- *135 g boekweitmeel*

Breng het water met ui, kruiden en zout aan de kook en voeg de krabbetjes toe. Laat alles ca. 1 uur trekken tot het vlees makkelijk van de botjes loslaat.
Zeef de bouillon en haal de krabbetjes eruit. Krab het vlees van de botjes en hak het fijn. Leng de bouillon weer aan tot 1/2 liter en breng hem aan de kook. Haal de pan van het vuur en voeg het boekweitmeel in één keer toe. Roer meteen flink met een houten lepel tot het deeg glad en soepel is. Kook het deeg op een matig vuur nog even door. Het wordt een zeer stijve brij, waarin de lepel rechtop blijft staan.
Roer het vlees erdoor en doe alles in een met koud water omgespoelde kom. Strijk het oppervlak glad met een natte lepel en laat de brij afkoelen.
Stort de balkenbrij en snijd hem in ca. 1 cm dikke plakken. Bak deze op een flink, maar niet te hoog vuur in wat olie of boter in de koekepan aan beide kanten mooi bruin en knapperig. Bak eventueel per plak balkenbrij ▶

ook een plak appel mee en leg deze bij het opdienen op de balkenbrij.

Variaties:
- vervang het boekweitmeel gedeeltelijk door roggemeel of thermomeel (gerst of rogge)
- voeg tegelijk met het vlees nog 25 g krenten aan de brij toe
- vervang de krabbetjes gedeeltelijk of helemaal door lever of kaantjes (50-75 g). Laat dit de laatste 15 minuten meetrekken en hak het eveneens fijn. Gebruik in deze variatie bouillon in plaats van water
- vervang de bovengenoemde kruiden door 1/2 eetlepel rommelkruid (een mengsel van o.a. zoethout en sandelhout)

Tip: Als de bouillon erg vet is, kunt u hem helemaal laten afkoelen en het gestolde vet eraf scheppen; gebruik dit eventueel in een ander gerecht

Linzenpâté (750 g)

↩

Niet té dun op een boterham of op doormidden gesneden broodjes gesmeerd is dit een lekker en hartig alternatief voor leverpastei (én veel minder vet). Garneer de pâté met een slablaadje, wat schijfjes komkommer of een waaiertje van een augurk*. 428
Linzenpâté is in de koelkast 2-3 dagen houdbaar.

- 100 g linzen, 1 uur of langer geweekt in
- 3 dl water
- 1 laurierblad
- 3 kruidnagelen

- 1 1/2 theelepel zout

- 1/2 eetlepel olie
- 1/2 ui (ca. 50 g), fijngesneden
- 50 g champignons, fijngehakt

- 1 theelepel marjolein
- 1/2 theelepel nootmuskaat
- 1 1/2 theelepel tijm
- 2 theelepels chilipoeder of 3 theelepels paprikapoeder
- eventueel 1/2 theelepel gemalen komijn
- eventueel 1 theelepel salie

- 3 eetlepels Kanne's brooddrank of half citroensap/half water
- 3 eetlepels thermomeel of gebuild tarwemeel, of 4 eetlepels biologische maïzena* 618

- 10 g boter

- een pâtébakje of een ander diep schaaltje van krap 1 liter inhoud, ingevet

Kook de linzen met laurierblad en kruidnagelen in het weekwater gaar (20-30 minuten).
Voeg het zout toe en laat de linzen zo mogelijk nog 1/2 uur of langer nawellen, ze moeten goed gaar zijn. Verwijder het laurierblad en stamp de linzen wat fijn.
Verwarm de olie met de ui en fruit de ui lichtbruin. Smoor ook de champignons 2 minuten mee. Voeg dit, samen met de kruiden, bij de linzen.
Breng alles weer aan de kook, maak het meel aan met de brooddrank en giet dit er ook bij. Laat de massa een paar tellen goed doorkoken, het wordt een dikke pap.
Voeg tot slot de boter toe en doe alles in de pasteivorm. Strijk het oppervlak glad en laat de pâté afkoelen.
Garneer de pâté voor het opdienen met een takje hulst, een laurierblad met jeneverbessen of cranberries met reepjes rode paprika en augurk of komkommer.

Variaties:
- vervang de champignons door fijngesneden bleekselderij of geraspte knolselderij en voeg 50 g geraspte oude kaas aan de massa toe
- **bonenpâté:** vervang de linzen door bruine bonen* 345

Bliksempâté (ca. 75 g)

① ↩ 🥄 🌿

Vlug gemaakte leverpastei, zacht van smaak, maar niet langer dan 2-3 dagen houdbaar.

- een stukje smeerleverworst (ca. 50 g) of niet té stevige gewone leverworst
- 2 plakjes ham, zeer fijn gehakt
- ca. 3 eetlepels room
- eventueel wat zout en/of peper

Prak de leverworst fijn (de gewone eerst op kamertemperatuur laten komen). Prak er de ham en zoveel room door, dat er een smeuïg mengsel ontstaat. Proef of er nog wat zout en/of peper bij moet.
Druk de pastei in een klein kommetje en garneer met een toefje peterselie.

Variatie: Meng op het laatst een halve eetlepel kappertjes* of 2 gehakte olijven of 1 zuur augurkje erdoor. Let op dat er geen inmaakvocht bij komt, anders wordt de pâté te zuur.

Kaastosti (1 persoon)
Ⓥ

Met of zonder tosti-ijzer kunt u deze hongerstiller in een ommezien maken.

Met het tosti-ijzer:
Snijd twee dunne volkorenboterhammen op maat en besmeer ze (eventueel) aan één kant dun met boter. Leg een 3 mm dikke plak jongbelegen of oudere kaas tussen de boterhammen (de besmeerde kant naar buiten). Hoe jonger en vetter de kaas en hoe dikker de plak is, des te meer loopt hij tijdens het bakken uit. Snijd de kaasplak dus aan alle kanten 1/2-1 cm kleiner dan de boterhammen.
Bak de tosti aan beide kanten lichtbruin op een zeer matig vuur. De kaas tussen het brood moet beginnen te smelten voordat het brood te bruin wordt.

In de koekepan:
Kies een pan met een hoge rand en een passend deksel, of maak er een van aluminiumfolie (twee lagen, is een volgende keer weer bruikbaar).
Bereid de tosti voor als hierboven beschreven (het brood op maat snijden hoeft niet). Smeer een van de buitenkanten van het brood dun in met boter en leg de tosti met deze kant naar beneden in een droge koekepan. Besmeer de bovenkant eveneens dun met boter en doe het deksel op de pan.
Zet de pan op een matig vuur en bak de tosti aan beide kanten mooi bruin.

Op de barbecue of het kampvuur:
Bereid de tosti voor alsof u hem in de koekepan zou willen bakken. Verpak hem losjes in aluminiumfolie en leg hem op het rooster van de barbecue of in de niet meer al te hete as van het kampvuur. Als de as nog te heet is, kunt u een nog groene, gevorkte tak zoeken (een dorre verbrandt gauw!), de ingepakte tosti op deze tak leggen en zo boven de hete gloed houden.
Draai de tosti af en toe om en controleer na ca. 5 minuten of hij al bruin is.

Variaties:
- smeer voor een zeer pittige tosti een van de boterhammen aan de 'kaaskant' dun in met tomatenpuree
- leg op de kaasplak nog wat andere lekkernijen zoals: dunne plakjes appel, peer of banaan; dunne plakjes of snippers geconfijte gember; 2 plakjes tomaat, wat fijngesneden ui en een snufje tijm; een plakje ham, bacon of ontbijtspek; 2 asperges en een snufje nootmuskaat; een pluk zuurkool (rauw of gekookt); een restje gekookte groente
- vervang de Hollandse kaas door brie of roquefort

- **Appeltosti:** Besmeer de boterhammen ook aan de binnenkant dun met boter en honing of stroop; beleg er een met een halve grof geraspte appel. Strooi hierop een vleugje kaneel en wat ongeraffineerde rietsuiker. Of gebruik als vulling een restje *mincemeat** of *vulling voor appelflappen**.   303
   532
- **Vistosti:** Besmeer de boterhammen ook aan de binnenkant dun met boter of mayonaise en mosterd en beleg er een met een restje gekookte vis. Strooi er wat dille op

Tips:
- wikkel de tosti *niet* in de folie als u hem op het rooster van de barbecue of op een gevorktee tak bakt, maar maak van een stuk dubbelgevouwen folie een schaaltje-op-maat met een opstaande rand en leg hier de tosti op. Zo bakt hij vlugger en krokanter en u ziet meteen, of hij al bruin is. Alleen is deze methode niet geschikt voor onstuimige koks: de tosti is niet meer eetbaar als hij in de as is gevallen
- bak de tosti zonder folie, maar zet hem dan met een fijn, buigzaam takje vast op de gevorkte tak. U kunt nu de tak met de tosti erop draaien

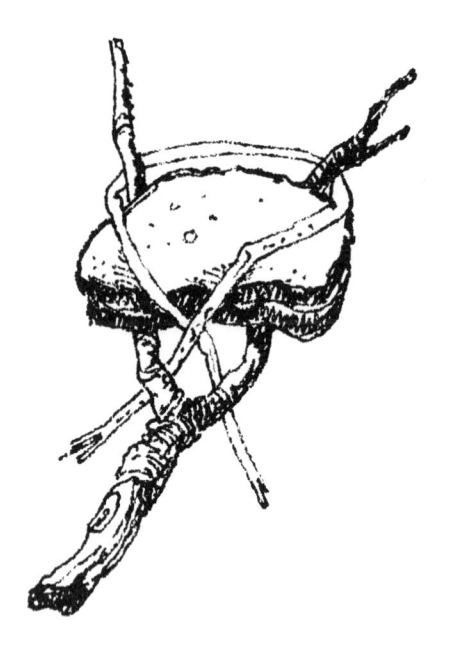

Kaastoost, in de oven gebakken
(ca. 16 stuks)

Mits u kaas, uien en brood in huis heeft, kunt u hiermee ten minste 8 onverwachte eters binnen korte tijd van een hartige hap voorzien. Geef er een grote schaal bladsla bij of eet ze uit het vuistje en drink er appelsap bij.

- 16-20 niet al te dikke volkorenboterhammen
- de vulling van kaaspastei met uien*   289

Smeer het kaas/uienmengsel tot aan de rand op de boterhammen en leg ze op een droge bakplaat.
Bakken: ca. 10 minuten bij 210°C, middelste richel.
Laat de sneetjes niet te bruin worden, wel knapperig.

Variatie: Laat de uien gedeeltelijk of helemaal weg en maak het kaasmengsel smeerbaar met Kanne's brooddrank of bouillon met een beetje citroensap.

Kaastoost met peer (1 persoon)

Een fris lunchhapje.

- een laagje water van 2 cm in de pan
- appeldiksap (1 eetlepel op een 1/2 l water)
- een stukje citroenschil
- 1/2 grote of 1 kleine handpeer, geschild en van het klokhuis ontdaan
- 1 volkoren boterham
- 1 plak jongbelegen Goudse kaas van 3-4 mm dik, rondom 1/2 cm groter dan de boterham
- water met wat diksap en een stukje citroenschil

Breng het water met het diksap en het citroenschilletje aan de kook. Leg de halve peren met de bolle kant naar boven in het water en kook ze krap gaar. Zeer rijpe peren hoeft u niet te koken.
Leg de boterhammen op een droge bakplaat, beleg ze met één grote of twee halve peren (met de bolle kant naar boven) en dek af met de kaasplak.

Bakken: ca. 10 minuten bij 225°C, middelste richel.
De kaas mag alleen smelten, maar niet verkleuren. Versier de sneetjes met een takje munt of een pereblaadje en dien warm op.

Variatie: Vervang de Goudse kaas door verkruimelde Roquefort.

Sneetje peultjes

Een warm voorgerecht of lunchhapje in het voorjaar. Voor 4 sneetjes heeft u maar 250 g peultjes nodig.

- 4 volkoren boterhammen
- wat boter
- 1 recept gesmoorde peultjes*   340

Rooster de boterhammen in de broodrooster en besmeer ze dun met boter, of smeer ze eerst en bak ze daarna in de koekepan lichtbruin (matig vuur).
Beleg ze met de peultjes en garneer met een plukje geraspte wortel of een *wortelbloem**.   429

Gevuld stokbrood, warm
(3-4 personen)

Geef er in de zomer een schaal frisse bladsla bij en in de winter een kop groentesoep vooraf.

- 1 volkoren stokbrood van gebuild meel, 40 cm lang, 7 cm (of bak er zelf een*)   479
- 1 theelepel zout
- 1/2 theelepel rozemarijn
- 15 g zeer zachte boter

- 1 eetlepel olie
- 1 ui (50-75 g), fijngesneden
- 1 klein teentje knoflook, fijngesneden

- 2 kleine courgettes (300 g), in blokjes van 1 cm
- 1 rode paprika (middenmaat), in reepjes van 2 cm lang en 1/2 cm breed

- 50 g cashewnoten, geroosterd*   604
- 75 g geitekaas (fèta), of belegen Goudse kaas, in blokjes van 1/2 cm
- 1/2 eetlepel verse basilicum of 1 eetlepel bieslook, fijngeknipt
- eventueel wat peper uit de molen

- 1 stuk aluminiumfolie, 5 cm langer dan het stokbrood

Snijd van het stokbrood overlangs een kapje eraf, op ca. 1/3 van de bovenkant. Hol de rest van het brood uit met behulp van een puntig mesje en een lepel tot er nog maar een wand van ruim 1/2 cm dik overblijft. Haal ook bij het kapje nog wat kruim weg.
Stamp in een vijzel het zout met de rozemarijn heel fijn en vermeng dit met de boter. Bestrijk hiermee de binnenkant van het kapje en het uitgeholde gedeelte van het brood.
Verwarm de olie met de ui en de knoflook en smoor de ui glazig op een matig vuur. Voeg de courgette en de paprika toe en smoor deze groente, onder roeren, 2 minuten mee. Zet het deksel op de pan, haal hem van het vuur en laat het geheel nog ca. 5 minuten nastomen.
Roer de rest van de ingrediënten erdoor en vul met dit mengsel het uitgeholde stokbrood. Druk de vulling stevig aan en zet het kapje erop.
Leg het brood op de folie (glimmende kant naar binnen) en vouw de folie aan de bovenkant losjes dicht. Leg het stokbrood op een bakplaat.
Bakken: 15 minuten bij 200°C, middelste richel.
Vouw de folie na 10 minuten baktijd open. Snijd het stokbrood in 3-4 stukken en eet het warm op.

Variaties:
- vervang in de winter de courgette door pompoen (200 g), de paprika door venkelknol (150 g) en de basilicum door peterselie. Laat de knoflook weg.
- vervang de noten en de kaas door gerookte vis (makreel)
- vervang de kaas gedeeltelijk of helemaal door blokjes ham of schijfjes rookworst
- smoor 100 g in plakjes gesneden champignons met de ui mee. Gebruik dan 50 g minder courgette of pompoen
- vervang de boter door 1-2 eetlepels olijfolie, opgeklopt met 1 theelepel citroensap. Dit past goed bij de zomerse groentecombinatie

Kaasbeignets (4 stuks)

Als vervanging van het hapje vlees bij de warme maaltijd. In het vrij dikke, luchtige deegjasje blijft de kaas langer zacht dan wanneer u de plak paneert.

- 3/4 dl water
- 1 dooier van een klein ei
- 50 g fijn tarwemeel
- 1/2 theelepel hysop
- 1/2 theelepel zout (wat meer als de kaas licht gezouten is)
- 1 eiwit, stijfgeklopt
- 100-125 g Emmentaler of Maasdammer kaas

Kluts de eierdooier met het water en roer er meel, kruiden en zout door. Laat dit gladde, dik-vloeibare beslag ten minste 1/2 uur rusten.
Snijd de kaas in 1/2 cm dikke plakjes van 10x15 cm.
Schep vlak voor het bakken het eiwit door het beslag.
Verwarm in een grote koekepan een dun laagje olie. Dompel elk kaasplakje met behulp van een eetlepel in het beslag en schep het, tegelijk met een lepel beslag, in de pan. Bak de beignets op een niet te hoog vuur aan beide kanten goudgeel en knapperig.

Variatie: Vervang de bovengenoemde kaassoorten door brie of fèta.

Gebakken kaasplakjes (4 stuks)

Met een dun, knapperig korstje; als bijgerecht (vleesvervanger) bij de warme maaltijd.
Zodra de kaasplakjes afkoelen, wordt de kaas taai. Bak ze dus pas vlak voor het eten en dien ze op een voorverwarmd bord op.

- 100-125 g jongbelegen Goudse kaas of fèta
- 4 eetlepels tarwemeel
- eventueel 2 eetlepels sesamzaad
- 2 eetlepels water
- fijn paneermeel*
- wat olie of boter

Snijd de kaas in 4 dikke plakken van ten minste 1/2 cm dik.
Meng het meel met het sesamzaad en roer het met het water tot een papje.
Strooi het paneermeel in een dikke laag op een plat bord.
Besmeer de kaasplakjes aan alle kanten met het meelpapje en leg ze op het paneermeel. Wentel ze erdoor, ook de smalle kanten; waar de kaas niet bedekt is door paneermeel, loopt hij tijdens het bakken uit. Laat de gepaneerde plakjes ten minste 10 minuten rusten (een paar uur mag ook – wel in folie wikkelen, laag om laag, en op een koele plaats bewaren).
Bak de kaasplakjes in wat olie of boter op een matig vuur lichtbruin en knapperig. De kaas moet binnen de korst vloeibaar beginnen te worden.

Kaasstaafjes in druivebladeren

Als bijgerecht of als vleesvervanger.

- 100-150 g kaas, liefst fèta
- 4 grote druivebladeren of het blad van snijbiet, paksoy of Chinese kool
- paneermeel
- een stukje koude boter
- een vuurvast schaaltje, ingevet

Snijd de kaas in 4 staafjes. Leg de bladeren in een vergiet en giet er kokend water over. Doe een deksel op de vergiet en laat de bladeren zo slinken. Verwarm de oven voor.
Wikkel elk kaasstaafje in een blad (bij de steelkant beginnen) en schik deze pakketjes dicht naast elkaar in het vuurvaste schaaltje. Strooi er wat paneermeel over en leg er een paar flinterdunne plakjes boter op.
Bakken: ca. 15 minuten bij 200°C, middelste richel.

Tip: Bak een grotere hoeveelheid kaasstaafjes dicht naast elkaar gelegd op een ingevette bakplaat, 15 minuten bij 180°C.

Gebakken tempé (Tempé goreng)

① ↔

Als bijgerecht bij de warme maaltijd.

- 1/2 tempékoek (ca. 150 g)

- ca. 2 eetlepels olie
- 1/2 ui, fijngesneden
- 1 teentje knoflook, fijngesneden

- 2 theelepels citroensap of 1 eetlepel Kanne's brooddrank
- 1 theelepel zout

Snijd de tempékoek in plakken van een halve cm dik, elke plak in drie reepjes en deze nog eens in drieën. Bak de zo verkregen langwerpige stukjes in een bodempje hete olie in de koekepan lichtbruin; schep af en toe om. Neem de tempé uit de pan en fruit in de achtergebleven olie eerst de ui lichtbruin en daarna nog even de knoflook. Schep de tempé er weer door en breng alles op smaak met citroensap en zout.

Variatie: Sambal goreng tempé: volg het recept van *sambal goreng telor** en vervang de 257 eieren door 1/2 tempékoek, in blokjes gesneden.

Gebakken banaan (Pisang Goreng)

① ♨

Als bijgerecht bij bami of nasi, maar ook bij andere graangerechten:
Gebruik hiervoor de speciale bakbananen. Deze grote bananen bevatten veel eiwit en zetmeel en zijn veel minder zoet dan de gewone bananen. Ze zijn niet geschikt om rauw te eten en blijven ook na het bakken stevig.

Kies bakbananen waarvan de schil al zwart begint te worden; ze zijn dan goed rijp en hebben meer smaak. Een grote banaan is voldoende voor 4 personen. Pel de banaan en snijd het vruchtvlees schuin overdwars in 2-3 mm dikke plakjes. Bak ze in een laagje olie in de koekepan goudgeel. Leg ze op de bami of nasi, of geef ze apart op een voorverwarmd schaaltje. Als u de plakjes banaan voor het bakken nog door wat bloem wentelt (schud de overtollige bloem er weer af), worden ze wat knapperiger, maar ze nemen zo wel meer olie op bij het bakken. Plakjes bakbanaan kunt u ook in *beignetbeslag (1)** dompelen en 512 frituren.

Als voedzaam toetje:
Gebruik hiervoor niet té rijpe, gewone bananen (1 kleine per persoon). Snijd het vruchtvlees in de lengte doormidden en bak ze in wat boter aan beide kanten goudbruin. Serveer de gebakken bananen met *vanillesaus** of *vanilleijs**, of druppel er wat met 212 citroensap vermengde dunne honing over. 459

Kroepoek

↔

Het bekende 'wolkje' op Oosterse rijstgerechten. Kroepoek is echter ook een feestelijke, eiwitrijke garnering van westerse graanschotels. Kleine stukjes kroepoek zijn luchtige, hartige hapjes bij een feestje.
De roze kroepoek wordt gemaakt van rijstmeel en garnalen (Kroepoek Oedang) of van rijstmeel en vis (Kroepoek Palembang).
De geelachtige kroepoek (Kroepoek Emping) wordt gemaakt van de geroosterde, platgedrukte eikel van de melindjoboom, dit is dus een *vegetarische* kroepoek.

Bewaar de ongebakken kroepoek in een glazen pot met een goed sluitend deksel. Kroepoek moet kurkdroog zijn, wil hij tijdens het bakken goed uitzetten. Vochtig geworden kroepoek kunt u in de zon, op een radiator of in de oven weer drogen (laagste stand, ovendeur open).
Goed droge ongebakken kroepoek kraakt als u hem breekt.

Maak in een frituurpan of wadjang wat olie heet (170-180°C), hij mag niet walmen (een klein stukje ongebakken kroepoek zwelt meteen op).
Bak grote stukken kroepoek één voor één, bij kleinere stukjes kunt u er verschillende tegelijk bakken. Neem de kroepoek meteen uit de olie als hij helemaal is uitgezet, hij mag niet bruin worden. Het bakken gaat zeer snel, meestal binnen een minuut.
Laat de kroepoek op een stuk keukenpapier afkoelen en eet hem liefst vers op. Anders luchtdicht verpakt bewaren.

Seroendeng (kokosstrooisel)
(1 jampot)

↩

Een knapperig bijgerecht bij rijstgerechten (nasi), maar ook bij andere granen zoals gierst en thermogrutten of bij macaroni (bami).

- 200 g gemalen kokos
- 3 eetlepels ui, tot moes gehakt
- 2 teentjes knoflook, tot moes gehakt
- 3 theelepels gemalen koriander
- 1 theelepel djinten (komijn)
- 2 theelepels citroensap, aangelengd met water tot 1 eetlepel
- 1-2 eetlepels olie
- 1 theelepel zout

▶

- 75 g vliespinda's of geroosterde cashewnoten*

604

Vermeng de kokos met de rest van de ingrediënten (behalve de noten) en kneed alles goed door elkaar. Bak de gekruide kokos onder voortdurend omscheppen op een matig vuur goudbruin. Doe dit in een wadjang of in een koekepan met een dikke bodem en gebruik een houten lepel met een vlakke kant of een pannekoeksmes.
Meng de noten door het gebakken kokosmengsel en laat het afkoelen.
Op een niet te warme, donkere plaats en in een goed gesloten glazen pot is seroendeng wekenlang houdbaar.

Kroketten en bitterballen

De klassieke 'croquet' heeft een zachte, bijna vloeibare inhoud en een dun, krokant korstje. Het is een kunst zo'n kroket te maken.
De inhoud heeft als basis een meelsaus, waaraan wat agar-agar of pectinepoeder is toegevoegd. Hierdoor wordt de massa in afgekoelde toestand steviger en is daardoor makkelijker te vormen, maar in hete toestand krijgt zij toch weer de gewenste dunne consistentie. De meelsaus wordt 'gevuld' en tegelijk ook op smaak gebracht met vlees, vis, ei of kaas. Het korstje ontstaat door het paneren (met *zeer* fijn paneermeel en ei of eiwit), en het bakken gebeurt in flink hete frituurolie (180°C)*.

45

Bak kroketten vanwege het sterk verhitten van de olie alleen bij uitzondering. Wie dol is op kroketten, kan het beste boekweit-, linzen-, of bonen- of aardappelkroketten maken. De massa's voor deze kroketten zijn zo stevig, dat u er een soort koekje van kunt bakken, in heel weinig olie, gewoon in de koekepan. Hiervoor hoeft de olie niet zo sterk verhit te worden. U kunt de gevormde krokettenmassa alleen door meel wentelen of, als u van een krokant korstje houdt, de werkwijze voor de klassieke kroket volgen. Alleen moet u ze na het paneren nog wat platdrukken. Deze 'kroketten' zijn heel makkelijk te maken.

Kroketten, basisrecept

Maak een massa als in de hiernavolgende recepten is beschreven en strijk deze uit op een diep bord of een platte schaal. Laat de massa toegedekt (anders vormt er zich een taai vel op) bij kamertemperatuur afkoelen en opstijven. Verdeel de massa in evenveel punten als u kroketten wilt hebben en vorm er met behulp van twee lepels of met natte handen langwerpige 'broodjes' van. Rol deze nu door het paneermeel en vorm ze daarbij tot mooie kroketten met platte zijkanten. Werk daarbij heel secuur, er mogen geen

plooien ontstaan, anders gaan de kroketten tijdens het bakken lekken en spatten.
Klop in een ondiep bord een ei of twee eiwitten met een eetlepel water los. Rol de kroket nu door het losgeklopte ei en daarna nog een keer door paneermeel.
Laat de kroketten voor het bakken ten minste een kwartier rusten en wat aandrogen. U kunt ze echter ook een paar uur of zelfs een dag van tevoren zover klaarmaken. Bewaar ze dan wel in de koelkast (niet afdekken!) en laat ze voor het bakken weer op kamertemperatuur komen.
Bak de kroketten in 1-2 minuten lichtbruin en krokant, in zoveel goed hete (180°C) olie, dat ze ruim onderstaan. Neem voor het frituren van kroketten liefst een klein, hoog pannetje met een dikke bodem, en doe er maar een laagje olie van ca. 5 cm in. Bak vervolgens niet meer dan 2-3 kroketten tegelijk, afhankelijk van de grootte van de kroketten én de hoeveelheid frituurolie, anders koelt de olie te veel af. Als u meer dan 12 kroketten moet bakken, kunt u ze in de oven (160°C) warmhouden; het bakken gaat echter zeer vlug, binnen ca. 2 minuten heeft u 2-3 kroketten gebakken.
Als de kroketten te lang bakken, raakt de inhoud aan de kook en komt er stoom vrij. Deze kan nergens heen en laat de kroket ontploffen.
Laat de kroketten na het bakken uitlekken op een vel keukenpapier en serveer ze op een met een papieren servetje belegd, voorverwarmd schaaltje, gegarneerd met een toefje peterselie.

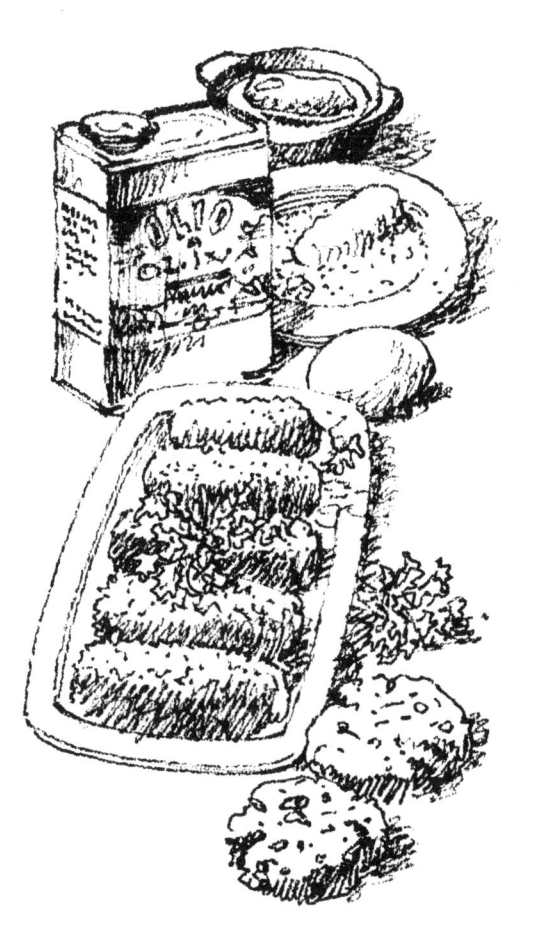

Vleeskroketten (12 stuks)

Als snack of als feestelijk bijgerecht bij de warme maaltijd. Eet ze met wat mosterd.

- 30 g boter
- 40 g gebuild tarwemeel of 45 g thermomeel (gerst of tarwe)

- 3 dl pittige bouillon, afgekoeld
- 2 eetlepels (3 g) agar-agarvlokken, 10 minuten geweekt in de bouillon

vulling:
- 1/2 theelepel nootmuskaat
- 2 eetlepels peterselie of bieslook, fijngeknipt
- 100-200 g vleesresten, zeer fijn gesneden
- zout en peper naar smaak

- 1 klein ei of 2 eiwitten en fijn paneermeel om te paneren
- olie en een passende pan om te frituren

Maak van boter, meel en bouillon (mét daarin de agar-agar) een dikke *witte ragoûtsaus**. 204
Meng de vulling door de nog warme saus en strijk de massa uit op een diep bord. Werk verder volgens het *basisrecept**. 270

Variaties:
- vervang de helft van het vlees door in plakjes gesneden champignons, die u eerst in wat boter heeft laten slinken
- vervang de agar-agar door 1 1/4 eetlepel pectinepoeder. Dit hoeft u niet te weken; u kunt het poeder zo door warme of koude bouillon mengen

Kaaskroketten (8 stuks)

🔄 🕯

Maak een dikke saus als voor vleeskroketten. Gebruik hiervoor thermomeel (gerst) en vervang de bouillon door water. Roer de onderstaande vulling erdoor en verwerk de massa tot kroketten volgens het *basisrecept**. 270

---

vulling:
- 100 g oude of 125 g oudbelegen Goudse kaas, geraspt
- een mespunt kerrie of wat nootmuskaat
- 1/2-1 teentje knoflook, fijngehakt
- 1/2 theelepel zout
- 25 g (8 halve) walnoten, gehakt

Viskroketten (12 stuks)

🔄 🕯 🐄

- 20 g boter
- 150 g vis naar keuze (restjes), schoongemaakt gewogen

- 1 eetlepel ui, fijngehakt
- 1 theelepel gedroogde dilletopjes

- 30 g rode paprika, fijngehakt
- 2 eetlepels bleekselderij, fijngehakt, of 1 eetlepel knolselderij, fijngeraspt
- 1 laurierblad
- 1 theelepel zout
- 2 eetlepels agar-agarvlokken (3 g), 10 minuten geweekt in
- 3 dl water

- 40 g gebuild tarwemeel
- 1 eetlepel peterselie, fijngehakt, en/of 3 theelepels lavas, fijngehakt
- 1 theelepel citroensap

Smoor de vis gedurende 3 minuten in de boter. Voeg ui, dille, paprika, selderij, laurierblad, zout en de geweekte agar-agar met het water toe. Laat alles aan de kook komen en trek de vis hierin ca. 5 minuten.
Voeg al roerend het met een beetje water aangemaakte meel toe en laat nog enkele minuten nawellen. Verwijder het laurierblad, prak de stukjes vis fijn en voeg de verse kruiden en het citroensap toe.

Maak van deze massa kroketten volgens het *basisrecept**. 270

Variaties:
- vervang in de zomer de gedroogde dille door verse. Voeg de verse dille tegelijk met de peterselie en de lavas bij de vis
- vervang de agar-agar door 1 1/4 eetlepel pectinepoeder. Deze hoeft u niet te weken

Tips:
- voor het verwerken van al gekookte visresten maakt u eerst de saus met de genoemde kruiden en groenten. Voeg tot slot de visresten toe
- bak van deze massa **viskoekjes** in de koekepan, gepaneerd of alleen door meel gewenteld

Eierkroketten (12 stuks)

🔄 🕯

Maak een dikke saus als voor vleeskroketten. Gebruik hiervoor een zeer pittige bouillon. Roer de onderstaande vulling erdoor en verwerkt de massa tot kroketten volgens het *basisrecept**. 270
Smeer er aan tafel desgewenst wat mosterd op.

- 3-4 hardgekookte eieren, fijngehakt
- 1 theelepel zout
- 1 theelepel kerrie
- 1 theelepel tijm
- 1-2 eetlepels peterselie, fijngeknipt

Rijstballen (ca. 12 stuks)

⑤ ⊖

Stevige kroketten, waarvan u ook koekjes zou kunnen bakken. Geef ze als bijgerecht bij de warme maaltijd of – maar dan een dubbele portie – als hoofdmaaltijd met sla of een eenvoudige gestoofde groente.

- 125 g zilvervliesrijst (1 1/2 dl)
- 3 dl bouillon of water (1:2)
- 2 theelepels zout

- 1 eetlepel olie
- 1 ui (ca. 50 g), fijngehakt
- eventueel 1-2 teentjes knoflook, fijngehakt
- 1/2 rode paprika (ca. 75 g), in dunne reepjes en daarna in kleine stukjes gesneden

- 50 g gemalen kokos
- 1 groot ei, geklutst
- 1-2 eetlepels bieslook of selderijblad, fijngeknipt
- 2-3 theelepels milde paprikapoeder

Kook de rijst goed gaar in de bouillon volgens het *basisrecept** (35 minuten koken, 1 uur nawellen). 133
Verwarm op een matig vuur in een pan met een dikke bodem de olie met de ui en smoor de ui glazig. Voeg de rest van de groente toe en smoor deze ook even mee. Laat vooral niet te gaar worden.
Doe dit mengsel met de rest van de ingrediënten bij de goed nagewelde rijst en meng dit met een stevige vork goed door elkaar.
Vorm van de ondertussen (niet helemaal) afgekoelde stevige massa ca. 12 gladde, stevige ballen en paneer en bak ze volgens het *basisrecept**. 270

Variaties:
- vervang de paprika door 100 g champignons (eerst in dunne schijfjes gesneden) en de paprikapoeder door 1-2 theelepels kerrie. Voeg eventueel nog wat sojasaus toe
- vervang de kokos door 30-40 g gemalen cashewnoten of amandelen

Tips:
- gebruik een restje gekookte rijst. U heeft dan ca. 450 g nodig
- vlugger gaat het, als u de ui en knoflook (geraspt) en de paprika (fijn gehakt) rauw door de massa roert, samen met de olie
- als u van deze vrij rulle massa koekjes wilt bakken, hoeft u ze niet per se eerst te paneren. Meng dan het ei dat u voor het paneren zou gebruiken door de massa, de koekjes vallen dan minder uit elkaar (zie ook *graankoekjes**). Een gepaneerd korstje is echter wel krokanter 166

Boekweitkroketten (16 grote)

⊖

Als bijgerecht voor 8 personen; met sla en groente erbij als hoofdmaaltijd voor 3-4 personen, maar natuurlijk ook lekker als snack. Op het frituren na kunt u deze kroketten al de dag tevoren klaarmaken.

- 125 g boekweitgrutten (ca. 1 1/2 dl)
- 4 dl zeer pittige bouillon, afgekoeld
- 1 eetlepel (1,5 g) agar-agarvlokken, 10 minuten geweekt in de bouillon
- 2 theelepels zout

- 75 g gekookte linzen (ongekookt 30 g), fijngeprakt
- 50 g hazelnoten, geroosterd* en zeer grof gehakt, of 30 g zonnebloempitten, geroosterd* 604
- 35 g geraspte pittige kaas
- 1/2 theelepel komijn of 1 theelepel kerrie
- 1 theelepel marjolein
- 1-2 eetlepels bieslook, fijngeknipt, of ui, zeer fijn gehakt

Breng de grutten met de bouillon en de agar-agar al roerende aan de kook. Blijf roeren en laat op een zacht pitje 2-3 minuten koken. Doe het deksel op de pan en laat van het vuur af een kwartiertje staan.
Meng de rest van de ingrediënten in de bovenstaande volgorde door de nog lauwwarme boekweitpap. Giet alles op een platte schaal, verwerk de massa volgens het *basisrecept**. 270

Variatie: Vervang de agar-agar door 3/4 eetlepel pectinepoeder. Dit hoeft u niet te weken.

Tip: Van deze massa kunt u ook graankoekjes bakken in de koekepan. Wentel de koekjes eerst door wat meel om spatten te voorkomen.

Linzenkroketten (ca. 12 stuks)

Makkelijk te maken en pittige kroketten die u, op het bakken na, al de dag tevoren kunt klaarmaken (bewaar ze zolang in de koelkast). Eet linzenkroketten als vleesvervanger bij de warme maaltijd of als hartige hap bij een bijzondere gelegenheid.

- 150 g linzen (2 dl)
- 75 g zilvervliesrijst (0,8 dl), liefst rondkorrelige
- 4 dl pittige bouillon
- 1 laurierblad
- een stukje foelie
- eventueel een stukje wakamé (zeewier) van 2x2 cm, fijngeknipt

- 2 eetlepels agar-agarvlokken (3 g), 10 minuten geweekt in 1 dl bouillon of water
- 1 theelepel kerrie of 2 theelepels paprikapoeder
- 2-3 theelepels zout

- 1 eetlepel olie
- 2 eetlepels sesamzaad
- 1 flinke ui (ca. 75 g), zeer fijn gesneden

- 1 eetlepel verse basilicum, fijngesneden, of 1/2 eetlepel gedroogde basilicum

Week de linzen en de rijst samen met laurier, foelie en wakamé ten minste een uur in de bouillon (de linzen na de jaarwisseling langer). Kook alles gedurende 30 minuten. Verwijder de foelie
Roer de geweekte agar-agar, kerrie en zout erdoor, breng alles nog een keer aan de kook en laat ten minste 1 uur nawellen. Verwijder het laurierblad en zo mogelijk de foelie.
Rooster het sesamzaad in de olie lichtbruin, voeg de ui toe en fruit hem lichtgeel. Voeg dit bij de linzenmassa en prak alles zo fijn mogelijk.
Strijk de massa op een platte schaal uit en verwerk hem volgens het *basisrecept**. 270

Variaties: Zie de variaties bij *linzenkoekjes** 347 en *boekweitkroketten*.

Tips:
- gebruik resten van goed gaargekookte peulvruchten (ca. 350 g) en granen (ca. 225 g).
- zie ook de tip bij *boekweitkroketten**. 273

Bonenkroketten met noten
(ca. 12 stuks, 4-6 personen)

Een zeer voedzame vleesvervanger bij de warme maaltijd of als extra bijgerecht bij een feestelijke lunch. Deze kroketten zijn van binnen zeer zacht en hebben een fijne notensmaak. Als maaltijd kunt u ze bij gekookte granen eten; geef er dan nog een *kerriesausje** 205 en sla bij.

- 200 g bruine bonen
- 4 dl water
- 1 laurierblad
- eventueel een stukje kombu zeewier van 2x2 cm, fijngeknipt

- 10 g boter
- 1 ui (ca. 50 g), fijngesneden
- 1 teentje knoflook, fijngesneden

- 50-75 g hazelnoten, fijngemalen
- 25 g walnoten, grof gehakt
- 2-3 theelepels zout
- 2 theelepels tijm
- 2-3 eetlepels peterselie, fijngehakt

Week de bonen ten minste 12 uur in het water met de laurier en het zeewier. Kook ze een uur of langer, tot ze gaar zijn. Schep de bonen af en toe om en controleer of er nog voldoende water in de pan zit. Aan het einde van de kooktijd moet al het water zijn opgenomen (giet het anders af en bewaar het voor soep). Laat de bonen zo mogelijk nog ten minste 1/2 uur nawellen.
Smoor de ui in de boter glazig en voeg ook de knoflook toe.
Voeg nu alle ingrediënten bij elkaar in een beslagkom en prak het geheel met een vork zo fijn mogelijk.
Strijk de massa op een platte schaal uit en werk verder volgens het *basisrecept**. 270

Tips:
- zie *boekweitkroketten** 273
- gebruik een rest goed gaargekookte bruine bonen. U heeft dan ca. 500 g nodig

Erwtenkroketten met amandelen
(ca. 12 stuks)

⊖ ⚱

De bereidingswijze is dezelfde als die voor *bonenkroketten**, alleen voegen we geen uien 274 en knoflook toe – de fijne smaak van deze kroketten zou erdoor worden overheerst. De ingrediënten zijn:

- 200 g gedroogde groene erwten
- 5 dl water
- 1 laurierblad
- eventueel een stukje zeewier van 2x4 cm

- 75 g amandelen, zeer fijn gemalen
- 1 eetlepel olie
- 1 theelepel bonekruid
- 2-3 theelepels zout
- 1 eetlepel bieslook, of 2 eetlepels selderijblad, fijngeknipt

Tip: Als u de losse velletjes, die bij het koken van de erwten boven komen drijven, met een vork eraf schept, wordt de massa van de kroketten fijner.

Aardappelkroketten (8 stuks)

© ⊖ ⚱

Als feestelijk bijgerecht (vleesvervanger) of, maar dan in een grotere hoeveelheid en eventueel zonder kaasvulling, als hoofdgerecht, in combinatie met een sappige groente of gemengde sla.

- 250 g aardappelen (geschild gewogen), gaargekookt*   187
- 1 eierdooier (bewaar het eiwit voor het paneren)
- 10 g zachte boter
- 1 eetlepel boekweit- of havermeel*   611
- 1 eetlepel gehakte peterselie of selderijblad, of 1 theelepel tijm
- 1 mespunt nootmuskaat
- wat zout

- 50 g pittige, belegen kaas, in 8 reepjes van 1 cm dik en 5 cm lang

Laat de aardappelen na het afgieten goed uitstomen en prak ze zo fijn mogelijk. Laat ze een beetje afkoelen. Vermeng ze met de boter, de eierdooier, meel, kruiden en zout (houd hierbij rekening met het zoutgehalte van de kaas). Vorm van dit gladde deeg een dikke rol en laat deze zo mogelijk een half uur rusten. Snijd de rol in 8 porties en leg in het midden van elke portie een reepje kaas. Vorm nu het deeg aan alle kanten zodanig rond de kaas, dat er mooie kroketjes ontstaan.
Paneer en bak de kroketten volgens het *basisrecept**.   270

Variaties:
- vervang de boter en de kaas door 50 g in kleine blokjes gesneden, even uitgebakken spek of door in fijne sliertjes gesneden ham
- smoor in de boter een flinke, fijngehakte ui (ca. 75 g) en meng dit door het deeg
- vervang de belegen kaas door brie (niet al te rijpe), of door 30-50 g in stukjes gebroken walnoten

Kokosballetjes (Rempah van klapper)
(ca. 24 stuks)

⊖

Kleine, stevige balletjes als bijgerecht bij de rijsttafel, bij nasi goreng, rijst of andere granen. Geef er dan nog een *kerriesaus** en   205
groente bij. Ook lekker als bitterballen.

- 2 eetlepels ui, gesneden
- 1 teentje knoflook, gesneden
- 1 theelepel koriander (ketoembar)
- het zachte hartje van een stengel sereh (ca. 2 theelepels), gesneden, of 1/2 theelepel geraspte citroenschil en 1 theelepel citroensap
- 150 g geraspte verse kokosnoot of 100 g gemalen kokos
- 1 klein ei (een groot ei bij gedroogde kokos)
- 1-2 eetlepels water
- 1 eetlepel tarwemeel
- 1 1/2 theelepel zout

Hak ui, knoflook en kruiden samen tot moes met een hak- of wiegmes.
Vermeng dit met de rest van de ingrediënten tot een stevige, samenhangende massa. Laat de massa zo mogelijk een kwartiertje rusten (langer mag ook). Draai er kleine balletjes van (ca. 2 cm) en bak ze in de koekepan in wat olie langzaam lichtbruin.

Bitterballen

⊕ ⚖

Maak een massa volgens een van de recepten voor kroketten. Vorm van de wat afgekoelde en stijf geworden massa lange, dikke rollen. Snijd deze in stukjes en rol er mooie, gladde balletjes van. Paneer en bak de bitterballen volgens het *basisrecept** voor kroketten. 270

Tip: Ook *gehaktballetjes met kokos**, *kokosballetjes** 244 / 275
of *notengehakt** zijn geschikt om als bitterballen te serveren. 276

Notengehakt (12-16 stuks)

⊕

Als hartig bijgerecht bij een vegetarische macaroni, bij gekookte hele granen of thermogrutten. Geef er nog een sappige groente bij of een saus en sla.

- 150 g droog volkorenbrood, in stukjes gebroken (zie tip)
- ca. 1/2 l heet water

- 80-100 g walnoten
- 2 eetlepels sesamzaad, liefst geroosterd* 605
- eventueel 1 eetlepel lijnzaad
- 1 eetlepel vers bonekruid, fijngehakt (1 theelepel gedroogd)
- 1 eetlepel verse basilicum (2 theelepels gedroogd), of 2 theelepels basilicumolie of pestosaus* 602
- 1 teentje knoflook, fijngehakt
- 1 eetlepel ui, fijngehakt
- 1 groot ei of 2 kleine
- 1-2 eetlepels olijf- of notenolie
- peper naar smaak
- ca. 1 theelepel zout

Giet het hete water over het brood en laat het een paar minuten trekken. Knijp het brood uit en verkruimel het in een kom.
Doe de noten in een zakje en plet ze met de deegroller in grove kruimels.
Kneed nu alle ingrediënten grondig door het geweekte brood. Het moet een goed samenhangende massa worden. Laat zo mogelijk nog een kwartiertje rusten.
Vorm nu van dit deeg gladde balletjes, ongeveer ter grootte van een pingpongbal en bak ze in wat olie of boter mooi bruin.
Garneer de balletjes met een toefje sterrekers of een takje peterselie.

Variaties:
- vervang de walnoten door pecannoten, paranoten of geroosterde hazelnoten
- vervang de helft van de noten door 50 g geraspte oude kaas
- in plaats van kleine balletjes te vormen van de massa kunt u ze ook met een kleine ijsbollepel direct in de pan leggen en wat platdrukken. Zo krijgt u ca. 10 **notenkoekjes**.

Tip: Snijd vers volkorenbrood eerst in blokjes, giet er 2 1/2 dl heet water over, laat even toegedekt staan en prak de massa fijn.

Maïskoekjes (Frikadel Djagoeng)
(10 stuks)

Een vegetarisch bijgerecht bij de rijsttafel. Lekker bij rijst met een groenteragoût en sla of bij een maaltijdsoep (bij voorbeeld groente-, bieten– of spinaziesoep).

- 2 flinke, verse maïskolven met gele korrels

- 1 ei, geklutst met
- 2 eetlepels water
- 1 eetlepel ui, tot moes gehakt
- 1 teentje knoflook, fijngehakt
- 3 takjes selderijgroen, fijngeknipt
- 1/2 theelepel komijn
- 1/2 theelepel koriander
- 2 eetlepels meel
- 1 eetlepel gemalen kokos of gemalen amandelen
- 1/2 theelepel zout

Maak de maïs schoon. Klop de rest van de ingrediënten tot een beslagje en laat het even staan.
Rasp intussen de maïskolven op een scherpe, niet te fijne rasp. U krijgt dan een helder, goudgeel papje. Schraap vervolgens met de botte kant van een mes stevig over de kolven, hierdoor maakt u ook de rest van de korrels los. U heeft ca. 200 g geraspte maïs nodig.
Vermeng de maïs telkens met het beslag, laat het niet lang staan, anders vervluchtigen de

geurige stoffen van de maïs. Voeg zonodig nog wat water toe, het beslag moet niet té stijf zijn.
Verwarm een beetje olie in de koekepan en schep er 5-6 bergjes in. Druk ze wat plat en bak ze aan weerskanten lichtbruin en knapperig.
Dien de maïskoekjes warm op, versierd met een takje selderij.

Variatie: Voeg vlak voor het bakken 60 g geraspte selderijknol aan het beslag toe, dit compenseert de zoete smaak van de maïs.

Tip: Vervang de verse maïskorrels door *zelf ingemaakte**. Laat ze zeer goed uitlekken en gebruik 1/2 eetlepel meel minder. Vervang het water in het beslag door het inmaakvocht. 598

Hazelnootballetjes (16 stuks)

↩

Zacht van smaak en zeer geschikt voor jonge kinderen; voor de groteren kunt u van dezelfde massa koekjes bakken in de koekepan. Als bijgerecht bij gekookte granen of grutten met een *wortel-* of *pompoensaus** of een sappige groente. 212 215

- 2 volkoren boterhammen zonder korst (75 g), in stukjes gesneden
- 1 klein ei
- 3/4 dl water

- 100 g hazelnoten, zeer fijn gemalen
- 1 theelepel koriander of kerrie

- 1-2 eetlepels bieslook of peterselie, zeer fijn geknipt
- eventueel wat meel

Kluts in een kommetje het ei met het water en meng er de stukjes brood door. Prak alles fijn en vermeng het met de noten en de koriander. Laat zo mogelijk een half uur staan.
Roer de verse kruiden erdoor en voeg zonodig nog wat meel toe. Maak nu van dit zeer stijve deeg een lange rol, die u in 16 stukjes snijdt. Rol er mooie balletjes van en kook ze volgens de aanwijzingen bij *soepballetjes van thermogrutten** in water met wat zout. 80

Kwarksoesjes (ca. 20 stuks)

♨

U kunt de soesjes 1-2 dagen van tevoren bakken, maar eenmaal gevuld blijven ze maar enkele uren vers (afgedekt in de koelkast).

- 1 recept kookdeeg* 511

- 1/2 pot (175 g) halfvolle kwark
- 50 g geraspte, zeer pittige oude kaas
- 1 theelepel gomasio of een snufje zout
- 2 eetlepels bieslook, fijngesneden

Leg met behulp van twee theelepels deeghoopjes ter grootte van een walnoot op een ingevette en met meel bestoven bakplaat. Houd hierbij een tussenruimte van 2 cm aan. Verwarm de oven voor.
Bakken: ca. 20 minuten bij 200°C, middelste richel. Laat de soesjes op een taartrooster afkoelen en knip ze daarna open.
Vermeng alle ingrediënten voor de vulling en vul de soesjes vlak voor het opdienen.

Variaties:
- vervang in de winter de bieslook door het lichtgroene gedeelte van een mals preitje (ragfijn gesneden) of in het voorjaar door de groene uitlopers van een ui. Ook een in heel kleine blokjes gesneden zuur augurkje is geschikt om de vulling wat kleur te geven
- vervang de kaas door 1/2 theelepel fijngehakte verse basilicum. Neem dan 50 g meer kwark en iets meer zout

Tip: Een restje van deze vulling smaakt de volgende dag lekker op de boterham.

Zwart-wit van kaas en roggebrood

5¢ ① ↩ ♨

Een vlug gemaakt hartig hapje voor als er onverwacht gasten opduiken.

- roggebrood
- jonge kaas of brie
- boter
- eventueel halve walnoten, zure augurken, druiven of desnoods stukjes appel of peer
- houten cocktailprikkers

▶

Besmeer drie plakjes roggebrood dun met boter, een ervan (de middelste) aan beide kanten.
Beleg twee sneetjes met dunne plakjes kaas en leg de derde erbovenop. Druk voorzichtig, maar stevig aan en wikkel de stapel in folie. Laat zo mogelijk ruim een kwartier in de koelkast opstijven. Snijd het stapeltje daarna in dobbelstenen of in grote vierkanten. De laatste kunt u dan nog diagonaal doormidden snijden (driehoekjes).
Prik er tot slot een halve walnoot, een druif, een plakje augurk of een stukje fruit op.

Variaties:
- prak de brie fijn en meng er wat in stukjes gebroken walnoten door
- vermeng de brie met een fijngesneden bolletje geconfijte gember
- vervang de kaas door de vulling van de *kaassoesjes**. Laat ten minste een uur in de koelkast opstijven

Kaassoesjes (ca. 20 stuks)

🔁 &

Deze pittige soesjes kunt u, afgedekt, 1-2 dagen in de koelkast bewaren. Maar vers zijn ze het lekkerst.
Bak van *kookdeeg** kleine soesjes zoals in het recept *kwarksoesjes** is beschreven.

- 50 g zachte boter
- 1 eierdooier
- 1 mespunt peper of nootmuskaat
- 150 g oudbelegen of oude kaas, zeer fijn geraspt

Roer de boter met de eierdooier romig en roer er ook de peper en vervolgens de kaas door. Vul de opengeknipte soesjes met het kaasmengsel en laat ze in de koelkast opstijven. Stuif er vlak voor het opdienen een vleugje milde paprikapoeder overheen.

Variaties:
- vervang de bovengenoemde kaassoorten door *verse* biologisch-dynamische geitekaas. Voeg dan nog wel gomasio of zout aan de vulling toe
- klop 1 1/2 dl slagroom stijf en meng er 3 eetlepels (30 g) groene Zwitserse strooikaas door. Gebruik hiervoor zo mogelijk verse geraspte (van een blokje), die is veel smakelijker dan wat in de bekende strooibusjes zit. Niet lang laten staan!

Kaas- of hamcroissants (8 stuks)

🔁

Een hartig, gevuld en krokant gebak met vele mogelijkheden: bij een feestelijk ontbijt, brunch of lunch, bij een niet té zware maaltijdsoep op groentebasis of als bijgerecht in een hoofdmaaltijd, bij voorbeeld bij een eenvoudige aardappelsalade of risotto, aangevuld met een frisse bladsla. Ideaal voor een gemengd gezelschap van vegetariërs en niet-vegetariërs. U kunt de maaltijd van tevoren klaarmaken; de croissants smaken opgebakken nog net zo lekker (ca. 5 minuten bij 200°C). Voor een feestje zou u minicroissants kunnen maken.

- 300 g getoerd gistdeeg*,
  of kruimeldeeg*,
  of piedeeg*,
  of een recept gistdeeg voor taartbodems*

  vulling:
- 75 g geraspte oude, pittige kaas of 100 g dunne plakjes magere ham, fijngehakt
- 25 g geraspte jongbelegen kaas
- 2 kleine zure augurkjes (15-20 g), fijngehakt
- 1 eetlepel bieslook, of 2 eetlepels peterselie, of 2 eetlepels prei (het lichtgroene gedeelte), alles zeer fijn gehakt
- 2-3 eetlepels room of melk
- eventueel wat zout
- nootmuskaat (bij kaas) of peper (bij ham)

Vermeng voor de vulling de kaas of ham met de rest van de ingrediënten. Werk het goed door elkaar, zodat het een wat samenhangende massa wordt.
Rol het deeg uit als voor Duitse *Kipferl**. Smeer op elk segmentje van het uitgerolde deeg 1/8 van de vulling. Laat daarbij langs de beide schuine kanten een rand van 1 1/2 cm vrij en bestrijk deze met water of eiwit. Rol de deeglapjes losjes op en druk daarbij de randen iets aan. Laat de croissants op een koele plaats nog een kwartiertje rusten en

verwarm ondertussen de oven voor. Bestrijk het gebak eventueel met losgeroerde eierdooier.
Bakken: ca. 20-30 minuten bij 220°C, middelste richel.

Kaastaartjes
(ca. 12 stuks van ca. 6 cm)

⊖ ⚱

Als hartig hapje bij een feestje of als tractatie bij een bijzondere lunch. Gebruik hiervoor het liefst sconesplaten met 6 of 12 vakjes, losse vormpjes zijn op het bakrooster moeilijk te hanteren (of zet ze op de bakplaat en zorg voor voldoende onderwarmte).

- *1 recept gistdeeg voor taartbodems*,*   504
  of kruimeldeeg*,   504
  of ca. 300 g getoerd gistdeeg*, gemaakt   502
  met de minimale hoeveelheid boter

  vulling naar keuze:
- *100 g rode en groene paprika, in kleine blokjes gesneden en bestrooid met fijngeknipte bieslook of peterselie; of*
- *100 g doperwtjes of maïskorrels (vers of uit een potje), vermengd met veel bieslook; of*
- *100 g ui, fijngesneden, bestrooid met fijngeknipte bieslook of peterselie en een vleugje nootmuskaat; of*
- *100 g vleestomaten (zonder natte delen), in kleine blokjes gesneden, bestrooid met wat oregano of basilicum; of*
- *50-75 g ham, fijngehakt, bestrooid met wat fijngeknipte bieslook*

  saus:
- *1 ei*
- *1 dl melk of half melk/half room*
- *1/2 eetlepel gebuild meel*
- *100 g kaas (Emmentaler, Gruyère, Leerdammer), zeer fijn geraspt*

Rol het deeg 3 mm dik uit*, steek er met een   497
glas of kopje passende rondjes uit en beleg de vormpjes met het deeg. Laat het deeg bij erg ondiepe vormpjes ruim 1/2 cm boven de rand uitsteken. Prik met een vork twee maal in de deegbodempjes. Verdeel de vulling over de bodempjes.
Klop het ei los, voeg de melk, het meel en de kaas toe en klop alles goed door elkaar. Verdeel deze saus over de vulling in de vormpjes, maar laat ten minste 3/4 cm van de deegrand vrij: de vulling rijst nog een beetje. Verwarm de oven voor.
Bakken: ca. 15 minuten bij 225°C, middelste richel.

Tip: Voor een groot gezelschap kunt u de taartjes van tevoren bakken. Haal ze daarna uit de vormpjes (deze kunt u dan gebruiken voor de volgende lading) en zet ze op een bakplaat. Vlak voor het serveren kunt u ze dan – zonder vormpjes – allemaal tegelijk weer opwarmen (in een voorverwarmde oven 5 minuten bij 225°C, oven uitschakelen en de taartjes nog 5 minuten erin laten staan).

Kruidenbroodjes (12-16 stuks)

⊖ ⚱

Een tractatie bij een maaltijdsoep of feestelijke lunch.

Maak een half recept *volkorenbrooddeeg** of   475
fijn brooddeeg*. Meng hierbij 1 theelepel tijm   481
en 1 theelepel gestampt karwijzaad door het meel.
Vorm het gerezen deeg tot een bal, snijd de bal in 12-16 punten en vorm hiervan gave balletjes.
Leg de balletjes op een bakplaat, druk ze wat plat en laat ze, losjes afgedekt met plasticfolie of een vochtige theedoek, tot twee keer het volume rijzen. Verwarm de oven voor.
Druk de bolletjes nog een keer plat en bestrijk ze met losgeklopte eierdooier. Knip ze naar wens met een schaar aan de bovenkant kruisgewijs in.
Bakken: ca. 15 minuten bij 220°C, middelste richel.

Variatie: Strooi nog wat sesamzaad of maanzaad op de met ei bestreken bolletjes. Of gebruik geen karwij *in* het deeg, maar druk wat karwijzaad *op* de bolletjes.

Kokosgehakt (8 stuks)

🌱

Zacht met een krokant korstje, als vleesvervanger een ware tractatie. Vervang de jus door *kerriesaus**. Kokosgehakt smaakt het lekkerst als u het met vers geraspte kokosnoot maakt.

205

- *100 g stevig volkorenbrood, in kleine dobbelsteentjes gesneden*
- *ca. 2 dl heet water*

- *200 g vers geraspte kokosnoot of 150 g gemalen kokos*
- *2 eetlepels ui, zeer fijn gehakt*
- *eventueel 1 teentje knoflook, zeer fijn gehakt*
- *1 groot ei*
- *1-2 theelepels kerrie, of 1/2 theelepel chilipoeder*
- *1/2 eetlepel citroensap*
- *1/2 theelepel zout*

Giet het water over het brood, laat het een paar minuten toegedekt staan en prak het fijn.
Voeg de rest van de ingrediënten toe en meng alles grondig door elkaar; het moet een stevige, maar niet te droge massa worden. Laat ten minste 20 minuten rusten, vooral als u gedroogde kokos gebruikt.
Vorm van de massa 8 balletjes, druk ze wat plat en bak ze in de koekepan in wat olie aan beide kanten lichbruin op een matig vuur.
Doe de koekjes op een voorverwarmd schaaltje en leg er een partje citroen en een toefje peterselie bij.

Saliemuisjes (ca. 16 stuks)

⑤ ①

Een lekkernij bij lamsvlees of bij de aperitief.

- *een half recept beignetbeslag 1*, zonder hysop*
- *16 grote, gave, verse saliebladeren*
- *frituurolie**

512

45

Pluk de saliebladeren zodanig, dat het steeltje er nog aan blijft zitten (dit is het staartje van de muis). Was de bladeren zonodig en dep ze voorzichtig droog in een theedoek. Houd de blaadjes bij de steeltjes vast, dompel ze een voor een in het beslag en bak ze in de hete olie (180°C) lichtbruin in enkele minuten. Houd de muisjes warm onder een vel keukenpapier.

Variatie: Voeg een snufje cayennepeper aan het beslag toe.

Hartig gevuld gebak

Onder hartig gevuld gebak verstaan we groente- en kaastaarten, pie's, kaas-, kip- en vleespasteien, flappen en pizza's. Het zijn min of meer feestelijke gerechten, afkomstig uit verschillende landen.

Groente- en kaastaarten

Een *groentetaart* kan de basis zijn voor een warme maaltijd voor 4 personen. Veel werk kan al de dag van tevoren worden gedaan, waardoor deze taarten bijzonder geschikt zijn als er gasten komen.
Afhankelijk van de soort groente die in het gebak wordt verwerkt kan er een salade van rauwe wortelgroente of een frisse bladsla bij worden geserveerd.
Groentetaarten waarin ook granen zijn verwerkt zijn wat voedzamer.

Kaastaarten leveren eiwitten en vetten en zijn geschikt als bijgerecht bij gekookte granen, of als feestelijk lunchhapje. Een taart van 24-26 cm is dan voldoende voor 4-6 personen.

Zowel bij de groente- als bij de kaastaarten wordt de bakvorm met deeg bekleed en in de regel tegelijk met de vulling gebakken. Een goede oven met vooral veel onderwarmte is daarbij noodzakelijk. Als de taart aan de bovenkant te vlug bruin wordt (terwijl de bodem nog niet krokant gebakken is), dan biedt een vel aluminiumfolie als afdekking uitkomst. Gebruik liever geen bakvorm die voorzien is van een anti-aanbaklaag, deze laag houdt de onderwarmte tegen. Een pizzavorm met een 2-3 cm hoge rand is handzamer (lagere deegrand) dan een springvorm en kan in de oven niet gaan lekken.
Het blind voorbakken van de deegbodem is vooral geschikt voor groentetaarten met een vulling van bladgroente, die anders te lang aan de hoge temperaturen zou zijn blootgesteld (bij voorbeeld spinazietaart). Bij natte vullingen kan het ook helpen de deegbodem eerst met eiwit te bestrijken. Verwarm de oven altijd voor (ook de gasoven), eventueel zelfs tot 250°C, waarbij na 5 minuten baktijd wordt teruggeschakeld op de in het recept aangegeven temperatuur.

Preitaart

ⓢ

Een pittige, winterse groentetaart.

- 1 recept gistdeeg voor taartbodems* 504
  (maak de variatie met havervlokken), of 1
  recept kruimeldeeg* 504

- 1 eetlepel olie
- 400-500 g prei, schoongemaakt gewogen,
  in 1 cm brede ringen gesneden
- 2 theelepels kerrie

- 100 g wortel of knolselderij, geraspt
- 2-3 theelepels tijm
- 1 theelepel zout

- 1/8-1/4 l melk (afhankelijk van de
  hoeveelheid kookvocht)
- 2 eieren
- 1 eetlepel meel
- 1 theelepel zout

- 50-100 g geraspte pittige kaas

- een pizza- of springvorm van 28-30 cm

Rol het deeg 3 mm dik uit en bekleed hiermee de bakvorm. Prik met een vork een paar keer in het deeg om blaasvorming tijdens het bakken te voorkomen. Verwarm de oven voor.
Verwarm in een pan de olie met de prei en smoor de prei glazig of fruit hem lichtgeel. Smoor ook de kerrie nog even mee. Roer de wortel, de tijm en het zout erdoor en spreid dit groentemengsel uit over het deeg. Dek de taart af met aluminiumfolie.
Bakken 1: 25 minuten bij 220°C, onderste richel.
Klop de eieren met de melk los en giet deze saus over de groente. Zet de taart voorzichtig weer in de oven (zonder aluminiumfolie).
Bakken 2: ca. 20 minuten bij 200°C, onderste richel. Strooi 10 minuten voor het einde van de baktijd de geraspte kaas over de taart en laat hem smelten.

Variaties:
- leg plakjes dungesneden ham of ontbijtspek op de deegbodem alvorens de groente erop uit te spreiden. Doe dit eventueel alleen over een gedeelte van de taart voor de niet-vegetariërs. Markeer dit gedeelte van de taart met 2 tandenprikkertjes door ze tegen de deegrand aan te leggen (niet prikken, anders lekt de bodem)
- vervang de kaas door blokjes rookspek; strooi ze voor het bakken op de taart
- vervang de melk gedeeltelijk door room
- vervang de eieren door 3-4 eetlepels kwark en 3 eetlepels meel extra. Meng in dit geval de kaas (gebruik 100 g) door de vulling
- vervang in de zomer de wortelgroente door een in blokjes gesneden vleestomaat (zonder sap)

Worteltaart

ⓢ

Makkelijk te maken en ook zeer geschikt voor jonge kinderen. Serveer met een bladsla en desgewenst een bord *geroosterde vlokkensoep** vooraf. Deze taart kan ook koud 87 gegeten worden.

- 1 recept gistdeeg voor taartbodems* of 50⋅
  kruimeldeeg* 50

- 500 g wortel (geschild gewogen), niet al te
  fijn geraspt

- 1 eetlepel olie
- 1 grote ui (ca. 75 g), fijngesneden
- 1 eetlepel appeldiksap

- 50 g hazelnoten of amandelen,
  fijngemalen
- 2 theelepels gemalen koriander
- 2 theelepels anijszaad
- 2 eetlepels peterselie, fijngeknipt

- 1/2 pot (175 g) halfvolle kwark
- 1 1/2 dl room of melk
- 1/2 eetlepel gomasio of 1/2 theelepel zout

- een pizza- of springvorm van 28-30 cm

Rol het deeg uit en bekleed daarmee de vorm, ook de rand. Prik er met een vork een paar keer in.
Verwarm op een matig vuur de olie met de ui en smoor de ui glazig. Voeg het diksap toe en laat, van het vuur af en met het deksel op de pan, even staan. Strooi de noten en de kruiden over de geraspte wortels, voeg het

uienmengsel toe en meng alles grondig door elkaar. Verwarm de oven voor.
Spreid de vulling over de deegbodem uit en druk hem stevig aan.
Roer de room en de gomasio door de kwark en smeer deze saus over de vulling, hij moet er helemaal mee bedekt zijn.
Bakken: ca. 40 minuten bij 200°C, onderste richel. Dek de taart eventueel af met aluminiumfolie als de kwarksaus te vlug bruin wordt.

Variaties:
- laat de gesmoorde ui weg
- vervang anijs en koriander door 3 theelepels kerrie
- vervang de wortels door **bieten** en kruid ze met wat geraspte gemberwortel of fijngesneden geconfijte gember. Meng een eetlepel meel door de vulling als de bieten erg sappig zijn; dit voorkomt het slapworden van de deegbodem
- zie *wortelpastei**   288

Tip: Als de wortelgroenten tegen het voorjaar droog en wat bitter worden, vervang dan tot 150 g van de hoeveelheid door appel (geen moesappel); of vervang het kwarksausje door een mengsel van 1 1/4 dl viili, 1 dl room, 1 eetlepel gomasio en 1 ei. Giet de saus na 20 minuten baktijd over de vulling. Dek tot die tijd de groentevulling af met aluminiumfolie.

Kooltaart
⑤ ↩

In de zomer met spitskool, in de winter met groene of witte kool of Chinese kool bereid, is dit een verrassend lekkere manier om deze 'gewone' groente te eten. Een salade erbij en wat fruit toe maakt de maaltijd rond.

- 1 1/2 recept gistdeeg voor taartbodems*   504
  of 1 recept kruimeldeeg*   504
- 1 1/2 recept koolvulling voor
  groenteflappen*   299
- 1/2-1 dl half melk/half room of viili
- 35-50 g amandelen, in smalle reepjes gesneden of zeer grof gehakt

- een pizza- of springvorm van 28 cm

Rol het deeg 3 mm dik uit en bekleed er de bakvorm mee. Prik met een vork een paar keer in het deeg. Verwarm de oven voor.
Spreid de vulling uit over de deegbodem en dek de taart af met een vel aluminiumfolie.
Bakken 1: 20 minuten bij 220°C, onderste richel. Verwijder de folie, giet het melkmengsel over de vulling (de hoeveelheid is afhankelijk van de vochtigheid van de groente) en strooi er de amandelen overheen. Laat de folie nu weg.
Bakken 2: ca. 20 minuten bij 200°C, onderste richel.

Variaties:
- vervang de pompoen door gehakt: bak 150-200 g gehakt bruin in de olie. Temper het vuur en voeg nu pas de kool toe
- vervang de amandelen door spekblokjes
- maak een sausje van: 1 klein ei, 1 dl melk en 30-50 g geraspte oude kaas. Giet dit halverwege de baktijd over de koolvulling.

Pompoentaart

Een kleurige groentetaart, waarbij een frisse bladsla past en desgewenst een kopje soep vooraf. Pompoentaart smaakt ook opgebakken nog lekker.

- ca. 350 g getoerd gistdeeg* (maak de   502
  variatie met havervlokken), of 1 recept
  kruimeldeeg*   504
- 1 flinke prei (alleen het witte en
  lichtgroene gedeelte), in flinterdunne
  ringen
- 1 Hokaido pompoen van ca. 1 kg, in 1 cm
  grote blokjes* (500 g schoongemaakt)   39
- 1 eetlepel verse basilicum, fijngehakt (1/2
  eetlepel gedroogd)
- 1 eetlepel gomasio
- 1-2 theelepels kerrie of paprikapoeder

- 2 1/2 dl melk of half melk/half room
- 2 kleine eieren
- 1 eetlepel tarwemeel
- 1 theelepel zout

- 50-100 g geraspte oude, pittige kaas

- een pizza- of springvorm van 28-30 cm ▶

Rol het deeg 2-3 mm dik uit en bekleed hiermee de bakvorm, de rand ca. 3 cm hoog.
Prik met een vork een paar keer in het deeg.
Verwarm de oven voor.
Verdeel eerst de prei en daarna de pompoenstukjes over de deegbodem. Strooi er de kruiden overheen en dek alles losjes af met een passend stuk aluminiumfolie.
Bakken 1: 20 minuten bij 220°C, onderste richel.
Kluts de eieren met melk, meel en zout en giet dit over de groente. Schuif de taart voorzichtig terug in de oven (zonder aluminiumfolie).
Bakken 2: 15-25 minuten bij 200°C, onderste richel.
Strooi halverwege de baktijd de kaas over de taart.

Uientaart
⑤

Gebruik de ingrediënten van de *preitaart**, 282 maar neem 750 g uien, snijd ze overlangs doormidden en daarna in 2-3 mm dikke plakjes. Vervang de kerrie door karwijzaad. Gebruik geen of minder zout voor het eimengsel.
Bakken 1: 20 minuten bij 220°C, onderste richel.
Giet het eimengsel nu pas over de uien en zet de taart voorzichtig terug in de oven.
Bakken 2: 20-30 minuten bij 200°C.

Variaties:
- bak eerst 50 g in blokjes gesneden gerookt spek uit in een pan met dikke bodem. Smoor hierin de uien. Gebruik in dit geval geen kaas voor de taart
- strooi de spekblokjes op de taart voordat hij de oven in gaat
- gebruik maar 400 g uien. Schaaf ze zeer fijn (overdwars) en leg ze *rauw* op de taartbodem; ze worden bijtgaar tijdens het bakken

Tip: Bak voor een gemengd gezelschap van vegetariërs en niet-vegetariërs de helft van de uien met spekblokjes, de andere helft met boter. Verwarm de oven voor. Strooi op de helft van de deegbodem wat kaas en grens dit af met een driedubbelgevouwen reep aluminiumfolie. Laat een 'kokshulp' dit op z'n plaats houden, terwijl u de twee genoemde soorten gesmoorde uien op het deeg uitspreidt: de uien zonder spek komen op de kaas.

Kaastaart
⑤

Deze niet zo vette, maar toch eiwitrijke kaastaart vormt met een frisse sla erbij een volledige maaltijd voor 4 personen, maar is ook geschikt als bijgerecht voor 6-8 personen.

- *1 recept gistdeeg voor taartbodems*, of 1 recept kruimeldeeg** 50 50

- *60 g gebuild tarwemeel*
- *3 1/2 dl melk*
- *1 theelepel zout*

- *100-150 g geraspte pittige kaas*
- *2 eierdooiers van kleine eieren*
- *1 mespunt nootmuskaat*
- *2 eiwitten, stijfgeklopt*

- *een pizza- of springvorm van 28-30 cm*

Maak voor de vulling in een pan met dikke bodem het meel aan met de melk, voeg het zout toe en breng alles onder roeren aan de kook. Laat een paar tellen doorkoken, haal de pan van het vuur, leg het deksel op de pan en laat de saus tot handwarm afkoelen.
Bekleed nu pas de bakvorm met het 3-4 mm dik uitgerolde deeg en prik er een paar keer in met een vork. Verwarm de oven voor.
Meng kaas, eierdooiers en nootmuskaat door de saus, proef of er genoeg zout in zit en schep er tot slot de stijfgeklopte eiwitten door. Verdeel de vulling over de deegbodem.
Bakken: ca. 30 minuten bij 220°C, onderste richel.
Dien de taart, die gerezen is als een soufflé, meteen op.

Variatie: Maak de kaastaart minder machtig door er (voor het bakken) ca. 1 cm dikke schijven vleestomaat op te leggen, of zet halve heel kleine tomaten (met het snijvlak naar boven) in de vulling. Bestrooi ze voor het bakken met wat fijn zout of gomasio en na het bakken met fijngeknipte bieslook, of garneer met kleine toefjes peterselie.

Kaastaart met roquefort en peren
♨

Een bijzondere smaakcombinatie. Eet een stukje van deze feestelijke taart bij de lunch of als voorgerecht (6-8 personen), of als warme maaltijd (4 personen), aangevuld met een frisse salade.

- 1 recept kruimeldeeg*	504
of ca. 350 g getoerd gistdeeg*	502
of bladerdeeg* (zie tip)	501

- ca. 3 eetlepels (30 g) geraspte oude kaas
- 4-5 handperen (ca. 500 g), geschild, eerst in vieren en daarna overlangs in 3 mm dikke plakjes gesneden
- 100 g roquefort, verkruimeld
- 20 g walnoten (6 halve), grofgehakt

- 1-2 eieren
- 2 eetlepels room of melk
- 1 1/2 dl bouillon of water

- een pizza- of springvorm van 26-30 cm

Bekleed de bakvorm met het 3 mm dik uitgerolde deeg en maak een rand van 2-3 cm hoog. Prik een paar keer met een vork in de deegbodem. Verwarm de oven voor.
Strooi de oude kaas over de deegbodem. Leg de plakjes peer met de steelkant naar binnen dakpansgewijs langs de rand, dicht op elkaar. Werk zo een tweede en eventueel een derde cirkel af. Strooi er de roquefort en de noten overheen.
Klop voor de saus de eieren los met de room en de bouillon en giet dit over de vulling (zie tip).
Bakken: 30-40 minuten bij 220°C, onderste richel (hoe kleiner de vorm, des te langer de baktijd).
Dek de taart losjes af met aluminiumfolie (glimmende kant naar boven) als de bovenkant te vlug bruin wordt.

Variatie: Vervang de roquefort door verse geitekaas (biologisch-dynamisch). Omdat deze kaas veel minder pittig is, moet u 1 theelepel zout en 1 eetlepel verse kruiden (basilicum, oregano, tijm) aan de saus toevoegen.

Tip: Als u bladerdeeg gebruikt en als uw oven te weinig onderwarmte geeft, kan de saus ook halverwege de baktijd over de taart gegoten worden.

Topinamboertaart

Volg het recept van de *pompoentaart**. 283
Vervang de pompoen door verse, malse topinamboer. Borstel de knollen goed schoon en snijd ze overdwars in 3 mm dikke plakjes. Leg de plakjes dakpansgewijs op de prei.
Vervang de basilicum door een mengsel van zout, tijm en rozemarijn (van elk 1 theelepel), samen fijngewreven in een vijzel.

Elzasser kaastaart
♨ 🐄

- 1 1/2 recept gistdeeg voor taartbodems, gemaakt met water en de minimale hoeveelheid boter

- 1 eetlepel boter
- 1 grote ui (150 g), in 2 mm dikke schijven

- 200 g verse geitekaas of 175 g jonge kaas
- 2 dl room of half melk/half room
- 1 ei
- 2 eetlepels meel
- 1/2 theelepel nootmuskaat en/of peper
- 1/2-1 theelepel zout

- 50 g mager ontbijtspek

- een pizza- of springvorm van 28-30 cm

Verwarm in een pan met dikke bodem de boter met de ui en smoor de ui glazig. Doe het deksel op de pan en laat van het vuur af een poosje staan.
Rol het deeg 2-3 mm dik uit en bekleed daarmee de bakvorm*. Verwarm de oven 496
voor.
Verkruimel de kaas bij de uien en roer er de rest van de ingrediënten door. Verdeel deze vulling over de deegbodem. Knip het spek in smalle reepjes over de vulling.
Bakken: 25-30 minuten bij 200°C, onderste richel.

Pasteien en pie's

Voor een *pastei* worden de bodem en de rand van de vorm met deeg bekleed en wordt de vulling nog met een deksel van deeg afgedekt. Dit deksel kan eventueel mooi versierd worden; met een opgemaakte slaschotel een feestelijk geheel voor de hoofdgang. Ook voor pasteien geldt de voorwaarde van een flinke onderwarmte in sterke mate.

Bij de uit Engeland afkomstige *pie* wordt de vulling in een (liefst platte) vuurvaste vorm gedaan, waarna van het uitgerolde deeg een deksel erover wordt gelegd. Het deeg komt maar heel licht in contact met de meestal vrij vochtige vulling en bakt daarom ook in een niet zo erg hete oven nog lekker krokant.

Omdat zowel bij pie's als bij pasteien de vulling niet direct aan de hete ovenlucht wordt blootgesteld, kan hij niet uitdrogen en is er in tegenstelling tot de open taarten meestal geen of maar heel weinig saus voor nodig.

Wie graag het een en ander van tevoren wil klaarmaken, kan alleen een *bladerdeegrand* (apart) bakken en daarmee op de dag zelf de groenteschotel versieren.

Voor een groot gezelschap is het ook mogelijk de taart of pastei op de bakplaat te maken. Deze moet dan wel aan ten minste drie kanten een opstaande rand hebben. De vierde kunt u zelf maken van een driedubbel gevouwen reep aluminiumfolie.
Als u naar eigen ontwerp een pastei bakt (zie *vispastei* of *champignonpastei*) heeft u evenmin een speciale vorm nodig: deze creaties worden ook op de bakplaat gebakken.
De benodigde hoeveelheden deeg voor de diverse bakvormen kunt u behalve in het betreffende recept ook in de *deegtabel** naslaan.

Maak een grote pie in de braadslede. Scherm dan wel de onderwarmte wat af door de braadslede op de bakplaat te zetten, eventueel met een dubbelgevouwen stuk aluminiumfolie ertussen (blik geleidt de warmte beter dan vuurvast glas of porselein en het zou voor de vulling zonder deeg eronder te heet kunnen worden).

Pastei, basisrecept

Rol voor het deksel van de pastei iets minder dan de helft van de in het recept aangegeven hoeveelheid deeg 2 mm dik uit. Leg de bakvorm er ondersteboven op en snijd het deeg uit langs de vorm. Haal de deegrestjes weg, stapel ze op elkaar en leg ze terug in de koelkast bij het overige deeg.
Leg op het deegdeksel een stuk folie, dat zo breed is als de doorsnee van het deeg, maar ten minste 20 cm langer. Rol er met de deegroller luchtig overheen, de folie plakt nu op het deeg. Draai folie én deeg met een vlugge beweging om, leg het overhangende stuk folie op het deeg en vouw alles driedubbel op. Leg dit pakketje voorlopig in de koelkast (onderin, te koud deeg kan bij het weer openvouwen breken).
Rol nu de rest van het deeg 2-3 mm dik uit, strooi er wat bloem op, vouw het losjes twee keer dubbel en transporteer het naar de bakvorm, met de punt van het deegpakje op het midden van de vorm. Vouw het deeg vlug open en bekleed de vorm ermee, ook de opstaande rand (u mag hierbij stukjes aan

Pasteien 287

cm van het deeg over de rand heen hangen). Prik met een vork een paar keer in het deeg op de bodem om blaasvorming tijdens het bakken te voorkomen.

Verdeel nu de vulling volgens de aanwijzingen in het recept over de deegbodem en leg het deeg van de rand losjes terug op de vulling. Haal het deegdeksel uit de koelkast en rol het open. Bestrijk de op de vulling teruggelegde deegrand met wat van de eierdooier waarmee u straks ook het deksel bestrijkt. Leg het deegdeksel op de pastei en druk de randen goed aan. Verwijder nu voorzichtig de folie.

Rol de deegrestjes opnieuw uit en steek er (bij het feest passende) vormpjes uit. Plak ze met wat water op het deegdeksel, maar laat het midden vrij. Steek in het midden met een appelboor een gat uit het deegdeksel, zodat de stoom die zich tijdens het bakken ontwikkelt kan ontsnappen.

Bestrijk nu de pastei met de rest van de eierdooier en prik nog een paar keer met een vork in het deegdeksel.

Schuif de pastei meteen in de voorverwarmde oven, op de onderste richel; Vooral de in een bakvorm gebakken pasteien hebben zeer veel onderwarmte nodig. Dek eventueel de bovenkant af met aluminiumfolie als hij te vlug bruin wordt. Zie voor de baktijden en oventemperaturen de betreffende recepten (zet de oventemperatuur 20° lager als u een pastei op de bakplaat bakt in plaats van in een vorm). Steek voor het opdienen een toefje peterselie door het 'stoomgat'. ▶

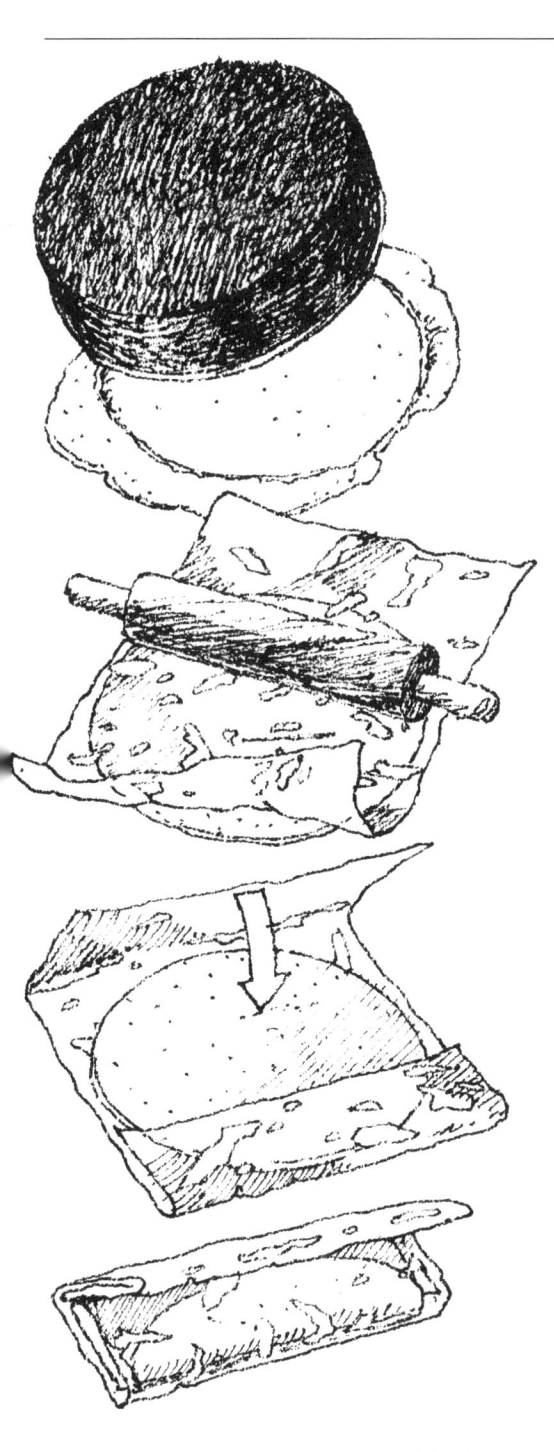

elkaar plakken). Duw het deeg goed in de hoek tussen bodem en rand. Knip met een schaar het overtollige deeg weg (laat bij pizzavormen met een lage rand nog krap 2

Tips:
- maak alleen het deksel van de pastei van bladerdeeg en de rest van kruimel- of gistdeeg. De pastei wordt zo minder vet
- rol het deegdeksel al van tevoren uit. U kunt het, versierd, maar nog *niet* met eierdooier bestreken, in plastic opgevouwen 1-2 dagen in de koelkast bewaren. Als het deegdeksel dan erg stijf is geworden, moet u het even op temperatuur laten komen, anders breekt het bij het openvouwen
- als u de bodem (of de hele pastei) van gistdeeg voor taartbodems maakt (bij vochtige vullingen de variatie met havervlokken), kunt u de pastei al 's morgens maken en kort voor het eten weer opbakken (10-15 minuten in een op 180°C voorverwarmde oven; de baktijd is afhankelijk van de dikte van de pastei). Leg de taart ondertussen op een taartrooster

Wortelpastei

Zeer geschikt voor een feestelijke kindermaaltijd.

- ca. 2 1/2 recept gistdeeg voor taartbodems*, of 1 recept kruimeldeeg*	504
- de vulling van de worteltaart*	282
- een pizzavorm van 28-30 cm doorsnee	

Rol het deeg uit en bekleed de vorm*. 498
Meng alle ingrediënten voor de vulling door elkaar, ook de kwarksaus. Voeg nog een eetlepel meel aan het mengsel toe. Verwarm de oven voor.
Doe de vulling in de vorm en werk de pastei af volgens het basisrecept*. 286
Bakken: 30-40 minuten bij 200°C, onderste richel.

Tip: Zie ook de tips bij het basisrecept*. 288

Chouera

Deze in deeg verpakte hete bliksem is een feestelijke, maar toch zeer voordelige maaltijd voor 4-6 personen. Het recept komt uit het Zwitserse Ernen (Wallis). Serveer de chouera met bladsla.

- 1 recept kruimeldeeg* of gistdeeg voor taartbodems*	50
- 1 eetlepel olie	
- 150 g uien, in 2-3 mm dikke ringen	
- 1 theelepel karwijzaad	
- 250 g aardappelen, geschild gewogen	
- 2 stevige appels (ca. 200 g), schoongemaakt gewogen	
- 150-200 g Walliser bergkaas of oude Goudse kaas	
- 2-3 eetlepels peterselie of andere verse kruiden, fijngeknipt	
- een pizza- of springvorm van 28-30 cm	

Verwarm in een pan met dikke bodem de boter met de uiringen en de karwij en smoor de ui glazig. Haal de pan van het vuur, doe het deksel erop en laat zo even staan.
Schaaf intussen de aardappels fijn (met de komkommerschaaf). Verwijder van de appels steeltje, kroontje en klokhuis en snijd de partjes in 3 mm dikke schijfjes. Schaaf ook de kaas zeer fijn.
Vermeng dit alles met de intussen wat afgekoelde ui en met de verse kruiden. Proef of er nog wat zout bij moet.
Maak met deze vulling een pastei*. Verwarm 2 de oven voor.
Bakken: ca. 30 minuten bij 220°C, onderste richel.

Variaties:
- twee dorpjes verderop (in Münster) heet deze pastei *cholera*. Deze wordt als volgt gemaakt: neem de deegbodem en de vulling van de *chouera*. Leg in plaats van een deegdeksel een raster van deegrepen op de vulling (gebruik hiervoor eventueel een restje bladerdeeg). Kluts een ei en bestrijk hiermee de deegrepen. **Bakken:** ca. 25 minuten bij 200°C, onderste richel. Vermeng de rest van het ei met 1 dl melk en 1/2 dl room en los er 1 theelepel zout in op. Giet

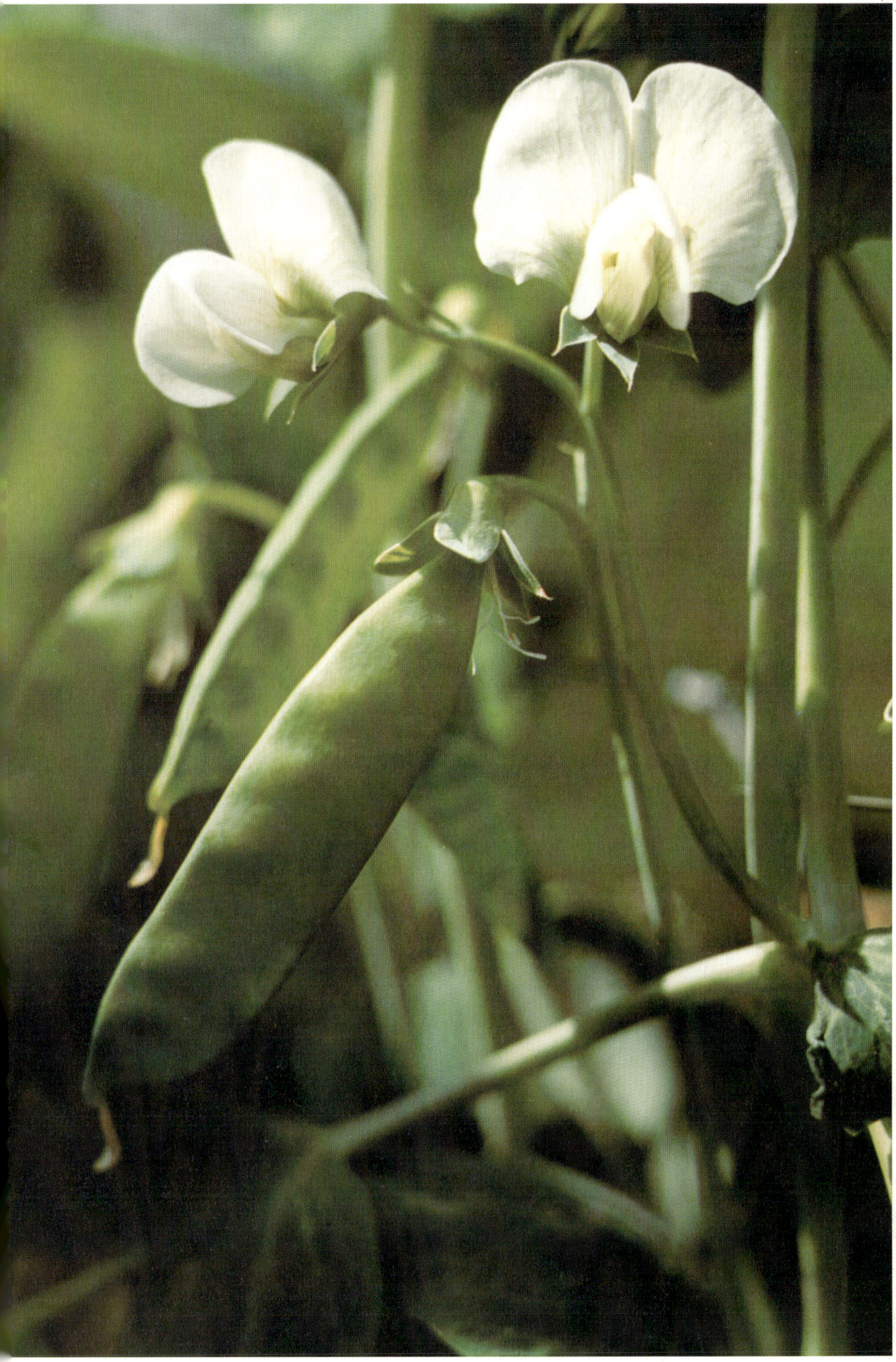

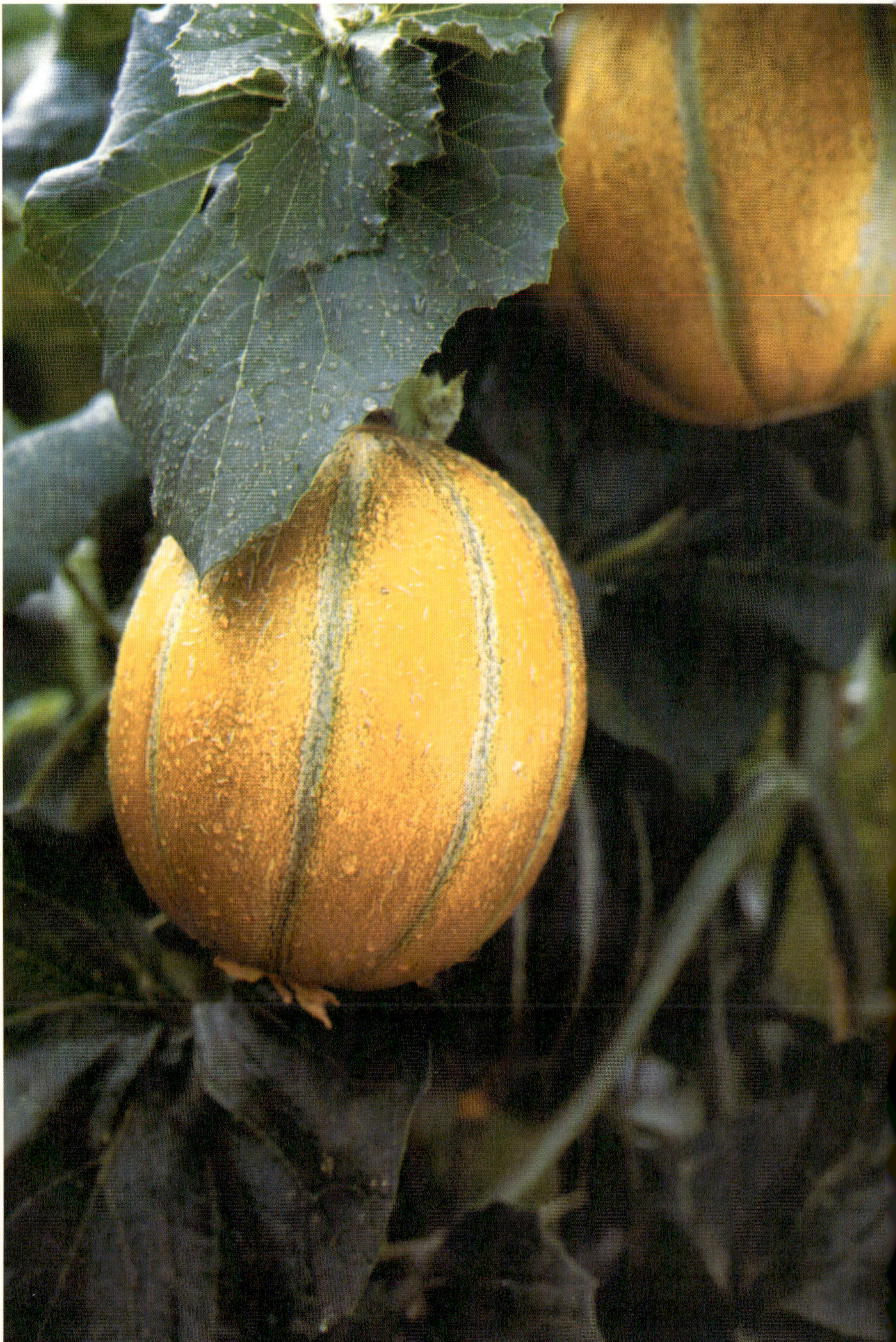

dit halverwege de baktijd door de openingen in het deegraster. Hierdoor wordt de taart sappig. Voor deze variatie is maar 350 g korstdeeg nodig
- in Biel worden de appels vervangen door fijngeschaafde witte kool of spitskool (bijtgaar smoren met de ui)
- in Mörel wordt de chouera zonder aardappelen maar met meer uien gemaakt

Tip: Zie ook de tips bij het basisrecept*. 288

Kaaspastei met kwark

🜋 ⚰

Als bijgerecht bij gekookte hele granen (*thermogrutten**) voor 4-5 personen, maar ook als feestelijk lunchgerecht of hartige hap bij een feestje. De pastei smaakt zowel koud als warm lekker. 138

- ca. 525 g gistdeeg voor taartbodems*, of ca. 300 g kruimeldeeg* 504
- 1/2 pot magere of halfvolle kwark (175 g), of cottagecheese
- 1 ei
- 2 eetlepels bieslook, fijngeknipt, of 1/2 teentje knoflook, fijngesneden, of 2 theelepels knoflookolie* 601
- 1 eetlepel peterselie, fijngeknipt
- 1 theelepel tijm
- 1 mespunt kerrie of 1 eetlepel verse basilicum, fijngeknipt
- 1 mespunt zout

- 75-100 g oudbelegen kaas, in dunne plakjes geschaafd

- 1 dooier van een klein ei, losgeroerd met 2 theelepels water

- een pizza- of springvorm van 24 cm

Klop voor de vulling de kwark romig met het ei en voeg de kruiden en het zout toe. Rol krap de helft van het deeg uit voor het deksel van de pastei, rol ook de rest uit en bekleed de vorm ermee*. 498
Beleg de deegbodem met de plakjes kaas en strijk de kwarkvulling over de kaas. Sla de randen van het deeg over de vulling terug, bestrijk ze met wat eierdooier en leg het deegdeksel erop. Werk de pastei verder af*. 287
Verwarm de oven voor.
Bakken: 30-40 minuten bij 220°C, onderste richel. De pastei heeft veel onderwarmte nodig. Dek eventueel af met aluminiumfolie.

Tip: Zie ook de tips bij het basisrecept*. 288

Kaaspastei met uien (4-6 personen)

🜋 ⚰

Deze pastei wordt op de bakplaat gebakken, er is dus geen speciale bakvorm voor nodig en u kunt hem rond, vierkant of rechthoekig maken (doorsnee ca. 28 cm, pas de grootte aan aan de schaal of plank waarop u hem wilt opdienen en aan het aantal eters).
Geef er sla bij en desgewenst *risotto** of *pilav**. 133
139

- ca. 500 g bladerdeeg* (zie ook de tip) 501

- 10 g boter
- 250 g uien, overlangs doormidden en daarna in 2 mm dikke plakjes gesneden
- 1 theelepel karwijzaad
- 1 eetlepel water

- 250-300 g geraspte Emmentaler, Gruyère of Maasdammer kaas
- 2 eetlepels meel
- eventueel wat zout
- 2-3 eetlepels peterselie of bieslook, fijngeknipt

- 1 klein ei, gescheiden in dooier en eiwit

Smelt voor de vulling de boter in een ruime pan en smoor hierin de ui met de karwij glazig, op een matig vuur. Blus met het water en laat toegedekt afkoelen.
Meng nu de rest van de ingrediënten erdoor (behalve het ei).
Rol de helft van het bladerdeeg uit tot een lap van 2-3 mm dik en leg hem op de bakplaat*. 497
Tot zover kunt u de pastei van tevoren klaarmaken.
Klop het eiwit los en bestrijk hiermee de deegbodem. Prik er een paar keer in met een vork. Rol voor het deksel de rest van het deeg uit in dezelfde vorm, maar rondom 1/2 cm groter. Verdeel de vulling over de deegbodem, maar laat rondom 1 cm vrij. Bestrijk ▶

Afb. 10 Meloen

deze rand nog eens met eiwit en leg nu het deegdeksel erop. Druk de randen goed aan en snijd ze met een scherp mesje of radertje nog een keer mooi recht.
Verwarm de oven voor.
Rol de deegrestjes weer uit en steek er bij het feest passende vormpjes uit, die u met wat water op het deksel plakt. Maak in het midden met een appelboor een gat.
Roer de eierdooier los met een lepeltje melk en bestrijk hiermee het deksel.
Bakken: ca. 30 minuten bij 200°C, onderste richel.
Leg de pastei op een passende platte schaal en laat hem 5 minuten bijkomen voordat u haar aansnijdt.

Variaties:
- vervang de uien door **prei** en gebruik maar één eetlepel meel
- maak met dezelfde vulling een *pizza**   295

Tip: Zie ook de tips bij het basisrecept*.   288

Champignonpastei

Volg het recept van de *vispastei** en vervang   290
de vis door 250 g in plakjes gesneden champignons. Stoof ze heel kort met de ui mee en giet eventueel vrijkomend vocht af. Vervang de ham desgewenst door geraspte, niet té pittige kaas. Maak een sjabloon in de vorm van een paddestoel.

Vispastei (ca. 6 personen, voor een bakplaat van ca. 36x42 cm)

Bij deze feestelijke verrassing hoeft u alleen nog een mooi versierde salade te maken. Het mooist is de pastei vers uit de oven, maar opgebakken smaakt hij net zo lekker.

- ca. 500 getoerd gistdeeg*, of bladerdeeg*   502
- 1/2 eiwit, losgeklopt met   501
- 1 theelepel water

- 125 g brood, gebuild of volkoren, in blokjes gesneden
- 1 1/2 dl hete bouillon
- 1/2 eetlepel olie
- 1 ui (ca. 80 g), fijngehakt
- ca. 300 g vis, schoongemaakt gewogen (filet), in reepjes gesneden
- 50 g ham, in sliertjes gesneden
- 2-3 zure augurkjes (ca. 20 g), fijngehakt
- 1/4 rode paprika (ca. 20 g), in stukjes gesneden
- 1 ei
- 1/2 eiwit
- 1 eetlepel mosterd (mild)
- ca. 2 theelepels zout
- wat peper uit de molen
- 2 eetlepels peterselie of andere groene kruiden

- 1 eierdooier, losgeroerd met 1/2 eetlepel water

Maak een patroon van de pastei op (vetvrij) wit papier en leg dit op de bakplaat om te controleren of hij erop past (hij mag tot de rand komen, de pastei rijst alleen in de hoogte). Als u de pastei wegens plaatsgebrek kleiner moet maken, moet u ook minder vulling gebruiken, een te dik gevulde pastei bakt niet goed door. Of bak van de rest van de vulling kleine visjes en leg ze naast de grote op de bakplaat.
Doe het brood in een deegkom en voeg de hete bouillon toe. Schep om tot al het brood nat is en laat het staan.
Verwarm intussen in een pan met een dikke bodem de olie met de ui en smoor de ui glazig. Leg de vis erop, doe het deksel op de pan en draai de vlam laag. Stoof de vis op een laag pitje gaar (ca. 5 minuten).
Doe het vis/uimengsel bij het geweekte brood en prak alles fijn. Roer ook de rest van de ingrediënten erdoor (behalve de eierdooier). Het moet een smeuïg, pittig mengsel worden. Snijd het deeg in twee helften en rol het 3 mm dik uit*. Rader twee vissen uit en leg de ene   497
meteen op de bakplaat. Leg de andere tussen twee lagen vetvrij papier of plastic op een koele plaats (losjes oprollen mag). Steek van de restjes deeg visogen en -schubben uit.
Bestrijk de deegvis op de bakplaat royaal met eiwit en verdeel de vulling erover. Laat daarbij rondom een deegrand van 1 cm vrij.
Leg de 'dekselvis' op de vulling en druk de randen goed aan: eerst met de vingers, daarna met de tanden van een vork (de vis heeft nu al vinnen).
Bestrijk de vis met eierdooier en leg de ogen

en schubben erop. Bestrijk ook deze met eierdooier, ook over de randjes heen zodat ze vastplakken en niet omhoog rijzen tijdens het bakken. Prik naast de vinnen met een vork door het deeg heen (stoomgaatjes).
Bakken: ca. 30 minuten bij 200°C, onderste richel.
Dek de staart en eventueel ook de randen van de vis af met aluminiumfolie als zij bruin worden voordat de hele vis gebakken is.

Tips:
- maak van bladerdeeg een *holle* pastei in de vorm van een vis (werkwijze zie *bladerdeegpasteitjes**). Deze ongevulde pastei kunt u al een paar dagen van tevoren maken, vlak voor het eten opwarmen en vullen met *visragoût** 292 231
- als er vegetariërs meeëten: maak om te beginnen de vulling zonder vis. Neem verhoudingsgewijs minder vis en pocheer* de vis apart. Meng door het voor de vegetariërs bedoelde gedeelte van de vulling champignons (hetzelfde gewicht als de vis), in flinterdunne plakjes gesneden. Vervang de ham door (niet té pittige) geraspte kaas. Meng vis en ham door de rest van de vulling. Beleg de vis vanaf de staart met de vegetarische vulling en vanaf de bek met de visvulling 42
- zie ook de tips bij het basisrecept* 288

Hampastei
🕀 ⚱ ⍋

Volg het recept van de *vispastei** en vervang de vis door 250 g in zeer kleine blokjes gesneden ham, of 200 g ham en 50 g champignons. Maak de hampastei in een bij het feest passende vorm of gewoon rond. 290

Kip-groentepastei
⚱ ⍋

Met een mooi versierde schotel erbij een feestelijke zomermaaltijd voor 4-6 personen. De pastei kan warm of koud worden gegeten.

- ca. 350 g piedeeg* 503
  of bladerdeeg* (eventueel alleen het 501
  deksel van bladerdeeg), of ca. 450 g
  getoerd gistdeeg* 502

- 100 g ham of 50 g ontbijtspek, dun gesneden

- 300-400 g borstvlees van kip (zonder botjes), in kleine stukjes gesneden
- 1 theelepel komijn (djinten) of nootmuskaat
- 1-2 theelepels geraspte gemberwortel
- 1 theelepel zout
- wat peper uit de molen

- 1-2 eetlepels olie
- 1 flinke ui, fijngesneden

- 1 wortel (ca. 150 g), in dobbelsteentjes van 1 cm
- 150 g gedopte verse erwten (300-500 g ongedopt) of stukjes bleekselderij

- 2 eetlepels kappertjes of 2 in stukjes gesneden zure augurkjes
- 1 grote vleestomaat, ontveld en in blokjes van 1 cm gesneden
- 2-3 eetlepels peterselie, fijngeknipt
- gomasio of zout naar smaak
- eventueel wat sojasaus

- een springvorm van 26 cm

Vermeng het vlees met het zout en de kruiden. Fruit de ui in de olie lichtgeel, voeg het vlees toe en smoor dit even mee. Laat het vooral niet bakken. Voeg eventueel wat bouillon of water toe als het vlees niet genoeg vocht loslaat. Laat het op een laag pitje gaarstoven. Kook de wortel met de doperwten in een bodempje water krap gaar en voeg dit met de rest van de ingrediënten bij de kip. Proef of de vulling pittig genoeg is.
Rol het deeg uit en vul de pastei*. Leg eerst de ham of het ontbijtspek op de deegbodem. Verwarm de oven voor. 286
Bakken: ca. 30 minuten bij 220°C, onderste richel. ▶

Variaties:
- vervang de verse doperwten door 250 g sperziebonen, in stukjes gesneden, of plakjes courgette
- vervang het kippevlees door **gehakt** (half runder/half varken). Gebruik dan maar 1/2 eetlepel olie voor het bakken
- maak de pastei in een vuurvaste schaal of in kleine pasteibakjes, waarbij u alleen het deksel van deeg maakt. Deze variatie (het is eigenlijk een pie) smaakt warm opgediend het lekkerst
- zie ook de tips bij het basisrecept*   288

Bladerdeegpasteitjes (12 stuks)

🕒 ⚱

Als voorafje, feestelijk lunchhapje, of als bijgerecht bij een feestelijke maaltijd. Serveer dan met *risotto** of aardappelpuree en sla   133 en/of groente, afhankelijk van de vulling van de pasteitjes. U kunt de korst voor de pasteitjes al 1-2 weken van tevoren maken; bewaar ze luchtdicht, koel en donker en warm ze voor het vullen nog een keer op (5 minuten bij 150°C).

- *1 recept bladerdeeg**   501
- *1 uitsteekvorm van 8 cm en een van 4 cm doorsnee, of een glas of kopje en een eierdopje, beide met een scherpe rand*
- *een ragoût**   230

Rol het deeg 3/4 cm dik uit en steek er 12 rondjes van 8 cm uit. Leg ze op een met koud water afgespoelde bakplaat. Steek met het kleine uitsteekvormpje in het midden van het deegrondje voorzichtig door de *halve* dikte van het deeg heen. Of markeer met het borrelglaasje in elk deegplakje een cirkeltje (niet echt op het deeg drukken), en snijd hierlangs met een scherp, puntig mesje door de halve dikte van het deeg heen. Maak hierbij een gave snede, de buitenste deegrand moet aan de bovenkant helemaal van het middelste rondje gescheiden zijn, anders kan het pasteitje niet gelijkmatig rijzen. Snijd vooral niet helemaal door de deegbodem heen.
Bestrijk de ring en het rondje met eierdooier, die u met 1/2 eetlepel water heeft losgeroerd. Mors hierbij niet over de rand of in het gleufje, ook dit zou het rijzen bemoeilijken. Laat alles op een koele plaats ca. 10 minuten rusten. Verwarm de oven voor.
Bakken 1: 10 minuten bij 220°C, onderste richel; daarna 10 minuten bij 180°C.
Pas op: open de ovendeur *niet* tijdens de eerste 5 minuten. Haal de bakplaat uit de oven, maak voorzichtig (met een mesje) de middelste deegrondjes los en leg ze op een deegrooster (dit zijn de dekseltjes).
Hol de pasteitjes uit, het binnenste is niet gaargebakken. Schuif de pasteitjes terug in de oven.
Bakken 2: ca. 5 minuten bij 180°C, middelste richel. Laat de nu door en door krokant gebakken pasteitjes op een taartrooster afkoelen.
Vul ze vlak voor het opdienen met het dikke gedeelte van de ragoût en geef er de rest van de saus apart bij in een sauskom.

Variaties:
- gebruik uitsteekvormpjes in de vorm van bij voorbeeld een hart, ster, bloem (borstplaatvormen). Maak eventueel eenzelfde kleinere vorm van karton voor de markering van het deksel
- rader het deeg in vierkantjes

Tips:
- gebruik voor het maken van pasteitjes nooit deeg dat al eens is uitgerold
- maak de pasteitjes niet te heet als u ze voor het vullen weer opwarmt, anders breken ze bij het vullen. Zet ze voor het vullen op een bordje, de tere deegbodem is anders gauw doorweekt, waardoor u ze moeilijk kunt verplaatsen
- vervang de bladerdeegpasteitjes door grote soezen (12 stuks van 1 recept *kookdeeg**)   511
- vervang de bladerdeegpasteitjes door tarwebolletjes. Bak ze eerst op in de oven (5-8 minuten bij 150°C), snijd er vervolgens een kapje af, haal er wat kruim uit en vul de broodjes met ragoût

Bladerdeegrand

⑤ 🕒 ⚱

Een bijzonder feestelijke manier om ragoût of groente op te dienen. De van bladerdeeg gebakken rand wordt op de schaal gezet, nadat deze is gevuld. Aan tafel krijgt ieder een

Bladerdeegrand 293

het bakken. Bestrijk alles met eierdooier en laat de rand ca. 10 minuten rusten op een koele plaats. Verwarm intussen de oven voor.
Bakken: 8-10 minuten bij 200°C, onderste richel. Schakel de oven uit en klem een houten pollepel tussen de ovendeur. Laat het gebak nog 5 minuten in de oven staan en laat het daarna op een taartrooster afkoelen.

stuk van de krokante rand naast de groente of ragoût op zijn bord.
Als u bladerdeeg in voorraad heeft, is de rand makkelijk en vlug gemaakt. Gebruik er geen restjes voor, anders rijst hij niet gelijkmatig. De deegrand is, luchtdicht verpakt, op een koele, donkere plaats 1-2 weken houdbaar.

Rol ca. 250 g *bladerdeeg** (voor een schaal van 24 cm) 3 mm dik uit en leg de schaal ondersteboven erop. Druk hierbij zo min mogelijk op het deeg, het gaat alleen om het markeren van de omtrek van de schaal. Snijd nu het deeg met een scherp mesje of radertje rondom 2 cm *buiten* deze markering uit (het deeg krimpt tijdens het bakken). Leg deze deegcirkel op de bakplaat.
Leg vervolgens een schaal of bord op het deeg, zoveel kleiner dat er een deegrand van 5-6 cm breed overblijft. Rader of snijd hierlangs, helemaal door het deeg heen. Haal het middenstuk eruit en leg het naast de deegrand. Bestrijk het middenstuk met eierdooier (losgeroerd met 1 eetlepel water) en bestrooi het met wat fijn zout en een dichte laag sesam- of maanzaad. Rader het in 12 puntjes en leg deze zo ver uit elkaar, dat er een tussenruimte van ca. 1 cm ontstaat. Zonder veel extra moeite bakt u zo een aantal lekkere zoutjes mee.
Rol eventuele deegrestjes 2 mm dik uit, steek er bij het feest passende figuurtjes uit en plak ze met water op de deegrand. Gebruik zo groot mogelijke figuurtjes, ze krimpen tijdens

501

Pie, basisrecept

Pie's zijn deftige Engelse schotels met een hoed op van deeg. Een pie vormt de groenteschotel in een maaltijd en er is dus nog een aardappel- of graangerecht bij nodig en wat sla van rauwe groente. Of eet soep vooraf en/of een nagerecht toe.
Als u het deegdeksel met passende motieven versiert, heeft u met een pie een feestelijke schotel voor 4-5 personen, die u grotendeels van tevoren kunt klaarmaken.
Kies een korstdeeg dat past bij de vulling van uw keuze en zorg ervoor dat de combinatie niet te vet- of eiwitrijk wordt. Voor de benodigde hoeveelheden deeg zie de *deegtabel**.
Als vorm is elke niet te lage ovenvaste schaal geschikt (in een te lage vorm (minder dan 5 cm hoog) zou de groente te heet worden).
Een paar suggesties voor de vulling (de betreffende recepten vindt u via het register elders in het boek):
- *groenteschotel met kwark*
- *Oosterse groenteragoûts* (vegetarisch of met vlees)
- de vullingen van groentetaarten zoals *topinamboertaart, pompoentaart, preitaart* of *uientaart*. Vervang dan de in deze recepten genoemde saus door een in 1 dl melk losgeklopt ei
- de vullingen van de pasteien
- de *bloemkool-* en *koolvulling* van de groenteflappen, waarbij u bij de koolvulling de pompoen in kleine blokjes gesneden kunt toevoegen. Maak van deze drie vullingen wel een dubbele hoeveelheid
- groentecombinaties naar eigen keuze, waarbij u zeer vochtige groenten (tomaat, komkommer) met drogere soorten (sperziebonen, doperwtjes, peen, knolselderij, knolvenkel, enzovoort) kunt combineren. Stevige bladgroente (alle koolsoorten) kunt u, eventueel met een uitje, in een eetlepel olie eerst even laten slinken; hardere groentesoorten in weinig water even voorkoken (hooguit bijtgaar). Maak het mengsel smeuïg met 1 dl melk of room, eventueel met kwark (de zurige smaak past echter niet bij elke groentesoort, wel bij wortelgroenten als topinambier en pastinaak). Voeg bij zeer vochtige groente nog een losgeklopt eitje toe. Gebruik liever geen meelsauzen

Werkwijze: Vet de vorm in en doe de vulling erin, tot hoogstens 1/2 cm onder de rand, maar ook niet lager dan 2 cm onder de rand. Rol het deeg 3 mm dik uit*, rondom 1 cm groter dan de bovenkant van de vorm. Maak de rand van de vorm nat en leg het deegdeksel er *losjes* op (als het er te strak op ligt, zou het tijdens het bakken (het krimpt) kunnen scheuren of van de rand loslaten, waardoor de vulling vocht en smaak zou verliezen). Laat het deeg op de vulling zakken, als de vorm niet helemaal vol is.
Druk de rand van het deeg met de tanden van een vork voorzichtig op de rand van de schotel en knip het overtollige deeg niet te krap weg. Maak met een appelboor een gat in het midden van het deegdeksel.
Rol de restjes deeg opnieuw uit en steek er bij het feest passende motieven uit. Plak ze met een beetje ei of water op het deegdeksel en bestrijk het geheel met losgeklopte eierdooier of een eetlepel ei (achtergehouden van de vulling). Zet de vorm met de bodem van een springvorm of een sudderplaatje eronder op het ovenrooster (om de vulling tegen al te grote hitte te beschermen).
Bakken: ca. 20 minuten bij 200°C, middelste richel (bij een hoge vorm) of een richel hoger (bij een lage vorm). De pie heeft vooral bovenwarmte nodig.

Dien de pie heet uit de oven op als de korst nog knapperig is. Maak het deegdeksel voorzichtig van de rand los en snijd het met een puntig mes op de pie in porties en verdeel deze voordat u de vulling opschept.

Tips:
- gebruik zo mogelijk tijdens de eerste 10 minuten alleen bovenwarmte
- gebruikt u voor de vulling een zachte groente (bladgroente), bescherm de vulling dan tegen te grote hitte door een dikke laag gekookte granen onderin de schaal; de pie wordt hierdoor tevens wat voedzamer
- tot slot: experimenteer eventueel eerst met de makkelijk te maken *appelpie**   465

Feuilletés (8 stuks)

Een eenvoudige, maar toch feestelijke manier om *ragoûts* of *roerei* op te dienen. Serveer met bladsla en een gekookt graan; bij een vulling ▶

met roerei bovendien nog een saus bij het graan.

- *250 g bladerdeeg**   501
- *1 eierdooier van een klein ei, losgeroerd met een lepeltje melk*

Rol het deeg 3 mm dik uit tot een lap van ca. 22x30 cm. Rader de randen zodanig haaks, dat u een rechthoek van 20x28 cm krijgt. Rader deze nu in 8 lapjes van 7x10 cm. Leg ze op een bakplaat en bestrijk ze met losgeklopte eierdooier.
Bakken: 5 minuten bij 250°C; 5 minuten bij 190°C, middelste richel.
Snijd deze 'kussentjes' met een scherp, groot mes overdwars doormidden. Leg ze op de borden en vul de onderkant vlak voor het opdienen royaal met de ragoût of het roerei en zet het dekseltje er schuin op.

Tip: Bak de bakjes desgewenst van tevoren en warm ze vlak voor het opdienen op (5 minuten bij 200°C).

Pizza's

De Italiaanse **pizza** bestaat uit een met de vulling belegde (verhoudingsgewijs dikke) deegbodem van brooddeeg. Hierbij wordt maar heel weinig vet of olie gebruikt, het vet wordt in de vorm van olie pas na het bakken over de vulling gedruppeld. Omdat deze olie niet zo sterk wordt verhit, kunt u hiervoor de oliesoorten met veel onverzadigde vetzuren (bij voorbeeld saffloerolie) gebruiken. Bij een pizza past een frisse sla.

Pizza met kaas en uien
(6-8 personen, voor een grote bakplaat)

Een winterse pizza. Eet er sla bij en fruit toe.

- *2 maal het recept van gistdeeg voor taartbodems*; gebruik hiervoor olie en maak het deeg niet te stijf*   ⇢ 504
- *1 recept vulling van kaaspastei met uien*; vervang hierin het meel door 2 eetlepels water*   289

Rol het deeg uit tot een lap van ca. 30x40 cm en leg deze op de bakplaat (werkwijze zie *tomatenpizza**). Prik met een vork vele malen in het deeg en spreid de vulling erover uit; laat daarbij rondom een rand van krap 1 cm vrij. Verwarm de oven voor.
Bakken: 20-30 minuten bij 200°C, onderste richel. Leg desgewenst een stuk aluminiumfolie op de pizza als de kaasvulling te veel dreigt uit te drogen.
Snijd de pizza op de plaat in handzame stukken en stapel ze op een platte schaal. ▶

Variatie: Voor de zomer: Druk 12 grote, ca. 1/2 cm dikke schijven tomaat, courgette of aubergine in de vulling vóór de pizza de oven in gaat. Strooi voor het bakken wat gomasio op de groente en druppel er na het bakken wat olie overheen.

Tips:
- bak een restje van de pizza de volgende dag weer op in de oven, losjes afgedekt met aluminiumfolie (ca. 10 minuten bij 180°C)
- zie de tip bij *tomatenpizza** 296

Tomatenpizza (6-8 personen, voor een bakplaat van ca. 35x40 cm)

Serveer een frisse bladsla bij deze sappige pizza. Ook opgebakken pizza smaakt goed.

- 2-3 maal het recept van gistdeeg voor taartbodems*; gebruik hiervoor olie en meng 1/2 eetlepel tijm door het meel. Maak het deeg vooral niet te stevig (met 600 g deeg wordt de deegbodem krokant, met 900 g deeg meer broodachtig) 504
- 2 eetlepels basilicumblad, fijngeknipt, of 1/2 eetlepel gedroogde oregano
- 1 grote ui (ca. 100 g), overdwars in 2 mm dunne ringen gesneden
- ca. 250 g grote champignons, jonge courgettes, aubergine of Hokaido pompoen, in 2 mm dunne plakjes geschaafd
- 1 grote groene paprika, in 1/4 cm dunne ringen gesneden
- 3/4-1 kg rijpe vleestomaten, in ruim 1/2 cm dikke schijven gesneden
- 2 Mozzarella kaasjes, zo mogelijk biologische (ca. 200 g)
- 2-4 eetlepels olijf- of basilicumolie* 601

Rol het gerezen deeg ca. 4 mm dik uit en bekleed hiermee de bodem van de bakplaat (aan de achter- en zijkant tot de rand, aan de voorkant voor zover het deeg reikt). Doe dit desgewenst in gedeelten en plak de deeglappen met de vingers tegen elkaar aan, waarbij de naden zoveel mogelijk weggewerkt worden. Sluit de voorste rand af met een reep aluminiumfolie. Prik vele malen met een vork in het deeg om blaasvorming te voorkomen. Strooi de basilicum of oregano over het deeg.

Verdeel nu eerst de uiringen, daarna de champignons en vervolgens de paprikaringen over de bodem. Leg tot slot de tomaten tussen en naast de paprikaringen. Leg deze vulling tot aan de rand. Verwarm de oven voor.

Bakken: 20-30 minuten bij 220°C, onderste richel.

Leg ca. 10 minuten voor het einde van de baktijd de in schijfjes gesneden Mozzarella op de pizza en laat hem smelten, maar niet bruin worden.

Haal de pizza uit de oven en druppel de olie erover.

Variaties:
- vervang in de winter de verse groenten door 1 1/2-2 potten ingemaakte *pizzasaus** 597
- strooi 1/2 eetlepel karwijzaad over de uien
- vervang de Mozzarella door 200 g oude belegen Goudse kaas, geraspt of in dunne schijfjes geschaafd
- vervang de champignons door olijven (100 g)
- vervang de helft van de kaas door 50-100 g spekblokjes, die u al bij het begin van de baktijd over de groente kunt strooien. Of bak ze eerst uit en strooi ze vlak voor het opdienen over (eventueel maar een gedeelte) van de pizza
- vervang een gedeelte of alle kaas door in reepjes gesneden ham
- leg een paar ansjovisfilets op de tomaten (niet bij erg zoute kaas)
- zie ook de recepten van de *pizza met kaas en uien** en de *pizza met courgette en geitekaas**; neem zowel van het deeg als van de vulling een dubbele hoeveelheid 295 296
- eenvoudig: **pizza Margherita**. Laat de champignons en paprika weg en vervang de Mozzarella door 80-100 g Parmezaanse kaas

Tip: Maak van een restje deeg *crackers**. 492

Pizza met courgette en geitekaas
(4 kleine)

Vlug gemaakt, zacht van smaak en met een leuk kleureffect. Serveer met wat bladsla.

- 1 1/2 maal het recept gistdeeg voor taartbodems*; gebruik hiervoor olie en meng 1/2 theelepel tijm door het meel. Maak het deeg niet te stijf 504
- 2 eetlepels basilicum, fijngeknipt (2 theelepels gedroogd)
- 150 g geitekaas (Demeter of fèta), of verse meikaas
- 2 kleine courgettes (ca. 300 g), in 2 mm dunne schijfjes gesneden
- 8-10 kleine tomaten (ca. 500 g), in 1/2 cm dikke plakjes gesneden

- eventueel 1-2 eetlepels olijfolie

Verdeel het gerezen deeg in 4 gelijke bolletjes en rol ze uit tot ronde lapjes van 18-20 cm . Leg ze op een bakplaat en prik met een vork een paar keer in het deeg. Strooi de basilicum over de deeglapjes en verkruimel de helft van de kaas in het midden. Leg de schijfjes courgette en tomaten om en om dakpansgewijs rond de kaas. Laat daarbij langs de buitenkant van het deeglapje een rand van 1 cm vrij. Verwarm de oven voor.
Bakken 1: 20-25 minuten bij 200°C, onderste richel.
Verkruimel de rest van de kaas over de groente.
Bakken 2: ca. 5 minuten, tot de kaas is gesmolten en hooguit lichtgeel van kleur is. Leg de pizza's op borden en druppel er naar wens nog wat olijfolie overheen. Zet een strooibusje met gomasio of kruidenzout op tafel.

Variaties:
- vervang de olijfolie en de basilicum door *basilicumolie** 601
- vervang de geitekaas door geraspte belegen Goudse. Leg dan geen kaas in het midden van het deegrondje, maar leg op deze plaats een plakje tomaat. Strooi alle kaas (na bakken 1) over de groente

Tips:
- leg op elk deeglapje in plaats van verse tomaten een flinke eetlepel *pizzasaus**, of krap 1 eetlepel tomatenpuree*. Gebruik dan meer courgette. Leg voor het bakken een op maat geknipt rondje aluminiumfolie losjes op de courgettes. Zonder het vocht van de tomaten zou de courgette te veel uitdrogen. Neem de folie weg voor het uitstrooien van de kaas over de pizza 597 597
- zie de tip bij *tomatenpizza** 492

Topinamboerpizza

⑤ ⓥ

Een zeer eenvoudige pizza; in een half uur op tafel als u het deeg van tevoren heeft gemaakt. Serveer er een sappige sla bij en fruit of compote toe.

- 1 recept gistdeeg voor taartbodems*, gemaakt met 2 eetlepels olie 504
- 1 ui (ca. 50 g)
- 2 theelepels tijm
- 400 g topinamboer, schoongeboend
- 1 1/2 theelepel zout
- 2-3 eetlepels olie

- 25 g amandelen, in plakjes gesneden

- een pizzavorm van 30 cm

Rol het deeg uit en bekleed hiermee de pizzavorm*. Prik er met een vork een paar keer in. Verwarm de oven voor. 498
Schaaf de uien en de topinamboer op een komkommerschaaf in dunne plakjes. Verdeel de uien over de deegbodem, bestrooi met de tijm, dek af met de topinamboer en druppel de olie eroverheen.
Bakken: ca. 20 minuten bij 220°C, onderste richel. Strooi halverwege de baktijd de amandelen over de pizza.
Leg desgewenst een vel aluminiumfolie over de pizza als de bovenkant te vroeg bruin wordt. De pizza is alleen lekker als de deegbodem krokant is. Eet hem zo vers mogelijk.

Variaties:
- vervang de amandelen door geraspte oude kaas (vlak na het bakken erover strooien)
- vervang voor een niet-vegetarische gast de amandelen door 50 g spekblokjes (voor het bakken op de pizza strooien), of door een plak ham (op de deegbodem gelegd). Strooi op deze plek dan maar de helft van het zout
- bak 250 g gehakt in 1 eetlepel olie en verkruimel dit als eerste laag over de deegbodem. Laat dan de olie uit de vulling weg
- vervang het zout door 1/2-3/4 eetlepel gomasio (op de uien strooien)
- vervang de topinamboers door 500 g aardappelen (afkokers), geschild gewogen. Gebruik voor deze **aardappelpizza** een grote ui (100 g) en 3 eetlepels olie. Vervang de tijm eventueel door rozemarijn (gestampt). Kaas past er ook beter op dan amandelen

Flappen

Flappen worden zonder bakvorm direct op de plaat gebakken. De vulling wordt romdom in deeg gewikkeld. Er is verhoudingsgewijs weinig vulling voor nodig, waardoor dit gebak dan ook eerder met groente (rauwkost) dan met graan of aardappelen moet worden aangevuld.

Groenteflappen, basisrecept
(6 stuks)

⑤ᶜ

In deeg verpakt smaakt groente heel anders dan uit de pan; vooral bij kinderen zijn groenteflappen erg in trek. Serveer met sla en desgewenst een kop soep vooraf.

De onderstaande recepten voor vullingen zijn voldoende voor:
- 6 flinke flappen (18x9 cm doorsnee), gemaakt van een hoeveelheid *bladerdeeg*
- 6 flappen (14 cm doorsnee) van een hoeveelheid *pie-*, *kruimel-* of *getoerd gistdeeg* of 1 1/2 recept *gistdeeg voor taartbodems*
- één heel grote flap. Snijd deze aan tafel in moten. Neem dan óf wat minder deeg óf wat meer vulling (anderhalf maal de hoeveelheid)

Maak eerst de gekozen vulling. Verdeel het deeg in 6 porties, druk deze wat plat en vorm ze tegelijk wat rond. Verdeel ook de vulling in de mengbak in 6 segmenten.
Rol nu één voor één de deegporties uit tot ronde lapjes met een middellijn van 16 cm en 3 mm dik (bij bladerdeeg vierkante lapjes van 18x18 cm), op een met meel bestoven werkvlak (laat de nog niet uitgerolde stukjes deeg zolang in de koelkast liggen).
Leg op de ene helft van het deeglapje een portie vulling. Laat daarbij 1 cm van de rand vrij en bestrijk dit met wat losgeklopt eiwit of water. Klap de flap dicht en druk de randen voorzichtig aan. Rader de rand mooi rond (bij bladerdeeg recht).
Leg de flappen op een bakplaat, bestrijk ze met melk of met een met wat water losgeroerde eierdooier. Verwarm de oven voor.
Als u wat deeg over heeft, kunt u dit uitrollen en er vormpjes uitsteken, om de flappen mee te versieren (plak ze erop met wat water of eierdooier).

Prik tot slot een paar keer met een vork in de bolle bovenkant van de flappen (maak er bij een vochtige vulling met een appelboor een gat in).
Bakken: ca. 25 minuten bij 220°C, middelste richel.

Tip: Als u veel flappen moet maken, kunt u het deeg beter in een keer uitrollen en er rondjes (of vierkantjes) uit steken of raderen. Hoe kleiner u de flappen maakt, des te minder vulling u nodig heeft. Zo krijgt u bij voorbeeld van tweemaal de hoeveelheid (1 kg) piedeeg, eenvoudig korstdeeg of getoerd gistdeeg 24 deegrondjes van 12 cm doorsnee. Eén hoeveelheid vulling is dan voldoende.
Deze kleine flapjes (ze krimpen door het bakken) kunt u uit het vuistje eten.
Als u de uitgerolde deegrondjes laag om laag met plasticfolie ertussen op elkaar stapelt, kunt u het tijdrovende uitrollen al van tevoren doen (het stapeltje in een plastic zak stoppen en in de koelkast bewaren).

Spinazievulling voor groenteflappen (in het voorjaar)

Gebruik voor deze flappen *gistdeeg voor taartbodems** (de variatie met havervlokken). 504

- 500 g jonge spinazie, gewassen (750 g oudere spinazie)

- 1 eiwit, losgeklopt
- 30-50 g fijngemalen amandelen
- 1-2 eetlepels gomasio
- eventueel 1 teentje knoflook, zeer fijn gehakt

Zet de spinazie op met het aanhangende water en laat de groente slinken. Laat de spinazie maar even koken, giet haar dan op

een zeef en laat haar uitlekken. Druk er met de hand nog zo veel mogelijk vocht uit en knip de spinazie (alleen als dat echt nodig) is nog wat klein.
Vermeng de spinazie met eiwit, amandelen, gomasio en knoflook (maak deze vulling pas vlak voor het gebruik in verband met het nitraatgehalte van spinazie en warm spinazieflappen niet op).

Bloemkoolvulling voor groenteflappen (in de zomer)

Gebruik voor deze flappen *piedeeg*, *eenvoudig korstdeeg* of *getoerd gistdeeg*.

- 1 bloemkool (middelmaat), in zeer kleine roosjes geplukt (ca. 400 g; maak van het afval bloemkoolsoep, waarbij u de kleine, malse stukjes stronk als vulling kunt gebruiken)
- 1 vleestomaat (ca. 150 g), zonder het natte gedeelte, in 1/2 cm grote blokjes
- 75 g geraspte belegen of oude kaas
- 1 mespunt nootmuskaat
- romige peterseliesaus*, vooralsnog zonder de melk   208
- eventueel wat zout

Kook de bloemkoolroosjes in wat bouillon (van het afval) in 2-3 minuten bijtgaar.
Vermeng de roosjes met tomaat, kaas en nootmuskaat en schep er de helft van de zeer dikke peterseliesaus door. Het beste lukt dit, als alles nog een beetje warm is.

Tip: Breng de rest van de saus, verwarmd en verdund met wat melk, op temperatuur en serveer haar bij de flappen.

Pompoenvulling voor groenteflappen (in de herfst)

Gebruik voor deze flappen *piedeeg*, *eenvoudig korstdeeg* of *getoerd gistdeeg*.

Maak een mengsel als voor *pompoenkoekjes**, 368 waarbij u de pompoen zeer fijn moet raspen. Smoor de ui eerst in 1 eetlepel olie met wat water glazig, voordat u haar aan de vulling toevoegt.

Koolvulling voor groenteflappen
(in de winter)

Gebruik voor deze flappen *piedeeg* of *kruimeldeeg*, of 1 1/2 recept *gistdeeg voor taartbodems*.

- 1 eetlepel olie
- 1 klein uitje, fijngesneden
- 200 g witte kool, zeer fijn geschaafd
- 1 theelepel gekneusd mosterdzaad of 1/2 eetlepel mosterd
- 3 eetlepels water
- 100 g wortel of pompoen (oranje), fijngeraspt
- 25-50 g geroosterde hazelnoten* of walnoten, grof gehakt   604
- 1 eetlepel gomasio
- eventueel een snufje peper
- eventueel 1 eetlepel vers pepermuntblad, fijngeknipt
- 2 eetlepels peterselie- of selderijblad, fijngehakt
- eventueel 1 eetlepel room of kwark

Vermeng de olie met de ui en kool en smoor alles glazig op een matig vuur. Laat het niet aanbakken, maar voeg het mosterdzaad en het water toe en stoof de kool in 3-5 minuten bijtgaar (met het deksel op de pan).
Voeg de wortel of pompoen en de kruiden toe en meng ook de noten erdoor. Het moet een smeuïg en vooral pittig mengsel zijn; voeg nog wat room of kwark toe, als de wortels aan het eind van de winter erg droog zijn.

Variaties:
- vervang de witte kool door uitgelekte en wat kleingesneden *zuurkool*, het mosterdzaad door karwijzaad en de wortel door een appel. Zuurkool hoeft u niet te stoven, hij wordt tijdens het bakken in de flap wel gaar
- vervang het mosterdzaad door 1 eetlepel kappertjes of 1 fijngehakt augurkje
- gebruik in de zomer spitskool. Vervang dan de wortel door 75 g rode paprika (in kleine stukjes gesneden) en de walnoten door 25 g liefst geroosterde zonnebloempitten*   605
- vervang een derde tot de helft van de kool door taugé en de walnoten door geroosterde, grof gebroken cashewnoten, vervang het mosterdzaad door 1 mespunt gemalen komijn (djinten)   ▶

- vervang de witte kool door **rode kool** en het mosterdzaad door 1-2 theelepels geraspte gemberwortel of door een bolletje fijngehakte, geconfijte gember. In deze combinatie smaakt een geraspte appel beter dan wortel; vervang desgewenst de walnoten door op elk deeglapje onder de vulling een dun plakje ontbijtspek te leggen
- vervang de wortel door 150 g gehakt, voor de ui in de olie gebakken
- vervang de pompoen door een restje fijngesneden vlees in de vulling

Suggesties voor andere vullingen voor flappen

- het mengsel van de *pastinaak-* of *wortelkoekjes**. Voeg geen meel aan deze vulling toe   358 357
- de helft van de vulling voor de *Oosterse kip-groentepastei**   291
- zeer dik gemaakte *linzenchili**. Verdun de rest van de vulling met wat bouillon en serveer als saus bij de flappen   227

Kaasflappen (ca. 12 stuks van 12 cm)

⊖ ⌇

Als bijgerecht, als feestelijk lunchhapje, op een feestje (maak dan miniflapjes), maar ook als maaltijd. Serveer er dan een gemengde sla bij of een sappige groente en fruit toe. Kaasflapjes smaken ook lekker bij een niet te machtige maaltijdsoep; ze kunnen goed worden opgebakken.

- 1 1/2 maal het recept voor gistdeeg voor taartbodems*	504
of 1 recept getoerd gistdeeg*	502
of 1 recept kruimeldeeg* (voor de miniflapjes)	504
- de vulling van de kaasrollen*	301
of de vulling van de kaaspastei met uien* (1/2 recept), gemaakt met de helft van de kaas	289
of kaasragoût*; gebruik alleen het dikke gedeelte van de saus en serveer de rest van de saus apart erbij	230

of (vlug gemaakt) meng de volgende ingrediënten:
- 50 g grof paneermeel of broodkruimels, ten minste 10 minuten geweekt in
- 1 1/2 dl melk of half melk/half room
- 150 g geraspte pittige kaas
- 2 eetlepels bieslook of 3 eetlepels ui, fijngehakt
- 1 klein eiwit
- 1 mespunt nootmuskaat

Werkwijze: zie *groenteflappen**.   298
Bakken: 15-20 minuten bij 200°C, middelste richel.

Variaties:
- **hamflappen:** vervang in de vlug gemaakte kaasvulling de kaas door ham en een klein augurkje (20 g), beide fijngehakt
- **gehaktflapjes (pirozki):** braad 250 g rundergehakt*; fruit een zeer fijn gesneden ui mee   231 en kruid pittig, maar voeg geen water toe. Smoor het vlees in een gesloten pan in zijn eigen sap gaar en bind het vocht zonodig met wat meel. Meng er nog 1-2 eetlepels

fijngehakte peterselie of 1 eetlepel andere verse tuinkruiden (basilicum) door en maak met deze vulling ca. 24 kleine flapjes (8 cm)
- **eierflappen:** vul de flappen met *eierragoût**   232
- **champignonflappen:** vul de flappen met *champignonragoût**   232

Tips:
- vervang bij de ham- en gehaktflappen 50 g van het vlees door gekookte rijst of boekweit (op het laatst erdoor mengen)
- vervang bij de ham- en gehaktflappen 100 g van het vlees door zeer fijngeschaafde kool

Kaasrollen (16 stuks)

Ⓢ ↩

Een voedzaam, maar niet vet hartig gebak, dat met een schaal frisse sla of een sappige groente een volledige maaltijd vormt voor 4-6 personen. Kleinere rolletjes zijn lekker uit het vuistje bij een drankje. Opgebakken smaken ze net zo lekker als vers.

- 1 1/2 recept *gistdeeg voor taartbodems**,   504
  of 1 recept *getoerd gistdeeg** *(gebruik*   502
  voor beide degen de minimale hoeveelheid boter)

- *60 g gebuild tarwemeel*
- *2 dl water*
- *10 g boter*
- *1 mespunt nootmuskaat*

- *2 eiwitten van kleine eieren, geklutst met*
- *1 eierdooier*
- *75-100 g geraspte oude kaas*
- *2-3 eetlepels bieslook of andere groene kruiden, fijngeknipt*

- *1 eierdooier, losgeroerd met*
- *1/2 eetlepel water*

Maak voor de vulling het meel aan met het water, voeg de boter en de nootmuskaat toe en breng alles onder voortdurend roeren langzaam aan de kook. Haal de pan van het vuur als de saus onhandelbaar dik wordt. Klop er in gedeelten de eieren door; de saus moet de eieren telkens opgenomen hebben voordat u de volgende scheut toevoegt. Meng de kaas en de verse kruiden erdoor en doe een deksel op de pan.

Rol de helft van het deeg uit tot een lap van 40x24 cm en rader deze in 8 lapjes van 10x12 cm. Verdeel de helft van de vulling over deze lapjes en smeer hem uit over het deeg – laat daarbij rondom een rand van ruim 1 cm vrij. Rol de lapjes in de lengte heel losjes op (te strak opgerolde rollen barsten tijdens het bakken). Leg de rollen met 2 cm afstand met de sluiting naar beneden op de bakplaat en druk de uiteinden licht op elkaar.
Verwerk de andere helft van het deeg en de vulling op dezelfde wijze en bestrijk alle rollen met de eierdooier. Prik met een vork 5x diep in de rol.
Bakken: ca. 30 minuten bij 200°C, middelste richel.

Variatie: Kaascroissants: zie het hoofdstuk *brood*.

Tips:
- maak voor een feestje kleine rollen of croissants
- maak in plaats van 16 kleine 2 grote rollen: rol het deeg uit tot een lap van 40x25 cm en snijd hem in twee helften van 20x25 cm. Vul de deeglappen en werk ze verder af als hierboven beschreven. **Bakken:** ca. 20 minuten bij 190°C, middelste richel

Broodbeleg

Algemene suggesties voor broodbeleg vindt u in het hoofdstuk *De lunch**. Hieronder een paar recepten voor strooisels, pasta's en kruidenboters.

Notenstrooisel (voor een springvorm van 28 cm, 1 jampot vol)

Lekker als kruimel op appeltaart of over toetjes, maar ook op de boterham. De smaak is rinzig-zoet.

- 25 g boter, vloeibaar maar niet warm
- 2 eetlepels honing
- 1 eetlepel stroop
- 1/2 eetlepel diksap
- eventueel 1 theelepel geraspte citroen- of sinaasappelschil

- 50 g havervlokken, fijn
- 50 g amandelen of hazelnoten, gehakt of zeer grof gemalen

Roer de boter met de zoetmiddelen en de rasp romig.
Voeg de havervlokken en de noten toe en werk dit met een vork tot een rul mengsel. Laat het een poosje intrekken. U kunt het nu gebruiken om over een taart te strooien in het laatste kwartier van de baktijd.
Als u het strooisel als broodbeleg in voorraad wilt hebben, moet u het op een bakplaat uitspreiden en ca. 20 minuten bakken bij 150°C. Sluit de rand van de springvorm rondom het op de bakplaat uitgespreide strooisel, om te veel bruinbakken langs de rand te voorkomen. Let goed op dat het niet te bruin wordt, want dan smaakt het bitter. Schep het tijdens het bakken af en toe om. Laat het mengsel op de bakplaat afkoelen, wrijf het met de vingers tot kruimels en doe het in een jampot. Op een niet te warme en vooral donkere plaats is het een paar weken houdbaar.

Variatie: Laat stroop en diksap weg en neem een eetlepel honing extra.

Tip: Rooster de vlokken en noten (voorzichtig) in een pan en voeg pas daarna de overige ingrediënten toe.

Gemengde notenpasta (2 potten)

Een alternatief voor pindakaas*.

- 1/2 pot (175 g) amandelpasta
- 1/2 pot zonnebloempittenpasta
- 1/2 pot tahin puur
- 125 g hazelnoten, geroosterd* en grof gehakt
- 1 theelepel zout
- eventueel wat olie

Doe alle ingrediënten in een beslagkom en meng ze grondig door elkaar met een stevige

vork. Voeg zonodig wat olie toe, het moet een smeerbaar geheel worden.
Doe de pasta in schone jampotten (goed aandrukken) en bewaar hem op een niet te warme en vooral donkere plaats.

Variatie: Meng desgewenst een paar eetlepels pindakaas door de notenpasta. Pindakaas heeft een nogal overheersende smaak en er is maar weinig van nodig om de hele pasta naar pinda's te laten smaken.

Tip: Als u in het bezit bent van een graanmolen of een foodprocessor, kunt u de pasta's vervangen door héle amandelen, pitten en zaden en alles zelf heel fijn malen. Als u de zonnebloempitten en het sesamzaad voor het malen eerst roostert*, geeft dit aan de pasta een extra lekkere smaak. Maal wel noten, pitten en zaden apart, de hardheid verschilt per soort.

Chocoladevlokken

Een lekkernij voor een verjaardagsontbijt of als taartversiering.

Kies een chocoladesoort naar eigen smaak: melk of puur, bereid met carob of met ongeraffineerde rietsuiker en cacao.
Rasp van een reep chocola op een komkommerschaaf zoveel als u denkt nodig te hebben. Als u dit op een eerst dubbel- en daarna weer opengevouwen vel wit papier doet, kunt u de 'vlokken' makkelijk in een potje overdoen. Bewaar op een koele plaats.

Tip: Leg de chocola op een zeer warme dag eerst een half uur in de koelkast.

Mincemeat (2 potten)

Deze gekruide vulling voor mince pie, het traditionele Engelse kerstgebak, kunt u ook voor onze Hollandse appelflappen gebruiken. Mincemeat is ook lekker als broodbeleg, in een glazen pot is het (in de koelkast) 1 week houdbaar. Mincemeat kunt u ook inmaken*.

- 100 g krenten
- 100 g rozijnen
- 75 g amandelen, grof gemalen
- eventueel 1 bittere amandel, gestampt
- 80 g ongeraffineerde rietsuiker
- 25 g geconfijte sinaasappelschil, fijngehakt, of de geraspte schil van een verse sinaasappel
- 1 1/2 theelepel gemalen kruidnagelen
- 2 theelepels kaneel
- 1/2 theelepel nootmuskaat
- 1 theelepel geraspte gemberwortel
- de geraspte schil van 1 citroen
- 15 g zachte boter

- het sap van 2 citroenen (1 dl)
- 500 g zure appelen, geraspt

Vermeng alle droge ingrediënten en kneed er de boter door.
Vermeng de appelen tijdens het raspen telkens met het citroensap om verkleuren te voorkomen. Vermeng de geraspte appelen met de gekruide massa.

Variatie: Vervang de amandelen door walnoten.

Liptauerkaas

Een lekker hapje bij een feestelijke lunch, bij in de schil gekookte aardappelen, als snack op toostjes of als broodbeleg.

- 50 g zeer zachte boter
- 150 g magere kwark, op kamertemperatuur (anders gaat het mengsel schiften)

- 2 theelepels kappertjes of 1 eetlepel zeer fijngesneden zure augurkjes
- 2 theelepels mierikswortel, geraspt, of 2 theelepels mosterd
- 2 theelepels ui, zeer fijn gehakt
- 1 theelepel karwijzaad, in de vijzel gekneusd
- 1 eetlepel bieslook of verse basilicum, fijngeknipt
- eventueel 1/2 eetlepel milde paprikapoeder
- wat peper uit de molen
- zout

Roer de boter romig, voeg eerst de kwark (in gedeelten) en daarna de rest van de ingrediënten toe. Roer zolang tot een homogene massa is ontstaan. Doe dit mengsel in een vormpje en laat het op een koele plaats opstijven (ten minste 1 uur).
Stort het vlak voor het opdienen op een niet te klein plat bord en garneer met sterrekers, winterpostelein of een ander groen blaadje van het seizoen.

Kruidenkwark
①

Deze frisse kwark is behalve als broodbeleg ook lekker bij gekookte granen (tarwe, rogge, thermogrutten), of in de schil gekookte aardappelen. Ook geschikt als dipsausje.

- 200 g halfvolle kwark (ruim een halve pot)
- 1-2 eetlepels olie
- 1/2-1 dl melk of room

- 2-4 eetlepels (naar smaak meer) bieslook of andere verse tuinkruiden, fijngesneden
- eventueel 1 eetlepel fijngesneden ui
- eventueel 1 eetlepel fijngeraspte mierikswortel
- eventueel wat zout of gomasio*   605

Klop de olie door de kwark en roer er zoveel melk door, dat een dikvloeibare saus ontstaat. Voeg kort voor het opdienen de zeer fijn gesneden tuinkruiden, de ui en de mierikswortel toe en breng op smaak met zout of gomasio.

Variaties:
- vervang de ui door 1-2 teentjes knoflook (door de pers gedrukt)
- vervang de mierikswortel door 2-3 eetlepels fijngeraspte rammenas. Voeg in dit geval geen melk aan de kwark toe: de rammenas maakt de saus dunner

Tip: Leng overgebleven saus aan met wat yoghurt of viili en gebruik dit de volgende dag als saus voor een rauwkostsalade van wortelgroente.

Partyboters
① ↻ ♨

Kruidige en/of pikante smeersels waarmee u kleine *crackers**, *toostjes* of schijfjes stokbrood kunt versieren. Ze zijn echter ook lekker als bijgerecht bij in de schil gekookte aardappelen. Wat overblijft smaakt heerlijk op de boterham.   492
Roer de zachte boter altijd eerst glad voordat u hem met de rest van de ingrediënten vermengt. Serveer de boter in kleine kommetjes. Als u partyboter van tevoren wilt maken kunt u haar verwerken als bij *kruidenboter** is beschreven, in plakjes snijden en op een bordje leggen. Als u de boter binnen 2 weken gebruikt, hoeft u ze niet in het vriesvak te leggen: boter conserveert.   612

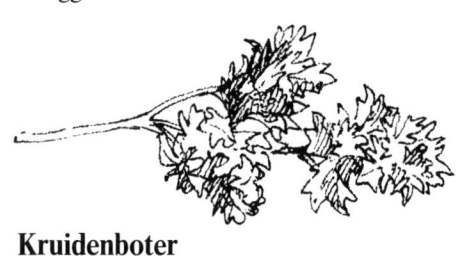

Kruidenboter

Zie blz. 612; gebruik maar 1 eetlepel kruiden op 50 g boter. Garneer elk hapje met een blaadje van het in de boter gebruikte kruid.

Knoflookboter

- 50 g zeer zachte boter, vermengd met
- 1-2 teentjes knoflook, gestampt of door de pers gedrukt en
- wat fijn zout

Garneer met een flinterdun plakje knoflook.

Mierikswortelboter

- 50 g zeer zachte boter, vermengd met
- 10 g zeer fijn geraspte mierikswortel
- 1/4 niet al te grote zure appel, fijngeraspt
- 1/2-1 eetlepel zure room
- wat fijn zout

Garneer met een dun plakje appel, gewenteld door wat citroensap.

Kerrieboter

- 50 g zeer zachte boter, vermengd met
- 2-3 theelepels kerrie
- 1 eetlepel room of viili
- 1 theelepel citroensap
- 1 theelepel sojasaus
- eventueel wat fijn zout

Garneer met een halve pinda of amandel.

Ansjovisboter
♉

- 50 g zeer zachte boter, vermengd met
- 2 ansjovisfilets, fijngestampt (of 1/4 theelepel uit een tube)
- 1-1 1/2 eetlepel room of viili
- 1/2 theelepel citroensap

Garneer met een schijfje augurk of een kappertje.

Zwitserse boter

- 50 g zeer zachte boter, vermengd met
- 30 g groene Zwitserse kaas (Schabziger, in goed gesorteerde kaaswinkels als blokje vers te koop), zeer fijn geraspt, of 2 eetlepels Zwitserse strooikaas (Geska)
- 1 eetlepel room (2 eetlepels bij strooikaas)

Strooi er wat sesam- of maanzaad op.

Kaasboter

- 50 g zeer zachte boter, vermengd met
- 1/2 eetlepel mosterd
- 40 g Sbrinz, of 50 g zeer oude Goudse, zeer fijn geraspt
- 1 eetlepel viili of yoghurt
- wat peper of nootmuskaat

Garneer met een halve walnoot.

Sesamboter

- 50 g zeer zachte boter, vermengd met
- 30 g geroosterd sesamzaad* gestampt of gemalen
- 1 eetlepel room
- wat fijn zout

605

Garneer met een schijfje in wat citroensap gemarineerde banaan, komkommer of radijs.

Ananasboter met ham of walnoten
♉

- 50 g zachte boter, vermengd met
- 1 plak ananas (vers of ingemaakt*), zeer fijn gehakt
- 25 g magere ham, zeer fijn gehakt, of 20 g walnoten, fijngemalen
- 1-2 eetlepels ananassap of water met citroensap (3:1)
- wat fijn zout (zeer weinig als u ham gebruikt)

582

Garneer met een driehoekje ananas.

Dadelboter

- 50 g zeer zachte boter, vermengd met
- 25 g dadels, ontpit gewogen en zeer fijn geknipt of gehakt
- 1 theelepel citroensap

Garneer met een halve gepelde amandel of een rozijntje.

Groenten

De meeste planten houden in een bepaald groeistadium (vaak voor de bloei) voedingsstoffen vast: dit kan optreden door een verdikking van de *wortel* (winterpeen), door een waterige stuwing in de *stengel* (koolrabi), door een terughouding in een sappig *blad*rozet (andijvie), of door de vorming van een waterige *vrucht* rond de zaden (komkommer).
Sinds mensenheugenis hebben groentetelers gebruik gemaakt van dit fenomeen, door bij de teelt juist die karakteristieke eigenschappen van de betreffende plant te accentueren. Zo heeft de familie van de kruisbloemigen o.a. de koolraap (wortel), de koolrabi (stengel), de kool (blad), de broccoli (bloemknop) en de mosterdplant (zaad) voortgebracht.

Als wij groente eten, eten we doorgaans slechts een bepaald gedeelte van de plant: nu eens de wortel, dan weer de stengel of het blad en soms ook de vrucht (tomaat) of melkrijpe zaden (doperwten). De bloem bevat te weinig substantie om als voedsel te dienen. Broccoli, bloemkool en artisjok eten we in een voorstadium van de bloei.
Van oudsher wist men in de kruidengeneeskunde intuïtief, dat in de voeding het wortelgedeelte van de plant bij de mens de processen die zich in het hoofd afspelen, ondersteunt; dat het bladgebied de ritmische processen in bloedsomloop en ademhaling stimuleert en dat het gebied van de bloem en de gerijpte vrucht de stofwisselingsprocessen beïnvloedt. Rudolf Steiner heeft deze oude wijsheid op een nieuwe manier weer in ons bewustzijn gebracht. Hij adviseerde bij de samenstelling van de maaltijd erop te letten, dat wortel, stengel, blad en bloem (kruiden) van de plant erin verwerkt zijn, waardoor de voeding de hele mens aanspreekt.
In de menusuggesties bij de recepten hebben we hiermee rekening gehouden. De lezer kan zelf ontdekken, dat hierdoor niet alleen gezonde, maar ook zeer smakelijke combinaties zijn ontstaan. Algemeen gesproken kan men de eenzijdigheid van een groenteplant bij het samenstellen van de maaltijd opheffen door naast de gekozen groente wat rauwkost van een andere groente te eten (bij voorbeeld naast andijvie wat wortelsla) en vruchten toe. Ook kruiden zijn zeer geschikt als aanvulling (bij voorbeeld gember*wortel*, selderij*blad*, karwij*zaad*). In het algemeen vertegenwoordigen de geur- en smaakstoffen het bloemgebied.

Groente kopen

Het spreekt voor zichzelf dat bij het kopen van groente de kwaliteit heel belangrijk is. De kwaliteit van groente is in niet geringe mate afhankelijk van de teeltwijze.
Volg bij het kiezen van de groente ook de seizoenen. Kasgroenten en geïmporteerde primeurs zijn uit voedingsoogpunt niet nodig. Zij vormen eerder een luxe, die we ons misschien op speciale dagen kunnen veroorloven. Vooral in een gezin met kleine kinderen, die nog in een ruimtelijk beperkt wereldje leven, is het goed de groente die we eten uit de eigen omgeving te betrekken om de kinderen zo mogelijk te laten meebeleven hoe de planten op het veld groeien. Als u naast groente van de koude grond (spruitkool, boerenkool, prei, veldsla) ook groente uit de koude kas gebruikt (winterpostelein, witlof of zelf gekweekte sterrekers) is het heel goed mogelijk om zonder kassla (of andere kasgroente) de winter door te komen. Deze rauwkost kunnen we aanvullen met geraspte wortelgroente, zuurkool en andere (eventueel zelf ingemaakte) melkzure groente*. Met 572
veel plezier kunnen we dan met kleine hoeveelheden van de aanvankelijk altijd zeer prijzige eerste voorjaarsgroenten de al wat taai geworden wintergroenten aanvullen. Van droog geworden wortelgroente kunt u ook een smakelijke puree koken (zie de recepten).

Groente bewaren

Hoe u de groente het best kunt *bewaren* kunt u lezen in de hoofdstukjes over de verschillende groentesoorten. Als vuistregel geldt:
- wortelgroente enkele dagen tot weken
- stengelgroenten enkele dagen
- bladgroenten zo kort mogelijk

Bewaar groente op een donkere, koele, maar vorstvrije plaats. Ideaal zou zijn een goede kelder met niet-geïsoleerde stenen muren en met een natuurlijke bodem (bij voorbeeld een vastgestampte kleigrond met daarop een laag losse, niet geglazuurde tegels). Het geheel dient dan voor ten minste de halve hoogte in de grond te staan. Dit is het principe van de ijskelder, zoals we die vroeger veel tegenkwamen bij landgoederen en buitenplaatsen. Vorst noch hitte hebben vat op een dergelijke ruimte en er heerst een voor groente ideale vochtigheidsgraad van ca. 90%.
Meestal moeten we ons echter redden met een schuurtje of garage, of hebben we alleen de beschikking over een balkon (te heet of te koud), of over een (altijd te kleine) koelkast voor onze groente- en fruitvoorraad. Een met enkele lagen kranten bekleed en afgedekt sinaasappelkistje kan dan misschien uitkomst bieden, mits u een plaats heeft waar het kistje beschermd tegen regen, sneeuw en directe zonnestralen kan staan. Het is vooral geschikt voor alle wortelgroenten en – mits de temperatuur niet lange tijd onder het vriespunt zakt – ook voor aardappelen. Voor fruit (appelen, peren, eventueel ook citrusfruit) zou u een apart kistje kunnen maken.

Was wortelgroente *niet* voor het opbergen, borstel alleen eventueel aanwezige aarde droog af en snijd het loof vlakbij de wortel of knol af (de wortel zelf daarbij niet beschadigen!). Het spreekt vanzelf dat alleen gezonde, gave groenten en fruit op deze wijze goed blijven. Exemplaren met rotte plekjes of wormsteken zo gauw mogelijk opmaken.

Groente en fruit wassen en schoonmaken

Bespoten of onbespoten, alle groente en fruit is meer of minder blootgesteld aan luchtvervuiling. Gewoon afspoelen met koud water is vooral voor die groente- en fruitsoorten die weken of zelfs maanden nodig hebben om te rijpen, niet voldoende.
Ga bij **groente en vruchten met een gladde schil** zoals tomaten, aubergines, paprika, koolrabi, appels, peren, citrusvruchten, pruimen, kersen, druiven, enzovoort als volgt te werk:
- leg de groente of vruchten 10 minuten (niet langer) in warm water waaraan u enkele druppels van een op natuurlijke basis gemaakt afwasmiddel heeft toegevoegd. Hierdoor worden de verontreinigingen, die meestal vetoplosbaar zijn en bovendien door het op de meeste vruchten en vruchtgroenten van nature aanwezige waslaagje zijn heengedrongen, opgelost
- spoel de groenten of vruchten met koud water af
- schil bespoten groente en fruit met een dunschiller; van onbespoten produkten kunt u de schillen gebruiken

Leg **bessen** en **aardbeien** nog voor het rissen of mutsen in niet te grote hoeveelheden op een vergiet en sproei ze voorzichtig af met de douche. Laat ze daarna goed uitlekken op een dubbelgevouwen theedoek.
Bij grote hoeveelheden kunt u de vergiet vullen met de bessen en het geheel in een ruime bak met staand water dompelen (langzaam 2-3 keer op- en neerhalen) en in de vergiet laten uitlekken. Het is handig om twee vergieten te hebben, het uitlekken duurt een poosje.

Bladgroente:
- verwijder bij koolsoorten en sla uit eigen tuin de buitenste bladeren (bij gekochte groente is dit al gebeurd). Van onbespoten groente kunt u de nu volgende wat taaie bladeren gebruiken voor bouillon*. Van bespoten groente moet u ze wegdoen, evenals de stronk en de grove nerven van de overige bladeren. Deze gedeelten van het gewas bevatten de meeste residuen van kunstmest en bestrijdingsmiddelen. Verder hoeft u de kool niet te wassen
- spoel de grote losse bladeren van sla, andijvie, paksoy, groene kool en Chinese kool zowel aan de boven- als aan de onderkant af onder de stromende kraan. Kleine bladeren (sla, spinazie, snijbiet) in ruim staand water 2-3 keer wassen, tot het water helder blijft. Daarna drogen in een theedoek of in de slacentrifuge
- leg sla met luizen een paar minuten in water met een flinke theelepel zout

Wortelgroente: Deze groentesoorten hebben weliswaar een lange groeitijd, maar zijn niet blootgesteld geweest aan luchtvervuiling. Onder de stromende kraan grondig (overdwars) afborstelen van restjes aarde met een nagel- of groenteborstel is daarom voor biologisch of biologisch-dynamisch geteelde groente afdoende. Van deze groente kunt u de schillen van niet te oude groente gebruiken voor het trekken van bouillon*. Zeer jonge, malse wortels, zomerbietjes en raapjes of koolrabi hoeft u vaak niet of maar gedeeltelijk te schillen. Bespoten wortelgroente moet u altijd schillen (dunschiller).

Groente klaarmaken

Alle groentesoorten kunt u een paar uur van tevoren (bij voorbeeld 's morgens na het inkopen) al *schoonmaken* en *wassen* (niet in het water laten liggen), maar nog niet snijden of schillen. De zo voorbereide groente kunt u op een koele plaats wegzetten, eventueel afgedekt met een vochtige doek. Van het 'afval' (alleen van onbespoten groente) kunt u dan alvast *groentebouillon* koken, handig bij de bereiding van verschillende gerechten.

Er bestaan verschillende methoden voor het klaarmaken van groente: *koken, smoren, stoven, fruiten* en *bakken*. In tegenstelling tot de granen, die we voor een zo goed mogelijke ontsluiting heel langzaam aan de kook brengen, willen we bij het klaarmaken van groente het kookpunt zo snel mogelijk bereiken (de enzymen die bij voorbeeld vitamine C afbreken zijn bij temperaturen tussen 40 en 80°C het meest actief).

Koken

Koken passen we in de eerste plaats toe bij grote stukken groente, bij voorbeeld bloemkool en schijven knolselderij.
Verder ook bij grote porties bladgroenten zoals snijbiet en spinazie: deze groentesoorten laten we gedurende korte tijd en met kleine hoeveelheden tegelijk 'slinken met aanhangend water' in een gesloten pan. Als de hele hoeveelheid bladgroente in de pan zit, kunt u de vlam laagdraaien zodra het deksel heet is. De groente kan dan op een laag pitje nog even koken tot ze gaar is.

Stoven

Stoven is geschikt voor groenten die niet zo gemakkelijk vocht loslaten zoals knol- en wortelgroenten en de stevigere koolsoorten. Breng hiervoor een kleine hoeveelheid water (1 cm hoog in de pan) samen met wat boter of olie en zout aan de kook. Voeg de gesneden groente toe, schep de groente om tot ze helemaal bedekt is met het vettige vocht en breng alles vlug aan de kook. Deksel erop doen en de vlam laagdraaien als het deksel heet is. De groente kan nu op een laag pitje gaarstoven. Af en toe controleren of er nog een bodempje vocht in de pan zit.
Vooral bij groente met een lange stooftijd en/of een pan met een niet goed sluitend deksel bestaat het gevaar van **aanbranden**. Mocht dat onverhoopt eens gebeuren, giet dan geen water bij de groente, want dan trekt de aangebrande smaak door de hele inhoud van de pan. U kunt de groente beter in een schone pan overdoen en met vers water of bouillon verder gaarstoven. Laat dan de onderste laag groente in de aangebrande pan zitten en zet de pan in de soda te weken.

Het is ook mogelijk, de groente alleen in wat water gaar te stoven en de boter of olie pas vlak voor het opdienen door de groente te scheppen. Mensen met een gevoelige spijsvertering zullen hieraan wellicht de voorkeur geven, omdat niet-verhitte vetten makkelijker verteerbaar zijn. Alleen is het stoven mét boter of olie lekkerder, de smaak van de groente komt beter tot zijn recht.

Stomen in een treefje boven kokend water raden wij af. De groente wordt er te veel door uitgeloogd. Voor het stomen in een gesloten systeem, waarbij de vrijkomende groentesappen niet in het kookwater terechtkomen, zijn speciale dubbelwandige pannen nodig; deze methode is vooral geschikt voor mensen met een vetarm dieet.

Smoren

Groenten die makkelijk vocht loslaten zoals ui, prei, paprika, champignons of zeer klein gesneden andere groenten (zoals bieten en wortels) kunnen we smoren. Vaak wordt eerst een uitje of wat prei gesmoord. Om daarbij de hitte niet boven 100°C te laten oplopen, verwarmen we de olie tegelijk met de fijngesneden ui of prei op een matig vuur. Er komt zo tijdig voldoende vocht vrij en bovendien kan het vet niet té heet worden. De pan wordt als het ware voorverwarmd voor de groente, die we nu pas toevoegen. Deze is dan vlug op temperatuur, waardoor minder vitamines verloren gaan.

Smoren doen we in het begin al roerende in een open pan en op een matig vuur, tot de groente bedekt is met een beschermend laagje olie (behoud van smaak en vitaminen), en is geslonken. De groente mag niet verkleuren, alleen glazig worden. In het geval dat er niet voldoende vocht is vrijgekomen, moet u nu nog wat water toevoegen (het vrijkomen van vocht wordt bevorderd door tegelijk met de groente zout toe te voegen). Met het deksel op de pan kan de groente nu op een laag pitje in haar eigen vocht gaarsmoren. Wel oppassen voor aanbranden (zie bij stoven).

Smoren is de beste methode om groente met behoud van zo veel mogelijk voedingsstoffen te koken.

Fruiten

Fruiten vraagt om meer warmte en is geschikt voor kleine hoeveelheden groente waarbij niet het voedingsaspect, maar de smaak op de voorgrond staat, bij voorbeeld bij uien, prei of paprika. Deze gefruite groente dient dan als smaakmaker in sauzen, soepen, graangerechten, enzovoort. Gebruik voor het fruiten liever geen boter, maar zonnebloem- of olijfolie. Vermijd ook hier té grote hitte en verwarm de gesneden groente tegelijk met de olie, net als bij het smoren. Alleen gaan we hier, al roerende, door met verhitten tot de groente een *licht*bruine kleur heeft. Daarna pas wordt geblust met water of bouillon.

Gebruik voor smoren en fruiten niet méér olie of boter dan nodig is, omdat verhitte vetten aan kwaliteit inboeten en zwaarder verteerbaar worden. Voeg liever vlak voor het opdienen nog wat boter, room of olie aan de groente toe. De keuze tussen olie of boter is er ook een van smaak. Boter is bij voorbeeld heerlijk bij tere peultjes, terwijl olie meer past bij de pittige paprika. Omdat boter geen hoge temperaturen kan verdragen, moet u met boter bijzonder voorzichtig smoren en voor het fruiten liever olie gebruiken.

Bakken

Bakken kunt u zowel in de koekepan als in frituurvet. Daarbij voorzien we de eventueel kort voorgekookte groente eerste van een beschermend laagje (paneermeel, pannekoeken- of beignetbeslag) tegen te grote hitte. Als we in de oven bakken, omhullen we de groente met een korstdeeg (flappen, groentetaarten en -pasteien) of we gieten er een saus overheen als we de groente in een vuurvaste schaal gratineren, of we 'verstoppen' de groente tussen twee lagen graan of macaroni.

Voor alle kookprocessen geldt:
Breng de groente zo snel mogelijk aan de kook, maar kook haar nooit langer dan strikt noodzakelijk is.
Houd het vuur op een matige tot lage stand en kook in een gesloten pan. Lang en hevig koken gaat ten koste van de smaak en maakt de groente zwaarder verteerbaar, nog afgezien van het verlies aan vitaminen.

Een snelkookpan en een magnetronoven besparen weliswaar tijd, maar zijn te krachtdadig*. 32
Doelmatig en praktisch in het gebruik zijn roestvrijstalen pannen met dikke bodem en goed sluitend deksel.
Behoedzaam gaarkoken van groente hoeft geen kwaliteitsverlies met zich mee te brengen (afgezien van wat vitamineverlies). Het verwarmen, zoals dat bij de boven beschreven kookprocessen gebeurt, kunnen we als een soort narijpen zien. De al in de zon volop gerijpte zoete vruchten en vruchtgroenten (tomaten) koken we daarom niet of maar heel kort.

Opwarmen

Het opwarmen van groente moeten we (in tegenstelling tot de granen) zoveel mogelijk voorkomen. Van de gekookte wortel- en stengelgroente en de stevigere koolsoorten kunt u, zonder ze nog een keer te hoeven opwarmen, lekkere salades maken. Of u verwerkt ze in een ovenschotel met granen. Houd groente voor laatkomers niet warm, maar laat haar *snel* afkoelen en warm de groente vlak voor het opdienen kort op (of maak er een salade van).
Nitraatrijke groente (alle soorten behalve de verschillende koolsoorten, wortelen, komkommer, courgette, pompoen en tomaat) *nooit* opwarmen.

Hoeveelheden

De hoeveelheden groente in onze recepten (voor vier personen) zijn klein vergeleken met gangbare recepten. Wij gaan echter uit van biologisch-dynamisch of biologisch geteelde produkten, waarvan het gehalte aan vocht lager en het gehalte aan voedingsstoffen hoger is, en waarbij we dus kunnen volstaan met een kleinere portie. Bovendien combineren wij in onze menusuggesties de gekookte groenten meestal met rauwkost, graangerechten (die ook al rijk zijn aan vitaminen), groentesoep of vruchten.

Conserveren van groente

Groente wordt tegenwoordig vooral geconserveerd door middel van de energieverslindende diepvriesmethode. Dit geeft, in tegenstelling tot methoden die vroeger veel werden toegepast (wecken en in zout inmaken), een veel smakelijker resultaat. De bij het invriezen gebruikte lage temperaturen en niet te vergeten de tijdens het hele proces schoksgewijs optredende temperatuurverschuivingen (blancheren – diepvriezen – bewaren – in ijltempo opwarmen in de pan) betekenen echter een sterke verstoring van de innerlijke samenhang van het voedsel. Proeven hebben aangetoond, dat de levenskrachten van diepgevroren produkten aangetast, zo niet vernietigd zijn. Iets dergelijks vindt ook plaats bij het bestralen van voedingsmiddelen.

De meest waardevolle conserveringsmethode voor groente is het melkzuur inmaken (zuurkool is hiervan het meest bekende voorbeeld), en het zorgvuldig drogen. Het laatste is echter in ons vochtige klimaat zonder aanschaf van ingewikkelde apparatuur in een gewoon huishouden moeilijk te realiseren. We kunnen het wel doen met kruiden, appels (en appelschillen) en kwetsen en de schillen van groenten en vruchten*. 56

Wie door omstandigheden diepvriesgroente moet koken, kan de groente 'opwaarderen' door verse of gedroogde, verwarmende kruiden toe te voegen.

Het is ook een goede gewoonte om bij een maaltijd met een opgewarmde of geconserveerde groente altijd iets vers te voegen, zoals rauwkost of vers fruit, en om de groente op smaak te brengen met verse kruiden. Meer over sla, rauwkost en salades vindt u in het betreffende hoofdstuk.

De ganzevoetachtigen (Chenopdiaceae)

Tot de familie van de ganzevoetachtigen rekent men de *bieten* (rode bieten, suikerbieten), de *snijbiet* (verschillende rassen), de *spinazie* en de *melde* (wilde melde en tuinmelde). Bij bieten is het bovenste deel van de wortel verdikt, bij snijbiet de stengel en spinazie wordt alleen voor het blad gekweekt. Melde is onze inheemse wilde spinazie, die vrijwel op alle grondsoorten als onkruid groeit en vroeger ook veel werd verbouwd.

Alle ganzevoetachtigen nemen tijdens de groei veel voedsel (zouten) op en zijn daardoor zeer rijk aan mineralen (ijzer, natrium, kalium). Door overbemesting kunnen zich echter ongewenste stoffen (*nitraat*) in de planten vormen. Vooral bij deze plantenfamilie is daarom de teeltwijze zeer belangrijk. Omdat nitraat vooral gevormd wordt bij slecht weer, als er groeiremmingen optreden en ook in lichtarme maanden (kasgroente), is het nitraatgehalte van groente die bij goed weer op de koude grond wordt geteeld, het laagst. Zo is het nitraatgehalte van biologisch-dynamisch en biologisch geteelde groente van de volle grond lager dan van met kunstmest geteelde.

Nitraat zelf is alleen in zeer grote hoeveelheden schadelijk; door lang bewaren van rauwe en door opwarmen van gekookte groente echter wordt *nitraat* omgezet in *nitriet*. Vooral baby's tot zes maanden en mensen met een slechte maag-darmfunctie kunnen hiervan ademhalingsstoornissen krijgen. Voor gezonde mensen speelt het 'nitraatprobleem' een ondergeschikt rol; laat u zich er daarom niet van weerhouden, deze waardevolle groente regelmatig op tafel te brengen. Let daarbij op het volgende:
- koop zeer verse, zo mogelijk zonder kunstmest geteelde groente
- koop weinig kasprodukten (bij voorbeeld maar een halve portie kasspinazie, die u aanvult met een nitraatarme groente, bij voorbeeld wortel)

- kook de groente nog op de dag van aankoop of bewaar haar zolang op een koele plaats (onder 10°C)
- giet het kookwater van spinazie en snijbietbladeren weg (een groot gedeelte van het aanwezige nitraat bevindt zich in het kookwater)
- bewaar geen restjes van spinazie en blad van snijbiet
- bewaar restjes van rode bieten en snijbietstengels koel (tussen de 10 en 50°C is de nitrietvorming het meest actief). Warm bietjes niet op, maar maak er een salade van
- kook voor één maaltijd niet meer dan één nitraatrijke groentesoort (behalve bewaarkool zijn alle bladgroenten en ook knol- en bleekselderij rijk aan nitraat)

Veel kinderen lusten geen spinazie door het hoge gehalte aan oxaalzuur, kenmerkend voor de ganzevoetachtigen. Ook mensen met een gevoelige maag kunnen last hebben van het oxaalzuurgehalte, vooral als de groente met boter is gestoofd: de combinatie van boterzuur en oxaalzuur kan irritatie veroorzaken. Olie en noten (vooral amandelen) neutraliseren echter het oxaalzuur en verzachten ook de smaak. Opmerkelijk is, dat juist de voorjaarsgroenten een hoog gehalte aan oxaalzuur hebben, dat zowel in de plant als in de mens een activerende werking heeft. Oxaalzuur is vooral belangrijk voor een goede opname van het ijzer.

Met overleg klaargemaakt vormen de ganzevoetachtigen van de vroege zomer (spinazie) tot in de herfst (snijbiet) en ook in de winter (rode bieten) een zeer waardevolle voedselbron.

De suikerbiet

De suikerbiet bevat evenals de andere ganzevoetachtigen een grote rijkdom aan mineralen en daarnaast ook zeer veel suiker. Verreweg het grootste deel van de suikerbietenoogst wordt verwerkt tot kristalsuiker, die door het verregaande raffinageproces geen mineralen meer bevat.
Biologisch-dynamisch geteelde suikerbieten verwerkt men door indikking van het sap tot suikerbietenstroop, die nauwelijks geraffineerd wordt en ons daarom in tegenstelling tot gewone suikerbietenstroop nog de meeste in de knol aanwezige mineralen ter beschikking stelt. De karakteristieke smaak van deze 'stroop', zoals wij hem gemakshalve noemen, past zeer goed bij volkorenprodukten.

De rode biet

In tegenstelling tot het nogal grove, massieve uiterlijk van de suikerbiet kunnen wij ons bij de rode biet beter voorstellen, dat hier het zoete, dat meer bij de bloesem en vooral de vrucht van de plant hoort, zich in de knol heeft teruggetrokken. Als u jonge bietjes aan het schoonmaken bent, moet u eens zo'n knolletje overdwars doormidden snijden: de prachtigste 'bietenbloem' vertoont zich dan aan het snijvlak.
Iedereen kent de zoete smaak van vooral de jonge bietjes, en de intens rode kleur stelt menige bloem of vrucht in de schaduw. Deze telg van de ganzevoetfamilie is de meest vitale. Ook de moderne geneeskunde is overtuigd van haar stimulerende werking. Een glaasje sap (liefst in melkzure vorm) wordt niet alleen bij kanker, maar ook bij darmklachten en bloedarmoede voorgeschreven.

In zuidelijke en oostelijke landen eet men naast de knol van de rode biet ook het blad. Van het jonge gewas is dit zeker het proberen waard (gestoofd als groente of fijngesneden meegekookt in bietensoep).

In de schil gekookte bieten

Gebruik hiervoor zo mogelijk kleine bieten; hoe groter de knollen, des te langer de kooktijd. Leg eventuele grote exemplaren onderin de pan en kleine daar bovenop.
Borstel de bieten schoon onder de stromende kraan en laat er vooral het worteltje en de bladaanzet aanzitten, dit voorkomt 'leegbloeden' tijdens het koken.
Kook de bieten als *aardappelen in de schil**. 187
De kooktijd van jonge, niet al te grote bieten is ca. 20 minuten.
Laat de bieten op een vergiet vlug afkoelen en bewaar ze koel (2-10°C) in verband met nitrietvorming. Pel ze pas vlak voor de verdere bewerking.

Tip: Grote bieten moeten bij het koken onder water staan. De kooktijd is langer, tot 1 uur.

Gestoofde bieten

Grote bieten hebben een zeer lange kooktijd; dit komt de smaak van de groente niet ten goede en bovendien is er veel energie voor nodig. Als u de knollen al voor het koken kleinsnijdt, heft u deze nadelen op. Op deze manier gestoofd hebben rode bieten een frissere smaak.

- 750 g rauwe bieten (liefst grote)
- 5 jeneverbessen, gekneusd
- 2 dl water

- 1 eetlepel olie
- 1 ui, fijngesneden
- 1 theelepel karwij- of dillezaad

- ca. 1 dl bietenbouillon of water

- 1 eetlepel geraspte gemberwortel, of een snufje peper
- 1 eetlepel diksap
- eventueel 1/2 theelepel zout
- 2 eetlepels verse peterselie, fijngehakt

Boen de bieten schoon onder de stromende kraan en schil ze met een dunschiller. Breng het water met de bietenschillen (gebruik alleen de mooie) en de jeneverbessen aan de kook, laat ongeveer 15 minuten trekken en zeef daarna de bouillon. In de zomer hoeft u de jonge bietjes niet te schillen, u kunt dan van de dikke delen van de stengels en bladeren bouillon trekken. Als het blad nog mals is, kunt u het apart stoven*. In de winter, vooral tegen het voorjaar, zijn de schillen van de bieten meestal niet meer geschikt om bouillon van te trekken. Gebruik dan gewoon water om de bieten te koken en kook de kruiden mee. 315
Rasp de bieten met de grofste rasp of snijd ze in blokjes van 1 cm of in schijfjes van 3 mm. Verwarm de olie met de ui en de karwij en smoor de ui glazig. Blus met de bietenbouillon en voeg de geraspte bieten toe. Roer goed om en smoor de bieten met het deksel op de pan bijtgaar. Bij jonge bieten duurt dat maar 10 minuten, later in de winter kan het tot 20 minuten duren. Pas op voor aanbranden en voeg eventueel wat bietenbouillon toe.
Schep vlak voor het opdienen de gember of peper en het diksap door de bieten en proef of er zout bij moet. Strooi de peterselie erover.

Variaties:
- vervang de gemberwortel door een bolletje geconfijte gember (in stukjes gesneden) en het diksap door gemberstroop
- kook, vooral bij wat oudere bieten, de laatste 5 minuten een geraspte moesappel mee
- vervang het diksap door appelazijn of 2 eetlepels Kanne's brooddrank

Tips:
- maak van overgebleven gestoofde bieten een frisse *salade**. Warm bieten niet op 410
- als u van tevoren gekookte hele bietjes wilt gebruiken, kunt u ze na het pellen eveneens in schijfjes of blokjes snijden of grof raspen en met de uien meesmoren; een kooktijd van 5 minuten is dan voldoende

Soufflé van rode bieten

Volg het recept van de *soufflé van pastinaken**, maar gebruik rode bieten. 35
Snijd de appel in heel kleine blokjes en kruid de massa met een stukje geraspte gemberwortel of een flink bolletje geconfijte gember, zeer fijn gehakt.
Gebruik 50 g amandelen, dat maakt deze soufflé wat milder. Laat eventueel de peterselie weg en meng ook geen kaas door het paneermeel.

Gestoofde bladeren van zomerbieten
⑤ ①

Lekkerder en malser dan snijbiet. Gebruik hiervoor alleen de malse bladeren van jonge, verse bieten. Eet ze als tweede groente bij bietjes, of als u veel bladeren heeft als spinazie.

---
op 300 g bietebladeren:
- 1 eetlepel olie
- 1 fijngesneden ui
- 1 theelepel venkelzaad of gekneusd mosterdzaad

- ca. 1 dl water

- wat melk of room
- 1/2 eetlepel biologische maïzena, rijstemeel of thermomeel (gerst)

- eventueel 10 g boter

Rits het blad van de stelen en snijd de stelen in stukjes van 1/2 cm.
Verwarm op een matig vuur de olie met de ui en voeg ook de gesneden steeltjes en het venkelzaad toe. Smoor alles glazig en blus daarna met het water. Stoof nog 5 minuten met het deksel op de pan.
Voeg de fijngesneden bladeren toe en stoof alles nog eens 15 minuten.
Giet het kooknat af en vul het aan met melk of room tot 1 dl. Roer het bindmiddel erdoor en bind met dit sausje de groente.
Breng op smaak met de boter.

Snijbiet

Van de ganzevoetachtigen is de snijbiet – althans in ons land – het stiefkind. Zeer ten onrechte, want evenals spinazie heeft ook snijbiet een hoog ijzergehalte maar een mildere smaak. Snijbiet wordt vanaf eind juni tot laat in de herfst geoogst. Mits men het hart laat staan, groeit de plant maar door en kan men week na week van de stengels oogsten. Snijbiet is dan ook meestal niet duur.

Snijbiet wordt in een aantal variëteiten geteeld:
Accent op het blad: de *gewone snijbiet*. Deze groente lijkt als zij jong is op spinazie; ze is alleen wat lichter van kleur en minder wrang.

Voor deze variëteit kunt u dezelfde recepten gebruiken als voor spinazie, alleen is de kooktijd wat langer.
Accent op de stelen: de *zilverstelen* met donkergroen, rond blad en een brede witte stengel; de *lucullus* met wat gelig, puntig toelopend blad en een brede en platte, eveneens witte steel; de *gele witachtige* snijbiet, een tussenvorm van zilverstelen en lucullus. Deze variëteiten worden ook wel *mangold* genoemd. Overigens kunt u bij jonge groente ook het malse blad meekoken.

Spoel de snijbiet grondig af onder de stromende kraan, ook de onderkant van de bladeren en de steel. De bladeren zijn, vooral bij de lucullus, diep gegroefd en er kan nogal wat zand of aarde in blijven zitten.
Snijbiet is in geoogste vorm minder kwetsbaar dan spinazie en op een koele plaats wel 1-2 dagen houdbaar, luchtig verpakt in een ruime papieren zak.
In het menu past de 'koele' snijbiet goed bij de verwarmende haver.

Snijbietstengels met groene saus

Gebruik voor dit recept matig uitgegroeide stengels met nog mals blad.
Geef er salade van tomaten of van een wortelgroente bij. *Haverpannekoekjes**, thermo havergrutten of gekookte hele haverkorrels passen er goed bij.

180

- ca. 3/4 kg snijbiet
- 1 dl water
- 10 g boter
- 1/2 theelepel zout

- 1 eetlepel biologische maïzena* of gebuild meel
- 4 eetlepels melk

- 1 mespunt nootmuskaat
- 1 theelepel majoraan
- 1 eetlepel olie

618

Stroop het groene blad van de stelen en snijd de stelen in 2-3 cm lange stukjes. Breng het water met de boter en het zout aan de kook, voeg de stukjes snijbietstengel toe en stoof ze, met het deksel op de pan, in ca. 10 minuten gaar. Haal de stengels met een schuimspaan

uit het kookwater en houd ze warm in de groenteschaal.
Leg nu de bladeren in hetzelfde (kokende) water en kook ze 5-10 minuten in de gesloten pan. Haal nu ook de bladeren uit de pan en hak ze fijn.
Roer het meel glad in de melk en bind hiermee het groentenat. Voeg de gehakte snijbietbladeren toe, kook alles even door en breng op smaak met de kruiden en de olie.
Giet deze groene 'saus' midden op de witte stengels en dien warm op.

Gekookte snijbietstengels

Een geschikt recept voor zeer dikke stengels, waarvan het blad te taai is geworden om te gebruiken. Eet deze stengels als asperges met een botersaus of bestrooid met geraspte kaas en overgoten met wat gesmolten roomboter. Lekker bij gebakken aardappeltjes, macaroni of risotto.

- ca. 1 kg flinke snijbietstengels
- ca. 1/2 l water
- 1-2 theelepels zout

Stroop het groene blad van de stelen en snijd de stelen in even lange stukken als uw grootste soeppan wijd is. Snijd zeer brede stengels overlangs in ca. 1 1/2 cm brede repen.
Breng het water met het zout aan de kook, leg de stengels erin en kook ze, met het deksel op de pan, in 10-15 minuten niet té gaar.
Laat de stengels op een dubbelgevouwen theedoek uitlekken, leg ze op een voorverwarmde langwerpige schaal en dien ze op als hierboven beschreven.
Gooi het kookwater weg.

Tip: Laat de gekookte snijbietstengels afkoelen tot lauwwarm en druppel er *vinaigrettesaus** overheen. Bestrooi deze **salade van snijbietstengels** met fijngeknipte bieslook of andere verse tuinkruiden.

Snijbietrolletjes

Voor dit recept heeft u tamelijk uitgegroeide snijbiet nodig, waarvan de bladeren echter nog mals en vooral gaaf zijn. Gebruik de stengels de volgende dag voor een ander gerecht.
Serveer met een wortelsalade en eventueel aardappelpuree.

- 8-12 grote snijbietbladeren

- 150 g thermogrutten (haver of gerst)
- 4 dl water

- 1 eetlepel olie
- 1 fijngesneden ui
- 1 theelepel kerrie

- 2 kleine eieren
- 1/2 eetlepel basilicum
- 1 eetlepel gomasio
- 100 g geraspte kaas

- 1 dl kooknat
- 1 theelepel bouillonkruiden of 1 mespunt zout

- aluminiumfolie
- 1 platte, ingevette vuurvaste schaal

Breng het water met de grutten langzaam aan de kook en laat ze, met het deksel op de pan, gedurende 15 minuten op een zacht pitje koken. Laat ze daarna nog ten minste 20 minuten nawellen op een warme plaats; de grutten moeten voor dit gerecht goed gaar zijn.
Verwarm de olie met de ui en smoor de ui met de kerrie glazig. Voeg dit bij de grutten.
Meng ook de overige ingrediënten door de wat afgekoelde grutten. Proef of er nog wat zout bij moet – het moet een pittige, smeuïge massa zijn. Als de massa te dik is, kunt u nog wat melk toevoegen; steviger maakt u hem met wat boekweit- of tarwemeel.
Zet de gewassen snijbietbladeren op met het aanhangende water en laat ze, met het deksel op de pan, even slinken (pas op voor aanbranden). Haal ze voorzichtig uit de pan en laat ze uitlekken. Spreid ze op het aanrecht uit en verdeel de vulling erover. Leg de vulling op het middelste gedeelte van het blad, vouw de randen links en rechts eroverheen en rol het blad op, beginnend aan de kant waar de

steel aan vastzat.
Giet het kooknat in de vuurvaste schaal en voeg de bouillonkruiden of het zout toe. Leg de snijbietrolletjes in de schaal, dicht tegen elkaar aan, met de sluiting naar beneden. Knip een vel aluminiumfolie op maat: rondom 2-3 cm groter dan de schaal. Leg dit op de snijbietrolletjes en vouw het vel aan alle kanten dicht om de schaal heen.
Bakken: 20 minuten bij 200°C, middelste richel.
Haal de schaal uit de oven, verwijder de folie en leg op elk rolletje een flinterdun stukje boter. Schuif de schaal terug in de oven en bak nog eens 5-10 minuten zonder folie (180°C).

Variaties:
- vervang de snijbiet door grootbladige spinazie* 318
- vervang de grutten door andere granen, eventueel restjes. U heeft er ca. 500 g van nodig (gekookt)
- lichter verteerbaar worden de rolletjes, als u geen ui smoort voor de vulling, maar de olie door 100 g halfvolle kwark roert, waarmee u tevens de eieren kunt vervangen. Bak de rolletjes niet in de oven, maar stoof ze in een pan met goed sluitend deksel in 20 minuten gaar
- vervang de helft van de kaas door 25 g grofgehakte walnoten of amandelen
- vervang de eieren door 150 g even in wat olie of boter gebraden gehakt
- vervang de bovengenoemde vulling door de massa van een graankoekjesrecept (*boekweitkoekjes*, *pittige gierstkoekjes*), *broodkoekjes* (vermengd met 30-50 g spekblokjes, samen met het brood uitgebakken)

Tip: Bak van eventueel overgebleven vulling *graankoekjes*.

Gestoofde jonge snijbiet

Volg het recept van *gestoofde spinazie**. Omdat snijbietbladeren groter en ook wat taaier zijn dan spinaziebladeren, kunt u ze na het wassen op elkaar stapelen en in repen snijden. Afhankelijk van de malsheid is de stooftijd van snijbiet 5-10 minuten. *318*

Spinazie

De spinazieplant heeft de vorm van een rozet: de bladeren groeien direct uit de wortelstok. Omdat de plant algauw in bloei schiet wordt spinazie in een zeer vroeg stadium geoogst en is daardoor het teerste gewas van de ganzevoetachtigen dat bij ons op tafel komt.
Al vroeg in het voorjaar kunnen we genieten van de eerste spinazie uit de (koude) kas. Doe dit echter met mate in verband met het hoge nitraatgehalte*, bij voorbeeld als mals bladslaatje* naast de al wat taai geworden gestoofde wintergroente, of gestoofd op een geroosterde boterham* bij een feestelijke voorjaarslunch. Als dan de wat steviger spinazie van de koude grond op de markt komt, kunt u volop genieten van deze typische seizoengroente. *312 400 319*
Spinazie heeft van alle groente het hoogste gehalte aan hoogwaardig plante-eiwit. Ook het gehalte aan oxaalzuur en ijzer is hoog; vooral de wortel en de wortelhals (het roodgekleurde gedeelte waar de blaadjes uit de wortel groeien; dit is goed te zien bij de grootbladige spinazie) is rijk aan ijzer. Als u de kans heeft doet u er dus goed aan deze ook mee te koken.

Vooral jonge spinazie is, met overleg gekookt, ook voor kleine kinderen een lichtverteerbare groente. De wat oudere, van de koude grond afkomstige spinazie heeft een hoger oxaalzuurgehalte en is bij veel kinderen niet geliefd. Vermeng deze spinazie eens met gekookt graan en maak er een graanschotel of graankoekjes van. Meekoken van een handjevol vooraf geweekte fijne havervlokken of een romig sausje over de gekookte spinazie helpen ook tegen de scherpe smaak. Bij spinazie passen eieren, apart gekookt of gebakken, of verwerkt in pannekoeken of graankoekjes, of samen met de spinazie als pudding of soufflé.

Spinazie heeft, evenals snijbiet en rode biet, een zo hoog gehalte aan minerale zouten, dat bij het klaarmaken haast geen zout meer nodig is. Ook met kruiden kan men zuinig zijn, spinazie heeft een uitgesproken eigen smaak, die hooguit kan worden verfijnd door een kleine toegift van ui, knoflook, majoraan, basilicum, anijs, chilipoeder of nootmuskaat. Let bij het kopen op de versheid (vooral bij ▶

kasspinazie) en kook de groente liefst nog dezelfde dag.
Van biologisch of biologisch-dynamisch geteelde spinazie heeft u maar ongeveer driekwart van de gebruikelijke hoeveelheid nodig, omdat hij veel minder slinkt.

Grootbladige spinazie wordt in het vroege voorjaar uit Frankrijk geïmporteerd en als hele rozet aangeboden. Deze spinazie komt van de koude grond, is verder doorgegroeid en daardoor veel steviger en smakelijker dan de gewone Hollandse kasspinazie. Behalve voor traditionele spinaziegerechten kunt u de buitenste bladeren van de rozetten ook gebruiken als snijbiet- en koolbladeren om er 'rolletjes' van te maken.

Nieuwzeelandse spinazie

Nieuwzeelandse spinazie (Tetragonia tetragonioides) is geen familie van de gewone spinazie, maar een ijzerkruidachtige. De groente bevat geen oxaalzuur en is daardoor wat milder van smaak. De bladeren groeien niet direct uit de wortel, maar verspreid aan stengels. Voor de moderne oogstmethoden is deze groente daarom minder geschikt en dat zal misschien de reden zijn, dat zij niet op grote schaal wordt gekweekt. Voor wie een moestuin heeft is de teelt zeker de moeite waard, want Nieuwzeelandse spinazie schiet niet zo snel in bloei als gewone spinazie.
Pluk de toppen en de bladeren van de stelen, de laatste zouden volgens sommigen de smaak van het gerecht kunnen bederven. De malse stelen en de topjes kunt u echter gewoon meekoken.
De recepten voor gewone spinazie zijn ook geschikt voor Nieuwzeelandse spinazie, laat hem vooral niet te lang koken. Nieuwzeelandse spinazie slinkt minder dan gewone spinazie.

Gekookte spinazie

Voor een flinke hoeveelheid (1-2 kg) en/of al wat oudere, van de koude grond afkomstige spinazie.

Was de spinazie in ruim koud water, bij spinazie die van de koude grond afkomstig is

2-3 keer, tot er geen aarde meer in het water achterblijft. Verwijder onbekend onkruid, maar kook de vaak in spinazie aanwezige vogelmuur (een teer groen kruidje met kleine witte bloemetjes) rustig mee.
Zet de spinazie met het aanhangende water op in uw ruimste pan, maar alleen zoveel tegelijk dat u de groente tijdens het slinken nog kunt omscheppen. Het onder in de pan zittende gedeelte kookt anders te lang. Schep de geslonken spinazie uit de pan en laat haar op een vergiet uitlekken. Herhaal de handeling in hetzelfde kookwater portie voor portie met de rest van de spinazie. De goed uitgelekte spinazie kunt u nu het beste meteen verwerken volgens de hierna volgende recepten.
Warm geen restjes op en gooi het kookwater weg.

Gestoofde spinazie

Een goede manier om deze groente te koken, omdat zij in één kookproces klaar is. Deze sappige spinazie past goed bij wat droge graangerechten en is ook geschikt als vulling voor pannekoeken waarin eieren zijn verwerkt.

- 3/4-1 kg spinazie, gewassen en drooggeslingerd
- 1 eetlepel olie
- eventueel 1 uitje, fijngehakt
- eventueel een klein teentje knoflook, in dunne plakjes gesneden
- 1-2 eetlepels biologische maïzena* of gebuild meel; 1 eetlepel meer als de spinazie voor een vulling wordt gebruikt
- 1/2 dl water
- 1/2 theelepel nootmuskaat, of 1-2 theelepels marjolein
- eventueel 8 amandelen, gepeld en grof gehakt

Verwarm in een grote pan de olie met ui en knoflook en smoor de ui glazig op een matig vuur. Doe de spinazie in gedeelten erbij, onder voortdurend omscheppen. Binnen 5 minuten heeft u zo alle spinazie laten slinken. Jonge spinazie is dan meteen ook gaar,

oudere spinazie kunt u op een laag pitje, met het deksel op de pan, nog enkele minuten stoven tot de grove stelen gaar zijn.
Grootbladige spinazie kunt u nu, in de pan, met een schaar nog wat fijnknippen, de groente is dan bij het opscheppen wat handzamer.
Maak de maïzena aan in het water en roer dit door de spinazie. Breng de spinazie nog een keer aan de kook en voeg de marjolein of nootmuskaat toe. Proef of er nog wat zout bij moet; meestal is dit niet nodig.
Doe de spinazie in een schaal en strooi er eventueel de amandelen over (bij voorbeeld als u de spinazie eet bij eenvoudige gekookte granen). Dien meteen op.

Variaties:
- **spinazie à la crème**: vervang het water waarmee u de maïzena aanmaakt door room. Laat de amandelen weg
- **spinazie à la Roussillon**: geschikt bij eenvoudige graangerechten en als vulling voor pannekoeken waarin geen of weinig eieren zijn verwerkt.
Maak de spinazie klaar als in het voorgaande recept werd beschreven, haal de pan van het vuur en roer er de volgende ingrediënten door: 100 g halfvolle kwark (vervang eventueel een gedeelte door zure room); ca. 1 theelepel citroensap; 1/2 theelepel zout; 1 theelepel chilipoeder of 1 eetlepel fijngehakte peterselie. Doe de spinazie in een voorverwarmde schaal
- **spinazie met soldaatjes**: maak van 2 boterhammen reepjes of dobbelsteentjes gebakken brood*. Kook een ei hard, hak het niet té fijn en strooi het gehakte ei over de spinazie. De dobbelsteentjes brood kunt u er ook over strooien; steek de reepjes erin   82

Tip: Gebruik geen zure room voor vullingen die nog een keer verhit worden; de room zou dan kunnen gaan schiften.

Spinazie met roomsaus

Geschikt voor al wat oudere spinazie met een scherpe smaak. Past zowel bij gekookte granen met wat noten of zonnebloempitten als bij aardappels (of aardappelpuree) met roerei. Geef er nog wat salade van rauwe wortel bij.

- 750 g spinazie
- 1/2-1 theelepel anijszaad, gestampt
- 1 recept roomsaus*   206
- 1 eetlepel peterselie of 1/2 eetlepel bieslook, fijngeknipt

Was de spinazie en laat haar in het aanhangende water vlug slinken en gaarkoken. Laat haar op een vergiet uitlekken en knip haar zonodig wat klein (hang de vergiet boven de pan, dan koelt de spinazie niet te veel af). Doe de spinazie, vermengd met de anijs, in een voorverwarmde schaal en giet er de hete saus overheen (roer de saus niet door de spinazie, aan tafel kan zij ook over de aardappels of granen worden geschept). Strooi er tot slot de verse kruiden overheen.

Spinazietoost
Ⓥ

Een quick-lunch voor 8 personen of een vlugklare maaltijd voor 4 personen. Geef er dan een rauwkostsalade van wortel bij en naar wens gekookte haver met wat room.

- 3/4-1 kg spinazie, gestoofd*   318
- 8 sneetjes volkorenbrood
- ca. 150 g jongbelegen kaas (een plat stuk, ca. 2 cm dik)

Rooster de boterhammen in de broodrooster, op een droge bakplaat in de oven (alleen heel verse boterhammen, oudere worden in de oven te droog), of met wat boter besmeerd in de koekepan.
Snijd de kaas in 16 plakjes. Verdeel de spinazie over de boterhammen en leg de plakjes kaas er kruiselings overheen. Strooi een vleugje paprikapoeder op de kaas en dien de toost warm op (de kaas smelt op de hete spinazie).

Variaties:
- leg onder de spinazie een plakje ham op de boterham
- verdeel gesmoorde champignons* over de spinazie en leg er een grote, maar dunne plak kaas overheen   232
- vervang de kaas door kleine spiegeleitjes
- maak roerei van 2-3 eieren* en verdeel dit, vlak voor het opdienen, over de spinazie in ▶   255

plaats van de kaas. Strooi er wat fijngeknipte bieslook over
- vervang de kaas door 8 gepelde, grof gehakte en geroosterde amandelen*   604

Tip: Bij een grotere hoeveelheid toost koelt de spinazie te veel af om de kaas goed te laten smelten. Leg de belegde boterhammen dan op de bakplaat en bak ze nog 5-10 minuten bij 180°C.

Spinazietaart met omeletten
(4-6 personen)

🕒 🕯

Een feestelijke spinazieschotel, die u grotendeels al van tevoren kunt klaarmaken (zie tip). Dien op met wat wortelsalade en gekookte haver of thermogrutten (haver). Snijd de spinazietaart aan tafel in punten.

- 4 grote eieren
- 1 dl water
- 4 eetlepels meel
- 1/2 theelepel zout

- 1 recept béchamelsaus*, zonder zout gemaakt   203
- 75 g belegen of oude Goudse kaas, geraspte

- 1-1 1/2 kg spinazie, gestoofd*   318

- 1 ronde, wijde en liefst platte vuurvaste schaal ter grootte van de pannekoeken

Doe eieren, water, meel en zout in een kom en kluts alles met een vork door elkaar, maar klop het mengsel niet schuimig. Laat dit dunne beslag zo mogelijk een kwartier rusten en roer voor het gebruik nog eens goed om. Bak er daarna in de boter op een matig vuur 6-8 dunne omeletten van*. Stapel de omeletten op een plat bord.   256
Maak de béchamelsaus en laat haar iets afkoelen. Roer nu pas de kaas erdoor en proef of er nog wat zout bij moet.
Verdeel de spinazie in porties: één portie minder dan het aantal omeletten. Leg een omelet in de vuurvaste schaal en spreid er een portie spinazie op uit. Dek af met een omelet. Ga zo door tot alle spinazie en omeletten op

zijn; bovenop ligt nu een omelet. Giet de kaassaus eroverheen.
Bakken: 20 minuten bij 180°C, middelste richel.

Variaties:
- vervang de omeletten door flensjes of eierpannekoeken
- met gistpannekoeken wordt de taart hoger, maar minder fijn; laat de granen in het menu weg
- roer geen kaas door de béchamelsaus, maar strooi 100 g fijngesneden ham of uitgebakken blokjes rookspek of dunne schijfjes rookworst tussen de omeletten
- vervang de spinazie door het groene blad van **snijbiet** of door **raapstelen**
- gebruik als vulling *spinazie à la Roussillon*   31
  of *gesmoorde andijvie*; laat de béchamelsaus weg en strooi de kaas tussen en op de pannekoeken. Leg gedurende de eerste helft van de baktijd een deksel of aluminiumfolie op de schaal   33

Tip: Voor een van tevoren klaargemaakte schotel: bak de omeletten en maak de saus; was de spinazie en zet alles koel weg. Smoor de spinazie op het laatste moment. De schotel moet nu ca. 30 minuten in de oven staan om door en door warm te worden.

Spinaziepannekoekjes

Bak deze groene pannekoeken bij voorbeeld in het voorjaar, als de spinazie nog erg prijzig is. Serveer met wortels (gekookt of als rauwkost) en aardbeien toe.

- 1 recept pannekoekenbeslag* of   17
  haverpannekoekenbeslag*   18

- ca. 100 g jonge spinazie, gewassen en drooggeslingerd
- 1-2 eetlepels ui (voorjaarsuitjes)
- eventueel 1 teentje knoflook
- 1 eetlepel peterselie

Snijd de uien en knoflook wat klein en hak ze met de spinazie op een grote snijplank zeer fijn. Schep deze moes door het pannekoekenbeslag en bak de pannekoeken volgens de aanwijzingen in de betreffende recepten.

Afb. 11 Diverse slasoc

a Batavia

b Krulandijvie

c Rode sla

d Eikebladsla

e Veldsla

f IJsbergsla

g Kropsla

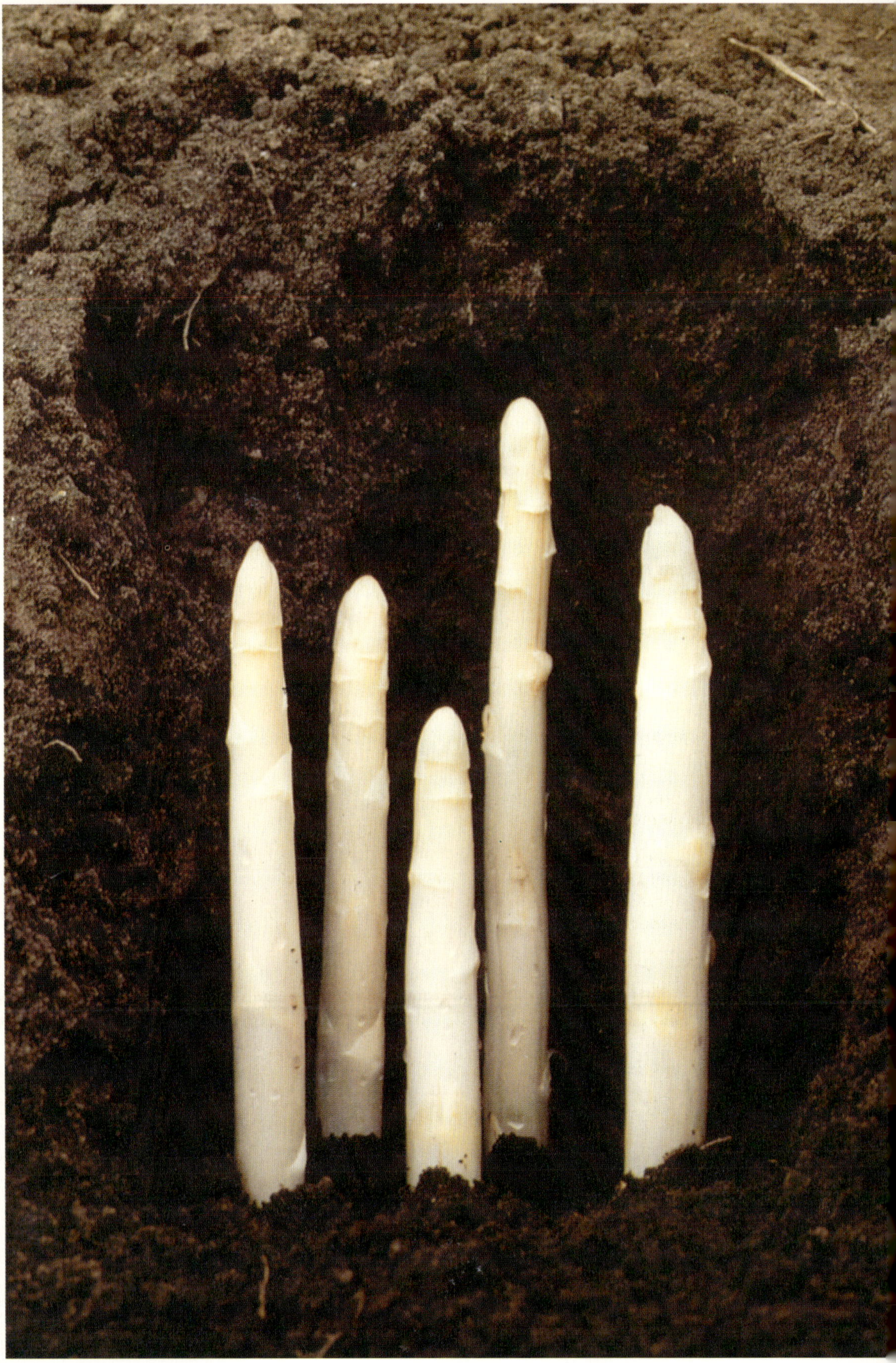

Variatie: vervang de spinazie gedeeltelijk door zeer jonge **brandneteltoppen** (even met kokend water overgieten voor het hakken). Ook andere wilde groenten* zijn geschikt. 215

Tip: Gebruik voor deze brosse pannekoeken een plat deksel voor het omkeren. Rol de gebakken pannekoek al in de pan op en leg deze rollen naast elkaar in de schaal, zo zijn ze aan tafel makkelijker op te scheppen.

Spinaziekoekjes (ca. 20 stuks)

Ook voor kinderen die anders geen spinazie eten; in combinatie met wortelsalade een volwaardige maaltijd.

- 200 g zilvervliesrijst
- 4 1/2 dl water (vol.verh 1:1 3/4)
- 2 theelepels zout

- 50 g geraspte pittige kaas
- 2 kleine eieren, geklutst
- 3-4 eetlepels meel
- 1/2 ui, fijngesneden

- 125 g jonge spinazie, gewassen en drooggeslingerd

Kook de rijst*, laat hem iets afkoelen en meng er de rest van de ingrediënten door, behalve de spinazie. 133
Snijd de rauwe spinazie wat klein en hak hem vervolgens zo fijn mogelijk. Schep hem door de rijstmassa en proef of deze pittig genoeg is. Vorm en bak de spinaziekoekjes*. 166

Variaties:
- vervang de spinazie door zeer jonge **snijbiet** (zonder stelen) of **melde**
- vervang de ui door een stukje geraspte wortel, dit geeft een zoetige smaak
- vervang de eieren door 4 eetlepels kwark en 2 eetlepels meel extra. Dit geeft een zurige smaak en de koekjes worden vochtiger
- gebruik resten gekookt graan (ca. 600 g); behalve rijst zijn gierst, haver en alle soorten thermogrutten geschikt
- gebruik fijne havervlokken

Spinaziepudding (4-6 personen)

Lekker bij gekookte granen of gebakken nieuwe aardappeltjes.

- 30 g meel
- 1 1/2 dl melk
- 500 g spinazie, gekookt* 318

- 3 dooiers van kleine eieren
- eventueel 1/2 ui, fijngehakt
- 2 theelepels majoraan of basilicum
- 1/2 theelepel nootmuskaat
- 1 1/2 theelepel zout

- 3 eiwitten, stijfgeklopt

- 1/2 recept tomatensaus of pittige paprikasaus
- een paar mooie, kleine spinazieblaadjes
- 1 metalen puddingvorm met goed sluitend deksel van ten minste 1 1/2 l inhoud, of een andere passende schotel, ingevet
- een grote pan met deksel om de pudding au bain marie in te koken

Maak in een pannetje het meel aan met de melk en breng dit mengsel, rustig roerend, langzaam aan de kook. Laat het een paar tellen doorkoken en haal de pan van het vuur. Laat de gekookte spinazie zeer goed uitlekken op een vergiet en hak haar zeer fijn. U heeft 4 dl van deze puree nodig (zonodig aanvullen met kooknat).
Roer dooiers, ui, kruiden en zout door de intussen wat afgekoelde, maar nog lauwwarme melksaus en vermeng met de spinazie. Klop de eiwitten stijf en schep ze door de spinaziemassa. Vul de puddingvorm tot 3/4 van de hoogte met de spinaziemassa en sluit het deksel.
Kook de pudding au bain marie* 1-1 1/2 uur. 43
Doe de gaarproef, stort de pudding op een platte schaal met een opstaande rand en giet er de hete saus omheen. Garneer met een toefje spinazieblaadjes.

Variatie: Doe de spinaziemassa in een ingevette vuurvaste schaal en bak haar als soufflé in de oven: ca. 1/2 uur bij 200°C, middelste richel. Gebruik eventueel rauwe spinazie: 350 g gewassen, gedroogde (slacentrifuge of theedoek) en zeer fijn gehakte spinazie is voldoende.

De lelieachtigen (Liliaceae)

Behalve de 'koningin onder de bloemen', de lelie, behoren ook *ui, prei, bieslook, knoflook, daslook* en – de tweede verrassing – de *asperge* tot deze plantenfamilie.
Door het weinig ontwikkelde wortelstelsel nemen de lelieachtigen weinig mineralen uit de grond op. In het bladgebied echter leven deze planten zich helemaal uit en we rekenen ze dan ook tot de bladgroenten. De stengelloze bladeren zijn aan de onderkant dik opgezwollen en vormen de sappige ui en de in segmenten verdeelde en wat meer verdichte knoflook; breed en meer langgerekt zijn de bladeren bij de prei; holle buisjes bij de bieslook. Alleen de asperge vormt met haar sterk ontwikkelde wortelstok en fijnvertakte bladeren een uitzondering.
Net als de kruisbloemigen (de koolgewassen) zijn ook de uiachtigen rijk aan zwavel – zij het in een wat vluchtiger vorm – wat goed merkbaar is bij het snijden van uien.

Knoflook

Een matig, maar wel regelmatig gebruik van knoflook in soepen, sauzen, peulvruchten en (rauw) in salades werkt bloedzuiverend en stimulerend op de spijsvertering.
Verse knoflook van goede kwaliteit voelt stevig aan en de aparte teentjes vormen een gesloten bol. Hang de bolletjes op een droge, luchtige plaats. Pel de teentjes pas vlak voor het gebruik (eerst even wat platdrukken). Snijd ze overdwars in flinterdunne schijfjes en hak ze daarna eventueel nog fijner of kneus de tenen in een vijzel of druk ze door de knoflookpers.

De ui

Naast zwavel bevatten uien ook suiker. Daardoor kunnen we de grootbollige, milde soorten af en toe ook als groente eten. De scherpe smaak van de rauwe ui verdwijnt bij het koken om plaats te maken voor de zoete smaak.
De kleine, scherpe uiensoorten en ook de mildere sjalotten gebruiken we alleen als kruiderij: gesmoord of bruingebakken in gekookte gerechten, rauw in salades.
Van de jonge bosuitjes kunnen we ook de groene stengels gebruiken. Ze zijn vooral geschikt om rauw in salades te verwerken.

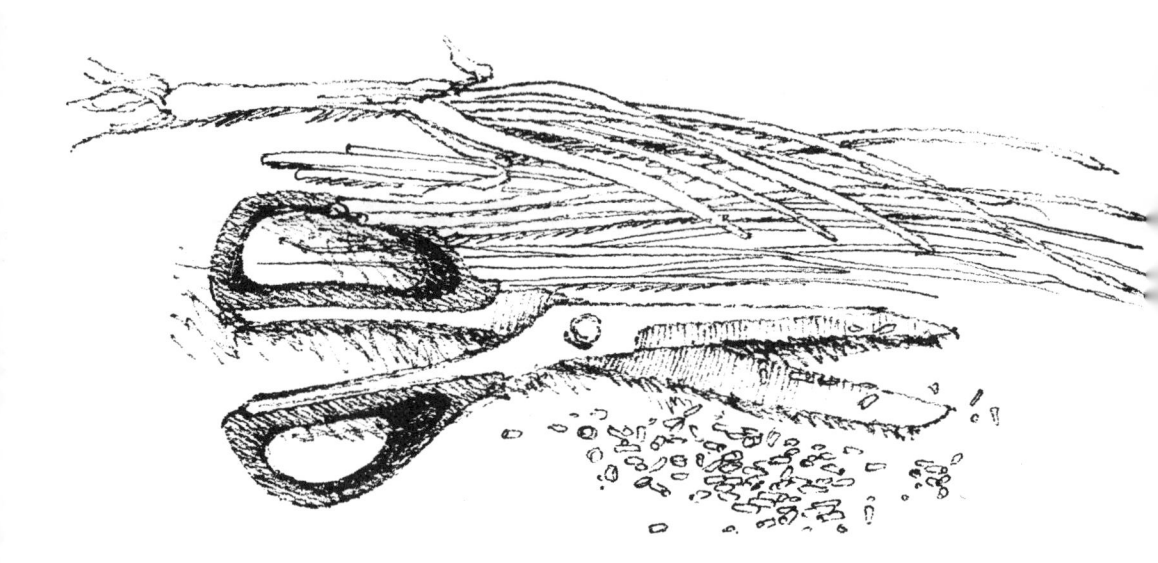

Koop uien van verschillende maten en let erop dat ze stevig aanvoelen. Bewaar ze onverpakt op een niet te warme en vooral droge plaats. Leg een in het voorjaar uitlopende ui op de vensterbank in de zon en gebruik de groene, vlezige bladeren als bieslook.

Het fijnsnijden van een ui:
- gebruik een vlijmscherp ongekarteld mes, niet te klein en niet te groot
- snijd de geschilde ui overlangs in twee helften en leg deze met het snijvlak op een met koud water afgespoelde plank
- snijd nu de halve ui, weer overlangs, in flinterdunne plakjes en wel zo, dat de plakjes aan de kant van het voetje nog aan elkaar vastzitten
- draai de halve gesneden ui een kwartslag en snij nu de dicht naast elkaar liggende plakjes in zo klein mogelijke stukjes, te beginnen aan de 'bladkant'
- hak tot slot het voetje fijn

Snijd uien vlak voor het gebruik en bewaar geen gesneden uien. Gebruik het wortelstukje en de bruine schillen desgewenst voor het trekken van groentebouillon*. Ze bevatten, evenals het voetje van de prei, veel mineralen. *Smoren* van uien: verwarm de olie of boter tegelijk met de ui in de pan op een matig vuur. Dit voorkomt te sterk verhitten van het vet. De uien worden alleen glazig; bij *fruiten* worden de uien lichtbruin. Voor mensen met een gevoelige spijsvertering en voor jonge kinderen kunnen te bruin gebakken uien zwaar verteerbaar zijn.

Gevulde uien met kaas

Pittige uien, als groente bij gekookte granen of aardappelpuree. Serveer met een saus van *pompoen* of *tomaten* en wat bladsla.

- 4 grote uien, gekookt en uitgehold*

- 40 g Parmezaanse of 50 g zeer oude Goudse kaas, geraspt
- 1/2 eetlepel olie
- 1 eierdooier
- 1 mespunt nootmuskaat
- 1/2 theelepel zout
- 1 eiwit, stijfgeklopt

Hak het binnenste van de uien zeer fijn en meng alle ingrediënten erdoor, het stijfgeklopte eiwit het laatst. Het wordt een luchtige vulling.
Vul en bak de uien op dezelfde wijze als *gevulde uien met spinazie** en steek in elke ui een toefje peterselie.

Gesmoorde uien met room

Een vlug gemaakt groentegerecht, dat ook als saus kan dienen. Lekker bij gekookte granen (rogge, gerst). Serveer met een schaaltje geraspte kaas en salade.

- 10 g boter of 1 eetlepel olie
- 4 grote gele uien (ca. 400 g), schoongemaakt, overlangs doormidden en daarna in 1/2 cm dikke plakken gesneden
- 2 theelepels karwij
- 1/2 theelepel zout

- 1 eetlepel arrowroot, aangemaakt in 1/2 dl bouillon of water
- 1 theelepel majoraan

- 1/2 dl zure room of viili
- 1-2 eetlepels bieslook, fijngeknipt

Verwarm op een matig vuur de boter of olie met de uien, karwij en zout en smoor de uien glazig; ze mogen niet verkleuren. Laat de uien met het deksel op de pan in ca. 5 minuten bijtgaar smoren.
Roer de aangemaakte arrowroot en de majoraan door de uien en breng alles nog eens aan de kook.
Voeg de room toe en laat nu niet meer koken. Strooi de bieslook eroverheen.

Gevulde uien in het kampvuur

Snijd grote uien overlangs doormidden (*niet* schillen). Verwijder zorgvuldig de binnenste segmenten (gebruik een scherp mesje), tot er nog 2-3 langs de schil overblijven.
Stamp op een platte steen (met behulp van een grote kiezel; of thuis bij de barbecue in de vijzel) wat zout fijn met kruiden naar smaak en strooi dit in de holle ui. Zet de uien in de hete as en wel zo, dat ze goed vastzitten. Breek ▶

per halve ui een klein ei in een kopje en giet het voorzichtig in de ui.
Als de as niet al te heet is duurt het stollen van het ei zo lang, dat ook de ui gaar is en u op de buitenste schil na ook het 'pannetje' kunt opeten.

Gevulde uien met spinazie

Als bijgerecht bij gekookte granen. Serveer met een *kerrie-* of *paprikasaus*, of wortel- of tomatensalade.

- 4 uien, liefst platte (samen ca. 500 g), gepeld
- 3 theelepels zout
- 1 theelepel mosterdzaad, gekneusd
- 1 theelepel karwijzaad
- heet water

- ca. 250 g spinazie, gewassen

- 12-16 amandelen (ca. 25 g), gemalen
- 1 mespunt nootmuskaat
- 1 theelepel marjolein
- 2-3 theelepels gomasio

- 1 eetlepel Parmezaanse of zeer oude Goudse kaas, zeer fijn geraspt
- wat paprikapoeder

- een vuurvast schaaltje, ingevet

Doe zout, mosterd- en karwijzaad in een pannetje en leg de uien dicht naast elkaar erop. Voeg zoveel heet water toe, dat de uien net onderstaan. Breng aan de kook en laat de uien in ca. 20 minuten krap gaar koken. Zet ze op een bord en laat ze wat afkoelen. Snijd van de uien aan de bovenkant een royaal kapje af en hol ze uit tot er nog drie lagen overblijven.
Laat de spinazie slinken in het aanhangende water en goed uitlekken in een vergiet. Druk er zoveel mogelijk vocht uit en hak haar daarna fijn.
Meng amandelen, nootmuskaat, marjolein en gomasio door de spinazie; het moet een pittig mengsel worden. Voeg eventueel een deel van het (fijngehakte) binnenste van de uien toe.
Druk de spinazievulling stevig in de uien,

maak er een kop op en strijk deze glad.
Zet de gevulde uien in het vuurvaste schaaltje en giet er 1 cm hoog kookwater van de uien bij. Leg op elke ui een klein toefje kaas.
Bakken: 15 minuten bij 200°C, middelste richel.
Strooi vlak voor het opdienen een vleugje paprikapoeder over de kaas.

Variatie: gebakken uien: verwijder van de uien alleen de buitenste schillen. Kerf ze na het voorkoken aan de bovenkant 2 cm diep in. Vul ze *niet*. Tijdens het bakken openen de uien zich als een bloem. Leg er vlak voor het opdienen een klontje (kruiden)boter* in en pel ze op het bord.

Tip: Gebruik het overgebleven binnenste, de kapjes van de uien en het kookwater de volgende dag voor een soep of graanschotel.

Prei

Prei vormt tijdens de groei geen bol zoals de ui; de als het ware samengeperste bladeren vormen een stevige 'stok'. Winterprei – tot 1 meter lang en 4 cm dik – is winterhard en heeft naar boven toe wijd uitstaande, groene bladeren. Zomerprei is korter, dunner en heeft wat slapper en lichter gekleurd blad.

Zoals de prei tegenwoordig verhandeld wordt (zonder wortel en met het groene blad grotendeels verwijderd) kan hij vrijwel in zijn geheel worden verwerkt: het malse, witte gedeelte in weinig lichtgezouten water gekookt voor groenteschotels; het lichtgroene gedeelte fijngesneden en in boter of olie met een beetje water gesmoord voor een smakelijke soep; de taaie, donkergroene bladeren voor het trekken van bouillon.
Let er bij het kopen op dat het 'voetje' (de wortelaanzet) nog gaaf is; gave prei kan in een papieren zak enkele dagen op een koele, donkere plaats worden bewaard.

Snijd prei kort voor het gebruik (anders krijgt hij, blootgesteld aan de lucht, een scherpe smaak). Verwijder de lelijke bladeren en de wortels, maar niet het voetje en snijd hem overlangs tot het midden open, zodat u hem grondig kunt uitspoelen onder de stromende kraan.
Prei is droger en vaster dan uien en daardoor rijker aan mineralen (fosfor, ijzer, vooral in het voetje).

Gesmoorde prei

Een sappig, wat zoet groentegerecht.

- 500 g prei, gewogen zonder het donkergroene gedeelte
- 1 eetlepel olie of boter
- 1 theelepel zout

- 1/2 eetlepel citroensap of 1 eetlepel brooddrank
- wat nootmuskaat of milde paprikapoeder

Snijd de schoongemaakte prei* in ca. 2 cm brede stukken, hak het voetje fijn. *325*
Doe het vet in de pan, leg de prei erop en strooi het zout erover. Verwarm dit al roerende op een flink vuur (1-2 minuten) en temper dan het vuur; de prei mag niet verkleuren, alleen slap worden. Smoor de prei in ca. 15 minuten niet té gaar. Houd het deksel op de pan en het vuur zeer matig. Pas op voor aanbranden en schep de prei tussentijds een keer om.
Breng vlak voor het opdienen op smaak met het citroensap of de brooddrank en stuif er een vleugje nootmuskaat of paprikapoeder overheen.

Variaties:
- vervang het citroensap door een eetlepel mosterd of *mierikswortelpasta** *602*
- **preiragoût**: smoor een kleine, in stukjes gesneden rode paprika met de prei mee en voeg daarna nog een ontvelde en in stukjes gesneden tomaat toe. Als u dan ook nog een reepje citroenschil meesmoort, krijgt deze variatie een heel aparte smaak. Maak 1/2 eetlepel gebuild meel of 1 eetlepel biologische maïzena aan met 1 dl water en bind hiermee de ragoût

Prei met kaas of ham

€) ᔌ

Serveer met gekookte granen (rogge, gerst of tarwe) en een schaaltje rauwkost van wortels of rode bieten.

- *1 kg prei*
- *ca. 1 l water met 2 theelepels zout*
- *1 theelepel mosterdzaad, gekneusd*

- *4 grote plakken jongbelegen Goudse kaas of ham*
- *1 recept béchamelsaus** *203*

Maak de prei schoon* en bewaar de voetjes *325* en de donkergroene bladeren. Snijd de prei in 8-10 cm lange stukken. Breng het water met het zout en het mosterdzaad aan de kook en leg hierin de stukken prei, de donkergroene bladeren (wat klein gesneden) en de goed schoongeborstelde voetjes. Breng het geheel weer aan de kook en laat een kwartier trekken op een laag pitje.
Haal de mooie stukken prei uit de bouillon en laat ze op een vergiet goed uitlekken. Zeef de bouillon en maak hiermee de béchamelsaus. Spreid de ham of de kaasplakken uit op het aanrecht en verdeel de stukken prei erover. Rol op en leg deze pakjes met de sluiting naar beneden in een voorverwarmde diepe schaal. Giet de hete saus erover en dien warm op.

Variaties:
- leg de prei alleen met hamplakken in de schaal en vervang de béchamelsaus door *kaassaus** ▶*206*

- doe het gerecht in een beboterde vuurvaste schaal en strooi er wat paneermeel overheen. Leg er flinterdunne stukjes boter op en laat er in een voorverwarmde oven een bruin korstje op komen in ca. 15 minuten bij 200°C of alleen bovenwarmte

Preisoufflé met hazelnoten
(4-6 personen)

☽

Een feestelijk groentegerecht met een zachte smaak. Serveer met risotto, macaroni of gebakken aardappelen en een flinke schaal bladsla met wat wortelrauwkost. Gebruik bij voorkeur jonge, malse prei.

- 20 g boter
- 30 g meel
- 2 1/2 dl half melk/half water of bouillon (van het preiafval*)   77

- 3 grote of 4 kleine eierdooiers
- 1 theelepel tijm
- 2 theelepels zout
- 1 theelepel cayennepeper
- 50 g geroosterde hazelnoten*, gemalen   604

- 300 g dunne prei, in flinterdunne ringetjes (1 mm) gesneden
- 3 of 4 eiwitten, stijfgeklopt

- een vuurvaste schaal van ten minste 1 1/2 l inhoud, ingevet

Maak van boter, meel en vloeistof een *witte ragoûtsaus**. Laat de saus wat afkoelen.   204
Roer eierdooiers, kruiden, zout en hazelnoten erdoor. Verwarm de oven voor.
Doe de prei in een deegkom, giet de saus erover en leg de stijfgeklopte eiwitten erop. Schep nu alles voorzichtig, maar wel grondig door elkaar en doe het mengsel in de vuurvaste schaal.
Bakken: 40-45 minuten bij 180°C, onderste richel. Dien de soufflé meteen op.

Variaties:
- vervang de prei door **bleekselderij** (het binnenste gedeelte van de stronk)
- vervang de hazelnoten door 40 g Parmezaanse of 50 g oude kaas, geraspt. De soufflé wordt hierdoor pittiger

Stoofpot met prei en gehakt (of kaas) (4-5 personen)

Een zeer eenvoudig te maken, smeuïg aardappelgerecht, dat uw beurs niet uitholt. Een salade van rauwe rode bieten kleurt er goed bij. Eet geroosterde griesmeelsoep vooraf en/of (Bircher)muesli toe.

- 1 eetlepel olie
- 150-200 g gehakt

- ca. 500 g prei, schoongemaakt gewogen, in 3 cm lange stukken gesneden
- 1 theelepel venkelzaad
- 2 theelepels kerrie
- 3 theelepels zout

- 2 dl water
- 3/4-1 kg aardappelen (geen afkokers), geschild gewogen, overlangs doormidden en daarna in 1 cm dikke plakken gesneden
- 2-3 eetlepels peterselie, fijngehakt

Bak in een ruime pan het gehakt in de olie*.   231
Verdeel de gehaktkoek in kleine brokjes.
Doe de prei, de droge kruiden en het zout erbij en smoor dit even mee.
Blus met het water en leg de aardappelen erop. *Niet* omscheppen. Laat alles aan de kook komen, doe het deksel op de pan en temper het vuur als het deksel heet is. Stoof de aardappelen in ca. 15 minuten gaar. Schep nu alles om, doe het vuur uit en laat nog 5 minuten staan (deksel op de pan).
Schep vlak voor het opdienen de peterselie erdoor.

Variatie: met kaas. Smoor of fruit een grote gesnipperde ui in de olie. Vervang het venkelzaad door karwij en voeg voorlopig maar 1 theelepel zout toe. Snijd 100-150 g oudbelegen kaas in 1 cm grote blokjes en schep ze met de peterselie door het gerecht.

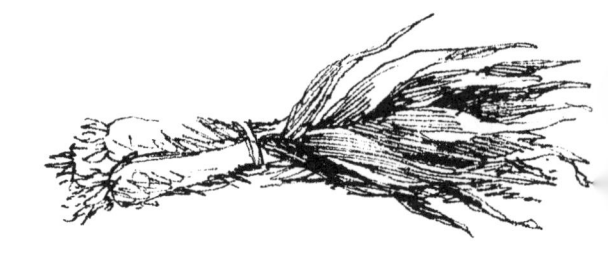

Asperges

Asperges zijn de eerste uitlopers van de wortelstok van de aspergeplant, die worden gestoken voordat de kopjes van de spruiten boven de zandwal waarmee de wortelstok bedekt is, uitgroeien. Ze zijn in mei en juni verkrijgbaar.
Er zijn witte en groene asperges in de handel; de groene hebben een wat meer uitgesproken aspergesmaak. Vanaf de oogst tot het gebruik moeten asperges vochtig gehouden worden.
Let bij het kopen op een gesloten, gaaf en niet slap hangend kopje en een sappige, niet houterige stengel. Dikke asperges hoeven niet taaier te zijn dan dunne, ze zijn wel minder bewerkelijk. Leg ze thuis losjes in een vochtige handdoek, stop dit pakketje in een geperforeerde plastic zak en leg het in de koelkast. Ze zijn zo 1-2 dagen houdbaar.
Asperges bevatten waardevol plantaardig eiwit, kiezelzuur en vitamine C.

Asperges koken, basisrecept

Was de asperges voorzichtig in koud water, maar laat ze er niet inliggen. Snijd aan de onderkant het taaie, houterige stukje eraf. Schil de asperges vanaf ca. 3 cm onder het kopje naar beneden met een dunschiller: boven zeer dun, naar beneden toe dikker. Groene asperges hoeft u niet te schillen.
Bewaar het afval en leg het onderin de pan om met de asperges mee te koken; vooral in de schillen zitten veel smaakstoffen.
Bind de asperges met stevig wit katoen op twee plaatsen tot een pakketje en leg ze op de schillen in het al kokende water. Voeg het zout pas toe als de asperges bijna gaar zijn; ze behouden zo beter hun fijne aroma. Een klontje boter en een mespunt suiker in het begin aan het kookwater toegevoegd, verfijnen de smaak.
Kook witte asperges in 30-45 minuten bijtgaar, groene in ca. 20 minuten. Haal ze voorzichtig uit het water en laat ze uitlekken (laat asperges voor salades in het kookwater afkoelen). Bewaar het kookwater voor soep*. 90
Leg de asperges op een voorverwarmde, dubbelgevouwen stoffen servet op een eveneens voorverwarmde platte schaal. Verwijder de touwtjes. Geef er gesmolten boter bij of een fijne saus (*hollandaise-*, *remoulade-* of *botersaus*). Hardgekookte eieren of plakken ham en nieuwe aardappeltjes zijn de klassieke bijgerechten, maar andere combinaties (zie de recepten) smaken eveneens lekker.

Tip: Kook wat meer uitgegroeide en vaak ook voordeliger geprijsde asperges als volgt: snijd de geschilde asperges in 3 stukken. Kook eerst de onderste stukken 10 minuten, voeg daarna de middelste en tot slot weer na 10 minuten ook de kopstukjes toe. Tegelijk met de malsere kopstukjes zijn dan ook de andere stukjes gaar.

Poolse asperges

Groen-geel versierde asperges. Warm opdienen met plakken ham en krieltjes of met risotto en geraspte kaas.

- *3/4-1 kg asperges*
- *ca. 3/4 l water met een klontje boter en een mespunt suiker*

- *2 theelepels zout*

- *25-40 g boter*
- *2 eetlepels fijn paneermeel*
- *1 groot ei, hardgekookt en fijngehakt*
- *1 mespunt zout*

- *2 eetlepels peterselie, fijngeknipt*

Was en schil de asperges* en snijd ze in 3-4 cm lange stukjes, de kopstukjes 10 cm lang. Houd de kopstukjes apart. Breng het water met de boter en de suiker aan de kook en voeg de overige aspergestukjes toe. Kook de kopstukjes pas de laatste 10 minuten mee. Voeg nu ook het zout toe.
Giet de bijtgare asperges op een vergiet en vang het kookwater op (voor soep). Rangschik de goed uitgelekte asperges op een warme schaal (de korte stukjes als een berg in het midden) en houd ze warm door er een servet op te leggen.
Laat in de sauspan de boter warm, maar niet bruin worden en roer er eerst het paneermeel en het zout door. Laat alles goed warm worden, maar pas op voor aanbranden; roer ook het ei erdoor (niet tot moes).

Schep er van het vuur af de peterselie door en verdeel deze kleurige kruimel over de asperges.

Variaties:
- **asperges met Malteser saus:** maak een *béchamelsaus** (gebruik hiervoor het aspergenat), maar voeg geen zout toe, het aspergenat is al tamelijk zout. 203
Vermeng 1 eierdooier met 2 eetlepels viili en de geraspte schil van 1 sinaasappel en klop dit, van het vuur af, door de béchamelsaus. Verdun de saus zonodig met wat sinaasappelsap of bouillon en giet hem over de asperges. Warm opdienen. Gebruik dit aspergegerecht als ragoût in een rijstrand. Gebruik dan 500 g asperges. Geef de overtollige saus er apart bij en serveer met een flinke schaal gemengde sla
- **asperges met Sauce Hollandaise*** 217
- **asperges in de oven:** Doe de goed uitgelekte asperges in een vuurvaste schaal en bestrooi ze met wat kerrie. Giet er 1 dl room overheen. **Gratineren:** ca. 10 minuten bij 200°C, middelste richel. Strooi verse dilleblaadjes, kervel of peterselie over de asperges. Lekker bij rijst of gierst met een bladsla, gegarneerd met 2 in schijfjes gesneden hardgekookte eieren

De samengesteldbloemigen (Compositae)

De stralende *zonnebloem* en het bescheiden *madeliefje* zijn zeker de bekendste vertegenwoordigers van deze grote plantenfamilie. Het zijn ware zonaanbidders; zij volgen met hun 'gezichtje' de loop van de zon en de madeliefjes sluiten zelfs hun bloemen als het donker wordt of gaat regenen.
De voedingsgewassen die tot de composieten behoren zijn: de *topinamboer*, die nauw verwant is met de zonnebloem, de verschillende slasoorten: van *witlof* in de winter, *paardebloem* (molsla) in het voorjaar via de zomerse *krop-*, *ijsberg-* en *eikebladsla* tot de *andijvie* in de herfst kunnen we het hele jaar door knapperige rauwkost maken. De *veldsla*, die hier ook beschreven wordt, is familie van de valeriaan. Voorts behoren nog de *artisjok* en de inheemse *schorseneer* tot de samengesteldbloemigen. Ook valkruid (arnica), goudsbloem (calendula), saffloer en kamille behoren tot deze familie. Uit de zaden van de zonnebloem en de saffloerdistel wordt waardevolle olie geperst*. 17
Schorseneren, artisjokken, andijvie en de slasoorten bevatten bitterstoffen, die vooral de lever stimuleren en daarmee de eetlust. Artisjokken en ook sla worden daarom veel als voorgerecht gegeten.

Topinamboer

De zeer vitale topinamboer of aardpeer is een kleinbloemige zonnebloemsoort, die in de grond winterharde, grillige, langwerpige knollen vormt. Topinamboer is verkrijgbaar vanaf de herfst tot in het voorjaar. Topinamboers zijn sappiger dan aardappelen en drogen gauw uit, zodat ze niet langer dan 1 week bewaard kunnen worden.
Topinamboer bevat het koolhydraat inuline, een suikersoort, die ook door diabetici goed verdragen wordt. Topinamboer smaakt zoetig nootachtig, een beetje naar artisjok en kan zowel rauw als gekookt gegeten worden. De groente combineert goed met prei en zuurkool en kan als vervanging dienen voor artisjokbodems. Wie moeite heeft met de vertering van rauwe topinamboer (gasvorming) kan de gesneden of geraspte knollen 1/2 uur marineren in met water verdund citroensap.

Let er bij het kopen vooral op, dat de knollen stevig aanvoelen; ze hoeven dan alleen maar afgeborsteld te worden onder de koude kraan en niet geschild.

Topinamboer in de schil gekookt

Volg het recept van *aardappelen in de schil gekookt**. De kooktijd is echter korter, reken 187 op 10-15 minuten, al naar gelang de grootte van de knollen.
Als u voor bij voorbeeld rösti aardappelen in de schil kookt, kunt u de topinamboer er bovenop leggen en meekoken. Let er dan wel op dat hij niet té gaar wordt, want dan valt hij uit elkaar en krijgt een waterige smaak.
Snijd in de schil gekookte topinamboer op het bord overlangs doormidden, leg er een klontje boter op, bestrooi met wat gomasio of heel fijn geraspte oude kaas en eet hem zo uit de schil op. Ook lekker met een groente- sausje*. Met gekookte granen en wat bladsla 212 erbij een gezellige maaltijd.
Reken op 3-4 topinamboers per persoon (ca. 200 g).

Variatie: Zie *schorseneren met aardappelen in de schil**. 187

Gestoofde topinamboer

Zacht van smaak en vooral geschikt voor topinamboers met een wat taaie, dikke schil.

- *500 g topinamboer, schoongeborsteld*
- *1/2 dl water*
- *10 g boter*
- *1/2 theelepel zout*

- *1 eetlepel peterselie, fijngeknipt, of 1 mespunt nootmuskaat*

Kook de topinamboer in de schil bijna gaar* 329 (ca. 10 minuten). Schil ze en snijd ze in plakken van ruim 1/2 cm dik.
Breng het water met de boter en het zout aan de kook en stoof de plakjes topinamboer hierin gaar (ca. 5 minuten), met het deksel op de pan.
Dien de groente op bestrooid met peterselie of nootmuskaat.

Variaties:
- smoor de plakken topinamboer in de boter en voeg het water (en zout) toe, voordat ze gaan verkleuren. Neem wat meer water
- stoof de plakjes topinamboer in 1 1/2 dl *citroensaus** 210
- stoof de plakjes topinamboer zonder boter gaar en vermeng ze daarna met 1 1/2 dl *botersaus**. Dien ze meteen op. Hetzelfde 206 kunt u doen met *kaassaus** (van jonge kaas) 206
- volg het recept van *gestoofde pastinaak**; 358 snijd de knollen in 3/4 cm dikke plakjes. Vers geoogste topinamboers hoeven niet te worden voorgekookt en geschild
- pittiger: **gesmoorde topinamboer met prei.** Vervang ca. 150 g topinamboer door prei (in ringen van 1 cm). Smoor* de prei in een 310 eetlepel olie of boter en voeg de voor- gekookte topinamboer toe.

Gebakken topinamboer
Ⓥ

Past bij gekookte granen en een sappige groente.

Snijd ca. 500 g gewassen en schoongemaak- te* topinamboer vlak voor het bakken in 308 schijfjes van 1/2 cm dik; droog ze in een theedoek.
Verwarm in een koekepan een laagje olie (niet té heet) en bak hierin de schijfjes topinamboer aan beide kanten lichtbruin en knapperig. Dien ze zo vlug mogelijk op en bestrooi ze pas op het bord met gomasio of kruidenzout.

Topinamboerdrank

Voor het maken van deze gezonde aperitief heeft u een sapcentrifuge nodig.
Was de topinamboers en maak ze schoon*. 328 Pers ze met schil uit en vermeng het sap zo vlug mogelijk met 1 deel appel- of sinaas- appelsap op 2 delen topinamboersap. Zoet het sap met honing en klop er per 2 dl sap 1 eetlepel room door.
Drink meteen op, met kleine slokjes tegelijk.

Schorseneren

In de volksmond heeft deze samengesteld-bloemige nog enkele andere, veelzeggende namen: keukenmeidenverdriet, asperge van de armen, slangenwortel. In het Italiaans is *scorzone* de naam van een zwarte slang. De schorseneer lijkt qua uiterlijk – geschild mooi wit – inderdaad op asperges, maar de smaak is anders: mild, zoetig en boterzacht. Het keukenmeidenverdriet zult u kunnen navoelen zodra u de groente gaat schillen. De tips in het hierna volgende recept kunnen dit verdriet enigszins verzachten, want het zou jammer zijn als dat u ervan zou weerhouden schorseneren te koken.

Schorseneren bevatten, evenals topinamboers, het koolhydraat inuline en hebben een hoog fosfor- en ijzergehalte. Deze stevige 'stokken' kunnen we wat losser maken door het meekoken van kruiden uit de familie van de schermbloemigen (venkel, anijs).

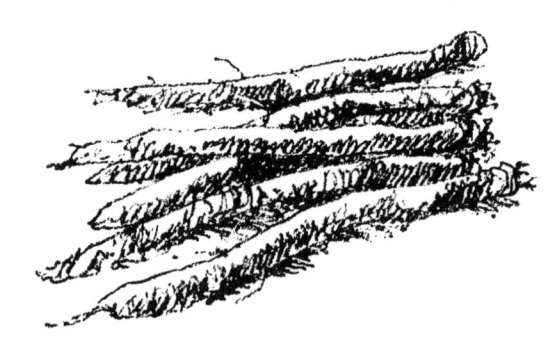

Stevige, liefst dikke schorseneren zijn het lekkerst en het minst bewerkelijk bij het schoonmaken. In een stevige papieren zak en op een koele donkere plaats blijven ze wekenlang goed.

Schorseneren worden traditioneel gekookt gegeten – met of zonder sausje. Ze zijn echter ook rauw lekker: geschild en geraspt in een romig slasausje.

Gekookte schorseneren, basisrecept

Groente voor een feestelijke dag, die in elk menu past.

- 3/4-1 kg schorseneren
- een scheutje azijn

- 1/2 l water
- 1/2 dl melk
- 1/2 theelepel anijs- of venkelzaad
- 2 theelepels zout

Leg de schorseneren vijf minuten in een ruime bak met water om de aarde los te weken en boen ze daarna onder de stromende kraan schoon.
Doe schoon water in de bak en giet er een scheut azijn bij. Schil *dikke* schorseneren vlug met een dunschiller en leg ze stuk voor stuk meteen in het azijnwater om verkleuren te voorkomen. Leg *dunne* schorseneren even in kokend water en schrap ze meteen. Doe het schillen en schrappen onder de stromende kraan, dan spoelt het kleverige witte sap uit de groente meteen weg.
Leg de schoongemaakte schorseneren op een vergiet en spoel ze even af met koud water. Breng het water met de melk en het zout aan de kook. Snijd ondertussen de schorseneren in stukjes van 5 cm lang en kook ze gaar (8-15 minuten).
Laat de schorseneren uitlekken en zeef het kookwater, dat u verder kunt verwerken tot saus of soep.
Leg een paar flinterdunne stukjes boter op de schorseneren en dien deze fijne groente warm op.

Variatie: Dien de schorseneren op in een *béchamelsaus* of *sinaasappelsaus**. 317

Schorseneren met kaas of ham

Kook 3/4-1 kg schorseneren volgens het basisrecept*, snijd ze echter in ca. 10 cm lange stukjes. Verdeel deze in 4 bundeltjes en wikkel ze in plakken kaas of ham. Leg deze pakketjes in een voorverwarmde diepe schaal en giet er hete *béchamelsaus** overheen. Bestrooi met verse kruiden.

330

203

Variatie: Zie de variatie van *prei met kaas of ham**. 325

Tip: Gratineer de groenteschotel in de oven als u hem van tevoren klaarmaakt (zie variatie van *witlof met kaas en ham**). 332

Schorseneren met aardappels in de schil

Ⓥ

Een handige manier om het schillen van de schorseneren te delegeren. Geef er bladsla bij, gegarneerd met 2 gekookte eieren, en schaaltjes met dipsauzen*. 225

- 1 1/2 kg aardappels, middelmaat
- 1/2 kg schorseneren, niet al te dikke

Bereid de aardappels voor*. Leg de schoongeboende en zonodig wat ingekorte schorseneren bovenop de aardappelen en kook alles gaar in ca. 30 minuten. 187
Houd het deksel op de pan en controleer af en toe of er voldoende (ten minste 1 cm) water in zit.
Snijd de schorseneren nu in handzame stukken en leg ze, samen met de aardappelen, op een schaal.
Het is de bedoeling dat aan tafel ieder zijn eigen aardappelen en schorseneren schilt.

Beignets van schorseneren

⊖ ♨

Met dit recept kunt u een restje schorseneren verwerken. Eet ze als bijgerecht bij de warme maaltijd of als hartig hapje bij een feestje. Serveer ze dan eventueel met *dipsausjes** op kwarkbasis en stokbrood. 225

- ca. 300 g schorseneren, liefst dikke, bijtgaar gekookt volgens het basisrecept* 330
- 1 recept beignetbeslag* 512

Laat de schorseneren goed uitlekken, dep ze droog en haal ze eerst door meel en daarna door het beslag. Bak ze snel goudbruin in frituurolie van 180°C en eet ze zolang ze nog warm en knapperig zijn.

Witlof

Onder de naam cichorei komt witlof bij ons ook in het wild voor: een taaie plant met grillig vertakte stengels en wondermooie blauwe, een beetje op asters lijkende bloemen.
De hele plant, maar vooral de wortel, bevat veel bitterstoffen. In landen als Frankrijk en België en vroeger ook in Nederland worden daarom de wortels gedroogd, geroosterd en gemalen en als surrogaatkoffie (cichorei) gebruikt. De lange wortels van de witlof werden vroeger in de herfst ingekuild (nu in het donker op water gezet); ze lopen opnieuw uit en vormen zo een malse bladknop, de witlofstruik. Tijdens hun groei onder de aarde kunnen ze geen bladgroen vormen zodat ze in vergelijking met andere groentesoorten weinig mineralen en vitaminen bevatten. Hun dynamische kiemkracht en de milde, heilzame bitterstoffen werken echter zeer stimulerend op ons hele organisme. Reden genoeg om witlof vooral in de donkere dagen regelmatig op tafel te brengen als aanvulling op de bewaargroenten.

In biologische en biologisch-dynamische bedrijven wordt de witlof nog wél ingekuild. Dit is zeer arbeidsintensief, waardoor deze witlof tamelijk prijzig is. Voordeliger zijn de wat lossere en onregelmatig gegroeide struikjes, die wat betreft voedingswaarde zeker niet minder van kwaliteit zijn. Let bij het kopen op de versheid: de blaadjes moeten wit zijn met gele tot lichtgroene puntjes, zonder bruine randjes.
Bewaar witlof verpakt in een stevige papieren zak op een koele en vooral donkere plaats (maximaal 1 week). Onder invloed van het licht ontwikkelen zich zeer snel nog meer (niet meer gewenste) bitterstoffen.
Haal zonodig de lelijke buitenste blaadjes van de struikjes en snijd van de onderkant een dun plakje af. Snijd eventueel het hartje, dat de meeste bitterstoffen bevat, er met een puntig mesje kegelvormig uit voordat u de witlof klaarmaakt. Spoel daarna de struikjes onder de stromende kraan goed af; laat daarbij het water van boven tussen de blaadjes stromen. Zet de struikjes daarna ondersteboven in een vergiet om uit te lekken.

Roodlof

Deze wijnrode broer van onze witlof kan eveneens rauw of gestoofd worden gegeten. Roodlof wordt meer bovengronds geteeld door aanaarden van de planten. Het dikke stuk wortel dat de teler er soms nog aan laat zitten kan worden meegegeten, geschild en in dunne plakjes gesneden.
Koken of stoven van deze losbladerige struikjes gaat gemakkelijker als u ze eerst dichtbindt met een stevige katoenen draad. Met enkele blaadjes van deze meestal prijzige groente tovert u elke salade om tot een feestelijke schotel.

Gestoofde witlof
ⓥ

Gebruik hiervoor de wat goedkopere soorten witlof. Eet bij deze groente een pittige salade van rauwe wortelgroente (bij voorbeeld rode bieten, gekruid met geraspte gemberwortel).

- ca. 250 g witlof, schoongemaakt*   331
- ca. 1 cm hoog water in de pan
- 10 g boter
- een snufje zout

Snijd de witlof overdwars in 2-3 cm brede stukjes. Breng het water met boter en zout aan de kook en doe de witlof erbij. Doe het deksel op de pan en temper het vuur als het deksel heet is. Stoof de witlof bijtgaar in 10-12 minuten.

Witlof à l'Ombise
ⓥ

Gesmoorde witlof met een caramelsmaakje.

- 750 g witlof, bij voorkeur dunne struikjes, schoongemaakt*   331
- 10-20 g boter
- 1/2 eetlepel ongeraffineerde rietsuiker

Laat de boter smelten in een pan waarin de witlofstruikjes precies naast elkaar kunnen liggen. Leg de struikjes met wat aanhangend water op de boter en strooi er de suiker overheen. Doe het deksel op de pan en smoor de witlof in 15-20 minuten heel langzaam gaar. Draai de struikjes af en toe om. Het water verdampt tijdens het smoren en de suiker carameliseert heel licht. Pas wel op voor aanbranden.

Gegratineerde witlof met ham en kaassaus
ⓥ ⤺ 🧈 🐄

Volg het recept van *prei met kaas of ham** 325 (eerste variatie). Kook de struikjes witlof 10-15 minuten voor.

Andijvie

De groeiwijze van andijvie is heel anders dan van kropsla: de stevige, langgerekte en sterk generfde (bij krulandijvie zelfs diep getande) bladeren groeien in de vorm van een rozet.
Andijvie bevat evenals witlof, waarmee zij nauw verwant is, veel gezonde, maar wat de smaak betreft niet door iedereen gewaardeerde bitterstoffen. In lauwwarm water leggen van de groente spoelt weliswaar de bitterstoffen door de gootsteen, maar ook de andere mineralen (ijzer) en vitaminen (vooral C, maar ook A en B). De bittere smaak kan beter worden verzacht door de wijze van klaarmaken.

Andijvie van de koude grond kan, in een geperforeerde plastic zak of in een stevige, vochtige papieren zak enkele dagen op een koele plaats worden bewaard.
Verwijder van de andijviestronk de lelijke buitenste bladeren en dompel hem daarna enkele keren snel in een emmer met water (de stronk ondersteboven houden). Haal nu de groene, meestal wat taaie bladeren eraf en spoel de voetjes zonodig onder de stromende kraan af. Leg de bladeren op een stapeltje en snijd ze met een scherp mes in reepjes. Bewaar het gele binnenste voor rauwkost voor de volgende dag.
Andijvie past goed bij in de koekepan gebakken graangerechten (*graankoekjes, graansneetjes, pannekoeken*).

Gestoofde andijvie

- ca. 750 g andijvie
- 1/2 theelepel zout

- 1 eetlepel zachte boter
- 1 theelepel honing
- wat vers gemalen nootmuskaat

Maak de andijvie schoon* en snijd haar in 1 cm brede reepjes. Zet de groente met aanhangend water op en laat haar, onder af en toe omscheppen, slinken. Strooi het zout erover en doe het deksel op de pan. Stoof de andijvie op een zacht pitje bijtgaar (10-15 minuten). Pas op voor aanbranden; voeg zonodig enkele eetlepels water toe.
Vermeng de boter met de honing en roer dit door de andijvie. Rasp er tenslotte wat nootmuskaat overheen. 332

Variatie: Stoof een in reepjes gesneden kleine rode paprika met de andijvie mee of een in stukjes gesneden, ontvelde tomaat.

Gesmoorde andijvie (à la crème)

Voor de liefhebbers van een smeuïge groente.

- ca. 750 g andijvie, schoongemaakt* en in 1 cm brede reepjes gesneden
- 1 eetlepel olie
- 1/2 ui (ca. 30 g), fijngesneden
- ca. 1/2 theelepel zout

332

- 1-2 eetlepels biologische maïzena* of gebuild meel, aangemaakt in
- 1/2 dl melk of half melk/half room
- een snufje nootmuskaat

618

Verwarm op een matig vuur in een pan met dikke bodem de olie met de ui en smoor de ui glazig. Roer de andijvie erdoor en strooi het zout erop. Blijf omscheppen tot de andijvie is geslonken. Doe het deksel op de pan en laat alles op een laag pitje smoren, tot de andijvie bijtgaar is (10-15 minuten). Pas op voor aanbranden, voeg zonodig een paar eetlepels water toe.
Bind de groente met de maïzena en strooi er wat nootmuskaat over.

Andijvie in room- of béchamelsaus

◐

Lekker bij in de koekepan gebakken graangerechten of bij gekookte granen (tarwe, gerst, rogge).

- ca. 750 g andijvie; liefst kleine, malse struikjes of grote zonder de buitenste bladeren
- 1/4 l water
- 1/2 theelepel zout

- 1/2 recept roomsaus*	206
of béchamelsaus*	203

- 4 eetlepels geraspte kaas, vermengd met
- 1 eetlepel paneermeel

- 1 platte vuurvaste schaal, ingevet

Maak de andijvie schoon*, snijd de stronkjes 332 overlangs doormidden (dikke in vieren), maar laat het voetje er aanzitten. Breng het water met het zout aan de kook en kook hierin de stronkjes andijvie 5-10 minuten voor. Laat ze op een vergiet zeer goed uitlekken en leg ze in de vuurvaste schaal.
Giet de roomsaus eroverheen en bestrooi met het kaas/paneermeelmengsel.
Gratineren: ca. 15 minuten bij 200°C, middelste richel.

Variaties:
- liefhebbers van bitter laten de roomsaus weg, maar gebruiken wat meer kaas. Dek deze variatie tijdens de eerste 10 minuten van de baktijd af met aluminiumfolie
- vervang de roomsaus door *gehaktsaus* 228

Tip: Gebruik de oven niet, maar kook de andijvie helemaal gaar. Leg de groente met de kaas ertussen in de voorverwarmde groenteschaal en giet er de hete saus over.

Kropsla

In tegenstelling tot andijvie groeit kropsla het best in mei/juni, als de dagen lengen en de kracht van de zon toeneemt. Later in het jaar, en zeker bij de kasteelt, moet de tuinder extra zorg aan dit gewas besteden.
De mineralen, o.a. koper, ijzer en kalk (maar ook resten van bestrijdingsmiddelen) concentreren zich vooral in de nerven, terwijl de vitaminen (C en caroteen) meer in de groene bladeren aanwezig zijn. Snijd daarom (behalve bij gangbaar geteelde sla) de nerven niet weg en gebruik ook het zachte wit van het stronkje en de buitenste bladeren. De laatste bij voorbeeld als garnering of gestoofd.
Behalve als salade* zijn er mogelijkheden genoeg voor het verwerken van sla: smoren*; in de soep; rauw en zeer fijn gesneden gemengd door gekookte granen of aardappelpuree*. Daarnaast zijn de meeste recepten voor spinazie en snijbiet ook geschikt voor kropsla (bij voorbeeld snijbiet- of koolrolletjes). 399 335 388
Bijzondere variëteiten zijn: Romaanse sla met lange, gladde bladeren die geen krop vormen, eikebladsla en Batavia met hun losse, gekrulde respectievelijk gekroesde bladeren en rode sla.

IJsbergsla

Deze slasoort is vrijwel het hele jaar door verkrijgbaar; in de zomer van de koude grond, in de winter geïmporteerd uit diverse landen.
Met zijn dicht op elkaar liggende, stevige, maar toch malse bladeren, lijkt ijsbergsla meer op kool dan op kropsla. De smaak is pittiger en geuriger dan die van kropsla en knapperig fris.
IJsbergsla uit eigen land wordt meestal mét de buitenste, donkergroene bladeren aangeboden. Deze zijn te taai om rauw te eten, maar smaken heerlijk als u ze kort smoort.

IJsbergsla kan 4-5 dagen in de koelkast of kelder worden bewaard, verpakt in een vochtige papieren zak of een geperforeerde plastic zak, zodat elke dag wat van de krop gebruikt kan worden. De binnenste bladeren zijn zo stevig in elkaar gegroeid, dat ze moeilijk losgemaakt kunnen worden. Snijd daarom het binnenste deel van de krop doormidden en vervolgens in reepjes. Ook de helft of een kwart van een krop kan nog 1-2 dagen worden bewaard.
Omdat de stevige bladeren lang fris blijven, zijn ze uitstekend geschikt voor het garneren van slaschotels die al een poosje van tevoren moeten worden klaargemaakt (bij voorbeeld voor een *koud buffet**). 64

Gesmoorde ijsbergsla of kropsla

Gebruik hiervoor alleen de buitenste, donkergroene en wat taaie bladeren, of doorgeschoten kropsla. Dit recept is ook geschikt voor romaanse sla en eikebladsla. Dien op bij gekookte granen en geef er geraspte kaas of *kaasplakken** bij, eventueel met een salade van rauwe wortelen. 268

- 500 g ijsbergsla of 750 g kropsla, gewassen en drooggeslingerd* 399
- 1 eetlepel olie
- 1/2 ui, fijngesneden
- eventueel 1 teentje knoflook, fijngesneden
- 2-3 eetlepels water
- 1/2 theelepel zout
- 2-3 eetlepels peterselie of andere verse tuinkruiden

Snijd de slabladeren mét de nerven overlangs in repen en stapel ze op elkaar. Snijd deze stapeltjes nu overdwars in repen (ca. 2 cm breed).
Verwarm op een matig vuur de olie met ui en knoflook en smoor ze glazig. Voeg ook de sla toe en blijf roeren (op een niet té hoog vuur) tot de sla is geslonken.
Voeg water en zout toe en smoor de sla bijtgaar, met het deksel op de pan. Dit duurt bij kropsla 3-5 minuten, bij ijsbergsla 5-8 minuten.
Voeg de verse kruiden toe.

Variaties:
- voeg om de bittere smaak wat te verzachten 1-2 eetlepels room aan de groente toe (van het vuur af)
- vervang de olie door 50 g in sliertjes geknipt, gesneden ontbijtspek. Bak het spek even uit voor het toevoegen van ui en knoflook
- vervang ca. de helft van de sla door fijngeschaafde wortel (100 g) en in flinterdunne ringen gesneden prei (100-150 g)

Veldsla

Veldsla (ezelsoren) behoort tot de familie van de valeriaanachtigen en wordt gebruikt als kropsla. Het is een winterhard gewas, dat van de herfst tot diep in de winter wordt geoogst. De ca. 7 cm lange, lepelvormige, stevige blaadjes groeien in een rozet, die bij het oogsten heel blijft doordat de groente vlak onder de grond wordt afgesneden.
'Volhart' is een vooral in Duitsland en Zwitserland bekende soort, die groeit in kleine, compacte rozetjes. De smaak is wat nootachtig en de groente is bijzonder mals.
Veldsla is rijk aan ijzer en vitamine C. Afhankelijk van de teeltwijze en de hoeveelheid zonlicht kan de groente veel nitraat* bevatten. Koop daarom alleen zeer verse, niet verlepte veldsla. 312

Salade van veldsla

- ca. 150 g veldsla
- 1 recept vinaigrette* 223
- naar wens 1 eetlepel room

Was de rozetjes in koud water tot er geen zand meer in het water achterblijft. Laat goed uitlekken en snijd dan in één beweging de lelijke blaadjes en het wortelstukje eraf. Laat de blaadjes heel. Roer de room door de vinaigrette en hussel de sla erdoor.
sla erdoor.

Stamppot van veldsla
🐂

Zie het recept van *stamppot met rauwe groenten**. Heerlijk met een in ringen gesneden en in wat boter gesmoorde ui, of wat uitgebakken sliertjes ontbijtspek erdoor. 388

Artisjok

Van deze manshoge plant worden alleen de bloemknoppen geoogst in de nazomer. De smaak is zeer fijn, mild bitter en met geen enkele andere groente te vergelijken. Deze geneeskrachtige delicatesse wordt meestal als feestelijk voorgerecht gegeten. Zij is eetlustopwekkend en stimuleert lever en gal.
Een artisjok van goede kwaliteit heeft dicht tegen elkaar aan liggende omhulselbladeren zonder bruine puntjes. Afgedekt met een vochtig gehouden doek kunnen artisjokken tot een week in de koelkast worden bewaard. Heel jonge artisjokken kunnen ook rauw worden gegeten.

Artisjokken

Eet artisjokken warm met een *sauce hollandaise* of koud met een *vinaigrette**. Artisjokken zijn erg voedzaam en kunnen in combinatie met bij voorbeeld een *gebonden uiensoep** vooraf en een feestelijk ijstoetje na een complete maaltijd vormen.

223

101

- 1 artisjok per persoon
- 1 1/2 l kokend water
- 1/2 eetlepel zout
- 1 eetlepel azijn of citroensap

- 1 recept sauce hollandaise of vinaigrette ▶

Was de artisjokken onder de stromende kraan, breek de steel af (dicht onder de onderste omhulselbladeren) en verwijder de onderste, lelijke en taaie bladeren. Knip de puntjes van de bladeren alleen af als ze lelijk zijn (een artisjok met bruine puntjes is niet meer vers maar nog wel te gebruiken).
Leg de artisjokken samen met de stelen en de weggesneden bladeren in het kokende water met het zout. Zorg dat ze ruim onder staan. Voeg azijn of citroensap aan het kookwater toe (of steek een paar dunne, halve schijfjes citroen tussen de bladeren).
Afhankelijk van de grootte zijn artisjokken in 1/2-3/4 uur gaar. Dit kunt u controleren door met een vork aan een blaadje te trekken: als het gemakkelijk loslaat is de groente gaar. Leg ze ondersteboven op een vergiet om uit te lekken en dep ze daarna droog met een doek. Leg de artisjokken op (eventueel voorverwarmde) bordjes en geef de saus er in kleine eenpersoonskommetjes apart bij.
Trek van onderaf beginnend de blaadjes een voor een uit de artisjok en dompel ze telkens met de vlezige onderkant in de saus. Zuig de blaadjes tussen de tanden uit. Het 'hooi' (de nog niet ontwikkelde bloemblaadjes) dat nu te voorschijn komt, is niet eetbaar. Schraap het met een mes van de artisjokbodem. De bodem is het lekkerste deel van de artisjok: snijd hem in stukjes en geniet ervan met de rest van het sausje.

Variatie: Zet twee in vier segmenten gesneden, zeer grote exemplaren in de vorm van een bloem in een gevouwen servet, met het sauskommetje in het midden. Verwijder wel eerst het 'hooi'.

Tips:
- zeef het kookwater en maak er, naar wens verdund met wat water en met kruiden op smaak gebracht, een drinkbouillon van
- gebruik voor het koken van artisjokken nooit een aluminium pan, de groente zou dan haar mooie kleur verliezen

De duizendknoopachtigen (Poligonaceae)

Tot deze plantenfamilie behoort de *boekweit*, waarvan wij de driehoekige zaden als graan gebruiken, de *rabarber* met zijn sappige stengels en de *zuring*, die we als bladgroente eten. Deze planten stellen geen hoge eisen aan de grond en vragen niet veel verzorging van de teler. Het zijn zeer vitale gewassen; boekweit heeft in tegenstelling tot de granen een weelderige bladgroei, en zowel de rabarber als de zuring vormen voortdurend nieuw blad, ook al wordt er regelmatig van geoogst. Zij leveren ons hoogwaardig eiwit (boekweit) en stimulerende stoffen zoals oxaalzuur en vitaminen (rabarber en zuring).

Rabarber

Rabarber is een van de eerste gewassen die in het voorjaar van de koude grond geoogst kunnen worden. Met een enorme groeikracht schieten de stengels omhoog en ontvouwen de grote bladeren zich.

Naast waardevolle mineralen en vitaminen (vooral vitamine C) bevat rabarber ook verhoudingsgewijs veel oxaalzuur (1%). Dit zit echter vooral in de felgroene bladeren en trekt pas omstreeks Sint-Jan (24 juni) naar de stengels. Na deze tijd is het beter geen rabarber meer te oogsten.

Oxaalzuur bindt kalk en onttrekt het zodoende aan het lichaam. Om dit te voorkomen is het verstandig, naast rabarber ook een melkprodukt (kwark, kaas, yoghurt) in het menu op te nemen. De nadelen van oxaalzuur spelen echter alleen een rol als men rabarber vaak en in grote hoeveelheden eet. Rabarber is minder geschikt voor zeer jonge kinderen en voor mensen met nierklachten.

Voor gezonde mensen kan rabarber zeer stimulerend werken op de stofwisseling. Door toevoeging van wat citroen- of sinaasappelsap is het niet nodig veel suiker aan de rabarber toe te voegen. Ook het binden van het bij het koken vrijkomende rabarbersap met een zetmeelprodukt (arrowroot) of geleermiddel (agar-agar), of het meekoken van gedroogde zuidvruchten (dadels of rozijnen) en/of krijt onttneemt de rabarber de al te zure smaak.

Omdat rabarber op de markt is juist in de tijd dat de appels opraken en er behalve aardbeien nog geen inheemse vruchten verkrijgbaar zijn, is hij in de maanden april, mei en juni een voordelige fruitvervanger.

Let bij het kopen van rabarber op verse, niet slaphangende stengels. Bewaar rabarber in stevig papier op een koele plaats (enkele dagen).

Verwijder voor het koken het blad en het bruine velletje aan de onderkant. Was de stengels onder de stromende kraan; schillen is niet nodig. Snijd dikke stengels in repen en deze in blokjes of grotere stukken volgens het desbetreffende recept. Verwerk gesneden rabarber meteen, om vitamineverlies te voorkomen. Recepten met rabarber vindt u in de hoofdstukken *Nagerechten*, *Gebak* en *Conserveren*.

Zuring

De lekkerste van de vele soorten zuring die in ons land in het wild groeien is de veldzuring (*Rumex acetosa*), herkenbaar aan de gladde bladeren, die in de vorm van een rozet op lange stelen uit de wortel groeien. De overige soorten smaken niet alleen zuur, maar ook bitter.

Oogst jonge, malse bladeren voordat de plant gaat bloeien (vanaf maart tot diep in de zomer). Er kan telkens opnieuw geoogst worden. Het gehalte aan oxaalzuur, ijzer en vitamine C is hoog. Zuring werkt bloedzuiverend, waterafdrijvend en licht laxerend. De groente is vanwege zijn hoog gehalte aan oxaalzuur niet geschikt voor mensen met gal- en nierstenen.

Eet zuring in kleine hoeveelheden, bijvoorbeeld gekookt met andere groenten zoals spinazie, melde of brandnetel; als vervanging van citroensap in kervel- of spinaziesoep; in fijne reepjes gesneden als frisse noot in een aardappelsalade.

Zuringmoes (ca. 1/2 liter)

Een naar rabarber smakende moes, ook geschikt om met wat meer uitgegroeide andere wilde kruiden te vermengen. Lekker met *soldaatjes**. 82

- 15 g boter of olie
- 400-500 g gekweekte zuring gewassen
- 1/2 theelepel zout

- 30 g gebuild meel of biologische maïzena*, aangemaakt met wat water ▶ 618

- 1-2 eetlepels stroop
- 50 g krenten
- naar wens een klontje boter of een beetje olie

Snijd de bladeren van de zuring in reepjes en de stelen in stukjes. Laat de groente in het aanhangende water, vermengd met olie en zout slinken en gaarsmoren (ca. 10 minuten). Wrijf de zuring door een zeef (niet nodig bij zeer malse, jonge zuring).
Breng de moes weer op temperatuur en bind hem met het meel. Laat nog 5 minuten zachtjes pruttelen en breng op smaak met stroop, krenten en boter of olie.

De posteleinfamilie (Portulacaceae)

Postelein (ook zomerpostelein genoemd) en *winterpostelein* lijken uiterlijk nauwelijks op elkaar, ondanks dat ze uit dezelfde familie afkomstig zijn en dezelfde naam dragen. Beide groeien bij voorkeur op arme, zanderige grond en leveren ons vitaminerijke, activerende 'groene kost'.

Zomerpostelein

Zomerpostelein wordt meestal in koude kassen geteeld en al geoogst als zich 3-4 bladparen hebben gevormd en de stengel zich nog niet heeft vertakt (de plant kan uitgroeien tot een rozet van wel een halve meter doorsnee). Het is een uitermate tere groente, die maar een heel korte kooktijd nodig heeft.
Naast caroteen bevat postelein evenals spinazie ook oxaalzuur. Door de eveneens in postelein aanwezige kalk wordt deze stof echter grotendeels hieraan gebonden.
Postelein smaakt rauw ook heerlijk: als salade, in een stamppot, of de groene blaadjes als versiering voor een salade van rauwe wortelen.
Kook postelein zo mogelijk al op de dag van aankoop. Bewaar de groente zolang los verpakt op een koele plaats. Zodra de sappige blaadjes gekneusd worden, laten ze vocht los en kan er rotting optreden. Knip er de eventueel nog aanhangende worteltjes af en was de groente in ruim koud water.

Winterpostelein

Winterpostelein is maar een heel iel plantje met een dun stengeltje, waarop maar één ruitvormig blaadje zit. Het gewas groeit in herfst en winter op de koude grond of in de koude kas en wordt hooguit 20 cm hoog.
Winterpostelein wordt per ons verkocht, maar omdat de groente zo licht en teer is, betekent dat toch een flinke hoeveelheid. Los verpakt in een geperforeerd plastic zakje kunt u de blaadjes een paar dagen in de koelkast bewaren. Maak er een lekkere salade van of versier salade van rauwe wortelgroente met een feestelijk kransje van winterposteleinblaadjes. Snijd de blaadjes niet klein en laat ook het steeltje eraan zitten; ze geven het slaatje juist wat meer houvast en volume.
Kook winterpostelein niet, de groente zou daardoor alleen taai worden. Een recept voor winterpostelein vindt u in het hoofdstuk *Rauwkost en salades*.

Gesmoorde zomerpostelein

Bij gekookte granen (rogge) of bij aardappelpuree en *graankoekjes**.   166

- 750 g zomerpostelein, schoongemaakt en gewassen
- 1 theelepel zout

- 1 eetlepel olie, of 1 klein ei, geklutst

Zet de postelein op met het aanhangende water en laat de groente onder af en toe omscheppen slinken. Smoor daarna op een ▶ zacht vuur tot de steeltjes bijtgaar zijn (5-10 minuten) en laat op een vergiet goed uitlekken (groentenat weggooien in verband met nitrietvorming*).   312
Doe de postelein terug in de pan en breng haar weer op temperatuur. Knip de postelein wat klein met een schaar, ze wordt dan wat hanteerbaarder bij het opscheppen.
Roer er tot slot de olie of het geklutste ei door.

Variatie: Vervang het ei door 1 eetlepel arrowroot, aangemaakt met 2 eetlepels groentenat en bind hiermee de postelein.

De vlinderbloemigen (Papilionaceae)

De zoete *peultjes*, op de voet gevolgd door verse *doperwtjes* en *capucijners*, zijn de eerste vertegenwoordigers van deze uitgebreide plantenfamilie, die we in de vroege zomer van de volle grond kunnen betrekken. Daarna volgen de bonensoorten: *tuinbonen*, *sperziebonen*, *snij-* en *pronkbonen*. Deze vroege zomergroenten eten we in nog onrijpe, sappige vorm; we rekenen ze daarom tot het 'bladgebied' van de plant.
In de warmste tijd van het jaar rijpen de zaden van de *peulvruchten*, die ons stevige winterkost leveren. Ook de *sojaboon* en de *pinda* behoren tot de vlinderbloemigen.

Opmerkelijk is het zeer hoge eiwitgehalte van de vlinderbloemigen (sojabonen 37%, de overige peulvruchten 20% – ter vergelijking: granen bevatten gemiddeld 10% eiwit). De vlinderbloemigen vormen mede op basis van de in de wortels opgeslagen stikstof hun eiwit, dat in zijn opbouw lijkt op dierlijk eiwit, maar veel zwaarder verteerbaar is. Een deel van de stikstof wordt niet gebruikt voor de opbouw van eiwit, maar voor aan eiwit verwante giftige stoffen (alkaloïden). Deze stoffen zijn in meer of minder grote mate in alle rauwe vlinderbloemigen aanwezig. Door koken worden de alkaloïden afgebroken en daarmee onschadelijk gemaakt.

Peultjes

Peultjes smaken het lekkerst – fris zoetig – als ze nog heel jong en mals zijn. Het groeiseizoen is dan ook maar heel kort (mei/juni); om die reden en door de arbeidsintensieve pluk zijn peultjes een van de duurste inheemse groentesoorten. Peultjes wegen echter maar heel licht: 3-4 ons is al voldoende voor een maaltijd voor 4 personen. In combinatie met jonge zomerwortelen, die in dezelfde tijd ook volop verkrijgbaar zijn, kan met nog minder worden volstaan.
Peultjes zijn rijk aan vitamine B. Let erop dat de peul stevig en plat is, met nog maar nauwelijks ontwikkelde erwtjes. Los verpakt in een papieren zakje kunnen ze op een koele plaats 2-3 dagen worden bewaard.
Haal aan beide uiteinden het topje en tegelijk het draadje aan de buitenkant eraf. Was de peultjes in staand water en kook of stoof ze (in roomboter) maar heel kort. ▶

Gesmoorde peultjes

- 5-10 g boter
- 1 klein uitje, zeer fijn gesneden
- ca. 350 g zeer jonge peultjes
- 1 eetlepel peterselie

- 1/2 dl water

- 1/2 eetlepel bieslook, fijngeknipt, of 1 takje peterselie

Verwarm de boter met de ui en smoor de ui glazig. Voeg daarna ook de peultjes en de peterselie toe. Smoor alles glazig, maar laat niet verkleuren.
Blus met het water en doe het deksel op de pan. Smoor de groente op een matig vuur bijtgaar in ca. 10 minuten.
Strooi vlak voor het opdienen de bieslook erover.

Jonge peultjes met worteltjes, gestoofd

- 400 g jonge wortels (bospeen), schoongeborsteld en in 1 cm lange stukjes gesneden
- 100 g zeer jonge peultjes

- 1/2 dl water
- een snufje zout

- 1/2 eetlepel boter
- naar wens 1 eetlepel kervel of 1/2 eetlepel bieslook, peterselie of andere verse kruiden, fijngeknipt

Breng het water met het zout aan de kook en doe er de stukjes wortel bij. Leg de peultjes erop en doe het deksel op de pan. Breng alles weer aan de kook en laat de groente in 8-10 minuten bijtgaar stoven.
Giet het kooknat af (bewaar voor soep of saus) en schep de boter door de groente.
Dien dit kleurige en zoetige groentegerecht op bestrooid met de verse kruiden.

Variatie: Toevoeging van 1 theelepel citroensap maakt de groente wat pittiger, 1/2 theelepel honing accentueert de zoete smaak.

Doperwten

Wie zich in de maanden juni en juli de moeite getroost verse erwten te doppen en klaar te maken, zal aangenaam verrast zijn door de bijzonder fijne smaak van deze verse groente. Doperwten hebben een hoog ijzergehalte en bevatten veel vitamine B. Zij zijn veel beter verteerbaar dan de helemaal uitgerijpte en gedroogde groene erwten.

Let bij het kopen op een gave, goed gevulde peul, die nog niet verdroogd is; de erwtjes zijn dan namelijk te ver gerijpt en niet meer zacht en zoet. Bewaar doperwten in een open zak op een koele plaats niet langer dan 2-3 dagen; het suikergehalte loopt na het plukken terug. Dop de erwtjes kort voor het koken.

Tip: Was de peulen voor het doppen, dan kunt u de mooie doppen nog gebruiken voor het trekken van een verrassend geurige bouillon. Een grote hoeveelheid doppen kunt u, op een met wit papier belegd dienblad, op een warme, tochtige plaats laten drogen om later bouillon van te trekken.

Verse capucijners

Behalve door de paars gekleurde dop onderscheiden capucijners zich in verse toestand uiterlijk niet van doperwten. Het suikergehalte is wat lager dan dat van doperwten.

Verse doperwten of capucijners, gestoofd

Eet bij deze fijne groentepannekoekjes een bladsla. Van 1 kg vrij uitgerijpte erwten of capucijners in de dop krijgt u ca. 400 g gedopte. Voor zeer jonge groente rekent men ca. 500 g ongedopte erwten of capucijners per persoon.

- 1 1/2-2 kg erwten of capucijners in de dop, gedopt

- 1 dl water
- 5-10 g boter
- 1 theelepel honing

- voor de erwten: 1 eetlepel kervel of 1/2 eetlepel bieslook, fijngeknipt; voor de capucijners: 1/2 eetlepel vers bonekruid of 1 eetlepel peterselie, fijngeknipt

Breng het water met de boter en de honing aan de kook en doe de verse peulvruchten erbij. Doe het deksel op de pan en draai het vuur laag als het deksel heet is. Stoof de erwten 3-5 minuten; laat ze vooral niet te gaar worden.

Jonge wortelen met verse doperwten, gestoofd

- een bos peentjes of ca. 400 g jonge waspeen, schoongeborsteld
- 250-500 g doperwten in de dop, gedopt gewogen
- 1 dl water
- 5-10 g boter
- 1 theelepel honing
- 1 eetlepel kervel, 1/2 eetlepel bieslook of munt, of andere verse tuinkruiden, fijngeknipt

Snijd van de wortels het worteltje en het bovenste stukje weg. Snijd grote exemplaren overlangs in reepjes en deze eventueel doormidden (wat oudere wortels eventueel schrapen of schillen).
Breng het water met boter en honing aan de kook en voeg eerst de wortels toe. Doe het deksel op de pan en draai de vlam laag als het deksel heet is. Stoof de wortels 5 minuten en doe er nu pas de doperwtjes bij. Stoof nog eens 3 minuten.
Dien de groente op, bestrooid met verse kruiden.

Tuinbonen

Het lijkt alsof de tuinboon met haar gewatteerde peulen gemaakt is voor de groei in noordelijke streken. De plant is inderdaad goed bestand tegen koude en wind. Ze kan al vroeg in het jaar worden geteeld en brengt in een vrij korte groeiperiode een stevig rechtopstaande plant voort, waaraan zich de enorm dikke, lange peulen in een respectabel aantal ontwikkelen. Tuinbonen zijn rijk aan ijzer, fosfor en vitaminen B en C. Het eiwitgehalte van deze vlinderbloemige is niet erg hoog en in de nog jonge tuinbonen in een licht verteerbare vorm aanwezig.
Ongedopt zijn tuinbonen in een open papieren zak of mand op een koele plaats enkele dagen houdbaar. Eenmaal gedopte bonen verkleuren gauw; men kan ze hooguit een paar uur in een vochtig doekje bewaren.
De bonen zijn het lekkerst als ze nog vrij klein zijn; te ver uitgegroeid krijgen ze 'de broek aan', er vormt zich dan een dik velletje om de bonen dat ook bij langdurig koken taai blijft.

Gekookte tuinbonen

Het traditionele recept. Geef er plakken ham of jongbelegen kaas of een kaasbeignet en krielaardappeltjes bij. Een bladsla maakt de maaltijd rond.

- 2-3 kg tuinbonen, gedopt en gewassen
- ca. 1/2 l water
- 1/2 theelepel zout
- 2-3 takjes bonekruid, de blaadjes van de stelen geplukt
- 5-10 g boter

Sorteer de gedopte bonen zonodig in grote en kleine exemplaren. Breng het water met het zout en de stelen van het bonekruid aan de kook. Voeg de grote bonen toe en kook ze, met het deksel op de pan, 5-7 minuten. Voeg daarna ook de kleine bonen toe en kook alles bijtgaar (vooral niet te lang).
Giet het water af (bewaar voor soep of saus), verwijder de kruidensteeltjes en schep de boter en de blaadjes van het bonekruid door de tuinbonen.

Variatie:
- vervang het bonekruid door 2 in fijne reepjes geknipte verse salieblaadjes of 1 eetlepel verse dille, fijngeknipt
- vervang de kaasplakken door *kaasbeignets** 268

Tip: Laat de ham op een plat bord (deksel erop) op de aardappelpan warm worden.

Tuinbonen met roomsaus

Geschikt voor al wat grotere bonen.

- 1 portie tuinbonen, gekookt* zonder toevoeging van boter 341
- 1/2 portie roomsaus*

Breng de bonen in de roomsaus op temperatuur en dien ze op in een ring van drooggekookte zilvervliesrijst of *risotto**. Geef er een gemengde salade en een schaaltje geraspte kaas bij. 133

Gegratineerde tuinbonen met spek of varkensvlees
🕒 🍖 🌿

Gebruik naar wens voor dit eenpansgerecht wat oudere tuinbonen. Eet er blad- en/of tomatensla bij.

- 2 kg tuinbonen, gedopt
- ca. 750 g aardappelen, geschild en in 1/2 cm dikke plakken gesneden
- 1 eetlepel olie
- 100 g mager spek of ham, of 150 g varkensvlees, in kleine stukjes gesneden
- eventueel wat zout
- 1 eetlepel bonekruid of basilicum, gehakt
- 3 eetlepels paneermeel
- een vuurvaste schaal, ingevet

Kook de tuinbonen en aardappelen bijtgaar in zoveel water dat ze half onderstaan.
Bak intussen het spek of het vlees in de olie lichtbruin en gaar (op een matig vuur). Roer dit voorzichtig door de aardappelen en de bonen. Proef of er nog wat zout bij moet en schep er ook de verse kruiden door. Doe alles in de vuurvaste schaal en strooi er het paneermeel over.
Gratineren: 15 minuten bij 200°C, middelste richel (25 minuten bij 180°C als u het gerecht van tevoren heeft gemaakt).

Variatie: Bak alleen de tuinbonen met het spek. Maak er geen ovenschotel van, maar serveer dit groentegerecht bij gekookte granen.

Sperziebonen

Prinsesseboon en slaboon zijn nog twee benamingen voor deze, zowel in vorm als kleur, in zeer veel variëteiten geteelde telg van de vlinderbloemigen.
Sperziebonen bevatten magnesium en hebben in verhouding tot andere verse groente een hoog eiwitgehalte.
Verse sperziebonen moeten 'breken, niet buigen' en geen rotte plekjes vertonen; bij het doorbreken zijn de nog zeer jonge boontjes dan wat glazig.
Bewaar sperziebonen niet in de koelkast, ze worden gauw slijmerig bij lage temperaturen. In een stevige papieren zak op een koele plaats zijn sperziebonen 2-3 dagen houdbaar. Verwijder de topjes van de bonen en trek zonodig meteen aan de buikkant het draadje eraf. Was de bonen in ruim koud water en breek ze alleen als ze onhandig lang zijn. Ze behouden ongebroken gekookt beter hun smaak. Eet geen rauwe sperziebonen*. 33
Bonen zijn een veel steviger groente dan peulen en doperwten en vragen erom, flink gekruid te worden. Behalve bonekruid passen ook peterselie, dille en basilicum goed bij sperziebonen.

Gekookte sperziebonen
🍖

De meest eenvoudige manier om jonge, malse sperziebonen klaar te maken.

- ca. 750 g zeer jonge sperziebonen, afgehaald
- kokend water
- 1 theelepel zout

- 1 eetlepel vers of 1/2 theelepel gedroogd bonekruid
- 1 klontje boter

Doe de hele sperziebonen dicht aaneengesloten in de pan en giet er zoveel kokend water bij, dat ze net onderstaan. Strooi het zout erover en breng alles weer aan de kook. Kook de bonen gaar in 10-15 minuten; laat ze vooral niet té gaar worden. Schud de bonen af en toe om. Giet het water af (bewaren voor soep), strooi het bonekruid eroverheen, voeg de boter toe en hussel alles door elkaar.

Sperziebonen in Indonesische saus (Sambal Goreng Bontjis)

↵

Als bijgerecht bij een Indonesische rijsttafel (300 g), of als pittige groente bij een gewone maaltijd (500 g). Eet er in het laatste geval risotto en een salade met verse kaas bij.

- 300-500 g sperziebonen, bijtgaar gekookt* 343
- het sausje van de eieren in Indonesische saus* 257

Snij de gekookte bonen in 3 cm lange stukjes en laat ze in het sausje nog 2-3 minuten meetrekken.

Gestoofde sperziebonen

Geschikt voor wat rijpere bonen.

- 750 g sperziebonen, afgehaald en naar wens in 2-4 stukjes gebroken
- 1 eetlepel olie
- eventueel 1 fijngesneden ui en/of 1-2 teentjes knoflook, fijngesneden
- 1/2 dl water
- 1/2 theelepel zout
- 1 eetlepel vers bonekruid of andere verse tuinkruiden, fijngeknipt, of 1/2 theelepel gedroogd bonekruid

Verwarm op een matig vuur de olie met de ui en/of de knoflook en smoor ze glazig. Smoor ook de boontjes even mee en blus daarna met het water. Voeg ook het zout toe. Doe het deksel op de pan en stoof de boontjes bijtgaar in ca. 15 minuten. Let er op, dat er altijd een bodempje vocht in de pan zit. Schud de bonen af en toe om.
Giet eventueel aanwezig groentenat af (bewaar het voor saus of soep) en dien de boontjes warm op, bestrooid met de verse kruiden. Schep de gedroogde kruiden nog in de pan, maar van het vuur af door de boontjes.

Variatie: Smoor een grote, ontvelde en in stukjes gesneden tomaat met de bonen mee. U hoeft dan geen water toe te voegen.

Tip: Meng door een eventueel restje bonen wat appelazijn als ze nog lauwwarm zijn en dien ze, vermengd met wat verse tuinkruiden, de volgende dag op als salade.

Snijbonen en pronkbonen

De aanvoer van snij- en pronkbonen is in juli, augustus en september. De wat ruigere pronkboon smaakt wat minder fijn maar wel kruidiger dan de snijboon.
Een goede snijboon is stevig, maar niet hard of taai en vertoont geen rotte plekjes. De topkwaliteit is middelmatig groot en mooi recht en plat, maar een kromgegroeide 'rare snijboon' is wat betreft voedingswaarde niet minder.
Snij- en pronkbonen zijn zeer calorie-arm, maar verder geen uitschieters in bepaalde voedingsstoffen. Traditioneel worden deze bonen na het afhalen en wassen zeer fijn geschaafd in een speciaal snijbonenmolentje en dan gestoofd. Ook gewoon met het mes gesneden smaken ze lekker.
Wie niet van de zoetige smaak van snijbonen houdt, kan de groente met wat citroensap op smaak brengen of van afgekoelde gekookte snijbonen een salade maken. Sterk smakende kruiden bederven de zachte smaak van deze groente, maar verse tuinkruiden zoals kervel, bonekruid of bieslook passen er goed bij.

Gestoofde snij- of pronkbonen

Dien deze sappige groente op bij gekookte granen of graankoekjes en geef er wat salade van rauw wortelgroente versierd met bladsla bij. Voor dit recept zijn ook wat oudere bonen geschikt.

- ca. 500 g snijbonen of pronkbonen, afgehaald en zeer fijn gesneden (snijbonenmolen)
- 1 dl water
- 1 eetlepel zachte boter
- 1 theelepel zout

- 1/2 eetlepel citroensap
- 1 eetlepel kervel, bonekruid of peterselie, fijngeknipt

▶

Breng het water met de boter en het zout aan de kook en voeg de bonen toe. Stoof ze gaar in 8-10 minuten (snijbonen) of 15 minuten (pronkbonen). Houd het deksel op de pan, maar pas op voor aanbranden.
Voeg van het vuur af het citroensap en de kruiden toe.

Variaties:
- smoor in de boter een fijngesneden uitje, voeg de bonen toe, smoor ze mee tot ze glazig zijn en blus met 1/2 dl water. Smoor de bonen zo in hun eigen sap gaar (pas op voor aanbranden). Voeg op het laatst de kruiden en het citroensap toe
- vervang het water voor de helft door een ontvelde* tomaat, die u in schijven gesneden onderin de pan legt. Laat dan het citroensap weg. Deze variatie is vooral geschikt als u de bonen (bij gebrek aan een molen) diagonaal in ca. 2 cm brede ruitjes snijdt
- snijd een stuk rode paprika (ca. 25 g) in reepjes en daarna in kleine stukjes en stoof dit met de bonen mee, met als resultaat een leuk kleureffect en een pittige smaak
- zie de variatie bij *gestoofde sperziebonen**. 343 Laat wel de knoflook weg

350

Snijbonen met kaas
🕯 ⚱

Kies voor dit gerecht jonge, lange en smalle bonen.

- 750 g snijbonen, afgehaald en heel gelaten
- 5-10 g boter

- 25-30 g geraspte oude kaas

Neem een wijde pan en stoof de bonen in een laagje water van ca. 1 cm met de boter gaar. Giet het kookvocht af.
Rangschik de bonen vervolgens als asperges naast en op elkaar op een schaal en bestrooi ze met de kaas.

Gedroogde peulvruchten

In de rijpe en gedroogde vruchten (zaden) van de vlinderbloemigen is het eiwit het meest geconcentreerd aanwezig. Het zit echter opgesloten in de cellen, waardoor het voor het menselijk spijsverteringsstelsel er moeilijk uit vrijgemaakt kan worden. Peulvruchten kunnen daarom een té zware belasting vormen voor jonge kinderen en voor mensen met een zwakke spijsvertering.
In een vegetarische voeding voor kinderen vanaf de schoolleeftijd (en zeker in de puberteit) en voor gezonde volwassenen vormen peulvruchten echter een welkome bron van waardevolle voedingsstoffen (eiwit, mineralen zoals ijzer, fosfor en magnesium en vitamine B). Het hoge gehalte aan voedingsvezel maakt ze tot een 'bezem voor de darmen'. Met mate genoten kunnen ze vooral in de winter een welkome afwisseling in ons dagelijks menu brengen. Linzen zijn de lichtst verteerbare peulvruchten en kunnen ook aan jonge kinderen (vanaf 1 jaar) worden gegeven.
In de menusamenstelling behandelen wij de peulvruchten als groente en combineren ze met granen, noten, melkprodukten, groenten en fruit. Peulvruchten en granen vormen een goede en niet zo zwaar verteerbare eiwitcombinatie, waarbij toevoegen van vlees, kaas of andere melkprodukten niet nodig is.

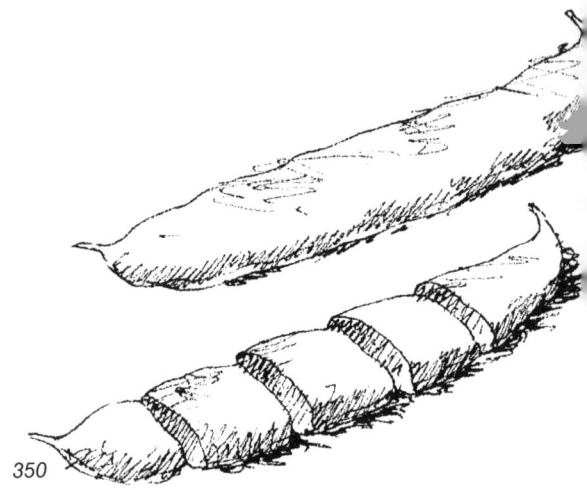

De inheemse en gangbare geïmporteerde peulvruchten zijn in de regel het hele jaar door verkrijgbaar. De Europese rassen worden in de nazomer geoogst en komen in de herfst op de markt. Hoewel overjarige peulvruchten hun voedingswaarde behouden, hebben ze wel een langere week- en kooktijd nodig en worden moeilijk gaar. Het geven

van precieze kooktijden is daarom niet mogelijk. Kook de peulvruchten tot ze van binnen niet meer hard zijn en laat ze daarna met het kookwater nawellen, dan kan er eigenlijk niets mis gaan.
Goed gedroogde, schone peulvruchten kunnen worden bewaard in katoenen of stevige papieren zakken op een niet té warme, donkere en vooral droge plaats (liefst niet langer dan 1 jaar). Controleer de voorraad regelmatig op schimmel en ongedierte.

Tips voor het koken van peulvruchten

Door de bereidingswijze kan men peulvruchten lichter verteerbaar maken:
- controleer of er geen steentjes of beschimmelde bonen of erwten tussen zitten
- kook peulvruchten als granen, dus wassen-weken-koken-nawellen* 122
- week peulvruchten lang, van 2 uur (linzen) tot 24 uur (limabonen en overjarige peulvruchten)
- gebruik voor het weken voldoende water, ten minste 3 maal het volume van de peulvruchten
- voeg 1 eetlepel azijn of citroensap aan het weekwater toe, dit bevordert de afbraak van het in peulvruchten aanwezige fytinezuur*. Zet de pan tijdens dit lange weken 123 toegedekt op een koele plaats om bacterievorming te voorkomen
- kook peulvruchten (mits onbespoten en ook na de teelt niet chemisch bewerkt) in het weekwater en gebruik ook het eventueel overtollige kookwater (voor soep). Een deel van de vitaminen en mineralen van de daarin geweekte en gekookte peulvruchten blijft in het kookwater achter
- bereken zowel de week- als de kooktijd ruim, vooral wat later in het seizoen (na de jaarwisseling) en zeker als u overjarige peulvruchten gebruikt
- voeg tijdens het koken alleen heet water toe; koud water laat de peulvruchten 'schrikken' en belemmert het gaarkoken
- hard water verlengt de kooktijd
- zout in het kookwater verkort de kooktijd, maar verhoogt de kans op stukkoken (prettig bij soep)
- het meekoken van zuiveringszout (natriumbicarbonaat) verkort weliswaar de kooktijd, maar vernietigt tot 50% van het vitamine B
- laat gekookte peulvruchten altijd nawellen, ten minste zo lang als de kooktijd. Langer is geen bezwaar, ze kunnen zonder kwaliteitsverlies worden opgewarmd
- kook zaden van kruiden mee (anijs, venkel, karwij, koriander, mosterd, ook laurierblad en eventueel peper); week en kook naar wens een stukje kombuzeewier* mee 392
- voeg ook gedroogde kruiden en specerijen in poedervorm toe na het koken, voordat u de peulvruchten laat nawellen (basilicum, tijm, bonekruid, kerrie, paprika- of gemberpoeder, of verse gemberwortel)
- voeg tot slot verse kruiden toe vlak voor het opdienen (gestoofde ui of knoflook, verse tuinkruiden)
- breng het gerecht op smaak met iets zuurs (citroensap, appelazijn, tomaat of tomatenpuree, zuurkool, appel), of geef er iets zuurs bij (augurkjes, zilveruitjes, chutney, sla). Maak van mooi gaaf geblevengekookte bonen of linzen salade, eventueel gecombineerd met gekookte granen

Zomerse peulvruchtenschotel

⑤ ① ↩

Dit gerecht is vlug gemaakt als de peulvruchten al zijn voorgekookt (of uit een pot komen). Eet er granen of macaroni bij en veel bladsla.

- *150 g peulvruchten naar keuze, geweekt en gekookt*, of 400 g gekookte peulvruchten* 345

- *1 eetlepel olie*
- *1 flinke ui, gesneden*

- *250-300 g tomaten, in dikke plakken van ca. 3/4 cm*
- *1-2 eetlepels verse basilicum, gehakt, of 1/2 eetlepel gedroogde*
- *1/2 eetlepel verse majoraan, gehakt, of 2 theelepels gedroogde*
- *1/2 theelepel zout*
- *eventueel wat peper uit de molen*

- *2 eetlepels fijngeraspte oude kaas*
- *10-20 g harde boter*

- *een diepe vuurvaste schaal van ca. 1 l inhoud, ingevet* ▶

Laat de peulvruchten uitlekken (kookwater bewaren voor soep) en doe ze in een vuurvaste schaal.
Verwarm in een pan met een dikke bodem de olie met de ui en smoor de ui glazig op een matig vuur.
Smoor ook de tomaten een paar tellen mee en roer er kruiden, zout en peper door. Doe het deksel op de pan en draai de vlam laag als het deksel heet is. Stoof de tomaten in ca. 5 minuten gaar.
Spreid het tomatenmengsel uit over de peulvruchten en strooi er de kaas overheen. Leg er tot slot flinterdunne plakjes boter op.
Bakken: ca. 15 minuten bij 190°C, middelste richel (10 minuten langer als de peulvruchten koud zijn).

Variaties:
- vervang de tomaten voor 1/4 tot 3/4 door courgette, komkommer, aubergine of pompoen, apart of gemengd, alles in dunne plakjes geschaafd. De stooftijd kan iets langer zijn; pas op voor aanbranden, deze groenten laten minder vocht los. Voeg eventueel nog wat bouillon toe – de groente moet tussen de peulvruchten doorlopen
- vervang in de winter de paprika door 1/2 eetlepel paprikapoeder en de tomaat door 1-2 eetlepels tomatenpuree, aangemaakt met 1/2 dl bouillon of water
- bak in de olie 50-100 g in blokjes gesneden mager gerookt spek uit en voeg dan pas de uien toe. Geen boter meer toevoegen
- **Chili con carne:** vervang de kruiden door 2 theelepels chilipoeder en de kaas en de boter door 150-200 g gehakt. Bak het gehakt eerst in de olie bruin* voordat u de uien smoort of fruit. Meng het vlees/tomatenmengsel door de peulvruchten. De originele Chili con carne wordt met bruine bonen gemaakt en niet in de oven gebakken

Winterse peulvruchtenschotel
⑤ ① ⊖

Een vlug gemaakt gerecht waarvoor de ingrediënten meestal wel in huis zijn. Eet er granen of macaroni bij en wat rauwkost en/of fruit toe.

- 25 g vet of 50 g mager gerookt spek, in kleine dobbelsteentjes gesneden, of 1-2 eetlepels olie
- 2 grote uien (ca. 200 g), overlangs doormidden en daarna in 1/2 cm dikke plakke gesneden
- 2-3 eetlepels ketchup (Demeter of zelf ingemaakt*), of 1 grote of enkele kleine zure augurken (ca. 50 g), in dunne plakjes gesneden, of 1/2 eetlepel appelazijn, of 2 eetlepels Kanne's brooddrank
- ca. 1 dl kookvocht van de peulvruchten
- 150 g peulvruchten naar keuze, geweekt en gekookt*, of ca. 400 g gekookte peulvruchten
- 2 eetlepels peterselie of selderijblad of venkelgroen, fijngesneden

Laat de peulvruchten uitlekken en bewaar het vocht. Bak in een pan met een dikke bodem het spek uit, op een matig vuur. Voeg de uien toe en smoor ze glazig of licht bruin (of verwarm de uien met de olie en smoor of fruit ze hierin).
Voeg een van de drie zure ingrediënten toe en het kookvocht, doe het deksel op de pan en laat de uien op een lage pit bijtgaar koken.
Roer de peulvruchten en de verse kruiden erdoor en proef of er nog wat zout en eventueel (chili)peper bij moet, vooral als u geen spek heeft gebruikt. Ook een eetlepel sojasaus smaakt in dit geval lekker.

Variatie: Vervang de verse kruiden door 1 eetlepel gedroogde kruiden (zoals basilicum, tijm, marjolein, salie of rozemarijn, van de beide laatste 1/2 eetlepel).

Linzen

In tegenstelling tot de andere gedroogde peulvruchten zijn linzen wel geschikt voor jongere kinderen (1 jaar en ouder) en mensen met een gevoelige spijsvertering. Het eiwitgehalte is weliswaar niet lager, maar heeft een licht verteerbare structuur.
Er zijn grote en kleine, bruingroene en bruine, alsmede oranje en rode variëteiten. De bruingroene en de bruine hebben een sterkere smaak dan de rood en oranje gekleurde. De laatste koken ook sneller stuk en zijn daarom beter geschikt voor gebonden soep.
Controleer linzen goed op de aanwezigheid van steentjes; deze zijn soms nauwelijks te

onderscheiden van de linzen. Uitspreiden op een vel papier om de steentjes er uit te zoeken is een goede methode.
Linzen worden ook zonder weken gaar, maar de verteerbaarheid is toch beter als ze 1-2 uur worden geweekt. De kooktijd varieert van 1/2-1 uur, afhankelijk van de maat en de versheid.

Linzen met prei
⑤

Serveer met bladsla en/of wat salade van rauwe wortelen en gekookte granen met geraspte kaas.

- *250 g linzen*
- *1 laurierblad*
- *3 kruidnagelen*
- *1 volle theelepel venkel- of gekneusd mosterdzaad*
- *3/4 l bouillon of water*
- *1 theelepel tijm*
- *een stukje geraspte gemberwortel*
- *2 theelepels zout*
- *1 eetlepel olie*
- *1 teentje knoflook, fijngesneden*
- *1-2 theelepels kerrie*
- *2 grote stokken prei, schoongemaakt (500 g) en in 1-2 cm brede ringen gesneden*
- *1/2 dl kookwater van de linzen, of bouillon*
- *2 eetlepels zachte boter*
- *1 eetlepel citroensap of appeldiksap, of 1/2 eetlepel appelazijn, of 2 eetlepels brooddrank*
- *1-2 eetlepels selderijblaadjes of peterselie, fijngeknipt*

Kook de linzen met de kruiden*, of gebruik ca. 600 g gare linzen. Laat ze goed uitlekken. Verwarm op een matig vuur de olie met knoflook en kerrie en smoor de knoflook glazig. Smoor ook de prei mee totdat hij met olie is overtrokken. Blus met de bouillon en kook de prei bijtgaar in 8-10 minuten, met het deksel op de pan.
Schep de linzen erdoor en breng alles op temperatuur.
Breng het gerecht op smaak met de boter, het 'zuur' en de verse kruiden. Proef of er nog wat zout bij moet.   345

Variaties:
- vervang de prei door bleekselderij of venkelknol
- bak tegelijk met de knoflook dunne schijfjes gekookte rookworst mee. Voeg dan geen boter meer aan het gerecht toe
- vervang als er kleine kinderen meeëten de scherpe kruiden (mosterdzaad, gember, kerrie) eventueel door zachtere (anijs, basilicum, tijm)
- vervang de linzen door andere peulvruchten

Linzenkoekjes (8 stuks)
⑤ ① ↩

Als bijgerecht bij de warme maaltijd of als lunchhapje. Een dubbele hoeveelheid, gecombineerd met groente en/of sla vormt een volledige warme maaltijd, vlug gemaakt van resten peulvruchten en granen.

- *300 g gekookte linzen* (100 g ongekookt)*   345
- *300 g gekookte rijst* (100 g ongekookt)*   133
- *2-3 eetlepels boekweit- of tarwemeel*
- *1 ui, fijngesneden*
- *1-2 eetlepels olie*
- *3-4 eetlepels peterselie of andere verse tuinkruiden, fijngeknipt*

Prak de linzen fijn en vermeng ze met de andere ingrediënten tot een stevige massa. Laat zo mogelijk een kwartiertje rusten.
Vorm en bak de koekjes*.   166

Variaties:
- voeg een fijngesneden teentje knoflook aan de massa toe
- vervang de ui door 100 g fijngeraspte wortel
- vervang de rijst door andere gekookte granen (gierst, rijst, boekweit of haver)
- vervang de linzen door andere soorten goed gaar gekookte peulvruchten
- vervang de rijst door 150 g oud brood, geweekt in 1 1/2 dl hete bouillon of water en goed fijngeprakt. Het toevoegen van meel zal dan niet nodig zijn
- paneer* de linzenkoekjes, ze krijgen dan een wat hardere, krokante korst   44

Tip: Kook de rijst en de linzen samen gaar: 2 uur weken – 1/2 uur koken – 1-2 uur nawellen; of gebruik restjes rijst en linzen.

Gedroogde erwten en capucijners

Gele, groene en grijze erwten en capucijners zijn allemaal nauw met elkaar verwant en worden in ons land verbouwd. Ze zijn dan ook de voordeligste onder de peulvruchten. Kikkererwten worden uit Zuid-Europa of Azië geïmporteerd (gebruik voor kikkererwten de recepten voor capucijners).
Met hun moeilijk toegankelijk eiwit zijn erwten zwaar verteerbaar voedsel voor de moderne mens*. Het gehalte aan voedingsstoffen van de verschillende erwtensoorten is vrijwel hetzelfde: verhoudingsgewijs veel eiwitten, weinig koolhydraten, veel ijzer, magnesium, fosfor en vitamine B.
Groene en gele erwten worden ook in de vorm van *spliterwten* op de markt gebracht. Dit zijn gepelde en in twee helften gesplitste erwten, waarbij echter mét het velletje ook de kiem werd verwijderd. Spliterwten hoeft men niet te weken (het is wel beter), en ook de kooktijd is korter. Omdat spliterwten niet meer volwaardig zijn, geven wij de voorkeur aan hele, ongepelde erwten.

Capucijnerfestijn

Een gezellige maaltijd voor een groot gezelschap.

- capucijners* (reken op ca. 60 g per persoon)
- 1-2 tarwebolletjes per persoon, of stokbrood
- roomboter
- gomasio en eventueel de pepermolen

- verschillende bijgerechten in kleine schaaltjes. Een paar suggesties: zure augurkjes en zilveruitjes; geconfijte gemberbolletjes; verschillende soorten melkzuur ingemaakte groenten, eventueel met wat olie aangemaakt en bestrooid met verse kruiden; cranberrycompote*, uitgelekt of appelmoes; in boter of blokjes rookspek gefruite uiringen; in wat boter gebakken schijven appel; paprikasalade; zuurkoolsalade; Griekse komkommer* of een gewoon komkommerslaatje; appelchutney of een ander soort chutney*; kerriesaus; pittige paprikasaus

Laat de capucijners goed uitlekken. Zet de schaaltjes met de warme bijgerechten (zo mogelijk met een deksel) op theelichtjes of bij elkaar op een komfoor; dien ook de capucijners in een deksschaal op om afkoeling te voorkomen.
Iedere gast schept een bergje capucijners op z'n bord en rangschikt de bijgerechten eromheen. Gebruik desgewenst gourmetborden voor het capucijnerfestijn.
Als toetje zijn van tevoren klaargemaakte appelbollen, appelflappen of een appeltaart met veel pepermuntthee voor de dorst erg lekker.

Variatie: Behalve capucijners zijn andere peulvruchten natuurlijk ook bruikbaar, vooral kikkererwten.

Capucijners met paprika en tomaten

Volg het recept van de *zomerse peulvruchtenschotel**.

Gedroogde bonen

Van de bonen worden alleen de bruine boon, het citroenboontje en de gespikkelde kievitsboon in ons land geteeld. Alle andere soorten, van de kleine sojaboon tot de grote limaboon, komen uit warmere streken. De meeste van deze uitheemse bonen zijn bij ons bekend geworden met de opkomst van de op het Oosten geïnspireerde voedingsstromingen. Met uitzondering van de sojaboon bevatten ze alle ongeveer dezelfde voedingsstoffen als erwten.

De grote *bruine bonen* koken makkelijk stuk en zijn vooral geschikt voor soep. De kleinere soort en alle andere bonen blijven bij het koken beter heel.

De *sojaboon* levert meer vet (20%) en meer volwaardig eiwit (ca. 36%) dan de overige peulvruchten. Sojabonen worden op grote schaal verbouwd in Azië, Afrika en Amerika; velen zien hierin dé oplossing van het wereldvoedselvraagstuk.
Omdat het eiwit van de sojaboon goedkoop

is en het zich gemakkelijk laat verwerken, worden sojabonen wereldwijd in steeds meer producten verwerkt, meestal zonder dat de consument daar weet van heeft.
De vleesvervangers *tempé* en *tofu* of *tahoe* en de 'smaakmakers' *tamari*, *shoyu* (ketjap) en *miso* zijn sojaprodukten (zie de *Produktinformatie*). In de landen van herkomst worden deze produkten met mate gebruikt.

Bruine bonen met zuurkool
(4-6 personen)

Ⓥ

Lekker met risotto en wortelrauwkost.

- ca. 200 g grote bruine bonen
- 2 theelepels karwijzaad
- 1 laurierblad
- 3/4 l water

- 1 theelepel bonekruid
- 1 theelepel zout

- 1 eetlepel olie
- 1 grote ui, in dunne ringen gesneden
- eventueel 1/2 paprika, in reepjes gesneden

- 400 g gekruide zuurkool
- 1 dl bouillon of water

- 1-2 eetlepels boter
- 1-2 grote goudreinetten

Week en kook de bruine bonen met de kruiden*, of gebruik ca. 600 g gekookte bruine bonen. Laat ze uitlekken.
Verwarm de olie met de uien en smoor de uien glazig. Smoor ook de paprika even mee. Leg de zuurkool erop en giet de bouillon erbij. Leg het deksel op de pan en laat 10 minuten op een laag pitje sudderen. Schep de bonen erdoor en laat alles op temperatuur komen.
Schil (zonodig) de goudreinetten en snijd ze overdwars in ruim 1 cm dikke schijven. Boor de klokhuizen eruit. Verwarm de boter in een koekepan, maar laat niet bruin worden. Bak hierin op een matig vuur de appelschijven aan beide kanten lichtbruin, totdat ze juist gaar zijn. Leg ze op de bonenschotel.

Variatie: Vervang op een feestelijke dag de appels door 4 plakken ananas, al of niet gebakken.

Witte bonen met tomatensaus

🐄

Polenta of *maïssneetjes* en een frisse bladsla kleuren en smaken er goed bij.

- 200 g witte bonen
- 2 theelepels venkelzaad
- 1 laurierblad
- 3/4 l water
- 1 theelepel bonekruid
- 1 theelepel zout

- 1 recept tomatensaus naar keuze*
  (gebruik hiervoor het kookwater van de bonen)

Week de bonen ten minste 8 uur of een nacht en kook ze met de kruiden gaar in ca. 1 uur. Voeg het zout toe en laat ten minste 1 uur nawellen (of gebruik ca. 600 g gekookte bonen).
Laat de bonen uitlekken en vang het water op. Breng de bonen weer op temperatuur in de saus en dien warm op.

Variatie: Witte bonen smaken ook goed in een paprika-, kerrie- of mosterdsaus en in een van de uien- of appelsauzen (zie de betreffende recepten in het hoofdstuk *sauzen*).

Witte bonen met appel, ui en spek

🐄

Een wat zoetig gerecht dat vlug klaar is als de bonen al gekookt zijn.

- 1 eetlepel olie
- 50 g mager spek, in blokjes gesneden

- 1 stevige appel, in plakjes gesneden
- 1 kleine ui, in dunne ringen gesneden

Kook de bonen als in het vorige recept werd beschreven en laat ze uitlekken. Bak het spek uit in de olie. Voeg ui en appel toe en laat ze op een matig vuur bijtgaar smoren. Schep dit mengsel door de bonen.

Variatie: Laat het spek weg en vervang de olie door 20 g boter om de uien en appel in te bakken.

Hutspot met witte bonen
(4-6 personen)

⑤

- 200 g witte bonen
- 3/4 l water
- 1 laurierblad
- 1 theelepel zout

Week de bonen een nacht in het water en kook ze gaar* met laurierblad en zout. Giet ze op een zeef en bewaar het kookvocht. Maak een *vegetarische hutspot**, naar keuze met aardappel- of *gierstpuree**. Gebruik hiervoor het kookvocht van de bonen, eventueel aangelengd met bouillon. Meng de bonen na het stampen door de hutspot.

345
194

13?

Oosters gekruide witte bonen

Rijst en een frisse bladsla passen het best bij deze pittig gekruide peulvruchtenschotel.

Volg voor de bereiding het recept van de *Goelai** (variatie).

24?

De nachtschadeachtigen (Solanaceae)

Tot de voedingsgewassen uit de familie van de nachtschadeachtigen behoren de *aardappel*, de *tomaat*, de *paprika*, de *Spaanse peper* en de *aubergine*. Zij vallen op door hun enorme groeikracht in het stengel en bladgebied, die echter in veel gevallen niet opwaarts gericht is (tomaten moeten opgebonden worden zodat de stengel rechtop blijft staan). In tegenstelling tot andere planten zet de groei zich zelfs nog voort tijdens de bloei. De bloemen wenden zich bij veel nachtschaden van de zon af; ze zijn niet echt mooi, eerder interessant te noemen: wit, paars, bruinig – geen kleuren die we anders van bloemen gewend zijn. De vorm van de bloemen varieert van bekervormig naar het omgestulpte uiterste van de bekervorm. De meeste nachtschaden zijn zeer giftig. De planten met bekervormige bloemen (zoals de tabaksplant en de wolfskers, *Belladonna*), zijn het meest giftig. De voedingsgewassen behoren tot de planten met de helemaal uit-, ja zelfs omgestulpte, stervormige bloempjes, die hun vergif meestal opslaan in de bladeren; de rijpe vruchten en knollen zijn er bijna vrij van.
Een inleidend stukje over de aardappel vindt u in het hoofdstuk *Aardappelgerechten*.

De tomaat

Tomaten zijn het hele jaar door van inheemse teelt verkrijgbaar. Ook in de biologische en biologisch-dynamische tuinbouw worden ze in Nederland alleen in de kas gekweekt. Het lekkerst en wat voedingswaarde betreft het waardevolst zijn de uit Frankrijk geïmporteerde, biologisch geteelde vruchten, die van juli tot september in de winkel liggen.
De tomatenplant en ook de vruchten zelf vertonen een woekerende groei, wat duidelijk te zien is aan de vrij vormeloze vleestomaat. De giftigheid die alle nachtschaden als gemeenschappelijk kenmerk hebben, manifesteert zich bij de tomaat behalve in het loof ook in de onrijpe vruchten. Men doet er dus goed aan, alleen goed rijpe tomaten te gebruiken. Als men voor een gerecht veel tomaten gebruikt, bij voorbeeld in sauzen, ketchup of puree, kan men ook de pitjes er beter uit zeven. Bij tomaten die niet worden gestoofd is het beter met een puntig mesje ook het harde stukje bij de steelaanzet eruit te snijden; ook dit stukje kan nog wat solanine bevatten.
De verkoelende werking van de tomaat maakt haar ongeschikt voor mensen die aan

kanker lijden en minder geschikt voor mensen met reumatische aandoeningen en voor jonge kinderen, die hun warmtekrachten nog voor de groei nodig hebben.
Wij gebruiken de tomaat met mate: als saus, rauw of gekookt als speels bakje voor vullingen, op de boterham (bestrooid met gehakte kruiden of gomasio) en als kruiderij in de vorm van ketchup of puree (liefst zelf ingemaakt*). Het gemis aan warmte vullen we aan met kruiden als oregano, basilicum, tijm en rozemarijn, en met specerijen als kerrie en peper. 597

Een goede tomaat is felrood, dus rijp, maar toch stevig. Zulke tomaten kan men nog 3-4 dagen koel (maar niet onder 8°C) bewaren. Bewaar tomaten altijd gescheiden van andere vruchten of groenten, tenzij u groene bananen in de buurt van tomaten wilt laten bijkleuren; tomaten scheiden een gas (ethyleen) uit, dat vruchten (ook komkommers) versneld laat narijpen.
Niet helemaal uitgerijpte tomaten kan men in de zon laten bijkleuren. Vleestomaten zijn steviger dan de gladde, ronde tomaten en ook minder zuur.

Om tomaten te *ontvellen* wordt eerst met een scherp mesje het kroontje er wigvormig uitgesneden (zodat gelijk de harde kern meegaat) en de schil aan de tegenover liggende kant kruiselings ingesneden. Leg de tomaten 20 seconden in kokend water, schep ze eruit en trek het velletje eraf.

Gevulde tomaten, koud

Geef deze tomaten als voorgerecht (op een bordje, versierd met slablaadjes), als lunchhapje, als bijgerecht bij een zomerse maaltijd (bij voorbeeld een aardappel- of graansalade), of als onderdeel van een koud buffet.

Gebruik geen vleestomaten, maar de ronde, gladde soort; niet té rijp, ze moeten een beetje stevig zijn. Draai de groene kelk eraf zonder de tomaat te beschadigen. Snijd aan de andere kant een klein kapje van de tomaat en hol hem voorzichtig uit met een scherp lepeltje (gebruik het binnenste voor soep of saus of om er groente mee te stoven). Zet de tomatenbakjes ondersteboven op een taartrooster om uit te lekken.

Maak intussen de vulling klaar volgens een van de onderstaande recepten. Stamp wat kruiden (basilicum, oregano, rozemarijn) met zout in een vijzel fijn en strooi dit in de tomaat. Doe de vulling er royaal in. Zet het dekseltje er schuin op.

Suggesties voor vullingen:
- *kruidenkwark**   304
- *liptauer kaas**   303
- *graansalade**   414
- *appelsalade**   422
- *haringsalade**   421
- gekookte koude vis, uitgeplozen en vermengd met mayonaise, citroensap, dille, peterselie; of vermengd met een *zure-roomsaus**   224
- hardgekookte, fijngeprakte eieren, vermengd met kwark en mayonaise (1:1), pittig gekruid met bieslook en mosterd

Gevulde tomaten, warm

Geef warme gevulde tomaten als voorgerecht, als lunchhapje of als bijgerecht bij de warme maaltijd.

Zie *gevulde tomaten, koud** voor het voorbereiden van de tomaten. 351
Gebruik voor de vulling de massa van *graankoekjes*, *graanballetjes* of van *graan- en broodsoufflés*. Ook de massa's van de *graanterrine**, 261 de *rijst met linzen** of de *gehaktballen* zijn 156 geschikt.
Voor 4 tomaten loont het nauwelijks de moeite om deze toch vrij bewerkelijke vullingen klaar te maken; het vullen van tomaten is wel een elegante manier om restjes op te warmen. Zo kan een simpel restje gekookt graan, vermengd met wat geraspte kaas, smeüig gemaakt met wat room en pittig gekruid, als vulling dienen.

Wrijf het uit de tomaten geschepte vruchtvlees door een zeef en giet dit vocht in een platte vuurvaste schaal. Vul het zonodig aan met water of bouillon tot een laagje van 1/2 cm. Proef of het zout genoeg is. Zet de royaal gevulde tomaten (zonder dekseltje, dat zou snel verbranden) in de schaal en leg er een flinterdun stukje boter op.
Bakken: ca. 20 minuten bij 180°C, onderste richel. Zet desgewenst halverwege de baktijd het kapje erop. ▶

Variaties:
- een heel eenvoudige en snelle vulling is *roerei**: reken per tomaat één ei. Vul de rauwe tomaten met het roerei en laat ze in een pan met een bodempje kokend water even op temperatuur komen, maar niet koken. Fijngeknipte bieslook of een toefje peterselie geeft een leuk kleureffect
- gebruik als vulling de massa van *kaassoufflé**; met één recept kaassoufflé kunt u ca. 8 middelgrote tomaten vullen. Bak ze als hierboven beschreven en serveer ze meteen

Tip: Warme gevulde tomaten (behalve de tomaten met soufflévulling) kunnen ook in een koekepan met hoge rand en passend deksel worden gemaakt: doe dan maar een heel dun laagje vocht in de pan en houd het vuur laag, anders zijn de tomaten stukgekookt voordat de vulling warm is.

Gevulde tomaten op de barbecue of het kampvuur

Een kleurrijke tractatie voor wie geen worst eet.
Ingrediënten per persoon:

- aluminiumfolie
- wat olie

- 1/2 grote vleestomaat (overdwars doormidden gesneden)
- 1 ei
- zout en peper
- wat verse tuinkruiden (basilicum), fijngeknipt

Maak van dubbelgevouwen aluminiumfolie een bakje, dat ca. 1 cm hoger is dan de halve tomaat en smeer het aan de binnenkant in met wat olie.

De makkelijke manier: haal met een lepel het vruchtvlees uit de tomaat; strooi wat peper en zout langs de binnenkant, breek het ei erin en strooi er de verse kruiden overheen.

Voor een fijnproever: Stamp in een vijzel wat zout en rozemarijn fijn en strooi hiervan een beetje langs de binnenkant van de tomaat. Klop het ei los met 2 eetlepels room of viili en meng er de kruiden (en eventueel wat geraspte oude kaas) door. Giet dit eimengsel in de tomaat.

Bakken: ca. 10 minuten op niet al te gloeiende as, tot het ei gestold is. Dit gaat wat vlugger als u een stukje aluminiumfolie heel losjes erover legt.

Aubergine

De aubergine is een van de weinige groenten, die niet rauw kan worden gegeten. De voedingswaarde is laag en gekookt heeft ze ook niet veel smaak. Door de aubergine te bakken ontwikkelt ze echter een typisch aroma, dat we met 'zuidelijke' kruiden zoals oregano, basilicum, laurier en knoflook kunnen aanvullen.

Aubergines moeten een gladde, niet gerimpelde schil hebben. Rijpe vruchten geven bij een lichte vingerdruk mee. Ze zijn dan op een koele plaats (niet in de koelkast) nog 1-2 dagen houdbaar. Nog niet goed rijpe aubergines kunnen op kamertemperatuur narijpen.
Was de aubergines onder de stromende kraan en verwijder steel en bladkroon, schillen is alleen bij zeer grote exemplaren nodig.

Gebakken aubergines

Lekker op de boterham of als bijgerecht bij granen of macaroni. Geef er dan nog een bladsla bij.
De sponzige aubergines nemen bij het bakken veel vet op. Door de vruchten weg te zetten met wat zout en citroensap wordt het vruchtvlees echter steviger (maar ook zwaarder verteerbaar, zie tip); een *knoflooksausje** maakt ze lichter verteerbaar.

- 1 aubergine, niet té dik (ca. 400 g), in 1 cm dikke schijven gesneden
- wat fijn zout
- ca. 1 eetlepel citroensap
- wat meel

- wat gomasio of 20 g Parmezaanse kaas, of 1 recept knoflooksaus
- 1 eetlepel oregano, dragon, majoraan of andere verse tuinkruiden, fijngehakt

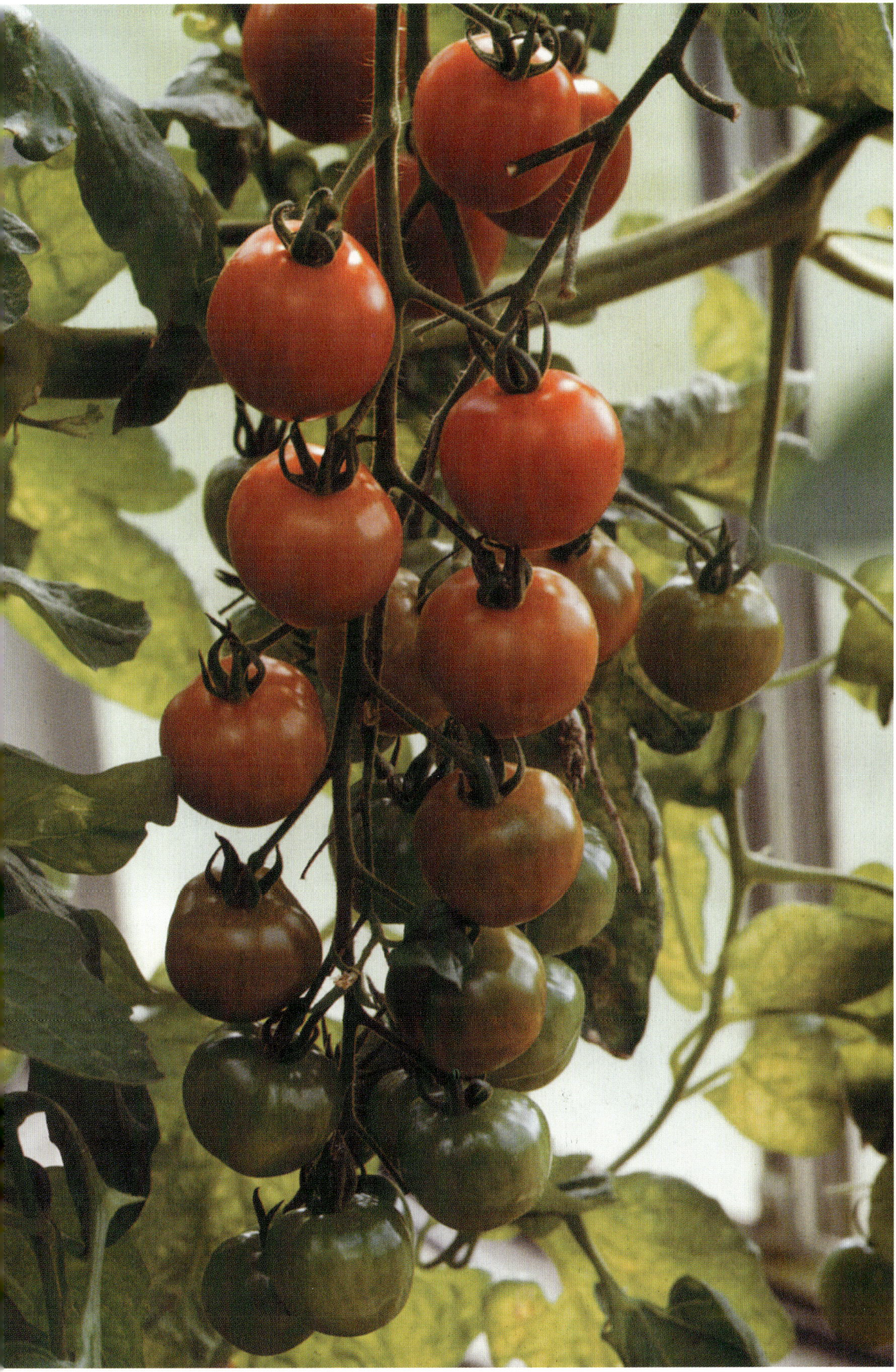

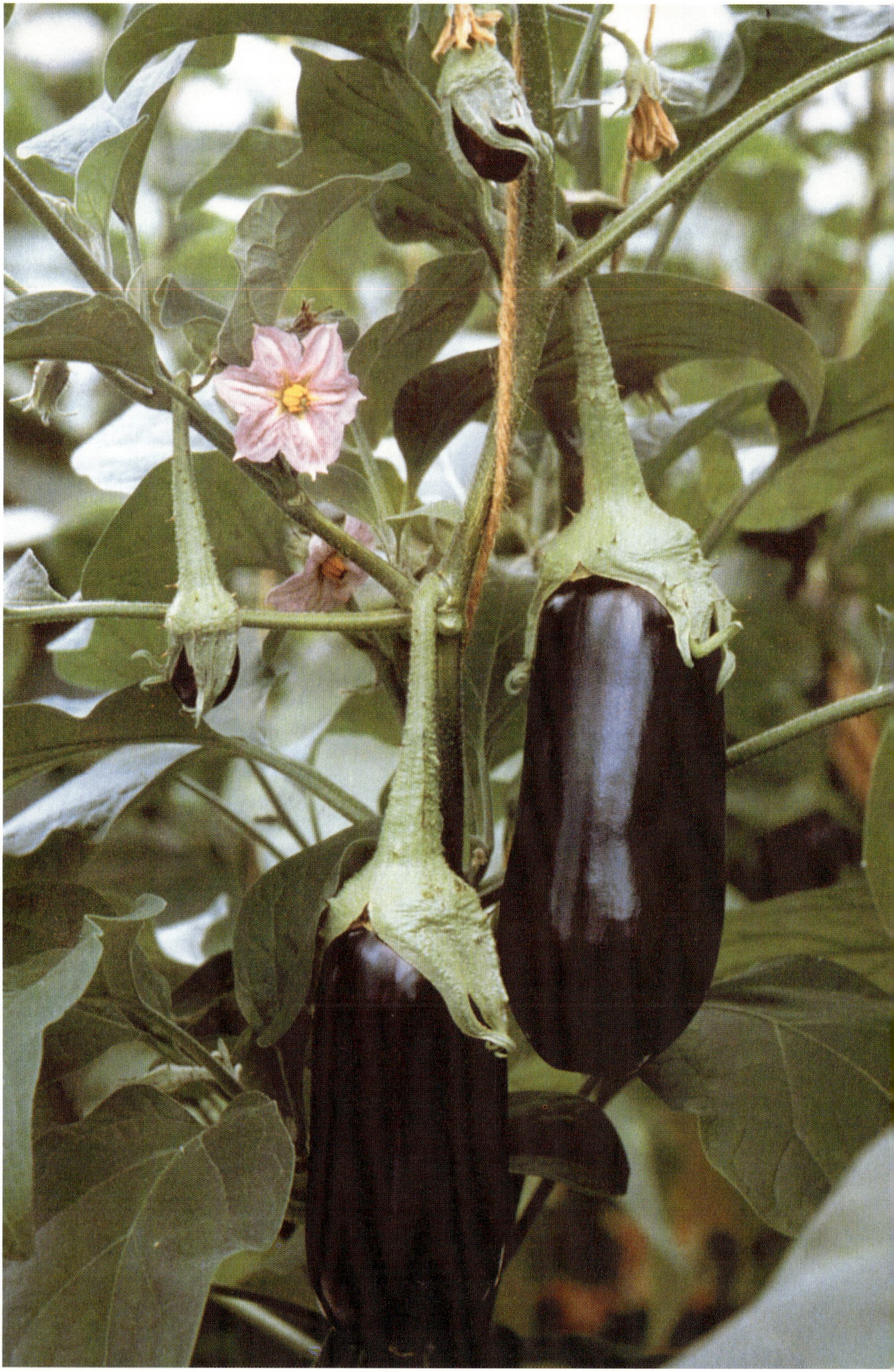

Leg de schijven aubergine op een plat bord, strooi er zout op en druppel het citroensap erover. Dek ze af met een kom of pan en laat 20 minuten staan. Druk het vocht eruit door ze tussen twee theedoeken te leggen.
Wentel de schijven door het meel en klop het overtollige meel er weer vanaf.
Laat in een koekepan een bodempje olie niet té heet worden en leg de schijven aubergine erin. Doe een deksel op de pan. Houd het vuur laag en bak de aubergines 5 minuten. Keer de schijven om en bestrooi ze eventueel met gomasio of kaas. Bak ze nog 3 minuten, nu zonder deksel.
Leg de schijven dakpansgewijs op een platte, voorverwarmde schaal en giet de knoflooksaus (als u geen gomasio of kaas heeft gebruikt) er als een lint over. Bestrooi met de verse kruiden.

Variaties:
- **aubergines met tomaten:** bak in een aparte koekepan in wat boter dikke schijven vleestomaat (heel kort). Leg ze op de aan één kant gebakken schijven aubergine, strooi er de verse kruiden op en leg hierop een passend (iets kleiner) rond plakje jongbelegen kaas, of strooi er wat geraspte kaas op. Leg zonodig het deksel even op de pan als de kaas anders niet wil smelten
- **dubbeldekkers van aubergines:** leg op de helft van de hoeveelheid aan één kant gebakken en gekeerde schijven een iets kleiner plakje kaas en leg de andere schijven erop als ook de tweede kant gebakken is
- **beignets van aubergines:** wentel de voorbereide auberginesschijven (zie boven) door *beignetbeslag (1)** (mét sesamzaad), en bak ze in een 1/2 cm olie in de koekepan   512
- **gepaneerde aubergines:** paneer* en bak de voorbereide auberginesschijven (zie boven). Serveer ze met een partje citroen   44

Tip: gebakken aubergines in de oven (minder vet): zet de plakken niet weg met citroensap en zout; bestrijk ze met wat olie, leg ze op de bakplaat en bak ze ca. 10 minuten bij 190°C, middelste richel. Bestrooi ze pas na het bakken met wat fijn zout.

Vegetarische auberginesschotel met macaroni (4-5 personen)

€)

Deze 'timballo di maccheroni' smaakt lekker met een rauwkostsalade.

- 1 kleine aubergine (ca. 300 g), in 1/2 cm dikke plakken gesneden
- ca. 1 eetlepel (olijf)olie
- 1 theelepel zout

- 1 recept Napolitaanse saus*   216
- 300 g volkoren macaroni*   158
- 75 g geraspte oude Goudse kaas
- 1 eetlepel verse basilicum, fijngesneden, of 3 theelepels gedroogde basilicum

- 1 vuurvaste schaal van 2 1/2 l inhoud, ingevet

Bestrijk de auberginesplakken met de olie, bestrooi ze met zout, leg ze op een droge bakplaat en bak ze in de oven *licht*bruin (ca. 10 minuten bij 190°C, middelste richel).
Doe een dikke laag macaroni in de schaal, giet de helft van de tomatensaus erover en leg de gebakken aubergines erop.
Strooi er de basilicum en de helft van de kaas over. Dek af met de rest van de macaroni, giet de rest van de tomatensaus erover en bestrooi met de resterende kaas.
Bakken: ca. 15 minuten bij 200°C, middelste richel (iets langer bij een van tevoren klaargemaakte schotel).

Paprika

Net als de tomaat wordt ook dit zuidelijke gewas, dat veel warmte nodig heeft, bij ons in warme kassen verbouwd. Mede dank zij import is paprika daarom het hele jaar verkrijgbaar.
Met haar wonderlijke, in dit geval opgeblazen vrucht is de paprika een typische vertegenwoordigster van de familie der nachtschaden. Zij tendeert echter méér naar licht en warmte dan de waterige tomaat. Dit uit zich in het veel hogere gehalte aan vitaminen (zeer veel vitamine C), ijzer en sterke smaakstoffen, die zeer stimulerend werken op ons organisme.

Afb. 14 Aubergines

Behalve als bijgerecht, bij voorbeeld gevuld, gebruiken we paprika's daarom bij voorkeur als natuurlijke 'smaak- en kleurstof': rauw in salades of op de boterham, meegestoofd in talloze gerechten of melkzuur ingemaakt.
Wij geven de voorkeur aan rijpe vruchten, de rode of gele. Zij zijn het rijkst aan de bovengenoemde stoffen en smaken veel zoeter dan de wat bittere groene paprika's.
Behalve de bij ons bekende zoete paprika bestaan er nog vele andere soorten. Van de scherpste soort wordt paprikapoeder gemaakt, dat we graag gebruiken als vurige, verwarmende specerij. Voor het helderrrode en milde (Hongaarse) paprikapoeder wordt alleen het vruchtvlees gedroogd. Hiervan kunt u gerust grotere hoeveelheden gebruiken (niet meebakken).

Glanzende, stevig aanvoelende en niet rimpelige paprika's kunnen op een koele plaats (niet onder 8°C) nog 1-2 weken worden bewaard.
Was* de paprika's en snijd ze overlangs doormidden. Verwijder de steel en de zaadlijsten met de zaden (deze zijn erg scherp). Snijd voor een garnering (salades, pizza's) de hele vrucht overdwars in ringen en verwijder daarna pas de zaadlijsten en de zaden. *308*

Spaanse peper of lombok

Hoewel veel kleiner en vooral smaller, lijkt de Spaanse peper veel op de paprika. Het is net alsof zich hier alle stoffen die haar grote zuster bevat hebben samengetrokken (vooral in de zaden) om ze aan andere voedingsmiddelen door te geven. Spaanse pepers worden dan ook uitsluitend in kleine hoeveelheden gebruikt als kruiderij, vooral in Zuideuropese en Aziatische gerechten.

Spaanse pepers zijn in veel vormen en kleuren verkrijgbaar. De grootste (rode en groene, bij ons in kassen geteeld), zijn de minst scherpe. Uit Zuid- en Midden-Amerika, Azië en ook uit de Zuideuropese landen komen de kleinere, veel scherpere soorten (Chilipepers), waarvan chilipoeder en cayennepeper wordt gemaakt. Ook *sambal** wordt gemaakt van Spaanse pepers. *603*

Gevulde paprika, koud
(8 personen)

🕯

Als bijgerecht of bij een koud buffet.

- 8 kleine rode paprika's
- 1-2 l water
- 1/2-1 eetlepel zout

- 1 theelepel zout
- 1 theelepel oregano of basilicum
- 1 theelepel rozemarijn

- 1 recept graansalade, appelsalade of aardappelsalade (zie register)
- wat krulpeterselie

Breng het water met het zout aan de kook, leg de paprika's erin en kook ze precies 2 minuten (deksel op de pan). Haal de pan van het vuur, draai de paprika's vlug om en laat ze nog eens 2 minuten nastomen. Haal ze meteen uit het water en laat ze wat afkoelen. Snijd nu aan de steelkant een klein kapje eraf, verwijder met een scherp mesje de zaadlijsten en de zaden.
Stamp in een vijzel het zout met de kruiden fijn en bestrooi daarmee de binnenkant van de paprika's. Vul ze royaal en zet het kapje er schuin op.

Tip: Snijd grote paprika's overdwars doormidden en vul de beide helften. Garneer met een toefje peterselie.

Gevulde paprika's met graanvulling, warm (8 personen)

🕯

Als bijgerecht. Met gebakken aardappelen of macaroni en een flinke schaal bladsla een volledige maaltijd.

- 8 kleine rode paprika's, voorbereid om te vullen* (voorkoken hoeft niet) *354*
- 1 theelepel zout
- 1/2 theelepel tijm
- 1/2 theelepel rozemarijn

- 400 g gekookte thermo gerstegrutten* (ca. 120 g ongekookt), of andere gekookte granen (rijst, gierst, haver) *138*

- 1 eetlepel olie
- 1 grote ui, fijngesneden, of 1 prei, in dunne ringen gesneden

- 1 wortelpeterselie of wortel (100 g), zonodig geschild, fijngeraspt
- 2-3 eetlepels peterselie, fijngeknipt, of 1/2 eetlepel basilicum
- 100 g geraspte pittige kaas, of 150 g gekookte peulvruchten met 2 eetlepels gomasio
- 1-2 eetlepels olie of zachte boter
- eventueel wat melk of room

- 1-2 dl kookwater van de paprika's

- 1 diepe vuurvaste schaal met passend deksel (of een stuk aluminiumfolie)

Wrijf in een vijzel het zout fijn met de kruiden en bestrooi daarmee de binnenkant van de paprika's.
Verwarm de olie op een matig vuur met de ui of de prei en smoor de groente glazig. Leg het deksel op de pan en laat van het vuur af nog 5 minuten nastoven.
Vermeng het gekookte graan met de gestoofde ui of prei, de rauwe wortel, peterselie, kaas en olie of boter. Hak desgewenst de kapjes van de paprika fijn en meng ze door de massa. Voeg eventueel wat melk of room toe om de massa smeuïg te maken. Proef of het pittig genoeg is.
Druk de vulling stevig in de paprika's en maak er een mooie, gladde kop op. Bak de rest van de vulling in een vuurvast schaaltje tegelijk met de paprika's in de oven.
Zet de paprika's in de vuurvaste schaal en giet de bouillon erbij (een laagje van ca. 1 cm).
Dek de schaal af en zet hem in de oven.
Bakken: 1/2-3/4 uur bij 180°C, middelste richel. Haal na 20-30 minuten het deksel van de schaal, leg op elke paprika een flinterdun stukje boter of 1/2 eetlepel zonnebloempitten en zet de schaal zonder deksel terug in de oven.

Variaties:
- met **zuurkoolvulling:** vermeng 250 g fijngeknipte zuurkool, 1 fijngeraspte appel (ca. 100 g), 4 grof gehakte walnoten en 1 eetlepel fijngeknipte peterselie. Vul en bak de paprika's als beschreven
- gebruik voor de vulling een van de volgende massa's: *gierstschotel met kaas en banaan, risotto met champignons, gehaktballen, haverschotel met groente, broodsoufflé met kaas, notengehakt, graankoekjes van thermogrutten, haverkoekjes met wortel, kaasballetjes.* Maak de massa van de koekjes en de balletjes wat dunner door er geen meel door te mengen en eventueel wat melk of olie toe te voegen. Besteed veel aandacht aan het kruiden, de vulling moet pittig zijn.

Tips:
- snijd grote paprika's *overlangs* doormidden, vul de beide helften en leg ze in een *platte* vuurvaste schaal
- stoof de gevulde paprika's in een koekepan met goed sluitend deksel

De schermbloemigen (Umbelliferae)

De grote plantenfamilie van de schermbloemigen levert ons een aantal groentegewassen zoals wortelen, pastinaken, selderijknol, venkelknol en peterseliewortel, maar vooral veel tuinkruiden zoals dille, koriander, karwij, komijn, anijs, kervel, lavas, engelwortel, peterselie, selderij en venkel.
Al deze planten groeien zowel op zeer droge als op zeer natte grond. Ze hebben vooral licht nodig en in mindere mate warmte. Ondanks het feit dat deze planten met hun penwortels diep in de bodem wortelen en een sterke relatie hebben tot de aarde en het water, zijn zij toch in staat etherische oliën en zelfs kleurstoffen en suiker (wortel en biet) te vormen. Tegen de tijd van de bloei groeien ze hoog op.

Wortelen

In de wortel ziet men de neerslag van de omgang van de wortelplant met licht, lucht, water en mineralen: kostelijk mals, zoet, geurig, sappig en oranje gekleurd. Een wortelgewas dat bloemkwaliteiten letterlijk naar omlaag brengt.

We onderscheiden de volgende soorten: *bospeen*, ook wel zomerwortelen genoemd, die in het voorjaar en in de zomer worden verkocht, meestal met het loof; *waspeen*, oorspronkelijk zomerwortelen, maar sinds de opkomst van de kasteelt het hele jaar door verkrijgbaar. *Winterpeen* (breekpeen) is een uit de kluiten gewassen variëteit die in de herfst wordt geoogst en de hele winter bewaard kan worden. Bospeen en een goede kwaliteit winterpeen hebben meer smaak dan waspeen.

Wortelen bevatten veel mineralen (onder andere ijzer) en vitaminen. Omdat deze stoffen ook bij het koken behouden blijven, is deze groente geschikt voor alle mogelijke wijzen van bereiding en kunt u haar via het register in vrijwel alle hoofdstukken van dit boek terugvinden.

Let bij bospeen op vers, niet verlept loof en haal het eraf als u de wortels niet meteen verwerkt; zij zouden anders in smaak achteruit gaan.
Een lekker zoete winterwortel heeft een dieporanje kleur en breekt met een droge knal. Een van boven uitlopende peen met baardjes (witte haarworteltjes) is al aan haar tweede seizoen bezig en zal taai en minder zoet smaken.
Waspeen, vooral de kleine maat, is (ongeschrapt in een papieren zak) niet veel langer dan 2-3 dagen houdbaar (koelkast); winterpeen kunt u tussen de aardappelen of in een stevige papieren zak op een koele plaats 1-2 weken bewaren.

Jonge bos- en waspeen hoeft u niet te schillen, goed schoonborstelen, ook in de dwarsrichting, is voldoende. Winterpeen moet worden geschrapt of met een dunschiller geschild. Bewaar de mooie schillen naar wens voor groentebouillon*. 77
Bij wortelen passen kruiden uit de eigen familie: peterselie, venkel- en anijszaad, koriander.

Gestoofde wortelen

Wortelen passen goed bij gekookte granen met een eenvoudige saus en een schaal bladsla.

Gebruik voor dit recept jonge zomerwortelen (bospeen), u hoeft ze dan niet te schillen of te schrappen; goed schoonborstelen (ook overdwars) is voldoende.
Volg het recept van *jonge wortelen met doperwten**, maar laat de doperwten weg. 341

Gesmoorde winterpeen
Ⓖ℠

Ook geschikt voor al wat oud en droog geworden winterpeen. Lekker bij gierst of andere gekookte granen. Serveer met een schaaltje geraspte kaas en een royale portie bladsla (veldsla, winterpostelein, witlof).

- ca. 600 g winterpeen, geschild gewogen, in 1/2 cm dunne schijfjes gesneden

- 1 eetlepel olie of boter
- eventueel 1 kleine ui, fijngesneden
- 1 theelepel korianderzaad

- 1/2 dl water

- 1 eetlepel peterselie of kervel, fijngeknipt, of 1 theelepel majoraan

Verwarm in een pan met dikke bodem de olie of boter met de ui en smoor de ui glazig op een matig vuur. Smoor ook de wortels even mee, maar laat ze niet verkleuren. Voeg de koriander toe.
Blus met het water en laat de wortels, met het deksel op de pan, in ca. 20 minuten gaarstoven. Controleer af en toe of er nog een bodempje water in de pan zit.
Proef of er wat zout bij moet, het is niet altijd nodig. Bestrooi de wortelen met de groene kruiden.

Variaties:
- schep vlak voor het opdienen een theelepel honing door de wortelen. Laat dan de ui weg
- bind de groente met een theelepel arrowroot, aangemaakt in 1/2 dl water

Wortelpuree

Deze prachtig gekleurde, wat zoete puree vervangt in het menu de gekookte groente. Hij past bij alle soorten gekookte granen, macaroni en bij eenvoudige graankoekjes. Geef er nog wel wat bladsla bij.
Volg voor de bereiding de recepten van de *wortelsauzen**. Neem dan 2-3 maal de aangegeven hoeveelheden wortelen en zout; proef tot slot of er eventueel wat meer kruiden bij moeten. Puree mag wat zachter smaken dan een saus. 212

Variatie: Wortelpuree smaakt minder zoet als u de helft van de wortelen vervangt door pastinaken.

Soufflé van wortel of knolselderij

Volg het recept van *soufflé van pastinaken**, maar gebruik winterpeen of knolselderij. 358
Voeg alleen een appel toe als de groente na de jaarwisseling erg droog is. Vervang de nootmuskaat bij wortels door anijszaad en bij knolselderij door venkelzaad (2 theelepels). Een soufflé van wortel én knolselderij smaakt ook lekker.

Wortelkoekjes (6-8 stuks)

Een rinzig-zoete tractatie voor kinderen. Serveer met een smeuïge gierstpuree, een kannetje half room/half melk (voor de volwassenen *kappertjessaus**) en een salade van winterpostelein. 209

- ca. 400 g winterpeen, geschild en fijn geraspt (250 g schoon)
- 1 eetlepel olie
- 50 g hazelnoten, zeer fijn gemalen
- de geraspte schil van 1/2 citroen
- 1 eetlepel appeldiksap
- eventueel 1-2 eetlepels boekweitmeel of tarwemeel
- 1 mespunt zout
- 2-3 eetlepels peterselie, fijngeknipt

Vermeng alle ingrediënten en werk verder volgens het recept van de *pompoenkoekjes**. 368

Pastinaak

In wegbermen en langs dijken groeit de pastinaak ook in het wild. Zij lijkt op fluitekruid (ook een schermbloemige), maar heeft gele bloemetjes. De pastinaak, pinksternakel of witte peen is een groente die al heel oud is (Leidse hutspot) en die de laatste tijd weer meer en meer in ons land wordt verbouwd. De pastinaak is minder zoet dan een gewone wortel; ze heeft wel wat weg van knolselderij. Het loof is te gebruiken als peterselie, met dit voordeel, dat het zijn aroma niet verliest door verhitting, zodat het in de gerechten meegekookt kan worden.
De pastinaak is geen vitaminerijke groente, maar bevat veel mineralen en de stof inuline, een ferment dat insulineachtig werkt. Dit maakt de groente zeer geschikt voor diabetici.
Pastinaken zijn winterhard en verkrijgbaar van de vroege herfst tot het vroege voorjaar. Na de oogst wordt de wortel gauw slap. Een zachte pastinaak smaakt droog en is niet meer geschikt om te raspen voor een salade. Bewaar pastinaak daarom niet langer dan 3-4 dagen en liefst in een met een papieren zak gevoerde, geperforeerde plastic zak.
In tegenstelling tot alle andere groentesoorten slinkt pastinaak niet in de pan, hij neemt eerder water op dan het af te staan, zodat u er minder van nodig heeft dan van andere wortelgewassen.
Kruid de pastinaak met zijn eigen veren, later in het seizoen met dezelfde kruiden als voor wortelen*. Recepten voor wortelen, knolselderij, schorseneren en topinamboer zijn ook geschikt voor pastinaken. 356

Gesmoorde pastinaak met ui en winterpeen

Een vrolijk gekleurd groentegerecht, dat bij alle niet al te droog gekookte granen past. Geef er eventueel een saus bij. Lekker met een frisse bladsla (veldsla, Chinese kool, winterpostelein).

Volg het recept van *gesmoorde winterpeen** en vervang de helft van de peen of meer door pastinaken. Als er in de winter geen verse peterselie te krijgen is, smaakt een theelepel tijm er ook goed bij. 356

▶

Variaties:
- vervang de peen door een in smalle reepjes gesneden rode paprika en smoor een in plakjes gesneden rijpe tomaat mee. Toevoegen van water voor het smoren van de groente is dan niet of nauwelijks nodig. In deze combinatie is het lekker met de ui een fijngehakt teentje knoflook mee te smoren en de peterselie te vervangen door basilicum of oregano
- een scheutje room of viili, vlak voor het opdienen door het gerecht geroerd, verzacht de soms wat scherpe smaak van de pastinaak

Gestoofde pastinaak

In het van het stoofvocht gemaakte honingsausje komt de smaak van deze wortelgroente goed tot zijn recht en blijft zij mooi wit.

- ca. 1 1/2 dl water
- 2 eetlepels brooddrank of 1 eetlepel citroensap
- 10 g boter
- ca. 400 g pastinaak, geschild gewogen en in 1-2 cm grote blokjes gesneden
- ca. 3/4 eetlepel arrowroot, aangemaakt in
- ca. 1 1/2 dl water
- 1 eetlepel honing
- 1/2 eetlepel peterselie, fijngehakt

Breng een laagje water van 1 cm met de brooddrank en de boter aan de kook en doe de pastinaak erbij. Schep goed om. Breng alles aan de kook en temper het vuur als het deksel heet is. Stoof de groente bijtgaar in ca. 10 minuten. Zorg ervoor dat er altijd voldoende vocht in de pan zit.
Bind het stoofvocht met de aangemaakte arrowroot en schep ook de honing erdoor. Laat nog 5 minuten doortrekken. Voeg geen zout toe. Dien de pastinaak op, bestrooid met verse kruiden.

Pastinakenkoekjes (4-6 stuks)

Een pittig bijgerecht; lekker met gekookte haver en appelmoes. Serveer met een salade van veldsla of winterpostelein.

- ca. 250 g pastinaken, geschild en fijngeraspt (200 g schoon)
- 1 ei, geklutst met
- 1 eetlepel olie en
- 2 eetlepels halfvolle kwark of viili

- eventueel 1-2 eetlepels meel (tarwe of boekweit), 3 eetlepels bij gebruik van viili
- 1 theelepel gemalen anijszaad
- 1 theelepel citroensap, of 1 eetlepel Kanne's brooddrank
- 1 mespunt zout

Vermeng alle ingrediënten en werk verder volgens het recept van de *pompoenkoekjes**. 368

Soufflé van pastinaken
(4-6 personen)

Serveer de soufflé met een bladsla en voor de grote eters een paar graankoekjes of gebakken aardappelen.

- 3 dl bouillon of water
- 50 g (6 eetlepels) griesmeel

- 500 g pastinaken, geschild en fijn geraspt (schoongemaakt gewogen)

- 2 eetlepels olie
- 1 grote ui (ca. 75 g), fijngesneden
- 2 eetlepels peterselie of selderijblad, fijngeknipt
- 25-50 g gemalen hazelnoten of amandelen
- 1/2 theelepel nootmuskaat of 2 theelepels koriander
- 2 eierdooiers van kleine eieren
- eventueel wat zout
- 1 zure appel, geraspt

- 2 stijfgeklopte eiwitten

- 2-3 eetlepels geraspte pittige kaas
- 1-2 eetlepels paneermeel
- wat harde boter

- een diepe vuurvaste schaal van 2 l inhoud, ingevet

Vermeng in een ruime pan het griesmeel met

de vloeistof en breng het al roerende aan de kook. Laat nog even doorkoken en laat, van het vuur af en met het deksel op de pan, nawellen.
Rasp intussen de pastinaken en roer ze met de rest van de ingrediënten (tot en met de appel) door de nog lauwwarme pap. Het moet een smeuïg mengsel worden. Schep tot slot de eiwitten erdoor en vul de massa in de vuurvaste schaal.
Bakken: 30-40 minuten bij 200°C, onderste helft van de oven. Vermeng de kaas met het paneermeel, strooi dit halverwege de baktijd over het gerecht en leg er wat flinterdunne stukjes boter op. Dien de soufflé meteen op.

Knolselderij

Selderij wordt gekweekt voor het *blad* als toekruid, voor de *stengel* (bleekselderij) en voor de *knol* (knolselderij).
Knolselderij wordt in het najaar geoogst. Het blad, dat er aanvankelijk nog aanzit, is als toekruid bruikbaar: het malse hartje fijngesneden in de soep of over gerechten, de taaiere buitenste bladeren om te drogen* en voor het aromatiseren van bouillons*.
Door het hoge natriumgehalte van knolselderij is het nauwelijks nodig, bij de bereiding zout te gebruiken. De wat sombere smaak van de knolselderij vraagt om warmte, die we kunnen toevoeren door de wijze van klaarmaken (bakken in olie) of door gebruik te maken van verwarmende kruiden (koriander, oregano, venkelzaad).
Een selderijknol zonder rotte plekjes (let vooral op het gedeelte bij de steelaanzet) kunt u in een stevige papieren zak 2-3 weken op een koele plaats bewaren. Eenmaal aangesneden is hij in de koelkast nog een paar dagen houdbaar.
Van een goed schoongeboende selderijknol kunt u de mooie schillen en de dikke, maar moeilijk te schillen wortelstukjes nog gebruiken voor bouillon*. Grote knollen eerst in plakken snijden en daarna pas schillen.

Gestoofde knolselderij

Knolselderij past goed bij alle soorten gekookte granen. Geef er bladsla bij en eet fruit toe.

- 500 g knolselderij
- 1 eetlepel olie
- 1/2 cm water in de pan
- een mespunt zout
- 5-10 korianderzaadjes
- 1 eetlepel peterselie, fijngehakt

Borstel de selderijknol af onder de stromende kraan, snijd hem in plakken en schil ze. Leg de plakken op elkaar en snijd ze in repen van 1 cm. Snijd de repen in blokjes.
Verwarm de selderijblokjes met de olie al roerende in een ruime pan tot ze helemaal met olie bedekt en warm zijn, maar laat ze niet verkleuren. Voeg water, zout en koriander toe en laat de selderij in 10-15 minuten bijtgaar stoven (deksel op de pan en laag vuur). Schep de groente af en toe om en pas op voor aanbranden.
Strooi de groene kruiden erover.

Variaties:
- **gestoofde knolselderij met kruiden/kwarksaus:** vermeng 100 g kwark met 3 eetlepels ▶

zure room of viili, 2 eetlepels fijngeknipte bieslook of 2 theelepels tijm, 2 eetlepels fijngehakte peterselie of sterrekers en een snufje zout en schep deze romige saus door de gaargestoofde selderij. Breng alles weer op temperatuur maar laat niet meer koken, dat zou de smaak niet ten goede komen
- **gestoofde knolselderij in roomsaus:** stoof de selderij zonder boter in wat meer water en gebruik dit om er een half recept *roomsaus* 206 mee te maken. Vermeng de selderij met de saus en bestrooi met peterselie
- volg het recept van *gestoofde pastinaak*, 358 maar vervang de pastinaak door knolselderij

Gebakken knolselderijschijven met kaas

Een makkelijk te maken, pittig bijgerecht, dat goed past bij gekookte granen. Serveer met een salade van bladgroente.

- 4 schijven uit het middelste gedeelte van een selderijknol, 3/4 cm dik, geschild
- 4 plakjes jongbelegen kaas, rondom 1 cm kleiner dan de plakken selderij

Verwarm in een koekepan met een dikke bodem een dun laagje olie en bak hierin de plakken knolselderij op een zeer matig vuur aan beide kanten lichtbruin. Bak de eerste kant 5 minuten en leg zolang een deksel op de pan. Draai de schijven om en leg de kaasplakken erop. Bak de tweede kant zonder deksel, ook ca. 5 minuten. Pas op voor aanbranden.

Variaties:
- bak in een andere pan (of houd de gebakken selderij ondertussen warm) in wat boter 4 schijven ananas of appel (1 cm dik) en leg ze op de kaas, of gebruik ze als vervanging van de kaas
- vervang de kaas door een schep *kruidenkwark* (vlak voor het opdienen op de 304 schijven leggen)
- bak kleine, 3-4 mm dikke schijven knolselderij, laat de kaas weg, maar bestrooi ze vlak voor het opdienen met gomasio

Knolselderijbeignets

⊖

Lekker bij gekookte granen (haver, gierst) en bladsla. Geef er naar wens een saus bij (bij voorbeeld *pompoensaus*). 215

- 4 schijven van een flinke knolselderij (1/2-1 cm dik)
- 3/4-1 l water
- 1 theelepel zout
- 10 korianderzaadjes

- 1 recept beignetbeslag voor groente* 512

Schil de selderijschijven met een dunschiller. Breng het water met het zout en de koriander aan de kook en voeg de selderijschijven en de schillen van de selderij toe. Laat de schijven in ca. 10 minuten bijtgaar koken en daarna in het kookwater afkoelen.
Laat de selderijschijven uitlekken en wentel ze eerst door wat meel en daarna door het beslag. Bak ze in een laagje olie in de koekepan aan weerskanten mooi bruin.

Variaties:
- leg op een feestelijke dag op elke selderijschijf een spiegelei of laat, terwijl u de tweede kant bakt, een plakje jonge kaas erop smelten. Strooi er een vleugje paprikapoeder overheen
- paneer* de gekookte selderijschijven en bak 44 ze in wat olie of boter

Knolselderijpuree

Volg het recept van de *raappuree**. De kook- 372 tijd van knolselderij is 10-15 minuten. Vervang daarbij de karwij door ca. 10 korianderzaadjes, of gebruik venkelzaad. Voeg op het laatst nog een theelepel marjolein of een snufje nootmuskaat toe.
Wie van pittig houdt kan ook nog 1/2-1 theelepel geraspte gemberwortel meekoken.

Bleekselderij

Bleekselderij is een in ons land geteelde zomergroente, die als langgerekte struik mét blad aangeboden wordt. Als importgroente is zij echter het hele jaar door verkrijgbaar en wordt dan, verpakt in plastic zakjes, met nog

maar heel weinig blad verkocht. In de koelkast is de groente in deze verpakking nog enkele dagen houdbaar. Van de inheemse bleekselderij kunt u het blad het beste meteen gebruiken (voor bouillon, zachter van smaak dan de schillen van knolselderij), het verlept anders snel. Vooral bij bleekselderij van de volle grond zijn de buitenste stengels vaak zo taai, dat u de harde nerven met een scherp mesje eraf moet trekken.
Bleekselderij is ook een geurige smaakmaker in allerlei andere groentegerechten en graanschotels. De binnenste malse stengels zijn ook geschikt als rauwkost (heerlijk met een dipsausje).

Gestoofde bleekselderij

Gebruik eventueel alleen de dikke buitenste stengels om te stoven en bewaar de binnenste stengels voor een salade.

- 2 stronkjes bleekselderij (ca. 750 g)

- 1/2 dl water
- 5-10 g boter
- 1 theelepel venkel- of anijszaad
- 1/2 theelepel zout

- 2-3 eetlepels hartblaadjes van de selderij, fijngeknipt

Snijd het blad van de stelen (bewaar het voor bouillon) en leg de hartblaadjes apart.
Snijd het voetje van de stronk (ook voor de bouillon) en spoel de stengels onder de stromende kraan grondig af. Trek van de buitenste stengels met een scherp mesje van onderen naar boven eventueel harde nerven weg. Snijd de stengels in 2-4 cm lange stukken.
Breng het water met boter, kruiden en zout aan de kook, voeg de selderij toe en doe het deksel op de pan. Draai de vlam laag als het deksel heet wordt en stoof de selderij bijtgaar in ca. 10 minuten. Pas op voor aanbranden, schep de groente af en toe om.
Strooi vlak voor het opdienen de selderijblaadjes erover.

Tip: Roer een theelepel honing door de selderij om de smaak te verzachten.

Bleekselderij met béchamelsaus

Stoof de bleekselderij volgens het basisrecept*, maar zonder boter. *361*
Maak een *béchamelsaus**, verwerk hierin het *203* eventueel aanwezige kooknat. Breng de selderij in de saus op temperatuur en dien hem op, bestrooid met fijngeknipte hartblaadjes van de stronk en een vleugje nootmuskaat.

Peterselie en peterseliewortel

Dit meest bekende en meest gebruikte tuinkruid wordt in twee variëteiten geteeld, namelijk als *krulpeterselie* en als *bladpeterselie*. Krulpeterselie is wat decoratiever, bladpeterselie heeft meer smaak. Met haar fijne, iets vurige, wat zoutige smaak is peterselie niet zo overheersend als selderij en lavas. Peterselie verliest haar geurige smaak door meekoken en drogen. Van de stelen geplukt, gewassen en drooggeslingerd is zij echter in een jampot (deksel dicht en zonder water) nog wel een week in de koelkast houdbaar. U kunt er ook pasta van maken*. *602*
Een variëteit die speciaal voor de wortel gekweekt wordt is de *peterseliewortel*, die op dezelfde wijze wordt gebruikt als knolselderij, maar minder sterk smaakt.

Knolvenkel

De venkel'knol' is geen echte knol, maar een opeenhoping van verdikte bladscheden. Net als bleekselderij is het een inheemse groente met een anijsachtige smaak. Behalve als groentegerecht gebruiken we venkel ook graag als smaakmaker in gecombineerde gerechten. De groente is snel gaar, licht verteerbaar en bijzonder geschikt voor jonge kinderen of als ziekenkost.
Kleine venkelknollen zijn de lekkerste, grote worden gauw taai. Kies stevige, gesloten 'knollen', waarvan de buitenste bladeren geen bruine plekjes hebben en de 'veertjes' fris groen zijn. Op een koele plaats is venkel (in een geperforeerde plastic zak) ca. 1 week houdbaar.
Verwijder voor de bereiding het buitenste blad als het taai is. Evenals de stelen, die u tot op de knol moet wegsnijden, is het goed ▶

bruikbaar voor groentebouillon*. Bewaar het veertje voor de garnering. Voor rauwkost zijn vooral de binnenste bladscheden geschikt.
Bederf de bijzondere smaak van venkel niet met 'vreemde' kruiden, het fijngeknipte venkelgroen en naar wens wat peterselie of munt zijn voldoende.

Gestoofde venkelknol

Hiervoor is ook de al wat oudere, meer taaie venkel geschikt; een sappige groente die goed past bij granen of macaroni. Eet er nog wat bladsla bij.

- ca. 500 g venkelknol, schoongemaakt gewogen, in 1/2-1 cm smalle reepjes gesneden
- 10 g boter
- ca. 1 dl bouillon (van de weggesneden venkeldelen)

Houd de 'veertjes' achter voor de garnering. Begiet de taaie delen van de venkel met kokend water (net onderstaand), en trek er een geurige bouillon van (ca. 15 minuten).
Breng de venkelbouillon (1 cm hoog in de pan) met de boter aan de kook en voeg de venkel toe. Schep alles om tot de venkel bedekt is met boter. Doe het deksel op de pan en draai het vuur laag als het deksel heet is. Stoof de venkel gaar in 15-20 minuten (jonge venkel korter).
Proef of er nog zout bij moet (meestal niet nodig).
Doe de venkel op een schaal en knip er het achtergehouden venkelgroen overheen. Bewaar restjes groentenat en venkelbouillon voor soep, of bind het groentenat met 1 theelepel arrowroot.

Variatie: Wie het zoetige van de venkel wil accentueren kan vlak voor het opdienen het volgende sausje over de gestoofde groente gieten: vermeng in een pannetje 3 eetlepels zure room of viili met 3 eetlepels sinaasappelsap en ca. 3 theelepels arrowroot, laat even tegen de kook aan komen om de saus te laten binden. Subliem!

Gekookte venkelknol

Dit Italiaanse recept is geschikt voor niet al te oude, nog malse venkel.

- 1/2 grote of 4 kleine venkelknollen, schoongemaakt en overlangs doormidden gesneden
- ca. 2 dl bouillon (van de weggesneden venkeldelen)
- 1/2 theelepel zout

- ca. 10 g boter
- 25 g zeer fijn geraspte Parmezaanse of oude Goudse kaas

Houd het tere venkelgroen achter voor de garnering. Breng het water met het zout aan de kook en leg de halve knollen erin, met het snijvlak naar beneden; ze moeten half met water bedekt zijn. Kook ze, met het deksel op de pan, niet al te gaar (ca. 10 minuten).
Haal ze met een schuimspaan uit het kookwater en leg ze, met de ronding naar boven, op een voorverwarmde platte schaal. Leg naar wens op elke ronding een flinterdun stukje boter en strooi er de kaas overheen. Bewaar het kooknat voor soep.

Kleine venkelterrine (ca. 3 dl)

- 5 g boter
- 1 eetlepel ui, fijngesneden
- 150 g venkel, geschaafd
- ca. 1/4 dl water met 1 theelepel zout

- 3 eieren, geklutst met
- 1/2 dl room of melk, of half om half
- wat mooi blad van de gebruikte groente

- een vuurvast of porseleinen kommetje van 4-5 dl inhoud, ingevet

Smoor de ui in de boter glazig. Smoor ook de venkel even mee en voeg het water en het zout toe. Doe het deksel op de pan en kook de groente gaar. Pureer de groente in de mixer of wrijf door een zeef.
Meng het eimengsel erdoor en doe de massa over in het kommetje. Dek af met een bord of aluminiumfolie en laat de massa in 30-40 minuten au bain marie stollen*.

Komkommerachtigen (Cucurbitaceae)

Tot de komkommerachtigen behoren *augurken, komkommers, courgettes* en *pompoenen* en *meloenen*. Het zijn gewassen die niet op eigen kracht de hoogte in kunnen groeien. Ze liggen zwaar op de grond of ranken zich met behulp van een steun omhoog. De komkommerachtigen ontwikkelen weinig kleur en geur; ze zijn niet in staat zich tijdens de vruchtvorming te onttrekken aan het waterige dat meer tot het bladgebied van de plant behoort. De vruchten van deze planten ontwikkelen tijdens het rijpen niet de zoetheid die anders het kenmerk van vruchten is. Ze kunnen daarom, net als groenten, al in het voorstadium van de rijpheid worden geoogst.

Alle komkommerachtigen zijn gevoelig voor lage temperaturen (onder 12°C). Bewaar ze dus *niet* in de koelkast, maar op een niet te warme, droge plaats.

Het eenzijdig waterachtige van deze vruchtgroenten kunnen we met kruiden, bij voorbeeld dille of peterselie, bieslook, koriander, anijs, ui en (met mate) munt en basilicum, compenseren.

Augurk

Van augurken zijn de jonge, die nog met een wit waas bedekt zijn, het smakelijkst. Heel klein worden ze in melkzuur* of in azijn ingemaakt. De grotere kunt u gebruiken voor salades (zie komkommer).

Komkommer

Een komkommer bestaat voor meer dan 90% uit 'water'. In dit water bevinden zich echter respectabele hoeveelheden minerale zouten, die deze zomerse vruchtgroente behalve lekker fris ook gezond maken, mits u het kostbare vocht niet door wegzetten van de gesneden komkommer met zout weg laat lopen (het zout maakt de komkommer bovendien zwaar verteerbaar). De meeste komkommers worden tegenwoordig in zo'n vroegrijp stadium geoogst, dat u de malse schil erop kunt laten zitten; ook het binnenste (zaad)gedeelte is bij deze dunne exemplaren eetbaar – bij de teelt wordt bestuiving vermeden, zodat zaadvorming niet plaatsvindt. Verse komkommers buigen niet, maar breken en zijn *buiten* de koelkast 3-5 dagen houdbaar. Eenmaal aangesneden worden ze gauw slap; vooral komkommers uit de warme kas rotten dan snel. Recepten met komkommer vindt u in het hoofdstuk *Rauwkost en salades*.

Courgette

Bij ons ook wel bekend onder de Italiaanse benamingen 'zucchini' (kleine courgette) of 'zucchetti' (grote courgette). Evenals pompoenen kunnen courgettes een flinke grootte bereiken. Ze zijn dan nog wel eetbaar, maar moeten in tegenstelling tot jonge courgettes worden geschild en ontdaan van pitten. In de winkel vinden we meestal jonge exemplaren, die met schil en al gegeten kunnen worden. De voedingswaarde komt ongeveer overeen met die van komkommers, maar het vezelgehalte is hoger. Hierdoor is de courgette beter geschikt om te koken dan komkommer. Verse (stevige) jonge courgettes blijven, onverpakt, op een koele plaats (niet in de koelkast) enkele dagen goed, oudere langer; na drie weken wordt het vruchtvlees echter voos en smakeloos. Courgettes hebben een wat flauwe, neutrale smaak, waardoor ze zeer geschikt zijn voor combinaties met andere groenten (tomaat, paprika).

Gesmoorde courgette
Ⓥ

Een mild smakende groente die goed past bij pittige graankoekjes of een gekruide graanschotel. ▶

- 400 g courgette, in kleine stukjes of dunne plakjes
- 10 g boter
- 1/2 ui, middelmaat, fijngesneden
- 1 eetlepel verse dille of 2 eetlepels peterselie, fijngehakt, of 1-2 theelepels gedroogd dilleblad
- 1 1/2 theelepel zout
- 2 theelepels bloem of arrowroot, aangemaakt met een beetje water

Verwarm op een matig vuur de boter met de uien en smoor de uien glazig tot ze geel beginnen te worden. Voeg de courgette toe, roer even goed om en laat de courgette met het deksel op de pan in 10 minuten op een laag pitje gaarstoven.
Voeg de dille en het zout toe en bind desgewenst het vocht met arrowroot of bloem.

Gesmoorde kruidige courgette

Lekker bij gekookte granen (maïsgerechten, rijst, gierst)

- 1 eetlepel olie
- 1-2 teentjes knoflook

- 1 stuk prei (ca. 100 g), in reepjes van 1 cm gesneden
- 1/2 rode paprika, in 1 cm brede reepjes gesneden

- 1 eetlepel appeldiksap
- 1 kleine courgette (ca. 300 g), in 1/2 cm dikke schijfjes gesneden

- 1/2 eetlepel geraspte gemberwortel
- 2 theelepels oregano
- 1 theelepel rozemarijn, in een vijzel fijngewreven met
- 1 theelepel zout

- 2 eetlepels zure room, eventueel vermengd met
- 1/2-1 eetlepel arrowroot

- 2-3 eetlepels peterselie of andere verse tuinkruiden

Verwarm de olie met de knoflook en fruit de knoflook tot hij een beetje begint te kleuren, maar laat hem niet bruin worden.
Temper het vuur, smoor prei en paprika even mee, maar pas op voor aanbakken. Laat de groente niet verkleuren, alleen glazig worden.
Roer het diksap en de courgette erdoor en zet het deksel op de pan. Laat 10 minuten sudderen. Let op dat er een bodempje water in de pan blijft.
Roer de kruiden en het zout erdoor.
Maak de arrowroot aan met de room als de courgette veel vocht heeft losgelaten en voeg dit al roerende bij de groente. Laat niet meer koken.
Dien op bestrooid met de verse kruiden.

Courgetteschotel met eieren
◯

Dien dit sappige groentegerecht op bij gekookte granen (rijst, gierst, maïspap), of aardappelpuree. Geef er een schaaltje geraspte pittige kaas bij en eventueel wat kropsla.

- 1 eetlepel olie
- 2 uien, overlangs doormidden en daarna in dunne schijven gesneden

- 1 rode paprika, overlangs in vier parten en daarna in reepjes van 1/2 cm gesneden
- 1 grote vleestomaat, in schijven gesneden
- 1 courgette (middelmaat), overlangs in vier repen en daarna in plakken van 1 cm gesneden (totaal ca. 1 kg groente)
- 1 theelepel zout

- 1/2 dl room of viili
- 1/2-1 eetlepel arrowroot

- 1/2 eetlepel oregano
- 4 kleine eieren

- 1 eetlepel bieslook, peterselie of lavas, fijngeknipt

- een mooie pan met goed sluitend deksel, die u zo van het vuur op tafel kunt zetten

Leg de eitjes (met schaal) in een kan met heet water (maximaal 60°C) om ze vast op temperatuur te brengen.

Verwarm op een matig vuur de olie met de uien en smoor de uien glazig.
Voeg eerst de paprika en daarna de tomaat en de courgette toe en smoor de groente ook even mee tot de tomaat vocht loslaat.
Strooi het zout erop, roer alles nog eens goed door en zet het deksel op de pan. Kook de groente in ca. 15 minuten krap gaar. De courgette begint dan glazig te worden. Zorg ervoor dat het in de pan blijft pruttelen en dat de groente, vooral in het begin, niet aanbrandt.
Los de arrowroot op in de room of viili en bind hiermee het groentenat.
Roer de oregano erdoor en breek de eitjes een voor een voorzichtig in de groente. Schuif met behulp van een eetlepel onder elk ei de groente wat opzij, zodat het eiwit wegzakt en alleen de eierdooier aan het oppervlak zichtbaar blijft. Laat het eiwit in ca. 5 minuten stollen (houd de groente tegen de kook aan, maar laat niet meer echt koken). Doe geen deksel op de pan, anders worden de dooiers 'blind'.
Strooi tot slot de verse kruiden over het gerecht.

Variaties:
- vervang de oregano door (zo mogelijk verse) basilicum of marjolein
- smoor 1-2 fijngesneden teentjes knoflook met de ui mee
- vervang de courgette door zomerpompoen. Jonge exemplaren van deze groente (onder 500 g) hoeft u niet te schillen of te ontpitten
- vervang de eieren door dikke plakken verse geitekaas

Tip: Klop de eieren met de room of viili los en roer dit vlak voor het opdienen door de groente, u hoeft dan niet meer met arrowroot te binden. Deze schotel oogt wat minder mooi.

Courgettekoekjes (ca. 8 stuks)
Ⓥ

Een vlug gemaakt zomers groentekoekje, lekker bij *risotto* of *polenta* en wat bladsla. Maak het 'deeg' vlak voor het bakken, anders laten de courgettes te veel vocht los.

- *500 g jonge courgettes*
- *1/2 rode paprika, in kleine stukjes gehakt*
- *1 geklutst ei*
- *3 eetlepels fijne havervlokken*
- *3 eetlepels boekweitmeel*
- *1 eetlepel verse basilicum, fijngeknipt, of 1/2 eetlepel gedroogde basilicum*
- *1 eetlepel bieslook, fijngeknipt, of 1 eetlepel ui, fijngesneden*
- *75 g jongbelegen Goudse kaas, fijngeraspt*
- *1/2-1 theelepel zout*

- *wat paprikapoeder (mild)*

Rasp de courgettes op uw grofste rasp en vermeng ze met de rest van de ingrediënten (behalve het paprikapoeder), in de bovengenoemde volgorde. Het wordt een stevig deeg; kneed het een beetje als het wat te droog is, de courgette laat dan wat vocht los.
Laat in de koekepan een beetje olie warm worden en deponeer hierin met behulp van de ijsbollepel of twee eetlepels 8 bergjes. Druk ze plat en bak ze aan beide kanten lichtbruin.
Bestrooi elk koekje met een vleugje paprikapoeder en dien ze meteen op.

Tip: Schil grote courgettes en haal de zaden eruit. U heeft dan 500 g vruchtvlees nodig.

Pompoen

Pompoenen vormen in de herfst een opvallende, kleurige verschijning in de groente- en natuurvoedingswinkel. Er zijn verschillende soorten verkrijgbaar: oranje, groene, en gele pompoenen, spaghettipompoenen en de bloemvormige patison. De Hokaido pompoen (oranje of donkergroene schil) is het smakelijkst. Zij wordt niet zo groot (tot 4 kg), maar heeft stevig, oranje vruchtvlees met een hoge voedingswaarde (veel ijzer, caroteen en vitamine C). Pompoen werkt waterafdrijvend, vooral als ze rauw wordt gegeten. Elke dag een stukje pompoen rauw uit het vuistje is geen bezwaar, ook een aangesneden pompoen blijft nog ruim een week goed (de pompoen doormidden snijden en de pitten en strengen tot op het harde vruchtvlees verwijderen met een scherpe lepel; leg de twee 'lege' helften tegen elkaar en bewaar ze in een plastic zak in de koelkast). ▶

Een goed uitgerijpte en voorzichtig geoogste pompoen kan op een droge, niet te koude plaats *on*verpakt tot tegen het voorjaar worden bewaard. Let bij het kopen van een pompoen op rotte plekjes.
Als u van de (schoongeboende) pompoen ringen afsnijdt met een groot mes, kunt u deze met een dunschiller schillen. Zowel de schillen als de strengen en zaden zijn geschikt om bouillon van te trekken. Gebruik voor een **pompoensalade** de recepten van wortelgroente (vooral de wat zoetige versies). Voor gekookte pompoen vindt u hierna enkele recepten. Toevoegen van kruiden (bij voorbeeld ui, koriander, peterselie, selderij, een klein beetje kerrie) is noodzakelijk om de goede kwaliteiten van de pompoen te ondersteunen en de eenzijdigheid op te heffen. Maar de kastanjeachtige smaak van de pompoen mag niet worden overheerst door te veel kruiden.

Gebakken pompoenringen
♨

Een feestelijke manier om pompoen in het menu op te nemen. Geef bij dit gerecht bladsla (veldsla, winterpostelein).

- *1 Hokaido pompoen van ca. 1 1/2 kg*
- *ca. 100 g zonnebloempitten of sesamzaad*
- *wat zachte boter*

- *risotto met kaas**   133

Snijd de pompoen doormidden en verwijder de zaden en de strengen. Snijd van elke helft net zo veel 1 cm dikke ringen als er eters zijn. Bewaar de kapjes voor soep of saus (ook het afval). Schil de ringen met een dunschiller.
Strooi de pitten of zaden in een dikke laag op een vel wit papier dat eerst dubbel- en daarna weer opengevouwen is. Bestrijk de snijvlakken van de pompoenringen aan weerskanten met boter (dit gaat het beste met de wijsvinger) en druk ze stevig op de zaden of pitten. Doe de overgebleven pitten terug in de voorraadpot.
Leg de ringen op een schone, droge bakplaat en strooi er eventueel een beetje fijn zout op.
Bakken: 20 minuten bij 180°C, middelste richel.
Leg op elk (voorverwarmd) bord een ge-

bakken pompoenring en vul de ringen met een bergje risotto, die u alvast met pittige geraspte kaas heeft vermengd (of gebruik een ander gekookt graan). Giet er wat *kerriesaus** of pittige *peterseliesaus** overheen. Zet de overgebleven risotto in een schaal op tafel.   205
208

Variatie: Vervang de risotto door drooggekookte rijst* en schep er *kipragoût (met kerriesaus)** op.   133
230

Tip: U kunt de pompoenringen ook in de koekepan bakken; snijd de ringen dan doormidden, zodat u ze in de pan in elkaar kan schuiven. Bak ze zonder zonnebloempitten op een zeer matig vuur aan beide kanten lichtbruin en gaar, de eerste helft van de baktijd met het deksel op de pan. Schuif de helften op het bord weer tegen elkaar aan en vul de ringen als boven beschreven. Rooster of bak de pitten apart* en strooi ze over het geheel.   605

Pompoen met linzenchili

Dit gerecht is het lekkerst met Hokaido pompoen, maar ook de minder stevige soorten zijn geschikt. Eet er eenvoudig gekookte granen bij of brood en een milde bladsla.

- *500 g pompoen, schoongemaakt gewogen*
- *1 dl bouillon*
- *eventueel 1/2 theelepel zout*

- *1 recept linzenchili**   227
- *wat boter*

- *1 diepe, vuurvaste schaal, ingevet*

Koop een pompoen van ten minste 750 g, boen hem schoon onder de koude kraan en snijd hem doormidden. Verwijder de pitten en de strengen. Snijd er 1 cm dikke plakken van en schil deze met een dunschiller. Doe schillen, pitten en strengen van de pompoen in een pan en voeg zoveel water toe, dat het afval net onderstaat. Breng het water aan de kook en laat een kwartiertje trekken op een laag pitje. Zeef de bouillon en kook hierin de pompoenschijven gedurende 5 minuten; ze mogen niet helemaal gaar zijn.
Leg de pompoenplakken dakpansgewijs in de vuurvaste schaal, voeg 1 dl pompoen-

bouillon toe en bedek met de linzenchili. Leg een paar flinterdunne stukjes boter bovenop.
Bakken: ca. 20 minuten bij 200°C, middelste richel.
Gebruik de rest van de pompoen en de bouillon voor soep of saus.

Gevulde pompoen (4-6 personen)

Een feestelijk gerecht, dat u grotendeels van tevoren kunt klaarmaken. Geef er een groene bladsla bij.

- *1 Hokaido pompoen, gelijkmatig gegroeid, liefst wat plat en ca. 1 1/2 kg zwaar*
- *1 theelepel zout*
- *1 theelepel tijm of 1/2 theelepel rozemarijn*
- *1 recept rijstschotel met linzen* of een van de gierstschotels, zeer pittig gekruid (zie ook de variaties van deze recepten)*   156
- *een passende grote pan met goed sluitend deksel om de pompoen in voor te koken*
- *een oud porseleinen schoteltje, liefst met een oplopende rand*
- *een ronde vuurvaste schaal van ten minste de doorsnee en de halve hoogte van de pompoen, of een braadslede*

Boen de pompoen schoon onder de stromende kraan. Schil hem niet en laat ook het steeltje eraan zitten. Snijd er aan de steelkant een flink kapje af.
Verwijder met een stevige, scherpe lepel de pitten en de strengen en hol de pompoen nog verder uit, tot er een 1 cm dikke rand overblijft (bewaar de weggesneden delen voor soep of saus). Verpakt in een plastic zak en weggezet op een koele plaats kan de pompoen zo een dag bewaard worden.
Leg het schoteltje in de pan en zet de pompoen erop. Zet het kapje er ondersteboven op en giet zoveel water in de pan, dat het niet in het schoteltje bij de pompoen loopt. Breng het water aan de kook en stoom de pompoen in ca. 15 minuten halfgaar. Controleer af en toe of het water ook echt blijft koken en of de pan niet droogkookt. Laat de pompoen vooral niet echt gaar worden, anders breekt hij bij het vullen.

Vermeng het zout met de kruiden en stamp dit mengsel fijn in een vijzel.
Zet de pompoen in de vuurvaste schaal, bestrooi de binnenkant met het kruidenzout en vul hem met de vulling van uw keuze. Druk de vulling voorzichtig, maar toch stevig aan en maak er een flinke kop op. Giet een laagje 'stoomwater' van ca. 1 cm in de vuurvaste schaal.
Bakken: ca. 30 minuten bij 180°C, onderste richel. Bij een afgekoelde vulling is de baktijd langer. Dek de pompoen in dat geval na 20 minuten losjes af met een stuk aluminiumfolie.
Houd intussen het dekseltje warm op het schoteltje in de 'stoompan'.
Zet de hete, maar niet echt gebakken pompoen voor het opdienen op een platte schaal, zet hem zijn 'petje' weer op en garneer met herfstbladeren, dennetakken, hulst of ander bij het feest passend blad.
Snijd de pompoen aan tafel in parten. Afhankelijk van de soort pompoen kunt u ook de schil opeten.

Variaties: Courgettes, grote komkommers, aubergines, koolraap, knolselderij, koolrabi en rode bieten kunnen op dezelfde manier worden gevuld. Uitgezonderd de eerste drie moet u deze groenten voor het stomen eerst schillen. Voor de knollen is een half recept van de vulling voldoende; zet de rest van de vulling in een vuurvast schaaltje bij de gevulde groente in de oven en serveer het er apart bij.

Pompoenbeignets

Gebruik voor dit bijgerecht jonge Hokaido pompoen, dan hoeft u hem niet eerst te koken.

- *4 schijven van een jonge pompoen, 1/2 cm dik, geschild*
- *1 recept beignetbeslag voor groente**   512
- *gomasio of fijn zout*

Dompel de pompoenschijven in het beslag en bak ze in een dun laagje olie in de koekepan op een matig vuur lichtbruin.
Bestrooi de schijven met wat gomasio en dien meteen op; het knapperige is er gauw vanaf.

Pompoen in sinaasappelsaus

Een geschikt recept om de vaak wat flauwe smaak van de lichtgekleurde pompoensoorten op te halen; maar ook jonge Hokaido pompoen smaakt er heerlijk in. Eet er gekruide rijst of gierst en een witlofsalade bij.

- 1 recept sinaasappelsaus*, om te beginnen zonder arrowroot gemaakt   217
- ca. 500 g pompoen, soort naar keuze, schoongemaakt gewogen, in krap 1 cm dikke plakken gesneden en geschild

Maak de saus in een niet te kleine pan. Leg de plakken pompoen, met de ronding naar boven, dakpansgewijs in de saus en stoof ze hierin niet té gaar (10-15 minuten, afhankelijk van de soort). Houd hierbij het deksel op de pan, maar bedruip de plakken af en toe met de saus.
Vul eventueel verdampt vocht aan met water. Maak de arrowroot aan met wat water en bind hiermee de saus.

Spaghettipompoen of patisson in tomatensaus

De tomatensaus geeft kleur en smaak aan deze pompoensoort. Eet er *gierstkoekjes** of andere graankoekjes bij.   170

- ca. 600 g spaghettipompoen of patisson
- 2 dl water
- 1 theelepel zout
- 15 korianderzaadjes, gestampt

- 2 dl pittige tomatensaus*
- 1 eetlepel bieslook of peterselie, fijngeknipt

Snijd de pompoen doormidden en verwijder de pitten en de strengen. Snijd het vruchtvlees in ruim 1 cm dikke plakken en schil deze met een dunschiller.
Breng het water met het zout en de koriander aan de kook en laat de plakken pompoen hierin gaar worden (ca. 30 minuten). Giet het vocht af (door een zeefje) en gebruik het voor de tomatensaus. Houd de pompoen zolang warm.
Spaghettipompoen: roer de pompoen met een vork door de saus, er ontstaan dan sliertjes. Doe over in een schaal en strooi er de groene kruiden overheen.
Patisson: Leg de schijven pompoen dakpansgewijs in een voorverwarmde schaal, giet de tomatensaus erover en bestrooi met de verse kruiden.

Variatie: gegratineerd: Maak geen tomatensaus, maar leg de gekookte pompoen in een ingevette vuurvaste schaal. Strooi er 100 g geraspte belegen kaas over en 1-2 eetlepels paneermeel. **Bakken:** 15 minuten bij 180°C, middelste richel.

Pompoenkoekjes (4-6 stuks)

Als bijgerecht bij gekookte granen (bij voorbeeld *risotto**); met sla erbij een complete maaltijd.   133

- ca. 400 g Hokaido pompoen, geschild en fijn geraspt (250 g schoon)
- 1 ui (ca. 75 g), fijngesneden
- 50 g geraspte jongbelegen kaas
- 2 theelepels basilicum
- 2 theelepels koriander
- 2 theelepels citroensap
- 1 theelepel zout

Kneed alle ingrediënten tot een smeuïge massa (door stevig te kneden laat de groente wat vocht los en wordt het een soort deeg). Vorm er 4-6 platte koekjes van en bak ze in de koekepan in een laagje olie aan beide kanten knappend bruin. Doe dit langzaam, binnen ca. 10 minuten, op een zeer matig vuur.

Tip: Snel klaar: bak de massa voor de pompoenkoekjes als één grote koek in de koekepan (elke kant 5 minuten). Doe dit op een matig vuur en leg tijdens de eerste 5 minuten een deksel op de pan. Zo kunt u zelfs een dubbele hoeveelheid in één keer bakken.

Pompoenpuree

Deze zoetige puree is vlug gemaakt en smaakt lekker bij rijst, boekweit en gierst of thermogrutten. Eet er een bladsla bij en zet een kommetje met geraspte kaas op tafel.

Maak van een schoongeboende Hokaido pompoen van ten minste 3/4 kg 2 of 3 recepten *pompoensaus**. Gebruik dan per recept 1 1/2-2 1/2 dl minder vloeistof en wees voorzichtig met zout. Stoof geen of weinig ui en klop het vet in de vorm van boter of room vlak voor het opdienen door de puree. ▶

215

Soufflé van pompoen

Volg het recept van de *soufflé van pastinaken**, maar gebruik Hokaido pompoen. Vervang de nootmuskaat door 1/2 eetlepel milde paprikapoeder. Voeg 2 theelepels zout toe en laat de appel weg.

358

De kruisbloemigen (Cruciferae)

Tot de zeer grote familie van de kruisbloemigen behoren *rammenas, radijs, rettich, mierikswortel, koolraap, meiknolletjes, raapstelen, sterrekers* en *waterkers, mosterdzaad* en alle koolsoorten: *spruitkool, boerenkool, Chinese kool, paksoy, spitskool, witte kool, groene kool, rode kool, bloemkool* en *broccoli*.

Vroeger werd kool als een geneeskrachtige plant beschouwd, men legde gekneusde koolbladeren op kwetsuren en maakte koolwikkels tegen velerlei kwalen. In onze tijd wordt regelmatig eten van kool aanbevolen ter versterking van het afweersysteem. Alle leden van deze plantenfamilie leveren ons veel vitamine C. De fel gekleurde koolsoorten (boerenkool, rode kool, broccoli) bevatten bovendien veel caroteen en ijzer.

De typische scherpe, radijsachtige smaak, die kenmerkend is voor veel leden van deze plantenfamilie, wordt meestal pas merkbaar wanneer men het blad of de stengel kneust. Dan vindt een gecompliceerd proces plaats, waarbij de in de plant aanwezige stof mosterdglycoside in aanraking komt met water en met een enzym. Daarbij ontstaat onder andere een vluchtige, zwavelhoudende olie, de mosterdolie, die verantwoordelijk is voor de scherpe smaak en die wij zo waarderen als smaakmaker.

Nu helpt juist deze mosterdolie bij het verteren van 'moeilijk verteerbare' eiwitten (intuïtief eet men ook graag mosterd bij bruine bonen of vis). Bekend is, dat ook sommige koolsoorten zwaar op de maag kunnen liggen, zeker als de kool te lang gekookt wordt. De natuurlijke hulp bij het verteren, de mosterdolie, is dan helemaal vervluchtigd. We kunnen de verteerbaarheid bevorderen door de kool niet te lang te koken en door eventueel 1/2 theelepel aangemaakt mosterdpoeder op het laatst erdoor te roeren (bij witte of rode kool). Ook verwarmende kruiden zoals karwij- of komijnzaad doen hierbij een goede dienst. De best verteerbare 'kool' is de melkzuur ingemaakte zuurkool*.

575

Rammenas

Rammenas met zijn zwarte schil is een bewaargroente, die vanaf de herfst tot Kerstmis te koop is. Bewaar rammenas, goed schoongeborsteld, in een gesloten bakje in de koelkast of op een andere koele plaats. Ze droogt anders gauw uit.

Tijdens het schillen, raspen en klaarmaken vervluchtigen veel van de scherpe oliën, wat de smaak uiteindelijk milder maakt dan men aanvankelijk verwacht.

Rauwkost van rammenas eet men (geraspt) in kleine hoeveelheden als bijgerecht bij de warme maaltijd, of (in schijfjes) op de boterham.

Radijs en rettich

Radijs is een echte voorjaarsgroente, terwijl zijn grotere broer, de meestal witte rettich, meer een zomer- en herfstgroente is. Bij beide soorten is de versheid erg belangrijk: hoe verser hoe lekkerder. Ook deze groentesoorten eten we alleen als rauwkost. Haal het loof van de radijsjes als u ze wilt bewaren. In een gesloten bakje blijven ze op een koele plaats 3-4 dagen goed. Niet verlept loof kunt u gebruiken als raapsteeltjes*.

Mierikswortel

De mierikswortel is door zijn hoge gehalte aan zwavelhoudende oliën ook geschikt om het verteren van eiwitten te bevorderen. Met zijn scherpe smaak wordt mierikswortel tot de kruiden gerekend; jonge bladeren kunnen, zeer fijn gesneden, in een salade worden verwerkt.
Goede wortels zijn stevig en ten minste 3-4 cm dik. Mierikswortel kan niet lang worden bewaard; de wortel droogt snel uit. Een goede methode is, er *mierikswortelpasta** van te maken, die veel lekkerder is dan gedroogde mierikswortel.
Bewaren: giet 1/2 dl water in een plastic draagtas en leg de wortel erin. Draai de zak van boven (bijna) dicht en hang hem op een koele plaats op. Zo is de wortel een maand (of langer) houdbaar en kunt u er telkens een stukje van gebruiken.

Koolrabi

Deze voorjaars- en zomergroente is de verdikte stengel van een koolachtige, een soort knol die zich boven de grond vormt. De knol is sappig, mals, lichtgroen of violet en heeft een zachte (bloem)koolsmaak. Koolrabi bevat veel vitamine C, caroteen en ijzer.
Hoe jonger en verser de knollen, des te fijner de smaak. Bij oudere, grote knollen is de onderkant vaak taai en zelfs houtig. Let ook op het blad; als dit nog mals en niet verlept is, kunt u het stoven*. Vers geoogste koolrabi is op een koele plaats 4-5 dagen houdbaar.
Verwijder de schil alleen voor zover nodig. Begin met schillen aan de onderkant en snijd de vezelige gedeelten royaal weg, deze worden door ze te koken niet zacht. Van het afval kunt u bouillon trekken*. Zeer jonge koolrabi, of de bovenste helft van al wat grotere exemplaren, smaakt ook rauw lekker, in blokjes gesneden of geraspt als salade*.

Gestoofde koolrabi

Bijzonder geschikt voor jonge, malse koolrabi.

- *500 g koolrabi, schoongemaakt* gewogen*
- *wat koolrabibouillon of water (een laagje van 1 cm in de pan)*
- *1 theelepel zout*
- *10 g boter of 1 eetlepel olie*

- *eventueel een mespunt nootmuskaat, of 1/2 theelepel kerrie*
- *1 eetlepel bieslook, fijngeknipt, of de hartblaadjes van de koolrabi*

Snijd de knol in vieren en daarna in 3 mm dunne plakjes. Snijd ook het malse blad en de stengels in reepjes en stukjes.
Breng het water met zout en boter of olie aan de kook en roer de koolrabi erdoor (goed mengen). Doe het deksel op de pan en draai het vuur laag als het deksel heet is.
Stoof de koolrabi bijtgaar in 8-10 minuten en breng de groente op smaak met nootmuskaat of kerrie. Strooi de bieslook erover of garneer met de achtergehouden hartblaadjes.

Variaties:
- gebruik wat meer water voor het stoven en bind het stoofvocht met ca. 1/2 eetlepel meel (tarwe-, rijst- of thermomeel)
- voor wat oudere koolrabi: snijd de knollen in ca. 1 cm grote blokjes, stoof ze ca. 15 minuten en vermeng ze met 1/2 recept *bruine ragoûtsaus* of *tomatensaus*, waarin het groentenat is verwerkt
- voeg de boter pas vlak voor het opdienen toe
- vervang een gedeelte van de koolrabi door jonge wortel

Koolrabi met pompoen

Een verrassende combinatie, die vooral geschikt is voor niet meer zo heel jonge, wat taaie koolrabi. De pompoen kookt tot moes in de tijd die de koolrabi nodig heeft om gaar te worden en dient als saus. Bij eenvoudig gekookte granen met geraspte kaas of geroosterde zonnebloempitten*. 605

- ca. 500 g koolrabi (schoongemaakt* 400 g) 370
- ca. 200 g pompoen, schoongemaakt* gewogen 365
- wat water (een laagje van 1 cm in de pan)
- 1 mespunt zout

- 10 g zachte boter
- 1 theelepel vers pepermuntblad, fijngeknipt, of 1/2 theelepel gedroogd

Snijd de geschilde koolrabi in 1 cm grote dobbelsteentjes en de pompoen in dunne schijfjes. Breng in een niet te wijde pan het water met het zout aan de kook en leg er de koolrabi in. Leg de pompoen bovenop, doe het deksel op de pan en breng alles aan de kook (het deksel is dan heet). Temper het vuur en stoof de koolrabi bijtgaar (10-20 minuten). Controleer af en toe of er nog een bodempje water in de pan zit en of alles blijft koken (de pompoen moet in de stoom gaar worden).
Roer nu alles flink door, de pompoen valt dan uiteen tot moes.
Roer de boter erdoor en dien op bestrooid met de pepermunt.

Variatie: Als al het water is verkookt, is de pompoenmoes zo dik, dat u de boter kunt vervangen door 1-2 eetlepels room. Het gerecht krijgt daardoor een bijzonder milde smaak.

Meiraapjes

Raapstelen worden dicht opeen gezaaid en als bladgroente geoogst. Zaaien we dezelfde zaden wat ruimer, dan vormen de planten kleine meiraapjes. Ze kunnen gekookt en rauw worden gegeten (volg voor de bereiding een van de recepten voor koolrabi*). 370

Herfstraapjes

Herfstraapjes zijn mini-koolraapjes, die echter niet groter (wel taaier) worden als ze te lang op het veld staan. De structuur is wat fijner en de smaak wat zachter dan koolraap. Volg voor de bereiding een van de recepten voor koolrabi of koolraap. De kooktijd van herfstraapjes is maar 10-15 minuten.

Koolraap

De koolraap met zijn wat onbehouwen uiterlijk kennen velen alleen van het raaplichtje op Sint-Maarten (11 november). Toch kan deze herfst- en wintergroente voor afwisseling in het menu zorgen.
Koolraap kan op een koele plaats vrij lang worden bewaard. Bewaar een eenmaal aangesneden knol in de koelkast, het snijvlak afgedekt met een stukje plastic.

Gestoofde koolraap

Op een moderne manier gekookt en smakelijk gekruid is deze ouderwetse groente verrassend lekker. Eet er aardappelpuree bij en een gehaktbal. Completeer het menu met veldsla.

- 500 g koolraap, geschild gewogen

- wat water (een laagje van 1 cm in de pan)
- 1 theelepel zout
- 1 eetlepel olie (bij oudere groente 2 eetlepels)
- 1 theelepel karwijzaad of gekneusd mosterdzaad

- 1 eetlepel peterselie, fijngehakt

Snijd de koolraap in 1-2 cm dikke plakken, schil ze en snijd de plakken in dobbelsteentjes of 'frietjes'.
Breng het water met zout, olie en karwij aan de kook en voeg de koolraap toe. Roer alles goed om.
Doe het deksel op de pan en draai de vlam laag als het deksel heet is. Stoof de koolraap gaar in 15-20 minuten (na de jaarwisseling langer).
Strooi de peterselie erover. ▶

Variaties:
- vervang de karwij door basilicum (twee theelepels), maar meng dit pas vlak voor het opdienen door de groente
- vermeng de gestoofde koolraap met een half recept *witte ragoûtsaus, béchamelsaus, mosterdsaus* of *speksaus*. Verwerk het eventueel in de pan overgebleven groentenat in de saus
- vervang de olie door 10-20 g boter en voeg deze (eventueel gedeeltelijk) pas vlak voor het opdienen toe

Raappuree

Veel kinderen eten koolraap liever als hij op deze manier is klaargemaakt. Eet er gekookte granen, graankoekjes of -sneetjes en wat bladsla bij, bij voorbeeld winterpostelein of veldsla. Raappuree smaakt ook lekker bij aardappelen en vlees.

- *ca. 600 g koolraap, geschild gewogen*
- *2 dl water*
- *1 laurierblad*
- *1 theelepel karwij- of venkelzaad, of 1/2 theelepel marjolein*
- *3/4 theelepel zout*

- *1 theelepel thermomeel (gerst of haver), aangemaakt in*
- *1/2 dl water*

- *1/2 dl room, liefst zoete*
- *1-2 eetlepels peterselie, selderijblad of kervel, fijngeknipt*

Snijd de raap in dikke schijven, schil ze en snijd ze in blokjes.
Breng het water met de kruiden en het zout aan de kook en laat de blokjes koolraap hierin goed gaarkoken in ca. 1/2 uur.
Verwijder het laurierblad en pureer de blokjes door ze fijn te stampen, door een zeef te wrijven of te mixen.
Bind de puree met het meel. Laat alles nog een keer doorkoken en breng de puree op smaak met de room. Strooi de verse kruiden eroverheen.

Variaties:
- vervang de helft van de koolraap door winterpeen. De puree wordt hierdoor wat zoetig en intenser van kleur
- vervang de helft van de koolraap door pastinaak of aardappel; hierdoor wordt de puree nog wat milder, maar niet zoetig van smaak
- vervang de koolraap door **koolrabi**

Koolraapbeignets

Volg het recept van *knolselderijbeignets** (zie vooral de variatie), waarbij u de koriander kunt vervangen door 1 theelepel karwij- of venkelzaad. Snijd de plakken niet dikker dan 1/2 cm. De kooktijd van koolraap is wel wat langer dan die van knolselderij.
Meng door het paneermeel (of door het beslag) nog wat gomasio of zeer fijn geraspte, oude kaas.

Raapstelen

Raapstelen zijn al zeer vroeg in het voorjaar uit de koude kas verkrijgbaar. De plantjes worden in hun geheel geoogst en in bosjes verkocht. Zet de raapsteeltjes met de worteltjes er nog aan in een pot met een laagje water van 2 cm en trek er een plastic zakje overheen. Koel en niet te lang bewaren, raapsteeltjes behoren tot de nitraatrijke groenten*.
Snijd met een scherp mesje de worteltjes van de steeltjes. Haal nu pas het elastiekje van het bosje, maar houd de steeltjes bij elkaar. Dompel het bosje in een ruime bak met water en spoel de raapsteeltjes goed af door het bosje op en neer te bewegen. Zet het bosje met de bladeren naar boven rechtop in een vergiet om uit te lekken. Snijd het bosje in twee porties fijn, te beginnen bij de steeltjes.
Raapstelen worden meestal rauw in een stamppot verwerkt; malse, jonge raapstelen kunnen echter ook als groente worden gekookt of als salade worden gegeten.

Was en snijd de raapsteeltjes*. Verwarm de 372
olie met de ui en smoor de ui glazig en bijna
gaar op een matig vuur.
Voeg de raapsteeltjes toe en smoor ze onder
af en toe omscheppen mee, totdat ze slap zijn
geworden. Doe het deksel op de pan en
smoor ze in 2 minuten gaar. Proef of er zout
bij moet en roer er de zonnebloempitten
door.

Stamppot van rauwe raapsteeltjes

Was en snijd de raapsteeltjes*. Volg het 372
recept van de *stamppot van gierstpuree met
rauwe andijvie**. 153

Sterrekers

Sterrekers of tuinkers kennen we als de kleine
kiemplantjes, die vaak in bakjes worden
verkocht. In Frankrijk en Duitsland laat men
de plantjes meestal nog wat doorgroeien, wat
voor de smaak en de malsheid geen verschil
maakt.
De snel opkomende, kiemkrachtige zaadjes
kunnen we het hele jaar door in bakjes met
wat aarde op de vensterbank zaaien, zodat we
altijd vers groen bij de hand hebben.
Strooi sterrekers over een met boter besmeerde volkorenboterham en druppel er
wat citroensap overheen. Sterrekers is ook
geschikt voor de garnering van salades en
smaakt heel apart in een omelet of roerei.
Aan graankoekjes geeft het wat meer pit
(*broodkoekjes**). 171

Gestoofde raapsteeltjes

Dien deze malse groente op met gekookte
granen (gierst, boekweit, tarwe, haver of
thermogrutten). Geef er een schaaltje geraspte kaas of *kaassaus** en voor de kleur wat 206
wortelsalade bij.

- 3-4 bosjes raapsteeltjes
- 1 eetlepel olie
- 1/2 ui, fijngesneden

- eventueel wat zout
- 2-3 eetlepels geroosterde
  zonnebloempitten* 605

Waterkers

Waterkers is een plant met holle stelen en
glanzende donkergroene, sappige blaadjes.
De smaak is wat scherp, maar minder sterk
dan sterrekers. Waterkers bevat veel vitamine
C.
Waterkers kan het beste als rauwkost worden
verwerkt, maar is ook in de soep heel lekker*. 89
Hij is ook als smaakmaker lekker in salades
en soep.
Zet waterkers die u niet meteen gebruikt in
een pot zonder water met een plastic zak
eroverheen, de blaadjes verleppen anders
snel.

Sla van waterkers (3 personen)

Een pittig slaatje dat goed past in een wat machtige maaltijd met bij voorbeeld gebakken aardappelen.

- 1 bosje waterkers
- 3-4 eetlepels vinaigrette* 223
- 1 hardgekookt ei, fijngeprakt

Was de waterkers op dezelfde manier als raapsteeltjes*. Snijd de lelijke uiteinden van 372
de stelen af en gooi ze weg. Pluk de topjes en de blaadjes van de resterende stelen af. Snijd de stelen in stukjes van 1 cm. Vermeng de stelen vast met de vinaigrette en leg de blaadjes erop. Verkruimel het ei over de blaadjes.
Meng de sla pas aan tafel, de blaadjes worden snel slap.

Spruitjes

Spruitjes ontwikkelen zich in de bladoksels van de spruitkoolplant. Goede spruitjes voelen stevig aan en zijn niet geel maar donkergroen. Spruitjes die laat in de middag worden geplukt zijn het zoetst. Aan het eind van de winter worden ze stugger en minder aromatisch.
In een stevige papieren zak op een koele plaats bewaard blijven spruitjes 3-4 dagen goed.
Verwijder de lelijke buitenste blaadjes van de spruiten, maar laat de felgroene zitten. Snijd wel het harde stukje van het stronkje eraf. Kerf grote spruiten aan de onderkant met een scherp mesje kruiselings in, ze zijn dan vlugger gaar. Kook spruitjes niet te lang, ze zijn bijtgaar gekookt lichter verteerbaar en ook smakelijker.

Gestoofde spruitjes

- 500 g spruitjes, schoongemaakt gewogen

- wat water (een laagje van 1 cm in de pan)
- 1 eetlepel olie of boter
- 1/2 theelepel zout

- een mespunt nootmuskaat
- 1 eetlepel peterselie, fijngehakt

Breng het water met olie of boter en zout aan de kook en voeg de spruiten toe. Goed doorroeren. Doe het deksel op de pan en draai de vlam laag als het deksel heet is. Stoof de spruitjes in 10-15 minuten bijtgaar.
Breng de groente op smaak met nootmuskaat en peterselie.

Variaties:
- vervang de olie door 10-15 g boter en voeg deze pas vlak voor het opdienen aan de groente toe
- maak een sausje van 1 eetlepel zure room, 1 eetlepel kwark, 1 eetlepel sinaasappelsap en een mespunt zout. Giet eventueel aanwezig kooknat eerst af en meng het sausje vlak voor het opdienen door de spruiten (laat ze nu niet meer koken). Laat eventueel bij het stoven de olie (gedeeltelijk) weg

Spruiten met kastanjes

Met aardappel- of *gierstpuree* en een *Sauce* 131
Mornay een feestelijke maaltijd. 206

- 500 g spruitjes, gestoofd* 374
- 200 g verse of 100 g gedroogde kastanjes, gekookt* 393

Voeg de gekookte kastanjes 5 minuten voor het einde van de kooktijd aan de spruitjes toe en stoof ze mee. Voeg vlak voor het opdienen eventueel nog 3 theelepels ongeraffineerde rietsuiker en een klontje boter toe.

Gestoofde spruitjes met wortelen

Een kleurrijke groenteschotel, ook geschikt voor een tafelgenoot die geen spruitjes lust – hij of zij mag het eerst opscheppen en de wortelschijven kiezen.

Volg het recept van de *gestoofde spruitjes*, 374
maar vervang 100-200 g spruitjes door winterpeen, in plakjes van 1/2 cm gesneden. Leg de peen eerst in de pan en stoof de plakjes 10 minuten voordat u de spruitjes erbij legt (winterpeen heeft een langere kooktijd).

Boerenkool

De winterharde, felgroene boerenkool is zeer rijk aan vitaminen en mineralen. Van alle koolsoorten kan deze kool het minst goed bewaard worden: slechts 4-5 dagen. Hang hem zolang in een open zak op een koele plaats (buiten).

Boerenkool, basisrecept

- 2 stronken boerenkool (ca. 750 g)
- 2 theelepels gekneusd mosterdzaad of 1/2 eetlepel venkelzaad
- 1 l water

Was de hele koolstronken in een grote teil met koud water door ze erin op en neer te bewegen (houd de stronken ondersteboven). Snijd de bladeren (met steel) van de stronk. Laat de lichtgroene hartblaadjes heel en stroop van de andere bladeren het groen van de stelen.
Snijd de houtige stronk in schijfjes en de taaie stukken van de bladstelen in stukjes. Breng dit met het water en het mosterd- of venkelzaad aan de kook en laat een kwartiertje trekken. Zeef de bouillon.
Snijd de malse bladstengels in stukjes van 1/2 cm en leg ze onderin de pan. Leg de in handzame stukjes geplukte of gesneden bladeren erop en voeg de helft van de koolbouillon toe. Doe het deksel op de pan en kook de kool 25-35 minuten. Pas op voor aanbranden en voeg zonodig nog wat koolbouillon toe.
Laat de kool op een vergiet uitlekken en vang het kookwater op. Hak de kool fijn.
Verwerk de boerenkool verder volgens een van de onderstaande recepten.

Variatie: Vervang desgewenst een derde deel van de kool door in ringen gesneden prei, die u halverwege de kooktijd op de kool legt; de zoetige prei maakt de kool milder van smaak.

Gestoofde boerenkool

Eet dit boerenkoolgerecht met *aardappel- of gierstpuree** of met *risotto van gierst** of *risotto van boekweit** en geef er geraspte kaas en een salade van geraspte wortel bij. Garneer de schotel eventueel met halve *stoofperen**.   190   131   138   440

- 2 stronken boerenkool, voorgekookt*   375
- 100 g pompoen, in blokjes
- 1 1/2 dl water
- 2 theelepels citroensap of 2-3 eetlepels brooddrank

- 1 theelepel salie, fijngewreven, of 1 theelepel bonekruid
- 20 g zachte boter
- 2-4 eetlepels room of viili

Doe de pompoenblokjes, het water en het zuur in de pan en voeg de gekookte en gehakte boerenkool toe. Stoof alles gaar op een laag pitje, met het deksel op de pan (5-10 minuten).
Voeg de kruiden, de boter en de room toe en proef of er nog wat zout bij moet.

Variatie: Vervang de pompoen door een in schijven gesneden tomaat, gebruik dan maar 1 dl water. Laat het zuur weg.

Stamppot van boerenkool met aardappelen
⑤ᶜ

Deze pittige stamppot smaakt heerlijk met wat mosterd en een sappige wortelrauwkost. Serveer met een van de volgende bijgerechten:
- een rookworst (op de aardappels leggen en meekoken)
- uitgebakken blokjes mager rookspek (ca. 150 g), over de stamppot gestrooid
- 150-200 g in blokjes gesneden jongbelegen kaas of geraspte oude kaas, door de stamppot geroerd
- in plakken gesneden kaas (op de stamppot leggen, het deksel op de pan zetten en de kaas even laten smelten), eventueel om en om met de rookworst
- blokjes tahoe (of de helft tahoe en de helft cashewnoten), licht gebakken in wat olie met een theelepel kerrie   ▶

- 1 stronk boerenkool (ca. 500 g)
- 50 g havervlokken of een ander soort graanvlokken

- ca. 1 1/4 kg aardappelen, geschild gewogen, in 1 cm dikke plakken
- 2-3 theelepels zout

- 2 theelepels salie of marjolein
- 1-2 dl room of melk met eventueel een stukje boter

Kook de boerenkool in een grote pan 20 minuten voor*, giet het kookwater af en doe 3 dl ervan terug in de pan. Strooi de havervlokken over de boerenkool en leg de aardappelen met het zout erop. Stoof alles gaar in ca. 20 minuten. Schep tussentijds de aardappelen een keer om, maar roer verder niet in de pan. Controleer of er een royale bodem water in de pan blijft (de vlokken nemen vocht op tijdens het koken) en vul zonodig aan met de overgebleven koolbouillon (zie ook de tip).
Voeg de kruiden toe en stamp alles fijn.

Variaties:
- vervang de havervlokken door 100 g gierst en gebruik maar 1 kg aardappelen. Voeg de gierst 10 minuten vóór de aardappelen aan de kool toe
- kook de kool apart helemaal gaar en meng hem door *aardappelpuree**. Zo wordt de stamppot smeuïger
- **stamppot van boerenkool met prei:** vervang 200 g van de kool door in smalle ringen gesneden prei. Smoor de prei in een apart pannetje in wat olie of boter bijtgaar en roer hem tegelijk met de kruiden door de stamppot, die zo zachter van smaak wordt
- **stamppot van boerenkool met winterwortel:** vervang 200 g van de kool door in blokjes gesneden winterwortel en kook hem met de kool mee. In deze variatie past ook gestoofd rund- of lamsvlees

Tip: Bij grotere hoeveelheden is het beter de aardappelen apart te koken of de kool op de aardappelen te leggen, om te voorkomen dat de boerenkool gaat aanbranden.

Stamppot van boerenkool met granen

Een zeer stevige stamppot waarbij u nog wat rauwkost van een wortelgroente kunt eten.

- 1 recept gierstpuree* of goed gaargekookte boekweit* 131
- 1/2 recept boerenkool* 137
- 2 theelepels salie of marjolein 375
- ca. 1 dl room of melk met een klontje boter of wat olie
- 100 g jongbelegen kaas, in kleine blokjes gesneden, of een kleine rookworst, in schijfjes gesneden

Roer de kool met de overige ingrediënten door de granen en proef of er nog wat zout bij moet.

Paksoy

Paksoy is een kleine struik met wat vlezige, donkergroene bladeren en witte, sappige nerven. Een smakelijke groente met een frisse koolsmaak, die vlug gaar is. Evenals bij Chinese kool zijn alle delen van blad en stronk bruikbaar.

Gestoofde of gekookte paksoy

Deze groente kunt u als volgt klaarmaken:
- snijd het blad van paksoy in repen en de stelen in ca 3 cm lange stukjes. Stoof de groente als in het recept voor *gestoofde Chinese kool** (zie ook de tip bij dat recept) en bind het groentenat eventueel met een theelepel arrowroot
- kook paksoy als *zilverstelen**. De kooktijd is echter korter, ze zijn gaar in 5-10 minuten
- vermeng gestoofde of gekookte paksoy desgewenst met een half recept *tomatensaus** (de zoetige variatie)
- eet de binnenste stengels van een struik paksoy rauw: in smalle reepjes gesneden en vermengd met een romig slasausje; of serveer de stengels in hapklare stukjes met een dipsausje.

Kruiden als karwijzaad, dillezaad en peper passen goed bij paksoy, evenals sojasaus.

Chinese kool

Chinese kool heeft langwerpige, lichtgroene, wat gekrulde bladeren met een brede, sappige nerf en vormt geen gesloten geheel zoals rode en witte kool. Chinese kool is snel gaar en lichtverteerbaar. Zij ontwikkelt haar koolaroma pas als ze gekookt is. Alle delen van blad en stronk zijn bruikbaar.
Chinese kool is zeker 1-2 weken houdbaar in een papieren zak op een koele plaats. Slap geworden Chinese kool die u voor een salade wilt gebruiken wordt weer knapperig als u hem een paar uur wegzet als raapsteeltjes*. 372

Gestoofde Chinese kool

Een zacht smakende groente, die goed past bij sterk gekruide graangerechten. Gebruik voor dit gerecht vooral de buitenste bladeren van de stronk en bewaar de binnenste voor een salade.

- ca. 500 g Chinese-koolbladeren, in 1-2 cm brede reepjes gesneden
- 1-2 eetlepels olie
- 1 theelepel zout
- wat water (een laagje van 1 cm in de pan)
- eventueel wat versgemalen peper

Doe de olie in een ruime pan en leg daarop de gesneden kool. Strooi het zout erover en verwarm alles op een niet té hoog vuur. Schep voortdurend om, tot na ca. 1 minuut de kool geslonken is en bedekt met een laagje olie. Voeg nu het water toe, zet het deksel op de pan en draai het vuur laag als het deksel heet is. Stoof de groente in 10-15 minuten bijtgaar. Schep tussentijds een keer om.

Variatie: gesmoorde Chinese kool met paprika (past goed bij eenvoudig gekookte granen of bij krielaardappelen): Smoor eerst een eetlepel fijngesneden ui en 1 theelepel komijnzaad in de olie. Blus nu pas met het water en kook 1/2 in reepjes gesneden paprika met de kool mee. Bestrooi vlak voor het opdienen met fijngehakte verse tuinkruiden.

Tip: Roer 2-4 eetlepels zure room of crème fraîche door het kooknat, zo heeft u meteen een sausje voor bij de granen.

Chinese-koolrolletjes met gehaktvulling (8 stuks)

Eet bij deze vrolijke rolletjes gekookte granen (thermograan) met een *kappertjessaus** en 209 rauwkost van *rammenas** of een andere 369 wortelgroente.

- ca. 500 g Chinese kool

- 1 eetlepel olie
- 200 g gehakt
- 100 g ui, fijngesneden

- 2 theelepels chilipoeder
- 2 theelepels zout

- 2 eetlepels thermomeel, aangemaakt in
- 1 dl water (minder bij jonge kool die veel vocht loslaat)

Leg 8 middelgrote koolbladeren apart en snijd de rest van de koolstronk (ca. 100 g) in 1 cm brede reepjes.
Leg de apart gehouden koolbladeren in een vergiet, zet er een pan onder en begiet de bladeren met kokend water (ca. 1 liter). Leg een deksel op de vergiet en laat zo een poosje staan.
Braad intussen het gehakt in de olie bruin (roer met een vork tot het een loskruimelig mengsel is), voeg de ui toe en fruit deze even mee.
Meng nu de gesneden kool, het chilipoeder en het zout door het gehakt. Laat alles aan de kook komen, doe het deksel op de pan en draai het vuur laag.
Roer na 5 minuten stooftijd het aangemaakte meel door het mengsel.
Haal de intussen slap geworden koolbladeren uit de vergiet, leg ze op een bord of plank, schep er een flinke lepel van het gehaktmengsel op en maak er een rolletje van (begin met het stengelgedeelte). Zet de sluiting eventueel vast met een houten cocktailprikkertje. Leg de rolletjes in een passende pan. Mocht er wat vulling overschieten, schep dit dan tussen de koolrolletjes. Zet het deksel op de pan, breng alles langzaam aan de kook en draai de vlam laag als het deksel heet is. Voorkom aanbranden door een paar eetlepels water tussen de koolrolletjes te gieten.
Dien de rolletjes op als ze door en door warm zijn (na ca. 10 minuten). ▶

Variaties:
- vervang de Chinese kool door **kropsla**, het blad van **paksoy** of van **grootbladige spinazie*** 318
- met graanvulling: maak een half recept van een massa voor graankoekjes naar keuze. Vorm er 8 'kroketten' van en bak ze in wat olie of boter rondom lichtbruin en gaar. Vul hiermee de koolbladeren. Gebruik de binnenste bladeren van de kool een andere dag voor salade. Eet bij deze koolrolletjes macaroni of gebakken aardappelen of gierspuree en een pittige groentesaus

Tip: Maak de koolrolletjes van tevoren (alleen als u Chinese kool gebruikt) en reken wat meer tijd voor het op temperatuur brengen.

Chinese-koolrolletjes met broodvulling (8 stuks)

⑤ ⊖

Lekker met gebakken aardappels (krieltjes) en een toefje *kruidenkwark**. 304

- ca. 500 g Chinese kool
- 1 eetlepel olie
- 100 g ui, fijngesneden
- 30-40 g volkorenbrood (1 boterham), verkruimeld
- 2 theelepels chilipoeder
- 2 theelepels zout
- 1/2 dl water

- 2 eetlepels thermomeel, aangemaakt met
- 1/2 dl water
- 2 eetlepels (35 g) zonnebloempasta

Prepareer de kool zoals in het recept *Chinese-koolrolletjes met gehaktvulling** is beschreven. 377 Smoor of fruit de ui glazig of bruin in de olie. Voeg brood, gesneden kool, chilipoeder en zout toe en giet het water erbij. Stoof alles 5 minuten (deksel op de pan) en bind daarna met het meel. Voeg de zonnebloempasta toe. Vul de koolbladeren met deze vulling en werk verder als in het recept voor de koolrolletjes met gehaktvulling (zie ook de variaties en tip).

Variatie: Vervang de zonnebloempasta door een andere notenpasta of door geroosterde, gemalen hazelnoten met wat olie extra.

Sluitkool

Behalve *spitskool*, meestal de eerste koolsoort die van de koude grond geoogst wordt, zijn alle andere zogenaamde sluitkolen (*witte, groene, savoye-* en *rode kool*) echte bewaargroenten. Het zijn tweejarige gewassen, die de voedingsstoffen die ze nodig hebben om te overwinteren en voor de bloei in het volgende jaar in de kolen opslaan.

Het is belangrijk voor de verteerbaarheid dat kool niet langer dan noodzakelijk wordt gekookt. Na de kerst worden alle koolsoorten door het bewaren wat stugger, waardoor ze een langere kooktijd nodig hebben.

Zuurkool wordt gemaakt door witte kool melkzuur in te maken*. 575

Gesmoorde spitskool

①

Een makkelijk te maken, sappig bladgroentegerecht, dat in elk menu past.

- 1 eetlepel olie
- 1 ui (hoeveelheid naar smaak), fijngehakt

- ca. 500 g spitskool
- 1/2 theelepel zout
- naar smaak 1-2 theelepels karwij- of 1/2 theelepel komijnzaad (djinten) of een snufje peper

Verwijder van de kool zonodig de lelijke buitenste bladeren en snijd hem overlangs doormidden. Leg de helften met het snijvlak op een plank en snijd elke helft nog eens (overlangs) doormidden. Snijd de kool nu overdwars in 1-2 cm brede repen, tot op de stronk (bewaren voor bouillon).

Verwarm op een matig vuur in een pan met een dikke bodem de olie met de ui en smoor de ui glazig. Voeg de kool en het zout toe (en de kruiden) en smoor dit onder af en toe omscheppen tot de kool glazig is en gaat slinken, maar laat hem niet verkleuren. Doe het deksel op de pan en draai de vlam laag als het deksel heet is. Kook deze malse zomergroente bijtgaar in 5-10 minuten. Pas op voor aanbranden en schep de kool tussentijds een keer om.

Witte kool met uien, gestoofd
⑤ Ⓥ

Lekker met eenvoudig gekookte granen; het geurige kookvocht kan als saus dienen. Serveer met een kleurige wortelsalade.

- 1 klein wit kooltje (ca. 400 g, schoongemaakt gewogen)
- 1-2 eetlepels olie of boter
- 1 theelepel karwijzaad
- 1 flinke ui, in ringen

- wat bouillon of water (een laagje van ten minste 1 cm in de pan)
- 1/2 theelepel zout
- eventueel een snufje peper

Snijd de kool overlangs doormidden en verwijder met een wigvormige snede de harde stronk, zonder dat de bladeren uit elkaar vallen. Snijd nu elke helft, weer in de lengterichting, in vier parten en leg deze dakpansgewijs in de pan.
Verwarm in een apart pannetje op een matig vuur de olie of boter met de karwij en de ui en smoor de ui glazig.
Voeg de bouillon en het zout toe en en giet het mengsel over de kool. Zet het deksel op de pan, breng alles aan de kook en laat de kool gaarstoven in 20-40 minuten (afhankelijk van het seizoen). Houd het vuur laag en bedruip de kool tijdens het stoven 2-3 keer met het stoofvocht.

Variatie: Vervang de karwij door 1-2 theelepels kerrie of 2 theelepels gestampt mosterdzaad.

Gesmoorde groene of witte kool
⑤

Volg het recept van *gesmoorde spitskool**, 378 maar snijd nu de kool*helften* zeer fijn of schaaf ze op een koolschaaf. Groene en witte kool zijn bewaargroenten; ze laten minder vocht los en hebben een langere kooktijd dan spitskool. Pas op voor aanbranden tijdens het gaarkoken en voeg zonodig nog wat water toe. De kooktijd is 15-25 minuten voor groene en 20-30 minuten voor witte kool, afhankelijk van het jaargetijde. Kook kool vooral niet te lang, hij gaat daardoor in smaak achteruit en wordt zwaarder verteerbaar.

Variatie: Jagerskool: laat in de olie eerst 50 g magere spekblokjes uitbakken en smoor nog een fijngesneden teentje knoflook met de ui mee. In deze variatie past karwijzaad of gekneusd mosterdzaad.

Witte kool met pompoen, gestoofd

Dit smeuïge groentegerecht smaakt goed bij gekookte hele graankorrels; serveren van een saus is niet nodig.

Volg het recept van *gesmoorde witte kool**, 379 maar vervang 100 g kool door blokjes Hokaido pompoen. Leg deze (na het smoren) *op de kool* en blus met 1 1/2 dl water. Roer het gerecht flink door als de pompoen gaar is, zij bindt dan het kookvocht. Breng op smaak met basilicum en 1/2 dl room.

Indonesische kool (Sajoer Toemis Kol)

Een in sojasaus gestoofd, kruidig groentegerecht, lekker bij drooggekookte rijst met daarbij een *kokosstrooisel** (Seroendeng), een 270 omelet of een ander Indonesisch bijgerecht*. 66

- 2 eetlepels olie
- 1 fijngesneden ui
- 500 g witte kool, fijngeschaafd
- 1/2 rode paprika, in kleine stukjes gesneden
- 1/2 dl water, vermengd met
- 2 eetlepels sojasaus (tamari of shoyu)
- 1-3 eetlepels ongeraffineerde rietsuiker
- 1 theelepel geraspte gemberwortel
- eventueel wat zout
- 1 eetlepel selderijblad, fijngesneden, of bleek- of knolselderij, in zeer dunne sliertjes gesneden

Verwarm in een pan met dikke bodem de olie met de ui en fruit de ui lichtgeel. Voeg de kool toe en smoor hem mee tot hij glazig en slap geworden is, maar laat hem niet verkleuren. Voeg de paprika, het water met de sojasaus, de gemberwortel en eventueel wat zout toe (afhankelijk van het zoutgehalte van de sojasaus). Stoof de kool bijtgaar in 5-10 minuten. Strooi tot slot de selderij eroverheen.

Variaties:
- vervang 50 g van de kool door taugé; voeg de taugé pas 3-5 minuten voor het opdienen toe
- vervang het kokosstrooisel door ca. 50 g geroosterde of gebakken cashewnoten of zonnebloempitten* 605

Exotische witte-koolrollen

⑤ ⊖ ⚘

Flinke, wat oosters gekruide koolrollen, waarbij een frisse salade van rauwe wortelgroente goed smaakt. Serveer er op een feestelijke dag een mooi gekleurde *groentepureesaus* of *mosterdsaus** bij. Kook eventueel wat meer rijst en geef deze er apart bij, of bak op de bodem van een springvorm *sesamaardappelen** met het koolgerecht mee. 21. 208 18

Bij een grote koolrol (zie tip) kunt u een paar geschilde aardappelen (niet groter dan 60 g per stuk) naast de koolrol meebakken.

- 1 grote witte kool (ca. 1 1/2 kg)
- 2 theelepels gekneusd mosterdzaad
- 3 theelepels zout

- 2 eetlepels olie
- 12 amandelen, zeer grof gehakt

- 1 grote ui (ca. 80 g), fijngesneden
- 1 teentje knoflook, fijngesneden
- 3 theelepels karwijzaad
- 1/2 eetlepel kerrie
- 2 theelepels gemalen koriander (ketoembar)
- 1/2 eetlepel geraspte gemberwortel of 1-2 bolletjes geconfijte gember
- 300 g gekookte rijst (ca. 120 g ongekookt, zie tip)
- 300 g gekookte linzen of bruine bonen (ca. 100 g ongekookt)
- 2-3 eetlepels gomasio of 2 theelepels zout
- ca. 3 eetlepels verse tuinkruiden (lavas, peterselie, selderij)

- 6 houten cocktailprikkers
- 1 platte vuurvaste schaal, ingevet
- aluminiumfolie

De verpakking: Snijd de stronk van de kool recht af en zet hem, met de stronk naar beneden, in de grootste pan die u bezit. Doe het mosterdzaad en het zout erbij en voeg zoveel kokend water toe, dat de kool (bijna) onderstaat, of tot 2 cm onder de rand van de pan. Doe het deksel op de pan en laat de kool een kwartier (20 minuten na de jaarwisseling) koken. Als de pan te klein is, zet dan een passende schaal of koekepan ondersteboven op de pan. Keer de kool in dit geval de laatste 5 minuten van de kooktijd.

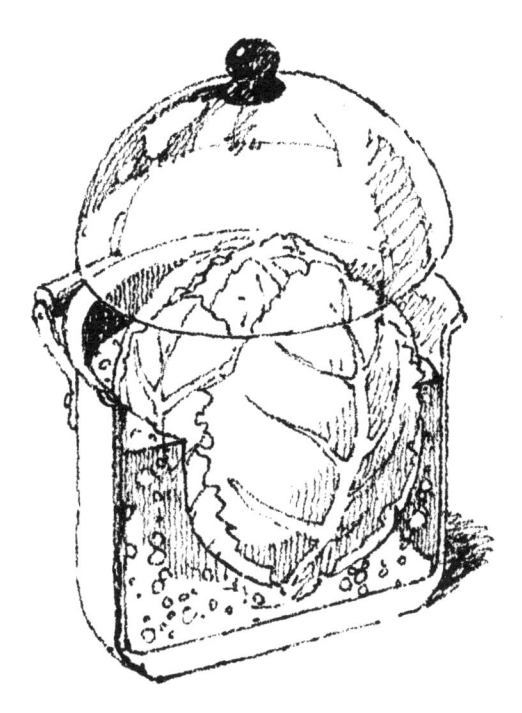

Witte kool 381

tegen elkaar aan in de vuurvaste schaal, met de sluiting naar beneden.
Giet een laagje van 1/2 cm koolbouillon erbij, knip een vel aluminiumfolie op maat: rondom 2 cm groter dan de schaal en leg dit op de koolrollen. Vouw de folie om de rand van de schaal heen.
Bakken 1: 30 minuten bij 200°C, middelste richel. Haal de schaal uit de oven, verwijder de folie en bestrijk de kool met olie (kwastje). Controleer of er nog bouillon in de schaal zit.
Bakken 2: ca. 10 minuten bij 170°C, zonder folie, tot de kool heel licht begint te kleuren. ▶

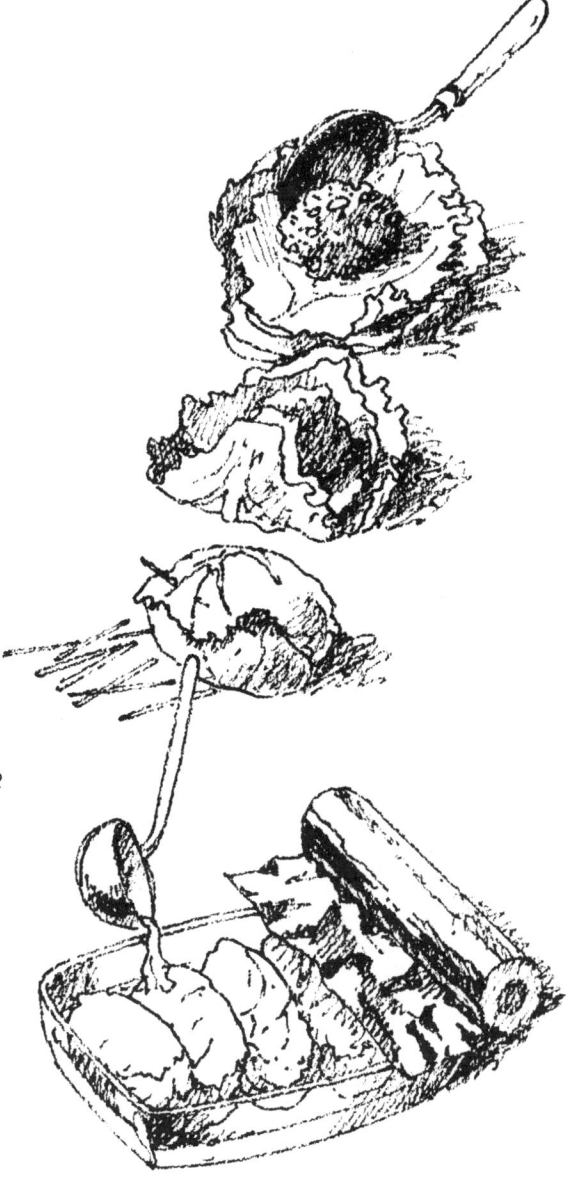

Haal de kool uit het kookwater en bewaar de bouillon (voorlopig in de pan).
De vulling: Verwarm in een ruime pan met dikke bodem de olie en bak hierin de amandelen lichtbruin. Voeg de ui en de knoflook toe, smoor de ui glazig en smoor daarna ook de karwij en de kerrie even mee.
Voeg de rest van de ingrediënten toe en laat alles op een klein pitje door en door heet worden. Proef of het een pittig mengsel is, want de koolbladeren slokken veel van de smaak op.
Pel nu de buitenste 12 bladeren van de kool. Begin hierbij aan de kant van de stronk; het geeft niet als er wat scheurtjes in de bladeren komen. Bewaar het binnenste van de kool (1-2 dagen) voor een ander koolgerecht (bij voorbeeld *koolsalade**). Snijd de dikke bladnerven met een scherp mesje plat. Mochten de bladeren die meer naar binnen liggen nog niet soepel genoeg zijn om af te pellen, kook de kool dan nog een keer. Snijd de dikste nerven met een scherp mesje wat plat.
Leg de 6 grootste koolbladeren op het werkvlak met de stronk naar u toe. Leg in elk groot blad een kleiner blad en hierin 1/6 deel van de vulling (in de vorm van een kroket) en rol het geheel op, te beginnen aan de kant van de stronk. Zet de sluiting vast met een houten cocktailprikkertje. Leg de koolrollen dicht

Groene kool met kaas- of mosterdsaus

Een vlug gemaakte en fris ogende koolschotel, die bij gekookte granen, maar ook bij pannekoekjes en eenvoudige graansneetjes past. Dit gerecht is het lekkerst met jonge, malse kool van voor de jaarwisseling.

- 3 dl kaassaus* 20(
  of mosterdsaus*

- 1 kleine groene kool, schoongemaakt ca. 400 g
- 1 1/2 dl kokend water
- 1/2 theelepel zout

Maak eerst de saus (gebruik voor de kaassaus maar 25 g meel).
Verwijder van de kool alleen de al te stugge bladeren, het groen geeft juist een aardig effect. Snijd de kool in 8 segmenten (verwijder de stronk niet helemaal, anders vallen ze uit elkaar). Leg de stukjes kool in een wijde pan, strooi het zout erover en giet het water erop. Sluit de pan en breng alles aan de kook. Stoof de kool gaar in 10-20 minuten, afhankelijk van het seizoen. (De stronkgedeelten zijn dan weliswaar nog niet gaar, maar die

Variaties:
- kook rijst en linzen samen gaar (linzen ca. 2 uur weken)
- vervang de amandelen door zonnebloempitten
- vervang de vulling door de massa voor *boekweitkoekjes* of *graanterrine** 261
- maak de rollen van **groene kool**. Kook de koolbladeren voor zoals beschreven in het recept *gevulde groene kool** 383

Tips:
- maak de koolrollen naar wens klaar in een koekepan met hoge rand en passend deksel (of aluminiumfolie). Controleer of er voldoende bouillon in de pan zit en houd het vuur laag
- gebruik overgebleven koolbouillon voor soep
- maak in plaats van 6 kleine één **grote koolrol**: leg de koolbladeren dakpansgewijs op een theedoek; de vier grootste naast elkaar, de resterende acht in twee rijen eronder, met de kant van de stronk naar u toe gericht. Verdeel de vulling over de bladeren, maar laat aan de kant van de stronk en aan de zijkanten 3 cm, aan de sluitkant 5 cm vrij. Til nu de theedoek op en rol zo de kool tot een stevige rol. Sla daarbij de zijkanten wat naar binnen. Leg de rol in een braadslede, giet de koolbouillon erbij en bak als boven beschreven. De eerste baktijd is 10-15 minuten langer. Snijd de koolrol aan tafel met een scherp gekarteld mes in dikke moten
- zie ook de tip bij *gevulde groene kool** 384 (gevulde kool in een rijstring)

laat u dan op het bord achter.) Giet eventueel nog aanwezig vocht af en bewaar het voor soep of saus.
Giet de saus tussen de koolstukjes, breng alles nog even op temperatuur en dien meteen op. Of doe de groente voorzichtig over in een schaal en giet de weer op temperatuur gebrachte saus tussen de koolsegmenten.

Koolrollen met gehaktvulling
(4-6 personen)

🕒 ṽ

Volg het recept van de *exotische witte-koolrollen**, maar laat de peulvruchten uit de vulling weg en vervang de amandelen door 250 g runder- of lamsgehakt. Gebruik, als het gehakt erg vet is, maar 1 eetlepel olie voor het bakken.

380

Gevulde groene kool
(6-8 personen)

(5c) 🕒 🕯

Serveer bij dit feestelijke koolgerecht een kleurige groentesaus (*tomaten, paprika-, pompoen-* of *wortelsaus*), wat rauwkost en desgewenst stokbrood. Eet een licht soepje vooraf.

- 1 1/2 recept *graanterrine**, zonder kaas   261
- 1 flinke groene kool (ca. 500 g)

- ca. 1 l water
- 3 theelepels zout
- 1 theelepel gekneusd mosterdzaad
- 1 theelepel karwijzaad

- 1 rode paprika, overlangs in 2 helften gesneden
- 4-6 kleine eieren

- een diepe vuurvaste schaal van ten minste 1 1/2 dl inhoud, ingevet
- een passende grote pan om de kool in de schaal au bain marie te koken

Maak de terrine en besteed hierbij veel aandacht aan het kruiden, het moet een zeer pittige massa worden.
Haal voorzichtig de bladeren van de kool en spoel ze goed schoon onder de stromende kraan. Breng het water met het zout en de kruiden aan de kook en leg er eerst de donkergroene buitenste koolbladeren in. Laat deze vast 15 minuten stoven in de gesloten pan (kook tegelijk de gewassen eieren mee, maar haal ze er na 10 minuten uit; laat ze schrikken onder de koude kraan).
Leg nu ook de lichtgroene binnenste koolbladeren en de paprika in de pan en stoof dit nog 5 minuten mee. Laat de kool en de paprika goed uitlekken op een vergiet (bewaar het kookwater voor soep).
Snijd met een scherp mesje de dikke nerven van de koolbladeren op een dun laagje na weg. Leg de bladeren dakpansgewijs in de schaal, zodat er een open kool ontstaat, met de kant van de stronk naar *boven* gericht. Leg de helft van de terrinemassa erin en druk met de bolle kant van een lepel alles goed tegen de bladeren aan. Leg de gepelde eieren 'neus achter staart' rondom op de terrinemassa. Snijd de paprika in reepjes en leg ze aan weerskanten naast de eieren. Dek af met de rest van de terrinemassa, druk weer goed aan en bedek de terrine met de rest van de koolbladeren (eventueel in stukken gesneden en zonder taaie nerven). Vouw nu de kool dicht en leg een passend schoteltje ondersteboven op de sluiting (verzwaar eventueel met een steen), zodat alles op z'n plaats blijft.
Zet de schaal in de pan met water. Het water mag tot 2 cm onder de rand van de schaal komen. Zet het deksel op de pan, breng het water aan de kook en houd het 1 1/2 uur ▶

tegen de kook aan. Controleer af en toe of er nog genoeg water in zit.
Stort de kool op een platte schaal en garneer met schijfjes tomaat of reepjes paprika en toefjes peterselie of andere groene blaadjes. Snijd de kool aan tafel in punten.

Variatie: Vervang de graanterrine door *bonenpâté** of *linzenpâté*, of door de vulling van de pompoen*. 264
367

Tips:
- de kool smaakt koud ook lekker. Geef er dan geen warme saus, maar een dipsaus en stokbrood bij
- maak gevulde kool in een rijstring en bak hem in de oven. Dek de vorm dan eerst af met stevig eromheen gevouwen aluminiumfolie en verzwaar dit met een porseleinen bord of een zwaar (gietijzeren) pannedeksel. **Bakken:** ca. 3/4 uur bij 180°C

Gesmoorde rode kool
ⓈⓉ

Rode kool is een sappige groente, die bij uitstek past bij vooral inheemse graansoorten. Dit is een recept voor pittig gekruide rode kool, met tevens een zoete variant. In een menu met rode kool past wat salade van wortel of rammenas altijd goed.

- 2 eetlepels olie
- 1 flinke ui
- 300-400 g rode kool (schoongemaakt gewogen), zeer fijn geschaafd
- 2 theelepels zout

- 1/2 dl water
- 2 theelepels dillezaad
- 2 theelepels gekneusd mosterdzaad
- 1 theelepel gemalen piment

- 1-2 moesappels (ca. 150 g)

- 1 eetlepel honing
- 1-2 eetlepels citroensap of 2-3 eetlepels Kanne's brooddrank

Verwarm op een matig vuur de olie met de ui en smoor de ui glazig. Voeg de kool en het zout toe en smoor de groente onder voortdurend omscheppen tot hij slap en glazig is geworden.
Blus met het water en voeg de kruiden toe. Zet het deksel op de pan en draai het vuur laag als het deksel heet is. Smoor de kool op een laag pitje in ca. 15 minuten bijtgaar (na de jaarwisseling langer).
Snijd de gewassen appels in tweeën en verwijder kroon en steeltje. Rasp ze mét het klokhuis en de schil bij de kool in de pan. Roer goed door en stoof nog eens 5 minuten. Breng op smaak met honing en citroensap.

Variaties:
- **zoetige rode kool:** gebruik maar een halve ui; vervang de bovengenoemde kruiden door 1 theelepel venkelzaad, 1 laurierblad en 3 kruidnagelen; vervang het citroensap door appeldiksap
- bind eventueel aanwezig kooknat met 1/2-1 eetlepel arrowroot, aangemaakt met een beetje water
- vervang het citroensap door 1 eetlepel appelazijn of het water door sinaasappelsap
- boor het klokhuis uit een grote, stevige appel (geen moesappel), snijd hem in 4 dikke schijven en bak deze in wat boter in de koekepan voorzichtig lichtbruin. Garneer de rode kool met deze appelschijven
- **rode kool met kumquats:** smoor geen ui, vervang het mosterd- en dillezaad door geraspte gemberwortel en voeg halverwege de kooktijd 3-4 in dunne plakjes gesneden kumquats (met schil) toe, of een kleine sinaasappel. Maak 1/2 eetlepel arrowroot aan in 1 1/2 dl sinaasappelsap en bind hiermee de kool. Breng op smaak met wat appelstroop of honing

Tip: Koop een flinke rode kool en maak wat u niet voor dit gerecht nodig heeft melkzuur in*.
57

Gesmoorde zuurkool
ⓈⓉ

De meegekookte aardappel maakt de zuurkool wat minder zuur en lekker smeüig.
Zuurkool past goed bij graankoekjes en graansneetjes, pannekoeken, gekookte granen en *jachtschotel**.
19

Afb. 15 Groene kool (boven); rode kool (ond

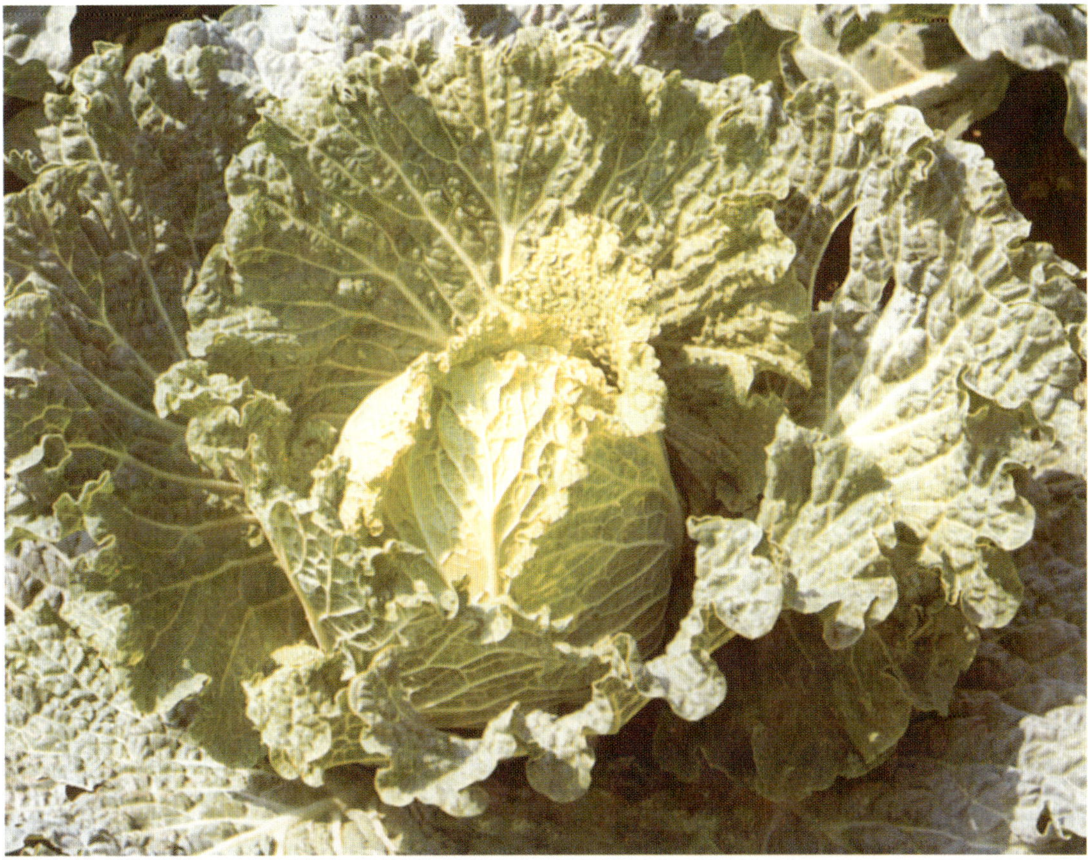

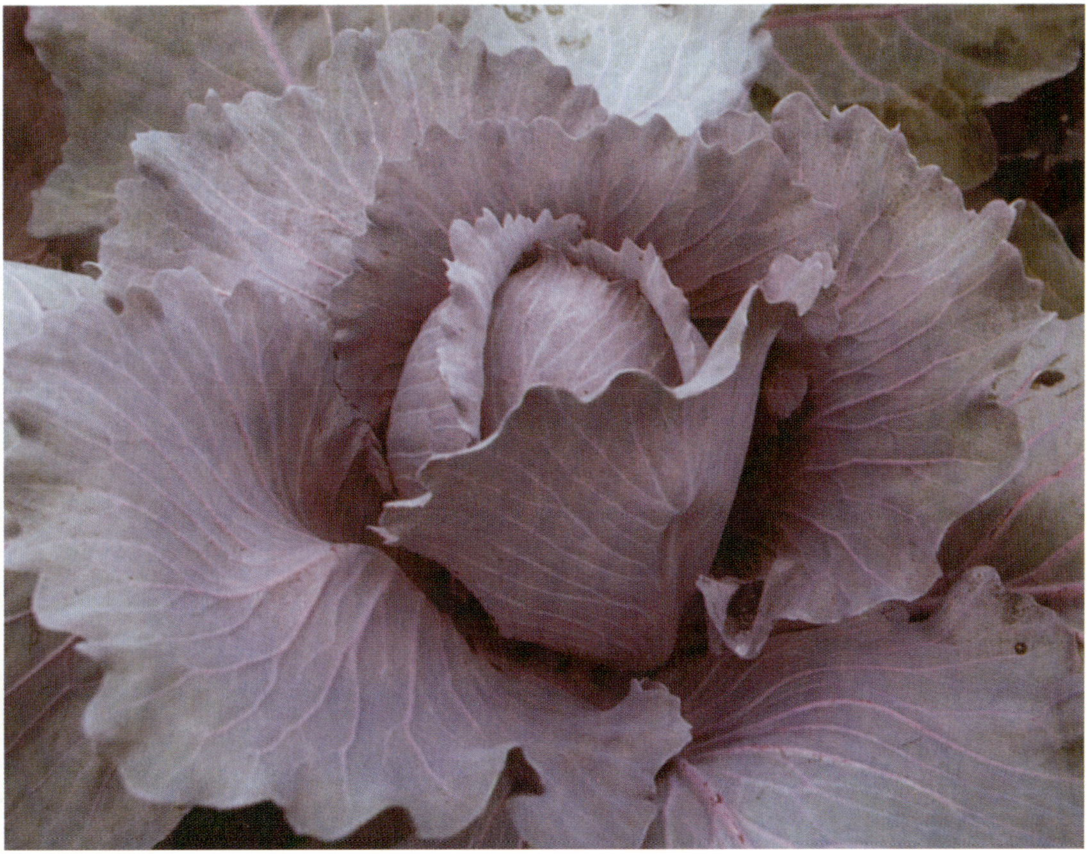

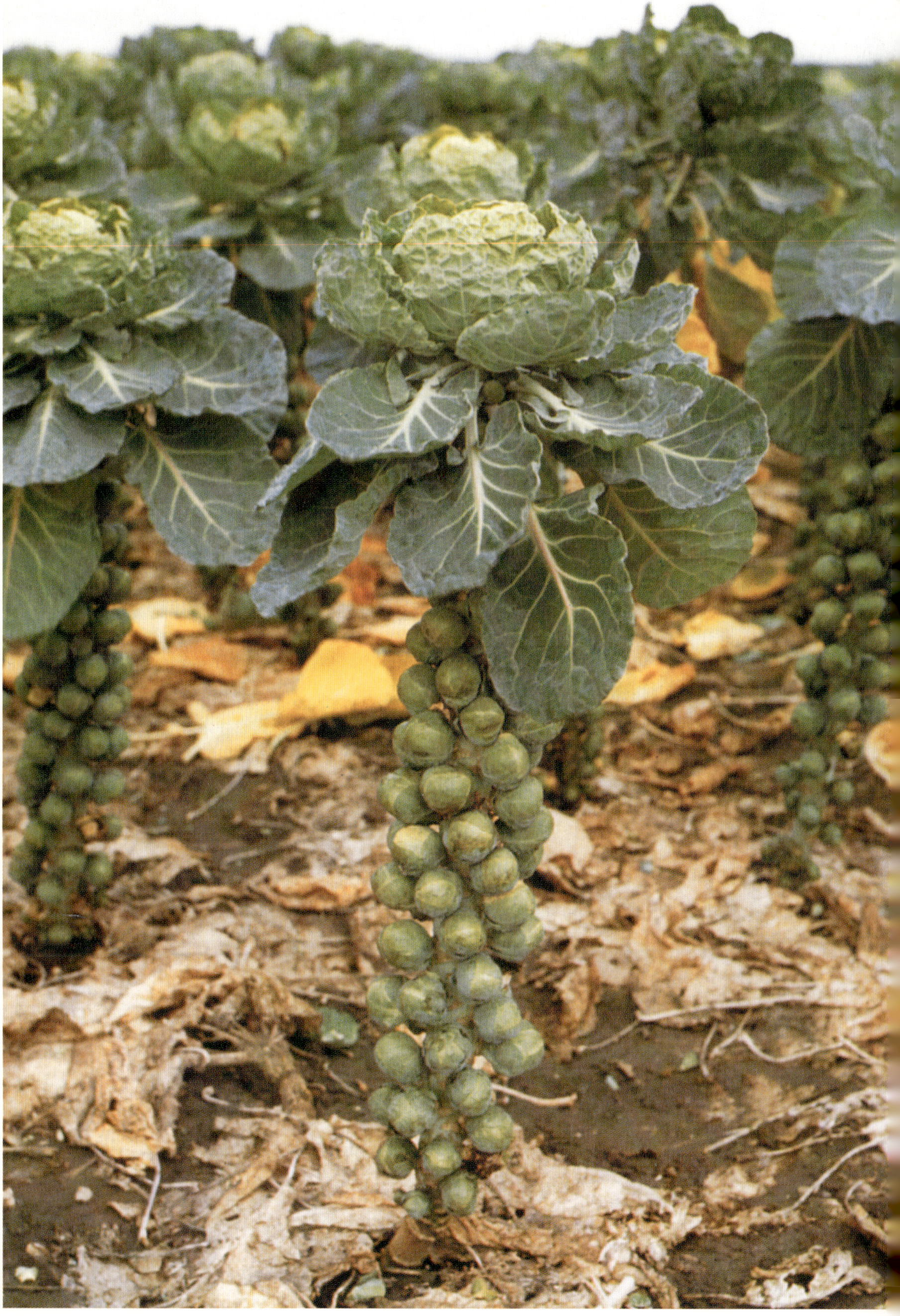

- 1-2 eetlepels olie of 10-15 g boter
- 500 g zuurkool, wat fijngeknipt
- 1/2-1 dl water, afhankelijk van het vochtgehalte van de zuurkool
- 1 flinke aardappel, geschild en fijn geraspt

Verwarm de olie met de zuurkool. Voeg het water toe en roer de aardappel erdoor. Zet het deksel op de pan en draai de vlam laag als het deksel heet is. Laat alles ca. 5 minuten sudderen. Schep de zuurkool een keertje om en pas op voor aanbranden.

Variaties:
- vervang de aardappel door een geraspte appel of vervang 1/4 dl van het water door appeldiksap; appel én aardappel smaakt ook lekker
- smoor een fijngesneden ui en/of 1-2 theelepels karwijzaad in de olie, of gebruik kruidenzuurkool
- snijd van een stevige appel met een rode schil 4 schijven van 1 cm dik, steek het klokhuis eruit en bak de schijven in wat boter in de koekepan lichtbruin. Leg de appelschijven als garnering op de zuurkool en vul ze eventueel met een schepje vruchtenmoes of *cranberrycompote** 600
- vervang de appel door ananas, vers of ingemaakt. Gebruik in het laatste geval het vocht uit de pot om de zuurkool in te smoren

Stamppot met zuurkool en worst
(4-5 personen)

Ⓥ 🍴

Serveer een *geroosterde vlokkensoep** vooraf 87 en eet er een rodebietensalade bij. Vergeet niet de mosterdpot op tafel te zetten.

- 1 1/4-1 1/2 kg aardappelen, geschild gewogen
- 2 theelepels zout
- ca. 2 dl water

- 1 rookworst
- 500 g zuurkool, wat klein geknipt

- eventueel wat room of melk
- wat peper uit de molen

Snijd de aardappelen in stukjes en leg ze onderin de pan. Strooi het zout erop en giet het water erbij (ca. 1 cm hoog).
Leg de worst op de aardappelen en voeg ook de zuurkool toe. Doe het deksel op de pan en breng alles aan de kook. Draai de vlam laag als het deksel heet is en laat alles in ca. 15-20 minuten gaarkoken. Haal de rookworst uit de pan en houd hem warm. Stamp de aardappelen met de zuurkool fijn en maak de stamppot zonodig smeuïg met wat room of melk. Breng op smaak met de peper. Snijd de worst in plakken en garneer daarmee de stamppot.

Tip: Knijp natte zuurkool uit (bewaar het vocht), want in een zuur milieu koken de aardappelen niet goed gaar. Voeg het zuurkoolsap pas bij het stampen toe.

Stamppot van zuurkool met witte of bruine bonen (5-6 personen)

Stevige kost, lekker met een frisse wortelsalade.

- ca. 350 g gekookte witte of bruine bonen* 345
  (150 g ongekookt)
- 1 recept *gierstpuree** 131
  of gekookte *boekweit** 137
  of *aardappelpuree** 190

- 1 eetlepel olie
- 1 flinke ui (ca. 80 g)
- 1-2 theelepels karwijzaad

- 500 g zuurkool, wat fijngeknipt
- 10 jeneverbessen
- ca. 1 dl bouillon (bonennat)

Verwarm op een matig vuur de olie met de ui en smoor de ui glazig of fruit hem lichtbruin. Smoor of fruit ook de karwij nog even mee. Doe de zuurkool en de jeneverbessen erbij en voeg de bouillon toe. Breng alles aan de kook en draai de vlam laag als het deksel heet is. Kook de zuurkool 10-15 minuten.
Doe nu de zuurkool bij de puree of tot pap gekookte boekweit, leg de bonen erop en roer alles tot een smeuïge stamppot (eventueel nog wat bonennat toevoegen). Garneer met een toefje peterselie en eventueel partjes ingemaakte paprika.

Afb. 16 Spruitkool

Gestoofde zuurkool met topinamboer (4-6 personen)

Een sappig, friszuur groentegerecht, dat goed past bij gekookte granen, maar ook bij pannekoeken. Wat oudere topinamboer met een dikke schil eerst voorkoken* en daarna schillen.   329

- 1-2 eetlepels olie
- 100 g gesnipperde uien
- 200 g topinamboer, in 3 mm dikke plakken gesneden

- 1-2 dl water

- 300-400 g zuurkool
- 1 theelepel zout
- wat peper uit de molen

Verwarm in een ruime pan de olie met de ui en smoor de ui even. Smoor ook de topinamboer enkele minuten mee, maar laat niet verkleuren.
Blus met het water, doe het deksel op de pan en draai de vlam laag als het deksel heet is. Stoof de topinamboer 10-15 minuten. Roer de zuurkool erdoor en stoof nog eens 10 minuten.
Roer alles nog eens goed door en breng op smaak met zout en peper.

Tip: Smoor alleen de ui en voeg de topinamboer pas met het water toe; u heeft dan minder olie nodig.

Szegediner goulash met vlees

Zuurkool op z'n Zwitsers. Eet deze pittig gekruide stoofpot met *aardappel* of *gierst-*   190
puree* en wat salade van rauwe wortel-   131
groente.

- 1 eetlepel olie
- ca. 200 g schouderkarbonade, in 2-3 cm grote blokjes gesneden
- 2 grote uien (ca. 200 g), fijn geschaafd
- 1 grote knoflookteen, fijngesneden
- 1-2 theelepels karwijzaad

- 500 g zuurkool
- 1/2-3/4 eetlepel milde paprikapoeder
- ca. 1/2 dl water

- 2-3 theelepels dilleblaadjes of dragon

Verwarm in een pan met dikke bodem de olie (niet laten walmen) en bak hierin het vlees rondom mooi bruin. Voeg de uien en de knoflook toe en roer er ook de karwij door. Smoor de uien en de knoflook glazig en roer er de zuurkool en paprikapoeder door. Voeg het water toe en breng alles aan de kook. Smoor de zuurkool gaar in 15-20 minuten. Controleer af en toe of er nog een bodempje water onderin de pan zit. Afhankelijk van het vochtgehalte van de zuurkool moet u meer water toevoegen.
Vermeng de zuurkool vlak voor het opdienen met de dilleblaadjes.

Variatie: Houd 50-100 g rauwe zuurkool achter, snijd de kool wat klein en voeg hem met de dille toe aan de gekookte zuurkool; dit geeft de stoofpot een lekkere, frisse smaak.

Szegediner goulash met bruine bonen

Deze vegetarische zuurkoolpot smaakt lekker met *risotto* of *gierstpuree** en een salade van   133
rauwe wortelgroente.   131

Volg het recept van de *Szegediner goulash met vlees**, maar gebruik 2-3 eetlepels olie, laat   386
het vlees weg en fruit de uien lichtbruin.
Voeg aan de gekookte zuurkool, tegelijk met

de dille, 300-400 g gekookte bruine bonen toe (100 g ongekookt), en breng alles nog een keer aan de kook.
Voeg tot slot 1/2-1 dl room of bouillon toe.

Bloemkool en broccoli

Bloemkool en broccoli zijn de meest verfijnde koolsoorten.
Koop *bloemkool* met zoveel mogelijk blad eraan; ingepakt in zijn eigen jasje blijft hij langer vers dan in een plastic zak. Bovendien kunt u van de stronk een geurige bloemkoolsoep maken; de malse bladeren smaken gestoofd uitstekend*.
Verwijder van de bloemkool de bladeren en zoveel van de stronk, dat hij plat ligt (laat de bovenste malse blaadjes rustig zitten; ze smaken lekker en staan leuk bij het opdienen). Leg de bloemkool 10 minuten (niet langer) in koud water met een eetlepel zout (net onderstaand). Eventueel aanwezige rupsen komen dan te voorschijn.
De donkergroene *broccoli* heeft een pittiger smaak dan bloemkool en bevat eveneens veel vitamine C, maar bovendien caroteen en ijzer. Broccoli is prijziger dan bloemkool, maar veel lichter in gewicht, zodat u aan 500-700 g voor vier personen voldoende heeft.
De bloemknoppen van broccoli moeten mooi groen en stevig gesloten zijn. Tot bloei gekomen broccoli (gele bloemetjes) smaakt bitter en is taai. Bewaar broccoli in een geperforeerde plastic zak in de koelkast (niet langer dan 33-4 dagen). Behalve gekookt is broccoli (de roosjes) ook rauw lekker, bij voorbeeld met een dipsausje. Ware liefhebbers vinden de stronkjes ten minste zo lekker als de bloemhoofdjes. De jonge blaadjes die bovenaan de bloemhoofdjes zitten kunnen worden meegegeten. Alle bloemkoolrecepten zijn ook geschikt voor broccoli.

Gestoofde bloemkool

Een geschikt recept voor een wat lossere bloemkool of als u van een heel groot exemplaar maar een gedeelte wilt koken.

- 500-700 g bloemkool, schoongemaakt*
- wat water (1 cm hoog in de pan)
- 10-15 g boter
- 1 mespunt nootmuskaat, of 1 theelepel kerrie
- 1/2-1 theelepel zout
- 1 eetlepel bieslook, fijngeknipt

Verdeel de bloemkool in grote rozen. Snijd de malse stronkjes in 2-3 cm lange stukjes tot de grote rozen in kleine uiteenvallen. Breng het water met boter, specerijen en zout aan de kook en voeg de bloemkool toe (ook de stronkjes). Roer goed om en doe het deksel op de pan. Draai het vuur laag als het deksel heet is en stoof de bloemkool bijtgaar in 10-15 minuten. Kook bloemkool vooral niet te lang, de smaak gaat daardoor achteruit en hij wordt zwaarder verteerbaar. Knip tot slot de bieslook eroverheen.

Variatie: Stoof de bloemkool alleen met water en voeg de boter pas vlak voor het opdienen toe. Lichter verteerbaar, maar de botersmaak dringt minder goed in de bloemkool.

Tips:
- voeg de eerste 15 minuten van de stooftijd alleen de stronkjes toe, de roosjes worden dan in de rest van de kooktijd wel zacht
- zie ook de tip bij het recept *bloemkool met béchamelsaus*

Bloemkool met béchamelsaus

Zet de ingrediënten van de saus van tevoren klaar, anders koelt de bloemkool te veel af.

- 1 bloemkool
- 3 dl water
- 1 theelepel zout

- 1 recept béchamelsaus*
- wat nootmuskaat

Schil het vezelige gedeelte van de stronk af en snijd hem in plakjes. Breng het water met het zout aan de kook en leg de plakjes stronk en de bloemkool erin. Breng alles weer aan de kook en laat de bloemkool op een lagere pit ▶

in 10-15 minuten bijtgaar worden (de smaak gaat door te lang koken sterk achteruit).
Schep de bloemkool voorzichtig uit de pan, leg hem in een vuurvaste schaal en doe er een deksel op (warm houden).
Gebruik het kookvocht voor de béchamelsaus. Giet de saus over de kool en rasp er wat nootmuskaat over.

Variatie: Gegratineerde bloemkool: Doe de bloemkool met de saus erover in een ingevette vuurvaste schaal, strooi er 2 eetlepels paneermeel, eventueel vermengd met 2 eetlepels geraspte kaas, overheen en leg er wat flinterdunne plakjes harde boter op. **Bakken:** ca. 15 minuten bij 200°C, middelste richel.

Tip: Maak van de bladeren en de taaie stukjes stronk en een eventueel restje bloemkool de volgende dag een *bloemkoolsoep**. *90*

Poolse bloemkool

Ⓥ ♨

Kook de bloemkool als in het recept *bloemkool met béchamelsaus**, maar vervang de saus door een strooisel van hardgekookt ei, tomaat en peterselie (zie *Poolse asperges**). *387* *327*

Gestoofde broccoli

Met risotto (van *rijst* of *gierst**) een eenvoudige maaltijd. Garneer de broccoli met partjes tomaat en geef er een salade van rauwe wortelgroente bij. ▶ *133* *131*

- *500-700 g broccoli*
- *wat water (1 cm hoog in de pan)*
- *1 eetlepel olie of 10-15 g boter*
- *1 theelepel zout*
- *2 theelepels citroensap*
- *1-2 eetlepels zonnebloempitten, gebakken of geroosterd** *605*

Spoel de broccoli af onder de stromende kraan en schil de harde stronken met een dunschiller, beneden iets dikker dan boven. Snijd de stronk in de lengte tot aan de bloemhoofdjes in vieren en daarna in 2-3 cm lange stukken, tot de broccoli in roosjes uit elkaar valt. Kook de malse blaadjes ook mee. Breng het water met olie of boter en zout aan de kook en voeg de broccoli toe. Roer alles goed om.
Doe het deksel op de pan en draai de vlam laag als het deksel heet is. Kook de groente bijtgaar in 10-15 minuten.
Breng op smaak met het citroensap en strooi de zonnebloempitten eroverheen.

Variaties:
- stoof de broccoli alleen met gezouten water en voeg de boter pas vlak voor het opdienen toe
- vervang de zonnebloempitten door een half recept *kerriesaus*, *kaassaus* of *hamsaus*. Verwerk eventueel aanwezig groentenat in de saus

Tip: zie *gestoofde bloemkool*.

Diverse groentegerechten

Stamppot van rauwe groente

Eet vooraf een salade van rauwe wortelgroente en/of (liefst vers) fruit toe.

Het is moeilijk voor deze stamppotten hoeveelheden aan te geven. Reken op 1-1 1/2 recept *aardappelpuree* of *gierstpuree** en 300-600 g groente (schoongemaakt gewogen). *190* *131*

Neem meer van zware groente zoals andijvie, wat minder van spinazie en raapstelen en weinig van bij voorbeeld winterpostelein.
Slinger de groente na het wassen in een theedoek of in de slacentrifuge droog en laat haar op kamertemperatuur komen, dan koelt de puree niet zo sterk af. Snijd de groente pas vlak voor het opdienen zeer fijn en meng haar kort, maar grondig door de puree.

Maak de stamppot voedzamer door kleine blokjes jongbelegen kaas (150-200 g) erdoor te roeren, of blokjes uitgebakken spek (50-100 g), gebakken uien, eventueel nog een klontje boter of een scheutje room. Proef nu pas of er nog zout bij moet.
Denk in het voorjaar ook aan wilde groente zoals melde, eventueel gemengd met spinazie. Een rauw geraspt worteltje door de andijviestamppot maakt deze vaak wat bittere groente ook voor kinderen aanvaardbaar.
Bak voor de niet-vegetariërs onder de tafelgenoten een paar plakjes ontbijtspek uit en leg die op de stamppot; strooi er voor de vegetariërs geroosterde zonnebloempitten* 605 of cashewnoten omheen.

Tip: Door warmhouden verliest de rauwe groente haar knapperigheid, ze geeft vocht af en maakt de stamppot kleverig.

Gegratineerde groente

Groente met een voor sommige mensen te uitgesproken smaak (knolselderij, koolraap, enzovoort) wordt milder als u haar bijtgaar kookt en opdient met een *béchamel*- of *kaassaus*, eventueel in de oven gegratineerd. Volg hiervoor het recept van *bloemkool met béchamelsaus**. Voor het voorbereiden van 203 de verschillende groentesoorten volgen hier een paar tips:
topinamboer en aardappelen: in de schil gekookt* en in 1/2 cm dikke schijfjes gesneden 331
asperges, bleekselderij, schorseneren, zilverstelen en paksoy: gebruik hiervoor vooral de wat oudere groente en snijd ze in 3 cm lange stukjes
venkelknol: vooral de wat taaie knollen of alleen de buitenste schillen, die niet mals genoeg zijn om rauw te eten, in ca. 1 cm brede repen gesneden
prei en witlof: zie *prei met kaas en ham** en 325
witlof met ham en kaassaus* 332
koolrabi, koolraap en knolselderij: vóór het koken in ca. 1 cm dikke schijven en ná het koken in blokjes gesneden
Gratineren: ca. 15 minuten bij 200°C, middelste richel.

Variatie: Vervang de béchamelsaus door de volgende eiersaus:

- *1 dl room*
- *1 eetlepel tarwemeel (of gebuild meel)*
- *2 kleine eieren*
- *2 dl kooknat, zo nodig aangevuld met bouillon*
- *1 mespunt nootmuskaat*

Maak het meel aan met de room, kluts de eieren erdoor en daarna het (iets afgekoelde) kooknat. Giet deze eiersaus over de gekookte groente.
Bakken: 20 minuten bij 200°C, middelste richel. Dek de schaal halverwege de baktijd af met aluminiumfolie. Het gerecht is klaar als de eiersaus ook in het midden gestold is. Een bijgerecht is bij deze eiwitrijke schotel niet nodig, wel wat bladsla en eenvoudig gekookte granen of aardappels in de schil.

Tips:
- strooi wat verse, fijngeknipte of gedroogde kruiden tussen de groenten
- maak van verschillende restjes gekookte groente een gemengde groenteschotel, eventueel aangevuld met voorgekookte aardappelen. Ook kunt u restjes gekookte granen of macaroni, laag om laag met de groente of in één laag eronder mee opwarmen. Giet over dit alles de béchamelsaus. Geef bij zo'n restjesschotel een schaal frisse bladsla

Groentesoufflé
↩

Een hartige schotel, waarin u allerlei restjes kunt verwerken. Eet er gekookte granen bij en wat sla, of verse vruchten toe.

- *ca. 400 g gekookte groente, een of meerdere soorten naar keuze*
- *150 g gekookte aardappelen*
- *150 g halfvolle kwark*
- *100 g geraspte, zeer pittige oude kaas*
- *2-3 eetlepels peterselie of andere verse kruiden, fijngeknipt*
- *ca. 1/2 dl room of melk*
- *1 groot eiwit of 2 kleine*
- *een vuurvaste schaal van ten minste 1 1/2 l inhoud, ingevet*

▶

Rangschik de groente in de vuurvaste schaal. Wrijf de aardappelen door een zeef. Roer er kwark, kaas, peterselie en zoveel room door, dat er een zeer stevige massa ontstaat (hij wordt tijdens het bakken nog dunner).
Schep tot slot het stijfgeklopte eiwit erdoor en verdeel deze massa over de groente.
Bakken: ca. 30 minuten bij 180°C, middelste richel.

Tips:
- bladgroente is minder geschikt voor dit gerecht
- kook verse groente alleen bijtgaar
- bak graanresten onderin de schaal mee

Gemengde groenteschotel met kwark

Lekker met gekookte granen en eventueel een bladsla.

- ca. 600 g stevige groente, schoongemaakt en in blokjes of stukjes gesneden (bij voorbeeld prei, koolraap, koolrabi, witte kool, pastinaak, snijbonen, bloemkool, bleek- of knolselderij; 3-4 soorten gemengd naar smaak en seizoen)
- 1 dl water
- 1/2 eetlepel zout

- 50 g geraspte kaas
- 2 eetlepels peterselie, fijngeknipt

- 100 g halfvolle kwark
- 1 losgeklopt ei
- 1/2 dl groentenat

- 10 g boter
- een vuurvaste schaal, ingevet

Breng het water met het zout aan de kook en kook hierin de groente bijtgaar in 10-15 minuten. Giet het kooknat af en bewaar het.
Doe de groente in een vuurvaste schaal, laag om laag met de kaas en de peterselie.
Klop de kwark los met het ei en het groentenat en giet dit sausje over de groente. Leg er flinterdunne stukjes boter bovenop.
Bakken: 10-15 minuten bij 180°C, middelste richel (eventueel alleen bovenwarmte).

Variatie: Vervang de kwark door 1 dl half room (zure of zoete)/half melk. Laat de halve dl groentenat dan weg.

Tip: Doe de groenten met de langste kooktijd (wortelgewassen) onderin de pan en leg de zachtere soorten erbovenop, ze koken dan in de stoom gaar.

Gado-gado

Een gerecht van gemengde groenten, dat in Indonesië vaak (warm of koud) als lunchgerecht of tussendoortje wordt gegeten. In combinatie met rijst en versierd met wat ei of kokosballetjes en kroepoek vormt gado-gado echter een volledige maaltijd.

neem in de zomer (schoongemaakt gewogen):
- *200 g sperziebonen, afgehaald en gebroken*
- *250 g spitskool, in repen gesneden*
- *250 g andijvie, gewassen en grof gesneden*
- *200 g taugé, gewassen*
- *1/2 komkommer (voor de garnering)*

neem in de winter (schoongemaakt gewogen):
- *200 g kool (groene of witte), in repen gesneden*
- *250 g andijvie, gewassen en grof gesneden*
- *100 g bloemkool in kleine roosjes, de stronkjes klein gesneden*
- *200 g taugé, gewassen*
- *50 g winterpostelein, de lange stelen eraf geknipt (voor de garnering)*

- *1-2 eieren, hard gekookt, of kokosballetjes** 275
- *eventueel 30-50 g gebakken kroepoek** 269

- *1 1/2 recept zonnebloempittensaus* of* 211
  eventueel pindasaus* 211

Gebruik alleen de malse delen van de groente. Breng in een wijde pan ca. 2 liter water met een halve eetlepel zout aan de kook en zet hierop een platte groenteschaal om voor te verwarmen.
Breng in een andere pan een laagje water van 1 cm met 2 theelepels zout aan de kook en

stoof hierin de eerste drie groentesoorten afzonderlijk bijtgaar (in de genoemde volgorde), u kunt telkens hetzelfde groentenat gebruiken. De groente moet wat knapperig blijven.
Neem de groente met een schuimspaan uit het kookvocht en laat haar goed uitlekken. Rangschik de groente op de voorverwarmde schaal. Gebruik de rest van het kooknat voor soep.
Doe tot slot de taugé in het kokende water waarop de schaal staat. Neem de pan van het vuur, laat de taugé 3 minuten in het hete water staan en giet dan af. Houd de taugé met een schuimspaan tegen; alleen de groene schilletjes mogen wegspoelen. Leg ook de taugé bij de groente op de schaal.
Garneer met plakjes ei of kokosballetjes, plakjes komkommer of blaadjes winterpostelein.
Giet de saus over de groente en verkruimel de kroepoek erover. Of serveer de saus en de kroepoek er apart bij.

Variatie: De volgende groentesoorten zijn geschikt als vervanging of aanvulling: kleine blokjes koolrabi, plakjes wortel, stukjes bleekselderij of paksoy, reepjes Chinese kool of venkelknol.

Tjap tjoi

Een Chinees gerecht van diverse groentesoorten, dat met rijst erbij een lichte maaltijd vormt. Serveer een salade van wortelgroente vooraf of vers fruit toe.
Voor een bijzonder etentje: strooi er geroosterde of gebakken (cashew)noten over en serveer een stukje gebraden kip erbij*.

- 1-2 eetlepels olie
- 1 gesneden ui

- 200-250 g spitskool, Chinese kool of paksoy, in 1 1/2 cm brede repen gesneden
- 1/2 rode paprika, in 1/2 cm dunne reepjes gesneden

- 1/2-2 eetlepels sojasaus (tamari of shoyu), vermengd met 1 1/2 dl water
- 100 g champignons, in 3 mm dikke plakjes gesneden

- 1/2-1 eetlepel geraspte gemberwortel
- 1-2 eetlepels ongeraffineerde rietsuiker

- 150 g taugé
- 1 eetlepel arrowroot, aangemaakt met
- 1/2 dl water
- eventueel wat zout

- 1 eetlepel selderijblad, fijngeknipt, of in zeer dunne sliertjes gesneden bleek- of knolselderij

Verwarm op een matig vuur de olie met de ui en smoor de ui glazig of fruit hem lichtbruin. Voeg de kool toe en smoor hem mee tot hij glazig en slap geworden is. Smoor op het laatst ook de paprika even mee.
Blus met de sojasaus en roer er de champignons, gember en suiker door. Stoof de groente ca. 3 minuten, maar laat haar vooral niet echt gaar worden.
Schep de taugé en de aangemaakte arrowroot erdoor en kook alles nog een keer goed door. Proef of er nog wat zout bij moet.
Haal de pan van het vuur en strooi de verse kruiden over de groente.

Variaties:
- vervang in de winter de zomerkoolsoorten door witte kool (het malse, binnenste gedeelte) en de paprika door in dunne schijfjes geschaafde wortel. Smoor deze groente zonodig wat langer in de sojasaus
- vervang de taugé gedeeltelijk of helemaal door verse doperwtjes (met de andere groente meesmoren)
- vervang de champignons door venkelknol (overdwars in dunne plakjes gesneden)

Zeegroente

Toen de Noordzee nog schoon was werd er ook in Nederland vaak zeegroente gegeten, met name in Zeeland (lamsoor en zeekraal).
De verschillende soorten zeewieren – die veel worden gebruikt in de makrobiotische voeding – hebben een in ons vervuilde milieu belangrijke eigenschap: zij zijn in staat de zware metalen die wij met de voeding in ons lichaam krijgen, weer af te voeren; een reinigende werking dus. Bovendien bevatten ze organisch jodium, een stof die we anders nauwelijks binnenkrijgen.

Kombu (vroeger hier ook als geneesmiddel bekend) is nu weer als importartikel uit Japan of Amerika in natuurvoedingswinkels te koop. Het heeft een lange week- en kooktijd nodig (1 nacht weken en 1 uur koken). Heel geschikt om met peulvruchten mee te weken en te koken.
Voor bouillon is *wakamé* meer geschikt; dit zeewier hoeft maar 10 minuten te weken en de kooktijd stemt overeen met de kooktijd van de bouillon.

Spoel zeewier voor het gebruik even af onder de koude kraan.
Zeewier is met zijn aangename zilte smaak een natuurlijke smaakmaker. Per gerecht heeft u maar een paar vierkante centimeters nodig. Na het koken kunt u het zeewier kleinsnijden en als soepvulling gebruiken of kort bakken in een licht met olie ingevette koekepan en met heel weinig shoyu besprenkelen. Een extra hapje bij de warme maaltijd.

Het van zeewier gemaakte *agar-agar* wordt gebruikt als geleermiddel. Het geeft een vegetarische bouillon of groentesoep dezelfde consistentie als een bouillon getrokken van een soepbeen en wordt vooral gebruikt voor het stijf maken van vruchtenpuddingen*. 452

Zeekraal

Deze zeegroente wordt op gecontroleerd schone plekjes langs onze kust (biologisch) verbouwd. De groente is in juni en juli soms in natuurvoedings- en delicatessenwinkels te koop.
Zeekraal is erg zilt en kan, als kruiderij (ca. 100 g) in soep, graanschotels of macaronischotels op het laatst meegekookt, het zout vervangen.
Als u zeekraal als groente wilt eten – ze smaakt naar postelein – moet u haar eerst een paar uur in koud water leggen om te ontzilten. Daarna goed laten uitlekken en in een beetje boter 5-10 minuten stoven.

Zeekraalsalade

Een exclusief slaatje, zeer geschikt als voorgerecht, eventueel gegarneerd met enkele garnalen, een plakje gerookte zalm of een wortelbloem*. 429

- ca. 250 g zeekraal, 1 minuut geblancheerd* in ongezouten water
- 1 recept vinaigrette*, waarbij u 1 eetlepel olie vervangt door 1 eetlepel citroensap extra. Laat het zout weg
- 1 eetlepel ui, zeer fijn gehakt, of 1 teentje knoflook, overdwars in flinterdunne schijfjes gesneden

223

Laat de geblancheerde zeekraal uitlekken en vermeng haar nog lauwwarm met de vinaigrette. Laat de salade afkoelen en schep de uien of knoflook erdoor.

Kastanjes

De nootachtige vruchten van de tamme kastanje hebben ongeveer dezelfde voedingswaarde als granen, zijn minder vet dan noten en bevatten naast mineralen en vitaminen (vitamine K) veel koolhydraten. Heel bijzonder is de basische werking van kastanjes; ze zijn dan ook uitermate geschikt om in combinatie met spruitjes, die als enige groente zuur reageren, te worden gegeten. Door de hoge voedingswaarde – ze bevatten ook volwaardig eiwit – zijn ze tevens geschikt om in het vegetarische menu het vlees te vervangen. Zowel hartig als zoet klaargemaakt en ook gepoft zijn kastanjes een tractatie.

Verse kastanjes zijn van oktober tot december in groentewinkels te koop. Was de kastanjes en kerf ze met een puntig mesje over de bolle kant diep in. Leg ze in een pan en voeg zoveel kokend water toe, dat ze net onderstaan. Breng alles weer aan de kook en laat 5 minuten zachtjes koken. Giet de kastanjes op een vergiet en pel ze zo warm mogelijk, dan laten ook de binnenste bruine velletjes makkelijk los. Deze gepelde (maar nog niet gare) kastanjes kunt u verder verwerken volgens de onderstaande recepten.

Van *gedroogde* kastanjes is de buitenste schil al verwijderd. 500 g gedroogde kastanjes vervangen ongeveer 1 kg verse. Gedroogde kastanjes moet u ten minste 12 uur weken, ruim onderstaand in lauw water. Daarna kunt u met een puntig mesje de zachte bruine velletjes verwijderen. De kastanjes zijn nu klaar om verder verwerkt te worden volgens de onderstaande recepten. Houd er wel rekening mee, dat de kooktijd van gedroogde kastanjes wat langer is dan van verse en wel 10-30 minuten, afhankelijk van de 'ouderdom' van de vruchten.

Gepofte kastanjes

Gebruik hiervoor liefst verse kastanjes. Als ze, later in het seizoen, wat los in de schil zitten, moet u ze na het inkerven een paar uur in koud water laten weken. Met een kop stevige groentesoep vooraf en vers fruit of appelmoes erbij een volledige maaltijd. Of zomaar op een gezellige winteravond met een glas appelsap.

- 1 kg verse kastanjes
- een stevige papieren zak

Was de kastanjes en kerf ze met een puntig mesje aan de bolle kant in; snijd daarbij door de bruine schaal heen. Leg ze vervolgens met de platte kant naar beneden in een braadslede of op een bakplaat met rondom een opstaande rand (pizza- of springvorm). Giet er een bodempje water bij en dek goed af met aluminiumfolie.
Bakken: 20 minuten bij 225°C, middelste richel. ▶

Verwijder de folie en controleer of de kastanjes bijna gaar zijn en de bruine schil een beetje openbarst. Laat anders nog wat langer bakken; maar pas wel op dat de kastanjes niet zwart worden, verlaag eventueel de oventemperatuur.
Haal de kastanjes uit de oven, stop ze vlug in de papieren zak en daarna in een theemuts, hooikist of onder een deken. Laat ze zo ten minste 20 minuten nastomen; langer kan geen kwaad, ze blijven wel een klein uurtje heet.

Tips:
- een kleine hoeveelheid kastanjes kunt u ook in een koekepan met dikke bodem en een passend deksel poffen. Laat dan de gesloten pan met de kastanjes en een bodempje water eerst goed heet worden op een groot vuur. Zet ze daarna op een heel laag pitje of op een vlamverdeler
- stuk voor stuk in aluminiumfolie verpakt kunt u de kastanjes ook in de hete as van een open haard of een kampvuur poffen

Gestoofde kastanjes met gevulde appels

Serveer met rode kool of een schaal frisse sla van bladgroente en eet een kop groentesoep vooraf.
Combineer in een feestmenu een halve portie van dit gerecht met bij voorbeeld lamsbout.

- *1 kg verse of 500 g geweekte, gedroogde kastanjes*

- *2 eetlepels boter*
- *1/2-3/4 l water*
- *eventueel 1 theelepel anijszaad*
- *een snufje zout*

- *1 theelepel honing*

- *4 stevige appels, liefst met een rode schil (geen moesappels)*
- *1/4 l water*
- *1/4 l appelsap (of water met appeldiksap)*
- *een schijfje citroen of een stukje van een kaneelstokje*

- *4 eetlepels cranberrycompote* of rode vruchtenmoes of jam*

600

Pel de kastanjes*. Smelt de boter in een pan 293 met een dikke bodem, voeg de kastanjes toe en fruit ze op een niet te hoog vuur lichtbruin. Blus met de helft van het water en breng alles weer aan de kook. Voeg het zout en anijszaad toe. Stoof verse kastanjes in een half uur gaar, gedroogde 10-30 minuten langer. Voeg tijdens het stoven beetje bij beetje de rest van het water toe. Als de kastanjes gaar zijn, moet al het water zijn opgenomen. Pas wel op voor aanbranden. Breng de kastanjes op smaak met de honing en eventueel nog wat meer zout.
Was de appels, verwijder het kroontje en de steel en snijd ze overdwars doormidden. Haal met een scherp lepeltje het klokhuis eruit, zodat een ruim kuiltje ontstaat. Breng het water en het appelsap met het citroenschijfje of het kaneelstokje aan de kook. Voeg zoveel appelhelften tegelijk toe als er naast elkaar in de pan kunnen liggen. Kook de appels net gaar en houd ze warm tot alle appels gekookt zijn.
Maak nu op een platte schaal een berg van de gestoofde kastanjes en leg de appels met het snijvlak naar boven eromheen. Vul elke halve appel met 1/2 eetlepel compote of jam.

Tips:
- stoof de kastanjes desgewenst alleen in water en voeg de boter pas vlak voor het opdienen toe (lichter verteerbaar)
- zeef het kookvocht van de appels, laat het afkoelen en drink het op, eventueel gezoet met wat diksap of honing

Variaties:
- meng een halve portie (of overgebleven) gestoofde kastanjes door nog niet helemaal gaargestoofde **spruitjes** of **rode kool** en stoof samen gaar
- voeg wat gemalen anijs of koriander, eventueel wat geraspte citroenschil en/of citroensap en wat meer honing toe. In combinatie met **appelmoes** of een **vruchtencompote** een zoete kindermaaltijd. Serveer eventueel een salade vooraf
- gebruik maar 1 eetlepel boter om te stoven, maar voeg tegelijk met de honing een scheut room toe

Hartige kastanjepuree

Deze puree kan als aardappelpuree worden gegeten en vormt in combinatie met groente (bij voorbeeld spruitjes of rode kool) een volwaardige maaltijd.

- 1/2 l water
- 1 kg verse kastanjes of 500 g gedroogde
- 1 theelepel anijszaad

- ca. 1/4 l melk
- 1-2 eetlepels boter of 1/2 dl room
- wat zout
- eventueel wat peper uit de molen

Pel de kastanjes*. Breng het water aan de kook, voeg de kastanjes en het anijszaad toe en kook ze moesgaar. Bij verse kastanjes duurt dit ongeveer een uur, bij gedroogde tot 1 1/2 uur. Giet het water af en roer de kastanjes door een zeef; vang de moes op in een ruime pan. Verwarm de melk tot 70°C en klop de gepureerde kastanjes met de melk tot een luchtige puree. Op smaak brengen met zout, boter of room.

Variaties:
- vervang de peper door 1 theelepel majoraan of een mespunt nootmuskaat

- roer geen boter door de puree, maar bak in de boter een grote, in ringen gesneden ui lichtbruin en verdeel deze over de puree
- bak met de uien 1-2 fijngesneden teentjes knoflook mee

Zoete kastanjepuree (4-6 personen)

Een voedzaam toetje.

Maak een half recept *kastanjepuree** (liefst van verse kastanjes). Gebruik wat meer melk dan aangegeven, de puree mag niet te stijf zijn. Roer er géén zout, peper en boter en voorlopig ook geen room door, en laat de puree afkoelen. Verdun hem zonodig nog met wat room of melk, roer er wat honing of ahornsiroop door en naar smaak wat citroensap of 1 theelepel vanillepoeder.
Verdeel de puree over glazen schaaltjes en garneer met een toefje slagroom.
Serveer er *schuimpjes** of *wafeltjes* bij en eventueel vruchtesap.

Variatie: zie *Mont Blanc**.

Paddestoelen

De kwetsbare paddestoelen zijn zeer gevoelig voor milieu-invloeden. Als 'wortelplanten' nemen zij naast waardevolle mineralen zoals fosfor en kalium ook giftige zware metalen (cadmium, lood) op. Na de kernramp in Tsjernobyl in 1987 vond men in sommige soorten (boleten en cantharellen) een abnormaal hoge radioactiviteit.
Het grootste gedeelte van de paddestoel, het wijdvertakte mycelium, groeit onder de grond. Wat wij ervan zien in de vorm van de paddestoel is een soort 'wortelbloem', maar dan een bloem zonder licht- en warmtekrachten. Zij draagt sporen en strooit deze uit, waaruit dan weer myceelweefsel kan groeien.
Paddestoelen zijn de grote opruimers in het bos. In symbiose levend met de bomen voorzien ze hen op efficiënte wijze van water en minerale stoffen. Andere soorten leven als parasieten ten koste van een levende, maar in slechte conditie verkerende boom.
Zo staan de paddestoelen, in tegenstelling tot de andere planten, aan de afbraakkant van de natuur. Ze bezitten geen chlorofyl en kunnen geen groene bladeren vormen; het hele 'middengebied' van een 'normale' plant ontbreekt. Paddestoelen hebben dan ook geen zonlicht nodig; ze groeien 's nachts.

Het eiwit van de paddestoel is verwant aan het dierlijke en, net als bij de peulvruchten, voor de mens nogal zwaar verteerbaar.

Behalve met de champignons (al in de 17e eeuw in Parijs) en de oesterzwam (in onze tijd) is het tot nu toe niet gelukt de in het wild voorkomende paddestoelen te kweken. De levensvoorwaarden waaronder zij in de natuur leven steken zo nauw, dat ze niet na te bootsen zijn. In de nazomer en herfst zijn soms in beuken- of kastanjebossen gegroeide cantharellen te koop (import).

Champignons en oesterzwammen worden ook in Nederland in een kunstmatig, mechanisch gereguleerd klimaat op tarwestro en paardemest geteeld. Bij grotchampignons mengt men mergel door de voedingsbodem. Grotchampignons zijn smakelijker en minder vochthoudend. Ze worden uit Frankrijk geïmporteerd. Oesterzwammen zijn verkrijgbaar in een witte en donkergrijze (zomer) en in een paarse variëteit (winter). Exemplaren van meer dan ca. 10 cm doorsnee kunnen taai zijn, evenals de stelen, die u dan wigvormig kunt wegsnijden. De genoemde soorten zijn niet aan een seizoen gebonden en het hele jaar door vers verkrijgbaar.

Paddestoelen moeten er gaaf en vers uitzien. Champignons met een open hoedje zijn niet minder van kwaliteit, ze zijn alleen wat verder doorgegroeid en daardoor ook smaakvoller. Champignons hebben een sterker aroma dan oesterzwammen, maar slinken meer tijdens het koken. Het is beter paddestoelen niet af te spoelen maar met een doek af te vegen, tenzij ze erg zanderig zijn. Ze zuigen direct water op, waardoor de smaak flauwer wordt. De zanderige voetjes van de champignons kunt u er het beste meteen afsnijden. Bij cantharellen de lelijke lamellen verwijderen.

Oesterzwammen en zeer jonge, stevig gesloten champignons kunnen 1-2 dagen worden bewaard, het beste in de erbij geleverde verpakking of in een met een vochtige doek afgedekt bakje in de koelkast.

Champignons in blikjes of potjes hebben veel minder smaak dan verse champignons. Gedroogde wilde paddestoelen worden bij ons uit Zuid-Europa ingevoerd. Ze zijn erg prijzig, maar hebben zoveel smaak, dat u er maar heel weinig van nodig heeft (1:10).

Gedroogde paddestoelen moeten voor het gebruik enkele uren worden geweekt (nooit in een metalen bakje).

Eet paddestoelen niet rauw (behalve de gekweekte witte champignons) en warm ze nooit op.

In onze menu's gebruiken we paddestoelen niet als groente of als vleesvervanger, maar alleen in kleine hoeveelheden als smaakmaker in speciale gerechten.

Gevulde champignons

Met macaroni of risotto en een kleurrijke slaschotel een feestelijke maaltijd. Maak desgewenst van de rijst een *timbaal**, stort deze op een platte schaal en leg de champignons eromheen. Garneer met *wortelbloemen** of reepjes paprika en steek in elke champignon een klein toefje peterselie of een nootje. Of serveer met een eenvoudige bladsla, risotto en een mooi gekleurde *groentesaus**. Een gevulde champignon is ook een geschikt voorgerecht (zie de variatie met kaas).

135
429
212

- 8 grote champignons (ca. 250 g, de hoedjes met een doorsnede van 5 cm)
- 1 recept van de massa voor hazelnootballetjes*
- 2-3 theelepels gomasio

277

- een platte vuurvaste schaal of een braadslede, ingevet

Breek de stelen van de champignons voorzichtig uit de hoedjes, zonder ze te beschadigen. Strooi de gomasio in de hoedjes en druk de vulling er stevig in. Vorm van de vulling een mooi bergje.

Zet de gevulde hoedjes naast elkaar in de vuurvaste schaal. Trek intussen wat bouillon van de kleingesneden stelen en giet hiervan een bodempje in de schaal (bewaar de rest van de bouillon voor soep).
Bakken: ca. 25 minuten bij 180°C, onderste richel. Controleer af en toe of er vocht in de schaal blijft zitten.

Variaties:
- hak de stelen van de champignons fijn en stoof ze in 10 g boter. Giet het daarbij vrijkomende vocht op de bodem van de vuurvaste schaal. Vermeng de gestoofde stelen met 125-150 g **geitekaas**, 1 fijngehakt teentje knoflook of 1 eetlepel fijngeknipte bieslook en zout naar smaak. Gebruik deze massa in plaats van de bovengenoemde vulling. De baktijd is iets korter, ca. 20 minuten. Zeer geschikt als voorgerecht: neem hiervoor kleinere champignons, twee per persoon is voldoende
- meng ca. 25 g zeer fijn gehakte ham door de kaasvulling

Gemarineerde oesterzwammen

Naast groente en sla een pittig bijgerecht bij gekookte granen (tarwe, gerst) of macaroni, maar ook bij fondue en barbecue.

- 100-125 g oesterzwammen

- 2 eetlepels appelazijn of citroensap
- 1 eetlepel olie
- 1 uitje (ca. 20 g), zeer fijn gehakt
- 1 mespunt zout
- een snufje peper

- 1 eetlepel verse tuinkruiden

Snijd de oesterzwammen in 1 cm brede reepjes.
Kluts de rest van de ingrediënten (behalve de verse kruiden) tot een smeuïg sausje en vermeng dit met de oesterzwammen. Laat ze 8-12 uur in de koelkast staan (dichte glazen pot).
Breng nu de oesterzwammen mét de marinade aan de kook en laat ze ca. 5 minuten pruttelen, tot ze bijtgaar zijn. Doe alles terug in de pot en laat afkoelen. Bewaar ze in de koelkast, maar niet langer dan 1 week.

Bestrooi de nu zurige zwammen vlak voor het opdienen met de fijngehakte verse kruiden.

Paddestoelen met zomergroente

Een kleurig groentegerecht bij gierst, rijst of macaroni. Eet er nog een eenvoudige bladsla bij. Zet eventueel het schaaltje met geraspte kaas op tafel of geef een zuiveltoetje na.

- 2 eetlepels olie
- 1 grote ui (ca. 75 g), in dunne ringen gesneden

- 125-150 g oesterzwammen, in 2 cm brede reepjes gesneden, of 150-200 g grote champignons, in 3-4 mm dikke plakjes gesneden
- 1 gele paprika, in reepjes van 1/2 cm
- 1 courgette of komkommer (ca. 500 g), in 1 cm dikke schijven gesneden, of ca. 500 g pompoen (patisson), in blokjes gesneden
- 2 theelepels zout

- 1-2 dl brooddrank of water met azijn of citroensap (1:4)
- 1-2 eetlepels gebuild meel, aangemaakt in wat brooddrank of water
- ca. 2 eetlepels verse tuinkruiden

Verwarm op een niet te hoog vuur de olie met de ui en smoor de ui glazig.
Voeg de groente en het zout toe en smoor alles al roerend een paar tellen.
Voeg 1 dl brooddrank toe, doe het deksel op de pan en temper het vuur als het deksel heet is. Stoof de groente bijtgaar in ca. 10 minuten.
Bind met de arrowroot en verdun het gerecht naar wens met wat broodddrank of water.
Strooi vlak voor het opdienen de fijngehakte kruiden erover.

Rauwkost en salades

Alleen goed uitgerijpt fruit en malse groente zijn geschikt om rauw gegeten te worden. Rauwkost stelt nogal wat eisen aan de verterings- en warmtekrachten van het lichaam; vooral oudere mensen, kleine kinderen en mensen die het gauw koud hebben kunnen er moeite mee hebben. Zij kunnen de maaltijd beter beginnen met een kopje verwarmende soep en rauwkost in de vorm van rijpe vruchten eten. Kleine hoeveelheden rauwkost daarentegen kunnen een prikkel zijn om deze krachten te ontwikkelen.

Een paar praktische tips helpen u op weg om rauwkost op een gezonde wijze in uw menu op te nemen:
- het is altijd beter in de hoofdmaaltijd kleine porties rauwkost te eten, in combinatie met gekookte groente
- wie nog nooit rauwkost heeft gegeten, kan er het beste heel langzaam mee beginnen: eerst wat groentesap drinken, een schepje rauwe zuurkool door de gekookte mengen of wat fijngeraspte wortel over de gekookte groente strooien. Het spijsverteringsstelsel kan er zo aan wennen
- om vrij harde groentesoorten zoals wortelen en knolselderij goed te kunnen verteren, moeten ze heel fijn worden geraspt op een roestvrij stalen (Bircher)rasp (roest vernietigt vitamine C). Hoe fijner u de wortelgroente raspt, des te sappiger wordt het slaatje en des te minder (vette) saus heeft u nodig
- een te bittere smaak kunnen we milder maken door toevoeging van zoete vruchten (appel, rozijnen), honing of gemalen noten. Scherpe smaken neutraliseren we met kwark of room, en met de kruiden heffen we de eenzijdige werking van sommige groenten op. Zo heeft bij voorbeeld mierikswortel door zijn hoge gehalte aan mosterdolie een verwarmende werking, wat de meer verkoelende werking van wortelsalades neutraliseert
- omdat na het snijden of raspen van verse groente en fruit door oxidatie de vitaminen gauw verloren gaan (dit is te zien aan het bruin worden van bij voorbeeld knolselderij en appel), kunt u beter altijd eerst het sausje klaarmaken. U kunt dan de geraspte of fijngesneden groente meteen ermee vermengen. Na 10-15 minuten gaat de kwaliteit van gesneden groente al achteruit; maak dus rauwkost altijd klaar vlak voor het opdienen en bewaar geen restjes voor de volgende dag
- de oliehoudende slasaus dient niet alleen ter bescherming van de gesneden of geraspte groente, maar maakt de rauwkost ook beter verteerbaar. Omdat de gangbare kant-en-klare slasaus vanwege allerlei ongewenste chemische toevoegingen en het gebruik van minder waardevolle oliën is af te raden, kunt u beter een van de in dit boek beschreven slasauzen zelf maken

- het maakt voor de verteerbaarheid niet uit of men rauwkost voor, tijdens of na de maaltijd eet. Sommige mensen met weinig eetlust, ook kinderen, worden door wat sappige rauwkost letterlijk aan het eten gezet. Omdat vitamine C (evenals vruchtezuren) de opname van ijzer uit de voeding bevordert, is het aan te bevelen ook bij de broodmaaltijden wat rauwkost te gebruiken in de vorm van sappen, vruchten of plakjes rauwe groente of fruit op de boterham

Besteed veel aandacht aan het opdienen van de rauwkost of salade, zij vormt de 'bloem' van de maaltijd. Let op kleurencombinaties en vergeet niet de salades te garneren. Deze garnering kan tegelijk ook aanvulling van het menu zijn:
- plakjes ei of blokjes kaas in een eiwitarm menu
- noten (of zaden), of in boter gebakken dobbelsteentjes brood in een vetarm menu

Salades van bladgroenten

Kropsla (basisrecept)

- 1 kropsla, middelmatig groot
- vinaigrette* of kant-en-klare slasaus* 223
- 1-2 eetlepels verse groene kruiden zoals dille, dragon, boragie, citroenmelisse, bieslook, sla-uitjes, of in het voorjaar de groene sprieten van uitgelopen uien

Was de *buitenste* slabladeren onder de stromende koude kraan (ook de onderkant) en de *binnenste* bladeren in ruim stilstaand water, maar laat ze er niet in liggen. Pluk pas na het wassen de bladeren in handzame, niet te kleine stukken. De kleine bladeren kunt u overlangs door de nerf doormidden snijden. Laat ook aan de grote bladeren een reepje van de nerf zitten; dit geeft ze wat stevigheid, waardoor de sla ook na vermenging met de saus knapperig blijft.
Gooi het stronkje van de sla niet weg, maar schil er de taaie buitenkant vanaf en snijd het binnenste fijn.
Kleine porties sla kunt u in een vergiet of zeef laten uitlekken en daarna boven het aanrecht uitslaan. Voor grotere porties is een slacentrifuge handig. Ook kunt u de eerst in een vergiet wat uitgelekte slabladeren op een schone, liefst wat losgeweven theedoek leggen, er een buidel van maken en deze een paar keer met uw arm rondzwaaien.
De zo voorbereide slabladeren kunt u, losjes verpakt in een geperforeerde plastic zak, enkele uren in de koelkast of op een andere koele plaats bewaren. In de slacentrifuge kunt u de sla (nog *niet* geslingerd) op een koele plaats zelfs 1 tot 3 dagen bewaren.

Vermeng de slabladeren pas vlak voor het eten met de saus, omdat ze anders gauw slap worden.

Enkele tips:
- leg het slabestek kruiselings over de slasaus in de slakom en deponeer de slabladeren erop. Aan tafel kunt u dan alles vlak voor het opscheppen vermengen
- doe de slablaadjes in de schaal en geef de slasaus apart erbij. Deze methode is vooral geschikt als u 'slankelijners' aan tafel heeft

Meng behalve bieslook verse kruiden *door* de slasaus, ze behouden zo het best hun smaak. Bieslook en groene uiesprieten kunt u, ter versiering, vlak voor het eten *over* de sla knippen en eventueel erdoor scheppen.

Variaties:
- prak een kleine gekookte aardappel of een gekookte ei door de vinaigrette
- roer een eetlepel zeer fijn gehakte uien of een theelepel honing door de vinaigrette

Spinaziesalade

Een kleurige voorjaarssalade, die goed past bij granen en een gekookte wortelgroente.

- 250 jonge spinazie, gewassen en drooggeslingerd

- 1 eetlepel citroensap
- 1 theelepel zout
- 1 theelepel mosterd
- 1 eetlepel olie
- 1 eetlepel room of viili

- eventueel 1 stukje ui, zeer fijn gesneden
- eventueel 1 teentje knoflook, zeer fijn gesneden of door de pers gedrukt, of 1 stukje citroenschil, in ragfijne sliertjes gesneden

- 4-8 radijsjes
- 8 halve walnoten
- eventueel 1 hardgekookt ei, in plakjes of partjes gesneden of fijngehakt

Vermeng in een slakom met behulp van een vork citroensap, zout en mosterd. Klop er de olie door en daarna de room of viili. Voeg ui en/of knoflook toe, of kruid de salade milder met citroenschil.
Knip de grove stelen van de spinaziebladeren en stapel de bladeren op elkaar. Snijd ze met een scherp mes in 1 cm brede reepjes en vermeng ze meteen met het sausje. Heel jonge spinazie kunt u heel laten.
Snijd de radijsjes overdwars in plakjes en vermeng ze met de spinazie. Garneer met walnoten en ei.

Variaties:
- vervang de radijs door een halve, in stukjes gesneden sinaasappel. Gebruik in deze variatie geen ui of knoflook en laat ook het ei weg; klop in plaats daarvan een theelepel honing door de saus
- strooi 50 g in dobbelsteentjes gesneden en uitgebakken mager rookspek of *soldaatjes** 82 over de spinazie
- strooi 25-50 g verkruimelde geitekaas over de spinaziesalade en garneer met zwarte olijven in plaats van walnoten en radijs. Voeg geen zout aan het sausje toe. Met een stevige soep vooraf en stokbrood erbij geschikt als maaltijdsalade voor twee personen

Salade van witlof met vruchten en kaas (4-5 personen)

Als maaltijdsalade met stokbrood of crackers. Geef op koude dagen een kopje gebonden soep vooraf, op warme dagen vla toe.

- 500 witlof, schoongemaakt*   331

- 1 ei, hardgekookt en gepeld
- 2 eetlepels mayonaise
- 4 eetlepels viili of yoghurt
- 1/2 eetlepel milde mosterd
- 2 eetlepels citroensap
- 1 theelepel zout

- 1 kleine banaan, in 1/2 cm, dikke schijfjes gesneden, of 1 rijpe, niet te zure appel, in dobbelsteentjes van 1 cm
- 1 mandarijntje of kleine sinaasappel, in stukjes gesneden
- 100 g Emmentaler of Maasdammer kaas, in blokjes van 1/2 cm
- 25 g walnoten, in stukjes gebroken
- 2-3 eetlepels verse groene tuinkruiden, fijngeknipt

- eventueel 1 kleine tomaat of 1/2 paprika

Prak het ei met een vork fijn in de slakom. Voeg mayonaise, viili, mosterd, citroensap en zout toe en klop alles tot een smeuïge saus. Snijd de struikjes witlof in 1-2 cm brede ringen en vermeng ze telkens met de slasaus om verkleuren te voorkomen. Schep de rest van de ingrediënten erdoor.
Garneer met toefjes peterselie.

Variatie: eenvoudige witlofsalade: snijd 300 g witlof overdwars in zeer dunne plakjes en een stevige (rode) appel in kleine blokjes of schijfjes. Vermeng dit met een *vinaigrette**   223 (met eventueel 1/2 eetlepel gehakte ui).

Andijviesalade

Geef deze bitter-zoete salade bij gebakken knolselderijschijven of groentebeignets er. gekookte granen.

- het gele, lichtgroene binnenste van een andijviestronk (ca. 250 g), gewassen

- 1 theelepel mosterdpoeder
- 1/2 theelepel zout
- 1 eetlepel appeldiksap
- 2 eetlepels olie
- 1 eetlepel room

- 2 eetlepels rozijnen
- 1/2 sinaasappel, in stukjes gesneden
- 1/2 appel, grof geraspt of in dunne schijfjes gesneden

- 4 amandelen, grof gehakt en geroosterd* 604

Roer mosterdpoeder en zout door het diksap en laat dit 5 minuten staan. Klop er met een vork eerst de olie en daarna ook de room door.
Week de rozijnen in dit sausje, ten minste 1/2 uur.
Snijd kort voor het opdienen de andijvie in ragfijne reepjes en vermeng ze meteen met de slasaus. Schep er ook de vruchten door en strooi de amandelen eroverheen.

Variaties:
- vermeng de salade met 100-150 g in kleine blokjes gesneden komijnekaas. Met stokbrood erbij en een stevige soep vooraf een volwaardige maaltijd
- maak de salade alleen met een vinaigrette aan (laat de vruchten en amandelen weg)

Salade van zomer- of winterpostelein

Gebruik hiervoor alleen zeer verse, malse groente.

- 250 g postelein, gewassen en goed uitgelekt
- 1/2 recept vinaigrette*, vermengd met 223
- 1 eetlepel room

Knip bij zomerpostelein de blaadjes van de steeltjes en snijd de steeltjes in stukjes van 1/2 cm lang. Vermeng blaadjes en steeltjes met de vinaigrette en proef of er genoeg zout in zit. Vermeng winterpostelein in z'n geheel met de vinaigrette.

Salade van raapsteeltjes

Maak van dit slaatje geen al te grote porties. Snijd de groente pas vlak voor het eten; ze heeft een vrij scherpe smaak, die onder invloed van de slasaus scherper wordt. Gebruik een *romige slasaus** (zonder mosterdpoeder) en combineer sla van raapsteeltjes eventueel met een zoetige wortelrauwkost (geen rode bieten). 224

Was 1 bosje raapsteeltjes en snijd ze fijn*. 372
Houd een paar mooie blaadjes achter om het slaatje mee te garneren. Vermeng de blaadjes meteen met de reeds klaargemaakte slasaus.

Salade van venkelknol
ⓥ

- 1/2-1 eetlepel citroensap of 2 eetlepels Kanne's broodddrank
- 3-4 eetlepels zure room, of 3 eetlepels viili en 1 eetlepel olie
- 1 mespunt zout

- 200 g jonge venkel, schoongemaakt
- 4 radijsjes
- fijn venkelgroen

Klop in de slakom het citroensap of de brooddrank met de room en het zout tot een fluwelig sausje.
Schaaf de venkel zo fijn mogelijk en vermeng het geschaafde telkens met het sausje.
Snijd de radijsjes in plakjes en strooi ze over de sla. Knip het venkelgroen fijn, bestrooi de sla er ruim mee en dien meteen op.

Variaties:
- vervang een gedeelte van de venkel door in plakjes gesneden komkommer
- vervang de radijs door 1 eetlepel grofgehakte noten naar keuze
- vervang de helft van de venkel door een halve, in kleine blokjes gesneden appel (ca. 75 g) en een halve (kleine) sinaasappel, in kleine stukjes gesneden. Vervang dan de radijsjes in deze zoetige combinatie door de resterende helft van de sinaasappel, in mooie halve maantjes gesneden

Salade van rauwe witte of rode kool

⑤ ⊖

Gebruik hiervoor alleen het binnenste, malse gedeelte van sappige, jonge kool van vóór de jaarwisseling.

- 250 g witte of 150 g rode kool, zeer fijn geschaafd
- 1 theelepel karwijzaad, of gekneusd mosterdzaad
- 1-2 theelepels geraspte sinaasappelschil
- 1/2 theelepel zout

- 1/2 eetlepel appelazijn
- 1 eetlepel olie
- 1 theelepel honing

- 1/2 sinaasappel, in kleine stukjes gesneden
- 1/2 sinaasappel, in dunne schijfjes gesneden
- 1 toefje peterselie of selderijblad

Vermeng in een kom de kool met de karwij, de sinaasappelrasp en het zout. Kneus de kool met een houten stamper of kneed hem een poosje met de hand.
Maak van azijn, olie en honing een sausje en meng dit door de kool. Leg er bij wat oudere kool een bordje op met daarop een kan of fles met water om de kool wat onder druk te zetten. Laat de kool zo 1/2-2 uur staan, hij wordt dan wat malser.
Schep daarna de sinaasappelstukjes door de koolsla en proef of er nog wat zout bij moet. Doe de sla in een glazen schaal en leg er de halve sinaasappelschijfjes op, in de vorm van een bloem, met in het midden een toefje peterselie.

Variaties:
- vervang de honing door 1/2 eetlepel tomatenpuree
- vervang de azijn door citroensap of 1-2 eetlepels yoghurt
- vervang de sinaasappel door een appel, in blokjes gesneden of zeer grof geraspt
- voeg een in flinterdunne plakjes geschaafd uitje toe
- vervang de helft van de *witte* kool door geraspte knolselderij of winterpeen, eventueel in luciferdunne stokjes gesneden en bijtgaar gekookt. Voeg deze groente pas vlak voor het opdienen aan de kool toe
- vervang bij witte kool de sinaasappel door 1/2 rode paprika, in dunne sliertjes gesneden
- vervang de helft van de *rode* kool door grof geraspte, of in kleine schijfjes gesneden appel, die u vlak voor het opdienen aan de kool kunt toevoegen. Vervang in deze combinatie de honing door appeldiksap en voeg nog een snufje gemalen kruidnagel of een mespunt kaneel toe
- vervang de olie door 1/2-1 dl stijfgeslagen slagroom en schep dit pas vlak voor het opdienen door de (rode) kool
- zie ook de variaties bij het recept *salade van gesmoorde rode en witte kool**   384

Salade van rauwe bloemkool

- 3 eetlepels mayonaise*   220
- 3 eetlepels viili of yoghurt
- 3 theelepels tomatenpuree of ketchup*   597
- 1 mespunt zout

- 300 g bloemkool (zonder dikke stronk gewogen)

- 1 worteltje of een paar radijsjes, in plakjes gesneden
- 1-2 eetlepels bieslook, fijngeknipt

Vermeng mayonaise, viili of yoghurt, tomatenpuree of ketchup en zout tot een smeuïg sausje.
Schaaf de bloemkool fijn op de komkommerschaaf en vermeng het schaafsel meteen met de saus.
Garneer met de schijfjes wortel of radijs en strooi de bieslook eroverheen.

Variaties:
- pluk de bloemkool in heel kleine roosjes en schaaf alleen de malse, dunne stronkjes. Het slaatje ziet er zo mooier uit, maar u moet er wel meer op kauwen
- blancheer* de bloemkool   40

Tip: Kook van de dikke stronk en de bladeren *bloemkoolsoep**.   90

Chinese-koolsalade

ⓥ

Een vlug gemaakte, knapperige salade.

- ca. 300 g Chinese kool (liefst de binnenste bladeren van de struik)
- 2 eetlepels ui, zeer fijn gesneden, en/of 1/2 rode paprika, in dunne reepjes of fijngehakt

- 1 recept vinaigrette*   223

Snijd de kool overdwars in 1/2 cm smalle reepjes. Vermeng de ui meteen na het snijden met de vinaigrette, hussel de paprika door de kool en vermeng ook de kool met de vinaigrette. Dien meteen op, zo mogelijk gegarneerd met een groen blaadje.

Variaties:
- meer geschikt voor kinderen: vervang de azijn in de vinaigrette door citroensap, en de ui of paprika door een fijngeraspte wortel. Deze salade heeft een frisse, zoetige smaak
- zie ook het recept voor *witlofsalade met vruchten en kaas**; deze variatie is vooral geschikt voor stevige, bleke Chinese kool die in de winter vaak verkrijgbaar is   400

Zuurkoolsalade met vruchten

🔆 ♨

Als bijgerecht bij gekookte granen en gekookte groente, of bij een feestelijke lunch (smaakt heerlijk op de boterham).
Met een wat grotere hoeveelheid heeft u een maaltijdsalade (zie dan de variaties 1-3); serveer met brood en roomboter en een zoet graangerecht toe.

- 250 g milde zuurkool zonder kruiden, wat fijngeknipt
- 2 eetlepels olie

- 1/2-1 kleine banaan, in 1/2 cm dikke schijven gesneden
- 2 schijven ananas, in partjes van 2 cm gesneden
- eventueel een stukje paprika, in kleine stukjes gesneden
- 2 volle eetlepels rozijnen

- 8 halve walnoten
- wat peterselie, winterpostelein, sterrekers of andere groene blaadjes

Druppel de olie over de zuurkool en vermeng goed. Schep de overige ingrediënten (behalve de walnoten en de kruiden) erdoor en laat ten minste 1 uur intrekken.
Garneer met de walnoten en de groene blaadjes, of met schijfjes kiwi.

Variaties:
- vervang de banaan door een rijpe peer
- vervang de ananas door dikke plakken van een stevige sinaasappel of sappige appel
- vervang de zuurkool door ander **melkzure groente***   572

Tip: Als de zuurkool erg droog is kunt u er, tegelijk met de olie, wat water, brooddrank of appelsap aan toevoegen.

Zuurkoolsalade met appel of waterkers

⑤ ⓥ

Een vlug gemaakt, eenvoudig slaatje.

- 300 g gekruide zuurkool, wat fijngeknipt
- 1 appel, liefst met rode schil (ca. 100 g), in langwerpige stukjes gesneden, of 1/2 bosje waterkers, de blaadjes van de stelen geplukt en de stelen fijngesneden

- 2 eetlepels mayonaise*   220
- 1/2 eetlepel geraspte verse mierikswortel of mierikswortelpasta*, of 1/2 eetlepel mosterd (niet bij waterkers)   602
- eventueel 1-2 eetlepels appelsap of water (alleen als de zuurkool erg droog is)

Vermeng de zuurkool met de appel. Klop de rest van de ingrediënten tot een sausje en schep dit door de zuurkool. Garneer met een toefje peterselie of blaadjes waterkers en/of plakjes sinaasappel.

Variaties: Pittig-zoete zuurkoolsalade: vervang de appel door 1-2 eetlepels gesnipperde geconfijte gember* en het appelsap door sinaasappelsap. Vervang de ui door 1/2-1 theelepel geraspte sinaasappelschil   596

Salades van vruchtgroenten

Tomatensalade

ⓥ

Lekker als aanvulling op een bladsla of gekookte groente.

- ca. 300 g rijpe tomaten, liefst vleestomaten

- 1 klein uitje, zeer fijn of in dunne ringen gesneden
- eventueel 1 teentje knoflook, fijngesneden

- 1/2 recept vinaigrette*   223
- 1 eetlepel verse basilicum of andere verse tuinkruiden, fijngeknipt

Snijd het harde stukje bij de steelaanzet van de tomaat eruit en snijd de tomaten met een scherp mesje in dikke plakken van 1/2 cm (of snijd heel kleine tomaten in partjes). Leg de plakjes dakpansgewijs op een plat schaaltje met een rand en strooi er de fijngehakte ui en knoflook overheen.
Sprenkel de vinaigrette over de tomaten. Strooi er de verse kruiden overheen en dien meteen op.

Variatie:
- maak de tomatensalade desgewenst wat voedzamer door er 50-100 g cottage cheese of fèta (geitekaas) over te strooien
- **tomatensalade met komkommer of rettich:** neem 1/2 komkommer (150 g) of rettich (100 g), schoongeborsteld, maar niet geschild. Leg de schijfjes tomaat om en om met dunne schijfjes komkommer of geschaafde plakjes rettich in het schaaltje. Laat desgewenst uien en knoflook weg en gebruik wat meer kruiden, bij voorbeeld bieslook. U kunt de rettich ook zeer grof raspen en vermengen met de halve theelepel zout die u in de saus zou gebruiken. Laat deze gezouten rettich een kwartiertje staan, strooi hem dan over de gesneden tomaten en sprenkel de slasaus eroverheen

Paprikasalade

Volg het recept van de tomatensalade. Vervang de tomaten door 2 kleine paprika's (bij voorkeur een rode en een gele). Snijd ze overlangs doormidden en verwijder de zaadlijsten en de zaden. Snijd de helften nog een of twee keer overlangs doormidden en daarna in flinterdunne reepjes.

Variatie: Schep 100-200 g gekookte maïskorrels door de salade; neem eventueel wat meer vinaigrette.

Griekse komkommer

Eiwitrijke rauwkost, die goed past bij graangerechten of aardappelen in de schil.

- 1 kleine komkommer (ca. 400 g)

- 100 g halfvolle kwark
- 2 eetlepels (olijf)olie
- 1 theelepel zout

- 1-2 dl yoghurt
- 2 eetlepels bieslook, fijngeknipt
- 2 eetlepels verse basilicum of verse munt, fijngehakt
- eventueel 1 teentje knoflook, door de pers gedrukt
- eventueel wat peper uit de molen

Snijd de komkommer in de lengte doormidden en leg de helften met het snijvlak op de snijplank. Snijd ze in de lengterichting in 8-10 dunne slierten en deze in ca. 1 cm grote stukjes.
Vermeng de kwark met de olie en het zout tot er geen oliedruppeltjes meer te zien zijn. Klop de rest van de ingrediënten erdoor en schep deze dikke saus door de komkommerstukjes. Niet laten staan, anders komt er te veel vocht vrij.

Variaties:
- vervang de basilicum of munt door sterrekers of zeer fijn gesneden waterkers

- vervang de bieslook door 1 eetlepel zeer fijn gehakte ui

Tip: Vervang de verse basilicum en de olie voor de saus door *basilicumolie**. 601

Komkommersalade (Atjar ketimoen)

Een bijgerecht bij rijst, maar ook verfrissend bij andere graangerechten.

- 1 komkommer
- 2 eetlepels azijn
- 1 eetlepel ongeraffineerde suiker
- 2 theelepels zout
- 2 eetlepels ui, in dunne ringen gesneden
- 1/2 rode paprika, in reepjes

Schil de komkommer zonodig en snijd hem in 3 mm dikke plakjes (op een komkommerschaaf worden ze voor dit recept te dun). Breng azijn, suiker, zout en ui aan de kook. Giet dit hete mengsel over de komkommer en strooi de reepjes paprika er ook over.

Komkommersalade met rettich

Lekker in combinatie met wat bladsla of als aanvulling op gekookte groente.

Rasp 150 g rettich zeer grof en meng 1 theelepel zout erdoor. Laat een kwartiertje trekken.
Rasp ook 1/2 komkommer en vermeng deze met de rettich. Voeg 1/2 recept *vinaigrette** 223 toe en vermeng alles goed. Knip er wat bieslook, dille en dragon over en dien meteen op (anders komt er te veel sap vrij).

Courgettesalade
ⓥ

Een zomerse salade met een zeer zachte smaak. Gebruik alleen heel jonge courgettes, u hoeft ze dan niet te schillen.
Volg de recepten van *komkommersalade**, 405 *komkommersalade met rettich** of *tomaten-* 405 *salade met komkommer** en vervang telkens 404 de komkommer door courgette.

Salades van wortelgroenten

Rauwkost van topinamboer
ⓥ

Reken 1 topinamboer (middelmaat) per persoon.
Boen de knollen onder de stromende kraan grondig af, verwijder de dunne worteltjes en eventueel de wat verdroogde kapjes. Schaaf of rasp de topinamboers pas vlak voor het eten, ze oxideren net zo vlug als appels. Of marineer de schijfjes in met water verdund citroensap*. 42
In flinterdunne schijfjes *geschaafd* en bestrooid met wat gomasio smaakt topinamboer heerlijk op de boterham of als voorafje bij de warme maaltijd.
Geraspt (niet al te fijn) en meteen vermengd met een *kwarksaus** is hij voor kinderen beter 224 geschikt, omdat ze de topinamboer zo beter kunnen kauwen. Bestrooid met wat grofgehakte hazel- of walnoten smaakt deze rauwkost bijzonder lekker.

Wortelsalade

- 3-4 eetlepels room, of 2-3 eetlepels viili of yoghurt en 1 eetlepel olie
- 1 theelepel koriander
- 1-2 theelepels honing
- 1/2 eetlepel citroensap

- 250 g wortelen, geschild of geschraapt gewogen

- 2 eetlepels peterselie of bieslook, fijngesneden
- eventueel 1-2 eetlepels hazelnoten, grof gehakt of gemalen ▶

Klop de room of de viili met de olie, de koriander, de honing en het citroensap tot een fluwelig sausje.
Rasp de wortels fijn (winterpeen heel fijn, waspeen of bospeen wat grover) en vermeng ze telkens met het sausje.
Strooi er de verse kruiden en de hazelnoten overheen en dien meteen op.

Variaties:
- vervang de koriander door gemalen anijs, of (zeer pittig) door 1 theelepel geraspte gemberwortel of fijngehakte geconfijte gember
- **pittig gekruid:** vervang de room door 1-2 eetlepels olie en de honing door 1-2 theelepels mierikswortelpasta* of 1-2 theelepels mosterd. Rasp de wortel niet te fijn 602
- **salade van wortel met kokos:** vervang de bieslook en hazelnoten door 3 eetlepels gemalen kokos (of 4 eetlepels vers geraspte kokos)
- vervang de hierboven genoemde saus door *kant-en-klare slasaus voor wortelgroente** of 224 (bij winterpeen) door *kant-en-klare saus voor bladgroente** 223
- vervang eenderde tot de helft van de wortel door zeer fijn geschaafde kool (Chinese kool, spitskool, het binnenste van een witte of groene kool), of fijngesneden zuurkool (gebruik in het laatste geval geen citroensap en mierikswortel)

Tip: Het maakt een groot verschil of men aan het eind van de winter een droge winterpeen of in de zomer sappige bospeentjes in deze salade verwerkt. De hoeveelheid saus is dus moeilijk precies aan te geven. Te droge winterpeen kunt u wat sappiger maken door een gedeelte te vervangen door appel.

Salade van pastinaken

Volg het recept van de *wortelsalade** of de 405 *salade van rauwe knolselderij**. Als u deze 406 lichtgekleurde salade opdient met een krans van veldsla of winterpostein en er wat *geroosterde zonnebloempitten** of amandelstaafjes 605 overheen strooit, vormt zij een waardige opmaat voor een feestelijke maaltijd.

Salade van rauwe knolselderij

- *4 eetlepels room*
- *1-2 eetlepels viili of yoghurt*
- *1 eetlepel citroensap*
- *1 theelepel oregano of marjolein*

- *250 g knolselderij, geschild*

- *2 eetlepels bieslook of andere groene tuinkruiden, fijngeknipt*
- *8 halve walnoten*
- *8 reepjes rode paprika of partjes tomaat*

Klop de room met de viili, het citroensap en de oregano of marjolein tot een sausje.
Rasp de knolselderij fijn en vermeng het geraspte telkens met het sausje, om verkleuren te voorkomen.
Strooi er de groene kruiden overheen en garneer met de walnoten en de paprika of tomaat. Dien meteen op.

Variaties:
- vervang de room door viili met 1 eetlepel olie, of door 2 eetlepels *mayonaise** en 3 220 eetlepels viili
- voeg, vooral aan het eind van de winter, als de knolselderij droog en scherp van smaak is geworden, een appel toe. Rasp de appel zeer grof of snijd hem in kleine blokjes
- zie ook *Waldorfsalade** 410

Salade van rauwe rode bieten, pastinaak of peterseliewortel

Volg een van de recepten voor salade van wortel* of knolselderij*. 405
Lekker is ook een combinatie van verschillende wortelgroenten, bijvoorbeeld:
- wortel/pastinaak
- wortel/peterseliewortel
- peterseliewortel/rode biet

Een eventueel té scherpe smaak van deze wortelgroenten, vooral aan het einde van de winter, kunt u verzachten door een appel mee te raspen. Wat pittiger wordt de salade met een halve eetlepel fijngeraspte mierikswortel of mosterd.
Rode biet is zelf al sappig; voor deze groente heeft u wat minder saus nodig dan voor de andere wortelgroenten.

Variatie: Zie de *salade van gestoofde bieten** 410

Tip: Rasp restjes wortelgroente. Begin hierbij met de lichtst gekleurde soort en vermeng elke soort meteen met de slasaus. Leg de hoopjes wortelsalade in een leuke kleurencombinatie op een bord of platte schaal, met wat winterpostelein of veldsla als 'grenzen'.

Salade van koolrabi

Serveer deze salade in een rand van mooie spinazie- of kropslabladeren.

Rasp ca. 200 g jonge koolrabi, rettich of rammenas (schoongemaakt gewogen) in 1/2 recept *vinaigrette** of *slasaus met room**. 223
Vermeng het geraspte telkens met de saus, 224
anders vervluchtigt de in deze groente aanwezige mosterdolie.

Variaties:
- vervang de helft van de genoemde groente door wortel of appel of klop 1 theelepel honing door de saus. Dit maakt de scherpe smaak van de salade wat milder
- roer 1 theelepel venkelzaad door de saus of strooi dilleblaadjes over de salade
- vervang de helft van de groente door 50 g waterkers of winterpostelein. Laat de kruiden weg

Zoete salade van rettich

Door de rettich niet te raspen, maar in schijven te snijden en met een honingsausje te vermengen, is deze salade niet scherp en ook geschikt voor kinderen.

- 1/2 eetlepel honing
- 3 eetlepels sinaasappelsap
- 2 eetlepels olie
- een snufje zout

- de schil van een halve sinaasappel (gebruik een dunschiller)

- ca. 200 g rettich, schoongeborsteld

Los de honing op in het sinaasappelsap en klop er de olie en het zout door. Laat de schil ten minste 1/2 uur in het sausje trekken. Snijd de rettich in 2 mm dikke schijven en vermeng ze meteen met het sausje. Laat nog een paar minuten intrekken en verwijder dan de sinaasappelschil.

Gemengde salades

Gemengde salade van rauwe zomergroente

Vooral in de zomer, als er volop groente van de koude grond verkrijgbaar is, kan iedereen zich uitleven in het maken van de mooiste slaboeketten.
Let vooral op de kleurencombinaties en kijk bij keuze van de groentesoorten ook naar welke soorten er al (gekookt) in de rest van het menu voorkomen. Gebruik dan voor de slaschotel niet nog een keer dezelfde soorten.

Met de garnering (plakjes ei, zonnebloempitten, geschaafde noten, enzovoort) en een eventuele vulling (gekookte peulvruchten, maïskorrels, blokjes kaas of vlees) kunt u een wat eiwit- en vetarm menu desgewenst aanvullen. Overigens is zo'n rijke slaschotel op een warme dag ook een volledige maaltijd, geserveerd met volkorenbrood(jes) en desgewenst een kop stevige soep vooraf.

Een paar tips:
- voor het door elkaar mengen in een diepe ▶

slakom is eigenlijk alleen bladgroente geschikt (geen rode kool, die zou alle andere groentesoorten paars kleuren). Wel kunt u nog kleingesneden knol- of vruchtgroente door de bladgroente husselen, zoals reepjes venkel, plakjes radijs, schijfjes komkommer of courgette, partjes kleine tomaat en roosjes bloemkool. Laat deze steviger groentesoorten eventueel een kwartier in de slasaus trekken alvorens ze te mengen met de bladgroente. De groente wordt dan wat malser en krijgt meer smaak
- leg kleingesneden of geraspte groente, per soort apart vermengd met de erbij passende slasaus, in bergjes op een platte schaal, eventueel met een rand en 'tussenschotten' van bladsla (deze hoeft u dan niet aan te maken)
- doe verschillende soorten groente *zonder* slasaus op een grote platte schaal of op eenpersoonsbordjes en geef de slasaus (eventueel verschillende soorten) er apart bij. Wat overblijft kunt u dan na afloop in een ruime plastic doos of zak in de koelkast nog wel tot de volgende dag bewaren (kleingesneden groente kunt u het beste even opkoken en er soep van maken). Geraspte groente is voor deze methode van opdienen niet geschikt; zij gaat, zeker als ze niet van een beschermend laagje saus is voorzien, snel achteruit. Zie ook het hoofdstuk *koud buffet**. 64

Gemengde salade van rauwe wintergroente
◊

Een knapperige salade, die u feestelijk kunt garneren met achtergehouden groene blaadjes en *wortelbloemen* of *-sterren**. 429

- *1 recept vinaigrette** 223
- *1 eetlepel room of viili*

- *50 g wortel, geschild gewogen, in luciferdunne stokjes gesneden*
- *100 g knolselderij, eveneens in luciferdunne stokjes*

- *100 g veldsla (in de winter) of jonge spinazie (in het voorjaar), gewassen*
- *eventueel 4 halve walnoten, in grove stukjes gehakt*

Klop de room door de vinaigrette en schep er de gesneden wortelgroente door. Zet dit op een koele plaats weg. Pluk intussen de grootste buitenste blaadjes van de veldsla en snijd ze in reepjes. Schep de reepjes, met de walnoten, door de wortelgroente. Als u spinazie gebruikt kunt u grote bladeren in repen snijden, kleine heel laten.
'Plant' de hartjes van de veldsla in de salade en garneer naar wens met wortelbloemen of -sterren.

Variaties:
- vervang aan het eind van de winter de knolselderij door 50 g taugé of andere gekiemde zaden
- vervang de veldsla door winterpostelein

Tip: Rasp de wortelgroente desgewenst (op een niet al te fijne rasp).

Chinese salade (Atjar Tjampoer)
(1 pot van 6 1/2 dl inhoud)

Een zoetzure, vetvrije salade van verschillende groentesoorten.
Lekker bij *nasi goreng**, maar ook bij *graankoekjes** of *pannekoeken**. 136
166
U kunt deze salade een paar dagen van 175 tevoren maken; zij smaakt zelfs beter als zij een dag in de koelkast heeft gestaan.

- *1 1/2 dl appelazijn*
- *1 1/2 dl water*
- *2-3 schijfjes gemberwortel*
- *eventueel een teentje knoflook, wat gekneusd*
- *2-3 theelepels ongeraffineerde rietsuiker*
- *1/2-1 theelepel kurkumapoeder (koenjit)*
- *1/2 theelepel zout*

- *400 g gemengde groente, zoals: 100 g wortel, in luciferdunne sliertjes gesneden; 125 g witte kool, fijngeschaafd; 75 g ui, in dunne ringen gesneden; 100 g dunne komkommer, in 1/2 cm kleine dobbelsteentjes gesneden*

Breng de azijn met water, gember, knoflook, suiker, kurkuma en zout aan de kook en laat op een laag pitje ca. 10 minuten trekken. Verwijder de gember en de knoflook. Snijd intussen de groente en voeg ze in

bovengenoemde volgorde bij de gekruide azijn. Breng alles na toevoeging van een groentesoort weer aan de kook. Op deze manier worden de verschillende groentesoorten tegelijk bijtgaar; de komkommer hoeft nog maar 2 minuten te koken – alles moet nog knapperig zijn.
Doe de groente meteen over op een vergiet en laat het geheel afkoelen. Doe de Atjar in een glazen pot en serveer op z'n vroegst na een halve dag, de salade is in de koelkast 3-4 dagen houdbaar.

Variaties:
- vervang deze met azijn aangezuurde groente door *melkzuur ingemaakte groente**. Trek de kruiden dan alleen in water, anders wordt de salade veel te zuur
- vervang de azijn én het water door Kanne's brooddrank
- vervang de komkommer door taugé

572

Tip: Doe het kookwater in een flesje en gebruik het voor slasaus als u azijn of brooddrank heeft gebruikt, en voor soep of saus als u alleen water heeft gebruikt.

Salades van gekookte groente

Behalve van tere soorten bladgroente kunt u van praktisch alle groentesoorten salades maken nadat de groente is gekookt of gestoofd (bij voorkeur zonder boter, anders weinig of geen olie toevoegen). Het is een ideale methode om groenterestjes, zonder kwaliteitsverlies bij hernieuwd opwarmen, de volgende dag met een andere smaak op tafel te brengen. U laat dan de groente goed uitlekken en vermengt ze kort voor het eten met wat slasaus (*vinaigrette** of *kant-en-klare slasaus**). Aangevuld met een bladsalade bent u dan voor wat betreft de groente in het menu klaar.
Op een zomerse dag kunt u de hele hoeveelheid gekookte groente als salade opdienen. Vermeng dan de groente als zij nog lauwwarm is met de slasaus, dan trekt deze er beter in.
Serveer gekookte-groentesalades op kamertemperatuur.
Geschikte groenten zijn: asperges, rode bieten, bleekselderij, bloemkool, sperziebonen, al wat oudere doperwten, peultjes, knolselderij, venkelknol, paprika, schorseneren, tuinbonen, wortelen, pastinaken.

223
223

Wortelsalade
⑤ ⊖

Dien deze gekruide salade feestelijk op in een rand van slablaadjes (behalve kropsla ook winterpostelein of veldsla).

- ca. 300 g wortels, geschild gewogen
- 1/2 recept vinaigrette* (met citroensap), waaraan toegevoegd 1/2 theelepel komijn (djinten)
- 1 eetlepel peterselie, fijngeknipt
- 1 eetlepel selderijblad of venkelgroen, fijngeknipt

223

Snijd dunne wortels (peentjes) in 1 cm grote stukjes; rasp dikke wortels (winterpeen) zeer grof of snijd ze in luciferdunne reepjes of kleine blokjes. Stoof ze bijtgaar (5-10 minuten).
Schep de vinaigrette door de nog lauwwarme wortels. Laat de salade tot kamertemperatuur afkoelen en schep er tot slot de verse kruiden door.

Variatie: Vervang in de zomer peterselie en selderijblad door citroenmelisse en munt.

Tip: Maak deze salade van restjes gekookte wortel. Snijd deze zonodig in kleine stukjes en vermeng ze, liefst nog warm, met de slasaus. Bewaar de wortelsalade desgewenst 1-2 dagen in de koelkast, maar laat haar voor het opdienen weer op kamertemperatuur komen.

Salade van gestoofde rode biet

① ↩

- 500 g gestoofde rode bieten*   314
- 2 eetlepels appelazijn

- 1 uitje, zeer fijn gesneden
- 1 theelepel gedroogde dilleblaadjes of 1 eetlepel verse dille
- 1 grote, stevige appel, in blokjes van 1 cm of grof geraspt

- eventueel 2-3 zure augurkjes
- eventueel 1 hardgekookt ei

Vermeng de (liefst nog lauwwarme) bietjes met de azijn. Laat ze helemaal afkoelen en vermeng ze pas daarna met ui, kruiden en appel.
Garneer de salade met de mooi gesneden augurkjes en schijfjes ei. Serveer op een bedje van kropsla of leg er een krans winterposteleinblaadjes omheen.

Variaties:
- vervang in de zomer de appel door een restje gekookte snijbonen of sperziebonen (op het laatst erdoor scheppen)
- met versgekookte doperwtjes en/of maïskorrels (vers of uit een potje*) maakt u er een feestelijke salade van (op de salade strooien)   598
- gebruik hele *gekookte bietjes** en voeg nog een eetlepel olie aan de salade toe   314
- zie *huzarensalade* en *haringsalade**   421

Aspergesalade

↩ &

- ca. 300 g asperges, schoongemaakt en bijtgaar gekookt*   327
- 50-75 g jonge doperwtjes, gedopt gewogen, bijtgaar gestoofd in een bodempje water (3 minuten)
- 1 recept vinaigrette*, zonder mosterd gemaakt   223
- een paar sprietjes bieslook of een takje kervel

Laat de asperges in het kookwater wat afkoelen. Snijd ze in ca. 3 cm lange stukjes (leg de vezelige gedeelten opzij voor soep).

Vermeng ze nog lauwwarm met de doperwten en de vinaigrette (niet te veel).
Leg deze kostelijke salade in een rand van gele kropslabladeren en knip er een vleugje groene kruiden overheen.

Variatie: Vervang de doperwtjes door peultjes.

Tip: Leg de salade op een geroosterde boterham en geef hem als lunchgerecht.

Waldorfsalade

↩ &

- 250 g knolselderij, geschild en in schijven van 1/2 cm dik gesneden
- 3 dl water
- 1 theelepel zout

- 1 peer, niet al te rijp (ca. 75 g)
- 1/2 eetlepel citroensap

- 2 eetlepels mayonaise*   220
- 2 eetlepels viili of yoghurt
- 1 theelepel tijm

- 8 halve walnoten
- 2 eetlepels bieslook of andere groene tuinkruiden, fijngeknipt

Snijd de selderijschijven in luciferdunne, ca. 3 cm lange stokjes. Breng het water met het zout aan de kook en voeg de selderij toe. Laat weer aan de kook komen en daarna nog 3 minuten trekken (deksel op de pan en vuur uit). Giet door een zeef (bewaar het kooknat voor soep) en laat de selderij afkoelen.
Schil de peer, verwijder het kroontje, steel en klokhuis en snijd de peer in ca. 1 cm grote dobbelsteentjes. Vermeng ze meteen met het citroensap.
Klop de mayonaise met de viili tot een smeuïg sausje, voeg de tijm toe en schep er de knolselderij en de peer doorheen.
Garneer met de walnoten en strooi er de bieslook overheen.

Variatie: Vervang de peer door appel, stukjes ananas, banaan, kleine druifjes, stukjes mandarijn of sinaasappel, stukjes ontpitte dadel of ca. 25 g rozijnen. Maak in het laatste geval het sausje ruim van tevoren en laat de rozijnen erin weken.

Salade van gesmoorde witte of rode kool

⑤ ⊖

Gebruik voor deze salade alleen het binnenste, malse gedeelte van de kool.

- 1 1/2 eetlepel olie
- 1/2 ui, fijngesneden
- 1 theelepel karwijzaad of gekneusd mosterdzaad
- 250 g witte of 150 g rode kool, zeer fijn geschaafd

- 1 eetlepel azijn
- 1 theelepel salie
- 1/2 theelepel zout
- 1 grote appel, in blokjes gesneden of zeer grof geraspt

Verwarm de olie met de ui en de karwij en smoor de ui glazig. Voeg de kool toe en verwarm onder voortdurend roeren, tot de kool helemaal bedekt is met olie en slap begint te worden. Doe het deksel op de pan en haal hem van het vuur. Laat de pan zo 10 minuten staan (niet langer).
Voeg azijn, salie, zout en appel toe.
Dien de koolsalade lauwwarm op.

Variaties:
- vervang 1/2 eetlepel azijn door 2-3 eetlepels sinaasappelsap of door een in dunne plakjes gesneden zuur augurkje
- vervang de olie door 25 g vet gerookt spek, in blokjes gesneden. Bak de blokjes even uit voordat u de ui en de karwij toevoegt
- gebruik voor een feestelijke salade rode én witte kool, maar maak ze apart klaar (de witte kool wordt anders roze). Als u eerst de witte kool schaaft, stooft en mengt, kunt u hetzelfde gereedschap gebruiken. Doe de kool in een schaal en markeer de scheidingslijn met een haagje van sterrekers of winterpostelein
- vervang 50-100 g van de kool door het witte gedeelte van een prei. Snijd de prei in dunne plakjes en vermeng ze met de nog warme kool. Dit geeft een pittige smaak. Meegesmoord krijgt de prei een zoetige smaak
- strooi 1-2 eetlepels in stukjes gebroken walnoten over de kool

Tip: Doe de geschaafde kool met het karwijzaad in een pan en giet er ca. 1 liter kokend water op. Doe het deksel op de pan en laat de kool 10 minuten (niet langer) zo staan. Laat de kool op een vergiet uitlekken (bewaar het water voor soep), voeg de zeer fijn gesneden of geraspte ui en de karwij toe en doe de salade in een slakom.
Roer de olie en de azijn met het zout tot een sausje en giet dit over de kool. Voeg tot slot de appel toe en schep alles door elkaar.
Deze werkwijze is wat omslachtiger, maar de kool is lichter verteerbaar omdat de olie niet wordt verhit.

Salade van sperziebonen

⊖

Een voedzame salade die het lekkerst smaakt als hij nog lauwwarm is.

Volg het recept van de *aspergesalade**, maar gebruik 500-750 g gekookte sperziebonen*. 410 342
Laat jonge, kleine boontjes heel en snijd grote bonen na het koken in stukjes.
Vervang de doperwtjes door *maïskorrels** en voeg (naar wens) 2-3 in flinterdunne plakjes gesneden teentjes knoflook toe en/of 1 eetlepel gehakte ui. Knip er vers bonenkruid overheen en garneer met reepjes rode paprika. 132

Tip: Als in uw moestuin de sperziebonen te ver zijn doorgegroeid, kunt u ze doppen en de melkrijpe boontjes in wat gezout water koken om ze daarna ook door de bonensalade te mengen. Snijd de paprika dan in kleine stukjes en meng hem, voor een leuk contrast met de bleke boontjes, door de salade

Gemengde groentesalade van gekookte zomergroente (6-8 personen)

Een kleurig groentegerecht voor wie niet van rauwkost houdt. De salade kan van tevoren worden klaargemaakt. Eet er risotto, polenta of brood met boter bij.

- 1/2 eetlepel olie
- 1 uitje (ca. 50 g), gesnipperd
- eventueel 2 teentjes knoflook

- 150 g waspeen, in 1/2 cm dikke schijfjes
- 150 g sperziebonen, in 2 cm lange stukjes
- 2 theelepels geraspte gemberwortel
- 1 theelepel zout
- 1 dl water

- 300 g bloemkool (zonder stronk gewogen), in kleine roosjes geplukt
- 1 kleine gele paprika (ca. 75 g), in reepjes van 1/2 cm

- 2 theelepels ongeraffineerde rietsuiker
- 2 eetlepels appelazijn
- 2 eetlepels olie

- 1 kleine, dunne komkommer (ca. 250 g), in ruim 1 cm grote dobbelsteentjes gesneden
- 2-3 eetlepels verse citroenmelisse of 1-2 eetlepels bieslook, fijngeknipt

Verwarm in een ruime pan op een matig vuur de olie met de ui en de knoflook en smoor de ui glazig.
Voeg de peen en de boontjes toe en smoor ze even mee. Roer de gember en het zout erdoor en blus met het water. Breng aan de kook, doe een deksel op de pan en temper het vuur als het deksel heet is geworden. Kook de groente 5 minuten.
Leg de bloemkool en de paprika op de gekookte groente en kook alles nog 10 minuten. Laat de groente vooral niet te gaar worden.
Giet nu alles op een vergiet (vang eventueel aanwezig groentenat op en drink het, het is een heerlijk slokje groentebouillon). Laat de groente tot lauwwarm afkoelen.
Klop de suiker, de azijn en de olie tot een fluwelig sausje en vermeng dit met de nog lauwe groente. Laat de salade nu helemaal afkoelen (niet in de koelkast).

Schep vlak voor het opdienen de blokjes komkommer en de verse kruiden door de salade.

Variaties:
- vervang de paprika door ca. 150 g bleekselderij, in 1/2 cm dikke schijfjes gesneden
- geef de salade een oosters (Maleisisch) tintje door de volgende kruiden met de ui mee te *fruiten*: 1 theelepel komijn (djinten), 2 theelepels mosterdpoeder, een half Spaans pepertje, fijngehakt. Breng de salade met de dubbele hoeveelheid suiker op smaak en serveer lauwwarm met rijst en kip of gekookte eieren of een omelet
- maak er een **zomerse maaltijdsalade** van door er 150-200 g geitekaas (in blokjes gesneden) over te strooien

Tip: Als u veel eters heeft, kunt u de salade op een bedje van slabladeren opdienen. Geef er eventueel *gevulde tomaten** bij.

Bloemkoolsalade

- 1 kleine bloemkool (schoongemaakt ca. 300 g), bijtgaar gekookt*
- 3 eetlepels mayonaise*
- 2 eetlepels halfvolle kwark
- 1/2 theelepel kerrie
- 1 mespunt zout

- het kapje van een vleestomaat, in kleine dobbelsteentjes gesneden
- 1-2 eetlepels bieslook of andere verse tuinkruiden, fijngeknipt

Klop mayonaise, kwark, kerrie en zout tot een smeuïg sausje en giet dit over de afgekoelde bloemkool.
Strooi eerst de dobbelsteentjes tomaat en daarna de groene kruiden over de bloemkool. Geef er wat bladsalade bij of zet de bloemkool, voor u het sausje erover giet, op een bedje van groene slablaadjes.

Variaties:
- vervang de hierboven genoemde saus door *koude paprikasaus**
- strooi 1 eetlepel kappertjes of kleine dunne

plakjes van 2-3 zure augurkjes over de bloemkool en giet er een vinaigrette overheen. Garneer met plakjes ei

Zomerse maaltijdsalade van rauwe groente en vruchten

Een frisse, zoetzure groente/fruitsalade in een 'slanke' saus. Met soep vooraf, brood erbij en een voedzaam nagerecht (vla) toe bijna een feestmaaltijd.

- *1/2 dl zure room of viili*
- *2 eetlepels citroensap of Kanne's brooddrank*
- *2 theelepels honing*
- *1 theelepel geraspte gemberwortel of 1 bolletje geconfijte gember, fijngesneden*
- *eventueel wat peper uit de molen of 1 mespunt kerrie*

- *1 peer (ca. 150 g)*
- *ca. 250 g meloen of ananas, in ca. 1 1/2 cm grote blokjes* ▶

- *1 stukje rode paprika (ca. 25 g), in flinterdunne reepjes*
- *100 g Leerdammer kaas, in krap 1 cm grote blokjes*

- *1 ijsbergsla (ca. 300 g, gewogen zonder de donkergroene bladeren)*
- *1 eetlepel bieslook of andere verse tuinkruiden*

Klop room, citroensap, honing, gember en peper tot een smeuïg sausje.
Schil de peer, snijd hem in dunne partjes en vermeng deze meteen met het sausje. Voeg ook de meloen, de paprika en de kaas toe. Laat dit 1/4-1 uur op een koele plaats intrekken.
Snijd vlak voor het eten de sla in 2 cm brede repen en schep ze door het groente/kaasmengsel. Knip de verse kruiden eroverheen.

Variatie: Vervang de Leerdammer door 150 g harde geitekaas (fèta); de salade wordt hierdoor wel wat zouter van smaak.

Salades met melkzure groente

Melkzure groente is op natuurlijke wijze door de inwerking van melkzuurbacteriën geconserveerde groente. Melkzure groente is eigenlijk veredelde rauwkost: alle mineralen en vitaminen blijven behouden, het vitaminegehalte (vooral vitamine B en C) is zelfs hoger dan in de rauwe groente. Door het melkzure gistingsproces wordt de groente beter verteerbaar, de opname van ijzer uit de voeding wordt bevorderd, de natuurlijke afweerkrachten van het lichaam versterkt. Melkzure groente heeft een regulerende invloed op de darmflora: zowel diarree als verstopping kunnen erdoor verholpen worden. Zij stimuleert en zuivert de stofwisseling en heeft een gunstige invloed op de celademhaling.
Het bekendste voorbeeld van melkzure groente is zuurkool. Maar ook rode bieten, wortels, knolselderij, paprika, eigenlijk alle groentesoorten, behalve de tere bladgroenten, kunnen melkzuur worden ingemaakt en zijn in natuurvoedings- en reformwinkels verkrijgbaar.

Melkzure groente kunt u zo uit de pot, vermengd met wat olie, als rauwkostslaatje opdienen. Met een restje gekookte granen en wat olie kunt u er ook een graansalade van maken – met wat bladsla erbij een vlugge zomerse maaltijd. Als u de melkzure groente te zuur vindt, kunt u haar met wat verse groente vermengen.
Zie ook de recepten van salades met zuurkool.

Een aangebroken pot kunt u in de koelkast nog een kleine week bewaren. Gooi het sap, dat in de pot overblijft, nooit weg. Het is zeer waardevol en bruikbaar als azijn (zeven en in een flesje in de koelkast bewaren).

Een paar eenvoudige recepten om melkzure groente in kleine hoeveelheden zelf in te maken, vindt u in het hoofdstuk *Conserveren*.

Graansalades

Op warme zomerdagen, als de eetlust gering is en de kooklust ook niet al te groot, kan een graansalade uitkomst bieden. Gekookte granen vormen de basis van deze salades, zodat ze geen lange bereidingstijd meer vergen.
Afhankelijk van de ingrediënten die u aan de granen toevoegt kunt u de salade al helemaal van tevoren klaarmaken. Voor dit doel zijn vooral melkzure groenten geschikt (zie boven). Verse groente en verse vruchten kunt u het beste kort voor het gebruik aan de salades toevoegen.
Graansalades kunt u meenemen voor de picknick, u kunt er een feestelijke lunch of koud buffet mee opfleuren en de zoete variant kan als toetje dienen. Een ruime portie kan echter, royaal gegarneerd met bladsla en geserveerd met stokbrood, een complete maaltijd vormen.
Gebruik voor graansalades niet al te gaar gekookte, droge hele graankorrels of thermogrutten. Gierst, boekweit en haver zijn minder geschikt omdat ze te papperig zijn.

Graansalade met zuurkool
Ⓥ ⇆

Een vlug gemaakte maaltijd op een warme zomerdag, ook geschikt voor een picknick. Serveer met stokbrood en desgewenst een kopje gebonden soep vooraf.

- ca. 450 g gekookte hele graankorrels (150 g ongekookt) zoals tarwe, gerst of rijst (langkorrelige) of thermogruttten
- 200 g gekruide zuurkool, fijngesneden
- 2 stevige appels, bij voorkeur met een rode schil

- 1-2 eetlepels olie
- 3-4 eetlepels room of viili
- 1 eetlepel vloeibare honing of 2 eetlepels diksap
- 1 theelepel karwijzaad

- eventueel 1/2 rode paprika of 1 tomaat
- wat peterselie of venkelblad
- eventueel 8 halve walnoten
- een paar mooie slabladeren

Vermeng het graan met de zuurkool en de in blokjes gesneden appel.
Klop de olie met de viili en het diksap tot een smeuïg sausje en giet dit over de granen. Strooi er ook de karwij op en schep alles goed door elkaar. Laat de salade ten minste een half uur trekken. Proef of er nog wat zout en/of viili door moet; het moet een sappig mengsel worden.
Leg op een platte schaal een krans van slabladeren en schep de graansalade in het midden. Snijd de paprika in reepjes of de tomaat in partjes en pluk de peterselie in 'wolkjes'. Versier daarmee de salade, samen met de walnoten en de slabladeren.

Variaties:
- vervang de walnoten door partjes of plakjes hardgekookt ei
- maak de salade voedzamer door een kopje witte of bruine bonen toe te voegen of ca. 100 g in blokjes gesneden jongbelegen kaas

Tip: Zie *zuurkoolsalade met vruchten**.

Graansalade met gekookte groente

🔄

Een zomerse, koude graan/groenteschotel. Het lekkerst is een mengsel van 3-4 groentesoorten; let daarbij ook op de kleur. Serveer met stokbrood of tarwebolletjes en geef desgewenst een bord lichtgebonden soep vooraf. Met een schaaltje yoghurt met fruit toe een voedzame maaltijd.

- ca. 450 g gekookte hele graankorrels (150 g ongekookt) zoals tarwe, gerst, rijst of thermogrutten
- ca. 500 g bijtgaar gekookte groente (zoals knolselderij, koolrabi, meiraapjes, in blokjes van 1 cm gesneden, bleekselderij, zilverstelen of paksoy zonder blad, sperziebonen, in 1-2 cm lange stukjes gesneden, jonge wortels, in 1/2 cm dikke plakjes gesneden, doperwtjes, capucijners, maïskorrels, bij voorkeur vers of anders ingemaakt*   598
- 3-4 eetlepels verse tuinkruiden, fijngeknipt

- 2-3 eetlepels azijn
- 1 eetlepel mosterd
- 3 eetlepels olie
- 2-3 eetlepels mayonaise*, of viili met wat zout   220

- een paar mooie bladeren van ijsberg- of kropsla
- 2-4 hardgekookte kleine eieren, overlangs doormidden gesneden
- 1 tomaatje of 1/2 rode paprika, in partjes of reepjes gesneden

Maak de gekookte granen met een vork los en vermeng ze met de groente en de verse kruiden.
Klop azijn, mosterd, zout, olie en mayonaise of viili in de genoemde volgorde tot een smeuïg sausje. Giet dit over het graan/groentemengsel en schep alles voorzichtig, maar grondig door elkaar. Laat de salade op een koele plaats ten minste 1/2 uur doortrekken en proef pas daarna of er nog wat zout en/of azijn door moet.
Leg langs de rand van een saladeschaal de slabladeren en schep de salade erin. Garneer met de eihelften en de rode groente.

Variaties:
- maak op een feestelijke dag van de halve eieren *gevulde eieren*   254
- vervang de eieren door een restje gekookte vis of kip, in stukjes gesneden en samen met de groente door de granen gemengd
- voeg een stuk komkommer, in dobbelsteentjes gesneden, aan de salade toe (kort voor het opdienen), dit maakt een wat droge salade op een 'slanke' manier sappiger
- een in dobbelsteentjes gesneden appel heeft hetzelfde effect, maar maakt de salade ook wat zoetig
- een heel bijzondere smaak geeft een geschilde, in dobbelsteentjes gesneden **avocado**

Tip: Zie *zuurkoolsalade met vruchten**.   403

Graansalade met appel en kaas

🔄

Een zomerse maaltijd, die u makkelijk van tevoren kunt klaarmaken.

- 150 g rijst of gort of thermogrutten
- 1 recept hartige appelsalade*, gemaakt met 1 1/2 maal de hoeveelheid saus   422

Kook het graan of de grutten volgens het betreffende basisrecept. Maak intussen de appelsalade. Meng de tot handwarm afgekoelde of koude granen door de appelsalade en laat alles nog ten minste een kwartier doortrekken. Proef nu pas of er nog zout of zuur bij moet.
Dien de salade op zoals wordt beschreven bij het recept van de appelsalade.

Variatie: Vervang één appel door een **avocado**, geschild en in blokjes gesneden.

Tip: Maak de salade van restjes gekookt graan (ca. 500 g).

Oosterse rijstsalade met kip of bonen (4-6 personen)

⊖ ⌕

De ingrediënten voor deze wat zoetig smakende salade kunt u ook in de winter krijgen, waardoor de salade bijzonder geschikt is voor de feestdagen rond de jaarwisseling.

- 200 g zilvervliesrijst (ca. 2 1/2 dl)

- 4 eetlepels viili of yoghurt
- 4 eetlepels mayonaise*
- 1 eetlepel mosterd
- 2 theelepels kerrie
- 1 stukje geraspte gemberwortel

- 1 grote, stevige appel, in dobbelsteentjes van 1 cm
- 1 grote, niet té rijpe banaan, in schijfjes van 1/2 cm
- 2 eetlepels citroensap

- 2 plakken ananas, bij voorkeur verse (ca. 150 g), in blokjes van 1 cm gesneden
- 1 stengel malse bleekselderij, of het binnenste van een venkelknol (ca. 100 g)
- 100-150 g gaargekookte boontjes (zwarte of bruine), of maïskorrels, of 75-100 g gaar kippevlees (zonder vel), in blokjes van 1 1/2 cm

- een paar mooie slabladeren, gewassen en goed uitgelekt
- 1 kleine sinaasappel of kiwi, geschild en in mooie schijfjes gesneden
- 50 g gepelde, in grove stukjes gesneden en geroosterde amandelen of cashewnoten*

Kook de rijst volgens het basisrecept* niet té gaar en laat hem na het nawellen tot lauwwarm afkoelen.
Vermeng viili, mayonaise, mosterd, kerrie en gember tot een gladde saus. Schep de helft ervan door de lauwe rijst en zet hem koel weg.
Vermeng de appel en de banaan onmiddellijk na het snijden met het citroensap om verkleuren te voorkomen.
Vermeng vruchten, groenten en bonen of kip met de rest van de saus en schep dit door de rijst. Laat de salade zo mogelijk nog een half uurtje op een koele (maar niet ijskoude) plaats trekken.
Maak op een platte schaal een bedje van de slabladeren, schep de salade erop en garneer met hele of halve sinaasappelschijfjes. Strooi er tot slot de amandelen overheen.

Variaties:
- vervang 50 g van de boontjes door 50-100 g taugé, gewassen en gedurende 1 minuut ondergedompeld in kokend, gezouten water (geblancheerd)
- 'westers': vervang de ingrediënten voor de saus (viili enzovoort) door 2 maal het recept voor *vinaigrette** (met citroensap). Laat de ananas, de banaan en eventueel ook de selderij weg

Graansalade met verse vruchten

⊖

Een makkelijke zomermaaltijd, die u al van tevoren kunt klaarmaken.
Serveer met zwieback of toost en eet een groentesoep vooraf.
In kleinere porties is deze salade ook een lekker toetje.

- ca. 450 g hele graankorrels, gekookt (ca. 150 g ongekookt), zoals tarwe, gerst, rijst of thermogrutten
- 250-400 g rijpe vruchten, zoals appel, peer, meloen, kiwi, avocado, banaan, ananas, in stukjes gesneden
- 1-2 eetlepels citroensap

- 1/2 pot (175 g) halfvolle kwark (bij tarwe of gerst), of 1 1/2 dl viili (bij rijst of thermogrutten)
- 2-3 eetlepels vloeibare honing of ahornsiroop
- de geraspte schil van 1/2 citroen
- 1/2 theelepel kaneel

- 25 g grofgehakte enbij voorkeur geroosterde amandelen*
- eventueel 1 sinaasappel, mandarijn of andere mooie vrucht om te garneren

Vermeng de vruchten, zodra u ze heeft gesneden, met het citroensap, om verkleuren te voorkomen.
Klop het zoetmiddel met de kwark of viili, de citroenrasp en kaneel tot een glad sausje.
Doe de granen in een schaal, leg de vruchten erop en giet het sausje eroverheen. Schep alles voorzichtig, maar grondig door elkaar. Laat

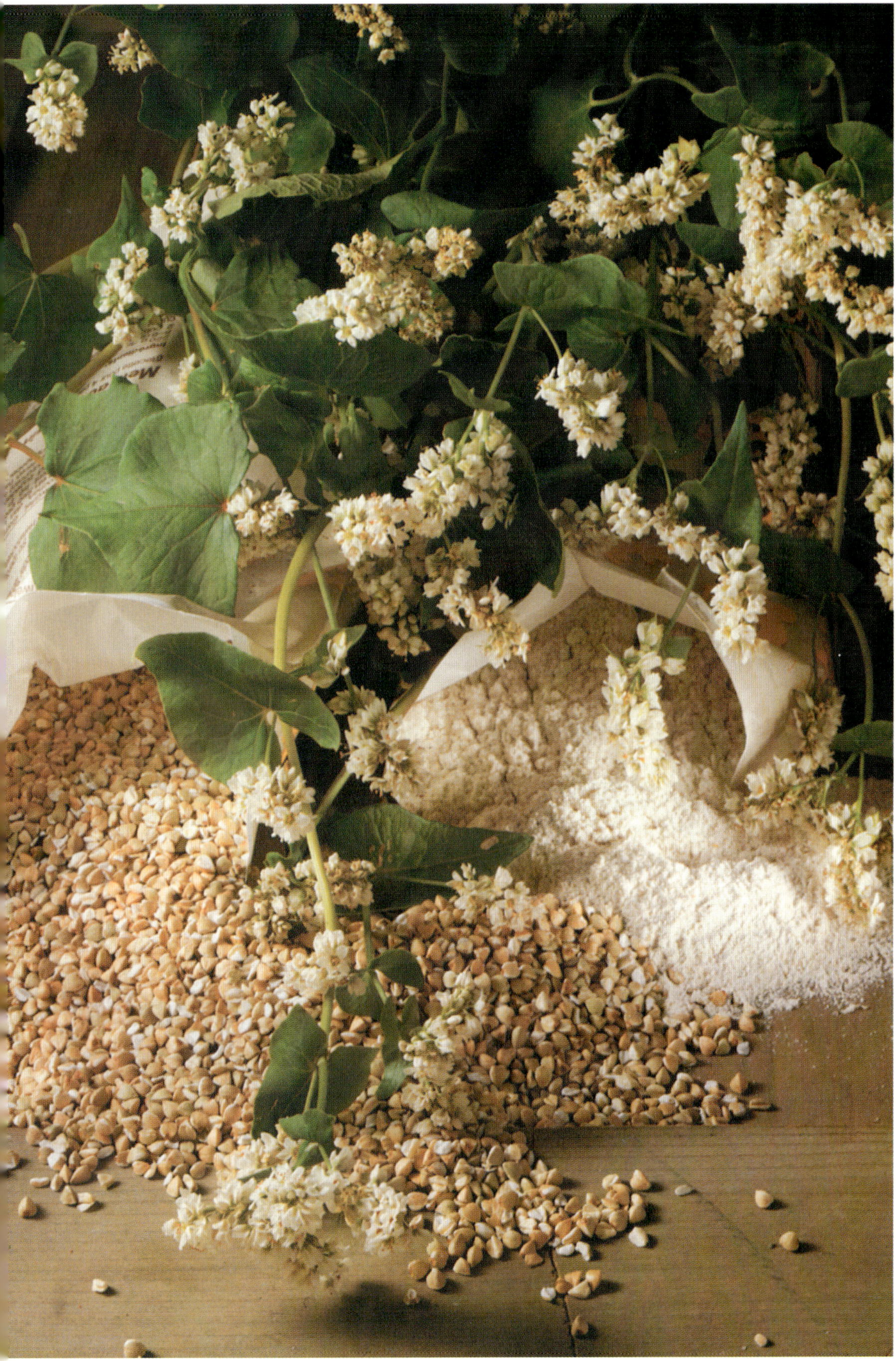

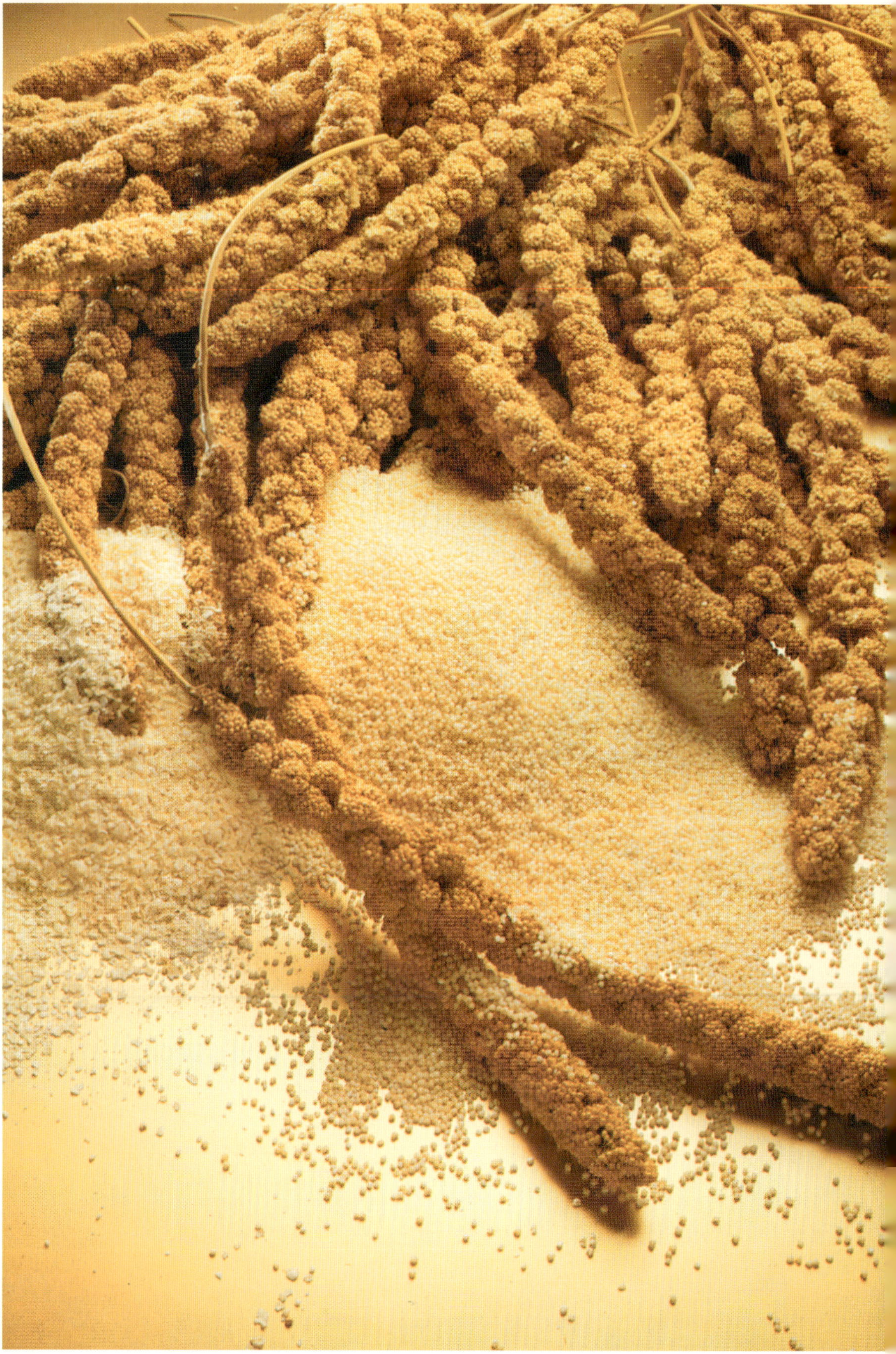

de salade ten minste 1/2 uur trekken op een koele plaats (niet in de koelkast) en proef daarna pas, of hij zoet genoeg is. Voeg eventueel nog wat meer citroensap en/of zoetmiddel toe.

Strooi er de amandelen overheen en garneer eventueel met schijfjes sinaasappel of partjes mandarijn, die u langs de brede kant heeft ingesneden en daarna opengevouwen. In de zomer kunt u de salade ook met bessen of andere vruchten van het seizoen garneren.

Variaties:
- gebruik de helft minder kwark of viili, maar schep vlak voor het opdienen 1/8 l half stijf geklopte slagroom door de salade. Gebruik eventueel wat meer citroensap. Dit is vooral lekker als u de salade als toetje eet
- vervang de kaneel door 2-3 theelepels kerrie en gebruik geen of hooguit 1 eetlepel zoetmiddel. Deze variatie smaakt lekkerder met viili dan met kwark

Macaronisalade
↔

Een voedzame, maar toch frisse zomerse maaltijdsalade, waarin u ook restjes kunt verwerken (zie variaties). Mooi gegarneerd is het zelfs een (makkelijke) maaltijd (voor gasten) of een stevig bestanddeel van een saladebuffet. Houd wat brood of volkorencrackers achter de hand en geef er een flinke schaal bladsla bij.

- 200 g volkorenmacaroni, bij voorkeur horentjes, gekookt*	158
- 1 1/2 maal het recept voor vinaigrette* met 2 theelepels mosterd	223
- 100 g Maasdammer of andere jongbelegen kaas, in 1/2 cm kleine blokjes gesneden	
- 1 grote zure augurk (ca. 75 g), in 1/2 cm kleine blokjes gesneden	
- 2 kleine, hardgekookte eieren, één gehakt en één voor de garnering	
- 1 grote vleestomaat (ca. 250 g)	
- 1 ui (ca. 50 g), fijngehakt	
- 1-2 eetlepels bieslook, fijngeknipt	
- eventueel wat peper uit de molen	
- wat peterselie of een ander tuinkruid voor de garnering	

Vermeng de goed uitgelekte, nog lauwwarme macaroni met de vinaigrette, de kaas, augurk en het gehakte ei. Zet dit op een koele plaats weg, maar niet in de koelkast, en laat het ten minste 1/2 uur trekken.

Snijd kort voor het opdienen de tomaat in kleine dobbelsteentjes, maar houd de twee kapjes achter voor de garnering. Schep de blokjes tomaat, de uien en de bieslook door de salade en proef of er nog zout of azijn en peper door moet.

Garneer de salade met partjes tomaat, plakjes ei en toefjes peterselie.

Variaties:
- vervang de tomaat gedeeltelijk of helemaal door restjes gekookte, stevige groente, bij voorbeeld sperziebonen, doperwten, bloemkool, wortel, venkel, koolrabi, enzovoort
- vervang de helft van de tomaat door een halve groene paprika
- gebruik olijfolie voor de vinaigrette, vervang de augurk door olijven (doormidden of in vieren gesneden) en de bieslook door verse basilicum en u heeft een Italiaans getinte salade
- vervang een gedeelte van de macaroni door (een restje) gekookte hele granen (geen gierst of boekweit)
- volg een van de voorafgaande recepten voor graansalades, maar vervang de granen door gekookte macaroni

Tip: Als u een rest gekookte macaroni wilt gebruiken, heeft u ca. 600 g nodig.

Afb. 18 Gierst

Salades met gekiemde granen

Aan het einde van de winter hebben we behoefte aan iets extra's. Winterpostelein, sterrekers en de eerste raapsteeltjes uit de koude kas, maar ook gekiemde granen en zaden zijn daar heel geschikt voor. In deze tijd van het jaar verandert de stofwisseling in het menselijk lichaam. Dit proces kunt u door het eten van kiemen ondersteunen. Maar overdrijf niet, een teveel van deze activerende krachten, die we met het eten van kiemen opnemen, kan ook belastend werken.

Werkwijze voor het laten ontkiemen van granen en zaden

Er zijn speciale kiemsets te koop voor het laten ontkiemen van granen en zaden, maar in een lege jampot lukt het ook. Gebruik alleen niet chemisch behandelde granen of zaden van biologische of biologisch-dynamische teelt en informeer of ze nog kiemkrachtig zijn. Met name de graankorrels zijn vaak licht verwarmd (kookgranen) en daardoor niet meer kiemkrachtig.

In dit recept gaan we uit van tarwe. De volgende zaden zijn ook bruikbaar: haver, gerst, linzen, sesamzaad, mosterdzaad, radijszaad, klaverzaad (alfalfa), zonnebloempitten en de kleine groene katjang idjoeboontjes (taugé). Uiteraard is de kiemtijd per soort verschillend.

Sommige zaden zwellen tijdens het kiemen zo sterk op, dat ze op een gegeven moment naar een grotere pot moeten verhuizen; de kiemplantjes hebben voldoende ruimte nodig om te kunnen groeien.

Doe in een schone jampot met wijde hals een laagje gewassen tarwekorrels van ca. 1 cm hoog, vul de pot voor de helft met lauw water (ca. 20°C) en laat dit een nacht staan.

Bind de volgende ochtend een stuk vitrage, dat rondom 4 cm groter is dan de opening van de pot, heel stevig met een sterk elastiekje strak om de opening. Giet het weekwater door deze 'zeef' af. Zet de pot op een warm plekje (30°C is de ideale kiemtemperatuur), niet in de zon, maar ook niet in het donker. Vul de pot elke morgen met water (niet ijskoud), schud de granen voorzichtig wat los en giet het water vervolgens weer af. Spoel de granen nog een keer als u merkt dat ze wat slijmerig zijn. Dit grondige spoelen (ten minste 2 keer per dag) is belangrijk; als u het vergeet gaan de granen schimmelen.

Als de kiem ongeveer zo lang is als de tarwekorrel zelf en als u de korrels tussen duim en wijsvinger kunt fijnknijpen, zijn de gekiemde granen klaar voor het gebruik. Dit kan 3-6 dagen duren, afhankelijk van de omgevingstemperatuur. Sommige zaden kunt u verder laten uitgroeien, tot de eerste kiemblaadjes zich vormen.

Spoel de gekiemde granen nog een keer grondig door en laat ze goed uitlekken. Vervang daarna de vitrage door het bij de pot behorende deksel en zet de kiemen in de koelkast, maar niet in het vriesvak. Bij een temperatuur beneden de 5°C staat het groeiproces vrijwel stil en kunt u de gekiemde granen 4-5 dagen bewaren. Zo kunt u elke dag een kleine portie eten (bij voorbeeld in een voorjaarskuur) en ondertussen een nieuwe voorraad laten kiemen.

Gebruik van gekiemde granen

Eet de kiemen liefst rauw, bij voorbeeld
- vermengd met een *salade van gestoofde bieten* of *wortels* (1 deel kiemen op 2 delen groente)
- op het laatst toegevoegd aan de *soep*
- vermengd met kwark en een beetje olie en verse kruiden als heerlijk fris *broodbeleg*
- vermengd met een geraspte appel of ander kleingesneden fruit, wat honing, eventueel wat gemalen of gehakte noten en viili als *toetje*. Als u eerst nog wat havervlokken in de viili laat weken wordt het een voedzame muesli

Met kiemen kunt u gedeeltelijk de groente vervangen in *graankoekjes, graansneetjes* en *graanschotels*.

Salades met peulvruchten

Linzen-spinaziesalade
♦
🕯

Een feestelijke, maar toch voedzame voorjaars- of zomersalade. Eet er risotto bij of een ander eenvoudig graangerecht; of maak er een maaltijdsalade van.

- ca. 250 g grote, gekookte linzen* (ca. 80 g, ongekookt)   345
- 8-12 amandelen (15-20 g), grof gehakt
- 1 kleine ui, overdwars in dunne ringen gesneden
- eventueel 1 teentje knoflook, in dunne schijfjes gesneden

- 1/2-1 eetlepel appelazijn
- 1 eetlepel diksap of 2 eetlepels sinaasappelsap
- 2 theelepels gekneusd mosterdzaad of mosterdpoeder
- 1 mespunt zout
- 2-3 eetlepels (basilicum*)olie   601

- 2 eetlepels peterselie of 1 eetlepel lavas, fijngeknipt
- ca. 250 g jonge spinazie, gewassen en drooggeslingerd*   399
- eventueel 1 kleine tomaat, of 1/2 rode paprika

Laat de linzen goed uitlekken (bewaar het kookwater voor soep). Leg de amandelen, ui en knoflook erop. Klop azijn, sap, mosterd, zout en tot slot ook de olie tot een smeuïge saus en giet deze over de linzen. Schep nu alles grondig door elkaar maar maak er geen puree van. Laat op een koele plaats (niet in de koelkast) ten minste 1 uur intrekken.
Leg van de spinazie de mooiste blaadjes apart (ca. 100 g) voor de garnering. Snijd vlak voor het opdienen de rest van de spinazie in ca. 1 cm smalle reepjes en meng ze, samen met de verse kruiden, door de linzen. Kleine blaadjes kunt u heel laten.
Maak op een platte schaal een rand van de achtergehouden spinaziebladeren, schep de salade erop en garneer met partjes tomaat of reepjes paprika.

Variaties:
- vervang de linzen door andere **peulvruchten** (limabonen, witte bonen, kievitsbonen, zwarte of rode nierboontjes, flageolets)
- meng er 250-500 g gekookte granen (rijst, gerst, tarwe, thermogrutten) door. Maak dan wel meer slasaus. Op deze manier bereid kan de salade dienen als **maaltijdsalade**, aangevuld met soep vooraf en/of een stevig nagerecht toe
- vervang de spinazie door **postelein** (zomer- of winterpostelein). Pluk bij zomerpostelein de blaadjes van de stelen en snijd de steeltjes in 1/2 cm lange stukjes
- pel de amandelen, snijd ze in splinters en rooster ze in de oven*. Strooi ze pas vlak voor het opdienen over de salade. Dit staat feestelijk en geeft een bijzondere smaak   604

Boontjessalade
♦
🕯

Een kleurig, zomers bijgerecht bij gekookte granen; als onderdeel van een koud buffet; of aangevuld met brood en een stevig nagerecht als maaltijdsalade.

- 250 g gekookte zwarte nierboontjes (ca. 90 g ongekookt)
- 1 klein potje maïskorrels* (netto 150 g), of vers gekookte korrels*   598 / 132
- 1/2 rode en een 1/2 gele paprika, in korte reepjes van 1/2 cm gesneden
- 1 klein uitje, in dunne ringen gesneden
- eventueel 1 teentje knoflook, fijngesneden (zie tip)
- 1-2 eetlepels verse basilicum, fijngeknipt, of 2 theelepels gedroogde

- 1 eetlepel appelazijn
- 1 theelepel zout
- 1/2 eetlepel mosterd of mosterdzaad
- 2 eetlepels olie

- een paar mooie slabladeren, gewassen en goed uitgelekt
- 1 eetlepel bieslook, fijngeknipt

▶

Week en kook de bonen* en laat ze, evenals de maïskorrels, goed uitlekken.
Vermeng bonen, maïskorrels, paprika, ui, knoflook en basilicum (gedroogde basilicum met de saus vermengen).
Klop azijn en zout en daarna ook de olie tot een smeüig sausje en giet het over de salade.
Laat een uur intrekken. Schep alles nog een keer om en proef of er nog zout bij moet.
Schep de salade op een bedje van slabladeren en strooi er de bieslook overheen. Garneer eventueel met schijven komkommer en/of tomaat.

345

Variaties:
- vervang de zwarte boontjes door kleine bruine of witte bonen
- vervang de basilicum door heel kleine blaadjes citroenmelisse (niet fijnknippen)
- vervang de verse paprika door melkzuur ingemaakte paprika; gebruik dan geen azijn voor de slasaus
- vervang de maïskorrels door andere gekookte granen (rijst, tarwe, gerst, eventueel rogge of thermogrutten)
- vervang de paprika door bleekselderij, kleine bloemkoolroosjes, stukjes heel jonge worteltjes, of in stukjes gesneden gekookte groente zoals asperges, sperziebonen, paksoy, stelen van snijbiet of (in de winter) schorseneren

Tip: Kook de knoflook met de bonen mee, het aroma is dan minder opdringerig.

Aardappelsalades

Aardappelsalade (1) (4-6 personen)
€

Garneer deze smeüige aardappelsalade met partjes tomaat, radijsjes of reepjes rode paprika en halve gekookte eieren, of geef er warme Frankfurter worstjes of een rookworst bij. Een flinke schaal bladsla hoort er zeker ook bij.

- *1 kg aardappelen (geen afkokers), in de schil gekookt** 187
- *1 teentje knoflook*

- *1 dl kokend water*
- *2 theelepels bouillonkruiden** 614
- *2 theelepels zout*

- *1 eetlepel appelazijn*
- *1/2 eetlepel mosterd*
- *1 klein ei*
- *3 eetlepels olie*

- *1 fijngesneden ui*
- *2-3 eetlepels bieslook, lavas of dragon, fijngeknipt, of 2 theelepels gedroogde kruiden*

Schil de aardappels zolang ze nog warm zijn.
Snijd het teentje knoflook doormidden en wrijf met de snijvlakken de slakom in.
Snijd de aardappelen boven de kom in 3 mm dikke schijfjes.
Giet het kokende water over de bouillonkruiden en het zout en laat 5 minuten trekken. Zeef de bouillon over de aardappelen.
Klop azijn, mosterd, ei en olie in de genoemde volgorde tot een smeüige saus en giet deze eveneens over de aardappelen. Strooi er ook de ui en de kruiden overheen en schep alles heel voorzichtig, maar toch grondig door elkaar (maak er geen puree van!).
Laat de salade op een koele plaats ten minste 1/2 uur rusten (niet in de koelkast; ijskoud smaakt hij niet lekker).

Variaties:
Vermeng de aardappelsalade kort voor het opdienen met een keuze uit de volgende ingrediënten:
- 1-2 in kleine blokjes gesneden zure augurken
- 1/2 in stukjes gesneden paprika
- 1-2 eetlepels kappertjes
- 1-2 in kleine blokjes gesneden sappige appel (voor de kleur het liefst een met een rode schil)
- 2-3 malse stengels bleekselderij, in dunne

plakjes gesneden
- 100-200 g rauwe of kort gekookte zuurkool
- 100 g in dunne schijfjes geschaafde was- of bospeen
- 100 g in dunne schijfjes gesneden jonge rauwe rabarber
- 100 g in kleine blokjes gesneden ham
- vervang het water voor de bouillon én de azijn voor de saus door brooddrank

Tips:
- aardappelsla (het basisrecept) kunt u al de dag van tevoren klaarmaken en in de koelkast bewaren. Laat de salade daarna weer op kamertemperatuur komen en vermeng hem naar wens met een van de bovengenoemde ingrediënten
- gebruik voor aardappelsalade geen al te oude aardappelen, de salade zou daarmee te droog worden
- leg de eieren op de aardappelen als ze het kookpunt hebben bereikt; ze zijn dan in 10 minuten hardgekookt zonder extra energieverbruik

Aardappelsalade (2)
🕐 ⟲

Voor dit vlug gemaakte recept kunt u ook van tevoren in de schil gekookte aardappelen gebruiken.

- 1 kg aardappelen (geen afkokers), in de schil gekookt* 187
- 2 eetlepels appelazijn
- 3 theelepels zout
- 1 eetlepel mosterd
- 3-4 eetlepels olie
- 1/2 eetlepel appeldiksap of 1 theelepel stroop
- wat peper uit de molen
- 1 eetlepel verse dilleblaadjes, wat kleingeknipt, of 2 theelepels gedroogde dille
- 1 eetlepel peterselie, fijngeknipt
- 2 eetlepels ui, fijngehakt
- eventueel 1/2 teentje knoflook, fijngehakt
- 1 1/2 dl lauwwarm water

- 2 hardgekookte eieren, in plakjes gesneden
- wat peterselie of sterrekers

Pel de afgekoelde aardappelen en snijd ze in 2 mm dunne plakjes.
Maak van de rest van de ingrediënten (uitgezonderd de eieren en de verse kruiden) een vinaigrette*, waarbij u het water het laatst 223 erdoor moet kloppen. Giet deze saus over de aardappelen en schep alles voorzichtig door elkaar.
Laat de salade 1 uur rusten en garneer met ei en verse blaadjes.

Variaties:
- nóg vlugger gemaakt: gebruik restjes gekookte aardappelen en *kant-en-klare slasaus** 223
- **aardappel-groentesalade:** vervang de helft van de aardappelen door stevige groente (restjes) zoals: doperwten, sperziebonen, peentjes, bloemkoolroosjes, koolrabi, bleekselderij, in blokjes gesneden. Als u deze salade al de dag van tevoren of 's morgens wilt klaarmaken, kunt u de groenten beter pas vlak voor het opdienen door de aardappelen scheppen.

Meer **variaties en tips:** Zie *aardappelsalade (1)**. 420

Huzarensalade met vlees
⟲ ⚘ ⛯

Volg het recept van de *vegetarische huzarensalade**, maar vervang de eieren door 100-125 422 g vleeswaren (fricandeau, ham, tong) of door restjes gekookt of gebraden vlees (150 g), kleingesneden. Voeg bij gebruik van erg zoute vleeswaren geen of zeer weinig zout aan de vinaigrette toe.

Variaties:
- **haringsalade:** vervang de bieten door zure appels, in kleine blokjes gesneden en meteen met de vinaigrette vermengd (om verkleuren te voorkomen), vervang de eieren door 1-2 zure haringen en voeg geen of heel weinig zout aan de vinaigrette toe
- **Russische haringsalade:** vervang de aardappelen door rode bieten (totaal dus 700 g) en vervang de zure augurken door een goudreinet, in kleine stukjes gesneden. Gebruik 2-3 zure haringen in plaats van eieren, vervang de vinaigrette door een potje (2 dl) zure room en gebruik weinig of geen zout

Vegetarische huzarensalade

🔄 🕯️

Als hartig hapje op een feestje of als lunch- of voorgerecht voor 10-12 personen.

- 500 g aardappelen (geen afkokers), geschild gewogen en in 1 cm grote blokjes gesneden

- 2 rode bietjes (ca. 200 g, geschild gewogen), in 1/2 cm kleine blokjes gesneden of zeer grof geraspt
- 1 dl zeer pittige bouillon (van 1/2 eetlepel bouillonkruiden)

- 1 grote of 3-4 kleine augurken (ca. 50 g), fijngehakt of in dunne schijfjes gesneden
- 2 eieren, hardgekookt* en fijngeprakt   253

- 2 eetlepels azijn
- 1 eetlepel mosterd
- 2 theelepels zout
- 1 mespunt peper
- 3 eetlepels olie
- 1 kleine ui (ca. 50 g), zeer fijn gesneden

- 1 kropje sla, wat veldsla, mooie andijviebladeren, waterkers of winterpostelein, afhankelijk van het seizoen
- 1 ei, hardgekookt
- verse peterselie of wat zure augurkjes extra

Kook de aardappelen, onderstaand in gezouten water, net gaar. Giet ze meteen op een vergiet en laat ze goed uitlekken. Vang het kookwater op.
Stoof de bietjes gaar in de bouillon in laat ze eveneens goed uitlekken.
Doe de aardappelen in een kom, leg daarop de bietjes, augurken en eieren.
Maak van de rest van de ingrediënten een vinaigrette* en giet deze over de nog lauw- 223
warme ingrediënten in de kom. Hussel alles goed door elkaar, maar zonder het tot moes te prakken. Laat de salade op een koele plaats ten minste een uur trekken (enkele uren mag ook).
Maak op een platte schaal een bed van slablaadjes. Schep de huzarensalade nog eens om, voeg zonodig nog wat kookwater van de bieten en wat gomasio toe en deponeer de salade op de slablaadjes.

Garneer de rand met schijfjes ei, toefjes peterselie of reepjes augurk.

Variaties:
- vervang één bietje door een appel. Snijd hem in blokjes of rasp hem grof en vermeng dit, om verkleuren te voorkomen, meteen met de vinaigrette
- vervang de helft van de augurken door zilveruitjes
- vervang de vinaigrette door 4-5 eetlepels mayonaise*   220

Tips:
- gebruik restjes gekookte aardappelen (niet al te fijn geprakt) en gekookte biet (grof geraspt of in dunne plakjes gesneden). Deze salade wordt smeuïger, maar heeft wel meer vinaigrette of bouillon nodig
- maak eenpersoonsporties: schep met een grote ijsbollepel mooie bergjes salade op een bordje, waarop u eerst een slablad heeft gelegd. U krijgt zo ca. 16 porties

Kaas-appelsalade

🕯️ 🌱

Geserveerd met stokbrood een frisse zomerse maaltijd; in de winter lekker met een stevige kop soep vooraf en warme *tarwebolletjes**   487
erbij.

- 4 eetlepels mayonaise*   220
- 2 eetlepels viili of yoghurt
- 3 eetlepels citroensap of appeldiksap, of een mengsel van beide
- 3 bolletjes geconfijte gember, fijngesneden, of 1-2 theelepels geraspte gemberwortel

- 3-4 grote, sappige appels (ca. 500 g), liefst met een rode schil, maar geen moesappels)

- 150 g Emmentaler, Leerdammer of oude Goudse kaas, in 1/2 cm grote dobbelsteentjes gesneden
- 1 dikke plak ham (ca. 100 g), in 1/2 cm grote dobbelsteentjes gesneden

- een paar mooie bladeren van krop- of ijsbergsla of rozetten veldsla, gewassen
- 2-4 eetlepels bieslook, lavas of peterselie, fijngeknipt

Roer mayonaise, viili, groentesap en gember tot een romig sausje.
Was de appels, verwijder kroontjes, steel en klokhuis en snijd ze overlangs doormidden. Snijd ze nu in 1 cm grote dobbelsteentjes en vermeng elke gesneden halve appel meteen met het sausje, om verkleuren te voorkomen. Voeg de kaas en de ham toe en zet het slaatje ten minste een kwartier (maar niet langer dan 1 uur) koel weg. Proef pas daarna of er nog zout bij moet.
Maak van de slabladeren een bedje in een glazen schaal en schep er de appelsalade op. Strooi de verse kruiden eroverheen.

Variaties:
- vervang de ham door 100 g gekookte maïskorrels of doperwtjes, liefst vers gekookt, anders uit een potje en voeg 50 g kaas extra toe
- maak anderhalf maal het recept van de saus en schep 500-600 g gekookte hele graankorrels (rijst, tarwe, gort of thermogrutten) erdoor, dit is 150-200 g ongekookt. De salade wordt hierdoor voedzamer en u hoeft er geen brood bij te eten

Vissalade
⊖ ⩩

Een zomerse manier om visrestjes te verwerken. U kunt de salade bij rijst of in de schil gekookte aardappelen of bij een eenvoudige aardappel- of graansalade eten, op toost serveren of er tomaten mee vullen* (6-8 stuks). 351

- ca. 250 g gepocheerde vis zonder vel of graat* 249
- 1 dl zure room of half mayonaise*/half viili 220
- 2-3 theelepels citroensap
- 2-3 theelepels mosterd
- een snufje cayennepeper
- 1/2 theelepel zout

- 1-2 eetlepels verse basilicum, fijngeknipt, of 2 theelepels gedroogde basilicum

---

Pluk de vis in kleine stukjes en verwijder zorgvuldig eventuele graatjes.
Klop de room half stijf en klop er op het laatst citroensap, mosterd, peper en zout door.
Schep de basilicum erdoor en giet dit sausje over de vis. Hussel alles voorzichtig door elkaar, zonder de vis tot moes te prakken. Laat zo mogelijk 1/2 uur intrekken en garneer met een paar mooie basilicumblaadjes of een toefje peterselie.

Variatie: Vervang de basilicum door dilleblaadjes of boragie.

Tip: Als u geen visrestjes heeft, kunt u ook een stukje verse visfilet gebruiken (ca. 300 g). Kies dan een stevige soort, bij voorbeeld kabeljauw of schelvis. Pocheer* de vis in wat 249 gezouten water met een laurierblaadje en meng het sausje door de nog lauwwarme vis.

Russische salade
⊖ ⩩

Als hoofdgerecht met stokbrood of geroosterde boterhammen en fruit toe; voor 10-12 personen als lunch- of voorgerecht.

- ca. 3/4 kg aardappelen (geen afkokers), geschild en overdwars doormidden gesneden

- 300 g wortel, zonodig geschild en in 1 cm grote dobbelsteentjes gesneden
- 200 g vers gedopte erwtjes

- 4-5 eetlepels mayonaise* 220
- 2-3 eetlepels viili of yoghurt
- 1/2 eetlepel mosterd

- 3-4 eetlepels bieslook, fijngeknipt

Leg de aardappelen in 1/4 l kokend water met 1 theelepel zout en kook ze gaar. Laat ze afkoelen en snijd ze in 1 cm grote dobbelsteentjes. Houd ca. 400 g over.
Kook de wortels met de doperwtjes*, maar 341 meng er geen boter en honing door. Giet de groente af en laat haar eveneens afkoelen.
Doe nu de groente laag om laag met de aardappelen in een kom.
Klop de mayonaise met de viili en de mosterd tot een glad sausje en giet dit over de groente. Knip er de verse kruiden overheen. Schep nu alles voorzichtig, maar grondig door elkaar. Leg slabladeren in een krans op een ondiepe schaal en schep er de salade in. Garneer met ei, augurkjes of tomaat.

Garneringen

Het besteden van wat extra aandacht aan het versieren van gerechten die bereid zijn met volkorenprodukten en ongeraffineerde rietsuiker maakt deze gerechten nog aantrekkelijker. Vooral kinderen zullen dit waarderen. Veel meer werk vergt dit niet, zoals de tips en suggesties in dit hoofdstuk laten zien.
Alle garneringen in dit hoofdstuk zijn eetbaar, zodat de met zorg geteelde produkten niet hoeven te worden weggegooid.

Tips voor garneringen

- fleur een eenvoudige soep op door er gehakte verse tuinkruiden, 'veertjes' van een venkelknol, uitlopers van uien of winterwortelen, wat zelf gekweekte sterrekers, een paar zonnebloempitjes of graanvlokken over te strooien
- vrolijk donkere soep op met een schepje zure room of kwark en daarover een vleugje dille of milde paprikapoeder
- maak in een fel gekleurde soep (bietensoep, pompoensoep, enzovoort) een 'spiraaltje' van room (of half melk/half room of viili). Het handigste gaat dit met een helper: de een schept de soep op in de voorverwarmde borden en de ander giet met een snelle draai de roomspiraaltjes erin (zie ook *vruchtenvla**)
- leg een toefje petersilie, sterrekers of winterpostelein bij gebakken gerechten (kroketten, graankoekjes, enzovoort)
- maak er een gewoonte van om kleine, mooie blaadjes van groente, sla of kruiden – of bij een toetje wat mooie stukjes fruit – achter te houden. Doe ze in een jampotje en bewaar dit (afgesloten) in de koelkast (1-2 dagen)
- strijk het oppervlak van gekookte granen niet glad, maar laat ze wat korrelig overkomen
- doe de granen in een ring-, timbaal- of tulbandvorm en giet er een kleurige saus of ragoût overheen
- schep een klein beetje olie door gekookte macaroni, ze gaat dan glanzen en is daardoor veel aantrekkelijker
- leg bij een salade van verschillende bladgroenten de groentesoorten als kleurige bergjes op een liefst wat platte schaal en druppel de slasaus erover. Grens verschillende soorten rauwkost van wortelgroente af met niet al te grote blaadjes van bladsla
- garneer salades van granen of aardappelen met een kleurige rand:
om en om ei en 'waaiertjes' van kleine augurken*, eventueel afgewisseld met een partje tomaat of een reepje rode paprika;
in het voorjaar plakjes ei, afgewisseld met toefjes kervel, vlak naast elkaar;
in de zomer een schijfje tomaat onder het ei;
in plaats van kervel toefjes petersilie
Zo kunt u zich uitleven met de vormen en kleuren van radijs ('roosjes' en plakjes), jonge komkommer (schijfjes en staafjes, mét schil), opgespoten rozetten van krui-

denkwark, enzovoort
- versier grote platte saladeschotels met gevulde eieren en/of tomaten, en 'bloemen' van tomaten
- versier vla, yoghurt en appel- of rabarbermoes met een toefje vruchten- of kaneelschuim, plakjes sinaasappel, kiwi, stervrucht, banaan (de laatste besprenkeld met citroensap), wat notenstrooisel, een paar krentjes of verse bessen. Een topje of mooi gevormd blaadje van verse munt of citroenmelisse staat kleurig op zomerse vruchtentoetjes en -taarten

Botervloot versieren

Vul de (ronde) botervloot met niet té zachte boter en vorm er met een breed mes een gladde berg van. Laat een lepeltje in een beker heet water warm worden, schraap met dit lepeltje met een ondiepe golfbeweging van de rand naar de 'bergtop'. Daar ontstaat dan een krul. Doe dit 4, 8 of 16 keer, afhankelijk van de maat van de botervloot. Alle krullen vormen uiteindelijk bovenop een 'boterbloem'. Maak het lepeltje telkens weer warm. Versier een rechthoekige botervloot, waar een heel pakje boter in kan, door de boterbloem asymmetrisch in een van de vier hoeken te laten ontstaan. Of maak met een speciale schraper een krul.

Boterkrullen en -bolletjes

Feestelijk bij een maaltijdsoep met broodjes.

Maak **krullen** door met een in heet water gedompelde theelepel over het oppervlak van de harde boter te schaven. Het afgeschaafde sliertje boter vormt zich vanzelf tot een krulletje (zet 2 theelepels in een beker met kokend water en neem steeds de warme lepel als de andere koud geworden is). Schraap niet te diep, de sliertjes zouden dan te dik worden en niet meer omkrullen. Er is ook een speciale schraper te koop voor het maken van boterkrullen.

Maak **bolletjes** door met een speciale bolletjeslepel bolletjes uit niet te zachte boter te steken. Laat de lepel in een beker kokend water heet worden, zet hem met de opening plat op de boter en steek er met een draaiende beweging het bolletje uit.

Leg de krullen en de bolletjes stuk voor stuk meteen in een bakje met ijskoud water, dan kleven ze niet aan elkaar. Bewaar ze zo in de koelkast. Laat ze vlak voor het opdienen uitlekken op een doek (heel kort en niet op een warme plaats) en leg ze op een koud glazen schaaltje.

Boterlammetje
(voor bij het paasontbijt)

🔄 🧈

Gebruik hiervoor een houten vorm in twee helften. Dompel de beide helften 5 minuten in kokend water (zet er iets zwaars op).
Los 1 eetlepel zout op in 1 liter koud water en week de vorm een paar uur (liefst een nacht) in dit pekelbadje. De vorm is nu, na een jaar lang opgeborgen te zijn geweest, weer goed schoon. Laat de vorm uitlekken en dep hem een beetje droog. Vul nu de helften met zachte, maar niet té weke boter en druk die met een breed mes flink aan. Druk beide helften stevig tegen elkaar en voeg zonodig aan de onderkant nog wat boter toe. Leg de vorm ten minste 1 uur in de koelkast (of 5-10 minuten in het vriesvak).
Ga nu met een puntig mesje langs de onderkant van het boterlammetje en neem de vorm er voorzichtig af. Mochten de boterhelften nog niet goed tegen elkaar zitten, druk ze dan voorzichtig aan. Zet het boterlammetje op een bordje en druk op de plaats van de ogen een appelpitje of een kruidnagel en leg er vlak voor het opdienen sterrekers of waterkers omheen. Maak eventueel oortjes van 2 kleine blaadjes.

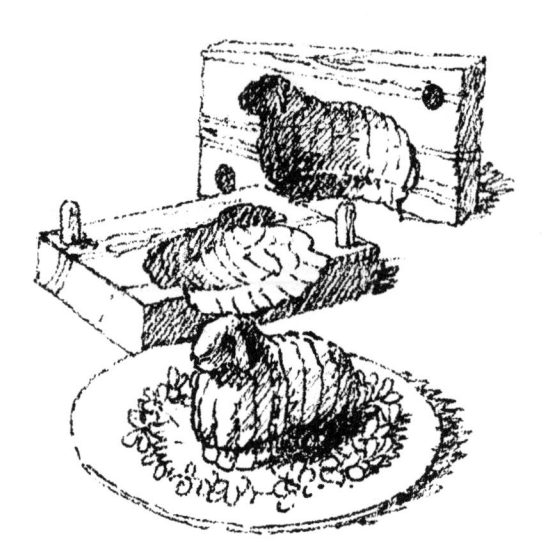

Tip: Twee (of meer) boterlammetjes na elkaar maken: spoel de vorm telkens eerst warm en daarna koud af alvorens de boterlammetjes opnieuw te vullen. Bewaar ze in de koelkast. Was de houten vorm af in heet water met afwasmiddel, maar spoel hem goed om met koud water en laat hem door en door drogen (*niet* in de zon of op een kachel), voordat u hem weer opbergt.

Fijnhakken van verse kruiden

🔄

Was de kruiden zonodig en droog ze daarna goed (in de slacentrifuge, of maak een bosje, houd de steeltjes vast en sla ze uit, of dep ze voorzichtig droog in een theedoek).
Hak de kruiden vlak voor het opdienen met een hakmes op een houten plank. Een andere manier is, van de kruiden een bosje te maken, het voorste stukje hiervan stevig tussen duim en wijs- en middelvinger vast te klemmen en met een keukenschaar de kruiden direct over het gerecht fijn te knippen. Het voordeel is, dat er geen sappen op de plank verloren gaan. Pluk van grotere hoeveelheden kruiden de blaadjes van de stelen, vermeng de blaadjes op de plank met wat druppeltjes olie en hak ze fijn. De olie beschermt het aroma van de kruiden, zodat ze in dit geval eventueel al even van tevoren gehakt kunnen worden (zet ze in een glazen potje zolang koel weg). Deze kruiden kunnen niet ergens over gestrooid worden (ze zijn te nat). Roer ze op het laatst door het gerecht.

Plakjes of partjes hardgekookt ei

Kook de eieren* niet té hard (5-8 minuten, 253 afhankelijk van de maat). Pel ze en snijd ze met een zeer scherp, nat mes in plakjes of partjes. Oefen geen druk uit op het ei, de dooier zou dan gaan brokkelen.
Snijd in het begin met een zagende beweging, het vliesje rond het eiwit is het taaist. Houd hiermee ook rekening als u een apparaatje gebruikt om het ei in plakjes te snijden: druk de 'snaren' er langzaam doorheen.

Kaasfiguurtjes

Als hartige versnapering op een feestje.

Snijd jonge of jongbelegen kaas in 3-5 mm dikke plakjes. Steek er met kleine uitsteekvormpjes of met een eierdopje figuurtjes of rondjes uit. Als u twee rondjes in elkaar laat overlopen, krijgt u telkens twee halve maantjes en één ovaaltje. In combinatie met schijfjes komkommer kunt u hiervan op een plat bord een mooi mozaïek leggen, opgefleurd door een grappig radijsmutsje.

Plakken snijden uit driehoekig stuk kaas

Ook uit een puntig toelopend stuk kaas (kies hiervoor niet te oude kaas) kunnen regelmatige vormen worden gesneden (bij voorbeeld voor gebakken kaasplakken of hartige versnaperingen op een feestje).
Snijd eerst de korst van de kaas. Snijd nu het puntstuk vanaf de platte 'korstkant' in plakken en deze in 2,3 of 4 kleine stukjes.

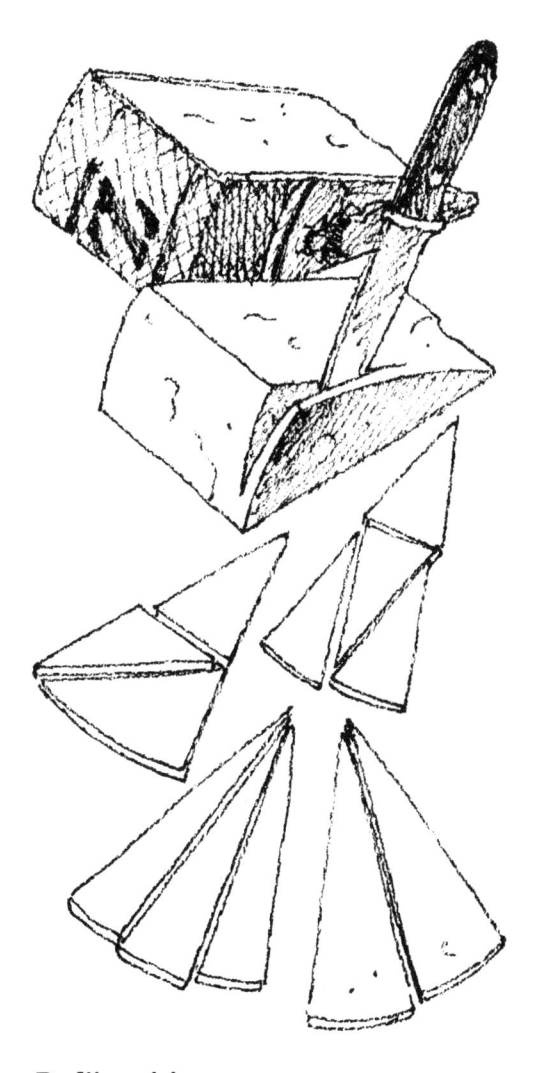

Radijsmuisjes

Kies hiervoor wat grotere radijsjes met een flinke wortel (dit is de staart). Snijd zoveel van de stelen af dat er nog 1 mm aan blijft zitten (dit is het snuitje). Snijd van de dikke, bolle kant 2 kleine, ronde schijfjes af (dit worden de oortjes). Maak op de plaats waar de muis zijn oortjes moet krijgen twee sneetjes en schuif hier de oortjes in (met de witte kant schuin naar achteren). Markeer de oogjes door met een pincet een lijnzaadje voor de helft in de radijs te drukken.
Snijd van de onderkant net zoveel af, dat het beestje goed kan staan.
Versier met de muisjes niet alleen de sla, maar ▶

laat ze van de kaas snoepen, uit de botervloot likken, over de salade lopen en tussen de broodjes verstoppertje spelen. Prik ze naar wens op een cocktailprikkertje om ze op een hellend vlak te laten lopen.
Bewaren: zie *radijsroosjes**.

Radijsroosjes
🠔 🕯

Snijd het radijsje in 8 partjes en wel zo, dat ze aan de steelkant nog aan elkaar blijven zitten. Snijd met een scherp, puntig mesje de rode schil van de partjes los. Er is nu een wit middengedeelte ontstaan met rode bloemblaadjes eromheen. Leg de radijsjes in gezouten water, dan gaan de blaadjes nog wat open. Laat ze daarna op een doek uitlekken. Maak radijsroosjes desgewenst een paar uur of een dag van tevoren; bewaar ze dan in de koelkast in een gesloten bakje om uitdrogen te voorkomen.

Waaiers van zure augurkjes
🠔 🕯

Zoek augurkjes uit van dezelfde maat. Leg ze op een plankje en snijd ze overlangs in dunne plakjes en wel zo dat deze aan de steelkant nog aan elkaar vast blijven zitten. Druk nu de plakjes schuin uit elkaar tot een waaier.
Voor kwastjes: zie de tekening.

Bloemen van tomaten
🠔 🕯

Kleine, stevige (baby)tomaatjes zijn hiervoor het meest geschikt. Snijd de vruchtjes in 8 partjes, maar zo dat deze aan de steelkant nog aan elkaar vast blijven zitten. Vouw de partjes als een bloem open. Leg plukjes peterselie of kervel tussen de partjes en eventueel een toefje mayonaise in het midden. Snijd eventueel een hardgekookt ei in 8 partjes en leg deze tussen de tomatenpartjes (dit lukt alleen bij grotere tomaten).

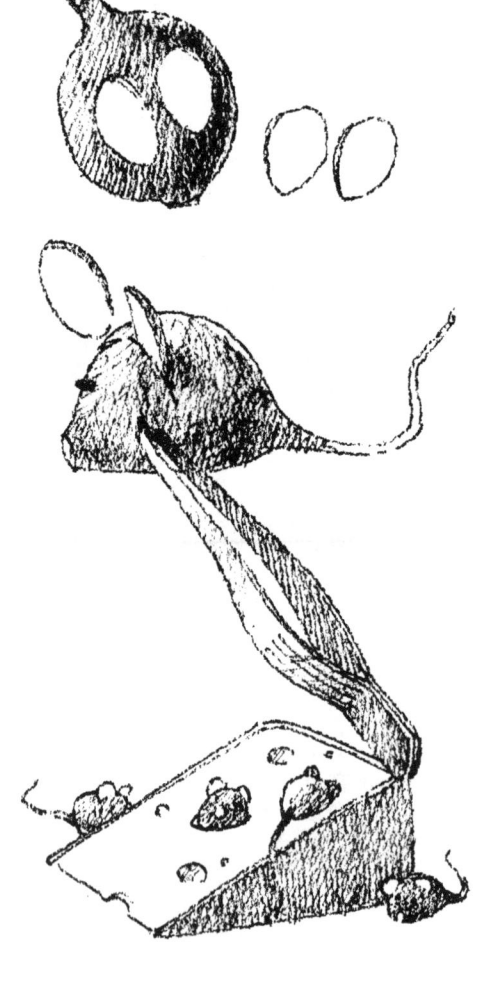

Groentesterren of -bloemen

Een kleurige, eetbare garnering voor een soep of schotel. U heeft ervoor nodig:

- *een stuk van een zeer dikke winterpeen, pastinaak of koolrabi, geschild en in 3-4 mm dikke schijven gesneden*
- *kleine uitsteekvormpjes (ster of bloem) of een scherp, puntig mesje*

Steek met de uitsteekvormpjes sterren of bloemen uit de rauwe of gekookte wortelschijfjes. Bewaar ze desgewenst nog een paar uur of een dag in een gesloten bakje (de gekookte 1-2 dagen in het kookwater).
Of snijd met het mesje de groenteschijfjes in volgens de tekeningen, of laat de wortel of pastinaak heel en maak de inkervingen langs de hele zijkant; snijd er vlak voor het gebruik schijfjes van.
Laat de groenteschijfjes rauw als ze als garnering voor een slaschotel worden ge- ▶

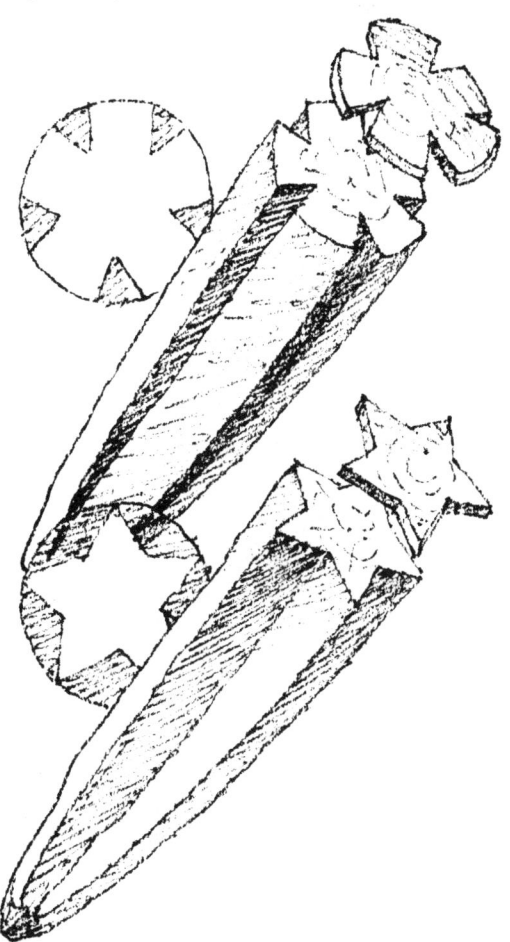

Tomaatroosje

Gebruik hiervoor een stevige, niet te rijpe, kleine tomaat. Verwijder het kroontje. Neem een scherp mesje en snijd aan de tegenoverliggende kant van de tomaat voorzichtig een heel klein kapje af, maar laat aan één kant nog een stukje aan de tomaat zitten. Snijd van hieruit zorgvuldig een dunne reep van de tomaat af (2-3 mm dik en 1 cm breed) alsof u een appel schilt, zodat er een lange sliert ontstaat. Laat de sliert met het kapje naar beneden op het werkvlak zakken en wel zo, dat de sliert zich oprolt tot een roosje (velkant naar buiten).

bruikt; kook ze anders in wat water met een beetje zout bijtgaar (5-10 minuten). Wentel rauwe pastinaak door wat citroensap. Bewaar het kookwater en wat overblijft van de groente voor soep.

Variatie: Maak gekookte groente*bloemen* nog mooier: snijd de plakjes groente dikker (1/2 cm). Snijd of steek de vorm uit en kook de schijfjes als hierboven beschreven. Hol nu bij de afgekoelde bloem de bloemblaadjes wat uit (niet helemaal doorsteken). Het beste gaat dit met een scherp theelepeltje, waarbij u de groentebloem op de aaneengesloten vingers van uw hand houdt. Het is monnikenwerk, maar het resultaat is verbluffend.

Komkommerroosje

Neem een niet te jonge komkommer en snijd uit het rechte stuk een mootje van ca. 2 1/2 cm dik. Verwijder met een theelepel de pitjes. Schaaf vervolgens van de (ongeschilde) komkommer 8-12 dunne plakjes (hoe groter het gat in het uitgeholde stukje komkommer, des te meer plakjes). Leg de schijfjes dakpansgewijs op elkaar en rol deze 'reep' strak op. Stop dit rolletje in het uitgeholde stukje en vouw de bloemblaadjes voorzichtig open. Maak komkommerroosjes niet lang van tevoren, ze worden slap.

Goudsbloem van een winterwortel

Snijd voor elke goudsbloem een 3 cm dikke schijf van een winterwortel. Leg de wortelschijf tussen twee dunne snijplankjes en snijd de schijf met een scherp mes om de 2 mm in, waarbij het mes aan weerskanten op de snijplankjes steunt. Draai de wortelschijf een kwartslag en herhaal het insnijden. Snijd voorzichtig nog een schijfje van de 'stronk' af als deze hoger is dan een halve cm.
Leg de schijf, met de inkervingen naar beneden, in een bakje met koud, gezouten water. Na ca. 20 minuten gaan de blaadjes van de goudsbloem vanzelf open.

Toverappel

⑤ ① ⊖

Half afgekloven klokhuizen van appels op het schoolplein behoren tot het verleden als u de kinderen een toverappel meegeeft:
Was de appel en droog hem af. Verwijder met een scherp, puntig mesje taps toelopend het mutsje en de steelaanzet.
1 Snijd de appel vanaf de onderkant in tot de halve hoogte
2 Draai hem een kwartslag en snijd hem ook vanaf de bovenkant in, ook weer tot de halve hoogte
3 Snijd nu de appel horizontaal in, aan weerskanten van het eindpunt van de bovenste snede naar het eindpunt van de onderste snede. Snijd hierbij door tot het midden van het klokhuis
4 Probeer nu voorzichtig de appel uit elkaar te trekken, help zonodig met het mesje.
Verwijder eventueel het klokhuis (pas op dat de appel niet breekt) en schuif de appel weer in elkaar. Wie het niet weet kan niet zien, dat de appel al 'hapklaar' is gemaakt. Stop hem tussen de boterhammen in het lunchtrommeltje, dan blijft hij stevig in elkaar zitten.

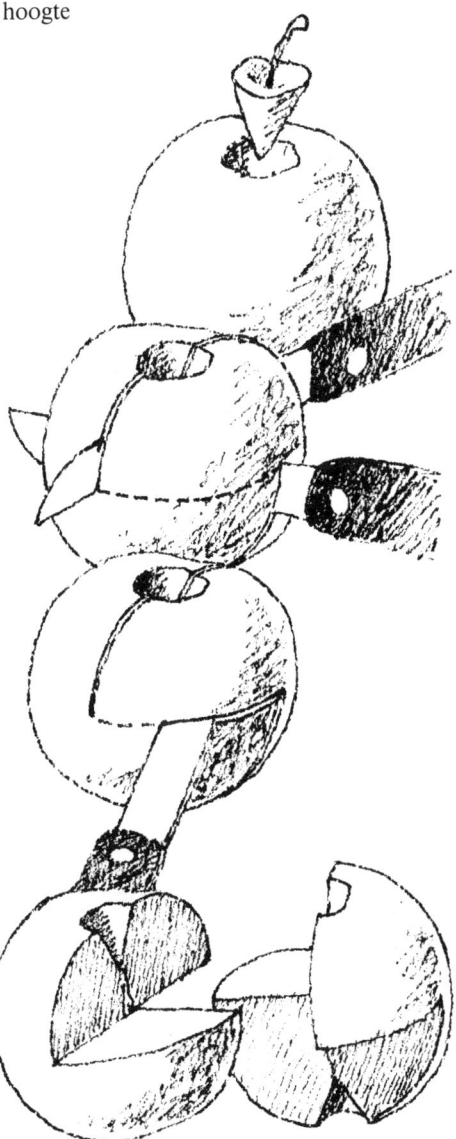

Slagroom- of roomkwarkrozetten spuiten

De mooiste slagroomrozetten spuit u met een linnen spuitzak, maar voor een klein huishouden is een plastic spuitje (het lijkt op een reuzeinjectienaald) ook handig. Gebruik voor rozetten altijd een spuitmondje met kartels.
Klop de slagroom (of roomkwark) altijd goed gekoeld en op een lage snelheid bij gebruik van de handmixer. Als u met de garde punten uit de slagroom kunt trekken, heeft hij de juiste dikte bereikt. Klop vooral niet te lang; kijk tijdens het kloppen regelmatig naar de structuur van de room: voordat hij korrelig wordt, moet u ophouden met kloppen (anders gaat de room schiften in karnemelk en boter).
Keer nu de bovenste helft van de spuitzak binnenstebuiten en vul de onderste helft met de slagroom. Schuif de onderste helft van de spuitzak een beetje naar boven en vul hem tot 3/4. Vouw de bovenkant dicht (pers daarbij de lucht naar boven eruit) en draai de zak verder dicht. Al draaiende drukt u nu de slagroom naar buiten (als tandpasta uit een tube).
Zet de spuitmond 1-1 1/2 cm recht boven de plek waarop u een rozetje wilt spuiten, druk zoveel room eruit als de grootte van het gewenste rozetje nodig heeft (nog zonder de spuitmond te verplaatsen), geef een heel klein duwtje en trek nu pas de spuitmond met een rukje weg.
Voor een rand om een pudding of taart kunt u de rozetjes het beste heel dicht naast elkaar spuiten. Het spuiten van een mooie lijn is moeilijker (oefen even op een bordje): door de spuitmond langzaam en met vaste hand ▶

voort te bewegen wordt de lijn dikker, door hem vlugger voort te bewegen dunner. Breek de lijn op de gewenste lengte af met een kort duwtje. Als u dit niet doet, krijgt de lijn een langgerekt staartje.

Zo'n staartje staat wel leuk bij het versieren van de zijkant van een pudding: begin met de lijnen aan de voet van de pudding en eindig elke lijn aan de bovenkant (tegen het midden aan) met zo'n staartje. Er vormt zich daar dan een bloem van slagroom.

Tip: Spoel de spuitzak meteen na het gebruik goed uit in lauwwarm water met eem druppeltje afwasmiddel (of zet hem vast in de week). Laat de spuitzak drogen en was hem met de eerstvolgende kookwas mee.

Poedersuiker

In al onze recepten (behalve een enkel traditioneel feestgebak) gebruiken we zo min mogelijk suiker. Toetjes en gebak zullen daarom voor sommige zoetekauwen niet zoet genoeg zijn. Met een vleugje poedersuiker (waarvoor in feite maar een klein beetje suiker nodig is) smaakt het ineens veel zoeter en het staat nog feestelijk ook. Strooi de poedersuiker altijd op het laatste moment op het gebak, anders smelt de suiker en gaat het effect verloren.

Poedersuiker uit de gangbare handel is gemaakt van geraffineerde suiker en heeft een bewerking ondergaan om klonteren te voorkomen.

Van ongeraffineerde rietsuiker kunt u echter met behulp van een elektrische koffiemolen of een foodprocessor ook poedersuiker maken:

Vul de molen hooguit voor driekwart en maal de suiker met korte tussenpozen, niet té fijn (anders bestaat de kans dat er suikerstof in de motor terechtkomt).

Doe de poedersuiker in een glazen potje met twist-offdeksel. Wrijf de poedersuiker bij gebruik door een theezeefje, dan blijven de eventueel niet helemaal fijngemalen suikerkorreltjes achter. Bovendien strooit het door een zeefje gelijkmatiger en zuiniger uit dan met een lepel.

Suikerglazuur

Voor het verfraaien van bepaalde gebaksoorten is een enkele keer wel eens suikerglazuur nodig. Behalve witte kristalsuiker of honing kunt u hiervoor ook ongeraffineerde rietsuiker gebruiken, alleen wordt het glazuur dan beige van kleur.

1 honingglazuur voor het glazuren van eenvoudig gebak zoals koekjes, lebkuchen, appelflappen.

- 1 klein eiwit (30 g), losgeklopt
- 1 eetlepel vloeibare honing

Roer de honing met het eiwit tot hij is gesmolten en bestrijk het nog *on*gebakken gebak met deze oplossing.

2 koude suikerglazuur met eiwit voor 'tekenen' van figuren of letters op gebak (bij voorbeeld verjaardagstaarten, lebkuchen).

- 25 g poedersuiker, gezeefd*
- 1-2 theelepels eiwit, losgeklopt

Doe de poedersuiker in een kopje en voeg het eiwit toe. Roer dit stevig (met een lepeltje) tot een glad deegje is ontstaan. Voeg eventueel nog meer poedersuiker toe (in zeer kleine hoeveelheden tegelijk) tot de gewenste dikte is bereikt: het moet een taai-vloeibare crème zijn. Dek het kopje meteen af met een vochtig doekje, dit glazuur droogt zeer snel uit. Verdun het echter nooit met water, alleen met eiwit (*druppels*gewijs).
Knip van een stuk vetvrij papier driehoekjes en rol deze op tot puntzakjes (zie de tekening). Plak de sluiting vast met cellotape. Vul een puntzakje tot halve hoogte met glazuur en vouw het stevig dicht. Knip een klein stukje van het puntje af: hoe meer u afknipt, des te dikker wordt het glazuurstreepje.

Tip: Bereken de hoeveelheid glazuur niet té krap. Wat overblijft kunt u, na toevoeging van 1-2 eetlepels water, even opwarmen en in een potje doen. Gebruik deze suikerstroop voor het zoeten van dranken en zoete gerechten.

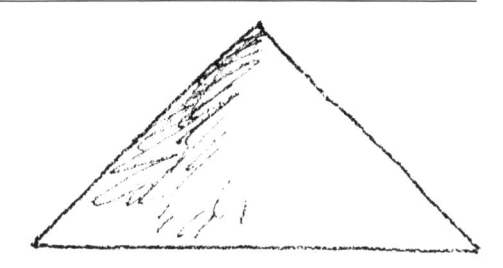

ongeveer 20 cm breed

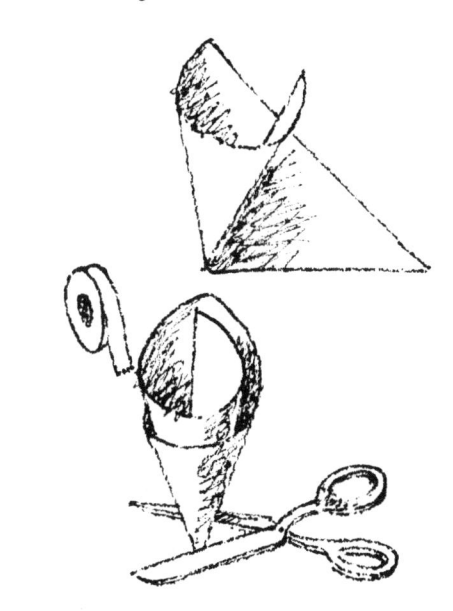

Chocoladeglazuur

Voor een taart van 24-26 cm doorsnee of 8-10 kleine taartjes.
In natuurvoedingswinkels is chocolade te koop, die gemaakt is van cacao of carobpoeder, ongeraffineerde rietsuiker en biologisch melkpoeder, zonder kunstmatige toevoegingen.

1 harde chocoladeglazuur, droogt langzaam maar volledig op en is daardoor geschikt om er nog versieringen met suikerglazuur 2 op aan te brengen.

- 50 g bittere chocolade
- 1 eetlepel poedersuiker
- 10 g boter

Zet een kommetje in een pannetje met heet water (60°C). Breek de chocolade in kleine stukjes (niet hakken, dan krijgt u gruis) en doe deze in het warme kommetje. Giet heet water (60°C) over de chocolade, zodat zij ruim onderstaat en wacht 5 minuten. Roer er vooral *niet* in! Giet het water af; de chocolade is nu gesmolten. Roer tot slot de suiker en de boter erdoor.

2 zachte chocoladeglazuur, in een wip gemaakt, vloeit gemakkelijk uit, maar droogt niet helemaal op. Daardoor is dit glazuur niet geschikt voor gebak met een bolle bovenkant (soezen) en niet om er versieringen met suikerglazuur op aan te brengen.

- 1/2 dl room
- 50 g bittere chocolade

Doe de room in een pannetje met een dikke bodem en breek de chocolade in kleine stukjes erin. Verwarm alles op de spaarbrander (of vlamverdeler) tot de chocolade begint te smelten (vooral niet te heet laten▶

worden). Haal de pan van het vuur en roer alles volkomen glad (zet eventueel nog even op het vuur als er nog harde stukjes in zitten).

Verwerking: Giet het nog warme glazuur over het al gevulde en (bij biscuittaarten) geabricotiseerde gebak en laat het, al ronddraaiende erover uitvloeien. Help eventueel een beetje met de bolle kant van een lepel.
Zet een taart vóór het glazuren op een vel wit papier. U kunt dan het over de rand gelopen glazuur met een breed mes weer bij elkaar schrapen, het op de zijkant van de taart uitsmeren en deze nog als volgt versieren: strooi grof gehakte of gemalen hazelnoten of (eventueel eerst gepelde) amandelen op het papier langs de zijkant en schuif dit met de handen of met een breed mes naar boven. Schraap het gemorste glazuur en de restjes noten bij elkaar in een potje en gebruik het als broodbeleg.

Tip: Leg versieringen (geconfijte vruchten, gepelde, gehalveerde amandelen, enzovoort) op het nog vochtige glazuur, maar wacht met het spuiten van versieringen van suikerglazuur tot het chocoladeglazuur helemaal is opgestijfd. Zet de taart ook pas op de taartschaal als glazuur 1 helemaal droog is, anders komen er scheurtjes in.

Roosjes en blaadjes van marsepein

Voor het versieren van een taart.

Rol rood en/of geel en groen geverfd marsepein uit (2 mm dik).
Steek voor kleine *roosjes* rondjes uit van 4 cm doorsnee, voor grotere rondjes van 6 cm doorsnee. Leg 3 respectievelijk 2 van deze rondjes dakpansgewijs op elkaar en rol dit op (zie tekening). Snijd deze rolletjes doormidden en zet de twee helften op het snijvlak. U kunt nu de rozebladjes voorzichtig nog wat openvouwen en de randen van de bloemblaadjes wat pletten.
Snijd voor de *blaadjes* kleine, aan één kant spits toelopende ovaaltjes uit het deeg en kerf er met de rug van een mes de bladnerven in. Zet uw kunstwerk op een stukje vetvrij papier en bewaar het desgewenst (niet te lang) in een gesloten trommeltje.

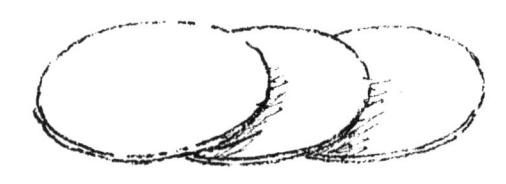

Nagerechten

Evenals een voorgerecht, bij voorbeeld soep, afgestemd is op het hoofdgerecht, kunnen we ook bij de keuze van een nagerecht letten op hetgeen vooraf gegeten is. Na een maaltijd op basis van granen en graanprodukten is er meer behoefte aan een kleine, lekkere afsluiting, bij voorbeeld een vruchtencompote met een schepje yoghurt, kwark of vanillevla. Anders wordt het wanneer we een stevige soep op het menu hebben staan. Hier is een zoet graangerecht, bij voorbeeld een graan- of broodsoufflé meer op z'n plaats.

In dit hoofdstuk houden we rekening met dit onderscheid: het eerste deel geeft recepten voor toetjes na een normale maaltijd, het tweede deel geeft recepten voor zoete graangerechten (puddingen, soufflés, enzovoort), die behalve als toetje na een lichte maaltijd in een aantal gevallen ook een flink *deel* van de maaltijd voor hun rekening kunnen nemen.

Vruchtentoetjes

Yoghurt of viili met vruchten

5ᶜ ① ↔

Het eenvoudigste en snelst klaargemaakte toetje; licht verteerbaar en toch voedzaam. Het zuur van het melkprodukt doet de vruchten zoeter smaken, zodat u bij de meeste vruchten geen zoetmiddel hoeft toe te voegen.

Reken per persoon op 1 dl yoghurt of viili en 30-50 g vruchten. Dit kunnen zijn:
- rijpe aardbeien, in stukjes gesneden
- rode bessen, vermengd met 1 theelepel honing of ongeraffineerde rietsuiker
- frambozen of bramen
- rode bessen en frambozen gemengd
- 2-3 verse, rijpe abrikozen of pruimen, in stukjes gesneden
- 1/2 rijpe perzik of nectarine, in stukjes gesneden
- stukjes meloen, vermengd met 1 theelepel citroensap of 1-2 theelepels appeldiksap
- druiven, de grote doormidden gesneden en ontpit
- 1/4-1/2 rijpe peer, geschild en in dunne schijfjes gesneden
- 1/2 geurige appel, grof geraspt en vermengd met een paar rozijnen of een in stukjes gesneden dadel
- 1/2 (bloed)sinaasappel, in dunne schijfjes gesneden
- 1/3-1/2 banaan, in plakjes gesneden
- een schepje rabarber- of appelmoes
- een lepel vruchtenmoes of halvajam

Doe de voorbereide vruchten in een schaaltje en giet de yoghurt of viili eroverheen. Laat ten minste 30 minuten trekken en roer vlak voor het eten de vruchten door de yoghurt of viili.

Tip: Versier het schaaltje met een mooi stukje apart gehouden fruit en eventueel een toefje slagroom.

Vruchten met kwarksaus
(4-6 personen)

Ⓥ Ⓔ

Vlug klaargemaakt, lekker én voedzaam.

- 250 g verse, rijpe vruchten, of 1 potje (350 g) vruchten op sap, goed uitgelekt
- 1/2-1 dl slagroom
- 1 eetlepel vloeibare honing of ahornsiroop
- 100 g magere of halfvolle kwark
- 1 dl viili (of yoghurt)

Snijd de vruchten zo nodig in stukjes en verdeel ze over 4 glazen schaaltjes.
Klop de slagroom met de honing of ahornsiroop stijf. Roer er de kwark en viili door en giet deze crème over de vruchten. Laat ten minste een kwartier intrekken. Serveer bij vruchten uit een potje het sap in een kannetje erbij.

Variaties:
- prak de vruchten, wrijf ze door een zeef of pureer ze met de mixer en roer dit door de kwark
- vervang in de winter de verse vruchten door 100 g vruchtenmoes uit een potje, vermengd met 150 g zeer fijn geraspte appel (glazen rasp). Roer dit mengsel door de kwark en proef of er nog wat honing bij moet

Appelsalade
Ⓢ Ⓥ

Eenvoudig en fris.

- 5-6 eetlepels viili of yoghurt
- 1-2 eetlepels vloeibare honing
- het sap en de gele schil van een halve citroen
- 4 handappels (ca. 500 g)

Klop de viili of yoghurt met de honing en het citroensap tot de honing helemaal is opgelost. Voeg de citroenschil toe. Laat dit mengsel ten minste een half uur op een koele plaats staan (langer mag ook).
Schil de appels alleen als de schil lelijk of taai is. Snijd ze in vier partjes en verwijder het klokhuis. Leg 2 partjes tegen elkaar, snijd ze overdwars in 2 mm dunne plakjes en vermeng ze telkens met het sausje om verkleuren te voorkomen. Verwijder de citroenschil. Laat dit toetje niet te lang staan.

Tip: Strooi 20 g grofgehakte (liefst gepelde en geroosterde*) amandelen over de appelsalade.

Appelmoes van geschilde appels
(1/2 liter)

Ⓔ

- 4 (moes)appels (ca. 600 g)
- 1 dl water
- eventueel een stukje citroen- of sinaasappelschil of een snufje kaneel
- 1 eetlepel honing of ahornsiroop

Was de appels en droog ze af*. Verwijder met een puntig mesje taps toelopend het kroontje en de steel en schil de appels met een dunschiller; probeer er een lange sliert van te maken, dan kunt u de schillen gebruiken voor *appelthee*.
Snijd de appels in vieren, haal het klokhuis eruit en snijd elk partje in 3-4 stukjes.
Zet de appelschijfjes op met het water en het citroenschilletje en breng ze aan de kook. Leg het deksel op de pan en kook de appels, onder af en toe omscheppen, in 5-10 minuten moesgaar.
Verwijder het citroenschilletje en stamp de appels fijn. Roer het zoetmiddel erdoor (de honing pas als de moes lauwwarm is). Laat de appelmoes helemaal afkoelen en proef nu of hij zoet genoeg is.
Dien de appelmoes op in een glazen schaal, eventueel bestrooid met een heel klein beetje kaneel.

Variaties:
- vervang het citroenschilletje door een schijfje gemberwortel of een stukje pijpkaneel. Strooi dan geen kaneel meer over de appelmoes
- kook de appelmoes met zo min mogelijk water en voeg een eetlepel geraspte mierikswortel toe als u de moes bij vlees eet
- **schuimige appelcrème:** roer een eierdooier

los en schuimig met 1/2 eetlepel ahornsiroop, honing of ongeraffineerde rietsuiker (de suiker moet zijn opgelost). Roer er de appelmoes door. Klop het eiwit stijf en spatel dit, samen met 1/2-1 dl stijfgeklopte slagroom, door de appelmoes.
Stuif er een vleugje kaneel overheen en dien meteen op.

Tips:
- deze appelmoes heeft een wat grove structuur. Wie daar niet van houdt, kan de gare appels door een zeef drukken, de vezels blijven dan achter. Kook in dit geval ook de klokhuizen mee, ze bevatten waardevolle voedingsstoffen
- gekookte appelmoes werkt licht laxerend, terwijl rauwe appelmoes stoppend werkt

Appelcompote
⑤ ① ⊖

Volg het recept van de *appelmoes van geschilde appels**, maar gebruik stevige appels die niet tot moes koken. Neem 2 dl water en roer er niet in. De kooktijd is maar 3-5 minuten, afhankelijk van de soort appels. *436*

Variaties:
- feestelijk: snijd de (zonodig) geschilde appel overdwars in ruim 1 cm dikke plakken en steek het klokhuis er met een appelboor uit. Leg vlak voor het opdienen (op een platte schaal of op bordjes) een goed uitgelekte, ingemaakte kers in elke appelring
- zie ook de variaties onder *appelmoes van geschilde appels*

Appelmoes met zuidvruchten
(1/2 liter)

⊖

Kook appelmoes volgens het basisrecept, maar zonder zoetmiddel.
Roer 50 g kleingesneden zuidvruchten (geen abrikozen, laat rozijnen heel) door de nog hete appelmoes. Laat de moes met het deksel op de pan afkoelen; dit duurt wat langer, maar de zuidvruchten hebben zo de gelegenheid hun zoete smaak aan de appelmoes af te geven. Roer de afgekoelde appelmoes goed door en verdun hem zonodig. Proef of er nog wat zoetmiddel bij moet.

Appelmoes van ongeschilde appels of valappels
⑤ ① ⊖

Was de appels*. Snijd de rotte plekjes en wormsteken ruim weg. Snijd de appels in vieren en laat het klokhuis zitten. Zet ze op met een bodempje water, ongeveer 1 dl op 1 kg appels. Breng aan de kook en laat de appelstukjes, met het deksel op de pan, moesgaar koken. Draai de hete massa door een roerzeef en breng de zo verkregen moes op smaak*. *308*

436

Tip: Maak desgewenst een teveel aan appelmoes in*. *583*

Appelmoes in de oven
⑤ ①

Eenvoudig, vlug, energiebesparend en verrassend lekker (zie tip).

- *ca. 500 g appels*
- *1 theelepel geraspte citroenschil*
- *1/2 dl room*
- *1-2 eetlepels vloeibare honing*
- *een vuurvast, tamelijk hoog schaaltje van ten minste 1/2 l inhoud, ingevet*

Rasp de appels zoals bij *Birchermuesli** is beschreven, maar gebruik de grofste rasp. Vermeng de appels met de citroenschil, doe ze in het schaaltje en druk ze wat aan. Sprenkel de room erover. *146*
Bakken: ca. 20 minuten bij 200°C, middelste richel (zie tip).
De appelsliertjes hebben nu lichtbruine puntjes, maar zijn onder dit laagje moesgaar geworden.
Druppel de honing erover als het toetje tot lauwwarm is afgekoeld.

Variatie: Vervang de honing door ongeraffineerde rietsuiker. Strooi die al voor het bakken over de appels, hij carameliseert dan tijdens het bakken.

Tip: Bak de appelmoes tegelijk met een brood of cake of schotel; de temperatuur mag wel wat hoger zijn (dan in de tweede helft van de baktijd afdekken met aluminiumfolie).

Ongekookte appelmoes
(ca. 1/2 liter)

⑤ ①

Voor dit gerecht heeft u een mengbeker of staafmixer, of een zeer fijne (glazen of roestvrij stalen) rasp nodig.

- 4 rijpe, sappige appels (ca. 500 g), geen moesappels
- 1/2 dl yoghurt of viili
- 1/2-1 eetlepel vloeibare honing

Met de mixer:
Mix eerst de yoghurt met de honing. Schil één appel, verwijder het klokhuis en snijd hem in stukjes. Doe ze in het sausje en mix meteen fijn. Verwerk de rest van de appels, een voor een, op dezelfde manier. Proef of er nog wat honing bij moet en dien deze frisse appelmoes meteen op, want hij verkleurt gauw.

Met de glazen rasp:
Klop in een compoteschaal de honing met de viili los. Verwijder van één appel het kroontje en de steel en snijd hem overlangs doormidden. Verwijder ook het klokhuis en rasp de halve appel (te beginnen met het snijvlak). Vermeng de zo verkregen moes van elke halve appel meteen met het sausje. Verwerk zo alle appels en proef of er nog honing bij moet. Dien de appelmoes meteen op.

Variatie: Voeg 1 theelepel citroen- of 2 theelepels sinaasappelschil (geraspt) toe, of 1/2 theelepel geraspte gemberwortel.

Tip: Zeer fijn geraspte rauwe appelmoes werkt stoppend, de vrijgekomen pectine bindt het vocht in de darmen. Een gewoon uit de hand gegeten appel is in dit opzicht neutraal, hij werkt harmoniserend.

Appelmoes of appelcompote met kaneelschuim (4-5 personen)

⊖ ⚗

Een zoet, maar toch fris nagerecht met een geraffineerde smaak. Maak het kaneelschuim pas vlak voor het eten klaar (zet van tevoren alle ingrediënten en gereedschappen klaar).

- 1/2 l niet te zoete appelmoes
- 1 dooier van een groot ei
- 1 eetlepel honing met een neutrale smaak (acaciahoning)
- 1-2 theelepels kaneel

- 1 eiwit, stijfgeklopt

Verdeel de appelmoes over 4-5 glazen schaaltjes.
Roer voor het kaneelschuim de eierdooier los met de honing en de kaneel. Tot zover kunt u het toetje van tevoren klaarmaken.
Voeg het dooiermengsel bij het stijfgeklopte eiwit. Blijf kloppen tot het mengsel zeer schuimig en licht van kleur wordt. Verdeel het kaneelschuim over de appelmoes en dien meteen op.

Variatie: Vervang de appelmoes door *kersencompote**. 442

Gestoofde zoete appels

⊖

- 500 g zoete appels
- 1 eetlepel boter
- 1 1/2-2 eetlepels ongeraffineerde rietsuiker

- 1 dl appelsap (eventueel van diksap)

Was de appels, verwijder kroontje, steel en klokhuis en snijd ze in partjes van 1 cm dik. Smelt in een pan met dikke bodem de boter, voeg de appels toe en strooi er de suiker overheen. Roer alles goed door elkaar en schep de appels op een matig vuur telkens om tot ze lekker gaan ruiken. Pas op voor aanbranden en blus op tijd met het appelsap. Doe het deksel op de pan en laat de appels in 20-30 minuten gaarstoven op een zeer matig vuur. Dien de appels lauwwarm of koud op.

Gevulde appels in de oven

Een warm, winters toetje dat goed past na een stevige maaltijdsoep met peulvruchten.

- 4 appels, middelmaat (geen moesappels)
- 30 g hazelnoten of amandelen, fijngemalen
- 2 eetlepels krenten of rozijnen
- 1/2 eetlepel vloeibare honing
- 1/2 eetlepel citroensap
- 1 theelepel geraspte citroenschil, gemberwortel of kaneel
- 2-3 eetlepels room of volle kwark

- 1 dl appelsap

- een vuurvaste schaal, ingevet

Schil de appels alleen als de schil lelijk of hard is. Schil wel met de dunschiller een reepje schil rond het 'middel' van de appels weg, dit voorkomt het barsten van de schil tijdens het bakken.
Boor met een appelboor het klokhuis eruit. Snijd van de uitgestoken kern een stukje van ca. 1 cm af (zonder klokhuis) en stop dit terug in de appel; dit voorkomt het doorlekken van de vulling.
Meng noten, zuidvruchten, honing, citroensap en -rasp door elkaar en roer er zoveel room of kwark door, dat er een stevig deegje ontstaat. Maak hiervan vier rolletjes en stop deze in de appels; de vulling mag aan de bovenkant bol staan.
Giet het appelsap in de schaal en zet de gevulde appels erin. Leng het appelsap zonodig aan met water tot een laagje van krap 1 cm.
Bakken: ca. 20 minuten bij 200°C, middelste richel.
Dek de appels tijdens de eerste helft van de baktijd losjes af met een vel aluminiumfolie.
Serveer de appels warm en geef er een kannetje met melk vermengde room (half om half) bij of *vanillesaus**. 212

Variaties:
- vervang de in het recept genoemde vulling door *amandelspijs** 606
- vervang de rozijnen in de vulling door 8 fijngehakte dadels en laat de honing weg. Vervang de citroenrasp door een mespunt kaneel

- schil de appels wel, maar doe geen appelsap in de schaal en stop ook geen stukje 'kern' onder de vulling. De vulling lekt dan en carameliseert een beetje
- **gekruide appels:** schil de appels (gebruik de schillen voor *appelthee**) en vul ze alleen met rozijnen. Steek in elke appel 3-5 kruidnagelen. Vervang het appelsap door sinaasappelsap. Verwijder de kruidnagelen voor het opdienen. Serveer met viili, eventueel vermengd met wat halfstijf geklopte slagroom. 562
- **gebakken appels met gierst:** volg variatie 3 en giet er een half recept gierst- (of griesmeel)pap over, smeuïg gekookt en op smaak gebracht met 2 eetlepels room, 1 eetlepel ongeraffineerde rietsuiker en 1 mespunt geraspte citroenschil. Schuif de schotel nog eens 5-10 minuten in de oven terug
- de gekruide appels smaken koud ook lekker: leg een dikke schijf sinaasappel op een diep bordje en zet daarop de afgekoelde, gebakken appel. Giet het vocht uit de schaal over de appels en garneer met een toefje stijfgeklopte slagroom. Heel feestelijk en lekker: strooi er nog wat *geroosterde amandelstaafjes** over 604
- verpak de gevulde appels in aluminiumfolie en bak ze in de hete as van kampvuur of barbecue

Perencompote

€)

- 4 handperen (ca. 500 g), niet te rijp
- ca. 2 dl water
- een stukje citroen- of sinaasappelschil
- eventueel 30 g blauwe rozijnen
- 1-2 eetlepels ahornsiroop, perendiksap of ongeraffineerde rietsuiker

- 2 theelepels arrowroot, aangemaakt met 2 eetlepels koud water

Schil de peren zo dun mogelijk, snijd ze in vieren en verwijder het klokhuis met een theelepel. Trek daarbij de vezeltjes, die van steel naar klokhuis lopen, mee en snijd elk partje nog eens in drie partjes. Of snijd de peren in twee helften. ▶

Breng het water met het schilletje, de rozijnen en het zoetmiddel aan de kook en voeg de peren toe (leg de helften met het snijvlak naar beneden in een pan, waarin ze naast elkaar kunnen liggen). Breng alles weer aan de kook en laat de peren vervolgens op een zeer klein pitje langzaam gaarkoken.
Doe de peren in een schaal, breng het kookwater weer aan de kook en voeg de arrowroot toe. Proef of het kooknat zoet genoeg is en zeef het over de peren, ze gaan hierdoor mooi glanzen.

Variaties:
- vervang citroen- of sinaasappelschil door een stukje pijpkaneel
- bijzonder feestelijk: leg de gaargekookte halve peren met het snijvlak naar boven in glazen schaaltjes en vul de holletjes met meegekookte rozijnen of een schepje rode jam. Giet het gebonden sap over de peren

Stoofperen

Met saucijsjes of gehakt en aardappelen een bekend wintermenu, maar ook lekker bij granen met gehaktsaus en rauwkost (bij voorbeeld *Chinese-koolsalade**). Ook een goede aanvulling bij *aardappelpannekoekjes** met wat bladsla (winterpostelein).
Een restje koude stoofperen is lekker als toetje met een scheutje room of viili.

- *1 kg stoofperen, geschild, in vieren gesneden en het klokhuis verwijderd*
- *3-4 dl water*
- *een stukje pijpkaneel*
- *5 kruidnagelen*
- *een reepje citroenschil*
- *2-3 eetlepels ahornsiroop of ongeraffineerde rietsuiker, of een mengsel van beide*

- *1 eetlepel arrowroot, aangemaakt met wat koud water*

Zet de peren op met het water, de kruiden en het zoetmiddel. Laat ze op een heel zacht pitje een uurtje sudderen.
Verwijder de kruiden en bind het vocht met de arrowroot.

403
200

Waaierpeer

- *4 niet té rijpe handperen, mét steel*
- *2 1/2 dl water*
- *2 eetlepels perendiksap*

- *ca. 8 eetlepels cranberrycompote**
- *eventueel 1 dl stijfgeklopte slagroom*

600

Verwijder van de peren het kroontje, maar laat de steel eraan zitten. Schil ze, van steel naar kroontje, met de dunschiller en snijd ze 1 cm naast de steel overlangs doormidden (u krijgt 2 ongelijke helften). Verwijder met een scherp mesje het klokhuis, zonder de peer te beschadigen.
Breng intussen het water met het diksap aan de kook en laat alle peren hierin meer trekken dan koken tot ze net gaar zijn (10-20 minuten). Laat ze in het kookwater afkoelen.
Haal de halve peren mét steel uit het kookwater en leg iedere helft op een bordje. Snijd de peren overlangs in 1/2 cm dikke schijfjes,

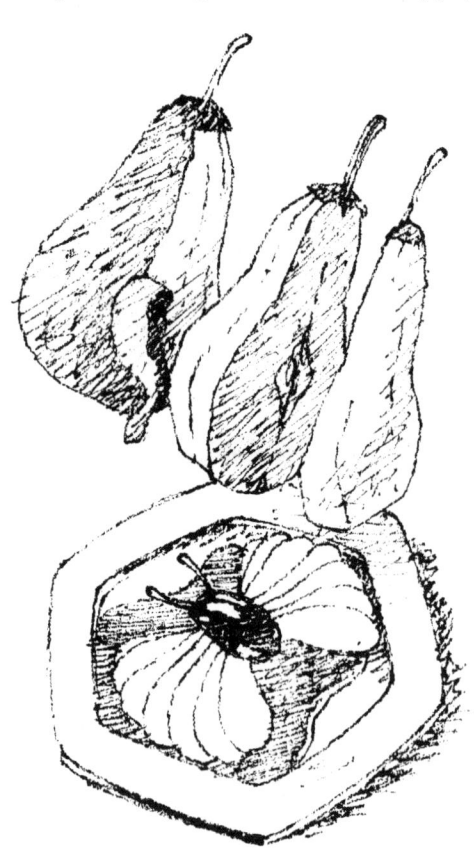

maar zorg ervoor dat de schijfjes bij de steel aan elkaar vast blijven zitten. Vorm nu van de peer een waaier en leg er twee eetlepels cranberrycompote naast. Garneer naar wens met een toefje slagroom.
Geef de overgebleven (kleinere) perehelften met het kooknat de volgende dag als *perencompote**. 439

Variaties:
- vervang de cranberrycompote door felgekleurde elixer (Weleda) of *vruchtensaus**, of 217 door met wat heet perenat verdunde jam
- **perevlinder:** neem 4 kleine peren en snijd ze na het schillen overlangs doormidden. Splijt ook de (losgehaalde) steel met een scherp mesje. Kook en snijd de helften als hierboven beschreven en laat ze afkoelen. Doe wat compote op het bordje en drapeer er twee helften op, met de steelkant naar elkaar toe (dit zijn de vleugels). Leg in het midden een halve dadel (als lijfje) en markeer de voelsprieten met de twee halve stelen

Tip: geschikt voor een groot gezelschap: snijd zeer rijpe peren, die bij het koken hun vorm zouden verliezen, rauw in waaiers en leg deze op een schone, droge bakplaat. Besprenkel met wat verdund citroensap (1 deel sap op 2 delen water) tegen het bruinworden en strooi er een beetje fijne suiker over. **Bakken:** ca. 10 minuten bij 200°C, middelste richel. Deze **gebakken peren** kunt u ook warm of lauwwarm eten, ze smaken heel anders dan gekookte peren.

Perenegeltjes en perenmuisjes

Kook voor de *egeltjes* geschilde, gehalveerde, dikbuikige peren volgens het recept van de *perencompote** of van de *caramelperen**. Bewaar de steeltjes en de pitjes.   439
442
Pel 12 grote amandelen* en snijd ze zolang ze   604
nog vochtig zijn met een scherp mesje in 'stekeltjes'. Steek ze in de halve peren en markeer de oogjes met de perepitjes (of zonnebloempitten). Halveer de steeltjes overlangs en gebruik ze als staartjes.
Gebruik voor de *muisjes* langgerekte peren en laat de amandelen weg. Markeer aan de steelkant van de peer met een platgedrukte rozijn het snuitje, met twee halve gepelde amandelen de oortjes en met twee perepitjes kleine ogen. Dit bange muisje laat zijn staart niet zien, die zit onder zijn buik verstopt.

Caramelperen of -appels

⊖ ♨

- 2 grote of 4 kleine peren (geen stoofperen), of stevige appels (Golden delicious)
- 1/2 l water
- de gele schil van 1/2 citroen

- 2 eetlepels caramelstroop* 608

- 1 eetlepel arrowroot of 1 1/2-2 eetlepels biologische maïzena* 618
- 1/2 dl room, koffieroom of melk

Kook de vruchten (in helften gesneden) als bij *perencompote** (de kooktijd van de appels is 439 maar 5-10 minuten).
Leg de vruchten met de bolle kant naar boven in 4 glazen schaaltjes. Zeef het kookwater, meet 2 dl af en roer er de caramelstroop door. Meet nog eens 1/2 dl kookwater af en laat het in een kopje afkoelen. Maak de arrowroot aan met dit kookwater en voeg het al roerende bij het kokende caramelwater. Breng het weer aan de kook en laat daarna tot handwarm afkoelen. Roer met een garde de room erdoor en giet deze vla over de vruchten.

Kersencompote

⊖

Geschikt voor minder mooie kersen. Behalve puur smaakt deze compote ook heerlijk bij een bolletje vanilleijs of een vanillepudding.

- 2 1/2-4 dl water
- 2-3 eetlepels ongeraffineerde rietsuiker (50 g)
- 1/4 kaneelstokje

- 500-750 g kersen, al of niet ontpit

- ca. 1/2 eetlepel arrowroot of 1 eetlepel biologische maïzena* 618

Breng het water met de suiker en het kaneelstokje aan de kook en laat dit 5 minuten trekken (deksel op de pan).
Voeg de kersen toe en breng alles opnieuw aan de kook. Laat een paar tellen koken en haal de kersen met een schuimspaan uit het kookwater. Doe ze in een schaal.
Roer het bindmiddel los in een beetje water en giet dit al roerende in het kookwater. Laat een paar tellen doorkoken, verwijder het kaneelstokje en giet deze saus over de kersen. Roer goed door en laat alles afkoelen (niet in de koelkast).

Variaties:
- vervang de suiker en het kaneelstokje door 3-4 eetlepels zwarte bessensiroop (bij zeer zoete kersen) of door frambozensiroop (bij zure kersen zoals morellen)
- een feestelijke variatie met ontpitte zure kersen: kook in het kookwater (na de kersen) 125-150 g frambozen gedurende 2-3 minuten en wrijf dit door een zeef. Laat afkoelen tot lauwwarm en proef nu pas of het zoet genoeg is; zoet eventueel na (niet met honing). Giet dit door de frambozen wat gebonden sausje over de kersen en laat op een koele plaats nog ten minste 1/2 uur trekken. Verdeel de compote over 5-6 schaaltjes en giet er een klein scheutje halfstijf geklopte zoete of zure room of wat viili over (niet erdoor roeren)

Heitisturm en Chriesibrägel

⊖

Voedzame vruchtengerechten op z'n Zwitsers. Heitisturm wordt van rauwe *bosbessen* gemaakt, voor de Chriesibrägel worden de *kersen* eerst gekookt (zie *kersencompote**). 442
Met een stevige soep vooraf vormen beide gerechten een prima maaltijd. Hieronder volgt eerst het recept voor **Heitisturm**.

- 500-750 g bosbessen, gewassen en goed uitgelekt
- 3-4 dl melk

- 100-150 g volkorenbrood
- ca. 25-40 g boter

- 40-60 g ongeraffineerde rietsuiker, vermengd met
- 1-1 1/2 theelepel kaneel

Doe de bessen in een schaal en giet de melk erover. Laat dit op een koele plaats (niet in de koelkast) ten minste een half uur staan.

Maak van het brood en de boter *soldaatjes**. 82
Strooi op het laatst de kaneelsuiker erover en
roerbak nog even door tot het brood alle
suiker heeft opgenomen.
Doe het gebakken brood op de bessen en dien
meteen op, in het originele recept moet het
brood nog knapperig blijven. Als u het brood
door de melk schept en het een beetje laat
weken, wordt het gerecht smeuïg.

Voor **Chriesibrägel:** vervang de bosbessen en
de melk door een licht gebonden *kersencompote** van 3/4-1 kg kersen. 442

Holderzunne (vlierbessenmoes)
↔

Een voedzaam Zwitsers bessengerecht. Kook
de bessen goed door en doe ze *niet* in de
mixer, de pitjes bevatten wat blauwzuur, dat
echter door verhitting verdwijnt. Het meel in
deze compote bindt het bij het koken vrijkomende vruchtezuur, waardoor er minder
suiker nodig is.

- 20 g boter
- 30 g gebuild meel
- 2 dl melk

- ca. 500 g vlierbessen, gewassen en gerist
- ca. 3 eetlepels ongeraffineerde rietsuiker

Maak van boter, meel en melk een zeer dikke
*bruine ragoûtsaus**. Voeg de bessen en de 205
suiker toe en breng de saus al roerende aan de
kook. Laat nog 5 minuten pruttelen. Dien de
moes lauwwarm of koud op.
Liefhebbers voegen nog een scheutje room
(of viili) toe.

Variaties:
- strooi nog 100-200 g *soldaatjes** over de 82
  holderzunne. Voorafgegaan door soep of
  salade een lichte maaltijd voor 3-4 personen
- lichter verteerbaar: vervang het gebuilde
  meel door thermomeel (gerst). Rooster dit
  meel niet, kook het alleen even op in de
  melk (eerst aanmaken met wat koude melk)

Rabarbermoes (ca. 1 liter)
⑤ ① ↔

- 1 kg rabarber*, in stukjes van ca. 1 cm 337
- 4 eetlepels water
- 60-80 g kleingesneden dadels of
  ongeraffineerde rietsuiker (6-8 eetlepels)
- eventueel 1 theelepel krijt (verkrijgbaar bij
  de drogist) om het oxaalzuur te binden* 337
- de schil van een sinaasappel of citroen

- het sap van 1 sinaasappel of van een
  halve citroen
- 1 eetlepel arrowroot of 1 1/2 eetlepel
  biologische maïzena* 618

Doe de rabarber met water, suiker, schilletjes
en krijt in een niet te wijde pan en vermeng
alles goed. Breng onder af en toe roeren op
een matig vuur aan de kook. Doe het deksel
op de pan zodra de rabarber voldoende vocht
heeft losgelaten en kook de stukjes in ca. 5
minuten gaar.
Los de arrowroot op in het vruchtsap en
roer het door de rabarber. Laat nog even aan
de kook komen. Laat de rabarber wat afkoelen en giet hem in een glazen schaal.
Serveer desgewenst met wat viili, yoghurt of
met wat melk losgeroerde kwark; in deze
combinatie smaakt de rabarber minder zuur.

Variaties:
- vervang de arrowroot door 2 eetlepels (3 g)
  agar-agarvlokken, 10 minuten geweekt in
  het vruchtsap. De rabarber wordt hierdoor wat meer geleiachtig gebonden en is
  daardoor geschikt om te bedekken met een
  laag *vanillevla** (1/2 recept) 455
- **rabarbercrème:** maak 1/2 recept rabarbermoes; vervang de dadels door 2 bolletjes
  fijngehakte geconfijte gember*. Klop vlak 596
  voor het opdienen 1 dl (zure) room erdoor,
  stijfgeklopt met 1 eetlepel vloeibare honing

Tip: Het is niet nodig de rabarber te schillen,
de rode schil geeft juist kleur aan de moes.
Snijd het witte stuk onderaan de steel in
kleine stukjes en kook dit mee. Het verzacht
de zure smaak.

Kweeperenmoes (ruim 1/2 liter)

↩

Kweeperenmoes heeft een bijzonder fijne smaak en wordt gegeten als appelmoes.

- ca. 500 g kweeperen
- de gele schil en het sap van 1/2 citroen
- water

- 2-3 eetlepels (ca. 50 g) honing

Boen de kweeperen onder de koude kraan af en wrijf daarbij het 'vilt' eraf. Snijd het kroontje uit de vruchten, snijd ze op een plank doormidden en elke helft in 4 partjes. Doe ze met de citroenschil en het sap in een pan en voeg zoveel water toe, dat ze juist onder staan. Kook de kweeperen gaar in ca. 20 minuten. Giet af op een zeef en bewaar het kookwater. Wrijf de kweeperen door de zeef en laat de moes afkoelen.
Los de honing op in 1 dl van het kookwater en roer dit door de moes. Breng op de gewenste dikte door er nog wat kookwater aan toe te voegen.

Variaties:
- leg na 10 minuten kooktijd partjes appel op de kweeperen en kook alles samen gaar
- maak de moes in als hij nog heet is en niet met kookwater is verdund. Zoet deze dikke moes pas voor het opdienen en gebruik hem als vulling voor een blind gebakken zandtaartbodem* 507

Tips:
- maak kweeperenmoes in in kleine potjes* en aromatiseer hiermee later vers gemaakte appelmoes 583
- gebruik het overgebleven geurige kooknat voor het verdunnen van vruchtesappen, maak er een lekkere drank van (*appelthee**) 562 of maak het kokendheet in in kleine potjes, dan kunt u er later appelmoes mee koken

Perziken met bessensaus

↩ 🕯

Geschikt voor het verwerken van de laatste, niet meer zo fraai ogende bessen uit de tuin en niet voldoende uitgerijpte perziken (zie tip).

- 2 grote of 4 kleine, goed rijpe perziken (of nectarines), geschild*   40

- ca. 250 g bessen (aalbessen, aardbeien en/of frambozen)
- 1-2 eetlepels ahornsiroop of honing

- 1 dl slagroom
- 1/2 dl viili
- 2 theelepels honing

Doe de bessen in een pannetje en kneus ze met de pureestamper. Breng alles langzaam aan de kook en laat 2-5 minuten koken, afhankelijk van de rijpheid van de bessen. Wrijf de bessen door een zeef en laat dit sap wat afkoelen. Roer het zoetmiddel erdoor, maar proef de bessensaus pas als hij helemaal is afgekoeld.
Doe de perzikhelften in glazen coupes, giet er de bessensaus overheen en steek er eventueel een wafeltje in.
Klop de room met de honing stijf en schep de viili erdoor. Geef dit in een kannetje apart erbij.

Tip: Kook harde perziken eerst (als *perencompote**), eventueel in druivesap, gekruid met een kruidnagel en een stukje citroenschil.   439

Perziken met kaneelschuim

Een lust voor het oog én de tong.

- 2 zeer grote of 4 kleinere zeer rijpe perziken
- 1 recept kaneelschuim*   438
- 4 topjes citroenmelisse of munt of een ander mooi blaadje of mooie bloem (goudsbloem, Oostindische kers)

Ontvel de perziken*, snijd ze overlangs in twee helften en verwijder voorzichtig de pit. Snijd elke helft in 4-6 dunne partjes en leg ze waaiervormig op een bordje. Giet een portie kaneelschuim ernaast en garneer met een blad of bloem.   40

Gedroogde pruimen met zure room

⊖

Een licht winters toetje na een maaltijd met granen, zoet en toch zonder suiker.

- 20 gedroogde pruimen, 1 nacht geweekt, ontpit
- 2 1/4 dl water
- een snufje vanillepoeder of een stukje citroenschil

- 1/2 eetlepel arrowroot, aangemaakt met
- 1/4 dl water

- 1 bekertje zure room of 1/2 pot (175 g) halfvolle kwark, losgeklopt met
- 1 eetlepel melk
- 4 halve walnoten of schijfjes sinaasappel
- wat maanzaad

Kook de pruimen 10 minuten in het water. Voeg de arrowroot toe en breng alles weer aan de kook. Verdeel de pruimen over 4 glazen schaaltjes en laat ze wat afkoelen. Leg op de pruimen een schepje zure room of kwark (de pruimen blijven zichtbaar). Garneer met de walnoten of sinaasappelschijfjes en strooi er wat maanzaad over.

Gecarameliseerde kastanjes

(4-6 personen)

⊖

Een zeer stevig nagerecht uit het Zwitserse Val Bregaglia, waar de kastanjebomen op de zuidelijke berghellingen groeien. Eet het toetje lauwwarm of koud, bij voorbeeld na een maaltijdsoep op groentebasis.

- 500 g verse of 250 g gedroogde kastanjes, bijtgaar gekookt*   393

- 30-40 g ongeraffineerde rietsuiker
- 1/2 eetlepel citroensap

- ca. 1 dl halfstijf geklopte slagroom of een half recept vanillesaus*   212

Giet de gekookte kastanjes af (bewaar het kookwater voor soep of saus) en doe ze terug in de pan. Voeg de suiker en het citroensap toe en breng alles onder voortdurend omscheppen weer aan de kook, op een matig vuur. Blus met een scheutje kookwater als de suiker begint te carameliseren. Kook nog even door tot er een smeuïg sausje rond de kastanjes ontstaat (voeg eventueel nog wat kookwater toe).
Doe de kastanjes in een schaal en giet vlak voor het opdienen de slagroom of vanillesaus erover.

Sinaasappelsalade

① ⚘

Feestelijk met flinterdunne wafeltjes.

- 4 kleine handsinaasappels
- 1/2 citroen
- 1 eetlepel vloeibare honing

- 4 ontpitte dadels, in kleine stukjes gesneden

- 25 g gepelde, grofgehakte en geroosterde amandelen*   604
- eventueel 1 dl slagroom

Haal van één sinaasappel en van de halve citroen een stukje schil af (met een dunschiller). Pers deze sinaasappel en de citroen uit en los de honing op in het sap. Voeg de schilletjes toe en laat dit vocht zo mogelijk een paar uur staan.
Pel de overige sinaasappelen voorzichtig, ze moeten heel blijven. Verwijder zoveel mogelijk de witte (bittere) velletjes en snijd de sinaasappelen overdwars in 3-5 mm dikke schijven, u krijgt zo mooie rozetjes. Doe dit met een scherp mesje op een bord. Houd de kapjes klein en gebruik ze niet, verwijder ook de pitten.
Leg de stukjes dadel onderin een glazen schaal en de sinaasappelschijven dakpansgewijs erop. Giet het zoete sapje (zonder schilletjes) en het op het bord achtergebleven sap erover en zet de schaal afgedekt 1-2 uur koel weg.
Strooi vlak voor het opdienen de amandelen erover en garneer de sinaasappelsalade in de zomer met een topje verse munt of citroenmelisse.
Serveer met de room, stijfgeklopt in een schaaltje of vloeibaar in een kannetje.

▶

Variaties:
- vervang de dadels door 2 vijgen of 25 g rozijnen
- vervang de dadels door 1-2 bolletjes gember, in dunne plakjes gesneden en wat gemberstroop
- vervang één sinaasappel door een appel of peer, geschild, zonder klokhuis en in dunne plakjes gesneden. Leg ze om en om met de sinaasappelschijven in de schaal
- vervang in de winter de groene blaadjes door een schijfje kiwi
- vervang de helft van de sinaasappels door kiwi's en leg om en om schijfjes kiwi en schijfjes sinaasappel op eenpersoonsborden. Spuit een toefje slagroom in het midden en druppel het honing/citroenmengsel over de vruchten. De dadels kunt u er ook over strooien of vervangen door wat extra honing
- vervang de stijfgeklopte slagroom door met wat melk smeuïg geroerde en met honing of ahornsiroop gezoete halfvolle kwark

Franse sinaasappelsalade
⑤ ①

- 6 kleine, zoete handsinaasappeltjes met een gave, dunne schil
- wat vloeibare honing
- eventueel verse munt- of citroenmelisseblaadjes

Was de sinaasappels in lauw water, spoel ze af onder de koude kraan en droog ze met een theedoek; schil ze niet.
Snijd aan de onderkant een royaal kapje af en snijd de rest met een scherp, glad mes in flinterdunne plakjes. Verwijder de pitten. Houd royale kapjes over.
Leg de sinaasappelschijfjes dakpansgewijs op platte glazen schaaltjes. Knijp de kapjes erover uit en zoet met honing naar smaak. Verdeel het sap over de sinaasappels en garneer met een groen blaadje.

Variaties:
- vervang de honing door ahornsiroop, vlierbloesem- of duindoornlimonadesiroop* of duindoornelixer van Weleda. Hiermee kunt u ook een eventueel tekort aan sap aanvullen

- vervang de sinaasappeltjes door 12-16 **kumquats**. De kumquat is een bitterzoet mini-sinaasappeltje van Chinese oorsprong, dat rauw en met schil en al gegeten wordt. Snijd vooral de pitjes niet door, ze zijn uitermate bitter

Zomerse vruchtensalade
⊖

Serveer met wafeltjes en eventueel wat halfstijf geklopte slagroom.

- *1 eetlepel citroen- of 3 eetlepels sinaasappelsap, aangelengd met water tot 1 dl*
- *1 eetlepel vloeibare honing*
- *eventueel een stukje citroen- of sinaasappelschil*
- *een takje verse munt of citroenmelisse*

- *1 grote, rijpe banaan, in plakjes of dobbelsteentjes van 1/2 cm*

- *ca. 300 g zacht fruit, gewassen, schoongemaakt en zonodig kleingesneden (bij voorbeeld alle soorten bessen, perziken (gepeld), abrikozen, pruimen, meloen, druiven; niet meer dan 3 soorten tegelijk*

Roer de honing los in het vruchtesap en leg er de schil en het takje bij.
Schep de banaan erdoor en laat dit een uurtje op een koele plaats staan.
Snijd de vruchten zonodig in mooie stukjes en leg ze, samen met de gemarineerde banaan, in glazen schaaltjes. Zeef het vruchtesap erover heen.
Garneer de salade met blaadjes munt of melisse of een klein aardbeiblaadje.

Variaties:
- vervang de banaan door een appel of peer
- zie de eerste variatie van *Franse sinaasappelsalade**

Winterse vruchtensalade

⟵ 🕯

- ca. 600 g fruit, bij voorbeeld 2 sinaasappelen, 1 appel, 1 rijpe banaan

- 1 eetlepel citroensap

- eventueel 1/2-1 eetlepel vloeibare honing of ahornsiroop
- eventueel 2 eetlepels grofgesneden, geroosterde amandelen* 604
- eventueel 1 dl slagroom

Schil de sinaasappelen en verwijder zoveel mogelijk van de witte (bittere) velletjes. Was de appel en verwijder steel en kroontje. Schil hem alleen als de schil hard of bitter is; verwijder wel het klokhuis.
Doe het citroensap in een kom.
Snijd de appel in dunne, kleine schijfjes of in kleine dobbelsteentjes en vermeng ze meteen met het citroensap. Snijd de sinaasappel in 4 parten en deze in schijfjes van 1/2 cm. Vermeng ze met de appelstukjes. Pel de banaan, snijd hem in schijfjes van 1/2 cm en vermeng ze meteen met de andere vruchten. Proef of er nog wat honing of ahornsiroop door moet.
Verdeel de vruchtensalade over 4 glazen schaaltjes en strooi er de geroosterde amandelen op. Geef de room in een kannetje erbij of klop hem stijf en garneer de schaaltjes ermee.

Variaties:
- snipper een bolletje *geconfijte gember** en 596 schep dit, samen met 1 eetlepel gemberstroop uit het potje, door de vruchtensalade. Proef of er nog honing of ahornsiroop bij moet
- vervang de appel door een rijpe peer (wel schillen) of door stukjes ananas
- garneer de vruchtensalade met dunne partjes geschilde kiwi

'Gevulde' meloen
(ca. 12 personen)

① 🕯

Een meloen écht uithollen is veel werk, maar op deze manier gaat het vliegensvlug.
Maak een recept (of wat meer) *zomerse vruchtensalade**. 446
Snijd een flinke meloen (eerst wassen) overlangs doormidden en verwijder de pitten. Snijd elke helft in 6 parten en zet deze met de 'rug' tegen de wand van een hoge, liefst glazen schaal. Doe de vruchtensalade in de zo ontstane holte tussen de parten meloen.

Meloencoupe

⟵

Een fris, licht toetje, dat op een warme zomerdag ook de dorst kan lessen.

- een klein, rijp meloentje (ca, 400 g), soort naar keuze
- 1-2 dl water
- een stukje citroenschil
- 1-2 eetlepels citroensap
- een takje verse pepermunt of citroenmelisse

- eventueel 1/2 eetlepel vloeibare honing of ahornsiroop

Snijd de meloen doormidden en verwijder de pitten en de strengen. Snijd de vrucht in plakken van ca. 1 1/2 cm dik en schil deze met een scherp mesje. Snijd het vruchtvlees in mooie dobbelsteentjes en vermeng ze met water, citroenschil en citroenrasp en leg er ook een takje munt of citroenmelisse bij. Laat dit, afgedekt, ten minste 2 uur op een koele plaats doortrekken.
Verwijder voor het opdienen het takje en de schil en proef of er wat zoetmiddel bij moet. Schep de blokjes meloen in glazen schaaltjes of passende glazen en zeef het vocht eroverheen.
Garneer met een topje munt of melisse.

Variatie: Coupes kunt u praktisch van alle vruchten (ook bessen) maken. Zet de vruchten, met wat honing vermengd, altijd ten minste een half uur op een koele plaats. Vul een eventueel tekort aan sap aan met sinaasappelsap, appelsap of *vlierbloesemsiroop**. ▶594

Tip: Neem op een feestelijke dag een grotere meloen en steek er met een speciale uitsteker bolletjes uit. Bewaar de rest van het vruchtvlees in een glazen pot in de koelkast voor een ander toetje (*zomerse vruchtensalade**). 446

Bananes aux amandes (4-6 personen)

Een zoet, wat machtig toetje, dat zeker bij kinderen in de smaak valt. Geef het na een maaltijdsoep of lichte maaltijd. Bananen bevatten vooral veel zetmeel en suiker, maar in verhouding tot andere vruchten weinig vitale stoffen (vitaminen en mineralen). Zij zijn een uitstekende 'vlugge' hongerstiller. Koop zo mogelijk biologisch geteelde bananen, die ook niet in ethyleen-gaskamers zijn nagerijpt. Het lekkerst en ook het rijkst aan voedingsstoffen zijn goed uitgerijpte bananen (de schil wordt dan al bruin).

- 4 kleine, rijpe bananen
- 1/2-1 dl room

- 2 kleine eiwitten (60 g)
- 2 eetlepels ongeraffineerde rietsuiker
- 50 g amandelen, fijngemalen, waarvan eventueel 3-4 bittere amandelen, meegemalen of gestampt

- een platte vuurvaste schaal (ca. 20 cm lang of breed), ingevet

Pel de bananen en leg ze dicht tegen elkaar aan in de vuurvaste schaal. Giet de room erover.
Klop de eiwitten stijf, voeg de suiker toe en klop opnieuw stijf. Schep de gemalen amandelen er voorzichtig door en verdeel de massa over de bananen.
Bakken: ca. 10 minuten bij 200°C, middelste richel. Leg een stuk aluminiumfolie op het schuim als het bruin wordt voordat de bananen gaar zijn.

Variaties:
- heel verfijnd van smaak: pel de amandelen en rooster ze heel licht in de oven* voordat u ze maalt. Gebruik in dit geval geen donker zoetmiddel, maar ahornsiroop of honing 604
- vervang eiwitten, suiker en amandelen door 50-75 g verkruimelde *bitterkoekjes**, en giet de room er pas op het laatst over 540

Grapefruit als nagerecht
◐ ⊖

Een frisse afsluiting van een vetrijke maaltijd. Door het natuurlijke gehalte aan kinine van de **grapefruit** is deze vrucht ook bijzonder geschikt om er een koortswerende drank van te maken. Gebruik dan de 'witte' variëteit en pers de vruchten zeer stevig uit: de geneeskrachtige stoffen zitten vooral in de bittere, witte velletjes.
Een grote broer van de grapefruit is de **pompelmoes**, zoeter van smaak en heel gemakkelijk van de vliezen te ontdoen.

Maak de grapefruits (een halve per persoon) schoon als in het recept *grapefruit als voorgerecht**. Vang hierbij wat sap op en los hierin op elke halve grapefruit 1 theelepel honing op. Druppel dit stroopje over de halve vruchten of vermeng het met de uitgesneden partjes. Laat een paar minuten intrekken. 72

Avocado als nagerecht

In combinatie met zoet komt de fijne smaak van deze vrucht pas echt tot zijn recht. Een avocado is rijp als het vruchtvlees rond de steelaanzet zacht aanvoelt. Nog niet rijpe avocado's kunt u bij kamertemperatuur in enkele dagen laten narijpen en een rijpe avocado is (niet in de koelkast) nog 2-3 dagen houdbaar.

- 2 rijpe avocado's
- 2-3 eetlepels ahornsiroop of ongeraffineerde rietsuiker

Halveer de avocado overlangs en verwijder de pit. Steek met een speciale uitsteeklepel of met een bol theelepeltje bolletjes uit het vruchtvlees, zonder de schil te beschadigen. Vermeng de bolletjes met het zoetmiddel en doe ze weer terug in de schil.
Leg servetjes op dessertbordjes en zet de gevulde avocado's hierop. Geef er een lepeltje bij.

Variaties:
- neem een avocado extra. Lepel uit alle avocado's het vruchtvlees en prak of pureer het, samen met de suiker. Verdeel deze crème over 4 halve schillen en garneer ze

Afb. 19 Aardbeie

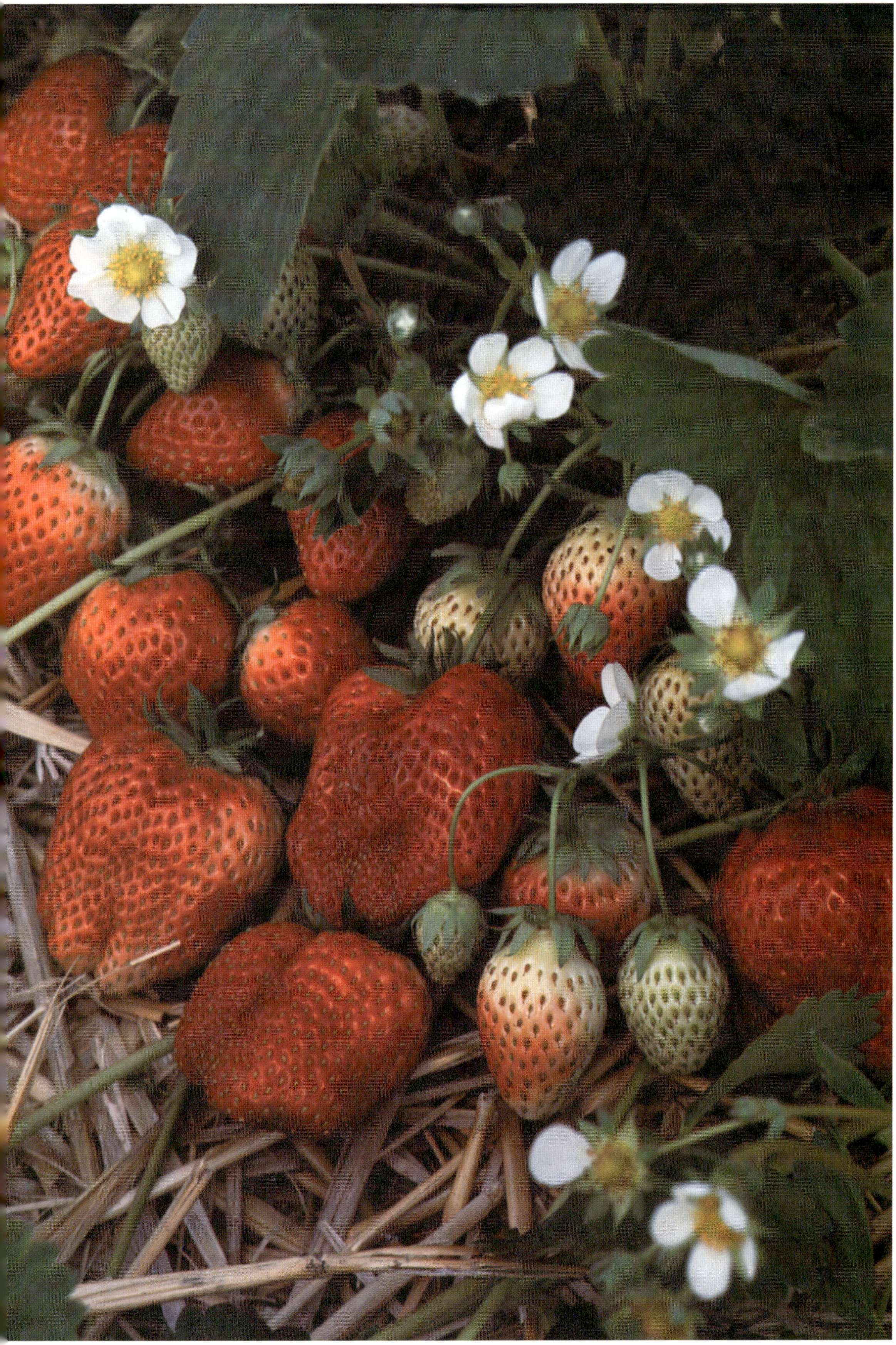

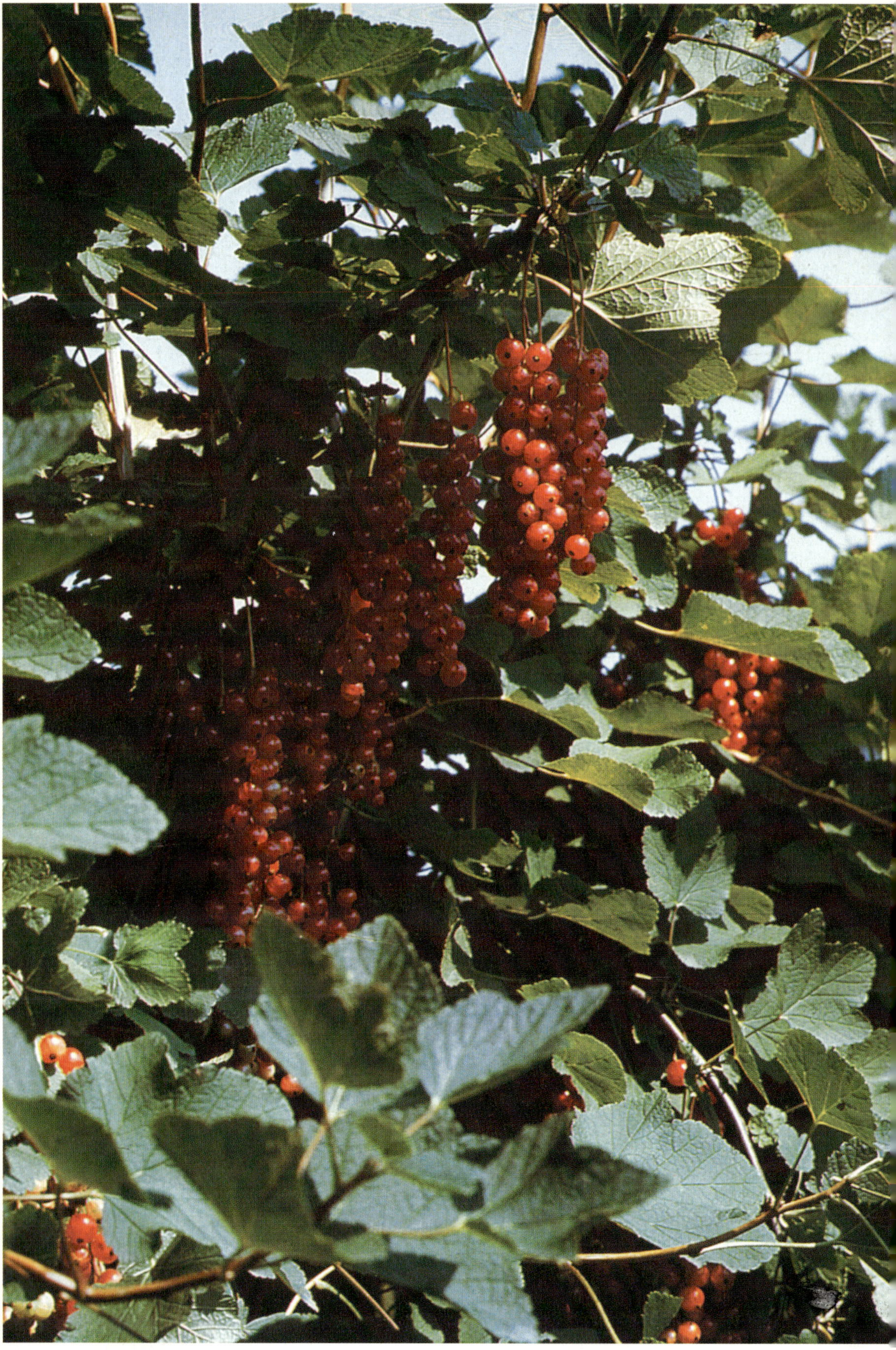

met een toefje stijfgeklopte slagroom en muntblaadjes in het midden
- meng een eetlepel zeer sterke koffie door de avocadopuree

Mango als nagerecht

Een rijpe mango is zelf al zo lekker, dat toevoegingen overbodig zijn. De kleur van de schil zegt nog niets over de rijpheid van de vrucht, de aromatische geur en de zachtheid van het vruchtvlees wel (het geeft bij een lichte vingerdruk mee). Laat een nog niet rijpe mango bij kamertemperatuur narijpen. Mango's zijn in de zomer het lekkerst.

Reken per persoon op één mango. Was de vruchten goed af*, maar schil ze niet. Snijd de vruchten in de lengte aan weerskanten van de pit door. U krijgt zo drie plakken, twee zonder en een mét pit. *308*
Kerf nu het vruchtvlees in de plakken zonder pit kruiselings om de cm in, tot op de schil (niet erdoorheen, de schil heeft soms een terpentijnachtige smaak, die kan overgaan op het vruchtvlees). Door de inkervingen zijn blokjes ontstaan, die nog aan de schil vast blijven zitten. Als u de schil aan tafel naar boven duwt, wijken de blokjes uit elkaar en zijn zonder geknoei af te happen.
Serveer de mangohelften koel, maar niet ijskoud op een bordje, versierd met een takje munt of citroenmelisse. Geef er papieren servetjes bij.

Granaatappel als nagerecht

Grote vruchten zijn aromatischer dan kleine. Door de harde schil zijn ze op een droge plaats lang houdbaar (niet in de koelkast).

Snijd de vruchten overlangs in twee helften en leg deze op een bordje met een servetje en een lepeltje ernaast.
Maak een stroopje van 1 eetlepel citroensap en 1/2 eetlepel vloeibare honing en druppel dit over de opengesneden vruchten. Laat ten minste 1/2 uur trekken op een koele plaats.

Ananas

Een goed rijpe ananas is goudgeel. Ze worden echter net als bananen onrijp geoogst en kunstmatig nagerijpt om ze in grote hoeveelheden makkelijk te kunnen exporteren. Als ze té onrijp geplukt zijn, lukt het narijpen niet meer en bederven ze voordat ze geel zijn. Een dergelijke ananas kunt u (uiteraard voordat de vrucht begint te rotten) gebruiken voor jam* of geconfijte ananas*. Koop voor een nagerecht een vrucht die al ten minste voor de helft geel is. U kunt hem dan op kamertemperatuur laten narijpen en daarna nog 2-3 dagen op een koele plaats bewaren, maar niet in de koelkast. *587 596*

Schillen van de ananas:
Was de ananas onder de stromende kraan. Laat de kruin erop zitten als hij nog groen is. Leg een krant met daarop de snijplank op het werkvlak en schil daarop de ananas, zo dun mogelijk met een scherp mesje (bij een bot mes gaat er te veel sap verloren) en laat de oogjes er nog in zitten. Snijd er aan de onderkant een kapje af. ▶

Afb. 20 Rode bessen

Zet de ananas op een bord en doe de krant met de schillen weg. Snijd nu de oogjes twee aan twee wigvormig uit het vruchtvlees; volg hierbij de schuine lijn waarin de oogjes gegroeid zijn; er ontstaan zo geultjes, die spiraalvormig over de vrucht lopen.
Zet de ananas op een platte (glazen) schaal en snijd hem aan tafel in ten minste 1 cm dikke plakken. Met mes en vork kan eenieder dan het vruchtvlees rondom het harde, middelste gedeelte (de stengel, die door de hele vrucht heenloopt) afsnijden. Geef er eventueel met wat honing stijfgeklopte slagroom bij.

Tips:
- snijd desgewenst de ananas mét schil in plakken, leg ze op een dessertbordje en steek met een appelboor het middenstuk er royaal uit. Met een scherp tafelmes kan iedereen zelf de schil eraf snijden
- als u verschillende ananassen moet schillen, loont het de moeite het vrijkomende sap en de afvalstukjes van het vruchtvlees met de oogjes erin met wat water op te koken. Verwerk het gezeefd en afgekoeld in een drank of bowl

Ananasschuitjes (8 personen)

Laat van een rijpe, gewassen ananas het loof als het er nog fris uitziet aan de vrucht zitten, maar snijd de houtige onderkant weg. Snijd de ananas mét de kruin met een groot, scherp mes overlangs in twee helften en deze weer in 4 parten. Doe dit zo, dat aan elk part ook een gedeelte van het loof zit.
Snijd het harde binnenste over de hele lengte van elk part weg. Snijd nu het vruchtvlees 1 cm vanaf de buitenkant los (met een grapefruitmesje) en snijd het (in het schuitje) overdwars in 1 cm dikke plakjes. Verschuif deze om en om een beetje naar rechts en naar links. Leg de ananasschuitjes op een dessertbordje en geef er een vorkje en een lepel bij.

Variatie: Spuit er een toefje met honing gezoete slagroom naast of leg er een bolletje *vanilleijs** bij.   459

Rödgröd

Rödgröd ('rode grutten') vormt een fris zomers toetje na een eiwitrijke maaltijd.

- 75 g rijstvlokken
- 4 dl water

- 300 g rode bessen, eventueel een gedeelte zwarte bessen
- 150 g frambozen
- 80-90 g ongeraffineerde rietsuiker

- 3 dl vanillesaus*, of 1-2 dl half stijfgeslagen slagroom   212

Kook de rijstvlokken in het water gaar (ca. 5 minuten).
Voeg de vruchten en de suiker toe. Kook ze tot de bessen opengebarsten zijn. Laat in een glazen schaal afkoelen en in de koelkast koud worden.
Serveer de vanillesaus of de slagroom erbij.

Variaties:
- vervang de rijstvlokken door 60 g arrowroot. Maak dit aan met 1 dl van het water en klop het door het kokende water. Zeef het eventueel
- vervang de bessen en de frambozen door 4 dl sap, bij voorbeeld bessen/kersensap of bessen/frambozensap

Bessentrilogie (4-6 personen)

Een overheerlijk, luxueus, maar ook bewerkelijk toetje dat u maar heel kort in het jaar kunt maken, namelijk als de drie bessensoorten tegelijk verkrijgbaar zijn. Vooral de aardbeien moeten voor dit toetje heel rijp zijn.

- 100 g rode bessen, gerist gewogen

- 2 eetlepels ahornsiroop of honing
- 150 g kleine aardbeien, zonder kroontje gewogen
- 100 g frambozen

- 1/8 l slagroom
- 2 theelepels ahornsiroop of honing

Doe de rode bessen in een klein pannetje en kneus ze met de pureestamper. Kook ze even op en wrijf ze door een zeef. Giet dit sap in het pannetje terug en roer er het zoetmiddel door. Doe de aardbeien erbij en breng langzaam aan de kook. Laat even heel zachtjes sudderen, totdat de aardbeien wat slinken. Voeg nu ook de frambozen toe en laat nog even voorzichtig aan de kook komen. Haal de pan meteen van het vuur en giet het vruchtenmengsel in een schaaltje om af te koelen (in de pan zou het kookproces nog even doorgaan). Proef het afgekoelde mengsel en voeg eventueel nog wat zoetmiddel toe. Verdeel het over kleine glazen coupes.
Klop de slagroom samen met het zoetmiddel halfstijf en geef het in een kannetje erbij. Geef er ook een wafeltje bij om het zuur van de vruchten wat te neutraliseren.

Bessen met zure-roomsaus

Eenvoudig, maar verrassend van smaak: het zuur van de room laat de bessen zoeter lijken, zodat er haast geen zoetmiddel nodig is bij dit recept. Door de room te vermengen met bessenpuree heeft u er minder van nodig.

- ca. 250 g bessen (aardbeien, frambozen, bramen), gewassen en schoongemaakt
- 4 eetlepels (1/2 dl) zure room of half viili/half kwark
- 1 eetlepel vloeibare honing

Leg 50 g van de bessen apart (de rijpste). Verdeel de rest over 4 glazen schaaltjes. Wrijf de apartgehouden bessen door een zeef en vermeng deze moes met de honing. Klop de zure room erdoor en giet dit sausje over de bessen.

Aardbeienmousse
(ca. 3/4 liter, 4-6 personen)

Maak deze schuimige vruchtencrème pas vlak voor het eten klaar en serveer haar in kleine glazen schaaltjes, eventueel met een wafeltje erbij.

- 400 g zeer rijpe aardbeien
- 1/2 eetlepel citroensap
- 1-1 1/2 eetlepel vloeibare honing of ahornsiroop
- 1 groot eiwit (ca. 40 g)
- 1-1 1/2 dl slagroom, stijfgeklopt

Houd 2-3 mooie aardbeien apart voor de garnering. Snijd de rest van de aardbeien in stukjes en wrijf ze door een zeef. Voeg citroensap en zoetmiddel toe.
Klop in een ruime kom de eiwitten stijf en klop, beetje bij beetje, ook de aardbeienmoes erdoor.
Schep de slagroom erdoor, doe de mousse in schaaltjes, versier met een plakje aardbei en dien meteen op.

Variaties:
- vervang een gedeelte van de aardbeien door **frambozen** of **bramen**, voeg geen citroensap toe
- vervang de aardbeien door ruim een pond zeer rijpe verse **abrikozen** of **perziken**. Ontpit de vruchten, snijd ze in stukjes en blancheer* ze in 1/2 dl water. Wrijf ze daarna door een zeef.

Haagse Bluf

Als kleurige toef over vanilleijs, vanillevla, pudding of yoghurt. Maak dit romige schuim pas vlak voor het eten en serveer er een wafeltje bij.

- 1-1 1/2 dl bessesap (vers of ingemaakt), zwart en/of rood
- 1-2 eetlepels honing, ahornsiroop of ongeraffineerde rietsuiker
- 1 vers eiwit (30-40 g)

Los het zoetmiddel op in het vruchtesap en proef of het zoet genoeg is. Houd hierbij rekening met het enorme uitzetten tijdens het kloppen, waardoor de zoete smaak als het ware wordt verdund en ook met het soort toetje, waarover dit schuim wordt gegoten.
Klop het eiwit in een ruime kom au bain marie* zeer stijf. Voeg scheutje na scheutje het gezoete vruchtesap toe en blijf kloppen tot al

het vocht is opgenomen en de temperatuur 80°C heeft bereikt (vleesthermometer), om besmetting met *salmonellabacteriën** te voorkomen. Klop echter niet te lang; het volume wordt daardoor wel groter, maar dit gaat ten koste van de smaak en de kleur.
Verdeel het schuim meteen over het voorbereide ijs, over vla, enzovoort.

Variaties:
- vervang het bessesap door het sap van **bramen** of **vlierbessen**. Zoet vlierbessen met appeldiksap
- vervang het bessesap door vers vruchtenmoes. Gebruik hiervoor alleen zeer rijpe vruchten:
aardbeien (ca. 250 g), in schijfjes gesneden en door een zeef gewreven. Voeg nog 1-2 theelepels citroensap toe
frambozen (ca. 100 g), door een zeef gewreven en aangevuld met 1/2 dl rood bessesap
verse abrikozen (ca. 300 g). Ontpit de vruchten, snijd ze in stukjes en kook ze even op met 3 eetlepels water. Wrijf ze daarna door een zeef en laat ze afkoelen voordat u ze door het eiwit klopt

Tip: Gebruik als zoetmiddel honing of ahornsiroop voor lichtgekleurde vruchten met een fijne smaak; diksap, rietsuiker en eventueel stroop voor donkere, pittige vruchten.

Schuimige citroensaus
&

In Italië maakt men *Zabaglione* met Frescati secco, de Fransen kloppen hun *Sabayon* met Marsala. Met citroensap is het zeker ook een fris en feestelijk *toetje* (serveer in champagneglazen). Als schuimige saus over vruchten (verse frambozen, perziken), perencompote, ijs of *vanillevla (1)** is dit recept voldoende voor 6-8 personen.

- 2 eierdooiers
- 1 theelepel geraspte citroenschil
- 1 dl half citroensap/half water
- 2 eetlepels ahornsiroop of honing

- 2 eiwitten, stijfgeklopt

Roer behalve de eiwitten alle ingrediënten goed door elkaar in een roestvrij stalen pannetje. Verwarm het mengsel onder voortdurend roeren, totdat het licht gebonden is. Doe dit op een matig vuur; het mengsel mag niet koken, anders gaat het schiften.
Haal de pan van het vuur en schep het stijfgeklopte eiwit door het mengsel. Verwarm dit nog een keer zeer voorzichtig, het eiwit blijft dan langer stijf.

Variatie: Vervang het citroensap en het water door appelsap; dit schuim is wat milder van smaak.

Tip: Het schuim wordt tijdens het afkoelen nog wat stijver, maar na een half uur begint het te zakken. Zet daarom alle ingrediënten en gereedschappen klaar en maak het schuim pas na het hoofdgerecht.

Heldere vruchtenpudding met agar-agar
(ca. 3/4 l, voor 4-6 personen)

⊖ &

Met een toetje met wat honing opgeklopte slagroom of vanillesaus een vlug gemaakt en fris toetje. Rijk gevuld met vruchten en opgediend met amandelsaus en *sesamkoekjes** een feestelijke afsluiting van de maaltijd. Geef eventueel een kop groentesoep vooraf.

- 6-8 g (4-5 eetlepels) agar-agarvlokken (afhankelijk van het natuurlijke pectinegehalte* van de vruchten)
- 1/4 l water
- 1 eetlepel citroensap

- 1/2 l vruchtesap naar keuze, vers geperst of ingemaakt
- honing, ahornsiroop of ongeraffineerde rietsuiker naar smaak

Week de agar-agar 10 minuten in het water met het citroensap. Breng het onder roeren aan de kook en blijf, van het vuur af, roeren tot alle agar-agar helemaal is opgelost.
Klop deze oplossing door het vruchtesap en voeg het zoetmiddel toe.
Giet alles in een puddingvorm of in eenpersoonsschaaltjes en laat de pudding op een koele plaats opstijven. Reken hiervoor 1/2 uur voor de kleine en ten minste 1 uur voor de

grote pudding en roer er vooral nooit in. Maak de randen los met een puntig mesje en stort de pudding op een platte schaal, garneer met erbij passende vruchten of giet de saus eroverheen.

Variaties:
- leg 1-2 in kleine blokjes gesneden sappige, niet al te zure appels (de appelblokjes 1 minuut met de agar-agar mee laten koken) of 1-2 in schijfjes gesneden bananen of andere soorten al dan niet kleingesneden zachte vruchten (bessen) onder in de schaal voordat u de puddingmassa erin giet
- vervang het vruchtesap door kruidige *appelthee** en gebruik deze ook om de agar-agar in te weken. Ook een mengsel van lindebloesem-, hibiscus- of bergamotthee (voor de rode kleur) is geschikt als vloeistof. Besteed bijzonder veel aandacht aan het kruiden en zoeten van deze thees en vul de pudding royaal met vruchten
- vervang de agar-agar door 30 g (4 eetlepels) pectinepoeder (Marmello of Unigel). Deze hoeft u niet te weken, alleen al kloppend met het water aan de kook te brengen
- vervang de agar-agar door 35 g (3 1/2 eetlepel) arrowroot en breng dit, al roerend, met het water aan de kook. Deze pudding wordt niet helder
- neem 1 1/2 eetlepel minder bindmiddel en giet de massa in eenpersoonsschaaltjes. Lepel deze **vruchtengelei** uit het schaaltje en serveer de saus apart in een kannetje

Tips:
- met een zuur vruchtesap (sinaasappel, bessen) kunt u het citroensap weglaten
- een sinaasappelpudding wordt bijzonder fraai als u de schaal voor het erin gieten van het gebonden vruchtesap langs de wanden helemaal bekleedt met zorgvuldig geschilde en overdwars in plakjes gesneden sinaasappel
- als de pudding bij het storten niet uit de schaal wil komen, leg er dan een driedubbel gevouwen, met heet water natgemaakte en vlug weer uitgewrongen theedoek op. De buitenste laag van de pudding wordt dan door de schaal heen warm, smelt een beetje en laat los

Sinaasappelbavaroise
(3/4 liter, 5-6 personen)

Gegarneerd met geglazuurde sinaasappelschijfjes is deze schuimige pudding een waardig besluit van een feestelijke maaltijd. Vooral lekker met vers geperst sap van bloedsinaasappelen.

- *1 ei*
- *3-4 eetlepels vloeibare honing*
- *1 eetlepel geconfijte sinaasappelschillen, fijngehakt, of 1 theelepel geraspte sinaasappelschil*
- *1/2 theelepel geraspte citroenschil*

- *10 g (6 eetlepels) agar-agarvlokken*, geweekt in*
- *1 dl sinaasappelsap*

- *3 dl sinaasappelsap*

- *2 dl stijfgeslagen slagroom*

- *eventueel 1/2-1 dl room extra voor de garnering, stijfgeklopt*
- *1 flinke sinaasappel*
- *1 eetlepel honing*

- *een puddingvorm of diepe schaal van 1 l inhoud, met koud water omgespoeld*

Klop in een kom het ei met de honing en de schillen tot een schuimige, lichtgele massa. Kook de geweekte agar-agar in het sap en voeg wat van de rest van het sinaasappelsap toe als het te dik wordt; de agar-agar moet helemaal oplossen. Haal het pan van het vuur en giet de rest van het sap erbij (als het al te veel gaat stollen even een *beetje* verwarmen). Vermeng nu de room met het eimengsel en schep er de agar/agaroplossing door. Giet het mengsel in de vorm en laat de pudding op een koude plaats opstijven (1-2 uur).
Schil voor de garnering met een scherp mesje de sinaasappel zodanig, dat het vruchtvlees bloot komt te liggen. Snijd de sinaasappel nu op een bordje overdwars in plakjes van 3/4 cm dik en leg ze in een pan. Vang het sap op, knijp ook het sap uit de kapjes en doe het met de honing erbij. Laat de schijfjes zachtjes koken tot ze glazig en glanzend zijn geworden. Draai ze tussentijds een keer om. Stort de pudding op een met koud water ▶

omgespoeld bord met een brede rand.
Snijd de sinaasappelschijfjes op het bordje voorzichtig in twee helften en leg ze met de platte kant rondom tegen de pudding aan. Houd wat afstand tussen deze halve schijfjes, zodat er nog wat ruimte overblijft voor een toefje slagroom. Schep tot slot met een theelepeltje het sinaasappelstroopje over de schijfjes.

Variatie: Vervang het sinaasappelsap door ander vruchtesap of vruchtenpuree (van door een zeef gewreven zeer rijpe vruchten), bij voorbeeld: **aardbeien**puree met het sap van een halve citroen; aardbeien/**frambozen**puree; aardbeien/**rode bessen**puree; **bramenpuree**. Houd voor deze bavaroises enkele mooie bessen achter voor de garnering.

Tip: Zie de derde tip bij *heldere vruchtenpudding**. 452

Vla en pudding

Voor het koken van vla of pudding kunt u kiezen uit verschillende zoetmiddelen en uit verschillende bindmiddelen.

Zoetmiddelen:
- *ahornsiroop* geeft de fijnste smaak en de kleur van de vla of pudding blijft licht
- met *ongeraffineerde rietsuiker* en nog meer met *stroop* wordt het toetje bruin en krijgt het een lichte stroopsmaak, die bij voorbeeld de fijne vanillesmaak overheerst, maar de smaak van chocolade en caramel versterkt

Let op: honing en moutstroop kunnen de vla dun maken als hij langer dan 10 minuten staat. Voeg deze zoetmiddelen pas vlak voor het opdienen toe. Zie ook de tip bij *met meel gebonden sauzen**. 203

Bindmiddelen:
- met *arrowroot* krijgt de vla de fijnste consistentie, maar dit bindmiddel is minder geschikt voor pudding
- met *bloem* wordt de consistentie iets grover, maar goed gebonden
- *rijstmeel* en *thermomeel* (gerst) binden wat minder en het toetje proeft wat rul op de tong
- *biologische maïzena** bindt redelijk, de vla krijgt een tamelijk fijne consistentie en een mooie, 618 lichtgele kleur. Omdat deze niet helemaal geraffineerde maïzena nog een (lichte) eigen smaak heeft, drukt hij de smaak van de vanille wat weg (gebruik hiervan dan wat meer). Maak van deze maïzena alleen kleine puddingen, grotere worden niet helemaal stijf

De hoeveelheden vla en pudding zijn berekend voor 3-4 personen, afhankelijk van het feit of u de vla of pudding zo eet of versierd met vruchten, saus of slagroom. Eet vla en pudding bij voorkeur na een wat eiwitarme maaltijd.

Vla: Met de in de recepten aangegeven hoeveelheden bindmiddel krijgt u een dunne vla. Neem naar wens 1/2-1 eetlepel bindmiddel meer.

Pudding: Volg de recepten van de verschillende vlasoorten, maar verdubbel de aangegeven hoeveelheid bindmiddel (ook het ei in vanillevla 2).
Laat de puddingmassa na het koken onder af en toe (rustig) roeren alvast wat afkoelen (om

velvorming te voorkomen) en giet hem dan pas in de met koud water omgespoelde puddingvorm, in kleine vormpjes of kopjes. Dek de vormen af met een deksel of schoteltje en laat de pudding door en door afkoelen voordat u hem (vlak voor het opdienen) op een platte schaal stort.

Vanillevla of -pudding (1)
(1/2 liter)

- 4 dl melk
- 1/4-1/2 vanillestokje of 1 theelepel gemalen vanille
- een korreltje zout
- 1-2 eetlepels ahornsiroop of ongeraffineerde rietsuiker
- 1 dl melk
- 2 eetlepels arrowroot (20 g), óf 2 1/2 eetlepel bloem (20 g), óf 3 eetlepels rijstmeel (30 g), óf 3 1/2 eetlepel biologische maïzena* (30 g). Verdubbel de hoeveelheid bindmiddel voor pudding*   618   454

Doe de melk in een pannetje met een dikke bodem. Splits het vanillestokje overlangs open met een scherp mesje en krab er met een lepeltje de zaadjes uit. Doe het stokje en de zaadjes samen met zout en zoetmiddel bij de melk en breng alles langzaam aan de kook. Los het bindmiddel op in de rest van de melk en giet dit, al roerende, in de kokende vanillemelk. Laat nog een paar tellen doorkoken en haal de pan daarna van het vuur. Laat de vla onder af en toe rustig roeren afkoelen en verwijder het vanillestokje.
Serveer de vla in een glazen schaal of in eenpersoonsschaaltjes.
Garneer met halve aardbeien, schijfjes kiwi of andere vruchten.

Vanillevla of -pudding (2)
(1/2 liter)

Door toevoeging van een ei krijgt de vla een gele kleur en is er maar de helft van het zetmeelhoudende bindmiddel nodig; daardoor wordt hij bijzonder fijn van structuur.

- 4 dl melk
- 1/4-1/2 vanillestokje of 1 theelepel vanillepoeder
- een korreltje zout
- 1-2 eetlepels ahornsiroop of ongeraffineerde rietsuiker

- 1 dl melk
- 1 eetlepel bloem of arrowroot, of 1 1/2 eetlepel rijstmeel, of 2 eetlepels biologische maïzena*. Verdubbel de hoeveelheid bindmiddel voor pudding*   618   454
- 1 klein ei (2 eieren voor pudding)

Breng de melk met het vanillestokje langzaam aan de kook (zie *vanillevla 1**).   455
Los de arrowroot op in de melk en voeg dit, al roerend, bij de kokende vanillemelk. Breng alles opnieuw aan de kook en laat nog een paar tellen doorkoken.
Klop het ei los in een kom en voeg al kloppend met een garde een paar eetlepels van de dunne vla erbij. Giet dit al kloppend weer terug in de pan. Laat de vla nog even tegen de kook aankomen, maar beslist niet meer koken (dan schift het ei).
Laat de vla onder af en toe omroeren afkoelen en verwijder het vanillestokje.

Variatie: Splits het ei, klop het eiwit stijf en roer dit tot slot door de nog hete vla (doe met de eierdooier hetzelfde als hierboven is beschreven voor het hele ei).

Vruchtenvla (1/2 liter)

Maak *vanillevla**, gebruik echter maar 4 dl melk.   455
Vermeng het zoetmiddel (bij voorkeur honing) met ca. 5 eetlepels door de zeef gedrukte zeer rijpe vruchten en klop dit pas vlak voor het opdienen door de afgekoelde vla, anders kan de vla dun worden.
Serveer deze frisse vla in een wijde glazen▶

schaal, gegarneerd met achtergehouden mooie bessen of in mooie stukjes gesneden vruchten. Geef er eventueel wafeltjes bij. Geschikte vruchten zijn: aardbeien, frambozen, bramen, bananen, verse abrikozen of perziken, geweekte abrikozen of mango's

Hazelnootvla of -pudding

←

Maak *vanillevla- of pudding**. Roer 50 g 455 geroosterde en zeer fijngemalen hazelnoten door de nog warme massa. U kunt ook hazelnootpasta gebruiken; hierdoor krijgt het toetje een fijnere structuur, maar de smaak is iets minder uitgesproken.

Sinaasappelvla (1/2 liter)

←

- 4 dl melk
- de oranje schil van 1 sinaasappel
- een korreltje zout

- 1 dl melk
- 2 eetlepels bloem of arrowroot, of 3 eetlepels rijstmeel, of 3 1/2 eetlepel biologische maïzena* 618

- 1/2 dl sinaasappelsap
- 1-2 eetlepels honing, ahornsiroop of ongeraffineerde rietsuiker, of 2-3 eetlepels diksap

Haal met een dunschiller de oranje schil van de sinaasappel en breng hem met het zout en de melk aan de kook.
Maak het bindmiddel aan met de melk en voeg dit, al roerend, bij de kokende melk. Haal de pan van het vuur en laat de vla onder af en toe roeren afkoelen. Verwijder de sinaasappelschil.
Los het zoetmiddel op in het sinaasappelsap en klop dit, beetje bij beetje, vlak voor het opdienen door de vla. Vooral bij erg zuur sap bestaat de kans op schiften als u dit te vlug doet.
Serveer deze frisse vla in glazen schaaltjes, gegarneerd met een schijfje sinaasappel, waarop eventueel een toefje slagroom.

Tip: Met *sinaasappelrasp** maakt u sinaas- 595 appelvla op de volgende manier: kook *vanillevla**; het vanillestokje kunt u weglaten. 455 Klop tegelijk met het zoetmiddel 1 eetlepel of meer van het 'vocht' uit het potje door de vla. Op dezelfde manier kunt u ook **citroenvla** maken (gebruik nooit citroen*sap*, hierdoor gaat de melk schiften).

Citroencrème (ca. 6 dl)

←

Een vla zonder melk voor de liefhebbers van zure zoetigheid.

- 3 dl water
- de gele schil van 1/2 citroen

- 2 eetlepels arrowroot, aangemaakt met
- 1 dl water

- 1-1 1/2 dl citroensap (2-3 citroenen), gezeefd
- 2-3 eetlepels ahornsiroop of honing
- eventueel 1 dl slagroom of viili

Breng het water met de citroenschil aan de kook. Klop de aangemaakte arrowroot erdoor en laat even doorkoken. Laat deze dikke vla afkoelen. Verwijder de citroenschil. Klop het citroensap en het zoetmiddel erdoor en doe de vla in een glazen schaal.
Garneer met een dun schijfje citroen en een takje citroenmelisse; of roer de niet helemaal stijfgeklopte slagroom of de viili spiraalsgewijs door de vla.

Vruchtenpudding met zetmeel (6 dl)

←

Volg het recept van de *vruchtencrème**, maar 457 gebruik de dubbele hoeveelheid bindmiddel. Garneer de pudding na het storten met mooie stukjes of schijfjes vruchten en/of bessen en geef er *vanillesaus** of met wat vloeibare 212 honing gezoete viili of yoghurt (eventueel vermengd met wat halfstijf geklopte slagroom) bij.

Vruchtencrème (1/2 liter)

↩

Een dorstlessend toetje, zonder melk gemaakt.

Volg het recept van *vanillevla (1)**, maar   455
- vervang de melk door vruchtesap
- vervang de vanille door de gele schil van 1/2 citroen
- gebruik heel weinig of geen zoetmiddel
- gebruik als bindmiddel liefst arrowroot

Verwijder de citroenschil en garneer de vla met een toefje slagroom of schep er wat viili door.

Tip: Maak met wat losgeroerde zure room (of het bovenste uit een fles viili) drie tot vier druppels op de vla en trek deze met een houten cocktailprikker uit tot een bloemboeketje.

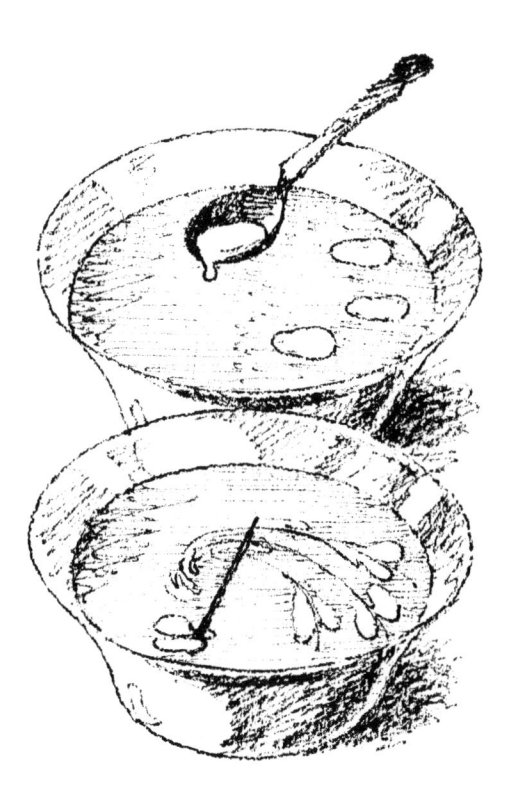

Chocoladevla (1/2 liter)

↩

- 4 dl melk
- 50 g bittere chocolade, in de amandelmolen gemalen, of 2 eetlepels cacao, of 4 eetlepels carobpoeder
- 2 eetlepels stroop of ongeraffineerde rietsuiker (1 1/2 eetlepel bij carob)

- 1 dl melk
- 2 eetlepels bloem of arrowroot, of 3 eetlepels rijstmeel, of 3 1/2 eetlepel biologische maïzena*   618

Breng de melk met de chocolade of cacao (carobpoeder) en het zoetmiddel al kloppend met een garde aan de kook.
Los het bindmiddel op in de melk en giet dit al roerend in de kokende chocolademelk. Breng nog even aan de kook en kook alles een paar tellen door. Haal de pan daarna van het vuur. Laat de vla onder af en toe roeren afkoelen en dien hem op in glazen schaaltjes.

Mokkavla (1/2 liter)

↩

- 4 dl melk
- 2 eetlepels ongeraffineerde rietsuiker of stroop

- 1 dl zeer sterke koffie (gewone of moutkoffie)
- 2 eetlepels bloem of arrowroot, of 3 eetlepels rijstmeel, of 3 1/2 eetlepel biologische maïzena*   618

Breng de melk met het zoetmiddel aan de kook, al kloppend met een garde.
Los het bindmiddel op in de koffie en voeg dit al roerend bij de kokende melk. Breng alles weer aan de kook en laat een paar tellen doorkoken.
Laat de vla onder af en toe roeren afkoelen en serveer hem in glazen schaaltjes.

Tip: Gebruik in plaats van koffie melk om het bindmiddel aan te maken. Klop 2 eetlepels instant moutkoffie (Demeter) door de nog hete vla.

Caramelvla (met gecarameliseerde suiker)

⊖

- 40-50 g ongeraffineerde rietsuiker met 1 eetlepel water, of 40-50 g zelf gemaakte caramelstroop* 608
- 2 eetlepels water
- 4 dl melk
- 1 dl melk
- 1 1/2 eetlepel bloem

Carameliseer de met het water vochtig gemaakte suiker*. 608
Haal de pan van het vuur, blus eerst met het water en giet daarna pas de melk erbij (caramelstroop gewoon in de warme melk oplossen).
Zet de pan terug op een lage pit en los de harde caramel op. Breng alles aan de kook en bind met het in 1 dl melk aangemaakte meel (zie verder *vanillevla 1*). 455

Variatie: Vervang de bloem door 2 3/4 eetlepel thermomeel.

Vla met caramelsmaak (1/2 liter)

① ⊖

Als u Demeter suikerbietenstroop gecombineerd met thermomeel (gerst)op de onderstaande manier in vanillevla verwerkt, smaakt de vla naar caramel.

Kook *vanillevla (1)* of *(2)*. 455
Vervang het vanillestokje door een mespunt kaneel en gebruik als zoetmiddel 2 eetlepels suikerbietenstroop. Gebruik 3 eetlepels (25 g) thermomeel.
Het lekkerst wordt de vla als u 1 dl slagroom stijfklopt en de stroop op het laatst even meeklopt. Schep deze gezoete slagroom door de afgekoelde vla en dien meteen op.

Hopjesvla (1/2 liter)

Maak *caramelvla*. Los daarbij het bindmiddel niet in melk op maar in 1 dl normaal sterke koffie of klop 1 eetlepel instant moutkoffie (Demeter) door de nog hete vla. 458

Chippolata- of bitterkoekjespudding
(1 liter, 8-10 personen)

⊖ 🕯

Voor velen dé traditionele feestpudding.

- 5 dl melk
- 1/2 vanillestokje, gespleten en de zaadjes eruit gekrabd, of 1 theelepel gemalen vanille
- 35 g geconfijte sinaasappelschil*, kleingehakt 596
- 35 g blauwe rozijnen of krenten

- 3 eetlepels (4 1/2 g) agar-agarvlokken, geweekt in 1 dl van de melk
- 2 eetlepels arrowroot, aangemaakt met ca. 1/2 dl van de room

- 2 eieren, schuimig geklopt met
- 1-2 eetlepels ahornsiroop of vloeibare honing

- 2 dl room of melk
- 100 g bitterkoekjes*, in stukjes gebroken 540

- eventueel 1 dl room en wat vruchten om te garneren

- een puddingvorm van ten minste 1 l inhoud

Breng de melk met de vanille, de schilletjes en de rozijnen langzaam aan de kook.
Voeg de geweekte agar-agar toe en blijf roeren tot hij is opgelost. Klop de arrowroot erdoor en laat alles een paar tellen doorkoken.
Giet dit kokendhete melkmengsel al kloppend bij het eierschuim.
Klop tot slot de room of melk erdoor, maar roer er verder niet meer in. Laat de puddingmassa iets afkoelen, totdat hij wat dik begint te worden. Verwijder het vanillestokje. Giet de massa dan, laag om laag met de bitterkoekjes, in de met koud water omgespoelde vorm. Laat de pudding op een koele plaats helemaal afkoelen en in de koelkast ca. 2 uur opstijven. Stort de pudding vlak voor het opdienen op een natgemaakt plat bord. Leg er wat reepjes geconfijte sinaasappelschil of stukjes fruit omheen, eventueel afgewisseld met toefjes slagroom.

Tip: Zie de derde tip bij *heldere vruchtenpudding*. 452

Vanilleijs (ca. 1 liter)

- 2 1/2 dl melk
- 1 theelepel gemalen vanille of 1/2 vanillestokje, overlangs gespleten en de zaadjes eruit gekrabd

- 1-2 eierdooiers
- 100 g ahornsiroop, ongeraffineerde rietsuiker of honing met een neutrale smaak

- 2 eiwitten
- 2 1/2 dl slagroom, stijfgeklopt

Breng de melk met de vanille langzaam aan de kook.
Roer de eierdooiers met het zoetmiddel schuimig, voeg een scheutje van de hete melk toe en giet dit al roerende bij de rest van de melk. Blijf roeren tot de melk gebonden is, maar laat haar niet koken, anders gaat ze schiften.
Laat de vla afkoelen in een ruim bakje met een deksel. Laat de vla in het vriesvak half bevriezen, verwijder het vanillestokje en roer alles even om. Klop de eiwitten stijf au bain marie* tot het schuim 80°C heeft bereikt *43* (vleesthermometer). Dit is nodig om een besmetting met *salmonellabacteriën** te voorkomen (zie tip 2). Laat het eiwit weer wat *620* afkoelen en schep het nu mét de stijfgeklopte slagroom door de vla. Zet alles weer terug in het vriesvak en laat deze luchtige vla nu helemaal bevriezen (2-3 uur). Schep de massa in de tussentijd 2-3 keer om, eventueel met de handmixer, dit voorkomt de vorming van te grote ijskristallen.

Tips:
- presenteer bij vanilleijs warme, met wat arrowroot gebonden *kersen-** of *appelcompote** *442* *437*
- u kunt het eiwit ook weglaten, het ijs wordt dan wel wat steviger.

Vruchtensorbet

Volg het recept van het *vruchtenijs**, maar vervang de slagroom door 2 extra eiwitten (vanwege een mogelijke besmetting met *salmonellabacteriën** au bain marie* stijfgeklopt tot 80°C, zie bij vanilleijs). *460* *620* *43*

Appelijs (ca. 6 dl, 6-8 personen)

- 2-3 grote, rijpe appels (ca. 450 g), geschild en grof geraspt of in plakjes gesneden
- 1 stukje citroenschil
- 2 eetlepels citroensap

- 1-1 1/2 theelepel gestampt anijszaad
- 125 g honing

- 1 groot eiwit, stijfgeklopt tot 80°C (zie bij vanilleijs*) *459*
- 2 dl slagroom, stijfgeklopt

- 25 g geroosterde amandelsnippers* *604*

Stoof de appels met het schilletje in het citroensap helemaal gaar in een gesloten pannetje.
Verwijder het schilletje en wrijf de appels door een zeef. Meet van de zo verkregen appelmoes 2 1/2 dl af en laat deze moes tot handwarm afkoelen. Voeg de anijs toe en los de honing erin op.
Schep tot slot het weer wat afgekoelde eiwit en de slagroom erdoor en doe het mengsel in een niet te krap bakje met een deksel en verwerk het verder als *vanilleijs*.
Verdeel het ijs in glazen schaaltjes en strooi er de geroosterde amandelen overheen.
Dien op met een wafeltje.

Variaties:
- **kaneelijs:** vervang de honing door stroop en de anijs door kaneel
- vervang de slagroom door viili of yoghurt. Het ijs wordt daardoor minder vet, maar ook wat minder smeuïg
- u kunt het eiwit ook weglaten, het ijs wordt dan wel wat steviger.

Vruchtenijs (ca. 6 dl, 6-8 personen)

🕒

- 300 g zeer rijpe vruchten, zoals: aardbeien, in schijfjes gesneden; alle soorten bessen; abrikozen, in stukjes gesneden; perziken, ontveld en in stukjes gesneden, banaan, in schijfjes (de soorten niet mengen)

- ca. 150 g honing of ahornsiroop
- 1 eetlepel citroensap

- 1 stukje citroenschil
- een takje pepermuntblad of citroenmelisse

- 1 groot eiwit, stijfgeklopt au bain marie tot 80°C (zie bij vanilleijs*)   459
- 2 dl slagroom, stijfgeklopt

- eventueel 1 dl slagroom, stijfgeklopt, om te garneren

Wrijf de vruchten door een zeef en meet dit moes, u heeft er 2 1/2 dl van nodig.
Los de honing op in het citroensap en roer dit door de vruchtenmoes.
Doe er ook het schilletje en de blaadjes bij en laat dit een paar uur trekken op een koele plaats (afgedekt).
Verwijder het schilletje en de blaadjes en roer alles nog een keer goed door. Klop het eiwit au bain marie en laat het weer wat afkoelen. Schep het nu mét de slagroom door de vruchtenmoes en doe het mengsel in een niet te krap bakje met een deksel. Zet dit in het vriesvak van de koelkast en laat het in 2-3 uur bevriezen. Klop het in de tussentijd met een vork om het half uur even op, om de vorming van ijskristallen te voorkomen.
Verdeel het ijs over glazen schaaltjes en garneer met de stijfgeklopte slagroom.
Dien op met een wafeltje.

Variatie: Vervang 1 dl van de slagroom door viili, yoghurt of karnemelk. Het ijs wordt daardoor wat harder en minder vol van smaak.

Tips:
- ijs dat lang in het vriesvak heeft gestaan is te hard om te snijden. Zet het voor het opdienen een half uur in de groentela van de koelkast; dit komt ook het aroma van het ijs ten goede
- u kunt het eiwit ook weglaten, het ijs wordt dan wel wat steviger.

Bananen-ijslollies

🕒

In een oogwenk gemaakt en in een goed werkend vriesvak in 2-3 uur gereed. Ideaal voor een kinderfeestje.
Snijd zeer rijpe bananen in 3-4 stukken. Maak aan de middenstukken ook een puntig einde. Stop in het snijvlak van elk stuk banaan een houten lolliestokje of 2-3 halve satépennen. Leg deze bananenlollies in een bakje met een deksel. Zorg ervoor, dat de bananen elkaar niet raken (eventueel plastic ertussen leggen).
Zet het bakje in het vriesvak (koudste stand) en laat de bananen bevriezen.
Helemaal fantastisch is het, als u de bovenste helft van de bevroren banaan vlak voor het opdienen in gesmolten (carob)chocolade dompelt (voor het smelten van chocolade, zie *chocoladeglazuur**).   433

Yoghurt/citroenijs met honing
(ca. 6 dl, 4-6 personen)

🕒

Zoetzuur, 'mager' ijs.

- 3 dl yoghurt of viili
- 4 eetlepels vloeibare honing
- 1 theelepel geraspte citroenschil

- 1 dl slagroom, stijfgeklopt

Vermeng de yoghurt met de honing en de citroenrasp en laat dit in het vriesvak toegedekt bevriezen. Klop het mengsel in de tussentijd een paar keer op en schep het kort voor het door en door bevroren is door de slagroom.
Doe het weer terug in het vriesvak en laat het helemaal bevriezen. Klop het ondertussen nog twee keer op.
Doe dit witte ijs in glazen schaaltjes en garneer met verse vruchten, bij voorbeeld halve aardbeien en schijfjes dun geschilde kiwi of een groen blaadje (munt, citroenmelisse of een heel klein aardbeiblad).

IJscake

🔂 🕯

Een makkelijke en toch leuke manier om ijs voor een zeer groot gezelschap op te dienen.

- 2 delen gekleurd ijs (vruchtenijs) en 1 deel wit ijs (appelijs, vanilleijs, amandelijs of yoghurt/citroenijs)
- een passende cakevorm of langwerpige plastic voorraaddoos
- een stuk plasticfolie
- wat mooie vruchten en groene blaadjes voor de garnering

Maak een keuze uit de bovengenoemde ijssoorten en tel de hoeveelheid in dl op. Zoek hierbij een passende vorm (niet te krap meten).
Maak het ijs klaar volgens de recepten en laat het in aparte bakjes halfstijf bevriezen. Zo kunt u het nog een paar keer omscheppen om de vorming van ijskristallen te voorkomen (later in de cakevorm kan het niet meer).
Bekleed de vorm met de folie en doe eerst de helft van het gekleurde ijs erin, daarop het witte ijs en dek af met de rest van het gekleurde ijs. Werk vlot en druk alle ijslagen goed in de hoekjes. Dek de cakevorm af met folie of sluit de voorraaddoos met het deksel. Laat het ijs nu in het vriesvak helemaal opstijven (1-2 uur). Zet een cakeschaal in de koelkast.
Verwijder de afdeklaag of het deksel en stort de ijscake op de koude schaal. Zet daartoe het bakje met het ijs erin ondersteboven op het ijskoude bord. Maak een schone theedoek nat met heet water, wring hem stevig uit en drapeer hem om het ijsbakje. Druk de doek stevig op het bakje en probeer het voorzichtig van het ijs af te tillen. Til meteen de vorm eraf en verwijder voorzichtig de folie.
Garneer de ijscake met de (schijfjes) vruchten en de blaadjes.
Snijd de ijstaart aan tafel in plakken. Dompel daarbij het (brede) mes tussen elke 2-3 plakken in heet water en droog het voor het snijden telkens af.

Variatie: Druk bij het vullen van de lagen ijs *bitterkoekjes** of *schuimpjes** dicht naast elkaar in de witte ijslaag. 540
538

Café glacé (4 glazen)

🕐 🔂

- 5 dl vrij sterk gezette koffie, goed gekoeld
- 4 flinke bolletjes vanilleijs*   459
- 1 1/2-2 dl slagroom, stijfgeklopt
- 4 ijswafels

Verdeel de koffie over 4 hoge glazen. Schep het vanilleijs erbij en garneer met slagroom en een ijswafel.

Variatie: Vervang de gewone koffie door Demeter granenkoffie of door Bambu. Neem dan de dubbele hoeveelheid koffiepoeder als normaal.

Mont Blanc (8 personen)

🔂 🕯

Als (machtig) toetje of tussendoortje na een stevige wandeling.

- 1/2 recept kastanjepuree*; vervang de   395
boter en het zout door 1 1/2 eetlepel
ahornsiroop of vloeibare honing en 1/2
theelepel gemalen vanille. Voeg alleen
zoveel (koude) melk toe, dat er een zeer
stijve puree ontstaat. Wikkel de puree in
een stuk plastic of een boterwikkel en zet
hem koud weg (1-2 uur of langer)

- 1 recept vanilleijs*   459
- 16 schuimpjes*   538
- ca. 2 dl slagroom, stijfgeklopt

Zet dessertbordjes of glazen schaaltjes ten minste een half uur van tevoren in de koelkast.
Wrijf de opgestijfde kastanjepuree door een grove zeef of door de gaatjes van een schuimspaan. Laat de 'vermicelli' die hierdoor ontstaat op een plat bord vallen.
Leg vlak voor het opdienen op elk dessertbordje een bolletje of stukje vanilleijs. Deponeer hierop sliertjes kastanjepuree; doe dit heel voorzichtig, het mag geen prakje worden.
Zet aan weerskanten van deze berg een schuimpje (gletsjers) en spuit een dot slagroom (sneeuw) op de kastanjesliertjes.
Dien meteen op.

Zoete graangerechten

Zoete graangerechten zijn niet alleen bij kinderen, maar ook bij veel volwassenen geliefd. In kleine porties als toetje geserveerd kunnen ze een lichte maaltijd aanvullen. Met een stevige soep of een royale schaal frisse sla vooraf vormen ze een volwaardige maaltijd.

Mensen die een grote behoefte aan zoetigheid hebben, kunnen met een zoet graangerecht, dat met ongeraffineerde zoetmiddelen is klaargemaakt, op een gezonde manier aan hun trekken komen. Bij het overschakelen op een voeding met granen zijn deze gerechten de meest succesvolle om de granen te introduceren.

Bij de zoete graangerechten in dit boek wordt de melk pas na het koken van de granen toegevoegd of, bij voorbeeld bij griesmeel, maar heel kort gekookt. Ze zijn daarom licht verteerbaar en bijzonder geschikt voor jonge kinderen en oudere mensen.

Wie eenmaal aan het koken van zoete graangerechten begint, zal ervaren dat de variaties op het thema eindeloos zijn, vooral als men vruchten of (verse of gedroogde) kruiden erbij gebruikt. Behalve de soufflés kunnen deze graangerechten ook koud gegeten worden; u kunt ze dus rustig al 's morgens klaarmaken.

Watergruwel
(ca. 9 dl, 5-7 personen)

Een zomers toetje na een maaltijd met aardappelen.

- *100 g gort, ten minste 6 uur of 1 nacht geweekt in*
- *7 dl water*

- *een snufje zout*
- *1/2 theelepel vanillepoeder*

- *250-350 g aardbeien, in plakjes gesneden, of half aardbeien/half frambozen*
- *60-70 g honing of 50-70 g ongeraffineerde rietsuiker*
- *een stukje citroenschil*
- *1-1 1/2 eetlepel citroensap*

Kook de gort volgens het basisrecept* goed gaar, voeg het zout en de vanille toe en laat lang nawellen.
Vermeng de aardbeien met de honing of suiker, voeg het schilletje en het citroensap toe en laat dit op een koele plaats op de gort wachten. Meng het een kwartiertje voor het eten door de hooguit nog lauwe gort en laat het tot het opdienen nog wat intrekken (als u honing gebruikt niet langer dan 10 minuten).

129

Variaties:
- vervang het vanillepoeder door een overlangs gespleten 1/2 vanillestokje, dat u met de gort kunt meekoken
- eet het toetje koud en voeg vlak voor het opdienen 2 eetlepels zure room of 3 eetlepels viili toe, of garneer met een toefje slagroom
- vervang de verse vruchten en de honing door 150 g zonodig ontpitte en wat kleingesneden gedroogde zuidvruchten (soort naar keuze, apart of gemengd). Week ze in 2 dl koud water, ten minste 5 uur of een nacht. Laat de geweekte vruchten met het weekwater de laatste 10 minuten met de gort meekoken. Proef de gruwel, verdun hem zonodig en voeg alleen indien nodig nog wat honing of suiker toe. Een snufje kaneel past ook goed in deze variatie

Gort met pruimen

Een stevig, maar niet papperig nagerecht, bij voorbeeld na een aardappelmaaltijd of maaltijdsoep van peulvruchten. Het is zoet, maar zonder suiker gemaakt.

- *100 g gort, ten minste 5 uur (of een nacht) geweekt in*
- *5 dl water*

- *150 g gedroogde pruimen, ten minste 5 uur (of een nacht) geweekt in*
- *1 1/2-2 dl water*

- *1 theelepel geraspte citroenschil*
- *een snufje zout*

Kook de gort gaar volgens het basisrecept*. *129*
Ontpit de geweekte pruimen en snijd ze wat klein. Schep ze samen met de citroenschil en het zout door de gort, breng alles nog een keer aan de kook en laat de gort ten minste 2 uur nawellen, hij wordt dan lekker smeuïg. Eet deze zoete gort warm of koud, met wat melk of halfstijf geklopte room, eventueel een klontje boter en zonodig wat ongeraffineerde rietsuiker of vloeibare honing.

Variaties:
- vervang de pruimen door 50-75 g **rozijnen**. Week ze niet, maar schep ze vlak voor het nawellen door de gekookte gort. Toevoegen van suiker achteraf is dan niet nodig
- vervang de pruimen door 50 g **rozijnen** en een rijpe, zoete **peer**. Laat de rozijnen met de gort mee nawellen. schep de peer, geschild en in stukjes gesneden, vlak voor het opdienen door de gort. Dit geeft een frisse smaak

Citroenrijst (4-6 personen)

€Ə

Een stevig toetje na een lichte maaltijd of na een maaltijdsoep.

- *200 g rondkorrelige zilvervliesrijst (2 1/4 dl)*
- *5 dl water (volumeverhouding graan/water: 1:2 1/4)*
- *een stukje citroenschil*

- *1/2 theelepel zout*

- *1-2 citroenen (1 dl sap)*
- *2-3 eetlepels honing, ahornsiroop of ongeraffineerde rietsuiker*

Was de rijst, laat hem goed uitlekken en zet hem op met de citroenschil en het water. Kook de rijst in een gesloten pan op een laag pitje gedurende 1/2 uur volgens het basisrecept*. Verwijder de citroenschil, voeg het zout toe en laat de rijst een uur nawellen.
Roer het citroensap en een van de zoetmiddelen door de wat afgekoelde rijst en doe hem over in een met koud water omgespoelde puddingvorm. Zet de schaal afgedekt op een koele plaats om de rijst helemaal te laten opstijven. Stort de pudding op een platte schaal en serveer hem met *vanille-** of *vruchtensaus**. *212*
217

Fijne gierstbrij (ca. 6 dl)

€Ə

Een smeuïg, voedzaam toetje na een lichte maaltijd. Zowel warm als koud lekker.

- *125 g gierst (100 g als u de brij koud eet)*
- *2 1/2 dl water*
- *1/4 vanillestokje of 1/2 theelepel gemalen vanille*
- *4 bittere amandelen, fijngewreven*

- *2 1/2 dl melk, verwarmd tot er een vlies op komt (70°C)*
- *ca. 1 1/2 eetlepel ahornsiroop of ongeraffineerde rietsuiker*
- *1 mespunt zout*

- *2-3 eetlepels room*

Kook van de bovengenoemde ingrediënten (behalve de room) pap volgens het basisrecept* (kook de vanille en de amandelen met *143* de gierst mee).
Verwijder het vanillestokje, roer de room door de brij en verdeel de gierstbrij over glazen schaaltjes. Garneer met een schijfje sinaasappel of een halve abrikoos, wat notenstrooisel of een vleugje gemalen vanille.

Variaties:
- gebruik honing of moutstroop als zoetmiddel (pas vlak voor het opdienen door de brij roeren)
- roer bij koude gierstbrij een in blokjes gesneden banaan of appel, besprenkeld met wat citroensap, vlak voor het eten erdoor
- klop de room stijf en garneer hiermee de brij als u hem koud eet
- **Deense rijst:** vervang de gierst door rondkorrelige zilvervliesrijst. Kook de rijst als *rijstebrij** *143*
- snel klaar: vervang de gierst- of rijstkorrels▸

door 80 g gierst- of 90 g rijstvlokken. Kook de vlokken volgens het recept van de *havermoutpap**. De smaak is met vlokken wat minder uitgesproken 142
- strooi vlak voor het opdienen wat in stukjes gesneden en geroosterde amandelen* over de brij 604
- vervang de vanille door 1 theelepel citroenrasp of 2 theelepels sinaasappelrasp en garneer elk schaaltje met een schijfje sinaasappel
- vervang de bittere amandelen door 20 g rozijnen of 10 g fijngehakte *geconfijte sinaasappelschil** 596

Kruudmoes (1 liter)

Een ouderwets Gelders gerecht, dat vooral in de zomer, als er volop kruiden in de tuin groeien, als maaltijd werd gegeten met gerookte worst en stroop.
Kruudmoes met stroop is echter ook lekker als fris toetje.

- *100 g gort, ten minste 2 uur, liever 1 nacht geweekt in*
- *3 1/2 dl water*

- *50-80 g rozijnen of krenten*

- *1-2 bladeren van een zwarte-bessenstruik*
- *1/2-1 eetlepel kruizemunt, fijngehakt*
- *2 eetlepels kervel, fijngehakt*

- *3 dl karnemelk*

Kook de gort volgens het basisrecept* en voeg halverwege de kooktijd de rozijnen toe. Laat de kruiden de laatste 10 minuten van de naweltijd meetrekken. 129
Breng de gort weer aan de kook en roer tegelijk de karnemelk erdoor; haal de pan meteen van het vuur.
Verwijder het zwarte-besseblad en dien de kruudmoes op met stroop.

Variatie: Vervang de kervel door 2 theelepels anijszaad, gestampt of met de kruiden meegehakt.

Gierst met appelen

↤

Als toetje voor 6-8 personen na een lichte maaltijd, of als hoofdgerecht voor 4 personen met een salade of groentesoep vooraf. Zowel warm als koud lekker.

- *200 g gierst (2 1/4 dl)*
- *3 1/2 dl water*
- *1 1/2 dl melk (volumeverhouding graan/vloeistof: 1:2 1/4)*
- *de geraspte schil van 1 citroen*
- *1 theelepel gemalen anijs*
- *eventueel een stukje geraspte gemberwortel*
- *1/2 theelepel zout*

- *3 eetlepels room of 1 eetlepel zachte boter*
- *50 g rozijnen*

- *300 g stevige appels, liefst met een rode schil*
- *het sap van 1/2 citroen*
- *2-3 eetlepels vloeibare honing*

Kook van gierst, water en melk met de kruiden en het zout pap volgens het basisrecept*. 130
Leg de room of de boter op de gierst, laat de boter even smelten en strooi de rozijnen erop. Schep alles door elkaar en laat desgewenst afkoelen.
Snijd de appels in dobbelsteentjes van ca. 3/4 cm. Los de honing op in het citroensap en giet dit vlug over de appels om verkleuren te voorkomen. Laat de appels een kwartiertje trekken en schep ze dan door de gierst. Voeg zonodig nog wat melk toe en proef of het gerecht zoet genoeg is.
Garneer de schotel met een in schijfjes gesneden sinaasappel of strooi er wat grofgehakte noten of geroosterde zonnebloempitten* over. Heel lekker en feestelijk is een toetje slagroom als garnering als u de gierst koud serveert. 605

Variaties:
- vervang de appels door zeer rijpe, geschilde peren
- vervang de rozijnen door vijgen en/of ontpitte dadels, in stukjes gesneden
- vervang de anijs door kaneel; dit smaakt vooral bij peren lekker

- gebruik voor een minder stevige pap 1 dl meer water (de volumeverhouding graan/vloeistof wordt dan: 1:3)

Tip: Maak de schotel van tevoren klaar, maar schep het appelmengsel pas vlak voor het opdienen door de gierst.

Appelcrisp

Een stevig toetje voor 6-8 personen, dat warm of koud gegeten kan worden. Voor 4 personen kunt u er zelfs een maaltijd van maken (serveer wat rauwkost of een peulvruchtensoep vooraf).

- 1-2 eetlepels ongeraffineerde rietsuiker of 75 g fijngehakte dadels
- ca. 750 g appels
- 25 g rozijnen
- de geraspte schil van een citroen

- 30-50 g boter
- 75 g havervlokken, grof
- 75 g tarwemeel
- 50 g hazelnoten of amandelen, grof gemalen
- 50 g ongeraffineerde rietsuiker

- een platte vuurvaste schaal

Smeer de schaal royaal in met zachte boter en strooi er de suiker of dadels op; schud de schaal heen en weer, zodat de suiker of dadels goed worden verspreid.
Was de appels, snijd ze doormidden en rasp ze, te beginnen met het snijvlak, op de grofste rasp, of snijd ze in 3 mm dikke stukjes. Vermeng de appelrasp met de rozijnen en de citroenrasp en spreid dit uit over de suiker. Goed aandrukken.
Smelt in een ruime pan de boter, maar laat haar niet warm worden. Roer de rest van de ingrediënten erdoor in de bovengenoemde volgorde. Strooi deze kruimel over de appels.
Bakken: ca. 30 minuten bij 180°C, middelste richel. Dien de appelcrisp warm op en geef er een kannetje met wat melk vermengde room (ca. 1:3) of *vanillesaus** bij. 212

Variatie: Vervang de appels door 500 g in kleine blokjes gesneden rabarber. Meng er de dubbele hoeveelheid ongeraffineerde rietsuiker, of rozijnen door.

Appelpie (6-8 personen)

Een warm vruchtentoetje met een pet op, waarbij nog een koude *vanillesaus** hoort. 212
Eet dit lekkers na een maaltijdsoep met peulvruchten, voorafgegaan door wat salade.

- korstdeeg naar keuze, de hoeveelheid is afhankelijk van de doorsnede van de vuurvaste schaal (bovenkant meten); zie de deegtabel* 50
- 1 recept vulling van de appeltaart* of 513
  appelpastei*, die u niet eerst hoeft te 514
  roerbakken. Vervang het diksap door ongeraffineerde rietsuiker en strooi deze op de bodem van de schaal
- een vuurvaste schaal van ca. 1 1/2 l inhoud, liefst een hoog model, ingevet

Werkwijze zie *pie, basisrecept**. 294
Bakken: ca. 20 minuten bij 200°C, middelste richel; zo mogelijk de eerste 10 minuten alleen bovenwarmte. Dek de deegranden af met aluminiumfolie als ze te snel bruin worden.

Variatie: Houd ruim 1/2 eetlepel suiker achter. Bestrijk het deeg na de eerste 10 minuten baktijd royaal met losgeklopt eiwit en strooi hierop de suiker, hij carameliseert dan een beetje tijdens het bakken.

Clafoutis

Dit nagerecht kunt u warm of koud eten.

- 500 g zure kersen, of pruimen
- 2 eieren
- eventueel 1 eierdooier
- 80 g gebuild tarwemeel of volkorenmeel
- 70 g ongeraffineerde rietsuiker
- 2 1/2 dl melk
- 1/2 theelepel gemalen vanille
- een snufje zout

Klop de eieren, meel en suiker in een kom door elkaar en voeg ook melk, vanille en zout toe. Schep de kersen erdoor en doe dit in een royaal ingevette vuurvaste schaal met een rand van ca. 5 cm hoog (1 l inhoud), niet hoger dan 2 cm onder de rand.
Bakken: ca. 30 minuten bij 200°C, onderste richel.

Koude graanpuddingen

Overgoten met wat vruchtesap, vruchtensaus, of met honing of diksap gezoete viili zijn koude graanpuddingen frisse, maar toch stevige toetjes na een lichte maaltijd. Als u er een dubbele hoeveelheid van maakt en tegelijk met de zuidvruchten nog wat gemalen noten erdoor roert, vormen deze puddingen ook een maaltijd. Geef wat rauwkost of groentesoep vooraf en serveer de pudding met appelmoes of compote.

Tip: Vier kleine puddinkjes zijn sneller afgekoeld dan één grote. De pudding kan pas gestort worden als hij door en door afgekoeld is.

Griesmeelpudding (ca. 3/4 liter)

Met sommige soorten volkorengriesmeel (biologisch-dynamisch) wordt de pudding niet helemaal stijf; hij blijft kleverig en laat zich niet storten. Vervang dan een gedeelte van het griesmeel (ca. 1/3)door boekweitgrutten, dan lukt het wel; de structuur van de pudding wordt dan wat ruller. Serveer griesmeelpudding met een kleurige vruchtensaus. Een niet stijf geworden pudding kunt u als vla serveren, hij smaakt toch lekker.

- 100 g (1 1/2 dl) volkorengriesmeel
- 2 1/2 dl water

- 3 dl melk
- 1 mespunt zout
- de geraspte schil van 1/2 citroen, of 1 theelepel kaneel

- 2-3 eetlepels stroop of ongeraffineerde rietsuiker
- 50 g krenten en/of rozijnen of andere kleingesneden gedroogde zuidvruchten

- 2 eetlepels room of een stukje zachte boter ter grootte van een hazelnoot

Week het griesmeel zo mogelijk een half uur in het water. Voeg melk, zout en kruiden toe en breng alles onder roeren aan de kook. Laat een paar tellen doorkoken, doe het deksel op de pan en zet hem op een sudderplaat. Laat de dikke pap nog 5 minuten heel zachtjes koken.
Roer de stroop en de zuidvruchten door de pap en laat hem nog ten minste een half uur nawellen.

Roer de room of boter erdoor en giet de pap in een met koud water omgespoelde vorm. Leg een deksel op de vorm om de vorming van een taai vel te voorkomen. Laat de pudding door en door afkoelen.
Maak de pudding met een puntig mesje langs de rand van de vorm los en stort hem op een platte schaal.

Variaties:
- **sinaasappel-griesmeelpudding:** vervang de citroenrasp door sinaasappelrasp van een hele sinaasappel en vervang de helft van de melk door sinaasappelsap. Roer deze echter pas na het nawellen door de zeer dikke pap. Laat eventueel de zuidvruchten weg (gebruik dan 2 eetlepels meer zoetmiddel), maar garneer de pudding na het storten met schijfjes sinaasappel en/of banaan. Ongeraffineerde rietsuiker of ahornsiroop past in deze variatie beter dan stroop
- vervang in de zomer de zuidvruchten door rode of andere bessen (ca. 200 g). Roer ze echter niet door de pap, maar vermeng ze eerst met een halve eetlepel vloeibare honing (1/2 uur laten trekken) en leg ze rond de gestorte pudding; zie ook de tip bij *koude rijstpudding**
- vervang de rozijnen door ca. 25 g gemalen hazelnoten (zo mogelijk eerst geroosterd). Gebruik dan wel 2 eetlepels meer zoetmiddel
- **amandeltjesgriesmeel:** week in het griesmeel 2-3 gestampte bittere amandelen en een half opengespleten vanillestokje of twee theelepels gemalen vanille mee. Gebruik twee eetlepels meer zoetmiddel (liefst ahornsiroop) en vervang de rozijnen door 20-30 g grofgehakte amandelen

Koude rijstpudding
(ca. 8 dl)

↺

Een stevig, fris toetje, waar nog wat aan te kauwen valt. Voor 4-6 personen na een lichte maaltijd. Voor 2-3 personen is het voldoende om na een maaltijdsoep te eten. Geef er abrikozencompote bij of garneer met halve schijfjes sinaasappel.

- *1 recept rijstebrij*. Gebruik hiervoor 1/2 dl minder water en roer 3 eetlepels rijstmeel door de melk*
- *1/2 dl room, liefst op kamertemperatuur*
- *de geraspte schil van 1/2 citroen*
- *2-3 eetlepels ahornsiroop*
- *25-50 g gepelde amandelen, fijngemalen, waarvan eventueel 2 bittere*

143

Roer room, ahornsiroop en amandelen door de nog warme rijstebrij en druk hem stevig in een met koud water omgespoelde, diepe schaal (zie tip). Laat de pudding door en door koud worden.
Maak vlak voor het opdienen de rand los met een puntig mesje en stort de pudding op een platte schaal.

Variaties:
- vervang de ahornsiroop door stroop of ongeraffineerde rietsuiker. Dit kleurt de pudding donker
- gebruik ongepelde amandelen en hak ze grof
- vervang de amandelen door rozijnen of kleingesneden dadels of gedroogde abrikozen. Voeg dan wat minder zoetmiddel toe
- vervang het rijstmeel door 1 eetlepel agar-agarvlokken. Week deze 10 minuten in het sap van 1/2 citroen, met water aangevuld tot 1/2 dl en voeg dit vlak *voor* het nawellen aan de pap toe. De pudding wordt hierdoor wat meer geleiachtig gebonden
- klop de (koude) slagroom vlak voor het opdienen stijf en garneer hiermee de pudding

Tip: Doe de rijst in een rijstringvorm, stort hem op een platte schaal en vul de ring met verse bessen of compote.

Warme roggepudding (4-6 personen)

Een stevig, maar lekker en feestelijk nagerecht, dat u ook koud kunt eten. Geef er vruchten- of vanillesaus bij.

- *100 g (1 3/4 dl) thermogrutten (rogge), niet wassen*
- *2 1/2 dl water*
- *2 1/2 dl melk (de verhouding graan/vloeistof is 1:2 3/4)*
- *de geraspte schil van 1/2 citroen*
- *40-50 g stroop (ca. 2 eetlepels)*
- *50 g rozijnen*
- *30-50 g amandelen, grof gemalen*
- *eventueel 3 bittere amandelen, gestampt*
- *eventueel 20 g boter*
- *2 eierdooiers*
- *2 eiwitten, stijfgeklopt*
- *een warme puddingvorm van 1 1/2 l inhoud, ingevet en met paneermeel bestrooid*

Kook de grutten op een laag pitje gaar in het water (ca. 20 minuten). Doe de melk, citroenschil, rozijnen, amandelen en naar wens ook de boter erbij en laat alles onder roeren weer aan de kook komen op een lage pit. Neem de pan van het vuur en laat nog 1/2 uur nawellen.
Roer de eierdooiers door de iets afgekoelde pap en schep er tot slot de eiwitten door. Doe de massa in de vorm.
Kook de pudding 1-1 1/2 uur au bain marie* *43* en stort hem volgens de beschrijving aldaar op een platte schaal.

Tip: Eenvoudiger: doe de massa in een ingevette vuurvaste schaal of stenen tulbandvorm. **Bakken:** ca. 45 minuten bij 175°C, onderste richel. U kunt het gerecht dan als een **soufflé** zo uit de schaal opscheppen of het wat laten afkoelen en storten.

Gierstsoufflé met appelen (zonder melk)

Met een kopje groentesoep of een salade vooraf een volledige maaltijd. Als toetje na een lichte maaltijd heeft u maar de helft van het recept nodig.

- 150 g gierst (1 3/4 dl)
- 4 dl water (volumeverhouding graan/water: 1:2 1/3)
- 1 mespunt zout

- 3 stevige appels (ca. 400 g)
- de geraspte schil van 1 citroen
- het sap van 1/2 citroen (niet bij gebruik van diksap)
- 2-3 eetlepels diksap of ongeraffineerde rietsuiker

- eventueel 50 g gemalen hazelnoten
- 2 dooiers van grote eieren

- 2 eiwitten, stijfgeklopt
- wat boter

- een vuurvaste schaal van 2 l inhoud, ingevet

- eventueel 1/8 l room of 1/4 l vruchtensaus*

Kook de gierst volgens het basisrecept*, of gebruik ca. 500 g gekookte gierst.
Rasp de appels zeer grof of schaaf ze in 2 mm dikke schijfjes en vermeng ze meteen met het citroensap, de citroenrasp en het zoetmiddel. Vermeng de gierst, nadat hij wat is afgekoeld, met de gemalen noten en de eierdooiers. Voeg het appelmengsel toe. Proef of het zoet genoeg is.
Schep het stijfgeklopte eiwit voorzichtig door de gierst. Doe alles in de vuurvaste schaal en leg er naar wens wat flinterdunne stukjes boter op.
Bakken: ca. 30 minuten bij 180°C, middelste richel.
Doe de room of de aardbeiensaus in een kannetje en geef dit bij de soufflé.

Variaties:
- vervang de citroen door sinaasappel of het merg van 1/2 vanillestokje
- vervang de gierst door 175 g rondkorrelige rijst (3/4 uur koken, 1 uur nawellen). Bij rijstsoufflé passen peren goed; vervang in dit geval de citroenrasp door 1 theelepel kaneel en het diksap door stroop
- voeg voor een pittige smaak 1/2-1 eetlepel geraspte gemberwortel toe
- kook het graan in appelsap in plaats van water, dit geeft een pittige smaak. Laat eventueel het diksap weg
- vervang de appels door 500 g **kersen**, al of niet ontpit

Rijstsoufflé met vruchten

Als feestelijk toetje voor 4-6 personen; als maaltijd (met soep of sla vooraf) voor 3-4 personen.

- 150 g zilvervliesrijst (1 3/4 dl), bij voorkeur rondkorrelige
- 3 dl water
- 1/4 vanillestokje, overlangs gespleten, of een stukje citroenschil

- 2 dl melk (volumeverhouding graan/vloeistof: 1:2 3/4)
- 3 eetlepels rijstmeel of biologische maïzena*
- 1 mespunt zout

- 1 eetlepel boter
- 1 eetlepel ahornsiroop
- 2 eierdooiers

- 2 eiwitten
- 1/2 eetlepel ahornsiroop

- 100-150 g aalbessen, gerist
- 1 eetlepel vloeibare honing

- 6 verse abrikozen
- 6 grote amandelen, gepeld en in twee helften gesplitst*
- wat honing

- een vuurvaste schaal van ca. 2 l inhoud, ingevet

Kook de rijst volgens het basisrecept voor *rijstebrij** (verwarm het meel met de melk mee).
Vermeng de aalbessen met de honing en laat ze 1 uur trekken.

Verwijder het vanillestokje of het schilletje uit de rijst en roer er de boter, de ahornsiroop en de eierdooiers door.
Klop de eiwitten stijf en klop op het laatst ook de ahornsiroop even mee. Schep dit mengsel (in twee gedeelten) met de garde voorzichtig door de pap.
Doe de helft van dit luchtige mengsel in de vuurvaste schaal en spreid de aalbessen erover uit. Dek af met de rest van het rijstmengsel.
Leg de halve abrikozen met de bolle kant op de rijst maar druk ze er niet in en laat in elk holletje een druppel honing vallen. Leg er een halve amandel in.
Bakken: 3/4-1 uur bij 180°C, onderste richel.
Serveer deze goudgele soufflé meteen.

Variaties:
- vervang in de winter de abrikozen door 3 kleine, geschilde **appeltjes** (ca. 250 g). Snijd van elk appeltje twee 'wangetjes' af en leg deze even apart. Steek het klokhuis uit het middenstuk en snijd er 1/2 cm dikke plakjes van. Leg deze in plaats van de aalbessen tussen de rijst en strooi er 1/2 eetlepel met wat kaneel vermengde ongeraffineerde rietsuiker overheen. Leg de 'appelwangetjes' in plaats van de abrikozen bovenop, ook weer bestrooid met wat kaneelsuiker. Pel de amandelen niet; snijd ze in stukjes en strooi ze na een kwartier baktijd over de appels, ze roosteren dan lekker knapperig in de ovenhitte. De ahornsiroop in het rijstmengsel kunt u in deze variatie vervangen door stroop
- vervang de abrikozen door halve schijven verse **ananas** en de bessen door stukjes ananas. Bij ingemaakte ananas hoeft u geen honing toe te voegen
- vervang de verse vruchten door 100 g rozijnen of andere kleingesneden **zuidvruchten**, die u met de hete melk door de rijst kunt roeren. Geef dan appelmoes of compote bij de soufflé
- vervang de verse abrikozen en eventueel ook de aalbessen door ingemaakte abrikozen. Doe er dan geen honing bij en geef de vruchtenstroop uit de pot als sausje bij de soufflé

Maïssoufflé met appelen

Als toetje voor 6 personen; als maaltijd (met soep of sla vooraf) voor 3-4 personen.

- *150 g volkoren maïsgriesmeel (3 dl), biologisch*
- *3 dl water*
- *3 dl melk (volumeverhouding graan/vloeistof: 1:2)*
- *1/2 theelepel zout*

- *1/2 dl room*
- *1 eetlepel stroop*
- *2 theelepels citroenrasp*
- *40 g rozijnen*
- *2 eierdooiers*

- *2 eiwitten*
- *1/2 eetlepel stroop*

- *4 kleine, rijpe appels (geen moesappels), geschild*

- *een vuurvaste schaal van ca. 2 l inhoud, ingevet*

Kook het maïsgriesmeel volgens het basisrecept voor *maïspap**.
Klop de room, de stroop en de eierdooiers los en roer dit met de rozijnen door de wat afgekoelde pap.
Klop de eiwitten stijf en klop op het laatst ook de stroop erdoor. Schep dit (in twee gedeelten) door de maïspap en doe alles in de vuurvaste schaal.
Snijd de appels overlangs doormidden en verwijder het klokhuis. Kerf de appels aan de bolle kant om de 3 mm in (ze mogen echter niet uit elkaar vallen). Leg de halve appels, met de bolle kant naar boven, op de maïs, maar druk ze er niet in.
Bakken: 3/4-1 uur bij 180°C, onderste richel. Strooi na een half uur baktijd de amandelen eroverheen. Dien de soufflé meteen op.

Variaties:
- vervang het maïsgriesmeel door volkoren tarwegriesmeel; **griesmeelsoufflé** is wat zachter van smaak
- vervang de rozijnen door andere (kleingesneden) zuidvruchten. Gebruik eventueel wat meer hiervan en voeg dan minder of geen stroop aan de pap toe
- meng 25 g geraspte amandelen of hazelnoten door de pap

Drie in de pan (12 stuks)

Een stevig, gebakken nagerecht, dat vroeger met stroop werd geserveerd. Het is echter zelf zoet genoeg om er een frisse appel- of rabarbermoes bij te eten. Met een maaltijdsoep, voorafgegaan door wat rauwkost, heeft u een volledige maaltijd.

- 200 g gezeefd tarwemeel, of half meel/half gebuild meel, of half meel/half boekweitmeel
- 2 1/2 dl melk (3 dl bij gebruik van boekweitmeel), lauwwarm
- 1/3 eetlepel verse gist

- 1 klein ei
- 1-2 eetlepels geconfijte sinaasappelschillen, fijngehakt, of 1-2 theelepels geraspte citroenschil
- 50-75 g rozijnen en/of krenten
- 1 1/2 theelepel zout

- 1 niet te zure appel, gesnipperd

Meng de meelsoorten in een kom en maak er een kuiltje in. Los de gist op in de melk, giet dit in het kuiltje en roer alles van het midden uit tot een glad beslag.
Roer de rest van de ingrediënten (behalve de appel) erdoor en laat het beslag op een warme plaats ca. 1/2 uur rijzen.
Schep nu ook de appel erdoor; het deeg mag daarbij inzakken, het rijst in de pan wel weer.
Verwarm in een grote koekepan een beetje boter of olie en bak tegelijk 3-4 kleine, vrij dikke pannekoekjes (voor ieder pannekoekje 2 volle eetlepels of krap een ijsbollepel beslag). Bak de pannekoekjes aan beide kanten lichtbruin en knapperig op een niet te hoog vuur en houd ze (op de soeppan) warm tot ze allemaal gebakken zijn.

Zoete haverpannekoekjes (12 stuks)
①

Lekker met appelmoes of pruimencompote; een kop stevige groentesoep vooraf en u heeft een volledige maaltijd.

Volg het recept van de *haverpannekoekjes**, 180
maar vervang de bouillon door water of half water/half melk, voeg maar 1/2 theelepel zout toe en roer 1 theelepel gemalen anijs en 2 eetlepels stroop door het beslag.

Luchtige gierstkoekjes (ca. 12 stuks)

Met appelmoes, vruchtencompote, vruchtensaus of een glas vruchtensap geschikt als toetje na een maaltijdsoep of na een maaltijd met peulvruchten of aardappelen. Als volledige maaltijd met een kopje groentesoep of wat rauwkost vooraf.

Maak een massa als beschreven bij *gierstsoufflé**, doch gebruik maar 3 1/2 dl water. 154
De hazelnoten kunt u eventueel weglaten.
Vorm en bak* de koekjes in de koekepan of 166
in de oven.

Variaties:
- vervang de appels door 50 g rozijnen of andere (kleingesneden) zuidvruchten, die u met de gierst kunt nawellen
- vervang de citroen door een sinaasappel of door 1-2 theelepels kaneel of koriander
- vervang de eieren door 75 g kwark en 2-3 eetlepels boekweit- of tarwemeel. De massa moet wat droger zijn, omdat kwark niet opstijft tijdens het bakken
- **zoete rijstkoekjes:** vervang de gierst door 175 g rondkorrelige rijst (1/2 uur koken, 1 uur nawellen). Heel fijn smaken in deze combinatie gepelde amandelen en ahornsiroop of honing als zoetmiddel

Tip: Maak deze koekjes van een rest gekookt graan (ca. 500 g of 5 dl). Een klein tekort kunt u aanvullen met wat in melk geweekte vlokken.

Wentelteefjes
⑤ ①

De meest bekende manier om van oud brood nog wat lekkers te maken. Eet de wentelteefjes na een maaltijdsoep, met vruchten of *vanillesaus** of gewoon met appelmoes. 212

- 1 1/2 dl melk (2 1/2 dl bij zeer droog brood)
- 1 ei ▶

- 1 eetlepel stroop of ongeraffineerde rietsuiker
- 1 theelepel kaneel
- 1 theelepel geraspte citroenschil

- 8 stevige, oude volkoren boterhammen, 1 cm dik (ca. 250 g)

Snijd eventueel aan de bovenkant van de boterhammen heel dun het donkere van de korst af en snijd ze diagonaal doormidden. Kluts in een ruime kom met een platte bodem de overige ingrediënten tot het zoetmiddel is opgelost. Laat hierin de driehoekjes brood 20-30 minuten weken en stapel ze tussentijds een paar keer om. Bedruip daarbij nog droge stukken met het eimengsel.
Verwarm in een grote koekepan de boter tot hij ophoudt met sputteren, temper het vuur en bak de geweekte driehoekjes aan beide kanten goudbruin. Houd het vuur matig.

Variatie: Gevulde wentelteefjes (lekker fris en er is geen saus bij nodig): Rasp twee appels (ca. 200 g) niet al te fijn en vermeng dit met 50 g rozijnen of andere (kleingesneden) zuidvruchten en wat geraspte citroen of sinaasappelschil. Snijd de boterhammen *niet* doormidden. Bak de helft ervan aan beide kanten en houd ze even warm. Bak nu de overige vier aan een kant, draai ze om en smeer er de appelvulling op. Dek af met de al gebakken boterhammen en bak deze dubbeldekkers ook aan de onderkant bruin. Doe dit op een zeer laag pitje, dan wordt de vulling intussen ook nog warm.

Boekweitsneetjes in de pan gebakken (8 stuks)

⑤ ⓥ

Een voedzaam toetje, dat veel in Friesland, Drenthe en de Achterhoek wordt gegeten.

- 100 g boekweitgrutten (1 1/4 dl)
- 3 1/2 dl karnemelk of melk (volumeverhouding graan/vloeistof: 1:2 3/4)
- 1 theelepel zout

Breng de melk met de grutten en het zout aan de kook en laat de pap onder roeren 3 minuten doorkoken. Laat zo mogelijk 15 minuten nawellen.
Spoel een plat bord af met koud water en strijk er de pap mooi glad op uit. Laat de pap afkoelen.
Snijd de boekweitplak in 8 punten en wentel deze door wat meel. Klop het overtollige meel eraf en bak de punten in een koekepan in wat boter goudbruin.
Dien de boekweitsneetjes op met stroop, appelmoes of compote.

Poffertjes (35-40 stuks)

Poffertjes smaken het lekkerst zo uit de pan op het bord, bestrooid met wat poedersuiker. Serveer met vruchtencompote.

- 150 g tarwebloem of gebuild meel
- 2 dl lauwwarme melk
- 1/4 eetlepel gist

- 2 eetlepels room
- 1/2 theelepel gemalen vanille
- 1 theelepel zout

- een poffertjespan
- neutraal smakende olie voor het bakken

Doe het meel in een kom en maak er een kuiltje in. Los de gist op in de melk en giet dit in het kuiltje. Roer alles van het midden uit tot een glad, vrij dik beslag. Roer ook de rest van de ingrediënten erdoor en laat het beslag ca. 1/2 uur rijzen op een warme plaats.
Zet de poffertjespan op het vuur en doe in elk kuiltje een druppel olie. Laat de pan, voordat u de eerste poffertjes bakt, goed heet worden (de olie mag echter niet gaan walmen), of smeer de kuiltjes in met boter (met een kwastje).
Doe het beslag in een kan of litermaat met een schenktuit en laat elk kuiltje goed vollopen. Schraap het beslag telkens met een mes van de tuit en vul zo alle kuiltjes. Bak nu op een matig vuur. Keer de poffertjes met een vork als de onderkant bruin is (de bovenkant hoeft nog niet droog te zijn). Druk de poffertjes met de vork terug in het kuiltje en laat ook de tweede kant lichtbruin bakken. Houd de poffertjes zonodig warm in de oven (100°C) en bestrooi ze vlak voor het opdienen met poedersuiker. ▶

Variatie: Oud-Hollands: vervang 50 g van het tarwemeel door boekweitmeel. De poffertjes worden dan wel droger en vragen om een klontje boter onder de poedersuiker.

Dampfnudeln (6-8 personen)

Een warm nagerecht voor zoetekauwen van alle leeftijden. Dien op met appel- of rabarbermoes of een, liefst wat zurige, compote. Met wat rauwkost vooraf is het in Duitsland en Zwitserland een geliefde kindermaaltijd (4 personen).

- 300 g gebuild meel of half bloem/half meel
- 3/4 eetlepel verse gist
- 1 1/2 dl melk, lauwwarm

- 30 g harde boter
- 1/2 theelepel zout

- 2 eetlepels ahornsiroop of stroop
- 1 klein ei
- de geraspte schil van een citroen

- 15 g boter
- 1-2 eetlepels ongeraffineerde rietsuiker
- 1 1/2 dl melk

- een platte schaal van ten minste 18x24 cm of 26 cm doorsnee, met een rand van ten minste 4 cm hoog

Doe het meel in een kom en maak er een kuiltje in. Los de gist op in de melk, giet dit in het kuiltje en roer er met een gedeelte van het meel een dikvloeibaar deegje van.
Leg de boter in dunne schijfjes erop en strooi het zout op de boter. Laat dit voordeegje op een warm plekje rijzen tot tweemaal de hoeveelheid.
Voeg de ahornsiroop of stroop, citroenschil en ei bij het voordeegje en klop nu alles, weer van het midden uit, tot een glad beslag (het heeft de dikte van een oliebollenbeslag). Stop de kom in een plastic zak en laat het beslag rijzen tot tweemaal de hoeveelheid (ca. 1 uur).
Laat voor de saus de boter smelten, voeg de melk toe en los hierin de suiker op. Giet van deze saus een bodempje in de vuurvaste schaal, maar houd ruim de helft achter. Leg het beslag met behulp van twee eetlepels in ca. 12 porties naast elkaar in de schaal. Laat

nog een kwartiertje rijzen.
Bakken: 30-35 minuten bij 190°C, onderste richel.
Giet halverwege de baktijd de rest van de saus over de Dampfnudeln en laat ze mooi glanzend en bruin bakken.

Tip: 'Stoof' de Dampfnudeln op het fornuis: doe het deeg dan in een vlamvaste dekschaal of een (koeke)pan met een zeer dikke bodem en een goed sluitend deksel. De stooftijd is dan 30-40 minuten (alleen door een kiertje tussen pan en deksel kijken of alles goed gaat). Bak de laatste 10 minuten zonder deksel op een iets hoger vuur, de saus kookt dan in en de Dampfnudeln krijgen aan de *onder*kant een lichtbruin korstje.

Zoete haverkoekjes (8 stuks)

Een stevig, warm toetje. Met rauwkost, groentesoep of een peulvruchtensoep vooraf, of met vruchtencompote erbij ook een hele maaltijd. Neem dan de dubbele hoeveelheid koekjes.

- 250 g gekookte haver (ca. 75 g ongekookt), liefst van geëeste haver
- 1 klein ei
- 2 eetlepels boekweit- of tarwemeel
- 4 gedroogde abrikozen (25 g), zeer fijn gesneden, of krenten
- 25 g hazelnoten, fijngemalen
- 1 theelepel anijszaad, gestampt
- 1 eetlepel zachte boter of olie

- eventueel 1/2 eetlepel stroop

Vermeng de haver met de overige ingrediënten, behalve de stroop. Laat dit mengsel een kwartiertje rusten en roer het daarna goed door. Proef nu pas of er stroop bij moet (houd er rekening mee dat de koekjes nog wat zoeter worden door het bakken).
Vorm en bak* de koekjes.

Variaties:
- vervang het anijszaad door 2 theelepels citroenrasp
- vervang het ei door 3 eetlepels kwark (ca. 50 g) en 1 eetlepel meel extra. Dit deeg moet wat droger zijn, omdat kwark niet opstijft tijdens het bakken

Brood

Wie eenmaal met eigen handen brooddeeg heeft gekneed, de spanning van het al dan niet goed rijzen van het deeg heeft doorstaan en een uur later een zalig geurend, knappend vers brood uit de eigen oven heeft mogen halen, zal dit beslist niet voor de laatste keer hebben gedaan. Al was het alleen maar om de geur, die nog een halve dag in huis blijft hangen, of om de complimenten van de broodeters, die beslist om méér zullen vragen.
Algauw zal men merken, dat het zelf bakken niet meer tijd kost dan een kwartier reëel werk (voor de rest zijn het rijs- en baktijden). Zelf brood bakken is vooral een kwestie van vooruitdenken en organisatie.
Wij zouden u willen aanraden, uw bakkerscarrière te beginnen met het bakken van een gistbrood. Het gaat vlugger en is wat eenvoudiger dan het bakken van een zuurdesem- of bakfermentbrood (zie hieronder voor de werking van gist, zuurdesem en bakferment).

Tips bij het broodbakken

- als u regelmatig veel brood bakt, is het de moeite waard hiervoor een aparte bak (afwasteiltje) aan te schaffen. Hierin kunt u dan de broodvormen, het afdekplastic en eventuele meelvoorraden opbergen. Houd deze voorraden (ook de gistvoorraad) op peil, zodat u nooit om ingrediënten verlegen zit
- een deegmengsel van 2 kg laat zich nog goed met twee handen van normale sterkte op een aanrecht of ander glad werkvlak kneden. Een grotere hoeveelheid wordt algauw onhandelbaar
- broodvormen van plaatstaal (eventueel uitschuifbaar) geven het beste resultaat en gaan een leven lang mee
- als u regelmatig bakt hoeft u de broodvormen niet af te wassen. Bewaar ze wel op een droge plaats en vet ze voor elk gebruik licht in
- schuif het gerezen brooddeeg in een flink hete oven, schakel de temperatuur later wat terug en bak het brood voldoende lang. Zo krijgt het een lekkere, knapperige korst met een fijn aroma, dat uiteindelijk door het hele brood trekt, waardoor het pas echt smakelijk wordt. Het brood is gaar als het hol klinkt wanneer u erop klopt. Laat grote broden desgewenst nog 5-10 minuten in de uitgeschakelde oven nabakken
- ingeknipt brood wordt beter doorbakken dan brood met een gladde bovenkant
- wit gistbrood heeft de hoogste baktemperatuur nodig
- bewaar het door en door afgekoelde brood in een (liefst houten) broodtrommel op een niet al te warme, maar vooral droge plaats. Als u de broodtrommel goed schoonmaakt voor elke nieuwe broodvoorraad, voorkomt u het schimmelen van het brood. In een plastic zak kan het brood gaan schimmelen, in een papieren zak droogt het snel uit.

Gist

Gist (bakkersgist) wordt fabrieksmatig vervaardigd. Het is een op melasse gekweekte monocultuur (er ontstaat maar één soort gistcellen), waaraan chemische stoffen, onder andere fosfaten, worden toegevoegd. Deze ene soort gistcellen ontsluit in het brooddeeg alleen die graanbestanddelen, die zij voor haar vermenigvuldiging nodig heeft. Bij de gisting van het deeg met behulp van bakkersgist komen koolzuurgas en wat alcohol vrij. Het koolzuurgas laat het deeg rijzen, de alcohol verdwijnt tijdens het bakken.
Bij de gisting van het deeg met zuurdesem komt geen alcohol vrij; hierbij ontstaan koolzuurgas en melkzuur. Melkzuur geeft aan zuurdesembrood niet alleen de wat zurige smaak, maar het zorgt ook voor een soort voorvertering van het meel. Nog een voordeel is, dat door de langere rijstijd en het melkzuur een zeer groot gedeelte van het *fytine** dat in het volkorenmeel aanwezig is, wordt afgebroken, waardoor het ijzer in volkorenbrood beter behouden blijft. 123

In de manier waarop wij gistdeeg klaarmaken proberen we met deze feiten rekening te houden. Voor zuurdesembrood hebben we een duidelijk recept ontwikkeld. Voor gebak gebruiken we gist (voor de lekkere smaak en voor het gemak). We gebruiken echter zeer weinig gist en laten de gistcellen zichzelf vermenigvuldigen in een voordeegje. Bovendien laten we de deegsoorten koel, maar lang rijzen, wat een verregaande afbraak van fytine mogelijk maakt*. 477
Samenvattend: brood met gist gebakken is zwaarder verteerbaar dan brood gebakken met zuurdesem of bakferment; gist is het meest geschikt voor het bakken met tarwemeel of een mengsel van tarwe met ten hoogste 25% andere meelsoorten (zie de variaties in het recept).
Gistcellen kunnen stikken in hun eigen afvalprodukten; dit kan vooral gebeuren als het deeg te warm én te lang rijst (niet als het op een koele plaats lang rijst). Het deeg zakt dan in en wil niet meer rijzen.
Gistgebak van overwegend uitgezeefde meelsoorten (witbrood) smaakt vers het lekkerst; gistgebak van volkorenmeel blijft 1-2 dagen vers, maar smaakt daarna gauw oudbakken.

Gist is bij elke warme bakker en dikwijls ook in natuurvoedingswinkels verkrijgbaar. Koop gerust een hoeveelheid voor een hele maand. Stevig in een glazen potje met deksel gedrukt is gist in de koelkast enkele weken houdbaar (op de koelste plaats, maar niet in het vriesvak). Zodra de gist zijn droge, kruimelige structuur verliest en plakkerig wordt, moet u een nieuwe voorraad aanschaffen. Als u door omstandigheden gist toch in het vriesvak moet bewaren, verpak hem dan in porties. Na het ontdooien is de gist zacht en kleverig en moet meteen worden verwerkt.
Gedroogde gist(korrels) zijn duur in het gebruik en er worden emulgatoren aan toegevoegd.

Zuurdesem

Zuurdesem is een natuurprodukt, dat niet te koop is. U moet het zelf maken van meel en water*. 477
In het zuurdesem ontwikkelen zich binnen enkele dagen vanzelf verschillende soorten gistcellen en ook melkzuren. Bovendien ontstaat in zuurdesem vitamine B12. De gistcellen scheiden koolzuurgas af en laten daardoor het deeg rijzen. Door de werking van de melkzuren én door de langere rijstijd die voor zuurdesem nodig is, wordt het meel beter ontsloten dan met bakkersgist.
Zuurdesem is vooral geschikt voor het bakken van volkorenbrood en in het bijzonder voor roggemeel, al dan niet vermengd met tarwemeel.
Het maken van zuurdesem duurt 2-4 dagen. Van het eerste gerezen zuurdesembrood wordt wat achtergehouden voor het volgende zuurdesembrood (zie het recept*). 478

Bewaar zuurdesem eventueel in een potje (met deksel) een paar dagen in de koelkast, zodat u niet elke dag brood móet bakken.
Zuurdesembrood smaakt pas de volgende dag lekker en blijft dagenlang vers.

Wie toch aan de smaak van gistbrood de voorkeur geeft kan een compromis sluiten: Maak gistbrood met zeer weinig gist en wat karnemelk en laat het deeg gedurende de nacht rijzen. Bij deze rijsmethode kunt u bovendien profiteren van onze ervaring (en die van andere oplettende bakkers), dat gistdeeg het beste met de ondergaande, zuurdesem beter met de opgaande zon rijst.

Bakferment

Een derde rijsmiddel voor het bakken van brood is bakferment. Het is eveneens een natuurprodukt, vervaardigd op basis van biologisch-dynamisch graan en erwtenmeel, honing en zout. Met bakferment gebakken brood smaakt nauwelijks zuur. Bakferment is in poedervorm verkrijgbaar en kan enkele maanden worden bewaard.
Het bakken van een brood met bakferment – u moet er ook eerst een soort zuurdesem van maken – is wat omslachtiger dan het bakken met gist of zuurdesem. Er is voor het rijzen een gelijkmatige temperatuur nodig van ca. 30°C gedurende een langere tijd. In een gewoon huishouden is dit moeilijk te realiseren. Geïnteresseerden verwijzen we naar het boekje *Brood bakken op een andere manier* van Ada Pokorny (zie de *Literatuuropgave*).
Met bakferment kunt u, evenals met zuurdesem, broden van 100% roggemeel bakken, maar ook broden van een mengsel van tarwemeel en 40 tot 80% andere meelsoorten zoals gerst, haver en zelfs maïs, rijst, gierst en boekweit. Hiervoor is wel enige ervaring in het bakken met bakferment nodig.

Volkorenbrood

Volkorenbrood met gist (ca. 800 g)

Met grof tarwemeel wordt het brood wat ruller, met fijn tarwemeel wat gladder van structuur.

- *400 g tarwemeel*
- *1/2 eetlepel gist*
- *3 1/2 dl lauwwarm water (niet boven 30°C)*

- *1/2 eetlepel zout (8 g) of minder*

- *ca. 125 g gebuild meel*

- *een bakvorm van 1 1/2 l inhoud, licht ingevet*

Doe het tarwemeel in een ruime kom en maak er een kuiltje in. Los de gist op in 1 dl van het water en giet dit mengsel in het kuiltje. Roer van het midden uit met een beetje van het meel tot een dik-vloeibaar deegje. Laat alles ruim een kwartier rusten, er hebben zich dan blaasjes gevormd: het deegje is gerezen.
Giet nu de rest van het water (het geeft niet als dit ondertussen koud is geworden) ook in het kuiltje en klop van het midden uit alles tot een glad, maar nog nat deeg.
Strooi het zout eroverheen, maar meng het er nog niet doorheen, het is maar dat u het niet vergeet. Bovendien kan ook wat grof zout al helemaal oplossen op het vochtige deeg. Stop de deegbak nu in een plastic zak of leg er een vochtige doek overheen om uitdrogen te voorkomen. Laat het deeg op een niet te warme plaats (kamertemperatuur) tot tweemaal het volume rijzen; dit kan een uur of langer duren, afhankelijk van de omgevingstemperatuur. Forceer het rijzen niet door het deeg in een oven of op heet water te zetten; te veel warmte is eigenlijk het enige waardoor het deeg zou kunnen mislukken, omdat gist zijn werking verliest boven 40°C. Bovendien is volkorenbrood beter verteerbaar als het hele rijsproces 2-3 uur duurt*.
Voeg nu het gebuilde meel toe en spatel dit vast wat door het deeg; het plakt dan bij het kneden niet zo erg. Leg dit nog onsamenhangende deeg op het werkvlak en kneed het (ca. 5 minuten) tot het soepel en elastisch aanvoelt en niet meer aan het werkvlak en de handen kleeft. Kneed met de muis van de hand door het deeg steeds plat te drukken en vervolgens weer op te vouwen. Als u bij het kneden gebruik maakt van uw eigen lichaams- ▶

gewicht, is het minder vermoeiend. Voeg nog wat meel toe als het deeg blijft plakken. Het deeg moet stevig, maar toch nog soepel zijn. Druk de deegbal met de vingers plat en rol hem op tot een mooie rol ter lengte van de bakvorm. Leg het deeg erin, druk het deeg ook in de hoeken goed aan en maak de bovenkant met natte vingers glad. Dek de vorm losjes af met een vochtige doek of een stuk plastic of stop hem in een ruime plastic zak; het deeg mag niet uitdrogen. Laat het deeg rijzen tot de bovenkant mooi bol staat (niet langer); dit duurt bij kamertemperatuur ten minste een half uur, maar meestal langer. Verwarm ondertussen de oven voor.

Knip de bovenkant van het deeg met een schaar in en schuif het brood in een goed voorverwarmde oven.

Bakken: 45 minuten, onderste richel (15 minuten bij 225°C; vervolgens nog ca. 30 minuten bij 190°C).

Grote broden (van 1 kg meelmengsel of meer) 30 minuten op 250°C bakken, vervolgens ca. 30 minuten op 200°C en dan nog eens 5-10 minuten in de uitgeschakelde oven laten staan.

Bestrijk de bovenkant van het nog hete brood meteen royaal met water (of houd het heel even onder de stromende kraan), het gaat dan mooi glanzen.

Laat het brood op een taartrooster door en door afkoelen en bewaar het op een koele, donkere plaats (niet in de koelkast).

Variaties:
- vervang een gedeelte van het tarwemeel (niet meer dan 25%) door andere meelsoorten (gerst-, haver-, rogge-, maïs- of boekweitmeel)
- vervang een gedeelte van het meel door 20% thermomeel (gerst of haver), door 10% graanvlokken of boekweitgrutten. Het thermomeel geeft een fijne smaak en de vlokken of grutten maken het brood ruller
- gebruik ook om te kneden tarwemeel in plaats van gebuild meel, het brood wordt dan wat compacter
- meng 1-2 theelepels gedroogde kruiden door het deeg (tegelijk met het zout), bij voorbeeld tijm, karwij, koriander of anijs, al dan niet gemalen. **Karwijbrood** smaakt heerlijk met kaas, **anijsbrood** beter met zoet beleg
- voor een **vloerbrood**: maak het deeg wat ▶

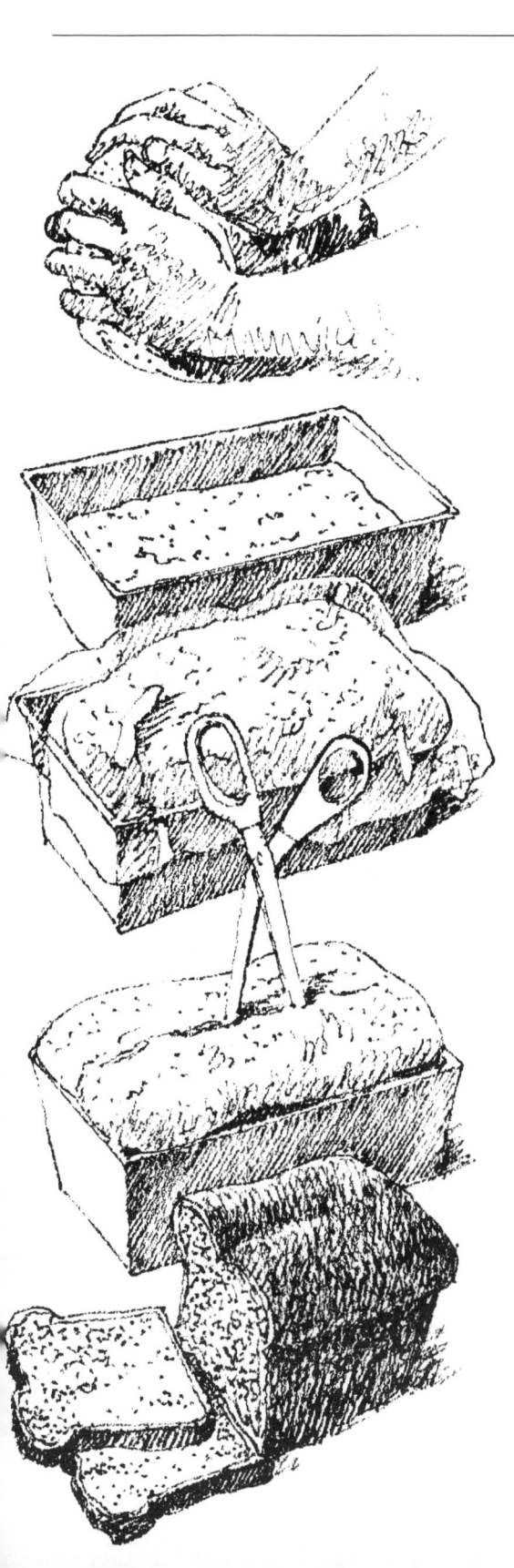

steviger door er 2-3 eetlepels meer bloem door te kneden en vorm het brood als volgt: Rol het deeg uit tot een dikke, ronde lap; sla twee deegflappen terug en rol het deeg op, beginnend bij de zo ontstane punt ; leg de rol met de sluiting naar beneden op een droge bakplaat en laat hem, losjes afgedekt met een stuk plastic, rijzen. De baktemperatuur is 25° lager en de baktijd 10 minuten korter

Tip:
Als u veel brooddeeg tegelijk maakt (1-2 kg meelmengsel) kunt u het vochtige brooddeeg al 's avonds voordat u naar bed gaat maken. De volgende ochtend kunt u het tijdens de nacht gerezen deeg kneden en verder verwerken volgens het bovenstaande recept. Gebruik voor het deeg minder gist, 2 g op 1 kg meel of nog minder; u moet hiermee zelf wat experimenteren, het hangt af van de omgevingstemperatuur en de lengte van uw slaap (temperatuur tussen 10 en 20°C, rijstijd 8-12 uur). U kunt ook nog ca. 1 dl van het water vervangen door biologisch-dynamische of biologische karnemelk of brooddrank.
Met deze methode krijgt u een volkorenbrood dat de verteerbaarheid van zuurdesem benadert, maar dat toch de smaak van een gistbrood heeft.

Volkorenbrood met zuurdesem
(2 broden van ca. 900 g)

Verwerk hiervoor alleen graan en karnemelk van biologische of biologisch-dynamische herkomst. Chloorhoudend leidingwater moet eerst 5 minuten worden gekookt (of gebruik koolzuurvrij mineraalwater). Chemische toevoegingen belemmeren de werking van de bacteriën die voor de gisting van het deeg nodig zijn. Kruiden, honing en de melkzure produkten bevorderen de gisting.
Begin op een avond met het *zuurdesem*:

- *1/2 eetlepel honing (alleen koud geslingerde)*
- *2 1/2 dl brooddrank of karnemelk, lauwwarm (35°C)*
- *100 g roggemeel (2 1/2 dl)*
- *1 theelepel karwijzaad, gestampt*
- *1 theelepel venkelzaad, gestampt* ▶

Los de honing op in de brooddrank of karnemelk en vermeng dit met het meel en de kruiden tot een glad, dik-vloeibaar beslag. Doe het in een grote glazen pot (inhoud 7 dl) en schroef het deksel dicht.

Zet de pot met het beslag op een gelijkmatig warme plaats (20-30°C), bij voorbeeld op het luchtrooster achter op de koelkast, op de boiler of gewoon in een warme kamer. Het is niet erg als de omgevingstemperatuur wat lager is, alleen duurt het dan wat langer voor het zuurdesem klaar is.

Roer dit beslag nu elke ochtend en elke avond goed door. Zodra er zich blaasjes in gaan vormen en het duidelijk gaat gisten (misschien al na 24 uur), kunt u de desem 'voeden' met twee volle lepels (ca. 30 g) roggemeel. Roer dit goed erdoor en zet de pot (dichtgeschroefd) weer terug op zijn warme plaats. Herhaal dit nog twee keer, telkens na ca. 12 uur; u 'voedt' dus drie keer. Misschien moet u ook eens wat lauw water toevoegen, het beslag moet dik-vloeibaar blijven. Als het na de laatste 'voeding' weer gaat gisten, is uw zuurdesemkweekje klaar. Bewaar de zuurdesem desgewenst tot maximaal een week in de koelkast. Omdat een groot zuurdesembrood lekkerder smaakt dan een klein en omdat zuurdesembrood zeer lang – wel een week – vers blijft, geven wij hieronder een recept voor twee flinke broden.

- ca. 1 kg meel (tarwe of rogge of een mengsel van beide)
- ca. 400 g zuurdesem
- 1 eetlepel zout (16 g), of iets minder
- 6 dl lauwwarm water (35°C)

- 2 bakvormen van ca. 1 1/2 l inhoud, ingevet

Houd ca. 400 g van het meel achter.
Doe de rest in een kom en maak er een kuil in. Leg hierin de zuurdesem. Strooi het zout erop en giet het water erbij. Roer nu alles tot een glad deeg.
Voeg het achtergehouden meel toe en meng dit met een deegspatel vast wat door het deeg, het plakt dan niet meer zo erg. Leg dit onsamenhangende deeg op het werkvlak en kneed het ca. 5 minuten, tot het niet meer aan de handen en aan het werkvlak blijft kleven. Voeg zonodig nog wat meel toe, het deeg moet iets minder stevig zijn dan volkorendeeg met gist.

Haal nu ca. 150 g van het deeg af en vermeng het met krap 1 dl water tot een dik-vloeibaar beslag. Doe het in een glazen pot (inhoud 7 dl). Hiermee kunt u weer een zuurdesemkweek beginnen voor uw volgende brood. Dit tweede kweekje zal vlugger klaar zijn dan het eerste. Als het zover is, bewaar het dan in de koelkast tot de volgende baksessie (niet langer dan een week).

Vorm van de rest van het geknede deeg een mooie rol en druk deze in de bakvorm. Maak de bovenkant met natte vingers glad. Dek de vorm af met plasticfolie, het deeg mag niet uitdrogen. Laat op een warme plaats rijzen tot het deeg mooi bol gaat staan en de vorm is gevuld; er hebben zich dan ook aan het oppervlak blaasjes gevormd. Deeg met zuurdesem rijst veel langzamer dan gistdeeg, het kan 4-6 uur duren.

Schuif het gerezen brood in een goed voorverwarmde oven.

Bakken: 1 1/4 uur, onderste richel (15 minuten bij 200°C; vervolgens ca. 1 uur bij 180°C).

Zie voor de verdere verwerking *volkorenbrood met gist** (ook de variaties).

Tips:
- hoe meer zuurdesem u gebruikt, des te zuurder smaakt het brood. Met minder dan 400 g zuurdesem op 1 kg meel (het kán al met één kopje) is de rijstijd echter langer dan 4-6 uur
- zuurdesembrood krijgt een bijzonder mooi gerezen structuur als u het deeg na het kneden in de deegkom terugdoet en het ca. 3 uur op een warme plaats laat voorrijzen. Kneed het daarna nog een keer goed door en leg het nu pas in de vorm om het te laten rijzen als hierboven beschreven. De laatste rijstijd is dan nog ca. 1 uur
- om het rijzen tijdens het bakken te bevorderen kunt u een plat vuurvast schaaltje met een laagje heet water van ca. 1 cm achterin de oven op de bodem zetten voordat u hem inschakelt (sluit dan ook de stoomklep). Open na 20 minuten baktijd de stoomklep weer. In de oven heeft zich dan stoom ontwikkeld, waardoor het brood beter rijst
- na verloop van tijd, als het brood niet meer zo goed wil rijzen, is het nodig een vers zuurdesemkweekje te maken

Wittebrood

Wittebrood (ca. 800 g)

- ca. 500 g gebuild meel of bloem
- 1/4 eetlepel gist
- 3 dl lauwwarm water

- 1/2 eetlepel zout (8 g)

- 1 theelepel arrowroot of biologische
  maïzena*, aangemaakt met 618
- 1/4 dl water

- een cakevorm van 1 1/2 l inhoud, ingevet

Houd 100 g van het meel of de bloem achter. Zeef de rest in een kom en maak er een kuil in. Los de gist op in 1 dl van het water en giet dit mengsel in het kuiltje. Roer van het midden uit met een gedeelte van het meel tot er een dik-vloeibaar deegje ontstaat. Laat dit staan tot er zich blaasjes in vormen. Giet de rest van het water erbij en klop alles tot een glad deeg. Strooi het zout erover en stop de kom in een plastic zak of leg er een vochtige doek overheen. Laat rijzen tot tweemaal het volume.
Voeg de rest van het meel toe en volg verder het recept van *volkorenbrood met gist**, maar 475
let op: wit brooddeeg heeft minder tijd nodig om te rijzen dan volkoren brooddeeg.
Verwarm de oven voor.
Bakken: 40 minuten, onderste richel (15 minuten bij 250°C; vervolgens ca. 25 minuten bij 225°C).
Bestrijk het brood ca. 5 minuten voor het einde van de baktijd met de arrowroot; de korst gaat dan mooi glanzen (of bestrijk het met melk of water).
Voor een vloerbrood: zie de variatie onder *volkorenbrood met gist**. 476

Melkwit (ca. 800 g)

Dit brood blijft langer vers dan het gewone wittebrood.
Volg het recept van *wittebrood**, maar vervang het water door melk. Vervang ook eens een gedeelte van de melk door karnemelk of wei*. 479

610

Stokbrood (2 stuks van 40 cm lang)

Niet alleen van wit brooddeeg, maar ook van volkoren brooddeeg kunt u makkelijk zelf stokbrood bakken. Stokbrood smaakt vers het lekkerst, maar volkoren stokbrood kunt u ook de volgende dag nog eten. Of bak het stokbrood niet helemaal bruin en bak het de volgende dag nog ca. 5 minuten op bij 200°C.

Van 1 recept *volkoren brooddeeg met gist**, 475
van 1/2 recept *volkoren brooddeeg met zuur-* 477
*desem** of van 1 recept *wittebrooddeeg** krijgt 479
u 2 stokbroden van ca. 40 cm lang en 4 cm doorsnee.

Gebruik voor de verschillende soorten gistdeeg de dubbele hoeveelheid gist of laat het brooddeeg bijzonder goed rijzen; het laatste geldt ook voor het met zuurdesem bereide deeg.
Kneed het brooddeeg alleen met zoveel meel of bloem dat u het op een royaal met meel bestrooid werkvlak kunt vormen. Maak het deeg dus niet te stijf, anders wordt het stokbrood hard en droog.
Het vormen van de stokbroden gaat als volgt: Rol het deeg uit tot een dikke, ovaalvormige lap van ca. 45x15 cm. Plat de smalle kanten over een lengte van ca. 10 cm af met de deegroller en sla ze zo ver terug, dat een ca. 35 cm lange lap overblijft. Rol deze nu in de lengte op en leg hem met de sluiting naar beneden op de heel licht ingevette bakplaat. Rek daarbij de rol eventueel nog een beetje uit tot de juiste maat. Bestuif de broden met wat meel of bloem en laat ze op een matig warme plaats (20-25°C) bijna tot tweemaal het volume rijzen. Dek ze wel af met een doek ▶

of een stuk plastic om uitdrogen te voorkomen. Dit rijzen duurt ca. 20 minuten.
Zet nu de broden op een koele plaats en haal afdekdoek of plastic weg. Laat de broden nog helemaal uitrijzen en verwarm intussen de oven voor. Zet eventueel een plat vuurvast schaaltje met wat water achterin de oven (zie tip bij *zuurdesembrood**). 477
Maak nu dwars over de bovenkant van de in de koelte wat steviger geworden broden met een vlijmscherp mes 4-5 evenwijdige sneden. Als u hierbij het mes wat schuin houdt, krijgt de inkeping tijdens het bakken een soort kapje. Bestrijk de gerezen broden met water.
Bakken: ca. 20 minuten bij 240°C, onderste richel.
Bestrijk de gerezen stokbroden meteen na het bakken opnieuw met water, ze gaan dan mooi glanzen.

Variatie: Maak 8-10 eenpersoonsstokbroodjes (flutes) door het deeg in ca. 30 cm lange, dunne slangen te rollen. Koud wegzetten en insnijden is niet nodig. **Bakken:** ca. 15 minuten bij 240°C, middelste richel.

Stok-brood

Zonder oven, boven de hete as van kampvuur of barbecue gebakken.

- 1 recept fijn brooddeeg* of gewoon volkoren brooddeeg*   481 475
- per persoon 1 dikke, 1 m lange houten stok (bij voorbeeld van een hazelaar), waarvan u aan de dikste kant over een lengte van ongeveer 30 cm de bast heeft verwijderd

Kneed het gerezen deeg met bloem of meel, tot het niet meer plakt, het moet vrij stevig zijn. Laat het 10 minuten rusten en verdeel het in porties ter grootte van een tennisbal. Rol elke portie uit tot een ca. 2 cm dikke slang en wind deze spiraalsgewijs om het ontbaste gedeelte van de stok. Doe dit zodanig, dat de onderste 5-10 cm van de stok uit het deeg steken. Plak vooral de uiteinden van het deeg goed vast met water. Leg de stokken tussen twee lagen plastic en laat het deeg rijzen.
Zorg ervoor dat intussen het kampvuur zo ver is uitgebrand, dat alleen nog de hete as met de gloed eronder is overgebleven. Bak nu de stok-broden onder voortdurend draaien boven de hete as in ca. 20 minuten zo mogelijk niet al te bruin en toch van binnen gaar.
Makkelijk is het, als men de stok aan de overkant van het vuur op een daar in de grond gestoken stok met zijtak kan leggen. Ook kan men het deeg om het midden van een langere stok winden en het brood met z'n tweeën bakken, ieder aan een kant van het vuur zittend.
Laat het brood op de stok afkoelen en eet het vers op.

Tip: Voor op een tocht: Maak het deeg klaar vlak voordat u vertrekt. Doe het in een goed afsluitbare plastic doos, waarvan de inhoud drie maal zo groot moet zijn als het volume van het (ongerezen) deeg. Het deeg rijst onderweg. Afhankelijk van de buitentemperatuur kan dit 1-3 uur duren. Maak op warme dagen, om de rijstijd te rekken, het deeg met *koude* ingrediënten en gebruik maar heel weinig gist. Maak ook geen voordeegje, maar roer alle met gist vermengde vloeistof meteen door het meel. Zet het deeg meteen na het kneden nog ten minste 1 uur in de koelkast (in de doos waarin u het meeneemt). Het deeg moet dan eerst met doos en al op temperatuur komen voordat het kan gaan rijzen.

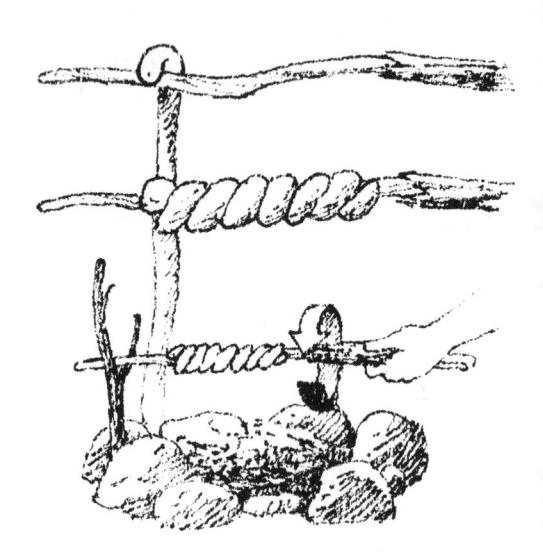

Afb. 21 Tar

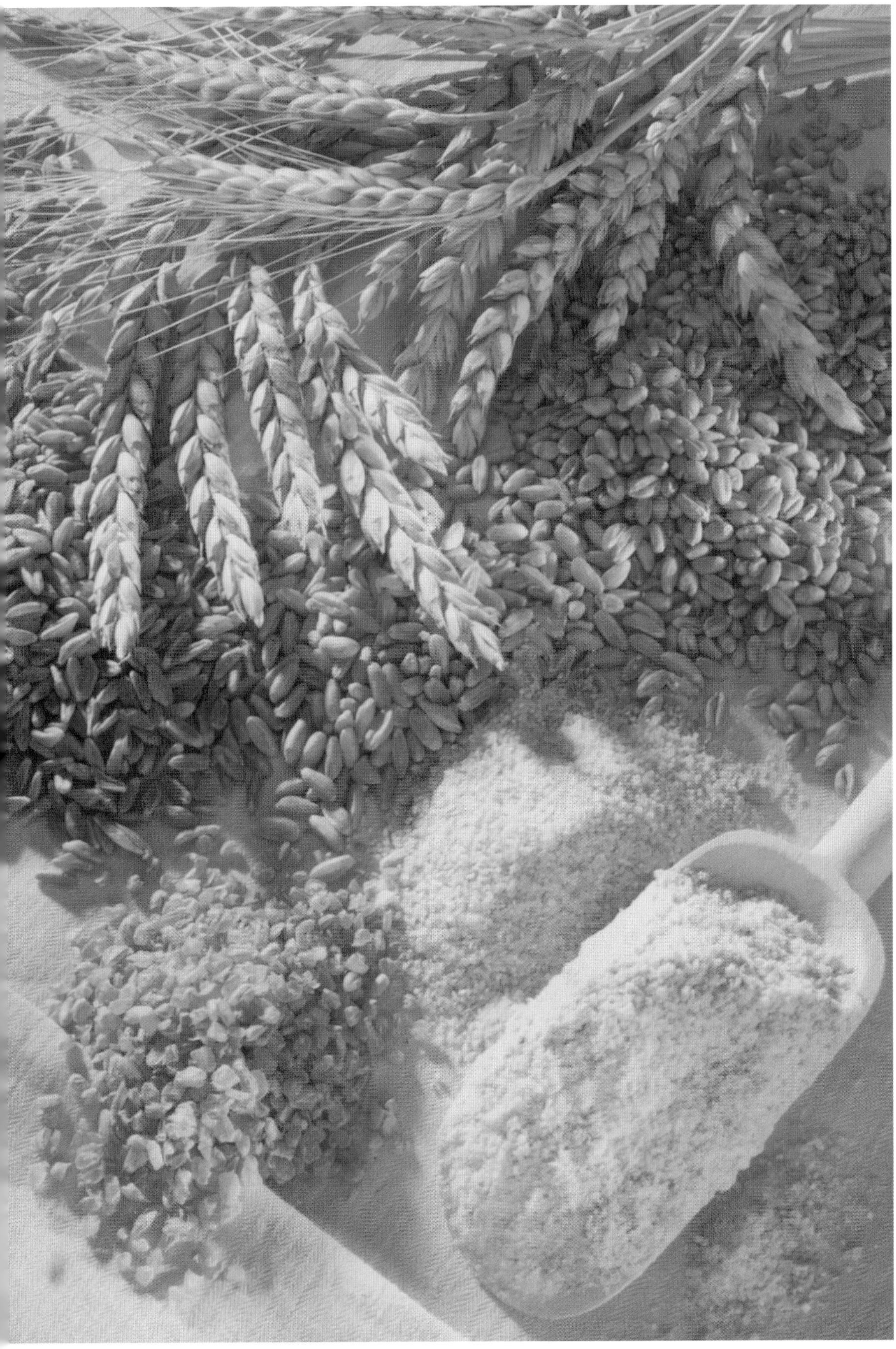

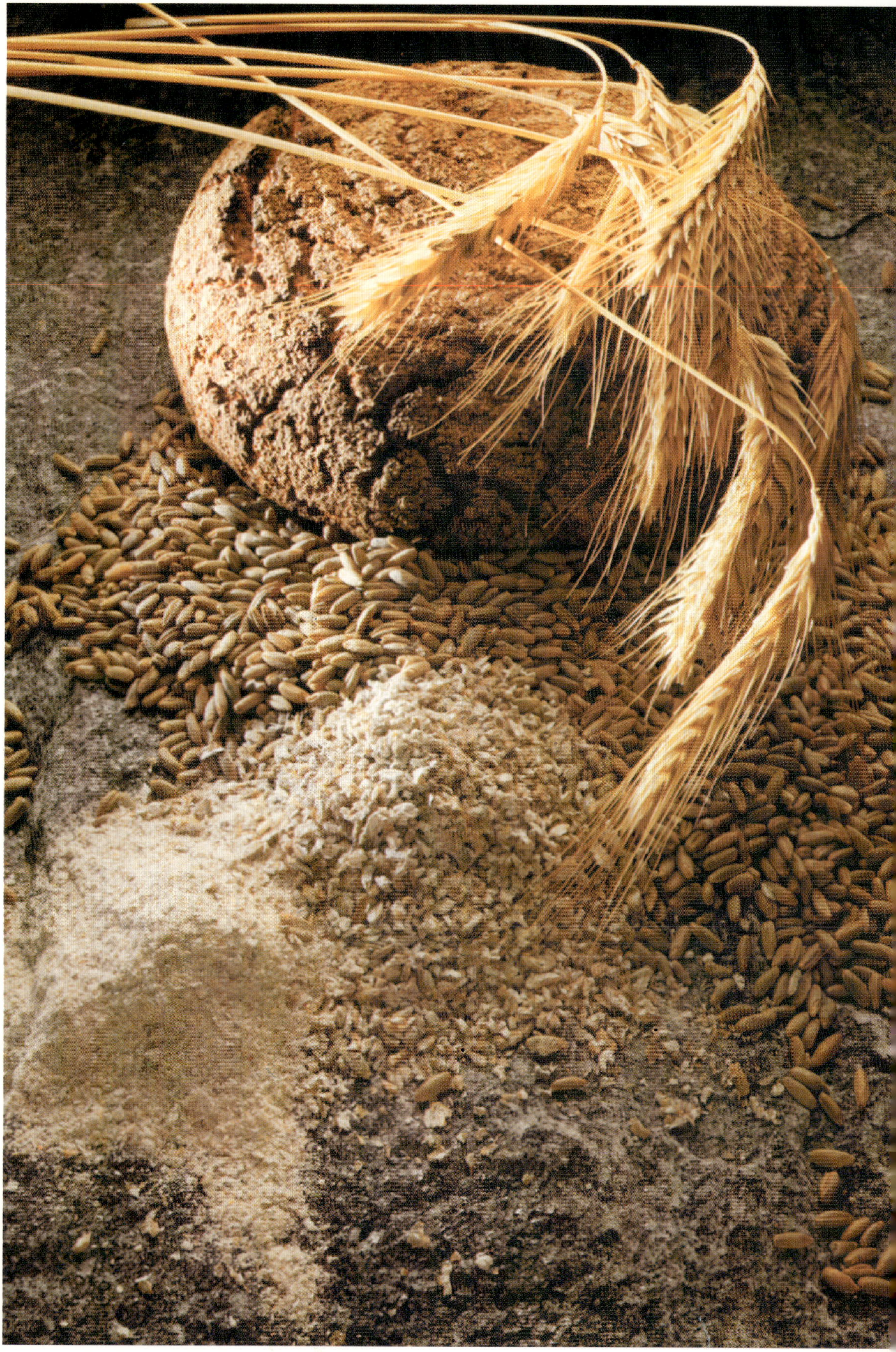

Feestbroden

Fijn brooddeeg (800 g)

Een deeg voor niet-alledaagse broodsoorten, waarvoor we bloem, gebuild meel of fijn tarwemeel gebruiken, of een mengsel van deze meelsoorten. Zemelen nemen zeer veel vocht op; hoe meer volkorenmeel uw meelmengsel bevat, des te minder meel moet u door het deeg kneden. Een te stijf deeg rijst slecht en het baksel wordt droog.
Als rijsmiddel gebruiken we gist, als vloeistof melk en om het gebak wat langer vers te houden voegen we er ook wat boter aan toe. Zo kunt u het feestbrood rustig al de dag van tevoren bakken. Door toevoeging van een eierdooier krijgt het brood een wat gelige kleur en wordt het ook wat malser (laat het eiwit weg, dit zou het brood droog maken).
Laat fijn brooddeeg op een niet te warme plaats rijzen, eventueel zelfs in de koelkast (zie de recepten), het laat zich dan beter vormen. De gevormde broden moeten voldoende rijzen op een niet te warme plaats. Als u het bijna gerezen gebak nog 10 minuten in de kou zet (kelder, koelkast, 's winters buiten), behoudt het tijdens het bakken beter zijn vorm.
Fijn brooddeeg wordt bij hoge temperatuur (200-225°C) en vrij kort gebakken, anders wordt het droog.
Gebruik fijn brooddeeg voor: feestbroden als driekoningenbrood, vlechtbroden, broodfiguren, krentenbrood en krentenbollen.

- ca. 500 g tarwebloem, gebuild meel, fijn tarwemeel of een mengsel van deze meelsoorten
- 2 3/4 dl lauwwarme melk
- 1/2 eetlepel gist
- 50 g harde boter
- krap 1/2 eetlepel zout (7 g)

- eventueel 1 eierdooier

Meng het meel in een beslagkom en maak een kuiltje in het midden (houd een paar lepels achter om er straks het deeg mee te kneden). Los de gist op in de melk, giet dit in het kuiltje en roer het van het midden uit met wat van het meel tot een slap deegje.
Snijd de boter in zeer dunne schijfjes en leg deze *op* het deegje. Strooi het zout op de boter.
Laat dit ongeveer een kwartiertje staan, tot zich blaasjes hebben gevormd. Tijdens het gisten komt er warmte vrij en wordt de boter zacht. De eierdooier kunt u er nu op leggen. Roer alles van het midden uit tot een stevig, maar nog kleverig deeg (het beste gaat dit met een houten lepel met een gat erin of met een stevige vork).
Strooi de helft van het achtergehouden meel op het aanrecht, schep het deeg met behulp van de deegspatel erop, strooi er ook nog wat van het meel overheen en kneed alles tot een elastisch deeg, dat niet meer op het werkvlak en aan de handen plakt. Kneed met de muis van de hand door het deeg steeds plat te duwen en weer op te vouwen. Gebruik eventueel nog wat meer meel. Kneed niet te lang, anders kneedt u door de warmte van uw handen de boter er weer uit en gaat het deeg plakken.
Doe de deegbal terug in de kom, stop de kom in een plastic zak of dek hem af met een vochtige doek en laat het deeg bij kamertemperatuur (1-2 uur) of in de koelkast (3-4 uur of een nacht) tot tweemaal het volume rijzen. Koud gerezen deeg laat zich makkelijker vormen.
Vorm het deeg nu volgens de beschrijvingen in de desbetreffende recepten, doe het in de bakvorm of leg het op een bakplaat en laat het nog een keer tot tweemaal het volume rijzen (losjes afgedekt met plasticfolie, bij kamertemperatuur). Bestrijk nu het gebak (als het in het recept is aangegeven) met eierdooier, losgeroerd met de gelijke hoeveelheid melk of water. Volg voor het bakken de aanwijzingen in het desbetreffende recept.

◄ *Afb. 22 Rogge*

Driekoningenbrood (ca. 350 g)

Vroeger werd op Driekoningendag een stenen bakerpoppetje in het brood verstopt: de eters waren de koningen, op zoek naar het kind. U kunt het stenen poppetje vervangen door een witte boon. Verpak hem in een stukje aluminiumfolie, dan is hij in het brooddeeg makkelijker terug te vinden. Wie de boon in zijn sneetje heeft, is de koning en moet zich voor de rest van de dag ook zo gedragen, maar hij wordt door zijn hofhouding (de huisgenoten) ook op zijn wenken bediend!
Het brood van dit recept is niet zoet, u kunt het dus gewoon bij het ontbijt of de lunch eten met beleg naar keuze. Wie liever een zoet brood heeft kan de variatie maken.

Maak een half recept *fijn brooddeeg**. Voeg 481 voor de mooie gele kleur een halve eierdooier en/of een mespunt kardemom aan het gerezen voordeegje toe (de rest van de eierdooier kunt u gebruiken om het brood mee te bestrijken).
Vorm het gerezen deeg tot een mooie, ronde bol en druk hem plat. Stop de boon aan de onderkant diep in het deeg, ca. 1 cm van de rand, en vouw het deeg er zo onzichtbaar mogelijk weer overheen. Leg het brood op een bakplaat en laat het, afgedekt met een stuk plastic, 5 minuten bijkomen. Druk het weer plat en steek nu met een passend glas of uitsteekvormpje (6 cm doorsnee) een rondje midden uit het brood (dit wordt het 'broodje voor de bakker'). Dek de broodring weer losjes af en laat hem rijzen tot hij mooi bol staat (op kamertemperatuur 1/2-3/4 uur). Verwarm intussen de oven voor.
Knip de broodring van boven met een schaar 2 cm diep in. Roer de eierdooier los met 1/2 eetlepel water en bestrijk hiermee de krans (niet de inkepingen).
Bakken: 25 minuten, middelste richel (10 minuten bij 220°C; vervolgens ca. 15 minuten bij 200°C).

Variaties:
- meng 100-150 g rozijnen en/of krenten door het gerezen deeg
- los 2 eetlepels stroop of ongeraffineerde rietsuiker in het ei op en voeg het aan het deeg toe. Hierdoor wordt het deeg wel kleveriger bij het vormen

Tip: Driekoningenbrood voor een schoolklas: voor ca. 40 kinderen is een hoeveelheid deeg van 2 kg meel voldoende.
Overleg eerst met de leerkracht of u eventueel drie bonen (2 witte en 1 bruine) in het deeg zult verstoppen (dit maakt de kans om koning te worden groter).
Vorm het deeg zo, dat het vlug en makkelijk in porties te verdelen is:
Maak van het gerezen deeg een lange rol en snijd deze in 40 mootjes (of zoveel als er kinderen in de klas zitten, plus de leerkracht). Neem een pizzavorm (30 cm doorsnee) of maak van een stuk driedubbel gevouwen aluminiumfolie een even grote rand (met een paperclip sluiten) en zet deze op een bakplaat. Maak nu van elk deegstukje een rond bolletje (de randen naar beneden een beetje uitrekken en van onderen wegvouwen). Leg het eerste bolletje meteen na het vormen precies in het midden van de bakvorm, de volgende eromheen (dicht tegen elkaar) en vul zo de hele vorm. *Vergeet niet de bonen te verstoppen!*
Laat afgedekt rijzen, bestrijk met eierdooier en bak als boven beschreven (de baktijd op 200°C is ten minste 10 minuten langer). Laat het bolletjesbrood op een taartrooster afkoelen, maar zet het voor transport naar school weer terug in de vorm.
Breek bij het uitdelen in de klas voor elk kind een 'broodje' af.

Vlechtbrood (ca. 800 g)

Misschien wordt dit uw traditionele weekendbrood. Laat uw huisgenoten om beurten het brood naar eigen fantasie vormen.
Maak een *fijn brooddeeg**. Verdeel het ge- 481 rezen deeg in drie of vier stukken en rol deze uit tot lange slangen van ca. 3 cm dik. Maak daarmee een mooie vlecht en stop de begin- en uiteinden eronder. U kunt er ook een krans van vormen of er een vierkant vlechtwerk van maken.
Leg uw kunstwerk op een droge bakplaat en laat het, afgedekt met een stuk plastic, mooi bol rijzen. Dit kan 20 minuten of langer duren, afhankelijk van de omgevingstemperatuur. Laat bij voorkeur op een wat koele plaats rijzen, het brood behoudt dan tijdens het bakken beter zijn vorm.
Verwarm intussen de oven voor.
Bestrijk het gerezen vlechtbrood met losge-

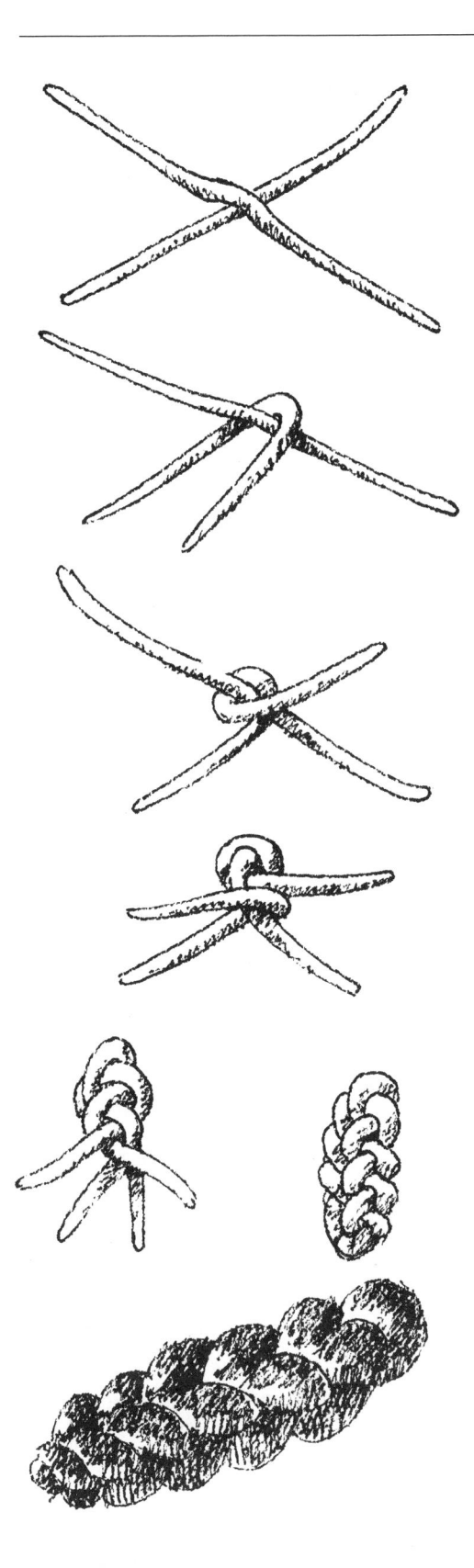

klopte eierdooier of melk en strooi er desgewenst meteen wat sesam- of maanzaad overheen (bij melk blijft dit niet plakken).
Bakken: 30 minuten, onderste richel (15 minuten bij 225°C; vervolgens
ca. 15 minuten bij 200°C).

Variatie: Vlecht het brood met twee zeer lange deegslangen (zie tekening).

Broodbloem

Een uit vele broodjes samengesteld brood, dat u zonder mes in porties kunt verdelen. De broodjes blijven langer vers dan wanneer u ze los bakt. Maak een brooddeeg naar keuze en vorm het volgens de beschrijving in de tip bij *Driekoningenbrood**. 482
Gebruik echter een kwart van het brooddeeg voor het middenstuk van de broodbloem. Maak van de rest van het deeg 'kadetjes' en leg deze tegen het middenstuk aan; niet te dicht tegen elkaar, ze rijzen nog.
Verwarm de oven voor.
Bestrijk het gerezen brood met ei(wit) en bestrooi het middenstuk met zwart, de bloembladeren met licht sesamzaad. Of bestrooi het middenstuk met licht sesamzaad en zeef over de 'bladeren' meel.
Bakken: ca. 3/4 uur bij 180°C, onderste richel.
Dek het brood eventueel af met een stuk aluminiumfolie, als het strooisel anders te bruin zou worden.

Variatie: Maak een **zonnebloem** van brooddeeg (ca. 30 cm doorsnee). Vorm het middenstuk van 1/2 portie volkoren brooddeeg, de bloembladeren van 1 portie wit brooddeeg. Maak eerst het volkorendeeg, dit heeft wat meer tijd nodig om te rijzen.
Leg eerst het middenstuk op de bakplaat en druk het wat plat. Leg de 'bloemblaadjes' eromheen: 16 stuks, gevormd als kadetjes met één puntig uiteinde, de bolle kant tegen het middenstuk aan.
Laat nu alles nog een keer rijzen, bestrijk het brood met losgeklopt ei en bestrooi het middenstuk dicht met zonnebloempitten.

Vruchtenbroden

Krentenbroodje (ca. 500 g)

Van elk van de hieraan voorafgaande brooddegen kunt u tevens krentenbrood maken.

- 1/2 recept fijn brooddeeg* (met ei)   481
- 100-125 g krenten of rozijnen of half om half

- een cakevorm van ten minste 3/4 l inhoud, ingevet

Gebruik voor het brooddeeg eventueel maar de helft van de in het recept aangegeven hoeveelheid zout en maak het deeg vooral niet té stevig.
Druk het geknede deeg op het aanrecht uit tot een ca. 1 cm dikke, rechthoekige lap, de smalle kant zo breed als de cakevorm lang is. Verspreid de krenten of rozijnen over het deeg tot aan de rand en druk ze erin. Rol de deeglap in de lengterichting op en leg deze gevulde deegrol in de cakevorm. Druk het deeg goed in de hoekjes en maak de bovenkant met natte vingers mooi glad.
Laat het deeg nog een keer rijzen tot het mooi bol in de vorm staat (ca. 1/2 uur).
Verwarm de oven voor.
Bestrijk het broodje royaal met melk.
Bakken: ca. 30 minuten bij 210°C, onderste richel.
Bestrijk het brood na 20 minuten baktijd en vlak na het bakken nog een keer met melk, de korst wordt dan niet zo hard en ze gaat mooi glanzen.
Laat het krentenbrood op een taartrooster afkoelen.

Variaties:
- maak een **krenten/notenbrood** door nog 50 g hele of in grove stukjes gebroken noten (soort naar keuze) door het deeg te mengen
- **krentenbrood met spijs:** leg een rolletje *amandelspijs** (ca. 125 g) op de krenten   606

Kerststol (ca. 1 kg)

Deze rijk gevulde kerststol kunt u, met of zonder spijs, in aluminiumfolie verpakt 2-3 weken bewaren op een droge, niet te warme plaats. U kunt hem desgewenst ook zonder boter eten.

- 500 g gebuild meel of fijn tarwemeel
- 1-2 theelepels kardamom
- 1-2 theelepels kaneel
- 1/2 theelepel foelie of 1 theelepel nootmuskaat

- 2 dl lauwwarme melk
- 1/2 eetlepel gist

- 100 g harde boter
- 2 theelepels zout

- 1-2 kleine eieren, geklutst
- 1-2 eetlepels ongeraffineerde rietsuiker of stroop
- de geraspte schil van 1 citroen
- de geraspte schil van 1 sinaasappel

- 150 g rozijnen
- 100 g krenten
- 50 g geconfijte sinaasappelschil* of   496
 gedroogde abrikozen, in kleine stukjes gesneden
- 50 g grofgehakte walnoten

- eventueel 250 g amandelspijs*   606

Meng het meel met de specerijen in een grote kom en maak er een kuiltje in. Houd ca. 50 g (2 volle eetlepels) meel achter.
Los de gist op in de melk en giet dit in het kuiltje. Roer van het midden uit met een gedeelte van het meel tot een dik-vloeibaar deegje.
Leg de boter, in dunne plakjes gesneden, op dit deegje en strooi het zout over de boter.
Laat alles ongeveer een kwartiertje rusten, tot het volume van dit voordeegje is verdubbeld, er zich blaasjes in hebben gevormd en de boter heel zacht is geworden.
Kluts de eieren met het zoetmiddel en de geraspte schillen door elkaar en giet dit bij het

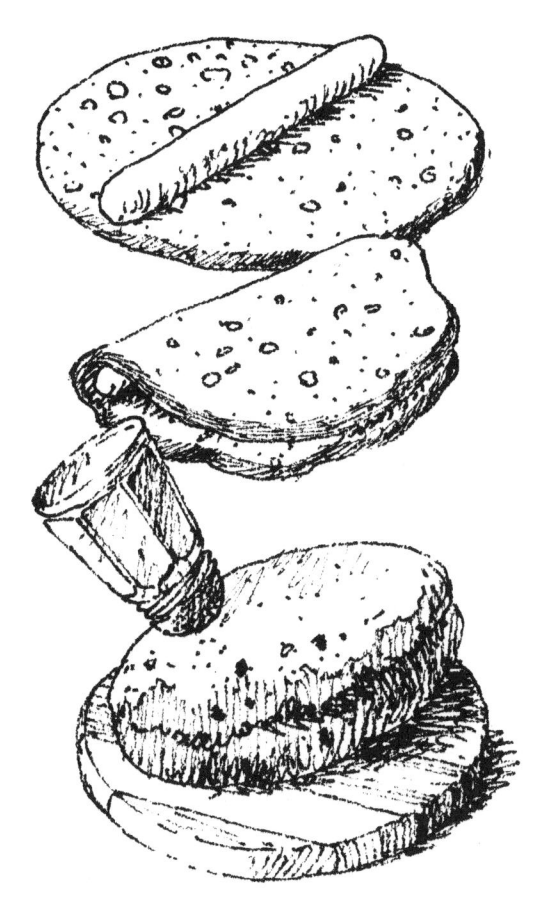

voordeegje. Roer nu van het midden uit tot een glad en glanzend deeg – bewerk het met een deegspatel of houten lepel, om te kneden is het deeg te vochtig.
Schep voorzichtig de rozijnen, de geconfijte schillen of abrikozen en de amandelen erdoor. Stop alles in een plastic zak of leg er een vochtige doek overheen en laat het deeg bij kamertemperatuur (dus vrij koel) tot tweemaal het volume rijzen. Bij dit zware deeg kan dat 2 uur of langer duren.
Strooi de 2 achtergehouden eetlepels meel op het werkvlak, leg het gerezen deeg erop en kneed het met koele handen tot een stevige deegbal. Kneed niet te lang, anders wordt de boter in het deeg te zacht, waardoor het deeg plakkerig wordt.
Maak van het deeg een ronde bal en rol deze ca. 2 cm dik uit. Maak hem nu met de deegroller in het midden iets dunner, zodat er aan weerskanten dikke wallen ontstaan.
Rol de amandelspijs tot een dunne rol, iets korter dan de doorsnee van de deeglap en leg deze rol op het dunne gedeelte. Vouw het deeg over de spijsrol heen dubbel. Leg de kerststol op een bakplaat en laat hem, losjes afgedekt met een stuk plasticfolie, nog een keer rijzen tot anderhalf maal het volume.
Verwarm de oven voor.
Stop de uit het deeg gerezen vruchten met een pincet of puntig mesje in het deeg terug en bestrijk de stol met melk.
Bakken: 30 minuten, onderste richel (20 minuten bij 200°C; ca. 10 minuten bij 180°C).
De stol is gaar als een op het dikste gedeelte erin gestoken breinaald er weer droog uitkomt.
U kunt de stol na het bakken rondom met boter bestrijken en met poedersuiker bestrooien. Hierdoor krijgt de stol een suikerkorstje, dat hem van binnen langer vers houdt.
Of bestrijk de stol na 20 minuten baktijd én vlak na het bakken met melk, waardoor de korst zacht blijft. Naar wens kunt u dan de kerststol vlak voor het serveren nog bestrooien met een vleugje poedersuiker.
Laat de stol op een taartrooster door en door afkoelen en wikkel hem in vetvrij papier (als hij een suikerkorstje heeft gekregen), of in aluminiumfolie met los daaromheen een plastic zak (als hij met melk werd bestreken).
Bewaar de kerststol op een koele, droge plaats en snijd hem op z'n vroegst een week na het bakken aan; pas dan is hij goed doortrokken van alle kruiden- en vruchtensmaken.

Variatie: Maak een kerststol zonder spijs en verwerk de amandelen die u voor de spijs nodig zou hebben, naar keuze grof gehakt of fijngemalen, in het deeg.

Husselbrood
(2 vloerbroden van ca. 750 g)

In Duitsland wordt dit zoete vruchtenbrood al in de adventstijd gebakken, maar pas in de kersttijd gegeten. Het brood is, in aluminiumfolie verpakt en op een niet al te warme plaats bewaard, 4-5 weken houdbaar (eenmaal aangesneden in de koelkast bewaren). Echt lekker is het pas 1 week na het bakken. Doordat een gedeelte van het brooddeeg wordt gebruikt om het brood voor het bak-▶

ken als het ware in te pakken hebben de sneetjes een licht randje.
Serveer het brood in dunne plakjes, naar wens dun met roomboter besmeerd en daarna eventueel nog een keer doormidden gesneden.

- 125 g gedroogde abrikozen
- 125 g gedroogde, ontpitte pruimen
- 75 g gedroogde peren
- 125 g gedroogde vijgen

- 125 g rozijnen en/of krenten
- 50 g geconfijte sinaasappelschil*, of 50 g sucade 596
- 125 g gepelde walnoten
- 1 eetlepel ingemaakte citroenrasp* of de geraspte schil van 1 citroen 595
- 1/4 eetlepel kaneel
- 1/4 eetlepel gemalen kruidnagelen
- eventueel 1 eetlepel anijszaad
- 60 g stroop

- ca. 350 g tarwemeel of gebuild meel
- 1/2 eetlepel gist
- 2 1/2 dl weekwater van de vruchten
- 1/3 eetlepel zout

- ca. 50 g meel om te kneden

Week abrikozen, pruimen, peren en vijgen (de laatste alleen als ze hard zijn) ten minste 4 uur of een hele nacht net onderstaand in koud water (ca. 1 liter). Laat ze daarna zeer goed uitlekken en vang het weekwater op.
Doe het meel in een kom en maak er een kuil in. Los de gist op in 1 dl van het weekwater en giet dit in de kuil. Roer het met een beetje meel tot een dik-vloeibaar papje en laat het ca. 15 minuten rijzen tot er zich blaasjes in vormen.
Giet de rest van het weekwater erbij en klop alles tot een soepel deeg. Strooi het zout erover. Stop de kom in een plastic zak en laat het deeg rijzen tot ongeveer tweemaal het oorspronkelijke volume.
Snijd of knip de vruchten in reepjes of stukjes. Hak de geconfijte sinaasappelschil en sucade vrij klein. Doe de walnoten in een zak en rol er stevig met een deegroller overheen. De stukjes hoeven niet zo heel klein te zijn. Doe dit alles in een grote kom, voeg citroenrasp, kruiden en stroop toe en schep alles grondig maar wel voorzichtig door elkaar.
Zet de kom, afgedekt, op een koele plaats tot het brooddeeg is gerezen.
Meng nu krap tweederde van het brooddeeg door het vruchtenmengsel; dit gaat het handigst als u het deeg dun uitrolt, het vruchtenmengsel erover uitspreidt, alles oprolt en vervolgens tot een gelijkmatige massa kneedt. Verdeel nu dit vruchtenbrooddeeg én de rest van het brooddeeg in twee helften. Vorm van het vruchtenbrooddeeg twee langwerpige broden en leg ze apart.
Rol de ene helft van het brooddeeg op een licht met meel bestrooid werkvlak uit tot een lap van ca. 20x30 cm*. Sla deze brooddeeglap 497
aan alle kanten om een van de vruchtendeegbroden en werk de naden aan de onderkant wat weg. Leg het brood met de naad naar beneden op de ene helft van een licht ingevette bakplaat. Maak zo ook het tweede husselbrood en leg het, met voldoende afstand voor het rijzen, naast het eerste. Dek alles losjes af met een stuk plastic en laat de broden rijzen tot ze mooi bol staan (40-60 minuten, afhankelijk van de omgevingstemperatuur).
Verwarm de oven voor.
Bakken: 1 uur, onderste richel (15 minuten bij 200°C; ca. 45 minuten bij 175°C).
Bestrijk de broden meteen na het bakken dun met boter en strooi er eventueel nog wat poedersuiker overheen, of bestrijk de broden alleen met melk (zie kerststol).
Laat de husselbroden op een taartrooster eerst door en door afkoelen voordat u ze in aluminiumfolie verpakt.

Variaties:
- vervang de walnoten door hele hazelnoten, liefst geroosterd* 604
- gebruik 500 g meel en 3 1/2 dl water voor het brooddeeg, de husselbroden worden dan wat groter

Vruchtenbrood
(2 broden van ca. 500 g)

In ca. 1 cm dikke plakjes gesneden en eventueel met wat roomboter besmeerd smaakt dit goed gevulde vruchtenbrood verrukkelijk. Op een niet al te warme plaats blijft het een week, in de koelkast 2-3 weken goed. Het is ideale reisproviand.

Volg het recept van het *husselbrood**, maar: 485
- neem maar de helft van het vruchten-noten-kruidenmengsel en laat de stroop weg
- gebruik voor het brooddeeg 100% tarwemeel
- meng het héle brooddeeg door het vruchtenmengsel, het wordt dus geen 'ingepakt' brood
- vet twee cakevormen van elk ca. 1 liter inhoud in met boter en bestuif ze met meel. Doe het vruchtenbrooddeeg erin en strijk het met natte vingers glad. Dek de vormen losjes af met een vochtige doek of met plastic en laat het deeg rijzen tot het mooi bol in de vorm staat

Verwarm de oven voor.

Bakken: 1 uur, onderste richel (15 minuten bij 200°C; ca. 45 minuten bij 180°C).
Laat de broden na het bakken nog 5 minuten in de uitgeschakelde oven staan en laat ze daarna op een taartrooster door en door afkoelen voordat u ze in vetvrij papier of aluminiumfolie (voor in de koelkast) verpakt.

Notenbrood

Maak een volkorenbrooddeeg (soort naar keuze) en kneed er ca. 50 g in stukjes gebroken walnoten door.

Broodjes

Volkorenbroodjes of witte broodjes
(16 stuks à 50 g)

Maak een recept deeg volgens een van de recepten voor *volkorenbrood**, *wittebrood** of 475
*melkwit**. 479
Maak van het geknede deeg een bol, druk deze wat plat en verdeel hem in 4 partjes. Strooi wat meel of bloem op een dienblad. Maak van elke part deeg weer een bol en verdeel deze ook in 4 parten. Leg deze stukjes op het dienblad en verdeel zo ook de andere 3 parten – u heeft nu 16 stukjes op het dienblad. Leg er een stuk plasticfolie los overheen en laat de bolletjes op een koele plaats 5 minuten rusten; ze laten zich dan beter tot mooie broodjes – ronde, langwerpige, kleine stokbroodjes, vlechtjes, enzovoort – vormen.

Pak voor gewone **bolletjes** het deegstukje op, rek de randen wat naar beneden uit en vouw ze aan de onderkant weg.
Leg de gevormde bolletjes met 3-4 cm tussenruimte (ook van de rand) op een bakplaat en druk ze plat. Laat ze rijzen tot ze mooi bol staan en twee keer zo groot zijn geworden en druk ze ook tijdens het rijzen nog 2-3 keer plat. Dek ze tijdens het rijzen losjes af met een stuk plastic om uitdrogen te voorkomen. Het rijzen kan een half uur of langer duren.

Franse kadetjes (pistolets): leg de opgebolde deegstukjes op de bakplaat en laat ze 10 minuten rijzen. Druk ze nu met de bemeelde handpalm wat plat en druk met behulp van een duimdik stokje stevig op het midden van het bolletje, bijna door het deeg heen. Zie ▶ verder bij *bolletjes*.

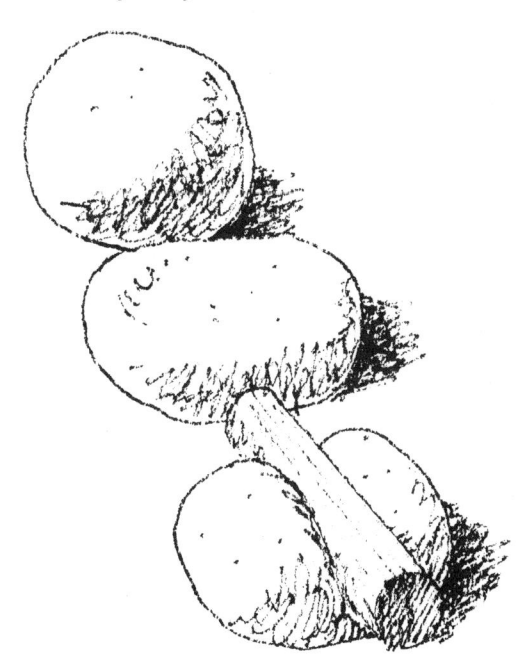

Sesam-, maanzaad- en mueslibolletjes: Doe het strooisel in een kommetje. Pak de opgebolde broodjes met de vingertoppen aan de onderkant vast en doop ze voor de helft in water (of nog beter in half water/half losgeklopt eiwit), en daarna stevig in het strooisel. Zie verder bij *bolletjes*.

Puntjes: Druk de wat rond gevormde deegstukjes op het werkvlak plat, vouw aan de bovenkant van het deeglapje twee flapjes naar beneden en rol het van het puntje naar de open kant toe op. Leg ze met de sluiting naar beneden op de bakplaat. Zie verder bij *bolletjes*.

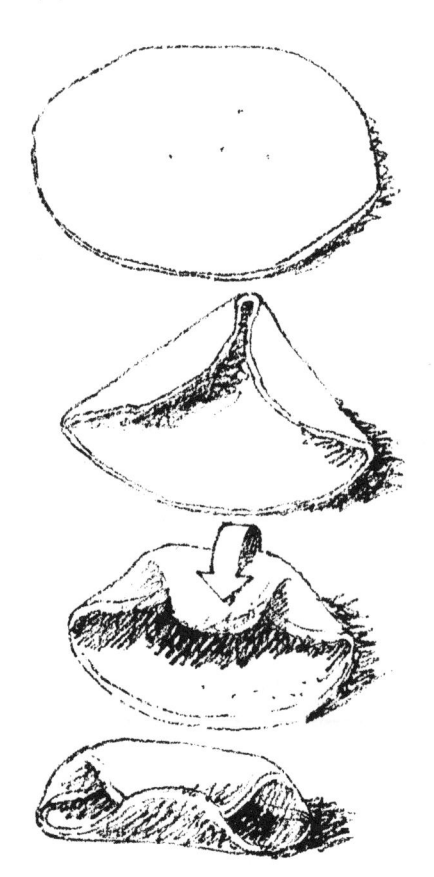

Verwarm voor het bakken van de broodjes de oven voor.
Bakken: 15-20 minuten bij 225°C, middelste richel; volkorenbroodjes 5-10 minuten langer. Bestrijk 'kale' broodjes meteen na het bakken met een oplossing van 1 theelepel arrowroot op 1/4 dl water en schuif de bakplaat nog eens 2 minuten terug in de oven.
Laat de broodjes op een taartrooster afkoelen en bewaar ze in een luchtig mandje. Wittebroodjes smaken dezelfde dag het lekkerst, volkoren broodjes kunt u goed 1-2 dagen bewaren.
Wittebroodjes voor de volgende dag: haal ze uit de oven voor ze bruin zijn geworden. Laat ze afkoelen en bewaar ze in een plastic zakje in de koelkast (dit kan 2-3 dagen). Bak ze voor het serveren ca. 7 minuten op bij 200°C, oven voorverwarmen).

Broodfiguren

Bij het maken van broodjes in allerlei vormen – beestjes, mannetjes, vlechtjes enzovoort – kunt u uw fantasie de vrije loop laten. Denk erom dat u geen al te dunne delen vormt (bij voorbeeld armpjes of stelen), deze zouden verbranden voordat de rest van het broodjes is gaargebakken.
Maak een *fijn brooddeeg** en laat het op een koele plaats rijzen. 800 g deeg is voldoende

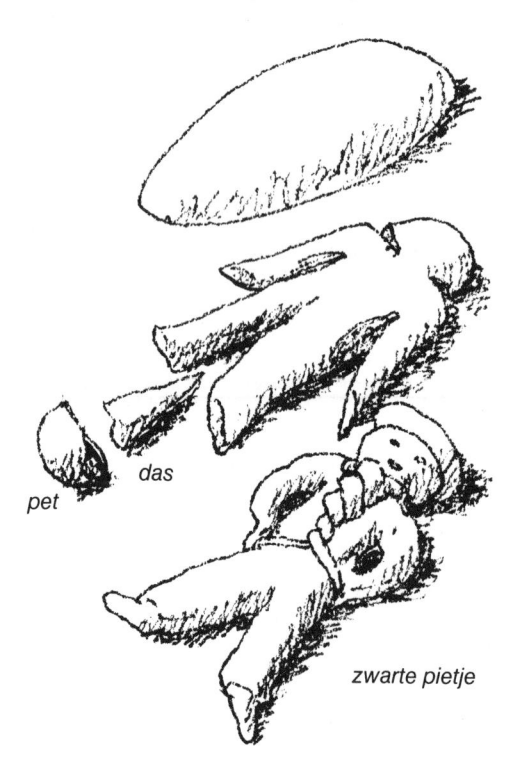

pet das

zwarte pietje

egel

koele plaats wat opstijven (ca. 10 minuten), dan behouden ze tijdens het bakken beter hun vorm.
Bakken: 15-20 minuten bij 225°C, middelste richel. U kunt de broodjes, verpakt in een plastic zakje, op een koele en donkere plaats 2-3 dagen bewaren. Eventueel voor het opdienen in een warme oven (200°C) gedurende 5 minuten opbakken.

Tip: Voor een grote hoeveelheid broodjes: Verwerk maximaal 2 kg bloem of meelmengsel tegelijk. De boter kunt u voorzichtig smelten (niet echt warm laten worden) en vlak voor het kneden toevoegen.
Zet de deegbak (een afwasteil of emmer) met het meel een poosje koel weg. Kneed het deeg in een koele keuken. Stop de teil of emmer in een plastic zak en bind deze dicht. Laat het deeg op een koele plaats rijzen, het beste ▶

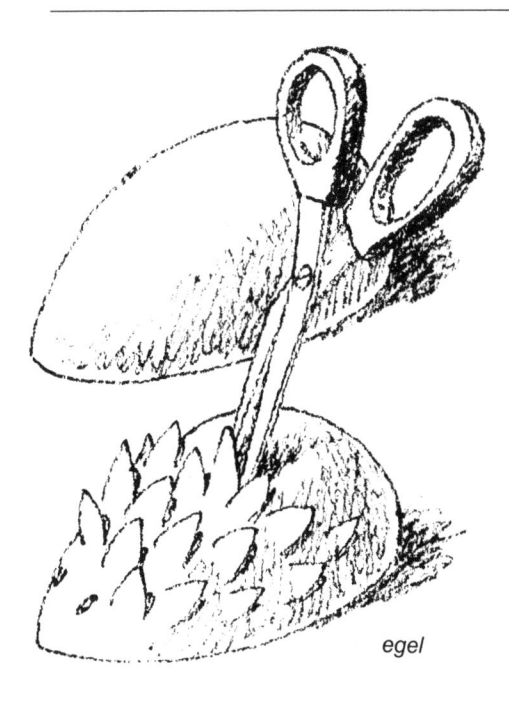

voor bij voorbeeld 8 palmpaashaantjes of zwarte pietjes, of 16 beestjes zoals haasjes, egeltjes, muisjes, zwaantjes, enzovoort, of 16 wikkelkindjes.
Verdeel het gerezen deeg in evenveel stukjes als u figuren wilt maken. Bij het vormen mag u rustig stevig boetseren, het deeg rijst daarna wel weer. Geef de figuren een 'slanke lijn', door het rijzen worden ze nauwelijks langer, maar wel dikker. Zie ook de werktekening voor verschillende broodfiguren.
Leg de gevormde broodjes met zeker 3 cm tussenruimte op een bakplaat. Maak inkepingen (pas als de figuren op de plaat liggen) altijd met een schaar, die u af en toe in wat meel dompelt. Maak met een puntig mesje openingen in het deeg, waarin u krentjes, hele of halve rozijnen, zonnebloempitten, appelpitten of kruidnagelen voor de oogjes wilt aanbrengen en druk deze stevig in het deeg.
Leg een stuk plastic los op de figuren en laat ze bij kamertemperatuur tot tweemaal het volume rijzen. Druk de figuren tijdens het rijzen een keer voorzichtig wat plat.
Verwarm de oven voor.
Bestrijk de figuren met losgeklopt ei of met een met 1 eetlepel water verdunde eierdooier. Zet daarna uit het deeg gerezen oogjes met een pincet weer op hun plaats. Laat de broodfiguren tot slot (zo mogelijk) op een

paashaas

gedurende de nacht (in de koelkast of buiten, mits niet kouder dan 0°C).
Weeg de volgende dag van het gerezen, maar koude deeg telkens porties af van 16 maal het gewicht van de te bakken broodjes (bij voorbeeld 800 g deeg voor 16 broodjes van 50 g). Vorm deze portie deeg tot een mooie bol, druk hem op het aanrecht wat plat en verdeel hem met een mes in vier porties. Bol deze deegstukken weer op, druk ze plat en verdeel ze nog een keer in vier porties. U heeft nu 16 koele deegstukjes, waarvan u in alle rust 16 broodfiguren kunt vormen, zonder dat ondertussen het deeg de pan uit rijst of aan de warme handjes van enthousiaste helpertjes blijft plakken. Leg om uitdrogen te voorkomen op de nog niet gevormde stukjes deeg een stuk plastic.

Let er wel op, dat de gevormde broodfiguren voldoende zijn gerezen voordat ze de oven ingaan. Als u bakplaten te kort komt, kunt u licht ingevet vetvrij papier op de maat van uw bakplaat knippen en de gevormde broodjes daarop laten rijzen. Met behulp van bij voorbeeld een groot dienblad, een kastplank, een stuk triplex, enzovoort kunt u de gevormde broodjes naar een koude kamer, naar het balkon of de kelder transporteren, waar ze rustig 1-2 uur op hun bakbeurt kunnen wachten. U kunt ze dan als ze goed gerezen zijn met het ei bestrijken en met papier en al op de bakplaat schuiven.

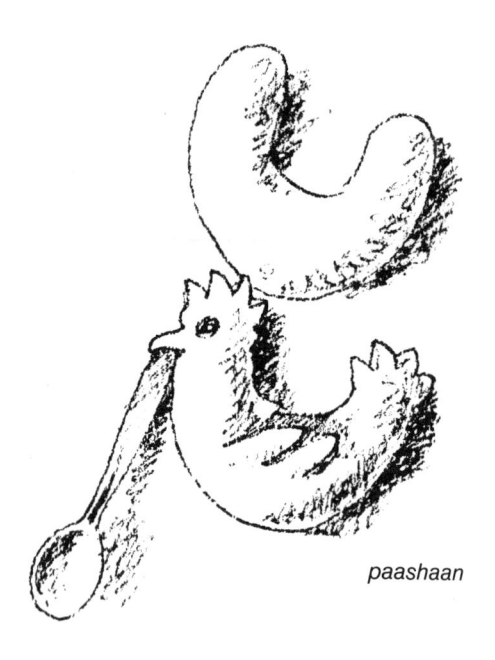

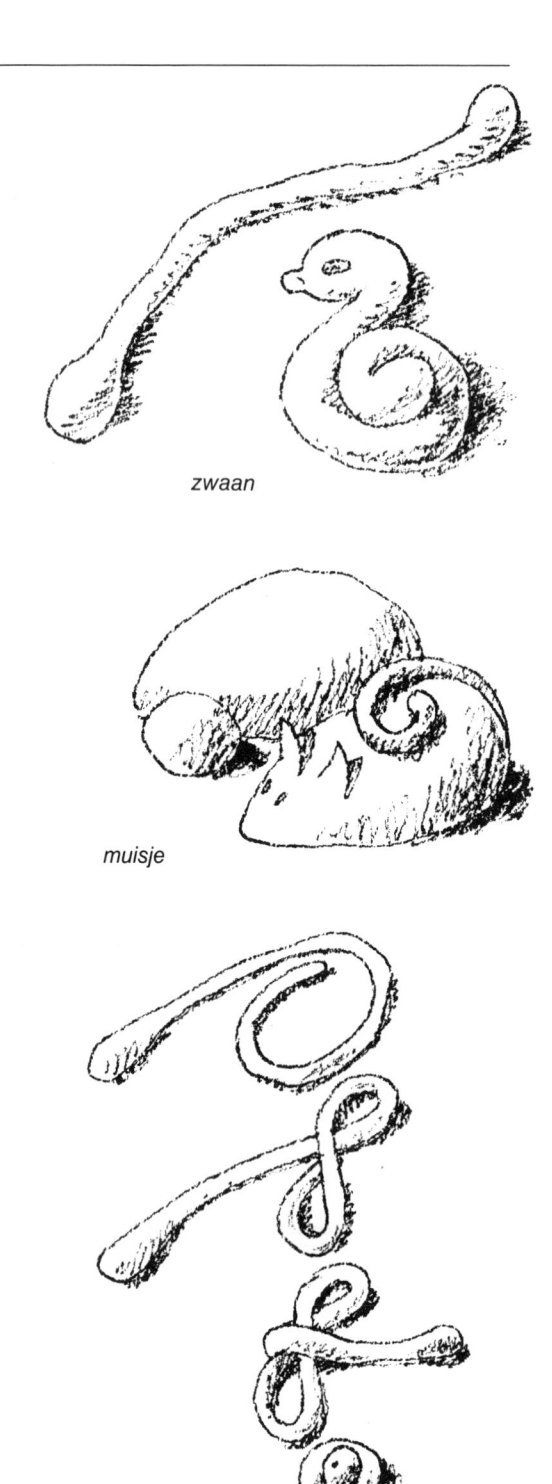

zwaan

muisje

paashaan

wikkelkindje

Krentenbollen (12 stuks)

Maak een deeg als voor *krentenbrood**. Maak het deeg bij het kneden vooral niet te droog. Laat het in de deegkom rijzen tot tweemaal het volume en werk nu pas de krenten erdoor. Het geeft niet als het deeg weer in elkaar zakt. Verdeel het deeg in 12 stukjes en maak er mooie ronde bolletjes* van. Zorg ervoor dat alle krenten *in* het deeg komen te zitten.
Leg de bolletjes met een onderlinge afstand van 4 cm op een bakplaat en druk ze plat. Dek ze losjes af met een stuk plasticfolie en laat ze tot tweemaal het oorspronkelijke volume rijzen; druk ze ondertussen nog 2-3 keer plat.
Verwarm de oven voor.
Bestrijk de bolletjes met melk en stop de eventueel weer uit het deeg gerezen krenten terug (een pincet of puntig mesje is hierbij handig).
Bakken: 15-20 minuten bij 210°C, middelste richel.

Variatie: Vervang een gedeelte van de krenten (1/3 tot de helft) door een in heel kleine blokjes gesneden stevige appel. De bolletjes blijven hierdoor langer vers; bewaar ze wel op een koele plaats.

484

487

Croissants

Met bessengelei of een andere fijne jam, of met honing zijn croissants een tractatie bij een feestelijk ontbijt. Het lekkerst smaken ze vers gebakken, maar u kunt ze ook een dag van tevoren bakken en kort voor het opdienen 5 minuten in de oven opbakken (200°C).
De traditionele Franse croissants worden van feuilletédeeg gemaakt en zijn erg vet. In Duitsland maakt men ze van gistdeeg en zijn het een soort krokante broodjes.
Wij geven u twee recepten: versie 1 is eenvoudig en lijkt op de Duitse Kipferl; versie 2 is wat bewerkelijker, even bros en bladerig als de Franse croissant, maar veel minder vet.

Duitse Kipferl (8 stuks)

- 1 recept gistdeeg voor taartbodems* 504
(gebruik gebuild meel en 50 g boter)

Rol het gerezen deeg uit tot een ronde lap van 35-40 cm doorsnee. Rader de deeglap in 8 punten. Rader de korte (ronde) kant van de zo ontstane lange driehoeken in het midden 3 cm in. Pak de hoeken van deze kant tussen duimen en wijsvingers en rol ze naar de punt toe *losjes* op, terwijl u de punten wat naar buiten trekt. Vouw de uiteinden wat dicht, anders worden ze tijdens het bakken te droog. Leg deze rolletjes maanvormig op een bakplaat, dek de Kipferl af met een stuk plastic en laat ze 20-30 minuten rijzen.
Bestrijk de Kipferl met melk of eierdooier, losgeroerd met wat melk of water.
Bakken: ca. 20 minuten bij 200°C, middelste richel.

Franse croissants (12 stuks)

- 1 recept getoerd gistdeeg* (gebruik 80- 502
100 g boter)

Rol het koude deeg uit tot een lap van 40x45 cm en rader hem in de lengte doormidden.

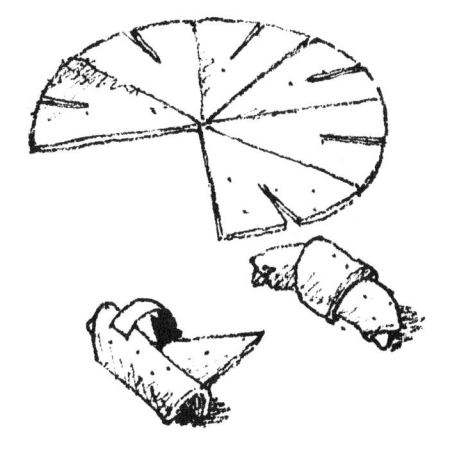

Rader elke helft in drie vakjes en deze diagonaal in tweeën. Trek nu zo'n scheef driehoekje wat recht, rader de korte kant 3 cm in en werk de croissants af als de Kipferl in het bovenstaande recept. De rijstijd kan iets langer zijn.
Bakken: 20 minuten, middelste richel (10 minuten bij 225°C; vervolgens ca. 10 minuten bij 200°C).

Tips:
- leg de croissants in de vorm van een cirkel op de bakplaat, de uiteinden verbranden zo minder snel in de grote hitte
- rol het deeg uit tot een lange reep van 15x60 cm en snijd deze in gelijkzijdige driehoekjes met een korte kant van 10 cm. Plak de twee halve driehoekjes aan de uiteinden met een beetje water aan elkaar
- Franse croissants smaken ook lekker van 100% tarwemeel of half tarwemeel/half gebuild meel

Crackers

Grote tarwecrackers kunt u, naar wens besmeerd met wat boter of bedruppeld met olijfolie en met sesamzaad bestrooid, eten bij een maaltijdsoep. Kleine crackers, vooral de variaties met zaadjes, noten of kaas smaken lekker bij een glas thee of vruchtesap en kunnen op een feestje de vette gangbare zoutjes vervangen.
De smaakcombinatie van tarwe en zaadjes of noten komt pas goed tot zijn recht als de crackers heel goed worden gekauwd.
Rol voor de crackers het deeg heel dun uit, pas dan worden ze knapperig. Luchtdicht verpakt zijn crackers ten minste 2 weken houdbaar.

Tarwecrackers (ca. 40 kleine van 6 cm doorsnee of 16 grotere)

- 300 g gistdeeg voor taartbodems*; gebruik 3 eetlepels olie of 50 g boter	504

Rol het gerezen deeg op een met meel bestrooid werkvlak 1-1 1/2 mm dun uit. Steek met een ronde uitsteekvorm of een passend glas rondjes uit het deeg en leg deze op een niet ingevette bakplaat. Let erop dat alle deegrondjes even dun zijn uitgerold. Rol eventueel te dikke rondjes alsnog wat meer uit, ze worden dan ovaal.
Verwarm de oven voor.
Prik met een vork 4-5 keer in elk deegrondje, dit voorkomt bolstaan tijdens het bakken.
Bakken: 10-15 minuten bij 175°C, middelste richel.
De crackers moeten wel helemaal doorbakken, maar slechts lichtbruin van kleur zijn, anders smaken ze bitter.

Variaties:
- bijzonder bros en zelfs nog minder vet worden de crackers met *getoerd gistdeeg** 502 (met volkorenmeel, zonder ei en met de minimale hoeveelheid boter gemaakt). Dit deeg is echter niet geschikt om met de hand uit te trekken en boven de gloed van een open vuur te bakken (zie tip)
- **sesam-, maanzaad-** of **lijnzaadcrackers** (ca. 55 stuks): meng 150 g sesamzaad (eventueel geroosterd*) of lijnzaad, of 50 g maanzaad 605 door het meel waarmee u het deeg maakt
- **sesam-** of **maanzaadzoutjes:** Rol het deeg hooguit 1 1/2 mm dik uit en bestrijk het met een zoutoplossing (1 1/2 theelepel zout op 1/2 dl water). Rader het deeg in repen van 4 cm breed en leg deze op de bakplaat. Rader de repen in ruitjes of in 1-1 1/2 cm brede reepjes
- **kaascrackers** (ca. 50 stuks): meng 40-50 g zeer pittige, zeer oude kaas, bij voorbeeld Parmezaanse of overjarige Goudse, zeer fijn gemalen door het meel, nadat u het

gedeelte voor het kneden apart gelegd heeft.
Bakken: 8-10 minuten bij 160°C, middelste richel

Noten- of kokoscrackers, zonder gist (ca. 40 stuks)

De fijngemalen noten (vooral de hazelnoten) en het mineraalwater werken in dit deeg als natuurlijke rijsmiddelen.

- 125 g tarwemeel
- 75 g hazelnoten of amandelen, zeer fijn gemalen, of 125 g geraspte kokos, gedroogd
- 1 1/4 dl koolzuurhoudend mineraalwater of gewoon water
- 1 theelepel zout (bij gebruik van kokos 1 1/2)

Doe het meel in een deegkom en vermeng het met de noten; maak er een kuiltje in.
Los het zout op in het water en giet dit in het meelkuiltje. Vermeng nu alles van het midden uit tot een stevig deeg en kneed het tot het soepel is geworden. Dit deeg blijft wat vochtig. Laat het, afgedekt, nog een uur bij kamertemperatuur rusten.
Rol het nu wat droger geworden deeg op een licht met meel bestoven werkvlak 1 1/2-2 mm dun uit en werk verder als bij *tarwecrackers** is beschreven.
Bakken: 15-20 minuten bij 180°C, middelste richel.
Haal de crackers uit de oven zodra ze een bruin randje hebben gekregen.

Scheepsbeschuit
(ca. 400 g, 20 stuks)

Scheepsbeschuit (in het Duits Zwieback = tweemaal gebakken) is steviger dan het gangbare beschuit en ook zonder beleg lekker om op te knabbelen, bij voorbeeld als lichte versnapering bij de thee. Scheepsbeschuit is ook zeer geschikt als kinderkoekje. Luchtdicht verpakt is scheepsbeschuit ten minste 1 maand houdbaar.

- 200 g fijn tarwemeel
- 200 g gebuild meel
- eventueel 2-3 eetlepels ongeraffineerde rietsuiker (fijne)

- 1 dl heet water, vermengd met
- 1 dl melk
- 1/2 eetlepel gist

- 30 g harde boter
- 2 1/2 theelepel zout

- 1 grote of 2 kleine eierdooiers

- een cakevorm van ten minste 1 1/4 l inhoud, ingevet

Maak van de bovenstaande ingrediënten een *fijn brooddeeg**, waarbij u de suiker door het meel kunt mengen en de eierdooier op het voordeegje legt, vlak voordat u het deeg gaat kneden.
Laat het voordeegje goed rijzen. Het gekneed deeg kunt u direct in de vorm leggen, maar laat ook dit bijzonder goed rijzen, het brood moet zeer luchtig worden. Verwarm de oven voor.
Bakken 1: 40 minuten bij 180°C, onderste richel.
Haal het brood uit de vorm en laat het op een taartrooster afkoelen. Bewaar het zo mogelijk een dag op een droge plaats (*niet* verpakt). Snijd het nu in 3/4 cm dikke boterhammen en leg deze op een niet ingevette bakplaat.
Bakken 2: 1/2 uur of langer bij 150°C, middelste richel.
Draai de beschuit eventueel halverwege de baktijd een keer om. Hij moet door en door droog en maar heel lichtbruin van kleur zijn, dus meer gedroogd dan gebakken. Laat de beschuit 20 minuten in de oven afkoelen, met een houten pollepel tussen de ovendeur geklemd.

Variatie: Meng 2 theelepels kaneel en 1-2 eetlepels suiker extra door het meel of bestrooi met dit mengsel de sneetjes voordat ze de oven ingaan. Als u de sneetjes na het bestrooien in 3 repen snijdt, krijgt u **theebeschuitjes**.

Tip: Voor een bepaald dieet kunt u de beschuit ook zonder boter en/of eierdooier bakken en zelfs de melk door water ver-▶

vangen. De beschuit wordt dan wel harder, een soort toost. Dit is echter in de zuigelingenvoeding waar beschuit in het fruithapje wordt geweekt, geen bezwaar. Bak voor zeer jonge kinderen de beschuit met 100% gebuild meel en vervang dit geleidelijk aan door tarwemeel (tot 50%).

Soepbroodjes
(450 g, ca. 32 stuks – 64 halve)

Zeer knapperige broodjes die vrijwel elke stevige soep tot een maaltijdsoep maken. U kunt de broodjes warm opeten of dubbel bakken en (luchtdicht verpakt) 3-4 weken bewaren. Ze smaken dan als de in de winkel verkrijgbare Zweedse broodschuitjes.

Maak een deeg als voor *scheepsbeschuit** met 493
de volgende wijzigingen:
- vervang de suiker door 50 g geroosterd sesamzaad of door 3 eetlepels maanzaad of 1-1 1/2 eetlepel karwijzaad
- neem 1 theelepel meer zout

Vorm van het goed gerezen deeg twee rollen en snijd elke rol in 16 mootjes. Vorm deze tot kleine kadetjes (ca. 8 cm lang) en laat ze op een bakplaat goed rijzen (afdekken met een stuk plasticfolie).
Bakken 1: 25 minuten bij 180°C, middelste richel.
Haal de broodjes als u ze wilt bewaren van de bakplaat en snijd ze overlangs doormidden. Leg ze met de bolle kant naar beneden terug op de plaat en schuif ze weer in de oven.
Bakken 2: ca. 25 minuten bij 120°C, middelste richel.
De broodjes moeten door en door droog zijn. Laat ze nog een kwartier in de uitgeschakelde oven nadrogen en verpak ze pas, als ze helemaal zijn afgekoeld.

Tip: Zie de eerste tip bij *scheepsbeschuit**. 493

Sportkoeken
(ca. 600 g, 24 of 32 stuks)

Krokante koeken, voedzaam maar toch niet vet en ook niet zo zoet. Luchtdicht verpakt op een donkere, niet te warme plaats ca. 2 weken houdbaar. De koeken worden het meest bros met getoerd gistdeeg.

- *ca. 750 g deeg: getoerd gistdeeg* met volkorenmeel en met de minimale hoeveelheid boter gemaakt, of gistdeeg voor taartbodems*, met volkorenmeel en de maximale hoeveelheid boter gemaakt* 502
- *150-200 g krenten* 504

Verdeel het deeg in twee helften. Rol de ene helft uit tot een lap van ca. 30x40 cm. Verdeel op één helft van de lap (op 30x20 cm) de helft van de krenten. Sla de lege deeghelft over de krenten heen en rol met de deegroller, nauwelijks druk uitoefenend, over het deeg. De gevulde lap mag hierdoor niet groter worden en de krenten moeten tussen het deeg blijven zitten (ze zouden anders tijdens het bakken verbranden).
Leg de gevulde deeglap op de ene helft van de bakplaat.
Vul de tweede deeghelft op dezelfde manier met de krenten en leg de lap naast de eerste. Verwarm de oven voor.
Rader de deegranden zonodig wat haaks en rader elke deeglap in 12 grote of 16 kleinere rechthoeken (laat alles nog aan elkaar vastzitten). Bestrijk het oppervlak met melk. Prik met een vork ten minste 4 keer in elke rechthoek, om blaasvorming tijdens het bakken te voorkomen. Intussen is het deeg wat gerezen.
Bakken 1: 15 minuten bij 200°C, middelste richel.
Haal de bakplaat uit de oven en breek de koeken van elkaar. Schuif ze vlug terug in de oven.
Bakken 2: ca. 15 minuten bij 175°C.
De koeken moeten droog en knapperig worden.
Laat ze na het bakken op een taartrooster afkoelen.

Variaties:
- voeg 1 theelepel citroenrasp of kaneel aan het deeg toe
- vervang de krenten door rozijnen, die u echter wat klein moet hakken

Gebak

Een feestelijke dag zonder gebak kunnen wij ons als bewoners van het noordelijk halfrond nauwelijks voorstellen, vooral niet in de donkere dagen rond Sinterklaas en Kerstmis. Voor deze en andere bijzondere dagen van het jaar drukken we een oogje toe voor het hoge eiwit-, vet- en suikergehalte van ons vaderlandse sinterklaas- en kerstgebak. Het gebak is overigens minder ongezond als u er volwaardige ingrediënten voor gebruikt (ongeraffineerde rietsuiker, zoveel mogelijk volkorenmeel, roomboter) en bij de samenstelling van het menu rekening houdt met wat er tussen de maaltijden door wordt gegeten.

Bij het samenstellen van de eenvoudige gebakrecepten, maar waar mogelijk ook bij recepten voor feestgebak, hebben wij geprobeerd zo weinig mogelijk zoetmiddelen, boter en eieren te gebruiken, waarbij vooropstond dat het resultaat geslaagd en lekker diende te zijn.
De keuze tussen volkorenmeel, gebuild meel en bloem laten we grotendeels open. Als u niet gewend bent aan gebak van volkorenmeel, gebruik dan eerst een mengsel van meel en bloem en voeg in de loop van de tijd naar smaak meer meel toe.
Chemische rijsmiddelen zoals zuiveringszout (natriumbicarbonaat) gebruiken we in minimale hoeveelheden en alleen daar, waar ze niet door natuurlijke rijsmiddelen kunnen worden vervangen (bij voorbeeld ontbijtkoek).

Baktips

Voor u begint

Lees het recept van begin tot eind door. Meet de ingrediënten af en zet alles klaar voor u met bakken begint.
Vet de bakvorm of bakplaat (zonodig) van tevoren in. Werk op een stevige tafel of een aanrecht met een glad oppervlak. Leg tegen het schuiven een vochtig vaatdoekje onder de deegkom.

Haal **boter**, die romig geroerd moet worden, 1-2 uur van tevoren uit de koelkast. Door geforceerd verwarmen (bij voorbeeld op de verwarming of op heet water) smelt de boter en dit doet afbreuk aan de smaak en de bakeigenschappen.

Grofkorrelige soorten ongeraffineerde **rietsuiker** lossen bij het crèmig roeren van de boter/suikermassa zeer moeilijk op. Zeef het ▶

pak suiker (door een gewone huishoudzeef) en bewaar de zo verkregen fijnkorrelige suiker in een pot voor het bakken. Als er in het recept ook eieren nodig zijn, kunt u de suiker ook eerst hiermee vermengen en een poosje laten staan (af en toe erin roeren), de suiker kan dan vast wat oplossen.

Gebruik geen ijskoude **eieren** voor het bakken, de botermassa bij cakebeslag zou daardoor kunnen gaan schiften. Om te voorkomen dat een eventueel bedorven ei ook de overige ingrediënten in de kom bederft, kunt u elk ei eerst in een kopje breken en daarna pas aan het deeg toevoegen.

Bakvormen

Kies de juiste maat bakvorm en vul hem voor 2/3 tot 3/4; niet meer – het deeg rijst anders de vorm uit – maar ook niet minder, omdat een te weinig gevulde vorm een droog en algauw te donker gebak oplevert. Als de gebruikte bakvorm niet overeenstemt met de in het recept aangegeven maat, moet u de hoeveelheid van de ingrediënten aan de maat van de vorm aanpassen (zie de *deegtabel**). Bak desgewenst nog wat kleine taartjes mee in daarvoor geschikte vormpjes (kortere baktijd!).
De hoeveelheden deeg en beslag voor klein gebak en plaatkoeken (pizza's) hebben we zoveel mogelijk afgestemd op een gangbare bakplaat van ca. 35x40 cm.

Invetten van bakplaat en bakvorm

Gebruik voor het invetten zo min mogelijk boter, tenzij anders is aangegeven in het recept. Olie is niet zo geschikt voor het invetten, zij laat op den duur een taaie, kleverige laag achter op het metaal.

Het invetten van de **bakplaat** gaat het snelst als volgt: Laat de bakplaat in de oven warm (niet heet) worden, strijk met de lange kant van een pakje koude boter over het midden van de plaat en smeer de op de warme plaat gesmolten boter met een stukje keukenpapier over de hele plaat uit.
Vet een **bakvorm** in met behulp van een plat kwastje, dat u in gesmolten boter heeft gedompeld, u komt daarmee in alle hoekjes. Bestrooi daarna de vorm met meel en klop het overtollige meel er weer uit. Dit is tevens een goede controle om te zien of de vorm overal is ingevet.
Vet bij een taart die moet rijzen de rand van de springvorm *niet* in (wel bij cakevormen), het deeg kan zich dan langs de rand van de vorm omhoogtrekken, waardoor het gebak gelijkmatiger rijst. Met een dun mesje kunt u dan na het bakken de zijkant van het gebak makkelijk losmaken van de rand.
Het invetten van een bakplaat of -vorm is niet nodig, als er veel boter in het deeg is verwerkt (zandtaartdeeg, alle korstdeegsoorten en de meeste soorten koekjesdeeg).

Gebruik liever geen bakpapier of spuitbussen ter vervanging van het invetten; zowel bakpapier als spuitbus bevatten onduidelijke chemische stoffen. Bakpapier kunt u vervangen door vetvrij papier (boterhampapier), ingevet en met meel bestrooid.
De anti-aanbaklaag (polytetrafluorethyleen, PTFE), waarmee veel bakvormen zijn bespoten, houdt de warmte tegen, waardoor het gebak langer in de oven moet staan en/of de onderkant niet goed doorbakt. Het laagje is niet slijtvast, waardoor PTFE in het voedsel terecht kan komen.

Afwassen van bakvormen

Was bakvormen niet met afwasmiddel af, zij worden daardoor te veel ontvet. Meestal is het voldoende de vorm droog te reinigen met wat keukenpapier. Als de vorm erg vuil en kleverig is, kunt u hem een poosje in warm water laten weken en daarna met een stevige borstel in heet water reinigen. Laat hem goed drogen en bewaar hem op een droge plaats om roestvorming te voorkomen.
Maak de randen van de bakvormen vóór het bakken schoon; vastgebakken deegresten zijn na het bakken moeilijk te verwijderen.

Stijfkloppen van eiwit

Bij het stijfkloppen van eiwit moeten zowel de deegkom als de garde schoon en vetvrij

zijn en mag er geen eierdooier in het eiwit aanwezig zijn. Als er bij het splitsen van de eieren toch eierdooier bij het wit is gekomen, kunt u dat het beste met behulp van een halve eierschaal verwijderen.
Houd bij het stijfkloppen van eiwit de kom schuin – ook als u met een handmixer klopt – u krijgt het eiwit zo beter te pakken.
Helemaal stijf is het eiwit pas, als u de kom ondersteboven kunt houden zonder dat het eiwit eruit glijdt.
Stijfgeklopt eiwit moet u meteen verwerken. Dit gaat het makkelijkst als volgt: leg het stijfgeklopte eiwit op de rest van het beslag, ga met de garde (bij dun beslag) of met de pannelikker langs de zijwanden en de bodem van de deegkom onder het beslag door en klop het telkens uit het gereedschap. Bij gebruik van de handmixer: meng alles met de twee gardes door elkaar alsof u sla mengt.
Schep bij dik beslag het eiwit in twee gedeelten erdoor. Meng niet té lang, anders werkt u de lucht weer uit het eiwit. Doe het beslag meteen in de voorbereide vorm en schuif deze in de *voorverwarmde* oven.

Tip: Stijfgeklopt eiwit wordt steviger en is beter te mengen als u een derde (bij cakebeslag) tot de hele hoeveelheid van de benodigde suiker op het laatst meeklopt; voeg echter niet meer dan 2-3 eetlepels tegelijk toe. Gebruik hiervoor alleen fijne suiker en klop niet té lang, anders wordt de massa dun.

Maken van het deeg

Maak deegsoorten met volkorenmeel niet te stijf. Hoe meer zemelen er in het deeg zitten, des te meer stijft het op in de rustperiode. De boter in het deeg stijft tijdens het koel wegzetten eveneens op, waardoor een eerst nog kleverig deeg na de rusttijd toch makkelijk te verwerken is.
Houd bij het maken van **gistdeeg** altijd wat meel achter. Het is veel makkelijker, meel door een te vochtig deeg te kneden dan vloeistof door een te droog, taai deeg.
Als het deeg toch eens te droog uitvalt, kunt u er als volgt nog wat vloeistof aan toevoegen: Druk het deeg met de handpalm wat plat, ca. 3-5 cm dik. Maak er met de deegspatel een paar diepe kerven in, niet helemaal door het deeg heen en ook niet dicht bij de rand.

Druppel in deze kerven wat vloeistof. Vouw het deeg nu naar boven toe als een buidel dicht (de vloeistof blijft dan in het deeg) en kneed alles nog een keer goed door.

Rusten van het deeg

Deeg waarin verhoudingsgewijs weinig boter is verwerkt, laat men op kamertemperatuur rusten (niet boven de 20°C), deeg met veel boter in de koelkast.
Laat een rol koekjesdeeg waarvan u plakjes wilt snijden op de koelste plaats in de koelkast opstijven, maar niet in het vriesvak. Dit duurt enkele uren, zodat in dit geval het deeg heel goed de dag van tevoren gemaakt kan worden.

Uitrollen van het deeg

Gebruik hiervoor liefst een houten deegroller met metalen as en kogellagers, die ook na jarenlang gebruik nog soepel zal lopen. Of gebruik, als u een groot werkvlak heeft, een lange dunne rol zonder handvaten (rolstok).

Elk deeg laat zich makkelijker uitrollen als het ten minste 20 minuten heeft gerust. Dit geldt ook voor restjes die u opnieuw wilt uitrollen (10 minuten).
Rol deegsoorten die veel boter bevatten in een koele keuken uit (niet meer dan ca. 250 g tegelijk).

Stuif voor het uitrollen een laag meel of gebuild meel op het werkvlak en leg hierop de al iets platgedrukte deegbal. Voor een rechthoekige of vierkante deeglap kunt u het deeg al voor het uitrollen een beetje in de gewenste vorm op het werkvlak drukken en ook tijdens het uitrollen telkens de uiteindelijke vorm in het oog houden.
Rol niet meer deeg uit dan u nodig heeft en gebruik vooral voor vette deegsoorten zo min mogelijk meel, het deeg wordt er alleen maar droger door. Het is ook niet nodig, het hele werkvlak met meel te bestuiven, omdat het deeg het meel tijdens het uitrollen wel 'meeneemt'.
Het deeg mag tijdens het uitrollen nooit aan het werkvlak vastplakken; dit kunt u con- ▶

troleren door het deeg telkens te verschuiven. Til het zonodig af en toe op om er wat meel onder te strooien. Strooi ook wat meel op het deeg voordat u met uitrollen begint.

Leg op kleverig deeg (zandtaartdeeg, sommige soorten koekjesdeeg) een stuk vetvrij papier of plastic* en rol het zo verder uit. Daarbij moet u de folie telkens weer voorzichtig van het deeg aftrekken en er eventueel wat meel op strooien. Kleinere stukken deeg (deksels van pasteien) kunt u zelfs *tussen* papier of plastic uitrollen. Onder plastic dun uitgerold deeg (korstdeeg) kunt u makkelijker naar de plaats van bestemming transporteren. Leg kleinere deegbodems voor het transport over de deegroller. *497*
38

Uitgerold en op maat gesneden deeg (bij voorbeeld versierde pasteideksels) kunt u tussen twee lagen plastic in de koelkast 1-3 dagen bewaren (geen gistdeeg). Kleine lapjes deeg (appelflappen) kunt u zo op elkaar stapelen en het stapeltje in een plastic zakje stoppen.
Vouw grote stukken mét het plastic een of twee keer in één richting losjes op en laat ze voor het gebruik even op temperatuur komen, anders zou het deeg bij het uitvouwen kunnen breken.

Bekleden van de vorm

Het is niet aan te bevelen, bakvormen langer dan ca. 20 minuten voor het bakken te bekleden met het deeg, omdat het blik dan vochtig wordt en een onaangename smaak aan het deeg kan afgeven.
Zie ook:
- bekleden van een springvorm met zandtaartdeeg* 506
- blind bakken van taartbodems* 507
- het maken van een pastei* 286

Uitsteken van koekjes

Als u met uitsteekvormpjes koekjes uit het uitgerolde deeg steekt, kunt u het beste een hele rij van dezelfde vorm maken en ze dicht naast elkaar uitsteken. Zo heeft u het minste deegafval (deeg wordt droger en taaier door

herhaaldelijk uitrollen). Leg ook een rij van dezelfde koekjes op de bakplaat (van achteren naar voren), dit spaart ruimte. Als uw bakplaat aan alle vier de kanten een vrij hoge opstaande rand heeft, kunt u de koekjes op de achterkant van de plaat leggen, ze zijn dan na het bakken makkelijker met een pannekoeksmes eraf te halen.

Oventemperaturen

Een *elektrische bakoven* moet u altijd voorverwarmen, op de in het recept voorgeschreven baktemperatuur, tot het controlelampje uitgaat. Controleer dan nog een keer extra of de oven wel op de juiste temperatuur is ingesteld, voordat u het gebak in de oven schuift.
Een *gasoven* moet u alleen voorverwarmen als dit in het recept staat; meestal als het bakken bij zeer hoge temperaturen moet gebeuren (brood, bladerdeeg, enzovoort), of als de baktijden zeer kort zijn.

Let op: de in dit boek aangegeven baktijden en baktemperaturen zijn op ónze ovens getest (gas en elektrisch) en het is niet zeker of ze ook voor úw oven juist zijn. Wees dus in het begin voorzichtig en controleer vanaf de helft van de baktijd af en toe of het wel goed gaat. Raadpleeg ook de gebruiksaanwijzing van uw oven. Schrijf eventueel afwijkende baktemperaturen en -tijden bij het betreffende recept voor een volgende keer. Er zijn losse oventhermometers te koop (de opticiën heeft goede), die u kunt gebruiken als in uw oven geen thermostaat is ingebouwd of als deze niet meer goed werkt.
Ga niet alleen af op het uiterlijk van het gebak, maar controleer ook of het van binnen gaar is: een op het hoogste punt erin gestoken breinaald of satépen moet er droog uitkomen en of het gebak stevig, maar nog veerkrachtig aanvoelt.
Als het gebak al voor de voorgeschreven tijd bruin is aan de bovenkant, kunt u er een stuk aluminiumfolie bovenop leggen, met de glimmende kant naar boven. Het gebak wordt dan, terwijl het verder gaarbakt, nauwelijks nog bruiner. Na gebruik kunt u de folie opvouwen en bewaren voor een volgende keer.
Bij lange tijd achter elkaar bakken, waarbij

de ovendeur vaak wordt geopend, kan de oventemperatuur oplopen; schakel de oven dan wat terug.

Aansnijden en serveren

Bij gebak dat moet rijzen kunt u de oven tijdens de eerste 20 minuten van de baktijd beter niet openen, om inzakken van het gebak te voorkomen. Laat hoog gerezen gebak (cakes, tulband, biscuit) na het bakken nog 5 minuten in de uitgeschakelde oven staan, daarna nog 5 minuten op een tochtvrije plaats (in de vorm). Maak daarna de rand met een puntig mesje voorzichtig los en stort cakes en tulbanden op een taartrooster (het rooster op de vorm leggen en samen ondersteboven neerzetten).
Verwijder bij springvormen voorzichtig de rand en haal de taart met een pannekoeksmes van de bodem. Laag gebak, dat u in een zandtaart- of pizzavorm heeft gebakken, kunt u eventueel in de vorm laten afkoelen en in punten snijden (niet als de bodem van korstdeeg is gemaakt, die zou dan slap worden). Zet de vorm daarbij op een taartrooster, hij koelt zo sneller af.

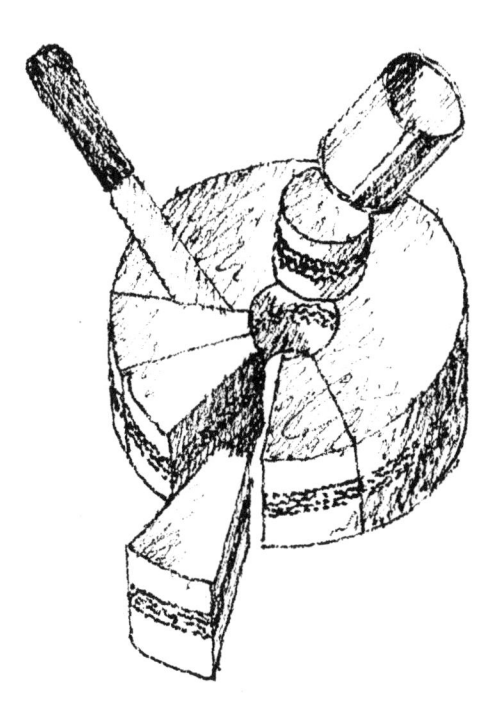

Van een zeer grote taart (boven de 26 cm doorsnee) worden de uiteinden van de punten zo lang, dat ze vaak afbreken bij het serveren. Ook zijn ze meestal te groot voor het gebakschoteltje. Steek dan voor het aansnijden van de taart met behulp van een kopje of schaaltje een rondje uit het midden van de taart (ca. 8 cm doorsnee); de punten zijn dan beter hanteerbaar. Snijd bij taarten met een harde deegbodem het rondje met een puntig mesje uit, waarbij u het kopje als mal gebruikt.

Haal **koekjes** als ze voldoende gebakken zijn meteen uit de oven én van de bakplaat, anders blijven ze erop kleven. Doe dit met een pannekoeksmes en leg ze op een taartrooster. Verpak ze pas als ze helemaal zijn afgekoeld. Luchtdicht afgesloten (trommel, glazen pot) zijn de meeste soorten enkele weken houdbaar.

Tot slot

Maak de bodemplaat en de deur van de bakoven (zonodig) na het bakken schoon met een natte doek en eventueel wat schuurpoeder. Dit voorkomt het inbakken van spetters, kruimels en eventueel uitgelopen vet bij een volgend gebruik van de oven. Een vuile oven gaat ook walmen en de daarbij vrijkomende stank zou de smaak van het gebak kunnen bederven.
Als een schaal of springvorm tijdens het bakken onverhoopt gaat lekken, kunt u er een vel aluminiumfolie onder leggen om de schade te beperken.

Deegsoorten

Korstdeeg

Tot de korstdegen rekenen we:
- bladerdeeg (of feuilletédeeg)
- getoerd gistdeeg
- piedeeg (of Engels korstdeeg)
- kruimeldeeg (eenvoudig korstdeeg)
- gistdeeg (of brooddeeg) voor taartbodems

Deze deegsoorten worden voornamelijk gebruikt voor taartbodems, pasteien, flappen en pizza's. Ze zijn bros en bevatten geen suiker. Het geheim van deze deegsoorten schuilt in het steeds luchtig uitrollen van het (koude) deeg, zonder met de deegroller druk uit te oefenen, en in het bakken bij vrij hoge temperaturen. Het zuur (citroensap of azijn) dat we aan het deeg toevoegen heeft een verstevigende invloed op de gluten in het meel; het deeg wordt daardoor brosser en bladert beter. Laat de voor het deeg benodigde boter op de koudste plaats in de koelkast (maar niet in het vriesvak) goed hard worden. Dit bevordert het bros bakken van het korstdeeg.

Bladerdeeg is van de soorten korstdeeg het meest bros, het rijst het beste en bladert mooi. Dit deeg is erg vet (de verhouding boter/meel is 1:1) en we gebruiken het dan ook alleen voor feestelijk gebak bij bijzondere gelegenheden. U kunt het van tevoren maken en in folie verpakt 1-2 weken in de koelkast bewaren (in het vriesvak 2-3 maanden).

Getoerd gistdeeg is veel minder vet dan bladerdeeg, maar bladert ook minder. Het bakt bros en is ook geschikt om op te warmen. U moet het dezelfde dag verwerken. Dit deeg wordt onder andere voor croissants gebruikt.

Piedeeg bladert niet, maar is wel bros en minder vet dan bladerdeeg (de verhouding boter/meel is 1:2 of wat minder). U kunt het van tevoren maken en in folie verpakt 1-2 weken in de koelkast bewaren (in het vriesvak 2-3 maanden).

Kruimeldeeg is een zeer eenvoudig piedeeg; het heeft een wat lager vetgehalte, de korst wordt iets minder bros. U kunt het van tevoren maken en in folie verpakt 1-2 weken in de koelkast bewaren (in het vriesvak 2-3 maanden).

Gistdeeg voor taartbodems geeft eveneens een minder brosse, maar wat broodachtige korst; het is het minst vet van alle soorten korstdeeg. U moet het dezelfde dag verwerken. Het deeg neemt veel vocht op en is daardoor uitstekend geschikt voor gevuld gebak, dat u al van tevoren wilt maken; het wordt door het opbakken alleen maar lekkerder. Daarom hebben wij dit deeg in het rijtje van de korstdegen opgenomen.

Bij de hiernavolgende basisrecepten van deze deegsoorten vindt u de toepassingsmogelijkheden vermeld.
In de *deegtabel** kunt u aflezen hoeveel deeg u voor de meest gangbare bakvormen nodig heeft

(makkelijk bij het bakken van meerdere taarten in vormen van uiteenlopende maten). Als de hoeveelheid deeg van een bepaald recept niet aansluit bij de maat van de vorm die u wilt gebruiken, kunt u de hoeveelheid beter wat ruimer berekenen. Een royale hoeveelheid rolt beter uit en van het deeg dat overblijft kunt u altijd nog crackers, zoutjes, een appelbol of appelflap of een klein taartje meebakken. Of leg van reepjes deeg een raster op een open taart of versier er het deksel van een pastei mee. Kinderen vinden het heerlijk, van deegrestjes een eigen taartje te mogen bakken.

Bladerdeeg (feuilletédeeg) (650 g)

Gebruik voor bladerdeeg gebuild meel of bloem; volkorenmeel is te zwaar voor deze fijne deegsoort.
Een goed gelukt bladerdeeggebak bestaat uit vele flinterdunne laagjes krokant gebakken deeg, die als het ware los op elkaar liggen. Het gebak wordt luchtig doordat het water van de in laagjes in het deeg verwerkte ijskoude boter tijdens het bakken verdampt (boter bevat ca. 20% water).
Gebruik bladerdeeg voor: boterletters; amandelbroodjes; deksels van feestelijke pasteien en pie's; blind gebakken pasteitjes en feuilletés; zoet en zout klein gebak.

- 250 g bloem of gebuild meel

- 3 theelepels zout (1 1/2 theelepel voor zoet gebak), opgelost in
- 1 1/2 dl gekoeld water
- 1 theelepel citroensap of azijn

- ca. 30 g bloem of gebuild meel
- 250 g gekoelde boter

- 2 stukken stevig plastic* van 20x30 cm   38

Zet van tevoren alle gereedschappen en ingrediënten koud weg en werk zo mogelijk in een koele keuken.
Zeef het meel in een kom en maak er een kuiltje in.
Giet het met het zuur vermengde gezouten water in het kuiltje. Begin met een vork of met een houten lepel met een gat erin vanuit het midden te roeren en kneed het deeg tot slot met de handen tot een soepele deegbal. Kerf de bal met een scherp mes kruislings in en laat hem, afgedekt, 20 minuten in de koelkast rusten.
Bestrooi een van de twee stukken plasticfolie met de helft van de 30 g bloem of meel. Snijd de koude boter in blokjes van 1 cm en rangschik deze over een oppervlak van ca. 8x10 cm op het met het meel bestrooide plastic. Zeef de rest van het meel erover en bedek dit met het tweede stuk plastic. Rol nu de boter met de deegroller uit tot een plak van 12x15 cm en laat deze in de koelkast weer opstijven (15-20 minuten).
Haal de deegbal uit de koelkast en rol hem op een licht met meel bestoven werkvlak uit tot een 1 cm dikke lap van 15x30 cm.
Haal nu ook de boter uit de koelkast en trek er één vel folie af. Leg de boterplak op de helft van het uitgerolde deeg en trek het tweede vel folie eraf. Sla de lege helft van de deegplak over de boter en druk de randen zachtjes op elkaar.
Eerste dubbele toer: Rol de in het deeg verpakte boter uit tot een lap van 15x30 cm. Rol daarbij afwisselend van boven naar beneden en van links naar rechts, zonder te veel druk uit te oefenen. Laat het deeg een rechthoek blijven en vouw het tot slot in drieën. Rol dit deegpakje opnieuw uit tot een rechthoekige lap van 15x30 cm. Vouw nu de korte kanten naar het midden en klap het deeg dicht als een boek. Wikkel het deeg in een stuk folie en laat het in de koelkast 30 minuten rusten.
Tweede dubbele toer: Herhaal het uitrollen, in drieën vouwen, weer uitrollen en in vieren vouwen en laat het deeg weer 30 minuten in de koelkast rusten.
Derde dubbele toer: Als de tweede dubbele toer.
Na de laatste 30 minuten rusttijd is het deeg klaar voor gebruik.

Tips:
- bij het maken van bladerdeeg in een warme omgeving is het beter, het deeg na elke keer opvouwen in de koelkast te laten opstijven ▶

- als werkvlak is een stenen aanrecht of een marmeren plank (bij voorbeeld van een afgedankte wastafel) ideaal
- houd bij het uitrollen van de eerste deegplak en ook bij het toeren een deegdikte van ruim 1 cm aan als u grotere hoeveelheden deeg maakt. De maat van de deegplak is niet zo belangrijk, als hij maar rechthoekig van vorm blijft
- verwerk bladerdeeg zo koel mogelijk en leg het voor het bakken op een koude bakplaat. Laat het gebak nog 10 minuten op een koude plaats bijkomen voordat u het in de oven schuift (behalve gebak met natte vullingen). Het deeg rijst dan gelijkmatiger tijdens het bakken
- verwarm de oven voor en schuif het gebak er pas in als de voorgeschreven temperatuur is bereikt; bladerdeeg heeft vooral in het begin van de baktijd veel hitte nodig
- snijd bladerdeeg met een scherp mes of radertje. Door het gebruik van bot gereedschap kunnen de deegranden samenkleven en kan het deeg niet meer goed rijzen. Ook het morsen van eierdooier over de randen heen (bij het bestrijken van het gebak) belemmert het rijzen
- stapel restjes deeg op elkaar (maak er dus geen balletjes van) en laat dit stapeltje, in folie gewikkeld, weer opstijven voordat u het opnieuw uitrolt. U kunt het dan nog gebruiken als versiering van het gebak of voor gebak waarbij het rijzen niet zo belangrijk is (flappen, zoutjes)
- bladerdeeg is alleen lekker als het knappend is. Bak het daarom in de heteluchtoven niet samen met een ander gerecht dat vocht afgeeft
- bewaar krokant bladerdeeggebak (notenstengels, zoutjes, pasteitjes of feuilletés) in een luchtdichte verpakking op een niet al te warme, donkere plaats (1-2 weken). Desondanks slap geworden bladerdeeggebak kunt u voor het gebruik kort opbakken in een tot 200°C voorverwarmde oven

Getoerd gistdeeg (ca. 500 g)

Door toevoeging van wat gist en door het toeren van het deeg bladert dit deeg wel, maar het rijst niet zo hoog als bladerdeeg. Het deeg is lekker bros, mits goed doorbakken. Getoerd gistdeeg wordt 3 mm dik uitgerold*. *497*

Gebruik getoerd gistdeeg voor: croissants; hartige taarten en pasteien met een vette vulling; zoet gebak met een vette (noten)vulling; zoutjes; luxe crackers en sportkoeken.

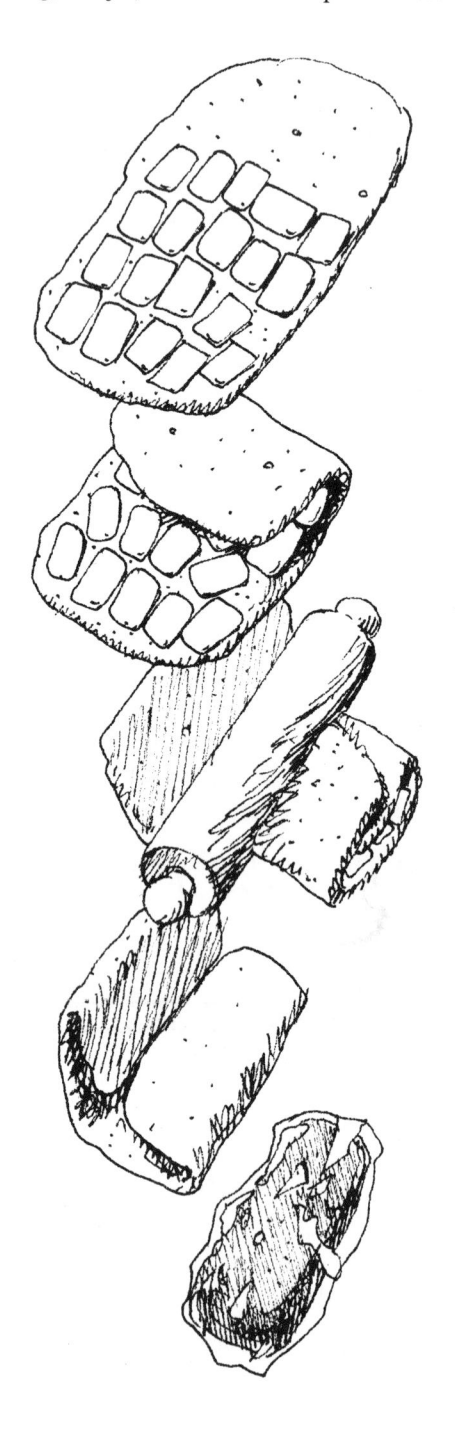

- ca. 250 g gebuild meel of tarwemeel, of een mengsel

- 1 1/2 dl koud water
- 1 theelepel citroensap of azijn
- 1/4 eetlepel gist (1/2 eetlepel bij 100 g boter)

- 2 theelepels zout (1 theelepel voor zoet gebak)

- 50-100 g harde boter

Zet op warme dagen alle ingrediënten en gereedschappen een uur van tevoren koud weg.
Doe het meel in een kom en maak er een kuiltje in. Houd twee volle eetlepels meel achter.
Los de gist op in het water en roer het zuur erdoor. Giet dit mengsel in het kuiltje en roer van het midden uit met een gedeelte van het meel tot een slap deegje. Voeg het zout toe en roer en kneed alles tot een stevig, maar toch nog soepel deeg. Kneed met de muis van de hand en gebruik zonodig wat van het achtergehouden meel.
Leg de deegkom ondersteboven over de deegbal en laat hem 5-10 minuten rusten.
Rol het deeg nu uit* op een met wat meel *497* bestoven werkvlak tot een dikke lap van ca. 15x30 cm. Bedek tweederde van deze deeglap met de in 2 mm dunne plakjes gesneden boter (bij 100 g boter een beetje dakpansgewijs). Sla het onbedekte stuk deeg over de helft van het met boter bedekte stuk deeg en vouw het geheel dubbel.
Rol het opgevouwen deeg nu afwisselend in de lengte en in de breedte uit tot weer een lap van 15x30 cm. Vouw nu de korte kanten naar het midden en klap het geheel dicht als een boek. Wikkel het deegpakket in een stuk plasticfolie en laat het in de koelkast ca. 15 minuten opstijven (op warme dagen iets langer).
Herhaal deze handeling (uitrollen, opvouwen en laten opstijven) nog twee keer. Na deze drie toeren is het deeg klaar voor gebruik.

Tips:
- laat het deeg desgewenst nog wat langer in de koelkast liggen, maar niet langer dan 24 uur. Zoek daarvoor het koudste plekje in de koelkast uit (maar niet in het vriesvak); getoerd gistdeeg moet pas rijzen als het gebak gevormd is. Gebruik in dit geval ook maar de helft van de gist
- bij een grotere hoeveelheid deeg kunt u de zeer harde boter met een komkommerschaaf direct op het deeg schaven en deze flinters met behulp van twee vorken erover verdelen. Grotere hoeveelheden deeg hebben meer tijd nodig voor het opstijven tussendoor (20-30 minuten). Houd bij het uitrollen van de eerste deegplak en ook bij het toeren een deegdikte van ruim 1 cm aan. De maat van de deegplak is niet zo belangrijk, als hij maar rechthoekig is

Piedeeg (Engels korstdeeg)
(ca. 475 g)

Voor feestelijk, fijn gebak gebruiken we gebuild meel, voor eenvoudiger gebak volkorenmeel. Piedeeg is geschikt om 'blind' te bakken*. Het is bruikbaar voor: hartige *507* taarten en pasteien; zoet en hartig gevuld klein gebak (flappen* enzovoort). *298*

- 250 g gebuild meel of tarwemeel of een mengsel
- 100-125 g gekoelde boter

- 2 theelepels zout (1 theelepel voor zoet gebak), opgelost in
- 1 dl gekoeld water
- 1 theelepel citroensap of azijn

Zeef gebuild meel in een kom (volkorenmeel niet zeven). Leg de boter in zeer dunne plakjes erop en vermeng de plakjes telkens met het meel, zodat ze niet aan elkaar plakken. Snijd de boter door het meel tot kruimels met behulp van twee messen.
Giet het ijskoude watermengsel over het meel/botermengsel en werk dit met een deegspatel tot een enigszins samenhangende massa, zonder erin te roeren of het door elkaar te kneden.
Bestuif het werkvlak met wat meel. Leg hierop de onsamenhangende deegmassa en rol de deeglap uit* tot een rechthoekige lap *497* van ca. 1 cm dik. Vouw in drieën en rol dit pakje weer uit tot een ca. 1 cm dikke rechthoekige lap. Vouw nu de korte kanten naar het midden en sla het deeg dubbel als een boek. Herhaal het uitrollen en in vieren▶ vouwen nog een keer.

Laat deeg op warme dagen of in een warme keuken tussen elke keer uitrollen in de koelkast opstijven (15-20 minuten, in folie gewikkeld). Gebruik voor het opvouwen zoveel mogelijk een deegspatel of pannekoeksmes in plaats van de handen, om het deeg zo koel mogelijk te houden.
Laat het deegpakje na de laatste keer uitrollen nog ten minste 20 minuten in de koelkast rusten; daarna is het deeg klaar voor gebruik.

Tip: zie *kruimeldeeg**.

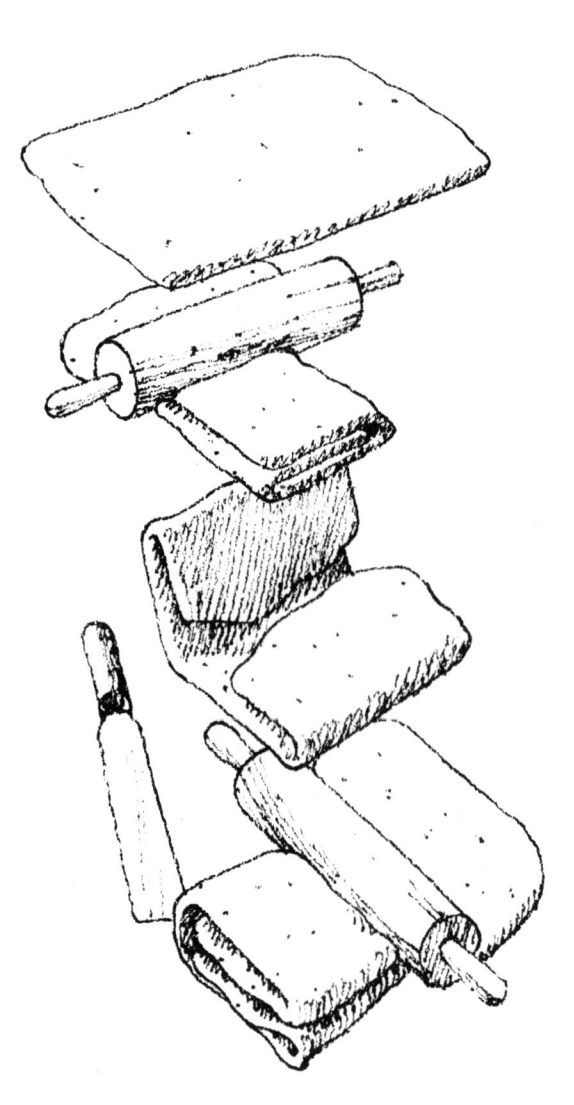

Kruimeldeeg (eenvoudig korstdeeg)
(ca. 450 g)

De korst wordt het lekkerst en het meest bros bij gebruik van ten minste de helft volkorenmeel (liefst grof gemalen). De zemelen in het meel zorgen ervoor, dat de boter in laagjes in het deeg wordt verspreid.

- 250 g tarwemeel of een mengsel van meel en gebuild meel
- 75-100 g boter

- 2 theelepels zout (1 theelepel voor zoet gebak), opgelost in
- 1 1/8 dl water (=1 dl en 1 eetlepel); 1 eetlepel meer bij 75 g boter
- 1 theelepel citroensap of azijn

Doe het meel in een kom en leg de boter in dunne schijfjes erop. Wentel de schijfjes telkens door het meel, zodat ze niet aan elkaar vastplakken. Laat dit mengsel ca. 20 minuten staan, tot de boter zacht geworden is (of gebruik zachte boter).
Verkruimel de boter met het meel (met een stevige vork of met koele vingers), totdat er geen aparte stukjes meer te zien zijn.
Maak een kuiltje in het meel/botermengsel en giet hier het watermengsel in. Roer van het midden uit met de vork tot er een samenhangend deeg ontstaat en vorm het met behulp van een deegspatel tot een gladde bal. Niet kneden met de handen.
Wikkel het nog erg zachte deeg in folie en laat het in de koelkast ten minste een uur opstijven. Nu is het klaar voor gebruik.

Tip: Bij een grote hoeveelheid kruimeldeeg kunt u de *zeer harde* boter ook met een komkommerschaaf (niet te dun) in plakjes op het meel schaven en deze plakjes er telkens mee vermengen. Wentel de boter dan voor het schaven eerst door wat meel, dan kunt u haar beter vastpakken.

Gistdeeg voor taartbodems
(ca. 300 g)

Gistdeeg wordt in de regel dikker uitgerold* dan pie- en bladerdeeg, namelijk 3-4 mm, voor pizza's zelfs 1/2-1 cm dik. Hoe dunner uitgerold en hoe beter doorbakken het deeg

is, des te krokanter wordt de korst.
Na het uitrollen kan gistdeeg meteen belegd worden met de vulling; tijdens het bakken rijst het deeg voldoende.
Gistdeeg is bruikbaar voor: hartige taarten met een vette en/of natte vulling; zoete taarten (Limburgse vlaaien) met een natte vulling; pizza's; kaasbroodjes, Duitse Kipferl; sportkoeken, crackers. De hoeveelheid boter in het deeg kan worden afgestemd op het vetgehalte van de vulling.

- *ca. 175 g fijn tarwemeel of gebuild meel, of een mengsel*

- *1/4 eetlepel gist*
- *1 dl lauwwarme melk of water*
- *1 theelepel citroensap of azijn (niet bij gebruik van melk)*

- *30-50 g boter of 2-3 eetlepels olie*
- *1 1/2 theelepel zout (3/4 theelepel voor zoet gebak)*

Houd twee volle eetlepels meel apart.
Doe de rest van het meel in een kom en maak er een kuiltje in.
Los de gist op in de vloeistof met het zuur en giet dit in het kuiltje. Roer van het midden uit met een gedeelte van het meel tot een slap deegje.
Leg de boter in dunne plakjes op dit voordeegje, strooi het zout eroverheen en stop de kom in een plastic zak, of leg er een vochtige doek overheen. Laat zo een kwartiertje staan, tot er zich blaasjes in het voordeegje hebben gevormd. De boter is dan zacht geworden (als u in plaats van boter olie gebruikt, moet u die nu pas toevoegen). Meng met een stevige vork alles tot een dik deeg.
Strooi de helft van het achtergehouden meel op het werkvlak en leg het deeg erop (gebruik de rest van het meel eventueel voor het kneden). Knead nu alles tot een glad, soepel deeg, dat niet meer aan de handen kleeft. Kneed met de muis van de hand, door het deeg van voren naar achteren te duwen. Vouw het deeg telkens op en draai het een kwartslag als het een lange rol is geworden. Kneed niet te lang, anders gaat het weer plakken en bakt het minder bros.
Laat het deeg op een koele plaats (koel deeg rolt makkelijker uit) tot tweemaal het volume rijzen, eventueel zelfs in de koelkast (minimaal 1, maximaal 24 uur).
Laat desgewenst het deeg op een matig warme plaats rijzen tot anderhalf maal het volume en laat het daarna in de koelkast opstijven. Het rijst dan in de eigen warmte verder uit. Haal het wel uit de warme deegkom en stop het (losjes) in een plastic zakje.

Variatie: Vervang 25 g van het meel door fijne havervlokken (2 volle eetlepels). Het deeg wordt hierdoor wat ruller en neemt meer vocht op van natte vullingen (rabarber- en bessentaart, spinazietaart). Het is bijzonder geschikt voor gebak dat weer opgewarmd wordt.

Tip: Stapel deegrestjes op elkaar en maak er een mooi bolletje van. Laat het een paar minuten bijkomen voordat u het opnieuw uitrolt.

Zandtaartdeeg

Een zoet, tamelijk bros deeg voor bodems van vruchten- en kwarktaarten. Voor verhoudingsgewijs droge vullingen (appel) wordt het deeg wat dunner uitgerold (3 mm) dan voor natte vullingen (5 mm).
In folie gewikkeld is zandtaartdeeg (1) een week houdbaar, zandtaartdeeg (2) 4-5 dagen.

Zandtaartdeeg (1) (400 g)

Een eenvoudig deeg voor gebak dat u vers opeet. De deegbodem wordt gauw slap.

- 200 g tarwemeel of gebuild meel, of een mengsel
- 100 g harde boter

- 60-80 g stroop (3-4 eetlepels) of half stroop/half ongeraffineerde rietsuiker
- 2 eetlepels (0,3 dl) heet water
- 1 theelepel geraspte citroenschil
- een snufje zout

Doe het meel in de deegkom en leg de boter in zeer dunne plakjes erop. Laat de boter bij kamertemperatuur wat zacht worden.
Los intussen de stroop op in het hete water en roer er de rest van de ingrediënten door. Giet dit mengsel over de boter en het meel in de kom en verwerk alles tot een samenhangend deeg (met een stevige vork of met een houten lepel met een gat erin). Vorm er met behulp van een deegspatel een mooie bal van en wikkel hem in een stuk folie. Druk de deegbal in de folie vast wat plat, dit vergemakkelijkt straks het uitrollen.
Laat het deeg ten minste 1/2 uur in de koelkast opstijven.

Variatie: Meng voor een wat brosser deeg 30-50 g fijngemalen hazelnoten of 1/2 theelepel zuiveringszout door het meel.

Tips:
- zie de tip bij *kruimeldeeg**
- bij een grote hoeveelheid zandtaartdeeg kunt u beter eerst de (zachte) boter door het meel werken (eventueel met de handmixer) voor u het zoetmiddelmengsel erdoor werkt

Zandtaartdeeg (2) (450 g)

Door de toevoeging van ei is de taart na het bakken beter hanteerbaar. Het gekristalliseerde zoetmiddel geeft de deegbodem zoveel stevigheid, dat u de taart al een dag van tevoren kunt bakken zonder dat de vulling de taartbodem doorweekt.
Dit deeg is zeer geschikt om 'blind' te bakken met het doel de bodem pas later te vullen.

- 80-100 g ongeraffineerde rietsuiker, bij voorkeur fijne*
- 1 klein ei of twee dooiers met 1 eetlepel water
- 1-2 theelepels geraspte citroenschil, of 1-1 1/2 theelepel kaneel
- een snufje zout

- 225 g tarwemeel of gebuild meel, of een mengsel
- 100 g zachte boter

Klop allereerst in een kommetje het ei los met de suiker, het smaakje en het zout; de suiker kan dan vast wat oplossen. Roer het mengsel af en toe om.
Doe het meel in de beslagkom en leg de boter in stukjes erop. Giet hierover het suikermengsel en verwerk alles tot een samenhangend deeg (met een stevige vork of met een houten lepel met een gat erin). Vorm er een mooie bal van en ga verder als bij zandtaartdeeg (1) is beschreven.

Tip: zie de tips bij *zandtaartdeeg (1)**.

Het bekleden van een springvorm met zandtaartdeeg

Leg een vochtig vaatdoekje (tegen het schuiven) op het werkvlak en zet daarop de bodem van de springvorm. Neem krap tweederde van het deeg, leg het op het blik en druk het met de handpalm vast wat plat. Leg er een stuk vetvrij papier of plastic op en rol het deeg met de deegroller uit tot het blik gelijkmatig in de gewenste dikte met het deeg is bedekt, tot aan de rand. Rol eventueel te veel deeg over de rand heen en haal het weg. Veeg de rand schoon met een stukje keukenpapier.
Sluit nu de rand van de springvorm om de bodem. Maak van de rest van het deeg vingerdikke slangetjes en leg ze dicht aansluitend op elkaar langs de rand van de springvorm. Druk deze deegslangetjes nu met de drie middelste vingers langs de opstaande rand van de springvorm omhoog. Werk de bovenkant van de rand mooi af door er regelmatig met duim en wijsvinger puntjes in te knijpen of door het deeg met de (brede) tanden van een vork of met een rond kleurpotlood iets terug te schuiven.
Haal het deeg wat los van de rand van de springvorm door met een puntig mesje voorzichtig tussen blik en deeg te gaan. Dit voorkomt het te donker bakken van de deegrand.
Prik een paar keer in de deegbodem om blaasvorming tijdens het bakken te voorkomen.
Bij een taart met een *deksel* kunt u het beste eerst het deksel maken: rol de hiervoor benodigde hoeveelheid deeg tussen twee vellen plastic 3-4 mm dik uit, trek het bovenste vel plastic eraf en rader of snijd het deeg met behulp van de springvormrand op maat. Dek het deeg weer af met het plastic en leg het in de koelkast. Het stijft dan wat op en is straks makkelijker over te brengen naar de vorm. Trek hiervoor één vel plastic van het deegdeksel af, leg het ondersteboven op de vulling en trek nu pas het tweede vel plastic eraf. Druk de deegranden met de tanden van een vork voorzichtig, maar toch goed op elkaar (u krijgt hierdoor tevens een leuke versiering), of versier de rand zoals hierboven beschreven met de vingers of met een potlood. Haal wel de deegrand met een mesje rondom los van de rand van de springvorm.
Als u wat deegrestjes over heeft, kunt u het deksel nog versieren met bij de taart of het feest passende figuurtjes. Bestrijk alleen de figuurtjes met wat losgeklopt ei, ze gaan dan mooi glanzen en bakken wat donkerder dan de rest van het deeg. Vergeet niet, vele malen met een vork in het deegdeksel te prikken, anders scheurt het tijdens het bakken. Maak van de 'prikken' ook een leuk patroon op de taart, bij voorbeeld in cirkels of stervormig.

Blind bakken van deegbodems

Het deeg wordt zonder de vulling gebakken
Bekleed de bakvorm met het deeg naar keuze zoals hierboven is beschreven. Maak de deegbodem niet te dun; ten minste 2 mm voor korst-, pie- of bladerdeeg en 3 mm voor zandtaartdeeg, anders is de kans op breken na het bakken te groot. Leg een passend stuk aluminiumfolie op de deegbodem en tegen én op de rand. Vouw de folie dicht tegen het deeg en strooi er een dikke laag (overjarige) spliterwten op (u kunt ze voor dit doel telkens weer gebruiken). Dit voorkomt het bolbakken van de deegbodem en het inzakken van de deegrand.
Bakken:
- voor *korstdeegbodems* ca. 20 minuten bij 220°C, onderste richel; verwijder na 10 minuten baktijd de folie met de erwten
- voor *zandtaartbodems* is de baktijd 20-25 minuten bij 200°C (voor bodems *zonder rand* 10 minuten)

Laat de deegbodem in de vorm afkoelen (bij springvormen wel meteen de rand verwijderen).
Voldoende doorbakken deegbodems kunt u 2-3 weken op een koele, donkere plaats bewaren in een luchtdicht afgesloten trommel of stevige plastic zak (leg dan de bodem van de springvorm eronder voor de stevigheid).
Ook *kleine taartbodems* kunt u blind bakken, het deeg mag daarvoor wat dunner zijn (1 1/2-2 mm). Maak bij zandtaartdeeg een bolletje van het deeg en druk het met de vingers uit in het vormpje. Kleine vormpjes hoeft u niet met erwten te vullen. De baktemperatuur is 20° lager en de baktijd 5-10 minuten korter.
Als vulling zijn zachte, verse vruchten of ingemaakte vruchten geschikt, *mincemeat** en verschillende soorten vruchtenmoes.

Tips:
- vul *dikke* blind gebakken taartbodems liefst 2-3 uur voor het opdienen, zij worden dan wat zachter en laten zich beter in punten snijden. Bestrijk *dunne* bodems na het bakken meteen met losgeklopt eiwit of met *chocoladeglazuur (1)** (tot lauwwarm afgekoeld). De bodems blijven dan ook onder een vochtige vulling nog een paar uur krokant   433
- het spaart werk als u telkens bij het bakken van een vruchtentaart ook een taartbodem blind meebakt
- vervang bij het blind bakken de erwten door een dichte laag hazelnoten. Deze worden dan in een moeite door en energiebesparend geroosterd

Biscuitdeeg

Zet voor de bereiding van dit kwetsbare deeg alles van tevoren klaar en werk vlot. Met ahornsiroop wordt het biscuit licht van kleur en fijn van smaak, met ongeraffineerde rietsuiker wordt het donkerder van kleur en heeft het een lichte stroopsmaak. De consistentie is wat steviger.

Bak het biscuit 1-2 dagen van tevoren als u het gebruikt voor een gevulde taart, het laat zich dan beter doorsnijden. Goed doorbakken biscuit kan luchtdicht verpakt tot een week in de koelkast worden bewaard.

- 3 grote eiwitten (120 g)
- een snufje zout

- 75 g ongeraffineerde rietsuiker (fijn*) of 80 g ahornsiroop   495

- 3 eierdooiers (60 g), losgeroerd met
- 3 eetlepels water
- de geraspte schil van een kleine citroen

- 75 g fijn tarwemeel, vermengd met
- 25 g biologische maïzena* of rijstmeel   618

- een springvorm van 18-24 cm doorsnee

Vet een stuk vetvrij papier (iets groter dan de doorsnee van de springvorm) in met zachte boter. Leg het papier op de bodem van de vorm en sluit de rand eromheen. Geef hierbij het papier de ruimte, anders scheurt het. Knip het tussen bodem en rand uitstekende papier weg. Vet de rand van de vorm *niet* in*.   496
Verwarm de oven voor.
Klop de eiwitten met het zout stijf. Zeef de suiker erbij (door een grove zeef) en blijf kloppen (maar niet te lang) tot de massa wat taai wordt.
Meng nu het dooiermengsel en de citroenschil door de eiwit/suikermassa. Zeef het meelmengsel erover en doe ook de eventueel in de zeef achtergebleven zemelen erbij. Schep alles voorzichtig door elkaar. Doe het beslag meteen in de vorm, strijk het glad en zet het biscuit meteen in de oven.
Bakken: ca. 20 minuten bij 175°C voor een vorm van 24 cm doorsnee; ca. 30 minuten bij 160°C voor een vorm van 18 cm doorsnee, onderste richel.
Leg een stuk aluminiumfolie op het biscuit als de bovenkant te vlug bruin wordt. Het biscuit is gaar als een erin gestoken breinaald er droog weer uitkomt en het biscuit stevig aanvoelt.
Laat het biscuit nog 5 minuten in de uitgeschakelde oven staan (klem een houten lepel tussen de ovendeur). Zet de vorm daarna op een taartrooster en open de rand nadat u het biscuit met een scherp mesje heeft losgemaakt. Laat de bodem van de springvorm onder het biscuit zitten tot hij lauwwarm is. Verwijder nu pas de bodem en laat het biscuit op het taartrooster helemaal afkoelen (door geforceerd afkoelen zou het kunnen inzakken). Verwijder het papier pas bij het vullen en/of versieren van de taart, hij droogt zo minder uit.

Variaties:
- **chocoladebiscuit (1)** (fijn): leg 50 g bittere chocolade (puur), niet te fijn geraspt, op het stijfgeklopte eiwit/suikermengsel; klop 50 g gesmolten chocolade* door het eierdooier/watermengsel   433
- **chocoladebiscuit (2)** (eenvoudig en iets droger): vervang de maïzena door 25 g cacaopoeder en twee eetlepels suiker extra, of door 50 g carobpoeder
- **hazelnoot- of amandelbiscuit:** vervang de helft van het tarwemeel door zeer fijn gemalen hazelnoten (eventueel eerst geroosterd) of door amandelen, waarvan eventueel 3-4 bittere (in een vijzel gestampt)

Vullen en garneren van een biscuittaart

Vul de taart liefst 2 uur voor het serveren, de vulling kan dan nog wat in het biscuit dringen, waardoor de taart bij het aansnijden niet zo gauw in lagen uit elkaar valt. Zet de gevulde taart zolang op een koele plaats weg en **garneer** hem pas kort voor het serveren, slagroom zakt gauw uit. Dit kunt u enigszins voorkomen door de slagroom 24 uur in de koelkast te laten staan; hij roomt dan op en dit opgeroomde (bovenste) gedeelte uit het potje kunt u gebruiken voor de garnering.

Doormidden snijden. Snijd een kleine taart met een scherp, plat mes (iets langer dan de doorsnede van de taart) overdwars doormidden. Ga bij een grotere taart als volgt te werk:
Snijd met een scherp, puntig mesje de zijkant van de taart ca. 1 cm diep in, op de gewenste hoogte. Leg een lang stuk dun, maar sterk garen (ijzergaren of dubbel gewoon garen) in deze snee zodat de draad een lus vormt. Trek de lus langzaam dicht, het garen snijdt de taart doormidden.
Let er bij het doorsnijden van de taart in drie stukken op dat u de plakken in de goede volgorde en richting voor u neerlegt. Na het vullen kunt u de plakken dan makkelijk weer in de oorspronkelijke stand op elkaar stapelen, zodat de taart niet scheef wordt. De bodem wordt de bovenkant.

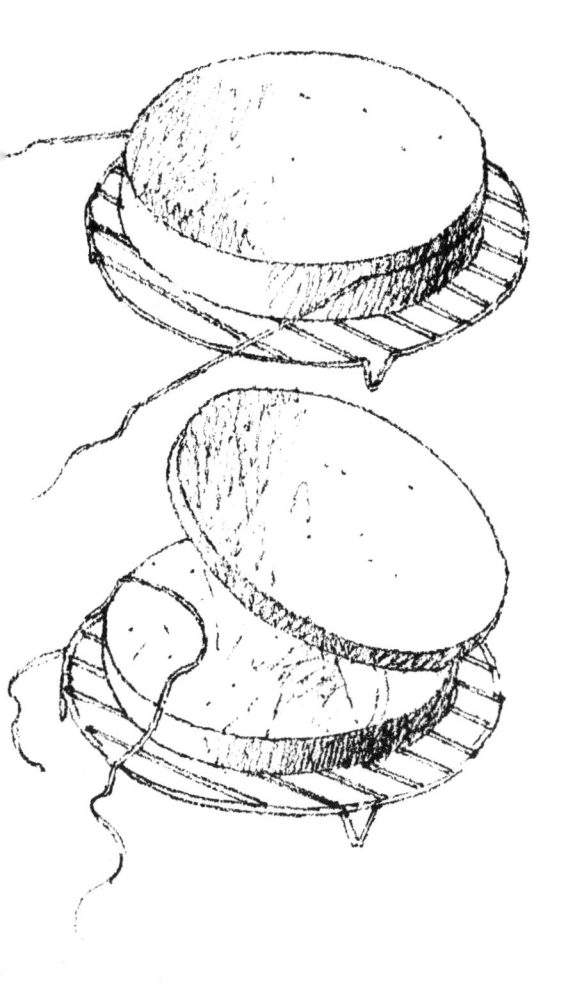

Abricoteren. Voor het glazuren van de taart (bij voorbeeld met *chocoladeglazuur**) kunt u hem eerst abricoteren: Verwarm voor een taart van 24 cm doorsnee ca. 75 g abrikozenjam (zonder stukjes vruchten) of een ander soort jam, vruchtenmoes of gelei, mits niet te dun of te uitgesproken van smaak. Draai de taart om. Door het licht verwarmen (liefst au bain marie) kunt u de jam gelijkmatig met een breed mes op de bodem van de taart uitsmeren. Het oppervlak van de taart is nu mooi glad, het glazuur kan er gelijkmatig op uitvloeien en u heeft er minder van nodig.

433

Versieren van de rand. Houd van de vulling 1-2 eetlepels achter en besmeer daarmee de rand (met een breed mes). Leg nu een eerst dubbel- en daarna weer opengevouwen vel papier op het werkvlak en zet de taart hierop. Strooi een 'dammetje' van ca. 1 cm hoog strooisel langs de rand van de taart (bij voorbeeld grof gemalen hazelnoten, al dan niet eerst geroosterd, amandelschaafsel, geschaafde chocolade, enzovoort). Strooi met behulp van een lepel het strooisel tegen de taartrand. Zet de taart nu op een taartschaal en giet het overgebleven strooisel in een potje (voor op de boterham).
Bij een niet gevulde taart is het eenvoudiger: maak een dikke 'reep' van het strooisel op het papier, recht voor u uit. Besmeer de rand van de taart met gelei of jam, pak hem tussen uw handpalmen en rol hem over het strooisel.

Cakebeslag

Cakebeslag moet tijdens het bakken rijzen. Dit kunt u bereiken door óf veel eieren te gebruiken óf door aan het meel zuiveringszout toe te voegen. Wij geven u hieronder de recepten van beide versies, aan u de keuze.

Gebruik voor cakebeslag verse eieren, het rijst dan beter. Laat eieren en melk eerst op kamertemperatuur komen, anders kan het beslag tijdens het roeren gaan schiften, waardoor de consistentie van de cake minder gelijkmatig wordt. Vooral met stroop en in iets mindere mate met ahornsiroop wordt het beslag zwaarder en rijst het tijdens het bakken wat minder dan wanneer u suiker gebruikt.
Bij cake (in tegenstelling tot brood) moet de korst zich pas tegen het einde van de baktijd vormen. De baktemperatuur is daarom laag. Als uw oven te veel bovenwarmte geeft, kunt u de cake in het begin van de baktijd losjes afdekken met een velletje aluminiumfolie (een boterwikkel). Haal dit na 1/3 van de baktijd weg.
De cake is gaar als een op het hoogste punt in het gebak gestoken breinaald er weer droog uitkomt en als de cake stevig aanvoelt.
Dek de cake ook tegen het einde van de baktijd af met een losjes erop gelegd stuk aluminiumfolie als hij alsnog te snel bruin wordt.
Laat vooral de eiercake nog 5 minuten in de uitgeschakelde oven staan (ovendeur open) en zet hem dan *in* de vorm op een taartrooster. Maak na ca. 5 minuten zonodig de zijkanten los met een puntig mesje en stort de cake voorzichtig op een taartrooster om helemaal af te koelen.

Bewaar de cake op een niet te warme, donkere plaats. Cakes zijn pas de tweede dag echt lekker, u kunt beide soorten echter nog 1-2 weken bewaren, verpakt in een plastic zakje of in aluminiumfolie, in de koelkast of op een andere koele plaats.

Bij het overnemen van een cakerecept uit een ander boek kunt u het daar genoemde bakpoeder vervangen door 1/2 eetlepel zuiveringszout op 1 kg meel.

Cakebeslag 1 (eiercake)
(voor een cake van 600 g)

- 75-100 g zeer zachte, maar niet vloeibare boter
- 100-125 g ongeraffineerde rietsuiker of 120-150 g ahornsiroop
- 3 grote of 4 kleine eierdooiers, op kamertemperatuur
- de geraspte schil van 1/2 citroen

- 200 g lemairemeel of half rijstmeel/half lemairemeel
- 1 dl melk (3/4 dl bij ahornsiroop), op kamertemperatuur

- 4 eiwitten
- een snufje zout

- een cakevorm van 1 1/4 l inhoud, ingevet en met meel bestrooid*   496

Roer de boter romig met de suiker.
Voeg de eierdooiers en de citroenrasp en ook een eetlepel van het meel toe. Roer dit weer romig; de massa wordt lichter van kleur en de suiker moet helemaal zijn opgelost.
Roer nu afwisselend het meel en de melk erdoor. Doe dit kort en liever niet met de handmixer (het beslag wordt anders taai), maar met een houten lepel met een gat erin.
Klop nu de eiwitten met het zout zeer stijf* en   496

schep eerst de ene helft door het beslag en vervolgens de andere helft*.
Doe het beslag in de vorm (zie tips).
Bakken: ca. 50 minuten bij 170°C, onderste richel.

Variaties:
- vervang het rijstmeel door tarwemeel; hiermee wordt de cake wel iets minder luchtig
- **eiwitcake:** in deze fijne cake kunt u opgespaarde eiwitten verwerken. Maak de cake zonder eierdooier, maar gebruik 6 eiwitten (180 g). Neem 100 g boter, anders wordt de cake te droog

Tips (voor cakebeslag 1 en 2):
- zeef bij grove rietsuiker eerst de grofste korreltjes eruit, dit bespaart veel tijd en moeite bij het roeren van de eiermassa
- strijk het deeg in de vorm glad met de rug van een in heet water gedompelde lepel
- maak met een in olie gedompeld penseeltje een streep over de lengte van het beslag en maak hierin met een mes een ondiepe snee, de cake krijgt dan tijdens het rijzen een nette scheur
- laat de ovendeur tijdens de eerste 20 minuten baktijd dicht
- als u een grotere dan de hier aangegeven cake bakt, is de baktijd langer
- zet de temperatuur nog 5-10 minuten op 190°C als de cake na de voorgeschreven baktijd nog niet bruin is
- de cake is gaar als een op het hoogste punt erin gestoken breinaald er weer droog uitkomt en de cake stevig aanvoelt

Cakebeslag (2) met zuiveringszout
(voor een cake van ruim 500 g)

- 75-100 g zeer zachte, maar niet vloeibare boter
- 100-125 g ongeraffineerde rietsuiker of 120-150 g ahornsiroop of stroop

- 1 ei (niet te klein), op kamertemperatuur
- de geraspte schil van 1/2 citroen
- een snufje zout

- 200 g fijn tarwemeel, gebuild meel of half om half
- 1 theelepel (1 g) zuiveringszout, eventuele klontjes fijngewreven

- 1 dl karnemelk of melk (3/4 dl bij ahornsiroop en stroop), op kamertemperatuur

- een cakevorm van 1 1/4 l inhoud, ingevet en met meel bestrooid*

Roer de boter met de suiker tot room.
Voeg het ei, de citroenrasp, het zout en ook een eetlepel van het meel toe en roer dit schuimig en licht van kleur. De suiker moet helemaal zijn opgelost.
Vermeng het meel goed met het zuiveringszout en roer dit, afwisselend met de melk, door de schuimige massa. Doe dit kort en het liefst met een houten lepel met een gat erin; beslag dat in dit stadium te hevig geroerd wordt, geeft een taaie cake. Laat het beslag ten minste 20 minuten (langer mag ook) op een niet te warme plaats rusten; dek het af met een stukje plastic, als het rusten langer duurt dan een half uur.
Het meel kan tijdens het rusten al voor het bakken vocht opnemen en rijst dan tijdens het bakken beter.
Doe het beslag in de ingevette vorm.
Bakken: ca. 50 minuten bij 160°C, onderste richel.

Tips: zie de tips bij *cakebeslag (1)*.

Kookdeeg (soezendeeg)

Kookdeeg wordt niet gezoet; het gebak krijgt daardoor een neutrale smaak, zodat u het met een zoete of een hartige vulling kunt eten. Kookdeeg is niet bewerkelijk, er is geen bakvorm of speciaal gereedschap voor nodig. U kunt het deeg al een paar uur van tevoren of zelfs de avond ervoor maken en de soezen pas kort voor het gebruik bakken; vers smaken ze het lekkerst.

- 1 1/2 dl water
- 40-60 g boter
- eventueel 1 theelepel geraspte citroen- of sinaasappelschil (bij zoete vullingen)
- een snufje zout

- 80 g fijn tarwemeel of gebuild meel, of een mengsel

- 3 eieren, middelmaat (150-170 g, zonder schil gewogen), geklutst ▶

Breng in een steelpan het water met de boter en het zout aan de kook. Draai de vlam zeer laag of haal de pan van de kookplaat. Voeg in één keer het meel toe en roer meteen flink met een houten lepel tot het deeg glad en soepel is. Kook het op een matig vuur onder voortdurend roeren nog een halve minuut door tot het als een bal van de bodem loslaat.
Haal de pan van het vuur en giet ca. 3/4 van de eieren erbij. Klop het deeg flink, tot het al het ei heeft opgenomen. Roer van de rest van de eieren alleen nog zoveel door het deeg, tot het als een klont van de lepel valt. Hoe meer zemelen het deeg bevat, des te meer ei neemt het op.
Verwerk het deeg als in de recepten is aangegeven.
Gebruik kookdeeg voor: Parijse ring; roomsoezen; hartige soezen, gevuld met ragoût; kwarksoezen; kaassoezen; aardappelsoesjes; aardappelkoekjes

Beignetbeslag 1

Voor het frituren van groente.

- 1 ei
- 1 dl water of kooknat van de groente
- 1 mespunt zout
- 100 g (ca. 2 dl) tarwemeel
- 1 theelepel hysop, fijngewreven

Kluts het ei met het water en het zout en roer er het meel en de hysop door. Laat dit beslag ten minste een half uur rusten. Voeg daarna zonodig nog wat water toe, het beslag moet dik-vloeibaar zijn.

Variaties:
- vervang het ei door krap 1 eetlepel arrowroot en 2 theelepels olie
- voeg 2 eetlepels sesamzaad aan het beslag toe, het wordt daardoor wat harder

Tips:
- maak altijd een ruime hoeveelheid beslag, zodat u de al dan niet voorgekookte groente (in stukjes of in plakjes) er ruim in kunt onderdompelen. Bewaar restjes beslag eventueel 1-2 dagen in een afgesloten bakje in de koelkast en bak er – eventueel eerst nog wat verdund – kleine pannekoekjes van

- wentel natte groente eerst door meel voor het onderdompelen in het beslag, het korstje wordt daardoor knapperiger

Beignetbeslag 2 (zoet, met ei)

Voor het frituren van vruchten.

1 met ei:

- 2 dl water
- 1 eierdooier
- 175 g fijn tarwemeel
- 1 theelepel kaneel
- de geraspte schil van 1/2 citroen
- 1 eetlepel stroop of ahornsiroop
- 1 mespunt zout

- 1 eiwit, stijfgeklopt

Klop in een beslagkom het water met de eierdooier. Voeg het meel toe en roer dit tot een glad beslag. Roer ook de rest van de ingrediënten (behalve het eiwit) erdoor en laat het beslag ten minste 20 minuten rusten (kamertemperatuur).
Schep vlak voor het gebruik het stijfgeklopte eiwit door het beslag.

Variatie: Vervang de in het recept genoemde vloeistof door appelsap en laat het zoetmiddel weg.

2 met gist (vooral geschikt voor sappige vruchten):
Vervang het water door melk of meng 1 eetlepel olie door het water. Vervang het ei door 1/2 eetlepel gist. Gebruik 200 g meel. Laat het beslag op een warme plaats tot 1 1/2 keer het oorspronkelijke volume rijzen (1/2-3/4 uur).

Tips: zie *beignetbeslag 1**.

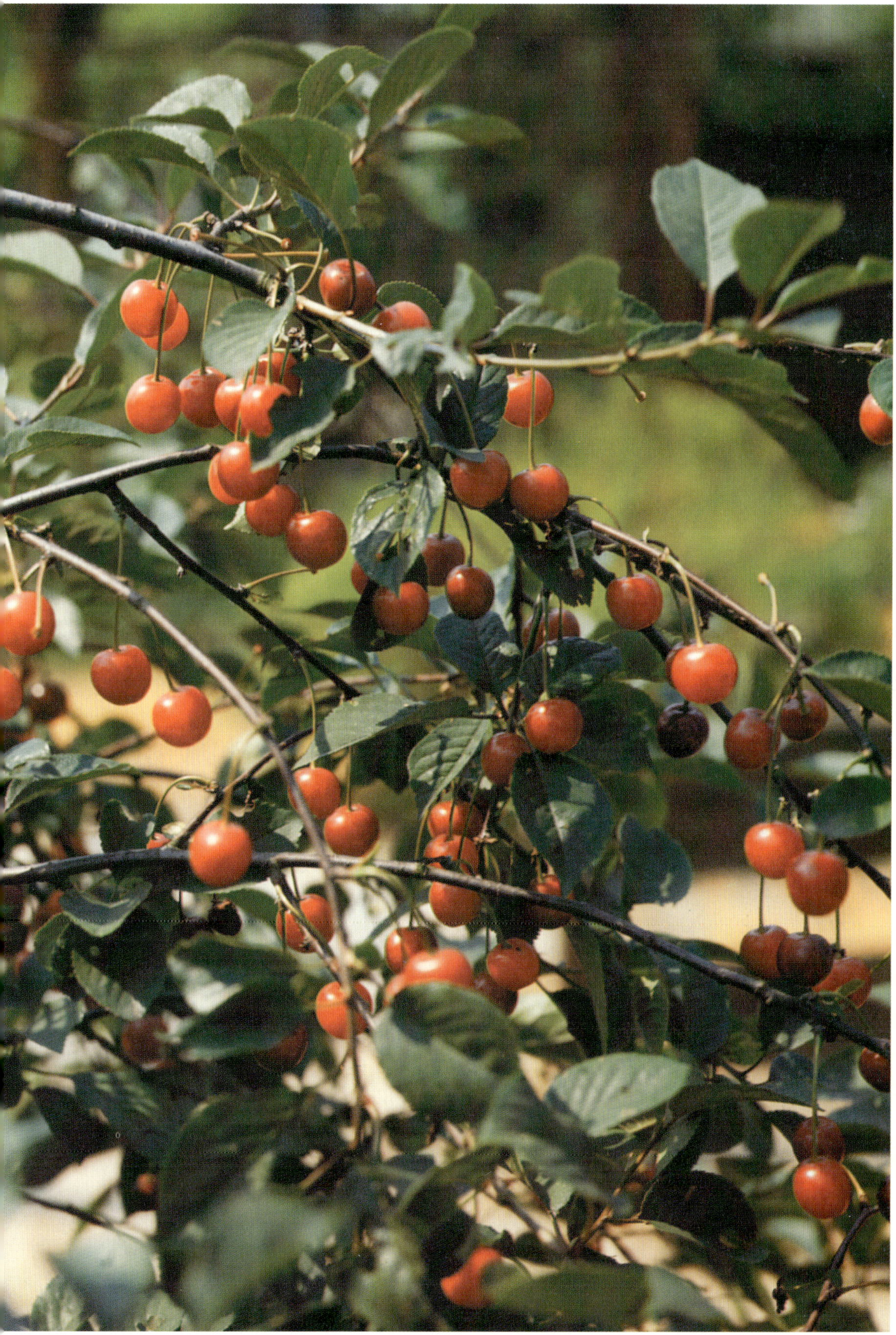

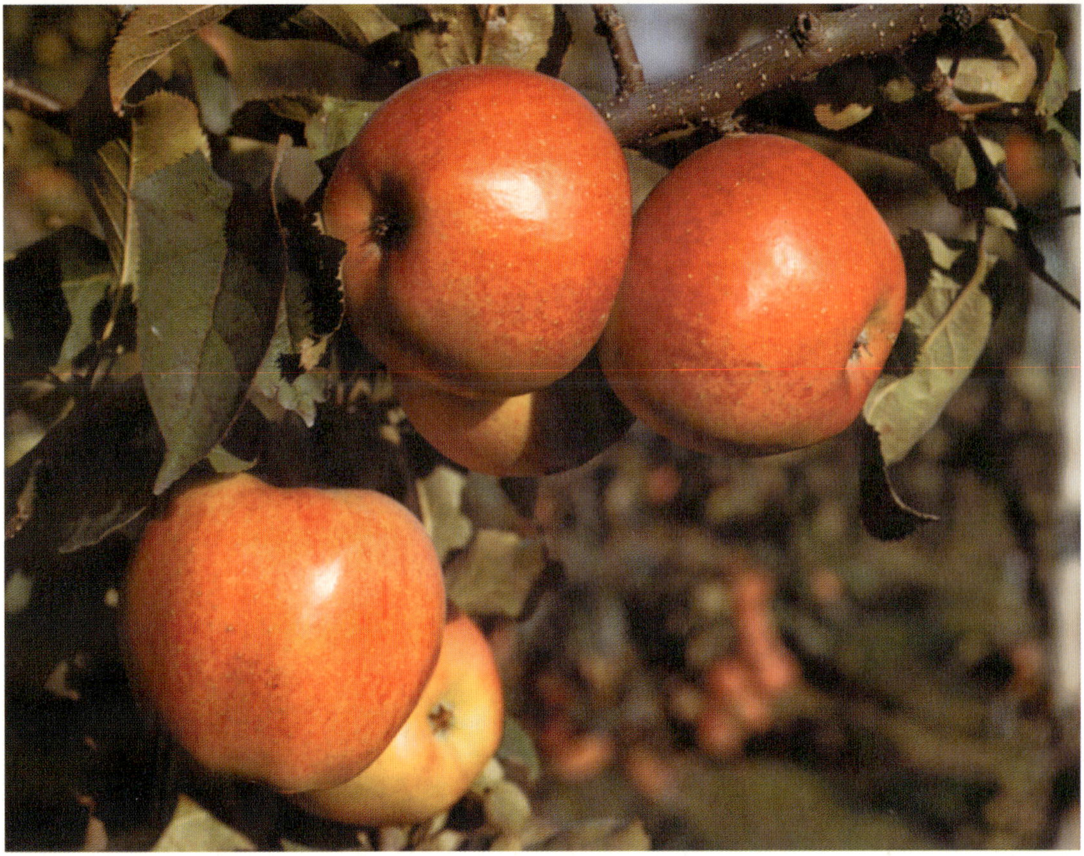

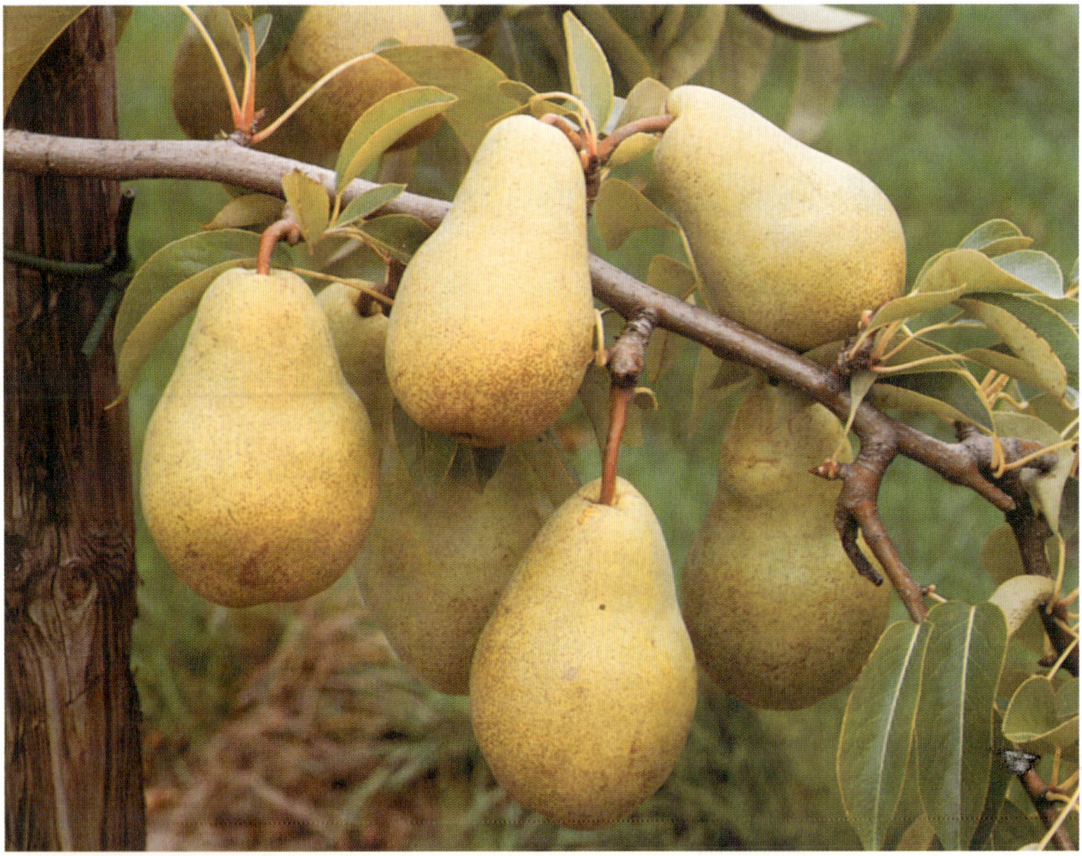

Taarten en ander groot gebak

Appeltaart
⊖

Een frisse taart met een dikke vulling, die u op een koele plaats 2-3 dagen kunt bewaren. Op de tweede dag is hij het lekkerst.

- 400 g zandtaartdeeg 1 of 2
- ca. 1 kg appels
- 10-20 g boter
- 50 g (4 eetlepels) rozijnen
- de geraspte schil van 1 citroen en/of 1-2 theelepels kaneel
- 1-2 eetlepels diksap
- een springvorm van 26-28 cm doorsnee

Bekleed de springvorm met het deeg* en maak daarbij ook een rand van ruim 2 cm hoog (gebruik ca. eenderde van het deeg voor de rand). 507
Schil de appels (eventueel) en snijd ze in vieren, haal het klokhuis eruit en snijd de partjes overdwars in 1/2 cm dikke stukjes (snijd de partjes nog een keer in tweeën bij grote appels). Bewaar de schillen en de klokhuizen voor *appelthee**. 562
Smelt in een ruime pan de boter en roerbak of smoor de appelstukjes op een matig vuur tot ze lekker ruiken. Leg het deksel op de pan en laat van het vuur af nog 5 minuten staan.
Meng de rozijnen, de kruiden en het diksap door de appels en spreid deze vulling uit op de deegbodem; druk voorzichtig wat aan.
Bakken: ca. 3/4 uur bij 190°C, onderste richel.
Deze taart heeft veel onderwarmte nodig; dek hem zonodig met een stuk aluminiumfolie af, als hij te vroeg bruin wordt aan de bovenkant.
Zie verder bij *aansnijden en serveren**. 499

Variaties:
- los 1 eetlepel arrowroot op in 3/4 dl water met 1 eetlepel ongeraffineerde rietsuiker en giet dit halverwege de baktijd over de appels. De taart wordt hierdoor wat vochtiger
- smeer voor feestelijke gelegenheden 125 g *amandelspijs** op de deegbodem onder de 606 appelvulling. Meng dan óf geen diksap óf geen rozijnen door de appels. Maak de amandelspijs smeerbaar door er 1 eetlepel heet water door te roeren
- beleg de deegbodem met bitterkoekjes en abricoteer* de appelvulling na het bakken 509
- verkruimel de spijs halverwege de baktijd over de appeltaart, de spijs carameliseert dan een beetje tijdens het bakken

Tip: Als uw springvorm kleiner is dan 26 cm doorsnee, moet u minder vulling maken en zult u wat deeg overhouden. Rol de rest dan uit tot een passend deksel en leg dit over de vulling en de deegrand*. De baktemperatuur is 200°C. 507

Appel- of abrikozentaart à la Marialette
⊖

Een zoete, sappige taart, die vers moet worden opgegeten.

- ca. 400 g zandtaartdeeg (1) of (2)* 506
- 750 g appels (goudreinetten)
- 30 g hazelnoten, eventueel zeer grof gehakt
- 2 grote of 3 kleine eieren
- de schil en het sap (2 eetlepels) van een kleine citroen
- 2-3 theelepels kaneel
- eventueel 1 mespunt gemalen kruidnagelen
- 50 g ongeraffineerde rietsuiker of 2 1/2 eetlepel ahornsiroop
- eventueel 1 eetlepel dunne honing
- een springvorm van 26 cm doorsnee

Bekleed de springvorm met het zandtaartdeeg*, maak de deegrand 2 cm hoog. 507
Schil de appels en snijd ze in vieren. Verwijder het klokhuis, snijd de partjes in plakjes en verspreid ze over het deeg. Strooi de noten erover.
Bakken 1: 20 minuten bij 175°C, onderste richel. ▶

◀ *Afb. 24 Jona Gold (boven); Doyenne du Comice (onder)*

Kluts de eieren met citroen, kaneel, eventueel kruidnagel en het zoetmiddel en giet dit sausje over de appels.
Bakken 2: ca. 15 minuten bij 175°C, onderste richel.
Laat de taart op een taartrooster afkoelen tot lauwwarm en druppel er bij erg zure appels de honing over.

Variaties: Vervang de appels door 500 g verse **abrikozen**, overlangs doormidden gesneden en ontpit. Strooi 50-75 g gemalen hazelnoten of amandelen op de deegbodem en leg hierop de halve abrikozen, met de bolle kant naar beneden. Maak een sausje van 2 eieren, 1 dl room, 40 g (2 eetlepels) ahornsiroop of stroop of suiker. Giet het sausje over de abrikozen en bak de taart in één keer, ca. 40 minuten bij 180°C, onderste richel.
Bijzonder feestelijk (én lekker): leg voor het bakken in elk holletje van de abrikozen een klein bolletje amandelspijs of een lepeltje met wat honing vermengde fijngemalen noten (soort naar keuze).

Tip: Leg de appels in partjes erop zoals beschreven bij *appelvlaai**. 515

Züricher pastorietaart

⊖

Deze zoete, maar toch frisse en zeer voedzame taart kunt u al 1-2 dagen van tevoren bakken; een halve dag oud is hij het lekkerst.

- *1 recept beslag als voor hazelnootcake** 527

- *5 kleine, stevige, zure appeltjes (ca. 500 g), geschild en overlangs doormidden gesneden*

- *een springvorm van 24 cm doorsnee*

Doe het beslag in de springvorm en strijk het glad.
Haal de klokhuizen uit de halve appeltjes (de helften moeten heel blijven) en kerf ze aan de bolle kant om de halve centimeter in (overlangs), 1-2 cm diep.
Leg de halve appeltjes op het cakebeslag, met de bolle kant naar boven: leg er 8 langs de rand, halveer de resterende twee en leg deze in de vorm van een ster in het midden.

Bakken: ca. 45 minuten bij 170°C, onderste richel.
Bestrijk de nog hete appeltjes eventueel met wat siroop of gelei.

Appelpastei

Een smakelijke manier om wat oudere appels te verwerken. Geef er *vanillesaus** bij, als u 212 deze pastei als warme maaltijd eet (4-6 personen) en serveer een groentesoep of salade vooraf. Eet de pastei het liefst lauwwarm.

- *een korstdeeg naar keuze*; heel feestelijk* 500
  staat een deksel van bladerdeeg. Voor de
  hoeveelheid deeg zie de deegtabel* 50

- *de vulling van de appeltaart*, waarbij u het* 513
  diksap vervangt door ongeraffineerde
  rietsuiker of stroop

- *25-50 g gemalen amandelen of*
  hazelnoten, vermengd met
- *50 g fijne havervlokken*

- *een springvorm of pizzavorm van 28-30*
  cm doorsnee

Maak een pastei volgens het basisrecept*, 286 waarbij u het noten/vlokkenmengsel onder de vulling op de deegbodem strooit.
Bakken: ca. 30 minuten bij 220°C, onderste richel.

Abrikozen-, kersen-, rabarber- of bessenvlaai

Volg het recept van de *appelvlaai**, maar: 515
- maak van het gistdeeg de variatie met havervlokken
- strooi een mengsel van 25 g gemalen hazelnoten of amandelen, 2 eetlepels suiker en 1 theelepel kaneel op de deegbodem. De noten vangen het vocht van de vruchten op (vervang desgewenst de noten gedeeltelijk of helemaal door paneermeel of beschuitkruim). Strooi geen suiker meer óp de vruchten
- ontpit de **abrikozen** en leg ze met de ronding naar beneden op het notenstrooisel
- ontpit de **kersen** niet, want dan verliezen ze

tijdens het bakken te veel vocht (waarschuw de eters). Verdeel de vruchten over het notenstrooisel
- snijd de **rabarber** in stukjes van ca. 1 cm en verdeel ze over het notenstrooisel (zie de tip bij gedroogde abrikozen)
- gebruik voor de eiersaus voor de kersen- en abrikozenvlaai 1 1/2 eetlepel arrowroot, voor de rabarbervlaai 2 eetlepels, of neem maar 1 dl melk
- strooi over de abrikozen- en rabarbervlaai vlak voor het opdienen eventueel nog wat poedersuiker
- neem 500 g geriste **rode bessen**. Gebruik voor de eiersaus 2 eieren en 1 eetlepel arrowroot

Variatie: Limburgse vlaai: gebruik ingemaakte vruchten. Laat ze goed uitlekken en leg ze op de voorgebakken deegbodem (zie blind bakken van deegbodems*). Meet het sap uit de pot, breng het aan de kook en bind het met arrowroot (2 eetlepels op 2 1/2 dl). Giet dit over de vruchten en laat de taart helemaal afkoelen voordat u haar aansnijdt.

Tip: Maak een raster van reepjes uitgerold deeg (1 1/2 cm breed). Dit kan ook als u de variatie maakt, alleen moet u dan de taart toch nog eens 10 minuten in de oven zetten (alleen bovenwarmte of een bakplaat eronder schuiven). Het staat leuk als u deze vlaai vlak voor het opdienen met poedersuiker bestrooit; de suiker smelt op de vulling en contrasteert met het witte raster.

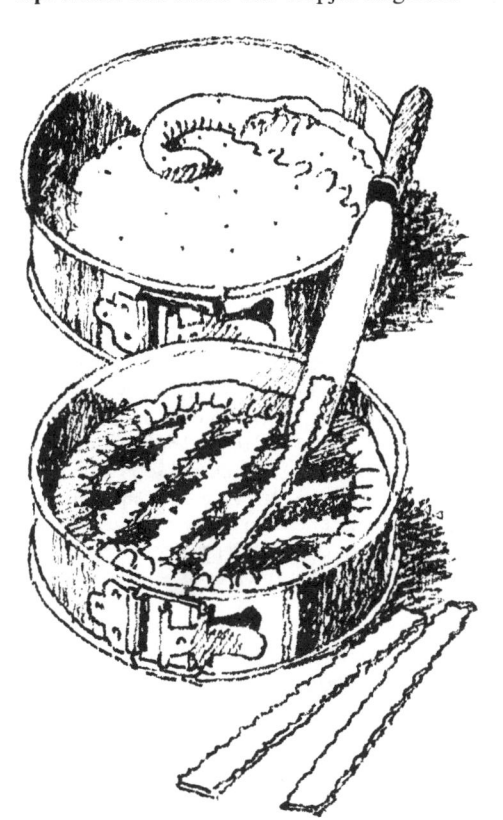

Appelvlaai

De samenstelling van deze taart is zodanig dat hij ook met wat salade of groentesoep vooraf een volledige maaltijd vormt voor 3-4 personen. Eet de taart lauwwarm of koud, maar in ieder geval vers.

- *1 recept gistdeeg voor taartbodems, kruimeldeeg of piedeeg*

- *ca. 750 g kleine appels (geen moesappels)*
- *1 eetlepel ongeraffineerde rietsuiker, vermengd met*
- *1 theelepel kaneel*

- *1 1/2 dl melk of half melk/half room*
- *1 ei*
- *1/2 eetlepel arrowroot of 1 eetlepel biologische maïzena**
- *ca. 1 1/2 eetlepel ongeraffineerde rietsuiker*

- *een pizza- of springvorm van 28-30 cm doorsnee*

Bekleed de bakvorm met het uitgerolde deeg, de rand tot ca. 2 cm hoog*. Prik met een vork een paar keer in de deegbodem.
Schil de appels alleen als de schil erg taai of bitter is. Verwijder steel en kroontje, snijd de appels in vier partjes, haal met een scherp mesje het klokhuis eruit en snijd elk partje nog een keer in drie partjes. Leg deze, te beginnen bij de rand, dakpansgewijs dicht tegen elkaar aan. Gebruik de grotere appels voor de buitenste rij. Leg de tweede rij andersom en de derde weer andersom, daardoor ontstaat een leuk patroon. Verwarm de oven voor.
Strooi de kaneelsuiker over de appels.
Bakken 1: 15 minuten bij 220°C, onderste richel. ▶

Klop het ei los met de melk en klop ook de arrowroot en de suiker erdoor. Giet dit over de appels en schuif de taart terug in de oven.
Bakken 2: 15-20 minuten bij 200°C.
Laat de taart op een taartrooster afkoelen, dan blijft de deegbodem krokant.

Variaties:
- vervang de rietsuiker door 2-3 eetlepels ahornsiroop, de eiersaus behoudt dan haar gele kleur
- snijd de appels niet in partjes maar in helften (zie *Züricher pastorietaart**). Zo krijgt u veel appels op een klein oppervlak, heel geschikt voor een kleinere bakvorm (springvorm van 24 cm doorsnee). De baktijd is dan zeker 10 minuten langer   514

Perentaart met chocolade

🔁 ⚖️

- 1 blindgebakken taartbodem van zandtaart-* of biscuitdeeg*	507
- 1 recept chocoladeglazuur*	433
- 6-8 kleine peren (ca. 750 g), gekookt en gesneden als perewaaiers*, of een pot ingemaakte peren	440
- ca. 10 g bittere chocolade of carob	
- eventueel 1 dl slagroom, stijfgeklopt	
- een springvorm van 26-28 cm doorsnee	

Smeer de chocoladeglazuur uit op de (zo mogelijk nog warme) zandtaartbodem of de (liefst een dag oude) biscuitdeegbodem.
Leg kort voor het presenteren de perewaaiers met het steeltje naar het midden toe langs de rand van de taart. Snijd ook de kleine perehelften in waaiers en beleg daarmee het midden van de taart (er blijft nog wat chocoladeglazuur zichtbaar tussen de peren). Spuit eventueel een rand van slagroomrozetjes langs de binnenkant van de rand.

Variatie: Vervang de chocoladeglazuur door carobpasta.

Tip: Beleg de taartbodem met ongekookte, zeer rijpe peren. Snijd de peren dan niet in waaiers (ze zouden breken), maar leg ze dakpansgewijs als bij de *appelvlaai** op de taart. Meteen opeten en niet bewaren.   515

Omgekeerde ananas- of appeltaart

🔁 ⚖️

Een frisse, kleurige en toch makkelijk te maken taart. De vruchten zijn door een laagje gecarameliseerde suiker beschermd tegen uitdrogen, zodat de taart 2-3 dagen vers blijft.

- 1-1 1/2 recept biscuitdeeg*, cakebeslag (1) of (2)*	508 510
- 1 kleine ananas, geschild*, óf 2-3 stevige zure appels	449
- 2 eetlepels ongeraffineerde rietsuiker (3 bij gebruik van appels)	
- 30 g zeer grof gehakte amandelen of hazelnoten	
- wat rode vruchtenmoes of -jam of een paar geconfijte kersen*	596
- een springvorm van 26-28 cm doorsnee	

Vet de bodem van de springvorm royaal in met zachte boter en strooi er de suiker overheen.
Verwarm de oven voor.
Snijd de ananas in 5-7 plakken van 1 cm dik (appels meer plakken van 1 1/2 cm dik). Steek met de appelboor bij de ananas het harde binnenste of bij de appels het klokhuis eruit. Leg de grootste vruchtenplak in het midden van de bakvorm, de andere eromheen (bij een taart van 26 cm eventueel het midden vrijlaten). Houd een tussenruimte aan van 1/2 cm, ook bij de rand. Strooi de noten tussen de vruchten.
Verdeel het beslag over de vruchten en strijk het voorzichtig glad.
Bakken: ca. 50 minuten bij 170°C, onderste richel.
Laat de taart 10 minuten afkoelen (niet langer, anders koelt de suikerlaag te veel af en blijft aan de vorm plakken). Verwijder nu de rand van de springvorm en stort de taart op een taartrooster. Til de bodem van de springvorm voorzichtig op (met behulp van een mes wat losmaken) en laat de taart volledig afkoelen. Zet hem op een taartschaal en leg in elk gat van de vruchtenplakken een klontje jam of een geconfijte kers.

Variatie: Gebruik ingemaakte ananas*. Het sap uit de pot kunt u gebruiken om er de taart ca. 1 uur voor het serveren mee te doordrenken.   582

Vruchtentaart met amandelkruimel
(op de bakplaat)

⑤ ⊖

Een makkelijk te maken en niet al te prijzige taart voor een groot gezelschap (voor een bakplaat van 30x40 cm).

beslag:
- *200 g zachte boter*
- *200 g ongeraffineerde rietsuiker*
- *1 mespunt zout*
- *1 theelepel kaneel en/of de geraspte schil van 1 citroen*

- *3 eieren*

- *400 g gebuild of fijngemalen tarwemeel, of een mengsel*
- *1 1/2 theelepel zuiveringszout*
- *1 1/2 dl karnemelk of melk*

vulling:
- *1/2-3/4 kg kwetsen, pruimen of abrikozen*

kruimel:
- *100 g zeer zachte boter*
- *100 g ongeraffineerde rietsuiker*
- *150 g meel*
- *80-100 g amandelen of hazelnoten*

- *een bakplaat van ca. 30x40 cm*

Vet de bakplaat in, bestrooi hem met meel en klop het teveel er weer af. Maak met aluminiumfolie een vierde rand aan de bakplaat als deze mocht ontbreken.
Maak een *cakebeslag 2**. Smeer het met behulp van een deegspatel uit over het hele oppervlak van de plaat. 510
Snijd de vruchten overlangs doormidden en wip de pit eruit. Let ze met de ronding naar beneden op het beslag en houd daarbij een tussenruimte van 1-2 cm aan, ook langs de rand.
Bakken 1: 20 minuten bij 180°C, middelste richel.
Maak intussen de kruimel door alle ingrediënten met een vork grondig met elkaar te vermengen. Haal de taart uit de oven en verdeel de kruimel erover.
Bakken 2: ca. 20 minuten bij 180°C, middelste richel.
Laat de taart op de plaat afkoelen en snijd hem pas vlak voor het opdienen in vierkante stukken.

Variaties:
- vervang de bovengenoemde vruchten door (geweekte) gedroogde abrikozen of pruimen, appelringen (voorbereiden als voor *appelbeignets**), stukjes peer, kersen (vers of uit de pot, wel goed laten uitlekken), kleine halve appeltjes, aan de bolle kant om de 3 mm tot de halve hoogte ingekerfd (met het snijvlak op het beslag leggen) 534
- minder machtig: vervang het cakebeslag door een dubbel recept gistdeeg voor taartbodems* met 50 g extra suiker erin verwerkt. Deze taart vers opeten 504

Tip: zie de tip bij *worteltaart** voor het verpakken en vervoeren van de taart. 518

Vlugge rode bessentaart met een schuimkop

① ⚱

De combinatie van zure bessen en zoete 'baiser' smaakt heel bijzonder.

- *1 taartbodem van biscuitdeeg** 508

- *2 eiwitten (60-80 g)*
- *60-80 g kristalsuiker of ongeraffineerde rietsuiker (de schuimkop wordt respectievelijk wit en neutraal van smaak en lichtbruin met een stroopsmaak)*
- *350-500 g rode bessen, gerist*

- *een springvorm van 26-28 cm doorsnee*

Verwarm de oven vast voor.
Klop het eiwit stijf en giet, al kloppend, de suiker erbij. Blijf doorkloppen tot alle suiker is opgelost, de massa is dan weer stijf en taai geworden.
Zet de taartbodem op de bakplaat en sluit de rand van de springvorm eromheen. Beleg met de bessen en strijk de eiwitmassa erover.
Bakken: ca. 5 minuten bij 220°C of alleen bovenwarmte, middelste richel, de schuimkop heeft dan bruine puntjes gekregen.
Zet de taart op een taartschaal en eet hem zo snel mogelijk op, anders zakt de schuimkop in en wordt hij taai (dit gebeurt ook bij bakken op een lage temperatuur).

Worteltaart

⊖

Een gezonde, maar toch lekkere taart die niet kan mislukken en die in folie verpakt op een koele plaats een week houdbaar is. De smaak van de taart is op z'n best na 1-2 dagen. Versier de taart op een zeer feestelijke dag met *worteltjes van marsepein**. 552

- 150 g wortelen, geschild en zeer fijn geraspt gewogen
- de geraspte schil van een kleine citroen
- 100-125 g amandelen of hazelnoten, fijngemalen
- 50 g meel
- 1 theelepel kaneel

- 1/2 dl room of melk
- 2 grote of 3 kleine eieren

- 2-3 eiwitten
- een snufje zout
- 80-100 g stroop, dunne honing of ahornsiroop

- een springvorm van 20-24 cm doorsnee, voorbereid als voor biscuittaart* 508

Doe wortel, citroenrasp en noten in een deegkom en stuif er het meel en de kaneel overheen.
Vermeng de room met de eierdooiers en giet dit over het meel. Meng nu met een vork alles goed door elkaar.
Klop de eiwitten met het zout zeer stijf, giet er het zoetmiddel overheen en blijf doorkloppen tot de massa weer stijf is.
Leg het wortelmengsel nu op de eiermassa en spatel alles grondig, maar toch voorzichtig door elkaar.
Bakken: 30-40 minuten bij 175°C, onderste richel.
Behandel de taart na het bakken als biscuittaart*. 508
Versier de afgekoelde taart desgewenst met gepelde halve amandelen of strooi er vlak voor het opdienen poedersuiker overheen (leg eerst een papierknipsel op de taart).

Variaties:
- vervang de wortelen gedeeltelijk of helemaal door **rode bieten**, de citroenschil eventueel door 25 g geconfijte gember of 2 theelepels geraspte verse gemberwortel en

de kaneel door 2 theelepels koriander
- gebruik, als de wortels of bieten in de zomer erg sappig zijn, 1-2 eetlepels meel extra
- voeg een geraspte appel aan het deeg toe als de wortels in het voorjaar erg droog geworden zijn

Tips:
- worteltaart is erg geschikt als verjaardagstractatie op school. Bak hiervoor de taart desgewenst op een bakplaat (eerst invetten en met meel bestrooien); neem voor een plaat van ca. 35x40 cm vier porties beslag.
Bakken: ca. 20 minuten bij 180°C, middelste richel. Laat de taart op de plaat afkoelen, snijd hem met een scherp mes in vierkante stukken en bewaar deze op een koele plaats in een doos met een deksel. Leg tussen elke laag taart een vel vetvrij papier

Eenvoudige chocoladetaart

⊖

Een biscuittaart met chocoladeglazuur, bij uitstek geschikt voor een verjaardag. Bak de taart desgewenst 2-3 dagen voor het feest en werk hem de avond ervoor af. Schrijf er eventueel met *suikerglazuur (2)** de naam van 433
de jarige op.

- 1 biscuittaart* 508
- eventueel banketbakkersroom (1)*, of 1/2 607
  pot halvajam of vruchtenmoes naar keuze
- 1 recept chocoladeglazuur* 433

voor de versiering:
- gepelde halve amandelen*, stukjes 604
  gedroogde abrikozen, zonnebloempitjes,
  cashewnoten, stukjes geconfijte
  citroenschil* 596

- een springvorm van 24 cm doorsnee

Vul (hoeft niet) en glazuur de taart*. Leg de 434
versiering op het nog vochtige glazuur. Maak eventueel eerst een schets van de versiering. Knip van wit papier een mooie rand, leg deze op de taartschaal en leg hier de taart op als het glazuur helemaal is opgedroogd.

Variatie: Maak eenpersoonstaartjes (gebakjes, 8-10 stuks): zij zijn makkelijker te ver-

voeren voor bij voorbeeld een tractatie buitenshuis.
Maak dan het biscuitdeeg van gebuild tarwemeel en neem 1 eetlepel minder water bij het kloppen van de eierdooiers. Leg met behulp van een kleine ijsbollepel of met twee eetlepels 16-20 mooie ronde bergjes op een ingevette en met meel bestoven bakplaat (onderlinge afstand ten minste 2 cm).
Bakken: 8-10 minuten bij 180°C, middelste richel. De biscuitrondjes mogen maar heel licht gebakken zijn, anders worden ze te droog. Haal ze meteen van de bakplaat en laat ze op een taartrooster afkoelen. Bestrijk de 8-10 mooiste rondjes met het chocoladeglazuur en versier ze naar wens. Verdeel de banketbakkersroom of de jam op de gladde (onder)kant van de overige rondjes (laat bij de banketbakkersroom rondom ca. 1 cm van de rand vrij) en zet het geglazuurde deksel erop.

Schwarzwälder Kirschtorte

Een heerlijke kersentaart voor een speciale gelegenheid. Het chocoladebiscuit kunt u al 1-2 dagen van tevoren bakken. Vul de taart desgewenst een paar uur van tevoren, maar garneer pas vlak voor het opdienen.

- *1 recept chocoladebiscuit (1)*; roer nog 1 eetlepel fijngehakte geconfijte sinaasappelschil* en 75 g grofgehakte walnoten door het dooier/chocolademengsel* 508 596

- *1 pot ingemaakte kersen (350-500 g uitgelekt gewicht, vang het nat op)*
- *1 eetlepel (1 1/2 g) agar-agarvlokken, 10 minuten geweekt in*
- *2 dl kersennat*
- *2 eetlepels arrowroot, aangemaakt in 1/2 dl kersennat*

- *1 recept slagroomvulling** 607

- *1 1/2 dl slagroom voor de garnering, goed gekoeld*
- *3-4 eetlepels grofgehakte noten (soort naar keuze)*

- *een springvorm van 24 cm doorsnee*

Snijd het chocoladebiscuit overdwars twee maal door, zodat u drie even dikke plakken krijgt*. 509
Houd 8-10 kersen apart voor de garnering en ontpit de rest.
Breng de agar-agar aan de kook en blijf roeren tot hij helemaal is opgelost. Voeg de arrowroot toe en breng nog een keer aan de kook. Doe de kersen erbij en haal de pan van het vuur (niet te veel laten afkoelen, de kersenvulling moet smeerbaar blijven).
Bestrijk nu de onderste en de middelste plak van het biscuit met de kersenvulling en laat dit afkoelen.
Maak intussen de slagroomvulling en smeer deze op de kersenvulling (houd wat slagroomvulling achter om de rand dun mee te bestrijken). Zet de drie lagen nu op elkaar en bestrooi de rand met de noten. Zet de taart op een koele plaats.
Klop vlak voor het presenteren de slagroom stijf en bestrijk met de helft ervan de bovenkant van de taart. Doe de rest van de slagroom in een spuitzak en spuit hiervan een krans van rozetten* op de taart (langs de rand). Dep de achtergehouden kersen droog en leg ze op regelmatige afstanden vóór de slagroomrozetten. 431

Tip: eenvoudiger: maak van chocoladebiscuit (1) of (2) een taart van 26 cm doorsnee en snijd deze slechts eenmaal door. Smeer op de onderste plak de hele kersenvulling. De slagroomvulling smeert u óp de taart (dik) en op de rand (dun). Houd wat meer kersen achter en leg een aaneengesloten rand ervan op de taart; zo heeft u voor de garnering geen extra slagroom nodig.

Luchtige hazelnoot- of amandeltaart
(18-24 cm doorsnee)

Maak een *hazelnoot-* of *amandelbiscuittaart* 508
en volg verder de beschrijving van de luchtige chocoladetaart (zie boven). Daarbij kunt u de versies 1 en 2 ook versieren met geroosterde hazelnoten of met gepelde halve amandelen.

Luchtige chocoladetaart
(18-24 cm doorsnee)

⊖

Met of zonder slagroomvulling een geliefde feesttaart. Zonder vulling 3-4 dagen houdbaar op een koele plaats (in folie verpakt). De gevulde taart meteen opeten.

Maak een *chocoladebiscuittaart 1 of 2**. 508

1 Leg vlak voor het opdienen een mooi papierknipsel op de afgekoelde taart en strooi er poedersuiker overheen. Haal het knipsel er voorzichtig weer af.
2 Snijd de taart overdwars doormidden, vul hem met een half recept *slagroomvulling** en 607
versier de bovenkant met poedersuiker als bij 1.
3 Maak een heel recept slagroomvulling, vul de taart met de helft ervan en smeer de rest op de bovenkant en de rand. Bestrooi de rand met grofgehakte noten*. Versier de taart met 509
opengesneden partjes mandarijn of (kleine) sinaasappel en met door citroensap gewentelde plakjes banaan, of met halve aardbeien en schijfjes kiwi.

Aardbeientaart
♨

Een frisse taart, die u wel dezelfde dag moet opmaken.

- 1 recept biscuitdeeg* 508

- 1/4 pot (ca. 100 g) vruchtenmoes of halvajam (aardbeien of abrikozen), of citroengelei
- 1 recept slagroomvulling* 607
- ca. 1 eetlepel (10 g) gemalen hazelnoten, liefst geroosterd

- 200-250 g mooie aardbeien, overlangs doormidden gesneden
- een paar mooie, kleine aardbei- of citroenmelisseblaadjes
- eventueel 1 dl slagroom extra

- een springvorm van 24-26 cm doorsnee

Bak de biscuittaart liefst een dag van tevoren. Snijd hem overdwars doormidden* en leg de 509
onderste helft op een groot vel papier. Bestrijk met de jam en dek af met de andere helft.
Maak nu de slagroomvulling. Werk vlot: bestrijk de rand van de taart dun met wat slagroomvulling en strooi er met behulp van een lepel de gemalen noten tegenaan*. Smeer 509
de rest van de slagroomvulling op de bovenkant van de taart en leg de halve aardbeien erop. Leg de taart met behulp van een pannekoeksmes en een groot plat mes op een platte schaal.
Spuit vlak voor het presenteren toefjes slagroom naast elkaar langs de rand van de taart en stop kleine toefjes blaadjes tussen de aardbeien.

Variaties:
- vervang een gedeelte van de aardbeien door plakjes kiwi* 617
- maak een portie vulling als voor *kwarktaart**. Vul de biscuittaart met de helft 522
hiervan, zet de taart op een platte schaal en sluit de rand er weer omheen. Smeer de rest van de vulling op de bovenkant van de taart en laat hem in de koelkast opstijven (ten minste 2 uur). Met deze vulling kunt u de taart iets langer bewaren (in de koelkast) dan met slagroomvulling. Leg de aardbeien er pas vlak voor het serveren op
- vervang de slagroomvulling door *banketbakkersroom (1)** 607
- als u veel gasten verwacht, kunt u het biscuit ook in een springvorm van 18-22 cm doorsnee bakken. Snijd dit dikke taartje dan overdwars doormidden en gebruik beide helften als taart*bodem*. Laat de jam en de hazelnoten weg. Voor een vorm van 22 cm doorsnee heeft u extra nodig: 1 dl slagroom, ruim 1/2 eetlepel agar-agar en 100 g aardbeien

Parijse ring (12 personen)
① ⊖ ♨

Deze gevulde rand van soezendeeg is makkelijker en vlugger gemaakt dan een slagroomtaart, maar geeft hetzelfde feestelijke effect. De ring kunt u al van tevoren bakken en het vullen en opmaken vlak voor het presenteren lukt altijd.

Taarten en groot gebak

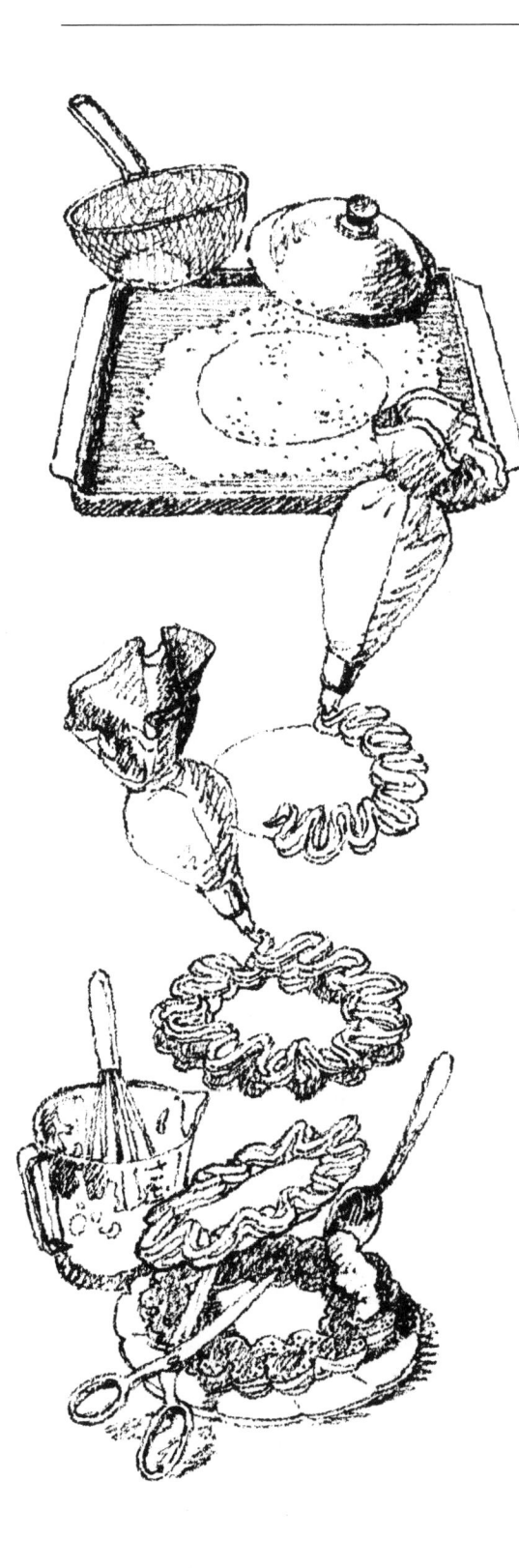

- 1 recept kookdeeg*   511
- ca. 2 1/2 dl slagroom, stijfgeklopt met
- 2 eetlepels vloeibare honing of ahornsiroop
- ca. 500 g bessen (frambozen, aardbeien, bramen), of een recept vruchtensalade* (zonder het vocht)   466

Vet op de bakplaat een oppervlak van ca. 30 cm doorsnee in en bestrooi dit met meel. Klop het overtollige meel er weer vanaf. Markeer hierop met een vinger een cirkel van 20 cm doorsnee (gebruik een passend pannedeksel als hulpmiddel).

Doe het deeg in een spuitzak met een stertuit (middelmaat). Spuit nu, al zigzaggend alsof u sprits maakt het deeg op de cirkellijn. Spuit twee lagen op elkaar en maak de deegring 4 cm breed. Zet de deegring een kwartier koel weg. Verwarm intussen de oven voor.

Bakken: ca. 40 minuten bij 180°C, op één na onderste richel.

Open de ovendeur *niet* tijdens de eerste twintig minuten van de baktijd. Laat de soezenring op een taartrooster afkoelen. Knip de ring vlak voor het opdienen overdwars open. Leg de onderste helft op een platte schaal en vul deze met de slagroom. Bestrooi de bovenste helft met een vleugje poedersuiker en zet hem losjes op de slagroom. Schep de vruchten in de ring en snijd dit kunstwerk pas aan tafel in stukken.

Variaties:
- met minder vruchten: leg de vruchten in de ring onder de slagroom en laat het middenstuk leeg
- vul de ring met *banketbakkersroom (1)**   607
- vervang de vruchten door een dikke *vruchtensaus** die u, in een kommetje, in de ring kunt zetten   217

Tip: zonder spuitzak: leg het deeg in hoopjes ter grootte van een pruim naast elkaar op de cirkellijn. Bij het rijzen tijdens het bakken vormen ze dan een gesloten ring.

Vruchtentaart

(voor een springvorm van 24-26 cm doorsnee)

◊
⛎

Volg het recept van de *aardbeientaart** of de 520
variatie van de *aardbeientaartjes met een
bladerdeegbodem**. 529
Vervang de aardbeien door andere verse of ingemaakte vruchten zoals: frambozen, bramen, rode bessen, kiwi's, bananen (de plakjes eerst door citroensap wentelen), sinaasappelen (overdwars gesneden plakjes met een rozijn in het midden), abrikozen, perziken, ananas. Of gebruik verschillende soorten vruchten en maak een mooie kleurencombinatie.

Variaties en Tips: zie de bovengenoemde recepten.

Kwarktaart met ongebakken kwarkvulling

◊
⛎

De kwark wordt niet meegebakken, waardoor de taart een friszure smaak krijgt. Bewaar de taart niet langer dan 1 dag, het lekkerst is hij na 5-6 uur.

- *1 dunne blind gebakken deegbodem van* 507
  ca. 100 g zandtaartdeeg 2, zonder rand* 506

- *1 1/2 dl sinaasappelsap of een ander zuur vruchtesap*
- *5 g (3 eetlepels) agar-agarvlokken, 10 minuten geweekt in het sap*

- *1 pot (350 g) kwark, halfvol of mager, op kamertemperatuur*
- *4-5 eetlepels vloeibare honing of ahornsiroop*
- *de geraspte schil van 1/2 citroen of sinaasappel*
- *1/4 l slagroom, stijfgeklopt*

- *1 kiwi en/of kleine sinaasappel of mandarijn, geschild en in dunne plakjes gesneden*

- *een springvorm van 24 cm doorsnee*

Zet de taartbodem op een platte schaal en sluit de rand van de springvorm eromheen. Breng het vruchtesap met de agar-agar onder voortdurend roeren aan de kook en blijf roeren tot alle agar-agar is opgelost.
Vermeng de kwark met het zoetmiddel en de rasp en schep er de slagroom door. Voeg nu het nog lauwwarme agar-agarstroopje toe en roer alles met een garde voorzichtig, maar wel grondig door elkaar. Giet de vulling meteen op de taartbodem en strijk hem mooi glad.
Laat de taart ten minste 2 uur in de koelkast opstijven. Maak vlak voor het opdienen de ring los (voorzichtig eerst met een puntig mesje de vulling losmaken). Versier de taart met de plakjes vruchten. Snijd de taart met een in heet water gedompeld mes in kleine punten (hij is tamelijk machtig).

Variaties:
- vervang de kwark voor de helft door viili, eventueel door yoghurt
- vervang het zandtaartdeeg door *biscuitdeeg**. Een half recept van het beslag is 508 genoeg, de baktijd is 20 minuten. Zie ook onderstaande tip
- leg een laag vruchtenmoes, zachte verse of goed uitgelekte ingemaakte vruchten op de taartbodem onder de kwark
- minder machtig: vervang tot 150 g van de kwark door goed rijpe *banaan*. Prak de banaan samen met 1 eetlepel citroensap tot moes en meng dit door de kwark. Gebruik eventueel 1 eetlepel zoetmiddel minder

Tip: De taartbodem (vooral met biscuitdeeg) kan tijdens het bakken krimpen. Dan is de rand van de springvorm te wijd om de kwarkvulling op z'n plaats te houden. Maak zelf een rand van driedubbel gevouwen aluminiumfolie en sluit hem met paperclips strak om de taartbodem.

Linzertaart

⊖

Deze zoete hazelnoottaart met frambozen is een variatie op de Oostenrijkse Linzertorte. Eenvoudig en vlug te maken en op een koele plaats een week houdbaar.

- 100 g ongeraffineerde rietsuiker
- 1 ei

- 200 g gebuild of fijn tarwemeel of een mengsel
- 150 g gemalen hazelnoten
- 2 theelepels kaneel
- 1 mespunt kruidnagelen
- 1 mespunt zout
- 20 g (ca. 1 eetlepel) geconfijte sinaasappelschil, fijngehakt, of de geraspte schil van 1/2 sinaasappel
- eventueel 1 theelepel zuiveringszout

- 125 g zachte boter

- 125-150 g halvajam (frambozen of frambozen/bessen)

- een boterkoek- of springvorm van 24 cm doorsnee

Klop allereerst in een kommetje het ei los met de suiker, zodat deze vast wat kan oplossen. Roer het mengsel af en toe om. Vermeng in een beslagkom alle droge ingrediënten. Giet het ei-suikermengsel eroverheen, leg de boter in stukjes erop en werk alles met een houten lepel of een vork tot een samenhangend deeg. Laat het ten minste 30 minuten in de koelkast opstijven.
Bekleed* de bodem van de bakvorm met ongeveer een derde van het deeg en bestrijk hem met jam, tot 1/2 cm van de rand.
Rol de rest van het deeg 1/2 cm dik uit en snijd of rader het in 1 1/2 cm brede repen. Leg deze met behulp van een pannekoeksmes rastervormig op de jam. Sluit nu pas de rand rond de springvorm. Maak van de deegrestjes vingerdikke slangetjes en leg ze langs de rand. Druk ze met de pink op regelmatige afstand in zodat er een geschulpte rand ontstaat. Bestrijk het deeg tot slot met wat melk.
Bakken: ca. 25 minuten bij 200°C, middelste richel.
Maak de rand van de springvorm voorzichtig los en laat de taart in de vorm bijna afkoelen voordat u hem op het taartrooster schuift.

Tip: Gebruik geroosterde hazelnoten*, u heeft dan maar 120 g nodig.

Walnoottaart

Deze gedekte, platte taart uit het Zwitserse Engadin is wekenlang houdbaar, in folie verpakt op een niet te warme plaats. Eet de 'turta di nusch' pas als hij ten minste drie dagen oud is en serveer maar heel kleine stukjes, hij is zoet en nogal machtig.
Walnoottaart is bijzonder geschikt om cadeau te geven; versier dan het deksel met deeg en noten (zie tip).

deeg:
- 100-125 ongeraffineerde rietsuiker
- 1 klein ei
- 1 eierdooier
- de geraspte schil van 1/2 citroen
- een snufje zout

- 350 g fijn tarwemeel of gebuild meel, of een mengsel
- 150 g zachte boter

vulling:
- 75 g ongeraffineerde rietsuiker
- 1 eetlepel water

- 175-200 g walnoten

- 1 dl slagroom
- 1 1/2 eetlepel meel
- 1/2 dl melk

- 50 g honing

- een springvorm van 26 cm doorsnee

Maak van de bovengenoemde ingrediënten een *zandtaartdeeg (2)** en laat het deeg bij kamertemperatuur rusten.
Maak intussen de vulling: carameliseer* de met het water vermengde suiker. Draai het vuur uit en roer vlug de noten erdoor. Stamp ze tegelijk wat fijn en blijf roeren tot de stukjes noten met de suikermassa zijn bedekt. Roer de room erdoor, breng alles onder roeren weer aan de kook en bind de vloeistof met het in water opgeloste meel. Laat de vulling afkoelen en roer tot slot de honing erdoor.
Maak ondertussen van ca. 300 g van het deeg een deksel en bekleed met de rest van het deeg de springvorm. Gebruik ca. 250 g van het ▸

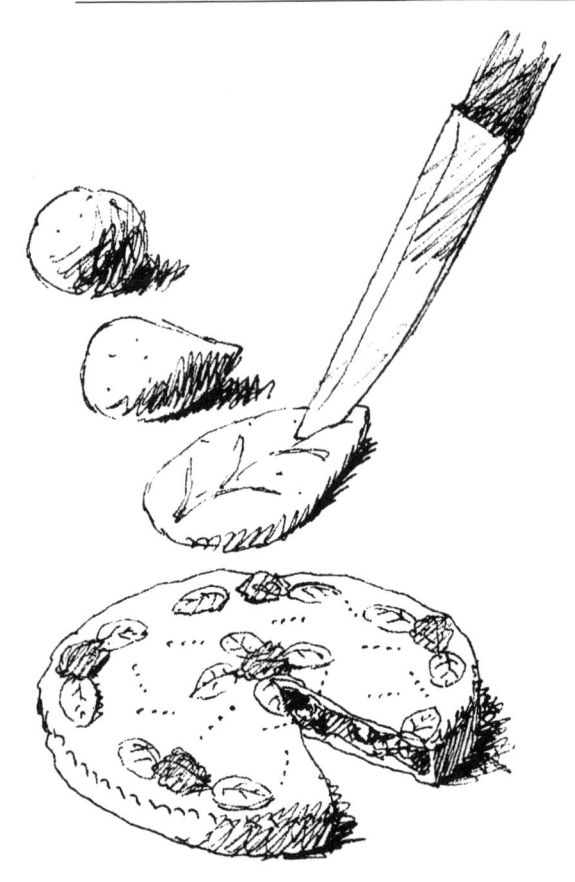

deeg voor de bodem en de rest voor de rand (ca. 1 1/2 cm hoog).
Verdeel de vulling over de deegbodem en leg het deksel erop. Druk de randen op elkaar met de tanden van een vork, mooi naast elkaar, dan krijgt u tegelijk een mooie randversiering.
Verwarm de oven voor.
Bakken: 30-40 minuten bij 180°C, onderste richel. De taart mag nauwelijks donkerder van kleur worden, alleen langs de rand wat bruin.
Zet de taart *in* de vorm op het taartrooster. Verwijder na 5 minuten de rand van de springvorm, de bodem pas als de taart is afgekoeld.

Variatie: Vervang een gedeelte (tot de helft) van de walnoten door (geroosterde) hazelnoten

Tips:
- voor een mooie versiering op het deegdeksel: houd van de vulling 6 halve walnoten en van het deeg 20 g achter. Werk de taart helemaal af, maar bak hem nog niet. Verdeel de 20 g deeg in 12 gelijke stukjes en rol ze tot balletjes. Vorm nu elk balletje tot een druppel en druk deze op het werkvlak plat (2 mm dik). Breng hierin met de achterkant van een mes nerven aan (zie tekening).
Leg de grootste walnoot in het midden op het deegdeksel, de overige langs de rand. Leg nu aan weerskanten van elke noot een blaadje (met een breed mes van het werkvlak weghalen). Bestrijk alleen de blaadjes met wat losgeklopt ei (houd een halve eetlepel van het deeg achter).
- van de helft van de ingrediënten maakt u óf een klein taartje (20 cm doorsnee), óf 10 minitaartjes van 7 cm doorsnee.

Paaskrans

Een 'gezinskrans' van ruim 30 cm doorsnee, die 3 dagen lekker blijft. Zet op eerste paasdag een vaasje met voorjaarsbloemen in het midden van de krans.

deeg:
- *350 g gebuild tarwemeel of half meel/half gebuild meel*

- *1 dl lauwwarme melk*
- *1/2 eetlepel gist*
- *60 g harde boter*
- *1 theelepel zout*

- *2 kleine eieren*
- *30 g (1 1/2 eetlepel) stroop*
- *1-2 theelepels geraspte citroenschil*

vulling:
- *60 g boter*
- *50-75 g (3-4 eetlepels) stroop*
- *125 g hazelnoten, gemalen*
- *1/2 dl room of viili*
- *1 theelepel geraspte sinaasappelschil*

- *75-100 g rozijnen of krenten*

Maak van de ingrediënten voor het deeg een gistdeeg voor taartbodems*. (Het ei met de stroop vermengen en samen met de citroenschil, vóór het kneden over het gerezen

- **rozentaart:** maak geen krans van de gevulde rol, maar snijd haar in 5 cm dikke moten. Zet deze rechtop in een pizza- of springvorm (26-28 cm doorsnee) of op een bakplaat (maak dan een rand van aluminiumfolie eromheen)
- **luxe koffiebroodjes:** vorm de gevulde deegrol niet tot een krans, maar snijd haar in 2-3 cm dikke moten. Leg ze op een bakplaat en druk ze wat plat. Bestrijk de koffiebroodjes meteen na het bakken met siroop of gelei

voordeegje gieten.)
Roer alle ingrediënten voor de vulling (behalve de rozijnen) in de bovengenoemde volgorde door elkaar. Laat dit mengsel op een warme plaats staan, het blijft dan smeerbaar.
Rol het gerezen deeg uit tot een lap van 35x45 cm*. Bestrijk met de vulling, maar houd één lange rand vrij. Strooi de rozijnen eroverheen en rol alles gelijkmatig, maar niet te strak, overlangs op. Leg de rol met de sluiting (dit is de vrijgehouden rand) naar beneden op de bakplaat en vorm hem tot een krans. Strijk de uiteinden met de vingers stevig over elkaar en werk zo de naad zoveel mogelijk weg. Dek de krans af met plastic en laat hem bij kamertemperatuur nog eens rijzen tot hij mooi bol staat (30-45 minuten).
Knip halverwege de rijstijd de buitenste rand van de krans om de 2 cm met de schaar in, ca. 3 cm diep.
Bakken: ca. 30 minuten bij 200°C, onderste richel.

Variaties (voor de vulling):
- vervang de room door 1/2 dl viili of 2 eetlepels kwark, losgeroerd met 1/2 dl melk; de smaak wordt hierdoor wat zurig
- vervang de hazelnoten door amandelen, waarvan eventueel 3 bittere (de laatste in een vijzel fijngewreven)
- rooster de hazelnoten voor het gebruik; u heeft dan 25 g minder nodig
- voeg een niet te zure, geraspte appel aan de vulling toe; de appel houdt het gebak langer vers

Tulband

Een zeer licht, niet zo zoet en vooral niet vet gebak.

- 400 g gebuild tarwemeel of fijn tarwemeel, of een mengsel
- 2 dl lauwwarme melk
- 1/2 eetlepel gist
- 100 g harde boter
- 1 theelepel zout

- 2 kleine eieren
- 80-100 g ahornsiroop, ongeraffineerde rietsuiker of stroop
- de geraspte schil van 1 citroen

- eventueel een paar gepelde halve amandelen
- 125-150 g rozijnen

- een tulbandvorm van ten minste 2 l inhoud, ingevet en met meel bestoven*   496

Maak van het eerste blokje ingrediënten een dun (niet alleen met de houten lepel te kloppen), fijn brooddeeg. De ingrediënten van het tweede blokje kunt u samen loskloppen en op het *gerezen* voordeegje gieten. Het rijzen van dit deeg (beslag) tot tweemaal het volume kan 2 uur of langer duren.
Leg de halve amandelen met de bolle kant naar beneden op de bodem van de vorm, met het puntje naar buiten.
Schep de rozijnen door het gerezen beslag en klop daarbij de lucht er een beetje uit. Doe het beslag lepelsgewijs in de vorm (pas op dat de amandelen niet verschuiven) en strijk het met een in heet water gedompelde lepel mooi glad.
Stop de vorm terug in de zak en laat nog een keer rijzen tot de vorm bijna gevuld is.
Verwarm de oven voor.
Bakken: 40 minuten, onderste richel (15 minuten bij 200°C, vervolgens ca. 25 minuten bij 180°C).
Laat de tulband nog 5 minuten in de uitgeschakelde oven staan (ovendeur open) en stort hem dan op een taartrooster.
Bestuif de tulband vlak voor het opdienen met een vleugje poedersuiker en eet hem vers op.

Variaties:
- voeg voor een bijzonder feestelijke tulband tegelijk met de rozijnen in stukjes gesneden gedroogde abrikozen, dadels, geconfijte kersen en geconfijte citrusschillen toe. Maak hiervan een mengsel naar keuze, samen ca. 200 g (de rozijnen meegerekend). Schep deze vruchten voorzichtig door het beslag, anders gaan ze stuk en geven daarbij een niet gewenste kleur aan het kruim
- maak de tulband van cakebeslag naar keuze. Bijzonder leuk staat het beslag van de *gemarmerde cake**. Zo'n tulband is langer   527
houdbaar dan de hierboven beschreven tulband met gistdeeg, maar de smaak is anders. U heeft 2-3 porties cakebeslag nodig. Baktijd en -temperatuur blijven hetzelfde als beschreven in de betreffende cakerecepten
- **Panettone** (voor een springvorm van 16-18 cm doorsnee): vervang de melk door 1 1/2 dl water; vervang de 2 hele eieren door 3 eierdooiers; neem maar de helft van de suiker; vervang de helft van de rozijnen door in kleine stukjes gesneden geconfijte sinaasappel- en citroenschil, schaaf de amandelen en strooi ze óp het gebak. De baktijd kan iets langer zijn

Boterletter of kerstkrans
↩

In aluminiumfolie verpakt kunt u dit gebak 2-3 weken bewaren op een koele plaats (niet in de koelkast). Zet het, met de folie opengevouwen, voor het opdienen nog 5 minuten in een op 200°C voorverwarmde oven en schakel terug op 150°C (elektrische oven helemaal uitschakelen). Snijd het gebak na het opbakken in porties.

- ca. 250 g bladerdeeg*   501
- 250 g amandelspijs*   606
- 1 eierdooier, losgeklopt met 1 eetlepel water

- ca. 12 gepelde halve amandelen en/of reepjes geconfijte citrusschil

Werk zo mogelijk in een koele keuken en leg de deegroller 1-2 uur van tevoren op een koude plaats weg.
Rol het bladerdeeg uit tot een 2-3 mm dikke reep van 12x50 cm voor een krans of letter, óf tot een lap van 24x25 cm voor twee staven.

Snijd in het laatste geval de lap in twee helften van 12x25 cm.
Vorm van de amandelspijs rolletjes van 2-3 cm dik en leg deze dicht tegen elkaar aan op het midden van de deegreep. Pak de spijs losjes in en leg de lange rol die zo ontstaat met de sluiting naar beneden op de bakplaat. Verwarm de oven voor.
Leg de rol nu in de gewenste vorm voor een letter of sluit hem tot een krans. Vul op dezelfde manier de twee lapjes voor de staven. Bestrijk het deeg met de eierdooier en leg er de halve amandelen op. De geconfijte citrusschillen moet u pas na het bakken erop leggen, zij zouden verschroeien tijdens het opbakken.
Bakken: ca. 30 minuten bij 200°C, middelste richel.

Tip: Knip bij letters met een hoek aan de binnenkant een wigvormig stuk weg en leg de snijkanten tegen elkaar aan. Druk de deegranden met de vingers een beetje over elkaar heen.

Cakes

Rozijnencake
(voor een cakevorm van 1 l inhoud)

⊖

Maak een *cakebeslag (1) of (2)** en schep er op het laatst 50-75 g rozijnen en/of krenten door. 510
Bakken: ca. 50 minuten bij 160°C, onderste richel.

Variaties:
- **dadelcake:** maak een cakebeslag (1) of (2) en meng 100 g in stukjes gesneden dadels met eventueel nog 50 g in stukjes gesneden gebroken walnoten erdoor.
- **hazelnoot- of amandelcake:** maak een *cakebeslag (2)**, gebruik hiervoor stroop en vermeng het meel met 75-100 g gemalen hazelnoten (bij voorkeur geroosterde*), of amandelen, waarvan eventueel 3 bittere. Voeg eventueel 1 theelepel kaneel en 1 mespunt gemalen kruidnagel toe 511 604
- **chocoladecake** of **chocolade-hazelnootcake:** maak een *cakebeslag (2)** of een hazelnootcakebeslag (zie vorige variatie, zonder kruidnagel) en roer er voordat u het in de vorm doet 50 g in stukjes gehakte bittere chocolade door. De stukjes smelten tijdens het bakken en geven de cake een verrassende smaak 511
- **bitterkoekjescake:** maak een *cakebeslag (2)** en vul de bakvorm voor 3/4 hiermee. Leg een rij bitterkoekjes* met de platte kant op het beslag, overlangs en dicht op elkaar aansluitend. Verdeel de rest van het beslag 511 540 erover, het moet de bitterkoekjes helemaal bedekken. De bitterkoekjes worden in de cake zacht en vormen in de gesneden plak cake een leuk motief
- **sinaasappel- of citroencake:** maak een *cakebeslag (1)**. Vervang daarbij de melk door sinaasappelsap of half citroensap/half water en voeg de geraspte schil van 1 grote sinaasappel respectievelijk 1 kleine citroen aan het beslag toe. Wie van zoet houdt kan 1-2 eetlepels zoetmiddel extra gebruiken 510
- **gemarmerde cake met chocoladebeslag:** maak een *cakebeslag (1) of (2)**. Doe hiervan de helft in de vorm en roer door de andere helft 1 eetlepel cacao of 2-3 eetlepels carobpoeder, opgelost in 1/4 dl warm water. Doe eerst het lichte en daarna het donkere beslag in de vorm en meng de twee lagen met een vork een beetje door elkaar; of maak in de lichte laag met een lepel een geul en leg het donkere beslag erin. Tijdens het bakken rijst de lichte laag dan om de donkere heen, zodat elk plakje cake een donker hart heeft 510
- **gierstcake:** maak een *cakebeslag (2)**. Gebruik 100 g boter en 1 1/4 dl melk en voeg bij het meel 100 g gierstvlokken. Laat het beslag ten minste 2 uur op kamertemperatuur rusten. De baktijd is een uur. Varieer deze cake door 25 g van het zoetmiddel te vervangen door 50 g rozijnen (op het laatst door het beslag scheppen); of vervang 25 g boter door 50 g gemalen hazelnoten (liefst geroosterd*) of amandelen 511 604

Plumcake

(voor een springvorm van 1 1/2 l inhoud)

⊖

Deze Engelse vruchtencake kunt u, in folie verpakt, 3-4 weken op een koele, donkere plaats bewaren (een aangesneden cake in de koelkast bewaren).

Maak een *cakebeslag 2**, gebruik echter maar 50 g zoetmiddel en schep er op het laatst de volgende ingrediënten door: 511

- *150 g rozijnen*
- *100 g krenten*
- *50 g geconfijte citroenschil*, in kleine stukjes*
- *50 g geconfijte sinaasappelschil*
- *de geraspte schil van 1/2 citroen*
- *de geraspte schil van 1/2 sinaasappel*
- *25 g amandelen, in dunne plakjes gesneden*
- *1 theelepel kaneel*
- *1 mespunt kardamom, koriander, kruidnagel en geraspte gemberwortel*

596

Bakken: ca. 1 uur bij 180°C, onderste richel.

Koek

Ontbijtkoek (ca. 500 g)

⊖

Een zachte koek, die u niet eerder dan 2 dagen na het bakken moet aansnijden. In folie verpakt of in een koektrommel is de koek op een koele plaats 3-4 weken houdbaar (zie tip).

- *250 g gebuild meel*
- *2 theelepels zuiveringszout*
- *1 theelepel gemalen kruidnagel*
- *1 theelepel gemalen koriander*
- *2 theelepels kaneel*
- *een mespunt nootmuskaat of een snufje foelie*
- *eventueel 2 theelepels geraspte gemberwortel*
- *1/2 theelepel zout*

- *50-75 g ongeraffineerde rietsuiker (fijn), opgelost in*
- *2 eetlepels zeer heet water*
- *75 g honing*
- *1 1/2 dl karnemelk of melk*

- *een cakevorm van 1 l inhoud, ingevet en met meel bestrooid**

496

Vermeng het meel met zuiveringszout, kruiden en zout en maak er een kuiltje in. Giet hierin de rest van de ingrediënten en roer nu van het midden uit alles tot een glad, vrij zacht deeg.

Doe het deeg in de cakevorm en leg er een beboterd papiertje (boterwikkel) overheen.
Bakken: ca. 70 minuten bij 160°C, onderste richel.

Variaties:
- vervang de helft van het gebuilde meel door roggemeel of volkorenmeel, de koek wordt hierdoor steviger
- vervang de hierboven genoemde kruiden door 1-2 eetlepels koekkruiden
- **gemberkoek** (ca. 600 g): schep behalve de geraspte gemberwortel nog 100 g in stukjes gesneden *geconfijte gember** door het deeg
- **sukadekoek** (ca. 600 g): meng 100 g in kleine dobbelsteentjes gesneden sukade door het deeg
- **snipperkoek** (ca. 600 g): meng 75-100 g gehakte, *geconfijte citrusschillen** door het deeg, één soort apart of gemengd
- **walnootkoek** (ca. 550 g): meng 50 g grof-gehakte walnoten door het deeg voor ontbijtkoek of gemberkoek

596

596

596

Kruidkoek met noten

⊖

In folie verpakt kunt u deze rijk gevulde, stevige kruidkoek 2-3 weken op een koele plaats bewaren.
Pas twee dagen na het bakken is de koek goed op smaak (lekker met roomboter).

- 350 g gebuild meel of fijn volkorenmeel
- 1 1/2 theelepel gezeefd zuiveringszout
- 1 1/2 theelepel kaneel of 1 theelepel piment
- 1 mespunt kruidnagel
- 1 mespunt nootmuskaat
- 1 mespunt zout

- 125 g stroop of ongeraffineerde rietsuiker
- 2 dl karnemelk of melk

- 50 g geconfijte sinaasappelschil*, in smalle reepjes gesneden   596
- de geraspte schil van 1 sinaasappel of citroen
- 50 g noten naar keuze (geen walnoten), apart of gemengd

- een cakevorm van 1 1/2 liter inhoud, ingevet en met meel bestrooid*   496

Meng meel, zuiveringszout, specerijen en zout in een kom en maak er een kuiltje in.
Los de stroop op in de karnemelk (niet verwarmen!) en giet dit in het kuiltje. Doe hier ook de schillen en de noten bij.
Roer nu alles van het midden uit tot een glad, stevig beslag. Laat het 1-3 uur op kamertemperatuur rusten. Doe het daarna in de cakevorm.
Bakken: ca. 1 1/4 uur bij 160°C, onderste richel.

Variatie: Vervang de geconfijte sinaasappelschil door gedroogde abrikozen.

Gebakjes en ander klein gebak

Aardbeientaartjes met een bladerdeegbodem (ca. 12 stuks van 8 cm doorsnee)

Een krokant gebak om meteen op te eten. Werk zo mogelijk in een koele keuken.

- 250 g bladerdeeg*   501
- ca. 4 eetlepels kristalsuiker of ongeraffineerde rietsuiker (grof, zie tip)

- 250 g aardbeien, de grote in stukjes gesneden
- 1/4 l slagroom
- eventueel 1/2 eetlepel vloeibare honing of ahornsiroop

- een slagroomspuit of spuitzak

Rol het bladerdeeg 3 mm dik uit op een met bloem bestoven werkvlak. Steek er 12 rondjes van 8 cm doorsnee uit en leg ze op een dienblad, waarop u eerst een stuk folie heeft gelegd.
Vet een bakplaat royaal in met boter.
Strooi 1/2 eetlepel suiker op het werkvlak en strijk dit uit tot een dun laagje ter grootte van een deegrondje. Leg er een deegrondje op en rol dit nog wat uit tot een ovaal lapje. Draai het om en ga er nog een keer met de deegroller overheen, zodat zowel aan de onder- als aan de bovenkant een laagje suiker op het deeg zit. Leg het deeglapje op de bakplaat en bewerk op dezelfde wijze de andere deeglapjes. U kunt de lapjes vlak naast elkaar op de bakplaat leggen, ze krimpen tijdens het bakken. Verwarm de oven voor.
Bakken: ca. 8 minuten bij 200°C, middelste richel.
Haal de ovaaltjes na het bakken meteen van de bakplaat en leg ze op een taartrooster.
Klop de slagroom stijf en klop er eventueel op het laatst het zoetmiddel door.
Leg op de onderkant van elk bladerdeegovaaltje een paar aardbeien en spuit er een rand van toefjes slagroom omheen.
Dien de taartjes meteen op en eet ze uit het vuistje, het krokant gebakken bladerdeeg is moeilijk te hanteren met een vorkje.

Variaties:
- vervang de aardbeien door ingemaakte **abrikozen** of **perziken**. Leg eerst een laagje dunne schijfjes banaan op het gebak, anders is het gauw doorweekt.
- vervang deze bladerdeegbodems door vol-▶

korenbeschuit of rijstwafels, bestreken met wat honing
- maak kleine blindgebakken *zandtaartbodempjes**, vul ze voor de helft met *banketbakkersroom (2)** en leg hierop de aardbeien   507

Tip: Met ongeraffineerde rietsuiker krijgen de gebakjes een wat stroperige smaak en de suiker brandt gauw aan op de bakplaat; wees dus voorzichtig bij het bakken (210°C).

Appelbroodjes (9 stuks van 7x7 cm)
⑤ ①

Een zacht gebakje, dat u liefst zo vers mogelijk moet opeten. Het is niet erg zoet, niet machtig en makkelijk te maken.

- *1 recept gistdeeg voor taartbodems*; gebruik hiervoor melk en 50 g boter en laat het deeg in de koelkast rijzen*   504

- *5-10 g boter*
- *250 g appel (geen moesappels)*
- *ca. 1 eetlepel ongeraffineerde rietsuiker*

- *de geraspte schil van 1/2 citroen*
- *ca. 25 g (2 eetlepels) rozijnen of krenten*

Maak van de bovengenoemde ingrediënten een vulling als voor *appeltaart**.   513
Rol de helft van het deeg uit tot een vierkante lap van ca. 24x24 cm en rader hieruit 9 lapjes van 7x7 cm. Doe de deegrestjes bij het overige deeg en leg dit weer terug in de koelkast. Leg de kleine deeglapjes op een bakplaat en verdeel er de vulling op. Laat hierbij rondom een deegrand van ca. 1 cm vrij.
Rol nu de rest van het deeg uit tot een lap van ca. 25x25 cm en rader hem in 9 lapjes van 8x8 cm. Verwarm de oven voor.
Leg de grotere lapjes over de vulling en druk de randen voorzichtig aan. Rader de deegranden nog even keurig na, ze plakken daardoor meteen beter op elkaar (kneed de deegrestjes tot een minibroodje).
Bakken: 15-20 minuten bij 220°C, middelste richel.
Laat de lichtbruin gebakken appelbroodjes op een taartrooster afkoelen en bestuif ze vlak voor het serveren met een beetje poedersuiker.

Variatie: Vervang de bovengenoemde vulling door *mincemeat**.   303

Bananenbroodjes (4 stuks)
⑤

Een zoet, maar niet vet alternatief voor de gevulde koek.

- *1 recept gistdeeg voor taartbodems* of getoerd gistdeeg*; gebruik 50 g boter en laat het deeg in de koelkast rijzen*   504 502

- *4 kleine bananen, wel rijp, maar niet te zacht*

Rol het deeg dun uit, hooguit 3 mm dik, tot een lap van ca. 30 cm lang. Rader hiervan drie brede repen.
Pel de bananen en omwikkel elke vrucht met een deegreepje en wel zo, dat de deegrepen net over elkaar liggen, een soort verband dus. Zorg er wel voor, dat de banaan helemaal is ingepakt, ook aan de uiteinden. Verwarm de oven voor.
Leg de bananen op de bakplaat.
Bakken: ca. 12 minuten bij 210°C, onderste richel.
Laat de bananenbroodjes op een taartrooster afkoelen en bestuif ze vlak voor het opdienen met een spoortje poedersuiker. Eet ze vooral vers op.

Zeeuwse bolussen (8 grote of 12 kleine)
⑤

Een licht, zoet gebak, dat u zo vers mogelijk moet opeten.

- *250 g gebuild meel*
- *1 3/4 dl lauwwarme melk*
- *1/2 eetlepel gist*

- *30 g harde boter*
- *1/2 theelepel zout*

- *75 g ongeraffineerde rietsuiker (fijn)*
- *2-3 theelepels kaneel*

Maak van meel, melk, gist, boter en zout een

fijn brooddeeg*. Maak het vooral niet te 481
stevig.
Verdeel het (vrij slappe) gerezen deeg in 8 of 12 porties en leg deze op een met meel bestrooid dienblad. Dek af met folie om uitdrogen te voorkomen.
Vet een bakplaat royaal in met boter.
Meng de kaneel door de suiker en strooi dit mengsel op het achterste gedeelte van het werkvlak en wel zo, dat er een brede laag suikermengsel ligt.
Rol nu de porties deeg op de suiker uit tot ca. 30 cm lange slangetjes. Rol elk slangetje meteen spiraalvormig, zeer los op, druk het uiteinde plat en leg dit onder het 'slakje'.
Leg de bolussen op de bakplaat – niet meer dan 3-4 op een rij, ze moeten de ruimte hebben om te kunnen rijzen. Laat ze bij kamertemperatuur nog ca. 10 minuten rijzen. Verwarm de oven voor.
Bakken: ca. 15 minuten bij 200°C op de een na bovenste richel. Bak de bolussen vooral niet te lang, anders verkoolt de suiker aan de onderkant en smaken ze bitter. Haal de bolussen na het bakken meteen van de bakplaat en laat ze op een taartrooster afkoelen.

Variatie: Gebruik een mengsel van 100 g meel en 150 g bloem en maar 1 1/2 dl melk. De bolussen worden met deze samenstelling van het deeg luchtiger, maar zijn sneller oudbakken.

Gemberbolussen
(8 stuks van ca. 9 cm doorsnee)

Een licht gebak voor de liefhebbers van 'heet' zoet, dat versgebakken het lekkerst smaakt (zie ook de variatie).

- 250 g gebuild meel
- 1 dl lauwwarme melk
- 1/2 eetlepel gist
- 20 g boter
- 1 theelepel zout

- 1 klein ei

- 50 g zeer zachte boter
- 75-100 g geconfijte gemberbolletjes*, 596
  fijngehakt (met wat stroop)

Maak van meel, melk, gist, boter en ei een gistdeeg*, waarbij u het ei door het gerezen 504 voordeegje roert.
Roer voor de vulling de boter met de gember tot een smeerbaar mengsel. Rol het gerezen deeg uit tot een lap van 16x32 cm en rader of snijd deze lap in stroken van 16x4 cm. Laat de deegstroken nog naast elkaar liggen en besmeer ze met het boter-gembermengsel. Vouw nu elke strook in de lengte dubbel en trek het deeg daarbij een beetje over de vulling heen. Rek de gevulde deegstroken in de lengte nog wat uit en leg ze als een spiraal (losjes opgerold) op een bakplaat met de opening naar boven. Plak het uiteinde met een beetje water vast en laat de bolussen mooi bol rijzen (ca. 1/2 uur).
Verwarm de oven voor en bestrijk de bolussen met melk.
Bakken: ca. 20 minuten bij 200°C, middelste richel. De deegstroken openen zich tijdens het bakken en de vulling carameliseert licht, maar mag niet te bruin worden. Dek de bolussen eventueel af met een vel aluminiumfolie als ze te vlug bruin worden.

Soezen
(16 stuks ter grootte van een mandarijn)

Een makkelijk en ook voor een groot gezelschap vrij vlug gemaakt gebakje.

- 1 recept kookdeeg* 511

- 2 1/2 dl slagroom, stijfgeslagen, gezoet met
- ca. 2 eetlepels vloeibare honing of ahornsiroop
of neem:
- een portie banketbakkersroom 2*, 607
  eventueel vermengd met
- ca. 100 g niet te vochtige vruchten (aardbeien, frambozen, bramen, rode bessen, schijfjes banaan of kiwi, stukjes ananas; alles apart of gemengd)

- wat poedersuiker* 432

Vet een bakplaat in en verwarm de oven voor. Leg met behulp van twee eetlepels hoopjes deeg ter grootte van een pingpongbal op de bakplaat, ten minste 3 cm uit elkaar. ▶

Bakken: ca. 30 minuten bij 180°C, op een na onderste richel.
Let op: open de ovendeur het eerste kwartier niet! Soezen hebben meer onder- dan bovenwarmte nodig. Ze moeten luchtig en gaar zijn en voelen dan licht aan. Bak ze niet te bruin, anders worden ze droog en smaken wat branderig.
Grotere soezen (bij voorbeeld 10 stuks van een portie deeg) worden moeilijker gaar van binnen. Ze hebben in het begin van de baktijd een hogere temperatuur nodig om te rijzen, bak ze daarom de eerste 10 minuten bij 200°C, schakel daarna terug op 175°C en bak de soezen in ca. 25 minuten gaar.
Schakel de oven uit, doe de ovendeur even open en meteen weer dicht (pollepel tussen de deur klemmen). Laat de soezen 10 minuten staan en laat ze vervolgens op een taartrooster helemaal afkoelen.
Knip de soezen vlak voor het serveren iets boven het midden open, vul ze met de gewenste vulling en bestuif ze met een vleugje poedersuiker.

Variatie: Snijd per soes een aardbei of ander zacht fruit in kleine stukjes en vermeng deze stukjes met een beetje vloeibare honing of ahornsiroop. Leg ze vlak voor het presenteren op de bodem van de soezen en doe de slagroom erop. Op deze manier heeft u met veel minder slagroom toch een goed gevulde soes.

Mince-pie's
(ca. 15 stuks van ca. 10 cm doorsnee)

Kleine appeltaartjes met een dekseltje, in Engeland een traditioneel gebak. Voor de korst wordt een eenvoudig deeg gebruikt, het accent ligt meer op de goed gekruide vulling. Als u het dekseltje in de vorm van een ster maakt, wordt het een echt kerstgebakje.

- 1 recept piedeeg*	503
- 1 recept mincemeat*	303
- 1 klein eiwit, losgeklopt	
- zandtaartvormpjes	

Rol driekwart van het piedeeg 2 mm dik uit* 497
en bekleed hiermee de taartvormpjes. Vul ze met de mincemeat.

Rol het overige deeg uit en steek er rondjes of sterren uit voor de dekseltjes. Maak ze niet te krap, het deeg krimpt wat tijdens het bakken; de sterren moeten zo groot zijn, dat ze met de punten de rand van het vormpje raken.
Strijk met een kwastje wat eiwit over de rand van de vormpjes en plak hierop de dekseltjes. Prik ze met een vork 2-3 keer in om scheuren tijdens het bakken te voorkomen (niet nodig bij de sterren). Verwarm de oven voor en zet de vormpjes op het bakrooster.
Bakken: ca. 20 minuten bij 220°C, één richel onder het midden.

Variaties:
- bak de pie's zonder dekseltjes (200°C) of leg er rastervormig smalle reepjes deeg op
- vervang het piedeeg door 600 g van het minder vette gistdeeg voor taartbodems* of 504
1 recept getoerd gistdeeg* 502

Appelflappen (8 grote)

⑤

Met groentesoep of een salade vooraf een volledige maaltijd. Als lekkernij bij de koffie kunt u ze kleiner maken en er getoerd gistdeeg of bladerdeeg voor gebruiken (ca. 16 flappen).

- 1 recept kruimeldeeg*	504
of getoerd gistdeeg*,	502
of ca. 400 g bladerdeeg*	501
- ca. 400 g appelen (geen moesappels)	
- 50 g hazelnoten of amandelen, zeer fijn gemalen	
- 50 g rozijnen, krenten of dadels (fijngesneden), eventueel een mengsel	
- de geraspte schil van 1 citroen, of 1/2 theelepel kaneel	
- eventueel 1 eetlepel ongeraffineerde rietsuiker of stroop	

Verwijder van de appels het klokhuis en het steeltje, wigvormig met een puntig mesje. Snijd de appels overlangs doormidden en rasp ze, te beginnen met het snijvlak, op uw grofste rasp. U heeft 300 g rasp nodig. Vermeng de rasp met de overige ingrediënten.
Werkwijze: zie *groenteflappen** (doorsnee grote flappen 15 cm, doorsnee kleine 11 cm). 298

Verwarm de oven voor.
Bakken: ca. 20 minuten bij 200°C, middelste richel.
Strooi er een vleugje poedersuiker overheen en eet ze vers (lauwwarm) op.

Variaties:
- maak in plaats van 8 kleine één grote appelflap. Reken in dit geval op een baktijd van ten minste een half uur. Snijd de flap in moten en geef er *vanillesaus** bij   212
- gebruik in plaats van de bovenstaande vulling *mincemeat**   303

Tip: Een restje vulling kunt u in een glazen pot nog 1-2 dagen bewaren (in de koelkast); lekker op de boterham of in de yoghurt.

Oliebollen (ca. 25 stuks)

⊖

- *400 g bloem of gebuild meel of een mengsel*
- *1 theelepel zout*

- *3 1/2-4 dl melk*
- *1/2 eetlepel gist*
- *1 ei of 2 kleine eieren*

- *150 g rozijnen en krenten*
- *de geraspte schil van 1 citroen*
- *50 g sukade en/of 50 g fijngesneden oranjesnippers*

- *1 grote, stevige appel (geen moesappel), in blokjes van 1/2 cm*
- *olie om te frituren**   45
- *poedersuiker*

Meng de bloem of het meel met het zout in een grote beslagkom. Maak er een kuiltje in. Los de gist op in een 1/2 kopje van de melk en giet dit in het kuiltje. Giet er nog een scheutje melk bij. Roer dit nu met een beetje van de bloem tot een vloeibaar deegje en laat het op een warm plekje staan tot er blaasjes op komen.
Voeg de rest van de melk en het ei bij dit deegje en roer alles van het midden uit tot een mooi, glad beslag. Klop met een houten lepel nog een paar minuten stevig door. Voeg op het laatst de rozijnen, de sukade en de citroenschil toe. Dek de kom af met een vochtige theedoek of stop hem in een plastic zak en laat het beslag tot tweemaal het volume rijzen. Verwarm de frituurolie tot 170°C.
Meng de blokjes appel door het beslag en sla daarbij het beslag neer (het rijst wel weer tijdens het bakken).
Neem met een kleine ijsbollepel of met twee eetlepels stukjes beslag uit de kom en schuif deze voorzichtig in de hete olie. Bak eerst een proefbol aan beide kanten mooi bruin. Dit duurt ca. 5 minuten. Haal deze oliebol met een schuimspaan uit de olie en snijd hem doormidden: als hij van binnen nog niet helemaal gaar, maar toch aan de buitenkant flink bruin is, was de olie te heet. Bakken de bollen te langzaam, dan krijgen ze een harde, wat taaie korst en zijn ze vet van binnen.
Bak niet te veel bollen tegelijk, want dan koelt het vel te veel af. Zet eventueel het vuur wat hoger.
Laat de bollen op keukenpapier uitlekken, stapel ze op een schaal en bestrooi ze met poedersuiker. Warm zijn ze het lekkerst. Afgekoelde bollen kunt u opwarmen in een vuurvast schaaltje op de kachel of radiator, losjes afgedekt met een stukje vetvrij papier. Leg grotere hoeveelheden op de bakplaat, 5 minuten in een op 200°C voorverwarmde oven. Laat ze daarna nog 5 minuten in de uitgeschakelde oven liggen.

Variaties:
- vervang een gedeelte van de rozijnen door in stukjes gesneden geconfijte gember* (ca. 25 g)   596
- vervang een gedeelte van de rozijnen door dadels en/of gedroogde abrikozen, alles in stukjes gesneden
- **gefrituurde appelbollen**: vervang 100 g van de rozijnen door 250 g in heel kleine dobbelsteentjes gesneden stevige appels (vlak voor het bakken toevoegen)

Appelbeignets (ca. 20 stuks)

⑤ ①

- 1 recept beignetbeslag (2)*	512
- 4-5 appelen, middelmaat, gewassen	
- olie om te frituren*	45

Steek met een appelboor het klokhuis uit de appels en snijd ze met de schil in schijven van 3/4 cm dik.
Verwarm de olie tot 180°C. Haal een appelschijf door het beslag en laat deze voorzichtig in de olie glijden. Bak deze proefbeignet aan beide kanten mooi bruin. Als er tijdens het bakken geen opening in het midden ontstaat, is het beslag te dik en moet u er nog wat water door roeren. Als het beslag niet op de appel blijft zitten, is het te dun of is de appel te vochtig. Roer in het eerste geval nog wat meel door het beslag, wentel in het tweede geval de appelschijven door meel voor ze in het beslag te dompelen. Zorg ervoor dat de beignets goed naast elkaar in de pan kunnen liggen.
Haal de beignets met een schuimspaan uit de olie en laat ze op keukenpapier uitlekken. Leg ze dakpansgewijs op een schaal en strooi er eventueel wat poedersuiker op.

Variaties:
- **perenbeignets:** vervang de appels door 1/2 cm dikke schijven van geschilde peren. Wentel ze eerst door meel voordat u ze door het beslag haalt
- **abrikozenbeignets:** vervang de appels door ca. 500 g ontpitte verse abrikozen

Vlierbloesembeignets

⑤ ①

Lekker bij een glas limonade of kopje thee, maar ook als toetje na een lichte maaltijd.

- 1/2 recept beignetbeslag (2)*	512
- 8 grote schermen vlierbloesem	
- olie om te frituren*	45

Pluk de vlierbloesem op een droge dag op het moment, dat de bloemetjes net zijn opengegaan, ze zitten dan nog goed aan de steeltjes vast. Dompel de schermen zover in het beslag, dat alle bloemetjes en de kleine steeltjes met beslag zijn bedekt. Leg ze in de hete olie en bak ze lichtbruin als *appelbeignets**. Bestrooi ze naar wens met wat poedersuiker. Eet deze beignets vers op, dan zijn ze nog knapperig (de dikke stelen worden niet opgegeten).

Koekjes

Amandelkoekjes (60 stuks, ca. 600 g)

↩

Een eenvoudig te maken koekje met een fijne smaak. In een luchtdichte trommel tot 4 weken houdbaar.

- 125-150 g zachte boter	
- 125 g ongeraffineerde fijne rietsuiker	
- 1 ei	
- 1 snufje zout	
- 30-50 g amandelen, gepeld en in tweeën gesplitst*	604
- 300 g half tarwemeel/half gebuild meel	
- eventueel 1 theelepel zuiveringszout	

Roer de boter glad met de suiker. Voeg het ei met het zout en een eetlepel van het meel toe en blijf roeren tot er een romige massa ontstaat.
Meng de amandelen en het zuiveringszout door het meel en werk dit bij gedeelten door de botermassa. Het beste gaat dit met een stevige vork. Het deeg is nu glad en soepel en lichter van kleur. Dek het af met een bord of een stuk plastic en laat het ten minste 1 uur op een koele plaats (*niet* in de koelkast) rusten. Vorm nu van het deeg een gladde rol van ca. 4 cm doorsnee. Wikkel hem in een stukje plastic en laat de rol in de koelkast opstijven. Dit duurt op de koelste plaats van de koelkast ca. 3 uur, maar het mag ook veel langer (2-3 dagen) als u dat beter uitkomt.

Snijd deze deegrol met een scherp mes in 3-5 mm dikke plakjes en leg deze op een *niet* ingevette bakplaat. Als u zuiveringszout heeft gebruikt, moet u tussen de koekjes een afstand van 1 cm aanhouden.
Bakken: ca. 15 minuten bij 180°C, middelste richel. Haal de koekjes meteen na het bakken van de plaat en laat ze op een taartrooster afkoelen.

Variaties:
- vervang de amandelen gedeeltelijk of helemaal door cashewnoten
- maal de gepelde amandelen fijn, eventueel samen met 3 bittere. Van dit deeg zou u ook vormpjes kunnen uitsteken, nadat u het deeg heeft laten rusten. Doe dit dan in een koele keuken en gebruik zo weinig mogelijk meel voor het uitrollen*, anders worden de koekjes droog
- **krentenkoekjes:** vervang de amandelen door 100 g krenten en 100 g van het tarwemeel door beokweitmeel
- **chocoladekoekjes:** meng 1 eetlepel cacaopoeder of 4 eetlepels carob door het meel. Neem bij cacao 1 eetlepel suiker extra

Tip: Pel de amandelen niet en hak of maal ze grof of fijn. Deze eenvoudigere werkwijze doet niets af aan de smaak van de koekjes, alleen zijn de stukjes amandelen niet zichtbaar tussen het deeg.

Kerstkransjes van boterdeeg
(ca. 600 g)

⊖

Maak een deeg als voor *amandelkoekjes**. 534
Verwerk echter de gepelde amandelen niet in het deeg, maar hak ze niet te fijn. Rol het deeg, nadat u het heeft laten rusten, 3 mm dik uit en steek er met behulp van een passende vorm of een glas rondjes uit. Leg deze op de bakplaat. Maak nu met een metalen flessedop, vingerhoed of appelboor (al naar gelang de grootte van het deegrondje) een gat in het midden. Houd er bij gebruik van zuiveringszout rekening mee, dat het gat tijdens het bakken kleiner wordt doordat het deeg rijst.
Bestrijk de kransjes met losgeklopt ei en bestrooi ze met de amandelen. Rol er met de deegroller voorzichtig even overheen, dan 497 blijven de amandelen beter op de koekjes plakken.
Bakken: ca. 12 minuten bij 170°C, middelste richel.

Variatie: Bestrooi de kerstkransjes met ongeraffineerde rietsuiker (grof) in plaats van amandelen.

Tips:
- voor een grote hoeveelheid kerstkransjes: bestrooi het uitgerolde deeg al voor het uitsteken met de amandelen. Vorm van de, in dit geval ook bestrooide, deegrestjes dan een rol, laat deze in de koelkast opstijven en bak er *amandelkoekjes** van 534
- bak ook de uit het midden van de kransjes gestoken deegrondjes en maak er nog meer van van de deegrestjes. Plak deze kleine rondjes meteen na het bakken op elkaar met een beetje vruchtenmoes of halvajam (abrikozen of sinaasappel is het lekkerst). Serveer deze **gevulde koekjes** bij de thee

Walnootkoekjes
(75 stuks, ca. 650 g)

⊖

Een koekje zonder eieren of melk met een uitgesproken notensmaak.

- *75 g zachte boter*
- *125 g ongeraffineerde rietsuiker, fijn, of stroop*
- *2 dl lauw water of koolzuurhoudend mineraalwater*
- *1 mespunt zout*
- *1 mespunt gemalen koriander of kaneel*
- *50 g walnoten, de helft ervan grof gehakt, de rest fijngemalen*
- *250 g fijn tarwemeel of half meel/half gebuild meel*
- *eventueel 1 theelepel zuiveringszout*

Roer de boter glad met het zoetmiddel. Voeg het zout toe en bij scheutjes tegelijk het water (in het begin kleine scheutjes, anders gaat het schiften). Klop dit tot een homogene massa, tot alle suiker is opgelost.
Vermeng het meel met de kruiden en de noten en roer dit bij gedeelten door de botermassa. ▶

Kneed het deeg met de vork of een houten lepel, tot het van de kom loslaat.
Laat dit soepele deeg ten minste 1 uur rusten op een koele plaats (niet in de koelkast) en vorm het als *amandelkoekjes**. 534
Bakken: ca. 15 minuten bij 180°C, middelste richel.

Tip: Met stroop of honing wordt het koekje zachter van consistentie dan met ongeraffineerde rietsuiker.

Hazelnootkoekjes
(75 stuks, ca. 650 g)

😊

Een zacht smakend koekje, dat ook voor jonge kinderen (vanaf ca. 1 jaar) geschikt is.

Volg het recept van de *walnootkoekjes**, maar gebruik zeer fijn gemalen hazelnoten en van de specerijen alleen anijs en/of koriander. 535

Variatie: Bijzonder fijn, maar wel vetter: maak het deeg van de *Linzertaart**. 522

Gemberkoekjes
(50 stuks, ca. 500 g)

😊

Een zeer pittig gekruid koekje, dat u enkele weken kunt bewaren (luchtdicht verpakt).

- 125 g zachte boter
- 80 g ongeraffineerde rietsuiker
- 1 groot ei

- 75 g hele of zeer grof gehakte hazelnoten
- 2 eetlepels geconfijte gember*, fijngesneden 596
- de geraspte schil van een kleine citroen

- 250 g gebuild meel of fijn tarwemeel, of een mengsel
- 1 theelepel geraspte gemberwortel of -poeder
- 3 theelepels kaneel
- eventueel 1/2 theelepel zuiveringszout

Roer de boter glad met het zoetmiddel. Voeg het ei en 1 eetlepel meel toe en blijf roeren tot er een romige massa ontstaat en de suiker is opgelost. Roer ook de hazelnoten, gember en citroenschil erdoor.
Vermeng de overige ingrediënten en werk ze door de botermassa. Laat het nu nog kleverige deeg toegedekt ten minste 1 uur op een koele plaats rusten (niet in de koelkast).
Vorm het deeg als *amandelkoekjes**. 534
Bakken: ca. 15 minuten bij 175°C, middelste richel.

Vierkorenkoekjes
(80 stuks, ca. 750 g)

😊

Een voordelig, maar toch lekker koekje met een zachte smaak. Als u de koekjes wat groter maakt en voor het bakken een hazelnoot in het midden drukt, is het ook een geschikte verjaardagstractatie op school.

- 225 g vierkorenvlokken
- 50 g boter

- 100 g zachte boter
- 175-200 g ongeraffineerde rietsuiker of stroop
- de geraspte schil van 1 kleine citroen
- een snufje zout
- 2 grote of 3 kleine eieren

- 50 g hazelnoten, liefst geroosterd, zeer grof gehakt
- 250 g gebuild meel
- 1 theelepel piment of kaneel
- eventueel 1/2 theelepel zuiveringszout

Rooster in een pan met dikke bodem de vlokken in de boter goudgeel. Doe dit op een matig vuur en pas op voor aanbranden. Laat de vlokken afkoelen. Roer de zachte boter glad met het zoetmiddel en voeg de citroenschil, het zout en de eieren met 2-3 eetlepels van het meel toe. Blijf roeren tot er een romig geheel ontstaat en de suiker is opgelost.
Voeg de hazelnoten toe en het met de specerijen en het zuiveringszout vermengde meel en werk alles tot een smeuïg deeg. Dit is nu nog erg kleverig, maar het wordt vanzelf steviger als u het ten minste 3 uur (langer mag ook) op een niet al te warme plaats laat rusten.

Vorm het deeg als *amandelkoekjes** (3 mm 534
dunne plakjes).
Bakken: ca. 15 minuten bij 160°C, middelste richel.

Variaties:
- vervang de vierkorenvlokken door **gierstvlokken** of **havervlokken**
- rooster de vlokken niet, maar gebruik alle boter voor de crèmige massa
- vervang 25 g van het zoetmiddel door 50 g krenten of in stukjes gesneden andere gedroogde zuidvruchten of geconfijte sinaasappelschil* of gember* 596

Knabbelstokjes
(75 stuks, ca. 650 g)

€)

Een gekruid koekje voor de liefhebbers van noten; in Zwitserland heten ze 'Totenbeinli' (knekeltjes). Ze blijven, luchtdicht verpakt, wekenlang houdbaar.

- *50 g zachte boter*
- *150-175 g ongeraffineerde rietsuiker*
- *een snufje zout*
- *2 grote of 3 kleine eieren*

- *50 g amandelen, in tweeën gehakt*
- *100 g hazelnoten, kleine heel, grote gebroken*
- *100 g cashewnoten, gebroken*

- *300 g fijn tarwemeel of gebuild meel, of een mengsel*
- *1 theelepel kaneel*
- *1 theelepel koriander*
- *eventueel 1 mespunt zuiveringszout*

Roer de boter glad met het zoetmiddel en het zout, voeg de eieren en 2-3 eetlepels van het meel toe en roer tot er een romige massa ontstaat en alle suiker is opgelost.
Voeg de noten toe.
Vermeng het meel met de specerijen en werk het door de massa. Laat het nog kleverige deeg ten minste 1 uur op een niet te warme plaats rusten. Vet de bakplaat in en bestrooi hem met meel. Rol het deeg op een met meel bestoven werkvlak 3/4 cm dik uit tot een liefst vierkante lap. Snijd de lap in 7 cm brede repen, iets korter dan de lengte van de bakplaat. Leg de deegrepen erop, met een tussenruimte van ten minste 2 cm (stukjes aan elkaar plakken mag).
Bakken 1: 15 minuten bij 175°C, middelste richel.
De repen zijn nu heel licht gekleurd, maar nog zacht. Haal de plaat uit de oven en snijd de repen (op de plaat) vlug in vingerdikke reepjes. Leg elk reepje op zijn snijkant.
Bakken 2: ca. 10 minuten bij 175°C, middelste richel.
De knabbelstokjes moeten helemaal doorbakken zijn.

Sesamkoekjes
(50 stuks, ca. 350 g)

€)

Een eenvoudig koekje, dat erg lekker smaakt als u het deeg heel dun uitrolt.

- *75 g zachte boter*
- *75 g ahornsiroop of niet te harde honing*
- *1 mespunt zout*
- *1 mespunt piment*
- *1 mespunt gemalen anijs*

- *3 eetlepels warm water*

- *ca. 225 g tarwemeel*

Roer de boter zacht met zoetmiddel, zout en kruiden.
Klop er eetlepelsgewijs het water door.
Meng er nu bij gedeelten het meel door, totdat een dik, maar nog net met de lepel bewerkbaar deeg is ontstaan. Laat het toegedekt (met een bord of een stuk plastic) ten minste 1 uur, liever langer bij kamertemperatuur rusten.
Rol het daarna 2 mm dik uit op een met meel bestoven werkvlak, bestrooi het dicht met sesamzaad en rol er nog eens met de deegroller overheen. Snijd of rader het deeg in ruitjes of reepjes, of steek er rondjes uit. Leg de koekjes met behulp van een pannekoeksmes op de bakplaat.
Bakken: 10-12 minuten bij 160°C, middelste richel.

Tips:
- minder bewerkelijk: meng 50 g geroosterd sesamzaad* door het meel. Verwerk de ▶605

ingrediënten zoals boven beschreven, maar strooi geen sesamzaad meer op het uitgerolde deeg. De koekjes zien er wat minder feestelijk uit, maar de smaak blijft hetzelfde
- uitgestoken koekjes die te dik blijken te zijn, kunt u alsnog uitrollen (ze worden dan ovaal)
- nog gemakkelijker: vorm het met sesamzaad vermengde deeg als bij *amandelkoekjes** is beschreven (2 mm dikke plakjes) 534

Zonnepitjes (45 stuks, ca. 375 g)

🔥

Maak hetzelfde deeg als voor *sesamkoekjes**. 537
Rol het deeg iets dikker uit (3-4 mm), bestrijk het met koud water en bestrooi het dicht met zonnebloempitten. Rol er stevig met de deegroller overheen, de pitjes moeten goed in het deeg vastzitten en het deeg wordt tegelijk nog wat dunner uitgerold. Snijd het in ruitjes van ca. 4,5x4,5 cm en leg deze op de bakplaat.
Bakken: ca. 15 minuten bij 175°C, middelste richel.

Tip: Rooster de zonnebloempitten* en meng 605
ze door het deeg. Vorm het deeg verder als beschreven bij *amandelkoekjes** (3 mm dikke 534
plakjes).

Schuimpjes (ca. 20 stuks)

🔥 ❄

De originele Franse Meringues worden met veel witte kristalsuiker gemaakt. Maar met wat minder en ongeraffineerde rietsuiker, een handmixer of een grote, soepele garde en veel geduld lukt het ook. Deze schuimpjes hebben een beige kleur en smaken een beetje naar caramel. Hoe meer suiker u gebruikt, des te harder wordt het gebak. Serveer het bij de thee.

- *1 groot, zeer vers eiwit (40 g)*
- *een korreltje zout*
- *50-60 g ongeraffineerde rietsuiker*

Vet een bakplaat in en bestrooi hem met meel. Klop het overtollige meel er weer af. Klop de eiwitten samen met de suiker au bain marie stijf*. Bij gebruik van een handmixer 43
(middelste snelheid) kunt u het beste een pyrex litermaat of een porseleinen kan gebruiken. Met een garde gaat het beter in een vuurvaste schaal. Een plastic deegkom geleidt de warmte slecht; het is de bedoeling, dat het schuim al kloppend lauwwarm wordt.
Blijf kloppen tot de massa heel stijf en beige van kleur geworden is. In deze tijd zijn ook de hardste suikerkorrels gesmolten. Neem nu de kom uit het water en blijf kloppen tot de massa weer wat afgekoeld is.
Verwarm de oven voor op 120°C. Leg met behulp van een spuitzak of twee lepels hoopjes ter grootte van een flinke walnoot, met een tussenruimte van 2 cm, op de bakplaat (de schuimpjes rijzen nog een beetje tijdens het bakken). Schuif de schuimpjes in de oven en schakel terug op 90°C.
Bakken: 2-3 uur bij 90°C, middelste richel (bij gasovens eventueel langer).
Laat de schuimpjes op de plaat een beetje afkoelen en maak ze dan zeer voorzichtig los met een dun mesje. Laat ze op een taartrooster afkoelen en bewaar ze in een luchtdicht afgesloten trommeltje, ze zijn wekenlang houdbaar. Bewaar ze in een open trommeltje op een droge plaats als u ze liever wat taai heeft van binnen.

Variatie: kerstkransjes: doe de schuimmassa in een spuitzak met een stervormige spuitmond. Spuit kransjes van 5 cm doorsnee op de bakplaat. Bestrooi de kransjes met de gehakte noten.

Tips:
- bij gebruik van witte kristalsuiker hoeft u de massa niet per se au bain marie te kloppen en kunt u meringues maken ter grootte van een kiwi. Zet ze vooral niet te dicht tegen elkaar
- zie ook *Mont Blanc** 461
- schuimpjes worden meer gedroogd dan gebakken. Om energie te besparen kunt u ze een nacht op een niet te warme kachel of brede radiator voordrogen en daarna in de oven nabakken tot ze door en door droog zijn (90°C)

Kokosmakronen (ca. 24 stuks)

🔄

- 2 grote eiwitten (80 g)
- 1 korreltje zout
- 75 g ongeraffineerde rietsuiker of 90 g stroop

- 150 g gemalen kokos, of vers geraspte kokosnoot

Vet een bakplaat in en bestuif hem met meel, klop het overtollige meel er weer af.
Klop de eiwitten met het zout zeer stijf*. 496
Voeg bij gedeelten het zoetmiddel toe en blijf kloppen tot de massa weer stijf en alle suiker gesmolten is.
Schep de kokos in gedeelten erdoor. Doe dit met de gardes van de mixer alsof u sla mengt.
Verwarm de oven voor.
Leg met behulp van twee eetlepels hoopjes ter grootte van een kleine pruim op de bakplaat. Houd ten minste 2 cm tussenruimte, de makronen rijzen tijdens het bakken.
Bakken: 15-20 minuten bij 160°C, middelste richel.
De makronen zijn dan van binnen nog zacht, vooral als u vers geraspte kokos gebruikt. Eet de makronen vers op.

Variaties:
- **paasnestjes** (5 stuks): leg met behulp van 2 eetlepels 5 hoopjes van dit beslag op een ingevette en met bloem bestoven bakplaat. Druk de hoopjes plat en zorg ervoor, dat ze mooi rond zijn. Druk in het midden kransvormig 5 hazelnoten (bij wijze van eitjes) in elk nestje
- **hazelnootmakronen:** vervang de kokos door – liefst eerst geroosterde – en zeer fijn gemalen hazelnoten. Voeg 1 mespunt kaneel of 1 theelepel koriander toe. Als zoetmiddel smaakt stroop lekker bij hazelnoten. Vermeng de gemalen hazelnoten eventueel met 1 eetlepel cacao of 2-3 eetlepels carob. Druk voor het bakken in elke makroon een hazelnoot
- **amandelmakronen:** vervang de kokos door al of niet eerst gepelde amandelen, zeer fijn gemalen. Voeg eventueel nog 2-3 bittere amandelen toe (in een vijzel gestampt). Voeg, om het amandelaroma volledig tot zijn recht te laten komen, geen citroenrasp of kruiden toe. Gebruik voor de gepelde amandelen bij voorkeur ahornsiroop, daarmee behouden ze de lichte kleur

Tip: Als u de makronen wilt bewaren moeten ze door en door droog zijn. Bak ze dan 1 uur bij 100°C.

Elisenlebkuchen
(30 stuks, ca. 400 g)

🔄 🕯

Gekruide, op makronen lijkende fijne amandelkoekjes. Pas na 1-2 dagen smaken ze echt lekker, ze zijn wekenlang houdbaar (in een trommeltje).

- 180 g half amandelen/half hazelnoten. zeer fijn gemalen
- 3 bittere amandelen, gestampt
- 25 g meel
- 2 theelepels kaneel
- 1 mespunt piment
- 1 mespunt kruidnagel
- 1 mespunt foelie, gemalen, of nootmuskaat (neem iets meer)
- 1 theelepel zuiveringszout

- 2 eieren (100 g, zonder schil gewogen)
- 125-150 g ongeraffineerde rietsuiker (fijn)

- 40 g geconfijte sinaasappelschil*, fijngehakt   596
- eventueel 40 g sukade, fijngehakt
- 1 theelepel geraspte citroenschil

Vet de bakplaat in en bestrooi hem met meel. Klop het overtollige meel eraf.
Vermeng alle droge ingrediënten.
Klop de eieren met de suiker tot de massa schuimig en licht van kleur is. Met de handmixer duurt dit ten minste 5 minuten, met de garde een kwartier. Meng nu het noten/kruidenmengsel en de schilletjes er voorzichtig door.
Doe het deeg in een spuitzak (zonder spuitmondje) en spuit walnootgrote bolletjes op de bakplaat (of doe dit met behulp van twee eetlepels). Druk ze met een nat mes wat plat.
Bakken: ca. 20 minuten bij 170°C, middelste richel.

Variaties:
- hak wat gepelde amandelen of pistache-▶

noten fijn en strooi hiervan wat op het midden van elk koekje (voordat u ze platdrukt, de noten blijven dan goed op het deeg zitten)
- glaceer de lebkuchen als *Basler Leckerli**   540

Basler Leckerli (50 stuks, ca. 300 g)

Een zoet, gekruid honinggebak, dat u wekenlang kunt bewaren. De Leckerli worden met stroop zachter dan met suiker, maar de suiker laat de specerijen beter tot hun recht komen.

- 125-150 g honing
- 125-150 g stroop of ongeraffineerde rietsuiker
- 3-4 eetlepels karnemelk of melk (3 bij stroop)

- de geraspte schil van 1/2 citroen
- 80 g geconfijte sinaasappelschil*,   596
  fijngehakt
- eventueel 50-75 g sucade, fijngehakt
- een snufje zout

- 300 g meel of gebuild meel, of een mengsel hiervan
- 1-2 theelepels zuiveringszout
- 100-150 g amandelen, zeer grof gemalen of fijn gehakt
- 3/4 eetlepel (6 g) kaneel
- krap 1/2 theelepel kruidnagelen of 1 mespunt piment en een mespunt kruidnagelen
- 1/2 theelepel nootmuskaat of een mespunt foelie
- 1/2 theelepel kardamom

Verwarm in een steelpan op een matig vuur de honing met de stroop en de melk. Laat dit niet warmer worden dan ca. 50°C, maar blijf roeren tot alle suiker is opgelost. Roer citroen- en sinaasappelschil, sucade en zout erdoor en laat het mengsel helemaal afkoelen.
Vermeng in de deegkom het meel met de rest van de ingrediënten en maak er een kuiltje in. Giet hierin het honingmengsel en roer van het midden uit alles tot een zeer dik, nog kleverig deeg. Druk een stuk plastic op het deeg om uitdrogen te voorkomen en laat het bij kamertemperatuur 2-24 uur rusten.
Rol het deeg hierna op een ingevette bakplaat uit tot een rechthoekige lap van ca. 30x40 cm en 1/2 cm dik (als de bakplaat hoge randen heeft, kunt u het deeg ook op de onderkant van de plaat uitrollen). De plasticfolie kunt u tijdens het uitrollen op het deeg leggen; dit voorkomt het vastplakken aan de deegroller (leg een vochtige doek onder de bakplaat). Verwarm de oven voor. Bestrijk het deeg met *honingglazuur**.   432
Bakken: ca. 20 minuten bij 180°C, middelste richel.
Snijd de nog warme koek met een scherp mes of radertje in stukjes van 3x5 cm. Neem de Leckerli met een pannekoeksmes van de bakplaat en laat ze op een taartrooster afkoelen. Bewaar ze zoals hierboven beschreven.

Variatie: Stel een andere kruidencombinatie samen: 4-5 theelepels kaneel; 1 theelepel gemberpoeder; 1 theelepel piment; een mespunt foelie; een mespunt kruidnagel, en vervang 30-50 g van de amandelen door een ander soort noten.

Bitterkoekjes (32 stuks, ca. 200 g)
🔁 🕯

Deze koekjes krijgen hun typische smaak door de vrij grote hoeveelheid bittere amandelen* of abrikozepitten die erin zijn verwerkt.   613

- 1 groot eiwit (40 g)
- 40 g ongeraffineerde rietsuiker
- 90 g amandelen, zeer fijn gemalen
- 20 g bittere amandelen of abrikozepitten, in een vijzel gestampt of ook fijn gemalen

Maak een deeg als voor *kokosmakronen**, het   539 wordt vrij stevig. Leg hiervan met behulp van een kleine ijsbollepel of twee grote theelepels hoopjes ter grootte van een walnoot op een ingevette en met meel bestoven bakplaat. Strijk de hoopjes glad met een natgemaakt mes en druk ze tegelijk wat platter.
Bakken: 18 minuten middelste richel (10 minuten bij 170°C, vervolgens ca. 8 minuten bij 180°C).
Doe de bitterkoekjes nog lauwwarm in een luchtdicht afgesloten trommel als u ze zacht wilt eten. Bewaar ze in een open trommel als u ze liever droog wilt hebben.

Speculaasjes (ca. 500 g)

⑤ ⊖

Als de speculaasplank bij u aan de muur hangt, moet u hem een dag van tevoren met lauwwarm water afboenen en goed laten drogen (alleen bij kamertemperatuur, niet op de kachel). Zonder speciale plank kunt u echter ook lekkere speculaasjes bakken (zie tip).

- *150 g zachte boter*
- *125 g stroop*
- *1 eetlepel melk*

- *300 g gebuild meel of fijn tarwemeel*
- *10 g (ruim 1 eetlepel) speculaaskruiden*
- *eventueel 1/2 theelepel zuiveringszout*

- *een speculaasvorm*
- *rijstmeel voor de vorm*

Roer de boter zacht met de stroop en voeg op het laatst ook de melk toe.
Meng meel, specerijen en zuiveringszout en werk dit door de botermassa. Laat het deeg ten minste 1 uur op een koele plaats rusten (niet in de koelkast).
Bestuif de speculaasvorm met rijstmeel en druk het deeg erin. Strijk met de achterkant van een mes over de plank om het overtollige deeg weg te halen. Draai de plank om en tik de speculaasjes eruit. Leg ze met behulp van een pannekoeksmes op de bakplaat.
Bakken: ca. 10 minuten bij 175°C, middelste richel.

Tip: Zonder speculaasplank: Vorm het deeg na de rusttijd als *amandelkoekjes**. U kunt de 534 plakjes dan nog met melk of losgeklopt ei bestrijken en er een gepelde halve amandel op drukken.

Speculaasbrokken
(3-4 stuks van 125-160 g)

Maak hetzelfde deeg als voor *speculaasjes**, 541 maar gebruik alleen tarwemeel en voeg een hele theelepel zuiveringszout toe. Verdeel het deeg na de rusttijd in 3-4 ballen en rol deze op een met meel bestoven werkvlak 1 cm dik uit tot enigszins vierkante plakken. Leg ze met behulp van een pannekoeksmes op de bak-▶

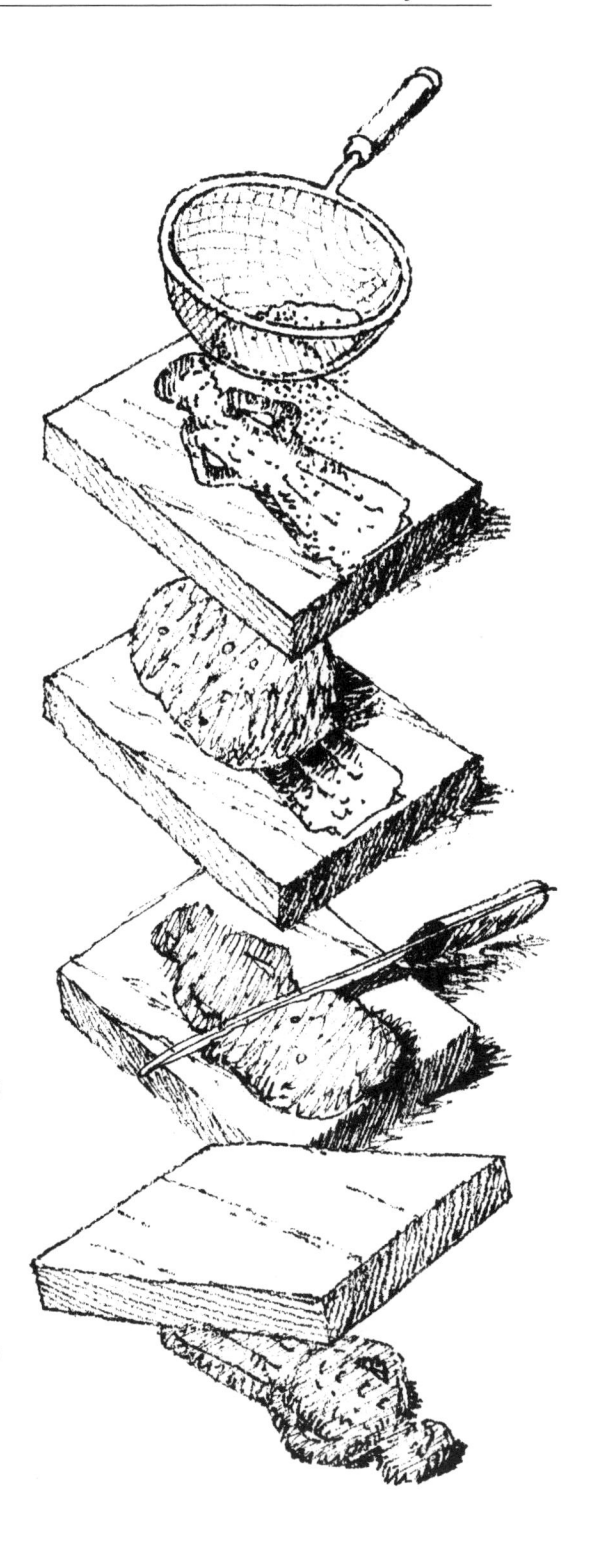

plaat en bestrijk ze met melk of losgeklopt ei. Druk er desgewenst gepelde halve amandelen op.
Bakken: ca. 20 minuten bij 175°C, middelste richel.

Gevulde speculaas
(ca. 650 g, 36 stukjes van 3x4 cm)

🔂

Maak dit traditionele Sint-Nicolaasgebak ten minste 1 week van tevoren en bewaar het, in een luchtdichte doos of in folie verpakt, op een niet te warme plaats.

- *1 recept speculaasdeeg*; gebruik hiervoor fijn tarwemeel en laat de melk weg. Zet het deeg koel weg (niet in de koelkast)* 541

- *1 recept amandelspijs*, van honing gemaakt; gebruik 2 bittere amandelen extra en kneed 2 eetlepels losgeklopt ei door de massa. Maak de spijs niet van tevoren, maar verwerk haar vers* 606

- *18 amandelen, gepeld en in twee helften gesplitst** 604

Rol met behulp van een stuk plastic de helft van het deeg 3 mm dik uit. Snijd hiervan een mooie lap van 18x24 cm (lapjes aan elkaar plakken mag; schuif de stukken deeg tegen elkaar aan en maak de naden glad met de vingers). Leg de deeglap met behulp van het plastic op een bakplaat en trek het plastic eraf. Zet de bakplaat op een koele plaats.
Doe eventuele deegrestjes bij de andere helft van het deeg en rol dit eveneens uit tot een lap van 18x24 cm (deze keer liever niet plakken, dit wordt de bovenkant). Leg deze deeglap, met het plastic eronder, plat weg op een koele plaats.
Smeer de spijs in een overal even dikke laag, tot aan de rand, op de inmiddels stijf en stevig geworden deegplak op de bakplaat. Dek af met de tweede deegplak en druk heel voorzichtig een beetje aan.
Markeer nu met een scherp mesje op de speculaas 36 ruitjes van 3x4 cm (niet door het deeg heensnijden, alleen krasjes maken). Bestrijk de bovenkant met de rest van het losgeklopte ei (van de spijs) en druk op elk ruitje een halve amandel.

Bakken: ca. 40 minuten bij 150°C, middelste richel. Laat het gebak op een taartrooster afkoelen. Snijd het voor het serveren in ruitjes.

Tip: Bak van overgebleven speculaasdeeg een speculaasbrokje.

Lebkuchen (ca. 1 kg)

🄻 🔂

Zeer eenvoudige, niet zo zoete Lebkuchen – een van oorsprong Duits gebak – die geschikt zijn om te versieren. Het deeg is ook voor kinderen goed te hanteren en u kunt er vormpjes uitsteken, er allerlei figuren naar eigen ontwerp uitsnijden (ziet tips) of er zelfs een koekhuis(je) van bakken.
Voor het versieren kunt u halve gepelde amandelen, halve cashewnoten, alle soorten zuidvruchten (in stukjes geknipt), zonnebloempitten en kruidnagelen (oogjes), sesamzaad (haren) en popcorn (baard, sneeuw) gebruiken. Met een papje van bloem en koud water kunt u deze versieringen stevig op de koeken plakken. Gebruik zo min mogelijk van dit plaksel, dan blijft het onzichtbaar.
Met *suikerglazuur 2** kunt u fijne lijntjes (letters) op de koeken spuiten. 433
Lebkuchen zijn wekenlang houdbaar, liefst in een luchtdichte verpakking. Hard geworden Lebkuchen worden naast het brood in de broodtrommel weer zacht.

- *175 g stroop*
- *200 g ongeraffineerde rietsuiker of honing (250 g als u de Lebkuchen niet met zoetigheid versiert)*
- *1 1/2 dl karnemelk (1 1/4 dl bij gebruik van honing)*

- *1/2 eetlepel kaneel*
- *1 theelepel piment*
- *1 mespunt kruidnagel*
- *2 theelepels gemalen of gestampt anijszaad*
- *1 eetlepel zeer fijn gehakte geconfijte citroen- en/of sinaasappelschil* of 2 theelepels geraspte verse schil* 596
- *1 mespunt zout*
- *2 eieren (100 g zonder schil gewogen)*

- *700 g half fijn tarwemeel/half gebuild meel*
- *1/2 eetlepel zuiveringszout*

Verwarm de zoetmiddelen met de karnemelk onder voortdurend roeren tot de suiker is gesmolten, laat het echter maar handwarm worden. Haal de pan van het vuur en laat alles afkoelen.
Klop de kruiden en het ei erdoor.
Meng in een ruime kom het meel met het zuiveringszout en maak er een kuil in. Giet hierin het afgekoelde stroopmengsel. Roer en kneed van het midden uit met een houten lepel alles tot een stevig, maar nog kleverig deeg. Maak met een deegspatel de rand van de deegkom schoon, dek het deeg af met een stukje plastic en laat het 12-24 uur staan bij kamertemperatuur.
Bestuif het werkvlak royaal met meel en rol het deeg hierop ca. 1/2 cm dik uit. Dit lukt het beste als u een stevig stuk plastic tussen het deeg en de roller legt*. Als u voor het uitrollen ook op de bovenkant van het deeg veel meel zou strooien, worden de Lebkuchen minder mooi glad aan de bovenkant. Snijd of steek figuren uit het deeg en leg ze met behulp van een pannekoeksmes op een ingevette bakplaat (voor grote figuren zie tip).
Bestrijk de figuren met melk of *honingglazuur**.
Bakken: kleine figuren 8-10 minuten bij 175°C, middelste richel, grotere figuren verhoudingsgewijs langer bij 180°C. De Lebkuchen mogen alleen wat donkerder van kleur worden, niet echt bruin bakken, anders worden ze te droog.

Variaties:
- vervang de suiker of honing ook door stroop; veel kinderen vinden dan echter de Lebkuchen te pittig
- maak van deegresten kleine, vingerdikke rollen. Snijd deze in plakjes en bak er **kruidnootjes** van

Tips:
- druk restjes deeg stevig op elkaar, wikkel dit in een stukje plastic en leg het op een warm plekje, tot alle vormen klaar zijn. Kneed de warme restjes even door en rol ze opnieuw uit
- maak van de figuren naar eigen ontwerp eerst een schets. Trek de omtrek hiervan over op vetvrij papier en knip dit uit. Rol een stuk deeg uit, iets groter dan de gewenste figuur en leg deze deegplak met behulp van het plastic op de bakplaat. Trek het plastic eraf en leg de sjabloon erop.

Rader of snijd het deeg langs de sjabloon uit en neem de deegresten weg. Trek nu pas de sjabloon van het deeg
- markeer bij het versieren van de gebakken koeken moeilijke lijntjes (raampjes, gezichten) met krasjes van een puntig mesje. Knip daarvoor de betreffende vormen uit de sjabloon en prik deze met spelden op de koek
- gebruik een pincet om fijne versieringen op de koeken te plakken
- vlakvulling: markeer eerst de omtrekken met een fijn lijntje van suikerglazuur en laat dit goed drogen. Bestrijk het te vullen vlak dun met losgeklopt eiwit en bestrooi de hele koek met sesamzaad (er is ook zwart sesamzaad te koop). Druk het zaad wat aan en laat het weer aflopen (werk op een vel papier), de zaadjes plakken alleen op het bestreken vlak

Taai-taai

Hiervoor kunt u het recept van de Lebkuchen volgen, maar:
- vervang het tarwemeel door roggemeel
- gebruik als zoetmiddel 200 g ongeraffineerde rietsuiker en 200-250 g honing
- vervang alle in het Lebkuchenrecept genoemde kruiden door 2 eetlepels hele of 1 1/2 eetlepel gemalen anijszaad
- rol het deeg 1 cm dik uit voor kleine figuren, 1 1/2 cm dik voor grote.

Bakken: kleine figuren ca. 20 minuten bij 180°C; grotere figuren 30 minuten of langer bij 175°C, middelste richel.

Tip: Pepernoten: Kneed door deegrestjes nog wat gemberpoeder (ca. 2 theelepels op 300 g deeg) en maak er pinkdikke rollen van. Snijd deze in stukjes en maak er balletjes van. Leg ze dicht tegen elkaar op een ingevette bakplaat. Tijdens het bakken rijzen ze tegen elkaar aan en krijgen daardoor hun typische hoekige vorm. Als u maar weinig pepernoten op de bakplaat heeft, moet u er een rand van een springvorm of van dubbelgevouwen aluminiumfolie omheen leggen, anders bakken de pepernoten onregelmatig. **Bakken:** ca. 30 minuten bij 175°C, onderste richel.

Hartig klein gebak

Karwijstokjes (ca. 350 g)

Een dunnere versie van de Duitse Bierstengel, die ook bij een glas vruchtesap smaken. Zet ze in een naar boven wijder wordend glas op tafel. Luchtdicht verpakt zijn karwijstokjes 2-3 weken houdbaar en als ze dan niet meer knappend zijn, kunt u ze opbakken (5 minuten bij 200°C).

- ca. 225 g fijn tarwemeel of gebuild meel, of een mengsel
- 1/2 eetlepel gist
- 1 dl lauwwarme melk

- 50-75 g harde boter
- 1 eetlepel karwijzaad, wat gekneusd
- 2-3 theelepels zout

Maak van de bovenstaande ingrediënten een vooral niet te stijf gistdeeg. Vorm het tot een dikke rol en laat het, losjes verpakt in een stuk plastic, in de koelkast wat rijzen (2 uur tot een nacht).
Snijd de gerezen deegrol in dikke mootjes, zodat u er 12-15 cm lange, potlooddikke slangetjes van kunt rollen. Maak ze wel allemaal even dik. Leg de slangetjes met een onderlinge afstand van 1 cm op de bakplaat.
Bakken: ca. 15 minuten bij 200°C, middelste richel.

Variaties:
- vervang de karwij door 3 eetlepels **sesamzaad** (geroosterd*), of door 2 eetlepels **maanzaad**
- maak voor **soepstengels** (ca. 25 stuks) pinkdikke, 20 cm lange slangetjes. Leg ze met een onderlinge afstand van 1 1/2 cm op de bakplaat, laat ze wat rijzen en bak ze 30 minuten bij 175°C

Tip: Voor een grote hoeveelheid stokjes kunt u de boter beter laten smelten en op het gerezen voordeegje gieten, vlak voordat u het deeg gaat kneden.

Sesam- en maanzaad- of karwijspiralen

Een licht zoutje, dat van een restje bladerdeeg in een ommezien is gemaakt.

Rol het bladerdeeg 2-3 mm dik uit en rader het in repen van ca. 12 cm breed. Bestrijk deze repen met eierdooier of ei, dat u met 1/2 eetlepel water heeft losgeklopt. Bestrooi de repen meteen dicht met sesam- of maanzaad, of spaarzaam met karwijzaad.
Draai de repen om en herhaal deze behandeling.
Rader de repen in smalle reepjes van 1 1/2 cm. Leg ze een voor een op de bakplaat en draai ze ter plaatse een paar keer om hun as. Druk de uiteinden met een lichte vingerdruk op de bakplaat. Strooi er eventueel nog een klein beetje fijn zout overheen. Verwarm de oven voor.
Bakken: 10-15 minuten bij 200°C, middelste richel.
Luchtdicht verpakt zijn deze spiralen 1-2 weken houdbaar. Bak ze eventueel voor het serveren nog even op.

Kaasbolletjes (ca. 60 stuks)

Vlug en makkelijk te maken 'Goudse moppen' die u, luchtdicht verpakt, 2-3 weken op een niet te warme plaats kunt bewaren.

- 150 g tarwemeel
- ca. 75 g zeer oude Goudse kaas, zo fijn mogelijk geraspt
- 1/2 eetlepel karwij- of venkelzaad, gestampt, of 2 theelepels tijm
- eventueel een snufje zuiveringszout
- 100 g zachte boter

- 1-2 eetlepels water

Meng in een deegkom meel, kaas, kruiden en eventueel zuiveringszout en leg de boter in stukjes erop. Werk de boter met een stevige vork door het meelmengsel, tot er geen stukjes boter meer te zien zijn.
Voeg het water toe en kneed alles, met vork en deegspatel, tot een samenhangend deeg. Laat dit, toegedekt, ten minste 1 uur op een koele plaats rusten (niet in de koelkast, daar wordt het te stijf).
Vorm nu duimdikke rollen van het deeg. Snijd de rollen in stukjes en draai hiervan bolletjes ter grootte van een knikker. Leg de bolletjes op de bakplaat.
Bakken: 20-30 minuten bij 180°C, middelste richel.
Bak de bolletjes vooral niet te bruin, dan smaken ze bitter.

Variatie: Kaaskoekjes van boterdeeg (ca. 30 stuks): vorm het deeg als *amandelkoekjes** 534 (2-3 mm dikke plakjes). **Bakken:** 8-10 minuten bij 190°C, middelste richel. Bak de koekjes vooral niet te bruin, anders smaken ze bitter. Snijd de koekjes naar wens iets dikker (3-4 mm), bestrijk ze met losgeklopt ei en druk op elk koekje een gepelde halve amandel.

Kaaskoekjes van bladerdeeg

Een pittige manier om restjes bladerdeeg te verwerken.

Rol het deeg 2 mm dik uit tot een ten minste 15 cm brede lap. Snijd de lange kanten recht. Strooi een dunne laag pittige, fijn geraspte kaas op het deeg en leg er een vel vetvrij papier (of plastic) op. Rol er met de deegroller voorzichtig overheen en haal het papier er weer vanaf.
Rol het deeg in de lengte op, wikkel het in het papier en laat deze gevulde deegrol ten minste 2 uur in de koelkast opstijven.
Verwarm de oven voor.
Snijd de deegrol met een scherp mesje plakjes van 4-5 mm dik en leg deze op een droge, koude bakplaat.
Bakken: ca. 8 minuten bij 220°C, middelste richel.

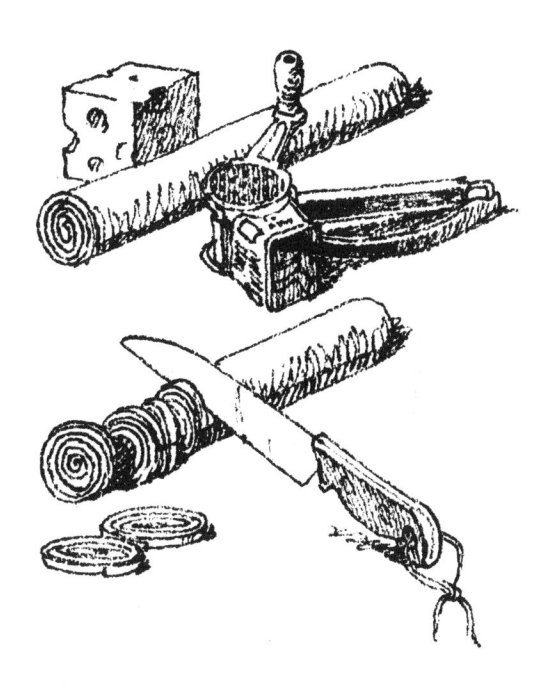

Laat de kaaskoekjes vooral niet te bruin worden, anders smaken ze bitter. Haal ze meteen van de bakplaat, anders blijven ze eraan vastplakken. Eet ze vers op of bewaar ze in een luchtdicht afgesloten trommel. Bak ze naar wens vlak voor het serveren nog een keer op.

Variatie: Maak een bredere reep deeg en rol hem van weerskanten tot het midden op, u krijgt zo **kaasvlinders**.

Versnaperingen

In prehistorische tijden moest de mens zijn zoete lusten bevredigen met het oogsten van (wilde) honing of het verzamelen en drogen van zoete vruchten. Pas met de ontdekking van het suikerriet kwam zoetigheid in grotere hoeveelheden beschikbaar. De beste recepten waren afkomstig van de Arabieren uit het Oosten en werden vooral door Venetianen over Europa verspreid. Toen een Venetiaan in de 15e eeuw de rietsuiker begon te reinigen, werd deze grondstof beter bewerkbaar. Vanaf die tijd rolde er een zoete golf over heel Europa en de rest van de geciviliseerde wereld.
Van heel wat groten der aarde weet men, dat ze verzot waren op snoepgoed (Goethe, de Gebroeders Grimm, Napoleon). In onze eeuw snoepen we alleen nog met een slecht geweten en met vrees voor tandbederf en ontsierende vetkussentjes.
Voor kleurstoffen en andere chemische toevoegingen, waaraan het gangbare snoepgoed rijk is, zijn veel mensen overgevoelig (o.a. allergieën).

Ondanks dit alles kunnen we geen van allen het snoepen laten. Wat te doen?
Aan een onweerstaanbare trek in zoetigheid (vaak optredend tijdens geconcentreerd 'hoofdwerk') kunnen we soms nog wel met een zoete vrucht, een rauw worteltje of een boterham met honing tegemoetkomen. Voor al die andere gelegenheden waarbij de behoefte aan zoetigheid groot is (kinderen die een poosje op iets willen sabbelen, een versnapering voor bij de thee, enzovoort) kunnen de recepten in dit hoofdstuk uitkomst bieden. Ze zijn samengesteld op basis van natuurlijke, ongeraffineerde grondstoffen, zodat deze versnaperingen niet schadelijk zijn voor de gezondheid – mits u ze met mate eet en de tandenborstel niet vergeet.

Kokoskrullen

Maak een verse kokosnoot open*. Schaaf het vruchtvlees op een komkommerschaaf zo dun mogelijk; hoe dunner, hoe lekkerder! Eet de kokoskrullen liefst vers op.
Als u het schaafsel op wit papier uitspreidt en op de verwarming of op een bakplaat in de oven (laagste stand) droogt kunt u het in een gesloten pot (koel en donker) nog een poosje bewaren.

Popcorn
⑤ ① ⊖

Een toch lekkere versnapering, niet te zoet en niet te vet.

- 3-4 eetlepels pofmaïs (popcorn)
- een koekepan met een dikke bodem
- een gewone pan van dezelfde doorsnee als de koekepan

Zet beide pannen (droog) op een grote pit en verwarm ze tot de bovenrand heet is. Draai nu het vuur onder de gewone pan uit. Doe de popcorn (niet meer dan één laag) in de koekepan en zet de gewone (voorverwarmde) pan er ondersteboven op. Wacht tot de eerste korrels beginnen te poffen en draai dan de vlam wat lager. Schud de pannen, zonder ze van elkaar te schuiven, af en toe heen en weer. Als het stil wordt in de pannen is de popcorn klaar.

Let op: op een elektrische kookplaat is de kans op aanbranden erg groot, schakel op tijd terug.

U kunt de popcorn zo opeten of er wat fijn zout overheen strooien. Als u eerst nog twee theelepeltjes olie erover sprenkelt, blijft het zout (1/2 theelepel) beter op de popcorn zitten.
Zoete popcorn: Doe de gepofte korrels in de nog warme gewone pan en strooi er 1/2 eetlepel ongeraffineerde rietsuiker (fijn) over. Zet de pan op een niet te hoog vuur en laat de suiker, al roerend, smelten. Pas op voor aanbranden.

Tip: Misschien de moeite waard voor scholen (bazars) of kinderkampen: er zijn popcornmakers te koop*, waarin de popcorn tot de laatste korrel in hete lucht gepoft wordt, zonder kans op aanbranden.

Granola (ca. 500 g)
⊖

Een soort gebakken muesli: krokant, zoet, voedzaam en ideaal als reisproviand. In een glazen pot of (in de rugzak) in een stevige plastic zak is granola enkele weken houdbaar. Bewaar het wel op een niet te warme, donkere plaats. Niet meer krokante granola kunt u even opbakken in een op 150°C voorverwarmde oven (pas op dat de rozijnen niet verbranden!).

- 4 eetlepels olie
- 5 eetlepels ahornsiroop of honing
- 250 vierkorenvlokken
- 5 eetlepels sesamzaad
- 50 g grof gehakte amandelen of hazelnoten
- 50 g rozijnen of in stukjes geknipte gedroogde abrikozen

Laat de olie met het zoetmiddel in een ruime pan met dikke bodem onder voortdurend roeren lauwwarm worden. Doe dit op een matig vuur en roer tot er een homogeen mengsel ontstaat. Haal de pan van het vuur. Voeg de vlokken, het sesamzaad en de noten toe en meng alles goed door elkaar. Het vlokkenmengsel moet het honingmengsel helemaal opnemen.
Spreid het mengsel uit op een droge, schone bakplaat.
Bakken: ca. 20 minuten bij 150°C, middelste richel.
Schep de vlokkenmassa tijdens het bakken twee keer om en let erop (vooral bij gebruik van honing), dat hij niet te bruin wordt, hij mag alleen wat donkerder van kleur worden. Haal het gebakken vlokkenmengsel uit de oven en meng er meteen de rozijnen of abrikozen door.
Laat de granola op de plaat afkoelen, ze wordt dan hard. Verkruimel de massa.

Mueslirepen (18 stuks)

↩

Een lekkere én gezonde versnapering die u, in cellofaan of folie verpakt, ook makkelijk kunt meenemen. Mueslirepen zijn in een luchtdicht afgesloten trommel zeker 3 weken houdbaar.

- 200 g fijne havervlokken
- 30-50 g amandelen of hazelnoten, gemalen of gehakt

- 80 g honing

- 50 g krenten of rozijnen
- 50 g gedroogde pruimen zonder pit of abrikozen, in reepjes gesneden
- de geraspte schil van 1/2 citroen

- 3-4 eetlepels sesamzaad, liefst geroosterd*

605

Vermeng de havervlokken met de noten en spreid dit mengsel 1/2 cm dik uit op een droge bakplaat.
Bakken: ca. 15 minuten bij 150°C, middelste richel.
Het mengsel roostert dan licht, maar mag niet veel donkerder van kleur worden (het gaat lekker ruiken). Hak intussen de zuidvruchten tot moes.
Doe de honing in een deegkom en meng er het nog warme vlokkenmengsel door. Voeg de rest van de ingrediënten toe (behalve het sesamzaad) en kneed alles tot een kleverige, nog wat rulle massa.
Vet op een bakplaat een oppervlak van ca. 20x20 cm in met boter en strooi hierop de helft van het sesamzaad. Verdeel de mueslimassa over deze plaats en druk haar uit tot een samenhangende plak van ca. 1 cm dik (doop de vingers af en toe in wat meel, dit voorkomt plakken). Strooi er de rest van het sesamzaad op en ga er met de deegroller overheen, de plak wordt dan mooi glad. Schuif hem weer bij elkaar op de maat van 20x20 cm. Maak nu met een lang mes inkervingen in de plak, zodat u 18 reepjes van 3x6,5 cm markeert. Verwarm de oven voor op 150°C.
Schuif de bakplaat op de middelste richel in de oven, doe de ovendeur dicht en zet de oven uit. Laat de muesliplak in de uitgeschakelde oven, *zonder* de deur te openen, 1 uur staan.

Hierdoor wordt de massa niet gebakken maar gedroogd en zo stevig van consistentie, dat u de plak, nadat hij op de bakplaat *helemaal* is afgekoeld, met het mes langs de gemarkeerde lijnen in reepjes kunt snijden.

Variaties:
- (voor fanatieke sporters): maak dit krachtvoer nóg voedzamer door een eetlepel olie door de massa te roeren
- **energieballetjes** (ca. 70 stuks): Een gezond snoepje, dat pas echt lekker smaakt als er goed op gekauwd wordt. Maak balletjes van de massa ter grootte van een flinke kers en laat ze een kwartier rusten. Rol ze door (geroosterd) sesamzaad

Tip: Vorm de muesliplak in de hoek van de bakplaat, u heeft dan wat steun aan de opstaande randen. U kunt de massa ook op de bodem van een springvorm van ca. 22 cm doorsnee uitdrukken en voor het bakken de rand eromheen sluiten.

Gezouten amandelen

① ↩ 🕯

Rooster ongepelde amandelen in een droge koekepan*. Druppel op het laatst met behulp van een theelepeltje wat olie (met een neutrale smaak) over de amandelen en strooi er heel weinig fijn zout overheen.

604

Abrikozenballetjes
(ca. 350 g, 45 stuks)

↩ 🕯

Kies voor het maken van deze bolletjes met witte spikkeltjes de zachte, wilde abrikozen, die als hele vrucht gedroogd zijn. Deze donkere abrikozen zijn in natuurvoedingswinkels te koop. In een glazen pot kunt u abrikozensnoepjes een paar weken bewaren (op een niet te warme, donkere plaats).

- 100 g gedroogde abrikozen, in flinterdunne sliertjes geknipt
- 100 g amandelen, gepeld en gemalen
- de geraspte schil van 1/2 citroen
- 60 g vaste honing

- 1-2 eetlepels gemalen gepelde amandelen, of kokos

Meng abrikozen, amandelen en citroenrasp en kneed er met een vork zoveel honing door, dat er een stevig deegje ontstaat. Laat het zonodig in de koelkast opstijven.
Maak van het deeg een vingerdikke rol, snijd hem in stukjes en draai er bolletjes van. Rol ze meteen (ze zijn nu nog een beetje vochtig) door de gemalen amandelen of kokos.

Variaties:
- vervang de amandelen door andere noten, bij voorbeeld kokosnoot
- **dadelsnoepjes** (ca. 200 g): Vervang de abrikozen door in stukjes geknipte dadels en voeg er nog 1/2 theelepel gemberpoeder en koriander of anijs aan toe. De honing kunt u vervangen door stroop

Vijgenbonbons (ca. 50 stuks)

Suiker is er voor dit recept met zoete zuidvruchten niet nodig, wel een gehaktmolen.

- 250 g gedroogde vijgen, in stukjes gesneden
- 50 g rozijnen
- 50-75 g hazelnoten, licht geroosterd*   604
- 50 g geconfijte sinaasappelschillen*, fijngehakt   596
- 1 mespunt vanillepoeder of zaadjes uit een vanillestokje

Draai de vijgen en rozijnen 2-3 keer door de gehaktmolen en maal de laatste keer ook de hazelnoten mee.
Kneed de rest van de ingrediënten door dit mengsel en vorm het tot een rol van 3 cm dik. Snijd de rol in stukjes en vorm deze tot balletjes ter grootte van een flinke hazelnoot. Leg ze in de bonboncups en druk ze een beetje plat.
Versier de bonbons door er een ruitvormig stukje geconfijte sinaasappelschil op te leggen.

Variaties:
- vervang de sinaasappelschil door 2 eetlepels anijszaad en een mespuntje gemalen foelie
- neem ca. 20 g hazelnoten voor de versiering. Zoek hiervoor de kleinste exemplaren uit en ontvel ze na het roosteren
- kook een paar hazelnoten (ongeroosterde) op in wat water en snijd ze met een scherp mesje in dunne plakjes. Versier hiermee de bonbons
- maak van de massa mooie ronde balletjes en rol ze door gemalen hazelnoten of kokos

Sesamballetjes

Maal voor deze bruine 'energieballetjes' geroosterd sesamzaad* in de graanmolen of – 605 heel kort – in de elektrische koffiemolen of foodprocessor.
Meng er met behulp van een stevige vork zoveel honing of ahornsiroop door, dat er een stevig deegje ontstaat.
Volg verder het recept van de *abrikozenballetjes*.   448

Vruchtenkoekjes van appelen
(ca. 200 g)

Voor wie meer van rinzig-zoet dan van suikerzoet houdt een gezond alternatief voor borstplaat. In een luchtdicht afgesloten potje is dit lekkers – laag om laag met cellofaanpapier ertussen – wekenlang houdbaar.

- ca. 750 g appelen, niet al te zure (bij voorbeeld Cox of Golden Delicious)
- de geraspte schil van 1 citroen
- 1/2 theelepel kaneel
- 4-6 eetlepels perendiksap of ahornsiroop

- een vel vetvrij papier van ca. 20x30 cm

Was de appels en verwijder de steel en het kroontje. Snijd ze doormidden en haal het klokhuis eruit.
Rasp de appels op een fijne rauwkostrasp: begin met het snijvlak, de schil blijft dan over en u kunt ze, samen met de klokhuizen, gebruiken voor *appelthee**. Weeg de geraspte 562 appels, u heeft er 500 g van nodig.
Doe de appelrasp met de rest van de ingrediënten in een pan met dikke bodem (ten minste 18 cm doorsnee) en breng alles al roerend aan de kook. Het moet een dikke, taaie massa worden, die van de bodem van de pan loslaat. Het koken kan 20-30 minuten▶

duren, pas vooral op voor aanbranden.
Leg het vetvrije papier op een dienblad of een platte schaal en smeer de appelmassa erop uit, ongeveer 1 cm dik; met de platte kant van een deegspatel gaat dit het beste. Laat de massa op een warme plaats (bij voorbeeld op een kast in een verwarmde kamer) 2-4 dagen drogen. Keer de massa tussentijds (als de bovenkant droog is) een keer of twee om en leg haar daarbij op een schoon vel papier. Als het drogen langer dan 4 dagen duurt moet u de massa in de oven bij 80°C ca. 1 uur nadrogen. Tussentijds een keer omdraaien. Snijd de appelplak nu met een scherp mesje in ruitjes of steek er leuke vormpjes uit. Leg de vruchtenkoekjes op een taartrooster en laat ze nog een dag nadrogen.

Variatie: Laat het diksap weg en voeg na het inkoken 50-100 g fijngeprakte dadels (ontpit gewogen) aan de hete appelmassa toe.

Tips:
- voor een grotere hoeveelheid appels moet u een naar verhouding wijdere pan gebruiken. Meer dan 1 kg appelrasp tegelijk inkoken is echter niet aan te raden, het zou langer dan een half uur duren en de kans op aanbranden is groot
- maak vruchtenkoekjes van het 'bijprodukt' van *appelgelei** 591

Vruchtenkoekjes van kweeperen

Vruchtenkoekjes met een bijzonder fijne smaak. Als u voor de bereiding ahornsiroop of kristalsuiker gebruikt, behouden ze hun mooie rode kleur.
Volg eerst het recept van de *kweeperengelei**.
Van 1 kg vruchten krijgt u behalve 6 dl sap 590
voor gelei nog ca. 700 g moes voor vruchtenkoekjes.
Wrijf de moes door een zeef, de pitten en schillen moeten achterblijven.
Voeg nu op elke 500 g moes het sap van 1 citroen (1/2 dl) en 1 1/4 dl ahornsiroop of 100 g suiker toe. Verwerk de moes verder volgens de *vruchtenkoekjes van appelen**. Van 500 g moes krijgt u ca. 250 g vruchtenkoekjes. 549

Paaseitjes (ca. 400 g, 50-60 stuks)

Een gezond snoepje, dat u 2-3 weken van tevoren kunt maken. Met appelstroop worden ze rinzig-zoet, met honing mierzoet. Ze smaken heerlijk bij de thee.

- *150 g appelstroop of niet al te vloeibare honing*
- *100 g geroosterde, gemalen hazelnoten** 604
- *ca. 1/2 eetlepel olie*
- *de geraspte schil van 1/2 citroen*
- *een snufje zout*
- *150 g thermomeel (gerst of tarwe)*

Meng alle ingrediënten met een stevige vork door elkaar, maar houd ca. 50 g thermomeel achter. Strooi dit op het werkvlak, leg het mengsel erop en kneed alles tot een stevig deeg. Voeg zonodig nog meer thermomeel toe tot het deeg niet meer plakt. Rol vingerdikke slangetjes van het deeg, snijd ze in stukjes en draai er eitjes van.
Leg ze op een met wit papier belegde bakplaat of dienblad en laat ze bij kamertemperatuur 1-2 dagen drogen. Bewaar ze in een glazen pot met schroefdeksel op een niet te warme, donkere plaats.

Variaties:
- maak ook eitjes van de massa voor *abrikozenballetjes** en *sesamballetjes**. U heeft 548
dan donkerbruine, lichtbruine en oranje 549
eitjes
- vervang het thermomeel door **fermentgraan**. Dit geeft al een zurige smaak, 616
gebruik dus geen appelstroop, maar honing

Stroopballetjes (ca. 100 g)

Een snoepje om op te sabbelen.

- *80 g ongeraffineerde rietsuiker*
- *40 g stroop*
- *10 g boter*
- *1 eetlepel water*
- *1 eetlepel azijn*
- *1/4 theelepel zout*

- *een groot plat bord of een schone bakplaat, ingevet*
- *gemalen kokos*

Vermeng de ingrediënten in een steelpannetje en breng alles *zonder* roeren op een heel laag pitje langzaam aan de kook. Laat de massa inkoken totdat de stroop tussen de tanden van een erin gedompelde vork blijft hangen en er zich een sliertje vormt, dat hard wordt in koud water. Dit sliertje moet kunnen breken. Haal de pan meteen van het vuur als het zover is en roer alles even door. Giet de massa meteen uit op bord of bakplaat. Schep nu met een mes de zijkanten van de stroopmassa steeds naar het midden, zolang tot de massa wat stevig geworden is en voldoende is afgekoeld om haar met beide handen te kunnen kneden. Trek de massa telkens uit tot een dun lint en vouw het weer op tot het moeilijk gaat omdat de massa stijf begint te worden. Vorm er nu een vingerdikke rol van en knip deze meteen met een schaar in stukjes (er ontstaan dan kussentjes).

Doe de stroopballetjes met veel kokosrasp in een jampot zodat de balletjes niet aan elkaar vastplakken. Gebruik de kokos weer voor iets anders als de balletjes op zijn.

Hazelnoot- of amandelbonbons
(ca. 26 stuks)

- 100 g ongeraffineerde rietsuiker
- 50 g stroop
- 1 eetlepel water
- 1/2 eetlepel azijn
- een mespunt zout

- 100 g gemalen hazelnoten, zo mogelijk geroosterd* of 75 g geroosterd amandelschaafsel 604

voor de garnering:
- ca. 10 gehalveerde pistachenoten of kleine hazelnoten (geroosterd en gepeld), of plakjes geconfijte gember*, of stukjes sinaasappelschil 596

Doe alle ingrediënten, behalve de hazelnoten, in een steelpan en laat ze op een laag vuur onder af en toe roeren inkoken tot een druppel van de massa, in koud water gevallen, kneedbaar is.

Neem de pan van het vuur en roer de hazelnoten erdoor. Blijf roeren tot de massa voldoende is afgekoeld om er met de handen een 3 cm dikke rol van te vormen. Maak de rol van boven plat en aan de zijkanten recht. Snijd dit balkje zolang het nog warm is in dikke plakjes en vorm deze tot ruitvormige stukjes.

Versier ze meteen met de bovengenoemde ingrediënten of met in plakjes gesneden hazelnoten (zie de variatie bij *vijgenbonbons**). 549
Zet ze in papieren bonboncups.

Variaties:
- neem maar de helft van de suiker en stroop en voeg, tegelijk met de noten, 25-40 g gehakte, geconfijte sinaasappelschillen en 2 theelepels geraspte citroenschil toe
- **kokosbonbons:** Vervang de hazelnoten door gemalen kokos. Maak er balletjes van ter grootte van een flinke hazelnoot, druk er een kuiltje in en vul dit met een plukje kokos ter versiering.

Bonbons van marsepein

Een zoete tractatie bij de thee.

Rol gekleurde of ongekleurde *marsepein** 606 1/2-1 cm dik uit op een met poedersuiker bestrooid werkvlak (leg een stuk plastic tussen het deeg en de roller). Steek er heel kleine vormpjes uit of snijd het deeg in vierkantjes en plak er met wat losgeklopt eiwit een kleine halve amandel op. Leg de koekjes op een taartrooster om te drogen en bewaar ze, laag om laag met vetvrij papier ertussen, in een trommel op een koele plaats.

Variatie: Erg decoratief maar wel bewerkelijker: maak blanke en gekleurde marsepein, rol elk soort apart uit (3-5 mm dik) en plak de lagen op elkaar met losgeklopt eiwit. Laat alles in plastic gewikkeld op een koele plaats een paar uur rusten en snijd de plak dan in plakjes of dobbelsteentjes.

U kunt ook twee lagen, bij voorbeeld wit en bruin, op elkaar leggen en hier koekjes uitsteken.

Marsepeinen aardappeltjes

Ⓥ ⊖ 👐

Snijd een rol *marsepein** in mootjes en rol er balletjes van. 606
Doe wat kaneel- of cacaopoeder (het eerste heeft de kleur die het meest op aardappels lijkt, het tweede smaakt lekkerder) op een vel papier.
Rol de bolletjes marsepein door het poeder en klop het overtollige poeder eraf. Geef de bolletjes tussen duim en wijsvinger de bekende grillige knolvorm en prik er met een breinaald 'oogjes' in.
Als u de aardappeltjes op in de schil gepofte wilt laten lijken, kunt u er met een houten satéprikker een inkeping in maken.

Marsepeinen worteltjes

⊖ 👐

Maak oranje gekleurd *marsepein**. Snijd de rol marsepein in mootjes en vorm deze tot peentjes. Maak er met een houten cocktailprikker overdwars ondiepe inkepingen in en bovenop een paar cirkels. Van peterseliesteeltjes kunt u voor elk worteltje een paar dunne sprietjes snijden en deze met behulp van een breinaald in de bovenkant stoppen. 606

Gevulde walnoten

⊖ 👐

Maak *marsepein** of *amandelspijs**, maar voeg aan de spijs geen ei toe. Maak de spijs 1-2 weken van tevoren, zodat hij niet te vochtig is. 606
Rol van de marsepein of de spijs balletjes ter grootte van een knikker en rol ze vervolgens wat langwerpig. Leg deze 'eitjes' tussen twee walnoten en druk de vulling wat plat.
Bewaar de gevulde walnoten in een gesloten trommeltje, laag om laag met vetvrij papier ertussen.

Bijtjes of meikevers
(ca. 25 stuks)

⊖ 👐

Een bijzonder leuke tractatie, die kinderen zelf kunnen maken.

voor de bijtjes:
- *ca. 100 g blanke marsepein* of amandelspijs*, met honing gemaakt; gebruik geen ei, de spijs moet stevig zijn (maak haar daarom liefst een paar dagen van tevoren). Kleur de marsepein of spijs naar wens met een spoortje kurkumapoeder (met de honing erdoor mengen)* 606
- *ca. 20 g (25 stuks) kleine amandelen, gepeld en in twee helften gesplitst** 604

voor de meikevers:
- *ca. 150 g marsepein of amandelspijs, gemaakt met ongeraffineerde rietsuiker; gebruik weinig ei, de spijs moet stevig zijn. Maak de spijs liefst een paar dagen van tevoren*
- *ca. 30 g (25 stuks) grote amandelen, met een scherp mesje in twee helften gesplitst** 604

Maak van de marsepein of spijs een duimdikke rol en snijd deze in stukjes: kleine voor de bijtjes, wat grotere voor de kevers.
Vorm hiervan lijfjes voor de beestjes en steek er voor de vleugeltjes twee halve amandelen in (met de ronde kant in het lijfje).
Presenteer de meikevers op een schaaltje met groene bladeren, de bijtjes met bloemen.

Gevulde dadels (24 stuks)

⊖ 👐

Gebruik naar wens verse of gedroogde dadels.
Snijd de dadels in de lengterichting aan een kant open en haal de pit eruit en vervang deze door een gepelde *amandel* of halve *walnoot*.
Of maak van de onderstaande vullingen een smeüig mengsel en vorm er 24 rolletjes van. Stop deze rolletjes in plaats van de pit in de dadel en bewaar ze als *gevulde walnoten**. 552

vulling 1, vooral geschikt voor verse dadels (hartig)

- 100 g geraspte belegen kaas
- 25 g walnoten, grof gemalen
- 2 eetlepels room
- eventueel 1-2 theelepels basilicum
 (met deze vulling ca. 1 week houdbaar in de koelkast)

vulling 2

- 1/2 recept amandelspijs* zonder ei, of marsepein*, of (minder zoet) een mengsel van 100 g gemalen hazelnoten, 1 eetlepel honing en wat geraspte citroenschil   606

Hazelnootrotsjes (10-12 stuks)

- 50 g chocolade (melk of puur), of carob
- 1 dl heet water (60°C)
- een stukje boter ter grootte van een hazelnoot (3 g)
- 50 g geroosterde hazelnoten*, in grove stukjes gesneden   604
- een stukje vetvrij papier, licht ingevet

Breek de chocolade in kleine stukjes en doe ze in een kommetje. Giet het water erop en laat dit 5 minuten staan. Roer er vooral *niet* in. Giet het water af en roer de boter erdoor. Voeg de hazelnoten toe zolang de chocolade nog warm is en vermeng alles goed.

Leg met behulp van twee lepeltjes hoopjes ter grootte van een kleine walnoot op het ingevette papier. Laat de rotsjes op een koele plaats opstijven en bewaar ze in een luchtdicht afgesloten trommel. Niet te lang, anders worden de noten zacht.

Variaties:
- vervang de hazelnoten door 1 1/2-2 verkruimelde **rijstwafels** of 6 g **popcorn**. Maak hiervan wat grotere rotsjes, u krijgt er toch nog 12 van
- vervang voor **amandelrotsjes** de hazelnoten door amandelen. Snijd ze overlangs in 3

mm dikke schijfjes en rooster ze ca. 20 minuten bij 200°C, op een droge bakplaat in de oven

Borstplaat (100 g)

- 100 g ongeraffineerde rietsuiker
- 5 eetlepels room, of 3 eetlepels room met 2 eetlepels water
- 1/2 theelepel gemalen vanille of uitgekrabde zaadjes van een vanillestokje

- borstplaatvormpjes of metalen uitsteekvormpjes

Vermeng alle ingrediënten in een steelpannetje en breng ze op een laag pitje *zonder* roeren aan de kook. Laat deze stroop zolang inkoken tot zij tussen de tanden van een vork blijft hangen; kijk of de druppel stroop, die ervan afvalt, een draad trekt, die zich niet meer terugtrekt. Deze draad is een beetje dik. Als zich nu onderaan deze draad nog eens een ragfijn draadje vormt, kunt u ervan op aan, dat de borstplaat stijf wordt. Neem de pan van het vuur en klop de suikermassa met een garde tot ze stroef wordt (suikert) en zo dik geworden is, dat ze niet meer onder de randen van de borstplaatvormen wegloopt. Giet dan de vormen snel half vol, er kan zich dan nog een glad oppervlak vormen. Laat de borstplaten afkoelen voordat u ze voorzichtig uit de vormen haalt.
Suikermassa die tijdens het uitgieten stijf geworden is in de pan kunt u weer vloeibaar maken door opnieuw te verwarmen.

Variaties: Vervang de vanille door 1 eetlepel cacaopoeder, of 1 theelepel geraspte sinaasappelschil, of 1 eetlepel fijngehakte geconfijte gember, of 3 eetlepels gemalen hazelnoten

Tip: Gebruik eventueel als u voor het eerst borstplaat maakt gewone kristalsuiker, omdat hierbij de draadjes gemakkelijker te zien zijn. Bij ongeraffineerde rietsuiker moet u wel enkele keren een druppel laten vallen om dit te constateren.

Dranken

Koude dranken

In het Westen kunnen wij ons een warme zomer niet voorstellen zonder gekoelde dranken, ijs en sorbets. In de warme oosterse landen echter lest men de dorst met hete thee en men eet er bovendien nog hete gerechten. Misschien is dit ook wel beter om de sterke hitte te kunnen verdragen. IJskoude dranken, haastig gedronken, kunnen ons organisme té plotseling afkoelen en doen vooral de lever geen goed.
Gewoon koel (niet ijskoud) water of mineraalwater, eventueel met een schijfje citroen, is de beste en gezondste alledaagse dorstlesser. Toch kunnen we, zonder te overdrijven, van gekoelde dranken genieten.
Een verfrissende drank moet behalve koel vooral niet te zoet zijn. Het is dan ook het beste hem ruimschoots van tevoren klaar te maken. Als de drank voor direct gebruik is bestemd, kunt u een gedeelte van het water vervangen door mineraalwater met eventueel een ijsblokje. Dranken die als reisproviand zijn bedoeld kunt u kort voor het vertrek in een thermoskan gieten en er een paar fijngestampte ijsklontjes bijdoen.

Een paar suggesties voor koude dranken:
- koude **kruidenthee** met een schijfje citroen of wat citroensap, of op smaak gebracht met wat zurige appeldiksap; bij voorbeeld: pepermunt-, lindebloesem-, hibiscusbloesem-, rozebottel- of appelthee, al dan niet vermengd met appel- of ander vruchtesap
- **vruchtesappen**, bij voorkeur verdund met water of mineraalwater, kruidenthee of graanaftreksels (de laatste zijn tevens versterkend en geschikt voor kinderen die bij grote hitte niet willen eten)
- **vruchten- of bloesemlimonades** (recepten hiervoor vindt u in het hoofdstuk *conserveren*). Maak deze niet alledaagse dranken bijzonder feestelijk door een vers geplukt, bij de drank passend blaadje of bloesempje in het glas te leggen en er een rietje in te steken
- **groentesappen** (bij voorkeur de melkzure) zijn vooral geschikt als aperitief voor een feestelijke maaltijd of voor zieken en herstellenden die geen groente kunnen eten. Drink deze sappen, net als de pure vruchtesappen, in kleine hoeveelheden en met kleine slokjes tegelijk, of verdun ze met mineraalwater

- van **melk**, **karnemelk**, **yoghurt** en **viili** kunt u milkshakes maken. Deze dranken zijn dan meteen voeding en niet alleen dorstlesser. Meng eens zoete melk (1/3) met een zuur melkprodukt (2/3). Of yoghurt met water, eventueel gekruid met wat kruidenzout
- **bowl** was oorspronkelijk met vruchtesap verdunde wijn, bij voorkeur mousserende. Voor de aardigheid deed men er nog stukjes vruchten in; nu wordt bowl rijker gevuld

Citronade/orangeade
(ca. 1 1/2 liter)

Een frisse drank bij een feestelijke maaltijd of zomaar als dorstlesser op een warme dag. Voor de tafeldrank kunt u de kleinere hoeveelheid sap gebruiken.

- *de oranje schil van 1 citroen of sinaasappel, met de dunschiller eraf gehaald*
- *het sap van 4 citroenen of 3-6 sinaasappelen (1 1/2-2 dl)*
- *het sap van 1 citroen (1/2 dl, alleen bij orangeade)*
- *3-4 eetlepels ahornsiroop of vloeibare honing met een neutrale smaak*
- *3/4 l water*

- *1/4 l koolzuurhoudend mineraalwater*
- *eventueel een paar ijsblokjes*

Vermeng alle ingrediënten behalve mineraalwater en ijsblokjes in een grote kan. Zet ze in de koelkast en roer er het mineraalwater en de ijsblokjes pas vlak voor het opdienen door. Verwijder de citroenschil.

Variaties:
- vervang de citroenen door lemoenen
- **Napolitaine:** gebruik half sinaasappel/half citroen en voeg nog 1 dl zwarte bessesap toe

Vlierbloesemdrank
(ca. 3 liter, voor ca. 35 glazen)

Een vlug gemaakte, voordelige drank voor een zomers feest.

- *ca. 150 g vlierbloesemschermen, 's middags geplukt*
- *de schil (dunschiller) en het sap van 1/2 citroen*
- *1/2 citroen, mét schil in schijven gesneden*

- *het sap van 1-1 1/2 citroen extra (totaal 1 dl)*
- *2 1/2 l water, op kamertemperatuur*

- *een stenen kom (inhoud 3 liter) of een kom van een geschikt soort plastic**   38

- *ca. 250 g vloeibare honing*

Knip de dikke stelen van de vlierbloesemschermen. Doe de bloemen en citroenschil en -sap erbij en zet alles (toegedekt) 24-48 uur weg (kamertemperatuur).
Zeef de drank en los de honing erin op. Zet de drank koel weg (dit mengsel is in de koelkast 1-3 dagen houdbaar).
Vul de glazen vlak voor het serveren tot de helft met vlierbloesemdrank en vul aan met mineraalwater.

Tip: U kunt het proces versnellen door de kom (zonder deksel) in de zon te zetten.

Aardbeien-milkshake (ca. 1 liter)

Een zoete, koele drank, die behalve voedzaam ook dorstlessend is.

- *ca. 400 g zeer rijpe aardbeien, in stukjes gesneden*

- *2 eetlepels vloeibare honing met een neutrale smaak*
- *eventueel 4 bolletjes vanilleijs* (gebruik dan geen honing)*   459
- *5 dl melk, viili, karnemelk of yoghurt, gekoeld*

1 Met de garde of de handmixer:
Wrijf de aardbeien door een zeef in een kom. Voeg de honing of het vanilleijs toe en klop dit mengsel schuimig. Giet al kloppend de melk erbij. ▶

2 Met de staafmixer of mengbeker:
Doe alle ingrediënten tegelijk in een hoge beker of in de mengbeker en mix enkele tellen.
Giet de milkshake in hoge glazen en leg er een schijfje van een mooie aardbei en een blaadje citroenmelisse op. Serveer er wafeltjes bij.

Variaties:
- **frambozen-milkshake:** gebruik 250 g zeer rijpe frambozen
- **bananen-milkshake:** gebruik 2 zeer rijpe, in stukjes gesneden bananen
- **abrikozen-milkshake:** gebruik 400 g zeer rijpe abrikozen, zo mogelijk ontveld (niet nodig als u een staafmixer of mengbeker gebruikt). Als de abrikozen niet rijp genoeg zijn, kunt u ze eerst in een bodempje water tot moes koken en voor het mixen laten afkoelen

Tip: Vervang de vruchten en de honing door ca. 1 dl vruchtenlimonadesiroop.

Milkshake van amandelmelk

Maak *amandelmelk** van verse amandelen of amandelpasta. Gebruik echter maar 1/4-1/2 van de aangegeven hoeveelheid warm water. Zeef deze dikke amandelmelk en leng haar aan met vruchtesap of elixer (Weleda) naar keuze. Klop alles met een garde of met de mixer tot een schuimige drank. Natuurlijk kunt u amandelmelk (gemaakt met de gewone hoeveelheid water) ook gebruiken voor de bovenstaande recepten voor milkshakes van verse vruchten.

Sportshake (ca. 3 dl)

Wie aan sport doet, heeft na een intensieve training vaak geen eetlust. Toch moet de bloedsuikerspiegel weer op peil komen. Deze milkshake is tegelijk fris, voedzaam en licht verteerbaar. Na een poosje rust komt dan de eetlust voor de echte maaltijd vanzelf. Als zeer koolhydraatrijke drank is sportshake ook geschikt om kort (5 minuten) vóór een wedstrijd te drinken.

- *1 kleine appel, geschild en in stukjes gesneden*
- *1/2 banaan, in schijfjes gesneden*
- *1/2 eetlepel honing*
- *2 dl melk of half melk/half viili of karnemelk*
- *2 eetlepels thermomeel (gerst) of 1 eetlepel fermentgraan**

Doe alle ingrediënten in de bovengenoemde volgorde in de mengbeker en laat draaien tot alles fijn is. Drink meteen op, met kleine slokjes tegelijk.

Variatie: Vervang in de zomer de appel door een paar aardbeien of stukjes meloen.

Sportdrink (7 dl)

Een uitgekiende drank voor sporters die extreem veel transpireren; om voor, tijdens en na zware lichamelijke inspanning te drinken. Met het zout in de drank vult u het met het zweet kwijtgeraakte natrium weer aan; met vruchtesap dat u in de loop van de dag kunt drinken het kalium. Zo blijft de waterhuishouding in het lichaam in balans en hoeft u geen dure sportdrankjes bij de drogist te kopen.

- *65 g (ca. 3 eetlepels) honing*
- *eventueel een korreltje zout*
- *1 1/2 dl brooddrank*

- *1/2 l water*

Doe alle ingrediënten – behalve het water – in een fles met een schroefdeksel (inhoud 7 dl) en draai hem stevig dicht. Schud de inhoud tot de honing is opgelost. Voeg het water toe en schud nog even door.

Variatie: Neem in plaats van broodddrank 2-3 eetlepels citroensap. Voeg dan ca. 6 dl water toe.

Tip: Maak de drank om te beginnen zonder water en voeg dit pas ter plaatse toe, als u moet reizen om aan een wedstijd deel te nemen. Het honing/brooddrankmengsel blijft ook zonder koeling twee dagen goed.

Frambozensorbet
(ca. 3/4 liter, 4 glazen)

Van dit niet zo zoete 'waterijs' krijgt u minder dorst dan van gewoon ijs. In coupes met een toefje slagroom en een wafeltje erop staat het bijzonder feestelijk.

- 2 1/2 dl lauwwarm water
- 150 g honing met een neutrale smaak, of 125 g ongeraffineerde rietsuiker
- 400 g frambozen

Los de honing of suiker op in het water en giet deze stroop over de frambozen. Zet dit 1/2-1 uur weg op een koele plaats.
Wrijf alles door een zeef en doe het mengsel in een niet te krap bakje. Zet het in het vriesvak en schep het met een vork om de 30-40 minuten om, totdat het de consistentie van dikke vla heeft bereikt.

Variatie: Bramen- of **aardbeiensorbet** kunt u op dezelfde manier maken, voor **bessensorbet** kunt u half zwarte/half rode bessen gebruiken.

Citroensorbet (ca. 1/2 liter)

Een zeer verfrissend ijs, waarin de citroen met de honing een bijzondere smaakcombinatie vormt.

- de gele schil van 2 citroenen
- 4 dl warm water

- 150 g vloeibare honing met een neutrale smaak
- het sap van 2 citroenen (1 dl)

Laat de citroenschillen 1/2-1 uur in het water trekken.
Verwijder de schillen, los de honing op in het citroen-schillenwater en voeg het citroensap toe.
Laat de sorbet bevriezen en dien op als *frambozensorbet**.

Smaragdbowl (ca. 3 liter)

Een frisse drank met een heel apart uiterlijk, omdat er alleen groene vruchten in worden verwerkt. Maak deze bowl aan het eind van de zomer, als alle benodigde vruchten volop verkrijgbaar zijn.

- 3 grapefruits, gepeld*
- 4 kiwi's, geschild
- 2 avocado's
- 1 goed rijpe, flinke meloen met groen vruchtvlees
- 250 g witte druiven, gewassen

- de schil van 2 lemoenen (of 1 citroen)
- 1 dl water
- 3-5 eetlepels ahornsiroop of honing met een zachte smaak

- 3-4 lemoenen of 2 citroenen (ca. 1 dl)
- 1 grapefruit
- 3 perssinaasappelen met geel sap

- 3/4-1 l koolzuurhoudend mineraalwater
- een paar mooie citroenmelisse- of pepermuntblaadjes

Pel de partjes van de 3 grapefruits uit de vliezen, snijd ze in stukjes en doe ze in de glazen bowlschaal.
Snijd de kiwi's in dunne plakjes en doe ze bij de grapefruit.
Halveer de avocado's, verwijder de pit en steek uit het vruchtvlees kleine balletjes; of schep het vruchtvlees met een scherpe lepel uit de schil en snijd het in kleine dobbelsteentjes. Vermeng de avocado telkens (voorzichtig) met de grapefruit om verkleuren te voorkomen.
Halveer de meloen, verwijder de pitten en laat ze in een zeef uitlekken. Voeg het uitgelekte sap bij de vruchten in de schaal (niet in de zeef wrijven, anders wordt het sap troebel). Steek uit het vruchtvlees van de meloen balletjes, schep de rest uit de schil en snijd dit in kleine stukjes; of snijd de meloen in schijven, schil deze en snijd het vruchtvlees in mooie blokjes.
Halveer de druiven en ontpit ze. Doe alles in de schaal.
Breng de lemoenschillen met het water langzaam tegen de kook aan. Laat dit 10 minuten trekken als u prijsstelt op de ietwat bittere lemonsmaak. Laat de schillen anders alleen▶

in warm water trekken. Zeef dit geurige water als het is afgekoeld. Los de ahornsiroop of honing erin op en giet dit over de vruchten. Pers nu de lemoenen of citroenen, de laatste grapefruit en de sinaasappelen uit en zeef het sap over de vruchten in de schaal. Zet alles, toegedekt, ca. 2 uur koel weg.
Voeg vlak voor het opdienen het mineraalwater toe en roer alles voorzichtig om, het mag niet troebel worden. Laat de groene blaadjes op de bowl drijven.

Aardbeienbowl (ca. 1 1/2 liter)

Een zomerse bowl in een mooie kleurencombinatie.

- 500 g rijpe aardbeien, in plakjes gesneden
- de gele schil (dunschiller) en het sap van 1 citroen
- ca. 5 dl water

- 500 g mooie rijpe aardbeien, in vier partjes gesneden
- 100 g zwarte bessen of kleine blauwe druiven
- eventueel 1 kiwi, geschild en in plakjes gesneden
- 1/4-1/2 dl koude pepermuntthee
- 2-3 eetlepels vloeibare honing

- 2-3 dl koolzuurhoudend mineraalwater of appelsap

Doe de eerste 500 g aardbeien met citroenschil en -sap in een kom en voeg zoveel water toe, dat alles net onderstaat. Zet de aardbeien ca. 24 uur toegedekt weg.
Doe de rest van de ingrediënten behalve het mineraalwater in een glazen kom en zeef er het 'aardbeiensap' overheen. Laat dit mengsel op een koele plaats staan.
Voeg vlak voor het serveren het mineraalwater toe en proef of de bowl zoet genoeg is.

Variatie: Vervang het mineraalwater door Spa Lemon. Gebruik dan maar de helft van de lemoenen of citroenen en laat het zoetmiddel weg.

Vlierbloesembowl
(ca. 2 liter, 10 glazen)

Volg het recept van de *aardbeienbowl** met de volgende wijzigingen: vervang de eerste 500 g aardbeien door 5 flinke schermen vlierbloesem. Vervang de tweede 500 g aardbeien door 600 g zachte vruchten, zonodig in stukjes gesneden; bij voorbeeld: aardbeien, frambozen, rijpe perziken, kiwi, meloen – maak een kleurrijke combinatie. Laat de pepermuntthee weg.
versier de bowl met mooie muntblaadjes en mooie vlierbloemetjes.

IJsthee
(van pepermunt- en/of zwarte thee)

Een opwekkende drank op warme dagen. Gebruik liefst verse pepermuntblaadjes, al of niet gemengd met zwarte thee.

Zet sterke thee: neem op 1 dl water 1 eetlepel zwarte thee of 2 eetlepels gedroogde pepermuntblaadjes (van verse pepermuntblaadjes 1/2 kopje). Voeg nog 1 theelepel geraspte citroenschil toe en laat 5 minuten trekken.
Zeef dit thee-extract en laat het afkoelen. Voeg op elke dl extract het (gezeefde) sap van 1 citroen toe. Zet het extract in de koelkast; het is 1-2 dagen houdbaar, maak er dus rustig een grotere hoeveelheid van.
Vlak voor het gebruik kunt u het naar smaak aanlengen met koud water en zoeten met honing, ahornsiroop of ongeraffineerde rietsuiker.

Variatie: Vervang de citroenen door sinaasappels (neem van het sap de dubbele hoeveelheid).

Groentesap

Ook zonder sapcentrifuge kunt u kleine hoeveelheden groentesap makkelijk zelf maken (voor baby's, zieken en herstellenden en voor het kleuren van pastadeeg en marsepein). Laat het sap niet staan, maar drink het meteen op en bewaar geen restjes.

Als u grotere hoeveelheden sap nodig heeft (voor een speciaal dieet op doktersvoorschrift) kunt u het sap beter kopen. Kies dan zo mogelijk melkzure sappen; door de melkzure gisting zijn ze nog waardevoller en ook lichter verteerbaar geworden*. Bovendien kunt u deze sappen ook in de aangebroken fles nog 2-3 dagen in de koelkast bewaren. 572

Drink groentesappen altijd in kleine hoeveelheden tegelijk, slokje voor slokje, of verdun ze met vruchtesap, water of graanaftreksel (*barley water**) en zoet zonodig met honing of diksap. 565
Overigens is het voor gezonde mensen beter de groente niet in de vorm van sap te consumeren. In één glas drinkt u gauw bij voorbeeld 2 bietjes op, maar u mist dan wel de voor een goede spijsvertering onmisbare vezelstoffen van de groente.

Van de geraspte groente, die na de sapbereiding volgens de hieronder genoemde methode achterblijft, kunt u nog een rauwkostsalade of groentesoep maken. Verwerk deze groente dan wel zo snel mogelijk (bieten niet bewaren vanwege het nitraatgehalte).

Wortel-, biete-, knolselderij- en topinamboersap

Kies voor de sapbereiding dieporanje wortels, stevig aanvoelende bieten, selderijknollen en topinamboers. Zeer jonge groente kunt u alleen goed schoonborstelen, maar als de schil minder gaaf, verkleurd of – in de loop van de winter – bitter is geworden, moet u de groente met de dunschiller schillen, anders krijgt het sap een bittere smaak.

Rasp de groente op een zeer fijne, roestvrij stalen rauwkostrasp. Neem een handvol van deze geraspte groente en druk het met de handen uit in een zeef boven een kommetje. Of neem een oude, gestreken zakdoek, leg de geraspte groente erin en maak van het doekje een buideltje. Door het buideltje almaar steviger dicht te draaien kunt u het sap door de doek persen. Bij deze methode gaat echter meer sap verloren dan bij het persen met de blote handen.

Variatie: Voeg een geraspte appel of peer aan de groenterasp toe, of voeg wat citroensap bij het groentesap.

Topinamboer- of wortelcocktail
(1 glas)

Een vitaminestoot voor herstellenden of in stress-situaties (examens).

- 1 1/4 dl topinamboer- of wortelsap
- 1/2 dl sinaasappelsap (bij topinamboer), of appelsap (bij wortel)
- ca. 3 theelepels vloeibare honing
- 1-2 eetlepels room

Vermeng de sappen en los er de honing in op. Roer de room erdoor.

Variatie: (hartig): vervang het sinaasappel- of appelsap door brooddrank of half water/half citroensap en de honing door ca. 1 eetlepel zeer fijn gehakte verse tuinkruiden zoals bieslook, kervel, weinig basilicum of lavas. Breng op smaak met wat gomasio of een snufje zout.

Warme dranken

Van een warme drank verwachten we iets heel anders dan van een koude: hij moet ons een gevoel van behaaglijkheid geven en we koesteren ons in de geur (van bij voorbeeld anijsmelk). Warme dranken moeten een volle, eerder zoete dan zure smaak hebben en liefst ook de maag een beetje vullen.

Warme dranken worden vaak gekruid. Als u hiervoor de kruiden in water aftrekt en dit aftreksel met het zoetmiddel vermengt, kunt u dit kruidenstroopje op voorraad maken en in een glazen pot in de koelkast bewaren.

Voor heldere dranken kunt u het beste ahornsiroop gebruiken of de wat goedkopere honingsoorten. Ongeraffineerde rietsuiker en stroop maken de dranken donker en wat troebel.

Enkele suggesties

- als dagelijkse drank is warme *kruidenthee* geschikt, de soorten apart of gemengd. Drink niet te lang achter elkaar dezelfde theesoort (uitgezonderd lindebloesem), want elke theesoort heeft een bepaalde – eenzijdige – werking op ons organisme. Kruidentheeën worden immers ook als geneesmiddel gebruikt
- wie voor zijn dagelijkse ochtend- of avonddrank iets stevigers dan thee verkiest, kan *granen-* of *vruchtenkoffie* met melk drinken (trek eens een schijfje gemberwortel mee)
- drink gewone (zwarte) *thee* en gewone *koffie* met mate. Thee werkt ontspannend, koffie daarentegen verscherpt het denken en kan helpen de gedachten op een rijtje te zetten
- reken ook van cacao gemaakte *chocolademelk* tot de meer feestelijke dranken; als u erg gehecht bent aan de smeuïgheid en pittige smaak van chocolademelk kunt u er carobpoeder voor gebruiken of eens het *opkikkertje** proberen 565
- *anijsmelk* of de *graandranken* geven, zonder bijwerkingen, een gevoel van behaaglijke warmte
- met de wat zurige, goed gekruide *appel-* of *rozebottelthee* kunt u de winterse dorst lessen
- wie zich in een hectische werkkring moet handhaven, kan in de pauzes in plaats van koffie of thee het beste een vitamine- en mineraalrijke opkikker kiezen, bij voorbeeld fruit, vruchtensappen, (karne)melk of milkshakes

Kruidenthee zetten

De smaak (en geur) van met verse kruiden gezette thee is door geen enkele thee van gedroogde kruiden, hoe exotisch ook, te evenaren. Helaas is de tijd dat verse kruiden tot onze beschikking staan beperkt en moeten we ons voor de rest van het jaar behelpen met gedroogde kruiden*. 571
Liefhebbers van pure smaken zullen de verschillende soorten kruidentheeën apart willen drinken. Het is echter ook een kunst om verschillende *kruidenmengsels* voor thee samen te stellen. Uw smaak is hierbij de allerbelangrijkste richtlijn.
Wissel om de drie weken van soort of verander de samenstelling van uw huismelange af en toe. Houd hierbij ook rekening met de seizoenen: zet in de zomer bij voorkeur thee van verse bladeren zoals munt, citroenmelisse, brandnetel, salie, het blad van bramen en bosbessen, jong berkeblad, enzovoort. In de winter kunt u dan genieten van de gedroogde bloesems.
Kook ook eens zaadjes zoals anijs, venkel en een enkele gekneusde jeneverbes mee.
Ook wilde tijm – in de zomervakantie in de bergen of op de hei geplukt – geeft aan winterthee een pittige, verwarmende smaak.

Een paar vuistregels voor het zetten van kruidenthee:
- zoek verse wilde kruiden alleen op schone plaatsen (verwijderd van uitlaatgassen en bespoten akkers)
- koop gedroogde kruiden van biologische op biologisch-dynamische teelt en let op de houdbaarheidsdatum

- gebruik overjarige kruiden niet meer voor thee, maar voor een kruidenbad
- gebruik geen metalen *theepot*, maar liever een van glas, porselein of aardewerk
- gebruik geen *thee-ei*; hierin kunnen de kruiden niet voldoende uitzetten tijdens het trekken. Een *bamboezeefje* is veel beter geschikt voor het zetten van maar één kopje thee. Voor theezetten in een pot is een katoenen *theekousje* handig
- verwarm de theepot voor met kokend water
- zet kruidenthee voor dagelijks gebruik niet te sterk, 3-5 gram (1-2 volle eetlepels, afhankelijk van de soort thee) is voldoende voor een liter water
- schenk bruisend kokend water op thee van *bloesems* en *bladeren*
- zet *harde stengels* en *zaden* op met koud water en laat 5-15 minuten heel zachtjes koken op een spaarbrander of vlamverdeler
- laat kruidenthee niet te lang trekken:
  bloesemthee 2-3 minuten,
  bladthee 5-7 minuten
- schenk kruidenthee na het trekken (of koken) meteen uit of giet hem door een zeef in de thermoskan. Laat hem ook dan niet langer dan een half uur staan; de smaak gaat na die tijd sterk achteruit
- kies het passende *zoetmiddel* voor de soort thee die u heeft gezet:
ahornsiroop of honing met een neutrale smaak voor de zachte soorten (honing pas aan de drinkwarme of koude thee toevoegen);
diksap (vooral appel) als u van een wat zurige smaak houdt;
ongeraffineerde rietsuiker en vooral suikerbietenstroop alleen bij zeer sterk smakende theesoorten. Overigens is de werking van kruidenthee op het organisme beter als hij niet is gezoet

Muthee

Muthee is een mengsel van verschillende gedroogde blaadjes, stelen, vruchten en wortels (ginseng) en wordt in Japan samengesteld. Muthee kunt u kopen in winkels met makrobiotische voedingsmiddelen.

Laat 1 eetlepel muthee in 1 liter water gedurende 5 minuten koken en zeef de drank. Zoeten met diksap (eventueel) en op smaak brengen met een schijfje citroen. De gezeefde kruiden kunt u nog een keer uitkoken (15 minuten) voor een tweede portie thee.

Rozebottelthee (1 liter)

Een licht zurige, fruitig smakende thee die u een mooi rode kleur kunt geven door enkele hibiscusbloemen te laten meetrekken.

- *ca. 2 volle eetlepels (15-20 g) gedroogde rozebottels*, of 1 eetlepel (15 g) gedroogde rozebottelpitjes, liefst wat gekneusd*
- *1/4 l koud water*

- *een stukje citroenschil*
- *3/4 l water*

- *1-2 gedroogde hibiscusbloemen*

Week de rozebottels ten minste 4 uur of een nacht in het water.
Voeg de citroenschil en de rest van het water toe en breng alles aan de kook. Laat op een sudderplaatje 3/4-1 1/2 uur trekken.
Laat de laatste 10 minuten de hibiscusbloemen meetrekken.
Zoet de thee naar wens met diksap of honing (leg bij honing een schijfje citroen in het glas of voeg 1 eetlepel brooddrank toe). Rozebottelthee smaakt ook koud erg lekker.

Variatie: (voor volwassenen): vervang de hibiscusbloemen door 2 theelepels gewone thee (de laatste 5 minuten laten meetrekken), of voeg op het laatst een restje al gezette gewone thee toe.

Tip: Als u de gedroogde rozebottels in de elektrische koffiemolen of foodprocessor maalt, hoeft u ze niet te weken (wel met koud water opzetten) en is 5-15 minuten zachtjes koken voldoende. Laat 15 minuten trekken.

Appelthee

De schillen en klokhuizen van appels en peren bevatten meer vitaminen en minerale stoffen dan het vruchtvlees. Eet daarom deze vruchten (mits onbespoten) zoveel mogelijk helemaal op. Voor sommige gerechten en ook voor jonge kinderen is het echter nodig, de schil en het klokhuis te verwijderen. Van mooie, niet te oude appelschillen (de schillen van moesappels en peren zijn dan bitter!) en van de klokhuizen kunt u een lekkere, rinzigzoete, warme drank koken, die echter ook koud lekker smaakt.

Leg de schillen en klokhuizen in een pan en voeg zoveel koud water toe, dat alles 1-2 vingers breed door het water wordt bedekt.

Voeg de volgende ingrediënten toe:

- een stuk schil van een citroen of sinaasappel
- een half kaneelstokje of 1 theelepel anijszaad
- 1 schijfje gemberwortel
- eventueel (de laatste 10 minuten) een plukje lindebloesem- of hibiscusthee

Breng alles langzaam aan de kook en laat, met het deksel op de pan, 1/2-1 uur sudderen. Zeef de thee,
Zoet met diksap of ongeraffineerde rietsuiker en leg een schijfje citroen of sinaasappel in het theeglas.

Variatie: Kook de schillen en klokhuizen alleen met de citrusschil, laat de thee afkoelen en vermeng hem met vruchtesap. Zoet eventueel nog met een beetje vloeibare honing, maar meestal is dit niet nodig. Deze combinatie is erg dorstlessend en geeft op warme dagen minder last van de darmen dan pure vruchtesappen.

Tip: Week *gedroogde appelschillen** eerst een paar uur in het kookwater. 570

Anijsmelk (3/4 liter)

- 1 eetlepel anijszaad
- 1 dl water
- 1 klein stukje citroenschil
- 7 dl melk
- ahornsiroop of ongeraffineerde rietsuiker naar smaak

Week het anijszaad zo mogelijk een half uur in het water met het schilletje. Breng alles aan de kook en laat het mengsel 5 minuten op een zeer laag pitje trekken (10 minuten als u de zaadjes niet heeft geweekt).
Voeg de melk toe en breng alles al kloppend met een garde op temperatuur (ca. 50°C). Voeg zoetmiddel naar smaak toe en zeef de melk in voorverwarmde mokken.

Variaties:
- vervang de melk door *amandelmelk** 563
- vervang het anijszaad door gemalen anijszaad; u heeft er maar 1/2 eetlepel van nodig, maar de anijsmelk verkleurt er een beetje door
- vervang het anijszaad door *anijsstroop** 608
- **vanillemelk:** vervang anijs en citroenschil door 1/2 vanillestokje (overlangs opengesneden) of 1 1/2 theelepel gemalen vanille

Bisschopsdrank

(alcoholvrij, ca. 1 1/4 liter)

- 1 kleine citroen
- 10 kruidnagelen
- een kaneelstokje
- eventueel 2 peultjes kardemom
- 3 dl water
- 3 eetlepels ahornsiroop of ongeraffineerde rietsuiker

- 3/4-1 l rode druivesap of half bessesap/half water

Prik met een puntig mesje gaatjes in de citroenschil en steek hierin de kruidnagelen. Leg de citroen met de kaneel en kardemom in een klein pannetje met goed sluitend deksel en voeg het water toe. Breng alles tegen de kook aan en laat op een zeer laag pitje (vlamverdeler) 2-3 uur trekken (niet laten koken).
Zeef het aftreksel en voeg het zoetmiddel toe. Verwarm een uur voor het gebruik het druivesap en vermeng het met het kruidenaftreksel. Houd de drank op een theelichtje warm.

Variaties:
- laat een flintertje foelie en 2-3 schijfjes gemberwortel met de citroen meetrekken
- **phosphorosdrank:** laat 2-3 schijfjes gemberwortel meetrekken en vervang het druivesap door appeldiksap en water (1:7)
- **gekruide hibiscusthee:** vervang het druivesap door *rozebottelthee** met de dubbele hoeveelheid hibiscus. Voor het zoeten van deze drank heeft u meer zoetmiddel nodig (gebruik liefst ahornsiroop)

Tip: Het kruidenaftreksel is, met het zoetmiddel vermengd, in de koelkast (in een glazen pot) wekenlang houdbaar, u kunt er dus een grotere hoeveelheid van maken.

Chocolademelk (3/4 liter)

Chocolademelk gemaakt van carob* is al zoet van zichzelf, zodat u er geen of maar heel weinig zoetmiddel aan hoeft toe te voegen, maar de smaak is minder pittig dan die van chocolademelk van cacao. Er is ook biologische cacao verkrijgbaar.

- 2 eetlepels cacaopoeder of 4 eetlepels carobpoeder
- 2 dl warm water
- 2 theelepels arrowroot

- 4 1/2 dl melk
- stroop of ongeraffineerde rietsuiker naar smaak
- eventueel 1/2 dl slagroom, stijfgeklopt

Maak cacao- of carobpoeder aan in het water, breng dit al roerend aan de kook en laat even doorkoken.
Voeg de melk toe en breng de chocolademelk al kloppend met een garde op temperatuur (ca. 50°C). Voeg zoetmiddel naar smaak toe en giet de chocolademelk in voorverwarmde mokken. Leg er een toefje slagroom op en stuif er een snufje cacao(carob)poeder overheen.

Variaties:
- kook 1/8 vanillestokje (opengespleten) of 1 theelepel gemalen vanille met de cacao mee
- vervang 1 dl van het water door koffie of moutkoffie, of voeg 1 theelepel oploskoffie (Demeter) aan de gekookte cacaostroop toe. Dit geeft een pittige smaak

Tips:
- als u de chocolademelk koud wilt drinken, kunt u het zoetmiddel in de hete cacaostroop oplossen en daarna de koude melk erdoor kloppen
- vervang de melk door *amandelmelk* of *sesammelk**

Amandelmelk

Een licht verteerbare, waardevolle vervanging voor koemelk, zacht van smaak.

Van verse amandelen: (1 liter)

- 125 g amandelen, eventueel gepeld
- 1 theelepel vanillepoeder
- 50 g ongeraffineerde rietsuiker

- 1 l lauwwarm water

Maal de amandelen en vermeng ze met het vanillepoeder en de suiker. Maal dit mengsel nog een keer.
Voeg het warme water bij beetjes tegelijk onder flink roeren toe en laat het mengsel ten minste 1/2 uur toegedekt staan.
Giet de amandelmelk door een zeef met een eerst vochtig gemaakte doek erin en laat haar afkoelen of breng haar au bain marie* weer op de gewenste temperatuur.
Bewaar deze amandelmelk in de koelkast, maar niet langer dan 1 dag.

Van amandelpasta: (1 portie)

- 1 eetlepel amandelpasta, eventueel witte, van gepelde amandelen
- ca. 1/2 eetlepel honing of ahornsiroop

- 2 dl lauwwarm water

Roer het zoetmiddel door de amandelpasta en voeg onder roeren bij beetjes tegelijk het warme water toe. Zeef de amandelmelk naar wens (zie hierboven).
Tip: Verwerk de gezeefde amandelpulp in muesli of graankoekjes.

Sesammelk

Een zeer voedzame, pittige drank, ook voor mensen die geen dierlijke melk drinken. Warm gedronken kan hij chocolademelk vervangen, koud is hij een waardevolle 'milkshake'.

Van sesamzaad (1 liter):

- 80-100 g sesamzaad, licht geroosterd*   605
- 40-50 g ongeraffineerde rietsuiker
- 1 theelepel vanillepoeder

- 1/2 eetlepel arrowroot
- 1 l water
- een snufje zout

Vermeng sesamzaad, suiker en vanille en maal dit in een foodprocessor of elektrische koffiemolen, met kleine porties tegelijk, tot een droge pasta. Met veel geduld lukt het ook wel in een vijzel.
Roer de arrowroot los met een beetje van het water en breng de rest van het water aan de kook. Voeg het zout toe en bind met de aangemaakte arrowroot.
Haal de pan van het vuur en klop er de sesampasta door. Drink de sesammelk warm op of laat hem afkoelen en bewaar hem in de koelkast (niet langer dan 2 dagen). Zonodig kunt u de sesammelk weer au bain marie opwarmen.

Tip: In koude sesammelk smaakt een theelepeltje citroensap lekker.

Van sesampasta (1 portie):

- 2 dl water
- 2 theelepels arrowroot, aangemaakt met
- 1 eetlepel water

- 1 eetlepel sesampasta (tahin), ongezouten
- ca. 1/2 eetlepel stroop of ongeraffineerde rietsuiker
- een snufje vanillepoeder

Breng het water aan de kook en klop er de arrowroot door.
Haal de pan van het vuur en voeg onder stevig kloppen de rest van de ingrediënten toe.
Warm opdrinken of laten afkoelen (zie boven).

Tip: Als u de sesammelk koud drinkt, kunt u hem naar wens ook met honing of ahornsiroop zoeten.

Slemp (ca. 3/4 liter)

Een ouderwetse warme melkdrank voor de wintermaanden. Drink hem later op de avond, als u geen koffie meer wilt drinken.

- 2 dl water
- een stukje pijpkaneel
- een flintertje foelie
- 1/2 theelepel zwarte thee
- 2-3 draden saffraan

- 1/2 l melk
- 2 eetlepels ahornsiroop of ongeraffineerde rietsuiker

Breng het water met de kruiden tegen de kook aan en laat dit ten minste een uur trekken op een laag pitje (vlamverdeler, spaarbrander, potkachel).
Verwarm de melk tot er zich een vlies op vormt en zeef het kruidenaftreksel erbij.
Breng op smaak met het zoetmiddel, niet te veel, de smaak van kaneel en saffraan moet duidelijk uitkomen.

Variatie: Maak de slemp wat smeuïger door het kruidenaftreksel op het laatst te binden met 1-2 theelepels in wat water losgeroerd arrowroot.

Tip: Het kruidenaftreksel kunt u op voorraad maken; het is, met het zoetmiddel vermengd, in de koelkast wekenlang houdbaar (in een glazen pot).

Kwast (1 glas)

Een warme, vitaminerijke drank ter bestrijding van een opkomende verkoudheid. Drink de kwast met kleine slokjes.

- 1/2 citroen
- 1 kleine (bloed)sinaasappel
- 1-2 theelepels honing

Pers de citrusvruchten uit en giet het sap in een theeglas.

Vul aan met kokend water en zoet met honing.

Variaties:
- vervang de honing door *vlierbloesemlimonadestroop** (1-2 eetlepels). Goed bij koorts
- breng met het water 3-4 rozemarijnblaadjes of een snufje tijm aan de kook. Goed bij hoest

Opkikkertje (ruim 1 liter)

Een vlug gemaakte, versterkende graandrank die zo pittig smaakt, dat hij eventueel chocolademelk kan vervangen.

- *6 dl water*
- *3/4 dl (40 g) thermomeel (gerst)*
- *ca. 2 eetlepels suikerbietenstroop*
- *2 kruidnagelen of een mespunt kaneel*
- *eventueel een schijfje gemberwortel*
- *een snufje zout*

- *1/2 l melk*

Breng alle ingrediënten, behalve de melk, in een pan met dikke bodem op een niet te hoog vuur al roerend aan de kook. Laat een paar tellen doorkoken, zet het deksel op de pan en laat het mengsel, van het vuur af, ten minste 15 minuten nawellen.
Klop de melk erdoor, verwijder de kruidnagel en de gember en breng de drank weer op de gewenste temperatuur (niet boven 70°C).

Variatie: Laat de drank afkoelen, meng er nog 1/2 dl halfstijf geklopte slagroom door en drink het opkikkertje koud.

Tip: Bewaar het mengsel zonder de melk in de koelkast (2-3 dagen), vermeng telkens met de benodigde hoeveelheid melk en verwarm naar wens.

Barley water (ca. 1 liter)

Een Engelse graandrank die de stofwisseling ontlast en een genezende werking heeft bij koorts. Ook lekker als verfrissende koude drank, vermengd met vruchtesap (appel- pere- of abrikozesap).

Kook barley water in een ruime pan en leg het deksel er schuin op, dit voorkomt overkoken.

- *1 kopje (75-100 g) gerst, gewassen en 3-4 uur geweekt in*
- *1 l water*

- *1 vijg of dadel of 2 gedroogde abrikozen*
- *2 schijfjes citroen of sinaasappel, met schil*
- *1/4 kaneelstokje*
- *een snufje zout*
- *1-2 kruidnagelen (als u de drank warm gebruikt)*

Breng alle ingrediënten langzaam aan de kook en laat dit mengsel, met het deksel op de pan, op een zeer laag pitje ca. 2 uur pruttelen.
Giet de drank door een zeef en breng op smaak met appeldiksap of, als hij wat is afgekoeld, met honing.
Als koude drank pas proeven als hij met het vruchtesap is vermengd, meestal is zoeten dan niet eens nodig.

Variaties:
- vervang de gerst door **rijst** (weken hoeft niet en de kooktijd is 1 uur). Deze drank werkt stoppend, vooral in combinatie met bosbessesap (oersap)
- vervang de gerst door **haver** (kooktijd 1 uur). Deze drank werkt laxerend
- gebruik **gierst** (weken is niet nodig, de kooktijd is 20 minuten). Gierstdrank werkt versterkend op haren, huid en nagels
- kook voor een pittige smaak ook eens 1-2 schijfjes gemberwortel mee

Koffie zetten (8-10 kopjes)

Van biologische koffie, Demeter granenkoffie of Yannoh koffie (een mengsel van geroosterde granen, cichoreiwortel en kikkererwten).

Op de eenvoudigste en voordeligste manier kunt u koffie zetten zoals men dat vroeger deed in de Oudhollandse tinnen of koperen koffiekan, of zoals men het nu doet in een percolator of 'coffeemaker'. Met een gewone steelpan gaat het echter net zo goed. Er is één uitzondering: 'gewone' koffie bevat van nature stoffen, die het cholesterolgehalte van het bloed verhogen. Deze stoffen worden door het papieren koffiefilter tegengehouden. Als u met 'echte' koffie of met een mengsel van 'echte' en surrogaat koffie de onderstaande pannetjeskoffie zet, moet u daarom het aftreksel voor het uitschenken nog door een papieren koffiefilter gieten.

Pannetjeskoffie

Breng 1 liter vers water aan de kook. Strooi er 40-50 g (6-8 eetlepels) koffie in en doe meteen het deksel weer op de pan. Draai het vuur laag en laat 2 minuten sudderen. Draai de vlam uit en laat nog ca. 5 minuten rustig trekken. Als het koffiepoeder zich nog niet heeft gezet, kunt u de spanning breken door er een paar druppels condenswater van het pannedeksel op te sprenkelen.

Giet de koffie nu (zonder het bezinksel) door een fijn zeefje in een voorverwarmde koffiepot of een thermoskan (als u echte koffie gebruikt, zie de inleiding hierboven). Op deze manier gezette koffie blijft een beetje troebel en er blijft wat bezinksel in het kopje achter.

Serveer de koffie in smalle kopjes met een mengsel van half melk/half room (koffieroom). Als u liever warme melk bijschenkt, kunt u deze al kloppend verwarmen tot ca. 80°C, dus *niet* koken. Als u in dit geval de koffie met maar 3/4 l water zet, kunt u hem bij het schenken met de warme melk aanvullen. Hierdoor krijgt u een pittige, 'vol' smakende **koffie verkeerd**. Met een beetje cacao over het melkschuim gezeefd heet het **cappuccino**.

Variaties:

- maak een mengsel van 'echt' en surrogaat koffiepoeder. Dit is zeer geschikt voor het maken van koffie-extract (zie tips)
- **filterkoffie:** helder en fijn van smaak, maar er is filterpapier voor nodig (gebruik geen witte) of een nylonfilter (niet voor echte koffie). Gebruik voor een liter koffie 40-50 g zeer fijn gemalen koffie. Stamp de gemalen koffie wat aan en schenk er een klein scheutje kokend water op. De koffie kan dan, terwijl het water aan de kook komt, wat uitzetten, waardoor hij meer smaak afgeeft
- **Weense melange:** doe een snufje kaneel en een korreltje zout in de filter
- **Turkse melange:** doe een snufje gestampte kardemom in de filter of pan

Tips:

- de geurigste koffie zet u van telkens vers gemalen koffiebonen
- schenk de koffie zo vlug mogelijk na het zetten uit, hij gaat ook in de thermoskan snel in smaak achteruit
- maak **koffie-extract:** dit is zeer sterk gezette koffie, waarmee u ca. een kwart van het kopje vult en dit vervolgens aanlengt met kokend water en/of hete melk. Koffie-extract is de hele dag gebruiksklaar (blijft in de koelkast 1-2 dagen goed) en behoudt zijn geurige smaak, want het wordt niet warm gehouden.
  Werkwijze: zet filterkoffie als hierboven beschreven, maar gebruik slechts 1/4 liter water. Schenk het bij kleine scheutjes tegelijk op de koffie. Het is de bedoeling, dat het water zo langzaam mogelijk doorloopt. Als u de 'pannetjesmethode' kiest (niet geschikt voor 'echte' koffie, zie de inleiding), laat de koffie dan 15 minuten trekken. Bewaar het koffie-extract in een flesje op een koele plaats
- zuinig: maak koffie-extract op het moment dat u toch koffie wilt zetten. Giet dan na het zetten van het extract nog 3-4 dl kokend water door het filter, hiervan krijgt u nog koffie van normale sterkte.

Thee (camellia sinensis)

Reserveer voor deze zogenaamde zwarte (of groene Chinese) thee een aparte pot, liefst van aardewerk of porselein, met een uitneembare inzet voor de theebladeren. Zwarte of Chinese thee dankt haar opwekkende werking aan tannine, een aan caffeïne verwante stof.

- verwarm de theepot voor met kokend water
- laat het theewater koken 'tot de golven wild door de ketel razen' (dit schreef de Chinese dichter Lu Wu al in de achtste eeuw)
- gebruik voor niet al te sterke thee 1 eetlepel theebladeren op 1 liter water
- giet ongeveer eenderde van het kokende water op de bladeren en laat dit 3-4 minuten trekken
- giet de rest van het weer tot koken gebrachte water erop en schenk nu de thee zo gauw mogelijk uit. Haal anders de inzet uit de pot of zeef de thee in een thermoskan (handig zijn de theekousjes van katoen, die u in de theepot kunt hangen en er na het

trekken met de theebladeren weer uit kunt halen)
- hoe langer de thee trekt, des te meer looizuur er vrijkomt. Dit maakt de thee bitter en mensen met een gevoelige maag kunnen er last van krijgen
- door lang staan gaat ook gezeefde thee in smaak achteruit, zet dus voor het tweede kopje liever een verse pot
- serveer de thee in wijde kopjes met schijfjes citroen en/of melk en vergeet ook de suikerpot niet. Het eiwit van de melk bindt het tannine, dat bij een hoog gebruik schadelijk kan zijn voor de gezondheid

Variaties:
- doe een stukje gele of oranje schil van een citroen of sinaasappel (of een lepeltje ingemaakte rasp*) in de theepot, of wat kleingesneden zuidvruchten
- laat een stukje kaneel en/of een kruidnagel meetrekken. Dit is ook lekker in combinatie met citroen- of sinaasappelschil
- ook kunt u laten meetrekken(vers of gedroogd):
  bloemen van de jasmijnstruik
  bloemen van de bergamotplant (monarda)
  hibiscusbloemen
  oranjebloesem
- vervang eenderde van de theebladeren door verse munt of bladeren van de bergamotplant (monarda)
- stop een vanillestokje in het theebusje
- laat met het theewater meekoken en meetrekken met de thee:
  een schijfje gemberwortel
  1/2 theelepel anijszaad, liefst wat gekneusd
  een stukje zoethout, wat geplet
- maak Earl Greythee door op 1 liter gezeefde thee 3 druppels bergamotolie toe te voegen. De echte bergamotolie is gewonnen uit de schillen van de bergamotcitroen

Tips:
- mooi helder wordt de thee, als u eerst een scheut kokend water op de theebladeren giet en dit meteen weer weggiet
- gooi een restje thee niet weg, maar voeg het aan kruidenthee toe (voor volwassenen)

Thee-extract (van zwarte thee)

Urenlang in de thermoskan bewaarde thee wordt niet lekkerder van smaak. Als u verspreid over een langere tijd thee moet schenken, kunt u dat doen als de Russen met hun Samovar:
Laat in een pannetje 1 1/2 dl water bruisend koken. Draai de vlam uit, strooi vlug 1 eetlepel thee in het water en doe meteen het deksel erop. Laat 3 minuten trekken, roer om en zeef dit thee-extract in een flesje of potje. Op 1 kopje (ca. 1 dl) heeft u 1-1 1/2 eetlepel van dit extract nodig. De bovengenoemde hoeveelheid extract (ca. 1 1/4 dl) is dus voldoende voor ca. 9 dl water.
Thee-extract is ook geschikt voor het maken van *ijsthee** of om te mengen met verdunde vruchtensappen tot een opkikkertje (voor volwassenen). In de koelkast is thee-extract 2-3 dagen houdbaar.

Appeldrink (ca. 1 liter)

Een opwekkende dorstlesser, die het lekkerst smaakt met vers pepermuntblad.

Zet 4 dl sterke pepermuntthee en laat ook de gele schil van een citroen meetrekken (dunschiller). Zeef de thee en laat hem afkoelen. Vermeng de thee met het sap van de citroen, 2 dl appelsap en, vlak voor het serveren, met 3 dl koolzuurhoudend mineraalwater. Laat in elk glas een vers muntblaadje drijven

Conserveren

Vers opeten is natuurlijk de lekkerste en gezondste manier om van groente en fruit te genieten. Bovendien kan het meegaan met de seizoenen, ook wat betreft ons voedsel, zijn geheel eigen charme hebben.
Maar in sommige gevallen loont het zelf inmaken de moeite, zeker als u een eigen groentetuin bezit, soms goedkope partijen fruit kunt krijgen of vruchten in het wild hebt geoogst. Moeilijk is het in ieder geval niet.

De hier gebruikte inmaakmethoden

Alle levensmiddelen bederven op een bepaald ogenblik omdat micro-organismen op den duur de overhand krijgen. We kunnen echter deze micro-organismen de levensvoorwaarden ontnemen en wel op verschillende manieren:
- door het *drogen* wordt de concentratie van vruchtezuren en suikers verhoogd en tegelijk het vochtgehalte zo sterk verlaagd, dat de voedingsbodem voor schadelijke organismen wegvalt. Deze methode is vooral geschikt voor kruiden en voor zeer suikerrijke vruchten zoals dadels, druiven (rozijnen), abrikozen, enzovoort. Bij groenten gaat door het drogen de smaak sterk achteruit
- door het op gang brengen van een *melkzure gisting* in de groenten zelf ontstaan zuren, die de ontwikkeling van rotting veroorzakende organismen tegengaan. Hierdoor blijft deze groente (o.a. zuurkool) houdbaar. Dit is de enige inmaakmethode waarvan levensmiddelen kwalitatief beter worden
- bij het *wecken* en bij het *kokendheet inmaken* worden de schadelijke organismen door verhitting van de levensmiddelen onschadelijk gemaakt en van de lucht afgesloten.
Bij het wecken gebeurt dit in de pot zelf door pasteurisatie (80-90°C) of sterilisatie (100-120°C), waarbij de pot in een heet waterbad of in een warme oven staat. Bij het kokendheet inmaken wordt het inmaakgoed in een pan gaargekookt en daarna pas in de potten gedaan
- door zoveel *zout, suiker, olie* of *azijn* aan de levensmiddelen toe te voegen, dat de micro-organismen er niet meer (lang) in kunnen leven: snijbonen in het zout, geconfijte vruchten, kruiden in olie, zure augurken, enzovoort. Deze inmaakmethoden zijn eenvoudig, ze lukken

altijd, maar zijn (behalve de kruiden in olie) uit voedingsoogpunt niet zo waardevol. Er wordt aan de levensmiddelen een teveel aan zout, suiker en azijn toegevoegd

Drogen

Het drogen van levensmiddelen is de oudste en meest natuurlijke conserveermethode. Niet volledig rijpe produkten kunnen in de droogwarmte nog wat narijpen en rijpe produkten zijn vlug droog. Gedroogde levensmiddelen nemen weinig plaats in (van 1 kg verse kwetsen houdt u bij voorbeeld nog maar 150-200 g over).
De door drogen geconcentreerde vruchtezuren en -suikers maken het gedroogde fruit houdbaar. Daarbij blijven in gedroogde produkten alle voedingsstoffen, mineralen en de meeste vitaminen (behalve vitamine C) behouden.
In een droog en zonnig klimaat legt men de oogst in de zon te drogen (vruchten) of men hangt ze, aan touwen geregen, onder brede veranda's of in luchtige schuren (kruiden, maïskolven, uien).
In ons vochtige zeeklimaat bent u bij het drogen van vruchten en groenten aangewezen op kunstmatige verwarming zoals een bakoven, kachel, radiator of speciaal droogapparaat. Alleen kruiden en appels kunt u in de warme kamerlucht drogen. De meer waterhoudende vruchten zouden zo te langzaam drogen en gaan schimmelen.

Gedroogde vruchten en kruiden kunt u het beste in niet te grote papieren of stoffen zakjes of in glazen potten, waarvan u het deksel heeft vervangen door een stukje vitrage met een elastiekje, op een vooral *droge en donkere* plaats bewaren. Controleer af en toe op schimmel en ongedierte.

Vruchten drogen (in de oven)

Het fruit wordt op het bakrooster in de oven *voorgedroogd* en daarna op platte manden bij kamertemperatuur *nagedroogd*. Deze methode is geschikt voor kersen, kwetsen, abrikozen, kleine peren en appels. Het lekkerst worden rijpe, maar niet al te sappige vruchten.
Voor kleine vruchten (kersen, kleine kwetsen) liggen de spijlen van de meeste bakroosters te ver uit elkaar. U kunt deze vruchten dan eerst op een of twee (liefst rechthoekige) taartroosters leggen en deze op het bakrooster zetten.
Op 1 bakrooster kunt u ca. 1 kg fruit drogen. In een heteluchtoven kunt u twee bakroosters tegelijk schuiven – op gelijke afstand van elkaar en van bodem en plafond.
De uit bamboe gevlochten platte manden zijn voor weinig geld te koop in rotanwinkels. U kunt ook een stuk vitrage met wasknijpers over een droogrekje spannen en het in de oven voorgedroogde fruit hierop nadrogen.

Kwetsen en abrikozen: gebruik hiervoor geen té week fruit. Gewone pruimen zijn om die reden ongeschikt, ze zijn te waterig en laten bovendien moeilijk van de pit los.
Snijd de vruchten met een vlijmscherp puntig mesje overlangs rondom open en wip de pit eruit.

Tip: Was de pitten van abrikozen en droog ze mee (of laat ze in de zon drogen). Bewaar ze in een open glazen pot op een droge plaats. De vlak voor het gebruik gekraakte pitten kunt u dan gebruiken in plaats van bittere amandelen.

Peren: geschikt zijn de net rijpe vruchten van de vroege soorten die gauw overrijp worden. U hoeft ze niet te schillen; snijd ze alleen overlangs in vieren, verwijder kroontje en steel en (zuinig) het klokhuis. Leg de partjes bij het drogen op hun zijkant. Niet overrijpe, gedroogde peren worden door het drogen hard en taai, maar smaken toch heerlijk in bij voorbeeld *vruchtenbrood** (eerst een nacht weken en daarna in stukjes snijden) en in de *stoofpot van gerst**. 486

151

Kleine appels: snijd ze overlangs doormidden en verwijder steel, kroontje en klokhuis.
Grote appels: zie *appelringen drogen**. 570

Kersen, mirabellen en **zeer kleine kwetsen** hoeft u niet open te snijden. Houd de vruchten na het voordrogen tussen duim en wijsvinger en druk de pit eruit (eventueel eerst met een puntig mesje een opening maken). Ontpit kersen niet; gedroogd zijn ze zo een gezonder snoepje dan zuurtjes (voor compote kunt u kersen beter wecken of kokendheet inmaken).

Werkwijze:
Leg de voorbereide vruchten met de schil naar boven op het bakrooster. Zet de stoomklep in de ovendeur open of klem een houten lepel tussen oven en ovendeur. Verwarm de oven voor.
Voordrogen: ca. 2 uur bij 60-70°C (laagste stand), middelste richel.
Dit voordrogen moet u goed in de gaten houden; zodra er kleine druppeltjes sap op de vruchten verschijnen, moet u het fruit uit de oven halen en op de platte bamboemanden of op het droogrek leggen.
Nadrogen: Laat het voorgedroogde fruit een paar dagen nadrogen op een warme, droge (tochtige) stofvrije plaats. Het fruit is droog als de stukjes niet meer aan elkaar vastplakken en als er geen sap meer uitkomt als u erop drukt.
Bij vochtig weer, als het nadrogen stagneert, kunt u mand of het rek boven de verwarming hangen of er een ventilatorkacheltje (laagste stand) onder zetten.

Appelringen drogen

Een gedroogde appelring is het meest 'gebitvriendelijke' snoepje: minder zoet dan rozijnen en je kunt er flink op kauwen. Bovendien bederft hij de eetlust niet en is het als reisproviand probleemloos mee te nemen.

Gebruik voor het drogen gave, liefst wat zoetige appels (vroege appelsoorten die gauw overrijp worden).
Verwijder het klokhuis met een appelboor. Omdat de schil van appels bij het drogen erg hard wordt kunt u de vruchten beter eerst schillen. De met een dunschiller verkregen lange slierten kunt u eveneens drogen: hang ze over een 'waslijn' van stevig touw of over een bamboestok, vlak onder het plafond in een warme kamer, of gebruik een wasrekje. U kunt ze dan later gebruiken voor het koken van *appelthee**. 562
Snijd de appels in dikke ringen van ca. 1/2 cm. Let erop dat de ringen rondom even dik zijn, anders drogen ze onregelmatig.
Als u de appelringen wit wilt houden, kunt u ze nog *blancheren*: breng in een flinke pan water met citroensap aan de kook (op 1 liter water 1/2 dl). Leg de appelringen een halve minuut in dit kokende water (niet langer). Haal ze met een schuimspaan er weer uit en dep ze droog tussen twee theedoeken. (Maak van dit kookwater en de klokhuizen na afloop een appelthee.) Voor de smaak maakt het geen verschil of u de appels wel of niet blancheert.
De zo voorbereide appelringen kunt u nu op twee verschillende manieren drogen:

1 voor kleine hoeveelheden
Rijg de appelringen met een dikke stopnaald op een stuk stevig katoen (hierbij niet door het gat maar door het vruchtvlees van de appels prikken). Houd een vingerbreed af-

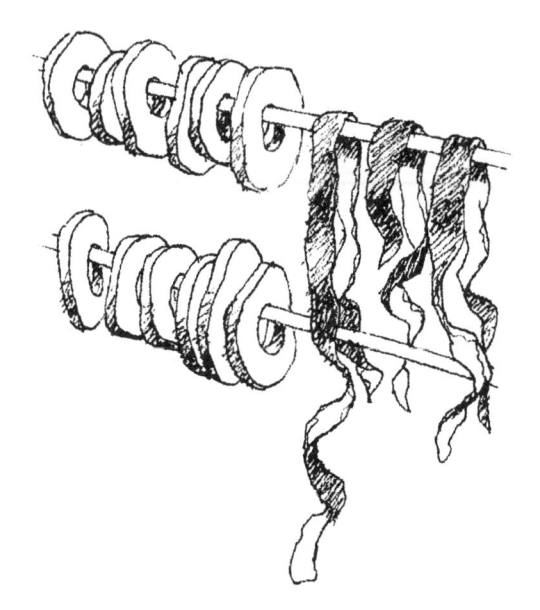

stand tussen de ringen. Hang deze appelketting op vlak onder het plafond in een regelmatig verwarmde kamer (liefst boven een kachel of radiator) of op een tochtige zolder (bij zonnig herfstweer). Binnen een week zijn de appels meestal droog. Als het te lang duurt kunt u ze op een met wit papier belegde droge bakplaat in de oven nog wat nadrogen (60-80°C). Bewaar de appels in een stoffen zakje op een droge plaats.

2 voor grote hoeveelheden
Met deze methode kunt u 3-4 kg appels tegelijk drogen. Nadrogen is niet nodig.
Meet nauwkeurig de breedte van uw oven (aan de binnenkant). Zaag houten stokken van ten minste 1/2 cm dik in 8 stukken, precies zo lang als uw oven breed is. Controleer met het eerste stokje of de maat goed is: hij moet op de richels blijven hangen.
Hang de appelringen met een onderlinge afstand van een vingerbreedte op de stokjes en hang de stokjes in de oven: 4 op de bovenste richel en 4 op de op één na onderste. Plaats de stokjes zo, dat de bovenste ringen tussen de onderste komen te hangen.
Drogen: 8-10 uur bij 75°C.
Zet de stoomklep van de oven open of klem een dunne houten lepel tussen de ovendeur. Laat de appelschijven in de oven afkoelen en bewaar ze in een stoffen zakje op een droge plaats.

Tip: Met een betrouwbare oventhermostaat kunt u de oven pas 's avonds voordat u naar bed gaat inschakelen om zo van het goedkopere nachttarief te profiteren.

Kruiden drogen

Oogst de kruiden zo mogelijk op een mooie, droge dag, 's morgens nadat de dauw is opgetrokken. De planten zijn vóór het middaguur geuriger dan later op de dag.
Pluk de kruiden met behulp van een schaar om de planten in de tuin, maar ook in de vrije natuur, niet onnodig te beschadigen. Laat de oogst niet in de zon liggen. Denk bij het plukken aan de ruimte die u thuis tot uw beschikking heeft voor het drogen, pluk dus niet te veel in één keer. Kruiden waarvan u de *bladeren* wilt gebruiken kunt u het beste vlak voor de bloei plukken, *bloemen* als ze net zijn opengegaan. Oogst *schermbloemigen* waarvan u de zaden wilt gebruiken met een stuk stengel er nog aan. Knip ze af voor ze te rijp zijn, anders komt u met lege schermen thuis. De zaden kunnen tijdens het drogen nog aan de schermen narijpen.

Hang kruiden met al droge of houtachtige stelen dicht naast elkaar, ondersteboven aan hun onderste vertakking aan een touwtje, dat u vlak onder het plafond in een warme, liefst tochtige kamer of op zolder heeft gespannen (of gebruik een wasrekje). Bij droog weer ontstaat al na een paar uur voldoende ruimte tussen de stelen en zijn de blaadjes al na een paar dagen knisperend droog als papier. U kunt ze dan van de stelen rissen.
Bind kruiden liever niet tot bossen voor het drogen; het zou dan te lang duren.

Blad van kruiden met sappige stelen zoals basilicum, pepermunt, brandnetel, enzovoort kunt u beter meteen van de steel plukken. Spreid de bladeren en ook bloesems (kamille, lindebloesem, wilde tijm) in één laag uit op een platte bamboemand, op wit papier of op

deksels van kartonnen dozen. De beste droogplaats is bovenop een kast in een warme, droge of tochtige kamer.
Laat de bladeren en bloemen na het drogen heel; verkruimel ze pas vlak voor het gebruik, zo behouden ze beter hun smaak en geur.
Belangrijk: droog kruiden nooit in de zon, in de oven of in een droogapparaat. Bij deze hoge temperaturen vervluchtigen de geurige oliën.
Bewaar kruiden en specerijen in glazen potten (met een etiket met naam en datum) op een niet te warme en vooral donkere plaats en zet alleen kleine hoeveelheden in kleine glazen potjes binnen handbereik (zet deze ook niet boven het fornuis of op de vensterbank, maar liever in de kast).
Ververs de kruidenvoorraad ieder jaar bij de nieuwe oogst. Specerijen zijn langer houdbaar (2-3 jaar). Gebruik overjarige kruiden voor een kruidenbad.

Tips:
- droog ook de stelen van kruiden, vooral als de oogst matig is. Bewaar ze apart en kook er samen met groenteafval ook in de winter een geurige bouillon van* 77
- de droogproef: dunne blaadjes moet u tussen de vingers kunnen verpulveren. Stengels en dikkere blaadjes, doppen van erwten enzovoort losjes in een glazen pot stoppen en afgesloten op een koele, donkere plaats zetten. Als zich binnen 2-3 dagen geen condens op de binnenkant van het glas vormt, zijn de kruiden droog. Anders nog even nadrogen

Gefermenteerde kruidenthee

Kruidenthee die wat betreft de smaak een beetje lijkt op Chinese of 'zwarte' thee en die de zenuwen niet opjaagt, maar eerder kalmeert en versterkt.
Gebruik hiervoor looi- en melkzuurhoudende bladeren zoals het blad van de braamstruik, zwarte-besse- en frambozeblad, alsmede het blad van de bosaardbei en de sleepruim.
Pluk op een beschutte, schone plaats alleen mooi, maar wel uitgegroeid blad, vlak onder de toppen van de takken. Oogst op een droge dag, maar liever niet na een lange regenperiode en pas na de langste dag.
Let bij het plukken ook op ongedierte en andere ongeregeldheden; het is beter als de bladeren niet gewassen hoeven te worden.
Fermenteer niet minder dan ca. 200 g bladeren tegelijk (dit is een tas vol!), anders komt het fermentatieproces te langzaam op gang.
U kunt de verschillende soorten blad apart of gemengd fermenteren én gebruiken, maar met gemengd (en ná de langste dag geplukt) blad verloopt het fermentatieproces naar onze ervaring beter.
Stapel de bladeren zo vlug mogelijk na de oogst op elkaar (ze mogen niet eerst drogen). Controleer daarbij nog een keer op ongedierte. Wikkel de hele oogst bij elkaar zeer dicht in een schone theedoek. Maak er een stevig pakket van en stop het in een plastic zak en daarna in een theemuts of wikkel het in een wollen dekentje. Laat nu de bladeren op een warme plaats 2-7 dagen fermenteren. Leg de bundel zo mogelijk in de zon, het is de bedoeling dat het gaat broeien (maar niet rotten). De bladeren worden donkerder van kleur.
Na het fermenteren kunt u de bladeren op platte manden, dienbladen, enzovoort drogen*. 571
Zet de thee niet te sterk, vooral de looizuurhoudende braambladeren kunnen stoppend werken (in de kruidengeneeskunde worden ze gebruikt tegen diarree).

Melkzure groente

Bij deze conserveermethode wordt de groei van melkzuurbacteriën, die van nature op groente van goede kwaliteit aanwezig zijn, gestimuleerd. Er wordt wat zout toegevoegd om rotting tegen te gaan. Tijdens de gisting ontstaan aromatische stoffen. Het sap in de pot wordt koolzuurhoudend, dit moet kunnen ontsnappen zonder dat er lucht van buiten in de pot komt. Potten met twistoffdeksels* (met een elastisch randje aan de binnenkant), de van een rubber ring voorziene deksels van weckpotten en het 'waterslot' van de aardewerken zuurkoolvaten maken dit mogelijk. Bij suikerhoudende groente (bieten) kan dit proces soms te onstuimig verlopen. Zo'n sterk gegiste pot kunt u voor het gebruik een poosje open laten staan, dan verdwijnt het koolzuur vanzelf.

Melkzure groente is eigenlijk veredelde rauwkost: alle mineralen en vitaminen blijven behouden, het vitaminegehalte (vooral vitamine C en B12) is zelfs hoger dan in de oorspronkelijke rauwe groente. Door het melkzure gistingsproces wordt de groente beter verteerbaar, wordt de opname van ijzer uit het voedsel bevorderd en worden de natuurlijke afweerkrachten van het lichaam vergroot. Melkzure groente heeft een regulerende werking op de darmflora: zowel diarree als verstopping kunnen erdoor worden verholpen.

Melkzure groente kunt u zo uit de pot of het vat, vermengd met wat olie, als rauwkostsalade opdienen. Als u de groente te zuur en/of te zout vindt, kunt u haar met wat verse groente vermengen. Met een restje gekookte granen en wat olie (zonder azijn!) kunt u er ook een voedzame graansalade van maken: met wat salade van een bladgroente erbij een vlug gemaakte zomerse maaltijd.
Een aangebroken pot kunt u in de koelkast nog een week bewaren. Gooi het in de pot achterblijvende sap nooit weg, het is zeer waardevol. U kunt het gebruiken als azijn (zeven en in een flesje in de koelkast bewaren).

Melkzuur inmaken van groente in glas

- werk hygiënisch en leg alle ingrediënten en gereedschappen van tevoren klaar
- maak de groente niet in op een zeer hete dag, de gisting vindt dan op een te hoge begintemperatuur plaats en de inhoud wordt te zuur
- maak eerst een kleine hoeveelheid groente in om ervaring op te doen
- gebruik glazen potten of flessen met wijde hals en met twistoffdeksels van plastic of metaal*, met een inhoud van ten minste 3 1/2 dl (normale jampot). In wat grotere potten komt de gisting echter beter op gang, wat het resultaat lekkerder maakt

Het inmaakgoed. Neem verse of biologisch geteelde groente van eerste kwaliteit, liefst niet na een regenperiode geoogst (het natuurlijke melkzuurgehalte van de groente is dan het laagst). Laat de groente na het oogsten altijd eerst 2-3 weken op een koele plaats liggen voordat u haar melkzuur inmaakt. Zo kunt u ook nog in de winter (bewaar)groenten inmaken zoals bieten, knolselderij, wortels, kool.
Verwijder alle verwelkte delen van de groente, borstel de groente schoon onder de stromende kraan, droog haar af met een schone theedoek en verwijder zonodig de schil. Rasp, schaaf of snijd de groente volgens het desbetreffende recept. Een houten koolschaaf is zeer aan te bevelen.

De kruiden. Gebruik naar wens verse of gedroogde kruiden. Maak verse kruiden goed schoon en gebruik zoveel mogelijk hele blaadjes. Framboze- en zwarte-bessebladen zijn rijk aan melkzuurbacteriën. Was de blaadjes en dep ze droog in een theedoek. Stop een of twee blaadjes in elke pot en gebruik ze als afdeklaag. Stop ook af en toe een heel teentje knoflook tussen de groente. Dit geeft een niet opdringerige smaak aan de groente en het teentje zelf smaakt heerlijk mals. Een paar reepjes rode paprika geven aan de groente smaak en kleur.

Zout. Het zout houdt in de beginfase de rotting van de groente tegen totdat de op gang komende gisting dit overneemt. Gebruik liefst zeezout, in ieder geval geen zoutsoort die jodium bevat zoals Jozozout.

Starter voor de gisting. Gebruik als hiervoor per pot of fles van 7 dl inhoud 1/4 dl wei* of brooddrank, voor kleinere potten in verhouding minder. Wei en brooddrank noemen we in de recepten voor het gemak 'zuur'.

Zout water. Vul een tekort aan groentesappen in de pot aan met zout water. De groente moet altijd onder het sap staan. Kook daartoe 1 liter water met 15-25 g zout en laat het weer afkoelen. Laat chloorhoudend leidingwater enkele minuten in de open pan koken, chloor belemmert de melkzure gisting. Gebruik desgewenst koolzuurvrij mineraalwater.

De **afdekbladeren** zijn tegelijk afsluiting van de groente én kruiderij. Zij voorkomen het verkleuren van de groente. Geschikt zijn: koolbladeren voor zuurkool, eikeblad voor komkommers, het blad van mierikswortel voor rode bieten en in het algemeen bladeren van druif, frambozen, bramen, sleepruimen en zwartebessen. Was de bladeren voor het gebruik en dep ze droog in een theedoek. Als u niet de beschikking heeft over de in de recepten aanbevolen afdekbladeren, zijn gewone koolbladeren altijd goed. Stop het afdekblad goed in tussen de groente en de wand van de pot of fles.

Nabehandeling. Klop met de gevulde pot of fles een paar keer op tafel (leg er een dubbelgevouwen doek tussen); de lucht die eventueel nog tussen de groente aanwezig is, kan dan ontsnappen. Controleer of er in elke pot of fles 2, respectievelijk 4 cm ruimte is tussen het sap en de rand (de gisting heeft ruimte nodig). Maak de randen van de potten of flessen schoon met keukenpapier of een zeer schone vaatdoek.
Schroef de potten (en flessen) nu (niet te) stevig dicht. Zet de potten op een plek met een *gelijkmatige* temperatuur tussen de 20 en 22°C. Laat ze hier twee of drie dagen staan tot het sap een beetje troebel wordt en er een enkel belletje gaat opstijgen. Controleer de potten 2-3 keer per dag, in de ene pot gebeurt dit eerder dan in de andere. Zet zo'n gistende pot nu op een koelere plaats (15-10°C), als u hem te lang op een warme plaats zou laten staan gaat de gisting te snel en wordt de inhoud te zuur. Na 10-14 dagen moet u de potten op een koude plaats zetten (tussen 0 en 10°C), in een koele kelder of onderin de koelkast.

Het is normaal als er tijdens het gistingsproces wat sap onder het deksel vandaan uit de glazen pot loopt. U doet er goed aan de potten tijdens de eerste drie fasen op een schoteltje te zetten of in een teiltje.

Na 3-4 weken is de gisting gestabiliseerd en zou u de potten eventueel weer op een warmere, maar wel donkere plaats kunnen zetten (0-15°C) en maandenlang bewaren. De groente is echter na 5-6 weken al klaar voor consumptie.

Bewaar een eenmaal aangebroken pot in de koelkast, de inhoud blijft dan nog ten minste 1 week goed.

Op de ingelegde groente kan tijdens het bewaren een witachtige laag ontstaan, de zogenaamde kaamlaag. Dit is bij deze inmaakmethode een normaal verschijnsel en niet schadelijk. U kunt het voor het gebruik van de groente afscheppen.

Belangrijk: Open de potten nooit voordat de groente wordt geconsumeerd.

Kort samengevat vraagt een melkzure gisting om de volgende voorwaarden:
- een zoutconcentratie van 0,8-2,5%
- een melkzure vloeistof als starter (wei, brooddrank)
- afsluiting van de lucht
- een gelijkmatige begintemperatuur van 20-22°C gedurende ca. 2 dagen voor kleine glazen potten en flessen; tot 10 dagen voor de grote aardewerk zuurkoolpotten
- een wat koelere temperatuur (15-18°C) gedurende 10-14 dagen
- een bewaartemperatuur van liefst onder de 10°C (vorstvrij)

Hierna volgen een paar eenvoudige recepten voor het inmaken van melkzure groente in kleine hoeveelheden in glazen potten of flessen met wijde hals. Het zelf inmaken van zuurkool in een vat loont voor een klein huishouden niet, tenzij u een overschot aan witte kool uit eigen tuin heeft. Hiervoor zijn speciale aardewerk potten met een zogenaamd waterslot verkrijgbaar. De gebruiksaanwijzing wordt erbij geleverd.

Melkzure winterpeen

- geschilde en middelfijn geraspte winterpeen
- 10 g zeezout op 1 kg winterpeen
- in dunne ringen gesneden kleine uitjes (eventueel)
- geraspte verse mierikswortel of mierikswortelpoeder (pittig), of grof geraspte appel (zoetig)
- dille- of anijszaadjes
- afdekblaadjes naar keuze
- zuur
- eventueel zout water (15 g per liter)

Vermeng in een kom de peen met het zout en kneed met de handen tot hij sap loslaat; hoe meer sap, des te beter. Meng de rest van de ingrediënten erdoor en stop alles stevig in de pot tot 2 cm onder de rand (flessen 4 cm), druk goed aan. Dek af met de blaadjes, voeg het zuur toe en indien nodig het zoute water tot de blaadjes krap onderstaan.

Melkzure rode bieten

- geschilde, middelfijn geraspte bieten
- 10 g zeezout op 1 kg bieten
- naar wens grofgeraspte, zure appel
- in dunne ringen gesneden ui
- piment (weinig) of korianderzaadjes
- 1 laurierblad per pot
- 1 schijfje gember- of mierikswortel per pot
- afdekblaadjes (zo mogelijk mierikswortelblad)
- zuur
- eventueel zout water (15 g per liter)

Werkwijze zie *melkzure winterpeen** (stop het laurierblad tussen de groente). Pas op: bij bieten verloopt de gisting nogal hevig, waardoor er wat sap uit de pot onder het deksel door kan sijpelen. Dit houdt na een poosje vanzelf op, open de pot dus vooral niet. Vul de pot voor alle zekerheid maar tot driekwart van de hoogte. De starttemperatuur bij bieten is 18°C. Laat de pot voor het gebruik een paar uur openstaan, zodat de gistingsgassen kunnen vervluchtigen.

Melkzure knolselderij

- geschilde, middelfijn geraspte knolselderij
- 10 g zeezout op 1 kg selderij
- naar wens fijngeraspte appel
- karwij-, anijs- of korianderzaad
- afdekblaadjes naar keuze
- zuur
- eventueel zout water (15 g per liter)

Werkwijze zie *melkzure winterpeen**. 575

Melkzure rode kool

- 1 kg zeer fijn geschaafde rode kool
- 5 g zeezout
- 1 appel, in dunne schijfjes of blokjes gesneden
- wat pepermuntblad en karwijzaad
- 1 laurierblad en 1 kruidnagel per pot
- een stuk koolblad om af te dekken
- zuur
- eventueel zout water (15 g per liter)

Stamp de kool met het zout in een stevige kom met een houten stamper of met de vuisten tot hij sap loslaat; hoe meer sap, des te beter. Vermeng de kool met appel en kruiden. Druk het mengsel met het ontstane sap stevig in de pot en stop daarbij de kruidnagel en het laurierblad ertussen. Vul niet hoger dan tot 2 cm onder de rand (fles 4 cm). Dek af met het koolblad. Voeg het zuur toe en indien nodig het zoute water, tot het blad krap onder staat. De starttemperatuur is 20-22°C, daarna 2-3 weken 15°C, tot slot 0-10°C.

Zuurkool

- 1 kg zeer fijn geschaafde witte kool
- 5 g zout
- 1/2 zure appel, in schijfjes gesneden
- ca. 20 jeneverbessen (2 g)
- 1 1/2-3 theelepels karwijzaad
- eventueel 1-1 1/2 theelepel venkel- of dillezaad
- een stuk koolblad om af te dekken
- zuur
- eventueel zout water (15 g op 1 liter)

Werkwijze zie *melkzure rode kool**. ▶575

Variaties:
- gebruik 2 1/2 g zout, maar de dubbele hoeveelheid zuur en schaaf een ui mee (30-50 g)
- **zuurkool in aardewerk pot met waterslot:** gebruik voor een pot van 10 liter inhoud 8 kg kool en 8 maal de bovengenoemde overige ingrediënten. Vul het vat ongeveer 15 cm hoog en stamp de kool (in het vat) als hierboven beschreven. Strooi hierover wat appel, (ui), kruiden, zuur en zout. Ga zo laag om laag door tot de pot voor ca. viervijfde is gevuld. Let erop dat het zout gelijkmatig over de *hele* pot verdeeld is en stamp elke laag stevig aan. Dek af met een koolblad en verzwaar het geheel met een schoongewassen steen. De vloeistof moet de kool bedekken, vul eventueel aan met zout water. Sluit de pot volgens de gebruiksaanwijzing. Temperaturen: zie *melkzure rode kool**. Open de pot niet meer

Melkzure komkommer en augurkjes

- zeer jonge, dunne en niet geschilde komkommers, in schijfjes van 1/2 cm, of kleine, hele augurkjes (niet langer dan 12 cm)
- in plakjes gesneden ui
- eventueel een paar smalle reepjes rode paprika
- mosterd- en dillezaadjes
- zo mogelijk een paar boragiebloemetjes (komkommerkruid)
- afdekblad (zo mogelijk eikeblad)
- zuur
- zout water (25 g per liter)

Leg de schijven komkommer of de augurkjes en uien dicht op elkaar in de pot, tot 2 cm onder de rand. Strooi de kruiden ertussen en dek af met het eikeblad. Voeg het zuur toe en vul aan met het zoute water tot het afdekblad krap onderstaat.

Melkzure paprika

Gebruik hiervoor het liefst de dikvlezige soort die aan het einde van de zomer op de markt komt.

- rode en gele paprika, schoongemaakt* en in 1/2 cm brede reepjes gesneden
- een paar pimentkorrels
- 1 laurierblad per pot
- afdekblad naar keuze
- zuur
- zout water (25 g per liter)

Werkwijze zie *melkzure komkommer en augurkjes**.

Gemengde groente

- rode en gele paprika, in reepjes
- jonge wortels, in schijfjes
- koolrabi in blokjes
- bloemkool, in roosjes
- radijs, in schijfjes
- knoflook, in flinterdunne schijfjes
- mosterdzaad, koriander, dillezaad en -blad
- 1 kruidnagel en 1 laurierblad per pot
- afdekblad naar keuze
- zuur
- zout water (25 g per liter)

Stop de groente in kleurige volgorde dicht op elkaar gepakt in de pot, tot 1 cm onder de rand. Strooi de kruiden ertussen.
Voeg het zuur toe en vul aan met zout water tot het afdekblad krap onderstaat.

Tip: Maak naar eigen smaak allerlei groentecombinaties (bedenk dat rode bieten het hele mengsel rood kleuren).

Wecken en kokendheet inmaken

Voor het inmaken van sap, limonadesiroop, de meeste jamsoorten en chutneys kunt u in de regel ook minder gaaf, nog niet helemaal rijp of juist overrijp fruit gebruiken. Verwijder wel zorgvuldig alle rotte exemplaren. Alleen bij appels en peren kunt u kleine rotte plekjes (royaal) uitsnijden.
Voor het wecken is alleen zeer vers, maar niet te rijp fruit van eerste kwaliteit geschikt.
Een tip: maak niet te veel van één fruitsoort in. Maak een schatting hoeveel u in de loop van het jaar denkt te gebruiken. Vooral bij jam wordt een ruime variatie in soorten altijd gewaardeerd.

De potten en flessen

Voor het wecken op kleine schaal en voor het kokendheet inmaken kunt u gebruik maken van opgespaarde potten en flessen met een wijde halsopening en gave metalen twist-offdeksels. Gebruik voor het wecken en liever ook voor het kokendheet inmaken geen potten met plastic schroefdeksels; deze kunnen vooral bij het wecken door de hitte gaan vervormen en los gaan zitten. Deze plastic deksels zijn wel geschikt voor inmaak in azijn (augurken, chutneys) en voor melkzure groenten, mits ze aan de binnenkant zijn voorzien van een elastisch randje. Dit elastische randje laat de lucht tijdens het wecken en kokendheet inmaken ook nog uit een dichtgedraaide pot ontsnappen maar er kan geen lucht naar binnen dringen. Dit randje heeft dus dezelfde functie als de rubber ring van weckpotten.
Voor het wecken van groenten en vlees geven wij in dit boek geen recepten. Deze voedingsmiddelen bevatten geen zuren die de houdbaarheid bevorderen, maar wel veel eiwitten (bij de groenten bij voorbeeld sperziebonen en erwten). In dit eiwit kunnen zich micro-organismen ontwikkelen, die ook zonder zuurstof kunnen leven en zeer schadelijk zijn voor de gezondheid (botulisme). Deze vorm van bederf is niet altijd te proeven, maar de gasontwikkeling, hoe gering ook, zorgt ervoor dat het deksel van een speciale weckpot los gaat zitten. Twist-offdeksels echter zitten zo vast op de potten, dat men nooit zeker is over de toestand van de inhoud. Bij het wecken van fruit hoeft men echter voor dit soort bederf niet bang te zijn (het vruchtezuur heeft een conserverende werking) en kan men rustig potten en flessen met twist-offdeksels gebruiken.

Voorbereidingen voor de inmaak

Werk in een schone keuken met schone handen, schone vaatdoeken en gestreken theedoeken. Hiermee voorkomt u besmetting met voor de inmaak schadelijke bacteriën.
Zet alle gereedschappen, potten en pannen van tevoren klaar.
Weeg of meet de ingrediënten van tevoren nauwkeurig af.

Het schoonmaken van de potten

Was gebruikte potten met de eerstvolgende vaat af, droog ze goed af (ook het deksel van binnen) en bewaar ze dichtgeschroefd op een droge plaats. Vuil weggezette potten gaan stinken en de deksels roesten.

Controleer *voor* de inmaak de potten:
- *potten met metalen twist-offdeksels:* de coating aan de binnenkant mag geen kale plekjes vertonen, anders kunnen daar roestplekjes ontstaan. Het elastische randje moet gaaf zijn
- *potten met plastic twist-offdeksels:* het elastische randje aan de binnenkant moet nog goed vastzitten en mag niet beschadigd zijn, anders sluiten deze deksels niet goed af
- voel met de vinger langs de bovenrand van de pot of het glas niet beschadigd is. Als u het zekere voor het onzekere wilt nemen, vult u potten met twist-offdeksels voor de helft met water, draait ze dicht en zet ze ondersteboven. Als er geen druppel water tussen pot en deksel te voorschijn komt, sluit de pot goed af
- *weckpotten:* in de rubber ringen mogen geen

scheurtjes zitten; rek ze wat uit, dan zijn eventuele scheurtjes duidelijk te zien
- voel met de vinger langs de bovenrand van de weckpot én het deksel of ze gaaf zijn

Spoel de potten vlak voor de inmaak nog een keer om en leg ze in een pan met schoon kokend water. Laat de potten een paar minuten in het kokende water liggen. Haal ze vlak voor het vullen met behulp van een lepel of wecktang uit het water en zet ze ondersteboven op een schone, gestreken theedoek op het aanrecht of op tafel.

Kook de rubber ringen, de glazen deksels van de weckpotten en de metalen twist-offdeksels 10-15 minuten uit en laat ze tot het gebruik in het water liggen. Kook plastic twist-offdeksels niet uit: gewoon in sodawater afwassen, naspoelen en afdrogen is voldoende; we gebruiken ze alleen voor de zure inmaak (melkzuur en azijn).

Leg vlak voor het vullen de goede maat deksel bij de pot.

Nazorg

- zet de nog hete potten met inmaakgoed niet in de tocht, ze zouden kunnen barsten. Spoel ze daarom ook niet met koud water af zolang ze nog heet zijn, maar verwijder eventueel gemorst inmaakgoed met een in heet water gedompeld vaatdoekje
- laat de potten helemaal **afkoelen** voor u ze opbergt.

- plak een **etiket** met gegevens over inhoud en datum op de afgekoelde pot
- **bewaar** de inmaak op een niet te warme, droge en donkere plaats. Voor gedroogde conserven is de zolder vaak beter geschikt dan de kelder (behalve in de zomer, maar dan is de inmaak meestal op)
- **controleer** vooral tijdens de eerste weken de inmaak regelmatig. Voel of de deksels nog vastzitten (bij weckpotten). Kijk of twist-offdeksels niet bol staan of dat zich in de pot belletjes vormen, die op een beginnende gisting duiden. Kook in dit geval het inmaakgoed nog een keer goed door, eet het zo gauw mogelijk op, of pasteuriseer het nog een keer (10 minuten bij 90°C), of pas de methode van het kokendheet inmaken toe. Deze 'trucs' zijn alleen geschikt voor fruit, groente moet u weggooien.

Vergeet ook uw gedroogde voorraden niet, ze kunnen vooral bij zeer vochtig weer gaan schimmelen, of er kan ongedierte in komen

Wecken (pasteuriseren en steriliseren)

Als u op kleine schaal weckt, is een flinke soeppan van ca. 25 cm doorsnee en 5 liter inhoud voldoende. Hierin kunt u 4-5 jampotten of drie grote honingpotten van 6 dl inhoud tegelijk wecken. Als u meer potten wilt verwerken kunt u ze na elkaar wecken, de potten hoeven niet in de pan af te koelen. Potten met platte deksels kunt u ook in de pan op elkaar stapelen.
Als het geklepper u niet stoort, hoeft u geen rooster of dubbelgevouwen doek onderin de pan te leggen.

Als u veel weckt is het handig op den duur echte weckpotten en eventueel een speciale weckketel met rooster en ingebouwde thermometer aan te schaffen. De glazen deksels van de speciale weckpotten zijn voor jarenlang hergebruik geschikt, in de moderne uitvoering niet meer van dik glas, maar licht en stapelbaar en in alle maten verkrijgbaar*.

623

Handige hulpstukken zijn ook een trechter met wijde hals voor het vullen van de potten en een wecktang om de hete potten uit de ketel te halen.

Een thermometer heeft u ook bij het wecken in een gewone pan nodig, om op de juiste temperaturen te kunnen pasteuriseren. De kooktijd gaat in op het moment dat het water in de pan de voorgeschreven temperatuur heeft bereikt.

Mits de oven van een goede thermostaat is voorzien, kunt u grote hoeveelheden ook in de oven wecken. Raadpleeg hiervoor de gebruiksaanwijzing van uw fornuis of experimenteer volgens onze aanwijzingen voor grote hoeveelheden sap in flessen*.

598

Als u voor het wecken in de oven weckpotten met rubber ringen gebruikt, moet u de potten in de braadslede of op een bakplaat met rondom een opstaande rand zetten en er een laagje water van ten minste 1 cm bij gieten, anders drogen de ringen in de droge ovenwarmte te veel uit. Dek bovendien elke pot af met een deksel van dubbelgevouwen aluminiumfolie. Gebruik voor het wecken in de oven geen potten die hoger zijn dan 12 cm en geen zeer dikke flessen. Ideaal zijn flessen van 7 dl inhoud.

Tijdens het verhitten ontstaat bij het wecken een overdruk, die de lucht voor een gedeelte verdrijft (hij ontsnapt via de rubber ring of het elastische randje bij het deksel). Tijdens het afkoelen ontstaat een onderdruk, waardoor het deksel wordt vastgezogen en zo de pot luchtdicht afsluit. Fruit wordt gepasteuriseerd bij een watertemperatuur van 80-90°C.

Wecktips

- vul de potten met de volgens het recept voorbereide vruchten tot 1 cm onder de rand en wel zo, dat er zo min mogelijk ruimte tussen de vruchten zit
- vul gezoet water bij tot op de helft of driekwart van de hoogte van de pot, afhankelijk van de hoeveelheid sap die tijdens het wecken vrijkomt
- maak de rand van de pot schoon met een stuk keukenpapier of zeer schone doek en leg de *natte* rubber ring erop of leg de ring in de deksel (bij moderne deksels). Leg het glazen deksel erop en sluit af met de klemmen. Let erop dat de rubber ring goed plat ligt. Potten met een twistoffdeksel kunt u gewoon dichtschroeven (niet muurvast)
- zet de pan op het fornuis en zet de potten erin. Ze mogen de rand van de pan of elkaar niet raken, maar u mag ze wel op elkaar stapelen
- giet zoveel water in de pan, dat de bovenste potten nog voor ruim driekwart onder water staan. De temperatuur van dit water mag in het begin niet te veel verschillen van de temperatuur van het inmaakgoed in de potten; giet dus geen zeer heet water in de pan en vervang een gedeelte van het hete water door koud water als u een volgende partij potten pasteuriseert
- houd de watertemperatuur tijdens de voorgeschreven pasteurisatietijd constant op de voorgeschreven temperatuur
- til weckpotten na het pasteuriseren niet aan het deksel uit het waterbad. Er zou daardoor een klein spleetje kunnen ontstaan, waardoor wat lucht in de pot kan stromen. Dit zou het reeds ontstane vacuüm opheffen. Het beste kunt u de potten met een wecktang of een platte schuimspaan uit het water tillen en ze met een vochtige doek beetpakken
- laat de potten *niet* op een tochtige plaats afkoelen

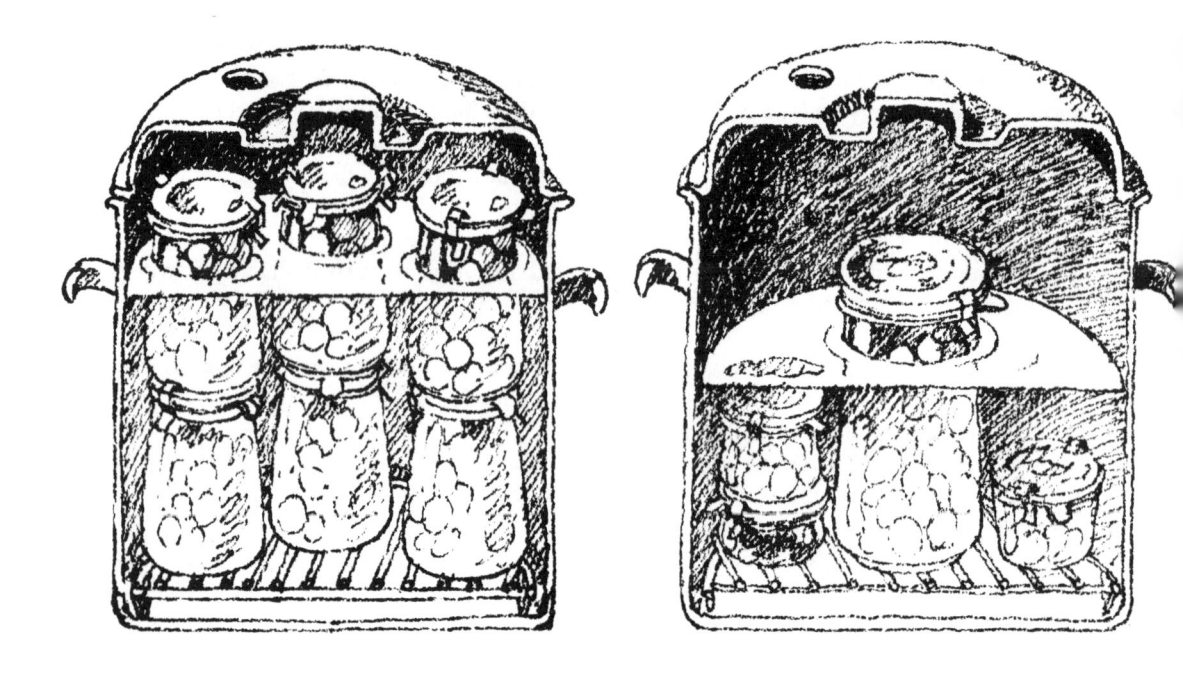

- verwijder van *weckpotten* de klemmen pas na het afkoelen
- draai eventueel nog loszittende twist-offdeksels (dit gebeurt zelden) meteen na het uit het water halen alsnog dicht (de pot niet eerst openmaken) en zet ze meteen gedurende 2 minuten ondersteboven. Als er geen vloeistof zichtbaar wordt, zit de pot goed dicht
- voor het bewaren en de nazorg: zie de betreffende hoofdstukken*
- gebruik een eenmaal geopende pot nog dezelfde dag en bewaar restjes in de koelkast

Kokendheet inmaken

Deze snelle methode is een makkelijke variant op het wecken. Er is minder energie voor nodig dan voor het wecken en u kunt er alle maten glazen potten met twist-offdeksels voor gebruiken. Kokendheet inmaken is vooral geschikt voor het inmaken van jam, gelei, marmelade, vruchtenmoes en stevig fruit op sap.

Het inmaakgoed wordt in de pan gaargekookt, de pot wordt er tot de rand mee gevuld, zeer stevig dichtgeschroefd en gedurende 3 minuten ondersteboven gezet. Door de hoge temperatuur van de inhoud van de pot worden eventueel nog in het deksel aanwezige schadelijke organismen vernietigd. Zet de pot daarna weer rechtop om af te koelen.

Als u voor deze methode toch liever weckpotten gebruikt, moet u de pot met ring en deksel afsluiten, de klemmen erop zetten en de pot eveneens gedurende 3 minuten ondersteboven zetten. Verwijder de klemmen pas als de inhoud is afgekoeld, het deksel heeft zich dan vastgezogen.

Tips voor het kokendheet inmaken

- maak potten en deksels schoon* 577
- werk in een tochtvrije, niet te koude keuken, anders koelt het inmaakgoed te veel af tussen pan en pot
- maak de rand van een net gevulde pot zonodig schoon met een stukje keukenpapier, niet met een vaatdoekje (bacteriën). Een jamtrechter met een wijde tuit is bij het vullen haast onmisbaar
- schroef op elke gevulde pot meteen het passende deksel voordat u de volgende pot vult. Laat de pan met het inmaakgoed op een vlamverdeler op een laag pitje staan en vul de potten zo dicht mogelijk bij de pan
- zet flessen of weckpotten met klemmen die ondersteboven moeilijk blijven staan in een emmertje
- pak om de hete potten ondersteboven te zetten ze vast met een vochtige (niet natte) dubbelgevouwen doek
- als de pot of fles bij het ondersteboven zetten gaat lekken, past het deksel niet goed of is de glasrand beschadigd. Breng de inhoud van de pot opnieuw aan de kook en vul een andere pot
- let op: twist-offdeksels zitten na afkoeling zo vast, dat u ze voor het gebruik moeilijk met de blote handen kunt openen. Voor dit doel is een speciale opener te koop

Vruchten op sap

Gebruik hiervoor mooi, net rijp, gaaf fruit; rotte plekjes geven aan de hele vrucht een muffe smaak. Overrijp fruit is niet geschikt, het zou tijdens de inmaak stuk kunnen gaan.
Zie ook gebruik en schoonmaken van de potten*. 577

Vruchten op sap kunt u wecken of kokendheet inmaken.
Wecken is vooral geschikt voor zacht fruit (pruimen, perziken, abrikozen), dat door het koken in de pan en het daarna pas in de pot doen stuk zou gaan.
Kokendheet inmaken is geschikt voor hard fruit, dat tijdens het wecken binnen redelijke tijd niet goed gaar wordt (peren, ananas, kweeperen) en voor niet-ontpitte kleine pruimen en kersen. Vooral voor kleine hoeveelheden is deze methode energiebesparend.

Het voorbereiden van de vruchten

Ananas: schillen*, in plakjes snijden, het hart uitsteken en in blokjes snijden   449

Abrikozen: als u ze wilt schillen de vruchten in een zeef leggen en deze onderdompelen in een pan met kokend water. Wacht vijf tellen en spoel meteen met koud water af; het velletje is er nu gemakkelijk af te trekken. Halveer de vruchten en verwijder de pitten. Een abrikozepit in elke pot geeft een fijn, amandelachtig aroma (bij het wecken in de pit, bij het kokendheet inmaken eerst even met de vruchten meekoken).
Tip: zie bij *gedroogde abrikozen**. 567

Peren: Gebruik aromatische peren (Clapp's Favourite of Williams); om te wecken moeten ze rijp, maar niet echt zacht zijn; om kokendheet in te maken zijn ook wat hardere soorten geschikt. Schil de peren, halveer ze en steek het klokhuis eruit (met een bolletjeslepel of een scherpe theelepel). Snijd grote exemplaren in vieren. Leg ze meteen in water met citroensap (1 eetlepel op 1 liter) en gebruik dit voor het klaarmaken van de suikeroplossing.

Kersen: Kies liefst donkere soorten, de rode worden na het inmaken erg bleek. Verwijder de stelen en spoel de kersen even heet af. Stevige kersen kunt u naar wens ontpitten met een kersenontpitter. De aanschaf hiervan is de moeite waard, vooral als u grotere hoeveelheden kersen inmaakt. U kunt echter de kersen ook mét pit inmaken.

Perziken: Leg de vruchten een minuut in kokend water, haal ze met een schuimspaan eruit en spoel ze af onder de stromende koude kraan. Het velletje is er zo makkelijk af te halen. Bij té harde vruchten lukt dit niet, kies dus liefst net rijpe soorten.

Reine Claudes en kwetsen: Kies vruchten die nog stevig aanvoelen; als ze te zacht zijn gaan ze tijdens de inmaak stuk. Halveren en ontpitten. Laat kleine pruimen heel. Kwetsen kunt u ook zonder enige toevoeging (dus 'droog') in de pot doen. Zo ingemaakt zijn kwetsen bijzonder geschikt als taartvulling.

Suikeroplossing

Maak een suikeroplossing van 75-200 g zoetmiddel op 1 liter water (even opkoken). De hoeveelheid zoetmiddel is afhankelijk van het natuurlijke suikergehalte van de vruchten en van uw smaak. Ongeraffineerde rietsuiker kleurt de vruchten donker, ahornsiroop en kristalsuiker niet. Met ongezoet water inmaken kan, maar de vruchten verliezen veel smaak.

Wecken van vruchten op sap

Vul de potten* tot ca. 1-2 cm onder de rand met de voorbereide vruchten. Rangschik ze zo, dat er zoveel mogelijk in de pot gaan en druk ze wat aan. 577
Voeg de kokende suikeroplossing toe tot de vruchten net onder staan.
Doe de deksels op de potten.
Pasteuriseren:
zacht fruit bij 80°C
hard fruit bij 90°C
kleine potten 20 minuten
grote potten 30 minuten

Kokendheet inmaken van vruchten op sap

Kook de voorbereide vruchten in de suikeroplossing net gaar. Zet de lege pot en het erbij passende deksel in een pan met heet water. Haal de vruchten met een schuimspaan uit het kookwater en doe ze voorzichtig in de potten, tot onder de rand. Giet door een zeefje zoveel van het kokendhete kookwater bij de vruchten, dat de pot tot 1 cm onder de rand is gevuld. Schroef het deksel meteen dicht en zet de pot gedurende 3 minuten ondersteboven. Kook niet te veel vruchten tegelijk, anders worden de laatst verwerkte vruchten in de pan te gaar.

Tips:
- maak eens potten met verschillende vruchten (voor vruchtensalade) in. Kook dan vruchten met verschillende kooktijden apart gaar, maar laat ze voor het inmaken nog eens een keer goed doorkoken. Kook bij het wecken van de vruchten alleen de hardste soorten even voor. Donker gekleurde vruchten (zwarte kersen) en vruchten die gauw uit elkaar vallen (pruimen) zijn niet geschikt voor 'gemengde' potten, zij zouden de inhoud verkleuren of troebel maken. Zeer geschikt zijn bij voorbeeld blokjes meloen
- in kleine potjes (2 dl) kunt u de verschillende vruchtesoorten ook apart inmaken

Moes en compote

Ingemaakte appelmoes

Maak appelmoes volgens het basisrecept* of volgens het recept voor *appelmoes van valappels**. Gebruik voor het zoeten liever geen zuidvruchten, maar een geconcentreerder zoetmiddel zoals ongeraffineerde rietsuiker, stroop of ahornsiroop. U kunt echter appelmoes ook zonder zoetmiddel inmaken en er voor het gebruik nog wat vloeibare honing doorroeren, of rozijnen of andere, kleingesneden, zuidvruchten. Doe dit dan 1-2 uur voor het opdienen en roer er af en toe in, dan trekt de zoete smaak goed door de appelmoes. 436 437

Appelmoes van geschilde appels kunt u makkelijk kokendheet inmaken, de moes is immers al heet.

Appelmoes van valappels, die u na het koken nog moet zeven, koelt daarbij af en is moeilijk zonder spatten en/of aanbranden weer aan de kook te brengen. Deze moes kunt u dus beter wecken. Als u de moes nog warm in de potten doet en ook de weckpan met heet water vult, is 5-10 minuten pasteuriseren bij 80°C voldoende.

Ingemaakte kweeperenmoes

Maak *kweeperenmoes** en maak het in als *appelmoes van valappels**. Als taartvulling: zie de variatie. 444 437

Ingemaakte rabarbermoes

Maak *rabarbermoes**. Voeg echter geen sinaasappel en ook geen bindmiddel toe. Maak de moes kokendheet in.   443

Ingemaakte vruchtencompotes

Alle vruchtencompotes, waarvan u de recepten vindt in het hoofdstuk *Nagerechten*, kunt u kokendheet inmaken. Bijzonder geschikt zijn de *cranberries met appels en peren**.   600

Jam, confiture, marmelade en gelei

Jam is een soort vruchtenmoes, eventueel aangevuld met een goedkopere vruchtensoort, bij voorbeeld appel of pompoen.
In *confiture* zijn de vruchten nog helemaal of in stukjes terug te vinden. Er worden geen goedkopere fruitsoorten als aanvulling gebruikt.
Marmelade wordt van citrusfruit gemaakt; het is een soort gelei met stukjes schil.
Gelei is helder en wordt alleen van vruchtesap gemaakt.

Geleermiddelen

Vroeger werd jam met veel suiker (tot 60% vanwege de conserverende werking) zolang gekookt tot zij voldoende was ingedikt. Op deze manier ging veel van de lekkere smaak (vooral van de zachte fruitsoorten) en van de vitaminen verloren.
Door toevoeging van plantaardige geleermiddelen kunnen we nu jam met veel minder suiker maken (halvajam), die niet langer dan 1-5 minuten hoeft te koken. Deze jams worden kokendheet ingemaakt en luchtdicht afgesloten, anders bederven ze. Aangebroken potten moeten in de koelkast worden bewaard.

Marmello, *Unigel* en *Opekta* zijn van pectine (van citrusvruchten en/of appels) gemaakt en *agar-agar* van zeewier*. Aan de zogenaamde *geleisuiker* is het geleermiddel al toegevoegd. Opekta en geleisuiker bevatten conserveringsmiddelen.   613

Zowel pectine als agar-agar zijn gezonde stoffen. Pectine werkt in het spijsverteringskanaal als een spons: het trekt water en gifstoffen aan en heeft zo een bloedreinigende en waterafdrijvende werking. Agar-agar bevat (mits ongeraffineerd) mineralen, die we anders met onze westerse voeding nauwelijks binnenkrijgen.
Agar-agar bindt meer gelei-achtig en is dus vooral geschikt voor gelei; pectine bindt meer puddingachtig en is daardoor iets beter smeerbaar.
Agar-agar is meer geschikt om toe te voegen aan al gezoete jam of gelei, die niet dik genoeg blijkt; pectine bindt niet meer zo sterk als het na het zoetmiddel wordt toegevoegd.

Pectine wordt tijdens het rijpingsproces van de vruchten in de celwanden gevormd. Niet alle vruchten bevatten evenveel pectine. Ook is het pectinegehalte in de schillen en de pitten verhoudingsgewijs hoger. Tijdens het rijpen wordt de pectine weer omgezet in suiker en neemt de hoeveelheid pectine in de vrucht af (in de industrie wordt pectine onder andere uit citrusschillen en -pitten en uit onrijpe appels gemaakt). Ook door het bewaren van de vruchten neemt het pectinegehalte af; verwerk het fruit dus zo vers mogelijk.
Het gelerend vermogen van pectine treedt pas in werking als de vruchten worden gekookt. Bij het stukkoken van de celwanden komt de pectine vrij. In een zuur milieu werkt pectine het best. Toevoeging van citroensap aan zuurarme vruchten zoals kweeperen, kersen en bramen bevordert daarom het geleren.

Hetzelfde kunt u bereiken door een combinatie van zuurarme en zuurrijke vruchten te kiezen, bij voorbeeld frambozen en rode bessen.

Arm aan pectine zijn: aardbeien, frambozen, bosbessen, vlierbessen, kersen, abrikozen, ananas

Rijk aan pectine zijn: zwarte bessen, rode bessen, kruisbessen, appels, citrusvruchten.

Om pectinepoeder beter oplosbaar te maken is aan Unigel, Marmello en Opekta vruchtesuiker toegevoegd (Opekta is ook in vloeibare vorm verkrijgbaar). In sommige natuurvoedingswinkels is ook onvermengde pectine verkrijgbaar, afkomstig van de grote voorraad van een producent van ingemaakte biologische en biologisch-dynamische produkten (Gaiapolis). Dit poeder is veel voordeliger in prijs dan de merkprodukten en als het voor gebruik vermengd wordt met een beetje fijne suiker is het ook goed oplosbaar.

Voor 1 kg of liter schoongemaakte vruchten respectievelijk sap met een laag natuurlijk pectinegehalte heeft u nodig:
- 30 g (4 eetlepels) Unigel of Marmello
- 6 g (4 eetlepels) agar-agarvlokken (eerst 10 minuten weken in koud water of vruchtesap; 1/2 dl vloeistof op 1 eetlepel vlokken)
- 10 g (1 eetlepel) onvermengd pectinepoeder (eerst met wat suiker vermengen)

Breng de vruchten met het geleermiddel aan de kook en voeg dan pas het zoetmiddel toe. Volg verder het desbetreffende recept. Voor vruchten met een hoger natuurlijk pectinegehalte heeft u minder geleermiddel nodig. Begin dus bij deze jams met minder en voeg zonodig na de geleerproef meer toe. Gebruik voor zeer dikke gelei ca. 20% meer geleermiddel dan in de recepten is aangegeven.

Let op: als we het in de recepten hebben over pectinepoeder, bedoelen we Marmello of Unigel, omdat het onvermengde pectinepoeder niet overal verkrijgbaar is.

Tips voor het maken van jam, marmelade en gelei

- let bij de keuze van het **zoetmiddel** op de smaak en de kleur van de te verwerken vruchten en op de gelegenheid waarbij het eindprodukt wordt gegeten. Kies dus voor donkere, alledaagse inmaak ongeraffineerde rietsuiker of diksap, voor lichtgekleurde vruchten met een tere smaak en voor luxe gelei ahornsiroop of kristalsuiker.

Gebruik niet meer dan 500 g zoetmiddel op 1 liter fruit, liever nog minder (250 g). Laat uw smaak de hoeveelheid bepalen, want bij de methode van het kokendheet inmaken is de conserverende werking van suikers niet meer nodig (u zou zelfs zonder suiker kunnen inmaken). Eventueel kunt u ook later bij het gebruik nog wat vloeibare honing of ahornsiroop toevoegen

- gebruik voor het koken van jam, gelei en marmelade een wijde pan – liever een te grote dan een te kleine. Kook niet meer dan 1 kg vruchten tegelijk.

Gebruik ook kleine potjes, want in een klein potje geleert de inhoud beter dan in een grote

- **de geleerproef:** om te zien of de jam, marmelade of gelei stijf genoeg is, kunt u een theelepel jam op een koud bord laten afkoelen. Stroomt de jam meteen weg, voeg dan nog wat geleermiddel* toe. Als het hele bergje jam verschuift, is ze klaar en zal ze bij het gebruik niet meer van de boterham aflopen.

Sommige jamsoorten worden lekkerder als ze wat ingekookt worden (pruimen, kwetsen, appel)

- bewaar eenmaal geopende potten in de koelkast en laat ze niet te lang op tafel staan.
- zie ook *voorbereidingen voor de inmaak**

Iets over het plukken en verwerken van wilde bessen

Pluk de bessen bij voorkeur na een periode met veel zon, waarin de bessen konden rijpen. Mijd plekken waar een autoweg langs loopt of waar een akker die bespoten werd naast ligt.

Beschadig bij het plukken niet de bomen of struiken of andere in de buurt groeiende planten en pluk alleen veel voorkomende bessen, kortom: wees een natuurbeschermer.

Duindoorn

De bessen van de duindoorn kunt u vanaf augustus tot september plukken. Het beste kunt u handschoenen aantrekken en de bessen met een schaartje vlakbij de tak afknippen – het steeltje blijft dan aan de bes zitten en er gaat geen sap verloren. Spreid een doek uit onder de struik, zo vallen de bessen erop en gaat het plukken vlugger.
Duindoornbessen zijn zeer rijk aan vitamine C en bevatten ook de vitaminen A, E en B. Als u de bessen tot sap of gelei verwerkt, kunt u het steeltje eraan laten zitten. Voordat u van de bessen jam gaat maken, moet u de steeltjes voorzichtig eraf trekken of knippen.
Volg het recept van de *ongekookte jam** en bewaar deze kostbare inmaak in kleine potjes. U kunt van dit 'elixer' in de winter ook een vitaminerijke en dorstlessende drank maken door de jam met mineraalwater te verdunnen. 589

Rozebottels

Rozebottels zijn rijk aan vitamine C, maar van een soort dat snel verdwijnt als het aan de lucht wordt blootgesteld. Veel ervan zal dan ook na het drogen en (bewerkelijke) inmaken niet overblijven. Rozebottels zijn echter om hun fris zurige, fruitige smaak, hun rijkdom aan mineralen en hun stimulerende werking op de blaas en nieren zeker het plukken waard.
Pluk de vruchtjes eind september/begin oktober zodra ze mooi rood en rijp, maar nog hard zijn. In ons vochtige klimaat beginnen ze later vaak al aan de struik te rotten en na de eerste vorst zijn ze zacht en moeilijk te verwerken. Laat de oogst niet liggen, maar verwerk ze zo gauw mogelijk.
Was de rozebottels in lauw water* en droog ze in een theedoek. 308

Het *drogen* is de eenvoudigste manier om de bottels te conserveren:
Verwijder van de zeer grote bottels (van de hondsroos) het kroontje. Snijd de vruchten overdwars doormidden en krab bij de zeer grote bottels eventueel de pitjes eruit, de bottels drogen dan beter. Bij de kleine soort (egelantier) kunt u de pitjes in de helften laten zitten.

Leg de vruchten nu in één laag op een met wit papier belegde bakplaat of dienblad. Bij droog, zonnig herfstweer kunt u de rozebottels aan de open lucht drogen, bij voorbeeld op een niet te hete radiator of op een kast in een verwarmde kamer. Als ze op deze manier binnen een week niet droog zijn, moet u ze in de oven bij 50-70°C nadrogen (klem een houten lepel tussen de ovendeur). Bij vochtig weer moet u de bottels meteen in de oven drogen* 569
De pitjes kunt u eveneens in de oven drogen: ca. 20 minuten bij 120°C (ze moeten wel droog, maar nauwelijks donkerder van kleur worden, anders krijgt de thee een brandsmaak). Doe de gedroogde pitjes in een doek en wrijf er de haartjes vanaf. Bewaar zowel de pitjes als het gedroogde vruchtvlees of de nog met pitjes gevulde halve bottels in glazen potten die u met een stukje katoen en een elastiekje kunt afsluiten.

Om *jam* te maken van verse rozebottels moet u ze eerst van hun pitjes ontdoen. Dit kan op twee manieren:
1. voor de grotere, dikwandige bottels van de hondsroos: was de vruchten in lauw water* en verwijder met een scherp mesje steel en kroontje. Snijd de bottels overdwars doormidden en krab met een daarvoor geschikt theelepeltje alle pitjes en haartjes eruit. Doe dit voorzichtig of trek eventueel handschoenen aan, de haartjes zouden in uw huid kunnen dringen en een lastige jeuk veroorzaken. Droog de pitjes* (voor thee). 569
Verwerk de hele, gave exemplaren nu meteen verder volgens het basisrecept van de *ongekookte jam**. Op deze wat bewerkelijke manier blijft de vitamine C het beste behouden en heeft u het minste verlies aan vruchtvlees. De hardere vruchten kunt u koken volgens het basisrecept van de *vruchtenjam**, al of niet vermengd met appels of andere vruchten. 308 589 587

Variatie: Makkelijker, maar minder fijn: stoof de bottels als onder 2 is beschreven.

2. voor de kleinere, ovale bottels van de egelantier: sommige van deze vooral in het bos groeiende rozebottels hebben ook aan de buitenkant 'haartjes'. Doe ze dan voor het wassen in een oude doek, maak er een buidel van en wrijf de buidel stevig tussen de handen, de haartjes blijven dan in de doek achter.

Zet de gewassen vruchten met een bodempje water op en stoof ze, met het deksel op de pan, in ca. 15 minuten gaar. Pas op voor aanbranden. Giet de gare bottels op een zeef en vang het kookwater op. Drink dit als thee, het zou de jam te dun maken. Druk nu de gare rozebottels door de zeef; de haartjes zijn door het stomen vervilt en blijven met de pitjes in de zeef achter.

De rozebottelmoes is nu klaar om verder verwerkt te worden, apart of vermengd met andere vruchten (appels, kweeperen) volgens het basisrecept van de *vruchtenjam**.

Vlierbessen

De oogst van vlierbessen (*Sambucus nigra*) valt in de maanden augustus tot oktober. Pluk alleen helemaal rijpe bessen. De groene, onrijpe bessen moet u verwijderen. Ze zijn, evenals de pitjes, licht giftig (blauwzuur) en kunnen misselijkheid en braken veroorzaken. Eet geen rauwe vlierbessen (drink ook geen rauw sap) en gebruik de prachtige rode vlierbes (sambucus racemosa) liever niet.

Leg de geplukte trossen los in een mand of emmer om ze mee naar huis te nemen. In een zak zouden de bessen kneuzen en kan een gedeelte van het sap verloren gaan.

Volg voor het maken van sap, limonadesiroop, gelei en jam de desbetreffende recepten. Vlierbessen hebben een zeer sterke smaak, die met name door kleine kinderen niet zo wordt gewaardeerd. Om deze smaak wat te verzachten kunt u sap en vruchtenmoes met andere vruchten vermengen of er veel citroensap aan toevoegen (vlierbessen bevatten weinig vruchtezuur). In onze recepten gebruiken we alleen de zwarte vlierbessen.

Vruchtenjam (halvajam), basisrecept

Dit recept is geschikt voor **verse abrikozen, perziken,** alle soorten **pruimen, kersen** en ook voor **rabarber, aardbeien** en **ananas.**
Behalve van kersen en aardbeien krijgt u van deze vruchten een moesachtige jam, waarvoor u meestal geen geleermiddel nodig heeft.

Was de vruchten*, ontpit ze en snijd ze in stukjes (behalve kersen).
Weeg de vruchtgen en verwerk ze als volgt:

- 1 kg vruchtenmassa
- eventueel geleermiddel* (bij kersen en aardbeien)
- 1/4-1/2 l diksap of 200-400 g ongeraffineerde rietsuiker

Breng de vruchten met het geleermiddel onder af en toe roeren aan de kook. Laat dit ten minste 1 minuut al roerende op een niet te hoog vuur koken. Kook harde of nog niet helemaal rijpe vruchten wat langer. Voeg nu pas het zoetmiddel toe en breng alles weer aan de kook.

Doe de geleerproef* en voeg naar behoefte nog wat geleermiddel toe of kook de jam wat verder in (vooral bij waterige pruimen en rabarber).

Draai nu het vuur op de laagste stand en zet de pan op een vlamverdeler. Verwijder desgewenst met een lepel het schuim (dit smaakt heerlijk op een beschuitje; niet weggooien, het bevat onder andere de gestolde eiwitten uit de vruchten). Giet de jam kokendheet in schone potten met twist-offdeksels*, schroef meteen het deksel erop en zet de potten gedurende 3 minuten ondersteboven.

Tips:
- kook per kg abrikozen 2-3 gepelde abrikozepitten mee, bij kersen 5-8 hele pitten. Dit geeft aan de jam een aparte, amandelachtige smaak
- voeg aan rabarberjam op het laatst de geraspte schil en het sap van 1 sinaasappel, 1/2 eetlepel anijszaad en 10 korianderzaadjes toe. Dit haalt de smaak van vooral wat oudere rabarber op
- probeer ook eens de volgende combinaties: abrikozen met rode kersen (morellen) of met peren; perziken met peren; pruimen met appels. Kook de appels en peren eerst ongeschild tot moes en wrijf ze door een zeef of kook ze geschild met de andere vruchten mee

Kweeperenjam

Volg eerst het recept van de *kweeperengelei**.
Druk de achtergebleven pulp door de zeef, de

pitten en de harde schillen blijven dan achter. Kook van de zo verkregen dikke moes jam volgens het *basisrecept voor vruchtenjam**, 587 eventueel vermengd met andere vruchten (appels, rozebottels).

Bessenjam

Behalve vlierbessen kunt u alle soorten bessen, wilde en gekweekte, in hun geheel tot jam koken. Wie bezwaar heeft tegen de pitjes (bij voorbeeld van aalbessen) kan de bessen in een pan met een bodempje water toegedekt zo lang koken, tot de bessen openbarsten. Wrijf ze daarna door een zeef en verwerk de zo verkregen bessenmoes volgens het onderstaande recept.

Tip: Vang wat van het sap op voordat u de bessen door de zeef wrijft en maak er *gelei** 590 van.

Bessen die aan trossen groeien kunt u het beste voor het rissen wassen in ruim staand water. Was bramen, frambozen en aardbeien (de laatste voor het mutsen) alleen als het echt nodig is. Leg dan vooral de frambozen en bramen niet in het water maar op een vergiet en sproei ze met de douche voorzichtig schoon (grote hoeveelheden mét de vergiet in ruim staand water dompelen). Laat alle bessen na het wassen goed uitlekken.
Ris de bessen boven een pan of kom met behulp van een vork en verwijder alle ongerechtigheden. Snijd aardbeien in stukjes, de andere bessen kunt u heel laten.
Bessen bevatten doorgaans zeer weinig pectine (met uitzondering van niet al te rijpe zwarte, witte en rode bessen) en u moet er dus een geleermiddel* aan toevoegen. 584

Weeg nu de bessen of de bessenmoes en verwerk ze als volgt:

- *1 kg bessen of bessenmoes*
- *het geleermiddel*
- *1/4-1/2 l diksap of 200-400 g ongeraffineerde rietsuiker*

Doe de bessen en het geleermiddel in een wijde pan met dikke bodem en breng alles onder af en toe roeren aan de kook. Laat dit op een niet al te groot vuur al roerende ongeveer 5 minuten koken. Harde bessen (bij voorbeeld kruisbessen) of niet helemaal rijpe bessen moeten wat langer koken. Voeg nu pas het zoetmiddel toe en breng alles opnieuw aan de kook. Zet de pan op het kleinste pitje of op een vlamverdeler en schep naar wens met een lepel het schuim eraf*. 587
Doe de geleerproef*. 585
Giet de jam kokendheet in potten met twistoffdeksels*, schroef op elke pot meteen het 577 deksel stevig vast en zet de potten 3 minuten ondersteboven.

Tips:
- probeer ook eens de volgende combinaties: frambozen met rode bessen
rode bessen met kruisbessen of zwarte bessen
zwarte bessen met appels
kruisbessen met kersen
aardbeien met rabarber of bosbessen
bramen met vlierbessen of duindoorn
duindoorn met peren
perziken met abrikozen, frambozen of rode bessen
Zie over appels en peren de tip bij *vruchtenjam**. 587
- maak van een teveel aan sap gelei* 590
- in het wild geplukte bramen en frambozen bevatten meestal zoveel ongerechtigheden en in verhouding tot het vruchtvlees zoveel pitjes, dat u er het beste eerst sap van kunt maken*. Verwerk dit sap verder tot gelei*, 591 al of niet vermengd met andere soorten sap

Vlierbessen-appeljam (4 potten)

Van weinig vliersap en veel (val)appels krijgt u met dit recept een lekkere, prachtig gekleurde en zeer voordelige jam.

- *ca. 1 kg valappels of andere, liefst niet te rijpe, zure appels*
- *3 dl vlierbessesap** 591
- *de gele schil en het sap van 1 citroen*
- *4 dl diksap*

Was de appels*, laat ze goed afdruipen en 308 ontdoe ze van steel en kroontje en alle rotte of beurse plekjes. Snijd ze in stukjes en kook ze in een bodempje water moesgaar (deksel op de pan). Draai de moes door een roerzeef, de klokhuizen en de hardste schillen blijven achter.

Meet de hoeveelheid appelmoes en voeg per liter moes de bovengenoemde hoeveelheden vliersap, citroen en diksap toe. Breng dit alles onder af en toe roeren aan de kook en laat in een open pan 5-10 minuten sudderen.

Doe de geleerproef*. 585

Verwijder de citroenschil, giet de jam kokendheet in potten*, draai meteen het deksel 580 stevig vast en zet de potten 3 minuten ondersteboven.

Variaties:
- vervang het vlierbessesap door vlierbessenmoes, dat u als bijprodukt van de sapbereiding krijgt. Kook de appels dan in een bodempje water tot moes
- verschuif de verhouding vlier-appel ten gunste van de vlier. Gebruik dan meer citroen en zonodig pectinepoeder (hoe meer vlier, des te meer pectine)

Vlierbessen-perenjam (3 potten)

Volg het recept van de *vlierbessen-appeljam*, 588 waarbij u de peren voor het koken moet schillen en van het klokhuis ontdoen. Kook ze dan in wat van het vliersap gaar. Gebruik op 1 liter perenmoes 1/4 l vliersap en 1/4 l diksap. Voeg tegelijk met het citroensap ook geleermiddel* toe. 584

Ongekookte jam

Een nogal bewerkelijke, maar zeer vitaminerijke jam, waarvoor alleen goed rijpe, zachte vruchten van de allerbeste kwaliteit geschikt zijn: grote, dikvlezige rozebottels (hondsroos, duinroos); lijsterbessen (Sorbus ancuparia moravica); vossebessen; duindoorn; zuurbessen; rode en zwarte bessen.

Was de vruchten alleen als dat echt nodig is*. 308 Laat ze goed uitlekken, spreid ze uit op een schone theedoek en laat ze weer helemaal opdrogen.

Rozebottels kunt u nu voorbereiden volgens methode 1*. Wrijf de rauwe bessen door een 586 zeef, de pitjes en harde deeltjes moeten achterblijven. Bij rozebottels (deze zijn immers al schoongemaakt) blijft een soort pulp achter, waarvan u nog gekookte jam kunt maken.

Meet of weeg nu de hoeveelheid vruchtenmoes en voeg 75% honing (met een neutrale smaak) toe. Roer in de jam tot de honing volledig is opgelost. Vul deze vrij dunne jam tot de rand in goed schoongemaakte, kleine potjes*. In de koelkast is deze jam 3-4 577 maanden houdbaar. Als u ongeraffineerde rietsuiker gebruikt langer, zelfs buiten de koelkast.

Marmelade

Sinaasappelmarmelade (3-4 potten)

Gebruik voor deze voordelige jam alleen onbespoten vruchten met mooie, liefst dunne schillen. De schillen en pitten geven aan de marmelade de karakteristieke bittere smaak, ook al gebruikt u zoete sinaasappelen. Zeer geschikt om in grote hoeveelheden in te maken, bij voorbeeld voor een bazar.

- *1 kg sinaasappelen (liefst niet te rijpe, vers geoogst)*
- *1 grote citroen*

- *250-500 g ongeraffineerde rietsuiker of diksap*

Was de vruchten*, snijd ze met schil en al in 308 vier partjes en deze weer in 3-4 mm dunne schijfjes (leg voor het snijden twee partjes▶

naast elkaar en gebruik een vlijmscherp mes). Verzamel de pitjes en bind ze losjes in een lapje van vitrage of losgeweven katoen. Leg dit buideltje tussen de vruchten in een kom of geschikte emmer* (geen metaal) en giet er zoveel koud water op, dat alles net onderstaat. Laat toegedekt een nacht staan, op een koele plaats. Giet de volgende morgen alles in een pan en breng dit langzaam aan de kook. Laat op een zacht pitje koken tot de schillen gaar zijn. Giet alles nu weer terug in de kom en laat nog eens een nacht staan.
Haal het buideltje met de pitten eruit en pers al het vocht eruit, het bevat veel pectine.
Meet de hoeveelheid vruchtenmoes en doe het in de pan. Voeg per liter vruchtenmoes 300-400 g zoetmiddel naar keuze toe en breng alles al roerende aan de kook. Laat ca. 10 minuten koken, zonder de deksel op de pan en roer er regelmatig in.
Doe de geleerproef*. 585
Schep met een lepel het schuim eraf en giet de marmelade kokendheet in potten met een twist-offdeksel*. Draai meteen de deksels 580 stevig vast en zet de potten gedurende 3 minuten ondersteboven.

Variatie: Mooier om te zien maar minder bitter en minder voordelig: pers de vruchten uit en ontdoe de halve schillen van de witte vliezen. Snijd de schillen in flinterdunne sliertjes (3-4 kwarten op elkaar stapelen). Kook de schillen gaar in water (net onderstaand). Doe het sap erbij en kook de marmelade als gelei.

Citroenmarmelade

Volg het recept van de *sinaasappelmarmelade**. Gebruik ten minste 500 g zoetmiddel. 589

Gelei

Voor deze luxe lekkernij kunt u ook niet meer zo mooie of overrijpe vruchten, vooral bessen, gebruiken. Ook bij voorbeeld in het wild geplukte bessen die in verhouding tot het vruchtvlees zeer veel pitten bevatten en waarin vaak kleine insekten voorkomen.
Het sap van heel dure, zeldzame of erg zure of bittere vruchten (framboos, vlierbes, duin-

38

doorn, lijsterbes, sleedoorn, enzovoort) kunt u eventueel aanlengen met appelsap uit een fles. Probeer ook eens verschillende sappen te combineren, zie daarvoor de suggesties bij de recepten voor *vruchtenjam** en *bessenjam**. 587
Voor appel- en kweeperengelei vindt u hieronder aparte recepten.

Gelei van vruchtesap kunt u op twee manieren maken:
1 Maak bessen- of vruchtenjam* of marmelade. Voordat u de potten vult kunt u een zeef op de jam drukken en met een soeplepel een gedeelte van het sap afscheppen in een apart pannetje. Breng dit sap opnieuw aan de kook, vul het in kleine, schone potjes, schroef meteen de deksels stevig vast en zet de potjes gedurende 3 minuten ondersteboven. 587

2 Maak van de vruchten eerst sap*. Verwerk het sap als volgt: 591

- 1 l sap
- geleermiddel* 584
- 1/4-1/2 l diksap of ahornsiroop of kristalsuiker (voor een lichte kleur), of 200-400 g ongeraffineerde rietsuiker (donkere kleur)

Breng sap en geleermiddel in een wijde pan met dikke bodem onder roeren aan de kook. Laat dit onder af en toe roeren 5 minuten op een zacht pitje pruttelen. Voeg het zoetmiddel toe en breng opnieuw aan de kook.
Doe de geleerproef*. 585
Zet de pan nu op het kleinste pitje of op een vlamverdeler en schep met een lepel het schuim eraf*. Giet de gelei kokendheet in 587 potjes*. Schroef meteen de deksels dicht en 580 zet de potjes 3 minuten ondersteboven.

Kweeperengelei

Van 2 kg kweeperen krijgt u ca. 4 potjes (2 dl) gelei en 4 potten jam. Kies zo mogelijk niet te rijpe vruchten. De mooi ogende, meestal uit Frankrijk geïmporteerde vruchten uit de gangbare teelt zijn vaak te rijp en bevatten minder pectine. Verwerk ze zo gauw mogelijk, het pectinegehalte loopt terug.

Boen de kweeperen af onder de lauwwarme kraan en verwijder daarbij het 'vilt'. Was de

vruchten*. Verwijder alleen de steel en het kroontje en snijd de vruchten in partjes. Leg ze in een kom en giet er zoveel water op dat ze net onder staan. Doe een deksel op de kom en laat 24 uur staan op een koele plaats. De kweeperen hebben nu een gedeelte van het water opgezogen.
Doe alles over in een pan en breng het langzaam aan de kook. Doe het deksel op de pan en kook de kweeperen op een laag pitje moesgaar (ca. 1/2 uur). Doe alles weer terug in de kom en laat ten minste 12 uur staan. Gebruik per kg kweeperen de gele schil en het sap van 1 citroen. Voeg dit bij de kweeperen en breng alles nog een keer aan de kook. De vruchtenmassa wordt hierdoor weer dun. Giet haar nu door een zeef of doek*.
Laat alles rustig uitlekken zonder erin te roeren (ten minste 1 uur). Verwijder de citroenschil.

Het sap kunt u nu verder verwerken tot kweeperengelei volgens het basisrecept*. Gebruik ahornsiroop of kristalsuiker als u de lichtroze kleur van deze gelei wilt behouden. De gelei krijgt een dieprode kleur als u op 1 kg kweeperen 1-2 gedroogde hibiscusbloemen in het sap meekookt. Niet meer hibiscus gebruiken, dan verandert de smaak van de gelei. Verwijder de bloesem voordat u de gelei in de potjes giet.
Verwerk het in de zeef achtergebleven moes tot *kweeperenjam**, *kweeperenmoes** of *vruchtenkoekjes**.

Variatie: appelgelei: gebruik niet te rijpe appels, liefst meteen na de oogst. Stoof de appelstukjes met maar een bodempje water gaar en werk verder als boven beschreven (eerst laten staan hoeft niet). Kook een stukje pijpkaneel en wat kruidnagelen of een schijfje gemberwortel mee.

308

591

590

587
444
550

Vruchtesap en siroop

Gebruik voor vruchtesap en siroop bij voorkeur kleine flessen met twistoffdeksels. Maak ze goed schoon*.
Wie een sapcentrifuge of een stoomsapper bezit, kan van alle soorten vruchten (vooral bessen) sap maken.
Het uit de stoomsapper verkregen sap kunt u meteen in de flessen tappen: fles na fles meteen sluiten en gedurende 3 minuten ondersteboven zetten. Het sap uit de sapcentrifuge eerst opkoken en vervolgens kokendheet inmaken of, bij grote hoeveelheden, in de oven pasteuriseren.

577

Van alle soorten bessen kunt u echter ook zonder speciale apparaten sap maken:
Ris de bessen met behulp van een vork boven een wijde pan met dikke bodem. Snijd aardbeien in stukjes, de andere bessen kunt u heel laten. Aalbessen en zwarte bessen met mooie stelen hoeft u niet te rissen, maar het sap smaakt fijner als u het wel doet.
Breng de bessen nu in een gesloten pan met een bodempje water aan de kook, draai de vlam laag en laat nog 3-5 minuten koken (niet langer, vooral niet als u ook de steeltjes meekookt). Als de bessen gebarsten zijn kunt u het geheel met een pureestamper wat kneuzen en daarna alles door een zeef gieten. Roer er vooral niet in, anders wordt het sap troebel. Laat de bessen rustig 1-2 uur uitlekken.
Bij een grotere hoeveelheid bessen (meer dan 1 1/2-2 kg) kan de zeef te klein zijn. Leg dan een iets over de rand hangend stuk vitrage of kaaslinnen in een vergiet.
Bij zeer grote hoeveelheden kunt u als volgt te werk gaan: naai in een stuk kaaslinnen of losgeweven katoen (neteldoek) van ca. 70x70 cm rondom een smalle zoom. Giet kokend water

over de doek en spoel hem een paar keer in koud water na. Doe dit ook als de doek al gewassen is, er kunnen altijd nog zeepresten inzitten.
Zet een keukenkrukje ondersteboven op een rustig plekje, plaats een grote pan of kom in de zitting en bind de vier punten van de doek elk met een touwtje op een van de vier poten van het krukje. Doe dit heel stevig door het touw een paar keer om de poten te wikkelen en goed vast te knopen. Doe nu de voorgekookte (nog hete) bessen in de doek en laat ze uitlekken als hierboven beschreven.
Maak de doek los van de poten van het krukje als er geen sap meer uitkomt, vorm er een buidel van en pers er voorzichtig nog wat sap uit. Druk echter niet te hard, anders wordt het sap troebel. De pulp die in de doek achterblijft kunt u boven een andere kom of pan door de zeef wrijven. De pitjes en harde delen blijven achter en van het door de zeef gewreven vruchtenmoes kunt u nog jam maken volgens het recept van de *vruchtenjam**.
Spoel de doek meteen na het gebruik uit, laat hem drogen en was hem met de eerstvolgende kookwas mee. De kleur gaat er nooit meer uit, maar u kunt de doek de komende jaren weer gebruiken voor de sapbereiding.
Het sap kunt u nu vers opdrinken (in de koelkast 2-3 dagen houdbaar), tot gelei* verwerken of als puur sap (oersap), of als siroop inmaken.
Van 1 kg rode bessen krijgt u op deze manier ca. 6 dl puur sap, van andere, minder sappige bessen verhoudingsgewijs minder.

Grote hoeveelheden vruchtesap (bij voorbeeld appel- of peresap) kunt u ook *in de oven inmaken* (liefst een elektrische), mits deze een goede thermostaat heeft. Gebruik flessen met twist-offdeksels* niet groter dan 7 dl inhoud. Vul de flessen tot 1 cm onder de rand met het sap en schroef de deksels erop (normaal dichtdraaien).
Zet de flessen onderin de voorverwarmde oven, op het rooster. Let erop, dat de flessen elkaar of de wanden van de oven niet raken. Zet midden tussen de flessen een kop met water, dit houdt de lucht in de oven vochtig, houd daarom ook de stoomklep dicht. Open de oven tijdens het pasteuriseren* maar een klein beetje of kijk door het ruitje als u de pasteurisatie moet controleren.
Raadpleeg zo mogelijk voor temperatuur en tijd van het pasteuriseren de gebruiksaanwijzing van uw fornuis. In de regel wordt alleen de onderwarmte ingeschakeld of de thermostaat op 130°C gezet. Houd deze temperatuur aan tot er in het sap belletjes opstijgen. Dit kan, afhankelijk van de hoeveelheid flessen die in de oven staan, van de maat van de flessen en van de temperatuur van het sap bij het vullen van de flessen 3/4-2 uur duren.
Schakel nu de oven uit en laat de flessen ten minste 1/2 uur in de gesloten oven afkoelen. Als u maar 1 lading flessen in de oven pasteuriseert kunt ze helemaal in de oven laten afkoelen.

Bessesap (oersap)

Hiervoor zijn alle soorten bessen geschikt, uit het wild of gekweekt. Volg voor de sapbereiding het vorige recept.
Laat het sap – apart of verschillende soorten gemengd – nog een keer goed doorkoken en vul het kokendheet in schone flesjes met twist-offdeksels*. Schroef elk flesje meteen stevig dicht en zet ze in een mandje of emmertje gedurende 3 minuten ondersteboven.
Bewaar aangebroken flesjes in de koelkast en maak ze binnen 2-3 dagen op.

Tip: Deze pure vruchtesappen zijn zeer geschikt om te vermengen met mineraalwater, appelsap met mineraalwater, appelthee* of graandrank (*barley water**).

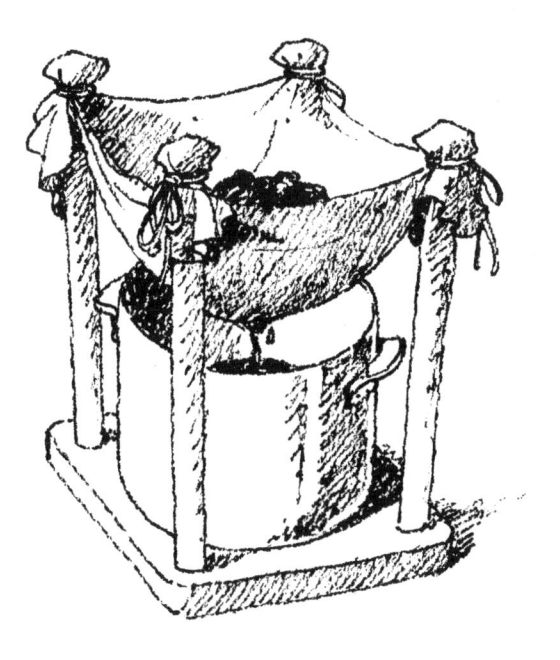

Sleepruimensap en -jam

Sleepruimensap is een zeer versterkende drank voor harde werkers (examentijd) en herstellenden (griep).
Sleepruimensap kunt u zonder zoetmiddel conserveren (kokendheet inmaken*); gebruik 580
hiervoor bij voorkeur kleine flesjes met twistoffdeksels. Bij het gebruik kunt u het sap met honing zoeten of met andere vruchtesappen mengen.
Van 400 g sleepruimen krijgt u ca. 1/2 liter helder, wijnrood sap.
Meet de gewassen* vruchtjes en doe ze in een 308
kom (geen metaal). Voeg dezelfde hoeveelheid kokend water toe (let op: de vruchten zelf worden dus niet gekookt). Laat dit, afgedekt, op een koele plaats 24 uur staan.
Giet het water af in een pan, breng het weer aan de kook en giet het opnieuw over de vruchten. Zet weer 24 uur weg.
Giet het water weer af in een pan, kook het op en giet het voor de derde keer over de vruchten. Laat het, met een deksel erop, nog een kwartier trekken en giet het dan op een zeef. Vang het vocht op, dit is het 'sap'.
Bewaar het sap in de koelkast en gebruik het als hierboven. Als u het langer dan 3 maanden wilt bewaren, kunt u het conserveren (kokendheet inmaken). Het blijft dan ook buiten de koelkast goed.

Bessenlimonadesiroop, ongekookt

Doordat het sap voor deze siroop niet wordt gekookt, smaakt hij bijzonder fris en fijn. Het hoge vruchtzuurgehalte en de grote hoeveelheid toegevoegd zoetmiddel dienen als conserveringsmiddel.
Alleen zure, goed rijpe bessen zijn voor deze bereidingswijze geschikt: aardbeien (in plakjes gesneden), rode bessen, frambozen (eventueel gemengd met rode bessen), duindoorn, berberis, sleedoorns, lijsterbessen en het door middel van een sapcentrifuge of stoomsapper verkregen sap van rabarber. De laatste drie siropen smaken zeer zuur en zijn vooral geschikt om vlak voor het gebruik te vermengen met zoetere siropen (bij voorbeeld frambozen). Gebruik bij aardbeien 1/2 dl citroensap meer.

- 750 g bessen naar keuze, zonodig
  gewassen* 308
- ca. 1/2 l water
- de schil van 1/2 citroen
- 1 dl citroensap (2 citroenen), geen of minder bij rode bessen of rabarber

- ca. 500 g honing, ahornsiroop, diksap of ongeraffineerde rietsuiker

Doe de bessen in een kom (geen metaal) en giet het water erbij; de bessen moeten net onderstaan. Kneus rode bessen wat met een pureestamper. Doe de citroenschil en het citroensap erbij. Laat nu alles toegedekt op een koele plaats 24 uur staan. Af en toe doorroeren.
Giet alles door een zeer fijne zeef of door een vergiet waarin u een grote zakdoek heeft gelegd (eerst vochtig maken). Druk het vruchtvlees er niet doorheen, dit zou de siroop troebel maken.
Meet de hoeveelheid sap en voeg een gelijke hoeveelheid zoetmiddel toe. Laat alles weer 24 uur staan en roer af en toe om, de suiker moet helemaal oplossen.
Giet de siroop nu in zeer schone flesjes* en 577
zorg ervoor, dat het eventuele bezinksel in de kom achterblijft.
Sluit de flesjes voorlopig alleen af met een katoenen lapje en een elastiekje (of laat het deksel er los op zitten).
Zet de flessen op een koele, donkere plaats (koelkast hoeft niet) en controleer tijdens de

eerste vier weken regelmatig of de siroop niet gaat gisten.
Vervang na verloop van deze vier weken de lapjes door de schroefdeksels en draai deze stevig dicht.
Als de siroop is gaan gisten moet u dit proces zo vlug mogelijk stoppen door de siroop even flink te laten doorkoken en hem verder kokendheet in schone flesjes te vullen*. 580
Als alles goed is verlopen kunt u deze ongekookte limonadesiroop op een koele, donkere plaats gedurende een paar maanden bewaren, mits u diksap, ahornsiroop of ongeraffineerde rietsuiker heeft gebruikt. Bij gebruik van honing moet u de flesjes in de koelkast bewaren en liefst binnen 2-3 maanden opmaken. Alleen siroop van rode bessen en rabarber blijft ook met honing gemaakt buiten de koelkast goed.

Vlierbloesemlimonadesiroop, ongekookt (2 1/2 liter)

Een zeer voordelige limonade, die de dorst goed lest. Pluk de vlierschermen op een droge dag – bij voorkeur na het optrekken van de dauw, maar in ieder geval voor het middaguur. Het meest geschikt zijn de schermen met zich net openende bloemetjes; later bevatten ze erg veel overigens onschadelijk stuifmeel, dat de siroop troebel maakt. In de zomer kunt u de limonade met licht koolzuurhoudend mineraalwater of met gewoon leidingwater verdunnen in de verhouding 1:7. In de winter met kokend water (1:5), als zweetafdrijvende drank bij griep en verkoudheid of zomaar als troost voor koukleumen.

- ca. 150 g vlierschermen
- de gele schillen (met een dunschiller eraf gehaald) en het sap van 2 grote citroenen (ca. 1 1/2 dl)
- 1 1/2 l koud water

- ca. 1 1/2 kg milde honing (bloemenhoning)

Knip de dikke stelen van de vlierschermen en doe de bloesems met de schillen en het sap van de citroen in lege melkflessen of een geschikte emmer*. Voeg het water toe en laat 38 alles (toegedekt) 24 uur staan in de zon (als er geen zon schijnt, bij kamertemperatuur). Leg er een bordje op (ondersteboven), de bloesem moet onder water blijven staan. Roer de bloesems tussentijds twee keer om.
Haal de bloesems en de schillen uit het water en giet dit door een zeer fijne zeef of door een vergiet waarin u een theedoek heeft gelegd (de doek eerst vochtig maken).
Meng een liter bloesemwater met 1 kg honing en roer dit tot alle honing is opgelost. Giet de siroop in zeer schone flessen met een schroefdeksel*, tot 1/2 cm onder de rand. Bewaar de 577 flessen op een koele plaats (koude kelder of koelkast).
Let op: na verloop van tijd kan zich in de fles een troebele laag afzetten. Dit is stuifmeel; u kunt het voor het gebruik door de fles schudden.

Variaties:
- gebruik in plaats van honing half appeldiksap/half kristalsuiker.
- behalve van vlierbloesem kunt u ook limonadesiroop maken van **pepermunt**, **citroenmelisse**, versgeplukte **lindebloesem**, de bloemblaadjes van de **bergamotplant (monarda)** en van **duin- of hondsrozen** (Rosa canina). Pluk van deze rozen alleen de bloemblaadjes die makkelijk loslaten, deze bloemen zijn al bestoven en zo kan zich toch nog een bottel ontwikkelen. Gebruik voor de in deze variatie genoemde bloesems en kruiden maar 1 l water en 1 kg zoetmiddel

Bessenlimonadesiroop, gekookt

Hiervoor zijn aardbeien en alle soorten bessen geschikt, uit het wild of gekweekt. Alleen van de rode en zwarte bessen kunt u beter alleen zeer rijpe gebruiken. In de nog niet helemaal gerijpte bessen is het pectinegehalte zo hoog, dat de siroop geleert en moeilijk uit de fles te krijgen is. Vul de siroop eventueel in potten in plaats van flessen.
Maak van de bessen sap* en bereid de flessen 591 voor*. Voor limonadesiroop kunt u ook 577 grotere flessen gebruiken, door het hoge suikergehalte is hij ook in een eenmaal geopende fles op een niet te warme plaats 1-2 weken houdbaar (in de zomer voor de zekerheid in de koelkast).
Meet de hoeveelheid verkregen sap en voeg per liter ca. 1 flesje (3,75 dl) diksap, ahornsiroop (voor een lichte kleur) of 200-300 g

ongeraffineerde rietsuiker toe. Bij bessen met weinig vruchtezuur (vlier) kunt u ook het sap (en een stukje gele schil) van een citroen toevoegen. Kook dit alles nog eens goed door, verwijder het schilletje en het schuim* 587

met een lepel en vul de flessen kokendheet tot 1/2 cm onder de rand. Schroef meteen de doppen op de flessen en zet ze gedurende 3 minuten ondersteboven in een mand of emmer.

Geconserveerde citrusschillen

De schillen van citrusvruchten bevatten bijzonder veel mineralen, vitaminen en vooral sterk geurende etherische oliën. Het is dus erg jammer als u de schillen van onbespoten en onbehandelde vruchten weggooit. Van goed gewassen vruchten kunt u de schillen op verschillende manieren gebruiken:
- met een dunschiller een stukje oranje of gele schil van de vrucht afhalen en laten meetrekken in dranken en gerechten
- met een fijne rauwkostrasp de oranje of gele schil van de vruchten afraspen en in toetjes en gebak verwerken

Om het hele jaar door over schillen van *onbehandelde* citrusvruchten te beschikken kunt u twee conserveermethoden toepassen: raspen en met zoetmiddel vermengen of confijten.

Schillenrasp

Was de vruchten*. Rasp de gele of oranje 308 schil (niet het wit, dat is bitter) rondom af op een fijne, scherpe rauwkostrasp. Doe dit op een plat bord. Weeg de rasp en vermeng haar meteen met dezelfde hoeveelheid honing of kristalsuiker. In een glazen potje op een niet te warme plaats is deze rasp ten minste een jaar houdbaar. Er kan telkens worden bijgevuld en u kunt er ook steeds wat van gebruiken.
Honing geeft een typische smaak aan de rasp en maakt haar ook wat donkerder. Bij gebruik van kristalsuiker blijft de kleur helder en is de smaak niet veranderd.

Geconfijte vruchten en citrusschillen

Bij het confijten wordt het vruchtesap door herhaaldelijk opkoken en laten intrekken in een geconcentreerde suikeroplossing (stroop) vervangen door suiker. Hierdoor zijn de vruchten en schillen houdbaar geworden.
Wanneer u regelmatig bakt zult u met deze smaakmakers wel raad weten. In veel traditionele gebaksoorten, zoete graangerechten, puddingen, broodtaarten, soufflés, of als versiering van taarten en koekhuisjes zijn ze bijna onmisbaar. Door toevoeging van deze geconfijte smaakmakers heeft u in de gerechten zelf minder suiker nodig.
Met kristalsuiker behouden de vruchten en schillen hun oorspronkelijke geur en smaak, met ongeraffineerde rietsuiker worden ze donker. De sterke smaak van de citrusschillen wint het nog altijd van de stroopsmaak van de rietsuiker, maar de smaak van de vruchten wordt er wel enigszins door verdrongen.

Geconfijte sinaasappel-, citroen- en mandarijneschillen

Was de vruchten* en haal de schillen in vier delen van de vruchten, of gebruik de schillen van uitgeperste vruchten (verwijder dan na het persen de achtergebleven pulp en vliezen met een scherpe lepel en snijd de helften doormidden). U kunt de schillen opsparen, in een glazen pot blijven ze 3-4 dagen goed (koelkast).

- 250 g citrusschillen, voorbereid als hierboven beschreven
- 3 dl water (4 dl voor zeer dikke schillen)
- 300-400 g suiker naar keuze

Snijd de schillen overdwars in reepjes van 3-5 mm breed. Breng ze met het water aan de kook, doe het deksel op de pan en laat ze op een laag pitje 10-15 minuten koken, de schilletjes mogen hooguit bijtgaar zijn. Roer de suiker erdoor en breng weer aan de kook. De schillen moeten ruim onder de suikeroplossing staan; dikke schillen zuigen veel vocht op, voeg eventueel nog wat suikerwater toe (1:1). Zet nu alles weg tot de volgende dag (deksel op de pan).
Kook op de tweede dag alles weer op en laat 5 minuten pruttelen, zonder deksel op de pan. Zet weer weg en doe het deksel pas weer op de pan als alles is afgekoeld.
Herhaal dit opkoken, sudderen en wegzetten (telkens 12-24 uur, zoals het u het beste uitkomt) nog 3-4 keer, totaal dus 5-6 keer koken. Plak een papiertje op de pannesteel, waarop u de kookbeurten afstreept.
De schillen zijn voldoende gekookt als ze er glazig uitzien; de stroop is dan dik-vloeibaar en helder geworden. Als de stroop bij het opkoken gaat schuimen is er te veel water verdampt; voeg in dit geval nog ca. 3 eetlepels water toe.
Doe de glazig geworden schillen in schone* potten, giet er zoveel kokendhete stroop op dat ze net onderstaan, draai de pot stevig dicht en zet hem 2 minuten ondersteboven. De schillen zijn nu geconserveerd. Een eenmaal geopende pot voor de zekerheid in de koelkast bewaren (dit kan wekenlang). Wat er aan stroop overblijft, kunt u als geurig zoetmiddel gebruiken voor het maken van jam en voor het op smaak brengen van dranken, toetjes en sauzen; of smeer het op een beschuitje.

Geconfijte gemberwortel

Confijten van gemberwortels loont de (grote) moeite als er een groot aanbod is van voordelig geprijsde wortels. Let bij aankoop op licht gekleurde, bolle en sappige wortels met een gladde schil. De gember wordt tamelijk scherp en is vooral geschikt voor het op smaak brengen van dranken en gerechten.

- 300 g verse gemberwortel
- 500 g suiker (kristal- of ongeraffineerde rietsuiker)

Schraap met een scherp mesje de bast van de gemberwortels en snijd ze in stukjes (niet groter dan 1 1/2 cm). Giet er zoveel koud water op, dat de wortels net onderstaan en zet ze een nacht weg op een koele plaats.
Breng de volgende dag alles aan de kook en laat op een laag pitje 10 minuten koken. Ververs het water (zie tip), zet de gember weer een dag weg en kook opnieuw 10 minuten.
Op de derde dag kookt u de gember 45 minuten. Giet het kookwater af en meet het af: u heeft er ca. 5 dl van nodig; vul eventueel aan met water. Doe de suiker en de gember erbij en breng alles weer aan de kook. Kook het nu nog maar 2 minuten, zet geen deksel op de pan.
Herhaal dit opkoken, 2 minuten laten sudderen en een dag koel wegzetten nog vier keer (in totaal dus 7 keer koken), de gember is dan glazig geworden.
Doe de geconfijte gember met de suikerstroop in kleine glazen potjes. Bewaar ze voor de zekerheid in de koelkast of conserveer ze door ze kokendheet in potjes te doen (de potjes met kokende gemberstroop bijvullen tot de rand). Stevig dichtschroeven en 3 minuten ondersteboven zetten. Zo kunt u ook een eventueel teveel aan kookwater van de derde dag inmaken om te gebruiken in gekruide warme dranken.

Variatie: Confijt ontpitte **kersen**, stukjes **ananas** als gember. Neem op 500 g vruchten (schoongemaakt) 500 g suiker en 5 dl water. Deze vruchten hoeft u niet eerst voor te koken. Kook ze alleen de eerste keer met de suikerstroop mee, daarna de suikerstroop apart opkoken en weer over de vruchten gieten. Kersen laten veel vocht los, begin daarom met 4 dl water.

Eigengemaakte kant-en-klaarprodukten

Tomatenpuree

Een vlugge manier om tomatenpuree te maken zonder met veel gespat het sap te hoeven inkoken. Van 2 1/2 kg tomaten krijgt u op deze manier ongeveer 1 liter puree. De puree is niet zo geconcentreerd als de gangbare, maar desondanks heel geschikt voor de bereiding van soepen en sauzen. In onze recepten gebruiken wij deze zelf ingemaakte puree of de Demeter tomatenpuree, die ongeveer dezelfde concentratie heeft.

Was rijpe, bij voorkeur vlezige tomaten* en snijd ze in 4 partjes, zeer grote vleestomaten in 8 partjes. 350
Stoom de tomaten in een gesloten pan met een bodempje water voorzichtig gaar, *zonder* erin te roeren (ca. 10 minuten).
Giet alles behoedzaam op een vergiet en laat de tomaten gedurende 1/2 uur uitlekken, maar roer er ook nu niet in (hooguit een beetje heen en weer schudden). Vang het tomatenwater op en gebruik het voor soep.
Wrijf nu de uitgelekte tomaten door een zeef, de vellen en pitjes moeten achterblijven.
Kook de puree al roerende nog een keer goed door en vul hem *kokendheet* in potjes met twist-offdeksels*. Schroef de deksels meteen stevig vast en zet de potjes 3 minuten ondersteboven. 577

Tip: Als u het kookwater van de tomaten eveneens kokendheet in flessen giet, kunt u het ook later gebruiken voor soep en saus.

Ingemaakte tomatensaus

Van 1kg tomaten krijgt u ca. 9 dl saus.

Maak een *Napolitaanse tomatensaus**. Smoor de knoflook en ui met zo min mogelijk olie. 216
Vul de tomatensaus kokendheet in zeer schone potten*. Kook de saus dan vooral goed door. Voeg bij het gebruik nog olie naar smaak toe. 577

Pizzasaus (4-5 potten)

Met deze saus kunt u in de winter de groenten op uw pizza's vervangen. Ga bij de inmaak bijzonder hygiënisch te werk, de saus bevat geen azijn of suiker en wordt alleen geconserveerd door het zuur in de tomaten en door haar kokendheet in te maken.
Eén pot (3,5 dl) is ruim voldoende voor een pizza van 30 cm doorsnee.

- 1 l tomatenpuree* 597
- 2-3 eetlepels olie
- 125 g fijngehakte ui
- 2 teentjes knoflook, fijngehakt
- 250 g prei, in dunne ringen gesneden
- 1 kleine groene paprika, in stukjes gehakt
- 125 g wortel, geschild en niet te fijn geraspt
- 125 g knolselderij, geschild en niet te fijn geraspt
- 25 g selderijblad, fijngeknipt
- 25 g peterselie, fijngeknipt
- 1/2 eetlepel gestampte rozemarijn
- 1 eetlepel tijm
- 2-3 eetlepels vers basilicumblad, fijngeknipt (1 eetlepel gedroogd)
- 1 eetlepel lavas, fijngeknipt (1/2 eetlepel gedroogd)
- 1 laurierblad
- 1/2 eetlepel zout

Verwarm de olie met de ui en knoflook en smoor dit glazig op een matig vuur. Smoor ook de overige groente even mee. Blijf roeren en giet de tomatenpuree erbij. Breng alles weer aan de kook en laat, met het deksel op de pan, 5 minuten doorkoken op een niet te hoog vuur (pas op voor aanbranden).
Voeg de rest van de ingrediënten toe en breng alles weer aan de kook. Laat een paar tellen goed dookroken.
Giet nu de saus *kokendheet* tot de rand in zeer schone potten*, schroef de deksels stevig dicht en zet de potten 3 minuten ondersteboven. Gebruik geen kleine potjes, de saus zou tijdens het vullen te veel afkoelen (of ▶ 577

steriliseer de nog warme potjes na het vullen nog 10 minuten bij 100°C.

Tip: Pizzasaus is ook geschikt als basis voor een gebonden groentesoep of als saus bij gekookte granen en macaroni.

Ingemaakte maïskorrels

Kook maïskorrels gaar*. Doe de korrels in schone potjes of potten, tot 1 cm onder de rand. Zeef er zoveel van het kookwater op, dat de korrels net onder staan en sluit de potten.
Steriliseren: 15-20 minuten bij 90°C.

Inmaken in azijn

Vroeger werden vooral in de noordelijke landen groenten (augurken, uien) en vruchten (vossebessen, kwetsen) in pure azijn in Keulse potten ingelegd. De azijn maakte de schadelijk micro-organismen in de pot onschadelijk, maar doodde ook de goede (bij de melkzure inmaak worden de laatste juist gestimuleerd zich te ontwikkelen). De veel te zure smaak van deze inmaak werd verzacht door er (veel) suiker aan toe te voegen.

Voor de liefhebbers geven wij hieronder enkele traditionele recepten van in azijn ingemaakte vruchten en groenten, die meer als kruiderij (augurkjes) of als kleine portie bij de warme maaltijd of op de boterham worden gegeten (chutneys). Bovendien wecken we de inmaak of maken hem kokendheet in, waardoor er maar de helft of nog minder van de oorspronkelijke hoeveelheid azijn nodig is.

De vruchtgroenten die we vooral voor deze manier van inmaken gebruiken, bevatten geen vruchtezuur en moeten dus goed met azijn doortrokken zijn. Daarom koken we ze eerst in azijnwater op voordat we ze in de potten doen.

Zure augurken

(5 potten van c. 6 dl inhoud)

Lekkere, niet te zure inmaak.

- 2 kg kleine augurkjes
- pekelwater (op 1 l water 45 g zout)

- ca. 1 1/2 l azijnwater (1 deel azijn op 2 delen water)

- 5 theelepels mosterdzaad
- 5 segmenten van halfrijpe dilleschermen
- 5 kleine laurierblaadjes
- 5 schijven ui
- 5 takjes dragon
- eventueel 5 schijfjes mierikswortel

Was de augurkjes*. Verwijder de steeltjes, kroontjes en lelijke plekjes. Leg ze in een kom of emmer* en giet de pekel erover; de augurken moeten onderstaan. Dek de kom af en laat 24 uur op een koele plaats staan.
Giet de augurken door een zeef en laat ze goed uitlekken.
Breng het azijn/watermengsel aan de kook. Verdeel nu de kruiden over de schone potten*, rangschik de augurken erin (tot 1 cm onder de rand) en giet er zoveel van het kokende azijnwater op, dat ze onderstaan. Sluit de potten.
Steriliseren: 15-20 minuten bij 100°C*.
Bewaar een eenmaal aangebroken pot in de koelkast.

Tips:
- u kunt de augurkjes ook kokendheet inmaken*. Gebruik hiervoor bij voorkeur potten met plastic twist-offdeksels. Deze methode is vooral geschikt voor de allerkleinste augurkjes, deze worden door het pasteuriseren vaak te zacht

- de na het gebruik in de pot achtergebleven vloeistof kunt u als azijn gebruiken in de slasaus

'Kappertjes'

Een voordelig en tegelijk gezond alternatief voor echte kappertjes.

Haal in het vroege voorjaar met een scherp lepeltjes de nog niet ontwikkelde en nog vaste groene bloemknopjes van de paardebloem uit het midden van het bladrozet.
Was de knopjes in ruim staand water. Laat ze uitlekken, bestrooi ze met zout en laat zo 3-4 uur staan. Breng de knopjes nu met water (net onderstaand) aan de kook en haal de pan daarna van het vuur. Laat de knopjes in het water afkoelen en daarna uitlekken. Doe ze in schone potjes, leg er een takje dragon of dille, een paar mosterdzaadjes en peperkorrels bij en giet er pure appelazijn op. De knopjes moeten ruim onderstaan.
Bewaar het potje voor de zekerheid in de koelkast als u er regelmatig van gebruikt. Volle potjes kunt u op een koele, donkere plaats bewaren. Gebruik de overgebleven azijn voor slasaus.

Variaties:
- vervang de paardebloemknopjes door de nog vaste bloemknopjes of de nog heel jonge, groene zaden (scherper) van de Oostindische kers. Ook de zeer jonge, nog vaste knopjes van madeliefjes zijn er geschikt voor
- als u deze kappertjes te zuur vindt, gebruik dan voor het opkoken azijnwater in plaats van pure azijn (1 deel azijn op 2 delen water). Kook ook de kruiden mee en doe kappertjes en kruiden tot 1/2 cm onder de rand in goed schone potjes. Vul aan met azijnwater tot alles onderstaat, draai meteen de deksels stevig dicht en zet de potten 3 minuten ondersteboven. Door het *kokendheet inmaken** zijn deze kappertjes toch zonder koeling houdbaar. Bewaar het aangebroken potje wel in de koelkast

Appelchutney (8 jampotten)

Als extra hapje bij gekookte granen of op de boterham, hij is vrij stevig, zeer eenvoudig te maken en ten minste 1 jaar houdbaar. Laat deze zoetzure chutney zo mogelijk 3 weken rusten voordat u hem gebruikt. Een geschikt recept voor valappels.

- *2 kg appels (geen moesappels), schoongemaakt gewogen*
- *400 g rozijnen*
- *1 flesje (3,75 dl) appeldiksap*
- *100 g walnoten, de helften in 4 stukjes gehakt*
- *de geraspte schil van 1 citroen*
- *10 kruidnagels*
- *3/4 eetlepel kaneel*
- *3 dl appelazijn*
- *eventueel 150 g geconfijte gember*, fijngehakt, of 1 eetlepel geraspte gemberwortel*

Was de appels*, snijd ze in 4 partjes, verwijder het klokhuis en snijd de partjes daarna overdwars in 3 mm dikke schijfjes. Doe de overige ingrediënten in een grote pan en laat alles aan de kook komen. Voeg de appelschijfjes toe en kook ze krap gaar. Vul de schone potten* tot de rand met de chutney en draai de deksels meteen dicht.

Perenchutney

Gebruik hiervoor niet al te rijpe peren.

Volg het recept van de *appelchutney**, waarbij u de peren met een dunschiller kunt schillen als de schillen erg taai zijn. Maak deze wat waterige chutney voor de zekerheid *kokendheet* in*.

Tip: Perenchutney wordt dunner dan appelchutney, voeg daarom tegelijk met de azijn nog 2 eetlepels pectinepoeder* toe als u de chutney op de boterham wilt eten.

Cranberries met peren en walnoten
(4 potten)

Een dikke compote (een soort chutney), die heerlijk smaakt bij gekookte granen, aardappelkoekjs of rundvlees, maar ook op de boterham.

- 250 g cranberries of vossebessen
- 1 kg zoete, niet te rijpe peren, geschild en in blokjes van 1 cm gesneden
- de schil en het sap van 1 citroen
- 2 dl perediksap, vermengd met
- 3 dl water
- 1 kaneelstokje
- 50-100 g walnoten, in stukjes gebroken

Vermeng de ingrediënten in een pan en breng de inhoud langzaam aan de kook. Laat op een laag pitje trekken (deksel op de pan) tot de peren en cranberries bijtgaar zijn.
Schep nu de vruchten uit het vocht en doe ze, tot 1/2 cm onder de rand, kokendheet in zeer schone potten*. Giet er door een zeefje zoveel kookwater bij, dat de vruchten onderstaan. Schroef meteen de deksels op de potten en zet ze 3 minuten ondersteboven.

Variatie: Vervang 100 g van de cranberries door 50 g krenten of rozijnen, dit maakt de compote wat milder en zoeter (voor kinderen).

Tomatenketchup (ca. 1 liter)

Voor liefhebbers van een hete saus.

- ca. 2 1/2 kg rijpe tomaten

- 1 grote ui (ca. 100 g), in ringen gesneden
- 1 teentje knoflook, in plakjes gesneden

- 1 laurierblad
- 2 theelepels kaneel
- 2 theelepels koriander
- 2 theelepels geraspte gemberwortel
- 4-6 theelepels mosterdpoeder
- 1-2 theelepels scherpe paprikapoeder
- 1/2-3/4 dl appelazijn
- 5-6 eetlepels ongeraffineerde rietsuiker of stroop
- 1 mespunt cayennepeper
- 4 theelepels zout

Maak van de tomaten puree*, u heeft er ongeveer 1 liter van nodig.
Doe de ui en de knoflook met een paar eetlepels kookwater van de tomaten in een pan en stoof ze moesgaar. Wrijf ze door een zeef en doe deze uienmoes samen met de overige ingrediënten bij de tomatenpuree.
Klop alles goed door elkaar en laat de ketchup in een wijde pan nog een kwartiertje sudderen. Roer af en toe om.
Verwijder het laurierblad en giet de ketchup *kokendheet* in schone flesjes of potjes*. Schroef de deksels meteen stevig dicht en zet de flessen of potten 3 minuten ondersteboven (in een mandje of emmertje).

Variatie: tomatenketchup (2) (minder heet): gebruik maar 3/4 l tomatenpuree en stoof 250 g zure moesappels, geschild gewogen en in stukjes gesneden met de uien mee. Gebruik milde paprikapoeder en laat gemberwortel en cayennepeper weg.

Kruidenazijn van verse kruiden
(7 dl)

De lekkerste azijn voor het klaarmaken van slasauzen, mayonaises. enzovoort.

- 1 fles (7 dl) appelazijn
- dragon en dille, van elk 20-25 g (zonder dikke stelen gewogen)

Maak de azijn in een pan lauwwarm. Stop ondertussen de kruidentakjes in de fles en giet de azijn erop. Schroef de fles dicht en zet haar gedurende 1 week in de zon.
Bewaar de fles daarna op een donkere plaats. Zeef de azijn na een maand en gooi de kruiden weg.

Variatie: Gebruik dragon en dille apart, of experimenteer eens met wat andere kruiden zoals tijm, marjolein, basilicum, munt, bonekruid, pimpernel, venkel.

Tip: Laat de azijn bij slecht weer langer (3-4 weken) in het licht staan.

Inmaak in olie

In de Italiaanse keuken met haar eeuwenlange ervaring met (olijf)olie past men deze conserveermethode onder andere toe voor de sterk gekruide pasta's die, tot saus aangelengd, als smaakmaker door de macaroni worden gemengd.
Hetzelfde doet men in de oosterse keuken met de sambal in rijstgerechten.
Wij passen deze methode ook toe voor de inmaak van kruiden, die door drogen veel van hun smaak en geur verliezen zoals bieslook, lavas, dragon, bonekruid, peterselie en vooral basilicum, ook mierikswortel. In olie ingemaakt blijven deze kruiden veel geuriger en zijn, mits in de koelkast bewaard, 2 maanden houdbaar.

Kruiden in olie

Gebruik hiervoor de allerkleinste potjes uit uw voorraad.

- per 50 g kruiden (netto gewicht)
- ca. 3 eetlepels olie met een neutrale smaak (saffloer- of maïskiemolie)
- een mespunt zout

Was de kruiden alleen indien nodig en dep ze droog tussen twee schone theedoeken, of gebruik de slacentrifuge. Sappige kruiden eerst 2-3 dagen laten drogen. Dan hoeven ze niet gehakt te worden.
Hak* de kruiden soort voor soort vast wat klein. Giet nu wat olie over de kruiden en hak ze helemaal fijn. Door het hakken in olie blijft de geur zoveel mogelijk behouden en het hakt ook gemakkelijker.
Meng nu het zout erdoor en doe alles in een klein potje. Giet er nog een laagje olie bij, de kruiden moeten ruim onderstaan.
Bewaar het potje in de koelkast.

Tips:
- voeg bij bieslook en dragon 2 theelepels azijn toe; deze kruiden ontplooien dan hun smaak beter
- de olie die na het gebruik van de kruiden in het potje achterblijft kunt u gebruiken voor salades, sauzen en graangerechten; ze heeft de geur en de smaak van de kruiden overgenomen

Basilicumolie

Als smaakmaker in salades en andere gerechten.

- 1 jampot vol basilicumblaadjes, wat aangedrukt
- ca. 3 dl olie (bij voorkeur olijfolie)

Was de takjes basilicum alleen indien nodig. Sla al het aanhangende water er zoveel mogelijk af en dep de kruiden droog tussen twee schone theedoeken.
Pluk de blaadjes van de houtige steel en doe ze in een zeer schone jampot, zo dicht mogelijk op elkaar. De zachte groene delen van de steeltjes kunt u, wat kleingesneden, ook gebruiken.
Giet de olie over de blaadjes en zorg ervoor dat ze ruim onderstaan. Zet de gesloten pot een week op de vensterbank in de zon (of twee weken op een warme plaats). Duw de blaadjes telkens terug in de olie als ze erbovenuit steken, anders gaan ze schimmelen. Zet de pot nu op een koele plaats; na een maand is de olie klaar voor gebruik.
Als u de olie langer wilt bewaren, kunt u haar nu zeven en de blaadjes eerst gebruiken.

426

Basilicumpasta (pesto) (ca. 1 dl)

Met 2-3 eetlepels van deze geurige Italiaanse pesto kunt u een macaronimaaltijd of gekookte granen op smaak brengen.
Druk de pasta stevig in een glazen potje en giet er een conserverend laagje olie van ten minste 1 cm op, dan kunt u haar maandenlang op de koudste plaats in uw koelkast bewaren (niet in het vriesvak). Neem er telkens de benodigde hoeveelheid pasta uit, maar zorg er wel voor, dat er geen basilicum boven de olie uitsteekt. Maak ook de potrand boven de olie altijd schoon met een stukje keukenpapier. Voeg zonodig nog wat olie toe.

- 3 teentjes knoflook, fijngesneden
- 2 theelepels zout
- eventueel 3-4 peperkorrels

- 50 g verse, gave basilicumblaadjes, wat fijngeknipt
- 25 g pijnboom- of zonnebloempitten, licht geroosterd*

- 25 g (3 volle eetlepels) zeer fijn geraspte Parmezaanse of oude Goudse kaas
- ca. 3 eetlepels olie (bij voorkeur olijfolie)

Doe knoflook en zout in een grote stenen vijzel en wrijf dit fijn. Voeg nu eerst de peperkorrels en daarna de pitten toe en wrijf dit telkens fijn.
Leg de basilicumblaadjes op een plank, druppel er wat van de olie overheen en hak ze tot moes.
Meng nu de basilicum en de kaas door de kruiden in de vijzel en meng er bij scheutjes tegelijk de rest van de olie door totdat er een gladde pasta ontstaat.
Doe de pasta in potjes zoals hierboven is beschreven. Gebruik de pesto pas na een paar uur, bij voorkeur pas na 2 dagen, zodat de smaken de tijd hebben om zich met elkaar te vermengen.

Tip: U kunt alle ingrediënten ook in een foodprocessor pureren, maar in een vijzel wordt de smaak toch fijner.

Peterseliepasta

Heel anders van smaak, maar toch een goede vervanging voor basilicum. De werkwijze is hetzelfde als bij *basilicumpasta**. Peterseliepasta verliest snel haar smaak.

Mierikswortelpasta (2 potjes van 2 dl)

Een pittige (hete) en wat zurige smaakmaker die u kunt gebruiken voor sauzen en om wat flauwe rauwkostsmaakjes meer pit te geven. Gebruik hiervoor een verse, stevige wortel.

- neem op 100 g mierikswortel (geschild gewogen)

- 3 eetlepels azijn
- 2 eetlepels honing
- 1 eetlepel mosterdpoeder
- 1 theelepel zout
- 1-2 eetlepels olie

Maak van de azijn en de rest van de ingrediënten een *vinaigrette**.
Borstel de mierikswortel schoon onder de stromende kraan en schil hem met een dunschiller. Rasp de wortel op een scherpe, zeer fijne rasp (of in de amandelmolen) direct in de saus. Pas op uw ogen. Werk bij een open raam en zet een sneeuwbril op.
Meng alles goed en doe de pasta in kleine glazen potjes met een goed sluitend deksel.
Maak de randen goed schoon en giet er een laagje azijn op. Bewaar de potjes in de koelkast of op een andere koele plaats. U kunt telkens de benodigde hoeveelheid pasta uit het potje nemen, maar zorg ervoor dat er geen pasta boven de azijn uitsteekt (voeg zonodig nog wat azijn toe).

Tip: Deze pasta is zonder olie weliswaar minder lekker, maar wel veel langer houdbaar.

Walnootpasta (pittig) (ca. 1 dl)

Lekker bij gekookte vis, maar ook op de boterham (belegd met schijfjes hardgekookt ei of met komkommer), of vermengd met macaroni of gekookte hele graankorrels (zie variatie).
In een glazen potje in de koelkast is deze pittige pasta 2-3 maanden houdbaar.

- 75 g walnoten, zeer fijn gesneden of fijngestampt
- 1 theelepel kaneel
- 1/2 theelepel kruidnagel
- eventueel 4 slagen peper uit de molen

- 4 zilveruitjes, zeer fijn gehakt, of 4 kleine zure augurkjes (ca. 25 g), zeer fijn gehakt
- eventueel 1/2 teentje knoflook, door de pers gedrukt (1 theelepel)

- 1 1/2 eetlepel olie

- naar smaak 1-2 theelepels appelazijn

Vermeng in een kommetje de noten met de kruiden.
Roer de zilveruitjes of augurkjes en de knoflook erdoor.
Prak nu met een vork alles tot een stevige pasta en maak deze smeuïg met de olie (beetje bij beetje toevoegen).
Breng de pasta op smaak met azijn en zout.

Variaties:
- (niet om te conserveren): vervang de zure uitjes of augurkjes door 50 g zeer fijn gehakte verse ui, voeg er zeker 2 theelepels fijngehakte knoflook aan toe, maar géén azijn. Roer tot slot ook nog 2-3 theelepels fijngeknipte verse tuinkruiden (basilicum) erdoor. Roer een hele portie van deze pasta door gekookte macaroni of door gekookte granen (tarwe, gerst, rogge)
- vervang de walnoten door *peccannoten* of door *pijnboompitten*

Tip: Laat de pasta een paar uur – liever nog twee dagen – trekken voordat u hem gebruikt.

Sambal (2 potjes van 2 dl)

Deze sambal is iets minder scherp dan de in de winkel verkrijgbare en bevat ook geen conserveermiddelen. Behalve in exotische gerechten smaakt een vleugje ervan ook lekker op schijfjes komkommer of op pindakaas (op de boterham).

- 150 g rode Spaanse pepers, gewassen* 308
- 50 g ui, geschild
- 2 stengels citroengras (sereh), het zachte gedeelte, of 1 theelepel geraspte citroenschil

- 2 theelepels zout

- 2 theelepels stroop of ongeraffineerde rietsuiker
- 2 theelepels citroensap

- ca. 1/2 dl olie

Snijd van de pepers het steelgedeelte weg, snijd ze overlangs doormidden en verwijder zaadlijsten en zaden.
Snijd op een stevige plank de pepers in reepjes en de ui fijn. Snijd ook het citroengras klein, wrijf dit fijn in een vijzel en voeg het bij de pepers en de uien.
Voeg het zout toe en druppel 2 eetlepels olie erover. Hak* alles tot moes. 426
Doe een eetlepel van de olie in een pannetje en smoor hierin de peper/uienmoes gedurende 5 minuten.
Voeg nu citroensap en zoetmiddel toe en vul de massa *kokendheet** in zeer schone potjes. 580
Schroef de potjes meteen dicht en zet ze 3 minuten ondersteboven. Bewaar aangebroken potjes in de koelkast.

Ingrediënten om zelf te maken

Amandelen pellen en roosteren
☉

Giet kokend water over de amandelen en laat ze toegedekt 5 minuten (niet langer) staan. Haal ze bij kleine hoeveelheden tegelijk uit het water en druk elke amandel tussen duim en wijsvinger uit haar velletje.
Zolang ze nog vochtig zijn, kunt u ze nu gemakkelijk met een puntig mesje in *twee helften* splitsen, beginnend aan de dikke kant. Eveneens in vochtige toestand laten de amandelen zich gemakkelijk in *splinters* snijden of in de groentemolen *schaven*.
Zowel de gehalveerde amandelen als amandelsplinters (gepeld of ongepeld) en het schaafsel kunt u op een bakplaat in de oven *roosteren*, de gehalveerde ca. 20 minuten bij 150°C, middelste richel; splinters en vooral schaafsel korter.
De gepelde hele of halve amandelen en ook de splinters moet u (als u ze niet wilt roosteren) voor het opbergen nog goed laten drogen: 2-3 dagen op een vel wit papier bij kamertemperatuur of 2-3 uur bij 75°C op een bakplaat in de oven.
Bewaar zowel de blanke als de geroosterde amandelen in een luchtdicht gesloten pot op een donkere, niet te warme plaats. Maal de amandelen pas vlak voor het gebruik.

Tips:
- leg de rand van een springvorm om de amandelen, ze roosteren dan gelijkmatiger
- in plaats van in de oven kunt u kleine hoeveelheden amandelen ook in een droge koekepan met een dikke bodem roosteren op een zeer lage pit. Bij hele amandelen (gepeld of ongepeld) duurt dit 1/2-3/4 uur, bij halve en gesneden amandelen korter. Schud de pan af en toe heen en weer. De kans op aanbranden is in de pan groter dan in de oven.
- zie ook de tip bij *blind bakken van taartbodems**

Cashewnoten roosteren
☉

Van origine zijn cashewnoten wat melig; het lekkerst smaken ze geroosterd.
Spreid de noten in één laag uit op een bakplaat en bak ze ca. 15 minuten bij 150°C, middelste richel.
Eet ze vers op of bewaar ze hooguit 2-3 dagen in een luchtdicht gesloten pot, ze zijn algauw weer zacht.
Cashewnoten kunt u ook in een laagje olie in de koekepan of in de frituurpan *bakken*. Laat ze op een stuk keukenpapier uitlekken en eet ze vers op. Gebakken cashewnoten smaken heerlijk op vegetarische Chinese gerechten.

Hazelnoten roosteren
☉

De smaak van hazelnoten wordt geïntensiveerd door ze te roosteren. U heeft er dan minder van nodig.
Spreid de gepelde hazelnoten in één laag uit op een schone bakplaat en bak ze ca. 20 minuten bij 160°C. Ze mogen niet echt bruin worden, maar de velletjes moeten wel een beetje loslaten. Te sterk geroosterde hazelnoten zijn moeilijk verteerbaar. Laat ze op de bakplaat afkoelen.
Leg de noten nu op een theedoek, pak de vier punten vast en wrijf de noten in de zo ontstane buidel flink heen en weer. De zo ontvelde noten blijven knapperig als u ze in een luchtdicht afgesloten pot op een donkere en niet te warme plaats bewaart. Maal de noten pas vlak voor het gebruik, de lekkere smaak is er anders gauw af.

Tip: zie de tip bij *amandelen pellen en roosteren**.

Zonnebloempitten bakken en roosteren

⭤

Zonnebloempitten zijn het lekkerst als u ze vlak voor het gebruik in een laagje olie in de koekepan lichtbruin en knapperig *bakt*. Giet er (naar smaak) op het laatst een scheutje tamari bij of strooi er kruidenzout over. Laat ze op een vel keukenpapier uitlekken.
Minder vet en bovendien 2-3 weken te bewaren zijn de pitten als u ze in een laag op een droge bakplaat uitspreidt en in de oven *roostert*: ca. 15 minuten bij 150°C.
Bewaar geroosterde zonnebloempitten in een goed afgesloten glazen potje op een donkere plaats.

Sesamzaad wassen, drogen en roosteren

⭤

Sesamzaad is meestal erg stoffig en dat geeft, als u het in een gerecht of in gebak verwerkt, een muffe smaak. Dit zou een reden kunnen zijn waarom veel mensen er niet van houden. Nat sesamzaad is echter moeilijk hanteerbaar en bovendien niet houdbaar. Ook heeft het pas een lekkere smaak als het licht geroosterd is. Het is daarom handig om steeds een potje gewassen en gedroogd, én een potje geroosterd sesamzaad in voorraad te hebben. Het alleen gedroogde sesamzaad gebruikt u dan *op* gebak of om er een gebakvorm mee te bestrooien. Tijdens het bakken 'roostert' het zaad vanzelf. Het geroosterde zaad gebruikt u om *in* gerechten te verwerken.

Was het sesamzaad in ruim koud water en laat het daarna in een fijne zeef zo goed mogelijk uitlekken. Klop met de zeef een aantal keren op een opgevouwen schone theedoek. Spreid het zaad daarna in een dunne laag uit op een droge, schone bakplaat en laat het in de *oven* bij 150°C, middelste richel, in ca. 40 minuten drogen en heel licht bruinbakken (alleen drogen ca. 25 minuten). Bewaar altijd wat zaadjes om te vergelijken, het bakken gaat erg snel. Laat het vooral niet te donker worden, het smaakt dan bitter. Laat het zaad op de bakplaat afkoelen en schud het op een eerst dubbel- en daarna weer opengevouwen vel wit papier. Met behulp van de vouw kunt u het fijne zaad zo makkelijk overdoen in een glazen pot. Het zaad is, luchtdicht afgesloten en op een koele plaats bewaard, wekenlang houdbaar.

Als u geen oven heeft, kunt u het goed uitgelekte zaad ook in een *pannetje* met een dikke bodem roosteren; doe dit wel op een zeer matig vuur en blijf roeren tot de zaadjes gaan springen. Rooster alleen zoveel zaad in de pan als u voor een bepaald recept nodig heeft, want in de pan is het zaad moeilijk door en door droog te krijgen zonder dat het gaat aanbranden.

Gomasio (sesamzout)

⭤

Gomasio kunt u gebruiken als smaakmaker in gerechten, of als strooisel op de boterham (bij voorbeeld op schijfjes komkommer, radijs of tomaat).
Meng 1 deel zout (bij voorkeur zeezout) met 12 delen geroosterd* sesamzaad (dit is 1 theelepel zout op 1 eetlepel sesamzaad) en maal dit *zeer kort* in een elektrische koffiemolen of stamp het niet té fijn in een vijzel. Maak niet te veel gomasio tegelijk, het verliest binnen een week zijn lekkerste smaak. Té lang gemalen of té fijn gestampte gomasio gaat klonteren en strooit niet makkelijk.

Tip: Als u het sesamzaad in een pannetje roostert, kunt u het zout meteen meeroosteren.

Amandelspijs (ca. 250 g)

⊖

Amandelspijs wint aan smaak als hij ten minste een dag, maar beter nog 2 weken voor het gebruik wordt klaargemaakt. Met ongeraffineerde rietsuiker bereid wordt de spijs donker, met honing licht van kleur. Ook de smaak is zeer verschillend. Stevig in een jampot gedrukt, het deksel goed dichtgeschroefd, is amandelspijs in de koelkast 2-3 maanden houdbaar.

- 125 g amandelen
- 4 bittere amandelen of ca. 12 abrikozepitten
- 100 g ongeraffineerde rietsuiker

- 1 theelepel geraspte citroenschil
- 1-2 eetlepels losgeklopt ei

Pel de amandelen*, droog ze en maal ze fijn. 604
Als u geen zeer fijne molen heeft moet u de bittere amandelen stampen, anders geven ze niet voldoende smaak af.
Vermeng de amandelen met de suiker en maal alles nog een keer (stevig in de molen drukken).
Meng met een vork de citroenrasp en het ei erdoor en kneed goed, het moet een smeuïg geheel worden.

Variatie: Vervang de suiker door honing. Gebruik dan een harde, goed uitgekristalliseerde soort en voeg minder ei toe. Bij gebruik van honing is het niet nodig, het mengsel een tweede keer te malen.

Tip: snel klaar: gebruik de foodprocessor. Doe alle ingrediënten (u hoeft de amandelen niet eerst te malen) in het bakje en maal alles in een keer zo fijn als u wenst. Gebruik voor deze methode geen honing en voeg maar 1 eetlepel ei toe. Wij vinden de smaak van de 'handgemaakte' spijs lekkerder.

Marsepein (ca. 250 g)

⊖

Een van oorsprong Arabische lekkernij, die door de kruisvaarders naar Europa werd gebracht. Vooral in de Duitse havensteden worden nu nog de bekendste soorten marsepein gemaakt (Lübecker marsepein).
Wij geven hieronder een eenvoudig recept, waarvan u allerlei surprises en versieringen kunt maken.
Met behulp van een foodprocessor krijgt u op een makkelijke manier zeer fijn gestructureerde marsepein, maar met een zeer fijne amandelmolen lukt het ook; alleen is de structuur van de marsepein dan wat grover. Fijnproevers vinden, dat deze marsepein een fijnere smaak heeft dan de 'machinaal' bewerkte.

- 125 g amandelen (liefst geen overjarige)
- 5-7 g bittere amandelen
- 125 g poedersuiker* 432
- ca. 2 eetlepels rozenelixer of rozenwater (drogist), of losgeklopt eiwit (rozenelixer of rozenwater geeft een lekkere smaak, met eiwit bereid is de marsepein wat makkelijker te vormen)

Pel beide soorten amandelen* en laat ze goed 604
drogen (niet in de oven).
Maal de amandelen zeer fijn, doe ze in een kom en vermeng ze met de poedersuiker. Maal dit mengsel nog een keer (stevig in de molen drukken), of maak het fijn in de foodprocessor. Doe het mengsel weer terug in de kom en kneed het met de vloeistof van uw keuze tot een stevig, soepel deeg.
U kunt de marsepein behalve naturel ook met een kleurtje maken, door een gedeelte van de bovengenoemde vloeistoffen te vervangen door een natuurlijke (zelf gemaakte) kleurstof. Als u alleen witte marsepein heeft gemaakt of als u deze kant-en-klaar heeft gekocht, kunt u hem alsnog kleuren: druk het stuk marsepein plat en verdeel hierop de kleurstof. Rol de plak op en kneed alles zo lang tot de hele massa gelijkmatig is gekleurd.

Natuurlijke kleurstoffen:
rood: bietesap (zie *groentesap**) 559
geel: kurkumapoeder (geelwortel of koenjit), opgelost in een beetje water
oranje: als geel, met een beetje bietesap erdoor. Ook kunt u reeds rood en geel gekleurde marsepein door elkaar kneden
groen: spinazie (zonder stelen) laten slinken in zo weinig mogelijk water en de zachtgeworden blaadjes door een (metalen) theezeefje wrijven
paars: vlierbessesap. Kook de vlierbessen even op en wrijf ze door een zeefje.

Slagroomvulling

⊖

Geschikt voor het vullen van taarten, biscuitrollen en soezen. Met deze slagroom gevuld kunnen taarten een paar uur van tevoren worden klaargemaakt, zonder dat de slagroom inzakt. Bewaar het gebak op een koele plaats en niet langer dan ca. 8 uur.

- 2 eetlepels agar-agarvlokken (3 g)
- 1 dl water

- 2 1/2 dl slagroom
- 2 eetlepels ahornsiroop of vloeibare honing

Week de agar-agar ten minste 10 minuten in het water en breng het daarna onder roeren langzaam aan de kook. Blijf op een zeer laag pitje (of uitgeschakelde elektrische plaat) roeren tot alle agar-agar volledig is opgelost en het stroopje helemaal glad is.
Klop de slagroom bijna stijf, klop ook het zoetmiddel even mee en klop er tot slot het wat afgekoelde, maar nog dik-vloeibare agar-agarstroopje door. Let op: te veel afgekoelde agar-agar mengt niet goed meer, te warme agar-agar maakt de slagroom dun.
Verwerk deze slagroom meteen en laat het gebak op een koele plaats nog ten minste een uur opstijven.

Tip: Deze slagroommassa is te stijf om rozetten mee bovenop een taart te spuiten. Gebruik hiervoor vlak voor het opdienen stijfgeklopte verse slagroom (zie bij het versieren van *biscuittaart**). 509

Banketbakkersroom of gele room

⊖

Een geschikte vulling voor gebak dat u al een paar uur van tevoren wilt klaarmaken. Banketbakkersroom is minder vet dan slagroom.

1 met agar-agar (3 1/2 dl)
Stijft puddingachtig op en is daardoor zeer geschikt voor gebak dat na het vullen nog gesneden moet worden, bij voorbeeld taarten.

- 2 eetlepels agar-agar (3 g), 10 minuten geweekt in
- 1 dl water

- 20 g bloem (2 1/2 eetlepel)
- 2 1/2 dl melk, waarvan eventueel 1 dl room
- de zaadjes uit 1/2 vanillestokje, of 1 theelepel gemalen vanille
- een snufje zout
- 2-3 eetlepels ahornsiroop, of 1 1/2-2 eetlepels ongeraffineerde rietsuiker

- 10 g harde boter (niet nodig bij gebruik van room)

Breng in een steelpannetje de geweekte agar-agar aan de kook en blijf roeren tot hij helemaal is opgelost. Doe dit stroopje in een kopje.
Roer in hetzelfde steelpannetje de bloem met wat van de melk tot een glad papje zonder klontjes. Klop de rest van de melk erdoor, voeg vanille, zout en zoetmiddel toe en breng alles op een matig vuur aan de kook. Blijf roeren. Laat een paar tellen doorkoken en haal de pan van het vuur.
Voeg nu ook het agar-agarstroopje toe en breng al roerende alles nog een keer aan de kook.
Haal de pan van het vuur en klop de boter (in stukjes) erdoor. Laat deze dikke vla onder af en toe goed doorroeren afkoelen tot hij zo dik is, dat u hem nog kunt uitsmeren. Vul het gebak ermee en laat het in de koelkast of op een andere koele plaats nog helemaal opstijven.

Tip: Ongeraffineerde rietsuiker heeft een sterke eigen smaak en overheerst daarmee de smaak van de vanille. Gebruik in dit geval wat meer vanille. Pas de hoeveelheid zoetmiddel aan aan het zoetgehalte van het deeg dat u met de banketbakkersroom vult.

2 met eierdooier (3 dl)
Een mooie gele room, die na het vullen van het gebak smeuïg blijft als dikke vla. Geschikt voor klein gebak dat niet meer gesneden hoeft te worden, bij voorbeeld soezen en kleine vruchtentaarten. ▶

- 2 1/2 dl melk, waarvan eventueel 1/2 dl room
- de zaadjes uit 1/2 vanillestokje, of 1 theelepel gemalen vanille

- 2 eierdooiers
- 2-3 eetlepels ahornsiroop of 1 1/2-2 eetlepels ongeraffineerde rietsuiker
- 25 g bloem
- een snufje zout

Breng 1 1/2 dl van de melk met de vanille op een matig vuur langzaam aan de kook. Roer door de resterende melk dooiers, zoetmiddel, bloem en zout en wrijf alle bloemklontjes fijn. Giet de kokende melk erbij en schenk het papje weer terug in de pan. Breng alles al roerend aan de kook, temper het vuur en laat nog een halve minuut doorkoken.

Laat deze zeer dikke vla onder af en toe roeren afkoelen tot kamertemperatuur en vul het gebak ermee. Laat in de koelkast nog helemaal opstijven.

Tip: Zie banketbakkersroom (1).

Caramelstroop (1 1/2 dl)

⊖

Voor het aromatiseren van vla, pudding, gebak en compote. Het carameliseren van ongeraffineerde rietsuiker vraagt veel oplettendheid, hij is sneller té bruin (en daarmee bitter van smaak en slecht voor de gezondheid) dan de witte kristalsuiker, waarbij u de juiste nuance met het oog kunt zien. Gebruik caramel dan ook niet te vaak, alleen bij speciale gelegenheden.

- 125 g ongeraffineerde rietsuiker, bij voorkeur fijne
- 2 eetlepels water

- 1 dl water

Vermeng in een pannetje met een dikke bodem de suiker met de eetlepels water. Breng dit al roerend aan de kook, de suiker lost dan op. Blijf op een matig vuur door-roeren tot de suikeroplossing stroperig wordt en van de bodem van de pan loslaat. Haal de pan van het vuur en laat een druppel van de dikke suikermassa in een kopje met koud water vallen. Als het meteen hard wordt en naar caramel smaakt, is het klaar, anders weer terug op het vuur zetten en verder blijven roeren. De suiker mag nauwelijks donkerder van kleur worden. Gebruik op dit moment uw ogen én uw neus!

Blus met de dl water en los de suikermassa al roerend helemaal op, ook wat aan de wanden van de pan is blijven kleven. Giet de caramelstroop in een flesje of potje en vul zonodig aan met heet water tot 1 1/2 dl. Doe het deksel pas dicht als de stroop is afgekoeld.

Caramelstroop is vrijwel onbeperkt houdbaar op een donkere, niet te warm plaats. 1 Eetlepel caramelstroop komt overeen met 10 g suiker.

Tip: Het carameliseren van kristalsuiker gaat als volgt: giet de benodigde suiker (*zonder* water) in een pan met dikke bodem en laat hem, *zonder* erin te roeren, smelten. Schud de pan daarbij af en toe heen en weer. Haal de pan van het vuur en blus met het water als de suiker lichtbruin is en begint te schuimen.

Anijsstroop (ca. 2 dl)

⊖

Voor wie graag anijsmelk drinkt is het handig een flesje van deze stroop in voorraad te hebben. In de koelkast blijft anijsstroop een half jaar goed.

1 Eetlepel is voldoende voor 1/4 l melk: doe de stroop in de beker en giet er de drinkwarme melk op.

- 25 g steranijs
- 2 dl water

- 50 g ahornsiroop, ongeraffineerde rietsuiker of honing

Leg de anijssterretjes tussen een oude theedoek en stamp ze met een houten stamper of een stevige fles wat fijn. Week dit gruis (mét de glanzende zaadjes) een nacht in het water, in een pannetje met een goed sluitend deksel. Breng alles aan de kook en laat nog ten minste 2 uur trekken op een heel zachte warmtebron (theelichtje). Houd vooral het deksel op het pannetje.

Zeef het vocht en vul het aan tot 1 1/2 dl. Breng het samen met de ahornsiroop (dit geeft de fijnste smaak) of de rietsuiker nog een keer aan de kook en doe het in een passend flesje. Als u honing wilt gebruiken, roer hem dan door het nog lauwwarme aftreksel.

Variatie: Vervang de steranijs door anijszaad. Dit hoeft u niet te stampen en 2 uur weken is voldoende. De smaak van deze stroop is wel wat minder verfijnd.

Tip: De uitgekookte zaadjes zijn nog voldoende kruidig om 1/2 liter melk te kruiden (samen op temperatuur brengen).

Santen (kokosmelk)
↩

Santen kunt u gebruiken om de smaak van vooral oosterse gerechten voller te maken zoals men dat in de westerse keuken doet met room.
De lekkerste santen wordt gemaakt van *verse*, zeer fijn geraspte kokosnoot. Hiervoor zijn speciale raspen te koop, maar met een zeer fijne rauwkostrasp (of -molen) lukt het ook.
Eerst iets over de kokosnoot: Aan de binnenkant van de harde schaal zit het witte vruchtvlees (noot) in een dikke laag. Het waterige vocht dat zich in de noot bevindt is alleen bij heel jonge noten lekker om te drinken en het dan nog zoete vruchtvlees laat zich nog makkelijk uit de schaal lepelen. Hoe rijper de noot is, des te harder en vetter wordt het vruchtvlees. Aan de drie kiempunten van de noot kunt u zien hoe vers hij is: licht van kleur betekent vers. Koop geen oude noten, zij kunnen zeer schadelijke schimmels bevatten en eet verse alleen als ze fris ruiken.
In vergelijking met andere noten bevat de kokosnoot weinig eiwit, mineralen en vitaminen, het vet is hard (stolt al bij 23°)) en bevat veel verzadigde vetzuren (zie *vetten**).   17
Eenmaal geopend (de noot op één hand leggen en rondom met de hamer aantikken tot de schil barst) moet u hem binnen 2-3 dagen opeten (bewaar de stukjes zolang in een glazen pot in de koelkast). Het vruchtvlees kunt u met een puntig mesje uit de schaal peuteren. Haal het bruine velletje dat nu nog aan het vruchtvlees zit er met een dunschiller af (niet nodig voor santen). Eet de noot vers op, zo uit het vuistje, of maak er *kokoskrullen** van. Geraspt kunt u kokos- 547 noot verwerken in gebak, toetjes of in graangerechten. De smaak past het beste bij de eveneens uit de tropen afkomstige rijst.
In natuurvoedingswinkels kunt u gemalen, gedroogde en *niet* ontvette en ook verder niet bewerkte kokosnoot van biologische teelt krijgen. Verse noten van deze teelt zijn maar sporadisch verkrijgbaar.

Recept voor het maken van santen:
Giet op een kopje versgeraspte kokosnoot 1 kopje kokend water. Laat dit wat afkoelen en knijp de kokosrasp met de hand boven een fijne zeef stevig uit. Deze **dikke santen** is te gebruiken als room.
Als u de hierboven beschreven handeling herhaalt, krijgt u de zogenaamde **dunne santen**. Deze kunt u gebruiken om het benodigde vocht in oosterse gerechten aan te lengen, zoals dat in de westerse keuken bij voorbeeld met bouillon wordt gedaan.
De twee keer uitgeknepen kokosrasp heeft nu geen smaak meer, maar kippen en andere vogels zijn er dol op. Santen kunt u, in een glazen pot, 1-2 dagen in de koelkast bewaren.

Van *gemalen kokos* kunt u eveneens santen maken: Doe in een steelpannetje voor dikke santen 1 kopje gemalen kokos en 2 kopjes lauw water. Laat dit een half uurtje staan en breng het daarna langzaam aan de kook. Laat echter niet doorkoken. Laat het mengsel wat afkoelen en werk verder als met verse kokosrasp.

Creamed coconut (verkrijgbaar in winkels met tropische voedingsmiddelen) is kant-en-klare, ingedikte santen. U kunt haar eenvoudig aanlengen met heet water, of net als boter bij stukjes tegelijk vlak voor het opdienen aan het gerecht (soepen, sauzen) toevoegen. Dit is vooral handig in gerechten met een lange stooftijd. Creamed coconut mag wel éven meekoken, maar niet te lang, dat zou de smaak niet ten goede komen.
Voor een halve liter dunne santen heeft u ca. 25 g creamed coconut nodig, voor dikke santen 50 g.

Hangop

Hangop is uitgelekte karnemelk; hij is wat dunner en wat zuurder dan magere kwark, maar verder daarmee vergelijkbaar en ook als zodanig te gebruiken, bij voorbeeld voor vruchtentoetjes en in de muesli. Van 1 liter karnemelk krijgt u ca. 3 dl hangop. Hangop van verse karnemelk is ten minste een week houdbaar.

Maak een grote zakdoek nat en wring hem weer uit. Hang een huishoudzeef of een vergiet in een hoge kom of pan en spreid de zakdoek hierin uit.
Giet de karnemelk op de zakdoek en laat alles (afgedekt) op een koele plaats staan tot de inhoud van de zakdoek de gewenste dikte heeft bereikt (een nacht).
Krab de hangop met een lepel van de zakdoek en bewaar hem in een glazen pot in de koelkast. Lekker met beschuitkruim en suiker met kaneel.
De wei, die in de kom is gelekt, is een mineraalrijke, maar eiwitarme en praktisch vetloze drank. Eventueel vermengd met vruchtensap of gezoet met wat honing smaakt hij lekker. Ook kunt u hem gebruiken bij het broodbakken (vervang de helft van het benodigde water door wei) of als 'starter' bij het melkzuur inmaken van groenten*. 572

Tip: Gebruik voor hangop alleen biologisch-dynamische of biologische karnemelk. De karnemelk uit de gewone handel loopt door de doek weg.

Paneermeel

Snijd oud brood nog voordat het helemaal hard is in dobbelsteentjes en laat ze in een open papieren zakje op een warm plekje drogen (in de zon, op een radiator, op het luchtrooster van de koelkast of gewoon in een warme, droge kamer).
Maal de gedroogde dobbelsteentjes brood in de amandelmolen en schud dit maalsel door een gewone huishoudzeef op een eerst dubbelgevouwen vel papier.
Doe het grove paneermeel, dat in de zeef is achtergebleven, in een pot en het fijne (op het papier) in een andere pot.
Bewaar de twee potten (zonder deksel, anders kan het gaan schimmelen) in een droge kast, maar niet langer dan 2-3 weken, daarna smaakt het muf.
Het *grove paneermeel* kunt u gebruiken voor het gratineren (in de oven bakken) van verschillende graan- en groenteschotels.
Het *fijne paneermeel* is geschikt voor het paneren. Overgebleven paneermeel kunt u in soepen of sauzen met een grove structuur verwerken (als rul bindmiddel), of maak er een *eenvoudige broodsoep** van. 88

Tip: In noodgevallen kunt u paneermeel vervangen door volkorenbeschuit of ongezoet *scheepsbeschuit**: leg de beschuiten tussen twee vellen vetvrij papier en rol ze met de deegroller fijn, of stamp of maal ze fijn. 493

Geroosterd meel
↻

Rooster 250 g tarwemeel of gebuild meel *droog* in een pannetje met dikke bodem (of in een koekepan), tot het lichtbruin is. Doe dit op een matig vuur en pas op voor aanbranden, want dan smaakt het bitter.
Haal de pan tijdig van het vuur, want vooral in een pan met dikke bodem gaat het roosteren ook zonder warmtebron nog even door – blijf dus vooral roeren totdat het meel wat is afgekoeld.
Doe het volledig afgekoelde meel in een jampot en bewaar het op een donkere plaats, het is maandenlang houdbaar.
Met geroosterd meel kunt u te dunne grove soepen (bij voorbeeld van peulvruchten, brood, vlokken) of donkere sauzen (haché, gehaktsaus) binden. *Bruine ragoûtsoep, bruine uiensoep, bruine ragoûtsaus* en *bruine uiensaus* kunt u met geroosterd meel heel vlug maken, omdat het meel immers al geroosterd is.

Havermeel

€)

Havermeel wordt snel ranzig; misschien is dat de reden, dat het zeer moeilijk verkrijgbaar is (althans van biologisch-dynamische of biologische kwaliteit). Omdat het een produkt is waarmee men lekkere sausjes en toetjes kan maken, geven we hier een tip hoe u havermeel in kleine hoeveelheden zelf kunt maken, ook als u niet in het bezit bent van een eigen graanmolen.

Zeef op een eerst dubbel- en daarna weer opengevouwen vel wit papier *fijne* havervlokken, eerst door een gewone huishoudzeef en daarna eventueel nog door een fijn theezeefje. Doe dit met kleine hoeveelheden tegelijk door de vlokken met de vingers in de zeef heen en weer te wrijven.
Doe het zo verkregen havermeel in een klein jampotje en bewaar het op een donkere, niet te warme plaats (niet langer dan 3-4 weken). De in de zeef achtergebleven vlokken kunt u nog gebruiken voor vlokkensoep, pap of muesli. Ze bevatten verhoudingsgewijs meer zemelen dan het uitgangsprodukt.

Tip: Dit havermeel kan ook dienen als vervanging voor thermomeel.

Snelbinder

€)

Deze 'hulp-in-de-nood' bespaart tijd: u hoeft geen meel met water aan te maken. Ook is hij nauwkeuriger te doseren en geeft niet het papperige resultaat van een bloempapje. Het enige is, dat u met deze snelbinder nog wat meer vet aan het gerecht toevoegt. Als dit een bezwaar is, kunt u gebruik maken van biologisch-dynamisch kindermeel (Holle volkoren gerstemeel) of biologisch 'Familieontbijt' (Joannusmolen). Deze door een zorgvuldige warmtebehandeling 'voorgekookte' meelsoorten kunt u zo in het gerecht strooien. Snelbinders uit de gangbare handel bevatten ongewenste hulpstoffen.

- 50 g boter
- 60 g bloem

- ca. 50 g bloem

Laat in een pannetje met dikke bodem de boter smelten en roer de bloem erdoor. Laat dit op een matig vuur een minuut pruttelen en roer er lepelsgewijs de rest van de bloem door. Laat het mengsel vooral niet bruin worden.
Vouw een vel boterhampapier dubbel en giet het mengsel erop om af te koelen. Doe het daarna losjes in een glazen potje (stamp het vooral niet aan, anders is het er moeilijk weer uit te krijgen). Doe het deksel erop en zet het in de koelkast, het is wekenlang houdbaar.

Met snelbinder kunt u groentenat binden (bij voorbeeld van andijvie) of een te dun uitgevallen soep, saus of ragoût bijbinden. Roer wat van het kruimelige mengsel door het gerecht. Breng het gerecht weer aan de kook, dan kunt u zien of het gewenste effect bereikt is; anders voegt u nog meer snelbinder toe.

Braadboter

€)

Geklaarde (of geclarificeerde) boter is langer houdbaar: in een porseleinen of Keuls potje op een donkere, niet te warme plaats (koelkast hoeft niet). Bij het klaren van de boter verdampt het water; hierdoor spat geklaarde boter niet meer bij het bakken of braden in de pan. De in de verse boter aanwezige melkeiwitten en melksuiker blijven in het bezinksel achter, daardoor verbrandt geklaarde boter bij het bakken of braden in de pan minder snel. Braadboter is niet geschikt voor gebak.

Verwarm de boter op een laag pitje, waarbij ze langzaam smelt en daarna gaat koken. Gebruik een ruime pan, de boter gaat schuimen. Schep haar telkens om met een schuimspaan, dit versnelt het verdampen van het water.
De boter is geklaard als ze helder is en het bezinksel begint te kleuren. Haal de pan nu van het vuur en laat alles even staan (niet langer dan 5 minuten). Haal het schuim van de boter en veeg de rand schoon. Giet de boter voorzichtig in het potje en zie erop toe dat het bezinksel in de pan achterblijft.

Tip: Gebruik het schuim en het bezinksel als broodbeleg of voor het bakken van aard-

appelen (*rösti**), het bevat nog waardevolle 192
voedingsstoffen.

Let op: het in de gangbare handel verkrijgbare *Braderije* is gemaakt van roomboter afkomstig van de 'boterberg', waaraan voor de lange houdbaarheid al het water is onttrokken. De melksuikers en -eiwitten zijn er nog in aanwezig, waardoor deze boter bij verhitting zeer snel verbrandt.

Kruidenboter

🕂

Behalve op een mager stukje vlees, kip of vis is een schijfje kruidenboter ook lekker in fijne groente, die u alleen in wat water heeft gestoofd.
Voor deze kruidenboter kunt u een mengsel van verschillende kruiden gebruiken, maar u kunt ook van elke kruidensoort een apart rolletje maken (etiket!).
Maak een voorraadje kruidenboter in de tijd dat uw kruidentuin te veel kruiden oplevert voor dagelijks gebruik. Net als in olie (pesto) blijft ook in boter het aroma van de kruiden beter behouden dan wanneer u ze droogt, maar boter conserveert niet (zie tip).
Meng evenveel (gewicht) zachte boter en zeer fijngehakte verse kruiden en voeg op elke 25 g boter 1 theelepel citroensap toe.
Leg van dit mengsel een lange 'dam' op een stuk stevig plasticfolie, sla deze dubbel en vorm er met behulp van een deegspatel (platte kant naar beneden) een ca. 3 cm dikke rol van. Laat de rol in de koelkast opstijven en rol hem daarna in een schoon stuk folie.

Tip: Restjes van deze kruidenboter kunt u in het vriesvak enkele weken bewaren. Snijd er telkens een stukje af.

Zelf yoghurt maken

Yoghurt wordt gemaakt door warme melk met wat gekochte yoghurt te 'enten'. Deze geënte melk moet dan ten minste 4 uur warm blijven (ca. 40°C), om zuur en dik te worden. In een pot lukt dit beter dan in kleine eenpersoonsglaasjes, tenzij u een speciaal yoghurtapparaat bezit met een warmte-element. Gebruik om te enten voor de eerste keer biogarde of yoghurt uit de natuurvoedingswinkel.

- *1 l gepasteuriseerde melk*
- *2-3 eetlepels yoghurt met rechtsdraaiend melkzuur*

Verwarm de pot waarin u de yoghurt wilt laten rijpen voor. Verwarm de melk al roerend tot 45°C. Haal de pan van het vuur en klop de yoghurt erdoor. Giet de geënte melk meteen in de pot en stop deze in de hooikist of zet hem in een warm-waterbad (ca. 50°C) en dek dit af met een wollen deken.
Laat alles ca. 6 uur rustig staan (niet langer, anders wordt de yoghurt te zuur).
Bewaar de afgekoelde yoghurt in de koelkast; hij is een kleine week houdbaar, mits van verse melk gemaakt. Houd wat yoghurt achter voor de volgende yoghurtbereiding. Na 4-6 keer moet u weer verse yoghurt kopen om te enten.
Verwarm *rauwe* melk tot 80°C (pasteuriseren) en laat haar weer afkoelen tot 45°C voor het enten met de yoghurt.

Tip: Maak 4 potten yoghurt tegelijk en stop deze in een passende stevige kartonnen doos met proppen krantepapier onder, tussen en op de potten (stevig instoppen). Sluit de doos af. De vier potten houden elkaar ook zonder waterbad warm en de doos kunt u telkens weer gebruiken.

Produktinformatie

De sterretjes (*) verwijzen naar elders in dit boek, een alleen *cursief* gedrukt woord naar een ander trefwoord. Deze produktinformatie heeft voornamelijk betrekking op in dit boek gebruikte produkten. Voor uitgebreidere informatie verwijzen wij naar *Voedingsinstituut Dúnamis* (zie *adressen**).

Agar-agar is een plantaardig, uit *zeewier* vervaardigd geleermiddel voor de bereiding van onder andere vruchtenpudding en jam (gelei). Agar-agar is verkrijgbaar in de vorm van stangen, vlokken en poeder, in natuurvoedingswinkels ook in ongeraffineerde vorm (grijs).
1 g agar-agar vervangt 1,75 g gelatine. Agar-agar stijft sneller op en blijft ook buiten de koelkast stijf.
1 g agar-agar laat 1 dl waterige vloeistof (sap, bouillon) geleren. Reken voor gemengde vloeistoffen waarin slagroom, kwark, melk of eiwit is verwerkt, wat meer (zie de recepten).
Volg de gebruiksaanwijzing op de verpakking.

Ahornsiroop (maple-sirup). Het ingedikte sap van de esdoornboom uit Canada. Een niet geraffineerd of chemisch bewerkt, licht verteerbaar zoetmiddel, dat ook biologisch geteeld wordt. Omdat 40 l boomsap maar 1 l siroop oplevert, is de prijs hoog. Ahornsiroop benadert van alle natuurlijke zoetmiddelen de neutrale smaak van geraffineerde suiker nog het meest.

Amandelen. Familie van de roosachtigen; bevatten sporen van blauwzuur, dat echter door sterke verhitting onschadelijk wordt; hoe meer blauwzuur, des te bitterder de smaak. **Bittere amandelen** (ook abrikozepitten) zijn daarom alleen geschikt om in kleine hoeveelheden te gebruiken als smaakmaker. Het stevige, donkere velletje beschermt de amandel tegen ranzig worden. Het bevat veel mineralen (ijzer), maar is ook makkelijk te verwijderen (zie *amandelen pellen**). In tegenstelling tot andere noten is de amandel niet zuurvormend. Zie ook *Noten en zaden**.

Amarant. Uiterlijk op sesamzaad lijkend, koolhydraatrijk zaad van een plant uit de familie van de fuchsia's. Te gebruiken als gierst.

Appelazijn. Zie *Azijn*.

Appelpectine. Zie *Pectinepoeder*.

Aromat. Smaakversterker, bestaande uit keukenzout, wat gedroogde kruiden en *Glutaminaat*.

Arrowroot. Door uitspoeling in water gewonnen zetmeel van de tropische pijlwortel. Een weliswaar geraffineerd, maar niet gemanipuleerd of chemisch bewerkt produkt. Arrowroot heeft een basische werking, dezelfde bindkracht als gangbare maïzena of aardappelzetmeel, een lichte kleur (glazig effect) en nauwelijks smaak. Gebruik: als maïzena.

Azijn. Niet geconserveerd vruchtesap gaat gisten. De hierdoor ontstane alcohol wordt onder invloed van azijnzuurbacteriën uit de lucht vanzelf omgezet in azijn. De op deze wijze natuurlijk verkregen **appel-** of **wijnazijn** bevat nog de mineralen en spoorelementen van het oorspronkelijke produkt: de appel of de druif. Goedkope azijn uit de gangbare handel wordt gemaakt op basis van industrieel vervaardigd azijnzuur en is agressief voor de maag. Azijn werkt conserverend. Citroensap is een milder zuur dan azijn.

Bakferment. Rijsmiddel, vervaardigd op basis van graan, peulvruchten, honing en zout. Het is poedervormig en wordt door sommige alternatieve bakkers gebruikt voor het bakken van een licht zuur smakend, bijzonder licht verteerbaar zuurdesembrood. Het bakken met dit rijsmiddel vergt zeer veel tijd en ervaring. Voor recepten en de verkrijgbaarheid van bakferment zie het boek van A. Pokorny (zie *literatuur**). 625

Bataat of zoete aardappel. Een *niet* aan de gewone aardappel verwant, tropisch knolgewas (familie van de hagewinde). Wordt in vele soorten gekweekt, ook biologisch; de rode heeft een volle smaak en is rijk aan caroteen. Bataten bevatten zeer veel calcium in een gunstige verhouding met fosfor en zijn daardoor in een melkvrij dieet een waardevolle kalkbron. Voor bataten zijn de recepten van aardappelen en topinamboer te gebruiken, maar de kooktijd is korter.

Biogarde. Met voornamelijk rechtsdraaiend melkzuur geënte zure-melkprodukten. Alleen biologisch, als er een EKO- of Demeter-*keurmerk* op staat. Zie ook *Melkzuur*.

Biologische landbouwmethode. Zowel in Nederland als ook in het buitenland worden produkten volgens uiteenlopende methoden (afhankelijk van de landelijke voortrekkers op dit gebied) geteeld. Elke 'biologisch' werkende boer streeft ernaar, zonder kunstmest en chemische bestrijdingsmiddelen met behulp van organische mest en compost produkten te verbouwen zonder het milieu schade toe te brengen.

Biologisch-dynamische landbouwmethode. Behalve met de gesteldheid van de aarde en de planten houdt men in de antroposofisch georienteerde landbouw ook rekening met invloeden vanuit de kosmos. Men gaat ervan uit dat ritmische krachten van invloed zijn op de bodem, de planten, mens en dier. Hierbij moet u denken aan de wisselende seizoenen, het ritme van de maan, van dag en nacht. Uit zaaiproeven is gebleken, dat er een samenhang bestaat tussen de gang van de maan door de beelden van de dierenriem, de maanloop ten opzichte van de aarde en de zon enerzijds, en het optimale moment van zaaien en oogsten anderzijds. Op basis van deze gegevens wordt jaarlijks de in de biologisch-dynamische landbouw bekende zaaikalender samengesteld. Bovendien maakt de bd-landbouw gebruik van *preparaten*. Dit zijn op aanwijzing van Rudolf Steiner (1861-1925), de grondlegger van de antroposofie, gemaakte minerale en organische meststoffen. Zij maken zowel de bodem als de planten toegankelijker voor de genoemde ritmische krachten. Door deze maatregelen is de plant beter in staat, zich tussen aarde en kosmos optimaal te ontwikkelen en kan zij een betere voeding zijn voor de mens.
Rudolf Steiner heeft de preparaten ontwikkeld voor de gezondheid van de aarde; volgens zijn visie voorziet het plantenrijk de aarde van nieuwe levenskrachten: het zijn de planten die de aarde vormen, en niet andersom.

Boekweit*. Op graan lijkend zaad van een gewas uit de familie van de duizendknoopachtigen. 121

Bouillonblokjes, -pasta en -korrels zijn gemaakt van dierlijke of plantaardige vetten, zout (tot 35%), vlees- en/of groente-extracten, soja en kruiden. De meeste soorten, zeker die uit de gewone handel, bevatten bovendien kleurstoffen, conserveringsmiddelen en *Glutaminaten*. Let dus ook bij aankoop van vegetarische bouillonblokjes op het etiket!

Bouillonkruiden van Het Blauwe Huis. Een mengsel van biologisch-dynamisch gekweekte, gedroogde en tot poeder gemalen groenten en kruiden. Er is *geen zout* toegevoegd (daarom verhoudingsgewijs goedkoop), het mengsel is niet opdringerig van smaak en kleurt de gerechten maar heel licht (groen).

Braadboter of geklaarde boter*. Door inkoken houdbaar gemaakte roomboter, beter geschikt om mee te bakken en braden. Niet te verwisselen met **Braderije**. 611

Brooddrank. Melkzure drank gemaakt op basis van zuurdesembrood, dat uit biologisch-dynamisch geteelde tarwe, rogge en haver speciaal hiervoor werd gebakken. Zie *Melkzuur*.
Gebruik: als drank, naar wens met een beetje honing en/of verdund met water of kruidenthee, als smaakmaker in plaats van azijn of citroensap (neem de dubbele hoeveelheid). In fijne sauzen en kaasfondue kan brooddrank de witte wijn vervangen. Brooddrank is *niet* glutenvrij.

Bulghur*. Graanprodukt (Turks). 114

Cacao. Heeft een rustgevende, wat gezapig makende werking. Cacao werkt stoppend en zuurvormend. Bevat oxaalzuur, dat calcium bindt, waardoor zeer sterke chocolademelk een minder goede kalkbron is.
Cacaopoeder en daarvan gemaakte chocolade-

produkten zijn ook van biologische kwaliteit verkrijgbaar (onder andere Max Havelaar).

Carob. De geroosterde en gemalen *peulen* van de johannesbroodboom (een vlinderbloemige). In tegenstelling tot cacao heeft carob geen specifieke werking op het zenuwstelsel, hij werkt licht stoppend, maar niet zuurvormend en bevat ook geen oxaalzuur. 2-3 Eetlepels carob vervangen 1 eetlepel cacao. Vanwege zijn natuurlijk gehalte aan vruchtesuiker is zoeten nauwelijks nodig.
Behalve als poeder is carob ook in de vorm van pasta, chocolade en chocoladeprodukten verkrijgbaar.
Van johannesbrood*pit*meel wordt een verdikkingsmiddel gemaakt (natuurvoedingswinkel), waarmee men vloeistoffen zonder verhitting kan binden.

Chocolade. Zie *Cacao* en *Carob*.

Citroen. Biologisch-dynamisch geteelde citroenen zijn afkomstig uit Sicilië. Omdat voor een gele schil (afbraak van chlorofyl, waardoor de gele kleur zichtbaar wordt) koude nachten nodig zijn, zijn deze citroenen groen, behalve in de wintermaanden. De altijd knalgele citroenen uit de gangbare handel zijn kunstmatig 'gerijpt' met ethyleengas, waardoor ze een deel van hun geurige etherische oliën kwijtraken.

Citrusvruchten (citroenen, sinaasappels, mandarijnen, grapefruits, kumquats) groeien in de tropen, in Israël en in de landen rond de Middellandse Zee. De schil bevat veel aromatische oliën, vitaminen en mineralen. Was de vruchten goed* als u van deze schillen gebruik wilt maken (de bespoten en met schimmelwerende middelen bewerkte vruchten uit de gangbare handel zijn hiervoor niet geschikt). Het sap van de vruchten bevat veel zuren: naast citroenzuur ook ascorbinezuur (vitamine C), dat het afweersysteem sterk stimuleert. Vitamine C uit citrusvruchten is vrij stabiel, zodat van tevoren geperst citrussap ook pas in de loop van de dag gedronken kan worden. Citrusfruit weerstaat in zekere zin de warmteprocessen die bij het rijpen optreden, door de omzetting van vruchtezuren in suikers te onderdrukken. Misschien vormen ze om die reden juist zo'n grote hulp voor ons organisme bij koortsige ziekten.
Zie ook *geconserveerde citrusschillen**. 595

Cous-cous*. Op gierst lijkende deegwaar, vervaardigd van gestoomde tarwe (Marokkaans). 115

Creamed coconut. Zie *Santen*.

Dadelsiroop. Donkere stroop met een vrij neutrale smaak. Zeer suikerrijke dadels worden gekookt en het verkregen sap ingedikt. Glutenvrij.

Diepvriesprodukten. Zie *groente conserveren**. 311
568
Demeter-keurmerk. Zie *Keurmerken*.

Diksap. Het ingedikte sap van appels, peren of andere vruchten, apart of gemengd verkrijgbaar. Verdund te gebruiken als vruchtesap, onverdund (vooral appel- en perediksap) als volwaardig zoetmiddel voor toetjes met een sterke smaak en voor gekruide dranken.

Eko-keurmerk. Zie *Keurmerken*.

Eieren. Bewaar eieren in de koelkast en wel op een plaats waar de temperatuur onder de 10°C is (dus niet boven in de deur); dit in verband met de groei van *salmonellabacteriën*, die in het ei aanwezig kunnen zijn.
Als u bij het koken of bakken *eiwit* overhoudt, kunt u dit – in een glazen potje – hoogstens 2-3 dagen in de koelkast bewaren (in het vriesvak 2-3 maanden) voor gebruik in een soufflé of in gebak.
Verdun *eierdooier* eerst met wat water voor u hem koel wegzet. Eierdooiers zijn echter zelfs in de koelkast maar 1-2 dagen houdbaar en dienen zo snel mogelijk verwerkt te worden in saus of soep.
Eieren staan aan het einde van de voedselketen en kunnen, net als *roomboter*, schadelijke stoffen uit milieu en veevoer bevatten. EKO- of Demeter-eieren bevatten deze schadelijke stoffen in veel mindere mate.

Fermentgraan. Melkzuur poeder, vervaardigd van de gedroogde en gemalen broodmassa die overblijft na de produktie van *Brooddrank*. Bevat veel waardevolle bestanddelen. Fermentgraan kunt u zonodig als versterkingsmiddel toevoegen aan milkshakes, muesli, soepen en sauzen (ca. 1/2 eetlepel per persoon).

Frituurolie en frituurvet. Zie *frituren**. 45

Gebuild tarwemeel (lemairemeel)*. Gezeefd tarwemeel. In natuurvoedingswinkels te koop, maar met een huishoudzeef ook zelf te maken; 100 g volkorenmeel levert 80 g gebuild meel; in de zeef blijven de grove zemelen achter. *113*

Gelatine. Van kalfs- en runderbeenderen gemaakt geleermiddel. Zie ook *Agar-agar*.

Gerst*. Graansoort, ongepeld. *117*

Gerstemoutstroop. Lichte stroopsoort met een uitgesproken smaak, door mouten vervaardigd van gekiemde gerst. Kan laxerend werken.

Gierst*. Graansoort. *118*

Gist (bakkersgist). Rijsmiddel. Verse gist is bij de warme bakker verkrijgbaar. 15 g (1 eetlepel) verse gist komt overeen met 5 g gedroogde. Zie ook *brood**. *474*

Gistextract. Een op basis van natuurlijke gistcellen door een langdurige fermentatie verkregen zalfachtig produkt, zeer rijk aan eiwitten (tot 30%), mineralen en vitaminen (vooral van het B-complex). Het natuurlijk gerijpte produkt is in natuurvoedingswinkels verkrijgbaar onder de handelsnamen Vitam-R en Reformite. Marmite is een op basis van kunstmatige gistcellen chemisch (met zuren) geforceerd gerijpt produkt en bevat minder vitaminen maar meer natrium dan de eerstgenoemde merken. Zie ook *Miso*.
Gebruik gistextract als smaakmaker in soepen, sauzen en andere gerechten, of als broodbeleg (zeer dun smeren); het bevat zout (Vitam-R 4,5%, andere produkten tot 16%) en kleurt de gerechten donker.

Glutaminaat. Afgekort MSG (**M**ono **S**odium **G**lutaminaat). Het is ook bekend onder de naam **Ve-tsin**, dat veel wordt gebruikt in Zuid-oostaziatische gerechten). Glutaminaat heeft zelf geen smaak, maar prikkelt via het zenuwcentrum onze smaakbeleving (smaakversterkers). Mensen die daar gevoelig voor zijn kunnen van Vetsin of **Aromat** hoofdpijn, misselijkheid, hartkloppingen krijgen

Gomasio (sesamzout). Samen met zeezout geroosterd en gemalen sesamzaad, te gebruiken als smaakmaker. Gemakkelijk zelf te maken*. *605*

Gort*. Licht geslepen gerstekorrels. *118*

Groentesappen. De groenten worden geschild met behulp van loog of stoom, gehakt en geperst zoals bij *Vruchtesappen* is beschreven. Soms wordt citroenzuur of citroensap toegevoegd om de smaak te verbeteren. Bij sommige biologische sappen wordt de melkzuur gisting toegepast (zie *melkzuur inmaken**). Ook op de flessen uit de gangbare handel staat in de ingrediëntenlijst soms melkzuur; dit is echter alleen toegevoegd melkzuur, het sap heeft niet de melkzure gisting ondergaan. *572*
Bij de bereiding van groentesappen met het EKO- of Demeter-*keurmerk* worden geen chemische stoffen gebruikt. Alle soorten sap worden gesteriliseerd. U kunt ook zelf groentesap maken*. *559*

Grutten*. Gebroken graankorrels. *112*

Hazelnoten. Gemalen hazelnoten maken gebak en graanschotels losser van structuur en kunnen voor dit doel gedeeltelijk, vaak zelfs helemaal, de eieren vervangen. De smaak van hazelnoten wordt versterkt als u ze *roostert**. Zie ook *Noten en zaden**. *604*
18

Honing. Door de bij in haar maag gefermenteerde nectar van bloemen.
De kwaliteit van de honing is sterk afhankelijk van de imker, vooral nu er een tijdperk van bio-industrie met bijen dreigt. Een imker die kwaliteitshoning levert, werkt diervriendelijk en gebruikt geen chemische middelen bij het verzorgen van de bijen of bij het oogsten en verwerken van de honing. Dit gebeurt bij lage temperaturen (25-37°C). De in de raten achterblijvende honing wordt bij hogere temperaturen geoogst en kan nog dienst doen als **bakhoning** (verkrijgbaar in supermarkten).
Elke kwaliteitshoning, met uitzondering van acaciahoning, kristalliseert na verloop van tijd. U kunt de honing smeerbaar houden door hem regelmatig om te roeren. Eenmaal gekristalliseerde honing kunt u weer vloeibaar maken door de pot in warm water te zetten (maximaal 40°C). Honing is in vele soorten verkrijgbaar, afhankelijk van de bloemen waar de bijen voornamelijk op gevlogen hebben. Klaver- en bloemenhoning (een mengsel) hebben de meest neutrale smaak. Door het mengen van verschillende soorten honing wordt een altijd smeerbare honing verkregen (bloemenhoningcrème).
Op een *donkere*, niet te warme plaats is honing vrijwel onbeperkt houdbaar.

Hooikist*. Met isolerend materiaal beklede kist, te gebruiken voor het nawellen van gekookte granen en peulvruchten. Verkrijgbaar bij **Dúnamis** (zie *Adressen**). 125

626

Kaas. Voor de fabricage van kaas wordt al of niet van tevoren gepasteuriseerde* melk (weer) verwarmd onder toevoeging van een stremsel (lebferment uit de maag van al gedode kalveren of een op basis van genetisch gemanipuleerde gisting verkregen stremsel voor de zogenaamde vegetarische kaas). De hierdoor dik geworden, gestremde melk (wrongel) wordt vervolgens gesneden. Hierdoor treedt een splitsing op in een waterig deel (*wei*) en vaste bestanddelen. De vaste bestanddelen worden gezouten en geperst en rijpen tot kaas. De wei wordt aan de varkens gevoerd of verwerkt tot onder andere Rivella en *Molkewei*. 618

'Boerenkaas' (rauwmelkse kaas) wordt uit niet van tevoren gepasteuriseerde melk gemaakt, vaak nog op de boerderij zelf, waar de melk binnen een etmaal wordt verwerkt. Voor de melkfabrieken (gangbaar of biologisch) waar boerenkaas wordt gemaakt, gelden zeer strenge voorschriften om besmetting met ongewenste bacteriën te voorkomen.

Kaas is een waardevol, zeer eiwitrijk en verhoudingsgewijs vet produkt, dat u daarom met mate moet gebruiken, meer als smaakmaker in of op vegetarische gerechten dan als eiwit- en vetbron. Kaas van koeie-, schape- en geitemelk met het EKO- of Demeter-*keurmerk* zijn zonder toevoeging van kleurstoffen en conserveringsmiddelen gemaakt en er wordt geen plastic omheen gedaan.

Karnemelk is een bijprodukt bij de bereiding van boter. Bij het karnen scheidt de met rechtsdraaiend melkzuur geënte melk zich in een waterig gedeelte (de karnemelk) en een vet gedeelte (de boter). Karnemelk bevat slechts een spoortje vet (ca. 0,2%), maar nog wel bijna alle mineralen en eiwitten van de melk.

Alleen de karnemelk met het EKO- of Demeter-*keurmerk* is nog echte karnemelk. Karnemelk uit de gewone handel is met (synthetisch) citroenzuur aangezuurde magere melk.

Kefir. Een licht mousserend melkprodukt met een zeer laag alcoholpercentage (0,2-1%), dat bij de bereiding ontstaat door een in de entstof van nature aanwezige gistsoort. Zie ook *Viili*.

Ketjap. Zie *Sojasaus*.

Keurmerken. Sinds 1992 is er een EEG-verordening inzake biologische produktiemethoden. Wie in de EEG op zijn produkten 'biologisch' wil zetten, moet aan de in deze verordening genoemde eisen voldoen. Op de verpakking mag dan staan: 'Biologische landbouw – EEG-controlesysteem'.

Elk bij de EEG aangesloten land moet zelf toezicht houden op de in haar regio geteelde produkten en kiest haar eigen logo (Voor Nederland is dat **EKO**). In Nederland is dit de Stichting **SKAL**, erkend door het Ministerie van Landbouw, Natuurbeheer en Visserij. In de stichting Skal zijn zowel de biologische als de biologisch-dynamische organisaties vertegenwoordigd.

Skal controleert de produktie regelmatig, stap voor stap, van de boer tot verpakt consumentenprodukt. Producenten, landbouwers en verwerkers die aan de eisen voldoen, mogen het door de stichting Skal beheerde **EKO**-keurmerk voeren. De biologisch-dynamische landbouw houdt haar eigen, wereldwijd geldende **Demeter**-keurmerk aan. De in Nederland geproduceerde Demeterprodukten voldoen aan de EEG-richtlijnen en worden tevens door de Stichting Skal gecontroleerd; de uit het buitenland geïmporteerde produkten door de aldaar door de betreffende overheid erkende instanties. Nadere informatie: Stichting Skal en BD-Vereniging (zie *Adressen**).

626

Koffie. Zie *dranken**. Er is ook EKO- en Demeter-koffie verkrijgbaar. 565

Kokosvet is het belangrijkste bestanddeel van ongeharde reformmargarines (zie *Margarine*). Puur kokosvet is in natuurvoedingswinkels te koop en is zeer geschikt om te frituren*. 45

Koudgeperste olie. Zie *Olie*.

Kristalsuiker. Zie *Suiker*.

Kruiden. Verse **tuinkruiden** verdienen de voorkeur boven gedroogde.
Koop kruiden en specerijen met het EKO- of Demeter-*keurmerk*; deze zijn niet bestraald. Gedroogde kruiden zijn 1 jaar, specerijen 2-3 jaar houdbaar. Zie ook *kruiden drogen**. 571

Kuzu. Het zetmeel van de wortel van een in Japan en Noord-Amerika groeiende plant. Kuzu heeft een licht antibiotische werking en werkt versterkend op de darmen. De winning en de kooktechnische eigenschappen zijn dezelfde als die van *Arrowroot*, alleen is de bindkracht iets minder (1 1/4 eetlepel kuzu vervangt 1 eetlepel arrowroot). Wrijf het klonterige poeder door een zeefje, dan is het makkelijker te doseren en op te lossen.

Kwark wordt met hetzelfde stremsel gemaakt als kaas, met dit verschil dat er veel minder stremsel wordt gebruikt en dat het rijpingsproces al na een dag wordt gestopt. Daardoor kan kwark nooit zo hard worden als kaas. Dit melkprodukt is verkrijgbaar als magere kwark met een vetgehalte van 0,5 % (gemaakt van magere melk) en volle kwark met een vetgehalte van 10% (gemaakt van magere melk waaraan room is toegevoegd). De biologisch-dynamische halfvolle kwark (vetgehalte 5,6%) is zeer stevig en romig en zachtzuur van smaak en bijzonder geschikt voor verwerking in diverse gerechten. Wie geen halfvolle kwark kan krijgen, kan magere kwark vermengen met crème fraîche, of (voor kleinere hoeveelheden) wat room.

Lijnzaad. Het zaad van de vlasplant. Wordt vooral gebruikt ter stimulering van de stoelgang (vergroot het volume van de ontlasting en 'smeert' de darmen).

Lijnzaadolie. Koudgeperste olie van lijnzaad met veel onverzadigde essentiële vetzuren. Bederft snel, koop het daarom in kleine hoeveelheden en bewaar het goed afgesloten, donker en niet te warm. Zie ook *Olie*.

Maïzena (biologisch). Speciaal fijngemalen gezeefd maïsmeel, niet te verwarren met de in de gewone handel verkrijgbare geraffineerde maïzena. Zie *maïs**. 119

Margarine. Een uit verschillende vetten en oliën (onder andere sojaolie) door middel van ingrijpende technische manipulaties en door toevoeging van talrijke, in de volwaardige voeding ongewenste hulpstoffen verkregen produkt, dat de smaak en consistentie van roomboter benadert. Wij geven de voorkeur aan *roomboter*, een licht verteerbaar natuurprodukt.
De lactosevrije, op zo natuurlijk mogelijke manier vervaardigde dieetmargarines van de merken Eden, Vegana en Natufood kunnen voor allergische mensen een uitkomst bieden als boter niet door olie is te vervangen (op de boterham en in gebak).

Marmite. Zie *Gistextract*.

Melasse. Zie *Suiker*.

Melk. In de lacto-vegetarische voedingswijze de belangrijkste bron van calcium en eiwit. Bevat ook een lichtverteerbaar vet en fosfor, maar geen ijzer. Van de vitaminen vinden we in melk vitamine A (ook het provitamine caroteen), het hele vitamine-B-complex, vitamine D en E, maar nauwelijks vitamine C.
Melk met het Demeter-*keurmerk* wordt bij het pasteuriseren maar tot 72°C verhit en niet gehomogeniseerd; daardoor roomt zij nog op (zie *Room*). De zonder koeling houdbare UHT-melk wordt tot 150°C verhit, waardoor de B-vitaminen grotendeels worden vernietigd.
Bewaar melk altijd koel (tussen 4 en 8°C) en vooral donker, ze is erg lichtgevoelig. Sluit een eenmaal geopende fles melk af met een dop, de melk neemt snel andere geuren uit haar omgeving op.
Behalve volle melk zijn ook halfvolle melk, zoete en zure room en koffieroom met het EKO- en Demeter-*keurmerk* te koop. Kies voor kinderen de volle-melkprodukten, de meeste vitaminen zitten in de room. Zie ook *Zuivelprodukten**. 19
Rauwe melk is, mits niet boven 40°C verwarmd, lichter verteerbaar en waardevoller dan gepasteuriseerde melk. Ideaal zou zijn, als u de melk van één bepaalde zeer gezonde koe of geit zou kunnen krijgen, van een (biologisch-dynamisch of biologisch werkende) boer die 'in het circuit' zit, dat wil zeggen zijn melk aan een zuivelfabriek levert. De boer moet zich dan aan bepaalde richtlijnen houden en de melk wordt regelmatig gecontroleerd op ziektekiemen. Als u echter twijfelt aan de bacteriologische kwaliteit van de 'boerenmelk' of als zij bestemd is voor baby's onder de zes maanden of allergische, zieke of oude mensen die geen goede darmfunctie (meer) hebben, kunt u de rauwe melk beter eerst **pasteuriseren**: verwarm de melk in een roestvrijstalen pan op een flink vuur, al roerende met een garde tot 75°C (gebruik een zuivelthermometer). Laat die daarna zo vlug mogelijk afkoelen; in de zomer in een koud-waterbad, in de winter buiten op een veilige plaats (zet de pan – voor een goede luchtcirculatie – op een taartrooster of andere verhoging).
Bewaar ook deze melk altijd in de koelkast en wel in glazen flessen of potten met deksel.

Melkzuur, rechts- en linksdraaiend. Bij het bereiden van zure-melkprodukten ontstaat bij de fermentatie melkzuur. Afhankelijk van de wijze waarop een lichtstraal zich gedraagt als hij op het melkzuur valt (naar rechts of naar links afbuigend), spreekt men van links- of rechtsdraaiend melkzuur. Omdat de menselijke stofwisseling rechtsdraaiend melkzuur beter aankan, heet dit gezonder te zijn. Bij een gevarieerde voeding en een gezonde stofwisseling is linksdraaiend melkzuur geen enkel probleem, het overschot wordt met de urine uitgescheiden. Rechtsdraaiend melkzuur gaat geleidelijk verloren bij het bewaren van het zure-melkprodukt. Zie ook *melkzure groente**. 572

Miso is een Japanse pasta op basis van soja, rijst (gerst) en zeezout. Miso bevat onder andere alle essentiële aminozuren en is daardoor een goede aanvulling van graaneiwit. Bij de bereiding van miso ontstaan tijdens een langdurig fermentatieproces waardevolle enzymen, zuren en microorganismen. U kunt miso gebruiken als smaakmaker in soepen, sauzen en gerechten, maar ook als broodbeleg (zeer dun smeren). Miso is erg zout, heeft een sterke smaak en een donkere kleur. Met gerst gemaakte Miso is niet glutenvrij.

Molkewei. Ingedikte en met natuurlijk melkzuur houdbaar gemaakte biologisch-dynamische wei (zie *Kaas*). Zeer zuur; met water verdund te gebruiken als tafeldrank, onverdund als vervanging van azijn en als ontsmettings- en geneesmiddel bij huidproblemen.

Muthee. Een theemengsel van wilde kruiden en planten; wordt in de macrobiotische voeding gebruikt, zie *Warme dranken**. 561

Nitraat. Komt voor in het drinkwater en in bepaalde groentesoorten. Zie *Ganzevoetachtigen**. 312

Noten. Zie *Noten en zaden**. 18

Oersuiker of ongeraffineerde rietsuiker. Zie *Suiker*.

Olie wordt gewonnen uit vruchten (noten) of zaden door *koud persen* (35-60°C), *warm persen* (door middel van oververhitte stoom onder hoge druk) of door een combinatie van warm persen en *extraheren* met behulp van een chemisch oplosmiddel zoals pentaan en hexaan. Warm persen en extraheren geven een hoge opbrengst, maar door de verhitting komen verontreinigingen en zeer sterke smaken in de olie terecht, waardoor ze geraffineerd moet worden (hiermee worden ook veel waardevolle stoffen verwijderd). Wij geven de voorkeur aan **koud geperste, niet geraffineerde olie** van zonder kunstmest en bestrijdingsmiddelen geteelde oliehoudende vruchten, noten of zaden. Deze olie bevat behalve vetten ook enzymen, vitamine E en karakteristieke smaakstoffen, maar geen conserveermiddelen en kleurstoffen.
Zie ook *Plantaardige olie* en frituren**. 17
45

Oxaalzuur. Zie *Ganzevoetachtigen**. 312

Pectine. Een van nature in planten en vooral vruchten aanwezige stof. Naarmate de vruchten rijper worden, bevatten ze minder pectine.

Pectinepoeder. Van vruchten (appels en citrusvruchten) gemaakt geleermiddel voor het met weinig suiker en korte kooktijd bereiden van jam en *gelei**, bijvoorbeeld het biologische merkprodukt Unigel. 590
De gangbare **geleisuiker** bevat behalve pectine ook citroenzuur; 'extra geleisuiker' bevat bovendien nog sorbinezuur. Aan het gangbare geleipoeder zijn behalve de hiervoor genoemde stoffen nog een uit zeewier gewonnen anti-oxidant en fosfaten toegevoegd.

Pinda's. De pinda is eigenlijk geen noot maar een onder de aarde gerijpte *peulvrucht**. Pinda's bestaan voor een kwart uit eiwitten en voor de helft uit vetten (voor het merendeel onverzadigde vetzuren). Voorts bevatten ze mineralen (fosfor en in verhouding tot de andere noten weinig ijzer), vitamine E en B. Wij geven aan de meer zongerijpte, echte *Noten* de voorkeur. 344

Quinoa. Op gierst lijkend zaad van een gewas uit de familie van de ganzevoetachtigen. Te gebruiken als gierst.

Rietsuiker. Zie *Suiker*.

Rijsmiddelen. Zie *Gist*, *Bakferment*, *Zuurdesem* en *Zuiveringszout*.

Rijst*. Graansoort. Zilvervliesrijst (bruine rijst) is gepeld, maar niet geslepen. Rijst uit de gangbare handel wordt, met name die uit de tropen en uit Amerika afkomstige soorten, met veel kunstmest geteeld, bespoten en ook bij de opslag met insecticiden en anti-schimmelmiddelen bewerkt. 120

Rijststroop (rijstemoutstroop). Door mouten uit rijst verkregen, lichtgekleurde en zacht smakende stroop, die in tegenstelling tot de andere stropen eerder stoppend kan werken.

Rijstwafels. Van gepofte zilvervliesrijst en soms ook andere graansoorten gemaakte krokante wafels. Melk-, ei- en vetvrij, ook van 100% rijst gemaakt (glutenvrij), en tevens zoutloos te verkrijgen. Zie ook *rijst**. 120

Room (slagroom). Een bron van licht verteerbaar vet (stijfgeklopt iets zwaarder verteerbaar) en van de vitamines A, B, en E. Melk van biologische of biologisch-dynamische bedrijven is niet gehomogeniseerd en roomt nog op. Wanneer u volle melk gebruikt, kunt u *zoete room* met een passend lepeltje of – voor een nog rijkere 'oogst' – met behulp van een zogenaamde bedruipspuit eruit zuigen. Bewaar de room in een glazen potje in de koelkast en gebruik haar voor luxe soepen, voor sausjes en toetjes.
Zure room kunt u in de meeste recepten ook vervangen door volle kwark of viili, met name door het laagje melkvet bovenin de fles.

Roomboter. Verdraagt geen grote hitte en is daarom vooral geschikt als broodsmeersel en om spijzen (sauzen en groenten) vlak voor het opdienen op smaak te brengen. Boter bevat wat minerale stoffen en de in vet oplosbare vitaminen A en D, in de zomer meer dan in de winter (grasboter). In boter is ook nog wat melksuiker en melkeiwit aanwezig, dat bij verhitting (bij het bakken in de koekepan) snel te bruin wordt en zodanig van samenstelling verandert, dat het in boter gebakken spijzen voor veel mensen zwaar verteerbaar maakt. Als boter in de pan begint te walmen (al bij 175°C), valt het botervet uiteen, waardoor voor de gezondheid schadelijke stoffen ontstaan.
Restanten van bestrijdingsmiddelen waarmee weilanden en vooral uit het buitenland afkomstige veevoer worden besproeid, worden door de koeien opgenomen. Veel van deze middelen zijn in vet oplosbaar en verschijnen in het melkvet.

Saffloerolie wordt gewonnen uit de zaden van de saffloerdistel, een aan de artisjok verwante plant. Koudgeperste saffloerolie bevat veel hoogwaardige onverzadigde vetzuren, vooral linolzuur. In zijn sterk activerende werking op ons organisme is deze olie wat eenzijdig en moet met mate worden gebruikt (in de slasaus, na het koken aan gerechten toegevoegd). Saffloerolie heeft een zeer neutrale smaak. Zie ook *Plantaardige olie**. 17

Salmonellabacterie. Een zware diarree veroorzakende bacterie, die vooral voorkomt in uit de bio-industrie afkomstig varkensvlees, kippen en *Eieren*.
Salmonellabacteriën vermenigvuldigen zich zeer snel bij temperaturen boven ca. 10°C. Besmetting vindt daarom voornamelijk plaats in de zomer bij gebruik van gerechten waarin niet voldoende verhitte produkten zijn gebruikt en die langzaam zijn afgekoeld.
De kans op besmetting bestaat theoretisch ook bij uit biologisch en biologisch-dynamische bedrijven afkomstige produkten. Om het risico vooral voor zeer jonge kinderen, ouderen en zieken te beperken, kunt u besmetting voorkomen door:
- eieren minimaal 7 minuten te koken, dubbel te bakken en alleen in gerechten te verwerken die door en door tot tenminste 80°C worden verhit
- vlees (barbecue) door en door te braden
- etensresten (in liefst kleine porties) vlug af te koelen en in de koelkast te bewaren
- kruisbesmetting te voorkomen. Gebruik voor het droogdeppen van rauw vlees keukenpapier en was schalen en messen die u voor rauw vlees heeft gebruikt meteen onder de hete kraan af.

Sambal. Oliehoudende pasta van tot moes gehakte Spaanse pepers. U kunt sambal ook zelf maken*. 603

Santen. (kokosmelk) wordt gemaakt van kokosnoot (vers of gedroogd) en is in geconcentreerde vorm onder de naam 'creamed coconut' kant en klaar te koop. Santen wordt in de oosterse keuken gebruikt zoals wij room gebruiken. U kunt santen ook zelf maken*. 609

Seitan wordt gemaakt van tarwebloem en tarwegluten, tamari, kruiden (gember, laurier), zeer veel zout en soms zeewier. Seitan wordt gebruikt als vleesvervanger. Wij geven aan de eenvoudig gekookte, naar eigen inzicht gekruide tarwe en tarweprodukten de voorkeur.

Sesamzaad is bijzonder rijk aan eiwitten, vitaminen (B en E) en mineralen (ijzer). Sesamzaad is vanwege het gehalte aan bepaalde aminozuren bijzonder geschikt als aanvulling van peulvruchten en maïs. De uit deze zaden koudgeperste olie bevat veel meervoudig onverzadigde vetzuren en het aminozuur lecithine. Sesamzaad blijft lang goed. Van sesamzaad wordt behalve

olie ook **gomasio** (sesamzout) en **tahin** (sesampasta) gemaakt. Tahin is met of zonder zout verkrijgbaar en wordt gemaakt van geroosterd sesamzaad. Witte tahin wordt gemaakt van gepeld en niet geroosterd sesamzaad. *Gomasio** en tahin (zie *gemengde notenpasta*, tip*) kunt u ook zelf maken. Gebruik tahin als broodbeleg ter vervanging van boter én kaas en als bindmiddel voor sauzen. 605
302

Hele sesamzaadjes zijn leuk als versiering op broodjes, maar zijn, met name voor kinderen, nauwelijks verteerbaar. De zachte zaadjes zijn echter makkelijk in een vijzel te stampen of in een koffiemolentje te malen, liefst vlak voor het gebruik. Zie ook *Noten en zaden**. 18

Shoyu. Zie *Sojasaus.*

Skal-keurmerk. Zie *Keurmerken.*

Sojameel. Volvet sojameel wordt gemaakt van biologisch geteelde, geplette en gemalen sojabonen en is in natuurvoedingswinkels te koop. Voor ontvet sojameel wordt met behulp van het extractiemiddel hexaan eerst de olie aan de soja onttrokken (zie *Sojaolie*).

Sojabonen, een peulvrucht, worden al sinds 100 jaar voor Christus in het verre Oosten verbouwd. De sojaboon bevat 40% zeer waardevol eiwit, 20% vet met een hoog gehalte aan onverzadigde vetzuren, B-vitaminen, veel mineralen en voedingsvezels. In het gevecht tegen de honger in de wereld zou soja een grote rol kunnen spelen als zij ook daadwerkelijk als voedingsmiddel voor mensen gebruikt zou worden. Helaas wordt de in Derde-Wereldlanden en in de Verenigde Staten op grote schaal verbouwde soja voornamelijk in de westerse landen gebruikt als veevoer en verwerkt tot hulpstoffen voor talloze produkten in de voedingsmiddelenindustrie.
Alleen de van het EKO- of Demeter-*keurmerk* voorziene soja is biologisch geteeld en niet genetisch gemanipuleerd.

Sojamelk. De in natuurvoedingswinkels verkrijgbare **Sojadrink** wordt gemaakt van biologisch geteelde, geplette, geweekte en gekookte sojabonen en water. Voor zeer jonge kinderen, die geen koemelk kunnen verdragen, is een met calcium en een verdikkingsmiddel verrijkte sojadrink van biologische kwaliteit verkrijgbaar. Raadpleeg hiervoor altijd uw arts.
De gangbare sojadrink wordt gemaakt van geïsoleerd soja-eiwit (zie *Sojabonen*) uit met kunstmest en bestrijdingsmiddelen geteelde sojabonen.

Sojaolie. Uit sojabonen geëxtraheerde olie (de bonen staan hun vet moeilijk af, waardoor oplosmiddelen gebruikt moeten worden). De smaak is voor consumptie te sterk, de olie wordt daarom geraffineerd. Ook de van biologisch geteelde sojabonen afkomstige sojaolie is sterk bewerkt.

Sojasaus. Natuurlijke smaakmaker. Het basisprodukt is soja. Door een 24 maanden durend, natuurlijk fermentatieproces (met behulp van kojibacteriën) krijgt de biologische saus haar donkere kleur en typische smaak. Er wordt veel zout aan toegevoegd (ca. 18%); hiermee moet u bij het gebruik van sojasaus in gerechten rekening houden. Sojasaus bevat onder andere melkzuur en vitamine B.
Gangbare sojasaus is door kunstmatig versnelde fermentatie verkregen en bevat kleurstoffen.
- **ketjap** (Indonesisch) is gemaakt van *Tempé*, rietsuikermelasse, specerijen, kruiden en veel zout
- **tamari** (Japans) bevat alleen soja en zout, heeft een zeer sterke smaak
- **shoyu** (Japans) is een bijprodukt van de misobereiding en bevat behalve soja ook rijst (soms ook gerst) en smaakt wat zoetig.

Ketjap en tamari zijn glutenvrij, shoyu kan gluten bevatten.

Sojavlees (of TVP = **T**extured **V**egetables **P**rotein). Uit de sojaboon geëxtraheerd soja-eiwit; heeft een vezelige structuur en kan tot talloze vleesvervangende produkten worden verwerkt, onder andere tot al of niet met kruiden vermengde en van allerlei smaakjes voorziene, gedroogde sojabrokjes. In water geweekt zwellen ze op en kunnen ze worden klaargemaakt als vleesbrokjes.

Spelt* (*Dinkel* in het Duits) is een zeer oude, maar nu weer herontdekte tarwesoort. 115

Spliterwten. Gepelde erwten, waarbij echter met het velletje ook de kiemen zijn verwijderd. Zie *peulvruchten**. 344

Steenzout. Zie *Zout.*

Stroop. Zie *Suiker*. Als er in een recept alleen 'stroop' staat, maakt het voor het slagen van het recept niet uit welke stroop soort u gebruikt.

Suiker wordt verkregen uit het sap van suikerbieten of suikerriet. Bij het suikerriet wordt het sap met behulp van grote walsen uit de stengels geperst, bij de suikerbieten worden de gewassen knollen in stukjes gesneden en in broeitroggen tot 70°C verhit. Er wordt daarna warm water aan toegevoegd, dat de suiker uit de bieten grotendeels opneemt. Voor witte kristalsuiker en gangbare rietsuiker dampt men het sap langzaam in en centrifugeert de kristallen eruit. Van nature zijn deze kristallen bruin. Door verdere raffinage en bij de bietsuiker door spoelen met hete stoom en met water wordt de **witte suiker** verkregen. Het resterende produkt is de melassestroop, die de rest van de bestanddelen (mineralen) van het sap bevat: **zoute melassestroop** (de zoute smaak komt van de uit het suikerriet afkomstige mineralen) en **bietsuikerstroop**.
Voor **ongeraffineerde rietsuiker** (oersuiker) wordt het sap van suikerriet alleen ingedikt en gedroogd. De droge massa, die uit melasse én suiker bestaat, wordt daarna vermalen. Ongeraffineerde rietsuiker is grijsbruin van kleur, heeft een lichte stroopsmaak en smaakt voller en zoeter dan witte kristalsuiker. Ongeraffineerde rietsuiker bevat dus nog alle stoffen van het suikerriet (onder andere vitamine B2, kalk en ijzer). Het gehalte aan mineralen is wisselend, afhankelijk van de herkomst van de suiker, en ligt tussen 1,5 en 2,5 %.
De zogenaamde **ruwe rietsuiker** (glanzende, middelbruine kristallen) is gedeeltelijk geraffineerd, zij bevat nog maar 0,3-0,5% mineralen. De **gangbare rietsuiker** (glanzende, lichtbruine kristallen) is bijna helemaal geraffineerd (0,2 % mineralen). In Nederland is (nog) geen ongeraffineerde bietsuiker verkrijgbaar.
Basterdsuiker wordt gemaakt van witte kristalsuiker waaraan een mengsel van gelijke delen fructose en glucose en (voor de bruine soorten) een kleurstof (caramel) is toegevoegd. Ook **kandijsuiker** krijgt hiervan zijn bruine kleur. Voor geleisuiker: zie *Pectinepoeder.*

Tahin. Zie *Sesamzaad.*

Tamari. Zie *Sojasaus.*

Tarwekiemen. Bevatten veel vitamine E. Voor gezonde mensen bij een voeding met volle granen overbodig en alleen op doktersadvies te gebruiken. Koel en vooral donker bewaren, ze bederven snel (worden ranzig), niet alleen door het hoge vetgehalte, maar ook door de aanwezigheid van enzymen. Zie ook *Tarwe*.* 114

Taugé. Ontkiemde mungboontjes (of katjangidjoe), een tropische *peulvrucht**. Ook te koop 344 van biologisch geteelde zaden. U kunt taugé ook zelf maken (zie *het kiemen van graan**). 418

Tempé, ook verkrijgbaar met het EKO-*keurmerk*, is een traditioneel eiwitrijk Indonesisch produkt, dat ontstaat door fermentatie van sojabonen (of sojabonen en rijstkorrels), die daardoor aan elkaar vastklitten tot een stevige koek. Tijdens het fermentatieproces, op gang gebracht door een schimmelcultuur, ontstaat onder andere vitamine B12, waardoor tempé het meest waardevol is van de drie sojakazen (zie *Tofu*).

Thermograan*. Granen die een zorgvuldige 112 warmtebehandeling hebben ondergaan. Ze worden gebroken tot **thermogrutten** en gemalen tot **thermomeel**.
De grutten kunt u bij de warme maaltijd eten als drooggekookte rijst. De melen zijn geschikt om er saus en soep van te maken en ter vervanging van een deel van het broodmeel (zie *volkorenbrood**). 475
Weken is voor thermograan niet nodig, de kooktijd wordt verkort en de verteerbaarheid verhoogd. Ongeveer hetzelfde effect kunt u bereiken door graan zelf te *eesten**. 126

Tofu en tahoe. Van *Sojamelk* gemaakte 'kaas', te gebruiken als kwark- en vleesvervanger. Het stremsel dat voor de bereiding van de uit biologische soja gewonnen **tofu** wordt gebruikt is een natuurlijk middel (*nigari*, een bijprodukt van de zeezoutbereiding) en de sojabonen zijn van biologische teelt.
Tahoe is een produkt uit de gangbare (Indonesische) handel, waarvoor als stremsel calciumfosfaat wordt gebruikt.
Zie ook *soja en peulvruchten*.* 344

Viili. Een wat de smaak betreft op kefir lijkend zuur melkprodukt, gemaakt van biologisch-dynamische melk. Viili smaakt een beetje prikkelend, maar wat zachter zuur dan yoghurt en wordt door velen beter verdragen (viili bevat 90% rechtsdraaiend *Melkzuur*, yoghurt 50%).

Volkorenmeel. Zie *graanprodukten*.* 112

Vruchtenmoes of **Fruitbeleg** (natuurvoedingswinkel) is een vervanger van met suiker ingemaakte jam. Fruitbeleg bestaat uit ingedikt vruchtenmoes en bevat geen toegevoegde suiker.

Vruchtesappen. Wie niet zelf sap perst, kan kiezen uit gangbaar, EKO- of Demeter-sap. Voor beide soorten sap worden de vruchten gewassen en gemalen of gekneusd. Daarna scheiden de produktiewegen zich.
Voor het EKO- en Demeter-sap worden de vruchten geperst, het sap gezeefd, in flessen gevuld en door pasteurisatie houdbaar gemaakt. Deze sappen zijn troebel en u vindt altijd wat bezinksel in de fles.
Voor het gangbare sap wordt de sapopbrengst verhoogd door toevoeging van enzymen (bijvoorbeeld pectinasen), die na het persen weer onwerkzaam worden gemaakt door verhitting van het sap. Door centrifugeren of filtreren worden de sappen helder gemaakt. Hierbij wordt gebruik gemaakt van pectinasen, tannine (zie *thee**) en *gelatine*. Nu wordt het sap ingedampt bij zeer lage temperaturen; er ontstaat vruchtesap- en aromaconcentraat (dit bevat de vluchtige aromastoffen). Voor het afvullen wordt het vruchtesap- en aromaconcentraat weer aangelengd met water tot de sterkte van het vers geperste sap. Zonodig wordt het weer opnieuw geklaard, in flessen gevuld, gepasteuriseerd (sap in karton wordt vóór het afvullen gepasteuriseerd). Zonder dat het op het pak vermeld hoeft te worden, mag per liter sap tot 15 mg suiker (kristalsuiker, glucose, fructose), tot 10 mg sulfiet (zie *Zuidvruchten*) en tot 2 g kooldioxide toegevoegd worden.
Diepvries vruchtesapconcentraat ondergaat precies dezelfde gangbare produktieweg, alleen is het nog niet aangelengd met water. *566*

Walnoten. De uitgesproken smaak van walnoten laat zich goed combineren met specerijen en gedroogde vruchten (vruchtenbrood), maar ook met sterk smakende groenten als spinazie en knolselderij en met kaas.
Walnoten bevatten minder ijzer dan amandelen en hazelnoten. Het hoge vetgehalte en de weinig compacte structuur van walnoten maken dat gepelde walnoten gauw ranzig worden. Zie ook *Noten en zaden**. *18*

Wei. Het waterige bestanddeel van melk, een bijprodukt bij de fabricage van *kaas* en *hangop**. *610*

Zeewier (onder andere kombu en wakamé). Groente uit de zee, veel gebruikt in de macrobiotische voeding. Zeewieren hebben een in ons vervuild milieu belangrijke eigenschap: zij zijn in staat de zware metalen die wij met onze voeding opnemen, te binden en af te voeren. Bovendien bevatten ze van nature jodium, een stof die we anders maar heel weinig binnenkrijgen. Zeewier wordt in gedroogde vorm geïmporteerd (Japan, Amerika). Voor het gebruik afspoelen, dan (mee)weken en -koken. Zie ook *zeekraal**, *Agar-agar*, *bouillon trekken** en *het koken van peulvruchten**. *392 77 345*

Zeezout. Zie *Zout*.

Zemelen. Zie *Tarwe**. *114*

Zoethout. De gedroogde wortels van een vlinderbloemige plant. Oorspronkelijk uit Zuidoost-Azië afkomstig. Wordt nu vooral in Rusland en Spanje gekweekt. Bestanddeel van drop, hoestsiropen en theemengsels. Lest de dorst, bederft de tanden niet en is ook geschikt voor diabetici (de zoete smaak is niet afkomstig van een koolhydraat).
Een zoethoutstengel is een goed alternatief voor lollies en kauwgom: door het kauwen wordt de speekselvloed bevorderd en het gebit als het ware schoongespoeld.

Zoetmiddelen. Van zichzelf zeer zoete voedingsmiddelen (honing, rijpe verse of gedroogde vruchten) of produkten (diksap, stropen, suiker), waarmee gerechten en dranken gezoet worden. In dit boek worden voornamelijk volwaardige zoetmiddelen gebruikt. Zie *Suiker*.

Zoetstoffen (kunstmatige). Bij deze zoetmiddelen is alleen de zoete smaak nagemaakt; verder vertonen zij geen enkele verwantschap met suiker. Het zijn dode, kunstmatig gemaakte stoffen, die geen enkele relatie hebben tot de levende wereld van de voedingsmiddelen. Voeding en smaak horen echter bij elkaar; de smaak van een voedingsmiddel activeert de spijsverteringsklieren. In het geval van de kunstmatige zoetstoffen worden de spijsverteringsklieren bedrogen; zij komen voor niets in actie.

Zonnebloempitten. De zaden van de zonnebloem; rijk aan onverzadigde vetzuren (waaronder ook linolzuur) en vitaminen (E). Door het hoge gehalte aan volwaardige eiwitten (lysine) zijn ze een ideale aanvulling voor de granen, die hiervan iets te weinig bevatten. Vers *geroosterd** zijn ze een lekkere en voedzame garnering van graan- en groenterechten of salades. Behalve olie wordt van zonnebloempitten ook pasta gemaakt. Zie ook *Noten en zaden**. *605*

Zonnebloemolie Zie *Olie.*

Zout. Het gangbare zout wordt in Nederland (Groningen en Hengelo) gewonnen uit steenzout, dat daar op 400 m diepte in de bodem wordt gevonden (dit zout is al eeuwen oud en oorspronkelijk uit de zee afkomstig). Er wordt water in de mijnen gebracht en de pekel die zo ontstaat wordt naar boven gepompt. Dit zoute water wordt geraffineerd en vervolgens onder hoge druk ingedampt. Het zout kristalliseert uit en er wordt een antiklontermiddel (E 536 = kaliumferrocyanide) en een strooimiddel (E 554 = natriumaluminiumsulfaat) aan toegevoegd.
Jozozout bevat toegevoegd jodium, **Nezo keukenzout** niet.
Steenzout (bergkristalzout of oerzeezout). Gewonnen uit diep in de bodem (Pakistan) gelegen zoutlagen, die miljoenen jaren geleden uit de 'oerzeeën' zijn afgezet. Het zout wordt in brokken uit de zoutlagen gehakt en fijngemalen, maar niet geraffineerd. Steenzout bevat daarom nog alle mineralen die het van de zee heeft overgehouden, behalve jodium. Er is geen jodium of antiklontermiddel aan toegevoegd. De kans op verontreinigingen uit het milieu is bij steenzout geringer dan bij zeezout; steenzout is vrij van zware metalen. Het smaakt minder scherp dan geraffineerd zout en is verkrijgbaar in natuurvoedingswinkels.
Zeezout. Uit zeewater (Atlantische Oceaan) volgens al eeuwenlang gebruikte methode gewonnen zout. Het zeewater wordt uit zee opgepompt en stroomt door een kilometers lang systeem. Het water verdampt langzaam, onder invloed van zon en wind, waardoor het zoutgehalte steeds hoger wordt. Het laatste water verdampt op grote vlakten en het zout kristalliseert uit. Tot slot wordt het gewassen en gedroogd. Zeezout bevat nog wat spoorelementen en mineralen uit de zee (jodium); er is geen jodium aan toegevoegd. Zeezout kan verontreinigingen uit de zee bevatten, maar wordt daarop regelmatig gecontroleerd.
Let op: 1 theelepel fijn zeezout of ongeraffineerd steenzout weegt 1,5 g, 1 theelepel Jozozout 2 g! De recepten in dit boek zijn met ongeraffineerd steenzout gekookt.

Zuidvruchten (gedroogde). Biologisch geteelde vruchten worden rijp geoogst en ter plaatse in de zonnewarmte gedroogd. Zonodig worden de vruchten 1-2 dagen bij -40°C bewaard om eventueel aanwezige motjes en eitjes te doden. Dit voorkomt het gebruik van methylbromide en sulfiet (het laatste breekt vitamine B1 en C af en kan ernstige allergische reacties veroorzaken). De gangbare glanzende en kleverige, gedroogde dadels zijn na het drogen in suikerwater gestoomd.
Gebruik bij voorkeur de in natuurvoedingswinkels verkrijgbare, ongezwavelde zuidvruchten. Spoel anders de vruchten twee keer kort in heet water (spoelwater weggieten). Daarna goed laten uitlekken en, voor gebruik in droog gebak, in een theedoek droogdeppen.
Onbespoten en niet gezwavelde gedroogde vruchten hoeft u meestal niet te wassen, alleen zonodig kort in koud water spoelen. Week gedroogde vruchten voor kinderen tot de schoolleeftijd eerst een nacht, onderstaand in koud water (of een paar uur als u ze eerst klein snijdt). Het weekwater (alleen van biologisch fruit) kunt u als zoetmiddel meekoken in bijvoorbeeld kruidenthee.
In dit boek worden gedroogde zuidvruchten voornamelijk gebruikt als volwaardig zoetmiddel in gerechten, gebak en dranken. Gedroogde zuidvruchten 'uit het vuistje' bevatten zeer geconcentreerde suikers en zijn voor het tandglazuur niet beter dan gewoon snoep.

Zuiveringszout (natriumbicarbonaat = dubbelkoolzure soda). Rijsmiddel, vervangt bakpoeder. Verkrijgbaar bij de drogist. Zuiveringszout is naast potas en wijnsteenzuur een bestanddeel van gangbaar bakpoeder. Het is, net als de andere genoemde bestanddelen, een chemisch produkt. Het koolzuur verdwijnt tijdens het bakken zonder meer; de soda blijft achter en vernietigt een gedeelte van de vitaminen B2 en B6 en tast ook de eieren in het deeg aan (roodachtige verkleuring en zeepsmaak). De verkleuring en de zeepsmaak kunt u voorkomen, als u als vloeistof karnemelk gebruikt of (in droge degen) wat citroensap. Beter is, tegelijk met zuiveringszout geen of maar zeer weinig eieren te gebruiken. Bij door en door krokant gebakken koekjes kunt u zuiveringszout zonder meer gebruiken; bij de hoge temperaturen tijdens het bakproces gaan de genoemde vitamines toch verloren.
Omdat men bij cake en sommige koekjes moet kiezen tussen veel eieren of bakpoeder, gebruik ik soms zuiveringszout (u weet nu wat het doet en het is veel goedkoper dan bakpoeder). Wie het niet wil gebruiken vindt in dit boek een grote keuze aan met gist gemaakt gebak.
Zuiveringszout heeft voor zijn werking een vochtig milieu en vooral warmte nodig. Daarom kunt u met zuiveringszout bereid deeg wel laten

rusten, mits u het op een koele plaats zet (koelkast hoeft niet) en voor het deeg géén warme ingrediënten gebruikt. Wrijf het poeder door een zeefje als er klontjes in zitten en meet het nauwkeurig af. Het is veel geconcentreerder dan bakpoeder (dat is vermengd met rijstebloem). Als u in een gangbaar recept bakpoeder door zuiveringszout wilt vervangen, heeft u per 100 g meel 1 theelepel (1 g) zuiveringszout nodig (1,5 g zuiveringszout vervangt 3 g bakpoeder; 1 eetlepel zuiveringszout vervangt een zakje van 15 g bakpoeder).

Zure room. Zie *Room*.

Zuurdesem*. Natuurlijk rijsmiddel dat u zelf kunt maken, zie *volkorenbrood met zuurdesem**. 477

Literatuur

P. Bom en M. Huber, *Groeiwijzer van nul tot één jaar. Voeding en verzorging*, Zeist 1996²
–, *Groeiwijzer van één tot vier jaar. Verzorging en opvoeding*, Zeist 1997
Gezichtspunten, brochurereeks met onder andere achtergrondinformatie over voeding, leefwijze, ziekte en gezondheid. Uitgegeven door het Centrum voor Gezondheidszorg, Thedingsweert 3, 4017 NR Kerk-Avezaath, tel. 0344-634171
W. Goebel en M. Glöckler, *Kinderspreekuur. Gezondheid, ziekte, opvoeding*, Zeist 1988³
E. en M. de Graaf, *Groente uit 't wild*, Ekologische Alternatieven 8, Boxtel
–, *Eetbare wilde vruchten, noten en zaden*, Ekologische Alternatieven 11, Boxtel
T. Janssen en N. Stegeman, *Hokus Kokus. Een doe-, leer- en kijkboek voor kinderen met en zonder diabetes*, Zeist 1997
V. de Jong, *Wat eten we vandaag?. Lekker en gezond eten met kinderen van twee tot zestien jaar*, Zeist 1993
–, *Van A(ardbeientaart) tot Z(onnepitkoekje)*, Zeist 1986
–, *Als je lang ziek bent, moet je goed eten*, Zeist 1985
–, *Kruidenwijzer*, Voedingsinstituut Dúnamis (zie *Adressen**), 1995
Stefan Kleintjes, *Lekker en volwaardig eten voor de kleintjes van 0-4 jaar*, Rijswijk 1996
P. Kühne, *Ernährungssprechstunde. Grundlagen einer gesunden Lebensführung*, Stuttgart 1993
–, *Zuigelingenvoeding*, Zeist 1987
Christiane Kutik e.a., *Leven met het jaar*, Zeist 1988
Marieke Ortmans, *Vier seizoenen kookboek*, Zeist 1986
A. Pokorny, *Backen von Brot und Gebäck aus allen 7 Getreidearten*. Te bestellen bij de *Arbeitskreis für Ernährungsforschung*, Zu den Eichen 7, D-75378 Bad Liebenzell, tel. 0049-7052-3061
Voor de verkrijgbaarheid van bakferment: Voedingsinstituut Dúnamis (zie *Adressen**).
U. Renzenbrink, *Voeding voor de ouder wordende mens*, Zeist 1986

Adressen

BD-Vereniging. Nederlandse Vereniging ter bevordering van de biologisch-dynamische landbouwmethode. Geeft onder andere informatie over het Demeter-keurmerk.
Postbus 17, 3970 AA Driebergen
Tel. 0343-531740

Biologica. Platform biologische Landbouw en Voeding. Verstrekt lijsten van natuurvoedingswinkels, restaurants, pensions en hotels in binnen- en buitenland.
Nieuwegracht 15, 3512 LC Utrecht
Tel. 030-2300713

Dúnamis. Voedingsinstituut; geeft voedingsvoorlichting, lezingen en kookkursussen die aansluiten bij de biologische en biologisch-dynamische landbouw. Verkoop van hooikisten, boeken en brochures. **Biologische voedingstelefoon** (0343-533456): ma, woe en vrij van 9 tot 13 uur.
Postbus 158, 3970 AD Driebergen

Rob van Gelder. Voor weckglazen en dergelijke, ook huur van sapketels.
Van Woustraat 237-239
1074 AS Amsterdam
Tel. 020-6752616

De Hoorn. Winkel en postorderbedrijf voor milieuvriendelijke produkten, ook voor de inmaak.
Morsstraat 39-41, 2312 BL Leiden.
Tel. 071-5125291

De Kleine Aarde. Ekologische landbouw, cursussen, publicaties, tijdschrift.
Postbus 151, 5280 AD Boxtel
Tel. 0411-684921

Het Kookgilde. Winkelketen voor keukenbenodigdheden. Aangesloten zijn zeer goed gesorteerde winkels in duurzame kwaliteitsprodukten. Voor adressen:
Heidestein 7, 3971 ND Driebergen
Tel. 0343-521795

Kraaybeekerhof. Studiecentrum, cursussen over voeding, landbouw en milieu.
Postbus 17, 3970 AA Driebergen
Tel. 0343-512925

LIVO. Landelijk Informatiecentrum Voedsel Overgevoeligheid. Verstrekt mondelinge en schriftelijke informatie (di tot vrij 10 tot 13 uur). Postbus 84185, 8208 AD Den Haag
Tel. 070-3510890

Milieutelefoon. 020-6262620. Voor alle vragen betreffende het milieu. Ma tot vrij 9 tot 14 uur

Pergola-associatie. Voor samenwerking tussen boer en consument (verkoop van biol. en bd-produkten op de boerderij).
Tel. 0343-531740

SKAL. Door de overheid aangewezen stichting ter controle van biol. en bd-produkten.
Postbus 384, 8000 AJ Zwolle
Tel. 038-422866

Slagerij De Groene Weg. Geeft inlichtingen over de kwaliteit en verkrijgbaarheid van bd-vlees elders in het land.
Biltstraat 66, 3572 BE Utrecht
Tel. 030-2720221

Adressen in België

Biogarantie. Overkoepelend orgaan van diverse garantie-organisaties in België, waaronder Demeter, Velt, Nature et Progrès en andere. Adres: zie **VELT**

IPB. Verdeelcentrum van materiaal en folders in verband met voeding.
Jezusstraat 16, 1e verd, 2000 Antwerpen

Natuurvoedingswinkels en -restaurants. Adressen zijn te vinden in **De Groene Gids**, een uitgave van Kritak-De Koevoet-MEMO, Blijde Inkomststraat 109, BE-3000 Leuven.
Tel. 032-16232649

Stichting ter preventie van allergieën.
Voorzitterstraat 55, 1050 Brussel

VELT (Vereniging ecologische leef- en teeltwijze). Onder meer consumentenvereniging. Luitenant Caluwaerstraat 3, 2160 Wommelgem, tel. 03-3538053

Register

Aanbranden van groente 309
Aanmaken 40
Aardappel-dip-in 71
Aardappel-groentesalade 421
Aardappelen, gebakken 191
Aardappelen, gekruide 187
Aardappelen, gepofte 189
Aardappelen, gestoofde 188
Aardappelen in de schil 187
Aardappelen koken 187
Aardappelen met bleekselderij, gebakken 193
Aardappelen met paprika, gebakken 193
Aardappelen met prei, gestoofd 188
Aardappelen met venkel, gestoofd 188
Aardappelgnocchi's 200
Aardappelgoulash met vlees 194
Aardappelgoulash, vegetarische 194
Aardappelkoeken, vlugge 199
Aardappelkoekjes 200
Aardappelkoekjes met ei 198
Aardappelkoekjes met kwark 198
Aardappelkroketten 275
Aardappelpannekoekjes, Franse 200
Aardappelpizza 297
Aardappelpuree 189, 190
Aardappelragoûtsaus 226
Aardappelsalade 420, 421
Aardappelsneeuw 190
Aardappelsoep met wilde groente 93
Aardappelsoesjes 199
Aardbeien-milkshake 555
Aardbeienbavaroise 454
Aardbeienbowl 558
Aardbeienjam 587, 588
Aardbeienmousse 451
Aardbeiensap 591
Aardbeiensiroop 593
Aardbeiensorbet 557
Aardbeientaart 520
Aardbeientaartjes 529
Abricoteren 509

Abrikozen, broodsoufflé met – 184
Abrikozen drogen 569
Abrikozen op sap 582
Abrikozen-milkshake 556
Abrikozenballetjes 548
Abrikozenbeignets 534
Abrikozenjam 587, 588
Abrikozenmousse 451
Abrikozensaus 218
Abrikozentaart à la Marialette 513
Abrikozentaartjes 529
Abrikozenvlaai 514
Afmeten van ingrediënten 47
Afwassen van bakvormen 496
Agar-agar 584, 613
Ahornsiroop 22, 613
Aïoli 221
Ajam Goerih 246
Allergieën 20, 546
Allspice 29
Aluminiumfolie 38
Amandelbiscuit 508
Amandelbonbons 551
Amandelcake 527
Amandelen 613
Amandelen, bittere 613
Amandelen, gezouten 548
Amandelen pellen 604
Amandelen roosteren 604
Amandelkoekjes 534
Amandelmakronen 539
Amandelmelk 563
Amandelrotsjes 553
Amandelsaus, zoete 211
Amandelspijs 606
Amandeltaart, luchtige 519
Amandeltjesgriesmeel 466
Amarant 613
Amasake 22
Ananas 24, 449
Ananas, geconfijte 596
Ananas op sap 582
Ananas schillen 449
Ananasboter met ham of walnoten 305
Ananasjam 587

Ananasschuitjes 450
Ananastaart, omgekeerde 516
Andijvie 332
Andijvie, gesmoord 333
Andijvie, gestoofd 333
Andijvie in room- of béchamelsaus 334
Andijvie snijden 40
Andijviesalade 400
Anijs 28
Anijsbrood 476
Anijsmelk 562
Anijsstroop 608
Ansjovisboter 305
Ansjovismayonaise 221
Appelboren 40
Appelazijn 613
Appelbeignets 534
Appelbollen, gefrituurde 533
Appelbroodjes 530
Appelchutney 599
Appelcompote 437
Appelcrème, schuimige 436
Appelcrisp 465
Appeldiksap 22
Appeldrink 567
Appelen, broodsoufflé met – 184
Appelen, vruchtenkoekjes van – 549
Appelflappen 532
Appelgelei 591
Appelijs 459
Appelkwark, hartige – 225
Appelmoes in de oven 437
Appelmoes, inmaken 583
Appelmoes met zuidvruchten 437
Appelmoes of appelcompote met kaneelschuim 438
Appelmoes, ongekookt 438
Appelmoes van geschilde appels 436
Appelmoes van ongeschilde appels of valappels 437
Appelpannekoeken 177
Appelpastei 514
Appelpectine 619
Appelpie 465
Appelrösti 184

Appels drogen 570
Appels, gestoofde zoete – 438
Appels in de oven, gekruid 439
Appels in de oven, gevuld 439
Appels met gierst, gebakken 439
Appelsalade 436
Appelstroop 22
Appeltaart 513
Appeltaart à la Marialette 513
Appeltaart, omgekeerde 516
Appelthee 562
Appeltosti 266
Appelvlaai 515
Aromat 31, 613
Arrowroot 613
Artisjok 335
Artisjokken 336
Asperges 327
Asperges, gegratineerd 389
Asperges in de oven 328
Asperges koken, basisrecept 327
Asperges met Malteser saus 328
Asperges met Sauce Hollandaise 328
Asperges, Poolse 327
Aspergesalade 410
Aspergesoep 90
Atjar Tjampoer 408
Atjars 67
Au bain marie verwarmen 40, 43
Aubergine 352
Aubergines, beignets van – 353
Aubergines, dubbeldekkers van – 353
Aubergines, gebakken 352
Aubergines, gepaneerd 353
Aubergines in sinaasappelsaus 368
Aubergines met tomaten 353
Auberginesschotel met macaroni, vegetarisch 353
Augurk 363
Augurken, zure 598
Augurkjes, melkzure 576
Augurkjes, waaiers van – 428
Avocado 24, 448
Avocado als nagerecht 448
Avocado als voorgerecht 74
Avocado, graansalade met – 415
Avocado met sinaasappel 74
Azijn 613
Azijn, inmaken in 598 ev.

Bakferment 475, 613
Bakhoning 616
Bakken van groente 310
Bakken van vlees 237
Bakpoeder 115
Baktips 495
Bakvormen 496

Balkenbrij 263
Bami met vlees 164
Bami, vegetarische 164
Bananen 24, 448
Banaan, gebakken (Pisang Goreng) 269
Bananen-ijslollies 460
Bananen-milkshake 556
Bananenbroodjes 530
Bananes aux amandes 448
Banketbakkersroom 607
Barbecue 46
Barley water 565
Basilicum 28
Basilicumolie 601
Basilicumpasta (pesto) 602
Basler Leckerli 540
Bataat 614
Béchamelsaus, basisrecept 203
Beignetbeslag (1) 512
Beignetbeslag (2) 512
Beignets 534
Beignets van aubergines 353
Beignets van knolselderij 360
Beignets van schorseneren 331
Bekleden van de vorm 498
Bekleden van een springvorm met zandtaartdeeg 507
Bergamot 28
Bergamotsiroop 594
Bessen met zure-roomsaus 451
Bessengelei 590
Bessenjam 588, 589
Bessenkwark 225
Bessenlimonadesiroop, gekookt 594
Bessenlimonadesiroop, ongekookt 593
Bessensap 591
Bessensap (oersap) 592
Bessensorbet 557
Bessentrilogie 450
Bessenvlaai 514
Bestrijdingsmiddelen, residuen van 111, 235
Biefstuk 241
Bieslook 28, 31
Bieten, zie rode bieten
Bietensoep 101
Bietensoep, vlugge 95
Bietesap 559
Bijtjes 552
Binden 40
Bindmiddelen voor vla en pudding 454
Bindmiddelentabel 49
Biodyn-keurmerk 14
Biogarde 614
Biologisch-dynamische landbouw 13, 614
Biologische landbouw 13, 614

Birchermuesli 146
Biscuitdeeg 508
Biscuittaart, vullen en garneren 509
Bisschopsdrank 562
Bitterballen 276
Bitterkoekjes 540
Bitterkoekjescake 527
Bitterkoekjespudding 458
Bladerdeeg 501
Bladerdeegpasteitjes 292
Bladerdeegrand 292
Bladselderij 28
Blancheren 40
Blauwzuur 24
Bleekselderij 360
Bleekselderij, gegratineerd 389
Bleekselderij, gestoofd 361
Bleekselderij met béchamelsaus 361
Bleekselderijsoufflé met hazelnoten 326
Bliksempaté 264
Blind bakken 41
Blind bakken van deegbodems 507
Blini's 178
Bloedsuikerspiegel 21, 53
Bloem 113
Bloemkool 387
Bloemkool, gegratineerd 388
Bloemkool, gestoofd 387
Bloemkool met béchamelsaus 387
Bloemkool, Poolse 388
Bloemkoolsalade 402, 412
Bloemkoolsoep, gebonden 90
Bloemkoolvulling voor groenteflappen 299
Boekweit 121
Boekweit, basisrecept 137
Boekweit, geroosterde 138
Boekweitgrutten 121
Boekweitkoekjes met kwark 170
Boekweitkoekjes met linzen en noten 171
Boekweitkroketten 273
Boekweitmeel 121
Boekweitpannekoekjes met prei 178
Boekweitpap 144
Boekweitrand 135
Boekweitsneetjes 471
Boekweitsneetjes met kaas 174
Boekweittimbaal 136
Boekweitvlokken 121
Boemboe Bali 251
Boemboe Besegnek Ajam 242
Boemboe Besegnek Lapis 242
Boemboe Besegnek Perkadel 242

Register 629

Boemboe Besegnek Telor 242
Boemboe Besegnek, vegetarisch 242
Boerenkool 375
Boerenkool, basisrecept 375
Boerenkool, gestoofd 375
Boerenkool, stamppot met aardappelen 375
Boerenkool, stamppot met granen 376
Boerenkool, stamppot met prei 376
Boerenkool, stamppot met winterwortelen 376
Boerenomelet 256
Bolletjes 487
Bolussen 530
Bonbons van marsepein 551
Bonekruid 28
Bonen, gedroogde 348
Bonen, oosters gekruid 243
Bonenkoekjes met noten 171
Bonenkroketten met noten 274
Bonensoep 107
Boontjessalade 419
Borstplaat 553
Bosbessencompote (Heitisturm) 442
Bosbessenjam 588
Boter met suiker romig roeren 495
Boterkrullen en -bolletjes 425
Boterlammetje 426
Boterletter 526
Botersaus 206
Botervloot versieren 425
Bouillon 77
Bouillonblokjes 614
Bouillonkorrels 614
Bouillonkruiden 614
Bouillonpasta 614
Bowl 557
Braadboter 611
Braden van vlees 236, 238
Braderije 612, 614
Bramenbavaroise 454
Bramenjam 588
Bramenmousse 451
Bramensorbet 557
Brandnetelsoep, gebonden 93
Broccoli 387
Broccoli, gestoofd 388
Broccoliterrine 262
Broodbeleg 54 ev., 302 ev.
Broodbloem 483
Brooddeeg, fijn 481
Brooddrank 614
Broodfiguren 488
Broodjes 487 ev.
Broodkoekjes 171
Broodschotel met groente 181

Broodschotel met kaas 181
Broodsoep, eenvoudige 88
Broodsoep, gebakken 102
Broodsoufflé, eenvoudige hartige – 184
Broodsoufflé met abrikozen 184
Broodsoufflé met appelen 184
Broodsoufflé met kaas 183
Broodsoufflé met kersen 184
Broodsoufflé met peren 184
Broodsoufflé met pruimen 184
Broodterrine, eenvoudige 182
Broodterrine, pittige 183
Broodtulband, Wener 185
Bruine bonen met zuurkool 349
Bruine bonen, Szegediner goulash met – 386
Bruine-bonensaus 218
Bruine-bonensoep 106
Bruine ragoûtsaus, basisrecept 205
Bruine ragoûtsoep 86
Budwigmuesli 147
Buffet 63 ev.
Bulghur 114
Bulghur, basisrecept 128
Bulghur, stoofpot van 148

Cacao 614
Café glacé 461
Cake 527 ev.
Cake, gemarmerde 527
Cakebeslag (1) met eieren 510
Cakebeslag (2) met zuiveringszout 511
Cannelloni, zelf gemaakt 160
Cappuccino 566
Capucijnerfestijn 348
Capucijners met paprika en tomaten 348
Capucijners, verse 340
Caramelappels 442
Caramelperen 442
Caramelsaus 212
Caramelstroop 608
Caramelvla (met gecarameliseerde suiker) 458
Carob 615
Cashewnoten roosteren 604
Cellulose 21
Champignonflappen 301
Champignonpastei 290
Champignonragoût (1) 232
Champignonragoût (2) 232
Champignons, gevuld 396
Champignonsaus 210
Champignonsoep 93
Champignonsoufflé 261
Champignonvulling voor cannelloni 160

Chili con carne 346
Chinese groenteragoût met kip of varkensvlees 233
Chinese groenteragoût, vegetarisch 234
Chinese groentesoep 85
Chinese kool 377
Chinese kool, gestoofd 377
Chinese kool met paprika, gesmoord 377
Chinese maaltijd 68
Chinese omelet (Foe Yong met groente) 257
Chinese salade (Atjar Tjampoer) 408
Chinese-koolrolletjes met broodvulling 378
Chinese-koolrolletjes met gehaktvulling 377
Chinese-koolsalade 403
Chippolatapudding 458
Chocolade 614
Chocolade-hazelnootcake 527
Chocoladeappels 439
Chocoladebiscuit (1) 508
Chocoladebiscuit (2) 508
Chocoladecake 527
Chocoladeglazuur, hard 433
Chocoladeglazuur, zacht 433
Chocoladekoekjes 535
Chocolademelk 563
Chocoladeperen 439
Chocoladetaart, eenvoudige 518
Chocoladetaart, luchtige 520
Chocoladevla 457
Chocoladevlokken 303
Cholesterol 20
Chouera 288
Chuchisuppa 102
Chuchisuppa, vegetarische 102
Chriesibrägel 442
Cichorei 331
Citroen 615
Citroencake 527
Citroencrème 456
Citroengelei 590
Citroenmarmelade 590
Citroenmelisse 28
Citroenmelissesiroop 594
Citroenrijst 463
Citroensaus 210
Citroensaus, schuimige 452
Citroenschillen, geconfijte 596
Citroenschillenrasp 595
Citroensorbet 557
Citroenvla 456
Citronade 555
Citrusschillen, geconserveerde 595 ev.
Citrusvruchten 615
Clafoutis 465

Co-enzymen 23
Confiture 584 ev.
Conserveren van groente 311
Consommée à la Célestine 83
Cornflakes 119
Courgette 363
Courgette, gesmoord 363
Courgette, gesmoorde kruidige – 364
Courgette, pizza met – 296
Courgettekoekjes 365
Courgettes in sinaasappelsaus 368
Courgettes, kruidenaardappelen met – 198
Courgettesalade 405
Courgettesaus 215
Courgetteschotel met eieren 364
Courgettesoep, romige 96
Cous-cous 115
Cous-cous, basisrecept 128
Crackers 492 ev.
Cranberries met peren en walnoten 600
Cranberrykwark 225
Creamed coconut 609, 620
Croissants 491
Croissants, Franse 491
Custard 119

Dadelboter 305
Dadelcake 527
Dadels, gevuld 552
Dadelsnoepjes 549
Dadelsiroop 22, 615
Dampfnudeln 472
Deeg maken 497
Deegsoorten 500
Deegtabel 50
Deegwaren 158 ev.
Deense rijst 463
Demeter-keurmerk 14, 617
Derde-wereldlanden 24
Dichtschroeien 41
Dierlijke vetten 17
Dierlijke voeding 25
Diksap 615
Dille 28
Dipsauzen 225 ev.
Doperwten 340
Doperwten (verse) met wortelen, gestoofd 341
Doperwten of capucijners, gestoomd 340
Dranken 54, 554
Drie in de pan 470
Driekoningenbrood 482
Drogen 569 ev.
Droogslingeren 41
Duindoorn 586

Duindoorngelei 590
Duindoornjam 588, 589
Duindoornsiroop 593
Duizendknoopachtigen 337

Eesten 41, 126
Ei, plakjes of partjes 426
Eiereiwit 20
Eieren 20, 615
Eieren, gekookt 253
Eieren, gepocheerd 254
Eieren, gevuld 254
Eieren in Indonesische saus, gevuld 257
Eieren, verscholen 200
Eierflappen 301
Eiergelei 80
Eierkroketten 272
Eierpannekoeken 177
Eierragoût 232
Eiwit, benodigde hoeveelheid 19
Eiwit, dierlijk 19
Eiwit, plantaardig 19
Eiwit, stijfkloppen van - 496
Eiwitcake 511
Eiwittekort 53
Eiwitten 19
Eko-keurmerk 14, 617
Elektrisch fornuis 33
Elisenlebkuchen 539
Energieballetjes 548
Engadiner Nusstorte 523
Engels korstdeeg 503
Engelwortel 28
Enzymen 23
Erwten en capucijners, gedroogde 348
Erwtenkroketten met amandelen 275
Erwtensoep, Franse 104
Erwtensoep met vlees 103
Erwtensoep, vegetarische 104
Eucalyptus 29

Feestbroden 481 ev.
Feestmenu's 62 ev.
Fermentgraan 615
Fettunta's (knoflookcroûtons) 83
Feuilletédeeg 501
Feuilletés 295
Filosoof 197
Filterkoffie 566
Flappen 298 ev.
Flensjes 178
Foe Yong Hai 257
Foe Yong Har 257
Foe Yong met groente 257
Foe Yong met kip 257
Foelie 29

Fondue Chinois 70
Frambozen, hazelnoottaart met – 522
Frambozen-milkshake 556
Frambozenbavaroise 454
Frambozengelei 590
Frambozenjam 588
Frambozenmousse 451
Frambozensiroop 593
Frambozensorbet 557
Frikadel Djagoeng 276
Frisdrank 54
Frituren 41, 45
Fruit 23, 24
Fruit schoonmaken 308
Fruiten 41
Fruiten van groente 310
Fruiten van uien 323
Fytase 123
Fytine 123

Gado-gado 390
Galangwortel 28
Ganzevoetachtigen 312
Garnalen in Indonesische saus 258
Gasfornuis 33
Gebakjes en ander klein gebak 529
Gebonden soepen 76
Gebuild meel 113, 616
Geconfijte ananas 596
Geconfijte citrusschillen 596
Geconfijte gemberwortel 596
Geconfijte kersen 596
Gedroogde pruimen met zure room 445
Gedroogde zuidvruchten 22, 624
Geelwortel 28
Gehakt-groentepastei 292
Gehaktballen, krokante 243
Gehaktballen met eivulling 244
Gehaktballen met vleessaus 245
Gehaktballetjes met kokos 244
Gehaktflapjes (Pizokel) 300
Gehaktragoût 231
Gehaktsaus 228
Gelatine 616
Gele room 607
Geleermiddelen 584
Geleerproef 585
Gelei 590
Gemarineerd vlees 240
Gember 28
Gemberachtigen 28
Gemberbolussen 531
Gemberkoek 528
Gemberkoekjes 536
Gembersaus 217
Gemberwortel, geconfijte 596

Gemengde salade van rauwe wintergroente 407
Gemengde salade van rauwe zomergroente 408
Gerst 117
Gerst, basisrecept 129
Gerst, gekruide – 130
Gerst, linzen en kool, stootpot van – 151
Gerst met groente 150
Gerstegrutten 118
Gerstemeel 118
Gerstemoutstroop 616
Gersteschotel met groente en kwark 151
Gerstevlokken 118
Gerstsoufflé 151
Getoerd gistdeeg 502
Gevogelte 246 ev.
Gewichten van ingrediënten 48
Gierst 118
Gierst, basisrecept 130
Gierst met appelen 464
Gierst, rulle 131
Gierstbrij, fijne 463
Gierstcake 527
Gierstdrank 565
Gierstkoekjes 537
Gierstkoekjes, luchtige 470
Gierstkoekjes met aardappelen 169
Gierstkoekjes met walnoten 170
Gierstpap 143
Gierstpuree, stamppot met rauwe andijvie 153
Gierstpuree, stamppot met rauwe spinazie 153
Gierstrand 135
Gierstschotel met gehakt 170
Gierstschotel met gemengde groente 154
Gierstschotel met kaas en bananen 154
Gierstschotel met walnoten 170
Gierstsoufflé 154
Gierstsoufflé met appelen (zonder melk) 468
Gierstsoufflé met kersen 468
Gierstsoufflé met pompoen 153
Gierstsoufflé met wortel 153
Giersttaart met pompoen 153
Giersttaart met wortel en prei 153
Gierstvlokken 119
Gierstvlokken, pap van – 143
Gist 474, 616
Gistdeeg voor taartbodems 504
Gistextract 616
Gistpannekoeken 177
Glutaminaat 31, 616
Goelai 243

Gomasio (sesamzout) 605
Gort 118
Gort, basisrecept 129
Gort, gekruide 130
Gort met groente 150
Gort met peren 463
Gort met pruimen 462
Gort met rozijnen 463
Gortsoep 103
Goulashsaus 228
Graankoekjes, basisrecept 166
Graankoekjes van thermogrutten 168
Graankoekjes van thermomeel 167
Graanmolen 111
Graanrestjes 127
Graansalade met appel en kaas 415
Graansalade met avocado 415
Graansalade met gekookte groente 415
Graansalade met verse vruchten 416
Graansalade met zuurkool 414
Graansneetjes, basisrecept 172
Graanterrine 261
Graanvlokkenschotel met groente 150
Granaatappel 24, 449
Granaatappel als nagerecht 449
Granaatappel als voorgerecht 74
Granen 109 ev.
Granen en graanprodukten, bewaren van – 112
Granenkoffie 566
Granola 547
Grapefruit 448
Grapefruit als nagerecht 448
Grapefruit als voorgerecht 72
Grapefruitsalade 73
Gratineren 41
Griesmeel 112
Griesmeelballetjes 81
Griesmeelpap 143
Griesmeelpudding 466
Griesmeelsoufflé met appelen 469
Grilleren van vlees 237
Groene kool, gesmoord 379
Groene kool, gevuld 383
Groene kool met kaas- of mosterdsaus 382
Groene spelt 115
Groene-erwtensaus 218
Groene-koolrollen, exotische 382
Groene-Wegslagerijen 235
Groente bakken 310
Groente, bereidingsmethoden 309
Groente bewaren 307
Groente conserveren 311, 568

Groente'fondue' 71
Groente fruiten 310
Groente, gegratineerde – 389
Groente koken 309
Groente kopen 307
Groente opwarmen 311
Groente schoonmaken 308
Groente smoren 310
Groente stomen 309
Groente stoven 309
Groenteafval 77
Groentebloemen 429
Groentebouillon 78
Groentebouillon van groenteafval 77
Groenteflappen, basisrecept 298
Groenten, gevulde 253
Groenteragoût 230
Groentesalade van gekookte zomergroente 412
Groentesap 559, 616
Groenteschotel met kwark 390
Groentesoep, heldere vegetarische 84
Groentesoep met vlees 84
Groentesoufflé 389
Groentesterren 429
Groentetaarten 281 ev.
Grünkern 115
Grutten 112

Haagse Bluf 451
Haché van gekookt of gebraden vlees 229
Haché van rauw vlees 229
Hakken 42
Halvajam, basisrecept 587
Hamcroissants 278
Hamflappen 300
Hampastei 291
Hamsaus 207
Hangop 610
Haringsalade 421
Haringsalade, Russische 421
Hartig klein gebak 544 ev.
Haver 116
Haver, basisrecept 129
Haver-roggepannekoekjes 180
Haverdrank 565
Havergrutten 117
Haverkoekjes 537
Haverkoekjes met wortel en noten 169
Haverkoekjes, pittige 169
Haverkoekjes, zoete 472
Havermeel 117
Havermeel zelf maken 611
Havermoutpap (porridge) 142
Havermoutpuree 142
Haverpannekoekjes 177

Haverpannekoekjes, fijne 180
Haverpannekoekjes, zoete 470
Haverpudding met spinazie of snijbiet 152
Haverschotel met groente 150
Haverschotel met groente en kwark 151
Haverschotel met spinazie of snijbiet 152
Haversoep, gebonden 87
Havervlokken 117
Hazelnootballetjes 277
Hazelnootbiscuit 508
Hazelnootbonbons 551
Hazelnootcake 527
Hazelnootkoekjes 536
Hazelnootpudding 456
Hazelnootrotsjes 553
Hazelnoottaart, luchtige 519
Hazelnoottaart met frambozen 522
Hazelnootvla 456
Hazelnoten 616
Hazelnoten roosteren 604
Hazelnootmakronen 539
Heldere soepen 75
Herdersaardappelen 189
Herfstraapjes 371
Hibiscusthee, gekruide 563
Honing 22, 616
Honingglazuur 432
Hooikist 125, 617
Hopjesvla 458
Husselbrood 485
Hutspot met klapstuk 195
Hutspot met tarwe, vegetarische 194
Hutspot met witte bonen 350
Huzarensalade met vlees 421
Huzarensalade, vegetarisch 422
Hysop 28

IJsbergsla 334
IJsbergsla, gesmoord 335
IJscake 461
IJsthee 558
IJzer 54
Indonesische kool 380
Indonesische laurier 29
Indonesische rijsttafel 66
Ingrediënten, afmeten van 47
Ingrediënten, gewichten van 48
Inmaak in olie 601 ev.
Inmaken 568 ev.
Inmaken in azijn 598 ev.
Invetten van bakplaat en bakvorm 496
Irish stew 196
Irish stew, vegetarische 196
Italiaanse kruidensaus 222

Jachtschotel 196
Jagerskool 379
Jam 584 ev.
Jam, ongekookt 589
Jeneverbes 30

Kaas 19, 617
Kaas in plakken snijden 427
Kaas-appelsalade 422
Kaasbeignets 268
Kaasbolletjes 544
Kaasboter 305
Kaascrackers 492
Kaascroissants 278, 301
Kaasfiguurtjes 427
Kaasflappen 300
Kaasfondue, alcoholvrij 68
Kaaskoekjes 545
Kaaskroketten 272
Kaaskwark 225
Kaaspastei met kwark 289
Kaaspastei met uien 289
Kaasplakjes, gebakken 268
Kaasragoût 230
Kaasrollen 301
Kaassaus 206
Kaassoesjes 278
Kaassoufflé 260
Kaasstaafjes in druivebladeren 268
Kaastaart 284
Kaastaart, Elzasser 285
Kaastaart met roquefort en peren 285
Kaastaartjes 279
Kaastoost, in de oven gebakken 266
Kaastoost met peer 266
Kaastosti in de koekepan 265
Kaastosti met het tosti-ijzer 265
Kaastosti op de barbecue of het kampvuur 265
Kaasvlinders 545
Kadetjes 487
Kampvuur 46
Kaneel 29
Kaneelijs 459
Kaneelschuim 438
Kant-en-klaarprodukten 597 ev.
Kappertjes 599
Kappertjessaus 209
Kardemom 28
Karnemelk 19, 617
Karnemelksaus 207
Karwij 28
Karwijaardappelen, gepofte 189
Karwijbrood 476
Karwijspiralen 544
Karwijstokjes 544
Kasha 121, 138

Kassia 29
Kastanjepuree, hartig 395
Kastanjepuree, zoet 395
Kastanjes 393
Kastanjes, gecarameliseerde 445
Kastanjes, gepoft 393
Kastanjes met gevulde appels, gestoofd 394
Kastanjes met rode kool, gestoofd 394
Kastanjes met spruitjes, gestoofd 394
Kastanjes, spruiten met – 374
Katoensoep 89
Kedgeree van rijst en linzen 156
Kefir 617
Kerrieboter 305
Kerrieragoût 233
Kerriesaus 205
Kerriesoep 89
Kersen, broodsoufflé met – 184
Kersen drogen 570
Kersen, geconfijte 596
Kersen op sap 582
Kersencompote 442
Kersenjam 587, 588
Kersenvlaai 514
Kerstkrans 526
Kerstkransjes van boterdeeg 535
Kerstkransjes van schuimgebak 538
Kerststol 484
Kervel 28
Kervelsaus 208
Kervelsoep 91
Ketjap 621
Keukengereedschap 32 ev.
Keukenzout 22, 25
Keurmerken 617
Kiemen 418
Kikkererwtenfestijn 348
Kip, bereidingsmethoden 238 ev.
Kip, oosters gekruid 246
Kip, Provençaalse 246
Kip, waterzooi van 105
Kip-groentepastei 291
Kipferl 491
Kippebouillon 78
Kippelevertjes 247
Kippelevertjes in Indonesische saus 258
Kippen 20
Kippesoep, heldere 85
Kipragoût 230
Kleefrijst 121
Kleine Aarde 14
Knabbelstokjes 537
Knoflook 322
Knoflookboter 304
Knoflookcroûtons 83
Knoflooksaus 222

Register 633

Knoflookteen pellen 39
Knolselderij 359
Knolselderij, gegratineerd 389
Knolselderij, gestoofd 359
Knolselderij in roomsaus, gestoofd 360
Knolselderij in sinaasappelsaus 368
Knolselderij, melkzure 575
Knolselderij met kruidenkwarksaus, gestoofd 359
Knolselderij schillen en snijden 39
Knolselderij, soufflé van – 357
Knolselderijbeignets 360
Knolselderijpuree 360
Knolselderijsalade 406
Knolselderijsap 559
Knolselderijschijven, gepaneerd 360
Knolselderijschijven met kaas, gebakken 360
Knolselderijsoep, gebonden 92
Knolselderijsoep, gepureerde 98
Knolvenkel, zie ook venkel
Knöpfli 164
Koek 528 ev.
Koekjes 534 ev.
Koekjes, gevulde 535
Koekjes, uitsteken van – 498
Koenjit 28
Koffie, Turkse melange 566
Koffie verkeerd 566
Koffie, Weense melange 566
Koffiezetten 565
Koffie-extract 566
Koffiebroodjes, luxe 525
Koken 42
Koken van deegwaren 158
Koken van granen 122 ev.
Koken van groente 309
Koken van peulvruchten 345
Koken van vlees 236
Kokendheet inmaken 577, 588 ev.
Kokosballetjes 275
Kokosbonbons 511
Kokoscrackers, zonder gist 493
Kokosgehakt 280
Kokoskrullen 547
Kokosmakronen 539
Kokosmelk (santen) 609
Kokosnoot openen 609
Kokosstrooisel 270
Kokosvet 17, 617
Kombu 392
Komijn 28
Komkommer 363
Komkommer, Griekse 404
Komkommer, melkzure 576
Komkommerachtigen 363

Komkommerkwark 226
Komkommerroosje 430
Komkommers in sinaasappelsaus 368
Komkommersalade 405
Komkommersalade met rettich 405
Komkommersoep, heldere 84
Komkommersoep, koude 96
Koninginnesoep 89
Kookdeeg (soezendeeg) 511
Kookgranen 114
Kooktabel voor granen 124
Koolhydraten 21
Koolraap 371
Koolraap, gegratineerd 389
Koolraap, gestoofd 371
Koolraap in sinaasappelsaus 368
Koolraap, stoofpot met – 195
Koolraapbeignets 372
Koolraappuree 372
Koolraapsoep 99
Koolrabi 370
Koolrabi, gegratineerd 389
Koolrabi, gestoofd 370
Koolrabi in sinaasappelsaus 368
Koolrabi met pompoen 371
Koolrabipuree 372
Koolrabisalade 407
Koolrollen met gehaktvulling 383
Koolsoep, heldere 85
Kooltaart 283
Koolvulling voor groenteflappen 299
Koolvulling voor pannekoeken 179
Koriander 28
Korstdeegsoorten 500
Koud buffet 64
Koude dranken 554 ev.
Koudgeperste oliën 6619
Krentenbollen 491
Krentenbroodje 484
Krentenkoekjes 535
Krielaardappelen, gebakken 188
Kristalsuiker 22
Kristalsuiker, wit 622
Kroepoek 269
Kroketten 270 ev.
Kroketten, basisrecept 270
Kropsla 334
Kropsla, basisrecept 399
Kropsla, gesmoord 335
Kropslarolletjes met gehaktvulling 378
Kruiden 25 ev.
Kruiden, bewaren 30, 31
Kruiden drogen 571
Kruiden, fijnhakken van – 426
Kruiden in olie 601
Kruiden knippen of hakken 39

Kruidenaardappelen met courgettes, gegratineerd 198
Kruidenaardappelen met prei, gegratineerd 197
Kruidenaardappelen met venkel, gegratineerd 198
Kruidenaardappelen met vleestomaten, gegratineerd 198
Kruidenazijn van verse kruiden 600
Kruidenboter 304, 612
Kruidenbroodjes 279
Kruidenkwark 304
Kruidenthee, gefermenteerde 572
Kruidenthee zetten 560
Kruidkoek met noten 528
Kruidnagel 29
Kruidnootjes 543
Kruimeldeeg (eenvoudig korstdeeg) 504
Kruisbessenjam 588
Kruisbloemigen 369
Kruizemunt 28
Kruudmoes 464
Kumquats, rode kool met – 384
Kumquatsalade 446
Kunststof 38
Kurkuma 28
Kuzu 617
Kwaliteitscontrole 14
Kwark 19, 618
Kwarksoesjes 277
Kwarktaart met ongebakken kwarkvulling 522
Kwast 564
Kweeperen, vruchtenkoekjes van – 550
Kweeperengelei 590
Kweeperenjam 587
Kweeperenmoes 444
Kweeperenmoes, ingemaakt 583
Kwetsen drogen 569

Lacto-vegetarische voeding 19
Lammetjespap 145
Lamsgehakt 243
Lamsvlees, oosters gekruid 243
Landbouwmethoden 13 ev.
Landelijk Milieu Overleg 14
Langkorrelige rijst 121
Laos 28
Lasagne 161
Lasagne spinaci 161
Lasagne verde 161
Lasagneschotel, gegratineerde 161
Laurier 29
Laurierachtigen 29
Lavas 28
Lavendel 28

Lebkuchen 542
Lekkerbekjes 250
Lelieachtigen 28, 322 ev.
Lemairemeel 113
Lentesausje van wilde groenten 215
Lever 247
Leverragoût 234
Lijnen 53
Lijnzaad 618
Lijnzaadcrackers 492
Lijnzaadolie 17, 618
Lijsterbessengelei 590
Lijsterbessenjam 589
Lijsterbessensiroop 593
Limburgse vlaai 515
Limonade 54
Lindebloesemsiroop 594
Linzen 346
Linzen, kedgeree van rijst en- 156
Linzen, maaltijdsalade met - 419
Linzen met prei 347
Linzen, rijst-linzenschotel 156
Linzen, stoofpot met gerst en kool 151
Linzen-posteleinsalade 419
Linzen-spinaziesalade 419
Linzenchili 227
Linzenkoekjes 347
Linzenkroketten 274
Linzenpâté 264
Linzenragoût 227
Linzensaus 218
Linzensoep 108, 218
Linzensoep, pittige 108, 227
Linzertaart 522
Lipbloemigen 28
Liptauerkaas 303
Loempia's 258
Lombok 354
Looizuur 24
Lunch 54
Lunchtrommel 55

Maaltijdsalade van rauwe groente en vruchten 413
Maaltijdsalade, zomerse 412
Maaltijdsoepen 76
Maanzaadbolletjes 488
Maanzaadcrackers 492
Maanzaadspiralen 544
Maanzaadzoutjes 492
Macaroni in gebakken tomatensaus 162
Macaroni met knoflook en Spaanse peper 162
Macaronisalade 417
Maggiblokjes 31
Magnetronoven 32

Maïs 119
Maïs, basisrecepten 131 ev.
Maïsballetjes 81
Maïsbloem 114
Maïsgratin 155
Maïsgriesmeel 119
Maïskiemolie 17
Maïskoekjes 276
Maïskolven, gebakken 132
Maïskolven, geroosterde 132
Maïskolven, koken en serveren 131
Maïskorrels, ingemaakt 598
Maïskorrels koken 132
Maïsmeel 119
Maïspannekoeken 177
Maïspannekoekjes van verse maïskorrels 179
Maïspap 143
Maïssneetjes 174
Maïssoep 89
Maïssoufflé met appelen 469
Maïssoufflé met tomaten 155
Maïsstroop 120
Maïsterrine 262
Maïsvlokken 119
Maïzena (biologisch) 114, 119, 618
Maluns (aardappelrösti) 192
Mandarijneschillen, geconfijte 596
Mango 24, 449
Mango als nagerecht 449
Margarine 618
Marinade 42
Marineren van vlees 237
Marjolein 28
Marmelade 589 ev.
Marmello 584
Marmite 616
Marsepein 606
Marsepein, bonbons van – 551
Marsepein, roosjes en blaadjes van – 434
Marsepeinen aardappeltjes 552
Marsepeinen worteltjes 552
Maten en gewichten 47
Mayonaise (1) met de garde 220
Mayonaise (2) met de mixer 220
Meel 112 ev.
Meel, geroosterd 610
Meikevers 552
Meiraapjes 371
Melasse 622
Meldekoekjes 321
Melk 19 ev., 54, 618
Melkvet 19
Melkwit 479
Melkzure gemengde groente 576
Melkzure groente inmaken 572 ev.

Melkzure groente, salade met vruchten 403
Melkzure groente, salades met – 413
Melkzuur 618
Meloen, 'gevuld' 447
Meloencoupe 447
Menuplan 52
Mierikswortel 370
Mierikswortelboter 304
Mierikswortelpasta 602
Mierikswortelsaus 208
Milkshake van amandelmelk 556
Milkshakes 555 ev.
Mince-pie's 532
Mincemeat 303
Mineralen 22
Minestrone 100
Mirabellen drogen 570
Mirtenfamilie 29
Miso 31, 619
Moes en compote 583 ev.
Mokkavla 457
Molkewei 619
Monarda 28
Mont Blanc 461
Mosterdkwark 226
Mosterdmayonaise 221
Mosterdsaus 208
Mosterdsoep 90
Moussaka 165
Muesli 145 ev.
Mueslibolletjes 488
Mueslimengsel 146
Mueslirepen 548
Muntsaus 222
Muthee 561

Nachtschadeachtigen 350
Napolitaanse tomatensaus 216
Napolitaine 555
Nasi goreng met vlees 137
Nasi goreng, vegetarische 136
Natriumbicarbonaat 624
Nawellen 42, 125
Nieuwzeelandse spinazie 318
Nitraat 312
Noedels, gedroogd 159
Noedels, zelfgemaakt 159
Nootmuskaat 29
Noten 18
Noten, bewaren van 18
Notenbrood 487
Notencrackers, zonder gist 493
Notengehakt 276
Notenpasta, gemengde 302
Notenstrooisel 302

Oersuiker 622
Oesterzwammen, gemarineerd 397
Olie, inmaak in 601 ev.
Olie, van de tweede persing 18
Oliebollen 533
Oliën 17, 619
Oliën, koudgeperste 17 ev., 619
Oliën met een neutrale smaak 18
Oliën, plantaardige 17
Olijfolie 17
Omelet 256
Omelet, groene 256
Omelette aux fines herbes 256
Omgevingstemperaturen 42
Ontbijt 54
Ontbijtkoek 528
Ontkiemen van granen en zaden 418
Oosters buffet 64
Oosters gekruid lamsvlees 243
Oosters gekruid runderpoelet 243
Oosters gekruide witte bonen 243
Opekta 584
Opkikkertje 565
Opwarmen van groente 311
Orangeade 555
Oregano 28
Orgaanvlees 235
Ossehaas in de braadpan 240
Ossehaas in de oven 238
Ossestaartsoep 107
Oventemperaturen 498
Oxaalzuur 313

Paaseitjes 550
Paaskrans 524
Paasnestjes 539
Paddestoelen 395
Paddestoelen met zomergroente 397
Paddestoelen van ei en tomaat 254
Paksoy 376
Paksoy, gegratineerd 389
Paksoy, gestoofd of gekookt 376
Paksoyrolletjes met gehaktvulling 378
Pancakes 177
Paneermeel 610
Paneren 42, 44
Panettone 526
Pannekoeken, basisrecept 175
Pannekoeken, gevulde 179
Pannekoeken, overgebleven 177
Pannekoekentaart 179
Pannen 33
Pannetjeskoffie 566
Pap van fijne graanprodukten 141
Pap van grove graanprodukten 141

Pap van vierkoren-, tarwe-, gerste- of roggevlokken 143
Papier 38
Paprika 353
Paprika, koude, gevuld 354
Paprika, melkzure 576
Paprika's met graanvulling 354
Paprika's met zuurkoolvulling 355
Paprikakwark 226
Paprikasalade 404
Paprikasaus 209
Paprikasaus, koude 215
Parboiled rice 121
Parelgort 118
Parijse ring 520
Partyboters 304 ev.
Pastadeeg (naturel, oranje, rood, geel en groen) 158
Pastei, basisrecept 286
Pasteuriseren van melk 618
Pastinaak 357
Pastinaak, gestoofd 358
Pastinaak met ui en winterpeen, gesmoord 357
Pastinaak, stoofpot met – 195
Pastinaaksalade 406
Pastinaken, soufflé van – 358
Pastinakenkoekjes 358
Pastinakensalade 406
Pastinakensoep 95
Patentbloem 113, 115
Patisson in tomatensaus 368
Pectinepoeder 585, 619
Peer gevuld met roquefort 73
Peper 29
Peperbiefstuk 241
Pepermunt 28
Pepermuntsiroop 594
Pepernoten 543
Peren, broodsoufflé met 184
Peren drogen 569
Peren, gebakken 441
Peren op sap 582
Perenbeignets 534
Perenchutney 599
Perencompote 439
Perendiksap 22
Perenegeltjes 441
Perenjam 588, 589
Perenmuisjes 441
Perenstroop 22
Perentaart met chocolade 516
Perevlinder 441
Perkadel Ikan 252
Perziken met bessensaus 444
Perziken met kaneelschuim 444
Perziken op sap 582
Perzikenjam 587, 588
Perzikenmousse 451
Perzikentaartjes 529
Pesto 602

Peterselie 28, 361
Peterseliepasta 602
Peterseliesaus, pittige 208
Peterseliesaus, romige 208
Peterseliewortel 361
Peterseliewortelsalade 406
Peterseliewortel, stootpot met – 195
Peultjes 339
Peultjes, gesmoord 340
Peultjes met worteltjes, gestoofd 340
Peulvruchten, gedroogde 344
Peulvruchtensalades 418
Peulvruchtenschotel, winterse 346
Peulvruchtenschotel, zomerse 345
Phosphorosdrank 563
Pie, basisrecept 294
Piedeeg (Engels korstdeeg) 503
Pilav van rijst met vlees 140
Pilav van rijst of gierst, vegetarisch 139
Pilav van thermogrutten of bulghur met vlees 139
Pilav van thermogrutten of bulghur, vegetarisch 139
Piment 29
Pinda 619
Pindasaus 211
Pisang Goreng 269
Pirozki 300
Pizza Margherita 296
Pizza met courgette en geitekaas 296
Pizza met kaas en uien 295
Pizza, snelle 177
Pizza's 295 ev.
Pizzasaus 597
Pizzoccheri 163
Plantaardige voeding 25
Plastic 38
Plasticfolie 38
Plumcake 528
Pocheren 42
Pocheren van vis 249
Pocheren van vlees 236
Poedersuiker 432
Poeleau 134
Poffertjes 471
Polenta 119, 132
Polentarand 135
Polentatimbaal 136
Pommes frites in de oven 191
Pompelmoes 448
Pompoen 365
Pompoen, gevuld 367
Pompoen, giersttaart met – 153
Pompoen in sinaasappelsaus 367

Pompoen met koolrabi 371
Pompoen met linzenchili 366
Pompoen schillen en snijden 39
Pompoenbeignets 367
Pompoenkoekjes 368
Pompoenpuree 368
Pompoenringen, gebakken 366
Pompoensalade 366
Pompoensaus 215
Pompoensoep, eenvoudige – 97
Pompoensoep, feestelijke – 96
Pompoensoufflé 369
Pompoentaart 283
Pompoenvulling voor groenteflappen 299
Popcorn 119, 547
Porridge 142
Postelein, stamppot met gierstpuree 153
Posteleinfamilie 338
Potten en flessen voor de inmaak 577 ev.
Prei 324
Prei en gehakt, stoofpot met – 326
Prei en kaas, stoofpot met – 326
Prei, gegratineerd 389
Prei, gesmoord 325
Prei, kruidenaardappelen met – 197
Prei met kaas of ham 325
Prei snijden 40
Preiragoût 325
Preisoep, fijne 91
Preisoufflé met hazelnoten 326
Preitaart 282
Proeven 26
Pronkbonen 343
Pruimen, broodsoufflé met – 184
Pruimen op sap 582
Pruimenjam 587
Puddingen en terrines au bain marie 43
Puree van gierst 131
Puree van gort 129
Pureesoepen 76
Pureren 42
PVC-verbindingen 38

Quinoa 619

Raapsteeltjes, gestoofd 373
Raapsteeltjes, stamppot van rauwe – 373
Raapsteeltjessalade 401
Raapsteeltjessaus 215
Raapstelen 372
Raapstelen, stamppot met gierstpuree 153

Raapstelentaart met omeletten 320
Rabarber 337
Rabarbercrème 443
Rabarberjam 587, 588
Rabarbermoes 443
Rabarbermoes, ingemaakt 584
Rabarberrösti 184
Rabarbersiroop 593
Rabarbervlaai 514
Raclette 69
Radijs 370
Radijsmuisjes 427
Radijsroosjes 428
Radijssaus 215
Ragoût van tempé en tofu 234
Ragoûts 226 ev.
Ragoûtsaus, basisrecepten 204 ev.
Ragoûtsoep 85
Ramequin 182
Rammenas 369, 407
Rauwe melk 618
Rauwkostbloem van bleekselderij of witlof, gevuld 253
Reformite 31
Remouladesaus 221
Rempah van klapper 275
Residuen en kunstmest en bestrijdingsmiddelen 111, 135
Rettich 370
Rettich, komkommersalade met – 405
Rettich, zoete salade van – 407
Rietsuiker, fijn 495
Rietsuiker, ongeraffineerd 22, 622
Rietsuiker, ruw 622
Rijst 120, 619
Rijst, basisrecepten 133 ev.
Rijst, gekruide – 133
Rijst-linzenschotel 156
Rijstballen 273
Rijstbloem 121
Rijstdrank 565
Rijstebrij 143
Rijstebrij met rijstvlokken 144
Rijstkoekjes 171
Rijstkoekjes, zoete 470
Rijstmeel 121
Rijstpudding van hele korrels, koud 467
Rijstrand 135
Rijstsalade met kip of bonen, oosters 416
Rijstschotel met groente en kwark 151
Rijstsoufflé (zonder melk) 468
Rijstsoufflé met kersen 468
Rijstsoufflé met vruchten 468
Rijststroop 22, 619
Rijsttafel, Chinees 68

Rijsttafel, Indonesisch 66
Rijsttimbaal met champignons 135
Rijsttimbaal met ham en/of kaas 136
Rijstvlokken 121
Rijstwafels 620
Risotto 133
Risotto met champignons 157
Risotto van boekweit 138
Risotto van gierst 131
Riz Casimir 140
Riz Casimir, vegetarisch 140
Riz creole 157
Rode biet 313
Rode biet, salade van gestoofde – 410
Rode bieten, gestoofde 314
Rode bieten, gestoofde bladeren van – 315
Rode bieten, in de schil gekookt 314
Rode bieten in sinaasappelsaus 368
Rode bieten, melkzure 575
Rode bieten, soufflé van 314
Rode kool, gesmoord 384
Rode kool, melkzure 575
Rode kool met kumquats 384
Rode kool, salade van gesmoorde – 411
Rode kool, zoetige 384
Rode-bessenbavaroise 454
Rode-bessensiroop 593
Rode-bessentaart met een schuimkop, vlugge 517
Rode-bietensalade 406
Rode-bietentaart 283, 518
Rode-koolsalade 402
Rödgröd 451
Roerei 255
Rogge 116
Rogge, basisrecept 128
Rogge, gekruide 129
Rogge met groente 150
Roggebloem 116
Roggebrood, zwart-wit van kaas en – 277
Roggegrutten 116
Roggekoekjes 168
Roggemeel 116
Roggepudding, warm 467
Roggeschotel met prei 149
Roggeschotel met uien 149
Roggesneetjes 173
Roggesoufflé 467
Roggevlokken 116
Rondkorrelige rijst 121
Roodlof 332
Room 620
Roomboter 18, 620

Roomsaus 206
Roosachtigen 24
Roosteren 42
Roquefort, kaastaart met – 285
Roquefort, peer gevuld met – 73
Rösti (geroosterde aardappelen) 192
Rösti met kaas op de bakplaat 193
Rösti met zuurkool 192
Rösti van appelen 184
Rösti van rabarber 184
Rösti van rauwe aardappelen 192
Rozebotteljam 589
Rozebottels 586
Rozebottelthee 561
Rozemarijn 28
Rozensiroop 594
Rozentaart 525
Rozijnencake 527
Ruiken 25
Rundergehakt 243
Runderlap, gestoofd 241
Runderlever 247
Russische salade 423

Saffloerolie 17, 620
Saffraanrijst 134
Sajoer Toemis Kol 380
Sajoers 66
Salade van veldsla 335
Saladebuffet 65
Salades als voorgerecht 74
Salades met gekiemde granen 418
Salamblad 29
Salie 28
Saliemuisjes 280
Salmonellabacteriën 620
Salsa verde 222
Sambal 603
Sambal Goreng Bontjis 343
Sambal Goreng Telor 257
Sambal Goreng Tempé 269
Samengesteldbloemigen 328
Santen (kokosmelk) 609, 620
Sauce Béarnaise 220
Sauce Bolognese 228
Sauce Hollandaise 219
Sauce Mornay 206
Sauerbraten 241
Schadelijke stoffen 111
Scharrelkippen 20
Scheepsbeschuit 493
Schepomelet 256
Schermbloemigen 28, 355 e.v
Schoonmaken van fruit 308
Schoonmaken van groente 308
Schorseneren 330
Schorseneren, beignets van – 331

Schorseneren, gegratineerd 389
Schorseneren koken, basisrecept 330
Schorseneren met aardappels in de schil 331
Schorseneren met kaas of ham 330
Schorsenerensoep, gebonden 92
Schuimpjes 538
Schupfnudeln 160
Schwarzwälder Kirschtorte 519
Seitan 620
Selderijsaus met appel, ongekookt 213
Seroendeng (kokosstrooisel) 270
Sesamaardappelen, gepofte – 189
Sesamballetjes 549
Sesambolletjes 488
Sesamboter 305
Sesamcrackers 492
Sesamkoekjes 537
Sesammelk 564
Sesamreepies 82
Sesamspiralen 544
Sesamstokjes 544
Sesamzaad 620
Sesamzaad wassen, drogen en roosteren 605
Sesamzout (gomasio) 605
Sesamzoutjes 492
Shoyu 31, 621
Sinaasappel, schillen van een 39
Sinaasappel-griesmeelpudding 466
Sinaasappelbavaroise 453
Sinaasappelcake 527
Sinaasappelen 615
Sinaasappelgelei 590
Sinaasappelmarmelade 589
Sinaasappelsalade 445
Sinaasappelsalade, Franse 446
Sinaasappelsaus 217
Sinaasappelschillenrasp 595
Sinaasappelschillen, geconfijte 596
Sinaasappelvla 456
Sint-Maartensoep 99
Siroop 591 ev.
SKAL-keurmerk 14, 617
Sla 334 ev.
Slagroom- of roomkwarkrozetten spuiten 431
Slagroomvulling 607
Slasaus op basis van room 224
Slasaus op basis van yoghurt 224
Slasaus op voorraad, met ei 223
Slasaus op voorraad, met kwark 224
Slasauzen 223 ev.

Sleedoorngelei 590
Sleedoornsiroop 593
Sleepruim 24
Sleepruimenjam 593
Sleepruimensap 593
Slemp 564
Slinken 42
Sluitkool 378
Smaakcategorieën 26
Smaakmakers 31 ev.
Smaakversterkers 31
Smaragdbowl 557
Smoren 42
Smoren van groente 310
Smoren van uien 323
Sneetje peultjes 267
Snelbinder 611
Snij- of pronkbonen, gestoofd 343
Snijbiet 315
Snijbiet, gestoofd 317
Snijbiet, haverschotel met – 152
Snijbietkoekjes 321
Snijbietrolletjes 316
Snijbietsaus 215
Snijbietstengels, gekookt 316
Snijbietstengels met groene saus 315
Snijbiettaart met omeletten 320
Snijbietvulling voor pannekoeken 180
Snijbonen 343
Snijbonen met kaas 344
Snipperkoek 528
Snoepen 22
Soepballetjes van kippevlees 82
Soepballetjes van restjes gekookte granen 80
Soepballetjes van thermogrutten 80
Soepballetjes van vlees 81
Soepbroodjes 494
Soepstengels 82, 544
Soezen 531
Soezendeeg 511
Sojaboon 339, 621
Sojaprodukten 621
Soldaatjes 82
Sorghum 118
Soufflé van pastinaken 358
Soufflé van pompoen 369
Soufflé van rode bieten 314
Soufflé van wortel of knolselderij 357
Spaanse groentesaus 209
Spaanse peper 354
Spaghetti bolognaise 162
Spaghetti, dikke 160
Spaghetti met walnoten, ansjovis en verse kruiden 165
Spaghettipompoen in tomatensaus 368

Spätzle 164
Specerijen 25 ev.
Speculaas, gevulde 542
Speculaasbrokken 541
Speculaasjes 541
Spekpannekoeken 177
Spelt 115
Sperziebonen 342
Sperziebonen, gekookt 342
Sperziebonen, gestoofd 342
Sperziebonen in Indonesische saus 343
Sperziebonensalade 411
Spinazie 317
Spinazie à la crème 319
Spinazie à la Roussillon 319
Spinazie, gekookt 318
Spinazie, gestoofd 318
Spinazie, grootbladige 318
Spinazie, haverschotel met – 152
Spinazie met roomsaus 319
Spinazie met soldaatjes 319
Spinaziekoekjes 321
Spinaziepannekoekjes 320
Spinaziepudding 321
Spinazierolletjes met gehaktvulling 378
Spinaziesalade 400
Spinaziesaus 214
Spinaziesoep, gebonden 93
Spinaziesoep met geitekaas 94
Spinazietaart met omeletten 320
Spinazietoost 319
Spinazievulling voor cannelloni 160
Spinazievulling voor groenteflappen 298
Spinazievulling voor pannekoeken 180
Spitskool, gesmoord 378
Spliterwten 348, 621
Spoorelementen 22
Sportdrink 566
Sportkoeken 494
Sportshake 556
Spruiten met kastanjes 374
Spruitjes 374
Spruitjes, gestoofd 374
Spruitjes met wortelen, gestoofd 374
Stamppot met zuurkool en worst 385
Stamppot van boerenkool met aardappelen 375
Stamppot van boerenkool met granen 376
Stamppot van boerenkool met prei 376
Stamppot van boerenkool met winterwortelen 376
Stamppot van gierstpuree en postelein 153

Stamppot van gierstpuree en raapstelen 153
Stamppot van gierstpuree en rauwe andijvie 153
Stamppot van gierstpuree en rauwe spinazie 153
Stamppot van gierstpuree en veldsla 153
Stamppot van gierstpuree en wilde groente 153
Stamppot van rauwe groente 388
Stamppot van rauwe raapsteeltjes 373
Stamppot van veldsla 335
Stamppot van zuurkool met witte of bruine bonen 385
Steenvruchten 24
Steenzout 624
Sterrekers 373
Stichting Ekomerk Controle 14
Stichting Keur Alternatief voortgebrachte Landbouwprodukten 14
Stijfkloppen van eiwit 496
Stip in 't kuiltje 144
Stok-brood 480
Stokbrood 479
Stokbrood, warm gevuld 267
Stomen van groente 309
Stoofperen 440
Stoofpot met koolraap, pastinaak of peterseliewortel 195
Stoven 42
Stoven van groente 309
Stoven van vlees 237
Stroop 621
Stroopballetjes 550
Suiker 21, 622
Suikerbiet 313
Suikerbietenstroop 22
Suikerglazuur 432
Suikermaïs 131
Sukadekoek 528
Surrogaatkoffie 331
Szegediner goulash met bruine bonen 386
Szegediner goulash met vlees 386

Taai-taai 543
Taart, aansnijden en serveren 499
Tahin 621
Tahoe 622
Tamari 31, 621
Tannine 566
Tarwe 114
Tarwe, basisrecept 128
Tarwe, gekruide 128
Tarwe met bleekselderij en zuurkool 148

Tarwe met groente 150
Tarwecrackers 492
Tarwegriesmeel 115
Tarwegrutten 115
Tarwekiemen 115, 622
Tarwekiemolie 115
Tarweschotel met groente en kwark 151
Tarwevlokken 115
Taugé 418, 622
Tempé 622
Tempé, gebakken 269
Tempé, ragoût met tofu 234
Terrines au bain marie 43
Thee 566
Thee-extract 567
Theebeschuitjes 493
Thermograan 622
Thermogrutten 112
Thermogrutten, basisrecept 138
Thermogrutten, stootpot van 148
Thermogruttenmuesli 147
Thermomeel 113
Thermosfles 126
Tijm 28
Tjap tjoi 391
Tofu 622
Tofu, ragoût met tempé 234
Tomaat 350
Tomaatroosje 429
Tomaten, bloemen van – 429
Tomaten, koude, gevuld 351
Tomaten, kruidenaardappelen met – 198
Tomaten op de barbecue of het kampvuur, gevuld 352
Tomaten, warme, gevuld 351
Tomatenketchup 600
Tomatenmayonaise 221
Tomatenpizza 296
Tomatenpuree 597
Tomatensalade 404
Tomatensalade met komkommer of rettich 404
Tomatensaus, ingemaakt 597
Tomatensaus, napolitaanse 216
Tomatensaus, ongekookt 216
Tomatensaus van tomatenpuree 210
Tomatensaus van verse tomaten 210
Tomatensaus, zoetig 210
Tomatensoep met tomatensap 92
Tomatensoep van tomatenpuree 92
Tomatensoep van verse tomaten 92
Topinamboer 328
Topinamboer en aardappelen, gegratineerd 389
Topinamboer, gebakken 329

Topinamboer, gestoofd 329
Topinamboer in de schil gekookt
  329
Topinamboer met prei, gesmoord
  329
Topinamboer, zuurkool met – 386
Topinamboercocktail 559
Topinamboerdrank 329
Topinamboerkoeken, vlugge 199
Topinamboerpizza 297
Topinamboerrauwkost 405
Topinamboersap 559
Topinamboertaart 285
Toverappel 431
Trekken 42
Tropisch fruit 24
Tuinbonen 341
Tuinbonen, gekookt 341
Tuinbonen met roomsaus 342
Tuinbonen met spek of
  varkensvlees, gegratineerd 342
Tuinkruiden 27
Tulband 526
Tussendoortjes 57

Ui 322
Ui, fijnsnijden 323
Uischillen 39
Uien, fruiten 323
Uien, gebakken 324
Uien in het kampvuur, gevuld 323
Uien met kaas, gevuld 323
Uien met room, gesmoord 323
Uien met spinazie, gevuld 324
Uien, smoren 323
Uiensaus met appel 219
Uiensaus, pittige 214
Uiensoep, gebonden 101
Uiensoep, heldere 99
Uientaart 284
Uitrollen van deeg 497
Uitsteken van koekjes 498
Unigel 584

Vanille 30
Vanilleijs 459
Vanillemelk 562
Vanillepudding (1) 455
Vanillepudding (2) 455
Vanillesaus (1) 212
Vanillesaus (2), met havermeel
  212
Vanillesuiker 30
Vanillevla (1) 455
Vanillevla (2) 455
Varkensgehakt 243
Varkenslever 247
Varkenslever met appelen 245
Ve-tsin 31

Vegetarier tussen vleeseters 60
Vegetarische voeding 19, 25
Veldsla 335
Veldsla, stamppot met gierstpuree
  153
Veldsla, stamppot van 335
Venkel 28, 361
Venkel, gestoofde aardappelen
  met – 188
Venkel, kruidenaardappelen met –
  198
Venkelknol, gegratineerd 389
Venkelknol, gekookt 362
Venkelknol, gestoofd 362
Venkelknolsalade 401
Venkelsoep 89
Venkelsoep, heldere 85
Venkelsoufflé 260
Venkelterrine, kleine 362
Vetten 17
Vetten, bewaren van 18
Vetten, dierlijke 17
Vetzuren, onverzadigde 17
Vierkorenkoekjes 536
Vierkorensneetjes 173
Vierkorenvlokken met uien 149
Viili 622
Viili met vruchten 435
Vijgenbonbons 549
Vinaigrette 223
Vis, bereidingsmethoden 238,
  248
Vis, gebakken 249
Vis in aluminiumfolie 252
Vis in Balinese saus 251
Vis, waterzooi van 106
Visballetjes 252
Visbeignets 250
Visbouillon 79
Visfilets met roomsaus, gestoofd
  250
Visfondue 70
Viskoekjes 251
Viskoekjes 272
Viskroketten 272
Visolie 17
Vispastei 290
Visragoût 231
Vissalade 423
Vistosti 266
Vitam-R 31
Vitaminen 23
Vla met caramelsmaak 458
Vlam in de pan 45 ev.
Vlechtbrood 482
Vlees, bereidingsmethoden 236
  ev.
Vlees in gele saus 242
Vleesbouillon 79
Vleeseter tussen vegetariërs 59
Vleeskroketten 271

Vleesragoût 231
Vleessaus 207
Vlierbessen 587
Vlierbessen-appeljam 588
Vlierbessen-perenjam 589
Vlierbessengelei 590
Vlierbessenjam 588
Vlierbessenmoes (Holderzunne)
  443
Vlierbloesembeignets 534
Vlierbloesembowl 558
Vlierbloesemdrank 555
Vlierbloesemlimonadesiroop,
  ongekookt 594
Vlinderbloemigen 339
Vloerbrood 476
Vlokken 114
Vlokkensoep, geroosterde 87
Voeding met granen,
  overschakelen op – 51
Voedingsmiddelen, kwaliteit 13,
  53
Voedingsvezels 21
Volkorenbrood met gist 475
Volkorenbrood met zuurdesem
  477
Volkorenbroodjes 487
Volkorenmeel 112
Volkorenmeel, fijn 113
Volwaardige voedingsmiddelen
  13
Voorgerechten 72 ev.
Vossebessenjam 589
Vruchten met kwarksaus 436
Vruchten op sap 582 ev.
Vruchtenbroden 484 ev.
Vruchtenbrood 486
Vruchtencompotes, ingemaakt
  584
Vruchtencoupes 447
Vruchtencrème 457
Vruchtengelei 453
Vruchtenijs 460
Vruchtenjam (halvajam),
  bas*isrecept 587
Vruchtenkoekjes van appelen 549
Vruchtenkoekjes van kweeperen
  550
Vruchtenkoffie 560
Vruchtenmoes 622
Vruchtenpudding met agar-agar,
  heldere 452
Vruchtenpudding met zetmeel
  456
Vruchtensalade, winters 447
Vruchtensalade, zomers 446
Vruchtensaus van zacht fruit 217
Vruchtensorbet 459
Vruchtentaart 522
Vruchtentaart met
  amandelkruimel 517

Vruchtentaartjes 529
Vruchtentoetjes 435
Vruchtenvla 455
Vruchtesap 554, 591 ev., 623
Vullingen voor de soep 79 ev.

Waaierpeer 440
Wakamé 392
Waldorfsalade 410
Walnootkoek 528
Walnootkoekjes 535
Walnootpasta 603
Walnoottaart 523
Walnoten 623
Walnoten, gevulde 552
Warme dranken 560 ev.
Warme maaltijd 52, 56
Warmtebronnen 32
Watergruwel 462
Waterkers 373
Waterkers, sla van 374
Waterkerssoep, fijne 89
Waterzooi van kip 105
Waterzooi van vis 106
Wecken 577 ev.
Wecktips 579
Weekendmaaltijden 57
Weekmenu 57
Weekplanning 52
Wei 610, 623
Wenerpudding, warme 185
Wentelteefjes 470
Wijnazijn 613
Wilde abrikozen 218
Wilde bessen, plukken en verwerken van – 585
Wilde groente, aardappelsoep met – 93
Wilde groente, lentesausje 215
Wilde groente, stamppot met gierstpuree 153
Winterposteleinsalade 401
Winterwortel, goudsbloem van een – 430
Witlof 331
Witlof à l'Ombise 332
Witlof, gegratineerd 389
Witlof, gestoofd 332
Witlof met ham en kaassaus, gegratineerd 332
Witlofsalade, eenvoudige 400
Witlofsalade met vruchten en kaas 400
Witte bonen, hutspot met 350
Witte bonen met appel, ui en spek 349
Witte bonen met tomatensaus 349
Witte bonen, oosters gekruid 350
Witte-bonensoep 107

Witte broodjes 487
Witte kool, gesmoord 379
Witte kool met pompoen, gestoofd 380
Witte kool met uien, gestoofd 379
Wilde-kruidensaus 208
Winterpeen, gesmoord 356
Winterpeen, melkzure 575
Winterpostelein 338
Witte kool, salade van gesmoorde – 411
Witte-koolrollen, exotische – 380
Witte-koolsalade 402
Witte ragoûtsaus 204
Witte ragoûtsoep 86
Wittebrood 479
Wortel, salade van gekookte – 409
Wortel, soufflé van – 357
Wortel-citroensoep 94
Wortelcocktail 559
Wortelen 356
Wortelen, gestoofd 356
Wortelen met verse doperwten, gestoofd 341
Wortelkoekjes 357
Wortelpastei 288
Wortelpuree 357
Wortelsalade 405
Wortelsalade met kokos 406
Wortelsalade, pittig gekruid 406
Wortelsap 559
Wortelsaus, eenvoudige 212
Wortelsaus, kruidige 213
Wortelsoep, heldere 85
Worteltaart 282, 518
Worteltjessoep, vlugge 95

Yoghurt 19
Yoghurt met vruchten 435
Yoghurt zelf maken 612
Yoghurt/citroenijs met honing 460

Zaden 18
Zandtaartdeeg 506
Zeegroente 392
Zeekraal 392
Zeekraalsalade 392
Zeeuwse bolussen 530
Zeewier 623
Zeezout 624
Zelfrijzend bakmeel 115
Zemelen 113
Zetmeel 21, 114
Zilverstelen, gegratineerd 389
Zilvervliesrijst, basisrecept 133
Zoete rijst 121
Zoethout 623
Zoetmiddelen 21, 623

Zoetmiddelen 623
Zoetmiddelen, ongeraffineerde 22
Zoetmiddelen voor pap 142
Zoetmiddelen voor vla en pudding 454
Zoetstoffen 623
Zomerpostelein 338
Zomerpostelein, gesmoord 339
Zomerposteleinsalade 401
Zonnebloem van brooddeeg 483
Zonnebloemolie 17
Zonnebloempittensaus 211
Zonnebloempitten 623
Zonnebloempitten bakken en roosteren 605
Zonnepitjes 538
Zout 22, 624
Zuidvruchten 624
Zuivelprodukten 19
Zuiveringszout 624
Zuppa Pavese 83
Zure room 620
Zure-melkprodukten 19 ev.
Züricher pastorietaart 514
Zuring 337
Zuringmoes 338
Zuringsaus 215
Zuurbessenjam (berberis) 589
Zuurbessiroop (berberis) 593
Zuurdesem 474, 478
Zuurkool, gesmoord 384
Zuurkool, graansalade met – 414
Zuurkool inmaken 575
Zuurkool met topinamboer, gestoofd 386
Zuurkool, stamppot met bonen 385
Zuurkool, stamppot met worst 385
Zuurkoolsalade met appel of waterkers 403
Zuurkoolsalade met vruchten 403
Zuurkoolsalade, pittig-zoet 403
Zuurkoolvulling voor groenteflappen 299
Zwart-wit van kaas en roggebrood 277
Zwitserse boter 305